中華大藏經編輯局編

中華大藏經

漢文部分

三三

中華書局

圖書在版編目(CIP)數據

中華大藏經:漢文部分. 第33册/《中華大藏經》編輯局編.
—北京:中華書局,1988.1(2021.7重印)
ISBN 978-7-101-00149-5

Ⅰ.中… Ⅱ.中… Ⅲ.大藏經 Ⅳ.B941

中國版本圖書館CIP數據核字(2021)第047300號

內封題簽: 李一氓
裝幀設計: 伍端端

中華大藏經(漢文部分)
第三三册
《中華大藏經》編輯局 編
*
中華書局出版發行
(北京市豐臺區太平橋西里38號 100073)
http://www.zhbc.com.cn
E-mail:zhbc@zhbc.com.cn
北京虎彩文化傳播有限公司印刷
*
787×1092毫米 1/16 · 63¾印張 · 2插頁
1988年1月第1版 2021年7月北京第4次印刷
定價:600.00元

ISBN 978-7-101-00149-5

中華大藏經(漢文部分)

第三十三册目録

千字文編次　川——暎

川

目録

雜阿含經卷第三十一　川

宋天竺三藏求那跋陀羅譯

如是我聞一時佛住舍衛國祇樹給孤獨園尒時世尊告諸比丘人間四百歲是兜率陀天上一日一夜如是三十日一月十二月一歲兜率陀天壽四千歲愚癡無聞凡夫於彼命終生地獄畜生餓鬼中多聞聖弟子於彼命終不生地獄畜生餓鬼中佛說此經已諸比丘聞佛所說歡喜奉行

如是我聞一時佛住舍衛國祇樹給孤獨園尒時世尊告諸比丘人間八百歲是化樂天上一日一夜如是三十日一月十二月一歲化樂天壽八千歲愚癡無聞凡夫於彼命終生地獄畜生餓鬼中多聞聖弟子於彼命終不生地獄畜生餓鬼中佛說此經已諸比丘聞佛所說歡喜奉行

如是我聞一時佛住舍衛國祇樹給孤獨園尒時世尊告諸比丘人間千六百歲是他化自在天一日一夜如是三十日一月十二月一歲他化自

在天壽一万六千歲愚癡無聞凡夫於彼命終生地獄畜生餓鬼中多聞聖弟子於彼命終不生地獄畜生餓鬼中佛說此經已諸比丘聞佛所說歡喜奉行

如佛說六經如是異比丘問六經佛問諸比丘六經亦如是說

如是我聞一時佛住舍衛國祇樹給孤獨園尒時世尊告諸比丘若比丘若行若形若相離欲惡不善法有覺有觀離生喜樂初禪具足住彼不憶念如是行如是形如是相然於彼色受想行識法作如病如癰如刺如煞無常苦空非我思惟於彼法生猒怖畏防護生猒怖畏防護已以甘露門而自饒益如是寂靜如是勝妙所謂捨離餘愛盡無欲滅盡涅槃佛說此經已諸比丘聞佛所說歡喜奉行

如是我聞一時佛住舍衛國祇樹給孤獨園尒時世尊告諸比丘和上說差別者如是知如是知已欲有漏心解脫有有漏心解脫無明漏心解脫解脫知見我生已盡梵行已立所作

已作自知不受後有佛說此經已諸
比丘聞佛所說歡喜奉行
如是我聞一時佛住舍衛國祇樹給
孤獨園尒時世尊告諸比丘如上說
差別者若不得解脫以欲法念法樂
法故取中般涅槃若不如是或生般
涅槃若不如是或有行般涅槃若不
如是或無行般涅槃若不如是或上
流般涅槃若不如是或復即以此欲
法念法樂法功德生大梵天中或生
梵輔天中或生梵身天中佛說此經
已諸比丘聞佛所說歡喜奉行
如是我聞一時佛住舍衛國祇樹給
孤獨園尒時世尊告諸比丘若比丘
如是行如是形如是相息有覺有觀
內淨一心無覺無觀定生喜樂第二
禪具足住若不如是行如是形如是
相憶念而於色受想行識法思惟如
病如癰如刺如煞無常苦空非我於
此等法心生猒離怖畏防護猒離防
護已於甘露法界以自饒益此則寂
靜此則勝妙所謂捨離一切有餘愛
生無欲滅盡涅槃佛說此經已諸比

丘聞佛所說歡喜奉行
如是我聞一時佛住舍衛國祇樹給
孤獨園尒時世尊告諸比丘如上說
差別者彼如是知如是見欲有漏心
解脫有有漏心解脫無明漏心解脫
解脫知見我生已盡梵行已立所作
已作自知不受後有若不解脫而以
彼法欲法念法樂法取中般涅槃若不
尒者取生般涅槃若不尒者取有行
般涅槃若不尒者取無行般涅槃若
不尒者上流般涅槃若不尒者彼以
欲法念法樂法生自性光音天若不
尒者生无量光天若不尒者生少光
天佛說此經已諸比丘聞佛所說歡
喜奉行
如是我聞一時佛住舍衛國祇樹給
孤獨園尒時世尊告諸比丘若比丘
如是行如是形如是相離貪喜捨住
正念正智覺身樂聖人能說能捨念
樂住第三禪具足住若不尒者以如
是行如是形如是相於受想行識法
思惟如病如癰如刺如煞乃至上流
若不尒者以彼法欲法念法樂生遍

淨天若不尒者生无量淨天若不尒
者生少淨天佛說此經已諸比丘聞
佛所說歡喜奉行
如是我聞一時佛住舍衛國祇樹給
孤獨園尒時世尊告諸比丘若比丘
如是行如是形如是相離苦息樂前
憂喜已滅不苦不樂捨淨念一心第
四禪具足住若不如是憶念而於色
受想行識思惟如病如癰如刺如煞
乃至上流般涅槃若不尒者或生因
性果實天若不尒者生福生天若不
尒者生少福天佛說此經已諸比丘
聞佛所說歡喜奉行
如四禪如是四無色定亦如是說
如是我聞一時佛住舍衛國祇樹給
孤獨園尒時世尊告諸比丘有風雲
天作是念我今欲以神力遊戲如是
念時風雲則起如風雲天如是焰電
天雷震天雨天晴天寒天熱天亦如
是說佛說此經已諸比丘聞佛所說
歡喜奉行
說如是異比丘問佛佛問諸比丘亦
如是說

如是我聞一時佛住舍衛國祇樹給孤獨園尒時世尊於夜闇中天時小雨電光焰照佛告阿難汝可以傘蓋覆燈持出尊者阿難即受教以傘蓋覆燈隨佛後行至一處世尊微笑尊者阿難白佛言世尊不以無因緣而笑不審世尊今日何因何緣而發微笑佛告阿難如是如是如來不以無因緣而笑汝今持傘蓋覆燈隨我而行我見梵天亦復如是持傘蓋覆燈隨拘隣比丘後行釋提桓因亦復持傘蓋覆燈隨摩訶迦葉後行袟栗帝羅色吒羅天王亦持傘蓋覆燈隨舍利弗後行毗樓勒迦天王亦持傘蓋覆燈隨大目揵連後行毗樓匐叉天王亦持傘蓋覆燈隨摩訶拘絺羅後行毗沙門天王亦持傘蓋覆燈隨摩訶劫賓那後行佛說此經已尊者阿難聞佛所說歡喜奉行

如是我聞一時佛住舍衛國祇樹給孤獨園尒時世尊告諸比丘有四種善好調伏眾何等為四謂比丘調伏比丘尼調伏優婆塞調伏優婆夷調

伏是名四眾尒時世尊即說偈言

若才辯無畏　多聞通達法　行法次法向
是則為善眾　比丘持淨戒　比丘尼多聞
優婆塞淨信　優婆夷亦然　是名為善眾
如日光自照　如則善好僧　是則僧中好
是法令僧好　如日光自照

佛說此經已諸比丘聞佛所說歡喜奉行

如調伏如是辯柔和無畏多聞通達法說法法次法向隨順法行亦如是說

如是我聞一時佛住舍　行國祇樹給孤獨園尒時世尊告諸比丘有三種子何等為三有隨生子有勝生子有下生子何等為隨生子謂子父母不煞不盜不婬不妄語不飲酒子亦隨學不煞不盜不婬不妄語不飲酒是名隨生子何等為勝生子若子父母不受不煞不盜不婬不妄語不飲酒戒子則能受不煞不盜不婬不妄語不飲酒戒是名勝生子云何下生子若子父母受不煞不盜不婬不妄語不飲酒戒子不能受不煞不盜不婬不妄語不飲酒戒尒時世尊即說

偈言

生隨及生上　智父之所欲　生下非所須
以不紹繼故　為人法之子　當作優婆塞
於佛法僧寶　勤修清淨心　雲除月光顯
光榮眷屬眾

佛說此經已諸比丘聞佛所說歡喜奉行

如五戒如是信戒施聞慧經亦如是說

如是我聞一時佛住舍衛國祇樹給孤獨園尒時世尊告諸比丘有四正斷何等為四一者斷斷二者律儀斷三者隨護斷四者修斷佛說此經已諸比丘聞佛所說歡喜奉行

如是我聞一時佛住舍衛國祇樹給孤獨園尒時世尊告諸比丘有四正斷何等為四一者斷斷二者律儀斷三者隨護斷四者修斷尒時世尊即說偈言

斷斷及律儀　隨護與修習　如此四正斷
諸佛之所說

佛說此經已諸比丘聞佛所說歡喜奉行

如是我聞一時佛住舍衛國祇樹給

孤獨園尒時世尊告諸比丘有四正斷何等為四一者斷斷二者律儀斷三者隨護斷四者脩斷云何為斷斷謂比丘亦已起惡不善法斷生欲方便精勤心攝受是為斷斷云何律儀斷未起惡不善法不起生欲方便精勤攝受是名律儀斷云何隨護斷未起善法令起生欲方便精勤攝受是名隨護斷云何脩斷已起善法增益修習生欲方便精勤攝受是為脩斷佛說此經已諸比丘聞佛所說歡喜奉行

如是我聞一時佛住舍衛國祇樹給孤獨園尒時世尊告諸比丘有四正斷何等為四一者斷斷二者律儀斷三者隨護斷四者脩斷云何為斷斷謂比丘已起惡不善法斷生欲方便精勤心攝受是為斷斷云何律儀斷未起惡不善法不起生欲方便精勤攝受是名律儀斷云何隨護斷未起善法令起生欲方便精進攝受是名隨護斷云何脩斷已起善法增益脩習生欲方便精勤攝受是名脩斷尒時世尊即說偈言

斷斷及律儀　隨護與脩習　如此四正斷
諸佛之所說

佛說此經已諸比丘聞佛所說歡喜奉行

如是我聞一時佛住舍衛國祇樹給孤獨園尒時世尊告諸比丘有四正斷何等為四一者斷斷二者律儀斷三者隨護斷四者脩斷云何斷斷若比丘已起惡不善法斷生欲方便精勤攝受未起惡不善法不起生欲方便精勤攝受未生善法令起生欲方便精勤攝受已生善法增益脩習生欲方便精勤攝受是名斷斷云何律儀斷若比丘善護眼根隱密調伏進向如是耳鼻舌身意根善護隱密調伏進向是名律儀斷云何隨護斷若比丘於彼彼真實三昧相善守護持所謂青瘀相脹相膿相壞相食不盡相脩習守護不令退沒是名隨護斷云何脩斷若比丘脩四念處等是名脩斷尒時世尊即說偈言

斷斷律儀斷　隨護脩習斷　此四種正斷
正覺之所說　比丘勤方便　得盡於諸漏

佛說此經已諸比丘聞佛所說歡喜奉行

如四念處如是四正斷四如意足五根五力七覺支八道支四道四法句正觀脩習亦如是說

如是我聞一時佛住舍衛國祇樹給孤獨園尒時世尊告諸比丘辟如有人作世間建立彼一切皆依於地如是比丘脩習禪法一切皆依不放逸為根本不放逸集不放逸生不放逸轉比丘不放逸者能脩四禪佛說此經已諸比丘聞佛所說歡喜奉行

如是我聞一時佛住舍衛國祇樹給孤獨園尒時世尊告諸比丘如上說差別者如是比丘能斷貪欲瞋恚愚癡佛說此經已諸比丘聞佛所說歡喜奉行

如斷貪欲瞋恚愚癡如是調伏貪欲瞋恚愚癡貪欲究竟瞋恚愚癡究竟出要遠離涅槃亦如是說

如是我聞一時佛住舍衛國祇樹給孤獨園尒時世尊告諸比丘辟如百

草藥木皆依於地而得生長如是種種善法皆依不放逸為本如上說乃至涅槃譬如黑沉水香是衆香之上如是種種善法不放逸冣為其上譬如堅固之香赤栴檀為第一如是一切善法一切皆不放逸為根本如是乃至涅槃譬如水陸諸華優鉢羅華為第一如是一切善法皆不放逸為根本乃至涅槃譬如陸地生華摩利沙華為第一如是一切善不放逸為其根本乃至涅槃譬如比丘一切畜生跡中烏跡為上如是一切諸善法不放逸冣為根本如上說乃至涅槃譬如一切畜生師子為第一所謂畜生主如是一切善法不放逸為其根本如上說乃至涅槃譬如一切屋舍堂閣以棟為第一如是一切善法不放逸為其根本譬如一切閻浮果唯得閻浮名者果冣為第一如是一切善法不放逸為其根本

如是一切俱毗陁羅樹薩婆耶旨羅俱毗陁羅樹為第一如是一切善法不放逸為根本如上說乃至涅槃譬

如諸山以須弥山王為第一如是一切善法不放逸為其根本如上說乃至涅槃譬如一切金以閻浮提金為第一如是一切善法不放逸為其根本如上說乃至涅槃譬如一切衣中伽尸細疊為第一如是一切善法不放逸為其根本如上說乃至涅槃譬如一切色中以白色為第一如是一切善法不放逸為其根本如上說乃至涅槃譬如衆鳥以金翅鳥為第一如是一切善法不放逸為其根本如上說乃至涅槃譬如諸王轉輪聖王為第一如是一切善法不放逸為其根本如上說乃至涅槃譬如一切天王四大天王為第一如是一切善法不放逸為其根本如上說乃至涅槃譬如一切三十三天以帝釋為第一如是一切善法不放逸為其根本如上說乃至涅槃譬如焰摩天中以宿焰摩天王為第一如是一切善法不放逸為其根本如上說乃至涅槃譬如兜率陁天以兜率陁天王為第一如是一切善法不放逸為其根本如

上說乃至涅槃譬如化樂天以善化樂天王為第一如是一切善法不放逸為其根本如上說乃至涅槃譬如他化自在天以善他化自在天子為第一如是一切善法不放逸為其根本如上說乃至涅槃譬如梵天大梵王為第一如是一切善法不放逸為其根本如上說乃至涅槃譬如閻浮提一切衆流皆順趣大海其大海者冣為第一以容受故如是一切善法皆順不放逸如上說乃至涅槃譬如一切雨渧皆歸大海如是一切善法皆順趣不放逸海如上說乃至涅槃譬如一切薩羅阿耨大薩羅為第一如是一切善法不放逸為第一如上說乃至涅槃譬如閻浮提一切河四大河為第一謂恒河新頭搏叉司陁如是一切善法不放逸為第一如上說乃至涅槃譬如衆星光明月為第一如是一切善法不放逸為第一如上說乃至涅槃譬如諸天身衆生羅睺羅阿脩羅冣為第一如是一切善法不放逸為其根本如上說乃至涅

槃譬如諸受五欲者頂生王為第一如是一切善法不放逸為其根本如上說乃至涅槃譬如欲界諸神力天魔波旬為第一如是一切善法不放逸為其根本如上說乃至涅槃譬如一切衆生無足兩足四足多足色無色想無想非想非無想如来為第一如是一切善法不放逸為其根本如上說乃至涅槃譬如所有諸法有為無為離貪欲為第一如是一切善法不放逸為其根本如上說乃至涅槃譬如一切諸法衆如来衆為第一如是一切善法不放逸為其根本如上說乃至涅槃譬如一切所有諸界苦行梵行聖界為第一如是一切善法不放逸為其根本如上說乃至涅槃佛說此經已諸比丘聞佛所說歡喜奉行

如是我聞一時佛住舍衛國祇樹給孤獨園尒時世尊告諸比丘有四種禪有禪三昧善非正受善有禪正受善非三昧善有禪三昧善亦正受善有禪非三昧善非正受善復次四種

禪有禪住三昧善非住正受善有禪住正受善非住三昧善有禪住三昧善亦住正受善有禪非住三昧善亦非住正受善復次四種禪有禪三昧起善非正受起善有禪正受起善非三昧起善有禪三昧起善亦正受起善有禪非三昧起善亦非正受起善復次四種禪有禪三昧時善非正受時善有禪正受時善非三昧時善有禪三昧時善亦正受時善有禪非三昧時善亦非正受時善復次四種禪有禪三昧處善非正受處善有禪正受處善非三昧處善有禪三昧處善亦正受處善有禪非三昧處善亦非正受處善復次四種禪有禪三昧迎善非正受迎善有禪正受迎善非三昧迎善有禪三昧迎善亦正受迎善有禪非三昧迎善亦非正受迎善復次四種禪有禪三昧念善非正受念善有禪正受念善非三昧念善有禪三昧念善亦正受念善有禪非三昧念善亦非正受念善復次四種禪有禪三昧念不念善非正受念不念善

有禪正受念不念善非三昧念不念善有禪三昧念不念善亦正受念不念善有禪非三昧念不念善亦非正受念不念善復次四種禪有禪三昧来善非正受来善有禪正受来善非三昧来善有禪三昧来善亦正受来善有禪非三昧来善亦非正受来善復次四種禪有禪三昧悪善非正受悪善有禪正受悪善非三昧悪善有禪三昧悪善亦正受悪善有禪非三昧悪善亦非正受悪善復次四種禪有禪三昧方便善非正受方便善有禪正受方便善非三昧方便善有禪三昧方便善亦正受方便善有禪非三昧方便善亦非正受方便善復次四種禪有禪三昧止善非正受止善有禪正受止善非三昧止善有禪三昧止善亦正受止善有禪非三昧止善亦非正受止善復次四種禪有禪三昧舉善非正受舉善有禪正受舉善非三昧舉善有禪三昧舉善亦正受舉善有禪非三昧舉善亦非正受舉善復次四種禪有禪三昧捨善非

正受捨善有禪正受捨善非三昧捨善有禪三昧捨善亦正受捨善有禪非三昧捨善亦非正受捨善佛說此經已諸比丘聞佛所說歡喜奉行

如是我聞一時佛住舍衛國祇樹給孤獨園尒時世尊告諸比丘有無學三明何等為三無學宿命智證通無學生死智證通無學漏盡智證通尒時世尊即說偈言

觀察知宿命　見天惡趣生　生死諸漏盡
是則牟尼明　其心得解脫　一切諸貪愛
三夜悉通達　故說為三明

佛說此經已諸比丘聞佛所說歡喜奉行

如是我聞一時佛住舍衛國祇樹給孤獨園尒時世尊告諸比丘有無學三明何等為三謂無學宿命智證通无學生死智證通無學漏盡智證通云何無學宿命智證通謂聖弟子知種種宿命事從一生至百千万億生乃至劫數成壞我及衆生宿命所更如是名如是生如是性如是食如是受苦樂如是長壽如是久住如是受

分齊我及衆生於此處死餘處生於餘處死此處生有如是行如是因如是信受種種宿命事皆悉了知是名宿命智證明云何生死智證明謂聖弟子天眼淨過於人眼見諸衆生死時生時善色惡色上色下色向於惡趣隨業受生如實知如此衆生身惡行成就口惡行成就意惡行成就謗聖人邪見受邪法因緣故身壞命終生惡趣泥犁中此衆生身善行口善行意善行不毀聖人正見成就身壞命終生於善趣天人中是名生死智證明云何漏盡智證明謂聖弟子此苦如實知此苦集此苦滅此苦滅道跡如實知彼如是知如是見欲有漏心解脫有有漏心解脫無明漏心解脫解脫知見我生已盡梵行已立所作已作自知不受後有是名漏盡智證明尒時世尊即說偈言

觀察知宿命　見天惡趣生　生死諸漏盡
是則牟尼明　知心得解脫　一切諸貪愛
三處悉通達　故說為三明

佛說是經已諸比丘聞佛所說歡喜

奉行

如是我聞一時佛住舍衛國祇樹給孤獨園時有異婆羅門来詣佛所與世尊面相慰勞慰勞已退坐一面而作是說此則婆羅門三明此則婆羅門三明尒時世尊告婆羅門言云何名為婆羅門三明婆羅門白佛言瞿曇婆羅門父母具相無諸瑕穢父母七世相承無諸譏論世世相承常為師長辯才具足誦諸經典物類名字万物差品字類分合歷世本末此五種記悉皆通達容色端正是名瞿曇婆羅門三明佛告婆羅門我不以名字言說為三明也賢聖法開說真要實三明謂賢聖知見賢聖法律真實三明婆羅門白佛云何瞿曇賢聖知見賢聖法律所說三明佛告婆羅門有三種無學三明何等為三謂無學宿命智證明無學生死智證明無學漏盡智證明如上經廣說

尒時世尊即說偈言

一切法无常　持戒寂靜禪　知一切宿命
已生天惡趣　得斷生漏盡　是為牟尼通

恚知心解脫　一切貪恚癡　我說是三明
非言語所說
婆羅門是為聖法律所說三明婆羅門白佛瞿曇是真三明尒時婆羅門聞佛所說歡喜隨喜從坐起而去

如是我聞一時佛住舍衛國祇樹給孤獨園時有異婆羅門来詣佛所與世尊面相慰勞慰勞已退坐一面白佛瞿曇我名信佛告婆羅門所謂信者信增上戒施聞捨慧是則為信非名字是信也時婆羅門聞佛所說歡喜隨喜從坐起而去

如是我聞一時佛住舍衛國祇樹給孤獨園時有異婆羅門来詣佛所面相慰勞慰勞已退坐一面白佛言瞿曇我名增益佛告婆羅門所謂增益者信增益戒聞捨慧增益是為增益非名字為增益也時婆羅門聞佛所說歡喜隨喜從坐起而去

如是我聞一時佛住舍衛國祇樹給孤獨園時有異婆羅門来詣佛所問訊安否問訊已退坐一面白佛言世尊我名等起佛告婆羅門夫等起者謂起於信起戒聞捨慧是為等起非名字為等起也尒時婆羅門聞佛所說歡喜隨喜從坐起而去

如是我聞一時佛住舍衛國祇樹給孤獨園尒時世尊告諸比丘當為汝說無為法及無為道跡諦聽善思云何無為法謂貪欲永盡瞋恚愚癡永盡一切煩惱永盡是無為法云何為無為道跡謂八聖道分正見正智正語正業正命正方便正念正定是名無為道跡佛說此經已諸比丘聞佛所說歡喜奉行

如無為如是難見不動不屈不死無漏覆蔭洲渚濟度依止擁護不流轉離熾焰離燒然流通清涼微妙安隱無病無所有涅槃亦如是說

如是我聞一時佛住舍衛國祇樹給孤獨園尒時世尊告諸比丘辟如湖池廣長五十由旬深亦如是若有士夫以一毛端渧彼湖水云何比丘彼湖水為多為士夫毛端一渧水多比丘白佛世尊士夫毛端尠少耳湖水无量千万億倍不得為比佛告比丘具足見真諦正見具足世尊弟子見真諦果正無間等彼於尒時已斷已知斷其根本如截多羅樹頭更不復生所斷諸苦甚多无量如大湖水所餘之苦如毛端渧水佛說此經已諸比丘聞佛所說歡喜奉行

如毛端渧水如是草籌之端渧水亦如是如湖池水如是薩羅多吒伽恒水耶扶那薩羅浻伊羅跋提摩醯大海亦如是說佛說此經已諸比丘聞佛所說歡喜奉行

如是我聞一時佛住舍衛國祇樹給孤獨園尒時世尊告諸比丘有內六入處云何為六謂眼內入處耳鼻舌身意內入處於此六法觀察忍名為信行超昇離生離凡夫地未得須陁洹果乃至未命終要得須陁洹果若此諸法增上觀察忍名為法行超昇離生離凡夫地未得須陁洹果乃至未終要得須陁洹果若此諸法如實正智觀察三結已盡已知謂身見戒取疑是名須陁洹不墮决定惡趣定趣三菩提七有天人往生究竟苦邊

此等諸法正智觀察不起諸漏離欲解脫名阿羅漢諸漏已盡所作已作離諸重擔逮得已利盡諸有結正智心善解脫佛說此經已諸比丘聞佛所說歡喜奉行

如內六入處如是外六入處六識身六觸身六受身六想身六思身六愛身六界身五陰亦如上說

如是我聞一時佛住舍衛國祇樹給孤獨園尒時世尊告諸比丘有五種種子生何等為五謂根種子莖種子節種子壞種子種種子此諸種子不斷不破不腐不傷不穿堅新得地界不得水界彼諸種子不得生長增廣得水界不得地界彼諸種子不得生長增廣要得地界水界彼諸種子得生長增廣如是業煩惱有愛見惕无明而生行若有業而無煩惱愛見無明者行則滅佛說此經已諸比丘聞佛所說歡喜奉行

如行如是識名色六入處觸受愛取有生老死亦如是說

如是我聞一時佛住舍衛國祇樹給孤獨園尒時世尊告諸比丘於我世間於世間及世間集不如是知者我終不得於諸天魔梵沙門婆羅門及諸世間為解脫為出為離離顛倒想亦不名阿耨多羅三藐三菩提以我於世間及世間集如實知故是故我於諸天世人魔梵沙門婆羅門及餘衆生為得解脫為出為離心離顛倒具足住得成阿耨多羅三藐三菩提佛說此經已諸比丘聞佛所說歡喜奉行

如是世間世間集世間滅世間集世間出世間集世間滅世間味世間患世間出世間集世間滅世間出世間集世間滅道跡世間集世間滅世間集道跡世間滅道跡世間集世間滅世間味世間患世間出世間集世間滅世間集道跡世間滅道跡世間味世間患世間出佛說此經已諸比丘聞佛所說歡喜奉行

如是我聞一時佛住舍衛國祇樹給孤獨園尒時世尊告諸比丘有三愛何等為三謂欲愛色愛無色愛為斷三愛故當求大師佛說此經已諸比丘聞佛所說歡喜奉行

如求大師如是次師教師廣導師度師廣度師說師廣說師隨說師阿闍梨同伴真知識之善友哀愍慈悲欲義安欲樂欲觸欲通欲者精進者方便者出者堅固者勇猛者堪能者攝者常者學者不放逸者修者思惟者憶念者覺想者思量者梵行者神力者智者識者慧者分別者念處正勤根力覺道正觀念身正思惟求亦如是說

如是我聞一時佛住舍衛國祇樹給孤獨園尒時世尊告諸比丘有三有漏何等為三謂欲有漏有有漏無明有漏為斷此三有漏故當求大師佛說此經已諸比丘聞佛所說歡喜奉行

如求大師如是乃至求正思惟亦如是說

如是我聞一時佛住王舍城迦蘭陀竹園時尊者羅睺羅來詣佛所稽首礼足退坐一面白佛言世尊云何知云何見我此識身及外境界一切相

不憶念於其中間盡諸有漏佛告羅睺羅有內六入處何等為六謂眼入處耳鼻舌身意入處此等諸法正智觀察盡諸有漏正智心善解脫是名阿羅漢盡諸有漏所作已作已捨重檐逮得已利盡諸有結正智心得解脫佛說此經已諸比丘聞佛所說歡喜奉行

如內六入處如是外六入處乃至五陰亦如是說

如是我聞一時佛住王舍城迦蘭陀竹園尒時世尊告諸比丘若比丘於眼欲貪斷欲貪斷者是名眼已斷已知斷其根本如截多羅樹頭於未來世成不生法如眼如是耳鼻舌身意亦如是說佛說此經已諸比丘聞佛所說歡喜奉行

如內六入處如是外六入處乃至五陰亦如是說

如是我聞一時佛住王舍城迦蘭陀竹園尒時世尊告諸比丘若比丘眼生住成就顯現苦生病住老死顯現如是乃至意亦如是說若眼滅息沒苦則滅病則息老死則沒乃至意亦如是說佛說此經已諸比丘聞佛所說歡喜奉行

如內六入處如是外六入處乃至五陰亦如是說

如是我聞一時佛住王舍城迦蘭陀竹園尒時世尊告諸比丘若比丘於眼味著者則生上煩惱生上煩惱者於諸染汙心不得離欲彼障㝵亦不得斷乃至意入處亦如是說佛說此經已諸比丘聞佛所說歡喜奉行

如內六入處如是外六入處乃至五陰亦如是說

如是我聞一時佛住王舍城迦蘭陀竹園尒時世尊告諸比丘辟如世間所作皆依於地而得建立如是一切善法皆依內六入處而得建立佛說此經已諸比丘聞佛所說歡喜奉行

如內六入處如是外六入處乃至五陰亦如是說

如是我聞一時佛住王舍城迦蘭陀竹園尒時世尊告諸比丘若有眾生無足二足四足多足色無色想無想非想非非想於一切如來最第一乃至聖戒亦如是說

如是我聞一時佛住王舍城迦蘭陀竹園尒時世尊告諸比丘若諸世間眾生所作彼一切皆依於地而得建立如是一切法有為無為離貪欲法最為第一如是廣說乃至聖戒亦如是說佛說此經已諸比丘聞佛所說歡喜奉行

如是我聞一時佛住王舍城迦蘭陀竹園尒時世尊告諸比丘若諸世間眾生彼一切皆依於地而得建立如是一切諸眾如來聲聞眾最為第一如是廣說乃至聖戒佛說此經已諸比丘聞佛所說歡喜奉行

雜阿含經卷第三十一

雜阿含經卷第三十一

校勘記

一 底本，金藏廣勝寺本。
一 一頁下一〇行第六字「相」，資、磧、普、南、徑、清作「相觀」。
一 一頁下一七行第四字「愛」，資、磧、普、南、徑、清作「愛愛」。
一 一頁下二一行第九字「知」，諸本作「見」。
一 二頁上末行首字「生」，石、磧、普、南、徑、清作「盡」。
一 二頁中八行第八字「法」，資、磧、普、南、徑、清無。
一 二頁中一一行第四字「上」，諸本作「取上」。
一 二頁中二一行第九字「於」，資、磧、普、南、徑、清作「於色」。
一 三頁上九行第九字「蓋」，資、磧、普、南、徑、清無。
一 三頁中一〇行第一一字「行」，徑無。
一 三頁中末行第七字「戒」，資、磧、普、南、徑、清、麗作「戒是名下生子」。
一 四頁上四行第四字「亦」，資、磧、普、南、徑、清無。
一 四頁上二一行「精進攝受」，石、麗作「精勤攝受」；資、磧、普、南、徑、清無。
一 四頁中一八行第五字「彼」，石無。
一 四頁中一九行末字「盡」，普、徑作「淨」。
一 五頁上六行第六字「皆」，資、磧、普、南、徑、清作「皆依」。
一 五頁上一〇行首字「沙」，石作「伽」。
一 五頁上一〇行第一〇字「善」，諸本作「善法」。
一 五頁上一五行第二字「主」，普作「王」。
一 五頁上二一行首字「如」，磧、普、南、清作「譬如」。
一 五頁中三行第一二字「提」，資、磧、普、南、徑、清作「檀」。
一 五頁下二一行第一〇字「天」，諸本作「大」。
一 七頁上一二行第二字「夜」，資、磧、普、南、徑、清作「處」。
一 七頁中八行末字「謗」，磧、普、南、徑、清作「毀謗」。
一 七頁中一一行第六字「毀」，諸本作「謗毀」。
一 七頁下一四行第一一字「聞」，資、磧、普、南、徑、清作「門」；麗作「間」。
一 七頁下末行第一二字「爲」，石作「名」。
一 八頁中九行第四字「跡」，資、磧、普、南、徑、清作「智」。
一 八頁中九行第一三字「智」，資、磧、普、南、徑、清作「止」。
一 八頁下四行第六字「甚」，石作「其」。
一 八頁下九行第二字「耶」，石作「服」。
一 九頁上一二行第一一字「諸」，資

作「謂」。

一 九頁上二二行第三字「老」，磧作「者」。

一 九頁中末行末字「斷」，諸本作「斷此」。

一 九頁下六行首字「義」，諸本作「義欲」。

一 九頁下一一行第五字「正」，資、磧、普、南、徑、清、麗作「止」。

雜阿含經卷第三十二

宋天竺三藏求那跋陀羅譯

如是我聞一時佛住王舍城迦蘭陀竹園尒時尊者摩訶迦葉尊者舍利弗住耆闍崛山中時有衆多外道出家詣尊者舍利弗與尊者面相問訊慰勞已退坐一面語尊者舍利弗言云何舍利弗如来有後生死耶舍利弗言諸外道世尊說言此是無記又問云何舍利弗如来無後生死耶舍利弗荅言諸外道世尊說言此是無記又問舍利弗如来有後生死無後生死耶舍利弗荅言世尊說言此是無記又問舍利弗如来非有後生死非無後生死耶舍利弗荅言諸外道世尊說言此是無記諸外道出家又問尊者舍利弗云何所問如来有後生死無後生死有後無後非有後非無後一切荅言世尊說此是無記云何為上座如愚如癡不善不辯如嬰見無自性智作此語已從坐起去尒時尊者摩訶迦葉尊者舍利弗相去不遠各坐樹下晝日禪思尊者舍利弗知諸外道出家去已詣尊者摩訶迦葉所共相問訊慰勞已退坐一面以向與諸外道出家所論說事具白尊者摩訶迦葉尊者摩訶迦葉何因何緣世尊不記說後有生死後無生死後有後無非有非無生死耶尊者摩訶迦葉語舍利弗言若說如来後有生死者是則為色若說如来無後生死是則為色若說如来有後生死無後生死是則為色若說如来非有後非無後生死是則為色如来者色已盡心善解脫言有後生死者此則不然無後生死有後無後非有後非無後生死此亦不然如来者色已盡心善解脫甚深廣大无量無數寂滅涅槃舍利弗若說如来有後生死者是則為受為想為行為識為動為慮為虛誑為有為為愛乃至非有非無後有亦如是說如来者愛已盡心善解脫是故說後有者不然後無後有無後非有非無者不然如来者愛已盡心善解脫甚深廣大无量無數寂滅涅槃舍利弗如是因如是緣故有問世尊如来若有若無若有無若非有非無後生死不可記說時二正士共論議已各還本處

如是我聞一時佛住舍衛國祇樹給孤獨園尒時尊者摩訶迦葉住舍衛國東園鹿子母講堂晡時從禪覺往詣佛所稽首礼足退坐一面白佛言世尊何因何緣世尊先為諸聲聞少制戒時多有比丘心樂習學今多為聲聞制戒而諸比丘少樂習學佛言如是迦葉命濁煩惱濁劫濁衆生濁見濁衆生善法退減故大師為諸聲聞多制禁戒少樂習學迦葉辟如劫欲壞時真寶未滅有諸相似偽寶出於世間偽寶出已真寶則没如是迦葉如来正法欲滅之時有相似像法生相似像法出世間已正法則滅辟如大海中船載多珎寶則頓沉没如来正法則不如是漸漸消滅如来正法不為地界所壞不為水火風界所壞乃至惡衆生出世樂行諸惡欲行諸惡成就諸惡非法言法法言非法

非律言律律言非律以相似法句味熾然如来正法於此則没迦葉有五因縁能令如来正法沉没何等為五若比丘於大師所不敬不重不下意供養於大師所不敬不重不下意供養已然復依猗而住若法若學若隨順教若諸梵行大師所稱歎者不敬不重不下意供養而依止住是名迦葉五因縁故如来正法於此沉没迦葉有五因縁令如来法律不没不忘不退何等為五若比丘於大師所恭敬尊重下意供養依止而住若法若學若隨順教若諸梵行大師所稱歎者恭敬尊重下意供養依止而住迦葉是名五因縁如来法律不没不忘不退是故迦葉當如是學於大師所當脩恭敬尊重下意供養依止而住若法若學若隨順教若諸梵行大師所讃歎者恭敬尊重下意供養依止而住佛説是經已尊者摩訶迦葉歡喜隨喜作礼而去

如是我聞一時佛住王舍城迦蘭陁竹園時有遮羅周羅郍羅聚落主来

詣佛所面前問訊慰勞問訊慰勞已退坐一面白佛言瞿曇我聞古昔歌儛戲笑耆年宿士作如是説若伎兒於大衆中歌儛戲笑作種種伎令彼大衆歡樂喜笑以是業縁身壊命終生歡喜天於此瞿曇法中所説云何佛告聚落主且止莫問此義如是再三猶請不已佛告聚落主我今問汝隨汝意荅古昔此聚落衆生不離貪欲貪欲縛所縛不離瞋恚瞋恚縛所縛不離愚癡愚癡縛所縛彼諸伎兒於大衆坐中種種歌儛伎樂嬉戲令彼衆人歡樂喜笑聚落主當其彼人歡樂喜笑者豈不增長貪恚癡縛耶聚落主白佛言如是瞿曇聚落主辟如有人以繩反縛有人長夜以惡心欲令此人非義饒益不安不樂數數以水澆所縛繩此人被縛豈不轉增急耶聚落主言如是瞿曇佛言聚落主古昔衆生亦復如是不離貪欲瞋恚癡縛縁彼嬉戲歡樂喜笑更增其縛聚落主言實尒瞿曇彼諸伎兒令其衆生歡樂喜笑轉增貪欲瞋恚癡縛

以是因縁身壊命終生善趣者無有是處佛告聚落主若言古昔伎兒能令大衆歡樂喜笑以是業縁生歡喜天者是則邪見若邪見者應生二趣若地獄趣若畜生趣説是語時遮羅周羅郍羅聚落主悲泣流涙尒時世尊告聚落主是故我先三問不荅言聚落主且止莫問此義聚落主白佛言瞿曇我不以瞿曇説故而悲泣也我自念昔来云何為彼愚癡不辯不善諸伎兒輩所見欺誑言大衆中作諸伎樂乃至生歡喜天我今定思云何伎兒歌儛嬉戲生歡喜天瞿曇我從今日捨彼伎兒惡不善業歸佛歸法歸比丘僧佛言善哉聚落主此真實要尒時遮羅周羅郍羅聚落主聞佛所説歡喜隨喜頂礼佛足歡喜而去

如是我聞一時佛住王舍城迦蘭陁竹園尒時戰闘活聚落主来詣佛所恭敬問訊問訊已退坐一面白佛言瞿曇我聞古昔戰闘活耆年宿士作是言若戰闘活身被重鎧手執利器

將士先鋒堪能方便摧伏怨敵緣此業報生箭降伏天於瞿曇法中其義云何佛告戰闘活且止莫問此義如是再三問亦再三止之猶問不已佛告聚落主我今問汝隨汝意荅聚落主於意云何若戰闘活身被甲冑為戰士先鋒堪能方便摧伏怨敵此人豈不先起傷害之心欲攝縛枷鏁斫刺煞害於彼耶聚落主白佛如是世尊佛告聚落主為戰闘活有三種惡邪若身若口若意以此三種惡邪因緣身壞命終得生善趣箭降伏天者無有是處佛告聚落主若古昔戰闘活者年宿士作如是見作如是說若諸戰闘活身被甲冑手執利器命敵先登堪能方便摧伏怨敵以是因緣生箭降伏天者是則邪見邪見之人應生二處若地獄趣若畜生趣說是語時彼聚落主悲泣流淚佛告聚落主以是義故我先再三語汝且止不為汝說聚落主白佛言我不以瞿曇語故悲泣我念古昔諸闘戰活耆年宿士愚癡不善不辨長夜欺誑作如

是言若戰闘活身被甲冑手執利器命敵先登乃至得生箭降伏天是故悲泣我今定思諸戰闘活惡業因緣身壞命終生箭降伏天者無有是處瞿曇我從今日捨諸惡業歸佛歸法歸比丘僧佛告聚落主此真實要時戰闘活聚落主聞佛所說歡喜隨喜即從坐起作礼而去

如是我聞一時佛住王舍城迦蘭陀竹園時有調馬聚落主來詣佛所恭敬問訊退坐一面尒時世尊告調馬聚落主調伏馬者有幾種法聚落主荅言瞿曇有三種法何等為三一謂者柔軟二者剛強三者柔軟剛強佛告聚落主若以三種法馬猶不調當如之何聚落主言便當煞之聚落主白佛言瞿曇無上調御丈夫者當以幾種法調御丈夫佛告聚落主我亦以三法調御丈夫何等為三一者柔軟二者剛強三者柔軟剛強聚落主白佛瞿曇若三種調御丈夫猶不調者當如之何佛言聚落主三事調伏猶不調者便當煞之所以者何莫令

我法有所屈辱調馬聚落主白佛言瞿曇法中煞生者不淨瞿曇法中不應煞而今說言不調伏者亦當煞之佛告聚落主如汝所言如來法中煞生者不淨如來不應有煞聚落主然我以三種法調御丈夫彼不調者不復與語不復教授不復教誡聚落主若如來調御丈夫不復與語不復教授不復教誡豈非煞耶調馬聚落主白佛言瞿曇若調御丈夫不復與語不復教授不復教誡真為煞也是故我從今日捨諸惡業歸佛歸法歸比丘僧佛告聚落主此真實要佛說此經已調馬聚落主聞佛所說歡喜隨喜即從坐起作礼而去

如是我聞一時佛住王舍城迦蘭陀竹園時有凶惡聚落主來詣佛所稽首佛足退坐一面白佛言世尊不脩何等法故於他生瞋恚生瞋恚故口說惡言他為其作惡性名字佛告聚落主不脩正見故於他生瞋生瞋恚已口說惡言他為其作惡性名字不脩正志正語正業正命正方便正念

正定故於他生瞋生瞋恚故口說惡言他為其作惡性名字復問世尊脩習何法於他不瞋不瞋恚故口說善言他為其作賢善名字佛告聚落主脩正見故於他不瞋不瞋恚故口說善言他為其作賢善名字脩習正志正語正業正命正方便正念正定故於他不瞋不瞋恚故口說善言他為其作賢善名字兇惡聚落主白佛言奇哉世尊善說此言我不脩正見故於他生瞋生瞋恚已口說惡言他為我作惡性名字我不脩正志正語正業正命正方便正念正定故於他生瞋生瞋恚故口說惡言他為我作惡性名字是故我今當捨瞋恚剛強麁澁佛告聚落主此真實要佛說此經已兇惡聚落主歡喜隨喜作礼而去

如是我聞一時佛住王舍城迦蘭陀竹園時有摩尼珠髻聚落主來詣佛所稽首佛足退坐一面白佛言世尊先日國王集諸大臣共論議言云何沙門釋子比丘自為受畜金銀寶物為淨耶為不淨耶其中有言沙門釋

子應受畜金銀寶物又復有言不應自為受畜金銀寶物世尊彼言沙門釋子應自為受畜金銀寶物者為從佛聞為自出意說作是語者為隨順法為不隨順為真實說為虛妄說如是說者得不墮於呵責處耶佛告聚落主此則妄說非真實說非是法說非隨順說墮呵責處所以者何沙門釋子自為受畜金銀寶物者不清淨故若自為已受畜金銀寶物者非沙門法非釋種子法聚落主白佛言奇哉世尊沙門釋子受畜金銀寶物者非沙門法非釋種子法此真實說世尊作是說者增長勝妙我亦作是說沙門釋子不應自為受畜金銀寶物佛告聚落主若沙門釋子自為受畜金銀珎寶清淨者五欲功德悉應清淨摩尼珠髻聚落主聞佛所說歡喜作礼而去尒時世尊知摩尼珠髻聚落主去已告尊者阿難若諸比丘依止迦蘭陀竹園住者悉呼令集於食堂時尊者阿難即受佛教周遍宣令依止迦蘭陀竹園比丘集於食堂比

丘集已往白世尊諸比丘已集食堂唯世尊知時尒時世尊往詣食堂大衆前坐坐已告諸比丘今日有摩尼珠髻聚落主來詣我所作如是言先日國王集諸大臣作如是論議沙門釋子自為受畜金銀寶物為清淨不其中有言清淨者有言不清淨者今問世尊言清淨者為從佛聞為自妄說如上廣說彼摩尼珠髻聚落主聞我所說歡喜隨喜作礼而去諸比丘國王大臣共集論議彼摩尼珠髻聚落主於大衆前師子吼說沙門釋種子不應自為受畜金銀寶物諸比丘汝等從今日須木索木須草索草須車索車須作人索作人慎勿為已受取金銀種種寶物佛說此經已諸比丘聞佛所說歡喜奉行

如是我聞一時佛住瞻婆國揭伽池側時有王頂聚落主來詣佛所稽首佛足退坐一面尒時世尊告王頂聚落主今者衆生依於二邊何等為二一者樂著卑下田舍常人凡夫五欲二者自苦方便不正非義饒益聚落

主有三種樂受欲樂卑下田舍常人凡夫有三種自苦方便不正非義饒益聚落主何等為三種卑下田舍常人凡夫樂受欲樂有受欲者非法濫取不以安樂自供不供養父母給足兄弟妻子奴婢眷屬朋友知識亦不隨時供養沙門婆羅門仰求勝處安樂果報未來生天是名世間第一受欲復次聚落主受欲樂者以法非法濫取財物以樂自供供養父母給足兄弟妻子奴婢眷屬朋友知識而不隨時供養沙門婆羅門仰求勝處安樂果報未來生天是名第二受欲樂者復次聚落主有受欲樂者以法求財不以濫取以樂自供供養父母給足兄弟妻子奴婢眷屬知識隨時供養沙門婆羅門仰求勝處安樂果報未來生天是名第三受欲樂者聚落主我不一向說受欲平等我說受欲者其人卑下我說受欲者是其中人我說受欲者是其勝人何等為卑下受欲者謂非法濫取乃至不仰求勝處安樂果報未來生天是名我說卑

雜阿含經卷第三十二 第十二張 川

下者受欲何等為中人受欲謂受欲者以法非法而求財物乃至不求未來生天是名我說第二中人受欲何等為我說勝人受欲謂彼以法求財乃至未來生天是名我說第三勝人受欲何等為三種自苦方便是苦非法不正非義饒益有一自苦枯槁活初始犯戒汙戒彼脩種種苦行精勤方便住處住彼不能現法得離熾然過人法勝妙知見安樂住聚落主是名第一自苦方便枯槁活復次自苦方便枯槁活始不犯戒汙戒而脩種種苦行亦不由此現法得離熾然過人法勝妙知見安樂住是名第二自苦方便枯槁活復次自苦方便枯槁活不初始犯戒汙戒然脩種種苦行方便亦不能現法離熾然得過人法勝妙知見安樂住是名第三自苦方便枯槁活聚落主我不說一切自苦方便枯槁活恚等我說有自苦方便是卑劣人有說自苦方便是中人有說自苦方便是勝人何等自苦方便卑劣人若彼自苦方便初始犯戒

雜阿含經卷第三十二 第十四張 川

汙戒乃至不得勝妙知見安樂住是名我說自苦方便卑劣人何等為自苦方便中人若彼自苦方便不初始犯戒汙戒乃至不得勝妙知見安樂住是名我說自苦方便中間人何等為自苦方便勝人若彼自苦方便枯槁活不初始犯戒汙戒乃至不得勝妙知見安樂住是名我說自苦方便勝人聚落主是名三種自苦方便是苦非法不正非義饒益聚落主有道有跡不向三種受欲隨順方便卑下田舍常人凡夫不向三種自苦方便是苦非法不正非義饒益聚落主何等為道何等為跡不向三種受欲三種自苦方便聚落主為欲貪障閡故或欲自害或欲害他或欲俱害現法後世得斯罪報心法憂苦瞋恚癡所障或欲自害或欲害他或欲俱害現法後世得斯罪報心法憂苦若離貪障不欲方便自害害他自他俱害不現法後世受斯罪報彼心心法常受喜樂如是離瞋恚愚癡障閡不欲自害不欲害他自他俱害不現法後世

雜阿含經卷第三十二 第十五張 川

受斯罪報彼心心法常受安樂於現
法中遠離熾然不待時節親近涅槃
即此身現緣自覺知聚落主如此現
法永離熾然不待時節親近涅槃即
此現身緣自覺知者為八聖道正見
乃至正定當其世尊說是法時王頂
聚落主遠塵離垢得法眼淨時王頂
聚落主見法得法知法深入於法度
疑不由於他於正法律得無所畏即
從坐起整衣服合掌白佛我今已度
世尊歸佛歸法歸比丘僧從今盡壽
為優婆塞時聞佛所說歡喜隨喜作
礼而去
如是我聞一時佛在力士人間遊行
到欝鞞羅住處鸚鵡閣浮林時有竭
曇聚落主聞沙門瞿曇在力士人間
遊行至欝鞞羅聚落鸚鵡閣浮林說
現法苦集苦没我當往詣彼沙門瞿
曇若我詣沙門瞿曇者彼必為我說
現法苦集苦没即往彼欝鞞羅聚落
詣世尊所稽首礼足退坐一面白佛
言世尊我聞世尊常為人說現法苦
集苦没善哉世尊為我說現法苦集

苦没佛告聚落主我若說過去法苦
集苦没者知汝於彼為信為不信為
欲不欲為念不念為樂不樂汝今苦
不我若說未來苦集苦没者知汝於
彼為信不信為欲不欲為念不念為
樂不樂汝今苦不我今於此說現法
苦集苦没聚落主若衆生所有苦生
彼一切皆以欲為本欲生欲集欲起
欲因欲緣而苦生聚落主白佛言世
尊極略說法不廣分别我所不解善
哉世尊唯願廣說令我等解佛告聚
落主我今問汝隨汝意說聚落主於
意云何若衆生於此欝鞞羅聚落住
者是若縛若打若責若殺汝心當起
憂悲惱苦不聚落主白佛言世尊亦
不一向若諸衆生於此欝鞞羅聚落
住者於我有欲有貪有愛有念相習
近者彼遭若縛若打若責若殺我則
生憂悲惱苦若彼衆生所無欲貪愛
念相習近者彼遭縛打責殺我何為
横生憂悲惱苦佛告聚落主是故當
知衆生種種苦生彼一切皆以欲為
本欲生欲習欲起欲因欲緣而生衆

苦聚落主於意云何汝依父母不相
見者則生欲貪愛念不聚落主言不
也世尊聚落主於意云何若見若聞
彼依父母當起欲愛念不聚落主言
如是世尊復問聚落主於意云何彼
依父母若无常變異者當起憂悲惱
苦不聚落主言如是世尊若依父母
无常變異者我或隣死豈唯憂悲惱
苦佛告聚落主是故當知若諸衆生
所有苦生一切皆以愛欲為本欲生
欲集欲起欲因欲緣而生苦聚落主
言奇哉世尊善說如此依父母辭我
有依父母居在異處我日日遣信問
其安否使未時還我以憂苦況復无
常而無憂苦佛告聚落主是故我說
其諸衆生所有憂苦一切皆以欲為
根本欲生欲集欲起欲因欲緣而生
憂苦佛告聚落主若有四愛念无常
變異者則四憂苦生若三二若一愛
念無常變異者則一憂苦生聚落主
若都無愛念者則無憂苦塵勞即說
偈言

若無世間愛念者　則無憂苦塵勞患

一切憂苦消滅盡　猶如蓮花不著水
當其世尊說是法時揭曇聚落主遠
塵離垢得法眼淨見法得法深入於
法度諸狐疑不由於他不由他度於
正法律得無所畏從坐起整衣服合
掌白佛已度世尊我以超越我從今
日歸佛歸法歸比丘僧盡其壽命為
優婆塞唯憶持我佛說此經已揭曇
聚落主聞佛所說歡喜隨喜作禮
而去
如是我聞一時佛在摩竭提國人間
遊行與千二百五十比丘千優婆塞
五百乞殘食人從城至城從聚落至
聚落人間遊行至那羅聚落好衣菴
羅園中時有刀師氏聚落主是尼揵
弟子詣尼揵所禮尼揵足退坐一面
尒時尼揵語刀師氏聚落主汝能共
沙門瞿曇作蒺蔾論令沙門瞿曇不
得語不得不語耶聚落主言阿梨我
立何等論為蒺蔾論令沙門瞿曇不
得語不得不語尼揵語聚落主言汝
往詣沙門瞿曇所作是問瞿曇常願
欲令諸家福利具足增長作如是願

如是說不若答汝言不者汝當問言
沙門瞿曇與凡愚夫有何等異若言
有願有說者當復問言沙門瞿曇若
有如是願如是說者今云何於飢饉
世遊行人間將諸大衆千二百五十
比丘千優婆塞五百乞殘食人從城
至城從村至村損費世間如大雨雹
雨已乃是減損非增益也瞿曇所說
殊不相應不類不似前後相違如是
聚落主是名蒺蔾論令彼沙門瞿曇
不得語不得不語尒時刀師氏聚落
主受尼揵勸教已詣佛所恭敬問訊
恭敬問訊已退坐一面白佛瞿曇常
欲願令諸家福利增長不佛告聚落
主如來長夜欲令諸家福利增長亦
常作是說聚落主言若如是者云何
瞿曇於飢饉世人間乞食將諸大衆乃
至不似不類前後相違佛告聚落主
我憶九十一劫以來不見一人施一
比丘有盡有減聚落主汝觀今日有
人家大富多錢財多眷屬多僕從當
知其家長夜好施真實寂止故致斯
福利聚落主有八因緣令人損減福

利不增何等為八王所逼賊所劫火
所焚水所漂藏自消減拄債不還怨
憎殘破惡子費用有是八種為錢財
難聚聚落主我說无常為第九句如是
聚落主汝捨九因九緣而言沙門瞿
曇破壞他家不捨惡言不捨惡見如
鐵槍投水身壞命終生地獄中時刀
師氏聚落主心生恐怖身毛皆竪白
佛言世尊我今悔過如愚如癡不善
不辯於瞿曇所不實欺誑虛說妄語
聞佛所說歡喜隨喜從坐起去
如是我聞一時佛住那羅聚落好衣
菴羅園中時有刀師氏聚落主先是
尼揵弟子詣尼揵所禮尼揵足退坐
一面尒時尼揵語聚落主汝能共沙
門瞿曇作蒺蔾論令沙門瞿曇不得
語不得不語聚落主白尼揵阿梨何
等為蒺蔾論令沙門瞿曇不得語不
得不語耶尼揵語聚落主汝往沙門
瞿曇所作如是言瞿曇不常欲安慰
一切衆生讚歎安慰一切衆生耶若
言不者應語言瞿曇與凡愚夫有何
等異若言常欲安慰一切衆生讚歎

安慰一切衆生者復應問言若欲安慰一切衆生者以何等故或為一種人說法或不為一種人說法作如是問者是名蒺藜論令彼沙門瞿曇不得語不得不語尒時聚落主受尼揵勸進已往詣佛所恭敬問訊已退坐一面白佛言瞿曇豈不欲常安慰一切衆生歎說安慰一切衆生佛告聚落主如來長夜慈愍安慰一切衆生亦常歎說安慰一切衆生聚落主白佛言若然者如來何故為一種人說法又復不為一種人說法佛告聚落主我今問汝隨意荅我聚落主譬如有三種田有一種田沃壤肥澤第二田中第三田墝薄云何聚落主彼田主先於何田耕治下種聚落主言瞿曇於最沃壤肥澤者先耕下種聚落主復於何田次耕下種聚落主言瞿曇當於中田次耕下種佛告聚落主復於何田次耕下種聚落主言當於最下墝薄之田次耕下種佛告聚落主何故如是聚落主言不欲廢田存種而已佛告聚落主我亦如是如彼

沃壤肥澤田者我諸比丘比丘尼亦復如是我常為彼演說正法初中後善善義善味純一滿淨梵行清白開示顯現彼聞法已依於我舍我洲我覆我蔭我趣常以淨眼觀我而住作如是念佛所說法我悉受持令我長夜以義饒益安隱樂住聚落主如彼中田者我弟子優婆塞優婆夷亦復如是我亦為彼演說正法初中後善善義善味純一滿淨梵行清白開發顯示彼聞法已依於我舍我洲我覆我蔭我趣常以淨眼觀察我住作如是念世尊說法我悉受持令我長夜以義饒益安隱樂住聚落主如彼田家最下田者如是我為諸外道異學尼揵子輩亦為說法初中後善善義善味純一滿淨梵行清白開示顯現然於彼等少聞法者亦為其說多聞法者亦為其說然其彼衆於我善說法中得一句法知其義者亦復長夜以義饒益安隱樂住時聚落主白佛甚奇世尊善說如是三種田譬佛告聚落主汝聽我更說譬類譬如士夫有

三水器不穿不壞亦不津漏第二器不穿不壞而有津漏第三器者穿壞津漏云何聚落主彼士夫三種器中常持淨水著何等器中聚落主言瞿曇當以不穿不壞不津漏者先以盛水佛告聚落主次復應以何器盛水聚落主言瞿曇當持彼器不穿不壞而津漏者次以盛水佛告聚落主彼器滿已復以何器為後盛水聚落主言以穿壞津漏之器最後盛水所以者何須臾之間供小用故佛告聚落主如彼士夫不穿不壞不津漏器諸弟子比丘比丘尼亦復如是我常為彼演說正法乃至長夜以義饒益安隱樂住如第二器不穿不壞而津漏者我諸弟子優婆塞優婆夷亦復如是我常為彼演說正法乃至長夜以義饒益安隱樂住如第三器穿壞津漏者外道異學諸尼揵輩亦復如是我亦為彼演說正法初中後善善義善味純一滿淨梵行清白開示顯現多亦為說少亦為說彼若於我說一句法知其義者亦得長夜安隱樂住

時刀師氏聚落主聞佛所說心大恐怖身毛皆竪前礼佛足悔過世尊如愚如癡不善不辯於世尊所不諦真實虛為妄說聞佛所說歡喜隨喜礼足而去

如是我聞一時佛住郍羅聚落好衣菴羅園中時有刀師氏聚落主尼揵弟子來詣佛所稽首礼足退坐一面尒時世尊告聚落主欲何所論尼揵若提子為何所說聚落主言彼尼揵若提子說煞生者一切皆墮泥犁中以多行故則將至彼如是盜邪婬妄語皆墮泥犁中以多行故則將至彼佛告聚落主若如尼揵若提子說煞生者墮泥犁中以多行故而往生彼者則無有衆生墮泥犁中聚落主於意云何何等衆生於一切時有心煞生復於何時有心不煞生乃至何時有心妄語何時有心不妄語聚落主白佛言世尊人於晝夜少時有心煞生乃至少時有心妄語而多時不有心煞生乃至妄語佛告聚落主若如是者豈非無有人墮於泥犁中耶如

尼揵所說有人煞生者一切墮泥犁中多習行者將往生彼乃至妄語亦復如是聚落主彼大師出興于世覺想籌量入覺想地住於凡夫地自辯所說隨意籌量為諸弟子作如是說法言煞生者一切皆墮泥犁中多習行將往生彼乃至妄語亦復如是彼諸弟子若信其說言我大師知其所知見其所見能為弟子作如是說若煞生者一切皆墮泥犁中多習行故將往生彼我本有心煞生偷盜邪婬妄語當墮泥犁中得如是見乃至不捨此見不猒彼業不覺彼悔於未來世不捨煞生乃至不捨妄語彼意解脫不滿足慧解脫亦不滿足意解脫不滿足慧解脫不滿足故則為謗聖邪見邪見因緣故身壞命終生惡趣泥犁中如是聚落主有因有緣衆生煩惱有因有緣衆生業煩惱聚落主如來應等正覺明行足善逝世間解無上士調御丈夫天人師佛世尊出興於世常為衆生呵責煞生讚歎不煞呵責偷盜邪婬妄語讚歎不盜不

婬不妄語常以此法化諸聲聞令念樂信重言我大師知其所知見其所見呵責煞生讚歎不煞乃至呵責妄語讚歎不妄語我從昔來以愚癡無慧有心煞生我緣是故令自悔責雖不能令彼業不為且因此悔責故於未來世得離煞生乃至得離盜婬妄語亦得滿足正意解脫滿足慧解脫意解脫慧解脫滿足已得不謗賢聖正見成就正見因緣故得生善趣天上如是聚落主有因有緣衆生業煩惱清淨聚落主彼多聞聖弟子作如是學隨時晝夜觀察所起少有心煞生多有心不煞生若於有心煞生當自悔責不是不類若不有心煞生無怨無憎心生隨喜隨喜已歡喜生歡喜已心猗息心猗息已心受樂受樂已則心定心定已聖弟子心與慈俱無怨無嫉無有瞋恚廣大无量滿於一方正受住二方三方乃至四方四維上下一切世間心與慈俱無怨無嫉無有瞋恚廣大无量善修習充滿諸方具足正受住尒時世尊以爪甲

抄少丘語刀師氏聚落主言去何聚
落主我爪甲土多大地為多聚落主
白佛言世尊爪甲土少少耳大地土
无量無數佛告聚落主如甲上之土
甚少大地之土其數无量如是心與
慈俱修習多修習諸有量業者如甲
上土不能將去不能令住如是偷盜
對以悲心邪婬對以喜心妄語對以
捨心不得為比說是語時刀師氏聚
落主遠塵離垢得法眼淨聚落主見
法得法覺法知法深入於法離諸狐
疑不由於他不隨於他於正法律得
無所畏從坐起整衣服右膝着地合
掌白佛我已度世尊已越世尊我今
歸佛歸法歸比丘僧盡其壽命為優
婆塞世尊辟如士夫欲求燈明取其
馬尾以為燈炷欲吹令然終不得明
徒自疲勞燈竟不然我亦如是欲求
明智於諸愚癡尼揵子所愚癡習近
愚癡和合愚癡奉事徒自勞苦不得
明智是故我今重歸依佛歸法歸僧
從今以去於彼尼揵愚癡不善不辯
者所少信少敬少愛少念於今遠離

是故我今第三歸佛歸法歸僧乃至
盡壽為優婆塞自淨其心時刀師氏
聚落主聞佛所說歡喜隨喜作礼
而去
如是我聞一時佛住舍衛國祇樹給
孤獨園尒時世尊告諸比丘世間有
三種調馬何等為三種有馬捷疾具
足色不具足形體不具足有馬色具
足捷疾具足形體不具足有馬捷疾
具足色具足形體具足如是有三種
調士夫相何等為三有士夫捷疾具
足色不具足形體不具足有士夫捷
疾具足色具足形體不具足有士夫
捷疾具足色具足形體具足比丘何
等為不調士夫捷疾具足色不具足
形體不具足有士夫於此苦如實知
此苦集此苦滅此苦滅道跡如實知
如是觀者三結斷身見戒取疑此三
結斷得須陁洹不墮惡趣法決定正
趣三菩提七有天人往生究竟苦邊
是名捷疾具足何等為非色具足若
有問阿毗曇律不能以具足句味次
第隨順具足解說是名色不具足去

何形體不具足非大德名聞感致衣
被飲食床卧湯藥衆具是名士夫捷
疾具足色不具足形體不具足何等
為捷疾具足色具足形體不具足謂
士夫此苦如實知此苦集此苦滅此
苦滅道跡如實知乃至究竟苦邊是
捷疾具足何等為色具足若問阿毗
曇律乃至能為解說是名色具足何
等為形體不具足非大德名聞不能
感致衣被飲食卧具湯藥是名士夫
捷疾具足色具足形體不具足何等
為士夫捷疾具足色具足形體具足
謂士夫此苦如實知此苦集此苦滅
此苦滅道跡如實知乃至究竟苦邊
是名捷疾具足何等為色具足若問
阿毗曇律乃至能解說是名色具足
何等為形體具足大德名聞乃至卧具
湯藥是名形體具足是名士夫捷疾
具足色具足形體具足佛說此經已
諸比丘聞佛所說歡喜奉行
如是我聞一時佛住王舍城迦蘭陁
竹園尒時世尊告諸比丘世間有三
種良馬何等為三有馬捷疾具足非

色具足非形體具足有馬捷疾具足色具足形體具足於正法律有三種善男子何等為三有善男子捷疾具足非色具足非形體具足有善男子捷疾具足色具足非形體具足有善男子捷疾具足色具足形體具足何等為善男子捷疾具足非色具足非形體具足謂善男子苦聖諦如實知苦集聖諦如實知苦滅聖諦如實知苦滅道跡聖諦如實知作如是知如是見已斷五下分結謂身見戒取疑貪欲瞋恚斷此五下分結已得生般涅槃阿那含不復還生此世是名善男子捷疾具足云何色不具足若問阿毗曇律不能解了句味次第隨順決定解說是名色不具足云何形體不具足謂非名聞大德能感財利供養衣被飲食隨病湯藥是名善男子捷疾具足非色具足非形體具足何等為捷疾具足色具足非形體具足謂善男子此苦聖諦如實知乃至得生般涅槃阿那含不復還生此世是名

捷疾具足云何色具足若有問阿毗曇律能以次第句味隨順決定而為解說是名色具足云何非形體具足謂非名聞大德能感財利供養衣被飲食隨病湯藥是名善男子捷疾具足色具足非形體具足何等為善男子捷疾具足色具足形體具足謂善男子此苦聖諦如實知乃至得阿那含生般涅槃不復還生此世是名捷疾具足何等為色具足若有問阿毗曇毗尼乃至而為解說是名色具足何等為形體具足謂名聞大德能感財利乃至湯藥衆具是名形體具足是名善男子捷疾具足色具足形體具足佛說此經已諸比丘聞佛所說歡喜奉行

雜阿含經卷第三十二

癸卯歲高麗國大藏都監奉
勅雕造

雜阿含經卷第三十二

校勘記

一　底本，麗藏本。

一　一三頁上一行末字「二」，南作「一」。

一　一三頁上一九行第九字「說」，資、磧、普、南、徑、清作「說言」。

一　一三頁下二〇行第一一字「滅」，磧、普、南、徑、清作「減」。

一　一五頁下一二行第七字「惡」，資作「思」。

一　一七頁上一三行第七字「天」，普作「夫」。

一　一七頁上一七行第一三字「果」，石作「畢」。

一　一七頁中八行第二字「始」，資作「如」。

一　一七頁下一一行第三字「不」，資、磧、普、南、徑、清作「是」。

一　一八頁上二〇行第二字「法」，資、磧、普、南、徑、清無。

一 一八頁中一四行「是若縛若打」，磧、普作「是若打縛若」；南、徑、清作「若打若縛」。

一 一八頁下八行第八字「隣」，資作「降」。

一 一九頁上一一行第一一字「花」，資、磧、普、南、徑、清作「荷」。

一 一九頁中二〇行第六字及下二行第九字「滅」，石作「減」。

一 一九頁下四行第三字「聚」，諸本無。

一 一九頁下七行第九字「坐」，資、磧、普、南、徑、清作「至」。

一 二〇頁上一五行「田中」，石作「中田」。

一 二〇頁上一五行第六字「堉」，普、徑作「瘠」，下同。

一 二〇頁下一行第三字「器」，資、磧、普、南、徑、清作「器第一器」。

一 二二頁中一六行第一一字「苦」，資作「若」。

一 二二頁中一九行第三字「得」，石作「律」。

一 二二頁下一七行第三字「爲」，諸本無。

一 二三頁中一三行第九字「是」，資、磧、普、南、徑、清作「足」。

雜阿含經卷第三十三

宋天竺三藏求那跋陀羅譯　川

如是我聞一時佛住王舍城迦蘭陁竹園尒時世尊告諸比丘世間有三種良馬何等為三謂有馬捷疾具足非色具足非形體具足有馬捷疾具足色具足非形體具足有馬捷疾具足色具足形體具足如是於此法律有三種善男子何等為三有善男子捷疾具足非色具足非形體具足有善男子捷疾具足色具足非形體具足有善男子捷疾具足色具足形體具足何等為善男子捷疾具足非色具足非形體具足謂善男子此苦聖諦如實知此苦集聖諦如實知此苦滅聖諦如實知此苦滅道跡聖諦如實知如是知如是見已欲有漏心解脫有有漏心解脫無明有漏心解脫我生已盡梵行已立所作已作自知不受後有是名捷疾具足云何非色具足若有問阿毗曇律乃至不能為決定解說是名色不具足何等非形體具足謂非名聞大德乃至不感湯藥

衆具是名形體不具足是名善男子捷疾具足非色具足非形體具足何等為善男子捷疾具足色具足非形體具足謂善男子此苦聖諦如實知乃至不受後有是名捷疾具足云何色具足謂若有問阿毗曇毗尼乃至能為決定解說是名色具足何等為非形體具足謂非名聞大德乃至不能感湯藥衆具是名善男子捷疾具足色具足非形體具足何等為善男子捷疾具足色具足形體具足謂善男子此苦聖諦如實知乃至不受後有是名捷疾具足何等為色具足謂善男子若有問阿毗曇毗尼乃至能為決定解說是名色具足何等為形體具足謂善男子名聞大德乃至能感湯藥衆具是名形體具足是名善男子捷疾具足色具足形體具足佛說此經已諸比丘聞佛所說歡喜奉行

如是我聞一時佛住王舍城迦蘭陁竹園尒時世尊告諸比丘世有三種

良馬王所服乘何等為三謂良馬色具足力具足摝疾具足如是於正法律有三種善男子世所奉事供養恭敬為無上福田何等為三謂善男子色具足力具足摝疾具足何等為色具足謂善男子住於淨戒波羅提木叉律儀威儀行處具足見微細罪能生怖畏受持學戒是名色具足何等力具足已生惡不善法令斷生欲精勤方便攝受增長未生惡不善法不起生欲精勤方便攝受增長未生善法令起生欲精勤方便攝受增長已生善法住不忘失生欲精勤方便攝受增長是名力具足何等為摝疾具足謂此苦聖諦如實知乃至得阿羅漢不受後有是名摝疾具足是名善男子色具足力具足摝疾具足佛說此經已諸比丘聞佛所說歡喜奉行

如是我聞一時佛住王舍城迦蘭陁竹園尒時世尊告諸比丘世有良馬四能具足當知是良馬王所服乘何等為四所謂賢善摝疾堪能調柔如是善男子四德成就世所宗重承事供養為無上福田何等為四謂善男子成就無學戒身無學定身無學慧身無學解脫身佛說此經已諸比丘聞佛所說歡喜奉行

如是我聞一時佛住王舍城迦蘭陁竹園尒時世尊告諸比丘世有四種良馬有良馬駕以平乘顧其鞭影馳駃善能觀察御者形勢遲速左右隨御者心是名比丘世間良馬第一之德復次比丘世間良馬不能顧影而自驚察然以鞭杖觸其毛尾則能驚速察御者心遲速左右是名世間第二良馬復次比丘若世間良馬不能顧影及觸皮毛能隨人心而以鞭杖小侵皮宍則能驚察隨御者心遲速左右是名比丘第三良馬復次比丘世間良馬不能顧其鞭影及觸皮毛小侵膚肉乃以鐵錐刺身徹膚傷骨然後方驚牽車著路隨御者心遲速左右是名世間第四良馬如是於正法律有四種善男子何等為四謂善男子聞他聚落有男子女人疾病困苦乃至死聞已能生恐怖依正思惟如彼良馬顧影則調是名第一善男子於正法律能自調伏復次善男子不能聞他聚落若男若女老病死苦能生怖畏依正思惟見他聚落若男若女老病死苦則生怖畏依正思惟如彼良馬觸其毛尾能速調伏隨御者心是名第二善男子於正法律能自調伏復次善男子不能聞見他聚落中男子女人老病死苦生怖畏心依正思惟然見聚落城邑有善知識及所親近老病死苦則生怖畏依正思惟如彼良馬觸其膚宍然後調伏隨御者心是名善男子於聖法律而自調伏復次善男子不能聞見他聚落中男子女人及所親近老病死苦生怖畏心依正思惟然於自身老病死苦能生猒怖依正思惟如彼良馬侵肌徹骨然後乃調隨御者心是名第四善男子於聖法律能自調伏佛說此經已諸比丘聞佛所說歡喜奉行

如是我聞一時佛住王舍城迦蘭陁竹園時有調馬師名曰只尸來詣佛所稽首佛足退坐一面白佛言世尊

雜阿含經卷第三十三　第六張　收字号

我觀世間甚為輕淺猶如群羊世尊唯我堪能調馬狂逸惡馬我作方便須臾令彼態病悉現隨其態病方便調伏佛告調馬師聚落主汝以幾種方便調伏於馬馬師白佛有三種法調伏惡馬何等為三一者柔軟二者麁澁三者柔軟麁澁佛告聚落主汝以三種方便調馬猶不調者當如之何馬師白佛遂不調者便當煞之所以者何莫令辱我調馬師白佛世尊是無上調御丈夫為以幾種方便調御丈夫佛告聚落主我亦以三種方便調御丈夫何等為三一者一向柔軟二者一向麁澁三者柔軟麁澁佛告聚落主所謂一向柔軟者如所說此是身善行此是身善行報此是口意善行此是口意善行報是名天是名人是名善趣化生是名涅槃是為柔軟麁澁者如所說是身惡行是身惡行報是口意惡行是口意惡行報是名地獄是名畜生是名餓鬼是名惡趣是名墮惡趣是名如來麁澁教也彼柔軟麁澁俱者謂如來有時說

雜阿含經卷第三十三　第七張　收字号

身善行有時說身善行報有時說口意善行有時說口意善行報有時說身惡行有時說身惡行報有時說口意惡行有時說口意惡行報如是名天如是名人如是名善趣如是名涅槃如是名地獄如是名畜生餓鬼如是名惡趣如是墮惡趣是名如來柔軟麁澁教調馬師白佛世尊若以三種方便調伏衆生有不調者當如之何佛告聚落主亦當煞之所以者何莫令辱我調馬師白佛言若煞生者於世尊法為不清淨世尊法中亦不煞生而今言煞其義云何佛告聚落主如是如是如來法中煞生不清淨如來法中亦不煞生然如來法中以三種教授不調伏者不復與語不教不戒聚落主於意云何如來法中不復與語不教不戒豈非死耶調馬師白佛實介世尊不復與語永不教戒真為死也世尊以是之故我從今日離諸惡不善業佛告聚落主善哉所說時調馬師聚落主只尸聞佛所說歡喜隨喜礼足而去

雜阿含經卷第三十三　第八張　收字号

如是我聞一時佛住王舍城迦蘭陁竹園介時世尊告諸比丘世間馬有八態何等為八謂惡馬臨駕車時後脚蹹人前脚跪地奮頭齧人是名世間馬第一態復次惡馬就駕車時任頭振軛是名世間惡馬第二之態復次世間惡馬就駕車時下道而去或復偏厲車令其翻覆是名第三之態復次世間惡馬就駕車時仰頭却行是名世間惡馬第四之態復次世間惡馬就駕車時小得鞭杖或斷纏折勒蹤横馳走是名第五之態復次世間惡馬就駕車時舉前兩足而作人立是名第六之態復次世間惡馬就駕之時加之鞭杖安住不動是名第七之態復次世間惡馬就駕之時藂聚四脚伏地不起是名第八之態如是世間惡丈夫於正法律有八種過何等為八若比丘諸梵行者以見聞疑罪而發舉時彼則瞋恚反呵責彼言汝愚癡不辯不善他立舉汝汝云何舉我如彼惡馬後脚雙蹹前脚跪地斷鞅折軛是名丈夫於正法律第

一之過復次比丘諸梵行者以見聞疑舉反出他罪猶如惡馬怒項折輗是名丈夫於正法律第二之過復次比丘諸梵行者以見聞疑舉不以正荅攅說餘事瞋恚憍慢隱覆嫌恨不忍無所由作如彼惡馬不由正路令車翻覆是名丈夫於正法律第三之過復次比丘諸梵行者以見聞疑舉令其憶念而作是言我不憶念觝突不伏如彼惡馬却縮轉退是名丈夫於正法律第四之過復次比丘諸梵行者以見聞疑舉時輕蔑不數其人亦不數僧攝持衣鉢隨意而去如彼惡馬加以鞭杖蹤横馳走是名丈夫於正法律第五之過復次比丘諸梵行者以見聞疑舉時自處高床與諸上座共諍曲直如彼惡馬雙脚人立是名丈夫於正法律第六之過復次比丘諸梵行者以見聞疑舉時默然不應以惱大衆如彼惡馬加其鞭杖兀然不動是名丈夫於正法律第七之過復次比丘諸梵行者以見聞疑舉時則便捨戒自生退没到於寺門

而作是言汝默然快喜安住我自捨戒退没如彼惡馬蘘聚四足伏地不動是名丈夫於正法律第八之過是名比丘於正法律有八種丈夫過惡佛說此經已諸比丘聞佛所說歡喜奉行

如是我聞一時佛住王舍城迦蘭陀竹園尒時世尊告諸比丘世間良馬有八種德成就者隨人所欲取道多少何等為八生於良馬鄉是名良馬第一之德復次體性溫良不驚恐人是名良馬第二之德復次良馬不擇飲食是名良馬第三之德復次良馬猒惡不淨擇地而卧是名良馬第四之德復次良馬諸情態速為調馬者現馬師調習速捨其態是名良馬第五之德復次良馬安於駕乘不顧餘馬隨其輕重能盡其力是名良馬第六之德復次良馬常隨正路不隨非道是名良馬第七之德復次良馬若病若老勉力駕乘不猒不勸是名良馬第八之德如是丈夫於正法律八德成就當知是賢士夫何等為八謂

賢士夫住於正戒波羅提木叉律儀威儀行處具足見微細罪能生怖畏受持學戒是名丈夫於正法律第一之德復次丈夫性自賢善善調善住不惱不怖諸梵行者是名丈夫第二之德復次丈夫次行乞食隨其所得若麁若細其心平等不嫌不著是名丈夫第三之德復次丈夫心生猒離於身惡業口意惡業惡不善法及諸煩惱重受諸有熾然苦報於未來世生老病死憂悲惱苦增其猒離是名丈夫第四之德復次丈夫若有沙門過諂曲不實速告大師及善知識大師說法則時除斷是名丈夫第五之德復次丈夫學心具足作如是念設使餘人學以不學我悉當學是名丈夫第六之德復次丈夫行八正道不行非道是名丈夫第七之德復次丈夫乃至盡壽精勤方便不猒不勸是名丈夫第八之德如是丈夫八德成就隨其行地能速昇進佛說此經已諸比丘聞佛所說歡喜奉行

如是我聞一時佛住鞞梨聚落深谷

精舍尒時世尊告詵陁迦旃延當修真實禪莫習強良禪如強良馬槃槽櫪上彼馬不念我所應作所不應作但念穀草如是丈夫於貪欲纏多所修習故彼以貪欲心思惟於出離道不如實知心常馳騁隨貪欲纏而求正受瞋恚睡眠掉悔疑多修習故於出離道不如實知以疑蓋心思惟以求正受詵陁若真生馬槃槽櫪上不念水草但作是念駕乘之事如是丈夫不念貪欲纏住於出離如實知不以貪欲纏而求正受亦不瞋恚睡眠掉悔疑纏多住於出離瞋恚睡眠掉悔疑纏如實知不以疑纏而求正受如是詵陁比丘如是禪者不依地修禪不依水火風空識無所有非想非非想而修禪不依此世不依他世非日月非見聞覺識非得非求非隨覺非隨觀而修禪詵陁比丘如是修禪者諸天主伊濕波羅波闍波提恭敬合掌稽首作礼而說偈言

南無大士夫　南無士之上　以我不能知
依何而禪定

尒時有尊者䟦迦利住於佛後持扇扇佛時䟦迦利白佛言世尊若比丘云何入禪而不依地水火風乃至覺觀而修禪云何比丘禪諸天主伊濕波羅波闍波提合掌恭敬稽首作礼而說偈言

南無大士夫　南無士之上　以我不能知
依何而禪定

佛告䟦迦利比丘於地想能伏地想於水火風想无量空入處想識入處想無所有入處非想非非想入處想此世他世日月見聞覺識若得若求若覺若觀悉伏彼想䟦迦利比丘如是禪者不依地水火風乃至不依覺觀而修禪䟦迦利比丘如是禪者諸天主伊濕波羅波闍波提恭敬合掌稽首作礼而說偈言

南無大士夫　南無士之上　以我不能知
何所依而禪

佛說此經時詵陁迦旃延比丘遠塵離垢得法眼淨䟦迦利比丘不起諸漏心得解脫佛說此經已䟦迦利比丘聞佛所說歡喜奉行

如是我聞一時佛住迦毗羅衛國尼拘律園中時有釋種名摩訶男來詣佛所稽首佛足退坐一面白佛言世尊云何名為優婆塞佛告摩訶男在家清白修習淨住男相成就作是說言我今盡壽歸佛歸法歸比丘僧為優婆塞證知我是名優婆塞摩訶男白佛言世尊云何名為優婆塞信具足佛告摩訶男優婆塞者於如來所正信為本堅固難動諸沙門婆羅門諸天魔梵及餘世間所不能壞摩訶男是名優婆塞信具足摩訶男白佛言世尊云何名優婆塞戒具足佛告摩訶男優婆塞離煞生不與取邪婬妄語飲酒不樂作摩訶男是名優婆塞戒具足摩訶男白佛言世尊云何名優婆塞聞具足佛告摩訶男優婆塞聞具足者聞則能持聞則積集若佛所說初中後善善義善味純一滿淨梵行清白悉能受持摩訶男是名優婆塞聞具足摩訶男白佛言世尊云何名優婆塞捨具足佛告摩訶男優婆塞捨具足者為慳垢所纏者心

離慳垢住於非家修解脫施勤施常施樂捨財物平等布施摩訶男是名優婆塞捨具足摩訶男白佛言世尊云何名優婆塞智慧具足佛告摩訶男優婆塞智慧具足者謂此苦如實知此苦集如實知此苦滅如實知此苦滅道跡如實知摩訶男是名優婆塞慧具足尒時釋氏摩訶男聞佛所說歡喜隨喜從坐起作礼而去

如是我聞一時佛住迦毗羅衛國尼拘律園中尒時釋氏摩訶男與五百優婆塞来詣佛所稽首佛足退坐一面白佛言世尊云何名優婆塞佛告摩訶男優婆塞者在家淨住乃至盡壽歸依三寶為優婆塞證知我摩訶男白佛世尊云何名優婆塞須陁洹佛告摩訶男優婆塞須陁洹者三結已斷已知謂身見戒取疑摩訶男是名優婆塞須陁洹摩訶男白佛言世尊云何名優婆塞斯陁含佛告摩訶男謂優婆塞三結已斷已知貪恚癡薄摩訶男是名優婆塞斯陁含摩訶男白佛言世尊云何名優婆塞阿那含佛告摩訶男優婆塞阿那含者五下分結已斷已知謂身見戒取疑貪欲瞋恚摩訶男是名優婆塞阿那含時摩訶男釋氏顧視五百優婆塞而作是言奇哉諸優婆塞在家清白乃得如是深妙功德時摩訶男優婆塞聞佛所說歡喜隨喜從坐起作礼而去

如是我聞一時佛住迦毗羅衛國尼拘律園中尒時釋氏摩訶男来詣佛所稽首佛足退坐一面白佛言世尊云何名優婆塞佛告摩訶男優婆塞者在家清白乃至盡壽歸依三寶為優婆塞證知我摩訶男白佛世尊云何為滿足一切優婆塞事佛告摩訶男若優婆塞有信无戒是則不具當勤方便具足淨戒具足信戒而不施者是則不具以不具故精勤方便修習布施令具足滿信戒施滿不能隨時往詣沙門聽受正法是則不具以不具故精勤方便隨時往詣塔寺見諸沙門不一心聽受正法是不具足信戒施聞修習滿足聞已不持是不具足以不具足故精勤方便隨時往詣沙門專心聽法聞則能持不能觀察諸法深義是不具足不具足故精勤方便信戒施聞聞則能持持已觀察甚深妙義而不隨順知法次法向是則不具以不具故精勤方便信戒施聞受持觀察了達深義隨順行法次法向摩訶男是名滿足一切種優婆塞事摩訶男白佛世尊云何名優婆塞能自安慰不安慰他佛告摩訶男若優婆塞能自立戒不能令他立於正戒自持淨戒不能令他持戒具足自行布施不能以施建立於他自詣塔寺見諸沙門不能勸他令詣塔寺往見沙門自專聽法不能勸人樂聽正法聞法自持不能令他受持正法自能觀察甚深妙義不能勸人令觀深義自知深法能隨順行法次法向不能勸人令隨順行法次法向摩訶男如是八法成就者是名優婆塞能自安慰不安慰他摩訶男白佛世尊優婆塞成就幾法自安安他佛告摩訶男若優婆塞成就十六法者是

名優婆塞自安安他何等為十六摩訶男若優婆塞具足正信建立他人自持淨戒亦以淨戒建立他人自行布施教人行施自詣塔寺見諸沙門亦教人往見諸沙門自專聽法亦教人聽自受持法教人受持自觀察義教人觀察自知深義隨順修行法次法向亦復教人解了深義隨順修行法次法向摩訶男如是十六法成就者是名優婆塞能自安慰亦安慰他人摩訶男若優婆塞成就如是十六法者彼諸大衆悉詣其所謂婆羅門衆刹利衆長者衆沙門衆於諸衆中威德顯曜譬如日輪初中及後光明顯照如是優婆塞十六法成就者初中及後威德顯照如是摩訶男若優婆塞十六法成就者世間難得佛說此經已釋氏摩訶男聞佛所說歡喜隨喜即從坐起作礼而去

如是我聞一時佛住迦毗羅衛國尼拘律園中尒時釋氏摩訶男来詣佛所稽首礼足退坐一面白佛言世尊此迦毗羅衛國安隱豐樂人民熾盛我每出入時衆多羽從狂象狂人狂乘常與是俱我自恐與此諸狂俱生俱死忘於念佛念法念比丘僧我自思惟命終之時當生何處佛告摩訶男莫恐莫怖命終之後不生惡趣終亦無惡譬如大樹順下順注順輸若截根本當隨何處摩訶男白佛隨彼順下順注順輸佛告摩訶男汝亦如是若命終時不生惡趣終亦無惡所以者何汝已長夜修習念佛念法念僧若命終時此身若火燒若棄塚間風漂日曝久成塵末而心意識久遠長夜正信所熏戒施聞慧所熏神識上昇向安樂處未来生天時摩訶男聞佛所說歡喜隨喜作礼而去

如是我聞一時佛住迦毗羅衛國尼拘律園中尒時釋氏摩訶男来詣佛所稽首礼足退坐一面白佛言世尊若比丘在學地求所未得上昇進道安隱涅槃世尊彼當云何修習多修習住於此法律得諸漏盡无漏心解脫慧解脫現法自知作證我生已盡梵行已立所作已作自知不受後有佛告摩訶男若比丘在於學地求所未得上昇進道安隱涅槃後於尒時當修六念乃至進得涅槃譬如飢人身體羸瘦得美味食身體肥澤如是比丘住在學地求所未得上昇進道安隱涅槃修六隨念乃至疾得安隱涅槃何等六念謂聖弟子念如来事如来應等正覺明行足善逝世間解無上士調御丈夫天人師佛世尊聖弟子如是念時不起貪欲纏不起瞋恚愚癡心其心正直得如来義得如来正法於如来正法於如来所得隨喜心隨喜心已歡悅歡悅已身猗息身猗息已覺受樂受樂已其心定心定已彼聖弟子於兇嶮衆生中無諸罣閡入法流水乃至涅槃復次聖弟子念於法事世尊法律現法能離生死熾然不待時節通達現法緣自覺知聖弟子如是念法者不起貪欲瞋恚愚癡乃至念法所熏昇進涅槃復次聖弟子念於僧事世尊弟子善向正向直向誠向行隨順法有向須陁洹得須陁洹向斯陁含得斯陁含向

雜阿含經卷第三十三　第十一張

阿那舍得阿那舍向阿羅漢得阿羅漢此是四雙八輩賢聖是名世尊弟子僧淨戒具足三昧具足智慧具足解脫具足解脫知見具足所應奉迎承事供養為良福田聖弟子如是念僧事時不起貪欲瞋恚愚癡乃至念僧所熏昇進涅槃復次聖弟子自念淨戒不壞戒不缺戒不汙戒不雜戒不他取戒善護戒明者稱譽戒智者不猒戒聖弟子如是念戒時不起貪欲瞋恚愚癡乃至念戒所熏昇進涅槃復次聖弟子自念施事我得善利於慳垢衆生中而得離慳垢處於非家行解脫施常自手施樂行捨法具足等施聖弟子如是念施時不起貪欲瞋恚愚癡乃至念施所熏昇進涅槃復次聖弟子念諸天事有四大天王三十三天焰摩天兜率陁天化樂天他化自在天若有正信心者於此命終生彼諸天我亦當行此正信彼得淨戒施聞捨慧於此命終生彼諸天我今亦當行此戒施聞慧聖弟子如是念天事者不起貪欲瞋恚愚癡

雜阿含經卷第三十三　第十二張

其心正直緣彼諸天彼聖弟子如是直心者得深法利得深義利得彼諸天饒益隨喜隨喜已生欣悅欣悅已身猗息身猗息已覺受樂覺受樂已得心定心定已彼聖弟子處凶嶮衆生中無諸罣閡入法水流念天所熏故昇進涅槃摩訶男若比丘住於學地欲求上昇安樂涅槃如是多修習疾得涅槃者於正法律速盡諸漏無漏心解脫慧解脫現法自知作證我生已盡梵行已立所作已作自知不受後有時釋氏摩訶男聞佛所說歡喜隨喜從坐起作礼而去

如是我聞一時佛住迦毗羅衛國尼拘律園中時有衆多比丘集於食堂為世尊縫衣時釋氏摩訶男聞衆多比丘集於食堂為世尊縫衣世尊不久三月安居訖作衣竟持衣鉢人間遊行聞已往詣佛所稽首佛足退坐一面白佛言世尊我四體不攝迷於四方聞法悉忘以聞衆多比丘集於食堂為世尊縫衣世尊不久安居訖作衣竟持衣鉢人間遊行是故我今

雜阿含經卷第三十三　第十三張

思惟何時當復得見世尊及諸知識比丘佛告摩訶男汝政使見世尊不見世尊見諸知識比丘及與不見但當念於五法精勤修習摩訶男當以正信為主非不正信戒具足聞具足施具足慧具足為本非不智慧如是摩訶男依此五法修六念處何等為六此摩訶男念如來當如是念如來應等正覺乃至佛世尊當念法僧戒施天事乃至自行得智慧如是摩訶男聖弟子成就十一法者則為學跡終不腐敗堪任知見堪任決定住甘露門近於甘露不能一切疾得甘露涅槃辟如伏鷄伏其卵或五或十隨時消息愛護將養政復中間放逸猶能以抓以口啄卵得生其子所以者何以彼鷄母初隨時消息善愛護故如是聖弟子成就十一法者住於學跡終不腐敗乃至不能一切疾得甘露涅槃佛說此經已摩訶男釋氏聞佛所說歡喜隨喜作礼而去

如是我聞一時佛住迦毗羅衛國尼拘律園中時有衆多比丘集於食堂

為世尊縫衣時釋氏摩訶男聞諸比丘集於食堂為世尊縫衣世尊不久安居訖作衣竟持衣鉢人間遊行聞已詣佛所稽首礼足退坐一面白佛言世尊我今四體不攝迷於四方先所聞法今悉忘失以聞衆多比丘集於食堂為世尊縫衣乃至人間遊行我作是念何時當復得見世尊及諸知識比丘佛告摩訶男汝見如來不見如来見諸比丘不見諸比丘且汝常當勤脩六法何等為六正信為本戒施聞空慧以為根本非不智慧是故摩訶男依此六法已於上增脩六隨念念如来事乃至念天如是十二種念成就彼聖弟子諸惡退滅不增長消滅不起離塵垢不增塵垢捨離不取不取故不著以不取著故緣自涅槃我生已盡梵行已立所作已作自知不受後有佛說此經已釋氏摩訶男聞佛所說歡喜隨喜從坐起作礼而去

如是我聞一時佛住迦毗羅衛國尼拘律園中尒時釋氏摩訶男来詣佛所稽首佛足退坐一面白佛言世尊如我解佛所說正受故解脫非不正受云何世尊為先正受而後解脫耶為先解脫而後正受耶為正受解脫不前不後一時俱生耶尒時世尊默然而住如是摩訶男第二第三問佛亦再三默然住尒時尊者阿難住於佛後執扇扇佛尊者阿難作是念釋氏摩訶男以此深義而問世尊世尊病差未久我今當說餘事以引於彼語摩訶男學人亦有戒無學人亦有戒學人有三昧無學亦有三昧學人有慧無學人亦有慧學人有解脫無學人亦有解脫摩訶男問尊者阿難云何為學人戒云何為無學人戒云何學人三昧云何無學人三昧云何學人慧云何無學人慧云何學人解脫云何無學人解脫尊者阿難語摩訶男此聖弟子住於戒波羅提木叉律儀威儀行處受持學戒受持學戒具足已離欲惡不善法乃至第四禪具足住如是三昧具足已此苦聖諦如實知此苦集如實知此苦滅如實知此苦滅道跡如實知如是知如是見已五下分結已斷已知謂身見戒取疑貪欲瞋恚此五下分結斷於彼受生得般涅槃阿那含不復還生此世彼當尒時成就學戒學三昧學慧學解脫復次餘時盡諸有漏無漏解脫慧解脫自知作證我生已盡梵行已立所作已作自知不受後有彼當尒時成就無學戒无學三昧無學慧无學解脫如是摩訶男是名世尊所說學戒學三昧學慧學解脫无學戒无學三昧無學慧无學解脫尒時釋氏摩訶男聞尊者阿難所說歡喜隨喜從坐起礼佛而去

尒時世尊知摩訶男去不久語尊者阿難迦毗羅衛釋氏乃能與諸比丘共論深義阿難白佛唯然世尊迦毗羅衛釋氏能與諸比丘共論深義佛告阿難迦毗羅衛諸釋氏快得善利能於甚深佛法賢聖慧眼而得深入佛說此經已尊者阿難聞佛所說歡喜奉行

如是我聞一時佛住迦毗羅衛國尼

拘律園中尒時釋氏名曰沙陁語釋氏摩訶男世尊說須陁洹成就幾種法摩訶男荅言世尊說須陁洹成就四法何等為四謂於佛不壞淨法僧不壞淨聖戒成就是名四法成就須陁洹釋氏沙陁語釋氏摩訶男莫作是說莫作是言世尊說四法成就須陁洹然彼三法成就須陁洹何等為三謂於佛不壞淨於法不壞淨於僧不壞淨如是三法成就須陁洹如是第三說釋氏摩訶男不能令沙陁受四法釋氏沙陁不能令摩訶男受三法共詣佛所稽首佛足退坐一面釋氏摩訶男白佛言世尊釋氏沙陁来詣我所問我言世尊說幾法成就須陁洹我即荅言世尊說四法成就須陁洹何等為四謂於佛不壞淨於法僧不壞淨聖戒成就如是四法成就須陁洹釋氏沙陁作是言釋氏摩訶男莫作是語世尊說四法成就須陁洹但三法成就須陁洹何等為三謂於佛不壞淨於法不壞淨於僧不壞淨世尊說如是三法成就須陁洹如是再三說我亦不能令彼釋氏沙陁受四法釋氏沙陁亦不能令我受三法是故俱来詣世尊所令問世尊須陁洹成就幾法時沙陁釋氏從坐起為佛作礼合掌白佛世尊若有如是像類法起一者世尊一者比丘僧我寧隨世尊不隨比丘僧或有如是像類法起一者世尊一者比丘尼僧優婆塞優婆夷若天若魔若梵若沙門婆羅門諸天世人我寧隨世尊不隨餘衆尒時世尊告釋氏摩訶男如摩訶男釋氏沙陁作如是論汝當云何摩訶男白佛世尊彼沙陁釋氏作如是論我知復何說我唯言善唯言真實佛告摩訶男是故當知四法成就須陁洹於佛不壞淨於法僧不壞淨聖戒成就如是受持時釋氏摩訶男聞佛所說歡喜隨喜從坐起作礼而去

如是我聞一時佛住迦毗羅衛國尼拘律園中時有迦毗羅衛釋氏集供養堂作如是論問摩訶男云何衆後記說彼百手釋氏命終世尊記彼得須陁洹不墮惡趣法決定正向三菩提七有天人往生究竟苦邊然彼百手釋氏犯戒飲酒而復世尊記彼得須陁洹乃至究竟苦邊汝摩訶男當往問佛如佛所說我等奉持尒時摩訶男往詣佛所稽首礼足退坐一面白佛言世尊我等迦毗羅衛諸釋氏集供養堂作如是論摩訶男云何衆後記說是中百手釋氏命終世尊記說得須陁洹乃至究竟苦邊汝今當往重問世尊如世尊所說我等奉持我今問佛唯願解說佛告摩訶男善逝大師善逝大師者聖弟子所說口說善逝而心正念直見患入善逝正法律正法律者聖弟子所說口說正法發心正念直見患入正法善向僧善向僧者聖弟子所說口說善向發心正念直見患入善向如是摩訶男聖弟子於佛一向淨信於法僧一向淨信於法利智出智決定智八解脫具足身作證以智慧見有漏斷知如是聖弟子不趣地獄畜生餓鬼不墮惡趣說阿羅漢俱解脫復次摩訶男

聖弟子一向於佛清淨信乃至決定智慧不得八解脫身作證具足住然彼知見有漏斷是名聖弟子不墮惡趣乃至慧解脫復次摩訶男聖弟子一向於佛清淨信乃至決定智慧八解脫身作證具足住而不見有漏斷是名聖弟子不墮惡趣乃至身證復次摩訶男若聖弟子一向於佛清淨信乃至決定智慧不得八解脫身作證具足住然於正法律如實知見是名聖弟子不墮惡趣乃至見到復次摩訶男聖弟子一向於佛清淨信乃至決定智慧於正法律如實知見不得見到是名聖弟子不墮惡趣乃至信解脫復次摩訶男聖弟子信於佛言說清淨信法信僧言說清淨於五法增上智慧審諦堪忍謂信精進念定慧是名聖弟子不墮惡趣乃至隨法行復次摩訶男聖弟子信於佛言說清淨信法信僧言說清淨乃至五法少慧審諦堪忍謂信精進念定慧是名聖弟子不墮惡趣乃至隨信行摩訶男此堅固樹於我所說能知義

者無有是處若能知者我則記說況復百手釋氏而不記說得須陀洹摩訶男百手釋氏臨命終時受持淨戒捨離飲酒然後命終我記說彼得須陀洹乃至究竟苦邊摩訶男釋氏聞佛所說歡喜隨喜從坐起作礼而去

如是我聞一時佛住毗舍離獼猴池側重閣講堂時有四十比丘住波梨耶聚落一切皆修阿練若行糞掃衣乞食學人未離欲來詣佛所稽首佛足退住一面尒時世尊作是念此四十比丘住波梨耶聚落皆修阿練若行糞掃衣乞食學人未離欲我今當為說法令其即於此生不起諸漏心得解脫尒時世尊告波梨耶聚落四十比丘衆生無始生死無明所盖愛繫其頸長夜生死輪轉不知苦之本際諸比丘於意云何恒水洪流趣於大海中間恒水為多汝等本来長夜生死輪轉破壞身體流血為多諸比丘白佛如我解世尊所說義我等長夜輪轉生死其身破壞流血甚多多於恒水百千万倍佛告比丘置此恒水乃至四大海水為多汝等長夜輪轉生死其身破壞血流為多諸比丘白佛如我解世尊所說義我等長夜輪轉生死其身破壞流血甚多踰四大海水也佛告諸比丘善哉善哉汝等長夜輪轉生死所出身血甚多無數過於恒水及四大海所以者何汝於長夜曾生象中或截耳鼻頭尾四足其血无量或受馬身駞驢牛犬諸禽狩類斷截耳鼻頭足四體其頭足耳鼻分離四體其血无量汝等長夜身壞命終棄於塚間膿壞流血其數无量或墮地獄畜生餓鬼身壞命終其流血出亦復无量佛告比丘色是常為非常耶比丘白佛无常世尊佛告比丘若无常者是苦耶比丘白佛是苦世尊佛告比丘若无常苦者是變易法聖弟子寧復於中見是我異我相在不比丘白佛不也世尊受想行識亦復如是佛告比丘若所有色過去未来現在若内若外若麁若細若好若醜若遠若近彼一切非我不異我不相在如是如實知受想行識

亦復如是聖弟子如是觀者於色厭離於受想行識厭離厭已不樂不樂已解脫解脫知見我生已盡梵行已立所作已作自知不受後有佛說是法時四十比丘波梨耶聚落住者不起諸漏心得解脫佛說此經已諸比丘聞佛所說歡喜奉行

如是我聞一時佛住舍衛國祇樹給孤獨園尒時世尊告諸比丘衆生無始生死以来長夜輪轉不知苦之本際佛告諸比丘於意云何恒河流水乃至四大海其水為多為汝等長夜輪轉生死流淚為多諸比丘白佛如我解世尊所說義我等長夜輪轉生死流淚甚多過於恒水及四大海佛告比丘善哉善哉汝等長夜輪轉生死流淚甚多非彼恒水及四大海所以者何汝等長夜喪失父母兄弟姊妹宗親知識喪失錢財為之流淚甚多無量汝等長夜棄於塜間膿血流出及生地獄畜生餓鬼諸比丘汝等從無始生死長夜輪轉其身血淚甚多无量佛告諸比丘色為常耶為無常耶比丘白佛無常世尊佛告比丘若无常者是苦耶比丘白佛是苦世尊佛告比丘若无常苦者是變易法多聞聖弟子寧於其中見我異我相在不比丘白佛不也世尊受想行識亦復如是諸比丘聖弟子如是知如是見乃至於色解脫於受想行識解脫解脫生老病死憂悲惱苦佛說此經已諸比丘聞佛所說歡喜奉行

如是我聞一時佛住舍衛國祇樹給孤獨園尒時世尊告諸比丘衆生於無始生死無明所盖愛繫其頭長夜輪轉不知苦之本際佛告諸比丘於意云何恒河水及四大海其水為多汝等長夜輪轉生死飲其母乳為多耶比丘白佛如我解世尊所說義我等長夜輪轉生死飲其母乳多於恒河及四大海水佛告比丘善哉善哉汝等長夜輪轉生死飲其母乳多於恒河及四大海水所以者何汝等長夜或生象中飲其母乳无量無數或生駞馬牛驢諸禽狩類飲其母乳其數无量汝等長夜棄於塜間膿血流出亦復无量或墮地獄畜生餓鬼髓血流出亦復如是比丘汝等無始生死輪轉已来不知苦之本際云何比丘色為常耶為无常耶比丘白佛非常世尊乃至聖弟子於五受陰觀察非我非我所於諸世間得無所取不取已無所著所作已作自知不受後有佛說此經已諸比丘聞佛所說歡喜奉行

雜阿含經卷第三十三

雜阿含經卷第三十三

校勘記

一 底本，金藏廣勝寺本。

一 二五頁中八行第一三字「法」，資、磧、普、南、徑、清無。

一 二五頁下一八行第六字「是」，資、磧、普、南作「足」。

一 二六頁上二一行第二字「能」，資、磧、普、南、徑、清作「種」。

一 二六頁中八行首字「駃」，磧、普、南、徑、清作「駛」。

一 二六頁下一三行第六字「名」，普、南、徑、清作「名第三」。

一 二六頁下一四行第九字「不」，石作「亦不」。

一 二六頁下二二行第三字「時」，資、磧、普、南、徑、清作「尒時」。

一 二七頁上一行第八字「淺」，麗作「賤」。

一 二七頁上二行第六字「馬」，石作「伏」。

一 二七頁中八行「若以」，資、磧、普、南、徑、清作「以若」。

一 二七頁中一三行第四字「今」，資、磧、普、南作「令」。

一 二七頁下二〇行第一一字「反」，石作「及」。

一 二七頁下末行第四字「折」，磧作「祈」；普作「所」。

一 二八頁下一三行第一三字「識」，普作「熾」。

一 二九頁上二行第七、一一字「良」，石、徑作「梁」。

一 二九頁上四行末字「所」，資、磧、南作「故」；普、徑、清無。

一 二九頁上五行「思惟」，資、磧、普、南、徑、清作「唯思」。

一 二九頁中一行第一三字「持」，麗作「執」。

一 二九頁下一四行第三字「男」，石、資、磧、普、南、徑、清作「男謂」。

一 三〇頁上八行第二字「慧」，資、磧、普、南、徑、清作「智慧」。

一 三〇頁上一六行第三字，中一四行第一一字「佛」，石、資、磧、普、南、徑、清作「佛言」。

一 三〇頁中一九行第四字「令」，石、麗作「令其」。

一 三〇頁下一五行第一三字「人」，石作「他」。

一 三〇頁下一八行第八字「能」，資、磧、普、南、徑、清作「不能」。

一 三一頁上一九行第三字「即」，石、資、磧、普、南、徑、清無。

一 三一頁中一行第八字「羽」，磧、普、南、徑、清作「翼」。

一 三一頁中五行第八字「之」，資、磧、普、南、徑、清無。

一 三一頁中七行第五字「隨」，資、磧、普、南、徑、清、麗作「墮」。

一 三一頁中八行第六字「輪」，資、磧、普、南、徑、清、麗作「輸」。

一 三一頁中一九行第四字「在」，諸本作「在於」。

一 三一頁下二行第一一字「後」，資、

磧、普、南、徑、清、麗作「彼」。
一 三一頁下一四行「受樂受樂」，石、麗作「受樂覺受樂」。
一 三一頁下一六行首字「罪」，石、磧、普、南、徑、清作「罣」。
一 三一頁下一八行第五字「待」，資、磧、普、南、徑、清作「得」。
一 三二頁中六行第五字「罣」，資作「罪」。
一 三二頁下一二行第七字「知」，石、資、磧、普、南、徑、清作「智」。
一 三二頁下一四行第五字「伏」，資、磧、普、南、徑、清作「葹」。
一 三二頁下一六行第三字「抓」，諸本作「爪」。
一 三二頁下一九行第一一字「切」，資、磧、普、南、徑、清作「切法」。
一 三三頁中一〇行第二字「差」，資、普、徑作「瘥」。
一 三三頁中一二行第八字「學」，諸本作「學人」。
一 三三頁下六行第五字「次」，諸本作「於」。
一 三三頁下一二行第三字「三」，石作「王」。
一 三四頁上八行第四字「彼」，資、磧、普、南、徑、清作「後」。
一 三四頁中一三行第五字「佛」，石作「佛言」。
一 三五頁下一〇行第一二字至一一行第六字「其頭足耳鼻分離四體」，諸本無。
一 三五頁下一一行末字「夜」，諸本作「夜或爲賊盜爲人所害斷截手足耳鼻分離四體其血無量汝等」。其中「截手足」，徑作「絶手足」；麗作「截頭足」。
一 三五頁下一四行第一三字「色」，石、麗作「色爲」。
一 三六頁上二行第九字「厭」，資、磧、普、南、徑、清作「厭離」。
一 三六頁中八行「惱苦」，石、資、磧、普、南、徑、清作「苦惱」。
一 三六頁中一二行第一二字「頭」，諸本作「頸」。
一 三六頁中一四行第六字「水」，石、麗作「流水」。

雜阿含經卷第三十四

宋天竺三藏求那跋陀羅譯

如是我聞一時佛住舍衛國祇樹給孤獨園尒時世尊告諸比丘衆生無始生死長夜輪轉不知苦之本際諸比丘於意云何若此大地一切草木以四指量斬以為籌以數汝等長夜輪轉生死所依父母籌數已盡其諸父母數猶不盡諸比丘如是無始生死長夜輪轉不知苦之本際是故比丘當如是學當勤精進斷除諸有莫令增長佛說此經已諸比丘聞佛所說歡喜奉行

如是我聞一時佛住舍衛國祇樹給孤獨園尒時世尊告諸比丘衆生無始生死長夜輪轉不知苦之本際去何比丘此大地土泥悉以為丸如婆羅果以數汝等長夜生死以來所依父母土丸既盡所依父母其數不盡比丘衆生無始生死長夜輪轉不知苦之本際其數如是是故比丘當勤方便斷除諸有莫令增長當如是學佛說此經已諸比丘聞佛所說歡喜奉行

如是我聞一時佛住舍衛國祇樹給孤獨園尒時世尊告諸比丘衆生無始生死長夜輪轉不知苦之本際諸比丘汝等見諸衆生安隱諸樂當作是念我等長夜輪轉生死亦曾受斯樂其趣无量是故比丘當如是學無始生死長夜輪轉不知苦之本際當勤精進斷除諸有莫令增長佛說此經已諸比丘聞佛所說歡喜奉行

如是我聞一時佛住舍衛國祇樹給孤獨園尒時世尊告諸比丘衆生無始生死長夜輪轉不知苦之本際諸比丘若見衆生受諸苦惱當作是念我長夜輪轉生死以來亦曾更受如是之苦其數无量當勤方便斷除諸有莫令增長佛說此經已諸比丘聞佛所說歡喜奉行

如是我聞一時佛住舍衛國祇樹給孤獨園尒時世尊告諸比丘衆生無始生死長夜輪轉不知苦之本際諸比丘汝等見諸衆生而生恐怖衣毛

為堅當作是念我等過去必曾煞生為傷害者為惡知識於無始生死長夜輪轉不知苦之本際諸比丘當作是學斷除諸有莫令增長佛說此經已諸比丘聞佛所說歡喜奉行

如是我聞一時佛住舍衛國祇樹給孤獨園尒時世尊告諸比丘衆生無始生死長夜輪轉不知苦之本際諸比丘若見衆生愛念歡喜者當作是念如是衆生過去世時必為我等父母兄弟妻子親屬師友知識如是長夜生死輪轉無明所蓋愛繫其頸故長夜輪轉不知苦之本際是故諸比丘當如是學精勤方便斷除諸有莫令增長佛說此經已諸比丘聞佛所說歡喜奉行

如是我聞一時佛住舍衛國祇樹給孤獨園時有異婆羅門来詣佛所恭敬問訊問訊已退坐一面白佛言瞿曇未来世當有幾佛佛告婆羅門未来佛者如無量恒河沙尒時婆羅門作是念未来當有如无量恒河沙三藐三佛陁我當從彼脩諸梵行尒時

婆羅門聞佛所說歡喜隨喜從坐起去時婆羅門隨路思惟我今唯問沙門瞿曇未来諸佛不問過去即隨路還復問世尊云何瞿曇過去世時復有幾佛佛告婆羅門過去世佛亦如无量恒河沙數時婆羅門即作是念過去世中有无量恒河沙等諸佛世尊我曾不習近設復未来如无量恒河沙三藐三佛陁亦當不與習近娛樂我今當於沙門瞿曇所脩行梵行即便合掌白佛言唯願聽我於正法律出家脩梵行佛告婆羅門聽汝於正法律出家脩梵行得比丘分尒時婆羅門即出家受具足出家已獨一靜處思惟所以善男子正信非家出家學道乃至得阿羅漢

如是我聞一時佛住王舍城毗富羅山尒時世尊告諸比丘有一人於一刧中生死輪轉積累白骨不腐壞者如毗富羅山若多聞聖弟子此苦聖諦如實知此苦集聖諦如實知此苦滅聖諦如實知此苦滅道跡聖諦如實知彼如是知如是見斷三結謂身

見戒取疑斷此三結得須陁洹不墮惡趣法決定正向三菩提七有天人往生究竟苦邊尒時世尊即說偈言

一人一刧中　積聚其身骨　常積不腐壞
如毗富羅山　若諸聖弟子　正智見真諦
此苦及苦因　離苦得寂滅　脩習八道跡
正向般涅槃　極至於七有　天人来往生
盡一切諸結　究竟於苦邊

佛說此經已諸比丘聞佛所說歡喜奉行

如是我聞一時佛住舍衛國祇樹給孤獨園尒時世尊告諸比丘衆生於無始生死長夜輪轉不知苦之本際時有異比丘從坐起整衣服偏袒右肩為佛作礼右膝著地合掌白佛世尊刧長久如佛告比丘我能為汝說而汝難知比丘白佛可說譬不佛言可說比丘譬如鐵城方一由旬高下亦尒滿中芥子有人百年取一芥子盡其芥子刧猶不竟如是比丘其刧者如是長久如是長刧百千万億大苦相續白骨成丘膿血成流地獄畜生餓鬼惡趣是名比丘無始生死長

夜輪轉不知苦之本際是故比丘當
如是學斷除諸有莫令增長佛說此
經已諸比丘聞佛所說歡喜奉行
如是我聞一時佛住舍衛國祇樹給
孤獨園介時世尊告諸比丘衆生無
始生死長夜輪轉不知苦之本際時
有異比丘從坐起整衣服為佛作礼
右膝著地合掌白佛世尊劫長久如
佛告比丘我能為汝說汝難得知比
丘白佛可說辟不佛言可說比丘如
大石山不斷不壞方一由旬若有士
夫以迦尸何具百年一拂拂之不已
石山遂盡劫猶不竟比丘如是長久
之劫百千万億劫受諸苦惱乃至諸
比丘當如是學斷除諸有莫令增長
佛說此經已諸比丘聞佛所說歡喜
奉行
如是我聞一時佛住舍衛國祇樹給
孤獨園介時世尊告諸比丘衆生無
始生死長夜輪轉不知苦之本際時
有異比丘從坐起整衣服為佛作礼
右膝著地合掌白佛世尊過去有幾
劫佛告比丘我悉能說汝知甚難比

丘白佛可說辟不佛言可說辟如比
丘有士夫壽命百歲晨朝憶念三百
千劫日中憶念三百千劫日暮憶念
三百千劫如是日日憶念劫數百年
命終不能憶念劫數邊際比丘當知
過去劫數无量如是過去无量劫數
長夜受苦積骨成山髓血成流乃至
地獄畜生餓鬼惡趣如是比丘無始
生死長夜輪轉不知苦之本際是故
比丘當如是學斷除諸有莫令增長
佛說此經已諸比丘聞佛所說歡喜
奉行
如是我聞一時佛住舍衛國祇樹給
孤獨園介時世尊告諸比丘衆生無
始生死長夜輪轉不知苦之本際無
有一處不生不死者如是長夜無始
生死不知苦之本際是故比丘當如
是學斷除諸有莫令增長佛說此經
已諸比丘聞佛所說歡喜奉行
如是我聞一時佛住舍衛國祇樹給
孤獨園介時世尊告諸比丘衆生無
始生死長夜輪轉不知苦之本際無
有一處無父母兄弟妻子眷屬宗親

師長者如是比丘無始生死長夜輪
轉不知苦之本際是故比丘當如是
學斷除諸有莫令增長佛說此經已
諸比丘聞佛所說歡喜奉行
如是我聞一時佛住舍衛國祇樹給
孤獨園介時世尊告諸比丘衆生無
始生死長夜輪轉不知苦之本際辟
如大雨渧泡一生一滅如是衆生無
明所蓋愛繫其頸無始生死生者死
者長夜輪轉不知苦之本際是故比
丘當如是學斷除諸有莫令增長佛
說此經已諸比丘聞佛所說歡喜
奉行
如是我聞一時佛住舍衛國祇樹給
孤獨園介時世尊告諸比丘衆生無
始生死長夜輪轉不知苦之本際辟
如普天大雨洪澍東西南北無斷絶
處如是東方南方西方北方無量國
上劫成劫壞如天大雨普雨天下無
斷絶處如是無始生死長夜輪轉不
知苦之本際辟如擲杖空中或頭落
地或尾落地或中落地如是無始生
死長夜輪轉或墮地獄或墮畜生或

墮餓鬼如是無始生死長夜輪轉是故比丘當如是學斷除諸有莫令增長佛說此經已諸比丘聞佛所說歡喜奉行

如是我聞一時佛住舍衛國祇樹給孤獨園尒時世尊告諸比丘衆生無始生死長夜輪轉不知苦之本際辟如比丘若有士夫轉五趣輪常轉不息如是衆生轉五趣輪或墮地獄畜生餓鬼及人天趣常轉不息如是無始生死長夜輪轉不知苦之本際是故比丘當如是學斷除諸有莫令增長佛說此經已諸比丘聞佛所說歡喜奉行

如是我聞一時佛住王舍城毗富羅山側尒時世尊告諸比丘一切行無常一切行不恒不安變易之法諸比丘於一切行當生猒離求樂解脱諸比丘過去世時此毗富羅山名長竹山有諸人民圍遶山居名佉弥羅邑佉弥羅邑人壽四万歲佉弥羅邑人上此山頂四日乃得往反時世有佛名迦羅迦孫提如来應等正覺明行足善逝世間解無上士調御丈夫天人師佛世尊出興於世說法教化初中後善善義善味純一滿淨梵行清白開發顯示彼長竹山於今名字亦滅佉弥羅聚落人民亦没彼佛如来巳般涅槃比丘當知一切諸行皆悉无常不恒不安變易之法於一切行當修猒離離欲解脱諸比丘過去世時此毗富羅山名曰朋迦時有人民遶山而居名阿毗迦邑彼時人民壽三万歲阿毗迦人上此山頂經三日中乃得往反時世有佛名拘鄰含牟尼如来應等正覺明行足善逝世間解無上士調御丈夫天人師佛世尊出興於世演說經法初中後善善義善味純一滿淨梵行清白開發顯示諸比丘彼朋迦山名字久滅阿毗迦邑人亦久亡没彼佛世尊亦般涅槃如是比丘一切諸行皆悉无常不恒不安變易之法汝等比丘當修猒離求樂解脱諸比丘過去世時此毗富羅山名宿波羅首有諸人民遶山居止名赤馬邑人壽二万歲彼諸人民上此山頂經二日中乃得往反尒時有佛名曰迦葉如来應供乃至出興於世演說經法初中後善善義善味純一滿淨梵行清白開示顯現比丘當知宿波羅首山名字久滅赤馬邑人亦久亡没彼佛世尊亦般涅槃如是比丘一切諸行皆悉无常不恒不安變易之法是故比丘當修猒離離欲解脱諸比丘今日此山名毗富羅有諸人民遶山而居名摩竭提國此諸人民壽命百歲善自消息得滿百歲摩竭提人上此山頂須臾往反我今於此得成如来應等正覺乃至佛世尊演說正法教化令得寂滅涅槃正道善逝覺知比丘當知此毗富羅山名亦當摩滅摩竭提人亦當亡没如来不久當般涅槃如是比丘一切諸行悉皆无常不恒不安變易之法是故比丘當修猒離離欲解脱尒時世尊即說偈言

古昔長竹山　佉弥羅村邑　次名朋迦山
阿毗迦聚落　宿波羅首山　聚落名赤馬
今毗富羅山　國名摩竭陁　名山悉摩滅

其人悉没亡　諸佛般涅槃　有者無不盡
一切行无常　悉皆生滅法　有生無不盡
唯寂滅為樂
佛說此經已諸比丘聞佛所說歡喜
奉行
如是我聞一時佛住王舍城迦蘭陁
竹園時有婆蹉種出家来詣佛所合
掌問訊問訊已退坐一面白佛言瞿
曇欲有所問寧有閑暇見荅以不佛
告婆蹉種出家隨汝所問當為汝說
婆蹉種出家白佛言云何瞿曇命即
身耶佛告婆蹉種出家命即身者此
是無記云何瞿曇為命異身異耶佛
告婆蹉種出家命異身異者此亦無
記婆蹉種出家白佛云何瞿曇命即
身耶荅言無記命異身異荅言無記
沙門瞿曇有何等奇弟子命終即記
說言某生彼處某生彼處彼諸弟子
於此命終捨身即乘意生身生於餘
處當於尒時非為命異身異也佛告
婆蹉此說有餘不說無餘婆蹉白佛
瞿曇云何說有餘不說無餘佛告婆
蹉辟如火有餘得然非無餘婆蹉白

佛我見火無餘亦然佛告婆蹉云何
見火無餘亦然婆蹉白佛辟如大聚
熾火疾風来吹火飛空中豈非無餘
火耶佛告婆蹉風吹飛火即是有餘
非無餘也婆蹉白佛瞿曇空中飛火
云何名有餘佛告婆蹉空中飛火依
風故住依風故然以依風故故說有
餘婆蹉白佛衆生於此命終乘意生
身往生餘處云何有餘佛告婆蹉衆
生於此處命終乘意生身生於餘處
當於尒時因愛故取因愛而住故說
有餘婆蹉白佛衆生以愛樂有餘染
著有餘唯有世尊得彼無餘成等正
覺沙門瞿曇世間多緣請辭還去佛
告婆蹉宜知是時婆蹉出家聞佛所
說歡喜隨喜從坐起而去
如是我聞一時佛住王舍城迦蘭陁
竹園尒時尊者大目揵連亦於彼住
時有婆蹉種出家詣尊者大目揵連
所與尊者目揵連面相問訊慰勞慰
勞已退坐一面語尊者大目揵連欲
有所問寧有閑暇見荅以不目連荅
言婆蹉隨意所問知者當荅時婆蹉

種出家問尊者目揵連何因何緣餘
沙門婆羅門有人来問云何如来有
後死無後死有無後死非有非無後
死皆悉隨荅而沙門瞿曇有来問言
如来有後死無後死有無後死非有
非無後死而不記說目揵連言婆蹉
餘沙門婆羅門於色色集色滅色味
色患色出不如實知不如實知故於
如来有後死則取著如来無後死有
後死無後死非有後死非無後死則
生取著受想行識識集識滅識味識
患識出不如實知不如實知故於如
来有後死生取著無後死有無後死
非有非無後死生取著如来者於
如實知色色集色滅色味色患色出
如實知如實知故於如来有後死則
不著無後死有無後死非有非無後
死則不著受想行識如實知識集識
滅識味識患識出如實知如實知故
於如来有後死則不然無後死有無
後死非有非無後死則不然甚深廣
大无量无數皆悉寂滅婆蹉如是因
如是緣餘沙門婆羅門若有来問如

来有後死無後死有無後死非有非無後死則為記說如是因如是緣如来若有来問如来有後死無後死有无後死非有非無後死不為記說時婆蹉種出家聞尊者大目揵連所說歡喜隨喜從坐起而去

如是我聞一時佛住王舍城迦蘭陁竹園時有婆蹉種出家来詣佛所合掌問訊問訊已退坐一面白佛言瞿曇何因何緣餘沙門婆羅門若有来問如上廣說尒時婆蹉種出家歎言奇哉瞿曇弟子大師義同義句同句味同味乃至同第一義瞿曇我今詣摩訶目揵連以如是義如是句如是味而問於彼彼亦以如是義如是句如是味而荅我如今瞿曇所說是故瞿曇真為奇特大師弟子義同義句同句味同味同第一義尒時婆蹉種出家有諸同緣至鄉梨聚落營事訖已詣尊者詵陁迦旃延所共相問訊問訊已退坐一面問詵陁迦旃延何因何緣沙門瞿曇若有来問如来有後死無後死有無後死非有非無後死不為記說詵陁迦旃延語婆蹉種出家我今問汝隨意荅我於汝意云何若因若緣若行身施若色若無色若想若非想若非想非非想若彼因彼緣彼行無餘行滅永滅已如来於彼有所記說言有後死無後死有無後死非有非無後死耶婆蹉種出家語詵陁迦旃延若因若緣若種施設諸行若色若非色若想若非想若非想非非想彼因彼緣彼行無餘滅云何瞿曇於彼記說如来有後死無後死有無後死非有非無後死詵陁迦旃延語婆蹉種出家是故如来以是因以是緣故有問如来有後死無後死有無後死非有非無後死不為記說婆蹉種出家問詵陁迦旃延汝於沙門瞿曇弟子為日久如詵陁迦旃延荅言少過三年於正法律出家修梵行婆蹉種出家言詵陁迦旃延快得善利少時出家而得如是身律儀口律儀又得如是智慧辯才時婆蹉種出家聞詵陁迦旃延所說歡喜隨喜從坐起去

如是我聞一時佛住王舍城迦蘭陁竹園時有婆蹉種出家来詣佛所合掌問訊問訊已退坐一面白佛言瞿曇欲有所問寧有閑暇為解說不佛告婆蹉種出家隨所欲問當為汝說婆蹉種出家白佛言瞿曇何因何緣有人来問如来有後死無後死有無後死非有非無後死而不為記說耶佛告婆蹉種出家如上詵陁迦旃延廣說乃至非有非無後死婆蹉種出家白佛言奇哉瞿曇師及弟子義義同句句同味味同其理悉合所謂第一句說瞿曇我為小緣事至鄉利伽聚落營事訖已暫過沙門迦旃延以如是義如是句如是味問沙門迦旃延彼亦以如是義如是句如是味荅我所問如今沙門瞿曇所說是故當知實為奇特師及弟子義句味義句味悉同時婆蹉種出家聞佛所說歡喜隨喜從坐起而去

如是我聞一時佛住王舍城迦蘭陁竹園時有婆蹉種出家来詣佛所合掌問訊問訊已退坐一面白佛言云

何瞿曇為有我耶尒時世尊默然不荅如是再三尒時世尊亦再三不荅尒、時婆蹉種出家作是念我已三問沙門瞿曇而不見荅但當還去時尊者阿難住於佛後執扇扇佛尒時阿難白佛言世尊彼婆蹉種出家三問世尊何故不荅豈不增彼婆蹉種出家惡邪見言沙門不能荅其所問佛告阿難我若荅言有我則增彼先來邪見若荅言無我彼先癡惑豈不更增癡惑言先有我從今斷滅若先來有我則是常見於今斷滅則是斷見如來離於二邊處中說法所謂是事有故是事有是事起故是事生謂緣無明行乃至生老病死憂悲惱苦滅佛說此經已尊者阿難聞佛所說歡喜奉行

如是我聞一時佛住王舍城迦蘭陁竹園尒時婆蹉種出家來詣佛所與世尊面相問訊問訊已退坐一面白佛言瞿曇云何瞿曇作如是見如是說世間常此是真實餘則虛妄耶佛告婆蹉種出家我不作如是見如是

說世間常是則真實餘則虛妄云何瞿曇作如是見如是說世間无常常无常非常非無常有邊无邊邊無邊非邊非無邊命即是身命異身異如來有後死無後死有無後死非有非無後死佛告婆蹉種出家我不作如是見如是說乃至非有非無後死尒時婆蹉種出家白佛言瞿曇於此見見何等過患而於此諸見一切不說佛告婆蹉種出家若作是見世間常此則真實餘則虛妄者此是倒見此是觀察見此是動搖見此是垢汙見此是結見是苦是閡是惱是熱見結所繫愚癡無聞凡夫於未來世生老病死憂悲惱苦生婆蹉種出家若作是見世間无常常無常非常非无常有邊无邊邊無邊非有邊非無邊是命是身命異身異如來有後死無後死有無後死非有非無後死此是倒見乃至憂悲惱苦生婆蹉種出家白佛瞿曇何所見佛告婆蹉種出家如來所見已畢婆蹉種出家然如來見謂見此苦聖諦此苦集聖諦此苦滅聖

諦此苦滅道跡聖諦作如是知如是見已於一切見一切受一切生一切我我所見我慢繫著使斷滅寂靜清凉真實如是等解脫比丘生者不然不生亦不然婆蹉白佛瞿曇何故說言生者不然佛告婆蹉我今問汝隨意荅我婆蹉猶如有人於汝前然火汝見火然不即於汝前火滅汝見火滅不婆蹉白佛如是瞿曇佛告婆蹉若有人問汝向者火然今在何處為東方去耶西方南方北方去耶如是問者汝云何說婆蹉白佛瞿曇若有來作如是問者我當作如是荅若有於我前然火薪草因緣故然若不增薪火則永滅不復更起東方南方西方北方去者是則不然佛告婆蹉我亦如是說色已斷已知受想行識已斷已知斷其根本如截多羅樹頭無復生分於未來世永不復起若至東方南西北方是則不然甚深廣大無量无數永滅婆蹉白佛我當說辟佛告婆蹉為知是時婆蹉白佛瞿曇辟如近城邑聚落有好淨地生堅固林

有一大堅固樹其生已来經數千歲日夜既久枝葉零落皮膚枯朽唯幹獨立如是瞿曇如来法律離諸枝條柯葉唯空幹堅固獨立尒時婆蹉出家聞佛所說歡喜從坐起去

如是我聞一時佛住王舍城迦蘭陁竹園時有婆蹉種出家来詣佛所與世尊面相問訊慰勞已退坐一面白佛言瞿曇彼云何無知故作如是見如是說世間常此是真實餘則虛妄世間无常世間常無常世間非常非无常世有邊世無邊世有邊無邊世非有邊非無邊命即是身命異身異如来有後死無後死有無後死非有非無後死佛告婆蹉於色無知故作如是見如是說世間常此是真實餘則虛妄乃至非有非無後死於受想行識無知故作如是見如是說世間常此是真實餘則虛妄乃至非有非無後死婆蹉白佛瞿曇知何法故不如是見如是說世間常此是真實餘則虛妄乃至非有非無後死佛告婆蹉知色故不如是見如是說世間常此

是真實餘則虛妄乃至非有非無後死知受想行識故不作如是見如是說世間常此是真實餘則虛妄乃至非有非無後死如是不知知如是不見見不識識不斷斷不觀觀不察察不覺覺佛說此經已婆蹉種出家聞佛所說歡喜隨喜從坐起而去

如是我聞一時佛住王舍城迦蘭陁竹園時有婆蹉種出家来詣佛所與世尊面相慰勞已退坐一面白佛言瞿曇欲有所問寧有閑暇為解說不尒時世尊默然而住婆蹉種出家第二第三問佛亦第二第三默然而住時婆蹉種出家白佛言我與瞿曇共相隨順今有所問何故默然尒時世尊作是念此婆蹉種出家長夜質直不諂不偽時有所問皆以不知故非故惱乱我今當以阿毗曇律納受於彼作是念已告婆蹉種出家隨汝所問當為解說婆蹉白佛云何瞿曇有善法耶佛荅言有婆蹉白佛當為我說善不善法令我得解佛告婆蹉我令當為汝略說善不善法諦聽善思

婆蹉貪欲者是不善法調伏貪欲是則善法瞋恚愚癡是不善法調伏恚癡是則善法煞生者是不善法離煞生者是則善法偷盜邪婬妄語兩舌惡口綺語貪恚邪見是不善法不盜乃至正見是則善法是為婆蹉我今已說三種善法三種不善法如是聖弟子於三種善法三種不善法如實知十種不善法十種善法如實知者則於貪欲無餘滅盡瞋恚愚癡無餘滅盡者則一切有漏滅盡無漏心解脫慧解脫現法自知作證我生已盡梵行已立所作已作自知不受後有婆蹉白佛頗有一比丘於此法律得盡有漏無漏心解脫乃至不受後有耶佛告婆蹉不但若一若二若三乃至五百有衆多比丘於此法律盡諸有漏乃至不受後有婆蹉白佛且置比丘有一比丘尼於此法律盡諸有漏乃至不受後有不佛告婆蹉不但一二三比丘尼乃至五百有衆多比丘尼於此法律盡諸有漏乃至不受後有婆蹉白佛置比丘比丘尼有一優婆

塞修諸梵行於此法律度狐疑不佛告婆蹉不但一二三乃至五百優婆塞乃有衆多優婆塞修諸梵行於此法律斷五下分結得成阿那含不復還生此婆蹉白佛復置優婆塞頗有一優婆夷於此法律修持梵行於此法律度狐疑不佛告婆蹉不但一二三優婆夷乃至五百乃有衆多優婆夷於此法律斷五下分結於彼化生得阿那含不復還生此婆蹉白佛置比丘比丘尼優婆塞優婆夷修梵行者頗有優婆塞受五欲而於此法律度狐疑不佛告婆蹉不但一二三乃至五百乃有衆多優婆塞居家妻子香華嚴飾畜養奴婢於此法律斷三結貪恚癡薄得斯陀含一往一來究竟苦邊婆蹉白佛復置優婆塞頗有一優婆夷受習五欲於此法律得度狐疑不佛告婆蹉不但一二三乃至五百乃有衆多優婆夷在於居家畜養男女服習五欲華香嚴飾於此法律三結盡得須陀洹不墮惡趣　决定正向三菩提七有天人往生究竟

苦邊婆蹉白佛言瞿曇若沙門瞿曇成等正覺若比丘比丘尼優婆塞優婆夷修梵行者及優婆塞優婆夷服習五欲不得如是功德者則不滿足以沙門瞿曇成等正覺比丘比丘尼優婆塞優婆夷修諸梵行及優婆塞優婆夷服習五欲而成就尒所功德故則為滿足瞿曇今當說譬佛告婆蹉隨意所說婆蹉白佛如天大雨水流隨下瞿曇法律亦復如是比丘比丘尼優婆塞優婆夷若男若女悉皆隨流向於涅槃浚輪涅槃甚奇佛法僧平等法律為餘異道出家来詣瞿曇所於正法律求出家受具足者幾時便聽出家佛告婆蹉若餘異道出家欲来於正法律求出家受具足者乃至四月於和尚所受依而住然此是為人粗作齊限耳婆蹉白佛若諸異道出家来於正法律欲求出家受具足聽於和尚所受依若滿四月聽出家者我今堪能於四月在和尚所受依若於正法律而得出家受具足我當於瞿曇法中出家受具足修持

梵行佛告婆蹉我先不說粗為人作分齊耶婆蹉白佛如是瞿曇尒時世尊告諸比丘汝等當度彼婆蹉出家於正法律出家受具足婆蹉種出家即得於正法律出家受具足成比丘分乃至半月學所應知應識應見應得應覺應證悉知悉識悉見悉得悉覺悉證如来正法尊者婆蹉作是念我今已學所應知應識應見應得應覺應證彼一切悉知悉識悉見悉得悉覺悉證今當往見世尊是時婆蹉詣世尊所稽首礼足於一面住白佛言世尊我於學所應知應識應見應得應覺應證悉知悉識悉見悉得悉學悉證世尊正法唯願世尊為我說法我聞法已當獨一静處専精思惟不放逸住思惟所以善男子剃除鬚髮著袈裟衣正信出家學道乃至自知不受後有佛告婆蹉有二法修習多修習所謂止觀此二法修習多修習得知界果覺了於界知種種界覺種種界如是比丘欲求離欲惡不善法乃至第四禪具足住慈悲喜捨空

入處識入處无所有入處非想非非想入處令我三結盡得須陁洹三結盡貪恚癡薄得斯陁含五下分結盡得阿那含種種神通境界天眼天耳他心智宿命智生死智漏盡智皆悉得是故比丘當修二法修習多修習修二法故知種種法界乃至漏盡

尒時尊者婆蹉聞佛所說歡喜作礼而去

尒時婆蹉獨一靜處專精思惟不放逸住乃至自知不受後有時有衆多比丘莊嚴方便欲詣世尊恭敬供養尒時婆蹉問衆多比丘汝等莊嚴方便欲詣世尊恭敬供養耶諸比丘荅言

尒時婆蹉語諸比丘尊持我語敬礼世尊問訊起居輕利少病少惱安樂住不言婆蹉比丘白世尊言我已供養世尊具足奉事令歡悅非不歡悅大師弟子所作皆悉已作供養大師令歡悅非不歡悅時衆多比丘往詣佛所

稽首礼足退坐一面白佛言世尊尊者婆蹉

稽首敬礼世尊足乃至歡悅非不歡悅

佛告諸比丘諸天先已語我汝今彼說如來成就第一知見亦如婆蹉比丘有如是德力

尒時世尊為彼婆蹉比丘說第一記

佛說此經已諸比丘聞佛所說歡喜奉行

如是我聞一時佛住王舍城迦蘭陁竹園時有外道出家名曰鬱低迦來詣佛所與世尊面相問訊慰勞已退坐一面白

佛言瞿曇云何瞿曇世有邊耶佛告鬱低迦此是無記鬱低迦白

佛云阿瞿曇世無邊耶有邊無邊耶非有邊非無邊耶

佛告鬱低迦此是無記鬱低迦白

佛云

何瞿曇世有邊耶荅言無記世無邊耶世有邊無邊耶

世非有邊非無邊耶荅言無記瞿曇於何等法而可記說

佛告鬱低迦知者智者我為諸弟子而記說道令正盡苦究竟苦邊鬱低迦白佛云何瞿曇為諸弟子說道令正盡苦究竟苦邊為一切世間從此道出為少分耶尒時世尊默然不荅第二第三問佛亦第二第三默然不荅尒時尊者阿難住於佛後執扇扇佛尊者阿難語鬱低迦外道出家汝初已問此義今復以異說而問是故世尊不為記說鬱低迦今當為汝說譬夫智者因譬得解譬如國王有邊境城四周堅固巷陌平正唯有一門立守門者聰明黠慧善能籌量外有人來應入者聽入不應入者不聽周匝遶城求第二門都不可得都無猫狸出入之處況第二門彼守門者都不覺悟入者出者然彼士夫知一切人唯從此門若出若入更無餘處如是世尊雖不用心覺悟衆生一切世間從此道出及以少分然知衆生正盡苦究竟苦邊者一切皆悉從此道出時鬱低迦外道出家聞佛所說歡喜隨喜從坐起而去

雜阿含經卷第三十四　第二十八張　川字号

如是我聞一時佛住王舍城迦蘭陁竹園時有尊者富隣尼住王舍城耆闍崛山中時有衆多外道出家詣尊者富隣尼共相問訊慰勞已退坐一面問尊者富隣尼我聞沙門瞿曇作斷滅破壞有教授耶今問尊者富隣尼竟為尒不富隣尼語諸外道出家我不如是知世尊教語衆生斷滅壞有令無所有者無有是處我作如是解世尊所說有諸衆生計言有我我慢邪慢世尊為說令其斷滅時諸外道出家聞富隣尼所說心不喜悅呵責而去尒時尊者富隣尼諸外道去已往詣佛所稽首礼足退坐一面以向諸外道出家所說具白世尊世尊我向荅諸外道說得無謗毀世尊耶為是法說如佛所說如法說隨順法說得不為諸論議者所見嫌責耶佛告富隣尼如汝所說不謗如来不失次第如我記說如法法說隨順法說不為諸論者之所嫌責所以者何富隣尼先諸衆生我慢邪慢邪慢所迫邪慢集邪慢不無間等乱如猗勝如鐵鈎鏁亦如乱草往反駈馳此世他世他世此世駈馳往反不能速離富隣尼一切衆生於諸邪慢無餘永滅者彼一切衆生長夜安隱快樂佛說此經已富隣尼比丘聞佛所說歡喜奉行

雜阿含經卷第三十四　第二十九張　川字号

如是我聞一時佛住王舍城迦蘭陁竹園尒時尊者阿難陁於後夜時向榻補河邊脫衣置岸邊入水洗手足還上岸著一衣摩拭身體時俱迦那外道出家亦至水邊尊者阿難聞其行聲聞聲已即便謦咳作聲俱迦那外道出家聞有人聲而問言為何等人尊者阿難荅言沙門俱迦那外道言何等沙門尊者阿難荅言釋種子俱迦那外道言欲有所問寧有閑暇見荅以不尊者阿難荅言隨意所問知者當荅俱迦那言云何阿難如来死後有耶阿難荅言世尊所說此是無記復問如来死後無耶死後有無耶非有非無耶阿難言世尊所說此是無記俱迦那外道言云何阿難如来死後有荅言無記死後無死後有無死後非有非無荅言無記云何阿難為不知不見耶阿難荅言非不知非不見悉知悉見復問阿難云何知云何見阿難荅言見可見處見所起處見纏斷處此則為知此則為見我如是知如是見云何說言不知不見俱迦那外道復問尊者何名阿難陁荅言我名阿難陁俱迦那外道言奇哉大師弟子而共論議我若知是尊者阿難陁者不敢發問說是語已即捨而去

雜阿含經卷第三十四　第三十張　川字号

如是我聞一時佛住舍衛國祇樹給孤獨園時給孤獨長者日日出見世尊礼事供養給孤獨長者作是念我今出太早世尊及諸比丘禪思未起我寧可過諸外道住處即入外道精舍與諸外道共相問訊慰勞已退坐一面時彼外道問言長者汝見沙門瞿曇云何見何所見長者荅言我亦不知云何見世尊世尊何所見諸外道言汝言見衆僧云何見衆僧衆僧何所見長者荅言我亦不知云何見僧僧何所見外道復問長者汝今云

何自見自何所見長者答言汝等各各自說所見然後我說所見亦不難時有一外道作如是言長者我見一切世間常是則真實餘者虛妄復有說言長者我見一切世間无常此是真實餘則虛妄復有說言長者世間常無常此是真實餘則虛妄復有說言世間非常非無常此是真實餘則虛妄復有說言世有邊此是真實餘則虛妄復有說言世無邊此是真實餘則虛妄復有說言世有邊無邊復有說言世非有邊非無邊復有說言命則是身復有說言命異身異復有說言如來死後有復有說言如來死後無復有說言如來死後有无復有說言如來死後非有非無此是真實餘則虛妄諸外道語長者言我等各各已說所見汝復應說汝所見長者答言我之所見真實有為思量緣起若復真實有為思量緣起者彼則無常无常者是苦如是知已於一切見都無所得如汝所見世間常此是真實餘則虛妄者此見真實有為思量緣起若真實有為思量緣起者是則無常無常者是苦是故汝等習近於苦唯得於苦堅住於苦深入於苦如是汝言世間无常此是真實餘則虛妄有如是各世間無常有常无常非常非無常世有邊世無邊世有邊無邊世非有邊非無邊命即是身命異身異如來死後有如來死後無如來死後有無如來死後非有非無此是真實餘則虛妄皆如上說有一外道語給孤獨長者言如汝所說若有見彼則真實有為思量緣起者是无常法若無常者是苦是故長者所見亦習近苦得苦住苦深入於苦長者答言我先不言所見者是真實有為思量緣起法悉皆无常无常者是苦知苦已我於所見無所得耶彼外道言如是長者介時給孤獨長者於外道精舍伏彼異論建立已論於異學衆中作師子吼已往詣佛所稽首礼足退坐一面以向與諸外道共論事向佛廣說佛告給孤獨長者善哉善哉宜應時時摧伏愚癡外道建立正論佛說是語已給孤獨長者歡喜隨喜作礼而去

如是我聞一時佛住王舍城迦蘭陀竹園時有長爪外道出家來詣佛所與世尊面相問訊慰勞已退坐一面白佛言瞿曇我一切不忍佛告火種汝言一切見不忍者此見亦不忍耶長爪外道言向言一切見不忍者此見亦不忍佛告火種如是知如是見此見則已斷已捨已離餘見更不相續不起不生火種多人與汝所見同多人作如是見如是說汝亦與彼相似火種若諸沙門婆羅門捨斯等見餘見不起是等沙門婆羅門世間亦少少耳火種依三種見何等為三有一如是見如是說我一切忍復次有一如是見如是說我一切不忍復次有一如是見如是說我於一忍一不忍火種若言一切忍者此見與貪俱生非不貪與恚俱生非不恚與癡俱生非不癡繫不離繫煩惱非清淨樂取染著生若如是見我一切不忍此見非貪俱非恚俱非癡俱清淨非煩

惱離繫非繫不樂不取不著生火種若如是見我一忍一不忍彼苦忍者則有貪乃至染著生若如是見不忍者則離貪乃至不染著生彼多聞聖弟子所學言我若作如是見如是説我一切忍則為二者所責所詰何等二種謂一切不忍及一忍一不忍則為此等所責責故詰詰故害彼見責見詰見害故則捨所見餘見則不復生如是斷見捨見離見餘見不復相續不起不生彼多聞聖弟子作如是學我若如是見如是説我一切不忍者則有二種二詰何等為二謂我一切忍及一忍一不忍如是二責二詰乃至不相續不起不生彼多聞聖弟子作如是學我若作如是見如是説一忍一不忍則有二責二詰何等二謂如是見如是説我一切忍及一切不忍如是二責乃至不相續不起不生復次火種如是身色麁四大聖弟子當觀无常觀生滅觀離欲觀滅盡觀捨若聖弟子觀无常觀滅觀離欲觀滅盡觀捨住者於彼身身欲身念身愛身染身著永滅不住火種有三種受謂苦受樂受不苦不樂受此三種受何因何集何生何轉謂此三受觸因觸集觸生觸轉彼彼觸集則受集彼彼觸滅則受滅寂靜清涼永盡彼於此三受覺苦覺樂覺不苦不樂彼彼受若集若滅若味若患若出如實知實知已即於彼受觀察无常觀生滅觀離欲觀滅盡觀捨彼於身分齊受覺如實知於命分齊受覺如實知若彼身壞命終後即於尒時一切受永滅無餘永滅彼作是念樂受覺時其身亦壞苦受覺時其身亦壞不苦不樂受覺時其身亦壞患為苦邊於彼樂覺離繫不繫於彼苦覺離繫不繫於不苦不樂覺離繫不繫於何離繫離於貪欲瞋恚愚癡離於生老病死憂悲惱苦我説斯等名為離苦當於尒時尊者舍利弗受具足始經半月時尊者舍利弗住於佛後執扇扇佛時尊者舍利弗作是念世尊歎説於彼彼法斷欲離欲欲滅盡欲捨尒時尊者舍利弗即於彼彼法觀察无常觀生滅觀離欲觀滅盡觀捨不起諸漏心得解脫尒時長爪外道出家遠塵離垢得法眼淨長爪外道出家見法得法覺法入法度諸疑惑不由他度入正法律得无所畏即從坐起整衣服為佛作礼合掌白佛願得於正法律出家受具足於佛法中脩諸梵行佛告長爪外道出家汝得於正法律出家受具足成比丘分即得善來比丘出家彼思惟所以善男子剃除鬚髮著袈裟衣正信非家出家學道乃至心善解脫得阿羅漢佛說是經已尊者舍利弗尊者長爪聞佛所說歡喜奉行

雜阿含經卷第三十四

雜阿含經卷第三十四

校勘記

一 底本，金藏廣勝寺本。

一 四一頁上一二行「何具」，石、徑、清、麗作「劫貝」；磧、南作「劫具」。

一 四二頁上八行第一〇字「趣」，石、麗作「節」。

一 四三頁下一〇行第三字「無」，麗作「有無」。

一 四三頁下一四行第一三字「於」下，諸本有「色」字。

一 四三頁下一五行「色色」，石、麗作「色」。

一 四四頁上一九行第五字「同」，諸本作「因」。

一 四四頁中三行「行身施」，磧、普、南、徑、清作「種施設諸行」。

一 四五頁中一六行第四字「閒」，磧、普、南、徑、清作「間常」。

一 四五頁下一二行第六字「說」，石作「記說」。

一 四六頁上五行第七字「喜」，諸本作「喜隨喜」。

一 四六頁上一五行第九字「於」，磧、普作「知」。

一 四六頁中三行第四字「當」，諸本作「常」。

一 四六頁中五行「見不」，磧作「視」。

一 四六頁中二一行首字「善」，資、磧、普、南、徑、清作「善不善」。

一 四六頁下一一行第四字「則」，石、麗作「則於」。

一 四七頁上二二行第一二字「趣」下，麗有「法」字。

一 四七頁中九行第一一字「天」，磧作「來」。

一 四七頁中一二行「浚輪」；資、磧、普作「後輪」；南、清、麗作「浚輪」；徑作「波輪」。

一 四七頁中一六行第三字「來」，資作「求」。

一 四七頁中二〇行、二二行「依若」，石、資、磧、普、南、徑、清作「衣著」。

一 四七頁下九行第四字「學」，石、麗作「覺」。

一 四七頁下一五行首字「学」，資、磧、普、南、徑、清、麗作「覺」。

一 四八頁上七行第八字「法」，麗無。

一 四八頁上一六行首字「尒」，諸本作「爾爾」。第九字「尊」，諸本作「尊者」。

一 四八頁上一七行第八字「利」，普作「和」。

一 四八頁上一九行第八字、二一行首字「今」，資、磧、普、南、徑、清、麗作「令」。

一 四八頁中一六行第三字「阿」，諸本作「何」。

一 四九頁上一二行第一二字「喜」，資、磧作「善」。

一 四九頁上一六行第七字「說」，石無。

一 四九頁上一七行第一一字「說」，資、磧、普、南、徑、清無。

一 四九頁上二一行第八字「責」，資、

一　磧、普、南、徑、清作「恨」。

一　四九頁中一一行「阿難」，資、磧、普、南、徑、清作「阿難陀」，下同。

一　四九頁中一八行「阿難」，資、磧、普、南、徑、清無。

一　五〇頁上一三行第二字「則」，資、磧、普、南、徑、清、麗作「即」。

一　五〇頁中四行「无常」，普、徑作「常」。

一　五〇頁中五行「無常有常」，資、磧、普、南、徑、清作「無常」；麗無。

一　五〇頁中一九行第八字「已」，石、麗作「正」。

一　五〇頁中二一行第一三字「向」，磧作「已」。

一　五〇頁下六行第九字「不」，麗作「見不」。

一　五〇頁下一五行第四字「火」，磧、普、南作「少」。

一　五一頁上二行第一二字「苦」，石、麗作「若」。

一　五一頁上一三行第五字「種」，磧、普、南、徑、清作「貴」。

一　五一頁上一七行末字「二」，資、磧、普、南、徑、清作「爲二」。

一　五一頁中一行第二字「愛」，石作「受」。第四字「染」，經作「樂」。

一　五一頁中八行第三字「實」，諸本作「如實」。

一　五一頁中一二行「無餘永滅」，經、清作「無餘」。

雜阿含經卷第三十五　川

宋天竺三藏求那跋陀羅譯

如是我聞一時佛住王舍城迦蘭陀竹園時王舍城有外道出家名舍羅步住須摩竭陁池側於自衆中作如是唱言沙門釋子法我悉知我先已知彼法律而悉棄捨時有衆多比丘晨朝著衣持鉢入王舍城乞食聞有外道名舍羅步住王舍城須摩竭陁池側於自衆中作如是唱沙門釋子所有法律我悉已知先已知彼法律然後棄捨聞是語已乞食畢還精舍舉衣鉢洗足已往詣佛所稽首礼足退坐一面白佛言世尊我等晨朝著衣持鉢入王舍城乞食聞有外道出家名舍羅步住王舍城須摩竭陁池側於自衆中作是唱言沙門釋子法我已悉知知彼法律已然後棄捨善哉世尊可自往彼須摩竭陁池側憐愍彼故尒時世尊黙然而許於日晡時從禪覺往到須摩竭陁池側外道舍羅步所時舍羅步外道出家遥見世尊来即敷床坐請佛令坐佛即就坐告舍羅步言汝實作是語沙門釋子所有法律我悉已知知彼法律已然後棄捨耶時舍羅步黙而不荅佛告舍羅步汝今應説何故黙然汝所知滿足者我則隨喜不滿足者我當令汝滿足時舍羅步猶故黙然如是第二第三説彼再三黙然住時舍羅步有一梵行弟子白舍羅步言師應往詣沙門瞿曇説所知見今沙門瞿曇自来詣此何故不説沙門瞿曇又告師言若滿足者我則隨喜不滿足者當令滿足何故黙然而不記説彼舍羅步梵行弟子勸時亦復黙然尒時世尊告舍羅步若復有言沙門瞿曇非如来應等正覺我若善諫善問善諫善問時彼則遼落説諸外事或忿恚慢覆對閡不忍無由能現或黙然抱愧低頭審自思省如今舍羅步若復作如是言非沙門瞿曇無正法律者我若善諫善問彼亦如汝今日黙然而住若復有言非沙門瞿曇聲聞善向者我若善諫善問彼亦乃至如

汝今日默然而住尒時世尊於須摩
竭陁池側師子吼已從坐起而去尒
時舍羅步梵行弟子語舍羅步言譬
如有牛歲其兩角入空牛欄中跪地
大吼師亦如是於无沙門瞿曇弟子
衆中作師子吼譬如女人欲作丈夫
聲發聲即作女聲師亦如是於非沙
門瞿曇弟子衆中作師子吼譬如野
干欲作孤聲發聲還作野干聲師亦
如是於非沙門瞿曇弟子衆中欲作
師子吼時舍羅步梵行弟子於舍羅
步面前呵責毀呰已從坐起去

如是我聞一時佛住王舍城迦蘭陁
竹園尒時王舍城須摩竭陁池側有
外道出家名上坐住彼池側於自衆
中作如是語我說一偈若能報者我
當於彼修行梵行時有衆多比丘晨
朝著衣持鉢入王舍城乞食聞有外
道出家名曰上座住須摩竭陁池側
於自衆中作如是說我說一偈有能
報者我當於彼所修行梵行乞食畢
還精舍舉衣鉢洗足已詣佛所稽首
佛足退坐一面白佛言世尊我今晨

雜阿含經卷第三十五　第三張　爪

朝與衆多比丘入城乞食聞有外道
出家名曰上坐住須摩竭陁池側於
自衆中作如是說我說一偈有能報
者我當於彼修行梵行唯願世尊應
自往彼哀愍故尒時世尊默然而許
即日晡時從禪覺往至須摩竭陁池
側時上坐外道出家遥見世尊即敷
床座請佛令坐世尊坐已告上坐外
道出家言汝實作是語我說一偈若
能報者我當於彼修行梵行耶汝今
便可說偈我能報荅時彼外道即累
繩床以為高座自昇其上即說偈言

比丘以法活　不恐怖衆生　意寂行捨離
持戒順息止

尒時世尊知彼上坐外道心即說偈言

汝於所說偈　能自隨轉者　我當於汝所
作善士夫觀　觀汝今所說　言行不相應
寂止自調伏　莫恐怖衆生　行意寂遠離
受持淨戒者　順調伏寂止　身口心離惡
善攝於住處　不令放逸者　是則名隨順
調伏及寂止

尒時上坐外道出家作是念沙門瞿
曇已知我心即從床而下合掌白佛

雜阿含經卷第三十五

言今我可得於正法律出家具足成
比丘法不佛告上坐外道出家今汝
可得於正法律出家受具足戒比丘
分如是上坐外道出家得出家作比
丘已思惟所以善男子剃除鬚髮著
袈裟衣正信非家出家學道乃至心
善解脫得阿羅漢

如是我聞一時佛住王舍城迦蘭陁
竹園時有衆多婆羅門出家住須摩
竭陁池側集聚一處作如是論如是
婆羅門真諦如是婆羅門真諦尒時
世尊知彼衆多婆羅門出家心念往
到須摩竭陁池側時衆多婆羅門出
家遥見佛來即為佛敷床座請佛就
坐佛即就坐告諸婆羅門出家汝等
於此須摩竭陁池側衆共集聚何所
論說婆羅門出家白佛言瞿曇我等
衆多婆羅門出家集於此坐作如是
論如是婆羅門真諦如是婆羅門真
諦佛告婆羅門出家有三種婆羅門
真實我自覺悟成等正覺而復為人
演說汝婆羅門出家作如是說不害
一切衆生是婆羅門真諦非為虛妄

雜阿含經卷第三十五　第五張

彼於彼言我勝言相似言我畢若於
彼真諦不繫著於一切世間作慈心
色像是名第一婆羅門真諦我自覺
悟成等正覺爲人演說復次婆羅門
作如是說所有集法皆是滅法此是
真諦非爲虛妄乃至於彼真諦不許
著於一切世間觀察生滅是名第二
婆羅門真諦復次婆羅門作如是說
無我處所及事都無所有無我處所
及事都無所有此則真諦非爲虛妄
如前說乃至於彼無所繫著一切世
間無我像類是名第三婆羅門真諦
我自覺悟成等正覺而爲人說尒時
衆多婆羅門出家默然住時世尊作
是念今映彼愚癡煞彼惡者今此衆
中無一能自思量欲造因緣於沙門
瞿曇法中修行梵行如是知已從坐
起而去

如是我聞一時佛住拘睒弥國瞿師
羅國尊者阿難亦住於彼時有外道
出家名曰栴陁詣尊者阿難所與尊
者阿難共相問訊慰勞已退坐一面
問尊者阿難言何故於沙門瞿曇所
出家修梵行阿難荅言爲斷貪欲瞋
恚愚癡故於彼出家修梵行栴陁復
問彼能說斷貪欲瞋恚愚癡耶阿難
荅言我亦能說斷貪欲瞋恚愚癡栴
陁復問汝見貪欲瞋恚愚癡有何過
患說斷貪欲瞋恚愚癡耶阿難荅言
染著貪欲映障心故或自害或復害
他或復俱害現法得罪後世得罪現
法後世二俱得罪彼心常懷憂苦受
覺若瞋恚映障愚癡映障自害害他
自他俱害乃至常懷憂苦受覺又復
貪欲爲盲爲無目爲無智爲慧力羸
爲障閡非明非等覺不轉向涅槃瞋
恚愚癡亦復如是我見貪欲瞋恚愚
癡有如是過患故說斷貪欲瞋恚愚
癡栴陁復問汝見斷貪欲瞋恚愚癡
有何福利而說斷貪欲瞋恚愚癡阿
難荅言斷貪欲已不自害又不害他
亦不俱害又復不現法得罪後世得
罪現法後世得罪心法常懷喜樂受
覺瞋恚愚癡亦復如是於現法中常
離熾然不待時節有得餘現法緣自
覺知見有如是功德利益故說斷貪
欲瞋恚愚癡栴陁復問尊者阿難有
道有跡修習多修習能斷貪欲瞋恚
愚癡不阿難荅言有謂八正道正見
乃至正定栴陁外道白尊者阿難此
是賢哉之道賢哉之跡修習多修習
能斷貪欲瞋恚愚癡時栴陁外道聞
尊者阿難所說歡喜隨喜從坐起
而去

如是我聞一時佛住舍衛國祇樹給
孤獨園尒時尊者舍利弗詣佛所稽
首佛足退坐一面尒時世尊爲尊者
舍利弗種種說法示教照喜示教照
喜已默然住時尊者舍利弗聞佛所
說歡喜隨喜已稽首礼足而去
時有外道出家補縷伍迦隨路而来
問尊者舍利弗從何所来舍利弗荅
言火種我從我世尊所聽大師說教
授法来補縷伍迦問尊者舍利弗今
猶不離乳從師聞說教授法耶舍利
弗荅言火種我不離乳於大師所聞
說教授法補縷伍迦語尊者舍利弗
言我久已離乳捨師所說教授法舍
利弗言汝法是惡說法律惡覺非爲

出離非正覺道壞法非可讚歎法非可依止法又彼師者非等正覺是故汝等疾疾捨乳離師教法辟如乳牛麁惡狂𩥇又少乳汁彼犢飲乳疾疾捨去如是惡說法律惡覺非出離非正覺道壞法非可讚歎法非可依止法又彼師者非等正覺是故速捨師教授法我所有法是正法律是善覺是出離正覺道不壞可讚歎可依止又彼大師是等正覺是故久飲其乳聽受大師說教授法辟如乳牛不麁狂𩥇又多乳汁彼犢飲時久而不猒我法如是是正法律乃至久聽說教授法時補縷低迦語舍利弗汝等快得善利於正法律乃至久聽說教授法。時補縷低迦外道出家聞舍利弗所說歡喜隨喜從道而去

如是我聞一時佛住舍衛國祇樹給孤獨園介時補縷低迦外道出家来詣佛所與世尊面相問訊慰勞已退坐一面白佛言瞿曇先日衆多種種異道出家沙門婆羅門集於未曾有講堂作如是論議沙門瞿曇智慧猶

如空舍不能於大衆中建立論議此應此不應此合此不合辟如盲牛偏行邊畔不入中田沙門瞿曇亦復如是無應不應無合不合佛告補縷低迦此諸外道論議說應不應合不合於聖法律如小兒戲辟如士夫八十九十髮白齒落作小兒戲園治泥土作象作馬種種形類衆人皆言此老小兒如是火種種種諸論謂應不應合不合於聖法律如小兒戲然於彼中無有比丘方便所應補縷低迦白佛瞿曇於何處有比丘方便所應佛告外道不清淨者令其清淨是名比丘方便所應不調令調是名比丘方便所應諸不定者令得正受是名比丘方便所應不解脫者令得解脫是名比丘方便所應不斷令斷不知令知不脩令脩不得令得是名比丘方便所應云何不淨令淨謂戒不淨者令其清淨云何不調伏令其調伏謂眼耳鼻舌身意根不調伏令其調伏是名不調伏者令其調伏云何不定令其正受謂心不正定令得正受云

何不解脫者令得解脫謂心不解脫貪欲恚癡令得解脫云何不斷令斷謂無明有愛不斷令斷云何不知令知謂其名色不知令知云何不脩令脩謂止觀不脩令脩云何不得令得謂般涅槃不得令得是名比丘方便所應補縷低迦白佛言瞿曇是義比丘方便所應是堅固比丘方便所應所謂盡諸有漏時補縷低迦外道出家聞佛所說歡喜隨喜從坐起而去

如是我聞一時佛住王舍城迦蘭陁竹園時有外道出家名曰尸婆来詣佛所與世尊面相問訊慰勞已退坐一面白佛言瞿曇云何爲學所謂學者云何學佛告尸婆學其所學故名爲學尸婆白佛何所學佛告尸婆隨時學增上戒增上意學增上慧尸婆白佛若阿羅漢比丘諸漏已盡所作已作捨諸重擔逮得已利盡諸有結正智善解脫當於尒時復何所學佛告尸婆若阿羅漢比丘諸漏已盡乃至正智善解脫當於尒時覺知貪欲永盡無餘覺知瞋恚愚癡永盡無餘

故不復更造諸惡常行諸善尸婆是名為學其所學時尸婆外道出家聞佛所說歡喜隨喜從坐起去

如是我聞一時佛住王舍城迦蘭陁竹園尒時尸婆外道出家來詣佛所與世尊面相問訊慰勞已退坐一面白佛言瞿曇有一沙門婆羅門作如是見如是說若人有所知覺彼一切本所作因脩諸苦行令過去業盡更不造新業斷於因緣於未來世無復諸漏諸漏盡故業盡業盡故苦盡苦盡者究竟苦邊今瞿曇所說云何佛告尸婆彼沙門婆羅門實尒略演說耳不審不數愚癡不善不辯所以者何或從風起苦衆生覺知或從痰起或從涎唾起或等分起或自害或他害或因節氣彼自害者或拔鬚或拔鬚或常立舉手或蹲地或卧灰土中或卧棘剌上或卧杵上或板上或牛屎塗地而卧其上或卧水中或日三洗浴或一足而立身隨日轉如是衆苦精勤有行尸婆是名自害他害者或為他手石刀杖等種種害身是名他害尸婆若復時節所害冬則大寒春則大熱夏寒暑俱是名節氣害世間真實非為虛妄尸婆世間有此真實為風所害乃至節氣所害彼衆生如實覺知汝亦自有此患風痰涎唾乃至節氣所害覺如是如實覺知尸婆若彼沙門婆羅門言一切人所知覺者皆是本所造因捨世間真實事而隨自見作虛妄說尸婆有五因五緣生心法憂苦何等為五謂因貪欲纏緣貪欲纏生心 法憂苦因瞋恚睡眠掉悔疑纏緣瞋恚睡眠掉悔疑纏生彼心法憂苦尸婆是名五因五緣生心法憂苦尸婆有五因五緣不生心法憂苦何等為五謂因貪欲纏緣貪欲纏生彼心法憂苦者離彼貪欲纏不起心法憂苦是名五因五緣不起心法憂苦現法得離熾然不待時節通達現見緣自覺知尸婆復有現法離熾然不待時節通達現見緣自覺知謂八正道正見乃至正定說是法時尸婆外道出家遠塵離垢得法眼淨時尸婆外道出家見法得法知法入法離諸狐疑不由於他入正法律得無所畏即從坐起整衣服合掌白佛世尊我今可得於正法律出家受具足得比丘分耶佛告尸婆汝今得出家如上說乃至心善解脫得阿羅漢

如是我聞一時佛住鄰羅聚落好衣菴羅園中尒時鄰羅聚落有商主外道出家百二十歲年耆根熟為鄰羅聚落諸沙門婆羅門長者居士尊重供養如阿羅漢彼商主外道出家先有宗親一人命終生天於彼天上見彼商主外道出家已作是念我欲往教行恐其不隨我語我今當往彼以意論令問即下鄰羅聚落詣彼商主外道出家所說偈而問

云何惡知識　現善知識相　云何善知識
如已同一體　何故求於斷　云何離熾然

若汝仙人持此意論而問於彼有能分明解說其義而荅汝者便可從彼出家脩行梵行時商主外道出家受天所問持詣富蘭那迦葉所以此意

論偈問富蘭那迦葉彼富蘭那迦葉尚自不解況復能荅彼時商主外道出家復至末迦梨瞿舍利子所刪闍耶毗羅坻子所阿耆多枳舍欽婆羅所迦羅拘陁迦栴延所尼乾陁若提子所皆以此意論偈而問悉不能荅時商主外道出家作是念我以此意論問諸出家師悉不能荅我今復欲求出家為我今自有財寶不如還家服習五欲復作是念我今可往詣沙門瞿曇然彼耆舊諸師沙門婆羅門富蘭那迦葉等悉不能荅而沙門瞿曇年少出家詎復能了然我聞先宿所說莫輕新學年少出家或有沙門年少出家有大德力今且當詣沙門瞿曇詣已以彼意論恣而問如偈所說尒時世尊知彼商主心之所念即說偈言

云何惡知識　現善友相者　內心實恥厭
口說我同心　造事不樂同　故知非善友
口說恩愛語　心不實相應　所作而不同
黠者應覺知　是名惡知識　現善知識相
與已同一體　云何善知識　與已同體者
非彼善知識　放逸而不制　沮壞懷疑惑
伺求其端緒　安於善知識　如子卧父懷
不為傍人間　當知善知識　何故求於斷
生歡喜之處　清涼稱讚歎　修習福利果
清涼永息滅　是故求於斷　云何離熾然
寂靜止息味　知彼遠離味　遠離熾然惡
飲以法喜味　寂滅離欲火　是名離熾然

尒時商主外道出家作是念沙門瞿曇知我心念而白佛言我今得入沙門瞿曇正法律中修行梵行出家受具足成比丘分不佛告商主外道出家汝今可得於正法律修行梵行出家受具足成比丘分如是出家已思惟乃至心善解脫得阿羅漢

如是我聞一時佛住俱夷那竭國力士生處堅固雙樹林中尒時世尊涅槃時至告尊者阿難汝為世尊於雙樹間敷繩床北首如來今日中夜於無餘涅槃而般涅槃尒時尊者阿難奉教於雙樹間敷繩床北首訖來詣佛所稽首佛足退住一面白佛言世尊以於雙樹間敷繩床北首尒時世尊詣雙樹間於繩床上北首右脅而卧足足相累計念明想正念正智時俱夷那竭國有須跋陁羅外道出家百二十歲年耆根熟為俱夷那竭國人恭敬供養如阿羅漢彼須跋陁羅出家聞世尊今日中夜當於無餘涅槃而般涅槃然我有所疑希望而住沙門瞿曇有力能開覺我我今當詣沙門瞿曇問其所疑即出俱夷那竭詣世尊所尒時尊者阿難於園門外經行時須跋陁羅語阿難言我聞沙門瞿曇今日中夜於无餘涅槃而般涅槃我有所疑希望而住沙門瞿曇有力能開覺我若阿難不憚勞者為我往白瞿曇少有閑暇荅我所問阿難荅言莫逼世尊世尊疲極如是須跋陁羅再三請尊者阿難尊者阿難亦再三不許須跋陁羅言我聞古昔出家耆年大師所說久久乃有如來應等正覺出於世間如優曇鉢花而今如來中夜當於無餘涅槃界而般涅槃我今於法疑信心而往沙門瞿曇有力能開覺我若阿難不憚勞者為我白沙門瞿曇阿難復荅言須跋

陁羅莫逼世尊世尊今日疲極尒時世尊以天耳聞阿難與須跋陁羅共語來往而告尊者阿難莫遮外道出家須跋陁羅令入問其所疑所以者何此是最後與外道出家論議此是最後得證聲聞善來比丘所謂須跋陁羅尒時須跋陁羅世尊為開善根歡喜增上詣世尊所與世尊面相問訊慰勞已退坐一面白佛言瞿曇凡世間入處謂富蘭那迦葉等六師各作如是宗此是沙門此是沙門去何瞿曇為實各各有是宗不尒時世尊即為說偈言

始年二十九　出家修善道　成道至於今
經五十餘年　三昧明行具　常修於淨戒
離斯少道分　此外無沙門

佛告須跋陁羅於正法律不得八正道者亦不得初沙門亦不得第二第三第四沙門須跋陁羅於此法律得八正道者得初沙門得第二第三第四沙門除此已於外道無沙門斯則異道之師空沙門婆羅門耳是故我今於衆中作師子吼說是法時須跋陁羅外道出家遠塵離垢得法眼淨尒時須跋陁羅見法得法知法入法度諸狐疑不由他信不由他度於正法律得無所畏從坐起整衣服右膝着地白尊者阿難汝得善利汝得大師為大師弟子為大師雨雨灌其頂我今若得於正法律出家受具足得比丘分者亦當得斯善利時尊者阿難白佛言世尊是須跋陁羅外道出家今求於正法律出家受具足得比丘分尒時世尊告須跋陁羅此比丘來修行梵行彼尊者須跋陁羅即於尒時出家即是受具足成比丘分如是思惟乃至心善解脫得阿羅漢時尊者須跋陁羅得阿羅漢解脫樂覺知已作是念我不忍見佛般涅槃我當先般涅槃時尊者須跋陁羅先般涅槃已然後世尊般涅槃

如是我聞一時佛在跋耆人間遊行至毗舍離國住獼猴池側重閣講堂時毗舍離國有衆多賈客欲向恒剎尸羅國方便莊嚴是衆多賈客聞世尊於跋耆人間遊行至毗舍離國住獼猴池側重閣講堂聞已來詣佛所稽首佛足退坐一面佛為諸賈客種種說法示教照喜示教照喜已默然住時諸賈客坐起整衣服為佛作礼合掌白佛言世尊我等諸賈客方便莊嚴欲至恒剎尸羅國唯願世尊與諸大衆明旦受我供養尒時世尊默然而許時諸賈客知世尊受請已從坐起礼佛足各還自家辦種種淨美飲食數床座安置淨水晨朝遣使白佛時到尒時世尊與諸大衆着衣持鉢詣諸賈客所就座而坐時諸賈客以淨美飲食自手供養食畢洗鉢訖取卑小床於大衆前坐聽佛說法尒時世尊告諸賈客汝等當行於曠野中有諸恐怖心驚毛竪尒時當念如來事謂如來應等正覺乃至佛世尊如是念者恐怖則除又念法事佛正法律現法能離熾然不待時節通達親近緣自覺知又念僧事世尊弟子善向正向乃至世間福田如是念者恐怖即除過去世時天阿須輪共鬪時天帝釋告諸天衆汝等與阿須輪

共鬭戰之時生恐怖者當念我幢名摧伏幢念彼幢時恐怖得除若不念我幢者當念伊舍那天子幢若不念伊舍那天子幢者當念婆留那天子幢念彼幢時恐怖即除如是諸商人汝等於曠野中有恐怖者當念如來事法事僧事尒時世尊為諸毗舍離賈客說供養隨喜偈

供養比丘僧　飲食隨時服　專念諦思惟
正智而行捨　淨物良福田　汝等悉具足
緣斯功德利　長夜獲安樂　發心有所求
衆利悉皆應　兩足四足安　道路往來安
夜安晝亦安　一切離諸惡　如沃壤良田
精純好種子　溉灌以時澤　收實不可量
淨戒良福田　精饍歸種子　正行以將順
終斯妙果成　是故行施者　欲求備衆德
當隨智慧行　衆果自然備　於明行足尊
正心盡恭敬　種殖衆善本　終獲大福利
如實知世間　得具備正見　具足見正道
具足而昇進　遠離一切垢　逮得涅槃道
究竟於苦邊　是名備衆德

尒時世尊為諸毗舍離賈客說種種法示教照喜已從坐起去

如是我聞一時佛住舍衛國祇樹給孤獨園尒時世尊告諸比丘若比丘住於空閑樹下空舍有時恐怖心驚毛竪者當念如來事及法事僧事如前廣說念如來事法事僧事之時恐怖即除諸比丘過去世時釋提桓因與阿脩羅共戰尒時帝釋語諸三十三天言諸仁者諸天阿脩羅共鬭戰時若生恐怖心驚毛竪者汝當念我伏敵之幢念彼幢時恐怖即除如是比丘若於空閑樹下空舍而生恐怖心驚毛竪者當念如來如來應等正覺乃至佛世尊彼當念時恐怖即除所以者何彼天帝釋懷貪恚癡於生老病死憂悲惱苦不得解脫有恐怖畏懼逃竄避難而猶告諸三十三天令念我摧伏敵幢況復如來應等正覺乃至佛世尊離欲貪癡解脫生老病死憂悲惱苦無諸恐怖畏懼逃避而不能令其念如來者除諸恐怖佛說是經已諸比丘聞佛所說歡喜奉行

如是我聞一時佛住婆枳國安闍那林中尒時世尊告尊者舍利弗我能於法略說廣說但知者難尊者舍利弗白佛言唯願世尊略說廣說法說於法實有解知者佛告舍利弗若有衆生於自識身及外境界一切相无我我所我慢繫著使乃至心解脫慧解脫現法自知作證具足住者於此識身及外境界一切相無有我我所我慢使繫著故我心解脫慧解脫現法自知作證具足住

舍利弗彼比丘於此識身及外境界一切相無有我我所見我慢繫著使及心解脫慧解脫現法自知作證具足住於此識身及外境界一切相無有我我所見我慢繫著使彼心解脫慧解脫現法自知作證具足住舍利弗若復比丘於此識身及外境界一切相無有我我所見我慢繫著使彼心解脫慧解脫現法自知作證具足住舍利弗若復比丘於此識身及外境界一切相無我我所見我慢繫著使彼心解脫慧解脫現法自知作證具足住於此識身及外境界一切相

無我我所見我慢繫著使彼心解脫慧解脫現法自知作證具足住舍利弗是名比丘斷愛縛結慢無閒等究竟苦邊舍利弗我於此有餘說荅波羅延富隣𡰱迦所問

世間數差别 安所遇不動 寂靜離諸塵
拔根無悕望 已度三有海 無復差死患

佛說是經已尊者舍利弗聞佛所說歡喜隨喜即從坐起作礼而去

如是我聞一時佛住舍衛國祇樹給孤獨園尒時尊者阿難住舍衛國祇樹給孤獨園獨一靜處如是思惟或有一人作如是念我於此識身及外境界一切相無有我我所見我慢繫著使及心解脫慧解脫現法自知作證具足住於此識身及外境界一切相無有我我所見我慢繫著使我當於彼心解脫慧解脫現法自知作證具足住尒時尊者阿難晡時從禪覺詣世尊所稽首礼足退坐一面白佛言世尊我獨一靜處作是思惟若有一人作如是言我此識身及外境界一切相乃至自知作證具足住佛告阿難如是如是有一人作如是念我此識身及外境界一切相無有我我所見我慢繫著使及心解脫慧解脫現法自知作證具足住阿難彼比丘於此識身及外境界一切相無有我我所見我慢繫著使及心解脫慧解脫現法自知作證具足住於此識身及外境界一切相無有我我所見我慢繫著使及彼心解脫慧解脫現法自知作證具足住阿難若復比丘於此識身及外境界一切相乃至自知作證具足住是名比丘斷愛縛結慢無閒等究竟苦邊阿難我於此有餘說荅波羅延憂陁耶所問

斷於愛欲想 憂苦亦俱離 覺悟於睡眠
滅除掉悔蓋 捨貪恚清淨 現前觀察法
我說智解脫 滅除無明闇

佛說是經已尊者阿難聞佛所說歡喜隨喜礼佛而去

如是我聞一時佛住舍衛國祇樹給孤獨園尒時世尊告諸比丘我今當說愛為網為膠為泉為藕根此等能為衆生障為蓋為膠為守衛為覆為閉為塞為闇冥為猶腸如乱草為絮從此世至他世從他世至此世往来流轉無不轉時諸比丘何等愛為網為膠乃至往来流馳無不轉謂有我故有我欲我尒我有我無我異我當我不當我欲我當尒時當異異我或欲我或尒我或異或然或欲然或尒然或異如是十八愛行從内起比丘、言有我於諸所有言我欲我尒乃至十八愛行從外起如是揔說十八愛行如是三十六愛行或於過去起或於未来起或於現在起如是揔說百八愛行是名為愛為網為膠為泉為藕根能為衆生障為蓋為膠為守衛為覆為閉為塞為闇冥為猶腸為乱草為絮從此世至他世從他世至此世往来流馳無不轉時佛說是經已諸比丘聞佛所說歡喜奉行

如是我聞一時佛住舍衛國祇樹給孤獨園尒時世尊告諸比丘有從愛生愛從愛生恚從恚生愛從恚生恚云何為從愛生愛謂有一於衆生有喜有愛有念有可意他於彼有喜有

愛有念有可意隨行此作是念我於彼衆生有喜有愛有念有可意他復於彼有喜有愛有念有可意隨行故我於他人復生於愛是名從愛生愛云何從愛生恚謂有一於衆生有喜有愛有念有可意而他於彼不喜不愛不念不可意隨行此作是念我於衆生有喜有愛有念有可意而他於彼不喜不愛不念不可意隨行故我於他而生瞋恚是名從愛生恚云何為從恚生愛謂有一於衆生不喜不愛不念不可意他復於彼不喜不愛不念不可意隨行故我於他而生愛念是名從恚生愛云何從恚生恚謂有一於衆生不喜不愛不念不可意而他於彼有喜有愛有念有可意隨行此作是念我於彼衆生不喜不愛不念不可意而他於彼有喜有愛有念有可意隨行我於他所問起瞋恚是名從恚生恚若比丘離欲惡不善法有覺有觀乃至初禪第二第三第四禪具足住者從愛生愛從恚生恚從恚生愛從愛生恚已斷已知斷其根本如截多羅樹頭無復生分於未来世成不生法若彼比丘盡諸有漏無漏心解脱慧解脱現法自知作證我生已盡梵行已立所作已作自知不受後有當於尒時不自舉不起塵不熾然不嫌彼云何自舉謂見色是我色異我我中色色中我受想行識亦復如是是名自舉云何不自舉謂不見色是我色異我我中色色中我受想行識亦復如是是名不自舉云何還舉謂於駡者還駡瞋者還瞋打者還打觸者還觸是名還舉云何不還舉謂駡者不還駡瞋者不還瞋打者不還打觸者不還觸是名不還舉云何起塵謂有我我欲乃至十八種愛是名起塵云何不起塵謂無我無我欲乃至十八愛不起是名不起塵云何熾然謂有我所我所欲乃至外十八愛行是名熾然云何不熾然謂無我所無我所欲乃至無外十八愛行是名不熾然云何嫌彼謂見我真實起於我慢我欲我使不斷不知是名嫌彼云何不嫌彼謂不見我真實我慢我欲我使已斷已知是名不嫌彼佛說此經已諸比丘聞佛所說歡喜奉行

如是我聞一時佛住舍衛國祇樹給孤獨園尒時世尊告諸比丘有二事斷難持何等為二若俗人處非人處於衣食床卧資生衆具持彼斷者是則難行又比丘非家出家斷除貪愛持彼斷者亦甚難行尒時世尊即說偈言

世間有二事　持斷則難行
是真諦所說　等正覺所知
在家財入出　衣食等衆具
世間貪愛樂　持斷者甚難
比丘已離俗　信非家出家
滅除於貪愛　持斷亦難行

佛說此經已諸比丘聞佛所說歡喜奉行

如是我聞一時佛住舍衛國祇樹給孤獨園尒時世尊告諸比丘我於二法依止多住云何為二於諸善法未曾知足於斷未曾遠離於善法不知足故於諸斷法未曾遠離故乃至肌消肉盡筋連骨立終不捨離精勤方便不捨善法不得未得終不休息未

曾於劣心生歡喜常樂增進昇上上道如是精進住故疾得阿耨多羅三藐三菩提等比丘當於二法依止多住於諸善法不生足想依於諸斷未曾捨離乃至肌消肉盡筋連骨立精勤方便堪能修習善法不息是故比丘於諸下劣生歡喜想當修上上昇進多住如是修習不久當得速盡諸漏無漏心解脫慧解脫現法自知作證我生已盡梵行已立所作已作自知不受後有佛說此經已諸比丘聞佛所說歡喜奉行

如是我聞一時佛住王舍城迦蘭陁竹園介時釋提桓因形色絕妙於後夜時来詣佛所稽首佛足退住一面天身威力光明遍照迦蘭陁竹園時釋提桓因白佛言世尊世尊曾於闍界山石窟中說言若有沙門婆羅門無上愛盡解脫心善解脫彼邊際究竟邊際離垢邊際梵行畢竟去何為比丘邊際究竟邊際離垢邊際梵行畢竟佛告天帝釋謂比丘若所有愛覺若苦若樂若不苦若不樂彼諸受集受滅受味受患受出如實知如實知已觀察彼受無常觀生滅觀離欲觀滅盡觀捨如是觀察已則邊際究竟邊際離垢邊際梵行畢竟拘尸迦是名比丘於正法律邊際究竟邊際離垢邊際梵行畢竟乃至天帝釋聞佛所說歡喜隨喜作礼而去

如是我聞一時佛住王舍城迦蘭陁竹園介時尊者大目揵連住耆闍崛山後夜起經行見有光明遍照迦蘭陁竹園見已作是念今夜或有大力鬼神詣世尊所故有此光明時尊者大目揵連晨朝往詣佛所稽首佛足退坐一面白佛言世尊我於昨暮後夜出房經行見勝光明普照迦蘭陁竹園見已作是念有何大力鬼神詣世尊所故有此光明佛告尊者大目揵連昨暮後夜釋提桓因来詣我所稽首作礼退坐一面如上修多羅廣說歡喜隨喜作礼而去

如是我聞一時佛住舍衛國祇樹給孤獨園介時尊者阿難晨朝著衣持鉢詣舍衛城次第乞食至鹿住優婆夷舍鹿住優婆夷遥見尊者阿難疾敷床座白言尊者阿難令坐時鹿住優婆夷稽首礼阿難足退住一面白尊者阿難去何言世尊知法我父富蘭那先修梵行離欲清淨不著香花遠諸凡鄙叔父梨師達多不修梵行然其知足二俱命終而今世尊俱記二人同生一趣同一受生同於後世得斯陁含生兜率天一来世間究竟苦邊去何阿難修梵行不修梵行同生一趣同一受生同其後世阿難荅言姊妹汝今且停汝不能知眾生世間根之差别如来悉知眾生世間根之優劣如是說已從坐起去時尊者阿難還精舍舉衣鉢洗足已往詣佛所稽首佛足退坐一面以鹿住優婆夷所說廣白世尊佛告阿難彼鹿住優婆夷去何能知眾生世間根之優劣阿難如来悉知眾生世間根之優劣阿難或有一犯戒彼於心解脫慧解脫不如實知彼所起犯戒无餘滅無餘没無餘欲盡或有一犯戒於心解脫慧解脫如實知彼所起犯戒無

餘滅無餘没無餘欲盡於彼籌量者言此亦有如是法彼亦有是法此則應俱同生一趣同一受生同一後世彼如是籌量者得長夜非義饒益苦阿難彼犯戒者於心解脫慧解脫不如實知彼所起犯戒無餘滅無餘没無餘欲盡當知此人是退非勝進我說彼人為退分阿難有犯戒彼於心解脫慧解脫如實知彼於所起犯戒無餘滅無餘没無餘欲盡當知是人勝進不退我說彼人為勝進分自非如来此二有間誰能悉知是故阿難莫籌量人人而取人善籌量人人而病人籌量人人自招其患唯有如来能知人身如二犯戒二持戒亦如是彼於心解脫慧解脫不如實知彼所起持戒無餘滅若掉動者彼於心解脫慧解脫不如實知彼所起掉無餘滅彼若瞋恨者彼於心解脫慧解脫不如實知彼所起瞋恨無餘滅若苦貪者彼於心解脫慧解脫如實知彼所起苦貪無餘滅穢汙清淨如上說乃至如来能知人人阿難鹿住優婆

夷愚癡少智而於如来一向說法心生狐疑云何阿難如来所說豈有二耶阿難白佛不也世尊佛告阿難善哉善哉如来說法若有二者无有是處阿難若富蘭那持戒梨師達多亦同持戒者所生之趣富蘭那所不能知梨師達多為生何趣云何受生云何後世若梨師達多所成就智富蘭那亦成就此智者梨師達多亦不能知彼富蘭那當生何趣云何受生後世云何阿難彼富蘭那持戒勝梨師達多智慧勝彼俱命終我說二人同生一趣同一受生後世亦同是斯陀含生兜率天一来生此究竟苦邊彼二有間自非如来誰能得知是故阿難莫量人人量人人者自生損減唯有如来能知人耳佛說此經已尊者阿難聞佛所說歡喜奉行

如是我聞一時佛住釋氏弥城留利邑夏安居有餘比丘於舍衛國祇樹給孤獨園夏安居時彼比丘於晨朝著衣持鉢入舍衛城乞食次第至鹿住優婆夷舍鹿住優婆夷遥見比丘来疾敷床座請比丘令坐如上阿難修多羅說時彼比丘語鹿住優婆夷姊妹且停汝那得知衆生根之優劣姊妹唯有如来能知衆生根之優劣如是說已從坐起去時彼比丘三月夏安居訖作衣竟持衣鉢往詣弥城留利釋氏邑到已舉衣鉢洗足已往詣佛所稽首佛足退坐一面以共鹿住優婆夷所論說事向佛廣說佛告比丘鹿住優婆夷云何能知世間衆生諸根優劣唯有如来能知世間衆生諸根優劣耳不離瞋恨憍慢時起貪法不聽受法不學多聞於法不調伏見不能時時起解脫心法比丘若復有一不離瞋慢時起貪法然彼聞法修學多聞於善調伏見時時能起解脫心法若思量彼此有是法彼有是法此則同一趣同一受生同一後世如是思量者長得非義不饒益苦比丘若復彼人不離瞋慢時時起貪法亦不聽法不習多聞不調伏見亦不時時得解脫心法我說此人卑鄙下賤比丘若復彼人不離瞋慢時起

貪法然彼聞法樂多聞調伏諸見時時能得解脫心法我說是人第一勝妙彼二有間自非如來誰能別知是故比丘莫量人人乃至如來能知優劣比丘復次有一不離瞋慢時時起口惡行餘如上說比丘復次有一賢善安樂同止飲樂明智脩梵行者樂與同止而彼不樂聞法乃至不時時得心法解脫當知彼人住賢善地不能轉進賢善地者謂人天趣復次有一其性賢善同止安樂飲樂梵行以為伴侶樂聞正法學習多聞善調伏見時時能得解脫心法當知彼人於賢善地能轉勝進當知此人於正法流有所堪能此二有間自非如來誰能別知是故比丘莫量人人量人人者自招其患唯有如來能知人耳比丘鹿住優婆夷愚癡少智如上脩多羅廣說佛說此經已諸比丘聞佛所說歡喜奉行

如是我聞一時佛住舍衛國祇樹給孤獨園尒時給孤獨長者來詣佛所稽首佛足退坐一面白佛言世尊世間有幾種福田佛告長者世間有二種福田何等為二學及无學即說偈言

世有學无學　大會常延請　正直心真實
身口亦復然　是則良福田　施者獲大果

佛說此經已給孤獨長者聞佛所說歡喜奉行

雜阿含經卷第三十五

雜阿含經卷第三十五

校勘記

一　底本，金藏廣勝寺本。五四頁中至次頁上共三版，原版殘，以麗藏本換。

一　五四頁中一〇行第一〇字「唱」，資、磧、普、南、徑、清作「唱言」。

一　五五頁上二一行第九字「行」，資、磧、普、南、徑、清無。

一　五五頁中八行首字「床」，資、磧、普、南、徑、清無。

一　五五頁中一一行末字「累」，石作「塡」。

一　五五頁中二〇行「隨順」，資、磧、南、徑、清作「順隨」。

一　五五頁中末行第六字「即」，磧、普、南、徑、清作「却」。

一　五五頁下一行第一二字「具」，諸本作「受具」。

一　五五頁下三行第一二字「戒」，諸本作「成」。

一　五五頁下二一行第二字「實」，資、南、徑、清作「諦」。
一　五六頁上六行末字「許」，諸本作「計」。
一　五六頁上一五行第四字「映」，磧作「眏」。
一　五六頁上一五行第一二字「今」，磧、普、南、徑、清作「令」。
一　五六頁上二〇行第二字「國」，諸本作「圍」。
一　五六頁中五行第六字「貪」，磧作「食」。
一　五六頁中六行第八字「愚」，磧作「患」。
一　五六頁下一行第五字「癡」，徑作「瞋」。
一　五六頁下一三行第五字「住」，資、磧、普、南、徑、清作「而住」。
一　五六頁下一七行第六字「我」，石、資、磧、普、南、徑、清無。
一　五七頁上一行首字「出」，資、磧、普、南、徑、清無。
一　五七頁中五行第七字「議」，石、資、磧、普、南、徑、清無。
一　五七頁中六行「八十」，石、麗作「年八」；資、磧、普、南、徑、清作「八」。
一　五七頁中一二行首字「佛」，資、磧、普、南、徑、清作「佛言」。
一　五七頁中二一行首字「眼」，諸本作「眼根」。第一二字「其」，徑作「具」。
一　五七頁下一七行第五字「戒」，資、磧、普、南、徑、清作「戒學」。
一　五七頁下一九行第三字「捨」，石、資、磧、普、南、徑、清作「離」。
一　五八頁上三行第一〇字「起」，資、磧、普、南、徑、清作「而」。
一　五八頁上一三行第四字「彼」，資、磧、普、南、徑、清無。同行「略演」，資、磧、普、南、徑、清、麗作「洛漢」。
一　五八頁上一九行末字「牛」，磧作「千」。
一　五八頁上二〇行第七字「上」，徑作「土」。
一　五八頁中二行第一三字「害」，諸本作「所害」。
一　五八頁中一一行第六字「生」，清作「生彼」。
一　五八頁中一二行末字「纏」，資、磧、普、南、徑、清無。
一　五八頁中一三行第一三字「五」，資、磧、普、南、徑、清無。
一　五八頁中一六行第七字「法」，資、磧、普、南無。
一　五八頁中一七行第七字「苦」，南作「苦離彼瞋恚睡眠掉悔疑纏不起心法憂苦尸婆」；徑、清作「苦因瞋恚睡眠掉悔疑纏緣瞋恚睡眠掉悔疑纏生彼心法憂苦者離彼瞋恚睡眠掉悔疑纏不起心法憂苦尸婆」。
一　五八頁中二二行第九字「遠」，徑作「離」。
一　五八頁下一行「離諸」，資、磧、普、南、徑、清作「得離」。
一　五八頁下一五行第七字「語」，資、

磧、普、南、徑、清作「說」。

一　五八頁下二〇行第三字「仙」，徑作「別」。

一　五八頁下二一行第二字「明」，資、磧、普、南、徑、清作「別」。

一　五八頁下末行第三字「問」，徑作「教」。

一　五九頁上三行第一三字「删」，資、磧、普、南、徑、清作「那」。

一　五九頁上四行第八字「者」，資、磧、普、南、徑、清作「逸」。

一　五九頁中三行第五字「閒」，諸本作「聞」。

一　五九頁中一六行第七字「樹」，資、磧、普、南、徑、清無。

一　五九頁下一行第六字「計」，麗作「繫」。

一　五九頁下二一行第一一字「往」，麗作「住」。

一　六〇頁上一行第一〇字「曰」，諸本作「日」。

一　六〇頁上七行第九字「世」，資、磧、普、南、徑、清作「聞世」。

一　六〇頁中三行第一〇字「由」，磧作「中」。

一　六〇頁中六行第九字「師」，南、徑、清作「師法」。

一　六〇頁下四行首字「住」，資、磧、普、南、徑、清作「而住」。第六字「坐」，諸本作「從座」。

一　六一頁上一〇行第二字「智」，石、麗作「知」。

一　六一頁上一六行第二字「斯」，石、磧、普、南、徑、清、麗作「期」。

一　六一頁中八行第八字「天」，資、磧、普、南、徑、清作「天與」。

一　六一頁中一八行「欲貪」，諸本作「貪恚」。

一　六一頁下二二行第二字「彼」，資、磧、普、南、徑、清作「及」。

一　六二頁上六行第八字「遇」，石作「過」。

一　六二頁中一行第七字「有」，資、磧、普、南、徑、清作「若有」。

一　六二頁中一六行第七字「貪」，資、磧、普、南、徑、清作「念」。

一　六二頁中一九行「礼佛」，石、資、磧、普、南、徑、清作「作禮」。

一　六二頁中末行第四字「障」，資、磧、普、南、徑、清作「障礙」。

一　六二頁下一行第一〇字「如」，資、磧、普、南、徑、清、麗作「爲」。

一　六二頁下四行第八字、一七行第五字「馳」，徑、清作「轉」。

一　六二頁下四行第一一字「轉」，磧、普、南、徑、清作「轉時」。

一　六二頁下五行「介我」，資、磧、普、南、徑、清作「爾時」。

一　六三頁上末行第九字「巳」，資無。

一　六三頁中一三行第三字「謂」，資、磧、普、南、徑、清作「謂於」。

一　六三頁下一行第一〇字「知」，資、普作「如」。

一　六四頁上一九行第一一字「彼」，資、磧作「彼無」。

一　六四頁上二二行末字「愛」，諸本

作「受」。

一　六四頁上末行第四字「若」，資、磧、普、南、徑、清無。第九字「若」，麗無。

一　六四頁下七行第五字「二」，磧作「三」。

一　六五頁上八行第九字「有」，石、資、磧、普、南、徑、清作「知有」。

一　六五頁上一五行第四字「身」，諸本作「耳」。

一　六五頁中一五行首字「二」，磧、普、南、徑、清作「一」。

一　六五頁中二二行第八字「城」，資、磧、普、南、徑、清作「國」。

一　六五頁下六行第九字「衣」，資、磧、普、南、徑、清無。

一　六五頁下二〇行第一三字「起」，資作「趣」。

一　六五頁下末行第一三字「時」，石、麗作「時時」。

一　六六頁上一行第四字「彼」，石作「後」。

雜阿含經卷第三十六　川

宋天竺三藏求那跋陀羅譯

如是我聞一時佛住舍衛國祇樹給孤獨園時有諸上座比丘隨佛左右依止而住所謂尊者阿若憍陳如尊者摩訶迦葉尊者舍利弗尊者摩訶目揵連尊者阿那律陁尊者二十億耳尊者陁羅驃摩羅子尊者婆那迦婆娑尊者耶舍舍羅迦毗訶利尊者富留那尊者分陁檀昆迦如此及餘上座比丘隨佛左右依止而住時尊者婆耆舍住舍衛國東園鹿子母講堂時尊者婆耆舍作是念今日世尊在舍衛國祇樹給孤獨園諸上座比丘隨佛左右依止而住我今當往至世尊所各各說偈歎諸上座比丘作是念已往詣佛所稽首佛足退住一面說偈言

上上座比丘　已斷諸貪欲　超過諸世間
一切之積聚　深智少言說　勇猛勤方便
道德淨明顯　我今稽首礼　已伏諸魔惡
遠離於群聚　不為五欲縛　常習於空閑

清虛而寡欲　我今稽首礼　婆羅延勝族
禪思不放逸　內心樂正受　清淨離塵穢
辯慧顯深義　是故稽首礼　所得神通慧
超諸神通力　六神通衆中　自在無所畏
神通寂勝故　是故稽首礼　於大千世界
五道諸趣生　乃至於梵世　人天優劣想
淨天眼悉見　是故稽首礼　精勤方便力
斷除諸愛集　壞裂生死網　心常樂正法
離諸悕望想　超度於彼岸　清淨無塵穢
是故稽首礼　永離諸恐畏　無依離財物
知足度疑惑　伏諸魔怨敵　身念觀清淨
是故稽首礼　無有諸世間　煩惱棘刺林
結縛使永除　三有因緣斷　精練滅諸垢
究竟明顯現　於林離林去　是故稽首礼
無舍宅所依　幻偽癡恚滅　調伏諸愛喜
出一切見處　清淨無瑕穢　是故稽首礼
其心自在轉　堅固不傾動　智慧大德力
難伏魔能伏　斷除無明結　是故稽首礼
大人離闇冥　寂滅牟尼尊　政法離垢過
光明自顯照　照一切世界　是故名為佛
地神虛空天　三十三天子　光明悉映障
是故名為佛　度生死有邊　超踰越群衆
柔弱善調伏　正覺第一覺　斷一切結縛

伏一切異道　降一切魔怨　得無上正覺
離塵滅諸垢　是故稽首礼

尊者婆耆舍偈讚歎時諸比丘聞其所說皆大歡喜

如是我聞一時佛住舍衛國祇樹給孤獨園時尊者婆耆舍住舍衛國東園鹿子母講堂疾病困篤尊者富隣尼為看病人供給供養時尊者婆耆舍語尊者富隣尼言汝往詣世尊所持我語白世尊言尊者婆耆舍稽首世尊足問訊世尊少病少惱起居輕利得自安樂住不復作是言尊者婆耆舍住東園鹿子母講堂疾病困篤欲求見世尊無力方便堪詣世尊善哉世尊願往至東園鹿子母講堂尊者婆耆舍所哀愍故時尊者富隣尼即受其語往詣世尊稽首佛足退坐一面作是言尊者婆耆舍住東園鹿子母講堂疾病困篤願見世尊無力方便堪能奉見善哉世尊願往東園鹿子母講堂尊者婆耆舍所為哀愍故尒時世尊默然而許時尊者富隣尼知佛許已即從坐起礼佛足而去

世尊晡時從禪起往詣尊者婆耆舍尊者婆耆舍遥見世尊馮床欲起尒時世尊見尊者婆耆舍馮床欲起語言婆耆舍莫自輕動世尊即坐問尊者婆耆舍汝所患苦為平和可堪忍不身諸苦痛為增為損如前焰摩迦修多羅廣說乃至我所苦患轉覺見增不覺其損佛告婆耆舍我今問汝隨意荅我汝得心不染不著不汙解脫離諸顛倒不婆耆舍白佛言我心不染不著不汙解脫離諸顛倒佛告婆耆舍汝去何得心不染不著不汙解脫離諸顛倒婆耆舍白佛我過去眼識於色心不顧念於未來色不欣想於現在色不著我過去未來現在眼識於色貪欲愛樂念於彼得盡無欲滅沒息離解脫心解脫已是故不染不著不汙離諸顛倒正受而住如是耳鼻舌身意識過去於法心不顧念未來不欣現在不著過去未來現在法中念欲愛盡無欲滅沒息離解脫心解脫已是故不染不著不汙解脫離諸顛倒正受而住唯願世尊今日寂後饒益於我聽我說偈佛告婆耆舍宜知是時尊者婆耆舍起正身端坐繫念在前而說偈言

我今住佛前　稽首恭敬礼　於一切諸法
悉皆得解脫　善解諸法相　深信樂正法
世尊等正覺　世尊為大師　世尊降魔怨
世尊大牟尼　滅除一切使　自度群生類
世尊於世間　諸法悉覺知　世間悉無有
知法過佛者　於諸天人中　亦無與佛等
是故我今日　稽首大精進　稽首士之上
拔諸愛欲刺　我今是寂後　得見於世尊
稽首曰種尊　暮當般涅槃　正智繫正念
於此朽壞身　餘勢之所起　從今夜永滅
三界不復染　入無餘涅槃　苦受及樂受
亦不苦不樂　從觸因緣生　於今悉永斷
苦受及樂受　亦不苦不樂　從觸因緣生
於今悉已知　若內及與外　苦樂等諸受
於受無所著　正智正繫心　於初中寂後
諸聚无障礙　諸聚既已斷　了知受無餘
明見真實者　說九十一劫　三劫中不空
有大仙人尊　餘空無洲依　唯畏恐怖劫
當知大仙人　乃復出於世　安慰諸天人
開眼離塵冥　亦悟諸衆生　令覺一切苦

苦苦及苦集　超苦之寂滅　賢聖八正道
安隱趣涅槃　世間難得者　現前悉皆得
生世得人身　演說於正法　隨己之所欲
離垢求清淨　專修其己利　勿令空無果
空過則生憂　墮於地獄苦　於所說正法
不樂不欲受　當久處生死　輪迴息無期
長夜懷憂悔　如商人失財　我今衆度集
無復生老死　輪迴悉已斷　不復重受生
愛識河水流　於今悉枯竭　已拔陰根本
連鏁不相續　供養大師畢　所作者已作
重擔悉已捨　有流悉已斷　不復樂受生
亦無死可惡　正智正繫念　唯待終時至
念空野龍象　六十雄猛狩　一旦勉枷鏁
逸樂山林中　婆耆舍亦然　大師口生子
猒捨於徒衆　正念待時至　今告於汝等
諸来集會者　聽我取後偈　其義所饒益
生者悉歸滅　諸行無有常　速生速死法
何可久依怙　是故強其志　精勤方便求
觀察有恐怖　隨順牟尼道　速盡此苦陰
勿復增輪轉　佛口所生子　歎說此偈已
長辭於大衆　婆耆舍涅槃　彼以慈悲故
說此無上偈　尊者婆耆舍　如来法生子
垂心哀愍故　說此無上偈　然後般涅槃

一切當敬礼
如是我聞一時佛住舍衛國祇樹給
孤獨園時有一天子容色絕妙於後
夜時来詣佛所稽首佛足退坐一面
身諸光明遍照祇樹給孤獨園時彼
天子而說偈問佛
阿練若比丘　住於空閑處　寂靜修梵行
於一坐而食　以何因緣故　顏色特鮮明
尒時世尊說偈荅言
於過去無憂　未来不欣樂　現在隨所得
止智繫念持　飯食繫念故　顏色常鮮澤
未来心馳想　過去追憂悔　愚癡火自煎
如㲲斷生草
時彼天子復說偈言
久見婆羅門　逮得般涅槃　一切怖已過
永超世恩愛
時彼天子聞佛所說歡喜隨喜稽首
佛足即没不現
如是我聞一時佛住舍衛國祇樹給
孤獨園時有一天子容色絕妙於後
夜時来詣佛所稽首佛足退坐一面
身諸光明遍照祇樹給孤獨園時彼
天子而說偈言

不欲起憍慢　善自護其心　未曾修寂默
亦不入正受　處林而放逸　不度死彼岸
尒時世尊說偈荅言
已離於憍慢　心常入正受　明智善分別
解脫一切縛　獨一處閑林　其心不放逸
於彼死魔怨　疾得度彼岸
時彼天子復說偈言
久見婆羅門　逮得般涅槃　一切怖已過
永超世恩愛
時彼天子聞佛所說歡喜隨喜稽首
佛足即没不現
如是我聞一時佛住舍衛國祇樹給
孤獨園時有一天子容色絕妙於後
夜時来詣佛所稽首佛足退坐一面
身諸光明遍照祇樹給孤獨園時彼
天子說偈問佛
云何得晝夜　功德常增長　云何得生天
惟願為解說
尒時世尊說偈荅言
種植園果故　林樹蔭清涼　橋船以濟度
造作福德舍　穿井供渴乏　客舍給行旅
如此之功德　日夜常增長　如法戒具足
緣斯得生天

時彼天子復說偈言
久見婆羅門　逮得般涅槃　一切怖已過
永超世恩愛
時彼天子聞佛所說歡喜隨喜稽首
佛足即沒不現
如是我聞一時佛住舍衛國祇樹給
孤獨園時有一天子容色絕妙於後
夜時来詣佛所稽首佛足退坐一面
身諸光明遍照祇樹給孤獨園時彼
天子說偈問佛
施何得大力　施何得妙色　施何得安樂
施何得明目　脩習何等施　名曰一切施
今啓問世尊　願為分別說
尒時世尊說偈荅言
施食得大力　施衣得妙色　施乘得安樂
施燈得明目　虛舘以待賓　是名一切施
以法而誨彼　是則施甘露
時彼天子復說偈言
久見婆羅門　逮得般涅槃　一切怖已過
永超世恩愛
時彼天子聞佛所說歡喜隨喜稽首
佛足即沒不現
如是我聞一時佛住舍衛國祇樹給

孤獨園時有天子名恚鞞梨容色絕
妙於後夜時来詣佛所稽首佛足退
坐一面身諸光明遍照祇樹給孤獨
園時彼天子而說偈言
諸天及世人　於食悉欣樂　頗有諸世間
福樂自隨逐
尒時世尊說偈荅言
淨信心惠施　此世及後世　隨其所至處
福報常影隨　是故當捨慳　行無垢惠施
施已心歡喜　此世他世受
時彼恚鞞梨天子白佛言奇哉世尊
善說斯義
淨信心惠施　此世及他世　隨其所至處
福報常影隨　是故當捨慳　行無垢惠施
施已心歡喜　此世他世受
恚鞞梨天子白佛言世尊我自知過
去世時曾為國王名恚鞞梨於四城
門普施為福於其城內有四交道亦
於其中布施作福時有第一夫人来
語我言大王大作福德而我無力脩
諸福業我時告言城東門外布施作
福悉皆屬汝時諸王子復来白我大
王多作功德夫人亦同而我無力作

諸福業我今願得依於大王少作功
德我時荅言城南門外所作施福悉
皆屬汝時有大臣復来白我今日大
王多作功德夫人王子悉皆共之而
我無力作諸福業願依大王少有所
作我時告言城西門外所作施福悉
皆屬汝時諸將士復来白我今日大
王多作功德夫人太子及諸大臣悉
皆共之唯我無力能脩福業願依大
王得有所作我時荅言城北門外所
作施福悉皆屬汝國中庶民復来白
我今日大王多作功德夫人王子大
臣諸將悉皆共之唯我無力不能脩
福願依大王少有所作我時荅言於
其城內四交道頭所作施福悉屬汝
等尒時國王夫人王子大臣將士庶
民悉皆惠施作諸功德我先所作惠
施功德於茲則斷時我所使諸作福
者還至我所為我作礼而白我言大
王當知諸脩福處夫人王子大臣將
士及諸庶民各據其處行施作福大
王所施於茲則斷我時荅言善男子
諸方邊國歲輸財物應入我者分半

入庫分其半分即於彼處惠施作福彼聞教旨往詣邊國集諸財物半送於庫半留於彼惠施作福我先長夜如是惠施作福長夜常得可愛可念可意福報常受快樂無有窮極以斯福業及福果福報悉皆入於大功德聚數辟如五大河合為一流所謂恒河耶蒲那薩羅由伊羅䟦提摩醯如是五河合為一流無有人能量其河水百千万億斗斛之數彼大河水得為大水聚數我亦如是所作功德果功德報不可稱量悉得入於大功德聚數尒時悉鞞梨天子聞佛所說歡喜隨喜稽首佛足即沒不現

如是我聞一時佛住舍衛國祇樹給孤獨園時有一天子容色絕妙於後夜時來詣佛所稽首佛足退坐一面身諸光明皆悉遍照祇樹給孤獨園時彼天子說偈問佛

何等人能為　遠遊善知識　何等人能為
居家善知識　何等人能為　通財善知識
何等人能為　後世善知識

尒時世尊以偈荅言

商人之導師　遊行善知識　貞祥賢良妻
居家善知識　宗親相習近　通財善知識
自所修功德　後世善知識

時彼天子復說偈言

久見婆羅門　逮得般涅槃　一切怖已過
永超世恩愛

時彼天子聞佛所說歡喜隨喜稽首佛足即沒不現

如是我聞一時佛住舍衛國祇樹給孤獨園時有一天子容色絕妙於後夜時來詣佛所稽首佛足退坐一面身諸光明遍照祇樹給孤獨園時彼天子而說偈言

冥運持命去　故令人短壽　為老所侵迫
而無救護者　覩斯老病死　令人大恐怖
唯作諸功德　樂住至樂所

尒時世尊說偈荅言

冥運持命去　故令人短壽　為老所侵迫
而無救護者　觀此有餘過　令人大恐怖
當斷世貪愛　無餘涅槃樂

時彼天子復說偈言

久見婆羅門　逮得般涅槃　一切怖已過
永超世恩愛

時彼天子聞佛所說歡喜隨喜稽首佛足即沒不現

如是我聞一時佛住舍衛國祇樹給孤獨園時有一天子容色絕妙於後夜時來詣佛所稽首佛足退坐一面身諸光明遍照祇樹給孤獨園時彼天子說偈問佛

斷除於幾法　幾法應棄捨　而復於幾法
增上方便修　幾聚應超越　比丘度駛流

尒時世尊說偈荅言

斷除五捨五　增修於五根　超越五和合
比丘度流澍

時彼天子復說偈言

久見婆羅門　逮得般涅槃　一切怖已過
永超世恩愛

時彼天子聞佛所說歡喜隨喜稽首佛足即沒不現

如是我聞一時佛住舍衛國祇樹給孤獨園時有天子容色絕妙於後夜時來詣佛所稽首佛足退坐一面身諸光明遍照祇樹給孤獨園時彼天子說偈問佛

幾人於覺眠　幾人於眠覺　幾人取塵垢

幾人得清淨
尒時世尊說偈答言
五人於覺眠　五人於眠覺　五人取於垢
五人得清淨
時彼天子復說偈言
久見婆羅門　逮得般涅槃　一切怖已過
永超世恩愛
時彼天子聞佛所說歡喜隨喜稽首
佛足即沒不現
如是我聞一時佛住舍衛國祇樹給
孤獨園時有天子容色絕妙於後夜
時來詣佛所稽首佛足退坐一面身
諸光明遍照祇樹給孤獨園時彼天
子而說偈言
母子更相喜　牛主樂其牛　衆生樂有餘
無樂無餘者
尒時世尊說偈答言
母子更相憂　牛主憂其牛　有餘衆生憂
無餘則無憂
時彼天子復說偈言
久見婆羅門　逮得般涅槃　一切怖已過
永超世恩愛
時彼天子聞佛所說歡喜隨喜稽首
佛足即沒不現
如是我聞一時佛住舍衛國祇樹給
孤獨園時有天子容色絕妙於後夜
時來詣佛所稽首佛足退坐一面身
諸光明遍照祇樹給孤獨園時彼天
子說偈問佛
何等人之物　何名第一伴　以何而活命
衆生何處依
尒時世尊說偈答言
田宅衆生有　賢妻第一伴　飲食已存命
業為衆生依
時彼天子復說偈言
久見婆羅門　逮得般涅槃　一切怖已過
永超世恩愛
時彼天子聞佛所說歡喜隨喜稽首
佛足即沒不現
如是我聞一時佛住舍衛國祇樹給
孤獨園時有天子容色絕妙來詣佛
所稽首佛足身諸光明遍照祇樹給
孤獨園時彼天子而說偈言
所愛無過子　財無貴於牛　光明無過日
薩羅無過海
尒時世尊說偈答言
愛無過於己　財無過於穀　光明無過慧
薩羅無過見
時彼天子復說偈言
久見婆羅門　逮得般涅槃　一切怖已過
永超世恩愛
時彼天子聞佛所說歡喜隨喜稽首
佛足即沒不現
如是我聞一時佛住舍衛國祇樹給
孤獨園時有天子容色絕妙來詣佛
所稽首禮足身諸光明遍照祇樹給
孤獨園時彼天子而說偈言
剎利兩足尊　犎牛四足勝　童女為上妻
貴生為上子
尒時世尊說偈答言
正覺兩足尊　生馬四足勝　順夫為賢妻
漏盡子之上
時彼天子復說偈言
久見婆羅門　逮得般涅槃　一切怖已過
永超世恩愛
時彼天子聞佛所說歡喜隨喜稽首
佛足即沒不現
如是我聞一時佛住舍衛國祇樹給
孤獨園時有天子容色絕妙來詣佛

所稽首佛足身諸光明遍照祇樹給
孤獨園時彼天子而說偈言
從地起衆生　何者為最勝　於空墮落者
復以何勝上　凡所祈請處　何者最第一
於諸言語中　何者為上辯
時有一天子本為田家子今得生天
上以本習故即便說偈荅彼天子
五穀從地生　是則為最勝　種子於空中
落地為最勝　牸牛資養人　是則依中勝
愛子有所說　是則言中勝
彼發問天子語荅者言我不問汝何
故多言輕躁妄說我自說偈問世尊言
從地起衆生　何者為最勝　於空墮地者
復以何為勝　凡所祈請處　何者為最勝
於諸言語中　何者為上辯
尒時世尊說偈荅言
從下踊出者　三明為最上　從空流下者
三明亦第一　賢聖弟子僧　是師依之上
如來之所說　諸說之最辯
時彼天子復說偈言
世間幾法起　幾法相順可　世幾法取愛
世幾法損减
尒時世尊說偈荅言

世六法等起　世六法順可　世六法取愛
世六法損减
時彼天子復說偈言
久見婆羅門　逮得般涅槃　一切怖已過
永超世恩愛
時彼天子聞佛所說歡喜隨喜稽首
佛足即没不現
如是我聞一時佛住舍衛國祇樹給
孤獨園時有天子容色絶妙於後夜
時来詣佛所稽首佛足退坐一面身
諸光明遍照祇樹給孤獨園時彼天
子說偈問佛
誰持世間去　誰拘牽世間　何等為一法
制御於世間
尒時世尊說偈荅言
心持世間去　心拘引世間　其心為一法
能制御世間
時彼天子復說偈言
久見婆羅門　逮得般涅槃　一切怖已過
永超世恩愛
時彼天子聞佛所說歡喜隨喜稽首
佛足即没不現
如是我聞一時佛住舍衛國祇樹給

孤獨園時有天子容色絶妙於後夜
時来詣佛所稽首佛足退坐一面身
諸光明遍照祇樹給孤獨園時彼天
子說偈問佛
誰縛於世間　誰調伏令解　斷除何等法
說名得涅槃
尒時世尊說偈荅言
欲能縛世間　調伏欲解脱　斷除愛欲者
說名得涅槃
時彼天子復說偈言
久見婆羅門　逮得般涅槃　一切怖已過
永超世恩愛
時彼天子聞佛所說歡喜隨喜稽首
佛足即没不現
如是我聞一時佛住舍衛國祇樹給
孤獨園時有一天子容色絶妙於後
夜時来詣佛所稽首佛足退坐一面
身諸光明遍照祇樹給孤獨園時彼
天子說偈問佛
誰掩於世間　誰遮絡世間　誰結縛衆生
何處建立世
尒時世尊說偈荅言
衰老掩世間　死遮絡世間　愛繫縛衆生

法建立世間
時彼天子復說偈言
久見婆羅門　逮得般涅槃　一切怖已過
永超世恩愛
時彼天子聞佛所說歡喜隨喜稽首
佛足即沒不現
如是我聞一時佛住舍衛國祇樹給
孤獨園時有一天子容色絕妙於後
夜時來詣佛所稽首佛足退坐一面
身諸光明現照祇樹給孤獨園時彼
天子說偈問佛
誰隱蔽世間　誰繫於世間　誰憶於衆生
誰建衆生幢
尒時世尊說偈答言
無明覆世間　愛結縛衆生　隱覆憶衆生
我慢衆生幢
時彼天子即復說偈而問佛言
誰無有覆蓋　誰復無愛結　誰即出隱覆
誰不建慢幢
尒時世尊說偈答言
如來等正覺　正智心解脫　不為無明覆
亦無愛結繫　超出於隱覆　摧滅我慢幢
時彼天子復說偈言
久見婆羅門　逮得般涅槃　一切怖已過
永超世恩愛
時彼天子聞佛所說歡喜隨喜稽首
佛足即沒不現
如是我聞一時佛住舍衛國祇樹給
孤獨園時有一天子容色絕妙於後
夜時來詣佛所稽首佛足退坐一面
身諸光明遍照祇樹給孤獨園時彼
天子說偈問佛
何等為上士　所有資財物　云何善修習
而致於安樂　云何衆味中　得為最上味
云何衆生中　得為第一壽
尒時世尊說偈答言
清淨信樂心　名士夫勝財　修行於正法
能招安樂果　真諦之妙說　是則味之上
賢聖智慧命　是為壽中最
時彼天子復說偈言
久見婆羅門　逮得般涅槃　一切怖已過
永超世恩愛
時彼天子聞佛所說歡喜隨喜稽首
佛足即沒不現
如是我聞一時佛住舍衛國祇樹給
孤獨園時有一天子容色絕妙於後
夜時來詣佛所稽首佛足退坐一面
身諸光明遍照祇樹給孤獨園時彼
天子說偈問佛
云何為比丘　同己之第二　云何為比丘
隨順教授者　比丘於何處　遊心自娛樂
娛樂彼處已　能斷諸結縛
尒時世尊說偈答言
信為同己二　智慧教授者　涅槃喜樂處
比丘斷結縛
時彼天子復說偈言
久見婆羅門　逮得般涅槃　一切怖已過
永超世恩愛
時彼天子聞佛所說歡喜隨喜稽首
佛足即沒不現
如是我聞一時佛住舍衛國祇樹給
孤獨園時有天子容色絕妙於後夜
時來詣佛所稽首佛足身諸光明遍
照祇樹給孤獨園時彼天子說偈問佛
云何善至老　云何善建立　云何為人寶
云何賊不奪
尒時世尊說偈答言
正戒善至老　淨信善建立　智慧為人寶
功德賊不奪

時彼天子復說偈言
久見婆羅門　逮得般涅槃　一切怖已過
永超世恩愛
時彼天子聞佛所說歡喜隨喜稽首
佛足即沒不現
如是我聞一時佛在舍衛國祇樹給
孤獨園時有天子容色絕妙來詣佛
所稽首佛足身諸光明遍照祇樹給
孤獨園時彼天子說偈問佛
何法生衆生　何等前驅馳　云何起生死
何者不解脫
尒時世尊說偈答言
愛欲生衆生　意在前驅馳　衆生起生死
苦法不解脫
時彼天子復說偈言
久見婆羅門　逮得般涅槃　一切怖已過
永超世恩愛
時彼天子聞佛所說歡喜隨喜稽首
佛足即沒不現
如是我聞一時佛在舍衛國祇樹給
孤獨園時有天子容色絕妙於後夜
時來詣佛所稽首佛足身諸光明遍
照祇樹給孤獨園時彼天子說偈問佛

何法生衆生　何等前驅馳　云何起生死
何法可依怙
尒時世尊說偈答言
愛欲生衆生　意在前驅馳　衆生起生死
業者可依怙
時彼天子復說偈言
久見婆羅門　逮得般涅槃　一切怖已過
永超世恩愛
時彼天子聞佛所說歡喜隨喜稽首
佛足即沒不現
如是我聞一時佛在舍衛國祇樹給
孤獨園時有天子容色絕妙於後夜
時來詣佛所稽首佛足身諸光明遍
照祇樹給孤獨園時彼天子說偈問佛
何法生衆生　何等前驅馳　云何起生死
何法甚可畏
尒時世尊說偈答言
愛欲生衆生　意在前驅馳　衆生起生死
業為甚可畏
時彼天子復說偈言
久見婆羅門　逮得般涅槃　一切怖已過
永超世恩愛
時彼天子聞佛所說歡喜隨喜稽首

佛足即沒不現
如是我聞一時佛在舍衛國祇樹給
孤獨園時有天子容色絕妙於後夜
時來詣佛所稽首佛足身諸光明遍
照祇樹給孤獨園時彼天子說偈問佛
何名為非道　云何日夜遷　云何垢梵行
云何累世間
尒時世尊說偈答言
貪欲名非道　壽命日夜遷　女人梵行垢
女則累世間　熾然修梵行　已洗諸非小
時彼天子復說偈言
久見婆羅門　逮得般涅槃　一切怖已過
永超世恩愛
時彼天子聞佛所說歡喜隨喜稽首
佛足即沒不現
如是我聞一時佛在舍衛國祇樹給
孤獨園時有天子容色絕妙於後夜
時來詣佛所稽首佛足身諸光明遍
照祇樹給孤獨園時彼天子說偈問佛
何法於世間　何法無有上　何等為一切
普制御衆生
尒時世尊說偈答言
名者映世間　名者世無上　唯有一名法

能制御世間
時彼天子復說偈言
久見婆羅門　逮得般涅槃　一切怖已過
永超世恩愛
時彼天子聞佛所說歡喜隨喜稽首
佛足即没不現
如是我聞一時佛在舍衛國祇樹給
孤獨園時有天子容色絕妙於後夜
時來詣佛所稽首佛足身諸光明遍
照祇樹給孤獨園時彼天子說偈問佛
何法爲偈因　以何莊嚴偈　偈者何所依
何者爲偈體
尒時世尊說偈荅言
欲者是偈因　文字莊嚴偈　名者偈所依
造作爲偈體
時彼天子復說偈言
久見婆羅門　逮得般涅槃　一切怖已過
永超世恩愛
時彼天子聞佛所說歡喜隨喜稽首
佛足即没不現
如是我聞一時佛住舍衛國祇樹給
孤獨園時有天子容色絕妙於後夜
時來詣佛所稽首佛足却坐一面身
諸光明遍照祇樹給孤獨園時彼天
子說偈問佛
云何知車乘　云何復知火　云何知國土
云何知妻婦
尒時世尊說偈荅言
見幢蓋知車　見烟則知火　見王知國土
見夫知其妻
時彼天子復說偈言
久見婆羅門　逮得般涅槃　一切怖已過
永超世恩愛
時彼婆羅門聞佛所說歡喜隨喜稽
首佛足即没不現

雜阿含經卷第三十六

雜阿含經卷第三十六
校勘記

一　底本，金藏廣勝寺本。
一　七〇〇頁中一八行第二字「說」，石、麗作「而說」。
一　七〇〇頁中二一行末字「惡」，諸本作「怨」。
一　七〇〇頁下一五行第九字「恚」，石作「悉」。
一　七〇一頁中七行末字「見」，諸本作「其」。
一　七〇一頁中一三行第一一字「佛」，資、磧、普、南、徑、清作「佛言」。
一　七〇一頁中二一行第六字「愛」，資、磧、普、南、徑、清作「愛念」。
一　七〇一頁下一二行第一二字「智」，石作「知」。
一　七〇一頁下一九行第一三字「受」，資、磧、普、南、徑、清作「愛」。
一　七〇二頁上一行第六字「超」，石、資、磧、普、南、徑、清作「越」。

一 七二頁上五行第二字「過」，資作「遇」。

一 七二頁上七行第五字「悔」，石、麗作「惱」。第一四字「度」，諸本作「慶」。

一 七二頁上一〇行第六字「供」，石作「洪」。

一 七二頁上一三行第一三字「勉」，諸本作「免」。

一 七二頁中八行第一三字「特」，資、磧作「持」。

一 七二頁中一一行首字「止」，石、資、磧、徑、清、麗作「正」。

一 七二頁中一三行第二字「暴」，石、磧、普、南、徑、清、麗作「雹」。

一 七二頁下一行第八字「護」，諸本作「調」。

一 七二頁下一八行第四字「解」，石作「記」。

一 七二頁下二二行第一三字「戒」，清作「成」。

一 七三頁中三行第五字「諸」，磧作「放」。

一 七三頁中五行末字「闕」，磧、普作「門」。

一 七三頁中八行第一四字「至」，磧作「生」。

一 七三頁中二〇行首字「語」，石、資、磧、普、南、徑、清作「詣」。

一 七三頁下一六行「王子」，資、磧、普、南、徑、清無。末字「庶」，磧作「度」。

一 七四頁上一二行第一二字「大」，磧作「多」。

一 七四頁中一六行第七字「住」，資、磧、普、南、徑、清作「往」。

一 七四頁下九行第一四字「駛」，資、磧、普、南、徑、清作「駃」。

一 七四頁下一八行第八字「住」，石作「在」。

一 七五頁下一〇行第四字「礼」，石、資、磧、普、南、徑、清作「佛」。

一 七六頁上六行第五字「子」，資、磧、普、南、徑、清無。

一 七七頁上一〇行第五字「現」，諸本作「遍」。

一 七七頁上一九行第四字「慢」，石作「幔」。

一 七七頁上二一行第七字「智」，徑作「者」。

一 七八頁上七行第一一字「妙」，徑、清作「妙於後夜時」。

一 七八頁中二行「何法可依怙」，資作「何者不解脫」。

一 七八頁中五行「業者可依怙」，資作「苦法不解脫」。

一 七八頁下二〇行第三字「於」，諸本作「映」。末字「切」，諸本作「法」。

一 七九頁上四行第三字「世」，資、磧作「出」。

一 七九頁上末行第一〇字「却」，資、磧、普、南、徑、清作「退」。

一 七九頁中一一行「婆羅門」，諸本作「天子」。

雜阿含經卷第三十七

宋天竺三藏求那跋陁羅譯　爪

如是我聞一時佛住舍衛國祇樹給孤獨園時有尊者叵求那住東園鹿母講堂疾病困篤尊者阿難往詣佛所稽首礼足退住一面白佛言世尊尊者叵求那住東園鹿母講堂疾病困篤如是病比丘多有死者善哉世尊願至東園鹿母講堂尊者叵求那所以哀愍故尒時世尊默然而許至日晡時從禪覺往詣東園鹿母講堂至尊者叵求那房敷座而坐為尊者叵求那種種說法示教照喜示教照喜已從坐起去尊者叵求那世尊去後尋即命終當命終時諸根喜悅顏貌清淨膚色鮮白時尊者阿難供養尊者叵求那舍利已往詣佛所稽首佛足却住一面白佛言世尊尊者叵求那世尊來後尋便命終臨命終時諸根喜悅膚色清淨鮮白光澤不審世尊彼當生何趣云何受生後世云何佛告阿難若有比丘先未病時未斷五下分結若覺病起其身苦患心不調適生分微弱得聞大師教授教誡種種說法彼聞法已斷五下分結阿難是則大師教授說法福利復次阿難若有比丘先未病時未斷五下分結然後病起身遭苦患生分轉微不蒙大師教授教誡說法然遇諸餘多聞大德修梵行者教授教誡說法得聞法已斷五下分結阿難是名教授教誡聽法福利復次阿難若比丘先未病時不斷五下分結乃至生分微弱不聞大師教授教誡說法復不聞餘多聞大德諸梵行者教授教誡說法然彼先所受法獨靜思惟稱量觀察得斷五下分結阿難是名思惟觀察先所聞法所得福利復次阿難若有比丘先未病時斷五下分結不得無上愛盡解脫不起諸漏心善解脫然後得病身遭苦患生分微弱得聞大師教授教誡說法得無上愛盡解脫不起諸漏離欲解脫阿難是名大師說法福利復次阿難若有比丘先未病時斷五下分結不得無上愛

盡解脫不起諸漏離欲解脫覺身病起極遭苦患不得大師教授教誡說法然得諸餘多聞大德諸梵行者教授教誡說法得無上愛盡解脫不起諸漏離欲解脫阿難是名教授教誡聞法福利復次阿難若有比丘先未病時斷五下分結不得無上愛盡解脫不起諸漏離欲解脫其身病起極生苦患不得大師教授教誡說法不得諸餘多聞大德教授教誡說法然先所聞法獨一靜處思惟稱量觀察得無上愛盡解脫不起諸漏離欲解脫阿難是名思惟先所聞法所得福利何緣叵求那比丘不得諸根欣悅色貌清淨膚體鮮澤叵求那比丘先未病時未斷五下分結彼親從大師聞教授教誡說法斷五下分結世尊為彼尊者叵求那受阿那含記佛說此經已尊者阿難聞佛所說歡喜隨喜作礼而去

如是我聞一時佛住舍衛國祇樹給孤獨園尒時尊者阿濕波揞住東園鹿母講堂身遭重病極生苦患尊者

冨隣尼瞻視供給如前跋迦梨修多羅廣說謂說三受乃至轉增無損佛告阿濕波揥汝莫變悔阿濕波揥白佛言世尊我實有變悔佛告阿濕波揥汝得無破戒耶阿濕波揥白佛言世尊我不破戒佛告阿濕波揥汝不破戒何為變悔阿濕波揥白佛言世尊我先未病時得身息樂正受多修習我於今日不復能得入彼三昧我作是思惟將無退失是三昧耶佛告阿濕波揥我今問汝隨意答我阿濕波揥汝見色即是我異我相在不阿濕波揥白佛言不也世尊復問汝見受想行識是我異我相在不阿濕波揥白佛言不也世尊佛告阿濕波揥汝既不見色是我異我相在不見受想行識是我異我相在何故變悔阿濕波揥白佛言世尊不正思惟故佛告阿濕波揥若沙門婆羅門三昧堅固三昧平等若不得入彼三昧不應作念我於三昧退減若復聖弟子不見色是我異我相在不見受想行識是我異我相在但當作是覺知貪欲

永盡無餘瞋恚愚癡永盡無餘貪恚癡永盡無餘已一切漏盡無漏心解脫慧解脫現法自知作證我生已盡梵行已立所作已作自知不受後有佛說是法時尊者阿濕波揥不起諸漏心得解脫歡喜踊悅歡喜踊悅故身病即除佛說此經已尊者阿濕波揥歡喜隨喜已從坐起而去差摩迦修多羅如五受陰處說

如是我聞一時佛住舍衛國祇樹給孤獨園時有異比丘年少新學於此法律出家未久少知識獨一客旅無人供給住邊聚落客僧房中疾病困篤時有衆多比丘詣佛所稽首礼足却坐一面白佛言世尊有一比丘年少新學乃至疾病困篤住邊聚落客僧房中有是病比丘多死無活善哉世尊往彼住處以哀愍故尒時世尊默然而許即日晡時從禪覺至彼住處彼病比丘遥見世尊扶床欲起佛告比丘息卧勿起云何比丘苦患寧可忍不如前差摩修多羅廣說如是三受乃至病苦但增不損佛告病比

丘我今問汝隨意荅我汝得無變悔耶病比丘白佛實有變悔世尊佛告病比丘汝得無犯戒耶病比丘白佛言世尊實不犯戒佛告病比丘汝若不犯戒何為變悔病比丘白佛世尊我年幼稚出家未久於過人法勝妙知見未有所得我作是念命終之時知生何處故生變悔佛告比丘我今問汝隨意荅我云何比丘有眼故有眼識耶比丘白佛如是世尊復問比丘於意云何有眼識故有眼觸眼觸因緣生內受若苦若樂不苦不樂耶比丘白佛如是世尊耳鼻舌身意亦如是說云何比丘若無眼則無眼識耶比丘白佛如是世尊復問比丘若無眼識則无眼觸耶若無眼觸則無眼觸因緣生內受若苦若樂不苦不樂耶比丘白佛如是世尊耳鼻舌身意亦如是說是故比丘當善思惟如是法得善命終後世亦善尒時世尊為病比丘種種說法示教照喜已從坐起去時病比丘世尊去後尋即命終臨命終時諸根喜悅顔貌清淨膚

色鮮白時衆多比丘詣佛所稽首礼足退坐一面白佛言世尊彼年少比丘疾病困篤尊者今已命終當命終時諸根喜悅顔貌清淨膚色鮮白云何世尊如是比丘當生何處云何受生後世云何佛告諸比丘彼命過比丘是真實物聞我說法分明解了於法無畏得般涅槃汝等但當供養舍利世尊尒時為彼比丘受第一記佛說此經已諸比丘聞佛所說歡喜奉行

如是我聞一時佛住舍衛國祇樹給孤獨園如上說差別者諦聽善思當為汝說若彼比丘作如是念我此識身及外境界一切相無有我我所見我慢繫着使及心解脫慧解脫現法自知作證具足住於此識身及外境界一切相無有我我所見我慢繫着使及彼心解脫慧解脫現法自知作證具足住彼比丘我此識身及外境界一切相無有我我所見我慢繫着使及心解脫慧解脫現法自知作證具足住於此識身及外境界一切相

無有我我所見我慢繫着使及心解脫慧解脫現法自知作證具足住若彼比丘於此識身及外境界一切相無有我我所見我慢繫着使及心解脫慧解脫現法自知作證具足住於此識身及外境界一切相無有我我所見我慢繫着使及彼心解脫慧解脫現法自知作證具足住者是名比丘斷愛欲轉諸結止慢無間等究竟苦邊佛說此經已諸比丘聞佛所說歡喜奉行

如是我聞一時佛住舍衛國祇樹給孤獨園如上說差別者乃至佛告病比丘汝不自犯戒耶比丘白佛言世尊我不以持淨戒故於世尊所脩梵行佛告比丘汝以何等法故於我所修梵行比丘白佛為離貪欲故於世尊所脩梵行為離瞋恚愚癡故於世尊所脩梵行佛告比丘如是如是汝正應為離貪欲故於我所脩梵行離瞋恚愚癡故於我所脩梵行比丘貪欲經故不得離欲無明纒故慧不清淨是故比丘於欲離欲心解脫離無明

故慧解脫若比丘於欲離欲心解脫身作證離無明故慧解脫是名比丘斷諸愛欲轉結縛止慢無間等究竟苦邊是故比丘於此法善思惟如前廣說乃至受第一記佛說此經已諸比丘聞佛所說歡喜隨喜作礼而去

如是我聞一時佛住舍衛國祇樹給孤獨園時有衆多比丘集於伽梨餘講堂時多有比丘疾病尒時世尊晡時從禪覺往至伽梨餘講堂於大衆前敷座而坐坐已告諸比丘當正念正智以待時是則為我隨順之教比丘云何為正念謂比丘內身身觀念處精勤方便正念正智調伏世間貪憂外身身觀念處內外身身觀念處內受外受內外受內心外心內外心內法外法內外法法觀念處精勤方便正念正智調伏世間貪憂是名比丘正憶念云何正智謂比丘若來若去正知而住瞻視觀察屈申俯仰執持衣鉢行住坐卧眠覺乃至五十六十依語默正智行比丘是名正智如是比丘正念正智住者能起樂受有因

緣非無因緣云何因緣謂緣於身作是思惟我此身無常有為心因緣生樂受亦無常有為心因緣生身及樂受觀察無常觀察生滅觀察離欲觀察滅盡觀察捨彼觀察身及樂受無常乃至捨已若於身及樂受貪欲使者永不復使如是正念正智生苦受因緣非不因緣云何為因緣如是緣身作是思惟我此身無常有為心因緣生苦受亦無常有為心因緣生身及苦受觀察無常乃至捨於此及苦受瞋恚所使永不復使如是正念正智生不苦不樂受因緣非不因緣云何因緣謂身因緣作是思惟我此身無常有為心因緣生彼不苦不樂受亦無常有為心因緣生彼身及不苦不樂受觀察無常乃至捨若所有身及不苦不樂受無明使使永不復使多聞聖弟子如是觀者於色猒離於受想行識猒離猒離已離欲離欲已解脫解脫知見我生已盡梵行已立所作已作自知不受後有尒時世尊即說偈言

樂覺所覺時　莫能知樂覺　貪欲使所使
不見於出離　苦受所覺時　莫能知苦受
瞋恚使所使　不見出離道　不苦不樂受
等正覺所說　彼亦不能知　終不度彼岸
若比丘精勤　正智不傾動　於彼一切受
黠慧能悉知　能知諸受已　現法盡諸漏
依慧而命終　涅槃不墮數

佛說此經已諸比丘聞佛所說歡喜奉行

如是我聞一時佛住舍衛國祇樹給孤獨園如上說時有衆多比丘集會迦梨隸講堂多有疾病如上說差別者乃至聖弟子如是觀者於色解脫於受想行識解脫我說是等解脫生老病死尒時世尊即說偈言

智慧多聞者　非不覺諸受　若於苦樂受
分別諦明了　當知堅固事　凡夫有昇降
於樂不染者　於苦不傾動　知受不受生
依於貪恚覺　斷除斯等已　其心善解脫
繫念緣妙境　正向待終期　若比丘精勤
正智不傾動　於此一切受　慧者能覺知
了知諸受已　現法盡諸漏　依慧而命終
涅槃不墮數

佛說此經已諸比丘歡喜作礼而去

如是我聞一時佛住舍衛國祇樹給孤獨園尒時給孤獨長者得病身極苦痛世尊聞已晨朝著衣持鉢入舍衛城乞食次第乞食至給孤獨長者舍長者遥見世尊扶床欲起世尊見已即告之言長者勿起增其苦患世尊即坐告長者言云何長者病可忍不身所苦患為增為損長者白佛甚苦世尊難可堪忍乃至說三受如差摩修多羅廣說乃至苦受但增不損佛告長者當如是學於佛不壞淨於法僧不壞淨聖戒成就長者白佛如世尊說四不壞淨我有此法此法中有我世尊我今於佛不壞淨法僧不壞淨聖戒成就佛告長者善哉善哉即記長者得阿那含果長者白佛唯願世尊今於此食尒時世尊默而許之長者即勑辦種種淨美飲食供養世尊世尊食已為長者種種說法示教照喜已從坐起而去

如是我聞一時佛住舍衛國祇樹給孤獨園時尊者阿難聞給孤獨長者

身遭苦患往詣其舍長者遥見阿難
憑床欲起乃至說三受如前叉摩修
多羅廣說乃至苦患但增不損時尊
者阿難告長者言勿恐怖若愚癡無
聞凡夫不信於佛不信法僧聖戒不
具故有恐怖亦畏命終及後世苦汝
今不信已斷已知於佛淨信具足於
法僧淨信具足聖戒成就長者白尊
者阿難我今何所恐怖我始於王舍
城寒林中丘塚間見世尊即得於佛
不壞淨於法僧不壞淨聖戒成就自
從是來家有錢財悉與佛弟子比丘
比丘尼優婆塞優婆夷共尊者阿難
言善哉長者汝自記說是須陁洹果
長者白尊者阿難可就此食尊者阿
難默然受請即辦種種淨美飲食供
養尊者阿難食已復為長者種種說
法示教照喜已從坐起而去
如是我聞一時佛住舍衛國祇樹給
孤獨園尒時尊者舍利弗聞給孤獨
長者身遭苦患聞已語尊者阿難知
不給孤獨長者身遭苦患當共往看
尊者阿難默然而許時尊者舍利弗

雜阿含經卷第三十七　第十三張　川

與尊者阿難共詣給孤獨長者舍長
者遥見尊者舍利弗扶床欲起乃至
說三種受如叉摩修多羅廣說身諸
苦患轉增無損尊者舍利弗告長者
言當如是學不著眼不依眼界生貪
欲識不著耳鼻舌身意亦不著不依
意界生貪欲識不著色不依色界生
貪欲識不著聲香味觸法不依法界
生貪欲識不著於地界不依地界生
貪欲識不著於水火風空識界不依
識界生貪欲識不著色陰不依色陰
生貪欲識不著受想行識陰不依識
陰生貪欲識時給孤獨長者悲歎流
淚尊者阿難告長者言汝今怯劣耶
長者白阿難不怯劣也我自顧念奉
佛以來二十餘年未聞尊者舍利弗
說深妙法如今所聞尊者舍利弗告
長者言我亦久來未嘗為諸長者說
如是法長者白尊者舍利弗有居家
白衣有勝信勝念勝樂不聞深法而
生退沒善哉尊者舍利弗當為居家
白衣說深妙法以哀愍故尊者舍利
弗令於此食尊者舍利弗等默然受

雜阿含經卷第三十七　第十四張　川

請即設種種淨美飲食恭敬供養食
已復為長者種種說法示教照喜示
教照喜已即從坐起而去
達磨提離長者修多羅亦如世尊為
給孤獨長者初修多羅廣說第二修
多羅亦如是說差別者若復長者依
此四不壞淨已於上修習六念謂念
如來事乃至念天長者白佛言世尊
依四不壞淨於上修六隨念我今悉
成就我常修念如來事乃至念天佛
告長者善哉善哉汝今自記阿那含
果長者白佛唯願世尊受我請食尒
時世尊默然受請長者知佛受請已
即具種種淨美飲食恭敬供養世尊
食已復為長者種種說法示教照喜
已從坐起而去
如是我聞一時佛住王舍城迦蘭陀
竹園時有長壽童子是樹提長者孫
子身嬰重病尒時世尊聞長壽童子
身嬰重病晨朝著衣持鉢入王舍城
乞食次第到長壽童子舍長壽童子
遥見世尊扶床欲起乃至說三受如
叉摩修多羅廣說乃至病苦但增無

雜阿含經卷第三十七　第十五張　川

損是故童子當如是學於佛不壞淨於法僧不壞淨聖戒成就當如是學童子白佛言世尊如世尊說四不壞淨我今悉有我常於佛不壞淨於法僧不壞淨聖戒成就佛告童子汝當依四不壞淨於上修習六明分想何等為六謂一切行無常想無常苦想苦無我想觀食想一切世間不可樂想死想童子白佛言如世尊說依四不壞淨修習六明分想我今悉有然我作是念我命終後不知我祖父樹提長者當云何尒時樹提長者語長壽童子言汝於我所故念且停汝今且聽世尊說法思惟憶念可得長夜福利安樂饒益時長壽童子言我於一切諸行當作無常想無常苦想苦無我想觀食想一切世間不可樂想死想常現在前佛告童子汝今自記斯陀含果長壽童子白佛言世尊唯願世尊住我舍食尒時世尊默然而許長壽童子即辦種種淨美飲食恭敬供養世尊食已復為童子種種說法示教照喜已從坐起而去

雜阿含經卷第三十七　第十六張　川

如是我聞一時佛住波羅㮈國仙人住處鹿野苑中時婆藪長者身遭苦患尒時世尊聞婆藪長者身遭苦患如前達摩提那長者修多羅廣說得阿那含果記乃至從坐起而去

如是我聞一時佛住迦毗羅衛國尼拘律園中時有釋氏沙羅疾病委篤尒時世尊聞釋氏沙羅疾病委篤晨朝著衣持鉢入迦維羅衛國乞食次到釋氏沙羅舍釋氏沙羅遥見世尊扶床欲起乃至說三受如差摩迦修多羅廣說乃至患苦但增不損是故釋氏沙羅當如是學於佛不壞淨於法僧不壞淨聖戒成就釋氏沙羅白佛言如世尊說於佛不壞淨於法僧不壞淨聖戒成就我悉有之我常於佛不壞淨於法僧不壞淨聖戒成就佛告釋氏沙羅是故汝當依佛不壞淨法僧不壞淨聖戒成就於上修習五喜處何等為五謂念如来事乃至自所施法釋氏沙羅白佛言如世尊說依四不壞淨修五喜處我亦有之我常念如来事乃至自所施法佛言善哉善哉汝今自記斯陀含果沙羅白佛

雜阿含經卷第三十七　第十七張　川

唯願世尊今我舍食尒時世尊默然而許沙羅長者即辦種種淨美飲食恭敬供養世尊食已復為沙羅長者種種說法示教照喜已從坐起而去

如是我聞一時佛住那梨聚落曲谷精舍尒時耶輸長者疾病困篤如是乃至得阿那含果記如達摩提那修多羅廣說

如是我聞一時佛住瞻婆國竭伽池側時有摩那提那長者疾病新差時摩那提長者語一士夫言善男子汝往尊者阿那律所為我稽首阿那律足問訊起居輕利安樂住不明日通身四人願受我請若受請者汝復為我白言我俗人多有王家事不能得自往奉迎唯願尊者時到通身四人来赴我請哀愍故時彼男子受長者教詣尊者阿那律所稽首禮足白言尊者摩那提那長者敬禮問訊少病少惱起居輕利安樂住不唯願尊者通身四人明日日中哀受我請時尊者阿那律默然受請時彼士夫復以摩那提那長者語白尊者阿那律我

雜阿含經卷第三十七　第十八張　川

是俗人多有王家事不得躬自奉迎唯願尊者通身四人明日日中哀受我請憐愍故尊者阿那律隨言汝且自安我自知時明日通身四人往詣其舍時彼士夫受尊者阿那律教還白長者阿梨當知我已詣尊者阿那律具宣尊意尊者阿那律言汝且自安我自知時彼長者摩那提那夜辦淨美飲食晨朝復告彼士夫汝往至彼尊者阿那律所白言時到時彼士夫即受教行詣尊者阿那律所稽首礼足白言供具已辦唯願知時時尊者阿那律著衣持鉢通身四人詣長者舍時摩那提那長者婇女圍遶住內門左見尊者阿那律舉體執足敬礼引入就坐各別稽首問訊起居退坐一面尊者阿那律問訊長者堪忍安樂住不長者答言如是尊者堪忍樂住先遭疾病當時委篤今已蒙差尊者阿那律問長者言汝住何住能令疾病苦患時得除差長者白言尊者阿那律我住四念處專修繫念故身諸苦患時得休息何等為四謂內

身身觀念住精勤方便正念正智調伏世間貪憂外身內外身內受外受內外受內心外心內外心內法外法內外法法觀念住精勤方便正念正智調伏世間貪憂如是尊者阿那律我於四念處繫心住故身諸苦患時得休息尊者阿那律住故身諸苦患時得休息尊者阿那律告長者言汝今自記阿那含果時摩那提那長者以種種淨美飲食自手供養自恣飽滿食已澡漱畢摩那提那長者復坐卑床聽說法尊者阿那律種種說法示教照喜已從坐起去

如是我聞一時佛住王舍城金師精舍時有淳陀長者來詣佛所稽首佛足退坐一面尒時世尊問淳陀長者汝今愛樂何等沙門婆羅門淨行淳陀白佛有沙門婆羅門奉事於水事眠濕波天執杖澡罐常淨其手如是正士能善說法言善男子月十五日以胡麻屑菴摩羅屑以澡其髮修行齋法被著新淨長縣白氎牛糞塗地而臥其上善男子晨朝早起以手觸

地作如是言此地清淨我如是淨手執牛糞團并把生草口說是言此是清淨我如是淨若如是者見為清淨不如是者永不清淨世尊如是像類沙門婆羅門若為清淨我所宗仰佛告淳陀有黑法黑報不淨不淨果負重向下成就如此諸惡法者雖復晨朝早起以手觸地唱言清淨猶是不淨正復不觸亦不清淨執牛糞團并及生草唱言清淨亦復不淨正復不觸亦不清淨淳陀何等為黑黑報不淨不淨果負重向下乃至觸以不觸悉皆不淨淳陀謂殺生惡業手常血腥心常思惟撾捶殺害無慙無愧慳貪悋惜於一切衆生乃至昆虫不離於殺於他財物聚落空地皆不離盜行諸邪婬若父母兄弟姊妹夫主親族乃至授花鬘者如是等護以力強干不離邪婬不實妄語或於王家真實言家多衆聚集當言處作不實說不見言見見言不見不聞言聞聞言不聞知言不知不知言知因自因他或因財利知而妄語而不捨離是

名妄語兩舌乖離傳此向彼傳彼向
此適相破壞令和合者離離者歡喜
是名兩舌不離惡口罵若人軟語説
悅耳心喜方正易知樂聞無依説多
人愛念適意隨順三昧捨如是等而
作剛強多人所惡不愛不適意不順
三昧說如是等言不離麁澁是名惡
心綺飾壞語不時言不實言無義言
非法言不思言如是等名壞語不捨
離貪於他財物而起貪欲言此物我
有者好不捨瞋恚憎惡心思惟言彼
衆生應縛應鞭應伏應殺欲爲生難
不捨邪見顛倒如是見如是說無施
無報無福無善行惡行無善惡業果
報無此世無他世無父母無衆生生
世間無世阿羅漢等趣等向此世他
世自知作證我生已盡梵行已立所
作已作自知不受後有淳陁是名黑
黑報不淨不淨果乃至觸以不觸皆
悉不淨淳陁有白白報淨有淨果輕仙
上昇成就已晨朝觸地此淨我淨者
亦得清淨若不觸者亦得清淨把牛
糞團手執生草淨因淨果者執與不

執亦得清淨淳陁何等爲白白報乃
至執以不執亦得清淨謂有人不殺
生離殺生捨刀杖慚愧悲念一切衆
生不偷盜遠離偷盜與者取不與不
取淨心不貪離於邪婬若父母護乃
至授一花鬘者悉不强干起於邪婬
離於妄語審諦實說遠離兩舌不傳
此向彼傳彼向此共相破壞離者令
和和者隨喜遠離惡口不剛强多人
樂其所說離於壞語諦說時說實說
義說法說見說離於貪欲不於他財
他衆具作已有想而生貪著離於瞋
恚不作是念撾打縛殺爲作衆難正
見成就不顛倒見有施有說有福有
善惡行果報有此世有父母有衆生
生有世阿羅漢於此世他世現法自
知作證我生已盡梵行已立所作已
作自知不受後有淳陁是名白白報
乃至觸與不觸皆悉清淨尒時淳陁
長者聞佛所說歡喜隨喜作礼而去
如是我聞一時佛住王舍城金師精
舍時有異婆羅門於十五日洗頭已
受齋法被新長鬚白氎手執生草來

詣佛所與世尊面相問訊慰勞已退
坐一面尒時佛告婆羅門汝洗頭被
新長鬚白氎是誰家法婆羅門白佛
瞿曇是學捨法佛告婆羅門云何婆
羅門捨法婆羅門白佛言瞿曇如是
十五日洗頭受持法齋著新淨長鬚
白氎手執生草隨力所能布施作福
瞿曇是名婆羅門修行捨行佛告婆
羅門賢聖法律所行捨行異於此也
婆羅門白佛瞿曇云何爲賢聖法律
所行捨行佛告婆羅門謂離殺生不
樂殺生如前清淨分廣說依於不殺
捨離殺生乃至如前清淨分廣說離
偷盜不樂於盜依於不盜捨不與取
離諸邪婬不樂邪婬依於不婬捨非
梵行離於妄語不樂妄語依不妄語
捨不實言離諸兩舌不樂兩舌依不
兩舌捨別離行離於惡口不樂惡口
依不惡口捨於麁言離諸綺語不樂
綺語依不綺語捨無義言斷除貪欲
遠離苦貪依無貪心捨於愛著斷除
瞋恚不生忿恨依於無恚捨彼瞋恨
修習正見不起顛倒依於正見捨彼

邪見婆羅門是名賢聖法律所行捨
行婆羅門白佛善哉瞿曇賢聖法律
所行捨行時婆羅門聞佛所說歡喜
隨喜從坐起去
如是我聞一時佛住王舍城迦蘭陁
竹園時有生聞梵志来詣佛所與世
尊面相問訊慰勞已退坐一面白佛
言瞿曇我有親族撫所愛念忽然命
終我為彼故信心布施云何世尊彼
得受不佛告婆羅門非一向得若汝
親族生地獄中者得彼地獄衆生食
以活其命不得汝所信施飲食若生
畜生餓鬼人中者得彼人中飲食不
得汝所施者婆羅門餓鬼趣中有一
處名為入處餓鬼若汝親族生彼入
處餓鬼中者得汝施食婆羅門白佛
若我親族不生入處餓鬼趣中者我
信施誰應食之佛告婆羅門若汝所
可為信施親族不生入處餓鬼趣者
要有餘親族知識生入處餓鬼趣中
者得食之婆羅門白佛瞿曇若我所
為信施親族不生入處餓鬼趣中亦
無更餘親族知識生入處餓鬼趣者

此信施食誰當食之佛告婆羅門設
使所為施親族知識不生入處餓鬼
趣中復無諸餘知識生餓鬼者且信
施而自得其福彼施者所作信施而
彼施者不失達嚫婆羅門白佛云何
施者行施施者得彼達嚫佛告婆羅
門有人煞生行惡手常血腥乃至十
不善業跡如淳陁修多羅廣說而復
施諸沙門婆羅門乃至貧窮乞士悉
施錢財衣被飲食燈明諸莊嚴具婆
羅門彼惠施主若復犯戒生象中者
以彼曾施沙門婆羅門錢財衣被飲
食乃至莊嚴衆具故雖在象中亦得
受彼施報衣服飲食乃至種種莊嚴
衆具若復生牛馬驢騾等種種畜生
趣中以本施惠功德悉受其報隨彼
生處所應受用皆悉得之婆羅門若
復施主持戒不煞不盜乃至正見布
施諸沙門婆羅門乃至乞士錢財衣
服飲食乃至燈明緣斯功德生人道
中坐受其報衣被飲食乃至燈明衆
具復次婆羅門若復持戒生天上者
彼諸惠施天上受報財寶衣服飲食

乃至莊嚴衆具婆羅門是名施者行
施施者受達嚫果報不失時生聞婆
羅門聞佛所說歡喜隨喜從坐起去
如是我聞一時佛在拘薩羅國人間
遊行住鞞羅磨聚落北身恕林中鞞
羅聚落婆羅門長者聞世尊住聚落
北身恕林中聞已共相招集往詣佛
所稽首佛足退坐一面白佛言世尊
何因何緣有衆生身壞命終生地獄
中佛告諸婆羅門長者行非法行行
危嶮行因緣故身壞命終生地獄中
諸婆羅門長者白佛行何等非法行
危嶮行身壞命終生地獄中佛告婆
羅門長者煞生乃至邪見具足十不
善業因緣故婆羅門是非法行危嶮
行身壞命終生地獄中婆羅門白佛
何因緣諸衆生身壞命終得生天上
佛告婆羅門長者行法行行正行以
是因緣故身壞命終得生天上復問
世尊行何等法行何等正行身壞命
終得生天上佛告婆羅門長者謂離
煞生乃至正見十善業跡因緣故身
壞命終得生天上婆羅門長者若有

行此法行行此正行者欲求剎利大性家婆羅門大性家居士大性家悉得往生所以者何以法行正行因緣故若復欲求生四王三十三天乃至他化自在天悉得往生所以者何以法行正行故行淨戒者其心所願悉自然得若復如是法行正行者欲求生梵天亦得往生所以者何以行正行法行故持戒清淨心離愛欲所願必得若復欲求往生光音遍淨乃至阿伽尼吒亦復如是所以者何以彼持戒清淨心離欲故若復欲求離欲惡不善法有覺有觀乃至第四禪具足住悉得成就所以者何以彼法行正行故持戒清淨心離愛欲所願必得欲求慈悲喜捨空入處識入處無所有入處非想非非想入處皆悉得所以者何以法行正行故持戒清淨心離愛欲所願必得欲求斷三結得須陀洹斯陀含阿那含果无量神通天耳他心智宿命智生死智漏盡智皆悉得所以者何以法行正行故持戒離欲所願必得時婆羅門長者聞

佛所說歡喜隨喜作禮而去

如是我聞一時佛在拘薩羅國人間遊行住鞞羅磨聚落北身恕林中時鞞羅磨聚落中婆羅門長者聞世尊住鞞羅磨聚落身恕林中聞已乘白馬車多將翼從持金斗傘蓋金澡缾出鞞羅磨聚落詣身恕林至道口下車步進入於園門至世尊前面相問訊慰勞已退坐一面白佛言瞿曇何因何緣有人命終生地獄中乃至生天如上修多羅廣說時鞞羅磨婆羅門聞佛所說歡喜隨喜從坐起而去

如是我聞一時佛住在拘薩羅人間遊行至鞞紐多羅聚落北身恕林中住鞞紐多羅聚落婆羅門長者聞世尊住聚落北身恕林中聞已共相招引往詣身恕林至世尊所面相慰勞已退坐一面尒時世尊告婆羅門長者我當為說自通之法諦聽善思何等自通之法謂聖弟子作如是學我作是念若有欲煞我者我不喜我若所不喜他亦如是云何煞彼作是覺已受不煞生不樂煞生如上說我若

不喜人盜於我他亦不喜我云何盜他是故持不盜戒不樂於盜如上說我既不喜人侵我妻他亦不喜我今云何侵人妻婦是故受持不他婬戒如上說我尚不喜為人所欺他亦如是云何欺他是故受持不妄語戒如上說我尚不喜他人離我親友他亦如是我今云何離他親友是故不行兩舌我尚不喜人加麁言他亦如是云何於他而起罵辱是故於他不行惡口如上說我尚不喜人作綺語他亦如是云何於他而作綺語是故於他不行綺飾如上說如是七種名為聖戒又復於佛不壞淨成就於法僧不壞淨成就是名聖弟子四不壞淨成就自現前觀察能自記說我地獄盡畜生餓鬼盡一切惡趣盡得須陀洹不墮惡趣法決定正向三菩提七有天人往生究竟苦邊時鞞紐聚落婆羅門長者聞佛所說歡喜隨喜從坐起而去

如是我聞一時佛住舍衛國祇樹給孤獨園尒時世尊告諸比丘有相習

近法諦聽善思當為汝說何等為相習近法謂煞生者煞生者習近盜婬妄語兩舌惡口綺語貪恚邪見各各隨類更相習近辟如不淨物不淨物自相和合如是煞生煞生乃至邪見邪見自相習近如是比丘不煞生不煞生相習近乃至正見正見更相習近辟如淨物淨物自相和合乳生酪酪生酥酥生醍醐醍醐自相和合如是不煞不煞更相習近乃至正見正見更相習近是名比丘相習近法佛說是經已諸比丘聞佛所說歡喜奉行

如是我聞一時佛住舍衛國祇樹給孤獨園尒時世尊告諸比丘有虵行法諦聽善思當為汝說何等為虵行法謂煞生惡行手常血腥乃至十不善業跡如前淳陁修多羅廣說彼當尒時身虵行口虵行意虵行彼如是身口意虵行已於其二趣向一一趣若地獄若畜生虵行眾生謂虵鼠猫狸等腹行眾生是名虵行法云何非虵行法謂不煞生乃至正見如前淳

陁修多羅十業跡廣說是名非虵行法身非虵行口非虵行意非虵行於其二趣生一一趣若天上若人中是名非虵行法佛說此經已諸比丘聞佛所說歡喜奉行

如是我聞一時佛住舍衛國祇樹給孤獨園尒時世尊告諸比丘有惡業因惡心因惡見因如是眾生身壞命終必墮惡趣泥犁中辟如圓珠擲著空中落地流轉不一處住如是惡業因惡心因惡見因身壞命終必墮地獄中無住處云何為惡業謂煞生乃至綺語如上廣說是名惡業云何惡心謂貪恚心如上廣說是名惡心云何惡見謂邪顛倒如上廣說是名惡見是名惡業因惡心因惡見因身壞命終必生惡趣泥犁中善業因善心因善見因身壞命終必生善趣天上婆羅門云何為善業謂離煞生不樂煞生乃至不綺語是名善業云何善心謂不貪不恚是名心善云何為見善謂正見不顛倒乃至見不受後有是名見善是名業善因心善因見善因

身壞命終得生天上辟如四方摩尼珠擲著空中隨墮則安如是彼三善因所在受生隨處則安佛說如是經已諸比丘聞佛所說歡喜奉行

如是我聞一時佛住舍衛國祇樹給孤獨園尒時世尊告諸比丘若煞生人多習多行生地獄中若生人中必得短壽不與取多習多行生地獄中若生人中錢財多難邪婬多習多行生地獄中若生人中所有妻室為人所畜妄語多習多行生地獄中若生人中多被譏論兩舌多習多行生地獄中若生人中親友乖離惡口多習多行生地獄中若生人中常聞醜聲綺語多習多行生地獄中若生人中言無信用貪欲多習多行生地獄中若生人中增其貪欲瞋恚多習多行生地獄中若生人中增其瞋恚邪見多習多行生地獄中若生人中增其愚癡若離煞生修習多修習得生天上若生人中必得長壽不盜修習多修習得生天上若生人中錢財不喪不邪婬修習多修習得生天上若生

人中妻室修良不妄語修習多修習得生天上若生人中不被譏論不兩舌修習多修習得生天上若生人中親友堅固不惡口修習多修習得生天上若生人中常聞妙音不綺語修習多修習得生天上若生人中言見信用不貪修習多修習得生天上若生人中不增愛欲不恚修習多修習得生天上若生人中不增瞋恚正見修習多修習得生天上若生人中不增愚癡佛說是經已諸比丘聞佛所說歡喜奉行

如是我聞一時佛住舍衛國祇樹給孤獨園介時世尊告諸比丘煞生有三種謂從貪生故從恚生故從癡生乃至邪見亦三種從貪生從恚生從癡生離煞生亦有三種不貪生不恚生不癡生乃至離邪見亦三種不貪生不恚生不癡生佛說是經已諸比丘聞佛所說歡喜奉行

如是我聞一時佛住舍衛國祇樹給孤獨園介時世尊告諸比丘所謂有出法出不出法何等為出法出不出法謂不煞生出於煞生乃至正見出

雜阿含經卷第三十七　第三十四張　川

於邪見佛說是經已諸比丘聞佛所說歡喜奉行

如是我聞一時佛住王舍城迦蘭陁竹園時有生聞婆羅門來詣佛所稽首佛足退坐一面白佛言瞿曇所說此彼岸云何此岸云何彼岸佛告婆羅門煞生者謂此岸不煞生者謂彼岸邪見者謂此岸正見者謂彼岸介時世尊即說偈言

少有修善人　能度於彼岸　一切衆生類
馳騁走此岸　於此正法律　觀察法法相
此等度彼岸　摧伏死魔軍

介時生聞婆羅門聞佛所說歡喜隨喜從坐起去如是異比丘所問尊者阿難所問佛問諸比丘三經亦如上說

如是我聞一時佛住舍衛國祇樹給孤獨園介時世尊告諸比丘有惡法有真實法諦聽善思當為汝說云何為惡法謂煞生不與取邪婬妄語兩舌惡口綺語貪恚邪見是名惡法云何為真實法謂離煞生乃至正見是名真實法佛說是經已諸比丘聞佛所說歡喜奉行

雜阿含經卷第三十七　第三十五張　川

如是我聞一時佛住舍衛國祇樹給孤獨園介時世尊告諸比丘有惡法惡惡法有真實法真實真實法諦聽善思當為汝說云何為惡法謂煞生乃至邪見是名惡法云何為惡惡法謂自煞生教人令煞乃至自起邪見復以邪見教人令行是名惡惡法云何為真實法謂不煞生乃至正見是名真實法云何為真實真實法謂自不煞生教人不煞乃至自行正見復以正見教人令行是名真實真實法佛說此經已諸比丘聞佛所說歡喜奉行

如是我聞一時佛住舍衛國祇樹給孤獨園有不善男子善男子諦聽善思今當為汝說云何為不善男子謂煞生者乃至邪見者是名不善男子云何善男子謂不煞生乃至正見是名善男子佛說此經已諸比丘聞佛所說歡喜奉行

如是我聞一時佛住舍衛國祇樹給孤獨園介時世尊告諸比丘有不善男子不善男子不善男子有善男子

雜阿含經卷第三十七　第三十六張　川

善男子善男子諦聽善思當為汝説云何為不善男子謂煞生乃至邪見者是名不善男子云何為不善男子不善男子謂手自煞生教人令煞乃至自行邪見教人令行邪見是名不善男子不善男子云何為善男子謂不煞生乃至正見者是名善男子云何為善男子善男子謂自不煞生教人不煞乃至自行正見復以正見教人令行是名善男子善男子佛説是經已諸比丘聞佛所説歡喜奉行

如是我聞一時佛住舍衛國祇樹給孤獨園尒時世尊告諸比丘若成就十法者如鐵鉾鑽水身壞命終下入惡趣泥犁中何等為十謂煞生乃至邪見若成就十法辟如鐵鉾仰鑽虚空身壞命終上生天上何等為十謂不煞生乃至正見佛説是經已諸比丘聞佛所説歡喜奉行

如是我聞一時佛住舍衛國祇樹給孤獨園尒時世尊告諸比丘若成就二十法者如鐵鉾鑽水身壞命終下生惡趣泥犁中何等為二十謂自手煞生教人令煞乃至自行邪見復以

雜阿含經卷第三十七　第三十七張

邪見教人令行是名二十法成就如鐵鉾鑽水身壞命終下生惡趣泥犁中二十法成就辟如鐵鉾仰鑽虚空身壞命終上生天上何等為二十法謂自不煞生教人不煞乃至自行正見復以正見教人令行是名二十法成就如鐵鉾仰鑽虚空身壞命終上生天上諸比丘聞佛所説歡喜奉行

如是我聞一時佛住舍衛國祇樹給孤獨園尒時世尊告諸比丘三十法成就者如鐵鉾鑽水身壞命終下生惡趣泥犁中何等為三十法謂自手煞生教人令煞讃歎煞生乃至自行邪見復以邪見教人令行常復讃歎行邪見者是名三十法如鐵鉾鑽水身壞命終下生惡趣泥犁中有三十法成就者如鐵鉾鑽空身壞命終上生天上何等為三十法謂自不煞生教人不煞常復讃歎不煞功德乃至自行正見復以正見教人令行常復讃歎正見功德是名三十法成就如鐵鉾鑽空身壞命終上生天上諸比丘聞佛所説歡喜奉行

雜阿含經卷第三十七　第三十八張

如是我聞一時佛住舍衛國祇樹給孤獨園尒時世尊告諸比丘有四十法成就如鐵鎗投水身壞命終下生惡趣泥犁中何等為四十法謂手自煞生教人令煞讃歎煞生見人煞生心隨歡喜乃至自行邪見教人令行讃歎邪見見行邪見心隨歡喜是名四十法成就如鐵鎗投水身壞命終下生惡趣泥犁中有四十法成就如鐵鎗鑽空身壞命終上生天上何等為四十謂不煞生教人不煞口常讃歎不煞功德見不煞者心隨歡喜乃至自行正見教人令行亦常讃歎正見功德見人行者心隨歡喜是名四十法成就如鐵鎗鑽空身壞命終上生天上佛説此經已諸比丘聞佛所説歡喜奉行

如是我聞一時佛住舍衛國祇樹給孤獨園尒時世尊告諸比丘有非法有正法諦聽善思當為汝説何等為非法謂煞生乃至邪見是名非法何等正法謂不煞生乃至正見是名正法佛説此經已諸比丘聞佛所説歡

雜阿含經卷第三十七　第三十九張

喜奉行

如是我聞一時佛住舍衛國祇樹給孤獨園尒時世尊告諸比丘有非律有正律諦聽善思當為汝說何等為非律謂煞生乃至邪見是名非律何等為正律謂不煞乃至正見是名正律佛說此經已諸比丘聞佛所說歡喜奉行

如非律正律如是非聖及聖不善及善非親近親近非善哉善哉黒法白法非義正義卑法勝法有罪法無罪法棄法不棄法一一經如上說

雜阿含經卷第三十七

癸夘歲高麗國大藏都監奉
勑雕造

雜阿含經卷第三十七　第三張　川

雜阿含經卷第三十七

校勘記

一　底本，麗藏本。

一　八一頁上一三行第八字「示」，徑作「云」。

一　八一頁中四行第九字「設」，石、磧、普、南、徑、清作「說」。

一　八一頁中一四行第四字「彼」，資、磧、普、南、徑、清作「後」。

一　八一頁下二二行第一二字「住」，資、磧、普、南、徑、清作「在」。

一　八三頁上六行第二字「後」，石作「彼」。

一　八三頁上七行第四字「寶」，資、磧、普、南、徑、清作「實」。

一　八三頁上九行第一〇字，下五行第五字「受」，普、徑作「授」。

一　八三頁上末行第六字「識」，石作「證」。

一　八三頁中九行第五字「轉」，資、磧、普、南、徑、清作「縛」。第八字「止」，資、磧、普、南、徑、清作「上」。下三行第八字，徑、清同。

一　八三頁中末行「欲離欲」，石、資、作「欲離」；磧、普作「欲離故」；南、徑、清作「離欲故」。

一　八三頁下一一行「坐坐」，資、磧、普、南、徑、清作「坐」。

一　八三頁下一八行第一〇字「憂」，石作「愛」。

一　八三頁下二〇行第二字「知」，普、徑作「智」。同行「瞻視」，資、磧、南、徑、清作「視瞻」。

一　八四頁上四行首字「受」，資、磧、普、南、徑、清作「受樂受」。

一　八四頁上一八行「使使使」，石作「使」；資作「使使」；磧、普、南、徑、清作「所使」。

一　八五頁上六行第一三字「苦」，磧、普、南、徑、清作「若」。

一　八五頁下三行第五字「即」，石無。

一　八五頁下五行第一三字「二」，石作「三」。

一八五頁下一一行末字「含」，磧作「念」。

一八六頁上一三行第九字「故」，普、徑作「顧」。

一八六頁中七行第一三字、八行第一二字及次頁上一九行第九字「委」，徑作「痿」。

一八六頁中一二行第五字至一三行第三字「乃至……沙羅」，資、磧、普、南、徑、清無。

一八六頁中二三行第一〇字「法」，石作「佛」。

一八六頁下一一行第三字「提」，資、磧、普、南、徑、清作「提那」。

一八六頁下一二行首字「往」，徑作「住」。

一八六頁下一七行第三字「我」，資無。

一八七頁上二〇行第六字「問」，資、磧、普、南、徑、清作「答」。

一八七頁中二行第五字「憂」，資、磧、普、南、徑、清作「憂内身」。

一八七頁中一二行第五字「法」，資、磧、普、南、徑、清作「妙法」。

一八七頁中一九行第一〇字「淨」，資、磧、普、南、徑、清作「冷」。

一八七頁中二二行第八字，次頁中末行第七字及下三行第三字、六行末字「髮」，資作「鬚」；磧、普、南、徑、清作「鬘」。

一八七頁中末行第五字「善」，石、磧、普、南、徑、清作「言善」。

一八七頁下一九行首字，次頁中六行第一〇字「干」，徑作「于」。

一八八頁上一行第六字「乖」，資作「永」。

一八八頁上二行第二字「遍」，資、磧、普、南、徑、清作「遮」。

一八八頁上三行第九字「罵」，資、磧、普、南、徑、清作「罵詈」。

一八八頁上三行末字「説」，資、磧、普、南、徑、清無。

一八八頁上八行首字「心」，磧、普、南、徑、清作「口」。

一八八頁上八行第二字「綺」，資作「縛」。

一八八頁上一二行第八字「伏」，普、南、徑、清作「杖」。

一八八頁上一四行第二字「報」，資作「説」。

一八八頁上一六行第九字「趣」，資、磧、普、南、徑、清作「起」。

一八八頁上二二行第七字「觸」，資作「淨」。

一八八頁上末行第一一字「者」，資、磧、普、南、徑、清作「淨」。

一八八頁中一四行「有説」，諸本作「説有」。

一八八頁下二一行第四字「貪」，南作「食」。

一八九頁上末行「無更」，資、磧、普、南、徑、清作「更無」。

一八九頁中四行第二字「而」，資作「其」；磧、普、南、徑、清作「者」。

一八九頁中五行第五字「失」，資作「大」。

一八九頁下三行末字「去」，普作「起」。

一八九頁下一二行末字「行」，資、磧、普、南、徑、清作「行行」。

一九〇頁上一五行第一一字「欲」，資、磧、普、南、徑、清作「欲以」。

一九〇頁中三行第九字「北」，石作「比」。

一九〇頁中六行「斗傘」，石作「㪷傘」；資作「柄傘」；磧、普、南、徑、清作「柄繖」。

一九〇頁中一〇行第二字「何」，資、磧、普、南、徑、清無。

一九〇頁中二一行第一〇字「我」，資、磧、普、南、徑、清作「我所」。

一九〇頁下一三行第五字「飾」，石作「語」。第一三字「名」，磧、普作「多」。

一九〇頁下一八行第九字「正」，資、磧、普、南、徑、清無。

一九一頁上一八行第八字「修」，資、磧、普、南、徑、清無。

一九一頁中一行第五字「十」，資、磧、普、南、徑、清作「十善」。

一九一頁中一〇行「處住」，資、磧、普、南、徑、清作「其處」。

一九一頁中二一行「見善」，磧、普、南、徑、清作「善見」。

一九一頁下二行第七字「墮」，石作「住」。

一九一頁下三行第一二字「如」，資、磧、普、南、徑、清無。

一九一頁下一五行第四字「習」，磧、南作「者」。一六行第八字南同。

一九二頁上一行第五字「修」，磧、普、南、徑、清作「循」。

一九二頁上一八行第五字至一九行第七字「乃至……癡生」，諸本無。

一九二頁中四行「生聞」，資、磧、普、南、徑、清作「沙門」。一三行磧、普、南、徑、清同。

一九二頁中一五行第六字「問」，南作「門」。

一九二頁下一五行第三字「園」，資、磧、普、南、徑、清作「園痛時世尊告諸比丘」。

一九二頁下末行第七字至第一〇字「不善男子」，諸本無。

一九三頁上一行第四字至第六字「善男子」，諸本無。

一九三頁中三行首字「中」，資、磧、普、南、徑、清作「中有」。

一九三頁中一七行「鑽空」，資、磧、普、南、徑、清作「仰鑽虛空」。

一九三頁中一九行第五字「常」，南作「當」。

一九三頁下三行第八字「水」，石作「水中」。

一九三頁下一〇行，一五行「槍鑽」，石作「矛鑽」；資、磧、普、南、徑、清作「鉾鑽」。

一九三頁下二二行第二字「正」，資、磧、普、南、徑、清作「爲正」。

一九四頁上七行第四字「此」，石作「是」。

雜阿含經卷第三十八

宋天竺三藏求那䟦陁羅譯

如是我聞一時佛住舍衛國祇樹給孤獨園時有尊者善生新剃鬚髮著袈裟衣正信非家出家學道來詣佛所稽首佛足退坐一面尒時世尊告諸比丘諸比丘當知此善生善男子有二處端嚴一者剃除鬚髮著袈裟衣正信非家出家學道二者盡諸有漏無漏心解脫慧解脫現法自知作證我生已盡梵行已立所作已作自知不受後有尒時世尊即說偈言

寂靜盡諸漏　比丘莊嚴好　離欲斷諸結
涅槃不復生　持此冣後身　摧伏魔怨敵

佛說此經已諸比丘聞佛所說歡喜奉行

如是我聞一時佛住舍衛國祇樹給孤獨園時有異比丘形色醜陋難可觀視為諸比丘之所輕慢來詣佛所尒時世尊四衆圍遶見彼比丘來皆起輕想更相謂言彼何等比丘隨路而來形貌醜陋難可觀視為人所慢

尒時世尊知諸比丘心之所念告諸比丘汝等見彼比丘來形狀甚醜難可視見令人起慢不諸比丘白佛唯然已見佛告諸比丘汝等勿於彼比丘起於輕想所以者何彼比丘已盡諸漏所作已作離諸重檐斷諸有結正智心善解脫諸比丘汝等莫妄量於人唯有如來能量於人彼比丘詣佛所稽首佛足退坐一面尒時世尊復告諸比丘汝等見此比丘稽首作礼退坐一面不比丘白佛唯然已見佛告諸比丘汝等勿於是比丘起於輕想乃至汝等莫量於人唯有如來能知人耳尒時世尊即說偈言

飛鳥及走獸　莫不畏師子　唯師子獸王
無有與等者　如是智慧人　雖小則為大
莫取其身相　而生輕慢心　何用巨大身
多肉而無慧　此賢勝智慧　則為上士夫
離欲斷諸結　涅槃永不生　持此冣後身
摧伏衆魔軍

佛說此經已諸比丘聞佛所說歡喜奉行

如是我聞一時佛住王舍城迦蘭陁

竹園尒時提婆達多有利養起摩竭陁王阿闍世毗提希子日日侍從五百乘車来詣提婆達多所日日持五百釜食供養提婆達多提婆達多將五百人別衆受其供養時有衆多比丘晨朝著衣持鉢入王舍城乞食聞提婆達多有如是利養起乃至五百人別衆受其供養乞食已還精舍舉衣鉢洗足畢往詣佛所稽首佛足退坐一面白佛言世尊我等晨朝著衣持鉢入王舍城乞食聞提婆達多有如是利養起乃至五百人別衆受其供養佛告諸比丘汝等莫稱是提婆達多所得利養所以者何彼提婆達多別受利養今則自壞他世亦壞辟如芭蕉竹蘆生果即死来年亦壞提婆達多亦復如是受其利養今世則壞他世亦壞辟如駏驉受胎必死提婆達多亦復如是受諸利養今世亦壞他世亦壞彼愚癡提婆達多隨幾時受其利養當得長夜不饒益苦是故諸比丘當如是學我設有利養起莫生染著尒時世尊即說偈言

芭蕉生果死　竹蘆實亦然　駏驉坐妊死
士以貪自喪　常行非義行　多知不勉愚
善法日損減　莖枯根亦傷

佛說此經已諸比丘聞佛所說歡喜奉行

如是我聞一時佛住舍衛國祇樹給孤獨園尒時舍衛國有手比丘是釋氏子在舍衛國命終時有衆多比丘晨朝著衣持鉢入舍衛城乞食聞手比丘釋子於舍衛國命終聞已入舍衛城乞食還舉衣鉢洗足畢詣佛所稽首佛足退坐一面白佛言世尊今日晨朝衆多比丘著衣持鉢入舍衛城乞食聞釋氏子手比丘於舍衛國命終云何世尊手比丘命終當生何處云何受生後世云何佛告諸比丘是手比丘成就三不善法彼命終當生惡趣泥犁中何等三不善法謂貪欲瞋恚愚癡此三不善法結縛於心釋種子手比丘生惡趣泥犁中尒時世尊即說偈言

貪欲瞋恚癡　結縛士夫心　內發還自傷
猶如竹蘆實　無貪恚癡心　是說為黠慧
內發不自傷　是名為勝出　是故當離貪
瞋恚癡冥心　比丘智慧明　苦盡般涅槃

佛說此經已諸比丘聞佛所說歡喜奉行

如手比丘難陁修多羅亦如是說

如是我聞一時佛住舍衛國祇樹給孤獨園尒時尊者難陁是佛姨母子好著好衣染色擣治光澤執持好鉢好作嬉戲調笑而行時有衆多比丘来詣佛所稽首佛足退坐一面白佛言世尊尊者難陁是佛姨母子好著好衣擣治光澤執持好鉢好作嬉戲調笑而行尒時世尊告一比丘汝往詣難陁比丘所語言難陁大師語汝時彼比丘受世尊教往語難陁言世尊語汝難陁聞已即詣佛所稽首佛足退住一面佛告難陁汝實好著好衣擣治光澤好作嬉戲調笑而行不難陁白佛實尒世尊佛告難陁汝佛姨母子貴姓出家不應著好衣服擣令光澤執持好鉢好作嬉戲調笑而行汝應作是念我是佛姨母子貴姓出家應作阿練若乞食著糞掃衣當

應讚歎著糞掃衣當處山澤不顧五欲尒時難陁受佛教已修阿蘭若行乞食著糞掃衣亦常讚歎著糞掃衣者樂處山澤不顧愛欲尒時世尊即說偈言

難陁何見汝　修習阿蘭若　家家行乞食
身著糞掃衣　樂處於山澤　不顧於五欲

佛說此經已尊者難陁聞佛所說歡喜奉行

如是我聞一時佛在舍衛國祇樹給孤獨園尒時尊者低沙自念我是世尊姑子兄弟故不修恭敬無所顧録亦不畏懼不堪諫止時有衆多比丘往詣佛所稽首佛足退坐一面白佛言世尊尊者低沙自念是世尊姑子兄弟故不修恭敬無所顧録亦不畏懼不堪諫止尒時世尊告一比丘汝往詣低沙比丘所語言低沙大師語汝時彼比丘受世尊教往語低沙比丘言世尊語汝低沙比丘即詣佛所稽首佛足退住一面佛告低沙汝實作是念我是世尊姑子兄弟不修恭敬無所顧録亦不畏懼不堪忍諫不

低沙白佛實尒世尊佛告低沙汝不應尒汝應念言我是世尊姑子兄弟故應修恭敬畏懼堪忍諫止尒時世尊即說偈言

善哉汝低沙　離瞋恚為善　莫生瞋恚心
瞋恚者非善　善能離瞋慢　修行軟下心
然後於我所　修行於梵行

佛說此經已低沙比丘聞佛所說歡喜隨喜作礼而去

如是我聞一時佛住舍衛國祇樹給孤獨園時有尊者毗舍佉般闍梨子集供養堂為衆多比丘說法言辭滿足妙音清徹句味辯正隨智慧說聽者樂聞無所依說顯現深義令諸比丘一心專聽尒時世尊入晝正受以淨天耳過於人耳聞說法聲從三昧起往詣講堂於大衆前坐告毗舍佉般闍梨子善哉善哉毗舍佉汝能為諸比丘於此供養堂為衆多比丘說法言辭滿足乃至顯現深義令諸比丘專精敬重一心樂聽汝當數數為諸比丘如是說法令諸比丘專精敬重一心樂聽當得長夜以義饒益安

隱樂住尒時世尊即說偈言

若不說法者　愚智雜難分　此愚此智慧
無由自顯現　善說清淨法　因說智乃彰
說法為明照　光顯大仙幢　善說為仙幢
法為羅漢幢

佛說此經已尊者毗舍佉般闍梨子聞佛所說歡喜隨喜作礼而去

如是我聞一時佛住舍衛國祇樹給孤獨園時有衆多比丘集供養堂患共作衣時有一年少比丘出家未久初入法律不欲營助諸比丘作衣時衆多比丘詣世尊所稽首礼足退坐一面白佛言世尊時有衆多比丘集供養堂為作衣故有一年少比丘出家未久始入法律不欲營助諸比丘作衣尒時世尊問彼比丘汝實不欲營助諸比丘作衣耶彼比丘白佛言世尊隨我所能當力營助尒時世尊知彼比丘心之所念告諸比丘汝等莫與是年少比丘語所以者何是比丘得四增心法正受現法安樂住不勤而得若彼本心所為剃鬚髮著袈裟衣出家學道增進修學現法自知

作證我生已盡梵行已立所作已作自知不受後有尒時世尊即說偈言

非下劣方便　薄德少智慧　正向於涅槃
免脫煩惱鏁　此賢年少者　逮得上士處
離欲心解脫　涅槃不復生　持此最後身
摧伏衆魔軍

佛說此經已諸比丘聞佛所說歡喜奉行

如是我聞一時佛住舍衛國祇樹給孤獨園時有比丘名曰上坐獨住一處亦常讚歎獨一住者獨行乞食食已獨還獨坐禪思時有衆多比丘詣佛所稽首佛足退坐一面白佛言世尊有尊者名曰上坐樂一獨處亦常讚歎獨一住者獨入聚落乞食獨出聚落還至住處獨坐禪思尒時世尊語一比丘汝往詣彼上坐比丘所語上坐比丘言大師告汝比丘受教詣上坐比丘所白言尊者大師告汝時上坐比丘即時奉命詣世尊所稽首礼足退住一面尒時世尊告上坐比丘汝實獨一靜處讚歎獨處者獨行乞食獨出聚落獨坐禪思耶上坐比

丘白佛實尒世尊佛告上坐比丘汝云何獨一處讚歎獨住者獨行乞食獨還住處獨坐禪思上坐比丘白佛我唯獨一靜處讚歎獨住者獨行乞食獨出聚落獨坐禪思佛告上坐比丘汝是一住者我不言非一住然更有勝妙一住何等為勝妙一住謂比丘前者枯乾後者滅盡中無貪喜是婆羅門心不猶豫已捨憂悔離諸有愛群聚使斷是名一住無有勝住過於此者尒時世尊即說偈言

悉映於一切　悉知諸世間　不著一切法
悉離一切愛　如是樂住者　我說為一住

佛說此經已尊者上坐聞佛所說歡喜隨喜作礼而去

如是我聞一時佛在舍衛國祇樹給孤獨園時有尊者僧迦藍於拘薩羅人間遊行至舍衛國祇樹給孤獨園彼僧迦藍比丘有本二在舍衛國中聞僧迦藍比丘於拘薩羅人間遊行至舍衛國祇樹給孤獨園聞已著好衣服莊嚴華瓔抱其兒来詣祇洹至僧迦藍比丘房前尒時尊者僧迦藍

出房露地經行時彼本二来到其前作是言此兒幼小汝捨出家誰當養活時僧迦藍比丘不共語如是再三亦不共語時彼本二作如是言我再三告不與我語不見顧視我今置兒著經行道頭而去言沙門此是汝子汝自養活我今捨去尊者僧迦藍亦不顧視其子彼本二復言是沙門今於此兒都不顧視彼必得仙人難得之處善哉沙門必得解脫情願不遂抱子而去尒時世尊入晝正受以天耳過人之耳聞尊者僧迦藍本二所說即說偈言

来者不歡喜　去亦不憂慼　於世間和合
解脫不染著　我說彼比丘　為真婆羅門
来者不歡喜　去亦不憂慼　不染亦無憂
二心俱寂靜　我說是比丘　是真婆羅門

佛說此經已尊者僧迦藍聞佛所說歡喜隨喜作礼而去

如是我聞一時佛住舍衛國祇樹給孤獨園尒時尊者阿難獨一靜處作是思惟有三種香順風而熏不能逆風何等為三謂根香莖香華香或復

有香順風熏亦逆風熏亦順風逆風熏耶作是念已晡時從禪覺往詣佛所稽首佛足退住一面白佛言世尊我獨一靜處作是思惟有三種香順風而熏不能逆風何等為三謂根香莖香華香或復有香順風熏逆風熏亦順風逆風熏耶佛告阿難如是如是有三種香順風熏不能逆風謂根香莖香華香阿難亦有香順風熏逆風熏順風逆風熏阿難順風熏逆風熏順風逆風熏者阿難有善男子善女人在所城邑聚落成就真實法盡形壽不煞生不偷盜不邪婬不妄語不飲酒如是善男子善女人八方上下崇善士夫無不稱歎言某方某聚落善男子善女人持戒清淨成真實法盡壽不煞乃至不飲酒阿難是名有香順風熏逆風熏順風逆風熏尒時世尊即說偈言

非根莖華香　能逆風而熏　唯有善士女
持戒清淨香　逆順滿諸方　無不普聞知
多迦羅栴檀　優鉢羅末利　如是比諸香
戒香取為上　栴檀等諸香　所熏少分限

唯有戒德香　流熏上昇天　斯等淨戒香
不放逸正受　正智等解脫　魔道莫能入
是名安隱道　是道則清淨　正向妙禪定
斷諸魔結縛

佛說此經已尊者阿難聞佛所說歡喜隨喜作礼而去

如是我聞一時佛在摩竭提國人間遊行與千比丘俱皆是古昔縈髮出家皆得阿羅漢諸漏已盡所作已作捨諸重擔逮得己利盡諸有結正智善解脫到善建立支提杖林中住摩竭提王缾沙聞世尊摩竭提國人間遊行至善建立支提杖林中住與諸小王群臣羽從車万二千乘馬万八千步逐衆無數摩竭提婆羅門長者悉皆從王出王舍城詣世尊所恭敬供養到於道口下車步進及於內門除去五飾脫冠却蓋除扇去劍刀脫革屣到於佛前整衣服偏露右肩為佛作礼右遶三匝自稱姓名白佛言世尊我是摩竭提王缾沙佛告缾沙如是大王汝是缾沙可就此坐隨其所安時缾沙王重礼佛足退坐一面

諸王大臣婆羅門居士悉礼佛足次第而坐時欝鞞羅迦葉亦在坐中時摩竭提婆羅門長者作是念為大沙門從欝鞞羅迦葉所修梵行耶為欝鞞羅迦葉於大沙門所修梵行耶尒時世尊知摩竭提婆羅門長者心之所念即說偈而問言

欝鞞羅迦葉　於此見何利　棄汝先所奉
事火等衆事　今可說其義　捨事火之由

欝鞞迦葉說偈白佛

錢財等滋味　女色五欲果　觀察未來受
斯皆大垢穢　是故悉棄捨　先諸奉火事

尒時世尊復說偈問言

汝不著世間　錢財五色味　復何捨天人
迦葉隨義說

迦葉復以偈荅世尊言

見道離有餘　寂滅無餘跡　無所有不著
無異趣異道　是故悉棄捨　先修奉火事
大會等受持　奉事於水火　愚癡没於中
志求解脫道　盲無智慧目　向生老病死
不見於正路　永離生死道　今始因世尊
得見無為道　大龍所說力　得度於彼岸
牟尼廣濟度　安慰無量衆　今始知瞿曇

真諦超出者

佛復說偈歎迦葉言

善哉汝迦葉　先非惡思量　次第分別求
遂至於勝處

汝今迦葉當安慰汝徒衆之心時鞞鞞羅迦葉即入正受以神足力向於東方上昇虛空作四種神變行住坐卧入火三昧擧身洞然青黃赤白頗梨紅色身上出水身下出火還燒其身身上出水以灌其身或身上出火以燒其身身下出水以灌其身如是種種現化神通息已稽首佛足白佛言世尊佛是我師我是弟子佛告迦葉我是汝師汝是弟子隨汝所安復坐而坐時鞞鞞羅迦葉還復故坐尒時摩竭提婆羅門長者作是念鞞鞞羅迦葉定於大沙門所脩行梵行佛說此經已摩竭提王缾沙及諸婆羅門長者聞佛所說歡喜隨喜作礼而去

如是我聞一時佛住王舍城迦蘭陁竹園時有陁驃摩羅子舊住王舍城典知衆僧飲食床座隨次差請不令

越次時有慈地比丘頻三過次得麁食處食時辛苦作是念怪哉大苦陁驃摩羅子比丘有情故以麁食惱我令我食時極苦我當云何為其作不饒益事時慈地比丘有姊妹比丘尼名蜜多羅住王舍城王園比丘尼衆中蜜多羅比丘尼來詣慈地比丘稽首礼足於一面住慈地比丘不顧眄不與語蜜多羅比丘尼語慈地比丘阿梨何故不見顧眄不共言語慈地比丘言陁驃摩羅子比丘數以麁食惱我令我食時極苦汝復棄我比丘尼言當如何慈地比丘言汝可至世尊所白言世尊陁驃摩羅子比丘非法不類共我作非梵行波羅夷罪我當證言如是世尊如妹所說比丘尼言阿梨我當云何於梵行比丘所以波羅夷謗慈地比丘言汝若不如是者我與汝絕不復来往言語共相瞻視時比丘尼須臾默念而作是言阿梨欲令我尒當從其教慈地比丘言汝且待我先至世尊所汝隨後来時慈地比丘即往稽首礼世尊足退住

一面蜜多羅比丘尼即隨後至稽首佛足退住一面白佛言世尊一何不善不類陁驃摩羅子於我所作非梵行波羅夷罪慈地比丘復白佛言如妹所說我先亦知尒時陁驃摩羅子比丘即在彼大衆中尒時世尊告陁驃摩羅子比丘汝聞此語不陁驃摩羅子比丘言已聞世尊佛告陁驃摩羅子比丘汝今云何陁驃摩羅子白佛如世尊所知如善逝所知佛告陁驃摩羅子汝言如世尊所知今非是時如今憶念當言憶念不憶念當言不憶念陁驃摩羅子言我不自憶念尒時尊者羅睺羅住於佛後執扇扇佛白佛言世尊不善不類是比丘尼言尊者陁驃摩羅子共我作非梵行慈地比丘言如是世尊我先已知如妹所說佛告羅睺羅我今問汝隨意荅我若蜜多羅比丘尼来語我言世尊不善不類羅睺羅共我作非梵行波羅夷罪慈地比丘復白我言如是世尊如妹所說我先亦知者汝當云何羅睺羅白佛世尊我若憶念當言

憶念不憶念當言不憶念佛言羅睺
羅愚癡人汝尚得作此語隨驃摩羅
子清淨比丘何以不得作如是語尒
時世尊告諸比丘於隨驃摩羅子比
丘當憶念蜜多羅比丘尼當以自言
滅慈地比丘僧當極善呵諫教誡汝
去何見何處見汝何因往見世尊如
是教已從坐起入室坐禪尒時諸比
丘於隨驃摩羅子比丘憶念蜜多羅
比丘尼與自言滅慈地比丘極善呵
諫教誡言汝去何見何處見何因往
見如是諫時彼作是言彼隨驃摩羅
子不作非梵行不犯波羅夷然隨驃
摩羅子比丘三以麁惡食恐怖令我
食時辛苦我於隨驃摩羅子比丘愛
恚癡怖故作是說然隨驃摩羅子清
淨無罪尒時世尊晡時從禪覺至大
衆前敷座而坐諸比丘白佛言世尊
我等於隨驃摩羅子比丘所憶念持
蜜多羅比丘尼與自言滅慈地比丘
極善呵諫乃至彼言隨驃摩羅子清
淨無罪尒時世尊告諸比丘去何愚
癡以因飲食故知而妄語尒時世尊

即說偈言

若能捨一法　知而故妄語　不計於後世
無惡而不為　寧食熱鐵丸　如熾然炭火
不以犯禁戒　而食僧信施

佛說此經已諸比丘聞佛所說歡喜
奉行

如是我聞一時佛住王舍城迦蘭陀
竹園尒時尊者隨驃摩羅子詣佛所
稽首佛足退住一面白佛言世尊我
願於佛前取般涅槃世尊默然如是
三啓佛告隨驃摩羅子此有為諸行
法應如是尒時尊者隨驃摩羅子即
於佛前入於三昧如其正受向於東
方昇虛空行現四威儀行住坐卧入
火三昧身下出火舉身洞然光焰四
布青黃赤白頗梨紅色身下出火還
燒其身身上出水以灑其身或身上
出火下燒其身身下出水上灑其身
周向十方種種現化已即於空中內
身出火還自焚其身取無餘涅槃消
盡寂滅令無遺塵譬如空中然燈油
炷俱盡隨驃摩羅子空中涅槃身心
俱盡亦復如是尒時世尊即說偈言

譬如燒鐵丸　其焰洞熾然　熱勢漸息滅
莫知其所歸　如是等解脫　度煩惱淤泥
諸流永已斷　莫知其所之　逮得不動跡
入無餘涅槃

佛說此經已諸比丘聞佛所說歡喜
奉行

如是我聞一時佛在央瞿多羅國人
間遊行遥隨婆闍梨迦林中見有牧
牛者牧羊者採紫草者及餘種種作
人見世尊行路見已皆白佛言世尊
莫從此道去前有央瞿利摩羅賊脫
恐怖人佛告諸人我不畏懼作此語
已從道而去彼再三告世尊猶去遥
見央瞿利摩羅手執刀楯走向世尊
以神力現身徐行令央瞿利摩羅駛
走不及走極疲乏已遥語世尊住住
勿去世尊並行而荅我常住耳汝自
不住尒時央瞿利摩羅即說偈言

沙門尚駃行　而言我常住　我今疲勸住
說言汝不住　沙門說去何　我住汝不住

尒時世尊以偈荅言

央瞿利摩羅　我說常住者　於一切衆生
詣息於刀杖　汝恐怖衆生　惡業不休息

我於一切虫　止息於刀杖　汝於一切虫
常逼迫恐怖　造作凶惡業　終無休息時
我於一切神　止息於刀杖　汝於一切神
長夜苦逼迫　造作黑惡業　于今不止息
我住於息法　一切不放逸　汝不見四諦
故不息放逸
央瞿利摩羅說偈白佛
久乃見牟尼　故隨路而逐　今聞真妙說
當捨久遠惡　作如是說已　即放捨刀楯
投身世尊足　願聽我出家　佛以慈悲心
大仙多哀愍　告比丘善來　出家受具足
尒時央瞿利摩羅出家已獨一靜處
專精思惟所以族姓子剃除鬚髮著
袈裟衣正信非家出家學道增修梵
行現法自知作證我生已盡梵行已
立所作已作自知不受後有時央瞿
利摩羅得阿羅漢覺解脫善樂即說
偈言
本受不害名　而中多煞害　今得見諦名
永離於傷煞　身行不煞害　口意俱亦然
當知真不煞　不迫於衆生　洗手常血色
名央瞿摩羅　浚流之所漂　三歸制令息
歸依三寶已　出家得具足　成就於三明

佛教作已作　調牛以捶杖　伏爲以鐵鉤
不以刀捶杖　正度調天人　利刀以水石
直箭以煴火　治材以斧斤　自調以黠慧
人前行放逸　隨後能自斂　是則照世間
如雲解月現　人前放逸行　隨後能自斂
於世恩愛流　正念而超出　少壯年出家
精勤修佛教　是則照世間　如雲解月現
少壯年出家　精勤修佛教　於世恩愛流
正念以超出　若度諸惡業　正善能令滅
是則照世間　如雲解月現　人前造惡業
正善能令滅　於世恩愛流　正念能超出
我已作惡業　必向於惡趣　已受於惡報
宿責食已食　若彼我怨憎　聞此正法者
得清淨法眼　於我修行忍　不復興鬬頌
蒙佛恩力故　我怨行忍辱　亦常讚歎忍
隨時聞正法　聞已隨修行
佛說此經已央瞿利摩羅聞佛所說
歡喜奉行
如是我聞一時佛住王舍城迦蘭陁
竹園時有異比丘於夜明相出時出
搶補河邊脫衣著岸邊入水洗浴洗浴
已上岸被一衣待身乾時有一天子
放身光明普照搶補河側語比丘言

汝少出家鮮白髮黑年始盛美應習
五欲莊嚴瓔珞塗香華鬘五樂自娛
而於是時違親背俗悲泣別離剃除
鬚髮著袈裟衣正信非家出家學道
如何捨現前樂而求非時之利比丘
答言我不捨現前樂求非時樂我今
乃是捨非時樂得現前樂天問比丘
云何捨非時樂得現前樂比丘答言
如世尊說非時之欲少味多苦少利
多難我今於現法中已離熾然不待
時節能自通達現前觀察緣自知覺
如是天子是名捨非時樂得現前樂
天復問比丘云何復是如來所說非
時之欲少樂多苦云何復是如來所
說現法利樂乃至緣自覺知比丘答
言我年少出家不能廣宣如來所說
正法律儀世尊近在迦蘭陁竹園汝
可往詣如來問其所疑如世尊說隨
憶受持天子復言比丘於如來所有
諸力天衆多圍遶我先無問未易可
詣比丘汝若能爲先白世尊者我可
隨往比丘答言當爲汝去天白比丘
唯然尊者我隨後來時彼比丘往詣

佛所稽首礼足退住一面已向天子住反問荅具白世尊今者世尊彼天子誠實言者須臾應至不誠實者自當不来時彼天子遥語比丘我已在此我已在此尒時世尊即說偈言

衆生隨愛想　以愛想而住　以不知愛故
則為死方便

佛告天子汝解此偈者便可發問天子白佛不解世尊不解善逝佛復說偈而告天子曰

若知所愛者　不於彼生愛　彼此無所有
他人莫能說

佛告天子汝解此義者便可發問天子白佛不解世尊不解善逝佛復說偈言

見等勝劣者　則有言論生　三事不傾動
則無軟中上

佛告天子解此義者則可發問天子白佛不解世尊不解善逝佛復說偈言

斷愛及名色　除慢無所繫　寂滅息瞋恚
離結絶悕望　不見於人天　此世及他世

佛告天子解此義者乃可發問天子白佛已解世尊已解善逝佛說此經已彼天子聞佛所說歡喜隨喜即沒不現

如是我聞一時佛在王舍城迦蘭陁竹園時有異比丘於後夜時至搶補河邊脫衣置岸邊入水洗浴浴已還上岸着一衣待身乾時有一天子放身光明普照搶補河側問比丘言比丘比丘此是丘塜夜則起烟晝則火然彼婆羅門見已而作是言壞此丘塜發掘者智持以刀劒又見大龜婆羅門見已作是言除此大龜發掘者智持以刀劒見有氍氀婆羅門見已作此言却此氍氀發掘者智持以刀劒見有肉段彼婆羅門見已作是言除此肉段發掘者智持以刀劒見有屠煞婆羅門見已作是言壞是屠煞處發掘者智持以刀劒見有楞耆彼婆羅門見已作是言却此楞耆發掘者智持以刀劒見有二道彼婆羅門見已作是言除此二道發掘者智持以刀劒見有門扇婆羅門見已作是言却此門扇發掘者智持以刀劒見有大龍婆羅門見已作是言止勿却大龍應當恭敬比丘汝来受此論往問世尊如佛所說汝隨受持所以者何除如来我不見世間諸天魔梵沙門婆羅門於此論心悅樂者若諸弟子從我所聞然後能說尒時比丘從彼天所聞此論已往詣世尊稽首礼足退坐一面以彼天子所問諸論廣問世尊云何為丘塜云何為夜則起烟云何為晝則火然云何是婆羅門云何發掘云何智者云何刀劒云何為大龜云何氍氀云何為肉段云何為屠煞處云何為楞耆云何為二道云何為門扇云何為大龍佛告比丘丘塜者謂衆生身麁四大色父母遺體摶食衣服覆盖澡浴摩飾長養皆是變壞磨滅之法夜起烟者謂有人於夜時起隨覺隨觀晝行其教身業口業婆羅門者謂如来應等正覺發掘者謂精勤方便智士者謂多聞聖弟子刀劒者謂智慧刀劒大龜者謂五盖氍氀者謂忿恨肉段者謂慳嫉屠煞者謂五欲功德楞耆者謂無明二道謂疑惑門扇者謂我慢大龍者

謂漏盡羅漢如是比丘若大師為聲聞所作哀愍悲念以義安慰於汝已作汝等當作所作當於曝露林中空舍山澤巖窟敷草樹葉思惟禪思不起放逸莫令後悔是則為我隨順之教即說偈言

說身為丘塚　覺觀夜起烟　晝業為火然
婆羅門正覺　精進勤發掘　黠慧明慧士
以智慧利劒　䟦離勝進者　五蓋為巨龜
忿恨為䶂鼪　慳嫉為肉段　五欲屠煞處
無明為楞耆　疑惑於二道　門扇現我慢
漏盡羅漢龍　究竟斷諸論　故我如是說

佛說此經已彼比丘聞佛所說歡喜奉行

如是我聞一時佛住波羅㮈國仙人住處鹿野苑中尒時世尊晨朝著衣持鉢入波羅㮈城乞食時有異比丘以不住心其心惑乱不攝諸根晨朝著衣持鉢入波羅㮈城乞食是比丘遥見世尊見已攝持諸根端視而行世尊見是比丘攝持諸根端視而行見已入城乞食畢還精舍舉衣鉢洗足已入室坐禪晡時從禪覺入僧中敷坐具於大衆前坐告諸比丘我今晨朝著衣持鉢入波羅㮈城乞食見有比丘以不住心惑乱心諸根放散亦持衣鉢入城乞食彼遥見我即自斂攝竟為是誰時彼比丘從坐起整衣服到於佛前偏袒右肩合掌白佛世尊我於晨朝入城乞食其心惑乱不攝諸根行遥見世尊即自斂心攝持諸根佛告比丘善哉善哉汝見我已能自斂心攝持諸根比丘是法應當如是若見比丘亦應自攝持若復見比丘尼優婆塞優婆夷亦當如是攝持諸根當得長夜以義饒益安隱快樂尒時衆中復有異比丘說偈歎曰

以其心迷乱　不專繫念住　晨朝持衣鉢
入城邑乞食　中路見大師　威德容儀備
欣悅生慙愧　即攝持諸根

佛說此經已諸比丘聞佛所說歡喜奉行

雜阿含經卷第三十八

雜阿含經卷第三十八

校勘記

一　底本，金藏廣勝寺本。
一　九八頁中二行第一四字「勉」，石作「免」。
一　九八頁下一行第一〇字「出」，磧、普、南、徑、清作「士」。
一　九八頁下一四行「言難陀大師」，石作「難陀言大師」；資、磧、普、南、徑、清作「難陀言世尊」。
一　九八頁下末行首字「出」，資、磧、普、南、徑、清作「好出」。
一　九九頁上一行第八字「當」，石、麗作「常」。
一　九九頁上一〇行第八字「在」，石作「住」。
一　九九頁中六行第六字「善」，諸本作「若」。下四行第一一字，石同。
一　九九頁中一五行第一一字，次頁下一一行第一〇字「盡」，磧、普、南、徑、清作「盡」。

- 一九九頁下三行第九字「淨」，諸本作「涼」。
- 一〇〇頁上四行第一〇字「者」，石作「有」。
- 一〇一頁上一七行第二字「盡」，石、麗作「盡形」。
- 一〇一頁中一四行第五字「羽」，磧、普、南、徑、清作「翼」。
- 一〇一頁中一八行第一三字「刀」，資、磧、普、南、徑、清作「方」。
- 一〇二頁上四行「至於」，石作「於衆」。
- 一〇二頁中一〇行「阿梨」，磧、普、南、徑、清作「阿闍梨」，下同。
- 一〇二頁中二一行第五字「尒」，石作「今」。
- 一〇二頁下一二行「如今」，石作「如令」；麗作「汝今」。
- 一〇三頁上一行第一二字「言」，資、磧、普、南、徑、清作「告」。
- 一〇三頁上一四行第一三字「令」，石作「食」。
- 一〇三頁下三行第一〇字「之」，石作「趣」。
- 一〇三頁下八行第四字「逕」，石、麗作「經」。
- 一〇三頁下一五行末字「駃」，資、磧、普、南、徑、清作「駛」。
- 一〇四頁上五行第四字「息」，資、磧、普、南、徑、清作「自」。
- 一〇四頁上一七行第一一字「善」，諸本作「喜」。
- 一〇四頁中二行第二字「以」，石作「用」。
- 一〇四頁中三行第四字「熅」，資、磧、普、南、徑、清作「温」。第七字「材」，磧、普、南、徑、清作「杖」。
- 一〇四頁中九行第七字「度」，石作「彼」。
- 一〇四頁中一一行第一四字「超」，石作「起」。
- 一〇四頁中一三行第二字「責」，磧、普、南、徑、清作「債」。
- 一〇四頁中一四行末字「頌」，石作「諍」；麗作「訟」。
- 一〇四頁中一五行第七字「怨」，磧、普、南、徑、清作「慈」。
- 一〇四頁下二〇行第二字「力」，磧、普、南、徑、清作「方」。
- 一〇四頁下二二行第一〇字「去」，石作「説」。
- 一〇五頁中一〇行第六字「持」，資、普作「攝」。
- 一〇五頁下七行第一一字「問」，石作「聞」。第一二字「諸」，資作「訊」。
- 一〇六頁上八行「慧士」，諸本作「智士」。

雜阿含經卷第三十九　　川

宋天竺三藏求那跋陀羅譯

如是我聞一時佛住波羅㮈國鹿野苑中尒時世尊晨朝著衣持鉢入波羅㮈城乞食時有異比丘著衣持鉢入城乞食於其路邊住一樹下起不善覺以依惡貪尒時世尊見彼比丘住一樹下以生不善覺依惡貪嗜而告之曰比丘比丘莫種苦種而發熏生臭汁漏流出若比丘種苦種子自發生臭汁漏流出者欲令疽蠅不覺集者無有是處時彼比丘作是念世尊知我心之惡念即生恐怖身毛皆竪尒時世尊入城乞食畢還精舍舉衣鉢洗足已入室坐禪晡時從禪覺至於僧中於衆前敷座而坐告諸比丘我今晨朝著衣持鉢入城乞食見一比丘住於樹下以生不善覺依惡貪嗜我時見已即告之言比丘比丘莫種苦種發熏生臭惡汁流出若有比丘種苦種子發熏生臭惡汁流出疽蠅不集無有是處時彼比丘即思

念佛已知我心之所念慙愧恐怖心驚毛竪隨路而去時有異比丘從坐起整衣服偏袒右肩合掌白佛世尊云何苦種云何生臭云何汁流云何疽蠅佛告比丘忿恚煩怨名曰苦種五欲功德名為生臭於六觸入處不攝律儀是名汁流謂觸入處不攝已貪憂諸惡不善心覺生是名疽蠅尒時世尊即說偈言

耳目不防護　貪欲從是生　是名為苦種
生臭汁潛流　諸覺觀氣味　依於惡貪嗜
聚落及空處　若於晝若夜　遠離修梵行
究竟於苦邊　若內心寂靜　決定諦明了
卧覺常安樂　諸惡疽蠅滅　正士所習近
善說賢聖路　了知八正道　不還更受身

佛說此經已諸比丘聞佛所說歡喜奉行

如是我聞一時佛住舍衛國祇樹給孤獨園尒時世尊晨朝著衣持鉢入舍衛城乞食食畢還精舍洗足已入安陁林坐禪時有異比丘亦復晨朝著衣持鉢入舍衛城乞食食畢還精舍洗足已入安陁林坐一樹下入晝

正受是比丘入晝正受時有惡不善覺起依貪嗜心時有天神依安陁林住止者作是念此比丘不善不類於安陁林坐禪而起不善覺心依惡貪我當往呵責作是念已往語比丘言比丘比丘作瘡疣耶比丘荅言當治令愈天神語比丘瘡如鐵鑊大何可復比丘荅言正念正知足能令復天神曰言善哉善哉此是真賢治瘡如是治瘡究竟能愈無有發時尒時世尊晡時從禪覺還祇樹給孤獨園入僧中於大衆前敷座而坐告諸比丘我今晨朝著衣持鉢入舍衛城乞食乞食還至安陁林坐禪入晝正受有一比丘亦乞食還至安陁林坐一樹下入晝正受而彼比丘起不善覺心依惡貪有天神依安陁林住語比丘言比丘比丘作瘡疣耶如上廣說乃至如是比丘善哉善哉此治衆賢尒時世尊即說偈言

士夫作瘡疣　自生於苦患　願求世間欲
心依於惡貪　以生瘡疣故　疽蠅競來集
愛欲為瘡疣　疽蠅諸惡覺　及諸貪嗜心

皆悉從意生　鑽鑿士夫心　以求華名利
欲火轉熾然　妄想不善覺　身心日夜羸
遠離寂靜道　若內心寂靜　決定知明了
無有斯瘡疣　見佛安隱路　正士所遊跡
賢聖善宣說　明智所知道　不復受諸有

佛說此經已諸比丘聞佛所說歡喜奉行

如是我聞一時佛住毗舍離國獼猴池側重閣講堂時有衆多比丘晨朝著衣持鉢入毗舍離乞食時有年少比丘出家未久不閑法律當乞食時不知先後次第餘比丘見已而告之言汝是年少出家未久未知法律莫越莫重前後失次而行乞食長夜當得不饒益苦年少比丘言諸上座亦復起次不隨前後非獨我也如是再三不能令止衆多比丘乞食已還精舍舉衣鉢洗足已詣佛所稽首礼足退坐一面白佛言世尊我等晨朝著衣持鉢入毗舍離乞食有一年少比丘於此法律出家未久行乞食時不以次第前後復重諸比丘等再三諫不受而作是言諸上座亦不次第何

故呵我我等諸比丘三呵不受故來白世尊唯願世尊為除非法哀愍故佛告諸比丘如空澤中有大湖水有大龍象而居其中拔諸藕根洗去泥土然後食之食已身體肥悅多力多樂以是因緣常喜樂住有異種族象形體羸小効彼龍象拔其藕根洗不能淨合泥土食食之不消體不肥悅轉轉羸弱緣斯致死或同死苦如是宿德比丘學道日久不樂嬉戲久修梵行大師所歎諸餘明智修梵行者亦復加歎是等比丘依止城邑聚落晨朝著衣持鉢入城乞食善護身口善攝諸根專心繫念能令彼人不信者信信者不異若得財利衣被飲食床卧湯藥不染不著不貪不嗜不迷不逐見其過患見其出離然復食之食已身心悅澤得色得力以是因緣常得安樂彼年少比丘出家未久未閑法律依諸長老依止聚落著衣持鉢入村乞食不善護身不守根門不專繫念不能令彼不信者信信者不變若得財利衣被飲食卧具湯藥染

著貪逐不見過患不見出離以嗜欲心食不能令身悅澤安隱快樂緣斯食故轉向於死或同死苦所言死者謂捨戒還俗失正法正律同死苦者謂犯正法律不識罪相不知除罪尒時世尊即說偈言

龍象拔藕根　水洗而食之　異族象效彼
合泥而取食　因雜泥食故　羸病遂至死

佛說此經已諸比丘聞佛所說歡喜奉行

如是我聞一時佛住王舍城寒林中丘塚間尒時世尊告諸比丘壽命甚促轉就後世應勤習善法修諸梵行無有生而不死者而世間人不勤方便專修善法修賢修義時魔波旬作是念沙門瞿曇住王舍城寒林中丘塚間為諸聲聞如是說法人命甚促乃至不修賢修義我今當往為作嬈乱時魔波旬化作年少往住佛前而說偈言

常逼迫衆生　得人間長壽　迷醉放逸心
亦不向死處

尒時世尊作是念此是惡魔來作惱

乱即說偈言

常逼迫衆生　受生極短壽　當勤修精進
猶如救頭然　勿得須臾懈　令死魔忽至
知汝是惡魔　速於此滅去

天魔波旬作是念沙門瞿曇已知我心懷愧憂慼即沒不現

如是我聞一時佛住王舍城寒林中丘塚間尒時世尊告諸比丘一切行無常一切行不恒不安非穌息變易之法乃至當止一切有為行猒離不樂解脫時魔波旬作是念今沙門瞿曇住王舍城寒林中為諸聲聞說如是法一切行無常不恒非穌息變易之法乃至當止一切有為猒離不樂解脫我當往彼為作嬈乱即化作年少往詣佛所住於佛前而說偈言

壽命日夜流　無有窮盡時　壽命當來去
猶如車輪轉

尒時世尊作是念此是惡魔欲作嬈乱即說偈言

日夜常遷流　壽亦隨損減　人命漸消亡
猶如小河水　我知汝惡魔　便自消滅去

時魔波旬作是念沙門瞿曇已知我

心懷愧憂慼即沒不現

如是我聞一時佛住王舍城迦蘭陁竹園尒時世尊夜起經行至於後夜洗足入室斂身正坐專心繫念時魔波旬作是念今沙門瞿曇於王舍城迦蘭陁竹園夜起經行於後夜時洗足入室正身端坐繫念禪思我今當往為作嬈乱即化作年少住於佛前而說偈言

我心於空中　執長繩羂下　政欲縛沙門
不令汝得脫

尒時世尊作是念惡魔波旬欲作嬈乱即說偈言

我說於世間　五欲意第六　於彼永已離
一切苦已斷　我已離彼欲　心意識亦滅
波旬我知汝　速於此滅去

時魔波旬作是念沙門已知我心懷愧憂慼即沒不現

如是我聞一時佛住王舍城迦蘭陁竹園尒時世尊夜起經行至後夜時洗足入室右脅卧息繫念明相正念正智作起覺想時魔波旬作是念今沙門瞿曇住王舍城迦蘭陁竹園乃

至作起覺想我今當往為作留難即化作年少往住佛前而說偈言

何眠何故眠　已滅何復眠　空舍何以眠
得出復何眠

尒時世尊作是念惡魔波旬欲作嬈亂即說偈言

愛網故染著　無受誰持去　一切有餘盡
唯佛得安眠　汝惡魔波旬　於此何所說

時魔波旬作是念沙門瞿曇已知我心懷愧憂慼即沒不現

如是我聞一時佛住王舍城耆闍崛山中尒時世尊於夜闇時天小微雨電光睒現出房經行時魔波旬作是念今沙門瞿曇住王舍城耆闍崛山中中夜闇微雨電光時現出房經行我今當往為作留難執大團石兩手調捽到於佛前碎成大塵尒時世尊作是念惡魔波旬欲作嬈亂即說偈言

若耆闍崛山　於汝我令碎　於佛等解脫
不能動一毛　假令四海內　一切諸山地
放逸之親族　令其碎成塵　亦不能傾動
如來一毛髮

時魔波旬作是念沙門瞿曇已知我

心內懷憂慼即沒不現

如是我聞一時佛住王舍城耆闍崛山中尒時世尊夜起經行至後夜時洗足入房正身端坐繫念在前時魔波旬作是念今沙門瞿曇住王舍城耆闍崛山中夜起經行後夜入房正身端坐繫念在前我今當往為作留難即化作大龍遶佛身七匝舉頭臨佛頂上身如大舩頭如大帆眼如銅鑪舌如曳電出息入息若雷雹聲尒時世尊作是念惡魔波旬欲作嬈亂即說偈言

猶如空舍宅　牟尼心虛寂　於中而旋轉
佛身亦如是　無量凶惡龍　蚊蝱蠅蚤等
普集食其身　不能動毛髮　破裂於虛空
傾覆於大地　一切眾生類　悉來作恐怖
刀矛槍利箭　悉來害佛身　如是諸暴害
不能傷一毛

時魔波旬作是念沙門瞿曇已知我心內懷憂慼即沒不現

如是我聞一時佛住王舍城毗婆羅山七葉樹林石室中尒時世尊夜起露地或坐或經行至後夜時洗足入

室安身卧息右脅著地足足相累繫念明相正念正智作起覺想時魔波旬作是念沙門瞿曇住王舍城毗婆羅山七葉樹林石室中夜起露地若坐若行至後夜時洗足入室而坐右脅卧息足足相累繫念明相正念正智作起覺想我今當往為作留難化作年少往住佛前而說偈言

為因我故眠　為是後邊故　多有錢財寶
何故守空閑　獨一無等侶　而著於睡眠

尒時世尊作是念惡魔波旬欲作嬈亂即說偈言

不因汝故眠　非為最後邊　亦無多錢財
唯集無憂寶　哀愍世間故　右脅而卧息
覺亦不疑惑　眠亦不恐怖　若晝若復夜
無增亦無損　為哀眾生眠　故無有損減
政復以百槍　貫身常搖動　猶得安隱眠
已離內槍故

時魔波旬作是念沙門瞿曇已知我心內懷憂慼即沒不現

如是我聞一時佛住王舍城毗婆羅山七葉樹林石室中時有尊者瞿低迦住王舍城仙人山側黑石室中獨

一思惟不放逸行修自饒益時受意解脫身作證數數退轉一二三四五六反退還復得時受意解脫身作證尋復退轉彼尊者瞿低迦作是念我獨一靜處思惟不放逸行精勤修習以自饒益時受意解脫身作證而復數數退轉乃至六反猶復退轉我今當以刀自煞莫令第七退轉時魔波旬作是念沙門瞿曇住王舍城毗婆羅山側七棻樹林石窟中有弟子瞿低迦住王舍城仙人山側黑石室中獨一靜處專精思惟得時受意解脫身作證六反退轉而復還得彼作是念我已六反退而復還得莫令我第七退轉我寧以刀自煞莫令第七退轉若彼比丘以刀自煞者莫令自煞出我境界去我今當往告彼大師尒時波旬執琉璃柄琵琶詣世尊所鼓弦說偈

大智大方便　自在大神力　得熾然弟子
而今欲取死　大牟尼當制　勿令其自煞
何聞佛世尊　正法律聲聞　學其所不得
而取於命終

時魔說此偈已世尊說偈答言

波旬放逸種　以自事故來　堅固具足士
常住妙禪定　晝夜勤精進　不顧於性命
見三有可畏　斷除彼愛欲　已摧伏魔軍
瞿低般涅槃　波旬心憂惱　琵琶落於地
內懷憂慼已　即沒而不現

尒時世尊告諸比丘汝等當來共至仙人山側黑石室所觀瞿低迦比丘以刀自煞尒時世尊與衆多比丘往至仙人山側黑石室中見瞿低迦比丘煞身在地告諸比丘汝等見此瞿低迦比丘煞身在地不諸比丘白佛唯然已見世尊佛告比丘汝等見瞿低迦比丘周匝遶身黑闇烟起充滿四方不比丘白佛已見世尊佛告比丘此是惡魔波旬於瞿低迦善男子身周匝求其識神然比丘瞿低迦以不住心執刀自煞尒時世尊為瞿低迦比丘受第一記尒時波旬而說偈言

上下及諸方　遍求彼識神　都不見其處
瞿低何所之

尒時世尊復說偈言

如是堅固士　一切無所求　拔恩愛根本
瞿低般涅槃

佛說此經已諸比丘聞佛所說歡喜奉行

如是我聞一時佛住欝鞞羅聚落尼連禪河側於菩提樹下成佛未久時魔波旬作是念今沙門瞿曇住欝鞞羅聚落尼連禪河側於菩提樹下成佛未久我當往彼為作留難即化作年少往住佛前而說偈言

獨入一空處　禪思靜思惟　已捨國財寶
於此復何求　若求聚落利　何不習近人
既不習近人　終竟何所得

尒時世尊作是念惡魔波旬欲作嬈乱即說偈言

已得大財利　志足安寂滅　摧伏諸魔軍
不著於色欲　獨一而禪思　服食禪妙樂
是故不與人　周旋相習近

魔復說偈言

瞿曇若自知　安隱涅槃道　獨善無為樂
何為強化人

佛復說偈答言

非魔所制處　來問度彼岸　我則以正答
令彼得涅槃　時得不放逸　不隨魔自在

魔復說偈言
有石似凝膏　飛烏欲来食　竟不得其味
損嘴還歸空　我今亦如彼　徒勞歸天宮
魔說是已內懷憂感心生變悔低頭
伏地以指畫地魔有三女一名愛欲
二名愛念三名愛樂来至波旬所而
說偈言
父今何愁慼　士夫何足憂　我以愛欲繩
縛彼如調象　牽来至父前　令隨父自在
魔荅女言
彼已離恩愛　非欲所能招　已出於魔境
是故我憂愁
時魔三女身放光焰熾如雲中電来
詣佛所稽首礼足退住一面白佛言
我今歸世尊足下給侍使令尒時世
尊都不顧視知如来離諸愛欲心善
解脫如是第二第三說時三魔女自
相謂言士夫有種種隨形愛欲今當
各各變化作百種童女色作百種初
嫁色作百種未產色作百種已產色
作百種中年色作百種宿年色作此
種種形類詣沙門瞿曇所作是言今
悉歸尊足下供給使令作此議已即

作種種變化如上所說詣世尊所稽
首礼足退住一面白佛言世尊我等
今日歸尊足下供給使令尒時世尊
都不顧念如来法離諸愛欲如是再
三說已時三魔女自相謂言若未離
欲士夫見我等種種妙體心則迷乱
欲氣衝擊胷臆破裂熱血熏面然今
沙門瞿曇於我等所都不顧眄如其
如来離欲解脫得善解脫想我等今
日當復各各說偈而問復到佛前稽
首礼足退住一面愛欲天女即說偈言
獨一禪寂默　捨俗錢財寶　既捨於世利
今復何所求　若求聚落利　何不習近人
竟不習近人　終竟何所得
佛說偈荅言
已得大財利　志足安寂滅　摧伏諸魔軍
不著於色欲　是故不與人　周旋相習近
愛念天女復說偈言
多修何妙禪　而度五欲流　復以何方便
度於第六海　云何修妙禪　於諸深廣欲
得度於彼岸　不為愛所持
尒時世尊說偈荅言
身得止息樂　心得善解脫　無為無所作

正念不傾動　了知一切法　不起諸乱覺
愛恚睡眠覆　斯等皆已離　如是多修習
得度於五欲　亦於第六海　悉得度彼岸
如是修習禪　於諸深廣欲　悉得度彼岸
不為彼所持
時愛樂天女復說偈言
已斷除恩愛　淳厚積集欲　多生人淨信
得度於欲流　開發明智慧　超踰死魔境
尒時世尊說偈荅言
大方便廣度　入如来法律　斯等皆已度
慧者復何憂
時三天女志願不滿還詣其父魔波
旬所時魔波旬遙見女来說偈弄之
汝等三女子　自誇說堪能　咸放身光焰
如電雲中流　至大精進所　各現其容姿
反為其所破　如風飄其綿　欲以爪破山
齒齧破鐵丸　欲以髮藕絲　旋轉於大山
和合悉解脫　而望乱其心　若能縛風足
令月空中墮　以手抒大海　氣歔動雪山
和合悉解脫　亦可令傾動　於深巨海中
而求安足地　如来於一切　和合悉解脫
正覺大海中　求傾動亦然
時魔波旬弄三女已即沒不現

如是我聞一時佛住欝鞞羅處尼連禪河側大菩提樹下初成佛道天魔波旬作是念此沙門瞿曇在欝鞞羅住處尼連禪河側菩提樹下初成佛道我今當往為作留難即自變身作百種淨不淨色詣佛所佛遥見波旬百種淨不淨色作是念惡魔波旬作百種淨不淨色欲作嬈乱即說偈言

長夜生死中　作淨不淨色　汝何為作此
不度苦彼岸　若諸身口意　不作留難者
魔所不能教　不隨魔自在　如是知惡魔
於是自滅去

時魔波旬作是念沙門瞿曇已知我心內懷憂慼即没不現

如是我聞一時佛住欝鞞羅處尼連禪河側菩提樹下初成正覺尒時世尊獨一靜處專心禪思作如是念我今解脫苦行善哉我今善解脫苦行先脩正願今已果得無上菩提時魔波旬作是念今沙門瞿曇住欝鞞羅處尼連禪河側菩提樹下初成正覺我今當往為作留難即化作年少住於佛前而說偈言

大脩苦行處　能令得清淨　而今反棄捨
於此何所求　欲於此求淨　淨亦無由得

尒時世尊作是念此魔波旬欲作嬈乱即說偈言

知諸脩苦行　皆與無義俱　終不獲其利
如弓但有聲　戒定聞慧道　我已悉脩習
得第一清淨　其淨無有上

時魔波旬作是念沙門瞿曇已知我心內懷憂慼即没不現

如是我聞一時佛住娑羅婆羅門聚落尒時世尊晨朝著衣持鉢入婆羅聚落乞食時魔波旬作是念今沙門瞿曇晨朝著衣持鉢入婆羅聚落乞食我今當往先入其舍語諸信心婆羅門長者令沙門瞿曇空鉢而出時魔波旬隨逐佛後作是唱言沙門沙門都不得食耶尒時世尊作是念惡魔波旬欲作嬈乱即說偈言

汝新於如來　獲得無量罪　汝謂呼如來
受諸苦惱耶

時魔波旬作是言瞿曇更入聚落當令得食尒時世尊而說偈言

政使無所有　安樂而自活　如彼光音天
常以欣悅食　政使無所有　安樂而自活
常以欣悅食　不依於有身

時魔波旬作是念沙門瞿曇已知我心內懷憂慼即没不現

如是我聞一時佛住波羅㮈國仙人住處鹿野苑中尒時世尊告諸比丘我已解脫人天繩索汝等亦復解脫人天繩索汝等當行人間多所過度多所饒益安樂人天不須伴行一一而去我今亦往欝鞞羅住處人間遊行時魔波旬作是念沙門瞿曇住波羅㮈仙人住處鹿野苑中為諸聲聞如是說法我已解脫人天繩索汝等亦能汝等各別人間教化乃至我亦當至欝鞞羅住處人間遊行我今當往為作留難即化作年少住於佛前而說偈言

不脫非脫想　謂呼已解脫　為大縛所縛
我今終不放

尒時世尊作是念惡魔波旬欲作嬈乱即說偈言

我已脫一切　人天諸繩索　已知汝波旬
即自消滅去

時魔波旬作是念沙門瞿曇已知我心內懷憂慼即沒不現

如是我聞一時佛住釋氏石主釋氏聚落時石主釋氏聚落多人疫死處處人民若男若女從西方來受持三歸其諸病人若男若女若大若小皆因來者自稱名字我某甲等歸佛歸法歸比丘僧舉村舉邑皆悉如是尒時世尊勤為聲聞說法時諸信心歸三寶者斯則皆生人天道中時魔波旬作是念今沙門瞿曇住於釋氏石主釋氏聚落勤為四衆說法我今當往為作留難化作年少往住佛前而說偈言

何為勤說法　教化諸人民　相違不相違
不勉於驅馳　已有繫縛故　而為彼說法

尒時世尊作是念惡魔波旬欲作嬈乱即說偈言

汝夜叉當知　衆生群集生　諸有智慧者
孰能不哀愍　以有哀愍故　不能不教化
哀愍諸衆生　法自應如是

惡魔波旬作是念沙門瞿曇已知我心內懷憂慼即沒不現

如是我聞一時佛住釋氏石主釋氏聚落尒時世尊獨一靜處禪思惟作是念頗有作王能得不煞不教人煞一向行法不行非法耶時魔波旬作是念今沙門瞿曇住石主釋氏聚落獨一禪思作是念頗有作王不煞生不教人煞一向行法不行非法耶我今當往為其說法化作年少往住佛前作是言如是世尊如是善逝可得作王不煞生不教人煞一向行法不行非法世尊今可作王善逝今可作王必得如意尒時世尊作是念惡魔波旬欲作嬈乱而告魔言汝魔波旬何故作是言作王世尊作王善逝可得如意魔白佛言我面從佛聞作是說若四如意足修習多修習已欲令雪山王變為真金即作不異世尊今有四如意足修習多修習令雪山王變為真金如意不異是故我白世尊作王世尊作王善逝可得如意佛告波旬我都無心欲作國王云何當作我亦無心欲令雪山王變為真金何由而變尒時世尊即說偈言

政使有真金　如雪山王者　一人得此金
亦復不知足　是故智慧者　金石同一觀

時魔波旬作是念沙門瞿曇已知我心內懷憂慼即沒不現

如是我聞一時佛住釋氏石主釋氏聚落時有衆多比丘集供養堂為作衣事時魔波旬作是念今沙門瞿曇住於釋氏石主釋氏聚落衆多比丘集供養堂為作衣故我今當往為作留難化作少壯婆羅門像作大縈髮著皺皮衣手執曲杖詣供養堂於衆多比丘前黙然而住須臾語諸比丘言汝等年少出家膚白髮黑年在盛時應受五欲莊嚴自娛如何違親背族悲泣別離信於非家出家學道何為捨現世樂而求他世非時之樂諸比丘語婆羅門我不捨現世樂求他世非時之樂乃是捨非時樂就現世樂波旬復問云何捨非時樂就現世樂比丘荅言如世尊說他世樂少味多苦少利多患世尊說現世樂者離諸熾然不待時節能自通達於此觀察緣自覺知婆羅門是名現世樂時

婆羅門三反掉頭瘖瘂以杖築地即
雜阿含經卷第三十九　第十四張　川字号
沒不現
時諸比丘即生恐怖身毛皆竪此是何等婆羅門像来此作變即詣佛所稽首礼足退坐一面白佛言世尊我等衆多比丘集供養堂為作衣故有一盛壯婆羅門縈髮大髻来詣我所作是言汝等年少出家如上廣說乃至三反掉頭瘖瘂以杖築地即沒不現我等即生恐怖身毛皆竪是何婆羅門像来作此變佛告諸比丘此非婆羅門是魔波旬来至汝所欲作嬈乱汝時世尊即說偈言

凡生諸苦惱　皆由於愛欲　知世皆劒剌
何人樂於欲　覺世間有餘　皆悉為劒剌
是故黠慧者　當勤自調伏　巨積真金聚
猶如雪山王　一人受用者　意猶不知足
是故黠慧者　當猶平等觀

佛說此經已諸比丘聞佛所說歡喜奉行

如是我聞一時佛住釋氏石主釋氏聚落時有尊者善覺晨朝著衣持鉢入石主釋氏聚落乞食食已還精舍舉衣鉢洗足已持尼師壇置右肩上
雜阿含經卷第三十九　第十五張　川字号
入林中坐一樹下修晝正受作是念我得善利於正法律出家學道我得善利遭遇大師如来等正覺我得善利得在梵行持戒脩德賢善真實衆中我今當得賢善命終於當来世亦當賢善時魔波旬作是念今沙門瞿曇住石主釋氏聚落有聲聞弟子名曰善覺著衣持鉢如上廣說乃至賢善命終後世亦賢我今當往為作留難化作大身盛壯多力見者怖畏謂其力能翻發動大地至善覺比丘所善覺比丘遥見大身勇盛壯士即生恐怖從坐起詣佛所稽首礼足退住一面白佛言世尊我今晨朝著衣持鉢廣說如上乃至賢善命終後世亦賢見有大身士夫勇壯熾然力能動地見生恐怖心驚毛竪佛告善覺此非大身士夫是魔波旬欲作嬈乱汝且還去依彼樹下修前三昧動作彼魔因斯脱苦時尊者善覺即還本處至於晨朝著衣持鉢入石主釋氏聚落乞食食已還精舍如上廣說乃至賢善命終後世亦賢時魔波旬復作
雜阿含經卷第三十九　第十六張　川字号
是念此沙門瞿曇住於釋氏有弟子名曰善覺如上廣說乃至賢善命終後世亦賢我今當往為作留難復化作大身勇壯熾盛力能發地往住其前善覺比丘復遥見之即說偈言

我正信非家　而出家學道　於佛無價寶
正念繫心住　隨汝變形色　我心不傾動
覺汝為幻化　便可從此滅

時魔波旬作是念是沙門已知我心内懷憂慼即沒不現

如是我聞一時佛住波羅㮈國仙人住處鹿野苑中尒時世尊告諸比丘如来聲聞作師子吼說言已知已知不知如来聲聞於何等法已知已知故作師子吼謂苦聖諦苦集聖諦苦滅聖諦苦滅道跡聖諦時天魔波旬作是念沙門瞿曇住波羅㮈國仙人住處鹿野苑中為諸聲聞說法乃至已知四聖諦我今當往為作留難化作年少住於佛前而說偈言

何於大衆中　無畏師子吼　謂呼無有敵
堅謂伏一切

雜阿含經卷第三十九 第三十七張 収字号

尒時世尊作是念惡魔波旬欲作嬈乱即說偈言

如来於一切　甚深正法律　方便師子吼
於法無所畏　若有智慧者　何故自憂怖

時魔波旬作是念沙門瞿曇巳知我心内懷憂慼即没不現

如是我聞一時佛住王舍城多衆践蹈曠野中與五百比丘衆俱而為說法以五百鉢置於中庭尒時世尊為五百比丘說五受陰生滅之法時魔波旬作是念沙門瞿曇住王舍城多衆践蹈曠野中與五百比丘俱乃至說五受陰是生滅法我今當往為作留難化作大牛往詣佛所入彼五百鉢間諸比丘即驅莫令壞鉢尒時世尊告諸比丘此非是牛是魔波旬欲作嬈乱即說偈言

色受想行識　非我及我所　若知真實滅
於彼無所着　心無所着法　超出色結縛
了達一切處　不住魔境界

佛說此經巳諸比丘聞佛所說歡喜奉行

如是我聞一時佛住王舍城多衆践蹈曠野中與六百比丘衆俱為諸比丘說六觸入處集六觸集六觸滅時魔波旬作是念今沙門瞿曇住王舍城多衆践蹈曠野為六百比丘說六觸入處是集法是滅法我今當往為作留難化壮士大身勇威力能動地来詣佛所彼諸比丘遥見壮士身大勇威見生怖畏身毛皆竪共相謂言彼為何等形狀可畏尒時世尊告諸比丘此是惡魔欲作嬈乱尒時世尊即說偈言

雜阿含經卷第三十九 第三十八張 収字号

色聲香味觸　及第六諸法　愛念適可意
世間唯有此　此是處悪貪　能繫着凡夫
超越斯等者　是佛聖弟子　度於魔境界
如日無雲翳

時魔波旬作是念沙門瞿曇巳知我心内懷憂慼即没不現

雜阿含經卷第三十九

雜阿含經卷第三十九

校勘記

一　底本，金藏廣勝寺本。

一　一〇八頁中一一行第二字「生」，徑、清作「薰生」。第一一字「疽」，石、麗作「蛆」，下同。

一　一〇八頁下一一行第一一字「依」，石作「住」。

一　一〇八頁下末行末字「晝」，磧、普、南、徑、清作「盡」，下同。

一　一〇九頁上八行第九字「知」，石、麗作「智」。

一　一〇九頁上九行第二字「曰」，諸本作「白」。

一　一〇九頁上末行第一二字「諸」，石作「餘」。

一　一〇九頁中三行第六字「若」，資、磧、普、南、徑、清作「著」。第一三字「知」，諸本作「智」。

一　一〇九頁中一〇行第五字「入」，磧作「大」。

一〇九頁中一六行第二字「起」，諸本作「越」。

一〇九頁下一八行「色得」，磧作「多偈」。

一一〇頁上八行第六字「因」，資、磧、普、南、徑、清作「同」。

一一〇頁下一〇行第九字「羂」，資作「衒」。

一一〇頁下一五行末字「滅」，資、磧、普、南、徑、清作「然」。

一一〇頁下二一行第一二字及次頁下二行第三字、六行第一一字「相」，資、磧、普、南、徑、清作「想」。

一一一頁上七行第七字「受」，麗作「愛」。

一一一頁上一七行第八字「大」，石、麗作「微」。

一一一頁上一九行「汝我」，諸本作「我前」。

一一一頁中一三行第一四字「旋」，石作「遊」。

一一一頁中一七行第二字「舒」，諸本作「矛」。

一一一頁下一七行第九字「搖」，麗作「掘」。

一一二頁中一七行首字「身」，諸本作「身側」。

一一二頁下八行第六字「往」，徑作「住」，下同。

一一二頁下一二行第七字「竟」，磧、普、南作「意」。

一一三頁上二行第七字「焉」，徑作「烏」。

一一三頁上五行第五字「晝」，資、作「晝」。

一一三頁中三行第一〇字「令」，石作「命」。

一一三頁中一四行首字「竟」，石作「意」。

一一三頁下一九行第八字「抒」，資作「撓」。

一一四頁中六行第三字「但」，麗作「彈」。

一一四頁中一九行第二字「新」，資、磧、普、南、徑、清作「親」。

一一四頁下一〇行第六字「往」，資、磧、普、南、徑、清作「住」。

一一四頁下一八行第三字「非」，諸本作「作」。

一一五頁上五行第九字「西」，諸本作「四」。

一一五頁上一三行末字「而」，資、磧、普、南、徑、清無。

一一五頁上一六行第二字「勉」，諸本作「免」。

一一五頁中二行第一二字「思」，諸本作「思思」。

一一五頁中二二行第六字「令」，石作「念」。

一一五頁下一行第一〇字「者」，磧、普作「言」。

一一五頁下一〇行末字「髮」，資、磧、普、南、徑、清作「髻」。

一一五頁下一九行第一一字「樂」，資、磧、普、南、徑、清作「之樂」。

一一六頁上一七行第七字「人」，

資、磧、普、南、徑、清作「切」。

一　一一六頁上一八行第七字「猶」，諸本作「修」。

一　一一六頁中八行第二字「往」，資、磧、普、南、徑、清作「住」。

一　一一六頁中一二行第四字「翻」，磧、普、南、徑、清作「翻覆」。

一　一一六頁中一七行第一一字「然」，諸本作「盛」。

一　一一六頁下四行第八字「往」，磧作「此」。

一　一一六頁下七行「無價」，石、資、磧、普、南、徑、清作「諸僧」。

一　一一六頁下一八行第八字「往」，諸本作「住」。

一　一一六頁下末行第二字「謂」，諸本作「調」。

一　一一七頁上一七行首字「作」，石作「往」。

一　一一七頁上一八行末字「滅」，石、麗作「義」。

一　一一七頁中六行第四字「化」，諸本作「化作」。

一　一一七頁中七行第二字「詣」，磧作「訪」。

一　一一七頁中一七行末字「現」下，資、磧有「性空佛」三字。

雜阿含經卷第四十　川

宋天竺三藏求那跋陁羅譯

如是我聞一時佛住王舍城迦蘭陁竹園尒時世尊告諸比丘若能受持七種受者以是因緣得生天帝釋處諸天帝釋本為人時供養父母及家諸尊長和顔軟語不惡口不兩舌常真實言於慳悋世間雖在居家而不慳惜行解脫施勤施常樂行捨施會供養等施一切尒時世尊即說偈言

供養於父母　及家之尊長　柔和恭遜辞
離麁言兩舌　調伏慳悋心　常修真實語
彼三十三天　見行七法者　咸各作是言
當來生此天

佛說此經已諸比丘聞佛所說歡喜奉行

如是我聞一時佛住鞞舍離國獼猴池側重閣講堂時有離車名摩訶利來詣佛所稽首佛足退坐一面白佛言世尊見天帝釋不佛荅言見離車復問世尊見有鬼似帝釋形巳不佛告離車我知天帝釋亦知有鬼似天帝釋亦知彼帝釋法受持彼法緣故得生帝釋處離車帝釋本為人時供養父母乃至行平等捨尒時世尊即說偈言

供養於父母　及家之尊長　柔和恭遜辞
離麁言兩舌　調伏慳悋心　常修真實語
彼三十三天　見行七法者　咸各作是言
當來生此天

佛說此經已摩訶利離車聞佛所說歡喜隨喜作礼而去

如是我聞一時佛住鞞舍離國獼猴池側重閣講堂時有異比丘來詣佛所稽首佛足退住一面白佛言世尊何因何緣釋提桓因名釋提桓因佛告比丘釋提桓因本為人時行於頊施沙門婆羅門貧窮困苦求生行路乞施以飲食錢財穀帛華香嚴具床卧燈明以堪能故名釋提桓因比丘復白佛言世尊何因何緣故釋提桓因復名冨蘭陁羅佛告比丘彼釋提桓因本為人時數數行施衣被飲食乃至燈明以是因緣故名冨蘭陁羅比丘復白佛言何因何緣故復名摩

伽婆佛告比丘彼釋提桓因本為人時名摩伽婆故釋提桓因即以本名復名娑婆婆佛告比丘彼釋提桓因本為人時數以婆詵私衣布施供養以是因緣故釋提桓因名娑婆婆比丘復白佛言世尊何因何緣釋提桓因復名憍尸迦佛告比丘彼釋提桓因本為人時為憍尸族姓人以是因緣故彼釋提桓因復名憍尸迦比丘問佛言世尊何因何緣彼釋提桓因名舍脂鉢低佛告比丘彼阿脩羅女名曰舍脂為天帝釋第一天后是故帝釋名舍脂鉢低比丘白佛言世尊何因何緣釋提桓因復名千眼佛告比丘彼釋提桓因本為人時聰明智慧於一坐閒思千種義觀察稱量以是因緣彼天帝釋復名千眼比丘白佛何因何緣彼釋提桓因復名因提利佛告比丘彼天帝釋於諸三十三天為王為主以是因緣故彼天帝釋名因提利佛告比丘然彼釋提桓因本為人時受持七種受以是因緣得天帝釋何等為七釋提桓因本為人時供養父母乃至等行惠施是為七種受以是因緣為天帝釋尒時世尊即說偈言如上應說佛說此經已諸比丘聞佛所說歡喜奉行

如是我聞一時佛住鞞舍離國獼猴池側重閣講堂尒時世尊告諸比丘過去世時有一夜叉鬼醜陋惡色在帝釋空座上坐三十三天見此鬼醜陋惡色在帝釋空座上坐見已咸各瞋恚諸天如是極瞋恚已彼鬼如是如是隨瞋恚漸漸端正時三十三天往詣天帝釋白帝釋言憍尸迦當知有一異鬼醜陋惡色在天王空座上坐我等諸天見彼鬼醜陋惡色坐空天王座極生瞋恚隨彼諸天瞋恚彼鬼隨漸端正釋提桓因告諸三十三天彼是瞋恚對治鬼尒時天帝釋自往彼鬼所整衣服偏袒右肩合掌三稱名字而言仁者我是釋提桓因隨釋提桓因如是恭敬下意彼鬼如是如是隨漸醜陋即復不現時釋提桓因自坐已而說偈言

人當莫瞋恚　見瞋莫瞋報　於惡苦生惡
當破壞憍慢　不瞋亦不害　名住賢聖衆
惡罪起瞋恚　堅住如石山　盛瞋恚能持
如制逸馬車　我說善御士　非謂執繩者

佛告諸比丘釋提桓因於三十三天為自在王歎說不瞋汝等如是正信非家出家學道亦應讚歎不瞋當如是學佛說此經已諸比丘聞佛所說歡喜奉行

如是我聞一時佛住舍衛國祇樹給孤獨園尒時世尊晨朝著衣持鉢入舍衛城乞食乞食已還精舍舉衣鉢洗足已持尼師壇著右肩上至安陁林布尼師壇坐一樹下入晝正受尒時祇桓中有兩比丘諍起一人罵詈一人默然其罵詈者即便改悔懺謝於彼而彼比丘不受其懺以不受懺故時精舍中衆多比丘共相勸諫高聲閙乱尒時世尊以淨天耳過於人耳聞祇桓中高聲閙乱聞已從禪覺還精舍於大衆前敷座而坐告諸比丘我今晨朝乞食還至安陁林坐禪入晝正受聞精舍中高聲大聲紛紜

閙乱竟為是誰比丘白佛此精舍中
有二比丘諍起一比丘罵一者默然
時罵比丘尋向悔謝而彼不受緣不
受故多人勸諫故致大聲高聲閙乱
佛告比丘去何比丘愚癡之人人向
悔謝不受其懺若人懺而不受者是
愚癡人長夜當得不饒益苦諸比丘
過去世時釋提桓因有三十三天共
諍說偈教誡言
於他無害心　瞋亦不纏結　懐恨不經久
於瞋以不住　雖復瞋恚盛　不發於麁言
不求彼闕節　揚人之虚短　常當自防護
以義内省察　不怒亦不害　常與賢聖俱
若與惡人俱　剛強猶山石　盛恚能自持
如制逸馬車　我說為善御　非謂執繩者
佛告諸比丘釋提桓因於三十三天
為自在王常行忍辱亦復讚歎行忍
者汝等比丘正信非家出家學道當
行忍辱讚歎忍者應當學佛說此經
已諸比丘聞佛所說歡喜奉行
如是我聞一時佛住舍衛國祇樹給
孤獨園尒時世尊告諸比丘過去世
時天阿脩羅對陣欲戰釋提桓因語

毗摩質多羅阿脩羅王莫得各各共
相煞害但當論議理屈者伏毗摩質
多羅阿脩羅王言設共論議誰當證
知理之通塞天帝釋言諸天衆中自
有智慧明記識者阿脩羅衆亦復自
有明記識者毗摩質多羅阿脩羅言
可尒釋提桓因言汝等可先立論然
後我當隨後立論則不為難時毗摩
質多羅阿脩羅王即說偈立論言
我若行忍者　於事則有闕　愚癡者當言
怖畏故行忍
釋提桓因說偈荅言
正使愚癡者　言恐怖故忍　及其不言者
於理何所傷　但自觀其義　亦觀於他義　彼我悉獲安　斯忍為最上
毗摩質多羅阿脩羅復說偈言
若不制愚癡　愚癡則傷人　猶如兇惡牛
捨走逐觸人　執杖而強制　怖畏則調伏
是故堅持杖　折伏彼愚夫
帝釋復說偈言
我常觀察彼　制彼愚夫者　愚者瞋恚盛
智以靜默伏　不瞋亦不害　常與賢聖俱
惡罪起瞋恚　堅住如石山　盛瞋恚能持
如制逸馬車　我說善御士　非謂執繩者

尒時天衆中有天智慧者阿脩羅衆
中有阿脩羅智慧者於此偈思惟稱
量觀察作是念毗摩質多羅阿脩羅
所說偈終竟長夜起於闘訟戰諍當
知毗摩質多羅阿脩羅王教人長夜
闘訟戰諍釋提桓因所說偈長夜終
竟息於闘訟戰諍當知天帝釋長夜
教人息於闘訟戰諍當知帝釋善論
得勝佛告諸比丘釋提桓因以善論
議伏阿脩羅諸比丘釋提桓因於三
十三天為自在王立於善論讚歎善
論汝比丘亦應如是正信非家出家
學道亦當善論讚歎善論應當學
佛說此經已諸比丘聞佛所說歡喜
奉行
如是我聞一時佛住舍衛國祇樹給
孤獨園尒時世尊告諸比丘過去世
時有天帝釋天阿脩羅對陣欲戰釋
提桓因語三十三天衆言今日諸天
與阿脩羅軍戰諸天得勝阿脩羅不
如者當生擒毗摩質多羅阿脩羅王
以五繫縛將還天宮毗摩質多羅阿
脩羅王告阿脩羅衆今日諸天阿脩

羅共戰若阿脩羅勝諸天不如者當
生擒釋提桓因以五繫縛將還阿脩
羅宮當其戰時諸天得勝阿脩羅不
如時彼諸天捉得毗摩質多羅阿脩
羅王以五繫縛將還天宮縛在帝釋
斷法殿前門下帝釋從此門入出之
時毗摩質多羅阿脩羅縛在門側瞋
恚罵詈時帝釋御者見阿脩羅王身
被五縛在於門側帝釋出入之時輙
瞋恚罵詈見已即便說偈白帝釋言
釋今為畏彼　為力不足耶　能忍阿脩羅
面前而罵辱
釋即荅言
不以畏故忍　亦非力不足　何有黠慧人
而與愚夫對
御者復白言
若但行忍者　於事則有闕　愚癡者當言
畏怖故行忍　是故當苦治　以智制愚癡
帝釋荅言
我常觀察彼　制彼愚夫者　見愚者瞋盛
智以靜默伏　非力而為力　是彼愚癡力
愚癡違遠法　於道則無有　若使有大力
能忍於劣者　是則為上忍　無力何有忍

於他極罵辱　大力者能忍　是則為上忍
無力何所忍　於己及他人　善護大恐怖
知彼瞋恚盛　還自守靜默　於二義俱偹
自利亦利他　知彼瞋恚盛　還自守靜默
於二義俱偹　自利亦利他　謂言愚夫者
以不見法故　愚夫謂勝忍　重增其惡口
未知忍彼罵　於彼常得勝　於勝已行忍
是名恐怖忍　於等者行忍　是名忍諍忍
於劣者行忍　是則為上忍
佛告諸比丘釋提桓因於三十三天
為自在王常行忍辱讚歎於忍汝等
比丘正信非家出家學道亦應如是
行忍讚歎於忍應當學佛說經已諸
比丘聞佛所說歡喜奉行
如是我聞一時佛住舍衛國祇樹給
孤獨園尒時世尊告諸比丘過去世
時釋提桓因欲入園觀時勑其御者
令嚴駕千馬之車詣於園觀御者奉
勑即嚴駕千馬之車往白帝釋唯俱
尸迦嚴駕以竟唯王知時天帝釋即
下常勝殿東向合掌礼佛尒時御者
見即心驚毛竪馬鞭落地時天帝釋
見御者心驚毛竪馬鞭落地即說

偈言
汝見何憂怖　馬鞭落於地
御者說偈白帝釋言
見王天帝釋　為舍脂之夫　所以生恐怖
馬鞭落地者　常見天帝釋　一切諸大地
人天大小王　及四護世主　三十三天衆
悉皆恭敬礼　何處更有尊　尊於帝釋者
而今正東向　合掌脩敬礼
尒時帝釋說偈荅言
我實於一切　世間大小王　及四護世王
三十三天衆　㝡為甚尊王　故悉來恭敬
而復有世間　隨順等正覺　名号滿大師
故我稽首礼
御者復白言
是必世間勝　故使天王釋　恭敬而合掌
東向稽首礼　我今亦當礼　天王所礼者
時天帝釋舍脂之夫說如是偈礼佛
已乘千馬車往詣園觀佛告諸比丘
彼天帝釋於三十三天為自在王尚
恭敬佛亦復讚歎恭敬於佛汝等比
丘正信非家出家學道亦應如是恭
敬於佛亦當讚歎恭敬佛者應當學
佛說此經已諸比丘聞佛所說歡喜

奉行

如是我聞一時佛住舍衛國祇樹給孤獨園廣說如上差別者尒時帝釋下常勝殿合掌東向敬礼尊法乃至佛說此經已諸比丘聞佛所說歡喜奉行

如是我聞一時佛住舍衛國祇樹給孤獨園如上廣說差別者尒時帝釋說偈荅御者言

我實為大地　世間大小王　及四護世主
三十三天衆　如是等一切　悉尊重恭敬
然復有淨戒　長夜入正受　正信而出家
究竟諸梵行　故我於彼所　尊重恭敬礼
又調伏貪恚　超越愚癡境　修學不放逸
亦恭敬礼彼　貪欲瞋恚癡　急已永不著
漏盡阿羅漢　復應敬礼彼　若復在居家
奉持於淨戒　如法脩布薩　亦復應敬礼

御者白帝釋言

是必世間勝　故天王敬礼　我亦當如是
隨天王恭敬

諸比丘彼天帝釋舍脂之夫敬礼法僧亦復讚歎礼法僧者汝等已能正信非家出家學道亦當如是敬礼法僧當復讚歎礼法僧者佛說此經已諸比丘聞佛所說歡喜奉行

如是我聞一時佛住舍衛國祇樹給孤獨園尒時世尊告諸比丘過去世時有天帝釋欲入園觀王勑御者令嚴駕千馬之車御者受教即嚴駕已還白帝釋乘已嚴駕唯王知時尒時帝釋從常勝殿来下周向諸方合掌恭敬時彼御者見天帝釋從殿来下住於中庭周向諸方合掌恭敬見已驚怖馬鞭落地而說偈言

諸方唯有人　臭穢胞胎生　神處穢死尸
飢渴常燋然　何故憍尸迦　故重於非家
為我說其義　飢渴願欲聞

時天帝釋說偈荅言

我正恭敬彼　能出非家者　自在遊諸方
不計其行止　城邑國女色　不能累其心
不畜資生具　一往無欲定　往則無所求
唯無為為樂　言則定善言　不言則寂定
諸天阿脩羅　各各共相違　人間自共諍
相違亦如是　唯有出家者　於諸諍無諍
於一切衆生　放捨於刀杖　於財離財色
不醉亦不荒　遠離一切惡　是故敬礼彼

是時御者復說偈言

天王之所敬　是必世間勝　故我從今日
當礼出家人

如是說已天帝釋敬礼諸方一切僧畢昇於馬車遊觀園林佛告比丘彼天帝釋於三十三天為自在王而常恭敬衆僧亦常讚歎恭敬僧功德汝等比丘正信非家出家學道亦當如是恭敬衆僧亦當讚歎敬僧功德佛說此經已諸比丘聞佛所說歡喜奉行

如是我聞一時佛住舍衛國祇樹給孤獨園尒時世尊告諸比丘過去世時阿脩羅王興四種兵象兵馬兵車兵步兵時三十三天欲共闘戰時天帝釋聞阿脩羅王興四種兵象兵馬兵車兵步兵来欲共戰聞已即告宿毗梨天子言阿公知不阿脩羅興四種兵象兵馬兵車兵步兵欲與三十三天共戰阿公可勑三十三天興四種兵象兵馬兵車兵步兵與彼阿脩羅共戰尒時宿毗梨天子受帝釋教還自天宮慢緩寬縱不勤方便阿脩

羅衆已出在道路帝釋聞已復告宿
毗梨天子阿公阿修羅軍已在道路
阿公可速告令起四種兵與阿修羅
戰宿毗梨天子受帝釋教已即復還
宫懈怠寬縱時阿修羅王軍已垂至
釋提桓因聞阿修羅軍已在近路復
告宿毗梨天子阿公知不阿修羅軍
已在近路阿公速告諸天起四種兵
時宿毗梨天子即説偈言

若有不起處　無為安隱樂　得如是處者
無作亦無憂　當與我是處　令我得安隱

尒時帝釋説偈荅言

若有不起處　無為安隱樂　若得是處者
無作亦無憂　汝得是處者　亦應將我去

宿毗梨天子復説偈言

若處無方便　不起安隱樂　若得彼處者
無作亦無憂　當與我是處　令我得安隱

時天帝釋復説偈荅言

若處無方便　不起安隱樂　若人得是處
無作亦無憂　汝得是處者　亦應將我去

宿毗梨天子復説偈言

若處不放逸　不起安隱樂　若人得是處
無作亦無憂　當與我是處　令得安隱樂

時天帝釋復説偈言

若處不放逸　不起安隱樂　若人得是處
無作亦無憂　汝得是處者　亦應將我去

宿毗梨復説偈言

懶墮無所起　不知作已作　行欲恚皆會
當與我是處

時天帝釋復説偈言

懶墮無所起　得究竟安樂　汝得彼處者
亦應將我去

宿毗梨天子復説偈言

無事而得樂　無作亦無憂　若與我是處
令我得安樂

天帝釋復説偈言

若見若復聞　衆生無所作　汝得是處者
亦應將我去　汝若畏所作　不念於有為
但當速淨除　涅槃之徑路

時宿毗梨天子嚴四兵為兵馬兵車
兵步兵與阿修羅戰摧阿修羅衆諸
天得勝還歸天宮佛告諸比丘釋提
桓因與四種兵與阿修羅戰精勤得
勝諸比丘釋提桓因於三十三天為
自在王常以精勤方便亦常讚歎精
勤之德汝等比丘正信非家出家學

道當勤精進讚歎精勤佛説此經已
諸比丘聞佛所説歡喜奉行

如是我聞一時佛住舍衛國祇樹給
孤獨園尒時世尊告諸比丘過去世
時有一聚落有諸仙人於聚落邊空
閑處住止時有諸天阿修羅去聚落
不遠對陣戰鬪尒時毗摩質多羅阿
修羅王除去五飾脱去天冠却傘蓋
除劒刀屏寶拂脱革屣至彼仙人住
處入於門内周向看視不顧眄諸仙
人亦不問訊看已還出時有一仙人
還見毗摩質多羅阿修羅王除去五
飾入園看已還出見已語諸仙人言
此何等人有不調伏色不似人形非
威儀法似田舍兒非長者子除去五
飾入於園門高視觀看亦不顧眄問
訊諸仙人有一仙人荅言此是毗摩
質多羅阿修羅王除去五飾觀看而
去彼仙人言此非賢士不好不善非
賢非法除去五飾来入園門看已還
去亦不顧眄問訊諸仙人以是故當
知天衆增長阿修羅損減時釋提桓
因除去五飾入仙人住處與諸仙人

面相問訊慰勞然後還出復有仙人
見天帝釋除去五飾入於園門周遍
問訊見已問諸仙人此是何人入於
園林有調伏色有可適人色有威儀
色非田舍兒似族姓子除去五飾来
入園門周遍問訊然後還出有仙人
荅言此是天帝釋除去五飾來入園
門周遍問訊然後還去彼仙人言此
是賢士善好真實威儀法除去五飾
来入園門周遍問訊然後還去以是
當知天衆增長阿脩羅衆損減時毗
摩質多羅阿脩羅王聞仙人稱歎諸
天聞已瞋恚熾盛時彼空處仙人聞
阿脩羅王瞋恚熾盛往詣毗摩質多
羅阿脩羅王所而說偈言
仙人故来此 求乞施無畏 汝能施無畏
賜牟尼恩教
毗摩質多羅以偈荅言
於汝仙人所 無有施無畏 違背阿脩羅
習近帝釋故 於此諸無畏 當遺以恐怖
仙人復說偈言
隨行殖種子 隨類果報生 来乞於無畏
遺之以恐怖 當獲无盡畏 施畏種子故

時諸仙人於毗摩質多羅阿脩羅王
面前說呪已凌虛而逝即於是夜毗
摩質多羅阿脩羅王心驚三起眠中
聞惡聲言釋提桓因與四種兵與阿
脩羅戰驚覺恐怖慮戰必敗退走而
還阿脩羅宮時天帝釋敵退得勝已
詣彼空閑仙人住處礼諸仙人足已
退於西面諸仙人前東向而坐時東
風起有異仙人即說偈言
今此諸牟尼 出家来日久 腋下流汙臭
莫順坐風下 千眼可移坐 此臭難可堪
時天帝釋說偈荅言
種種衆香華 結以為華鬘 今之所聞香
其香復過是 寧久聞斯香 未曾生猒患
佛告諸比丘彼天帝釋於三十三天
為自在王恭敬出家人亦常讚歎出
家人亦常讚歎恭敬之德汝等比丘
正信非家出家學道常應恭敬諸梵
行者亦當讚歎恭敬之德佛說此經
已諸比丘聞佛所說歡喜奉行
如是我聞一時佛住舍衛國祇樹給
孤獨園時天帝釋晨朝来詣佛所稽
首佛足以帝釋神力身諸光明遍照

祇樹精舍時釋提桓因說偈問言
為煞於何等 而得安隱眠 為說於何等
而得無憂畏 為煞何等法 瞿曇所讚歎
尒時世尊說偈荅言
害兇惡瞋恚 而得安隱眠 害兇惡瞋恚
心得無憂畏 瞋恚為毒根 滅恬苦種子
滅彼苦種子 而得無憂畏 彼苦種滅故
賢聖所稱歎
尒時釋提桓因聞佛所說歡喜隨喜
作礼而去
如是我聞一時佛住舍衛國祇樹給
孤獨園尒時世尊告諸比丘於月八
日四大天王勑遣大臣案行世間為
何等人供養父母沙門婆羅門宗親
尊重作諸福德見今世惡畏後世罪
行施作福受持齋戒於月八日十四
日十五日及神變月受戒布薩至十
四日遣太子下觀察世間為何等人
供養父母乃至受戒布薩至十五日
四大天王自下世間觀察衆生為何
等人供養父母乃至受戒布薩諸比
丘尒時世間無有多人供養父母乃
至受戒布薩者。時四天王即往詣三

十三天集法講堂白天帝釋天王當知今諸世間無有多人供養父母乃至受戒布薩時三十三天衆聞之不喜轉相告語今世間人不賢不善不好不類無真實行不供養父母乃至不受戒布薩緣斯罪故諸天衆減阿脩羅衆當漸增廣諸比丘尒時世間若復多人供養父母乃至受戒布薩者四天王至三十三天集法講堂白天帝釋天王當知今諸世間多有人民供養父母乃至受戒布薩時三十三天心皆歡喜轉相告語今諸世間賢聖真實如法多有人民供養父母乃至受戒布薩緣斯福德阿脩羅衆減諸天衆增廣時天帝釋知諸天衆皆歡喜已即說偈言

若人月八日　十四十五日　及神變之月
受持八支齋　如我所脩行　彼亦如是脩

尒時世尊告諸比丘彼天帝釋所說偈言

若人月八日　十四十五日　及神變之月
受持八支齋　如我所脩行　彼亦如是脩

此非善說所以者何彼天帝釋自有貪恚癡患不脱生老病死憂悲惱苦故若阿羅漢比丘諸漏已盡所作已作離諸重檐斷諸有結心善解脱說此偈言

若人月八日　十四十五日　及神變之月
受持八支齋　如我所脩行　彼亦如是脩

如是說者則為善說所以者何阿羅漢比丘離貪恚癡已脱生老病死憂悲惱苦是故此偈則為善說佛說此經已諸比丘聞佛所說歡喜奉行

如是我聞一時佛住舍衛國祇樹給孤獨園尒時世尊告諸比丘過去世時毗摩質多羅阿脩羅王疾病困篤往詣釋提桓因所語釋提桓因言憍尸迦當知我今疾病困篤為我療治令得安隱釋提桓因語毗摩質多羅阿脩羅言汝當授我幻法我當療治汝病令得安隱毗摩質多羅阿脩羅語帝釋言我當還問諸阿脩羅衆聽我者當授帝釋阿脩羅幻法尒時毗摩質多羅阿脩羅即往至諸阿脩羅衆中語諸阿脩羅言諸人當知我今疾病困篤往詣釋提桓因所求彼治病彼語我言汝能授我阿脩羅幻法者當治汝病令得安隱我今當往為彼說阿脩羅幻法時有一詐為阿脩羅語毗摩質多羅阿脩羅其彼天帝釋質直好信不虛為但語彼言天王此阿脩羅幻法若學者令人墮地獄受罪無量百千歲彼天帝釋必當息意不復求學當言汝去令汝病差可得安隱時毗摩質多羅阿脩羅復往帝釋所說偈白言

千眼尊天王　阿脩羅幻術　皆是虛誑法
令人墮地獄　無量百千歲　受苦無休息

時天帝釋語毗摩質多羅阿脩羅言止止如是幻術非我所須汝且還去令汝身病寂滅休息得力安隱佛告諸比丘釋提桓因於三十三天為自在王長夜真實不幻不為賢善質直汝等比丘正信非家出家學道亦應如是不幻不為賢善質直當如是學佛說此經已諸比丘聞佛所說歡喜奉行

如是我聞一時佛住舍衛國祇樹給孤獨園尒時世尊告諸比丘時有天

帝釋及鞞盧闍那子婆稚阿修羅王
有純妙之容於晨朝時俱詣佛所稽
首佛足退坐一面時天帝釋及鞞盧
闍那子婆稚阿修羅王身諸光明普
照祇樹給孤獨園尒時鞞盧闍那阿
修羅王說偈白言

人當勤方便　必令利滿足　是利滿足已
何須復方便

時天帝釋復說偈言

若人勤方便　必令利滿足　是利滿足已
修忍無過上

說是偈已俱白佛言世尊何者善說
世尊告言汝等所說二說桓善然今
汝等復聽我說

一切衆生類　悉皆求已利　彼彼諸衆生
各自求所應　世間諸和合　及與第一義
當知世和合　則為非常法　若人勤方便
必令利滿足　是利滿足已　修忍無過上

尒時天帝釋及鞞盧闍那子婆稚阿
修羅王聞佛所說歡喜隨喜作礼而去
尒時世尊告諸比丘釋提桓因於三
十三天為自在王修行於忍讃歎於
忍汝等比丘正信非家出家學道亦
應如是修行於忍讃歎於忍佛說此
經已諸比丘聞佛所說歡喜奉行

如是我聞一時佛住舍衛國祇樹給
孤獨園尒時世尊告諸比丘過去世
時有天帝釋白佛言世尊我今受如
是戒乃至佛法住世盡其形壽有惱
我者要不反報加惱於彼時毗摩質
多羅阿修羅王聞天帝釋受如是戒
乃至佛法住世盡其形壽有惱我者
我不反報加惱於彼聞已執持利劒
逆道而來時天帝釋遥見毗摩質多
羅阿修羅王執持利劒逆道而來即
遥告言阿修羅住縛汝勿動毗摩質
多羅阿修羅王即不得動語帝釋言
汝今豈不受如是戒若佛法住世盡
其形壽有惱我者必不還報耶天帝
釋荅言我實受如是戒但汝息住受
縛阿修羅言今且放我帝釋荅言汝
若約誓不作乱者然後放汝阿修羅
言放我當如法作帝釋荅言先如法
作然後放汝時毗摩質多羅阿修羅
王即說偈言

貪欲之所趣　及瞋恚所趣　妄語之所趣
謗毀賢聖趣　我若嬈乱者　趣同彼趣趣

釋提桓因復告言放汝令去隨汝所
安尒時天帝釋令阿修羅王作約誓
已往詣佛所稽首佛足退坐一面白
佛言世尊我於佛前受如是戒乃至
佛法住世盡其形壽有惱我者我不
反報毗摩質多羅阿修羅王聞我受
戒手執利劒隨路而來我遥見已語
言阿修羅住住縛汝勿動彼阿修羅
言汝不受戒耶我即荅言我實受戒
且汝今住縛汝勿動彼即求脱我告
彼言若作約誓不作乱者當令汝脱
阿修羅言且當放我當說約誓我即
告言先說約誓然後放汝彼即說偈
作約誓言

貪欲之所趣　及瞋恚所趣　妄語之所趣
謗毀賢聖趣　我若作嬈乱　趣同彼趣趣

如是世尊我要彼阿修羅王令說約
誓為是法不彼阿修羅復為嬈乱不
佛告天帝釋善哉善哉汝要彼約誓
如法不違彼亦不復敢作嬈乱尒時
天帝釋聞佛所說歡喜隨喜作礼而去
尒時世尊告諸比丘彼天帝釋於三

十三天為自在王不為嬈乱亦常讚（雜阿含經卷第四十 第二十七張 川字号）
歎不嬈乱法汝等比丘正信非家出
家學道亦應如是行不嬈乱亦當讚
歎不擾乱法佛說此經已諸比丘聞
佛所說歡喜奉行

雜阿含經卷第四十

雜阿含經卷第四十

校勘記

一　底本，金藏廣勝寺本。
一　一二〇頁中六行首字「諸」，石、麗作「謂」。第七字「人」，磧作「四」。
一　一二〇頁中九行第一二字「捨」，石、麗作「施」。
一　一二〇頁下二二行末字「羅」，資、磧、普、南、徑、清無。
一　一二一頁上五行第九字「私」，資、磧、普、南、徑、清作「和」。
一　一二一頁中四行第七字「應」，諸本作「廣」。
一　一二一頁中一三行第五字「釋」，資、磧、普、南、徑、清作「釋所」。
一　一二一頁中一五行末字「空」，石、麗無。
一　一二一頁中一六行第九字「彼」，石作「彼彼」。
一　一二一頁中二〇行第四字「而」，石無。
一　一二一頁下一行第一三字「苦」，石作「若」；資、磧、普、南、徑、清、麗作「莫」。
一　一二一頁下三行「石山」，石作「山石」。
一　一二一頁下一四行第一一字及末行第二字「晝」，磧、普、南、徑、清作「盡」。
一　一二一頁下末行首字「入」，石、麗作「人」。
一　一二二頁上九行第四字「教」，石無。
一　一二二頁上一二行第四字「關」，磧、普、南、徑、清作「闕」；麗作「開」。
一　一二二頁中二行第七字及三行第一字、下一〇行首字「議」，徑作「義」。
一　一二二頁中八行首字「後」，石作「復」。
一　一二二頁中一四行小字共二〇字石、徑作正文；資、磧、普無。

一二二頁下一二行第二字「汝」，麗作「汝等」。

一二三頁中四行第六字至五行第一〇字「知彼瞋恚盛　還自守靜默　於二義俱備　自利亦利他」，麗無。

一二三頁中一三行第一一字「說」，資、磧、普、南、徑、清作「說此」。

一二三頁中二二行第二字「即」，石、資、磧、普、南、徑、清作「則」。

一二三頁下二行「汝見」，資、磧、普、南、徑、清作「鬼汝」。

一二三頁下一〇行末字，一一行第一〇字「王」，石、資、磧、普、南、徑、清作「主」。

一二三頁下一一行第八字「甚」，諸本作「其」。

一二三頁下一二行第一四字「大」，石、麗作「天」。

一二三頁下一八行首字「已」，資、磧、普、南、徑、清作「已來」。第三字「千」，資無。

一二四頁中一七行第九字「女」，諸本作「土」。

一二四頁中一八行末字「求」，資、磧、普、南、徑、清作「緣」。

一二四頁下七行第九字「恭」，磧、徑、清無。

一二四頁下一五行第四字「時」，資、磧、普、南、徑、清作「與」。

一二五頁上五行第一三字「垂」，石作「乘」。

一二五頁上七行末字「軍」，資、磧、普、南、徑、清無。

一二五頁上一九行「若人得是處」，石作「若得彼處者」。

一二五頁中一一行第三字「而」，麗作「亦」。

一二六頁上二〇行第六字「於」，石作「施」。

一二六頁中四行第九字「與」，資、磧、普、南、徑、清作「有」。

一二六頁中一〇行第一四字「汙」，諸本作「汗」。

一二六頁下一行末字「言」，石、麗作「佛言」。

一二六頁下二行第一〇字及五行第一〇字「眠」，磧、普、南、徑、清作「根」。

一二六頁下二行第一二字「說」，磧、普、南、徑、清作「殺」；麗作「煞」。

一二六頁下三行「何等法」，石作「於何等」。

一二六頁下六行第一〇字「根」，資、磧、普、南、徑、清作「蛇」。同行「滅恬」，石、麗作「滅彼」；資作「我恬」；磧、普、南、徑、清作「滅活」。

一二七頁上一三行第二字「聖」，資、磧、普、南、徑、清作「善」。

一二七頁上一五行第五字「增」，資、磧、普、南、徑、清無。

一二七頁中七行第三字「說」，資無；磧、普、南、徑、清作「之」。

一二七頁下一行首字「病」，石作「疾」。

一二七頁下七行第六字「千」，石

作「千年」。

—一二七頁下一一行第一四字「誑」，石作「妄」。

—一二七頁下一九行第六字「爲」，諸本作「僞」。

—一二八頁上二行第二字「純」，諸本作「絶」。

—一二八頁上六行末字「言」，諸本作「佛」。

—一二八頁上一三行第一一字「桓」，諸本作「俱」。

—一二八頁上一五行第一四字「衆」，資、磧、普作「生」。

—一二八頁中一七行第一二字「息」，資、磧、普、南、徑、清作「自」。

—一二八頁下九行「住住」，石、資、磧、普、南、徑、清作「住」。

—一二八頁下一九行第一二字「娩」，資、磧、普、南、徑、清作「擾」。

—一二八頁下二〇行第五字「釋」，資、普、徑無。

雜阿含經卷第四十一　　添

宋天竺三藏求那跋陀羅　譯

如是我聞一時佛住迦毗羅衛國尼拘律園時有衆多釋氏来詣佛所稽首礼足退坐一面尒時世尊告諸釋氏汝等諸瞿曇於法齋日及神足月受持齋戒修功德不諸釋氏白佛言世尊我等於諸齋日有時得受齋戒有時不得於神足月有時齋戒修諸功德有時不得佛告諸釋氏瞿曇汝等不獲善利汝等是高慢者煩惱人憂悲人惱苦人何故於諸齋日或得齋戒或不得於神足月或得齋戒作諸功德或不得諸瞿曇辟人求利日日增長一日一錢二日兩錢三日四錢四日八錢五日十六錢六日三十二錢如是士夫日常增長八日九日乃至一月錢財轉增廣耶長者白佛如是世尊佛告釋氏云何瞿曇如是士夫錢財轉增當得自然錢財增廣復欲令我於十年中一向喜樂心樂多住禪定寧得以不釋氏荅言不也世尊佛告釋氏若得九年八年七年六年五年四年三年二年一年喜樂心樂多住禪定以不釋氏荅言不也世尊佛告釋氏且置年歲寧得十月九月八月乃至一月喜樂心樂多住禪定以不復置一月寧得十日九日八日乃至一日一夜喜樂心樂禪定多住以不釋氏荅言不也世尊佛告釋氏我今語汝我聲聞中有直心者不諂不幻我於彼人十年教化以是因縁彼人則能百千万歲一向喜樂心樂多住禪定斯有是處復置十年若九年八年乃至一年十月九月乃至一月十日九日乃至一日一夜我教化至其明旦能令勝進晨朝教化乃至日暮能令勝進以是因縁得百千万歲一向喜樂心樂多住禪定成就二果或斯陁含果阿那含果以彼士夫先得須陁洹故釋氏白佛善哉世尊我從今日於諸齋日當修齋戒乃至八支於神足月受持齋戒隨力惠施修諸功德佛告釋氏善哉瞿曇為真實要佛說此經已時諸釋種聞

佛所說歡喜隨喜作礼而去
如是我聞一時佛住迦毗羅衛國尼拘類園中時有衆多釋氏集論議堂作如是論議時有釋氏語釋氏難提我有時得詣如來恭敬供養有時不得有時得親近供養知識比丘有時不得又復不知有諸智慧優婆塞有餘智慧優婆塞智慧優婆夷疾病困苦復云何教化教誡說法今當共往詣世尊所問如此義如世尊教當受奉行尒時難提與諸釋氏俱詣佛所稽首礼足退住一面
白佛言世尊我等諸釋氏集論議堂作如是論議有諸釋氏語我言難提我等或時見如來恭敬供養或時不見或時往見諸知識比丘親近供養或時不得如是廣說乃至如佛所教誡當受奉行我等今日請問世尊若智慧優婆塞有餘智慧優婆塞優婆夷疾病困苦云何教化教誡說法佛告難提若有智慧優婆塞當詣餘智慧優婆塞優婆夷疾病困苦者所以三種酥息處而教授之言仁者汝當

成就於佛不壞淨於法僧不壞淨以是三種酥息處而教授已當復問言汝顧戀父母不彼若有顧戀父母者當教令捨當語彼言汝顧戀父母得活者可顧戀耳既不由顧戀而得活用顧戀為彼若言不顧戀父母者當歎善隨喜當復問言汝於妻子奴僕錢財諸物有顧念不若言顧念當教令捨如捨顧戀父母法若言不顧念歎善隨喜當復問言汝於人間五欲顧念以不若言顧念當為說言人間五欲惡露不淨敗壞臭處不如天上勝妙五欲教令捨離人間五欲教令志願天上五欲若復彼言心已遠離人間五欲先已顧念天勝妙欲歎善隨喜復語彼言天上妙欲无常苦空變壞之法諸天上有身勝天五欲若言已捨顧念天欲顧念有身勝欲歎善隨喜當復教言有身之欲亦復无常變壞之法有行滅涅槃出離之樂汝當捨離有身顧念樂於涅槃寂滅之樂為上為勝彼聖弟子已能捨離有身顧念樂涅槃者歎善隨喜如是

難提彼聖弟子先後次第教誡教授令得不起涅槃猶如比丘百歲壽命解脫涅槃佛說此經已釋氏難提等聞佛所說歡喜隨喜作礼而去
如是我聞一時佛住迦毗羅衛國尼拘律園中時有釋氏名曰善提來詣佛所稽首佛足退坐一面白佛言善哉世尊我等使得善利得為世尊親屬佛告善提莫作是語我得善利得與世尊親屬故然善提所謂善利者於佛不壞淨於法僧不壞淨聖戒成就是故善提當作是學我當於佛不壞淨於法僧不壞淨聖戒成就佛說此經已釋氏善提聞佛所說歡喜隨喜作礼而去
如是我聞一時佛住迦毗羅衛國尼拘律園中尒時世尊告諸比丘若聖弟子得於佛不壞淨成就時若彼諸天先得於佛不壞淨戒成就因緣往生者皆大歡喜歎言我以得於佛不壞淨成就因緣故來生於此善趣天上彼聖弟子今得於佛不壞淨成就以是因緣亦當復來生此善趣天中

於法僧不壞淨聖戒成就亦如是說
佛說此經已諸比丘聞佛所說歡喜

奉行

如是我聞一時佛住舍衛國祇樹給孤獨園介時世尊告諸比丘有四種須陁洹道分親近善男子聽正法內正思惟法次法向佛說此經已諸比丘聞佛所說歡喜奉行

如是我聞一時佛住舍衛國祇樹給孤獨園介時世尊告諸比丘有四須陁洹分何等為四謂於佛不壞淨於法僧不壞淨聖戒成就是名須陁洹分佛說此經已諸比丘聞佛所說歡喜奉行

如是我聞一時佛住舍衛國祇樹給孤獨園介時世尊告諸比丘若有成就四法者當知是須陁洹何等為四謂於佛不壞淨於法僧不壞淨聖戒成就是名四法成就者當知是須陁洹佛說此經已諸比丘聞佛所說歡喜奉行

如不分別說如是分別比丘比丘尼式叉摩尼沙弥沙弥尼優婆塞優婆夷成就四法者當知是須陁洹一一

經如上說

如是我聞一時佛住舍衛國祇樹給孤獨園介時世尊告諸比丘有四沙門果何等為四謂須陁洹果斯陁含果阿那含果阿羅漢果佛說此經已諸比丘聞佛所說歡喜奉行

如是我聞一時佛住舍衛國祇樹給孤獨園介時世尊告諸比丘有四沙門果何等為四謂須陁洹果斯陁含果阿那含果阿羅漢果何等為須陁洹果謂三結斷是名須陁洹果何等為斯陁含果謂三結斷貪恚癡薄是名斯陁含果何等為阿那含果謂五下分結斷是名阿那含果何等為羅漢果若彼貪欲永盡瞋恚永盡愚癡永盡一切煩惱永盡是名阿羅漢果佛說此經已諸比丘聞佛所說歡喜奉行

如是我聞一時佛住舍衛國祇樹給孤獨園介時世尊告諸比丘若於彼處有比丘經行於彼處四沙門果中得一一果者彼比丘盡其形壽常念彼處佛說此經已諸比丘聞佛所說歡

喜奉行

如經行處如是住處坐處卧處亦如是說如是比丘如是比丘尼式叉摩尼沙弥沙弥尼優婆塞優婆夷一一四經如上說

如是我聞一時佛住舍衛國祇樹給孤獨園介時世尊告諸比丘如四食於四大衆生安立饒益攝受何等為四謂揣食觸食意思食識食如是四種福德潤澤善法潤澤安樂食何等為四謂於佛不壞淨成就福德潤澤善法潤澤安樂食法僧不壞淨聖戒成就福德潤澤善法潤澤安樂食佛說此經已諸比丘聞佛所說歡喜奉行

如是我聞一時佛住舍衛國祇樹給孤獨園介時世尊告諸比丘如上說差別者於佛不壞淨成就福德潤澤善法潤澤安樂食於法不壞淨於諸聞法可意愛念聖戒成就福德潤澤善法潤澤安樂食佛說此經已諸比丘聞佛所說歡喜奉行

如是我聞一時佛住舍衛國祇樹給孤獨園尒時世尊告諸比丘如上說差別者於佛不壞淨成就者福德潤澤善法潤澤安樂食若法若慳垢纏衆生所心離慳垢衆多住行解脫施常施樂於捨等心行施聖戒成就福德潤澤善法潤澤安樂食佛說此經已諸比丘聞佛所說歡喜奉行

如是我聞一時佛住舍衛國祇樹給孤獨園尒時世尊告諸比丘如上說差別者如是四種福德潤澤善法潤澤安樂食彼聖弟子功德果報不可稱量尒所福尒所果報然彼多福墮大功德積聚數如前五阿辟經說乃至說偈佛說此經已諸比丘聞佛所說歡喜奉行

如是我聞一時佛住舍衛國祇樹給孤獨園尒時有四十天子極妙之色夜過晨朝来詣佛所稽首礼足退坐一面尒時世尊告諸天子善哉善哉諸天子汝等成就於佛不壞淨於法僧不壞淨聖戒成就時天子從座起整衣服稽首佛足合掌白佛言世尊

我成就於佛不壞淨緣此功德身壞命終今生天上一天子白佛言世尊我於法不壞淨成就緣此功德身壞命終今生天上一天子白佛言世尊我於僧不壞淨成就緣此功德身壞命終今生天上一天子白佛言世尊我於聖戒成就緣此功德身壞命終今生天上時四十天子各於佛前自記說須陁洹果已即沒不現如四十天子如是四百天子八百天子十千天子二十千天子三十千天子四十千天子五十千天子六十千天子七十千天子八十千天子各於佛前自記說須陁洹果已即沒不現

如是我聞一時佛住舍衛國迦蘭陁竹園尒時世尊告諸比丘當如月辟住如新學慙愧軟下攝心斂形而入他家如明目士夫臨深登峯攝心斂形難速前進如是比丘如月辟住亦如新學慙愧軟下御心斂形而入他家迦葉比丘如月辟住亦如新學慙愧軟下諸高慢御心控形而入他家如明目士夫臨深登峯御心控形正

觀而進佛告比丘於意云何比丘爲何等像類應入他家諸比丘白佛言世尊是法根法眼法依唯願廣說諸比丘聞已當受奉行佛告比丘諦聽善思當爲汝說若有比丘於他家心不縛著貪樂於他得利他作功德欣若在已不生嫉想亦不自舉亦不下人如是像類比丘應入他家

尒時世尊以手捫摸虛空告諸比丘我今此手寧著空縛空染空不比丘白佛不也世尊佛告比丘比丘之法常如是不著不縛不染心而入他家唯迦葉比丘以不著不縛不染之心而入他家於他得利及作功德欣若在已不生嫉想不自舉不下人其唯迦葉比丘應入他家尒時世尊復以手捫摸虛空告諸比丘於意云何我今此手寧著空縛空染空以不諸比丘白佛言不也世尊佛告比丘其唯迦葉比丘心常如是以不著不縛不染之心入於他家尒時世尊告諸比丘何等像類比丘應清淨說法諸比丘白佛世尊是法根法眼法依唯願

廣說諸比丘聞已當受奉行佛告比丘諦聽善思當為汝說若有比丘作如是心為人說法何等人於我起淨信心為本已當得供養衣被飲食臥具湯藥如是說者名不清淨說法若復比丘為人說法作如是念世尊顯現正法律離諸熾燃不待時節即此現身緣自覺知正向涅槃而諸衆生沉溺老病死憂悲惱苦如此衆生聞正法者以義饒益長夜安樂以是正法因緣以慈心悲心哀愍心欲令正法久住心而為人說是名清淨說法唯迦葉比丘有如是清淨心為人說法以如来正法律乃至令法久住心而為人說是故諸比丘當如是學如是說法於如来正法律乃至令法久住心為人說法佛說此經已諸比丘聞佛所說歡喜奉行

如是我聞一時佛住舍衛國祇樹給孤獨園尒時世尊告諸比丘若有比丘欲入他家作如是念彼當施我莫令不施頻施非漸施多施非少施勝施非陋施速施非緩施以如是心而

至他家若他不施乃至緩施是比丘心則屈辱以是因緣其心退沒自生障閡若復比丘欲入他家作如是念出家之人來至他家何由得施非不施頻施非漸施多施非少施勝施非陋施速施非緩施作如是念而至他家若彼不施乃至緩施是比丘心不屈辱亦不退沒不生障㝵唯迦葉比丘作如是念而入他家是故諸比丘當如是學作如是念而入他家出家之人來至他家何由得施非不施乃至速施非緩施佛說此經已諸比丘聞佛所說歡喜奉行

如是我聞一時佛住舍衛國祇樹給孤獨園尒時世尊摩訶迦葉住舍衛國東園鹿子母講堂時尊者摩訶迦葉晡時從禪覺往詣佛所稽首礼足退坐一面尒時世尊告尊者摩訶迦葉汝當為諸比丘說法教誡教授所以者何我常為諸比丘說法教誡教授汝亦應尒尊者摩訶迦葉白佛言世尊今世比丘難可教授或有比丘不忍聞說佛告摩訶迦葉汝何因緣

作如是說摩訶迦葉白佛言世尊我見有兩比丘一名槃稠是阿難弟子二名阿浮毗是摩訶目揵連弟子彼二人共諍多聞各言汝來當共論議誰所知多誰所知勝時尊者阿難住於佛後以扇扇佛語尊者摩訶迦葉言且止尊者摩訶迦葉且忍尊者迦葉此年少比丘少智惡智尊者摩訶迦葉語尊者阿難言汝且默然莫令我於僧中問汝事時尊者阿難即默然住尒時世尊告一比丘汝往至彼槃稠比丘阿浮毗比丘所作是言大師語汝時彼比丘即受教至槃稠比丘阿浮毗比丘所作是言大師語汝時槃稠比丘阿浮毗比丘荅言奉教即俱往佛所稽首礼足退住一面尒時世尊告二比丘汝等二人實共諍論各言汝来試共論議誰多誰勝耶二比丘白佛言實尒世尊佛告二比丘汝等持我所說修多羅祇夜受記伽陁優陁那尼陁那阿波陁那伊帝曰多伽闍多伽毗富羅阿浮多達摩優波提舍等法而共諍論各言汝

来試共論議誰多誰勝耶二比丘白佛不也世尊佛告二比丘汝等不以我所說修多羅乃至優波提舍而自調伏自止息自求涅槃耶二比丘白佛如是世尊佛告二比丘汝知我所說修多羅乃至優波提舍汝愚癡人應共諍論誰多誰勝耶時二比丘前礼佛足重白佛言悔過世尊悔過善逝我愚我癡不善不辯而共諍論佛告二比丘實知罪悔過愚癡不善不辯而共諍論今已自知罪自見罪知見悔過於未来世律儀戒生我今受汝悔愍故令汝善法增長終不退減所以者何若有自知罪自見罪知見悔過於未来世律儀戒生終不退減時二比丘聞佛所說歡喜隨喜作礼而去

如是我聞一時佛住舍衛國祇樹給孤獨園尒時尊者摩訶迦葉住舍衛國東園鹿子母講堂晡時從禪覺詣世尊所稽首礼足退坐一面佛告迦葉汝當教授教誡諸比丘為諸比丘說法教誡教授所以者何我常為諸

比丘說法教誡教授汝亦應尒尊者摩訶迦葉白佛言世尊今諸比丘難可為說法若說法者當有比丘不忍不喜佛告迦葉汝見何等因緣而作是說摩訶迦葉白佛言世尊若有比丘於諸善法无信敬心若聞說法彼則退沒若惡智人於諸善法無精進慙愧智慧聞說法者彼則退沒若人貪欲瞋恚睡眠掉悔疑惑身行懈怠忿恨失念不定无智聞說法者彼則退沒世尊如是比諸惡人者尚不能令心住善法况復增進當知是輩隨其日夜善法退減不能增長世尊若有士夫於諸善法信心清淨是則不退於諸善法精進慙愧智慧是則不退不貪不恚睡眠掉悔疑惑是則不退身不弊暴心不染汙不忿不恨定心正念智慧是則不退如是人者於諸善法日夜增長况復心住此人日夜常求勝進終不退減佛告迦葉如是如是於諸善法无信心者是則退減亦如迦葉次第廣說時尊者摩訶迦葉聞佛所說歡喜隨喜從座起

作礼而去

如是我聞一時佛住舍衛國祇樹給孤獨園尒時尊者摩訶迦葉住舍衛國東園鹿子母講堂晡時從禪覺来詣佛所稽首佛足退坐一面尒時世尊告摩訶迦葉汝當為諸比丘說法教誡教授所以者何我常為諸比丘說法教誡教授汝亦應尒尊者摩訶迦葉白佛言世尊今諸比丘難可為說法教誡教授有諸比丘聞所說法不忍不善佛告摩訶迦葉汝何因緣作如是說摩訶迦葉白佛言世尊是法根法眼法依唯願世尊為諸比丘說法諸比丘聞已當受奉行佛告迦葉諦聽善思當為汝說佛告迦葉昔日阿練若比丘於阿練若比丘所歎說阿練若法於乞食比丘所說歎乞食功德於糞掃衣比丘所歎說糞掃衣功德若少欲知足修行遠離精勤方便正念正定智慧漏盡身作證比丘所隨其所行讚歎稱說迦葉若於阿練若所歎說阿練若法乃至漏盡比丘所歎說漏盡身作證若見其人

恚共語言隨宜慰勞善来者汝名何等為誰弟子讓座令坐歎其賢善如其法象類有沙門義有沙門欲如是讃嘆時若彼同住同遊者則便决定隨順彼行不久亦當同其所見同其所欲佛告迦葉若是年少比丘見彼阿練若比丘来讃歎阿練若法乃至漏盡身作證彼年少比丘應起出迎恭敬礼拜問訊乃至彼同住者不久當得自義饒益如是恭敬者長夜當得安樂饒益佛告迦葉今日比丘見彼来者知見大德能感財利衣被飲食牀卧湯藥者與共言語恭敬問訊歎言善来何某名字為誰弟子歎其福德能感大利於彼飲食卧具湯藥若與尊者相習近者亦當豊足衣被飲食卧具湯藥若復年少比丘見彼来者大智大德能感財利衣被飲食卧具湯藥者疾起出迎恭敬問訊歎言善来大智大德能感大利衣被飲食卧具湯藥迦葉如是年少比丘長夜當得非義不饒益苦如是迦葉斯等比丘為沙門患為梵行溺為大映障

惡不善法煩惱之患重受諸有熾燃生死未来苦報生老病死憂悲苦惱是故迦葉當如是學為阿練若於阿練若所稱譽讃歎糞掃衣乞食少欲知足修行遠離精勤方便正念正定正智漏盡身作證者稱譽讃歎當如是學佛說此經已尊者摩訶迦葉聞佛所說歡喜隨喜作礼而去

如是我聞一時佛住舍衛國祇樹給孤獨園尒時尊者摩訶迦葉住舍衛國東園鹿子母講堂晡時從禪覺詣世尊所稽首礼足退坐一面尒時世尊告摩訶迦葉言汝今已老年耆根熟糞掃衣重我衣輕好汝今可住僧中者居士壞色輕衣迦葉白佛言世尊我已長夜習阿練若讃歎阿練若糞掃衣乞食佛告迦葉汝觀幾種義習阿練若讃歎阿練若糞掃衣乞食讃歎糞掃衣乞食法迦葉白佛言世尊我觀二種義現法得安樂住義復為未来衆生而作大明未来世衆生當如是念過去上座六神通出家日久梵行純熟為世尊所歎智慧梵行

者之所奉事彼於長夜阿練若讃歎阿練若糞掃衣乞食讃歎糞掃衣乞食法諸有聞者淨心隨喜長夜皆得安樂饒益佛告迦葉善哉善哉迦葉汝則長夜多所饒益安樂衆生哀愍世間安樂天人佛告迦葉若有毀呰頭陁法者則毀於我若有稱歎頭陁法者則稱歎我所以者何頭陁法者我所長夜稱譽讃歎是故迦葉阿練若者當稱歎阿練若糞掃衣乞食者當稱歎糞掃衣乞食法佛說此經已摩訶迦葉聞佛所說歡喜隨喜作礼而去

如是我聞一時佛住舍衛國祇樹給孤獨園尒時尊者摩訶迦葉久住舍衛國阿練若牀坐處長鬚髮著弊納衣来詣佛所尒時世尊无數大衆圍繞說法時諸比丘見摩訶迦葉從遠而来見已於尊者摩訶迦葉所起輕慢心言此何等比丘衣服麁陋无有儀容而来衣服佯佯而来尒時世尊知諸比丘心之所念告摩訶迦葉善来迦葉於此半座我今竟知誰先出

家汝耶我耶彼諸比丘心生恐怖身

毛皆豎並相謂言奇哉尊者彼尊
者摩訶迦葉大德大力大師弟子請
以半座尒時尊者摩訶迦葉合掌白
佛言世尊佛是我師我是弟子佛告
迦葉如是如是我為大師汝是弟子
汝今且坐隨其所安尊者摩訶迦葉
稽首佛足退坐一面尒時世尊復欲
驚悟諸比丘復以尊者摩訶迦葉同
已所得殊勝廣大功德為現衆故告
諸比丘我離欲悪不善法有覺有觀
初禪具足住若日若夜若日夜摩訶
迦葉亦復如我離欲悪不善法乃至
初禪具足住若日若夜若日夜我欲
第二第三第四禪具足住若日若夜
若日夜彼摩訶迦葉亦復如是乃至
第四禪具足住若日若夜若日夜我
隨所欲慈悲喜捨空入處識入處无
所有入處非想非非想入處神通境
界天耳他心智宿命智生死智漏盡
智具足住若日若夜若日夜彼迦葉
比丘亦復如是乃至盡智具足住
若日若夜若日夜尒時世尊於无量

大衆中稱歎摩訶迦葉同已廣大勝

妙功德已諸比丘聞佛所說歡喜
奉行

如是我聞一時佛住王舍城迦蘭陁
竹園尊者摩訶迦葉尊者阿難住耆
闍崛山時尊者阿難詣尊者摩訶迦
葉所語尊者摩訶迦葉言今可共出
耆闍崛山入王舍城乞食尊者摩訶
迦葉默然而許時尊者摩訶迦葉尊
者阿難著衣持鉢入王舍城乞食尊
者阿難語尊者摩訶迦葉曰時太早
可共暫過比丘尼精舍即便往過時
諸比丘尼遥見尊者摩訶迦葉尊者
阿難從遠而来疾敷牀座請令就坐
時諸比丘尼礼尊者摩訶迦葉阿難
足已退坐一面尊者摩訶迦葉為諸
比丘尼種種說法示教照喜示教照
喜已時偷羅難陁比丘尼不喜悅說
如是悪言云何阿梨摩訶迦葉於阿
梨阿難鞞提阿牟尼前為比丘尼說
法辟如販針兒於針師家賣阿梨
摩訶迦葉亦復如是於阿梨阿難鞞
提訶牟尼前為諸比丘尼說法尊者

摩訶迦葉聞偷羅難陁比丘尼心不

喜悅口說悪言聞已語尊者阿難汝
看是偷羅難陁比丘尼心不喜悅口
說悪言云何阿難我是販針兒汝是針
師於汝前賣耶尊者阿難語尊者摩
訶迦葉且止當忍此愚癡老嫗智慧
薄少不曾修習故阿難汝豈聞世尊
如来應等正覺所知見於大衆中說
月辟經教誡教授比丘當如月辟住
常如新學如是廣說為說阿難如月
辟住常如新學耶阿難答言不也尊
者摩訶迦葉阿難汝聞世尊如来應
等正覺所知所見說言比丘當如月
辟住常如新學其唯摩訶迦葉比丘
阿難答言如是尊者摩訶迦葉阿難
汝曾為世尊如来應等正覺所知所
見於無量大衆中請汝来坐耶又復
世尊以同已廣大之德稱歎汝阿難
離欲悪不善法乃至漏盡通稱歎答
言不也尊者摩訶迦葉如是阿難世
尊如来應等正覺於無量大衆中口
自說言善来摩訶迦葉請汝半座復
於大衆中以同已廣大功德離欲悪

不善法乃至漏盡通稱歎摩訶迦葉耶阿難荅言如是尊者摩訶迦葉時摩訶迦葉於比丘尼衆中師子吼已

如是我聞一時尊者摩訶迦葉尊者阿難住王舍城耆闍崛山中世尊涅槃未久時世飢饉乞食難得時尊者阿難與衆多年少比丘俱不能善攝諸根食不知量不能初夜後夜精懃禪思樂著睡眠常求世利人間遊行至南天竺有三十年少弟子捨戒還俗餘多童子時尊者阿難於南山國土遊行以少徒衆還王舍城時尊者阿難舉衣鉢洗足已至尊者摩訶迦葉所稽首礼足退坐一面時尊者摩訶迦葉問尊者阿難汝從何来徒衆尠少阿難荅言從南山國土人間遊行年少比丘三十人捨戒還俗徒衆損減又今在者多是童子尊者摩訶迦葉語阿難言有幾福利如来應等正覺所知所見聽三人已上制群食戒阿難荅言為二事故何等為二一者為貪小家二者多諸惡人以為伴黨相破壞故莫令惡人於僧中住

而受衆名映障大衆別為二部乎相嫌諍尊者迦葉語阿難言汝知此義如何於飢饉時與衆多年少弟子南山國土遊行令三十人捨戒還俗徒衆損減餘者多是童子如阿難汝徒衆消滅汝是童子不知籌量阿難荅言六何尊者摩訶迦葉我以頭髮二色猶言童子尊者摩訶迦葉言汝於飢饉世與諸年少弟子人間遊行致令三十弟子捨戒還俗其餘在者復是童子徒衆消滅不知籌量而言宿士衆壞阿難衆極壞阿難汝是童子不籌量故時偷舍比丘尼聞尊者摩訶迦葉以童子責尊者阿難毗提訶牟尼聞已不歡喜作是惡言云何阿梨摩訶迦葉本外道聞而已童子呵責阿梨阿難毗提訶牟尼令童子名流行尊者摩訶迦葉以天耳聞偷舍比丘尼心不歡喜口出惡言聞已語尊者阿難汝看是偷舍比丘尼心不歡喜口說惡語言摩訶迦葉本聞外道而責阿梨阿難毗提訶牟尼令童子名流行尊者阿難荅言且止尊者

摩訶迦葉忍之尊者摩訶迦葉此愚癡老嫗無自性智尊者摩訶迦葉語阿難言我自出家都不知有異師唯如来應等正覺我未出家時常念生老病死憂悲惱苦知在家荒務多諸煩惱出家空閑難可俗人處於非家一向鮮潔盡其形壽純一滿淨梵行清白當剃鬚髮著袈裟衣正信非家出家學道以百千金貴價之衣段段割截為僧伽梨若世間阿羅漢者聞從出家我出家已於王舍城那羅聚落中間多子塔所遇值世尊正身端坐相好奇特諸根寂靜第一息滅猶如金山我時見已作是念此是我師此是世尊此是羅漢此是等正覺我時一心合掌敬礼白佛言是我大師我是弟子佛告我言如是迦葉我是汝師汝是弟子迦葉汝今成就如是真實淨心所恭敬者不知言知不見言見實非羅漢而言羅漢非等正覺言等正覺者應當自然身碎七分迦葉我今知故言知見故言見真阿羅漢言阿羅漢真等正覺言等正覺迦葉

我今有因緣故為聲聞說法非无因緣故依非無依有神力非无神力是故迦葉若欲聞法應如是學若欲聞法以義饒益當一其心恭敬尊重專心側聽而作是念我當正觀五陰生滅六觸入處集起滅没於四念處正念樂住修七覺分八解脫身作證常念其身未甞斷絶離無慙愧於大師所及大德梵行常住慙愧如是應當學介時世尊為我說法示教照喜示教照喜已從座起去我亦隨去伺於住處我以百千價直衣割截僧伽梨四攝為座介時世尊知我至心處處下道我即敷衣以為座具請佛令坐世尊即坐以手摩衣歎言迦葉此衣輕細此衣柔軟我時白言如是世尊此衣輕細此衣柔軟唯願世尊受我此衣佛告迦葉汝當受我真掃衣我當受汝僧伽梨佛即自手授我糞掃納衣我即奉佛僧伽梨如是漸漸教授我八日之中以學法受於乞食至第九日起於無學阿難若有正問誰是世尊法子從佛口生從法化生付

以法財諸禪解脫三昧正受應荅我是是則正說辟如轉輪聖王第一長子當以灌頂住於王位受王五欲不苦方便自然而得我亦如是為佛法子從佛口生從法化生得法餘財法禪解脫三昧正受不苦方便自然而得辟如轉輪聖王寶象高七八肘一多羅葉能映障者如是我所成就六神通智則可映障若有於神通境界智證有疑惑者我悉能為分別記說天耳他心通宿命智生死智漏盡作證智通有疑惑者我悉能為分別記說令得決定尊者阿難語尊者摩訶迦葉如是如是摩訶迦葉如轉輪聖王寶象高七八肘欲以一多羅葉能映障者如是尊者摩訶迦葉六神通智則可映障若有於神通境界作證智乃至漏盡作證智有疑惑者尊者摩訶迦葉能為記說令其決定我於長夜敬信尊重尊者摩訶迦葉以有如是大德神力故尊者摩訶迦葉說是語時尊者阿難聞其所說歡喜受持

雜阿含經卷第四十一

雜阿含經卷第四十一

校勘記

一　底本，金藏廣勝寺本。

一　一三二頁中一一行「高慢」，石、麗作「憍慢」。

一　一三三頁上三行「拘類園」，石、麗作「拘律園」。

一　一三三頁中一〇行「五欲」，磧作「三欲」。

一　一三三頁下七行「退坐」，石、資、磧、普、南、徑、清作「退住」。

一　一三四頁上一二行「壞淨」，磧、普作「淨壞」。

一　一三四頁中一五行末字「羅」，諸本作「阿羅」。

一　一三五頁上一三行「尒所福」，石、麗作「得尒所福」。

一　一三五頁上一四行「五阿」，諸本作「五河」。

一　一三五頁上一九行「礼足」，資、磧、普、南、徑、清作「佛足」。

一　一三五頁中一五行「舍衛國」，資、磧、普、南、徑、清作「王舍城」。

一　一三五頁中二〇行「鎩形」，石作「控形」。

一　一三五頁下四行「佛告比丘」，石、麗作「佛告諸比丘」。

一　一三五頁下一〇行「此手」，資作「比手」。

一　一三六頁上一五行第四字「說」，資、磧、普、南、徑、清作「說法」。

一　一三六頁中一五行「世尊」，諸本作「尊者」。

一　一三六頁中二二行「今世比丘」，資、磧、普、南、徑、清作「今諸比丘」。

一　一三六頁下三行「阿浮呲」，資、磧、普、南、徑、清作「阿毗浮」。

一　一三六頁下二二行「曰多伽」，資、磧、普、南、徑、清作「目多伽」。

一　一三七頁上一〇行「實知罪」，資、磧、普、南、徑、清作「汝實知罪」。

一　一三七頁上一五行「悔過」，石、資、磧、普、南、徑、清作「懺悔」。

一　一三七頁中一一行「如是比」，資、磧、普、南、徑、清作「如是比丘」。

一　一三七頁下一一行「不善」，諸本作「不喜」。

一　一三七頁下一七行「說歎」，諸本作「歎說」。

一　一三八頁上一五行「於彼」，諸本作「衣被」。

一　一三八頁下一行「阿練若」，諸本作「習阿練若」。

一　一三八頁下一一行「稱歎」，資、磧、普、南、徑、清作「讚歎」。

一　一三八頁下一六行「阿練若牀」，南作「阿練若林」。

一　一三八頁下一六行末字「納」，徑、清作「衲」。

一　一三八頁下二一行「佯佯」，資、磧、普、南、徑、清作「彷徉」。

一　一三九頁上九行「驚悟」，諸本作「警悟」。

一　一三九頁上二二行第九字「盡」，

諸本作「漏盡」。

一 一三九頁上二二行第一一字「是」，石、麗無。

一 一三九頁中二〇行「鞞提阿」，諸本作「鞞提訶」。

一 一三九頁下六行「忍此」，資、磧、普、南、徑、清作「此忍」。

一 一三九頁下七行「豈聞」，資、磧、普、南、徑、清作「豈不聞」。

一 一三九頁下八行「所知見」，資、磧、普、南、徑、清作「所知所見」。

一 一三九頁下一三行「所知」，磧、普、南作「所見」。

一 一三九頁下一九行「稱歎」，資、磧、普、南、徑、清作「稱歎耶阿難」。

一 一四〇頁上三行末字「已」，資、磧、普、南、徑、清作「已而去」。

一 一四〇頁上九行「常求」，磧、普、南作「當求」。

一 一四〇頁上二二行第四字「貪」，諸本作「貧」。

一 一四〇頁中六行「消滅」，資、磧、普、南、徑、清作「消滅」，下同。

一 一四〇頁中九行末字「𦤶」，諸本作「致」。

一 一四〇頁中一六行第九字及二一行第一三字「聞」，資、磧、普、南、徑、清作「門」。

一 一四〇頁下七行「鮮潔」，普作「詳潔」。

一 一四〇頁下八行「剃髮」，諸本作「剃鬚髮」。

一 一四〇頁下一〇行第一三字「闇」，資、磧、普、南、徑、清作「聞」。

一 一四一頁上一一行第一三字「伺」，資、磧、普、南、徑、清、麗作「向」。

一 一四一頁上一三行「四攝」，資、普、南、徑、清作「四𢹂」。

一 一四一頁上二〇行「納衣」，磧作「細衣」。

一 一四一頁上二二行第四字「起」，資、磧、普、南、徑、清作「超」。

一 一四一頁中二行「聖王」，資、磧、普、南、徑、清作「聖主」。

一 一四一頁中三行「王位」，資、磧、普、南、徑、清作「正位」。

一 一四一頁中六行「三昧」，磧作「三時」。

雜阿含經卷第四十二　源

宋天竺三藏求那跋陁羅　譯

如是我聞一時佛住舍衛國祇樹給孤獨園時波斯匿王来詣佛所稽首佛足退坐一面白佛言世尊應施何等人佛言大王隨心所樂處波斯匿王復白佛言應施何處得大果報佛言大王此是異問所問應施何處此問則異復問施何處應得大果此問復異我今問汝隨意荅我大王辟如此國臨陣戰鬪集諸戰士而有一婆羅門子從東方来年少幼稚柔弱端政膚白髮黒不習武藝不學術策恐怖退弱不能自安不忍敵觀若刾若射无有方便不能傷彼云何大王如此士夫王當賞不王白佛言不賞世尊如是大王有剎利童子從南方来鞞舍童子從西方来首陁羅童子從北方来無有伎術皆如東方婆羅門子王當賞不王白佛言不賞世尊佛告大王此國集軍臨戰鬪時有婆羅門童子從東方来年少端政膚白髮

黒善學武藝知鬪術法勇健无畏堪戰不退安住諦觀運戈能傷能破巨敵云何大王如此戰士加重賞不王白佛言重賞世尊如是剎利童子從南方来鞞舍童子從西方来首陁羅童子從北方来年少端政善諸術藝勇健堪能告戰却敵皆如東方婆羅門子如是戰士王當賞不王白佛言重賞世尊佛言大王如是沙門婆羅門遠離五支成就五支建立福田施此田者得大福利得大果報何等為捨離五支所謂貪欲蓋瞋恚睡眠掉悔疑蓋已斷已知是名捨離五支何等為成就五支謂无學戒身成就無學定身慧身解脫身解脫知見身是名成就五支大王如是捨離五支成就五支建立福田施此田者得大果報尒時世尊復說偈言

運戈猛戰鬪　堪能勇士夫　為其戰鬪故
隨功重加賞　不賞名族胄　怯劣无勇者
忍辱修賢良　見諦建福田　賢聖律儀備
成就深妙智　族胄雖卑微　堪為施福田
衣食錢財寶　牀卧等衆具　悉應以敬施

為持淨戒故　人表林野際　穿井給行人
溪澗施橋梁　過路造房舍　戒德多聞衆
行路得止息　辟如重雲起　雷電聲振耀
普雨於壤土　百卉悉扶疎　禽獸皆歡喜
田夫並欣樂　如是淨信心　聞慧捨慳垢
錢財豐飲食　常施良福田　高唱增歡愛
如雷雨良田　功德注流澤　霑洽施主心
財富名稱流　及涅槃大果

佛說此經已波斯匿王聞佛所說歡喜隨喜作禮而去

如是我聞一時佛住舍衛國祇樹給孤獨園時波斯匿王來詣佛所稽首佛足退坐一面白佛言云何世尊為婆羅門死還生自姓婆羅門家刹利鞞舍首陀羅家耶佛言大王何得如是大王當知有四種人何等為四有一種人從冥入冥有一種人從冥入明有一種人從明入冥有一種人從明入明大王云何為一種人從冥入冥謂有人生卑姓家若生旃陀羅家魚獵家竹作家車師家及餘種種下賤工巧業家貧窮短命形體憔悴而復修行卑賤之家亦復為人下賤作使是名為冥處斯冥中復行身惡行行口惡行行意惡行以是因緣身壞命終當生惡趣墮泥梨中猶如有人從闇入闇從廁入廁以血洗血捨惡受惡從冥入冥者亦復如是是故名為從冥入冥云何名為從冥入明謂有世人生卑姓家乃至為人作諸鄙業是名為冥然其彼人於此冥中行身善行行口善行行意善行以是因緣身壞命終生於善趣受天化生辟如有人登牀跨馬從馬昇象從冥入明亦復如是是名有人從冥入明云何有人從明入冥謂有世人生富樂家若刹利大姓婆羅門大姓家長者大姓家及餘種種富樂家生多諸錢財奴婢客使廣集知識受身端政聰明黠慧是名為明於此明中行身惡行行口惡行行意惡行以是因緣身壞命終生於惡趣墮泥梨中辟如有人從高樓下乘於大象下象乘馬下馬乘轝下轝坐牀下牀墮地從地落坑從明入冥者亦復如是云何有人從明入明謂有世人生富樂家乃至形相端嚴是名為明於此明中行身善行行口善行行意善行以是因緣身壞命終生於善趣受天化生辟如有人從樓觀之樓觀如是乃至從牀至牀從明入明者亦復如是是名有人從明入明尒時世尊復說偈言

貧窮困苦者　不信增瞋恨　慳貪惡邪想
癡惑不恭敬　見沙門道士　持戒多聞者
毀呰而不譽　障他施及受　如斯等士夫
從此至他世　當墮泥梨中　從冥入於冥
若有貧窮人　信心少瞋恨　常生慙愧中
惠施離慳垢　見沙門梵志　持戒多聞者
謙虛而問訊　隨宜善供給　勸人令施與
歎施及受者　如是修善人　從此至他世
善趣上生天　從冥而入明　有富樂士夫
不信多瞋恨　慳貪疾惡想　邪惑不恭敬
見沙門梵志　毀呰而不譽　障他人施惠
亦斷受施者　如是惡士夫　從此至他世
當生苦地獄　從明入冥中　若有富士夫
信心不瞋恨　常起慙愧心　惠施離瞋妬
見沙門梵志　持戒多聞者　先奉迎問訊
隨宜給所須　勸人令供養　歎施及受者
如是等士夫　從此至他世　生三十三天

從明而入明
佛說此經已波斯匿王聞佛所說歡
喜隨喜作礼而去
如是我聞一時佛住舍衛國祇樹給
孤獨園時波斯匿王日日身蒙塵
土来詣佛所稽首佛足退坐一面佛
言大王從何所来波斯匿王白佛言
世尊　彼灌頂王法人中自在精勤
方便王領大地統理王事周行觀察
而来至此佛告大王今問大王隨意
荅我辟如有人從東方来有信有緣未
曾虛妄而白王言我東方来見一石
山極方廣大不穿不壞亦無缺壞磨
地而来一切衆生草木之類悉磨令
碎南西北方有人来有信有緣亦不
虛妄而白王言我見石山石廣高大
不斷不壞亦不缺壞磨地而来衆生
草木悉皆磨碎大王於意云何如是
像貌大恐怖事嶮悪相煞衆生運
盡人道難得當作何計王白佛言若
如是者更无餘計唯當修善於佛法
律專心方便佛告大王何故說言嶮
悪恐怖於世卒起衆生運盡人身難
得唯當行法行義行福於佛法教專
精方便何以不言灌頂王位衆人人
首堪能自在王於大地事務衆人當
須營理耶王白佛言世尊為復閑時
言灌頂王位為衆人首王於大地多
所經營以言鬪言以財鬪財以象鬪
象以車鬪車以步鬪步
當於介時無有自在若勝若伏是故
我說嶮悪恐怖卒起之時衆生運盡
人身難得無有餘計唯有行義行法
行福於佛法教專心歸依佛告大王
如是如是經常磨迮謂悪刼老病苦
磨迮衆生當作何計正當修義修法
修福修善修慈於佛法中精勤方便
介時世尊而說偈言

如有大山石　高廣無缺壞　周遍四方来
磨迮此大地　非兵馬呪術　力所能防禦
悪刼老病死　常磨迮衆生　四種大族姓
旃陁羅獦師　在家及出家　持戒犯戒者
一切皆磨迮　無能救護者　是故慧士夫
觀察自己利　建立清淨信　信佛法僧寶
身口心清淨　隨順於正法　現世名稱流
終則生天上

佛說此經已波斯匿王聞佛所說歡
喜隨喜作礼而去
如是我聞一時佛住舍衛國祇樹給
孤獨園時波斯匿王来詣佛所稽首
佛足退坐一面時有尼軋子七人闍
祇羅七人一舍羅七人身皆麁大彷
徉行住祇洹門外時波斯匿王遥見
斯等彷徉門外即從座起往至其前
合掌問訊三自稱名言我是波斯匿
王拘薩羅王介時世尊告波斯匿王
汝今何故恭敬斯等三稱姓名合掌
問訊王白佛言我作是念世間若有
阿羅漢者斯等則是佛告波斯匿王
汝今且止汝亦不知是阿羅漢非阿
羅漢不得他心智故且當親近觀其
戒行久而可知勿速自決審諦觀察
勿但終慕當用智慧不以不智經諸
苦難堪能自辯交契計挍真偽則
分見說知則久而則知非可卒識當
須思惟智慧觀察王白佛言奇哉世
尊善說斯理言久相習觀其戒行乃
至見說知明我有家人亦復出家作
斯等形相周流他國而復来還捨其

被服還受五欲是故當知世尊善應
與同止觀其戒行乃至言說知有智
慧尒時世尊而說偈言
不以見形相　知人之善惡　不應暫相見
而與同心志　有現身口密　俗心不毀攝
猶如鍮石銅　塗以真金色　內懷鄙雜心
外現聖威儀　遊行諸國土　欺誑於世人
佛說此語已波斯匿王聞佛所說歡
喜隨喜作礼而去
如是我聞一時佛住舍衛國祇樹給
孤獨園時波斯匿王為首并七國王
及諸大臣悉共集會作如是論議五
欲之中何者第一有一人言色最第
一又復有稱聲香味觸為第一者中
有人言我等人人各說第一竟无定
判當詣世尊問知此義如世尊說當
共憶持尒時波斯匿王為首與七國
王大臣眷屬来詣佛所稽首佛足退
坐一面白佛言世尊我等七王與諸
大臣如是論議五欲功德何者為勝
其中有言色勝有言聲勝有言香勝
有言味勝有言觸勝竟无决定来問
世尊竟何者勝佛告諸王各隨意適

我悉有餘說以是因緣我說五欲功
德然自有人於色適意止愛一色滿
其志願政使過上有諸勝色非其所
愛不觸不視言已所愛最為第一無
過其上如愛色者聲香味觸亦皆如
是當其所愛輙言最勝歡喜樂著雖
更有勝過其上者非其所欲不觸不
視唯我愛者最勝最妙无比無上尒
時座中有一優婆塞名曰栴檀從座
起整衣服偏袒右肩合掌白佛善說
世尊善說善逝佛告優婆塞善說栴
檀快說栴檀時栴檀優婆塞即說
偈言
央伽族姓王　服珠瓔珞鎧　摩竭衆慶集
如来出其國　名聞普流布　猶如雪山王
如淨水蓮華　清淨無瑕穢　隨日光開敷
芬香熏其國　央耆國明顯　猶如空中日
觀如来慧力　如夜然炬火　為眼為大明
来者為決疑
時諸國王歎言善說栴檀優婆塞尒
時七王脫七寶上衣奉優婆塞時彼
七王聞佛所說歡喜隨喜從座起去
尒時栴檀優婆塞知諸王去已從座

起政衣服偏袒右肩合掌白佛今七
國王遺我七領上衣唯願世尊受此
七衣以哀愍故尒時世尊為哀愍故
受其七衣栴檀優婆塞歡喜隨喜作
礼而去
如是我聞一時佛住舍衛國祇樹給
孤獨園時波斯匿王其體肥大舉體
流汗来詣佛所稽首佛足退坐一面
氣息長喘尒時世尊告波斯匿王大
王身體極肥盛大王白佛言如是世
尊患身肥大常以此身極肥大故慚
恥厭患尒時世尊即說偈言
人當自繫念　每食知節量　是則諸受薄
安消而保壽
時有一年少名欝多羅於會中坐時
波斯匿王告欝多羅汝能從世尊受
向所說偈每至食時為我誦不若能
尒者賜金錢十万亦常與食欝多羅
白王奉教當誦時波斯匿王聞佛所
說歡喜隨喜作礼而去時欝多羅知
王去已至世尊前受所說偈於王食
時食食為誦白言大王如佛世尊如
来應等正覺所知所見而說斯偈

人當自繫念　每食知節量　是則諸受薄
安消而保壽
如是波斯匿王漸至後時身體臃細
容貌端政處樓閣上向佛住處合掌
恭敬右膝著地三說是言南无敬礼
世尊如来應等正覺南無敬礼世尊
如来應等正覺與我現法利益後世
利益現法後世利益以其飯食知節
量故
如是我聞一時佛住舍衛國時有年
少阿脩羅来詣佛所於佛面前麁惡
不善語瞋罵呵責尒時世尊即言
偈言
不怒勝瞋恚　不善以善伏　惠施伏慳貪
真言壞妄語　不罵亦不虐　常住賢聖心
惡人住瞋恨　不動如石山　起瞋恚能持
勝御狂車馬　我說善御士　非彼攝繩者
時年少阿脩羅白佛言瞿曇我今悔
過如愚如癡不辯不善於瞿曇面前
訶罵毀辱如是懺悔已時阿脩羅聞
佛所說歡喜隨喜作礼而去
如是我聞一時佛住舍衛國祇樹給
孤獨園時有年少賓耆迦婆羅門来

詣佛所於世尊面前作麁惡不善語
瞋罵呵責尒時世尊告年少賓耆迦
若於一時吉星之日汝當會諸宗親
眷屬耶賓耆白佛如是瞿曇佛告賓
耆若汝宗親不受食者當如之何賓
耆白佛不受食者食還屬我佛告賓
耆汝亦如是如来面前作麁惡不善
語罵辱呵責我竟不受如此罵者應
當屬誰賓耆白佛如是瞿曇彼雖不
受且以相贈則便是與佛告賓耆如
是不名更相贈遺何得便為相與賓
耆白佛云何名為更相贈遺名為相
與云何名不受相贈遺不名相與佛
告賓耆若當如是罵則報罵瞋則報
瞋打則報打鬪則報鬪名相贈遺名
為相與若復賓耆罵不報罵瞋不報
瞋打不報打鬪不報鬪若如是者非
相贈遺不名相與賓耆白佛瞿曇我
聞古昔婆羅門長老宿重行道大師
所說如来應等正覺面前罵辱瞋恚
呵責不瞋不怒而今瞿曇有瞋恚耶
尒時世尊即說偈言
無瞋何有瞋　正命以調伏　正智心解脫

慧者無有瞋　以瞋報瞋者　是則為惡人
不以瞋報瞋　臨敵伏難伏　不瞋勝於瞋
三偈如前說
尒時年少賓耆白佛言悔過瞿曇如
愚如癡不辯不善而於沙門瞿曇面
前麁惡不善語瞋罵呵責聞佛所說
歡喜隨喜作礼而去
如是我聞一時佛住舍衛國東園鹿
子母講堂尒時世尊晡時從禪覺詣
講堂東蔭中露地經行時有健罵
婆羅豆婆遮婆羅門来詣佛所世尊
面前作麁惡不善語罵詈呵責世尊
經行彼隨世尊後行世尊經行已竟
住於一處彼婆羅門言瞿曇伏耶尒
時世尊即說偈言
勝者更增怨　伏者卧不安　勝伏二俱捨
是得安隱眠
婆羅門白言瞿曇我今悔過如愚如
癡不辯不善何於瞿曇面前作麁惡
不善語罵詈呵責時婆羅門聞佛所
說歡喜隨喜復道而去
如是我聞一時佛住舍衛國東園鹿
子母講堂世尊晨朝著衣持鉢入舍

衛城乞食時健罵婆羅豆婆遮婆羅門遥見世尊作麁惡不善語瞋罵呵責把土坌佛時有逆風還吹其土反自坌身尒時世尊即說偈言

若人無瞋恨　罵辱以加者　清淨无結垢
彼惡還歸已　猶如土坌彼　逆風還自汙

時彼婆羅門白佛言悔過瞿曇如愚如癡不善不辯何於瞿曇面前麁惡不善語瞋罵呵責時婆羅門聞佛所說歡喜隨喜復道而去

如是我聞一時佛在拘薩羅人間遊行住舍衛國祇樹給孤獨園時有婆羅門名曰違義聞沙門瞿曇從拘薩羅國人間遊行至舍衛國祇樹給孤獨園聞已作是念我當往詣沙門瞿曇所聞所說法當反其義作是念已往詣精舍至世尊所尒時世尊无量眷屬圍繞說法世尊遥見違義婆羅門來即默然住違義婆羅門白佛言瞿曇說法樂欲聞之尒時世尊即說偈言

違義婆羅門　未能解深義　內懐嫉恚心
欲為法留難　調伏違反心　諸不信樂意
息諸障导垢　則解深妙說

時違義婆羅門作是念沙門瞿曇已知我心聞佛所說歡喜隨喜從座起而去

如是我聞一時佛住舍衛國祇樹給孤獨園世尊晨朝着衣持鉢入舍衛城乞食時有不害婆羅門來詣佛所白佛言世尊我名不害為稱實不佛告婆羅門如是稱實者若身不害若口不害若心不害則為稱實尒時世尊即說偈言

若心不煞害　口意亦俱然　是則為離害
不恐怖衆生

佛說此經已不害婆羅門聞佛所說歡喜隨喜復道而去

如是我聞一時佛住王舍城迦蘭陁竹園世尊晨朝著衣持鉢入王舍城乞食次第行乞至火與婆羅門舍火與婆羅門遥見佛來即具衆美飲食滿鉢與之如是二日三日乞食復至其舍火與婆羅門遥見佛來作是念禿頭沙門何故數來貪美食耶尒時世尊知火與婆羅門心念已即說偈言

天王日日雨　田夫日夜耕　數數殖種子
是田數收穀　如人數懐妊　乳牛數懐犢
數數有求者　則能數惠施　數數惠施故
常得大名稱　數數棄死尸　數數哭悲戀
數數生數死　數數憂悲苦　數數以火燒
數數諸蟲食　若得賢聖道　不數愛諸有
亦不數生死　不數憂悲苦　不數數火燒
不數諸蟲食

時火與婆羅門聞佛說偈還得信心復以種種飲食滿鉢與之世尊不受以因說偈而施故復說偈言

因為說偈法　不應受飲食　當觀察自法
說法不受食　婆羅門當知　斯則淨命活
應以餘供養　純淨大仙人　已盡諸有漏
穢法悉已斷　供養以飲食　於其良福田
欲求福德者　則我田為良

火與婆羅門白佛今以此食應著何所佛告婆羅門我不見諸天魔梵沙門婆羅門天神世人有能食此信施令身安樂汝持是食去棄於無虫水中及少生草地時婆羅門即以此食持著无虫水中水即烟出沸聲啾啾

辟如鐵丸燒令火色擲著水中水即烟起沸聲啾啾亦復如是婆羅門持此飲食著水中水即烟出沸聲啾啾於時火與婆羅門歎言甚奇瞿曇大德大力能令此食而作神變時火與婆羅門因此飲食神變得信敬心稽首佛足退住一面白佛言世尊我今可得於正法中出家受具足修梵行不佛告婆羅門汝今可得於正法中出家受具足彼即出家已作是思惟所以族姓子剃除鬚髮著袈裟衣正信非家出家學道乃至得阿羅漢心善解脫

如是我聞一時佛住舍衛國祇樹給孤獨園時舍衛國中婆肆吒婆羅門女信佛法僧歸佛歸法歸比丘僧於佛法僧已離狐疑於苦習盡道亦離疑惑見諦得果得無間慧其夫是婆羅豆婆遮種姓婆羅門每至左右所為作時有小得失即稱南無佛向如來所住方面隨方合掌三說是言南无多陁阿伽度阿羅呵三藐三佛陁身紫金色圓光一尋方身圓滿如尼拘律樹善說妙法牟尼之尊仙人上

首是我大師時夫婆羅門聞之瞋恚不喜語其婦言為鬼著耶無有此義捨諸三明大德婆羅門而稱歎彼禿頭沙門黑闇之分世所不稱我今當往共汝大師論議足知勝如婦語夫言不見諸天魔梵沙門婆羅門諸神世人能共世尊如來應等正覺金色之身圓光一尋如尼拘律樹圓滿之身言說微妙仙人上首我之大師共論議者然今婆羅門且往自可知之時婆羅門即往詣佛面相問訊慰勞已退坐一面而說偈言

為煞於何等　而得安隱眠　為煞於何等
令心得無憂　為煞於向等　瞿曇所稱歎

尒時世尊　知婆羅門心　之所念而說偈言

煞於瞋恨者　而得安隱眠　煞於瞋恚者
而心得无憂　瞋恚為毒本　能害甘種子
能害於彼者　賢聖所稱歎　若能害彼者
其心得無憂

時婆羅豆婆遮婆羅門聞佛所說示教照喜次第說法謂說施說戒說生天法說欲味著為灾患煩惱清淨出

要遠離隨順福利清淨分別廣說譬如清淨白疊易為染色如是婆羅豆婆遮婆羅門即於座上於四聖諦得無間等所謂苦集滅道是婆羅門見法得法知法入法度諸疑惑不由他度於正法律得無所畏即從座起偏露右肩合掌白佛已度世尊已度善逝我今歸佛歸法歸比丘僧已盡其壽命為優婆塞證知我時婆羅豆婆遮婆羅門聞佛所說歡喜隨喜作礼而去

還歸自家其婦優婆夷遥見夫來見已白言已與如来應等正覺紫金色身圓光一尋如尼拘律樹圓滿之身妙說之上仙人之首大牟尼尊為我大師共論議耶其夫荅言我未嘗見諸天魔梵沙門婆羅門諸神世人有能與如來應等正覺真金色身圓光一尋如尼拘律樹圓滿之身妙說之上諸仙之首牟尼之尊汝之大師共論議也汝今與我作好法衣我持至世尊所出家學道時婦悉以鮮絜白疊令作法衣時婆羅門持衣往詣世

尊所稽首礼足退住一面白言世尊我今可得於世尊法中出家學道修梵行不佛告婆羅門汝今可得於此法律出家學道修諸梵行即出家已獨靜思惟所以善男子剃除鬚髮著袈裟衣出家學道乃至得阿羅漢心善解脫

如是我聞一時佛住舍衛國祇樹給孤獨園時有魔瞿婆羅門来詣佛所與世尊面相問訊慰勞已退坐一面白佛言瞿曇我於家中常行布施若一人来施於一人若二人三人乃至百千悉皆施與我如是施得多福不佛告婆羅門汝如是施實得大福所以者何以於家中常布施一人来乞即施一人二人三人乃至百千悉皆施與故即得大福時魔瞿婆羅門即說偈言

在家所為作　布施復大會　因此惠施故
欲求大功德　今問於牟尼　我之所應知
同梵天所見　為我分別說　云何為解脫
勝妙之善趣　云何修方便　得生於梵世
云何隨樂施　生明勝梵天

尒時世尊說偈答言

施者設大會　隨彼愛樂施　歡喜淨信心
攀緣善功德　以其所建立　求離諸過惡
遠離於貪欲　其心善解脫　修習於慈心
其功德无量　况復加至誠　廣施設大會
若於其中間　所得諸善心　正向善解脫
或餘純善趣　如是勝因緣　得生於梵世
如是之惠施　其心平等故　得生於梵世
其壽命延長

時魔瞿婆羅門聞佛所說歡喜隨喜從座起而去

如是我聞一時佛住舍衛國祇樹給孤獨園時有持金盖者舍勒導從婆羅門来詣佛所與世尊面相問訊慰勞已退坐一面而說偈言

無非婆羅門　所行為清淨　剎利修苦行
於靜亦復乖　三典婆羅門　是則為清淨
如是清淨者　不在餘衆生

尒時世尊說偈答言

不知清淨道　及諸无上淨　於餘求靜者
至竟無淨時

婆羅門白佛瞿曇說清淨道及无上清淨耶何等為清淨道何等為無上清淨佛告婆羅門正見者為清淨道

正見修習多修習斷貪欲斷瞋恚斷愚癡若婆羅門貪欲永斷瞋恚愚癡永斷一切煩惱永斷是名无上清淨正志正語正業正命正方便正念正定是名清淨道正定修習多修習已斷貪欲斷瞋恚斷愚癡若婆羅門貪欲永斷瞋恚愚癡永斷一切煩惱永斷是名无上清淨婆羅門白佛言瞿曇說清淨道无上清淨耶瞿曇世務多事今且辭還佛告婆羅門宜知是時持華盖者舍勒導從婆羅門聞佛所說歡喜隨喜從座起去

如是我聞一時佛住舍衛國祇樹給孤獨園尒時有異婆羅門来詣佛所與世尊面相問訊慰勞已退坐一面而說偈言

云何為尸羅　云何正威儀　云何為功德
云何名為業　成就何等法　羅漢婆羅門

尒時世尊說偈答言

宿命憶念智　見生天惡趣　得諸受生盡
牟尼明决定　知心善解脫　解脫一切貪
具足於三明　三明婆羅門

佛說此經已異婆羅門聞佛所說歡

喜隨喜從座起而去

如是我聞一時佛住舍衛國祇樹給孤獨園世尊晨朝著衣持鉢入舍衛城乞食尊者阿難從世尊後時有二老男女是其夫婦年耆根熟腰背如鈎諸里巷頭燒糞掃處俱蹲向火世尊見彼二老夫婦年耆愚老腰背如鈎俱蹲向火猶如老鵠欲心相視見已告尊者阿難汝見彼夫婦二人年耆愚老背僂如鈎俱蹲向火猶如老鵠欲心相視不阿難白佛如是世尊佛告阿難此二老夫婦於年少時盛壯之身勤求財物者亦可得為舍衛城中第一富長者若復剃除鬚髮著袈裟衣正信非家出家學道精勤修習者亦可得阿羅漢第一上果於第二分盛壯之身勤求財物亦可得為舍衛城中第二富者若復剃除鬚髮著袈裟衣正信非家出家學道者亦可得阿那含果證若於第三分中年之身勤求財物亦可得為舍衛城中第三富者若剃鬚髮著袈裟衣正信非家出家學道者亦可得為斯

陁含果證彼於今日年耆根熟無有錢財无有方便无所堪能不復堪能苦覓錢財亦不能得勝過人法

尒時世尊復說偈言

不行梵行故　不得年少財　思惟古昔事
眠地如曲弓　不修於梵行　不得年少財
猶如老鵠鳥　守死於空池

佛說此經已尊者阿難聞佛所說歡喜奉行

如是我聞一時佛住舍衛國祇樹給孤獨園如上說老別者唯說異偈言

老死之所壞　身及所受滅　唯有惠施福
為隨已資粮　依於善攝護　及修禪功德
隨力而行施　錢財及飲食　於群則眠覺
非為空自活

雜阿含經卷第四十二

雜阿含經卷第四十二

校勘記

一　底本，金藏廣勝寺本。

一　四五頁上四行「扶蔬」，石、磧、普、南、徑、清、麗作「扶疎」。

一　四五頁上五行「慳垢」，石作「慳妬」。

一　四五頁上六行「歡愛」，石、磧、普、南、徑、清作「勸受」。

一　四五頁上二二行「短命」，磧、普、南、徑、清作「活命」。

一　四五頁上末行第八字「家」，磧、普、南、徑、清作「業」。

一　四五頁下四行第七字「之」，石、磧、普、南、徑、清、麗作「至」。

一　四五頁下九行及一七行「不譽」，石作「不與」。

一　四五頁下一一行「慙愧中」，石、磧、普、南、徑、清、麗作「慚愧心」。

一　四五頁下一二行「慳垢」，石作「慳姤」。

一四五頁下一三行第三字「而」，磧作「面」。

一四五頁下一五行「上生天」，徑、清作「上天生」。

一四六頁上八行第三字「彼」，磧、普、南、徑、清作「從彼」。

一四六頁上一五行首字「碎」，石作「破」。

一四六頁上一五行「有人來」，麗作「亦有人來」。

一四六頁上一六行「石廣」，麗作「方廣」。

一四六頁中二行「衆人」，磧、普、南、徑、清作「爲衆」。

一四六頁中一二行「病苦」，磧、普、南、徑、清作「病死」。

一四六頁中一六行「大山石」，石、磧、普、南、徑、清、麗作「大石山」。

一四六頁中一七行「防禦」，石作「防却」。

一四六頁中一八行「族性」，石、磧、普、南、徑、清、麗作「族姓」。

一四六頁下九行「三自稱」，磧、南、徑、清作「王自稱」。

一四六頁下一七行「終慕」，磧、普、南作「絡慕」；麗作「洛莫」。

一四六頁下一九行「知則」，石、磧、普、南、徑、清、麗作「知明」。

一四六頁下一九行末字至二〇行首字「當須」，磧、普、南、徑、清作「須自」。

一四七頁上一行第一三字「善」，石、磧、普、南、徑、清、麗作「善說」。

一四七頁上八行「此語」，石、麗作「此經」。

一四七頁上一五行第一二字「竟」，磧、普、南、徑、清作「意」。

一四七頁上一六行首字「判」，磧、普、南作「刺」。同行「知此義」，石、麗作「如此義」。

一四七頁中三行「政使」，磧、普、南、徑、清、麗作「正使」。

一四七頁中四行「言已」，磧、普、南、徑、清作「言色」。

一四七頁中六行「輙言」，石作「轉言」。

一四七頁下一行「政衣服」，石、磧、普、南、徑、清、麗作「整」。

一四七頁下二一行「王食」，磧、普、南作「不食」。

一四八頁上一二行「即言」，磧、普、南、徑、清、麗作「即說」。

一四八頁上一五行「忘語」，磧、普、南、徑、清、麗作「妄語」。

一四八頁上一六行「石山」，石、麗作「山石」。

一四八頁上一七行「車馬」，石、麗作「馬車」。

一四八頁中末行第一三字「心」，石作「正」。

一四八頁下一五行「即說」，磧、普、南、徑、清作「而說」。

一四九頁上六行「土坌彼」，普作「土坌波」。

一四九頁上一二行第二字「住」，石、磧、普、南、徑、清、麗作「至」。

一四九頁中七行「不害」，磧、普、南、徑、清作「不虛」，下同。

一四九頁中一九行「飲食」，磧、普、南、徑、清作「飯食」。

一四九頁下二行「天王」，磧、普、南、徑、清作「上天」；麗作「王天」。

一四九頁下七行「愛諸有」，石、磧、普、南、徑、清、麗作「受諸有」。

一五〇頁上六行「飲食」，石、磧、普、南、徑、清、麗作「飯食」。

一五〇頁上一七行「無聞慧」，麗作「無閒慧」。

一五〇頁中一一行第八字「佛」，磧、普、南、徑、清作「佛所」。

一五〇頁中一四行「向等」，石、磧、普、南、徑、清、麗作「何等」。

一五〇頁下一七行末字「有」，磧、普、南、徑、清作「不」。

一五一頁上一五行「常布施」，磧、普、南、徑、清、麗作「常行布施」。

一五一頁中一行第八字「愛」，磧、普、南、徑、清作「受」。

一五一頁中三行「遠離」，磧作「邊離」。

一五一頁中一二行「金蓋」，磧、普、南、徑、清作「華蓋」。

一五一頁中一六行第二字及一九行第一四字「靜」，磧、普、南、徑、清作「淨」。

一五一頁下一七行「正威儀」，磧、普、徑作「三威儀」。

一五二頁上三行「世尊」，磧、普、南、徑、清作「爾時世尊」。

一五二頁上五行「男女」，磧、普作「對女」。同行「膢背」，石、麗作「僂背」；磧、普、南、徑、清作「傴背」，下同。

一五二頁上六行「諸里巷」，磧、普、南、徑、清作「詣里巷」。

一五二頁上一〇行「背僂」，石、麗作「僂背」；磧、普、南、徑、清作「背傴」。

一五二頁上一三行「盛壯」，石作「盛壮」，下同。同行「勤求」，石作「勤求」。

一五二頁上末行第一三字「爲」，磧、普、南、徑、清無。

一五二頁中一行第四字「證」與第五字「彼」之間，磧、普、南、徑、清有「若於第四分老年之身勤求財物亦可得爲舍衛城中第四富者若剃鬚髮著袈裟衣正信非家出家學道者亦可得爲須陀果證」一段經文。

一五二頁中一四行「則眠覺」，石作「財眠覺」。

一五二頁中一五行與一六行卷末經名之間，石、麗有「佛說此經已彼婆羅門聞佛所說歡喜隨喜作礼而去」一段經文。

雜阿含經卷第四十三 流

宋天竺三藏求那跋陀羅 譯

如是我聞一時佛住波羅㮈國仙人住處鹿野苑中時有衆多比丘集於講堂作如是論諸尊如世尊說波羅延徑舍弥德勒所問

若知二邊者 於中永無著 說名大丈夫
不顧於五欲 無有煩惱鏁 超出縫紩憂

諸尊此有何義云何邊云何二邊云何為中云何為縫紩云何思以智知以了了智所知了所了作苦邊脫於苦有一荅言六內入處是一邊六外入處是二邊受是其中愛為縫紩習於受者得彼彼因身漸觸增長出生於此即法以智知以了了智所知了所了作苦邊脫於苦復有說言過去世是一邊未来世是二邊現在世名為中受為縫紩習近此愛彼彼所因身漸觸增長出生乃至脫苦復有說言樂受者是一邊苦受者是二邊不苦不樂是其中愛為縫紩習近此愛彼彼所得自身漸觸增長出生乃至作苦復有說言有者是一邊集是二邊受是其中愛為縫紩如是廣說乃至脫苦復有說言身者是一邊身集是二邊愛為縫紩如是廣說乃至脫苦復有說言我等一切所說不同所謂向来種種異說要不望知云何世尊有餘之說波羅延徑舍弥德勒所問經我等應往具問世尊如世尊所說我等奉持尒時衆多比丘詣世尊所稽首礼足退坐一面白佛言世尊向諸比丘衆集於講堂作如是言於世尊所說波羅延徑舍弥德勒所問經所謂二邊乃至脫苦有人說言内六入處是說一邊外六入處是說二邊愛是其中愛為縫紩如前廣說悉不决定令日故来請問世尊具問斯義我等所說誰得其義佛告諸比丘汝等所說皆是善說我今當為汝等說有餘經我為波羅延徑舍弥德勒有餘說經謂觸是一邊觸集是二邊受是其中愛為縫紩習近愛已彼彼所得身緣觸增長出生於此法以智知以了了智所知了所了作苦邊脫於

苦佛說此經已諸比丘聞佛所說歡喜奉行

如是我聞一時尊者賔頭盧住拘睒弥國瞿師羅園時有婆蹉國王名優陁延那詣尊者賔頭盧所共相問訊問訊已退坐一面婆蹉王優陁延那白尊者賔頭盧言欲有所問寧有閑暇見荅與不尊者賔頭盧荅言大王大王且問知者當荅婆蹉王優陁延那問尊者賔頭盧何因何緣新學年少比丘於此法律出家未久極安樂住諸根欣悅顔貌清淨膚色鮮白樂靜少動任他而活野獸其心堪能盡壽脩持梵行純一清淨尊者賔頭盧荅言如佛所說如来應等正覺所知所見為比丘說汝諸比丘若見宿人當作母想見中閒者作姊妹想見幼稚者當作女想以是因緣年少比丘於此法律出家未久安隱樂住諸根敷悅顔貌清淨膚色鮮白樂靜少動任他而活野獸其心能盡壽脩持梵行純一清淨婆蹉王優陁延那語尊者賔頭盧言今諸世間貪求之心若見宿人而作母想見中年者作姊妹想見幼稚者而作女想當於尒時心亦隨起貪欲燒燃瞋恚燒燃愚癡燒燃要當更有勝因緣不尊者賔頭盧語婆蹉王優陁延那更有因緣如世尊說如来應等正覺所知所見為比丘說此身從足至頂骨幹肉塗覆以薄皮種種不淨充滿其中周遍觀察髮毛爪齒塵垢流唌皮肉白骨筋脉心肝肺脾腎腸肌生藏熟藏胞淚汗涕沫肪脂髓淡陰膿血腦汁屎溺大王此因此緣故年少比丘於此法律出家未久安隱樂住乃至純一滿淨婆蹉王優陁延那語尊者賔頭盧人心飄疾若觀不淨隨淨想現頗更有因緣令年少比丘於此法律出家未久安隱樂住乃至純一滿淨不尊者賔頭盧言大王有因有緣如世尊說如来應等正覺所知所見告諸比丘汝等應當守護根門善攝其心若眼見色時莫取色相莫取隨形好增上執持若於眼根不攝斂住則世間貪憂惡不善法則漏其心是故此等當受持眼律儀耳聲鼻香舌味身觸意法亦復如是乃至受持意律儀尒時婆蹉王優陁延那語尊者賔頭盧善哉善說法乃至受持諸根律儀尊者賔頭盧我亦如是有時不守護身不持諸根律儀不一其念入於宮中其心極生貪欲熾燃愚癡燒燃正使閑房獨處亦復三毒燒燃其心況復宮中又我有時善護其身善攝諸根專一其念入於宮中貪欲恚癡不起燒然其心於內宮中尚不燒身亦不燒心況復閑獨以是之故此因此緣能令年少比丘於此法律出家未久安隱樂住乃至純一滿淨時婆蹉王優陁延那聞尊者賔頭盧所說歡喜隨喜從坐起去

如是我聞一時佛住拘睒弥國瞿師羅園尒時世尊告諸比丘有手故知有取捨有足故知有往来有關節故知有屈伸有腹故知有飢渴如是比丘有眼故眼觸因緣生受內覺若苦若樂不苦不樂耳鼻舌身意亦復如是諸比丘若無手則不知取捨若

無足則不知徃来若無關節則不知有屈伸若无腹則不知有飢渴如是諸比丘若无眼則無眼觸因縁生受内覺若苦若樂不苦不樂耳鼻舌身意亦復如是佛說此經已諸比丘聞佛所說歡喜奉行

如是我聞一時佛住拘睒弥國瞿師羅園尒時世尊告諸比丘過去世時有河中草有龜於中住止時有野干飢行覔食遥見龜虫疾来捉取龜虫見来即便藏六野干守伺兾出頭足欲取食之久守龜虫永不出頭亦不出足野干飢乏瞋恚而去諸比丘汝等今日亦復如是知魔波旬常伺汝便兾汝眼著於色耳聞聲鼻嗅香舌甞味身覺觸意念法欲令出生染著六境是故比丘汝等今日常當執持眼律儀住執持眼根律儀住惡魔波旬不得其便隨出隨縁耳鼻舌身意亦復如是於其六根若出若縁不得其便猶如龜虫野干不得其便尒時世尊即說偈言

龜虫畏野干　藏六於殼内　比丘善攝心

密藏諸覺想　不依不怖彼　覆心勿言說

佛說此經已諸比丘聞佛所說歡喜奉行

如是我聞一時佛住拘睒弥國瞿師羅園尒時世尊告諸比丘辟如䴸麦著四衢道頭有六壮夫執杖共打須臾塵砕有第七人執杖重打諸比丘於意云何如䴸麦聚六人共打七人重打當極砕不諸比丘白佛言如是世尊佛告諸比丘如是愚癡士夫六觸入處之所搥打何等為六謂眼觸入處常所搥打耳鼻舌身意觸入處常所搥打彼愚癡士夫為六觸入處之所搥打猶復念求當来世有如第七人重打令砕比丘若言是我是則動揺言是我所是則動揺未来當有是則動揺未来當無是則動揺當復有色是則動揺當復無色是則動揺當復有想是則動揺當復无想是則動揺當復非有想非無想是則動揺動揺故病動揺故癰動揺故刾動揺故者正觀察動揺故苦者得不動揺心多修習住繫念正知如動揺如

是思量虛誑有行因愛言我是則為愛言我所是則為愛言當来有是則為愛言當来無是則為愛當有色是則為愛當無色是則為愛當有想是則為愛當無想是則為愛當非想非非想是則為愛愛故為病愛故為癰愛故為刾若善思觀察愛生苦者當多住離愛心正念正智諸比丘過去世時阿脩羅興軍與帝釋闘時天帝釋告三十三天今日諸天阿脩羅苦戰若諸天勝阿脩羅不如者當生執阿脩羅縛以五繫送還天宮阿脩羅語其衆言今阿脩羅軍與諸天戰若阿脩羅勝諸天不如者當生執帝釋縛以五繫還歸阿脩羅宮當其戰諍諸天得勝阿脩羅不如時三十三天生執毗摩質多羅阿脩羅王縛以五繫還歸天宮尒時毗摩質多羅阿脩羅王身被五繫置於正法殿上以種種天五欲樂而娛樂之毗摩質多羅阿脩羅王作是念唯阿脩羅賢善聡慧諸天雖善我今且當還歸阿脩羅宮作是念時即自見身被五繫縛諸

天五欲自然化没毗摩質多羅阿脩
羅王復作是念諸天賢善智慧明徹
阿脩羅雖善我今且當住此天宮作
是念時即自見身五縛得解諸天五
欲自然還出毗摩質多羅阿脩羅王
乃至有如是微細之縛魔波旬縛轉
細於是心動揺時魔即隨縛心不動
揺魔即隨解是故諸比丘多住不動
揺心正念正智應當學佛說此經已
諸比丘聞佛所說歡喜奉行
如是我聞一時佛住拘睒弥國瞿師
羅園尒時世尊告諸比丘若有比丘
比丘尼眼識色因縁生若欲若貪若
眠若念若决定著處於彼諸心善自
防護所以者何此等皆是恐畏之道
有鼻有難此惡人所依非善人所依
是故應自防護耳鼻舌身意亦復
如是辟如田夫有好田苗其守田者
懶墮放逸蘭牛噉食愚癡凡夫亦復
如是六觸入處乃至放逸亦復如是
若好田苗其守田者心不放逸蘭牛
不畏設復入田盡驅令出所謂若心
若意若識多聞聖弟子於五欲功德

善自攝護盡心令滅若好田苗其守
護田者不自放逸蘭牛入境左手牽
鼻右手執杖遍身捶打駈出其田諸
比丘於意云何彼牛遭苦痛已從村
至宅從宅至村復當如前過食田苗
不荅言不也世尊所以者何憶先入
田遭捶杖苦故如是比丘若心若意
若識多聞聖弟子於六觸入處極生
猒離恐怖內心安住制令一意諸比
丘過去世時有王聞未曾有好彈琴
聲極生愛樂躭緬染著問諸大臣此
何等聲甚可愛樂大臣荅言此是琴
聲語大臣取彼聲来大臣受教即往
取琴来白言大王此是琴作好聲者
王語大臣我不用琴取其先聞可愛
樂聲来大臣荅言如此之琴有衆多
種具謂有柄有槽有戾有弦有皮巧
方便人彈之得衆具因縁乃成音
聲非不得衆具而有音聲前所聞
聲久已過去轉亦盡滅不可持来尒
時大王作是念言咄何用此虛偽物
為世閒琴者是虛偽物而令世人躭
緬染著汝今持去片片析破棄於十

方大臣受教析為百分棄於處處如
是比丘若色受想思欲知此諸法無
常有為心因縁生而便說言是我我
所彼於異時一切悉無諸比丘應作
如是平等正智如實觀察佛說此經
已諸比丘聞佛所說歡喜奉行
如是我聞一時佛住拘睒弥國瞿師
羅園尒時世尊告諸比丘如癩病人
四體瘡壞入茅荻中為諸剌葉針剌
所傷倍增苦痛如是愚癡凡夫六觸
入處受諸苦痛亦復如是如彼癩人
為草葉針剌所傷膿血流出如是愚
癡凡夫其性弊暴六觸入處所觸則
起瞋恚惡聲流出如彼癩人所以者
何愚癡无聞凡夫心如癩瘡我今當
說律儀不律儀云何律儀云何不律
儀愚癡無聞凡夫眼見色已於可念
色而起貪著不可念色而起瞋恚於
彼次第隨生衆多覺想相續不見過
患復見過患不能除滅耳鼻舌身意
亦復如是比丘是名不律儀云何律
儀多聞聖弟子若眼見色於可念色
不起欲想不可念色不起恚想次第

不起衆多覺想相續住見色過患見過患已能捨離耳鼻舌身意亦復如是名律儀佛說此經已諸比丘聞佛所說歡喜奉行

如是我聞一時佛住拘睒弥國瞿師羅園尒時世尊告諸比丘譬如士夫遊空宅中得六種衆生一者得狗即執其狗繫著一處次得其鳥次得毒虵次得野干次得失収摩羅次得獮猴得斯衆生悉縛一處其狗者樂欲入村其鳥者常欲飛空其虵者常欲入穴其野干者樂向塜間失収摩羅者長欲入海獮猴者欲入山林此六衆生悉繫一處所樂不同各各嗜欲到所安處各各不相樂於他處而繫縛故各用其力向所樂方而不能脫如是六根種種境界各各自求所樂境界不樂餘境界眼根常求可愛之色不可意色則生其猒耳根常求可意之聲不可意聲則生其猒鼻根常求可意之香不可意香則生其猒舌根常求可意之味不可意味則生其猒身根常求可意之觸不可意觸則

生其猒意根常求可意之法不可意法則生其猒此六種根種種行處種種境界各各不求異根境界此六根種其有力者堪能自在隨覺種境界如彼士夫繫六衆生於其堅柱正出用力隨意而去往反疲極以繩繫故終依於柱諸比丘我說此譬欲為汝等顯示其義六衆生者譬猶六根堅柱者譬身念處若善脩習身念處有念不念色見可愛色則不生著不可愛色則不生猒耳聲鼻香舌味身觸意法於可意法則不求欲不可意法則不生猒是故比丘當勤脩習多住身念處佛說此經已諸比丘聞佛所說歡喜奉行

如是我聞一時佛住拘睒弥國瞿師羅園尒時世尊告諸比丘譬如有四蚖虵兇惡毒虐盛一篋中時有士夫聰明不愚有智慧求樂猒苦求生猒死時有一士夫語向士夫言汝今取此篋盛毒虵摩拭洗浴恩親養食出內以時若四毒虵脫有惱者或能煞汝或令近死汝當防護尒時士夫恐

怖馳走忽有五怨拔刀隨逐要求欲煞汝當防護尒時士夫畏四毒虵及五拔刀怨駈馳而走人復語言士夫內有六賊隨逐伺汝得便當煞汝當防護尒時士夫畏四毒虵五拔刀怨及內六賊恐怖馳走還入空村見彼空舍危朽腐毀有諸惡物捉皆危脆无有堅固人復語言士夫是空聚落當有群賊來必奄害汝尒時士夫畏四毒虵五拔刀賊內六惡賊空村群賊而復馳走忽尒道路臨一大河其水浚急但見此岸有諸怖畏而見彼岸安隱快樂清涼無畏无橋舡可度得至彼岸作是思惟我取諸草木縛束成栰手足方便度至彼岸作是念已即拾草木依於岸傍縛束成栰手足方便截流横度如是士夫免四毒虵五拔刀怨六內惡賊復得脫於空村群賊度於浚流離於此岸種種怖畏得至彼岸安隱快樂我說此譬當解其義比丘篋者譬此身色麁四大四大所造精血之體穢食長養沐浴衣服无常變壞危脆之法毒虵者譬

四大地界水界火界風界地界若諍
能令身死及以近死水火風諍亦復
如是五拔刀怨者辟五受陰六内賊
者辟六愛喜空村者辟六内入善男
子觀察眼入處是無常變壞執持
眼者亦是无常虛偽之法耳鼻舌身
意入處亦復如是空村群賊者辟外
六入處眼為可意不可意色所害耳
聲鼻香舌味身觸意為可意不可
意法所害浚流者辟四流欲流有流
見流無明流河者辟三愛欲愛色愛
無色愛此岸多恐怖者辟有身彼岸
清涼安樂者辟无餘涅槃栰者辟八
正道手足方便截流度者辟精進勇
猛到彼岸婆羅門住處者辟如来應
等正覺如是比丘大師慈悲安慰弟
子為其所作我今已作汝今亦當作
其所作空閑樹下房舍清淨敷草為
座露地塚間遠離邊坐精勤禪思慎
莫放逸令後悔恨此則是我教授之
法佛說此經已諸比丘聞佛所說歡
喜奉行

如是我聞一時佛住拘睒弥國瞿師

羅園尒時世尊告諸比丘多聞聖弟
子於一切苦法集滅味患離如實知
見見五欲猶如火坑如是觀察五欲
已於五欲貪欲愛欲念欲著不永覆
心知其欲心行處住處而自防閑行
處住處逆防閑已隨其行處住處世
間貪憂惡不善法不漏其心云何名
為多聞聖弟子於一切苦法集滅味
患離如實知見多聞聖弟子於此苦
聖諦如實知此苦集此苦滅此苦滅
道跡聖諦如實知是名多聞聖弟子
於一切苦法集滅味患離如實知見
云何多聞聖弟子見五欲如火坑乃
至世間貪憂惡不善法不永覆心辟
如近一聚落邊有深坑滿中盛火無
有烟焰時有士夫不愚不癡聰明黠
慧樂樂猒苦樂生惡死彼作是念此
此有火坑滿中盛火我若墮中必死
無疑於彼生遠思遠欲遠如是多聞
聖弟子見五欲如火坑乃至世間貪
憂惡不善法不永覆心若行處住處
逆防逆知乃至世間貪憂惡不善法
不漏其心辟如聚落邊有㮽林多

諸棘刺時有士夫入於林中有所營
作入林中已前後左右上下盡有棘
刺尒時士夫正念而行正念来去正
念明目正念端視正念屈身所以者
何莫令利刺傷壞身故多聞聖弟
子亦復如是若依聚落城邑而住
晨朝著衣持鉢入村乞食善護其身
善執其心正念安住正念而行正念
明目正念觀察所以者何莫令利刺
傷聖法律云何利刺傷聖法律謂可
意愛念之色是名利刺傷聖法律云
何是可意愛念之色傷聖法律謂五
欲功德眼識色生愛念長養欲樂耳
識聲鼻識香舌識味身識觸生愛念
長養欲樂是名可愛念色傷聖法律
是名多聞聖弟子所行處所住處逆
防逆知乃至不令世間貪愛不善法
以漏其心或時多聞聖弟子生於正
念生惡不善覺長養欲長養恚長
養癡是鈍根多聞聖弟子雖起集滅
以欲覆心辟如鐵丸燒令極熱以少
水灑尋即乾消如是多聞聖弟子鈍
根生念尋滅如是多聞聖弟子如是

行如是住若王大臣若親姓詣其所請以奉禄語言男子何用剃鬚執持凡器身著袈裟家家乞食為不如安慰服五欲樂行施作福去何比丘多聞聖弟子國王大臣諸親檀越請以奉禄彼當還戒退減以不苔曰不也所以者何多聞聖弟子於一切苦法集滅味患離如實知見故見火坑譬五欲乃至世間貪憂惡不善法不永覆心行處住處逆防逆知乃至世間貪憂惡不善法不漏其心若復為國王大臣親族請以奉禄還戒退減無有是處佛告諸比丘善哉善哉彼多聞聖弟子其心長夜臨趣流注浚輸向於遠離向於離欲而於涅槃寂靜捨離樂於涅槃於有漏處寂滅清涼若為國王長者親族所請還戒退減者无有是處餘得大苦譬如恒河長夜臨趣流注浚輸東方多衆斷截欲令臨趣流注浚輸西方寧能得不荅言不能世尊所以者何恒水長夜流注東方欲令西流未而可得彼諸大衆徒辛苦耳如是多聞聖弟子長夜臨趣流注浚輸向於遠離乃至欲令退減無有是處徒辛苦耳佛説此經已諸比丘聞佛所説歡喜奉行

如是我聞一時佛住阿毗闍恒水邊時有比丘来詣佛所稽首佛足退住一面白佛言善哉世尊為我説法我聞法已獨一静處專精思惟不放逸住所以族姓子剃除鬚髮正信非家出家學道於上增修梵行見法自知作證我生已盡梵行已立所作已作自知不受後有介時世尊觀察水見恒水中有一大樹隨流而下語彼比丘汝見此恒水中大樹流不荅言已見世尊佛告比丘此大樹不著此岸不著彼岸不沉水底不閡洲渚不入洄澓人亦不取非人不取又不腐敗當隨水流順趣流注浚輸大海不比丘白佛如是世尊佛言比丘亦復如是亦不著此岸不著彼岸不沉水底不閡洲渚不入洄澓人亦不取非人不取又不腐敗臨趣流注浚輸涅槃比丘白佛去何此岸去何彼岸去何沉没去何洲渚去何洄澓去何人取去何非人取去何腐敗善哉世尊為我廣説我聞法已當獨一静處專精思惟不放逸住乃至自知不受後有佛告比丘此岸者謂六入處彼岸者謂六外入處人取者猶如有一習近俗人及出家者若喜若憂若苦若樂彼彼所作悉與共同始終相隨是名人取非人取者猶如有人願修梵行我今持戒苦行修諸梵行當生在處在處天上是非人取洄澓者猶如有一還戒退轉腐敗者犯戒行惡不善法内敗腐爛猶秽稗吹貝之聲非沙門為沙門像非梵行為梵行像如是比丘是名不著此彼岸乃至浚輸涅槃時彼比丘聞佛所説歡喜隨喜作礼而去

時彼比丘獨一静處思惟佛所説水流大樹經教乃至自知不受後有得阿羅漢時有牧牛人名難屠去佛不遠執杖牧牛比丘去已詣世尊所稽首礼足於一面住白佛言世尊我今堪能不著此岸不著彼岸不沉没不閡洲渚非人所取不非人取不入洄

復亦不腐敗我得於世尊正法律中出家修梵行不佛告牧牛者汝送牛還主不牧牛者言諸牛中悉有犢牛自能還歸不須送也但當聽我出家學道佛告牧牛者雖能還家汝今已受食人衣食要當還報其家主時牧牛者聞佛教已歡喜隨喜作礼而去時尊者舍利弗在此會中牧牛者去不久白佛言世尊難屠牧牛者求欲出家世尊何故遣歸家佛告舍利弗難屠牧牛者若還住家受五欲者无有是處牛付主人已輙自當還於此法律出家學道淨修梵行乃至自知不受後有得阿羅漢時難屠牧牛者以牛付主人已還至佛所稽首礼足退住一面白佛言世尊牛已付主聽我於正法律出家學道佛告難屠牧牛者汝得於此法律出家受具足得比丘分出家已思惟所以族姓子剃除鬚髮著袈裟衣正信非家出家學道增修梵行乃至自知不受後有成阿羅漢

如是我聞一時佛住舍衛國祇樹給

孤獨園時有異比丘獨處坐禪作是思惟比丘云何知云何見得見清淨作是念已詣諸比丘語諸比丘言諸尊比丘云何知云何見令見清淨比丘荅言尊者於六觸入處集集滅患離如實正知比丘作如是知如是見者得見清淨是比丘聞彼比丘記說心不歡喜復詣餘比丘所問彼比丘言諸尊比丘云何知云何見得見清淨彼比丘荅言於六界集滅味患離如實正知如是比丘如是知如是見得見清淨時比丘聞其記說心亦不喜復詣餘比丘作是問言比丘云何知云何見得見清淨彼比丘荅言於五受陰觀察如病如癰如刺如煞無常苦空非我作如是知如是見得見清淨是比丘聞諸比丘記說心亦不喜往詣佛所稽首礼足退坐一面白佛言世尊我獨靜思惟比丘云何知云何見得見清淨作是念已詣諸比丘三處所說具白世尊我聞彼說心不歡喜来詣世尊故以此義請問世尊比丘云何知云何見得見清淨佛

告比丘過去世時有一士夫未曾見緊獸往詣曾見緊獸者問曾見緊獸士夫言汝知緊獸不荅言知復問其狀云何荅言其色黑如火燒柱當彼見時緊獸黑色如火燒柱時彼士夫聞緊獸黑色如火燒柱不大歡喜復更詣一曾見緊獸士夫復問彼言汝知緊獸不彼荅言知復問其狀云何彼曾見緊獸士夫荅言其色赤而開敷狀似肉段彼人見時緊獸開敷實似肉段是士夫聞彼所說猶復不喜復更詣餘曾見緊獸士夫問汝知緊獸不荅言知復問其狀云何荅言衆條下垂如尸利沙果是人聞已心復不喜復行問餘知緊獸者問汝知緊獸不彼荅知又問其狀云何彼復荅言其葉青其葉滑其葉長廣如尼拘婁陁樹如彼士夫問其緊獸聞則不喜處處更求而彼諸人見緊獸者隨時所見而為記說是故不同如是諸比丘若於獨處專精思惟不放逸住所因思惟法不起諸漏心得解脫隨彼所見而為記說汝今復聽我說辟

其智者以辟喻得解辟如有邊國王善治城壁門下堅固郊道平正於四城門置四守護悉皆聰慧知其來去當其城中有四郊道安置床褥城主坐上若東方使來問守門者城主何在彼即荅言主在城中四郊道頭牀上而坐彼使聞已往詣城主受其教令復道而還南西北方遠使來人問守門者城主何在彼亦荅言在其城中四郊道頭彼使聞已悉詣城主受其教令各還本處佛告比丘我說斯辟今當說義所謂城者以辟人身麁色如篋毒虵辟經說善治城壁者謂之正見郊道平正者謂內六入處四門者謂四識住四守門者謂四念處城主者謂識受陰使者謂正觀如實言者謂四真諦復道還者以八聖道佛告比丘若大師為弟子所作我今已作以哀愍故如篋毒虵辟經說尒時比丘聞佛說已專精思惟不放逸住增修梵行乃至不受後有成阿羅漢

如是我聞一時世尊釋氏人間遊行至迦毗羅衛國住尼拘婁陁園尒時迦毗羅衛釋氏作新講堂未有諸沙門婆羅門釋迦年少及諸人民在中住者聞世尊來至釋氏迦毗羅衛人間遊行住尼拘婁陁園論苦樂義此堂新成未有住者可請世尊與諸大衆於中供養得功德福報長夜安隱然復我等當隨受用作是議已悉共出城詣世尊所稽首礼足退坐一面尒時世尊為諸釋氏演說要法示教照喜已默然而住時諸釋氏從座起整衣服為佛作礼右膝著地合掌白佛言世尊我等釋氏新作講堂未有住者今請世尊及諸大衆於中供養得功德福利長夜安隱然後我等當隨受用尒時世尊默然受請時諸釋氏知世尊受請已稽首佛足各還其所即以其日以車轝經紀運其衆具莊嚴新堂敷置牀座軟草布地備香油燈衆事辦已往詣佛所稽首白言衆事辦已惟聖知時尒時世尊與諸大衆前後圍繞至新堂外洗足已然後上堂於中柱下東向而坐時諸比丘亦洗足已隨入講堂於世尊後西面東向次第而坐時諸釋氏即於東面西向而坐尒時世尊為諸釋氏廣說要法示教照喜已語諸釋氏瞿曇初夜已過於時可還迦毗羅越時諸釋氏聞佛所說歡喜隨喜作礼而去尒時世尊知釋氏去已告大目揵連汝當為諸比丘說法我今背疾當自消息時大目揵連默然受教尒時世尊四牒欝多羅僧安置脇下卷襞僧伽梨置於頭下右脇而卧屈膝累足係念明想作起想思惟尒時大目揵連語諸比丘佛所說法初中後善善義善味純一滿淨清白梵行我今當說漏不漏法汝等諦聽云何為漏法愚癡無聞凡夫眼見色已於可念色而起樂著不可念色而起憎惡不住身念處於心解脫慧解脫無少分智而起種種惡不善法不無餘滅不無餘永盡耳鼻舌身意亦復如是比丘如是者天魔波旬往詣其所伺其虛短於其眼色即得其關耳聲鼻香舌味身觸意法亦復如是即得其關辟如枯乾草積四方火起尋時即燒如是

比丘於其眼色天魔波旬即得其間
如是比丘不勝於色於耳聲鼻香
舌味身觸意法受制於法不能勝法
不勝色不勝聲香味觸法亦復不勝
意不善法諸煩惱熾燃苦報及未来
世生老病死諸尊我從世尊親受於
此諸有漏法是名有漏法經云何無
漏法經多聞聖弟子眼見色於可念
色不起樂著不可念色不起憎惡繫
念而住無量心解脱慧解脱如實知
於彼已起惡不善法無餘滅盡耳鼻
舌身意亦復如是如是像類比丘弊
魔波旬往詣其所於其眼色伺求其
短不得其短於耳聲鼻香舌味身
觸意法伺求其短不得其短譬如樓
閣墻壁牢固窓戶重閉塈塗厚密四
方火起不能燒然斯等比丘亦復如
是弊魔波旬往詣其所伺求其短不
得其短如是比丘能勝彼色不為彼
色之所勝也勝於聲香味觸法不為
彼法之所勝也若勝於色勝於聲香
味觸法已亦復勝於惡不善法煩惱
熾燃苦報及未来世生老病死我親

從世尊面受此法是名無漏法經尒
時世尊知大目揵連說法竟起正身
坐繫念在前告大目揵連善哉善哉
目揵連為人說此經法多所饒益多
所過度長夜安樂諸天世人尒時世
尊告諸比丘汝當受持漏無漏法經
廣為人說所以者何義具足故法具
足故梵行具足故開發神通正向涅
槃乃至信心善男子在家出家當受
持讀誦廣為人說佛說此經已諸比
丘聞佛所說歡喜奉行
如是我聞一時佛住舍衛國祇樹給
孤獨園尒時世尊告諸比丘辟如灰
河南岸極熱多諸利刺在於闇處衆
多罪人在於河中隨流漂没中有一
人不愚不癡聡明黠慧樂樂猒苦樂
生猒死作如是念我今何縁在此灰
河南岸極熱又多利刺在闇冥處隨
流漂没我當以手足方便逆流而上
漸見小明其人黠念今已疾強見此
小明復運手足勤加方便遂見平地
即住於彼觀察四方見大石山不斷
不壞亦不穿穴即登而上復見清涼

八分之水所謂冷美輕軟香淨飲時
不噎咽中不閡飲已安身即入其中
若浴若飲離諸惱熱然後復進大山上
見七種華謂優鉢羅華鉢曇摩華拘
牟頭華分陁利華修揵提華弥離
頭揵提花阿提目多花閻花香已復
上石山見四層階堂樓閣其上見五
柱帳即入其中敷身正坐種種枕褥
散花遍布莊嚴妙好而於其中自恣
坐卧涼風四湊令身安隱坐高林下
高聲唱言灰河衆生諸賢正士如彼
灰河南岸極熱多諸利刺其處闇冥
求出於彼河中有聞聲者乗聲問
言何方得出從何處出其中有言汝
何須問何處得出彼喚聲者亦自不
知不見從何而出彼亦當復在此灰
河南岸極熱多諸利刺於闇冥中隨
流来下用問彼為如是比丘我說此
辟今當說義灰者謂三惡不善覺云
何三欲覺恚覺害覺河者謂三愛欲
愛色愛無色愛南岸極熱者謂内外
六入處多諸利刺者謂五欲功德闇
冥處者謂無明障闇慧眼衆多人者

謂愚癡凡夫流謂生死河中有一人不愚不癡者謂菩薩摩訶薩手足方便逆流上者謂精勤修學微見小明者謂得法忍得平地者謂持戒觀四方者謂見四真諦大石山者謂正見八分水者謂八聖道七種花者謂七覺分四層堂者謂四如意足五柱帳者謂信等五根正身坐者謂無餘涅槃散花遍布者謂諸禪解脫三昧正受自恣坐卧者謂如来應等正覺四方風吹者謂四增心見法安樂住舉聲唱唤者謂轉法輪彼有人問謂賢正士何處去何處出者謂舍利弗目揵連等諸賢坐比丘於中有言汝何所問彼亦不知不見有所出處彼亦當復於此灰河南岸極熱多諸利刺於闇冥處隨流来下者謂六師等諸邪見輩所謂富蘭那迦葉末伽梨瞿舍梨子散闍耶毗羅胝子阿耆多枳舍欽婆羅伽拘羅迦氊延尼揵連陁闍提弗多羅及餘邪見輩如是比丘大師為諸聲聞所作我今已作汝今當作所作如前婆毒䖂說佛說此經已諸比丘聞佛所說歡喜奉行

雜阿含經卷第四十三

雜阿含經卷第四十三

校勘記

一　底本，金藏廣勝寺本。

一　五五頁中一一行「智所知」，磧、普、南作「知所知」。

一　五五頁中一四行「漸觸」，磧、普、南、徑、清作「漸漸」；麗作「漸轉」。

一　五五頁中一八行第三字「受」，石、磧、普、南、徑、清、麗作「愛」。

一　五五頁下一行「作苦」，磧、普、南、徑、清作「脫苦」。

一　五五頁下一一行第五字「衆」，石、磧、普、南、徑、清、麗無。

一　五五頁下二〇行「說經」，石、磧、普、南、徑、清、麗作「經說」。

一　五五頁下末行「智所知」，磧、普、南、徑、清作「知所知」。

一　五六頁上八行首字「暇」，磧、普、南、徑、清作「暇」。同行「與不」，石、麗作「已不」。

一　五六頁上一五行「應等正覺」，

磧、普、南、徑、清作「應正等覺」。

一五六頁上一七行「中閘者」，磧、普、南、徑、清作「中年者」。

一五六頁上二一行「能盡壽」，石、麗作「堪能盡壽」。

一五六頁中九行「荕脉」，石、磧、普、南、徑、清、麗作「筋脉」。

一五六頁中一〇行「腸肌」，石、磧、普、南、徑、清、麗作「腸肚」。

一五六頁中一一行「淡陰」，石、磧、普、南、徑、清、麗作「痰癊」。

一五六頁中末行首字「愛」，磧、普、南、徑、清作「憂」。同行「此等」，磧、普、南、徑、清作「汝等」。

一五七頁上一六行「身覺觸」，磧、普、南、徑、清作「身著觸」。第一一字「令」，磧作「今」。

一五七頁下一行第九字「愛」，磧、普、南、徑、清作「受」。

一五七頁下八行「過去」，石作「近過去」。

一五七頁下一〇行末字「苦」，磧、普、南、徑、清作「共」。

一五八頁上三行「阿修羅」，磧、普、南、徑、清作「諸阿修羅」。

一五八頁上八行「諸比丘」，石作「說比丘」。

一五八頁上一三行「眼識色」，麗作「眼色識」。

一五八頁上一九行「蘭牛」，石、磧、普、南、徑、清、麗作「欄牛」，下同。

一五八頁上二二行「不暴」，磧、普、南、徑、清作「不食」。

一五八頁中一行「盡心」，磧、普、南、徑、清作「盡上」。

一五八頁中一一行及末行「染著」，磧作「深著」。

一五八頁中一三行「語大臣」，磧、普、南、徑、清作「王語大臣」。

一五八頁中一七行「具謂」，石作「其謂」。同行「有庚」，磧、普、南、徑、清作「有麗」。第一三字「皮」，磧、普、南、徑、清作「枝」。

一五八頁中二一行「是念」，石、磧、普、南、徑、清作「如是」。

一五九頁上七行「空宅」，石作「空澤」。

一五九頁上一六行「各用其力」，石、磧、普、南、徑、清作「各各用其力」。

一五九頁上一七行「六相」，石、磧、普、南、徑、清、麗作「六根」。

一五九頁中三行末二字至次行首字「六根種」，石、磧、普、南、徑、清、麗作「六種根」。

一五九頁中四行第一二字「種」，石、磧、普、南、徑、清、麗無。

一五九頁中六行「繩繫」，石作「繩縛」。

一五九頁中一九行「未樂」，石、磧、普、南、徑、清、麗作「求樂」。

一五九頁下九行「奄虐」，石、麗作「奄害」；磧、普、南、徑、清作「掩虐」。

一五九頁下二一行「此身」，石作「如身」。

一五九頁下二二行第八字「膿」，石、磧、普、南、徑、清、麗作「體」。

一六〇頁上一八行「空閑」，石、磧、普、南、徑、清、麗作「於空閑」。

一六〇頁中一四行「世聞」，石、磧、普、南、徑、清、麗作「世閒」。

一六〇頁中一八行首字「此」，石、磧、普、南、徑、清、麗無。

一六〇頁中二〇行「世閒」，磧作「世聞」。

一六〇頁下一行「有所」，徑作「所有」；清作「所」。

一六〇頁下一七行「世閒貪愛」，石、普、南、徑、清、麗作「世間貪憂」；磧作「世聞貪憂」。

一六〇頁下一八行「生於」，磧、普、南、徑、清作「失於」。

一六一頁上一四行「浚輸」，石作「浚輪」，下同。

一六一頁上一七行「退減」，石、磧、普、南、徑、清、麗作「退滅」。

一六一頁中五行「退住」，徑作「退坐」；清作「退在」。

一六一頁中一一行第一三字「水」，磧、普、南、徑、清作「恒水」。

一六一頁中一三行「流不」，石作「已不」。

一六一頁中一七行「大海」，石、磧、普、南、徑、清作「至大海」。

一六一頁中二一行「不腐敗」，磧、普、南、徑、清作「不腐敗敗當隨水流」。

一六一頁下四行「六入處」，磧、普、南、徑、清作「內六入處」。

一六一頁下一二行「內敗」，磧、普、南、徑、清、麗作「腐敗」。

一六二頁上五行「雖能」，磧、普、南、徑、清、麗作「牛雖能」。

一六二頁上五行末三字至次行首五字「汝今已受食人衣食」，磧、普、南、徑、清作「汝已受人衣食」。

一六二頁上七行「隨喜」，磧、普、南、徑、清無。

一六二頁上八行「此會中」，磧、普、南、徑、清作「此舍中」。

一六二頁上一〇行「遣歸家」，石、磧、普、南、徑、清、麗作「遣還歸家」。

一六二頁上末行「佛住」，石作「佛在」。

一六二頁中五行「集滅」，磧、普、南、徑、清作「滅味」。

一六二頁下一三行末字至次行首字「条条」，石、磧、普、南、徑、清、麗作「毿毿」。

一六二頁下一六行「彼答」，石、磧、普、南、徑、清作「彼答言」。

一六三頁上一行「國王」，徑、清作「國土」。

一六三頁上七行第六字「聞」，磧、普、南、徑、清作「問」。

一六三頁上一〇行「彼使」，磧、普、南、徑、清作「彼彼」。

一六三頁中七行「然復」，南、徑、清作「然後」。

一六三頁中一一行第九字「脉」，

石、磧、普、南、徑、清作「滕」，下同。

一六三頁中一九行「白言」，磧、普、南、徑、清作「白佛言」。

一六三頁下三行「要法」，磧、普、南、徑、清作「法要」。

一六三頁下九行「四牒」，石、磧、普、南、徑、清、麗作「褺」。

一六三頁下一一行「明想」，石、麗作「明相」。同行「想思惟」，磧、普、南、徑、清作「相想思惟」。

一六四頁中二〇行「黠念」，石、磧、普、南、徑、清、麗作「默念」。同行「疾强」，磧、普、南、徑、清作「疾殆」。

一六四頁下三行「惱熱」，磧、普、南、徑、清作「煩惱」。同行「進大山」，磧、普、南、徑、清作「進登大山」。

一六四頁下七行「樓閣」，石、麗作「即坐」；磧、普、南、徑、清作「樓閣即坐」。

一六四頁下八行「柱悵」，石、磧、普、南、徑、清、麗作「柱帳」，下同。同行「枕褥」，石、磧、普、南、徑、清、麗作「枕褥」。

一六四頁下一三行「乘聲」，磧、普、南、徑、清作「尋聲」。

一六四頁下末行「障閤」，石、磧、普、南、徑、清、麗作「障閡」，同行「慧眼」，石、磧、普、南、徑、清、麗作「慧眼」。

一六五頁上一二行第一三字「謂」，石、磧、普、南、徑、清、麗作「諸」。

一六五頁上一四行「賢坐」，磧、普、南、徑、清作「賢聖」。同行末字「何」，磧、普、南、徑、清無。

一六五頁上二〇行「羅迦氈延」，磧、普、南、徑、清作「亶延」。

雜阿含經卷第四十四　　源

宋天竺三藏求那跋陁羅　譯

如是我聞一時佛住弥絺羅國菴羅園中時有婆四吒婆羅門尼有六子相續命終念子發狂裸形被髮隨路而走至弥絺羅菴羅園中尒時世尊無量大衆圍繞說法婆四吒婆羅門尼遥見世尊見已即得本心慚愧著耻斂身蹲坐尒時世尊告尊者阿難取汝欝多羅僧與彼婆四吒婆羅門尼令著聽法尊者阿難即受佛教取衣令著時婆羅門尼得衣著已至於佛前稽首礼佛退坐一面尒時世尊為其說法示教照喜已如佛常法說法次第乃至信心清淨受三自歸聞佛所說歡喜隨喜作礼而去彼婆四吒優婆夷於後時第七子忽復命終彼優婆夷都不啼哭憂悲惱苦時婆四吒優婆夷夫說偈而告婆四吒優婆夷言

先諸子命終　念子生憂苦　晝夜不飲食
乃至發狂乱　今喪第七子　而不生憂苦

婆四吒優婆夷即復說偈答其夫言

兒孫有千數　因緣和合生　長夜遷過去
我與君亦然
子孫及宗族　其數無限量　彼彼所生處
更互相殘食　若知生要者　何足生憂苦
我已知出離　生死存亡相　不復生憂苦
入佛正教故

時婆四吒優婆夷夫說偈歎曰

未曾所聞法　而今聞汝說　何處聞說法
不念子憂悲

婆四吒優婆夷偈答言

今日等正覺　在弥絺羅國　菴羅樹園中
永離一切苦　演說一切苦　苦習苦寂滅
賢聖八正道　安隱趣涅槃　則是我大師
深樂其正教　我已知正法　能開子憂苦

其夫婆羅門復說偈言

我今亦當往　弥絺菴羅園　彼世尊亦當
開我子憂苦

優婆夷復說偈言

當觀等正覺　柔軟金色身　不調者能調
廣度海流人

尒時婆羅門即嚴駕乘於馬車詣弥絺菴羅園遥見世尊轉增信樂詣大

師前彼時大師即為說偈開其法眼苦習滅道正向涅槃彼即見法成無間等既知法已請求出家時婆羅門即得出家獨靜思惟乃至得阿羅漢世尊記說於第三夜逮得三明得三明已佛即告之命遣御者乘車還家告婆四吒憂婆夷令發隨喜語言婆羅門往見世尊得淨信心奉事大師即為說法為開法眼見苦聖諦苦集苦滅賢聖八道安趣涅槃成無間等既知法已即求出家世尊記說於第三夜具足三明時彼御者奉教疾還時婆四吒優婆夷遥見御者空車而還即遥問言婆羅門為見佛不佛為說法開示法眼見聖諦不御者白言婆羅門已見世尊得淨信心奉事大師為開法眼說四聖諦成無間等既知法已即求出家專精思惟世尊記說於第三夜具足三明時優婆夷心即隨喜語御者言車馬屬汝加復賜汝金錢一千已汝傳信言婆羅門宿闍諦已得三明令我歡喜故御者白言我今何用車馬金錢為車馬金錢

還優婆夷我今當還婆羅門所隨彼出家優婆夷言汝意如此便可速還不久亦當如彼所得具足三明隨後出家御者白言如是優婆夷如彼出家我亦當然優婆夷言汝父出家汝隨出家我今不久亦當隨去如空野大龍乘虛而遊其餘諸龍龍子龍女悉皆隨去我亦如是執持衣鉢易養易滿御者白言優婆夷若如是者所願必果不久當見優婆夷少欲知足執持衣鉢人所棄者乞受而食剃髮染衣於陰界入斷除愛欲離貪繫縛盡諸有漏彼婆羅門及其御者婆四吒優婆夷女孫陁槃梨悉皆出家究竟苦邊

如是我聞一時佛住毗舍離國大林精舍時有毗梨耶婆羅豆婆遮婆羅門晨朝買牛未償其價即日失牛六日不見時婆羅門為覓牛故至大林精舍遥見世尊坐一樹下儀容挺特諸根清淨其心寂默成就止觀其身金色光明焰照見已即詣其前而說偈言

云何無所求　空寂在於此　獨一處空閑
而得心所樂

尒時世尊說偈答曰

若失若復得　於我心不乱　婆羅門當知
莫謂彼如我　心計於得失　其心不自在

時婆羅門復說偈言

寂勝梵志處　如比丘所說　我今當自說
真實語諦聽　沙門今定非　晨朝失牛者
六日求不得　是故安樂住　沙門今定非
種殖胡麻田　慮其草荒没　是故安樂住
沙門今定非　種稻田乏水　畏荒枯便死
是故安樂住　沙門今定無　寡女有七人
悉養孫遺子　是故安樂住　沙門今定無
七不愛念子　放逸多負債　是故安樂住
沙門今定無　債主守其門　求索長息財
是故安樂住　沙門今定無　七領重卧具
憂懃擇諸虫　是故安樂住　沙門今定无
黄眼赤髮婦　晝夜聞惡聲　是故安樂住
沙門今定無　空倉群鼠戲　常憂其匱乏
是故安樂住

尒時世尊說偈答言

我今日定不　晨朝失其牛　六日求不得
是故安樂住　我今日定無　種殖胡麻田

常恐其荒沒　是故安樂住　我今日定無
種稻田之水　畏荒便枯死　是故安樂住
我今日定無　寡女有七人　悉養孫遺子
是故安樂住　我今日定無　七不愛念子
放逸多負債　是故安樂住　我今日定無
債主守其門　求索長息財　是故安樂住
我今日定無　七領重卧具　憂勤擇諸垂
是故安樂住　我今日定無　黃頭赤眼婦
晝夜聞惡聲　是故安樂住　我今日定無
空室群鼠戲　常憂其羸之　是故安樂住
不捨念不念　衆生安樂住　斷欲離恩愛
而得安樂住

尒時世尊為精進婆羅豆婆遮婆羅門種種說法示教照喜如佛常法次第說法布施持戒乃至於正法中心得無畏即從座起合掌白佛我今得於正法律出家學道成比丘分脩梵行不佛告婆羅門汝今可得於正法律出家受具足脩諸梵行乃至得阿羅漢心善解脫尒時精進婆羅豆婆遮婆羅門得阿羅漢緣自覺知得解脫樂而說偈言

我今甚欣樂　大仙法之上　得離貪欲樂
不生見於佛

如是我聞一時佛住婆羅樹林婆羅門聚落尒時世尊晨朝著衣持鉢入婆羅　門聚落乞食有非時雲起尒時世尊作是念我今當往婆羅聚落婆羅長者大會堂中作是念已即往向彼大會堂所時婆羅門長者悉集堂上遙見世尊共相謂言彼剃頭沙門竟知何法尒時世尊告彼婆羅聚落婆羅門長者言諸婆羅門有知法者有不知者剎利長者亦有知法者有不知法者尒時世尊即說偈言

非明欲勝明　王不伏難伏　妻不求勝夫
無子不恭父　無會無智者　無智不法言
貪恚癡悉斷　是則名智者

時彼婆羅門長者白佛言善士瞿曇善士夫可入此堂就座而坐世尊坐已即白言瞿曇說法我等樂聽尒時世尊為彼大會婆羅門長者種種說法示教照喜已復說偈言

愚智群聚會　非說孰知明　能說寂靜道
因說智則辯　說者顯正法　建立大仙幢
善說為仙幢　法為羅漢幢

尒時世尊為婆羅聚落婆羅門長者建立正法示教照喜示教照喜已從座起而去

如是我聞一時佛在拘薩羅人間遊行至浮梨聚落住天作婆羅門菴羅園中尊者優波摩為侍者尒時世尊患背痛告尊者優波摩汝舉衣鉢已往至天作婆羅門舍時天作婆羅門處於中堂令梳頭者理剃鬚髮見尊者優波摩於外門住見已即說偈言

何等剃鬚髮　身著僧伽梨　住於彼門外
為欲何所求

尊者優波摩說偈荅言

羅漢世善逝　所患背風疾　頗有安樂水
療牟尼疾不

時天作婆羅門以滿鉢酥一瓶油一瓶石蜜使人擔持并持暖水隨尊者優波摩詣世尊所以塗其體暖水洗之酥蜜作飲世尊背疾即得安隱時天作婆羅門晨朝早起往詣佛所稽首礼足退坐一面而說偈言

何言婆羅門　施何得大果　何等為時施
云何淨福田

尒時世尊說偈荅言

若得宿命智　見天定趣生　得盡諸有漏
牟尼起三明　善知心解脫　解脫一切貪
說名婆羅門　施彼得大果　施彼為時施
隨所欲福田

時天作婆羅門聞佛所說歡喜隨喜作礼而去

如是我聞一時佛在拘薩羅人間遊行於一夜時住止娑羅林中時有一婆羅門去娑羅林不遠營作田業晨朝起作至娑羅林中遥見世尊坐一樹下儀容端政諸根清淨其心寂定具足成就第一止觀其身金色光明徹照見已往詣其所白言瞿曇我近在此經營事業故樂此林瞿曇於此有何事業樂此林中復說偈言

比丘於此林　為何事業故　獨一守空閑
樂於此林中

尒時世尊說偈荅曰

無事於此林　林根久已斷　於林離林脫
禪思不樂斷

時彼婆羅門聞佛所說歡喜隨喜作礼而去

如是我聞一時佛在拘薩羅人間遊行夜宿一娑羅林中時有一婆羅門近彼林側與五百年少婆羅門共彼婆羅門常稱歎欽想欲見世尊何時遊於此林我因得見過問所疑頗有閑暇為我記說時彼婆羅門年少弟子為採薪故入於林中遥見世尊坐一樹下儀容端政諸根寂靜其心寂定形若金山光明徹照見已作是念我和上婆羅門常稱歎欽仰欲見瞿曇問其所疑今此沙門瞿曇到此林中我當疾往白和上令知即持薪束疾還學堂捨薪束已詣和上所白言和上當知和上由来常所稱歎欽仰欲見沙門瞿曇脫到此林當問所疑今日瞿曇已到此林和上知時時婆羅門即詣世尊所面相問訊慰勞已退坐一面而說偈言

獨入此恐怖　深邃藂林中　堅住不傾動
善脩正勤法　無歌儛音樂　寂默住空閑
我所未曾見　獨樂深林者　欲求於世間
自在增上主　為三十三天　天上自在樂
何故深林中　苦行自枯槁

尒時世尊說偈荅言

若欲種種求　諸界多種著　彼一切皆是
愚癡之根本　如是一切求　我久悉已吐
不求不諂偽　一切無所觸　於一切諸法
唯一清淨觀　得無上菩提　禪思脩不樂

婆羅門復說偈言

我今敬礼汝　大寂牟尼尊　禪思之妙王
覺無邊大覺　如来天人救　巍巍若金山
解脫於藂林　於林永不著　已拔深利刺
清淨無餘跡　論師之上首　言說取勝辯
人中雄師子　震吼於深林　顯現苦聖諦
集滅八正道　能盡衆苦聚　乘出淨無垢
自脫一切苦　濟彼苦衆生　安樂衆生故
演說於正法　已斷於恩愛　遠離於欲綱
斷除於一切　有愛之結縛　如水生蓮花
塵水不染著　如日停虛空。清淨無雲翳
善哉我今日　至拘薩羅林　得見於大師
兩足之勝尊　大林大精進　得第一廣度
調御師之首　敬礼無所畏

時婆羅門廣說斯偈讚歎佛已聞佛所說歡喜隨喜作礼而去

如是我聞一時佛在拘薩羅人間遊行宿於孫陁利河側尒時世尊剃髮

求久於後夜時結跏趺坐正身思惟繫念在前以衣覆頭時孫陀利河側有婆羅門住止夜起持祠餘食不盡時至河邊欲求大德婆羅門以奉之介時世尊聞河邊婆羅門聲聞已謦欬作聲却衣現頭時孫陀利河側婆羅門見佛已作是念是剃頭沙門非婆羅門欲持食還去彼婆羅門復作是念非獨沙門是剃頭者婆羅門中亦有剃頭應往至彼問其所生時孫陀利河側婆羅門詣世尊所而問之言為何性生介時世尊即說偈言

汝莫得所生　但當問所行　刻木為鑚燧
亦能生於火　下賤種姓中　生堅固牟尼
智慧有慙愧　精進善調伏　究竟大明際
清淨脩梵行　而今正是時　應奉施餘食

時孫陀利河側婆羅門復說偈言

我今吉良日　求福脩供養　遇得見大士
三時最勝尊　若不見佛者　當更施餘人

介時孫陀利河側婆羅門轉得信心即持餘食以奉世尊世尊不受以說偈得故如上因說偈而得食廣說孫陀利河側婆羅門白佛言世尊今此

施食當置何所佛告婆羅門我不見諸天魔梵沙門婆羅門天神世人有能食此食者令身安隱者汝持此食去著無虫水中及少生草地時婆羅門即持此食著無虫水中水即烟起涌沸啾啾作聲如燒鐵丸投之冷水烟起涌沸啾啾作聲如是彼食著无虫水中烟起涌沸啾啾作聲孫陀利河側婆羅門心欲恐怖身毛皆竪謂為灾變馳走上岸集聚乾木供養祠火令息灾惟世尊見彼集聚乾木供養祠火望息灾惟見已即說偈言

婆羅門祠火　焚燒於草木　莫呼是淨道
能却諸灾患　此則惡供養　而謂為黠慧
作如是因緣　外道取脩淨　汝今棄薪火
起内火熾燃　常脩不放逸　常富於供養
處處興淨信　廣施設大會　心意為束薪
瞋恚黑烟起　妄語為塵味　口舌為木杓
胷懷燃火處　欲火常熾然　當善自調伏
消滅士夫火　正信為大河　淨戒為度濟
澄淨清流水　智者之所歎　人中淨天德
當於中洗浴　涉水不著身　安樂度彼岸
正法為深渕　福德為下濟　澄淨水充滿

智者所讚歎　人中天淨德　當於中洗浴
涉水不著身　安樂度彼岸　真諦善調御
攝護脩梵行　慈悲為苦行　真實心清淨
沐浴以正法　智者所稱歎

介時孫陀利河側婆羅門聞佛所說歡喜隨喜復道而去

如是我聞一時佛在拘薩羅人間遊行住孫陀利河側叢林中時有孫陀利河側住止婆羅門来詣佛所面相問訊慰勞已退坐一面問佛言瞿曇至孫陀利河中洗浴不佛告婆羅門何用於孫陀利河中洗浴為婆羅門白佛瞿曇孫陀利河是濟度之數是吉祥之數是清淨之數若有於中洗浴者悉能除人一切諸惡介時世尊即說偈言

非孫陀利河　亦非婆休多　非伽耶薩羅
如是諸河等　作諸惡不善　能令其清淨
恒河婆休多　孫陀利河等　愚者常居中
不能除衆惡　其清淨之人　何用洗浴為
其清淨之人　何用布薩為　淨業以自淨
是生於受時　不殺亦不盜　不婬不妄語
信施除慳垢　於斯而洗浴　於一切衆生

常起慈悲心　井水以洗浴　用伽耶等為
內心自清淨　不待洗於外　下賤田舍兒
身體多汙垢　以水洗塵穢　不能淨其內
尒時孫陁利河側婆羅門聞佛所說
歡喜隨喜從座起而去
如是我聞一時佛住迦毗羅衛國尼
拘律園中時有縈髮羅豆婆遮婆羅
門本俗人時為佛善知識来詣佛所
面相問訊慰勞已退坐一面而說
偈言
外身縈髮者　是但名縈髮　內心縈髮者
是結縛衆生　今請問瞿曇　云何解縈髮
尒時世尊說偈答言
受持於淨戒　內心修正覺　專精勤方便
是則解縈髮
時縈髮婆羅門聞佛所說歡喜隨喜
從座起而去
如是我聞一時佛住迦毗羅衛國尼
拘律園中時有縈髮婆羅豆婆遮婆
羅門来詣佛所而前問訊相慰勞已
退坐一面而說偈言
身外縈髮者　是但名縈髮　內心縈髮者
是結縛衆生　我今問瞿曇　如此縈髮者

云何作方便　於何斷縈髮
尒時世尊說偈答言
眼耳及與鼻　舌身意入處　於彼名及色
滅盡令無餘　諸識永滅者　於彼斷縈髮
佛說此經已縈髮婆羅豆婆遮婆羅
門聞佛所說歡喜隨喜從座起去
如是我聞一時佛住欝毗羅聚落尼
連禪河側菩提樹下成佛未久尒時
世尊獨靜思惟作是念不恭敬者則
為大苦無有次序無他自在可畏懼
者則於大義有所退減有所恭敬有
次序有他自在者得安樂住有所恭
敬有次序有他自在大義滿足頗有
諸天魔梵沙門婆羅門天神世人中
能於我所具足戒勝三昧勝智慧勝
解脫勝解脫知見勝令我恭敬宗重
奉事供養依彼而住復作是念無有
諸天魔梵沙門婆羅門天神世人能
於我所戒具足勝三昧勝智慧勝解
脫勝解脫知見勝令我恭敬宗重奉
事供養依而住者唯有正法令我自
覺成三藐三佛陁者我當於彼恭敬
宗重奉事供養依彼而住所以者何

過去如来應等正覺亦於正法恭敬
宗重奉事供養依彼而住諸當来世
如来應等正覺亦於正法恭敬宗重
奉事供養依彼而住尒時娑婆世界
主梵天王知世尊心念已如力士屈
伸臂頃從梵天没住於佛前歎言善
哉如是世尊如是善逝懈怠不恭敬
者甚為大苦廣說乃至大義滿足其
實無有諸天魔梵沙門婆羅門天神
世人於世尊所戒具足勝三昧勝智
慧勝解脫勝解脫知見勝令世恭敬
宗重奉事供養依彼而住者唯有正
法如来自悟成等正覺則是如来所
應恭敬宗重奉事供養依彼而住者
所以者何過去諸如来應等正覺亦
於正法恭敬宗重奉事供養依彼而
住諸未来如来應等正覺亦當於正
法恭敬宗重奉事供養依彼而住世
尊亦當於彼正法恭敬宗重奉事供
養依彼而住時梵天王復說偈言
過去等正覺　及未来諸佛　現在佛世尊
能除衆生憂　一切恭敬法　依正法而住
如是恭敬者　是則諸佛法

時梵天王聞佛所說歡喜隨喜稽首佛足即没不現

如是我聞一時佛住欝毗羅聚落尼連禪河側菩提樹下成佛未久尒時世尊獨靜思惟作是念有一乘道能淨衆生度諸憂悲滅除苦惱得真如法謂四念處何等為四身身觀念處受心法觀念處若有人不樂四念處者則不樂如聖法不樂如聖法者則不樂如聖道不樂如聖道者則不樂甘露法不樂甘露法者則不解脫生老病死憂悲惱苦若樂修四念處者則樂修如聖法樂修如聖法者則樂如聖道樂如聖道者則樂甘露法樂甘露法者得解脫生老病死憂悲惱苦尒時娑婆世界主梵天王知佛心念已辟如力士屈伸臂頃於梵天没住於佛前作是歎言如是世尊如是善逝有一乘道能淨衆生謂四念處乃至解脫生老病死憂悲惱苦時梵天王復說偈言

謂有一乘道　見生諸有邊　演說於正法
安慰苦衆生　過去諸世尊　以乘斯道度
當来諸世尊　亦度乘斯道　現在尊正覺
乘此度海流　究竟生死際　調伏心清淨
於生死輪轉　悉已永消盡　知種種諸界
慧眼顯正道　辟若恒水流　悉歸趣大海
激流浚飄遠　正道亦如是　廣智善顯示
逮得甘露法　殊勝正法輪　本所未曾聞
哀愍衆生故　而為衆生轉　覆護天人衆
令度有彼岸　是故諸衆生　咸皆稽首礼

尒時梵天王聞佛所說歡喜隨喜稽首佛足即没不現

如是我聞一時佛住欝毗羅聚落尼連禪河側菩提樹下成佛未久尒時娑婆世界主梵天王絕妙色身於後夜時来詣佛所稽首佛足退坐一面而說偈言

於諸種姓中　刹利兩足尊　明行具足者
人天中最勝

佛告梵天王如是梵天如是梵天

於諸種姓中　刹利兩足尊　明行具足者
天人中最勝

佛說是經已娑婆世界主梵天王聞佛所說歡喜隨喜稽首佛足即没不現

如是我聞一時佛在拘薩羅人間遊行住止空閑無聚落處與比丘衆夜宿其中尒時世尊為諸比丘說隨順阿練若法時娑婆世界主梵天王作是念今者世尊在拘薩羅人間遊行住一空閑無聚落處與諸大衆止宿空野尒時世尊為諸大衆說隨順空法我今當往隨順讚嘆辟如力士屈伸臂頃於梵天没住於佛前稽首佛足退坐一面而說偈言

習近邊牀座　斷除諸煩惱　若不樂空閑
入衆自攝護　自調伏其心　家家行乞食
攝持於諸根　專精繫心念　然後習空閑
阿練若牀座　遠離諸恐怖　無畏安隱住
若彼諸凶險　惡虵衆毒害　黑雲大闇冥
震雷曜電光　離諸煩惱故　晝夜安隱住
如我所聞法　乃至不究竟　獨一修梵行
不畏千死魔　若修於覺道　不畏於万數
一切須陁洹　或得斯陁含　及阿那含者
其數亦無量　不能定其數　恐怖於妄說

時娑婆世界主梵天王聞佛所說歡喜隨喜已為佛作礼即没不現

如是我聞一時佛住迦毗羅衛迦毗

羅衛林中與五百比丘俱皆是羅漢
諸漏已盡所作已作離諸重擔逮得
已利盡諸有結正智心善解脫尒時
世尊為諸大衆說涅槃相應法時有
十方世界大衆威力諸天皆来悉會
供養世尊及比丘僧復有諸梵天王
住於梵世作是念今日佛住迦毗羅
衛國如上廣說乃至供養世尊及諸
大衆我今當往各各讚嘆作是念已
譬如力士屈伸臂頃從梵天没住於
佛前第一梵天即說偈言
於此大林中　大衆普雲集　十方諸大衆
皆悉来恭敬　故我遠来礼　㝡勝難伏僧
第二梵天復說偈言
是諸比丘僧　真實心精進　於此大林中
攝諸根求度
第三梵天次說偈言
善方便消融　恩愛深利刺　堅固不傾動
如因陁羅幢　度深塹水流　清淨不求欲
善度之導師　諸調伏大龍
第四梵天次說偈言
歸依於佛者　終不墮惡趣　能斷人中身
得天身受樂　各說偈已　四梵天尊　即没不現

如是我聞一時佛住王舍城迦蘭陁
竹園時有娑婆世界主梵天王日日
精勤往詣佛所尊重供養時娑婆世
界主作是念今且太早而来見佛正
值世尊入大三昧我等且當入提婆
達多伴黨瞿迦梨比丘房中作是念
已即入彼房至房户中以指扣户口
說是言瞿迦梨　瞿迦梨　於舍利
弗目連所起淨信心汝莫長夜得不
饒益苦瞿迦梨言汝是誰梵天荅言
娑婆世界主梵天王瞿迦梨言世尊
不記汝得阿那含耶梵天王言如是
比丘瞿迦梨言汝何故来娑婆世界
主梵天王荅言此不可治即說偈言
於無量處所　生心欲籌量　何有黠慧者
而生此覺想　無量而欲量　是陰盖凡夫
時娑婆世界主梵天王往詣佛所稽
首礼足退坐一面白佛言世尊我常
日日勤到佛所親覲供養我作是念
今旦太早来見世尊正值世尊入大
三昧我且當入提婆達多伴黨瞿迦
梨比丘房中即住户中徐徐扣户口
說是言瞿迦梨瞿迦梨當於舍利弗

目揵連賢善智慧者所起淨信心莫
長夜得不饒益苦瞿迦梨言汝是誰
我即荅言是娑婆世界主梵天王瞿
迦梨言世尊不記汝得阿那含耶我
即荅言如是瞿迦梨復言汝何故来
我作是念此不可治即說偈言
於不可思處　發心欲籌量　不可量欲量
是陰盖凡夫
佛語梵王如是如是梵王
於不可量處　而發心欲量　何有智慧人
而生此妄想　不可量欲量　是陰盖凡夫
佛說此經已娑婆世界主梵天王聞
佛所說歡喜隨喜從座起為佛作礼
即没不現
如是我聞一時佛住王舍城迦蘭陁
竹園尒時大梵天王及餘別梵天善
辟別梵天日日方便往見供養世尊
時有婆句梵天見別梵天善辟梵天
精勤方便而問言汝欲何之彼即荅
言欲見世尊恭敬供養時婆句梵天
即說偈言
彼有四鵠鳥　三種金色宮　五百七十二
修行禪思者　熾焰金色身　普照梵天宮

汝且觀我身　何用至彼為
尒時善梵王別梵王善辟別梵王復
說偈言
雖有金色身　普照梵天宮　其有智慧者
知色有煩惱　智者不樂色　於其心解脫
時彼善梵天別梵天善辟別梵天往
詣佛所稽首佛足退坐一面白佛言
世尊我今方便欲来見世尊恭敬供
養有婆句梵天見我方便而問我言
汝今方便欲何所之我即荅言欲往
見世尊礼事供養婆句梵天即說
偈言
有四種鵠鳥　三種金色宮　五百七十二
於中而禪思　觀我身金色　普照梵天宮
汝且觀我身　何用至彼為
我即說偈而荅彼言
雖有金色身　普照梵天宮　當知真金色
是則煩惱事　智者解脫色　於色不復樂
佛告梵天如是如是梵天梵天
雖有真金色　普照梵天宮　當知真金色
則是煩惱事　智者解脫色　於色不復樂
時彼梵天為迦吒務陁伍沙比丘故
說偈言

夫士生世間　利斧在口中　還自斬其身
斯由惡言故　應毀者稱譽　應譽而反毀
惡口增其過　所生無安樂　博弈酒喪財
其過失甚少　惡心向善逝　是則為大過
地獄有百千　名尼羅浮地　三十有六百
及五阿浮地　斯皆謗聖獄　口意惡願故
佛說此經已彼諸梵天聞佛所說歡
喜隨喜稽首佛足即沒不現
如是我聞一時佛住王舍城迦蘭陁
竹園時有婆句梵天住梵天上起如
是惡邪見言此處常恒非變易法純
一出離之處尒時世尊知婆句梵天
心念已入於三昧如其正受於王舍
城沒住梵天上婆句梵天遥見世尊
而說偈言
梵天七十二　造作諸福樂　自在而常住
生老死已過　我於諸明論　修習已究竟
彼諸天衆等　唯謂我長存
尒時世尊說偈荅言
此則極短壽　非是長存者　而婆句梵天
自謂為長壽　尼羅浮多獄　其壽百千數
我悉憶念知　汝自謂長存
婆句梵天復說偈言

佛世尊所見　其劫數無邊　生老死憂悲
皆悉已過去　唯願說知我　過去曾所更
受持何戒業　而得生於此
尒時世尊說偈荅言
過去久遠劫　於大曠野中　有諸大衆行
多賢聖梵行　飢乏無資粮　汝救之令度
慈救心相續　經劫而不失　是則汝過去
所受持功德　我悉憶念知　久近如眠覺
過去有村邑　為賊所抄掠　汝時悉皆救
今其得解脫　是則過去世　所受持福業
我憶此因緣　久近如眠覺　過去有人衆
乘舩恒水中　惡龍持彼舩　欲盡害其命
汝時以神力　救令得解脫　是則汝過去
所受持福業　我憶是因緣　久近如眠覺
婆句梵天復說偈言
決定悉知我　古今壽命事　亦知餘一切
是則為正覺　是故所受身　金光炎普照
其身住於此　光明遍世間
尒時世尊為婆句梵天種種說法示
教照喜已如其正受從梵天沒還王
舍城
如是我聞一時佛住舍衛國祇樹給
孤獨園時有一梵天住梵天上起如

是邪見言此處常恒不變易純一出離未曾見有來至此處況復有過此上者尒時世尊知彼梵天心之所念即入三昧如其正受於舍衛國沒現梵天宮當彼梵天頂上於虛空中結跏趺坐正身繫念尒時尊者阿若俱隣作是念今日世尊為在何所即以天眼淨過人間眼觀見世尊在梵天上見已即入三昧如其正受於舍衛國沒現彼梵世在於東方西面向佛結跏趺坐端身繫念在佛座下梵天座上尒時尊者摩訶迦葉作是念今日世尊為在何所即以天眼淨過於人眼見世尊在梵天上見已即入三昧如其正受於舍衛國沒現梵天上在於南方北面向佛結跏趺坐端身繫念在佛座下梵天座上時尊者舍利弗作是念世尊今者為在何所即以天眼淨過於人眼見世尊在梵天上見已即入三昧如其正受於舍衛國沒住梵天上在於西方東面向佛結跏趺坐端身繫念在佛座下梵天座上

尒時尊者大目揵連即作是念今日世尊為在何所以天眼淨過於人眼遥見世尊在梵天上見已即入三昧如其正受於舍衛國沒住梵天上在於北方南面向佛結跏趺坐端身繫念在佛座下梵天座上尒時世尊告梵天曰汝今復起是見從本已來未曾見有過我上者不梵天白佛我今不敢復言我未曾見有過我上者唯見梵天光明被郭尒時世尊為彼梵天種種說法示教照喜已即入三昧如其正受於梵天上沒還舍衛國尊者阿若俱隣摩訶迦葉舍利弗為彼梵天種種說法示教照喜已即入三昧如其正受於梵天沒還舍衛國唯尊者大目揵連仍於彼住時彼梵天問尊者大目揵連世尊諸餘弟子悉有如是大德大力不時尊者大目揵連即說偈言

大德具三明　通達觀他心　漏盡諸羅漢
其數無有量

時尊者大目揵連為彼梵天種種說法示教照喜已即入三昧如其正受

於梵天沒還舍衛國

如是我聞一時佛住俱尸那竭國力士生地堅固雙樹林尒時世尊臨般涅槃告尊者阿難汝於堅固雙樹間敷繩牀北首如來今日中夜於無餘涅槃而般涅槃時尊者阿難奉世尊教於雙堅固樹間敷繩牀北首已還世尊所稽首礼足白言世尊以為如來於雙堅固樹間敷繩牀令北首於是世尊往就繩牀右脅著地北首而卧足足相累繫念明想尒時世尊即於中夜於無餘涅槃而般涅槃般涅槃已雙堅固樹尋即生花周匝垂下供養世尊時有異比丘即說偈言

善好堅固樹　枝條垂礼佛　妙花以供養
大師般涅槃

尋時釋提桓因說偈

一切行無常　斯皆生滅法　雖生尋以滅
斯寂滅為樂

尋時娑婆世界主梵天王次復說偈言

世間一切生　立者皆當捨　如是聖大師

世間無有比　逮得如來力　普為世間眼
終歸會磨滅　入無餘涅槃
尊者阿那律陁次復說偈言
出息入息住　立心善攝護　從所依而來
世間般涅槃　大恐怖相生　令人身毛竪
一切行力具　大師般涅槃　其心不懈怠
亦不住諸愛　心法漸解脫　如薪盡火滅
如來涅槃後七日尊者阿難往枝提
所而說偈言
導師此寶身　往詣梵天上　如是大神力
內火還燒身　五百氎纒身　悉燒令磨滅
千領細氎衣　以衣如來身　唯二領不燒
最上及親身
尊者阿難說是偈時諸比丘默然悲喜

雜阿含經卷第四十四

雜阿含經卷第四十四

校勘記

一　底本，金藏廣勝寺本。
一　一六九頁下五行第九字「要」，資、磧、普、南、徑、清作「惡」。
一　一六九頁下一一行「偈答言」，石、麗作「說偈答言」。
一　一六九頁下末行「絺菴羅園」，石、麗作「絺羅菴羅園」。
一　一七〇頁上七行「今發」，諸本作「令發」。
一　一七〇頁中二〇行第八字「一」，麗無。
一　一七〇頁下一一行第一二字及次頁上二行第七字「荒」，石、磧、普、南、徑、清、麗作「葉」。
一　一七〇頁下一二行第一〇字「無」，資、磧、普、南、徑、清作「非」。
一　一七〇頁下一八行「黃眼赤髮」，石、磧、普、南、徑、清、麗作「赤眼黃髮」。
一　一七一頁上一四行「照喜」，資、磧、普、南、徑、清作「照喜已」。
一　一七一頁中一行「不生」，資、磧、普、南、徑、清作「不空」。
一　一七一頁中三行末字「入」，資、普、南、徑、清作「入娑羅林」；磧作「入娑羅林」。
一　一七一頁中五行「婆羅」，石、麗作「婆羅門」。
一　一七一頁中一八行「白言」，資、磧、普、南、徑、清作「白佛言」。
一　一七一頁下一〇行「外門」，資、磧、普、南、徑、清作「門外」。第一一字「即」，資、磧、普、南、徑、清無。
一　一七一頁下一一行「髮鬚」，石、磧、普、南、徑、清、麗作「鬚髮」。
一　一七一頁下二一行末字「言」，磧、普、南無。
一　一七一頁下二二行「何等爲時施」，資、磧、普、南、徑、清作「何爲等時施」。
一　一七二頁上二行「趣生」，資作「起

坐」。

一七二頁上一四行「其所」，磧作「具所」。

一七二頁中五行「過問」，石、麗作「遇問」。

一七二頁中一九行「深邃」，石作「深遠」。

一七二頁下二行第一〇字「著」，石作「者」。

一七二頁下五行「不樂」，資、磧、普、南、徑、清作「正樂」。

一七二頁下一四行末字「綱」，諸本作「網」。

一七三頁上四行「時至」，資、磧、普、南、徑、清作「持至」。

一七三頁上五行「聲聞已」，石、資、磧、普、南、徑、清作「行聲聞已」。

一七三頁上一二行「何性」，諸本作「何姓」。

一七三頁上一三行「莫得」，石、麗作「莫問」。

一七三頁中三行第五字「者」，資、磧、普、南、徑、清、麗無。

一七三頁中一五行「薪火」，石作「樵火」；資、磧、普、南、徑、清作「炬火」。

一七三頁中一六行「常富」，資、磧、普、南、徑、清作「當」。

一七三頁中一七行「與淨信」，石、磧、普、南、徑、清、麗作「興淨信」。

一七三頁下二二行「受時」，諸本作「受持」。

一七四頁上三行第四字「汗」，麗作「汙」。

一七四頁上七行「羅豆婆遮」，資、磧、普、南、徑、清作「婆羅豆婆遮」。

一七四頁上二〇行「而前」，石、資、磧、普、南、徑、清作「面前」。

一七四頁中六行末字「去」，石、資、磧、普、南、徑、清作「而去」。

一七四頁中二一行第四字「依」，諸本作「依彼」。

一七四頁下一一行第一二字「世」，石、麗作「世尊」。

一七五頁上八行「心法」，諸本作「心法法」。

一七五頁中一行「度乘」，資、磧、普、南、徑、清作「乘度」。

一七五頁中九行首字「尒」，資、磧、普、南、徑、清無。

一七五頁中一七行「人天」，石、資、普、南、徑、清、麗作「天人」；磧作「大人」。

一七五頁下一一行「邊牀座」，石、麗作「邊林座」。

一七六頁上一行「羅漢」，資、磧、普、南、徑、清作「阿羅漢」。

一七六頁上五行「皆來悉會」，諸本作「皆悉來會」。

一七六頁上一二行「大衆」，資、磧、普、南、徑、清、麗作「天衆」。

一七六頁上一三行「恭敬」，徑作「供敬」。

一七六頁上一九行「水流」，石作「渠流」。

一七六頁上末行「得天身受樂」，

資、磧、普、南、徑、清作「得身天受樂」。

一　一七六頁中五行「大三昧」，石、資、磧、普、南、徑、清作「火三昧」，下同。

一　一七六頁中一五行「何有」，資、磧、普、南、徑、清作「故有」。

一　一七六頁中一六行「覺想」，磧、普、南、徑、清作「妄想」。

一　一七六頁下七行「不可思」，諸本作「不可量」。

一　一七七頁上二行「善梵王」，石作「善梵天王」。

一　一七七頁上一六行第五字「而」，石無。

一　一七七頁上一九行「如是如是梵天梵天」，資、磧、普、南、徑、清、麗作「如是梵天如是梵天」。

一　一七七頁中一行「夫士」，徑、清作「士夫」。

一　一七七頁中五行「尼羅浮地」，資、磧、普、南、徑、清作「危羅浮陀」。

同行「三十有六百」，石、磧、普、南、徑、清作「三千有六百」。

一　一七七頁中六行「阿浮地」，諸本作「阿浮陀」。

一　一七七頁中一四行「没住梵天上」，石作「没往梵天上」；徑作「没住梵天土」。石下同。

一　一七七頁中一五行「而說」，石、資、磧、普、南、徑、清作「即說」。

一　一七七頁中一六行「福樂」，資、磧、普、南、徑、清作「福業」。

一　一七七頁中一八行「長存」，石作「長在」。

一　一七七頁下一七行「金光炎」，石作「金色炎」。

一　一七八頁下一行「舍衛國」，磧作「舍衛園」。

一　一七八頁下一一行「明想」，石、麗作「明相」。

一　一七九頁上八行「住枝提」，資、磧、普、南、徑、清作「住支提」。

一　一七九頁上一三行「嚫身」，諸本作「襯身」。

一　一七九頁上一四行「說是偈」，資、磧、普、南、徑、清作「說是偈已」。

雜阿含經卷第四十五

宋天竺三藏求那跋陀羅譯　沠

如是我聞一時佛住舍衛國祇樹給孤獨園時有阿腨毗比丘尼住舍衛國王園精舍比丘尼衆中時阿腨毗比丘尼晨朝著衣持鉢入舍衛城乞食食已還精舍舉衣鉢洗足持尼師壇著右肩上入安陁林坐禪時魔波旬作是念今沙門瞿曇住舍衛國祇樹給孤獨園有弟子阿腨毗比丘尼住舍衛國王園精舍比丘尼衆中晨朝著衣持鉢入舍衛城乞食食已還精舍舉衣鉢洗足已持尼師壇著肩上入安陁林坐禪我今當往為作留難即化作年少容貌端正往詣彼比丘尼所語比丘尼言阿姨欲何處去比丘尼荅言賢者到遠離處去時魔波旬即說偈言

世間無有出　用求遠離為　還服食五欲
勿令後變悔

時阿腨毗比丘尼作是念是誰欲恐怖我為是人耶為非人耶姧狡人耶

心即念言此必惡魔欲乱我耳覺知已而說偈言

世間有出要　我自知所得　鄙下之惡魔
汝不知其道　譬如利刀害　五欲亦如是
譬如斬肉形　苦受陰亦然　如汝向所說
服樂五欲者　是則不可樂　大恐怖之處
離一切喜樂　捨諸大闇冥　以滅盡作證
安住離諸漏　覺知汝惡魔　尋即自滅去

時魔波旬作是念彼阿腨毗比丘尼已知我心愁憂不樂即沒不現

如是我聞一時佛住舍衛國祇樹給孤獨園時有蘇摩比丘尼住舍衛國王園精舍比丘尼衆中晨朝著衣持鉢入舍衛城乞食食已還精舍舉衣鉢洗足畢持尼師壇著右肩上至安陁林坐禪時魔波旬作是念今沙門瞿曇住舍衛國祇樹給孤獨園有蘇摩比丘尼住舍衛國王園精舍比丘尼衆中晨朝著衣持鉢入舍衛城乞食食已還精舍舉衣鉢洗足畢持尼師壇著肩上入安陁林坐禪我今當往為作留難即化作年少容貌端正往至蘇摩比丘尼所問言阿姨欲至

何所荅言賢者欲至遠離 處去時魔
波旬即說偈言
仙人所住處 是處甚難得 非彼二指智
能得到彼處
時蘇摩比丘尼作是念此是何等欲
恐怖我為人為非人為姧狡人作此
思惟已決定智生知是惡魔来欲嬈
乱即說偈言
心入於正受 女形復何為 智或若生已
逮得無上法 若於男女想 心不得俱離
彼即隨魔說 汝應往語彼 離於一切苦
捨一切闇冥 逮得滅盡證 安住諸漏盡
覺知汝應去時魔波旬作是念即自磨
滅去蘇摩比丘尼已知我心內懷憂
悔即没不現
如是我聞一時佛住舍衛國祇樹給
孤獨園時有吉離舍瞿曇弥比丘尼
住舍衛國王園精舍比丘尼衆中晨
朝著衣持鉢至舍衛城乞食食已還
精舍舉衣鉢洗足畢持尼師壇著肩
上入安陁林於一樹下結跏趺坐入
晝正受時魔波旬作是念今沙門瞿
曇住舍衛國祇樹給孤獨園時吉離

舍瞿曇弥比丘尼住舍衛國王園精
舍比丘尼衆中晨朝著衣持鉢入舍
衛城乞食食已還精舍舉衣鉢洗足
畢持尼師壇著肩上入安陁林於一
樹下結跏趺坐入晝正受我今當往
為作留難即化作年少容貌端正往
至吉離舍瞿曇弥比丘尼所而說
偈言
汝何喪其子 涕泣憂愁貌 獨坐於樹下
何求於男子
時吉離舍瞿曇弥比丘尼作是念為
誰恐怖我為人為非人為姧狡者如
是思惟生決定智惡魔波旬来嬈我
耳即說偈言
無邊際諸子 一切皆亡失 此則男子邊
已度男子表 不惱不憂愁 佛教作已作
一切離憂苦 捨一切闇冥 已滅盡作證
安隱盡諸漏 已知汝弊魔 於此自滅去
時魔波旬作是念吉離舍瞿曇弥比
丘尼已知我心愁憂苦惱即没不現
如是我聞一時佛住舍衛國祇樹給
孤獨園時有優鉢羅色比丘尼住舍
衛國王園比丘尼衆中晨朝著衣持

鉢入舍衛城乞食食已還精舍舉衣
鉢洗足畢持尼師壇着肩上入安陁
林坐一樹下入晝正受時魔波旬作
是念今沙門瞿曇住舍衛國祇樹給
孤獨園優鉢羅色比丘尼住舍衛國
王園比丘尼衆中晨朝着衣持鉢入
舍衛城乞食食已還精舍舉衣鉢洗
足畢持尼師壇着肩上入安陁林坐
一樹下入晝正受我今當往為作留
難即化作年少容貌端正至優鉢羅
色比丘尼所而說偈言
妙華堅固樹 依止其樹下 獨一無等侶
不畏惡人耶
時優鉢羅色比丘尼作是念為何等
人欲恐怖我為是人為非人為姧狡
人如是思惟即得覺知必是惡魔波
旬欲乱我耳即說偈言
設使有百千 皆是姧狡人 如汝等惡魔
来至我所者 不能動毛髮 不畏汝惡魔
魔復說偈言
我今入汝腹 住於內藏中 或住兩眉間
汝不能見我
時優鉢羅色比丘尼復說偈言

我心有大力　善修習神通　大縛已解脫
不畏汝惡魔　我已吐三垢　恐怖之根本
住於不恐地　不畏於魔軍　於一切愛喜
離一切闇冥　已證於寂滅　安住諸漏盡
覺知汝惡魔　自當消滅去

時魔波旬作是念優鉢羅色比丘尼已知我心內懷憂慼即沒不現

如是我聞一時佛住舍衛國祇樹給孤獨園時尸羅比丘尼住舍衛國王園比丘尼衆中晨朝著衣持鉢入舍衛城乞食食已還精舍舉衣鉢洗足畢持尼師壇著肩上入安陁林坐一樹下入晝正受時魔波旬作是念今沙門瞿曇住舍衛國祇樹給孤獨園尸羅比丘尼住舍衛國王園精舍比丘尼衆中晨朝著衣持鉢入舍衛城乞食食已還精舍舉衣鉢洗足畢持尼師壇著肩上入安陁林坐一樹下入晝正受我今當往為作留難即化作年少容貌端正往到尸羅比丘尼前而說偈言

衆生云何生　誰為其作者　衆生何處起
去復至何所

尸羅比丘尼作是念此是何人欲恐怖我為人為非人為姧狡人作是思惟已即生知覺此是惡魔欲作留難即說偈言

汝謂有衆生　此則惡魔見　唯有空陰聚
無是衆生者　如和合衆材　世名之為車
諸陰因緣合　假名為衆生　其生則苦生
住亦即苦住　無餘法生苦　苦生苦自滅
捨一切愛苦　離一切闇冥　已證於寂滅
安住諸漏盡　已知汝惡魔　則自消滅去

時魔波旬作是念尸羅比丘尼已知我心內懷憂慼即沒不現

如是我聞一時佛住舍衛國祇樹給孤獨園時毗羅比丘尼住舍衛國王園比丘尼衆中晨朝著衣持鉢入舍衛城乞食食已還精舍舉衣鉢洗足畢持尼師壇著肩上入安陁林坐一樹下入晝正受時魔波旬作是念今沙門瞿曇住舍衛國祇樹給孤獨園毗羅比丘尼住舍衛國王園比丘尼衆中晨朝著衣持鉢入舍衛城乞食已還精舍舉衣鉢洗足畢持尼師壇著肩上入安陁林坐一樹下入晝正

受我當往彼為作留難即化作年少容貌端正至毗羅比丘尼所而說偈言

云何作此形　誰為其作者　此形何處起
形去至何所

毗羅比丘尼作是念是何人來恐怖我為人為非人為姧狡人如是思惟即得知覺惡魔波旬欲作嬈亂即說偈言

此形不自造　亦非他所作　因緣會而生
緣散即磨滅　如世諸種子　因大地而生
因地水火風　陰界入亦然　因緣和合生
緣離則磨滅　捨一切愛苦　離一切闇冥
已證於寂滅　安住諸漏盡　惡魔以知汝
即自磨滅去

時魔波旬作是念毗羅比丘尼已知我心生大憂慼即沒不現

如是我聞一時佛住舍衛國祇樹給孤獨園時有毗闍耶比丘尼住舍衛國王園比丘尼衆中晨朝著衣持鉢入舍衛城乞食食已還精舍舉衣鉢洗足畢持尼師壇著肩上入安陁林坐一樹下入晝正受時魔波旬作是

念此沙門瞿曇住舍衛國祇樹給孤獨園弟子毗闍耶比丘尼住舍衛國王園比丘尼衆中晨朝著衣持鉢入舍衛城乞食食已還精舍舉衣鉢洗足畢持尼師壇著肩上入安陁林坐一樹下入晝正受我今當往為作留難即化作年少容貌端正往至其前而說偈言

汝今年幼少　我亦是年少　當共於此處
作五種音樂　而共相娛樂　用是禪思為

時毗闍耶比丘尼作是念此何等人欲恐怖我為是人耶為非人耶為姧姣人耶如是思惟已即得知覺是魔波旬欲作嬈乱即說偈言

歌儛作衆伎　種種相娛樂　今悉已惠汝
非我之所須　若寂滅正受　及天人五欲
一切持相與　亦非我所須　捨一切喜歡
離一切闇冥　寂滅以作證　安住諸漏盡
已知汝惡魔　當自消滅去

時魔波旬作是念是毗闍耶比丘尼已知我心內懷憂慼即沒不現

如是我聞一時佛住舍衛國祇樹給孤獨園時遮羅比丘尼住舍衛國王

園比丘尼衆中晨朝著衣持鉢入舍衛乞食食已還精舍舉衣鉢洗足畢持尼師壇著肩上至安陁林坐一樹下入晝正受時魔波旬作是念今沙門瞿曇在舍衛國祇樹給孤獨園遮羅比丘尼亦住舍衛國王園比丘尼衆中晨朝著衣持鉢入舍衛城乞食食已還精舍洗足畢舉衣鉢持尼師壇著肩上入安陁林坐一樹下入晝正受我今當往為作留難化作年少容貌端正至遮羅比丘尼前而說偈言

覺受生為樂　生服受五欲　為誰教受汝
令猒離於生

時遮羅比丘尼作是念此是何人欲作恐怖為人為非人為姧姣人而來至此欲作嬈乱即說偈言

生者必有死　生則受諸苦　鞭打諸惱苦
一切緣生有　當斷一切苦　超越一切生
慧眼觀聖諦　牟尼所說法　苦苦及苦業
滅盡離諸苦　修習八正道　安隱趣涅槃
大師平等法　我於樂彼法　我知彼法故
不復樂受生　一切離愛喜　捨一切闇冥

寂滅以作證　安住諸漏盡　覺知汝惡魔
自當消滅去

時魔波旬作是念遮羅比丘尼已知我心內懷憂慼即沒不現

如是我聞一時佛住舍衛國祇樹給孤獨園時優波遮羅比丘尼亦住舍衛國王園比丘尼衆中晨朝著衣持鉢入舍衛城乞食食已還精舍舉衣鉢洗足畢持尼師壇著肩上入安陁林坐一樹下入晝正受時魔波旬作是念今沙門瞿曇住舍衛國祇樹給孤獨園優波遮羅比丘尼亦住舍衛國王園比丘尼衆中晨朝著衣持鉢入舍衛城乞食食已還精舍舉衣鉢洗足畢持尼師壇著肩上入安陁林坐一樹下入晝正受我今當往為作留難即化作年少容貌端正至優波遮羅比丘尼所而說偈言

三十三天上　炎魔兜率陁　化樂他自在
發願得往生

優波遮羅比丘尼作是念此何等人欲恐怖我為人為非人為是姧姣人自思覺悟必是惡魔欲作嬈乱而說

偈言

三十三天上　炎魔兜率陁　化樂他自在
斯等諸天上　不離有為行　故隨魔自在
一切諸世間　悉是衆行聚　一切諸世間
悉皆動揺法　一切諸世間　苦火常熾燃
一切諸世間　悉皆烟塵起　不動亦不揺
不習近凡夫　不隨於魔趣　於是處娛樂
離一切愛苦　捨一切闇冥　寂滅以作證
安住諸漏盡　已覺汝魔悪　則自磨滅去

時魔波旬作是念優波遮羅比丘尼已知我心内懷憂慼即没不現

如是我聞一時佛住舍衛國祇樹給孤獨園時尸利沙遮羅比丘尼亦住舍衛國王園比丘尼衆中晨朝著衣持鉢入舍衛城乞食食已還精舍舉衣鉢洗足畢持尼師壇著肩上入安陁林坐一樹下入晝正受時魔波旬作是念今沙門瞿曇住舍衛國祇樹給孤獨園時尸利沙遮羅比丘尼亦住舍衛國王園比丘尼衆中晨朝著衣持鉢入舍衛城乞食食已還精舍舉衣鉢洗足畢持尼師壇著肩上入安陁林坐一樹下入晝正受我當往

彼為作留難化作年少容貌端正往到尸利沙遮羅比丘尼所而作是言阿姨汝樂何等諸道比丘尼答言我都無所樂時魔波旬即説偈言

汝何所諮受　剃頭作沙門　身著袈裟衣
而作出家相　不樂於諸道　而守愚癡住

時尸利沙遮羅比丘尼作是念此何等人欲恐怖我為人為非人為姧狡人如是思惟已即自知覺悪魔波旬欲作嬈亂即説偈言

此法外諸道　諸見所纒縛　縛於諸見已
常隨魔自在　若生釋種家　稟無比大師
能伏諸魔怨　不為彼所伏　清淨一切脱
道眼普觀察　一切智悉知　最勝離諸漏
彼則我大師　我唯樂彼法　我入彼法已
得遠離寂滅　離一切愛喜　捨一切闇冥
寂滅以作證　安住諸漏盡　已知汝悪魔
如是自滅去

時魔波旬作是念尸利沙遮羅比丘尼已知我心内懷憂慼即没不現

如是我聞一時佛住瞻婆國揭伽池側尒時世尊月十五日布薩時於大衆前坐月初出時時有尊者婆耆

舍於大衆中作是念我今欲於佛前歎月譬偈作是念已即從坐起整衣服為佛作礼合掌白佛言世尊欲有所説善逝欲有所説佛告婆耆舍欲説者便説時尊者婆耆舍即於佛前而説偈言

如月停虚空　明淨無雲翳　光炎明暉曜
普照於十方　如来亦如是　慧光照世間
功德善名稱　周遍滿十方

尊者婆耆舍説是偈時諸比丘聞其所説皆大歡喜

如是我聞一時佛住瞻婆國揭伽池側尒時尊者阿若憍陳如久住空閑阿練若處来詣佛所稽首佛足以面掩佛足上而説是言久不見世尊久不見善逝尒時尊者婆耆舍在於會中作是念我今當於尊者阿若憍陳如面前以上座譬而讚歎之作此念已即從坐起整衣服為佛作礼合掌白佛世尊欲有所説善逝欲有所説佛告婆耆舍欲説時便説時尊者婆耆舍即説偈言

上座之上座　尊者憍陳如　已度已超越

得安樂正受　於阿練若處　常樂於遠離
聲聞之所應　大師正法教　一切悉皆陳
正受不放逸　大德力三明　他心智明了
上座憍陳如　護持佛法財　增上恭敬心
頭面礼佛足

尊者婆耆舍說是語時諸比丘聞其所說皆大歡喜

如是我聞一時佛住瞻婆國揭伽池側時尊者舍利弗在供養堂有衆多比丘集會而為說法句味滿足辯才簡淨易解樂聞不閡不斷深義顯現彼諸比丘尊至樂聽尊重憶念一心側聽時尊者婆耆舍在於會中作是念我當於尊者舍利弗面前說偈讚歎作是念已即起合掌白尊者舍利弗我欲有所說舍利弗告言隨所樂說尊者婆耆舍即說偈言

善能略說法　令衆廣開解　賢優婆提舍
於大衆宣暢　當所說法時　咽喉出美聲
悅樂愛念聲　調和漸進聲　聞聲皆欣樂
專念不移轉

尊者婆耆舍說此語時諸比丘聞其所說皆大歡喜

如是我聞一時佛住王舍城那伽山側五百比丘俱皆是阿羅漢諸漏已盡所作已作離諸重擔逮得已利斷諸有結正智心善解脫尊者大目揵連觀大衆心一切皆悉解脫貪欲時尊者婆耆舍於大衆中作是念我今當於世尊及比丘僧面前說偈讚歎作是念已即從座起整衣服合掌白佛言世尊欲有所說善逝欲有所說佛告婆耆舍隨所樂說時尊者婆耆舍即說偈言

導師無上士　住那伽山側　五百比丘衆
親奉於大師　尊者大目連　神通諦明了
觀彼大衆心　悉皆離貪欲　如是具足度
牟尼度彼岸　持此㝡後身　我今稽首礼

尊者婆耆舍說是語時諸比丘聞其所說皆大歡喜

如是我聞一時佛住王舍城迦蘭陀竹園夏安居與大比丘衆五百人俱皆是阿羅漢諸漏已盡所作已作離諸重擔斷除有結正智心善解脫除一比丘謂尊者阿難世尊記說彼現法當得無知證尒時世尊臨十五日

月食受於時大衆前敷座而坐坐已告諸比丘我為婆羅門得般涅槃持後邊身為大醫師拔諸箭刺我為婆羅門得般涅槃持此後邊身無上醫師能拔箭刺汝等為子從我口生從法化生得法餘財當懷受我莫令我若身若口若心有可嫌責事尒時尊者舍利弗在衆會中從座起整衣服為佛作礼合掌白佛世尊向者作如是言我為婆羅門得般涅槃持㝡後身無上大醫能拔箭刺汝為我子從佛口生從法化生得法餘財諸比丘當懷受我莫令我身口心有可嫌責我等不見世尊身口心有可嫌責事所以者何世尊不調伏者能令調伏不寂靜者能令寂靜不穌息者能令穌息不般涅槃者能令般涅槃如來知道如來說道如來向道然後聲聞成就隨道宗道奉受師教如其教授正向欣樂真如善法我於世尊都不見有可嫌責身口心行我今於世尊所乞願懷受見聞疑罪若身口心有嫌責事佛告舍利弗我不見汝有

見聞疑身口心可嫌責事所以者何
汝舍利弗持戒多聞少欲知足修行
遠離精勤方便正念正受健疾智慧
明利智慧出要智慧猒離智慧大智
慧廣智慧深智慧無比智慧智寶
成就示教照喜亦常讚歎示教照喜
為衆說法未曾疲倦辟如轉輪聖王
第一長子應受灌頂而未灌頂已住
灌頂儀法如父之法所可轉者亦當
隨轉汝今如是為我長子隣受灌頂
而未灌頂住於儀法我所應轉法輪
汝亦隨轉得無所起盡諸有漏心善
解脫如是舍利弗我於汝所都無見
聞疑身口心可嫌責事舍利弗白佛
言世尊若我無有見聞疑身口心可
嫌責事此諸五百諸比丘得無有見
聞疑身口心可嫌責事耶佛告舍利
弗我於此五百比丘亦不見有見聞
疑身口心可嫌責事所以者何此五
百比丘皆是阿羅漢諸漏已盡所作
已作已捨重擔斷諸有結正智心善
解脫除一比丘謂尊者阿難我記說
彼於現法中得無知證是故諸五百

比丘我不見其有身口心見聞疑罪
可嫌責者舍利弗白佛言世尊此五
百比丘既無有見聞疑身口心可嫌
責事然此中幾比丘得三明幾比丘
俱解脫幾比丘慧解脫佛告舍利弗
此五百比丘中九十比丘得三明九
十比丘得俱解脫餘者慧解脫舍利
弗此諸比丘離諸飄轉無有皮膚貞
實堅固時尊者婆耆舍在衆會中作
是念我今當於世尊及大衆面前歎
說聽受偈作是念已即從座起整衣
服為佛作礼右膝著地合掌白佛世
尊欲有所說善逝欲有所說佛告婆
耆舍隨所樂說時婆耆舍即說偈言
十五清淨日　其衆五百人　斷除一切結
有盡大仙人　清淨相習近　清淨廣解脫
不更受諸有　生死已永絕　所作者已作
得一切漏盡　五蓋已雲除　拔刺根本愛
師子無所畏　離一切有餘　害諸有怨結
超越有餘境　諸有漏怨敵　皆悉已潛伏
猶如轉輪王　懷受諸眷屬　慈心廣宣化
海內悉奉用　能伏魔怨敵　為無上導師
信敬心奉事　三明老死滅　為法之真子

無有飄轉患　拔諸煩惱刺　敬礼日種胤
佛說是經已諸比丘聞佛所說歡喜
奉行
如是我聞一時佛住王舍城迦蘭陀
竹園介時尊者尼拘律相住於曠野
禽獸住處尊者婆耆舍出家未久有
如是威儀依聚落城邑住晨朝著衣
持鉢於彼聚落城邑乞食善護其身
守諸根門攝心繫念食已還住處舉
衣鉢洗足畢入室坐禪速從禪覺不
著乞食而彼無有隨時教授無有教
誡者心不安樂周圓隱覆如是深住
時尊者婆耆舍作是念我不得利難
得非易得非不隨時得教授教誡不
得欣樂周圓隱覆心住我今當讚歎
自猒之偈即說偈言
當捨樂不樂　及一切貪覺　於憐無所作
離染名比丘　於六覺心想　馳騁於世間
惡不善隱覆　不能去皮膚　織汙樂於心
是不名比丘　有餘縛所縛　見聞覺識俱
於欲覺悟者　彼處不復染　如是不染者
是則為牟尼　大地及虛空　世間諸色像
斯皆磨滅法　寂然自決定　法器久修習

而得三摩提　不觸不諂偽　其心極專至
彼聖久涅槃　繫念待時滅

時尊者婆耆舍說自猒離偈心自開覺於不樂等聞覺巳欣樂心住

如是我聞一時佛住舍衛國祇樹給孤獨園尒時尊者阿難陁晨朝著衣持鉢入舍衛城乞食以尊者婆耆舍為伴時尊者婆耆舍見女人有上妙色見巳貪欲心起時尊者婆耆舍作是念我今得不利得苦非得樂我今見年少女人有妙絶之色貪欲心生今為生猒離故而說偈言

貪欲所覆故　熾然燒我心　今尊者阿難
為我滅貪火　慈心哀愍故　方便為我說

尊者阿難說偈荅言

以彼顛倒想　熾然燒其心　遠離於淨想
長養貪欲者　當修不淨觀　常一心正受
速滅貪欲火　莫令燒其心　諦觀察諸行
苦空非有我　繫念正觀身　多修習猒離
修習於無相　滅除高慢使　得慢無間等
究竟於苦邊

尊者阿難說是語時尊者婆耆舍聞其所說歡喜奉行

如是我聞一時佛住舍衛國祇樹給孤獨園時有一長者請佛及僧就其舍食入其舍巳尊者婆耆舍直日住守請其食分時有衆多長者婦女從聚落出往詣精舍時尊者婆耆舍見年少女人容色端正貪欲心起時尊者婆耆舍作是念我今不利不得利得苦不得樂見他女人容色端正貪欲心生我今當說猒離偈念巳而說偈言

我巳得出離　非家而出家　貪欲隨逐我
如牛念他苗　當如大將子　大力執強弓
能破彼重陣　一人摧伏千　今於日種胤
面前聞所說　正趣涅槃道　決定心樂住
如是不放逸　寂滅正受住　無能於我心
幻惑欺誑者　決定善觀察　安住於正法
正使無量數　欲來欺惑我　如是等惡魔
莫能見於我

時尊者婆耆舍說是偈巳心得安住

如是我聞一時佛住舍衛國祇樹給孤獨園時尊者婆耆舍自以智慧堪能善說於法聰明梵行所生高慢心即自心念我不利不得利得苦不得

樂我自以智慧輕慢於彼聰明梵行者於今當說能生猒離偈即說偈言

瞿曇莫生慢　斷慢令無餘　莫起慢覺想
莫退生變悔　莫隱覆於他　涅犁煞慢墮
正受能除憂　見道住正道　其心得喜樂
見道自攝持　是故無尋辯　清淨離諸蓋
斷一切諸慢　起一切明處　正念於三明
神足他心智

時尊者婆耆舍說此生猒離偈巳心得清淨

如是我聞一時佛住舍衛國祇樹給孤獨園時尊者婆耆舍住舍衛國東園鹿子母講堂獨一思惟不放逸住專修自業逮得三明身作證時尊者婆耆舍作是念我獨一靜處思惟不放逸住專修自業起於三明身作證今當說偈讚歎三明即說偈言

本欲心狂惑　聚落及家家　遊行遇見佛
授我殊勝法　瞿曇哀愍故　為我說正法
聞法得淨信　捨非家出家　聞彼說法巳
正住於法教　勤方便繫念　堅固常堪能
逮得於三明　於佛教巳作　世尊善顯示
日種苗胤說　為生盲衆生　開其出要門

苦苦及苦因　苦滅盡作證　八聖離苦道
安樂趣涅槃　善義善句味　梵行無過上
世尊善顯示　涅槃濟衆生
如是我聞一時佛住舍衛國祇樹給孤獨園尒時世尊告諸比丘我今當說四法句諦聽善思當為汝說何等為四
賢聖善說法　是則為最上　愛說非不愛
是則為第二　諦說非虛妄　是則第三說
法說不異言　是則為第四
諸比丘是名說四法句尒時尊者婆耆舍於衆會中作是念世尊於四衆中說四法句我當以四種讚歎稱譽隨喜即從座起整衣服為佛作礼合掌白佛言世尊欲有所說善逝欲有所說佛告婆耆舍隨所樂說時尊者婆耆舍即說偈言
若善說法者　於已不惱迫　亦不恐怖他
是則為善說　所說愛說者　說令彼歡喜
不令彼為惡　是則為愛說　諦說知甘露
諦說知無上　諦義說法說　正士建立處
如佛所說說　安隱涅槃道　滅除一切苦
是名善說法

佛說此經已諸比丘聞佛所說歡喜奉行
如是我聞一時佛住王舍城那伽山側與千比丘俱皆是阿羅漢盡諸有漏所作已作離諸重擔逮得已利盡諸有結正智心善解脫尒時尊者婆耆舍住王舍城寒林中丘塚間作是念今世尊住王舍城那伽山側與千比丘俱皆是阿羅漢諸漏已盡所作已作離諸重擔逮得已利盡諸有結正智心善解脫我今當往各別讚歎世尊及比丘僧作是念已即往詣佛所稽首礼足退住一面而說偈言
無上之導師　住那伽山側　千比丘眷屬
奉事於如來　大師廣說法　清淨涅槃道
專聽清白法　正覺之所說　正覺尊所敬
處於大衆中　德陰之大龍　仙人之上首
興功德密雲　普雨聲聞衆　起於盡正受
來奉現大師　弟子婆耆舍　稽首而現礼
世尊欲有所說唯然善逝欲有所說佛告婆耆舍隨汝所說莫先思惟時婆耆舍即說偈言
波旬起微惡　潛制令速滅　能掩障諸魔

今自覺知遍　觀察解結縛　分別清白法
明照如日月　為諸異道王　超出智作證
演說第一法　出煩惱諸流　說道無量種
建立於甘露　見諦真實法　如是隨順道
如是師難得　建立甘露道　見諦崇遠離
世尊善說法　能除人陰蓋　明見於諸法
為調伏隨學
尊者婆耆舍說是偈已諸比丘聞其所說皆大歡喜
如是我聞一時佛住波羅㮈國仙人住處鹿野苑中尒時世尊為比丘衆說四聖諦相應法謂此苦聖諦此苦集聖諦此苦滅聖諦此苦滅道跡聖諦時尊者婆耆舍在會中作是念我今當於世尊面前讚歎拔箭之辟如是念已即從座起整衣服合掌白佛言唯然世尊欲有所說唯然善逝欲有所說佛告婆耆舍隨所樂說時尊者婆耆舍即說偈言
我今敬礼佛　哀愍諸衆生　第一拔利箭
善解治衆病　迦露醫投藥　波睺羅治藥
及彼瞻婆耆　耆婆醫療病　或有病小差
名為善治病　後時病還發　抱病遂至死

正覺大醫王　善投衆生藥　究竟除衆苦
不復受諸有　乃至百千種　那由他病數
佛悉為療治　究竟於苦邊　諸醫來會者
我今悉告汝　得甘露法藥　隨所樂而服
第一拔利箭　善覺知衆病　治中之最上
故稽首瞿曇

尊者婆耆舍說是語時諸比丘聞其所說皆大歡喜

如是我聞一時佛住王舍城迦蘭陀竹園時有尊者尼拘律想住於曠野禽獸之處疾病委篤尊者婆耆舍為看病人瞻視供養彼尊者尼拘律想以疾病故遂般涅槃時尊者婆耆舍作是念我和上為有餘涅槃無餘涅槃我今當求其相尒時尊者婆耆舍供養尊者尼拘律想舍利已持衣鉢向王舍城次第到王舍城舉衣鉢洗足已詣佛所稽首礼足退住一面而說偈言

我今礼大師　等正覺無滅　於此現法中
一切疑網斷　曠野住比丘　命終般涅槃
威儀攝諸根　大德稱於世　世尊為制名
名尼拘律想　我今問世尊　彼不動解脫

精進勤方便　功德為我說　我為釋迦種
世尊法弟子　及餘皆欲知　圓道眼所說
我等住於此　一切皆欲聞　世尊為大師
無上救世間　斷疑大牟尼　智慧已具備
圓照神道眼　光明顯四衆　猶如天帝釋
曜三十三天　諸貪欲疑惑　皆從無明起
若得遇如来　斷滅悉無餘　世尊神道眼
世間為最上　滅除衆生過　如風飄遊塵
一切諸世間　煩惱覆隱沒　設餘悉無有
眼目如佛者　慧光照一切　令同大精進
唯願大智尊　當為衆記說　言出微妙聲
我等專心聽　柔軟音演說　諸世間普聞
猶如熱渴逼　求索清涼水　如佛無滅知
我等亦求知

尊者婆耆舍復說偈言

令聞無上士　記說其功德　不空修梵行
我聞大歡喜　如說隨說得　順牟尼弟子
滅生死長縻　虛偽幻化縛　以見世尊故
能斷除諸愛　度生死彼岸　不復受諸有

佛說此經已尊者婆耆舍聞佛所說歡喜隨喜作礼而去

雜阿含經卷第四十五

雜阿含經卷第四十五

校勘記

一　底本，金藏廣勝寺本。

一　一八二頁中一三行末字「肩」，諸本作「右肩」。

一　一八二頁下五行「肉形」，【資】、【磧】、【普】、【南】、【徑】、【清】作「肉刑」。

一　一八二頁下二一行「肩上」，【石】、【麗】作「右肩上」。

一　一八三頁上一三行「覺知汝應去」，【資】作「覺說汝應」；【麗】作「覺知汝惡魔」。

一　一八三頁上一三行第六字至次行首二字「時魔波旬作是念即自磨滅去」，【麗】作「即自魔滅去時魔波旬作是念」。

一　一八三頁上二二行「盡正受」，【資】、【磧】、【普】、【南】、【徑】、【清】、【麗】作「晝正受」，下同。

一　一八三頁中一三行首三字「是思惟」，【石】作「是心思惟」。第七字

「智」，資、磧、普、南、徑、清作「智知」。

— 一八三頁中一七行，一八四頁下一三行、一八六頁上八行「愛苦」，資、磧、普、南、徑、清作「憂苦」。

— 一八四頁上二行「汝惡魔」，石作「於惡魔」。

— 一八四頁上二一行首字「前」，石作「所」。

— 一八四頁中九行「捨一切愛苦」，資、磧、普、南、徑、清作「於一切憂苦」。

— 一八四頁中一一行「已知」，資、磧、普、南作「已爲」。

— 一八四頁中二一行末字「食」，諸本作「食食」。

— 一八五頁上一六行「天人」，石作「人天」。

— 一八五頁上一七行「喜歡」，石、資、磧、普、南、徑、清作「喜樂」。

— 一八五頁中一行末字至次行首字「舍衛」，諸本作「舍衛城」。

— 一八五頁中一〇行及次頁中一行「化作」，資、磧、普、南、徑、清作「即化作」。

— 一八五頁中一三行「教受」，資、磧、普、南、徑、清作「教授」。

— 一八五頁中一七行「至此」，石、資、磧、普、南、徑、清作「到此」。

— 一八五頁中二〇行「苦業」，石、麗作「若集」。

— 一八六頁上二行「化樂」，石作「他樂」。

— 一八六頁上七行「不隨」，資、磧、普、南、徑、清作「不墮」。

— 一八六頁上九行「魔惡」，諸本作「惡魔」。

— 一八七頁上四行「佛法財」，徑作「佛法教」。

— 一八七頁下一行「於時」，諸本作「時於」。

— 一八八頁上三行「健疾」，諸本作「捷疾」。

— 一八八頁上五行末字「實」，麗作「寶」。

— 一八八頁上一一行「法輪」，石無。

— 一八八頁上一六行第五字「諸」，資、磧、普、南、徑、清無。

— 一八八頁中一一行第二字「聽」，資、磧、普、南、徑、清、麗作「懷」。

— 一八八頁中一二行「右脥」，諸本作「右膝」。

— 一八八頁中一九行「害諸」，資作「虐諸」。

— 一八八頁中末行「真子」，石作「真行」。

— 一八八頁下五行第一〇字「相」，資、磧、普、南、徑、清作「想」。

— 一八八頁下一〇行「速從」，麗作「速徙」。

— 一八八頁下一二行「深住」，石作「深往」。

— 一八八頁下一四行「非不」，石、麗作「我不」。

— 一八八頁下一七行第一二字「憐」，諸本作「隣」。

一　一八九頁上四行「聞覺」，資、磧、普、南、徑、清、麗作「開覺」。

一　一八九頁上一三行「令尊者」，資、磧、普、南、徑、清作「令尊者」。

一　一八九頁上二〇行「高慢」，石、麗作「憍慢」。下同。同行「無聞」，諸本作「無間」。

一　一八九頁上二一行「苦邊」，資作「苦道」。

一　一八九頁中二二行「善說於法」，南、徑、清作「善說於彼」。

一　一八九頁下二行「於今」，諸本作「我今」。

一　一八九頁下一七行「今當」，磧、普作「令當」。

一　一九〇頁上二〇行「愛說」，石作「善說」。

一　一九〇頁上二二行「說說」，諸本作「說法」。

一　一九〇頁中五行「已作」，資、磧、普、南、徑、清作「已辦」。

一　一九〇頁中一五行「清淨」，資、磧、普、南、徑、清、麗作「清涼」。

一　一九〇頁中一九行「現大師」，資、磧、普、南、徑、清、麗作「覲大師」。同行「現礼」，石、麗作「頂礼」。

一　一九〇頁下一行「知遍」，諸本作「知過」。

一　一九〇頁下二一行「治藥」，石作「醫治」。

一　一九一頁上一一行「委萬」，資、磧、麗作「委篤」；普、南、徑、清作「痿篤」。

一　一九一頁上二〇行「無滅」，資、磧、普、南、徑、清作「無減」。

一　一九一頁中四行「具脩」，資作「具修」。

一　一九一頁中八行「衆生過」，麗作「衆生愚」。

一　一九一頁中九行「設餘」，石、南、徑、清作「諸餘」。

一　一九一頁中一〇行「眼目」，諸本作「明目」。

雜阿含經卷第四十六　　流

宋天竺三藏求那跋陀羅　譯

如是我聞一時佛住舍衛國祇樹給孤獨園尒時世尊告諸比丘過去世時天阿脩羅對陣闘戰阿脩羅勝諸天天不如時天帝釋軍壞退散極生恐怖乘車北馳還歸天宮須弥山下道逕藂林林下有金翅鳥巢多有金翅鳥子尒時帝釋恐車馬過踐殺鳥子告御者言可迴車還勿殺鳥子御者白王阿脩羅軍後来逐人若迴還者為彼所困帝釋告言寧當迴還為阿脩羅殺不以軍衆蹈殺衆生於道御者轉乘南向阿脩羅軍遥見帝釋轉乘而還謂為戰策即還退走衆大恐怖壞陣流散帰阿脩羅宮佛告諸比丘彼天帝釋於三十三天為自在王以慈心故威力摧伏阿脩羅軍亦常讚嘆慈心功德汝等比丘正信非家出家學道當脩慈心亦應讚嘆慈心功德佛說此經已諸比丘聞佛所說歡喜奉行

如是我聞一時佛住王舍城迦蘭陁竹園時王舍城中有一士夫貧窮辛苦而住佛法僧受持禁戒多聞廣學力行恵施正見成就彼身壞命終得生天上三十三天有三事勝於餘三十三天何等為三一者天壽二者天色三者天名稱諸三十三天見是天子三事特勝天壽天色天名稱勝餘諸天見已往詣天帝釋所作如是言憍尸迦當知有一天子始生此天於先諸天三事特勝天壽天色及天名稱時天帝釋告彼天子諸仁者我見此人於王舍城作一士夫貧窮辛苦於如来法律得信向心乃至正見成就身壞命終来生此天於諸三十三天三事特勝天壽天色及天名稱時天帝釋即說偈言

正信於如来　決定不傾動　受持真實戒
聖戒無猒者　於佛心清淨　成就於正見
當知非貧苦　不空而自活　故於佛法僧
當生清淨信　智慧力增明　思念佛正教

佛說此經已諸比丘聞佛所說歡喜奉行

如是我聞一時佛住王舍城耆闍崛山中尒時王舍城人普設大會悉為請種種異道有事遮羅迦外道者作是念我今請遮羅迦道天先作福田或有事外道出家者有事尼乾子道者有事老弟子者有事大弟子者有事佛弟子僧者咸作是念今當令佛面前僧先作福田時天帝釋作是念莫令王舍城諸人捨佛面前僧而奉事餘道求索福田我當疾往為王舍城人建立福田即化作大婆羅門儀容嚴整乘白馬車諸年少婆羅門衆前後導從持金斗繖蓋至王舍城詣諸處處大衆會中諸王舍城一切士女咸作是念但當觀望此大婆羅門所奉事處我當從彼而先供養為良福田時天帝釋知王舍城一切士女心之所念駕乘導從逕詣耆闍崛山至於門外除去五飾往詣佛所稽首佛足退坐一面而說偈言

善分別顯示　一切法彼岸　悉度諸恐怖
故稽首瞿曇　諸人普設會　欲求大功德
各各設大施　常願有餘果　願為說福田

令斯施果成　帝釋大自在　天王之所問
於耆闍崛山　大師為記說　諸人普設會
欲求大功德　各各設大施　常願有餘果
今當說福田　施得大果處　正向者有四
四聖住於果　是名僧福田　明行定具足
僧福田增廣　無量踰大海　調人師弟子
照明顯正法　斯等善供養　施僧良福田
於僧良福田　佛說得大果　以僧離五蓋
清淨應讚嘆　施彼最上田　少施獲大利
是故諸人者　常施僧福田　增得勝妙法
明行定相應　供此珎寶僧　施主心歡喜
起於三種心　施衣服飲食　離塵垢觚刺
超度諸惡趣　躬自行啓請　自手平等與
自利亦利他　是施獲大利　慧者如是施
淨信心解脫　無罪安樂施　乘智往生彼

時天帝釋聞佛所說歡喜隨喜為佛作礼即沒不現

尒時王舍城諸人民即從座起整衣服為佛作礼合掌白佛言世尊唯願世尊與諸大衆受我供食尒時世尊默然受請是王舍城人民知世尊默然受其請已作礼而歸到諸大會處具飲食布置牀坐晨朝遣使白佛時

到唯願知時尒時世尊與諸大衆著衣持鉢至大會所於大衆前敷座而坐王舍城人知佛坐定自行種種濃美飲食食已洗鉢澡漱畢還復本座聽佛說法尒時世尊為王舍城人種種說法示教照喜已從座起而去

如是我聞一時佛住王舍城耆闍崛山中廣說如上說差別者時天帝釋說異偈而問佛言

今請問瞿曇　微密深妙慧　世尊之所體
無障导知見

衆人普設會偈如上廣說乃至為王舍城諸設會者說種種法示教照喜已從座起去

如是我聞一時佛在拘薩羅人間遊行至舍衛國祇樹給孤獨園時波斯匿王聞世尊拘薩羅人間遊行至舍衛國祇樹給孤獨園聞已往詣佛所稽首佛足退坐一面白佛言世尊我聞世尊自記說成阿耨多羅三藐三菩提諸人傳者得非虛妄過長說耶為如來說說如法說隨順法說耶非是他人損同法者於其問答生厭薄

處耶佛告大王彼如是說是真諦說
非為虛妄如說說如法說隨順法說
非是他人損同法者於其間荅生猒
薄處所以者何大王我今實得阿耨
多羅三藐三菩提故波斯匿王白佛
言雖復世尊作如是說我猶故不信
所以者何此聞有諸宿重沙門婆羅
門所謂富蘭那迦葉末迦利瞿舍梨
子刪闍耶毗羅胝子阿耆多枳舍欽
婆羅迦羅拘陁迦栴延尼乾陁若提
子彼等不自說言得阿耨多羅三藐
三菩提何得世尊幼小年少出家未
久而便自證得阿耨多羅三藐三菩
提佛告大王有四種雖小而不可輕
何等為四剎利王子年少幼小而不
可輕龍子年少幼小而不可輕小火
雖微而不可輕比丘幼小而不可輕
尒時世尊即說偈言
剎利形相具　貴族發名稱　雖復年幼稚
智者所不輕　此必居王位　願念生怨害
是故難可輕　應生大恭敬　善求自護者
自護如護命　以平等自護　而等護於命
聚落及空處　見彼幼龍者　莫以小虵故

而生輕慢想　雜色小龍形　亦應令安樂
輕虵無士女　悉為毒所害　是故自護者
當如護己命　以斯善護已　而等護於彼
猛火之所食　雖小食無限　小燭亦能燒
足薪則弥廣　從微漸進燒　盡聚落城邑
是故自護者　當如護己命　以斯善護已
而等護於彼　烕火之所焚　百卉蕩燒盡
滅已不盈縮　戒火還復生　若輕毀比丘
受持淨戒火　燒身及子孫　衆灾流百世
如燒多羅樹　無有生長期　是故當自護
如自護己命　以斯善自護　而等護於彼
剎利形相具　幼龍及火小　比丘具淨戒
不應起輕想　是故當自護　如今護己命
以斯善自護　而等護於彼
佛說此經已波斯匿王聞佛所說歡
喜隨喜作礼而去
如是我聞一時佛住舍衛國祇樹給
孤獨園時波斯匿王有祖母極所敬
重忽尒命終出城闍維供養舍利畢
弊衣乱髮來詣佛所稽首佛足退坐
一面尒時世尊告波斯匿王大王從
何所來弊衣乱髮波斯匿王白佛世
尊我亡祖母極所敬重捨我命終出

城於外闍維供養畢來詣世尊佛
告大王極愛重敬念祖親耶波斯匿
王白佛世尊極敬重愛戀世尊若國
土所有象馬七寶乃至國位悉持與
人能救祖母命者悉當與之既不能
救生死長辞悲戀憂苦不自堪勝曾
聞世尊所說一切衆生一切虫一切
神生者皆死無不窮盡無有出生而
不死者今日乃知世尊善說佛言大
王如是如是一切衆生一切虫一切
神生者趣死終歸窮盡無有一生而
不死者佛告大王正使婆羅門大姓
剎利大姓長者大姓生者皆死無不
死者正使剎利大王灌頂居位王四
天下得力自在於諸敵國無不降伏
終歸有極無不死者若復大王生長
壽天王於天宮自在快樂終亦歸盡
無不死者若復大王羅漢比丘諸漏
已盡離諸重檐所作已作逮得己利
盡諸有結正智心善解脫彼亦歸盡
捨身涅槃若復緣覺善調善寂盡
此身命終歸涅槃諸佛世尊十力具
足四無所畏勝師子吼終亦捨身取

般涅槃以如是比大王當知一切衆

生一切虫一切神有生輙死終歸磨
滅無不死者尒時世尊復說偈言
一切衆生類　有命終歸死　各隨業所趣
善惡果自受　惡業墮地獄　為善上昇天
修習勝妙道　漏盡般涅槃　如來及緣覺
佛聲聞弟子　會當捨身命　何況俗凡夫
佛說此經已波斯匿王聞佛所說歡
喜隨喜作礼而去
如是我聞一時佛住舍衛國祇樹給
孤獨園時波斯匿王獨一靜處禪思
思惟作是念云何為自念云何為不
自念復作是念若有行身惡行行口
惡行行意惡行者當知斯等為不自
念若復行身善行行口善行行意善
行者當知斯等則為自念從禪覺已
往詣佛所稽首佛足退住一面白佛
言世尊我於靜處獨一思惟作是念
云何為自念云何為不自念復作是
念若有行身惡行行口惡行行意惡
行者當知斯等為不自念若復行身
善行行口善行行意善行者當知斯
等則為自念佛告大王如是大王如

是大王若有行身惡行行口惡行行

意惡行者當知斯等為不自念彼雖
自謂為自愛念而實非自念所以者
何無有惡知識所作惡不念者所不
念不愛者所不愛所作如其自為自
已所作者是故斯等為不自念若復
大王行身善行行口善行行意善行
者當知斯等則為自念斯等自謂不
自愛惜已身然其斯等實為自念所
以者何無有善友於善友所作念者
念作愛者愛作如自為已所作者是
故斯等則為自念尒時世尊復說
偈言
謂為自念者　不應造惡行　終不因惡行
令已得安樂　謂為自念者　終不造惡行
造諸善業者　令已得安樂　若自愛念者
善護而自護　如善護國王　外防邊境城
若自愛念者　極善自寶藏　如善守之王
內防邊境城　如是自寶藏　剎那無間缺
剎那缺致憂　惡道長受苦
佛說此經已波斯匿王聞佛所說歡
喜隨喜作礼而去
如是我聞一時佛住舍衛國祇樹給

孤獨園尒時波斯匿王獨靜思惟作

如是念云何自護云何不自護復作
是念若有行身惡行行口惡行行意
惡行者當知斯等為不自護若復行
身善行行口善行行意善行者當知
斯等則為自護從禪覺已往詣佛所
稽首佛足退坐一面白佛言世尊我
獨靜思惟而作是念云何為自護云
何為不自護復作是念若有行身惡
行行口惡行行意惡行者當知斯等
為不自護若復行身善行行口善行
行意善行者當知斯等則為自護佛
告大王如是大王如是大王若有行
身惡行行口惡行行意惡行者當知
斯等為不自護而彼自謂能自防護
象軍馬軍車軍步軍以自防護雖謂
自護實非自護所以者何雖護於外
不護於內是故大王名不自護大王
若復有行身善行行口善行行意善
行者當知斯等則為自護彼雖不以
象馬車步四軍自防而實自護所以
者何護其內者名善自護非謂防外
尒時世尊復說偈言

善護於身口　及意一切業　慙愧而自防
是名善守護
時波斯匿王聞佛所說歡喜隨喜作礼而去

如是我聞一時佛住舍衛國祇樹給孤獨園時波斯匿王獨靜思惟作是念世少有人得勝妙財利能不放逸能不貪著能於衆生不起惡行世多有人得勝妙財利起於放逸增其貪著起諸邪行作是念已往詣佛所稽首佛足退坐一面白佛言世尊我獨靜思惟作是念世間少有人得勝妙財能於財利不起放逸不起貪著不作邪行世多有人得勝妙財而起放逸生於貪著多起邪行佛告波斯匿王如是大王如是大王世少有人得勝妙財利能不貪著不起放逸不起邪行世多有人得勝妙財利於財放逸而起貪著起諸邪行大王當知彼諸世人得勝財利於財放逸而起貪著作邪行者愚癡人長夜當得不饒益苦大王譬如獦師獦師弟子空野杯中張網施羅多殺禽獸困苦衆生

惡業增廣如是世人得勝妙財利於財放逸而起貪著造諸邪行亦復如是是愚癡人長夜當得不饒益苦介時世尊復說偈言

貪欲於勝財　為貪所迷醉　狂乱不自覺
猶如捕獦者　緣斯放逸故　當受大苦報

佛說此經已波斯匿王聞佛所說歡喜隨喜作礼而去

如是我聞一時佛住舍衛國祇樹給孤獨園時波斯匿王於正殿上自觀察王事見勝刹利大姓見勝婆羅門大姓見勝長者大姓因貪欲故欺誑妄語即作是念止此斷事息此斷事我更不復親臨斷事我有賢子當令斷事去何自見此勝刹利大姓婆羅門大姓長者大姓為貪欲故欺詐妄語時波斯匿王作是念已往詣佛所稽首佛足退坐一面白佛言世尊我於殿上自斷王事見諸勝刹利大姓婆羅門大姓長者大姓為貪利故欺詐妄語世尊我見是事已作是念我從今日止此斷事息此斷事我有賢子當令其斷不親自見此勝刹利大

姓婆羅門大姓長者大姓緣貪利故欺詐妄語佛告波斯匿王如是大王如是大王彼勝刹利大姓婆羅門大姓長者大姓因貪利故欺詐妄語彼愚癡人長夜當得不饒益苦大王當知辟如魚師魚師弟子於河溪谷截流張網殘煞衆生令遭大苦如是大王彼勝刹利大姓婆羅門大姓長者大姓因貪利故欺詐妄語長夜當得不饒益苦介時世尊復說偈言

於財起貪欲　貪欲所迷醉　狂乱不自覺
猶如魚捕者　緣斯惡業故　當受劇苦報

佛說此經已波斯匿王聞佛所說歡喜隨喜作礼而去

如是我聞一時佛住舍衛國祇樹給孤獨園時波斯匿王来詣佛所稽首佛足退坐一面白佛言世尊此舍衛國有長者名摩訶男多財巨富藏積真金至百千億況復餘財世尊摩訶男長者如是巨富作如是食用食麁碎米食豆羹食腐敗薑著麁布衣單皮革屣乘羸敗車戴樹葉蓋未曾聞其供養施與沙門婆羅門給卹貧

苦行路頬乏諸乞匄者開門而食莫令沙門婆羅門貧窮行路諸乞匄者見之佛告波斯匿王此非正士得勝財利不自受用不知供養父母供給妻子宗親眷屬卹諸僕使施與知識不知隨時供給沙門婆羅門種勝福田崇向勝處長受安樂未來生天得勝財物不知廣用取其大利大王譬如曠野湖池聚水無有受用洗浴飲者即於澤中煎熬消盡如是不善士夫得勝財物乃至不廣受用取其大利如彼池水大王有善男子得勝財利使樂受用供養父母供給妻子宗親眷屬給卹僕使施諸知識時時供養沙門婆羅門種勝福田崇向勝處未來生天得勝錢財能廣受用倍取大利譬如大王聚落城郭邊有池水澄淨清涼樹林蔭覆令人愛樂多衆受用乃至禽獸如是善男子得勝妙財自供快樂供養父母乃至種勝福田廣取大利尒時世尊復說偈言

曠野湖池水　清涼極鮮淨　無有受用者
即於彼消盡　如是勝妙財　惡士夫所得

不能自受用　亦不供卹彼　徒自苦積聚
聚已而自喪　慧者得勝財　能自樂受用
廣施作功德　及與親眷屬　隨所應給與
如牛王領衆　施與及受用　不失所應者
乘理而壽終　生天受福樂

佛說此經已波斯匿王聞佛所說歡喜隨喜作礼而去

如是我聞一時佛住舍衛國祇樹給孤獨園尒時舍衛國有長者名摩訶男命終無有兒息波斯匿王以無子無親屬之財悉入王家波斯匿王日日按閱財物身蒙塵土來詣佛所稽首佛足退坐一面尒時世尊告波斯匿王大王從何所來身蒙塵土似有疲惓波斯匿王白佛世尊此國長者摩訶男命終有無子之財悉入王家瞻視料理致令疲勞塵土坌身從其舍來佛問波斯匿王彼摩訶男長者大富多財耶波斯匿王白佛大富世尊錢財甚多百千巨億金銀寶物況復餘財世尊彼摩訶男在世之時麤衣惡食如上廣說佛告波斯匿王彼摩訶男過去世時遇多迦羅尸棄辟

支佛施一飡食非淨信心不恭敬與不自手與施後變悔言此飡食自可供給我諸僕使無辜持用施於沙門由是施福七反往生三十三天七反生此舍衛國中最勝族姓最富錢財以彼施辟支佛時不淨信心不手自與不恭敬與施後隨悔故在所生處雖得財富猶故受用麤衣麤食麤弊卧具屋舍車乘初不曾得上妙色聲香味觸以自安身復次大王時彼摩訶男長者殺其異母兄取其財物緣斯罪故經百千歲墮地獄中彼餘罪報生舍衛國七反受身常以無子財沒入王家大王摩訶男長者今此壽終過去施報盡於此身以彼慳貪於財放逸因造過惡於此命終已墮地獄受極苦惱波斯匿王白佛言世尊摩訶男長者命終已入地獄受苦痛耶佛言如是大王已入地獄時波斯匿王念彼悲泣以衣拭淚而說偈言

財物真金寶　象馬莊嚴具　奴僕諸僮使
及諸田宅等　一切皆遺棄　裸神獨遊往
福運數已窮　永捨於人身　彼今何所有

何所持而去　於何事不捨　如影之隨形
尒時世尊說偈答言
唯有罪福業　若人已作者　是則已之有
彼則常持去　生死未曾捨　如影之隨形
如人少資糧　涉遠道苦難　不修功德者
必經惡道苦　如人豐資糧　安樂以遠遊
修德淳厚者　善趣長受樂　如人遠遊行
歲久安隱歸　宗親善知識　歡樂欣集會
善修功德者　此沒生他世　彼諸親眷屬
見則心歡喜　是故當修福　積集斯永久
福德能為人　建立他世樂　福德天所歎
等修正行故　現世人不毀　終則生天上
佛說此經已波斯匿王聞佛所說歡
喜隨喜作礼而去
如是我聞一時佛住舍衛國祇樹給
孤獨園尒時波斯匿王普設大會為
大會故以千特牛行列繫住集衆供
具遠集一切諸異外道悉來聚集波
斯匿王大會之處時有衆多比丘亦
晨朝著衣持鉢入舍衛城乞食聞波
斯匿王普設大會如上廣說乃至種
種外道皆悉來集聞已乞食畢還精
舍舉衣鉢洗足已往詣佛所稽首佛

足退坐一面白佛言世尊我等今日
衆多比丘晨朝著衣持鉢入舍衛城
乞食聞波斯匿王普設大會如上廣
說乃至種種異道集於會所尒時世
尊即說偈言
月月設大會　乃至百千數　不如正信佛
十六分之一　如是信法僧　慈念於衆生
彼大會之福　十六不及一　若人於世間
億年設福業　於直心敬礼　四分不及一
佛說此經已諸比丘聞佛所說歡喜
奉行
如是我聞一時佛住舍衛國祇樹給
孤獨園時波斯匿王忿諸國人多所
囚執若剎利若婆羅門若鞞舍若首
陁羅若旃陁羅持戒犯戒在家出家
悉皆被録或鏁或持或以繩縛時有
衆多比丘晨朝著衣持鉢入舍衛城
乞食聞波斯匿王多所攝録乃至或
鏁或縛乞食畢還精舍舉衣鉢洗足
已往詣佛所稽首佛足退坐一面白
佛言世尊我等今日衆多比丘入城
乞食聞波斯匿王多所収録乃至鏁
縛尒時世尊即說偈言

非繩鏁杻械　名曰堅固縛　染汙心顧念
錢財寶妻子　是縛長且固　雖緩難可脫
慧者不顧念　世間五欲樂　是則斷諸縛
安隱永超世
佛說此經已諸比丘聞佛所說歡喜
奉行
如是我聞一時佛住舍衛國祇樹給
孤獨園時波斯匿王摩竭提國阿闍
世王韋提希子共相違背摩竭提王
阿闍世韋提希子起四種軍象軍馬
軍車軍步軍來至拘薩羅國波斯匿
王聞阿闍世王韋提希子四種軍至
亦集四種軍象軍馬軍車軍步軍出
共鬪戰阿闍世王四軍得勝波斯匿
王四軍不如退敗星散單車馳走還
舍衛城時有衆多比丘晨朝著衣持
鉢入舍衛城乞食聞摩竭提王阿闍
世韋提希子起四種軍來至拘薩羅
國波斯匿王起四種軍出共鬪戰波
斯匿王四軍不如退敗星散波斯匿
王恐怖狼狽單車馳走還舍衛城聞
已乞食畢還精舍舉衣鉢洗足已往
詣佛所稽首佛足退坐一面白佛言

世尊我等今日衆多比丘入城乞食聞摩竭提主阿闍世王韋提希子起四種軍如是廣說乃至單車馳走還舍衛城尒時世尊即說偈言

戰勝增怨敵　敗苦卧不安　勝敗二俱捨
卧覺寂靜樂

佛說此經已諸比丘聞佛所說歡喜奉行

如是我聞一時佛住舍衛國祇樹給孤獨園時波斯匿王與摩竭提王阿闍世韋提希子共相違背摩竭提王阿闍世韋提希子起四種軍來至拘薩羅國波斯匿王倍興四軍出共鬪戰波斯匿王四種軍勝阿闍世王四種軍退摧伏星散波斯匿王悉皆虜掠阿闍世王象馬車乘錢財寶物生禽阿闍世王身載以同車俱詣佛所稽首佛足退坐一面波斯匿王白佛言世尊此是阿闍世王韋提希子長夜於我無怨恨人而生怨結於好人所而作不好然其是我善友之子當放令還國佛告波斯匿王善哉大王放其令去令汝長夜安樂饒益尒時

世尊即說偈言

乃至力自在　能廣廣掠披　助怨在力增
倍収已他利

佛說此經已波斯匿王及阿闍世王韋提希子聞佛所說歡喜隨喜作礼而去

如是我聞一時佛住舍衛國祇樹給孤獨園時波斯匿王獨靜思惟作是念世尊正法現法離諸熾然不待時節通達現見自覺證知此法是善知識善伴黨非是惡知識惡伴黨作是念已往詣佛所稽首佛足退坐一面白佛言世尊我獨靜思惟作是念世尊正法現法離諸熾然不待時節通達現見自覺證知是則善知識善伴黨非惡知識惡伴黨佛告波斯匿王如是大王如是大王世尊正法律現法離諸熾然不待時節通達現見緣自覺知是則善知識善伴黨非惡知識惡伴黨所以者何我為善知識衆生有生法者解脫於生衆生有老病死憂悲惱苦者悉令解脫大王我於一時住王舍城山谷精舍時阿難陁

比丘獨靜思惟作是念半梵行者是善知識善伴黨非惡知識惡伴黨作是念已来詣我所稽首我足退坐一面白我言世尊我獨靜思惟作是念半梵行者是善知識善伴黨非惡知識惡伴黨我時告言阿難莫作是語半梵行者是善知識善伴黨非惡知識惡伴黨所以者何純一滿淨梵行清白謂善知識善伴黨非惡知識惡伴黨所以者何我常為諸衆生作善知識其諸衆生有生故當知世尊正法現法令脫於生有老病死憂悲惱苦者離諸熾然不待時節現令脫惱苦見通達自覺證知是則善知識善伴黨非惡知識惡伴黨尒時世尊即說偈言

讚歎不放逸　是則佛正教　修禪不放逸
逮得證諸漏

佛說此經已波斯匿王聞佛所說歡喜隨喜作礼而去

如是我聞一時佛住舍衛國祇樹給孤獨園時波斯匿王獨靜思惟作是念頗有一法修習多修習得現法願

滿足後世願滿足現法後世願滿足不作是念已往詣佛所稽首佛足退坐一面白佛言世尊我獨靜思惟作是念頗有一法修習多修習得現法願滿足得後世願滿足現法後世願滿足不佛告波斯匿王如是大王如是大王有一法修習多修習得現法願滿足得後世願滿足得現法後世願滿足謂不放逸善法不放逸善法修習多修習得現法願滿足得後世願滿足得現法後法願滿足大王譬如世間所作麤業彼一切皆依於地而得建立不放逸善法亦復如是修習多修習得現法願滿足得後法願滿足得現法後法願滿足如力如是種子根堅堅陸水足行師子舍宅亦如是說是故大王當住不放逸當依不放逸住不放逸依不放逸已夫人當作是念大王住不放逸依不放逸我今亦當如是住不放逸依不放逸如是夫人如是大臣太子猛將亦如是國土人民應當念大王住不放逸依不放逸夫人太子大臣猛將住不

放逸依不放逸我等亦應如是住不放逸依不放逸大王若住不放逸依不放逸者則能自護夫人婇女亦能自保倉藏財寶增長豐實尒時世尊即說偈言

稱譽不放逸　毀呰放逸者　帝釋不放逸
能主忉利天　稱譽不放逸　毀呰放逸者
不放逸具足　攝持於二義　一者現法利
二後世亦然　是名無間等　甚深智慧者

佛說此經已波斯匿王聞佛所說歡喜隨喜作礼而去

如是我聞一時佛住舍衛國祇樹給孤獨園時波斯匿王獨靜思惟作是念此有三法一切世間所不愛念何等為三謂老病死如是三法一切世間所不愛念若無此三法世間所不愛者諸佛世尊不出於世世間亦不知有諸佛如來所覺知法為人廣說以有此三法世間所不愛念謂老病死故諸佛如來出興於世世間知有諸佛如來所覺知法廣宣說者波斯匿王作是念已往詣佛所稽首佛足退坐一面以其所念廣白世尊佛告

波斯匿王如是大王如是大王此有三法世間所不愛念謂老病死乃至世間知有如來所覺知法為人廣說尒時世尊復說偈言

王所乘寶車　終歸有朽壞　此身亦復然
遷移會歸老　唯如來正法　無有衰老相
稟斯正法者　永到安隱處　但凡鄙衰老
醜弊惡形類　衰老來踐蹈　迷魅愚夫心
若人壽百歲　常慮死隨至　老病競追逐
伺便輙加害

佛說此經已波斯匿王聞佛所說歡喜隨喜作礼而去

雜阿含經卷第四十六

雜阿含經卷第四十六

校勘記

一 底本，金藏廣勝寺本。

一 一九四頁下三行第三字「住」，資、磧、南、徑、清作「於」。

一 一九四頁下五行「三十三天」，資、磧、南、徑、清、麗作「生三十三天」。

一 一九四頁下七行「三十三天」，磧作「三十二天」。

一 一九五頁上四行「遮羅迦道」，資、磧、南、徑、清作「遮羅迦外道」。

一 一九五頁上六行「犬弟子」，資、磧、南、徑、清作「火弟子」。

一 一九五頁上一四行第八字「諸」，資、磧、南、徑、清作「語」。

一 一九五頁上末行「設福田」，麗作「說福田」。

一 一九五頁中一行「令斯」，資、磧、南、徑、清作「令期」。

一 一九五頁中二行「諸人」，徑、清作「諸天」。

一 一九五頁中一〇行「常施」，資、磧、南、徑、清、麗作「當施」。

一 一九五頁中二〇行「供食」，麗作「供養」。

一 一九五頁中二二行「大會」，麗作「人會」。

一 一九五頁下三行末字「濃」，資、磧、南、徑、清、麗作「豐」。

一 一九五頁下四行「食已」，麗作「食訖」。

一 一九五頁下二二行第三字「来」，資、磧、南、徑、清、麗無。

一 一九六頁中一二行「火小」，資、磧、南、徑、清、麗作「小火」。

一 一九六頁中一三行「如今」，資、磧、南、徑、清、麗作「如自」。

一 一九六頁下一行「城於外」，麗作「於城外」。

一 一九六頁下一一行「趣死」，資、磧、南、徑、清、麗作「輒死」。

一 一九六頁下一八行「羅漢」，資、磧、南、徑、清作「阿羅漢」。

一 一九七頁中六行第一三字「若」，磧作「者」。

一 一九七頁中二〇行第四字「鈙」，石、資、磧、南、徑、清、麗作「致」，下同。

一 一九八頁上五行「佛住」，資、磧、南、徑、清作「佛在」。

一 一九八頁上二一行「愚癡人」，資、磧、南、徑、清作「是愚癡人」。

一 一九八頁上二二行第二字「苦」，磧作「若」。

一 一九八頁中一二行「欺誑」，資、磧、南、徑、清、麗作「欺詐」。

一 一九九頁上六行「供給」，資、磧、南、徑、清作「供諸」。

一 一九九頁上二二行第八字「極」，徑作「及」。

一 一九九頁中一行「從自」，資、磧、南、徑、清、麗作「徒自」。

一 一九九頁中二〇行「金銀」，麗作「金錢」。

一 一九九頁下二行「飣食」，資、磧、

南、徑、清作「飲食」。
一 一九九頁下三行「無章」，石、資、磧、南、徑、清、麗作「無華」。
一 一九九頁下三行「施於」，徑、清作「施與」。
一 一九九頁下一三行末字「財」，磧作「則」。
一 一九九頁下二〇行「悲泣」，資、磧、南、徑、清作「垂泣」。
一 一九九頁下二一行「奴僕」，資、磧、南、徑、清作「奴婢」。
一 二〇〇頁上二行「說偈答言」，資、磧、南、徑、清作「即說偈答王」。
一 二〇〇頁上一〇行「斯永久」，資、磧、南、徑、清、麗作「期永久」。
一 二〇〇頁上一七行「繫住」，資、磧、南、徑、清作「繫柱」。
一 二〇〇頁中六行「月月」，資、磧、南、徑、清作「日日」。
一 二〇〇頁中九行「直心」，磧、南、徑、清作「真心」。
一 二〇〇頁中一六行「或持」，磧、南、徑、清作「或持械」；麗作「或杻機」。
一 二〇〇頁下四行「永超世」，資、磧、南、徑、清作「永超出」。
一 二〇一頁上二行「摩竭提主」，徑、清作「摩竭提王」。
一 二〇一頁上一三行「與四軍」，資、磧、南、徑、清、麗作「興四軍」。
一 二〇一頁中七行末字「給」，麗作「人」。
一 二〇二頁上五行第四字「得」，資、磧、南、徑、清無。
一 二〇二頁上一一行「後法」，麗作「後世」。
一 二〇二頁上一四行「後法」，磧、南、徑、清、麗作「後世」。
一 二〇二頁上一六行第五字「堅」，資、磧、南、徑、清、麗無。
一 二〇二頁中四行「倉藏」，資、磧、南、徑、清作「庫藏」。
一 二〇二頁中七行「能主」，磧作「能王」。
一 二〇二頁中一七行「諸佛」，磧、南、徑、清作「謂佛」。
一 二〇二頁中二二行「往詣」，資、磧、南、徑、清、麗作「来詣」。
一 二〇二頁下六行第一三字「褻」，石、資、磧、南、徑、清、麗作「衰」，下同。
一 二〇二頁下七行第一一字「但」，資、磧、南、徑、清作「恒」。
一 二〇二頁下八行第八字「未」，資、磧、南、徑、清、麗作「来」。

雜阿含經卷第四十七　流

宋天竺三藏求那跋陁羅　譯

如是我聞一時佛住舍衛國祇樹給孤獨園時給孤獨長者來詣佛所稽首佛足退坐一面白佛言世尊若有人在我舍者皆得淨信諸在我舍而命終者皆得生天佛言善哉善哉長者是深妙說是一向受於大衆中作師子吼言在我舍者皆得淨信及其命終皆生天上有何大德神力比丘為汝說言凡在汝舍命終者皆生天上耶長者白佛不也世尊復問云何為比丘尼為諸天為從我所面前聞說長者白佛不也世尊去何長者汝緣自知見知在我舍命終者皆生天上耶長者白佛不也世尊佛告長者汝既不從大德神力比丘所聞非比丘尼非諸天又不從我面前聞說復不緣自見知若有諸人於我舍命終者皆生天上汝今何由能作如是甚深妙說作一向受於大衆中作師子吼而作是言有人於我舍命終者皆生天上長者白佛無有比丘大德神力而來告我如上廣說乃至悉皆生天世尊然我有衆生主懷妊之時我即教彼為其子故歸佛歸法歸比丘僧及其生巳復教三歸及生知見復教持戒設復婢使下賤客人懷妊及生亦如是教若人賣奴婢者我輙往彼語言賢者我欲買人汝當歸佛歸法歸比丘僧受持禁戒隨我教者輙授五戒然後隨價而買不隨我教則所不取若復止客若傭作人亦復先要受三歸五戒然後受之若復有來求為弟子若復乞貸舉息我悉要以三歸五戒然後受之又復我舍供養佛及比丘僧時稱父母名兄弟妻子宗親知識國王大臣諸天龍神若存若亡沙門婆羅門內外眷屬下至僕使皆稱其名而為呪願又從世尊聞稱名呪願因緣皆得生天或因園田布施或因房舍或因床卧具或因常施或施行路下至一摶施與衆生此諸因緣皆生天上佛言善哉善哉長者汝以信心故能作是說如來於彼有

無上知見審知汝舍有人命終皆悉生天尒時給孤獨長者聞佛所說歡喜隨喜作礼而去

如是我聞一時佛住舍衛國祇樹給孤獨園尒時世尊告諸比丘當恭敬住常當繫心常當畏慎隨他自在諸脩梵行上中下座所以者何若有比丘不恭敬住不繫心不畏慎不隨他自在諸脩梵行上中下座而欲令威儀足者無有是處不備威儀欲令學法滿者無有是處學法不滿欲令戒身定身慧身解脫身解脫知見身具足者無有是處解脫知見不滿足欲令得無餘涅槃者无有是處如是比丘當勤恭敬繫心畏慎隨他德力諸脩梵行上中下座而威儀具足者斯有是處威儀具足已而學法具足者斯有是處學法備足已而戒身定身慧身解脫身解脫知見身具足者斯有是處解脫知見身具足已得無餘涅槃者斯有是處是故比丘當勤恭敬繫心畏慎隨他德力諸脩梵行上中下座威儀滿足乃至無餘涅槃當

如是學佛說此經已諸比丘聞佛所說歡喜奉行

如是我聞一時佛住舍衛國祇樹給孤獨園尒時世尊告諸比丘有二淨法能護世間何等為二所謂慙愧假便世間無此二淨法者世間亦不知有父母兄弟姊妹妻子宗親師長尊卑之序顛倒渾乱如畜生趣以有二種淨法所謂慙愧是故世間知有父母乃至師長尊卑之序則不渾乱如畜生趣尒時世尊即說偈言

世間若無有　慙愧二法者　違越清淨道
向生老病死　世間若成就　慙愧二法者
增長清淨道　永閉生死門

佛說此經已諸比丘聞佛所說歡喜奉行

如是我聞一時佛住舍衛國祇樹給孤獨園尒時世尊告諸比丘有燒燃法不燒燃法諦聽善思當為汝說云何燒燃法若男若女犯戒行惡不善法身惡行成就口意惡行成就若彼後時疾病困苦沉頓牀褥受諸苦毒當於尒時先所行惡悉皆憶念譬如

大山日西影覆如是衆生先所行惡身口意業諸不善法臨終悉現心乃追悔咄我咄我先不修善但行衆惡當墮惡趣受諸苦毒憶念是已心生燒燃心生變悔心生悔已不得善心命終後世亦不善心相續生是名燒燃法云何不燒燃若男子女人受持淨戒修真實法身善業成就口意善業成就臨壽終時身遭苦患沉頓牀褥衆苦觸身彼心憶念先修善法身善行口意善行成就當於尒時攀緣善法我作如是身口意善不為衆惡當生善趣不墮惡趣心不變悔不變悔故善心命終後世續善是名不燒燃法尒時世尊即說偈言

已種燒燃業　依於非法活　乘斯惡業行
必生地獄中　等活及黑繩　衆合二叫呼
燒燃極燒燃　無澤大地獄　是八大地獄
極苦難可過　惡業種種故　各別十六處
四周開四門　中間量悉等　鐵為四周板
四門扇亦鐵　鐵地盛火燃　其焰普周遍
縱廣百由旬　焰焰無間息　調伏非諸行
考治强梁者　長夜加楚毒　其苦難可見

見者生恐怖　悚慄身毛竪　墮彼地獄時
足上頭向下　止聖柔和心　修行梵行者
於此賢聖所　輒心起非義　及煞害衆生
墮斯熱地獄　宛轉於火中　猶如火炙魚
苦痛獅叫呼　如群戰象聲　大火自然生
斯由自業故

佛說此經已諸比丘聞佛所說歡喜奉行

如是我聞一時佛住舍衛國祇樹給孤獨園尒時世尊告諸比丘捨身惡行者能得身惡行斷不得身惡行斷者我不說彼捨身惡行以彼能得身惡行斷故是故我說彼捨身惡行身惡行者不以義饒益安樂衆生離身惡行以義饒益得安樂故是故我說捨身惡行口意惡行亦如是說佛說此經已諸比丘聞佛所說歡喜奉行

如是我聞一時佛住王舍城金師住處尒時世尊告諸比丘如鑄金者積聚沙土置於槽中然後以水灌之麁上煩惱剛石堅塊隨水而去猶有麁沙纏結復以水灌麁沙隨水流出然後生金猶為細沙黑土之所纏結復

以水灌細沙黑土隨水流出然後眞金純淨無雜猶有似金微垢然後金師置於爐中增火鼓韛令其融液垢穢悉除然其生金猶故不輕不軟光明不發屈伸則斷彼鍊金師鍊金弟子復置爐中增火鼓韛轉側陶鍊然後生金輕軟光澤屈伸不斷隨意所作釵鐺鐶釧諸莊嚴具如是淨心進向比丘麁煩惱纏惡不善業諸惡邪見漸斷令滅如彼生金淘去剛石堅塊復次淨心進向比丘除次麁垢欲覺恚覺害覺如彼生金除麁沙礫復次淨心進向比丘次除細垢謂親里覺人衆覺生天覺思惟除滅如彼生金除去塵垢細沙黑土復次淨心進向比丘有善法覺思惟除滅令心清淨猶如生金除去金色相似之垢令其純淨復次比丘於諸三昧有行所持猶如池水周匝岸持爲法所持不得寂靜勝妙不得息樂盡諸有漏如彼金師金師弟子陶鍊生金除諸垢穢不輕不軟不發光澤屈伸斷絶不得隨意成莊嚴具復次比丘得諸三昧不

爲有行所持得寂靜勝妙得息樂道一心一意盡諸有漏如鍊金師鍊金師弟子陶鍊生金令其輕軟不斷光澤屈伸隨意復次比丘離諸覺觀乃至得第二第三第四禪如是正受純一清淨離諸煩惱柔軟眞實不動於彼彼入處欲求作證悉能得證如彼金師陶鍊生金極令輕軟光澤不斷任作何器隨意所欲如是比丘三昧正受乃至於諸入處悉能得證佛說此經已時諸比丘聞佛所說歡喜奉行

如是我聞一時佛住王舍城迦蘭陀竹園尒時世尊告諸比丘應當專心方便隨時思惟三相云何爲三隨時思惟止相隨時思惟舉相隨時思惟捨相若比丘一向思惟止相則於是處其心下劣若復一向思惟舉相則於是處掉亂心起若復一向思惟捨相則於是處不得正定盡諸有漏以彼比丘隨時思惟止相隨時思惟舉相隨時思惟捨相故心則正定盡諸有漏如巧金師金師弟子以生金著

於爐中增火隨時扇韛隨時水灑隨時俱捨若一向鼓韛者即於是處生金焦盡一向水灑則於是處生金堅強若一向俱捨則於是處生金不熟則無所用是故巧金師金師弟子於彼生金隨時鼓韛隨時水灑隨時兩捨如是生金得等調適隨事所用如是比丘專心方便時時思惟憶念三相乃至漏盡佛說是經已諸比丘聞佛所說歡喜奉行

如是我聞一時佛住王舍城迦蘭陀竹園尒時世尊告諸比丘過去世時摩竭提國有牧牛者愚癡無慧夏末秋初不善觀察恒水此岸亦不善觀恒水彼岸而驅群牛峻岸而下峻岸而上中間洄澓多起患難諸比丘過去世時摩竭提國有牧牛人不愚不癡者有方便慧夏末秋初能善觀察恒水此岸亦善觀察恒水彼岸善度其牛至平博山谷好水草處彼初度時先度大牛能領群者斷其急流次驅第二多力少牛隨後而度然後第三驅羸小者隨逐下流悉皆次第安

隱得度新生犢子愛戀其母亦隨其
後得度彼岸如是比丘我說斯譬當
知其義彼摩竭提牧牛者愚癡無慧
彼諸六師富蘭那等亦復如是習諸
邪見向於邪道如彼牧牛人愚癡無
慧夏末秋初不善觀察此岸彼岸高
峻山嶮從嶮岸下嶮岸而上中間
洄澓多生患難如是六師富蘭那等
愚癡無慧不觀此岸謂於此世不觀
彼岸謂於他世中間洄澓謂境諸魔
自遭苦難彼諸見者習其所學亦遭
患難彼摩竭提善牧牛者不愚不癡
有方便慧謂如來應等正覺如牧牛
者善觀此岸善觀彼岸善度其牛於
平博山谷先度大牛能領群者橫截
急流安度彼岸如是我聲聞能盡諸
漏乃至自知不受後有橫截惡魔世
間貪流安隱得度生死彼岸如摩竭
提國善牧牛者次度第二多力少牛
截流橫度如是我諸聲聞斷五下分
結得阿那含於彼受生不還此世亦
復斷截惡魔貪流安隱得度生死彼
岸如摩竭提國善牧牛者駈其第三

雜阿含經卷第四十七　第十張　流

羸小少牛隨其下流安隱得度如是
我聲聞斷三結貪恚癡薄得斯陀含
一来此世究竟苦邊橫截於彼惡魔
貪流安隱得度生死彼岸如摩竭提
國善牧牛者新生犢子愛戀其母亦
隨得度如是我聲聞斷三結得須陀
洹不墮惡趣決定正向三菩提七有
天人往生究竟苦邊斷截惡魔貪流
安隱得度生死彼岸尒時世尊即說
偈言

此世及他世　明智善顯現　諸魔得未得
乃至於死魔　一切悉知者　三藐三佛智
斷截諸魔流　破壞令消亡　開示甘露門
顯現正真道　心常多欣悅　逮得安隱處

佛說此經已諸比丘聞佛所說歡喜
奉行

如是我聞一時佛住舍衛國祇樹給
孤獨園尒時世尊告諸比丘若牧牛
人成就十一法者不能令牛增長亦
不能擁護大群牛令等安樂何等為十
一謂不知色不知相不去虫不能覆
護其瘡不能起烟不知擇路不知擇
處不知度處不知食處盡轂其乳不

雜阿含經卷第四十七　第十一張　流

善料理能領群者是名十一法成就
不能黨護大群牛如是比丘成就十
一法者不能自安亦不安他何等為十
一謂不知色不知相不能除其害虫
不覆其瘡不能起烟不知正路不知
止處不知度處不知食處盡轂其乳
若有上座多聞耆舊久修梵行大師
所歎不向諸明智修梵行者稱譽其德
悉令宗敬奉事供養云何名不知色
諸所有色彼一切四大及四大造是
名為色不如實知云何不知相事業
是過相事業是慧相是不如實知是
名不知相云何名不知去虫所起欲
覺能安不離不覺不滅所起瞋恚害
覺能安不離不覺不滅是名不去虫
云何不覆瘡謂眼見色隨取形相不
守眼根世間貪憂惡不善法心隨生
漏不能防護耳鼻舌身意根亦復如
是是名不覆其瘡云何不起烟如所
聞如所受法不能為人分別顯示是
名不起烟云何不知正道八正道及
聖法律是名為道彼不如實知是名
不知道云何不知止處謂於如来所

雜阿含經卷第四十七　第十二張　流

知法不得歡喜悅樂勝妙出離饒益是名不知止處云何不知度處謂彼不知修多羅毗尼阿毗曇不隨時往到其所諮問請受云何為善云何不善云何有罪云何無罪作何等法為勝非惡於隱密法不能開發於顯露法不能廣問於甚深句義自所知者不能廣宣顯示是名不知度處云何不知放牧處謂四念處及賢聖法律是名放牧處於此不如實知是名不知放牧處云何為盡殼其乳彼剎利婆羅門長者自在施與衣被飲食牀臥醫藥資生衆具彼比丘受者不知限量是名盡殼其乳云何為上座大德多聞耆舊乃至不向諸勝智梵行者所稱其功德令其宗重承事供養令得悅樂謂比丘不稱彼上座乃至令諸智慧梵行者往詣其所以隨順身口意業承望奉事是名不於上座多聞耆舊乃至令智慧梵行往詣其所承望奉事令得悅樂彼牧牛者成就十一法堪能令彼群牛增長擁護群牛令其悅樂何等為十一謂知色

知相如上清淨分說乃至能領群者隨時料理令得安樂是名牧牛者十一事成就能令群牛增長擁護令得安樂如是比丘成就十一法者能自安樂亦能安他何等十一謂知色知相乃至十一如清淨分廣說是名比丘十一事成就自安安他佛說此經已諸比丘聞佛所說歡喜奉行

如是我聞一時佛在拘薩羅人間遊行至一奢能伽羅聚落住一奢能伽羅林中時有尊者那提迦舊住一奢能伽羅聚落一奢能伽羅聚落沙門婆羅門聞沙門瞿曇拘薩羅國人間遊行至一奢能伽羅聚落住一奢能伽羅林中聞已各辦一釜食著門邊作是念我先供養世尊我先供養善逝各各高聲大聲作如是唱尒時世尊聞園林內有多人衆高聲大聲語尊者那提伽何因何緣園林內有衆多人高聲大聲唱說之聲尊者那提伽白佛言世尊此一奢能伽羅聚落諸剎利婆羅門長者聞世尊住此林中各作一釜食置園林內各自唱言

我先供養世尊我先供養善逝以是故於此林中多人高聲大聲唱說之聲唯願世尊當受彼食佛告那提伽莫以利我我不求利莫以稱我我不求稱那提伽若於如來如是便得出要遠離寂滅等正覺樂者則於彼彼所起利樂若味若求那提伽唯我於此像類得出要遠離寂滅等正覺樂不求而得不苦而得於何彼彼所起利樂若味若求那提伽汝等於如是像類色不得出要遠離寂滅等正覺樂故不得不求之樂不苦之樂那提迦天亦不得如是像類出要遠離寂滅等正覺樂不求之樂不苦之樂唯有我得如是像類出要遠離寂滅等正覺樂不求之樂不苦之樂於何彼彼所起利樂若味若求那提伽白佛言世尊我今欲說譬佛告那提伽宜知是時那提迦白佛言世尊譬如天雨水流順下隨其波彼世尊住處於彼彼處剎利婆羅門長者信敬奉事以世尊戒德清淨正見真直是故我今作如是說唯願世尊哀受彼請佛告那

提伽莫以利我我不求利乃至云何於彼彼所起利樂有味有求鄉提迦我見比丘食好食已仰腹而卧息喘長息我見已作是思惟如此長老不得出要遠離寂滅等正覺樂不求之樂不苦之樂復次鄉提迦我見此有二比丘食好食已飽腹喘息偃閣而行我作是念非彼長老能得出要遠離寂滅等正覺之樂不求之樂不苦之樂鄉提迦我見衆多比丘食好食已從園至園從房至房從人至人從群聚至群聚我見是已而作是念非彼長老如是能得出要遠離寂滅等正覺樂不求之樂不苦之樂我得如是像類出要遠離寂滅等正覺樂不求之樂不苦之樂復次鄉提迦我於一時隨道行見有比丘於前遠去復有比丘於後来亦遠我於尒時閑靜無為亦無有便利之勞所以者何依於食飲樂著滋味故有便利此則為依觀五受陰生滅而猒離住此則為依於六觸入處觀察集滅猒離而住此則為依於群聚之樂勤習群聚猒

於遠離是則為依樂修遠離則勤於遠離猒離群聚是則為依是故鄉提迦當如是學於五受陰觀察生滅於六觸入處觀察集滅樂於遠離精勤遠離當如是學佛說此經已尊者鄉提迦聞佛所說歡喜隨喜作礼而去

如是我聞一時佛在拘薩羅人間遊行至鄉楞伽羅聚落如上廣說乃至彼彼所起求利佛告鄉提迦我見聚落邊有精舍有比丘坐禪我見已作如是念今此尊者聚落人此或沙弥来往聲響作乱障其禪思覺其正受於不到欲到不獲欲獲不證欲證而作留難鄉提迦我不喜彼比丘住聚落精舍鄉提迦我見比丘住空閑處仰卧吁呲我見是已而作是念令彼比丘覺寤睡眠思空閑想鄉提迦我亦不喜如是比丘住空閑處鄉提迦我復見比丘住空閑處攝身坐睡見已作是念令此比丘於睡覺寤不定得定定心者得解脱是故鄉提迦我不喜如是比丘住空閑處鄉提迦我復見比

丘住空閑處端坐正受我見已作是念令此比丘不解脱者疾得解脱已解脱者令自防護使不退失鄉提迦我喜如是比丘住空閑處鄉提迦我復見比丘住空閑處彼於後時遠離空處集捨牀卧具還入聚落受牀卧具鄉提迦我亦不喜如是比丘還入聚落復次鄉提迦我見比丘住聚落精舍名聞大德能感財利衣被飲食湯藥衆具彼於後時集捨利養聚落牀座至於空閑牀卧安止鄉提迦我喜如是比丘集捨利養聚落牀卧住於空閑鄉提迦比丘當如是學佛說此經已鄉提迦比丘歡喜隨喜作礼而去

如是我聞一時佛住鞞舍離國獮猴池側重閣講堂尒時世尊告諸比丘諸離車子常枕木枕手足龜拆疑長莫令摩竭陁王阿闍世毗提希子得其間便是故常自儆策不放逸住以彼不放逸住故摩竭陁王阿闍世毗提希子不能伺求得其間便於未来世不久諸離車子恣樂無事手足柔

軟縉纊為枕四體安卧日出不起放逸而住以放逸住故摩竭陁王阿闍世毗提希子得其間便如是比丘精勤方便堅固堪能不捨善法肌膚損瘦筋連骨立精勤方便不捨善法乃至未得所應得者不捨精進常攝其心不放逸住以不放逸住故魔王波旬不得其便當來之世有諸比丘恣樂無事手足柔軟縉纊為枕四體安卧日出不起放逸而住以放逸住故惡魔波旬伺得其便是故比丘當如是學精勤方便乃至不得未得不捨方便佛說此經已諸比丘聞佛所說歡喜奉行

如是我聞一時佛住舍衛國祇樹給孤獨園尒時世尊告諸比丘辟如士夫晨朝以三百釜食惠施衆生日中日暮亦復如是第二士夫時節須臾於一切衆生修習慈心乃至如𣫍牛乳頃比先士夫惠施功德所不能及百分千分巨億万分筭數辟類不得為比是故比丘當作是學時節須臾於一切衆生修習慈心下至如𣫍牛

乳頃佛說此經已諸比丘聞佛所說歡喜奉行

如是我聞一時佛住舍衛國祇樹給孤獨園尒時世尊告諸比丘辟如人家多女人少男子當知是家易為盜賊之所刧奪如是善男子善女人不能數數下至如𣫍牛乳頃於一切衆生修習慈心當知是人易為諸惡鬼神所欺辟如人家多男子少女人不為盜賊數數刧奪如是善男子數數下至如𣫍牛乳頃於一切衆生修習慈心不為諸惡鬼神所欺是故諸比丘常當隨時數數下至如𣫍牛乳頃修習慈心佛說此經已諸比丘聞佛所說歡喜奉行

如是我聞一時佛住舍衛國祇樹給孤獨園尒時世尊告諸比丘辟如有人有匕手釼其刃廣利有健士夫言我能以手以拳椎打汝釼令其摧碎諸比丘彼健士夫當能以手以拳椎打彼釼令摧碎不比丘白佛不能世尊彼匕手釼其刃廣利非彼士夫能以手以拳椎打碎折正足自困如是

比丘若沙門婆羅門下至如𣫍牛乳頃於一切衆生修習慈心若有諸惡鬼神欲往伺求其短不能得其間便正可反自傷耳是故諸比丘當如是學數數下至如𣫍牛乳頃修習慈心佛說此經已諸比丘聞佛所說歡喜奉行

如是我聞一時佛住舍衛國祇樹給孤獨園尒時世尊以爪抄土告諸比丘於意云何我爪上土多為大地土多比丘白佛世尊爪上土甚少少耳其大地土無量無數不可為比佛告諸比丘如是衆生能數數下至彈指頃於一切衆生修習慈心者如甲上土耳其諸衆生不能數數下至如彈指頃於一切衆生修習慈心者如大地土是故諸比丘常當數數於一切衆生修習慈心佛說此經已諸比丘聞佛所說歡喜奉行

如是我聞一時佛住鞞舍離國獮猴池側重閣講堂尒時世尊告諸比丘一切行無常不恒不安是變易法諸比丘常當觀察一切諸行修習猒離

不樂解脫時有異比丘從座起整衣服為佛作礼右膝著地合掌白佛壽命遷滅遲速如何佛告比丘我則能說但汝欲知者難比丘白佛可說辟不佛言可說佛告比丘有四士夫手執强弓一時放發俱射四方有一士夫及箭未落接取四箭云何比丘如是士夫為捷疾不比丘白佛捷疾世尊佛告比丘此接箭士夫雖復捷疾有地神天子倍疾於彼虛空神天倍疾地神四王天子來去倍疾於虛空神天日月天子復倍捷疾於四王天導日月神復倍捷疾於日月天子諸比丘命行遷變倍疾於彼導日月神是故諸比丘當勤方便觀察命行無常迅速如是佛說此經已諸比丘聞佛所說歡喜奉行

如是我聞一時佛住波羅㮈國仙人住處鹿野苑中尒時世尊告諸比丘過去世時有一人名陁舍羅訶彼陁舍羅訶有鼓名阿能訶好聲美聲深聲徹四十里彼鼓既久處處裂壞尒時鼓士裁割半皮周匝纏縛雖復纏

縛鼓猶無復高聲美聲深聲彼於後時轉復朽壞皮大剥落唯有聚木如是比丘修身修戒修心修慧以彼修身修戒修心修慧故於如來所說修多羅甚深明照難見難覺不可思量微密決定明智所知彼則頂受聞俻受聞其所說歡喜崇習出離饒益當來比丘不修身不修戒不修心不修慧聞如來所說修多羅甚深明照空相應隨順緣起法彼不頂受持不至到受聞彼說者不歡喜崇習而於世間衆雜異論文辭綺飾世俗雜句專心頂受聞彼說者歡喜崇習不得出離饒益於彼如來所說甚深明照空相要法隨順緣起者於此則滅猶如彼鼓朽故壞裂唯有聚木是故諸比丘當勤方便修身修戒修心修慧於如來所說甚深明照空相要法隨順緣起頂受過受聞彼說者歡喜崇習出離饒益佛說此經已諸比丘聞佛所說歡喜奉行

如是我聞一時佛住舍衛國祇樹給孤獨園尒時世尊告諸比丘辟如鐵

丸投著火中與火同色鐵者劫貝綿中云何比丘當速燃不比丘白佛如是世尊佛告比丘愚癡之人依聚落住晨朝著衣持鉢入村乞食不善護身不守根門心不繫念若見年少女人不正思惟取其色相起貪欲心欲燒其心欲燒其身身心燒已捨戒退滅是愚癡人長夜當得非義饒益是故比丘當如是學善護其身守護根門繫念入村乞食當如是學佛說此經已諸比丘聞佛所說歡喜奉行

如是我聞一時佛住舍衛國祇樹給孤獨園尒時世尊告諸比丘過去世時有一猫狸飢渴羸瘦於孔穴中伺求鼠子若鼠子出當取食之有時鼠子出穴遊戲時彼猫狸疾取吞之鼠子身小生入腹中入腹中已食其內藏食內藏時猫狸迷悶東西狂走空宅塚間不知何止遂至於死如是比丘有愚癡人依聚落住晨朝著衣持鉢入村乞食不善護身不守根門心不繫念見諸女人起不正思惟而取色相發貪欲心貪欲發已欲火熾燃

譊其身心譊身心已馳心狂逆不樂
精舍不樂空閑不樂樹下為惡不善
心侵食內法捨戒退減此愚癡人長
夜常得不饒益苦是故比丘當如是
學善護其身守諸根門繫心正念入
村乞食當如是學佛說此經已諸比
丘聞佛所說歡喜奉行
如是我聞一時佛住舍衛國祇樹給
孤獨園尒時世尊告諸比丘辟如木
枿常用不止日夜消減如是比丘若
沙門婆羅門從本以來不閑根門食
不知量初夜後夜不勤覺悟修習善
法當知是輩終日損減不增善法如
彼木枿諸比丘辟如優鉢羅鉢曇摩
拘牟頭分陁利生於水中長於水中
隨水增長如是沙門婆羅門善閑根
門飲食知量初夜後夜精勤覺悟當
知是等善根功德日夜增長終不退
減當如是學善閑根門飲食知量初
夜後夜精勤覺悟功德善法日夜增
長當如是學佛說此經已諸比丘聞
佛所說歡喜奉行
如是我聞一時佛住王舍城迦蘭陁

竹園尒時世尊於後夜時聞野狐鳴
尒時世尊夜過天明於大衆前敷座
而坐告諸比丘汝等後夜時聞野狐
鳴不諸比丘白佛如是世尊佛告諸
比丘有一愚癡人作如是念令我受
身得如是形類作如是聲此愚癡人
欲求如是像類處所受生何足不得
是故比丘汝等但當精勤方便求斷
諸有莫作方便增長諸有當如是學
佛說此經已諸比丘聞佛所說歡喜
奉行
如是我聞一時佛住王舍城迦蘭陁
竹園尒時世尊告諸比丘我不讚歎
受少有身況復多受所以者何受有
者苦辟如糞屎少亦臭穢何況於多
如是諸有少亦不歎乃至剎那況復
於多所以者何有者苦故是故比丘
當如是學斷除諸有莫增長有當如
是學佛說此經已諸比丘聞佛所說
歡喜奉行
如是我聞一時佛住王舍城迦蘭陁
竹園尒時世尊夜後分時聞野狐鳴
是夜過已於大衆前敷座而坐告諸

比丘汝等於夜後分聞野狐鳴不比
丘白佛如是世尊佛告比丘彼野狐
者疥瘡所困是故鳴喚若能有人為
彼野狐治疥瘡者野狐必當知恩報
恩而今有一愚癡之人無有知恩報
恩是故諸比丘當如是學知恩報恩
其有小恩尚報終不忘失況復大恩
佛說此經已諸比丘聞佛所說歡喜
奉行
如是我聞一時佛住王舍城迦蘭陁
竹園尒時有尊者跋迦梨住王舍城
金師精舍疾病困苦尊者富隣尼瞻
視供養時跋迦梨語富隣尼汝可詣
世尊所為我稽首礼世尊足問訊世
尊少病少惱起居輕利安樂住不言
跋迦梨住金師精舍疾病困篤委積
牀褥願見世尊疾病困苦氣力羸惙
無由奉詣唯願世尊降此金師精舍
以哀愍故時富隣尼受跋迦梨語已
詣世尊所稽首礼足退住一面白佛
言世尊尊者跋迦梨稽首世尊足問
訊世尊少病少惱起居輕利安樂住
不世尊荅言令彼安樂富隣尼白佛言

世尊尊者跋迦梨住金師精舍疾病困篤委在牀褥顧見世尊無有身力來詣世尊善哉世尊詣金師精舍以哀愍故尒時世尊默然聽許時富隣尼知世尊聽許已礼足而去尒時世尊晡時從禪覺往詣金師精舍至跋迦梨住房跋迦梨比丘遥見世尊從牀欲起佛告跋迦梨且止勿起世尊即坐異牀語跋迦梨汝心堪忍此病苦不汝身所患為增為損跋迦梨白佛如前叉摩比丘修多羅廣說世尊我身苦痛極難堪忍欲求刀自煞不樂苦生佛告跋迦梨我今問汝隨意荅我云何跋迦梨色是常耶為非常耶跋迦梨荅言無常世尊復問若無常是苦耶荅言是苦世尊復問跋迦梨若無常苦者是變易法於中寧有可貪可欲不跋迦梨白佛不也世尊受想行識亦如是說佛告跋迦梨若於彼身無可貪可欲者是則善終後世亦善尒時世尊為跋迦梨種種說法示教照喜已從座起去即於彼夜尊者跋迦梨思惟解脫欲執刀自煞

不樂久生時有二天身極端正於後夜時詣世尊所稽首礼足退住一面白佛言世尊尊者跋迦梨疾病困苦思惟解脫欲執刀自煞不樂久生第二天言彼尊者跋迦梨已於善解脫而得解脫說此語已俱礼佛足即沒不現尒時世尊夜過晨朝於大衆前敷座而坐告諸比丘昨夜有二天子形體端正來詣我所稽首作礼退住一面而作是言尊者跋迦梨住金師精舍疾病困苦思惟解脫欲執刀自煞不樂久生第二天言尊者跋迦梨已於善解脫而得解脫說此語已稽首作礼即沒不現尒時世尊告一比丘汝當往詣尊者跋迦梨比丘所語跋迦梨言昨夜有二天來詣我所稽首作礼退住一面語我言尊者跋迦梨疾病困篤思惟解脫欲執刀自煞不樂久生第二天言尊者跋迦梨於善解脫而得解脫說此語已即沒不現此是天語佛復記汝汝於此身不起貪欲是則善終後世亦善時彼比丘受世尊教已詣金師精舍跋迦梨

房尒時跋迦梨語侍病者汝等持繩牀共舉我身著精舍外我欲執刀自煞不樂久生時有衆多比丘出房舍露地經行受使比丘詣衆多比丘所問衆多比丘言諸尊跋迦梨比丘住在何所諸比丘荅言跋迦梨比丘告侍病者令舉繩牀出精舍外欲執刀自煞不樂久生受使比丘即詣跋迦梨所跋迦梨比丘遥見使比丘來語侍病者下繩床著地彼比丘疾来似世尊使彼侍病者即下繩牀著地時彼使比丘語跋迦梨世尊有教及天有所說時跋迦梨語侍病者扶我著地不可於牀上受世尊教及天所說時侍病者即扶跋迦梨下置於地時跋迦梨言汝可宣示世尊告勑及天所說使比丘言跋迦梨大師告汝夜有二天來白我言跋迦梨比丘疾病困篤思惟解脫欲執刀自煞不樂久生第二天言跋迦梨比丘已於善解脫而得解脫說此語已即沒不現世尊復記說汝善於命終後世亦善跋迦梨言尊者大師善知所知善見

所見彼二天者亦善知所知善見所見然我今日於色常無常决定無疑無常者是苦决定無疑若無常苦者是變易法於彼無有可貪可欲决定無疑受想行識亦復如是然我今日疾病苦痛猶故隨身欲刀自煞不樂久生即執刀自煞時使比丘供養跋迦梨死身已還詣佛所稽首礼足退坐一面白佛言世尊我以世尊所勑具告尊者跋迦梨彼作是言大師善知所知善見所見彼二天者亦善知所知善見所見廣說乃至執刀自煞尒時世尊告諸比丘共詣金師精舍跋迦梨尸所見跋迦梨死身有遠離之色見已語諸比丘汝等見是跋迦梨比丘死身在地有遠離之色不諸比丘白佛已見世尊復告諸比丘遶跋迦梨身四面周匝有闇冥之相圍遶身不諸比丘白佛已見世尊佛告諸比丘此是惡魔之像周匝求覔跋迦梨善男子識神當生何處佛告諸比丘跋迦梨善男子不住識神以刀自煞尒時世尊為彼跋迦梨說第一

記佛說此經已諸比丘聞佛所說歡喜奉行

如是我聞一時佛住王舍城迦蘭陀竹園時有尊者闡陀住那羅聚落好衣菴羅林中疾病困篤時尊者舍利弗聞尊者闡陀在那羅聚落好衣菴羅林中疾病困篤聞已語尊者摩訶拘絺羅尊者知不闡陀比丘在那羅聚落好衣菴羅林中疾病困篤當往共看摩訶拘絺羅默然許之時尊者舍利弗與尊者摩訶拘絺羅共詣那羅聚落好衣菴羅林中至尊者闡陀住房尊者闡陀遥見尊者舍利弗尊者摩訶拘絺羅凭牀欲起尊者舍利弗語尊者闡陀汝且莫起尊者舍利弗尊者摩訶拘絺羅坐於異牀問尊者闡陀云何尊者闡陀所患為可堪忍不為增為損如前叉摩修多羅廣說尊者闡陀言我今身病極患苦痛難可堪忍所起之病但增無損唯欲執刀自煞不樂苦活尊者舍利弗言尊者闡陀汝當努力莫自傷害若汝在世我當與汝來往周旋汝若有

乏我當給汝如法湯藥汝若無看病人我當看汝必令適意非不適意闡陀荅言我有供養那羅聚落諸婆羅門長者悉見看視衣被飲食卧具湯藥無所乏少自有弟子修梵行者隨意瞻病非不適意但我疾病苦痛逼身難可堪忍唯欲自煞不樂苦生舍利弗言我今問汝隨意荅我闡陀眼及眼識眼所識色彼寧是我異我相在不闡陀荅言不也尊者舍利弗復問闡陀耳鼻舌身意及意識意識所識法彼寧是我異我相在不闡陀荅言不也尊者舍利弗復問闡陀汝於眼眼識及色為何所見何所識何所知故言眼眼識及色非我不異我不相在闡陀荅言我於眼眼識及色見滅知滅故見眼眼識及色非我不異我不相在復問闡陀汝於耳鼻舌身意意識及法何所見何所知故於意意識及法見非我不異我不相在闡陀荅言尊者舍利弗我於意意識及法見滅知滅故於意意識及法見非我不異我不相在尊者舍利弗然我

今日身病苦痛不能堪忍欲以刀自煞不樂苦生時尊者摩訶拘絺羅語尊者闡陁汝今當於大師修習正念如所說句有所依者則為動搖動搖者有所趣向趣向者為不休息不休息者則隨趣往来隨趣往来者則有未来生死有未来生死故有未来出没有来来出没故則有生老病死憂悲苦惱如是純一苦聚集如所說句無所依者則不動搖不動搖者得無趣向無趣向者則有止息有止息故則不隨趣往来不隨趣往来則無未来出没無未来出没者則無生老病死憂悲惱苦如是純大苦聚滅闡陁言尊者摩訶拘絺羅供養世尊事於今畢矣隨順善逝今已畢矣適意非不適意弟子所作於今已作若復有餘弟子所作供養師者亦當如是供養大師適意非不適意然我今日身病苦痛難可堪忍唯欲以刀自煞不樂苦生尒時尊者闡陁即於那羅聚落好衣菴羅林中以刀自煞時尊者舍利弗供養尊者闡陁舍利已往詣

佛所稽首礼足退住一面白佛言世尊尊者闡陁於那羅聚落好衣菴羅林中以刀自煞云何世尊彼尊者闡陁當至何趣云何受生後世云何佛告尊者舍利弗彼不自記說言尊者摩訶拘絺羅我供養世尊於今已畢隨順善逝於今已畢適意非不適意若復有餘供養大師者當如是作適意非不適意耶尒時尊者舍利弗復問世尊彼尊者闡陁先於鎮珎巳婆羅門聚落有供養家極親厚家善言語家佛告舍利弗如是舍利弗正智正善解脫善男子有供養家親厚家善言語家舍利弗我不說彼有大過若有捨此身餘身相續者我說彼等則有大過若有捨此身已餘身不相續者我不說彼有大過也無大過故於那羅聚落好衣菴羅林中以刀自煞如是世尊為彼尊者闡陁說第一記佛說此經已尊者舍利弗歡喜作礼而去

雜阿含經卷第四十七

甲辰歲高麗國大藏都監奉

勑彫造

雜阿含經卷第四十七

校勘記

一　底本，麗藏本。

一　二〇五頁中三行「我有」，資、磧、南、徑、清作「我見」。

一　二〇五頁中六行「客人」，磧作「受人」。

一　二〇五頁中八行「賢者」，資作「賢首」。

一　二〇五頁中一二行及一四行「受之」，資、磧、南、徑、清作「授之」。

一　二〇五頁下二一行「當勤」，資、磧、南、徑、清作「常勤」。

一　二〇六頁中一八行「無澤」，磧、南、徑、清作「無擇」。

一　二〇六頁中末行「加楚毒」，石作「受楚毒」。

一　二〇六頁下二行「止聖」，資、磧、南、徑、清作「正聖」。

一　二〇六頁下二〇行末字「鹿」，資作「漉」。

一　二〇七頁上六行「陶鍊」，資、磧、南、徑、清作「鑄鍊」。徑、清下同。

一　二〇七頁上八行「叙鐺」，資、磧、南、徑、清作「叙璫」。

一　二〇七頁上一〇行「淘去」，資、磧、南作「濤去」。

一　二〇七頁上一三行第一三字「親」，資作「現」。

一　二〇七頁上一五行「塵垢」，資、磧、南、徑、清作「麁垢」。

一　二〇七頁上一九行「岸持」，磧、南、徑、清作「於岸」。

一　二〇七頁上二一行「陶鍊」，資、磧、南作「濤鍊」；徑、清作「鑄鍊」，下同。

一　二〇七頁中九行「任作」，資、磧作「在作」。

一　二〇七頁中一五行末二字至次行首二字「隨時思惟」，石、資、磧、南、徑、清作「思惟隨時」。

一　二〇七頁下二二行首字「駈」，石作「馳」。

一　二〇八頁上五行第七字「如」，資、磧、南、徑、清作「如是」。

一　二〇八頁中一四行「心常」，資作「心當」。

一　二〇八頁中二〇行第一三字「等」，資、磧、南、徑、清無。

一　二〇八頁下二行「黨護」，資作「儻護」；磧、南、徑、清作「掌護」。

一　二〇八頁下三行第三字「者」，資、磧、南、徑、清無。

一　二〇八頁下八行第三字「不」，資、磧、南、徑、清無。

一　二〇八頁下二一行第九字「正」，資、磧、南、徑、清無。

一　二〇九頁上二行「止處」，資作「上處」。

一　二〇九頁上一七行第九字「不」，資、磧、南、徑、清無。

一　二〇九頁中六行「如清淨分」，資、磧、南、徑、清作「清淨分別」。

一　二〇九頁中九行「佛在」，麗作「佛住」。

一　二〇九頁中一三行「拘薩羅國」，資、磧石作「拘薩羅園」。

一　二〇九頁下一四行「不苦」，資、磧作「不共」。

一　二〇九頁下一九行「天雨」石作「大雨」。

一　二〇九頁下二〇行「順下」，資作「傾下」。

一　二一〇頁上七行「好食已」，石作「如食已」。

一　二一〇頁中一一行第四字「今」，南、徑、清作「令」。

一　二一〇頁中一六行「呼嗤」，石、資、磧、南、徑、清作「呼咄」。

一　二一〇頁中一六行第一三字及下二行第二字、二一三頁中五行第一二字「令」，資、磧、南、徑、清作「今」。

一　二一〇頁中二〇行第四字「今」，磧、南、徑、麗作「令」。

一　二一一頁中一八行「匕手」，資、磧、南、徑、清作「比首」，下同。

一二一一頁下一一行首字「多」，石作「人」。

一二一一頁下一四行第一四字「上」，資、磧、南、徑、清無。

一二一二頁上六行第九字「射」，資無。

一二一二頁下九行「守護」，石、資、磧、南、徑、清作「守諸」。

一二一三頁下末行第六字「令」，徑作「今」。

一二一四頁上一一行「又摩比丘」，資、磧、南、徑、清作「又擘比丘」。

一二一四頁中一行「天身」，石作「天子身」。

一二一四頁下二行第三字及七行第六字「舉」，資、磧、南、徑、清作「昇」。

一二一四頁下一八行首字「夜」，資、磧、南、徑、清作「昨夜」。

一二一五頁上二行「常無常」，資、磧、南、徑、清作「無常」。

一二一五頁中一四行「凭牀」，資、磧、南、徑、清作「從牀」。

一二一六頁上九行「純一」，資、磧、南、徑、清作「純大」。

一二一六頁上一四行「惱苦」，石作「苦惱」。

一二一六頁上一五行「供養」，資、磧、南、徑、清作「我供養」。

雜阿含經卷第四十八　　流

宋天竺三藏求那跋陀羅譯

如是我聞一時佛住舍衛國祇樹給孤獨園時有一天子容色絶妙於後夜時来詣佛所稽首佛足退坐一面身諸光明遍照祇樹給孤獨園時彼天子白佛言世尊比丘比丘度駛流耶佛言如是天子天子復問無所攀緣亦無所住度駛流耶佛言如是天子天子復問無所攀緣亦無所住而度駛流其義云何佛言天子我如是如是抱如是如是直進則不為水之所漂如是如是不抱如是如是不直進則為水所漂如是天子名為無所攀緣亦無所住而度駛流時彼天子復說偈言

久見婆羅門　逮得般涅槃　一切怖已過
永超世恩愛

時彼天子聞佛所說歡喜隨喜稽首佛足即沒不現

如是我聞一時佛住舍衛國祇樹給孤獨園時有一天子容色絶妙於後夜時来詣佛所稽首佛足退坐一面其身光明遍照祇樹給孤獨園時彼天子白佛言比丘知一切衆生所著所集決定解脱廣解脱極廣解脱耶佛告天子我悉知一切衆生所著所集決定解脱廣解脱極廣解脱天子白佛比丘云何知一切衆生所著所集決定解脱廣解脱極廣解脱佛告天子愛喜滅盡我心解脱心解脱已故知一切衆生所著所集決定解脱廣解脱極廣解脱時彼天子復說偈言

久見婆羅門　逮得般涅槃　一切怖已過
永超世恩愛

時彼天子聞佛所說歡喜隨喜稽首佛足即沒不現

如是我聞一時佛住舍衛國祇樹給孤獨園時有一天子容色絶妙於後夜時来詣佛所稽首佛足身諸光明遍照祇樹給孤獨園時彼天子說偈問佛

誰度於諸流　晝夜勤精進　不攀亦不住
何流而不著

尒時世尊說偈荅言

一切戒具足　智慧善正受　内思惟繫念
度難度諸流　不樂於欲想　超越於色結
不繫亦不住　於淤亦不著
時彼天子復說偈言
久見婆羅門　逮得般涅槃　一切怖已過
永超世恩愛
時彼天子聞佛所說歡喜隨喜稽首佛足即沒不現
如是我聞一時佛住王舍城山谷精舍時有拘迦尼是光明天女容色絕妙於後夜時來詣佛所稽首佛足身諸光明遍照山谷時拘迦尼天女而說偈言
其心不為惡　及身口世間　五欲悉虛空
正智正繫念　不習近衆苦　非義和合者
佛告天女如是如是
其心不為惡　及身口世間　五欲悉虛空
正智正繫念　不習近衆苦　非義和合者
時拘迦鄰婆天女聞佛所說歡喜隨喜稽首佛足即沒不現
尒時世尊夜過晨朝入於僧中敷尼師壇於大衆前坐告諸比丘昨日夜後有拘迦鄰天女容色絕妙來詣我所稽首我足退坐一面而說偈言

其心不為惡　及身口世間　五欲悉虛空
正智正繫念　不習近衆惡　非義和合者
我即答言如是天女如是天女
其心不為惡　及身口世間　五欲悉虛空
正智正繫念　不習近衆惡　非義和合者
說是語時拘迦尼天女聞我所說歡喜隨喜稽首我足即沒不現佛說此經已諸比丘聞佛所說歡喜奉行
如是我聞一時佛住王舍城山谷精舍尒時尊者阿難告諸比丘我今當說四句法經諦聽善思當為汝說何等為四句經法尒時尊者阿難即說偈言
其心不為惡　及身口世間　五欲悉虛空
正智正繫念　不習近衆惡　非義和合者
諸比丘是名四句法經尒時有一異婆羅門去尊者阿難不遠為諸年少婆羅門受誦經時彼婆羅門作是念若沙門阿難所說偈於我所說經便是非人所說時彼婆羅門即往詣佛所與世尊面相問訊慰勞已退坐一面白佛言瞿曇沙門阿難所說偈言
其心不為惡　及身口世間　五欲悉虛空
正智正繫念　不習近衆惡　非義和合者
如是等所說則是非人語非為人語
佛告婆羅門如是如是婆羅門是非人語非為人語也時有拘迦尼天女來詣我所稽首我足退坐一面而說偈言
其心不為惡　及身口世間　五欲悉虛空
正智正繫念　不習近衆惡　非義和合者
我時答言如是如是如天女所言
其心不為惡　及身口世間　五欲悉虛空
正智正繫念　不習近衆惡　非義和合者
是故婆羅門當知此所說偈是非人所說非是人所說也佛說此經已彼婆羅門聞佛所說歡喜隨喜礼佛足而去
如是我聞一時佛住王舍城山谷精舍時有拘迦鄰婆天女是光明天女起大電光熾然歸佛歸法歸比丘僧來詣佛所稽首佛足退坐一面其身光明普照山谷即於佛前而說偈言
其心不為惡　及身口世間　五欲悉虛空
正智正繫念　不習近衆惡　非義和合者

尒時世尊告天女言如是如是天女
如汝所説
其心不為悪　及身口世間　五欲悉虛空
正智正繫念　不習近衆悪　非義和合者
尒時拘迦郁婆天女聞佛所説歡喜
隨喜稽首佛足即没不現尒時世尊
夜過晨朝入僧中敷尼師壇於大衆
前坐告諸比丘於昨夜拘迦郁婆天
女光明之天女来詣我所稽首我足
退坐一面而説偈言
其心不為悪　及身口世間　五欲悉虛空
正智正繫念　不習近衆悪　非義和合者
我時荅言如是天女如是天女如汝
所説
其心不為悪　及身口世間　五欲悉虛空
正智正繫念　不習近衆悪　非義和合者
拘迦郁天女　電光炎熾然　敬礼佛法僧
説偈義饒益
佛説此經已諸比丘聞佛所説歡喜
奉行
如是我聞一時佛住王舍城山谷精
舍時有拘迦郁婆天女光明之天女
放電光明炎照熾然於後夜時来詣

佛所稽首佛足退坐一面其身光明
普照山谷即於佛前而説偈言
我能廣分别　如来正法律　今且但略説
足以表其心　其心不為悪　及身口世間
五欲悉虛空　正智正繫念　不習近衆悪
非義和合者
佛告天女如是天女如是天女如汝
所説
其心不為悪　及身口世間　五欲悉虛空
正智正繫念　不習近衆悪　非義和合者
時拘迦郁婆天女聞佛所説歡喜稽
首即没不現
尒時世尊夜過晨朝入於僧前於大
衆中敷坐而坐告諸比丘昨後夜時
拘迦郁婆天女来詣我所恭敬作礼
退坐一面而説偈言
我能廣分别　如来正法律　今且但略説
足以表我心　其心不為悪　及身口世間
五欲悉虛空　正智正繫念　不習近衆悪
非義和合者
我時荅言如是天女如汝所説
其心不為悪　及身口世間　五欲悉虛偽
正智正繫念　不習近衆悪　非義和合者

時彼天女聞我所説歡喜隨喜稽首
我足即没不現佛説此經已諸比丘
聞佛所説歡喜奉行
如是我聞一時佛住毗舍離獼猴池
側重閣講堂時有拘迦郁婆天女朱
盧陁天女容色絶妙於後夜時来詣
佛所稽首佛足退坐一面其身光明
遍照一切獼猴池側朱盧陁天女説
偈白佛
大師等正覺　住毗舍離國　拘迦郁朱盧
稽首恭敬礼　我昔未曾聞　牟尼正法律
今乃得親見　現前説正法　若於聖法律
悪慧生猒悪　必當墮悪道　長夜受諸苦
若於聖法律　正念律儀備　彼則生天上
長夜受安樂
拘迦郁婆天女復説偈言
其心不為悪　及身口世間　五欲悉虛偽
正慧正繫念　不習近衆悪　非義和合者
佛告天女如是如是如汝所説
其心不為悪　及身口世間　五欲悉虛偽
正智正繫念　不習近衆悪　非義和合者
時彼天女聞佛所説歡喜隨喜即没
不現

尒時世尊夜過晨朝入僧中敷座而坐告諸比丘昨後夜時有二天女容色絶妙來詣我所為我作礼退坐一面朱盧隨天女而說偈言

大師等正覺　住毗舍離國　我拘迦那娑
及以朱盧隨　如是二天女　稽首礼佛足
我昔未曾聞　牟尼正法律　今乃見正覺
演說微妙法　若於正法律　猒惡住惡慧
必墮於惡道　長夜受大苦　若於正法律
正念律儀備　生善趣天上　長夜受安樂

拘迦那娑天女復說偈言

其心不為惡　及身口世間　五欲患虛僞
正智正繫念　不習近衆惡　非義和合者

我時荅言如是如是如汝所說

其心不為惡　及身口世間　五欲患虛僞
正智正繫念　不習近衆惡　非義和合者

佛說此經已諸比丘聞佛所說歡喜奉行

如是我聞一時佛住舍衛國祇樹給孤獨園時有天子容色絶妙於後夜時來詣佛所稽首佛足退坐一面其身光明遍照祇樹給孤獨園時彼天子而說偈言

無觸不報觸　觸則以觸報　以觸報觸故
不瞋不推瞋

尒時世尊說偈荅言

有於不瞋人　而加之以瞋　清淨之正士
離諸煩惱結　於彼起惡心　惡心還自中
如逆風揚塵　還自坌其身

時彼天子復說偈言

久見婆羅門　逮得般涅槃　一切怖已過
永超世恩愛

時彼天子聞佛所說歡喜隨喜稽首佛足即沒不現

如是我聞一時佛住舍衛國祇樹給孤獨園時有一天子容色絶妙來詣佛所稽首佛足身諸光明遍照祇樹給孤獨園時彼天子而說偈言

愚癡人所行　不合於黠慧　自所行惡行
為自惡知識　所造衆惡行　終獲苦果報

尒時世尊說偈荅言

既作不善業　終則受諸惱　造業雖歡喜
啼泣受其報　造諸善業者　終則不熱惱
歡喜而造業　安樂受其報

時彼天子復說偈言

久見婆羅門　逮得般涅槃　一切怖已過
永超世恩愛

時彼天子聞佛所說歡喜隨喜稽首佛足即沒不現

如是我聞一時佛住舍衛國祇樹給孤獨園時有一天子容色絶妙於後夜時來詣佛所稽首佛足身諸光明遍照祇樹給孤獨園時彼天子而說偈言

不可常言說　亦不一向聽　而得於道跡
堅固正超度　思惟善寂滅　解脫諸魔縛
能行說之可　不行不應說　不行而說者
智者則知非　不行已所應　不作而言作
是則同賊非

尒時世尊告天子言汝今有所嫌責耶天子白佛悔過世尊悔過善逝尒時世尊熙怡微笑時彼天子復說偈言

我今悔其過　世尊不納受　內懷於惡心
抱怨而不捨

尒時世尊說偈荅言

言說悔過辭　內不息其心　云何得息怨
何名為修善

時彼天子復說偈言

誰不有其過　何人無有罪　誰復無愚癡
孰能常堅固

時彼天子復說偈言

久見婆羅門　逮得般涅槃　一切怖已過
永超世恩愛

時彼天子聞佛所說歡喜隨喜稽首佛足即沒不現

如是我聞一時佛住王舍城迦蘭陀竹園時有瞿迦梨比丘是提婆達多伴黨來詣佛所稽首佛足退坐一面尒時世尊告瞿迦梨比丘瞿迦梨汝何故於舍利弗目揵連清淨梵行所起不清淨心長夜當得不饒益苦瞿迦梨比丘白佛言世尊我今信世尊語所說無異但舍利弗大目揵連心有惡欲如是第二第三說瞿迦梨比丘提婆達多伴黨於世尊所再三說中違反不受從坐起去去已其身周遍生諸疱瘡皆如粟漸漸增長皆如桃李時瞿迦梨比丘患苦痛口說是言極燒極燒膿血流出身壞命終生大鉢曇摩地獄時有三天子容色絶妙於後夜時來詣佛所稽首佛足退

坐一面時一天子白佛言瞿迦梨比丘提婆達多伴黨今已命終時第二天子作是言諸尊當知瞿迦梨比丘命終墮地獄中第三天子即說偈言

士夫生世間　斧在口中生　還自斬其身
斯由其惡言　應毀便稱譽　應譽而便毀
其罪生於口　死墮惡道中　博弈亡失財
是非為大咎　毀佛及聲聞　是則為大過

彼三天子說是偈已即沒不現尒時世尊夜過晨朝入在僧中於大衆前敷座而坐告諸比丘昨後夜時有三天子來詣我所稽首我足退坐一面第一天子語我言世尊瞿迦梨比丘提婆達多伴黨今已命終第二天子語餘天子言瞿迦梨比丘命終墮地獄中第三天子即說偈言

士夫生世間　斧在口中生　還自斬其身
斯由其惡言　應毀便稱譽　應譽而便毀
其罪口中生　死則墮惡道

說是偈已即沒不現諸比丘汝等欲聞生阿浮陀地獄衆生其壽齊限不諸比丘白佛今正是時唯願世尊為諸大衆說阿浮陀地獄衆生壽命齊限諸比丘聞已當受奉行佛告比丘諦聽善思當為汝說譬如拘薩羅國四斗為一阿羅四阿羅為一獨龍那十六獨龍那為一闍摩那十六闍摩那為一摩尼二十摩尼為一佉梨二十佉梨為一倉滿中芥子若使有人百年百年取一芥子如是乃至滿倉芥子都盡阿浮陀地獄衆生壽命猶故不盡如是二十阿浮陀地獄衆生壽等一尼羅浮陀地獄衆生壽二十尼羅浮陀地獄衆生壽等一阿吒吒地獄衆生壽二十阿吒吒地獄衆生壽等一阿波波地獄衆生壽二十阿波波地獄衆生壽等一阿休休地獄衆生壽二十阿休休地獄衆生壽等一優鉢羅地獄衆生壽二十優鉢羅地獄衆生壽等一鉢曇摩地獄衆生壽二十鉢曇摩地獄衆生壽等一摩訶鉢曇摩地獄衆生壽比丘彼瞿迦梨比丘命終墮摩訶鉢曇摩地獄中以彼於尊者舍利弗大目揵連比丘生惡心誹謗故是故諸比丘當作是學於彼燒燋炷所尚不欲毀壞況毀壞

有識衆生佛告諸比丘當如是學佛說此經已諸比丘聞佛所說歡喜奉行

如是我聞一時佛住舍衛國祇樹給孤獨園時有天子容色絶妙於後夜時來詣佛所稽首佛足退坐一面其身光明遍照祇樹給孤獨園時彼天子說偈問佛

退落墮負處　云何而得知　唯願世尊說
云何負處門

尒時世尊說偈荅言

勝處易得知　負處知亦易　樂法為勝處
毀法為負處　愛樂惡知識　不愛善知識
善友生怨結　是名墮負門　愛樂不善人
善人反憎惡　欲惡不欲善　是名負處門
斗秤以欺人　是名墮負門　愽弈躭嗜酒
遊輕著女色　費喪於財物　是名墮負門
女人不自守　捨主隨他行　男子心放蕩
捨妻隨外色　如是家爲著　斯皆墮負門
老婦得少夫　心常懷嫉妬　懷嫉卧不安
是則墮負門　老夫得少婦　墮負處亦然
常樂著睡眠　知識同遊戲　怠墮好瞋恨
斯皆墮負門　多財結朋友　酒食奢不節
多費喪財物　斯皆墮負門　少財多貪愛

生於剎利家　常求爲王者　是則墮負門
求珠璫瓔珞　草屐履傘蓋　莊嚴自慳惜
是則墮負門　受他豐美食　自慳惜其財
食他不及報　是則墮負門　沙門婆羅門
屈請入其舍　慳惜不時施　是則墮負門
沙門婆羅門　次第行乞食　呵責不欲施
是則墮負門　若父母年老　不及時奉養
有財而不施　是則墮負門　於父母兄弟
撾打而罵辱　無有尊卑序　是則墮負門
佛及弟子衆　在家與出家　毀呰不恭敬
是則墮負門　實非阿羅漢　羅漢過自稱
是則世間賊　墮於負處門　此世間負處
我知見故說　猶如嶮怖道　慧者當遠避

時彼天子復說偈言

久見婆羅門　逮得般涅槃　一切怖已過
永超世恩愛

時彼天子聞佛所說歡喜隨喜稽首佛足即没不現

如是我聞一時佛住舍衛國祇樹給孤獨園時有一天子容色絶妙於後夜時來詣佛所稽首佛足退坐一面其身光明遍照祇樹給孤獨園時彼天子說偈問佛

誰屈下而屈下　誰高舉而隨舉　云何童子戲
如童由相擲

尒時世尊說偈荅言

愛下則隨下　愛舉則隨舉　愛戲於愚夫
如童由相擲

時彼天子復說偈言

久見婆羅門　逮得般涅槃　一切怖已過
永超世恩愛

時彼天子聞佛所說歡喜隨喜稽首佛足即没不現

如是我聞一時佛住舍衛國祇樹給孤獨園時有天子容色絶妙於後夜時來詣佛所稽首佛足退坐一面其身光明遍照祇樹給孤獨園時彼天子而說偈言

決定以遮遮　意妄想而來　若人遮一切
不令其逼迫

尒時世尊說偈荅言

決定以遮遮　意妄想而來　不必一切遮
但遮其惡業　遮彼彼惡已　不令其逼迫

時彼天子復說偈言

久見婆羅門　逮得般涅槃　一切怖已過
永超世恩愛

時彼天子聞佛所說歡喜隨喜稽首
佛足即沒不現
如是我聞一時佛住舍衛國祇樹給
孤獨園時有天子容色絕妙於後夜
時來詣佛所稽首佛足退坐一面其
身遍照祇樹給孤獨園時彼天子說
偈問佛
云何得名稱　云何得大財　云何德流聞
云何得善友
尒時世尊說偈答言
持戒得名稱　布施得大財　真實德流聞
息惡得善友
時彼天子復說偈言
久見婆羅門　逮得般涅槃　一切怖已過
永超世恩愛
時彼天子聞佛所說歡喜隨喜稽首
佛足即沒不現
如是我聞一時佛住舍衛國祇樹給
孤獨園時有天子容色絕妙於後夜
時來詣佛所稽首佛足其身光明遍
照祇樹給孤獨園時彼天子說偈
問佛
云何人所作　智慧以求財　等攝受於財

若勝若復劣
尒時世尊說偈答言
始學功巧業　方便集財物　得彼財物已
當應作四分　一分自食用　二分營生業
餘一分藏密　以擬於貧乏　營生之業者
田種行商賈　牧牛羊興息　邸舍以求利
造屋舍牀臥　六種資生具　方便修衆具
安樂以存世　如是善修業　黠慧以求財
財寶隨順生　如衆流歸海　如是財饒益
如蜂集衆味　晝夜財增長　猶如蟻積堆
不付老子財　不寄邊境民　不信黠姧人
及諸慳恡者　親附成事者　遠離不成事
能成事士夫　猶如火熾然　善友貴重人
敏審修良者　同氣親兄弟　善能相攝受
居親眷屬中　標顯若牛王　各隨其所應
分財施飲食　壽盡而命終　當生天受樂
時彼天子復說偈言
久見婆羅門　逮得般涅槃　一切怖已過
永超世恩愛
時彼天子聞佛所說歡喜隨喜稽首
佛足即沒不現
如是我聞一時佛住舍衛國祇樹給
孤獨園尒時世尊告諸比丘過去世

時拘薩羅國有彈琴人名曰鹿牛於
拘薩羅國人間遊行止息野中時有
六廣大天宮天女來至憍薩羅國鹿
牛彈琴人所語鹿牛彈琴人言阿舅
阿舅為我彈琴我當歌儛鹿牛彈琴
者言如是姊妹我當為汝彈琴汝當
語我汝是何人何由生此天女答言
阿舅且彈琴我當歌儛於歌頌中自
說所以生此因緣彼拘薩羅國鹿牛
彈琴人即便彈琴彼六天女即便歌
儛第一天女說偈歌言
若男子女人　勝妙衣惠施　施衣因緣故
所生得殊勝　施所愛念物　生天隨所欲
見我居宮殿　乘空而遊行　天身如金聚
天女百中勝　觀察斯福德　迴向中之最
第二天女復說偈言
若男子女人　勝妙香惠施　愛念可意施
生天隨所欲　見我處宮殿　乘空而遊行
天身若金聚　天女百中勝　觀察斯福德
迴向中之最
第三天女復說偈言
若男子女人　以食而惠施　可意愛念施
生天隨所欲　見我居宮殿　乘虛而遊行

天身如金聚　天女百中勝　觀察斯福德
迴向中之最
第四天女復說偈言
憶念餘生時　曾為人婢使　不盜不貪嗜
勤修不懈怠　量腹自節身　分飡救貧人
今見居宮殿　乘虛而遊行　天身如金聚
天女百中勝　觀察斯福德　供養中為最
第五天女復說偈言
憶念餘生時　為人作子婦　嫜嫗性狂暴
常加瞋惱言　執節修婦禮　卑遜而奉順
今見處宮殿　乘虛而遊行　天身如金聚
天女百中勝　觀察斯福德　供養中為最
第六天女復說偈言
昔曾見行路　比丘比丘尼　從其聞正法
一宿受齋戒　今見處天宮　乘虛而遊行
天身如金聚　天女百中勝　觀察斯福德
迴向中之最
尒時拘薩羅國處牛彈琴人而說偈言
我今善來此　拘薩羅林中　得見此天女
具足妙天身　既見又聞說　當增修善業
緣今修功德　亦當生天上
說是語已此諸天女即沒不現
佛說此經已諸比丘聞佛所說歡喜
奉行

如是我聞一時佛住舍衛國祇樹給
孤獨園時有天子容色絕妙於後夜
時來詣佛所稽首佛足退坐一面其
身光明遍照祇樹給孤獨園時彼天
子說偈問佛
何法起應滅　何生應防護　何法應當離
等觀何得樂
尒時世尊說偈荅言
瞋恚起應滅　貪生應防護　無明應捨離
等觀真諦樂　欲生諸煩惱　欲為生苦本
調伏煩惱者　眾苦則調伏　調伏眾苦者
煩惱亦調伏
時彼天子復說偈言
久見婆羅門　逮得般涅槃　一切怖已過
永超世恩愛
於是天子聞佛所說歡喜隨喜稽首
佛足即沒不現

如是我聞一時佛住舍衛國祇樹給
孤獨園時有天子容色絕妙於後夜
時來詣佛所稽首佛足退坐一面其
身光明遍照祇樹給孤獨園時彼天
子說偈問佛
若人行放逸　愚癡離惡慧　禪思不放逸
疾得盡諸漏
尒時世尊說偈荅言
非世間眾事　是則之為欲　心法馳覺想
是名士夫欲　世間種種事　常在於世間
智慧修禪思　愛欲永潛伏　信為士夫伴
不信則不度　信增其名稱　命終得生天
於身虛空想　名色不堅固　不著名色者
遠離於積聚　觀此真實義　如解脫衰愍
由斯智慧故　世稱歎供養　能斷眾雜根
超絕生死流　超度諸流已　是名為比丘
時彼天子復說偈言
久見婆羅門　逮得般涅槃　一切怖已過
永超世恩愛
於是天子聞佛所說歡喜隨喜稽首
佛足即沒不現

如是我聞一時佛住舍衛國祇樹給
孤獨園時有天子容色絕妙於後夜
時來詣佛所稽首佛足其身光明遍
照祇樹給孤獨園時彼天子說偈
問佛
與何人同處　復與誰共事　知何等人法
各為勝非惡

尒時世尊說偈荅言
與正士同遊　正士同其事　解知正士法
是則勝非惡
時彼天子復說偈言
久見婆羅門　逮得般涅槃　一切怖已過
永超世恩愛
時彼天子聞佛所說歡喜隨喜稽首
佛足即没不現
如是我聞一時佛住舍衛國祇樹給
孤獨園時有天子容色絕妙於後夜
時來詣佛所稽首佛足退坐一面其
身光明遍照祇樹給孤獨園時彼天
子而說偈言
慳悋生於心　不能行布施　明智求福者
乃能行其惠
尒時世尊說偈荅言
怖畏不行施　常得不施怖　怖畏於飢渴
慳悋從怖生　此世及他世　常癡飢渴畏
死則不隨無　獨往無資粮　少財能施者
多財難亦捨　難捨而能捨　是則為難施
無知者不覺　慧者知難知　以法養妻子
少財淨心施　百千耶威會　所獲其福利
比前如法施　十六不及一　打縛惱衆生
所得諸財物　惠施安國土　是名有罪施
方之平等施　稱量所不及　如法不行非
所得財物施　難施而行施　是應賢聖施
所住常獲福　壽終上生天
時彼天子復說偈言
久見婆羅門　逮得般涅槃　一切怖已過
永超世恩愛
時彼天子聞佛所說歡喜隨喜稽首
佛足即没不現
如是我聞一時佛住王舍城金婆羅
山金婆羅鬼神住處石室中尒時世
尊金槍刺足未經幾時起身苦痛能
得捨心正智正念堪忍自安無退減
想彼有山神天子八人作是念今日
世尊住王舍城金婆羅山金婆羅鬼
神住處石室中金槍刺足起身苦痛
而能捨心正念正智堪忍自安無所
退減我等當往面前讚嘆作是念已
往詣佛所稽首礼足退住一面第一
天神說偈嘆言沙門瞿曇人中師子
身遭苦痛堪忍自安正智正念無所
退減第二天子復讚嘆言大士之大
龍大士之牛王大士夫勇力大士夫
良馬大士夫上首大士夫之勝第三
天子復讚嘆言此沙門瞿曇大士夫分
陁利身生諸苦痛而能行捨心正智
正念住堪忍以自安而無所退減第
四天子復讚嘆言若有於沙門瞿曇
士夫分陁利所說違反嫌責當知斯
等長夜當得不饒益苦唯除不知真
實者第五天子復說偈言
觀彼三昧定　善住於正受　解脫離諸塵
不踊亦不没　其心安隱住　而得心解脫
第六天子復說偈言
經歷五百歲　誦婆羅門典　精勤修苦行
不解脫離塵　是則卑下類　不得度彼岸
第七天子復說偈言
為欲之所迫　持戒之所縛　勇猛行苦行
經歷於百年　其心不解脫　不離於塵垢
是則卑下類　不度於彼岸
第八天子復說偈言
心居憍慢欲　不能自調伏　不得三昧定
牟尼之正受　獨一居山林　其心常放逸
於彼死魔軍　不得度彼岸
時彼山神天子八人各各讚嘆已稽
首佛足即没不現

如是我聞一時佛住舍衛國祇樹給孤獨園時有天子容色絕妙於後夜時来詣佛所稽首佛足退坐一面其身光明遍照祇樹給孤獨園時彼天子而說偈言

廣无過於地　深無踰於海　高無過須弥
大士無毗紐

尒時世尊說偈荅言

靨無過於愛　深無踰於腹　高莫過憍慢
大士無勝佛

時彼天子復說偈言

久見婆羅門　逮得般涅槃　一切怖已過
永超世恩愛

於是天子聞佛所說歡喜隨喜稽首佛足即沒不現

如是我聞一時佛住舍衛國祇樹給孤獨園時有天子容色絕妙於後夜時来詣佛所稽首佛足退坐一面其身光明遍照祇樹給孤獨園時彼天子說偈問佛

何物火不燒　何風不能吹　水災壞大地
何物不流散　惡王及盜賊　強劫人財物
何男子女人　不為其所奪　云何珎寶藏
終竟不亡失

尒時世尊說偈荅言

福火所不燒　福風不能吹　水災壞大地
福水不流散　惡王及盜賊　强奪人財寶
若男子女人　福不被劫奪　樂藏之寶藏
終竟不亡失

時彼天子復說偈言

久見婆羅門　逮得般涅槃　一切怖已過
永超世恩愛

於是天子聞佛所說歡喜隨喜即沒不現

如是我聞一時佛住舍衛國祇樹給孤獨園時有天子容色絕妙於後夜時来詣佛所稽首佛足退坐一面其身光明遍照祇樹給孤獨園時彼天子說偈問佛

誰當持資糧　何物賊不劫　何人劫而遮
何人劫不遮　何人常来詣　智慧者喜樂

尒時世尊說偈荅言

信者持資糧　福德劫不奪　賊劫奪則遮
沙門奪歡喜　沙門常来詣　智慧者欣樂

時彼天子復說偈言

久見婆羅門　逮得般涅槃　一切怖已過
永超世恩愛

於是天子聞佛所說歡喜隨喜稽首佛足即沒不現

如是我聞一時佛住舍衛國祇樹給孤獨園時有一天子容色絕妙於後夜時来詣佛所稽首佛足退坐一面身諸光明遍照祇樹給孤獨園時彼天子說偈問佛

一切相映障　知一切世間　樂安慰一切
雖願世尊說　云何是世間　最為難得者

是時世尊說偈荅言

為主而行忍　無財而欲施　遭難而行法
富貴修遠離　如是四法者　是則為最難

時彼天子復說偈言

久見婆羅門　逮得般涅槃　一切怖已過
永超世恩愛

於是天子聞佛所說歡喜隨喜稽首佛足即沒不現

雜阿含經卷第四十八

雜阿含經卷第四十八

校勘記

一 底本，金藏廣勝寺本。二一九頁中至次頁上，共三版，原版殘缺，以麗藏本換。

一 二一九頁中一一行「佛言」，資、磧、南、徑、清作「佛告」。

一 二一九頁下二二行「何染」，資、磧、南、徑、清作「何時」。

一 二二〇頁上一五行「不習近衆苦」，石作「不習近衆惡」，下同。

一 二二〇頁上一九行「拘迦那娑」，石作「拘迦那婆」；資、磧、南、徑、清作「拘迦尼」。石下同。

一 二二〇頁上末行「拘迦那」，資、磧、南、徑、清作「拘迦尼」。同行「絕妙」，資、磧、南、徑、清作「妙絕」。

一 二二〇頁中三行「不習近衆惡」，資、磧、南、徑、清、麗作「不習近衆苦」，下同。

一 二二〇頁中一三行「經法」，石、麗作「法經」。

一 二二〇頁中一五行第五字「惡」，石作「者」。

一 二二〇頁中一五行及次頁上一一行、一五行、中九行、一九行「五欲悉虛空」，石作「五欲悉虛僞」。

一 二二〇頁中二二行「面相問訊」，資、磧、南、徑、清作「而相問訊」。

一 二二〇頁下三行「如是」，石作「如我」。

一 二二〇頁下五行第六字「語」，石作「說」。

一 二二一頁上二行第四字「說」，石無。

一 二二一頁上八行「昨夜」，石、麗作「昨後夜」。

一 二二一頁中一八行「我心」，石作「其心」。

一 二二一頁中二二行「虛僞」，徑作「虛空」，下同。

一 二二一頁下六行首字「盧」，資作「(疒+盧)」，下同。

一 二二一頁下八行「朱盧」，石、磧、南、徑、清、麗作「時朱盧」；資作「時朱(疒+盧)」。

一 二二一頁下一六行「拘迦那婆」，石作「拘迦婆」；資、磧、南、徑、清作「拘迦那娑」；麗作「拘迦娑」。

一 二二一頁下一八行「正慧」，石、資、磧、南、徑、清、麗作「智」。

一 二二二頁上二行第九字「後」，石、資、磧、南、徑、清、麗無。

一 二二二頁上五行「拘迦那婆」，資、磧、南、徑、清、麗作「拘迦那娑」。

一 二二二頁上一一行「拘迦那婆」，資、磧、南、徑、清作「拘迦那娑」；麗作「拘迦那」。

一 二二二頁中四行首字「有」，資、磧、南、徑、清作「不」。

一 二二二頁中二〇行「啼泣」，資、磧、南、徑、清作「啼哭」。

一 二二二頁下一一行「不行」，資、磧、南、徑、清作「不可」。

一 二二二頁下一三行第五字「非」下，

磧、南、徑、清有「名爲不善業」五言偈一句。

一 二二二頁下一九行「抱怨」，石作「於怨」。

一 二二三頁上一八行「去巳」，石作「起去巳」。

一 二二三頁上一九行「疱瘡」，資、磧、南、徑、清作「皰瘡」。

一 二二三頁中二行第一二字「時」，資、磧、南、徑、清無。

一 二二三頁中一〇行「入在」，石、資、磧、南、徑、清、麗作「来入」。

一 二二三頁中一五行第四字「子」，石無。

一 二二三頁下七行第三及第四字「百年」，石無。

一 二二三頁下九行「阿陁」，石、資、磧、南、徑、清、麗作「阿浮陁」。

一 二二三頁下一四行「休休」，資、磧、南、徑、清作「休休」；麗作「休休」，下同。

一 二二三頁下一五行「阿休休地獄衆生」，石作「阿休休地獄衆生壽二十阿休休地獄衆生」。

一 二二三頁下末行第二字「被」，石、徑、麗作「彼」。第五字「炷」，資、磧、南、徑、清作「柱」。

一 二二四頁上八行「世尊説」，石作「世尊者」。

一 二二四頁上一八行「如是家爲著」，石、磧、南、徑、清、麗作「如是爲家者」。

一 二二四頁上一九行「嫉妬」，資、磧、南、徑、清作「嫉妬」。

一 二二四頁上末行「少財」，資作「出財」；麗作「小財」。

一 二二四頁中一行「刹利家」，資、麗作「刹利心」。

一 二二四頁中四行「不及報」，石、資、磧、南、徑、清、麗作「不反報」。

一 二二四頁下一行「而屈下」，資、磧、南、徑、清作「隨下」。同行「而隳舉」，石、麗作「而隨舉」；資、磧、南、徑、清作「隨舉」。

一 二二四頁下二行及五行「凷相擲」，資、磧、南、徑、清、麗作「塊相擲」。

一 二二五頁上六行「遍照」，石、資、磧、南、徑、清、麗作「光明遍照」。

一 二二五頁上一二行「息惡」，資作「意慧」；麗作「恩惠」。

一 二二五頁中四行「劳生業」，石、資、磧、南、徑、清、麗作「營生業」。

一 二二五頁中六行「興息」，石、磧、南、徑、清作「蕃息」。

一 二二五頁中七行「六種」，石作「六根」。

一 二二五頁中一四行「修良者」，資、磧、南、徑、清作「循良者」。

一 二二五頁下一行「麁牛」，石作「鹿牛」，下同。

一 二二五頁下三行「憍薩羅」，石作「拘薩羅」。

一 二二五頁下一四行及一八行「乘空」，石、磧、南、徑、清作「乘虛」。

一 二二五頁下二二行「可意」，磧作「句意」。

一二二六頁上五行「分滄」，石作「貧滄」。

一二二六頁上九行「婥嫗」，資、磧、南、徑、清、麗作「婥姑」。

一二二六頁上一〇行「腦言」，資、磧、南、徑、清、麗作「澀言」。

一二二六頁上一四行「行路」，麗作「行跡」。

一二二六頁上二二行「此諸天女」，資、磧、南、徑、清作「時諸天女」。

一二二六頁中末行「問佛」，石作「問佛言」。

一二二六頁下一〇行「雜根」，石、資、磧、南、徑、清、麗作「雜相」。

一二二六頁下末行首字「各」，麗作「名」。

一二二七頁上一八行「慳悋」，石、麗作「慳惜」。

一二二七頁上一九行「不隨無」，麗作「不隨死」。

一二二七頁上二二行「百千耶盛會」，石、資、磧、南、徑、清作「百千邪盛會」。

一二二七頁中四行「所住」，石、麗作「所往」。

一二二七頁下一五行「勇捍」，徑作「勇悍」。

一二二八頁上六行「踰於海」，石作「過於海」。

一二二八頁上九行「喻於腹」，石、資、磧、南、徑、清、麗作「踰於腹」。

一二二八頁上二一行「火不燒」，磧、南、徑、清作「不能燒」。同行「水災壞天地」下同。

一二二八頁中三行「所不燒」，磧、南、徑、清作「不能燒」。

一二二八頁下一一行「是時」，磧、南、徑、清作「爾時」。

雜阿含經卷第四十九　流

宋天竺三藏求那跋陀羅譯

如是我聞一時佛住舍衛國祇樹給孤獨園時有天子容色絕妙於後夜時来詣佛所稽首佛足退坐一面其身光明遍照祇樹給孤獨園時彼天子說偈問佛

大力自在樂　所求無不得　何復勝於彼
一切所欲俻

尒時世尊說偈荅言

大力自在樂　彼則無所求　若有求欲者
是苦非為樂　於求已過去　是則樂於彼

時彼天子復說偈言

久見婆羅門　逮得般涅槃　一切怖已過
永超世恩愛

於是天子聞佛所說歡喜隨喜稽首佛足即没不現

如是我聞一時佛住舍衛國祇樹給孤獨園時有天子容色絕妙於後夜時来詣佛所稽首佛足退坐一面其身光明遍照祇樹給孤獨園時彼天子說偈問佛

車從何處起　誰能轉於車　車轉至何所
何故壞磨滅

尒時世尊說偈荅言

車從諸業起　心識能於車　隨因而轉至
因壞車則亡

時彼天子復說偈言

久見婆羅門　逮得般涅槃　一切怖已過
永超世恩愛

於是天子聞佛所說歡喜隨喜稽首佛足即没不現

如是我聞一時佛住舍衛國祇樹給孤獨園時有天子容色絕妙於後夜時来詣佛所稽首佛足退坐一面其身光明遍照祇樹給孤獨園時彼天子白佛言世尊拘屢薩王女修波羅提沙今日生子佛告天子此則不善非是善時彼天子即說偈言

人生子為樂　世間有子歡　父母年老衰
子則能奉養　瞿曇何故說　生子為不善

尒時世尊說偈荅言

當知恒無常　純空陰非子　生子常得苦
愚者說言樂　是故我說言　生子非為善
非善為善象　念象不可念　實苦貌似樂

放逸所踐蹈
時彼天子復說偈言
久見婆羅門　逮得般涅槃　一切怖已過
永超世恩愛
於是天子聞佛所說歡喜隨喜稽首
佛足即沒不現
如是我聞一時佛住舍衛國祇樹給
孤獨園時有天子容色絕妙於後夜
時來詣佛所稽首佛足退坐一面其
身光明遍照祇樹給孤獨園時彼天
子說偈問佛
云何數所數　云何數不隱　云何數中數
云何說言說
尒時世尊說偈答言
佛法難測量　二流不顯現　若彼名及色
滅盡悉無餘　是名數所數　彼數不隱蔽
是彼數中數　是則說名數
時彼天子復說偈言
久見婆羅門　逮得般涅槃　一切怖已過
永超世恩愛
於時天子聞佛所說歡喜隨喜稽首
佛足即沒不現
如是我聞一時佛住舍衛國祇樹給

孤獨園時有天子容色絕妙於後夜
時來詣佛所稽首佛足退坐一面其
身光明遍照祇樹給孤獨園時彼天子
說偈問佛
何物重於地　何物高於空　何物疾於風
何物多於草
尒時世尊說偈答言
戒德重於地　慢高於虛空　憶念疾於風
思想多於草
時彼天子復說偈言
久見婆羅門　逮得般涅槃　一切怖已過
永超世恩愛
於是天子聞佛所說歡喜隨喜稽首
佛足即沒不現
如是我聞一時佛住舍衛國祇樹給
孤獨園時彼天子容色絕妙於後夜
時來詣佛所稽首佛足退坐一面其
身光明遍照祇樹給孤獨園時彼天
子說偈問佛
何戒何威儀　何得何為業　慧者云何住
云何往生天
尒時世尊說偈答言
遠離於煞生　持戒自防樂　害心不加生

是則生天路　遠離不與取　與取心欣樂
斷除賊盜心　是則生天路　不行他所受
遠離於邪婬　自受知止足　是則生天路
自為己及他　為財及戲笑　妄語而不為
是則生天路　斷除於兩舌　不離他親友
常念和彼此　是則生天路　遠離不愛言
軟語不傷人　常說淳美言　是則生天路
不為不誠說　無義無饒益　常順於法言
是則生天路　聚落若空地　見利言我有
不行此貪想　是則生天路　慈心無害想
不害於衆生　心常無怨結　是則生天路
苦業及果報　二俱生淨信　受持於正見
是則生天路　如是諸善法　十種淨業跡
等受堅固持　是則生天路
時彼天子復說偈言
久見婆羅門　逮得般涅槃　一切怖已過
永超世恩愛
於時天子聞佛所說歡喜隨喜稽首
佛足即沒不現
如是我聞一時佛住舍衛國祇樹給
孤獨園尒時釋提桓因於後夜時來
詣佛所稽首佛足退坐一面其身光
明遍照祇樹給孤獨園時釋提桓因

說偈問佛
何法命不知　何法命不覺　何法鏁於命
何法為命縛
尒時世尊說偈答言
色者命不知　諸行命不覺　身鏁於其命
受縛於命者
釋提桓因復說偈言
色者非為命　諸佛之所說　云何而得熟
於彼其深藏　云何段肉住　云何知命身
尒時世尊說偈答言
迦羅邏為初　迦羅邏生胞　胞生於宍段
宍段生堅厚　堅厚生枝節　及諸毛髮等
色等諸情根　漸次成形體　因母飲食等
長養彼胎身
尒時釋提桓因聞佛所說歡喜隨喜
稽首佛足即没不現
如是我聞一時佛住舍衛國祇樹給
孤獨園時有長勝天子容色絕妙於
後夜時來詣佛所稽首佛足退坐一
面身諸光明遍照祇樹給孤獨園時
彼長勝天子而說偈言
善覺微妙說　習近諸沙門　獨一無等侶
正思惟靜默
尒時世尊說偈答言
善覺微妙說　習近諸沙門　獨一無等侶
寂默靜諸根
時長勝天子聞佛所說歡喜隨喜稽
首佛足即没不現
如是我聞一時佛住舍衛國祇樹給
孤獨園時有尸毗天子容色絕妙於
後夜時來詣佛所稽首佛足退坐一
面其身光明遍照祇樹給孤獨園時
彼尸毗天子說偈問佛
何人應同止　何等人共事　應知何等法
是轉勝非惡
尒時世尊說偈答言
與正士同止　正士共其事　應知正士法
是轉勝非惡
時彼尸毗天子聞佛所說歡喜隨喜
稽首佛足即没不現
如是我聞一時佛住舍衛國祇樹給
孤獨園時有月自在天子容色絕妙
於後夜時來詣佛所稽首佛足退坐
一面身諸光明遍照祇樹給孤獨園
時彼月自在天子而說偈言
彼當至究竟　如敵依從草　若得正繫念
一心善正受
尒時世尊說偈答言
彼當到彼岸　如魚決其網　禪定具足住
心常致善樂
時彼月自在天子聞佛所說歡喜隨
喜稽首佛足即没不現
如是我聞一時佛住舍衛國祇樹給
孤獨園時有毗瘦細天子容色絕妙
於後夜時來詣佛所稽首佛足退坐
一面身諸光明遍照祇樹給孤獨園
時彼毗瘦細天子而說偈言
供養於如來　歡喜常增長　欣樂正法律
不放逸隨學
尒時世尊說偈答言
若如是說法　防護不放逸　以不放逸故
不隨魔自在
於是毗瘦細天子聞佛所說歡喜隨
喜稽首佛足即没不現
如是我聞一時佛住舍衛國祇樹給
孤獨園時有般闍羅健天子容色絕
妙於後夜時來詣佛所稽首佛足退
坐一面身諸光明遍照祇樹給孤獨
園時般闍羅健天子而說偈言

憒亂之處所　黠慧者能覺　禪思覺所覺
牟尼思惟力
尒時世尊說偈答言
了知憒亂法　正覺得涅槃　若得正繫念
一心善正受
時般闍羅　天子聞佛所說歡喜隨
喜稽首佛足即沒不現
如是我聞一時佛住舍衛國祇樹給
孤獨園時有須深天子與五百眷屬
容色絕妙於後夜時來詣佛所稽首
佛足退坐一面其身光明遍照祇樹
給孤獨園尒時世尊告尊者阿難汝
阿難於尊者舍利弗善說法心喜樂
不阿難白佛如是世尊何等人不愚
不癡有智慧於尊者舍利弗善說法
中心不欣樂所以者何彼尊者舍利
弗持戒多聞少欲知足精勤遠離正
念堅住智慧正受捷疾智慧利智慧
出離智慧決定智慧大智慧廣智慧
深智慧無等智慧智寶成就善能教
化示教照喜亦常讚歎示教照喜常
為四衆說法不惓佛告阿難如是如
是如汝所說阿難為何等人不愚不

癡有智慧聞尊者舍利弗善說諸法
而不歡喜所以者何舍利弗比丘持
戒多聞少欲知足精勤正念智慧正
受超智捷智利智出智決定智大智
廣智深智無等智慧智寶成就善能教
化示教照喜亦常讚歎示教照喜常
為四衆說法不惓世尊如是如是向
尊者阿難如是如是稱嘆舍利弗所
說如是如是須深天子眷屬內心歡
喜身光增明清淨照耀尒時須深天
子內懷歡喜發身淨光照耀已而說
偈言
舍利弗多聞　明智平等慧　持戒善調伏
得不起涅槃　持此後邊身　降伏於魔軍
時彼須深天子及五百眷屬聞佛所
說歡喜隨喜稽首佛足即沒不現
如是我聞一時佛住舍衛國祇樹給
孤獨園時有赤馬天子容色絕妙於
後夜時來詣佛所稽首佛足退坐一
面其身光明遍照祇樹給孤獨園時
彼赤馬天子白佛言世尊頗有能行
過世界邊至不生不老不死處不佛
告赤馬無有能過世界邊至不生不

老不死處者赤馬天子白佛言奇哉
世尊善說斯義如世尊說言無過世
界邊至不生不老不死處者所以者
何世尊我自憶宿命名曰赤馬作外
道仙人得神通離諸愛欲我時作是
念我有如是捷疾神足如健士夫以
利箭橫射過多羅樹影之須能登一
須弥至一須弥足蹋東海超至西海
我時作是念我今成就如是捷疾神
力今日寧可求世界邊作是念已即
便發行唯除食息便利減節睡眠常
行百歲於彼命終竟不能得過世界
邊至不生不老不死之處佛告赤馬
我今但以一尋之身說於世界世界
集世界滅世界滅道跡赤馬天子何
等為世間謂五受陰何等為五色受
陰受受陰想受陰行受陰識受陰是
名世間何等為色集謂當來有愛貪
喜俱彼彼染著是名世間集云何為
世間滅若彼當來有愛貪喜俱彼彼
染著無餘斷捨離盡無欲滅息沒是
名世間滅何等為世間滅道跡謂八
聖道正見正志正語正業正命正方

便正念正定是名世間滅道跡赤馬了知世間斷世間了知世間集斷世間集了知世間滅證世間滅了知間滅道跡修彼滅道跡赤馬若比丘於世間苦若知若斷世間集若知若斷世間滅若知若證世間滅道跡若知若修赤馬是名得世界邊度世間愛尒時世尊重說偈言

未曾遠遊行　而得世界邊　無得世界邊
終不盡苦邊　以是故牟尼　能知世界邊
善解世界邊　諸梵行已立　於彼世界邊
平等覺知者　是名賢聖行　度世間彼岸

是時赤馬天子聞佛所說歡喜隨喜稽首佛足即没不現

如是我聞一時佛住王舍城毗富羅山側有六天子本為外道出家一名阿毗浮二名增上阿毗浮三名能求四名毗藍婆五名阿俱吒六名迦藍來詣佛所阿毗浮天子即說偈言

比丘專至心　常修行猒離　於初夜後夜
思惟善自攝　見聞其所說　不墮於地獄

增上阿毗浮天子復說偈言

猒離於黑闇　心常自攝護　永離於世間

言語諍論法　從如來大師　稟受沙門法
善攝護世間　不令造衆惡

能求天子復說偈言

斷截提打煞　供養施迦葉　不見其為惡
亦不見為福

毗藍婆天子復說偈言

我說彼尼乹　外道若提子　出家行學道
長夜修難行　於大師徒衆　遠離於妄語
我說如是人　不遠於羅漢

尒時世尊說偈荅

死瘦之野狐　常共師子遊　終日小羸劣
不能為師子　尼乹大師衆　虛妄自稱嘆
是惡心妄語　去羅漢甚遠

尒時天魔波旬著阿俱吒天子而說偈言

精勤棄闇冥　常守護遠離　深著微妙色
貪樂於梵世　我教化斯等　令得生梵天

尒時世尊作是念若此阿俱吒天子所說偈此是天魔波旬加其力故非彼阿俱吒天子自心所說作是說言

精勤棄闇冥　守護於遠離　深著微妙色
貪樂於梵世　當教化斯等　令得生梵天

尒時世尊復說偈言

若諸所有色　於此及與彼　或復虛空中
各別光照耀　當知彼一切　不離魔魔縛
猶如垂鉤餌　鉤釣於遊魚

彼諸天子咸各念言今日阿俱吒天子所說偈沙門瞿曇言是魔所說何故沙門瞿曇言是魔說尒時世尊知諸天子心中所念而告之言今阿俱吒天子所說偈非彼天子自心所說時魔波旬加其力故作是說言

精勤棄闇冥　守護於遠離　深著微妙色
貪樂於梵世　當教化斯等　令得生梵天

是故我說偈

若諸所有色　於此及與彼　或復虛空中
各別光照耀　當知彼一切　不離魔魔縛
猶如垂鉤餌　鉤釣於遊魚

時諸天子復作是念奇哉沙門瞿曇神力大德能見天魔波旬而我等不見我等當復各各說偈讚歎沙門瞿曇即說偈言

斷除於一切　有身愛貪想　令此善護者
除一切妄語　若說斷欲愛　應供養大師
斷除三有愛　破壞於妄語　已斷於見貪
應供養大師　王舍城第一　名毗富羅山

雪山諸山㝡　金翅鳥中名　八方及上下
一切衆生界　於諸天人中　等正覺㝡上

時諸天子說偈讚佛已聞佛所說歡喜隨喜稽首佛足即没不現

如是我聞一時佛住舍衛國祇樹給孤獨園時有摩伽天子容色絶妙於後夜時来詣佛所稽首佛足退坐一面其身光明遍照祇樹給孤獨園時有摩伽天子說偈問佛

煞何得安眠　煞何得善樂　為煞何等人
瞿曇所讚嘆

尒時世尊說偈答言

若煞於瞋恚　而得安隱眠　煞於瞋恚者
令人得歡喜　瞋恚為毒本　煞者我所歎
煞彼瞋恚已　長夜無憂慼

於時摩伽天子聞佛所說歡喜隨喜稽首佛足即没不現

如是我聞一時佛在舍衛國祇樹給孤獨園尒時有弥耆迦天子容色絶妙於後夜時来詣佛所稽首佛足退坐一面其身光明遍照祇樹給孤獨園時弥耆迦天子說偈問佛

明照有幾種　能照明世界　唯願世尊說
何等明㝡上

尒時世尊說偈答言

有三種光明　能照耀世間　晝以日為照
月以照其夜　燈火晝夜明　照彼彼色像
上下及諸方　衆生悉蒙照　人天光明中
佛光明為上

佛說此經已弥耆迦天子聞佛所說歡喜隨喜稽首佛足即没不現

如是我聞一時佛住舍衛國祇樹給孤獨園時有陁摩尼天子容色絶妙於後夜時来詣佛所稽首佛足退坐一面身諸光明遍照祇樹給孤獨園時彼陁摩尼天子而說偈言

為婆羅門事　學斷莫疲惓　斷除諸愛欲
不求受後身

尒時世尊說偈答言

婆羅門無事　所作事已作　乃至不得岸
晝夜常勤跳　已到彼岸住　於岸復何跳
此是婆羅門　專精漏盡禪　一切諸憂惱
熾然永已斷　是則到彼岸　涅槃無所求

時陁摩尼天子聞佛所說歡喜隨喜稽首佛足即没不現

如是我聞一時佛住舍衛國祇樹給孤獨園時有多羅揵陁天子容色絶妙於後夜時来詣佛所稽首佛足身諸光明遍照祇樹給孤獨園時彼天子說偈問佛

斷幾捨幾法　幾法增上修　超越幾積聚
名比丘度流

尒時世尊說偈答言

斷五捨於五　五法上增修　超五種積聚
名比丘度流

時彼陁摩尼天子聞佛所說歡喜隨喜稽首佛足即没不現

如是我聞一時佛住舍衛國祇樹給孤獨園時有迦摩天子容色絶妙於後夜時来詣佛所稽首佛足身諸光明遍照祇樹給孤獨園時迦摩天子白佛言甚難世尊甚難善逝尒時世尊說偈答言

所學為甚難　具足戒三昧　遠離於非家
閑居寂靜樂

迦摩天子白佛言世尊靜默甚難得

尒時世尊說偈答言

得所難得學　具足戒三昧　晝夜常專精
修習意所樂

迦摩天子白佛言世尊正受心難得
尒時世尊說偈答言
難住正受住　諸根心决定　能斷死魔縻
聖者隨欲進
迦摩天子復白佛言世尊嶮道甚難
行尒時世尊說偈答言
難涉之嶮道　當行安樂進　非聖墮於彼
足上頭向下　賢聖乘正直　嶮路自然平
佛說此經已迦摩天子聞佛所說歡
喜隨喜稽首佛足即没不現
如是我聞一時佛住舍衛國祇樹給
孤獨園時有迦摩天子容色絶妙於
後夜時来詣佛所稽首佛足退坐一
面其身光明遍照祇樹給孤獨園時
彼迦摩天子說偈問佛
貪恚何所因　不樂身毛竪　恐怖從何起
覺想由何生　猶如鳩摩羅　依倚於乳母
尒時世尊說偈答言
愛生自身長　如尼拘律樹　處處隨所著
如藤綿㯋林　若知彼因者　發悟令開覺
度生死海流　不復更受有
時迦摩天子聞佛所說歡喜隨喜稽
首佛足即没不現

如是我聞一時佛住舍衛國祇樹給
孤獨園時有栴檀天子容色絶妙於
後夜時来詣佛所稽首佛足退坐一
面其身光明遍照祇樹給孤獨園時
彼栴檀天子說偈問佛
聞瞿曇大智　無障㝵知見　何所住何學
不遭他世惡
尒時世尊說偈答曰
攝持身口意　不造三惡法　處在於居家
廣集於群賔　信惠財法施　以法立一切
住彼學彼法　則無他世畏
佛說是經已栴檀天子聞佛所說歡
喜隨喜稽首佛足即没不現
如是我聞一時佛住舍衛國祇樹給
孤獨園時有栴檀天子容色絶妙於
後夜時来詣佛所稽首佛足退坐一
面其身光明遍照祇樹給孤獨園時
彼天子說偈問佛
誰度於諸流　晝夜勤不懈　不攀無住處
云何不没溺
尒時世尊說偈答言
一切戒具足　智慧善正受　内思惟正念
能度難度流　不染此欲想　超度彼色愛

貪喜悉已盡　不入於難測
時彼栴檀天子聞佛所說歡喜隨喜
稽首佛足即没不現
如是我聞一時佛住舍衛國祇樹給
孤獨園時有迦葉天子容色絶妙於
後夜時来詣佛所稽首佛足退坐一
面其身光明遍照祇樹給孤獨園時
彼迦葉天子白佛言世尊我今當說
比丘及比丘功德佛告天子隨汝所
說時迦葉天子而說偈言
比丘修正念　其身善解脫　晝夜常勤求
壞有諸功德　了知於世間　滅除一切有
比丘得無憂　心無所染著
世尊是名比丘是名比丘功德佛告
迦葉善哉善哉如汝所說迦葉天子
聞佛所說歡喜隨喜稽首佛足即没
不現
如是我聞一時佛住舍衛國祇樹給
孤獨園時有迦葉天子容色絶妙於
後夜時来詣佛所稽首佛足退坐一
面其身光明遍照祇樹給孤獨園時
彼迦葉天子白佛言世尊我今當說
比丘及比丘所說佛告迦葉天子隨

所樂說時彼迦葉天子而說偈言
比丘守正念　其心善解脫　晝夜常勤求
逮得離塵垢　曉了知世間　於塵離塵垢
比丘無憂患　心無所染著
世尊是名比丘是名比丘所說佛告
迦葉如是如是如汝所說迦葉天子
聞佛所說歡喜隨喜稽首佛足即沒
不現
如是我聞一時佛在摩竭提國人間
遊行日暮與五百比丘於屈摩夜叉
鬼住處宿時屈摩夜叉鬼來詣佛所
稽首佛足退坐一面時屈摩夜叉鬼
白佛言世尊今請世尊與諸大衆於
此夜宿尒時世尊默然受請是時屈
摩夜叉鬼知世尊默然受請已化作
五百重閣房舍卧牀坐牀踞牀俱攝
褥枕各五百具悉皆化成化作五百
燈明無諸烟炎悉化現已往詣佛所
稽首佛足勸請世尊令入其舍令諸
比丘次受房舍及諸卧具周遍受已
還至佛所稽首佛足退坐一面而說
偈言
賢德有正念　賢德常正念　正念安隱眠

此世及他世　賢德有正念　賢德常正念
正念安隱眠　其心常寂止　賢德有正念
賢德常正念　正念安隱眠　捨降伏他軍
賢德有正念　賢德常正念　不煞不教煞
不伏不教伏　慈心於一切　心不懷怨結
尒時世尊告屈摩夜叉鬼如是如是
如汝所說時屈摩夜叉鬼聞佛所說
歡喜隨喜稽首佛足還自所住處
如是我聞一時佛住摩鳩羅山尊者
那伽波羅為親侍者尒時世尊於夜
闇時天小微雨電光睒現出於房外
露地經行是時天帝釋作是念今日
世尊住摩鳩羅山尊者那伽波羅親
侍供養其夜闇冥天時微雨電光睒
現世尊出房露地經行我當化作毗
琉璃重閣執持重閣隨佛經行作是
念已即便化作鞞琉璃重閣持詣佛
所稽首佛足隨佛經行尒時摩竭提
國人若男若女夜啼之時以摩鳩羅
鬼恐之即止親侍供養弟子之法侍
師禪覺然後乃眠尒時世尊為天帝
釋夜經行久尒時尊者那伽波羅作
是念世尊今夜經行至久我今當作

摩鳩羅鬼形而恐怖之時那伽波羅
比丘即反被俱執長毛在外住在世
尊經行道頭白佛言摩鳩羅鬼來摩
鳩羅鬼來尒時世尊告那伽波羅比
丘汝那伽波羅愚癡人以摩鳩羅鬼
神像恐怖佛耶不能動如來應等正
覺一毛髮也如來應等正覺久離恐
怖尒時天帝釋白佛言世尊世尊正
法律中亦復有此人耶佛言憍尸迦
瞿曇家中極大廣闊斯等於未來世
亦當使得清淨之法尒時世尊即說
偈言
若復婆羅門　於自所得法　得到於彼岸
若一毗舍遮　及與摩鳩羅　皆悉超過去
若復婆羅門　於自所行法　一切諸受覺
觀察皆已滅　若復婆羅門　自法度彼岸
自法度彼岸　一切諸人我　皆悉已滅盡
若復婆羅門　自法度彼岸　於生老病死
皆悉已超過
佛說此經已釋提桓因聞佛所說歡
喜隨喜稽首佛足即沒不現
如是我聞一時佛住王舍城迦蘭陀

竹園時尊者阿那律陀於摩竭提國人間遊行到畢陵伽鬼子母住處宿時尊者阿那律陀夜後分時端身正坐誦憂陁那波羅延那見真諦諸上座所說偈比丘尼所說偈尸路偈義品牟尼偈修多羅悉皆廣誦尒時畢陵伽鬼子夜啼畢陵伽鬼子母為其子說偈呵止言

畢陵伽鬼子　汝今莫得啼　當聽彼比丘
誦習法句偈　若知法句者　能自護持戒
遠離於煞生　實言不妄語　能自捨非義
解脫鬼神道

畢陵伽鬼子母說是偈時畢陵伽鬼子啼聲即止

如是我聞一時佛在摩竭提國人間遊行與大衆俱到富那婆藪鬼子母住處宿尒時世尊為諸比丘說四聖諦相應法所謂苦聖諦苦集聖諦苦滅聖諦苦滅道跡聖諦尒時富那婆藪鬼母兒富那婆藪及鬼女欝多羅二鬼小兒夜啼時富那婆藪及鬼母教其男女故而說偈言

汝富那婆藪　欝多羅莫啼　令我得聽聞

如來所說法　非父母能令　其子解脫苦
聞如來說法　其苦得解脫　世人隨愛欲
為衆苦所迫　如來為說法　令破壞生死
我今欲聞法　汝等當默然　時富那婆藪
鬼女欝多羅　悉受其母語　默然而靜聽
語母言善哉　我亦樂聞法　此正覺世尊
於摩竭勝山　為諸衆生類　演說勝苦法
說苦及苦因　苦滅滅苦道　從此四聖諦
安隱趣涅槃　母今但善聽　世尊所說法

時富那婆藪鬼母即說偈言

奇哉智慧子　善能隨我心　汝富那婆藪
善歎佛導師　汝富那婆藪　及女欝多羅
當生隨喜心　我已見聖諦

時富那婆藪鬼母說偈是時鬼子男女隨喜默然

如是我聞一時佛在摩竭提國人間遊行與諸大衆至摩尼遮羅鬼住處夜宿尒時摩尼遮羅鬼會諸鬼神集在一處時有一女人持香花歸餚飲食至彼摩尼遮羅鬼神住處彼女人遥見世尊在摩尼遮羅鬼神住處坐見已作是念我今現見摩尼遮羅鬼神即說偈言

善哉摩尼遮　住摩伽陁國　摩伽陁國人
所求悉如願　云何於此世　常得安樂住
後世復云何　而得生天樂

尒時世尊說偈答言

莫放逸憍恣　用摩尼鬼為　若自修所作
能得生天樂

時彼女人作是念此非摩尼遮羅鬼是沙門瞿曇如是知已即以香花餚歸供養世尊稽首礼足退坐一面而說偈言

何道趣安樂　當修何等行　此世常安隱
後世生天樂

尒時世尊說偈答言

布施善調心　樂執護諸根　正見修賢行
親近於沙門　以正命自活　他世生天樂
何用三十三　諸天之苦網　但當一其心
斷除於愛欲　我當說離垢　甘露法善聽

時彼女人聞世尊說法示教照喜如佛常法謂布施持戒生天之福欲味欲患煩惱清淨出要遠離功德福利次第演說清淨佛法辟如鮮淨白疊易染其色時彼女人亦復如是即於坐上於四聖諦得平等觀苦集滅道

雜阿含經卷第四十九　第二十七張　流字号

時彼女人見法得法知法入法度諸疑惑不由於他於正法律得無所畏即從座起整衣服合掌白佛已度世尊已度善逝我從今日盡壽命歸佛歸法歸比丘僧時彼女人聞佛所說歡喜隨喜礼佛而去

如是我聞一時佛在摩竭提國人間遊行到針毛鬼住處夜宿尒時針毛鬼會諸鬼神集在一處時有炙鬼見世尊在針毛鬼住處夜宿見已往詣針毛鬼所語針毛鬼言聚落主汝今大得善利今如來應等正覺於汝室宿針毛鬼言今當試看為是如來為非時針毛鬼與諸鬼神集會已還歸自舍束身衝佛尒時世尊却身避之如是再三束身衝佛佛亦再三却身避之尒時針毛鬼言沙門怖耶佛言聚落主我不怖也但汝觸惡針毛鬼言今有所問當為我說能令我喜者善不能令我喜者當壞汝心裂汝胷令汝熱血從其面出捉汝兩手擲恒水彼岸佛告針毛鬼聚落主我不見諸天魔梵沙門婆羅門天神世人能

雜阿含經卷第四十九　第二十八張　流字号

壞如來應等正覺心者能裂其胷者能令熱血從面出者執其兩髀擲著恒水彼岸者汝今但問當為汝說令汝歡喜時針毛鬼說偈問佛

一切貪恚心　以何為其因　不樂身毛竪
意念諸覺想　為從何所起　猶如新生兒
依倚於乳母

尒時世尊說偈荅言

愛生自身長　如尼拘律樹　展轉相拘引
如藤綿藂林　若知彼所因　當令鬼覺悟
度生死海流　不復重增有

尒時針毛鬼聞世尊說偈心得歡喜向佛悔過受持三歸佛說此經已針毛鬼聞佛所說歡喜奉行

雜阿含經卷第四十九

雜阿含經卷第四十九

校勘記

一　底本，金藏廣勝寺本。

一　二三二頁下四行第八字「能」，資、磧、南、徑、清作「轉」。

一　二三三頁上一五行「佛法」，徑、清作「佛說」。

一　二三三頁上一七行「名數」，資、磧、南、徑、清作「名教」。

一　二三三頁上二一行及下一八行「於時」，徑作「於是」。

一　二三三頁下八行「無饒益」，麗作「不饒益」。

一　二三四頁上六行「受縛」，資、磧、南、徑、清作「愛縛」。

一　二三四頁上一一行首三字「迦羅邏」，磧、南、徑、清作「歌羅邏」，下同。

一　二三四頁上二二行及中二行「善覺」，資作「善徽」；磧、南、徑、清、麗作「善學」。

一 二三四頁下四行「致善」，資、磧、南、徑、清、麗作「致喜」。

一 二三四頁下八行第七字「瘦」，資、磧、南、徑、清作「瘦」，下同。

一 二三四頁下一五行首字「若」，資、磧、南、徑、清作「善」。

一 二三四頁下二〇行及末行「般闍羅健」，資、磧、南、徑、清作「般闍羅揵椎」。

一 二三五頁上六行「般闍羅」，資、磧、南、徑、清作「般闍羅揵椎」；麗作「般闍羅健」。

一 二三五頁上一三行「阿難」，麗作「何難」。

一 二三五頁中五行第八字「慧」，資、磧、南、徑、清、麗無。

一 二三五頁下一一行末字「常」，麗作「當」。

一 二三六頁上二行「了知世間斷世間」，資、磧、南、徑、清作「了知世間苦斷世間苦」。

一 二三六頁上三行「了知間」，資、磧、南、徑、清、麗作「了知世間」。

一 二三六頁上四行第六字「滅」，資、磧、南、徑、清無。

一 二三六頁中一〇行第七字「答」，資、磧、南、徑、清、麗作「答言」。

一 二三六頁中一六行「深著」，磧、南、徑、清作「染著」，下同。

一 二三六頁下三行「釣餌」，麗作「鈎餌」。

一 二三六頁下四行「彼諸天子」，資、磧、南、徑、清、麗作「彼時天子」。

一 二三六頁下九行「時魔波旬」，資、磧、南、徑、清作「是魔波旬」。

一 二三六頁下一一行「梵世」，麗作「梵天」。

一 二三六頁下一五行「鉤餌」，資、磧、南、徑、清作「釣餌」。

一 二三六頁下二一行「若說」，麗作「若欲」。

一 二三七頁上一〇行「善樂」，資、磧、南、徑、清作「喜樂」。

一 二三七頁上一六行「於時」，資、磧、南、徑、清作「爾時」。

一 二三七頁上末行「明照」，徑、清作「有照」。同行「世界」，麗作「世間」。

一 二三七頁中四行第一〇字「明」，麗作「照」。

一 二三七頁下五行「增上修」，資、磧、南、徑、清、麗作「上增修」。

一 二三八頁上一七行「猶如」，資作「獨如」。

一 二三八頁上二〇行「籐綿」，資、磧、南、徑、清、麗作「榛綿」。

一 二三九頁上一二行「退坐」，資、磧、南、麗作「退住」。

一 二三九頁上一六行「俱攝」，資、磧、南、徑、清作「俱攝」。

一 二三九頁上一九行第一三字「令」，資作「今」。

一 二三九頁中二〇行末字「待」，資、磧、南、徑、清作「侍」。

一 二三九頁下二行「俱執」，資作「俱攝」。同行「住在」，資、磧、南、徑、清作「往住」，麗作「往在」。

一　二三九頁下一四行「及與」，徑作「及於」。

一　二四〇頁上九行「莫得啼」，資、磧、普、南、徑、清作「莫復啼」。同行「當聽」，資作「常聽」。

一　二四〇頁上二一行第一二字「及」，麗無。

一　二四〇頁中七行「勝苦法」，麗作「脱苦法」。

一　二四〇頁中一四行「説偈是時」，麗作「説是偈時」。

一　二四〇頁下八行末字至次行首字「鎊鬘」，麗作「鬘鎊」。

一　二四一頁上九行「炙鬼」，磧、南、徑、清作「欻鬼」；麗作「炎鬼」。

一　二四一頁上一五行及一六行「衢佛」，資、磧、南、徑、清作「鍾佛」。

一　二四一頁中五行與六行之間，資、磧、南、徑、清有偈言「是自何緣生」；麗有偈言「恐怖從何起」。

一　二四一頁中一〇行「籐綿」，資、磧、南、徑、清作「藤綿」。

雜阿含經卷第五十　流

宋天竺三藏求那跋陀羅譯

如是我聞一時佛住王舍城迦蘭陀
竹園時有優婆夷子受八支齋尋即
犯戒即為鬼神所持尒時優婆夷即
說偈言
十四十五日　及月分八日　神通瑞應月
八支善正受　受持於齋戒　不為鬼所持
我昔數諸問　世尊作是說
尒時彼鬼即說偈言
十四十五日　及月分八日　神足瑞應月
八支修正受　齋肅清淨住　戒得善守護
不為鬼戲弄　善哉從佛聞　汝當說言放
我當放汝子　諸有懈緩業　染汙行苦行
梵行不清淨　終不得大果　譬如拔菅草
執緩則傷手　沙門行惡觸　當墮地獄中
譬如拔菅草　急捉不傷手　沙門善攝持
則到般涅槃
時彼鬼神即放優婆夷子尒時優婆
夷說偈告子言
子汝今聽我　說彼鬼神說　若有懈緩業
穢汙修苦行　不清淨梵行　彼不得大果

譬如拔葥草　執緩則傷手　沙門起惡觸
當墮地獄中　如急執葥草　則不傷其手
沙門善執護　逮得般涅槃
時彼優婆夷子如是覺悟已剃除鬚
髮著袈裟衣正信非家出家學道心
不得樂還歸自家母遥見子而說
偈言
邁世而出家　何為還聚落　燒舍急出財
豈還投火中
其子比丘說偈荅言
但念母命終　存亡不相見　故来還瞻視
何見子不歡
時母優婆夷說偈荅言
捨欲而出家　還欲服食之　是故我憂悲
恐隨魔自在
是時優婆夷如是如是發悟其子如
是其子還空閑處精勤思惟斷除一
切煩惱結縛得阿羅漢果證
如是我聞一時佛在摩竭提國人閒
遊行到阿臈鬼住處夜宿時阿臈鬼
集會諸鬼神時有竭曇鬼見世尊在
阿臈鬼住處夜宿見巳至阿臈鬼所
語阿臈鬼言聚落主汝獲大利如来

宿汝住處阿膩鬼言生人今日在我舍住耶今當令知為是如來為非如來時阿膩鬼諸鬼神聚會畢還歸自家語世尊曰出去沙門尒時世尊以他家故即出其舍阿膩鬼復言沙門來入佛即還入以滅慢故如是再三時阿膩鬼第四復語世尊言沙門出去尒時世尊語阿膩鬼言聚落主已三見請今不復出阿膩鬼言今問沙門沙門荅我能令我喜者善不能令我喜者我當壞其心裂其胷亦令熱血從其面出執持兩手擲著恒水彼岸世尊告言聚落主我不見諸天魔梵沙門婆羅門天神世人有能壞我心裂我胷令我熱血從面而出執持兩手擲著恒水彼岸者然聚落主汝今但問當為汝說令汝心喜時阿膩鬼說偈問佛

說何等名為　勝士夫事物　行於何等法
得安樂果報　何等為美味　云何壽中勝

尒時世尊說偈荅言

淨信為寂勝　士夫之事物　行法得樂果
解脫味中上　智慧除老死　是為壽中勝

時阿膩鬼復說偈言

云何得名稱　如上所說偈

尒時世尊說偈荅言

持戒名稱流　如上所說偈

時阿膩鬼復說偈言

幾法起世間　幾法相順可　世幾法取受
世幾法損減

尒時世尊以偈荅言

世六法等起　六法相順可　世六法取受
世六法損減

阿膩鬼復說偈問佛

誰能度諸流　晝夜勤方便　無攀無住處
孰能不沉沒

尒時世尊說偈荅言

一切戒具足　智慧善正受　正念內思惟
能度難度流　不樂於五欲　亦超度色愛
無攀無住處　是能不沒溺

時阿膩鬼復說偈問佛

以何法度流　以何度大海　以何捨離苦
以何得清淨

尒時世尊說偈荅言

以信度河流　不放逸度海　精進能除苦
以慧得清淨　汝當更問餘　沙門梵志法

其法無有過　真諦施調伏

時阿膩鬼復說偈問佛

何煩更問餘　沙門梵志法　即曰寂勝士
以顯大法炬　於彼瞿曇摩　常當報其恩
告我等正覺　無上導御師　我即日當行
從村而至村　親侍等正覺　聽受所說法

佛說此經已阿膩鬼歡喜隨喜作礼而去

如是我聞一時佛住王舍城迦蘭陀竹園時有叔迦羅比丘尼住王園比丘尼衆中為王舍城諸人恭敬供養如阿羅漢又於一時王舍城人於一吉星日歡集大會即於是日闕不供養有一鬼神敬重彼比丘尼故至王舍城里巷之中家家說偈

王舍城人民　醉酒眠睡卧　不勤供養彼
叔迦比丘尼　善修諸根故　名曰叔迦羅
善說離垢法　涅槃清涼處　隨順聽所說
終日樂無猒　乘聽法智慧　得度生死流
猶如海商人　依附力馬王

時一優婆塞以衣布施叔迦羅比丘尼復有優婆塞以食供養時彼鬼神即說偈言

智慧優婆塞　獲福利豐多　施叔迦羅衣
離諸煩惱故　智慧優婆塞　獲福利豐多
施叔迦羅食　離諸積聚故

時彼鬼神說斯偈已即沒不現

如是我聞一時佛住王舍城迦蘭陁竹園時毗羅比丘尼住王舍城王園比丘尼衆中為王舍城諸人民於吉星日集聚大會當斯之日毗羅比丘尼無人供養時有鬼神敬重毗羅比丘尼即入王舍城處處里巷四衢道頭而說偈言

王舍城人民　醉酒惛睡眠　毗羅比丘尼
無人供養者　毗羅比丘尼　勇猛脩諸根
善說離垢塵　涅槃清淨法　皆隨順所說
終日樂無猒　乘聽法智慧　得度生死流

時有一優婆塞持衣布施毗羅比丘尼復有一優婆塞以食供養時彼鬼神而說偈言

智慧優婆塞　今獲多福利　以衣施斷縛
毗羅比丘尼　智慧優婆塞　今獲多福利
食施毗羅尼　離諸和合故

時彼鬼神說偈已即沒不現

如是我聞一時佛住王舍城迦蘭陁竹園時有婆多耆利天神醯魔波伍天神共作約誓若其宮中有寶物出者必當相語不相語者得違約罪時醯魔波伍天神宮中有未曾有寶波曇摩華出華有千葉大如車輪金色寶莖時醯魔波伍天神遣使告語婆多耆利聚落主今我宮中忽生未曾有寶波曇摩花華有千葉大如車輪金色寶莖可来觀看婆多耆利天神遣使詣醯魔波伍舍告言聚落主用是波曇摩百千為今我宮中有未曾有寶大波曇摩出所謂如来應等正覺明行足善逝世間解無上士調御丈夫天人師佛世尊汝便可来奉事供養時醯魔波伍天神即與五百眷屬往詣婆多耆利天神所說偈問言

十五日良時　天夜遇歡會　當說受何齋
從阿羅漢受

時婆多耆利說偈荅言

今日佛世尊　在摩竭勝國　住於王舍城
迦蘭陁竹園　演說微妙法　滅除衆生苦
苦苦及苦集　苦滅盡作證　八聖出苦道
安隱趣涅槃　當往詣供養　我羅漢世尊

醯魔波伍說偈問言

彼有心願樂　慈濟衆生不　彼於受不受
心想平等不

婆多耆利說偈荅言

彼妙願慈心　度一切衆生　於諸受不受
心想常平等

時醯魔波伍說偈問言

為具足明達　已行成就不　諸漏永滅盡
不受後有耶

婆多耆利說偈荅言

明達善具足　正行已成就　諸漏永已盡
不復受後有

醯摩波伍說偈問言

牟尼意行滿　及身口業耶　明行悉具足
以法讃歎耶

婆多耆利說偈荅言

具足牟尼心　及業身口滿　明行悉具足
以法而讃歎

醯摩波伍說偈問言

遠離於害生　不與不取不　為遠於放蕩
不離禪思不

婆多耆利復說偈言

常不害衆生 不與不妄取 遠離於放蕩

日夜常思禪
醯魔波低復說偈問言
為不樂五欲 心不濁乱不 有清淨法眼
滅盡愚癡不
婆多耆利說偈荅言
心常不樂欲 亦無濁乱心 佛法眼清淨
愚癡盡無餘
醯魔波低復說偈問言
至誠不妄語 麁惱言無有 得無別離說
無不說說不
婆多耆利說偈荅言
至誠不妄語 亦無麁惱言 不離他親厚
常說如法言
醯摩波低復說偈問言
為持清淨戒 正念寂滅不 具足等解脫
如来大智不
婆多耆利說偈荅言
淨戒悉具足 正念常寂靜 等解脫成就
得如来大智
醯魔波低復說偈問言
明達悉具足 正行已清淨 所有諸漏盡
不復受後有

婆多耆利說偈荅言

明達悉具足 正行已清淨 一切諸漏盡
無復後生有
醯魔波低復說偈言
牟尼善心具 及身口業跡 明行悉成就
歎讃歎其法 婆多耆利說偈荅言牟尼善心具及身
口業跡明行悉成就讃嘆於其法醯魔波低復說偈言
伊尼延鹿蹲 仙人之勝相 少食捨身貪
牟尼處林禪 汝今當共行 敬礼彼瞿曇
時有百千鬼神眷屬圍繞婆多耆利
醯魔波低速至佛前礼拜供養埶衣
服偏袒右肩合掌敬礼而說偈言
伊尼延鹿蹲 仙人之勝相 少食無貪嗜
牟尼樂林禪 我等今故来 請問於瞿曇
師子獨遊步 大龍無恐畏 今故来請問
牟尼顛决疑 云何得出苦 云何苦解脫
唯願說解脫 苦於何所滅
尒時世尊說偈荅言
世五欲功德 及說第六意 於彼欲無貪
解脫一切苦 如是從苦出 如是解脫苦
今荅汝所問 苦從如此滅
婆多耆利醯魔波低復說偈問佛
泉從何轉還 悪道何不轉 世間諸苦樂

於何而滅盡 尒時世尊說偈荅言

眼耳鼻舌身 及以意入處 於彼名及色
永滅盡無餘 於彼泉轉還 於彼道不轉
於彼苦及樂 得无餘滅盡
婆多耆利醯魔波低復說偈問佛
世間幾法起 幾法世和合 幾法取受世
幾法令世滅
尒時世尊說偈荅言
六法起世間 六法世和合 六法取受世
六法世損滅
婆多耆利醯魔波低復說偈問
云何度諸流 日夜勤方便 無攀無住處
而不溺深淵
尒時世尊說偈荅言
一切戒具足 智慧善正受 如思惟繫念
是能度深淵 不樂諸欲想 亦超色諸結
無攀無住處 不溺於深淵
婆多耆利醯魔波低復說偈問佛
何法度諸流 以何度大海 云何捨離苦
云何得清淨
尒時世尊說偈荅言
正住度河流 不放逸度海 精進能斷苦
智慧得清淨

尒時世尊復說偈言

汝可更問餘　沙門梵志法　真實施調伏
除此更無法

醯魔波伍復說偈言

更餘何所問　沙門梵志法　大精進今曰
已具善開導　我今當報彼　婆多耆利恩
能以導御師　告語於我等　我當詣村村
家家而隨佛　承事礼供養　從佛聞正法
此百千鬼神　悉合掌恭敬　一切歸依佛
牟尼之大師　得無上之名　必見真實義
成就大智慧　於欲不染著　慧者當觀察
救護世間者　得賢聖道跡　是則大仙人

佛說是經已婆多耆利醯魔波伍及諸眷屬五百鬼神聞佛所說皆大歡喜隨喜礼佛而去

如是我聞一時佛住王舍城迦蘭陁竹園尒時尊者舍利弗尊者大目揵連住耆闍崛山中時尊者舍利弗新剃鬚髮時有伽吒及優波伽吒鬼優波伽吒鬼見尊者舍利弗新剃鬚髮語伽吒鬼言我今當往打彼沙門頭伽吒鬼言汝優波伽吒莫作是語此沙門大德大力汝莫長夜得大不饒益苦如是再三說時優波伽吒鬼再三不隨伽吒鬼語即以手打尊者舍利弗頭打已尋自唤言燒我伽吒煑我伽吒再三唤已陷入地中墮阿毗地獄尊者大目揵連聞尊者舍利弗為鬼所打聲已即往詣尊者舍利弗所問尊者舍利弗言云何尊者苦痛可忍不尊者舍利弗荅言尊者大目揵連雖復苦痛意能堪忍不至大苦尊者大目揵連語尊者舍利弗言竒哉尊者舍利弗真為大德大力此鬼若以手打耆闍崛山者能令碎如糠糟況復打人而不苦痛尒時尊者舍利弗語尊者大目揵連我實不大苦痛時尊者舍利弗大目揵連共相慰勞時世尊以天耳聞其語聲聞已即說偈言

其心如剛石　堅住不傾轉　染著心已離
瞋者不及報　若如此修心　何有苦痛憂

佛說此經已諸比丘聞佛所說歡喜奉行

如是我聞一時佛住舍衛國祇樹給孤獨園時有衆多比丘於拘薩羅國人間遊行住一林中夏安居彼林中有天神住知十五日諸比丘受歲極生憂慼有餘天神語彼天神言汝何平生愁憂苦惱汝當歡喜諸比丘持戒清淨今日受歲林中天神荅言我知比丘今日受歲不同無羞外道受歲然精進比丘受歲持衣鉢明日至餘處去此林當空比丘去後林中天神而說偈言

今我心不樂　但見空林樹　清淨心說法
多聞諸比丘　瞿曇之弟子　今悉何處去

時有異天子而說偈言

有至摩伽陁　有至拘薩羅　亦至金剛地
處處修遠離　猶如野禽獸　隨所樂而遊

如是我聞一時佛住舍衛國祇樹給孤獨園尒時有異比丘在拘薩羅國人間止住一林中入晝正受身體疲極夜則睡眠時彼林中止住天神作是念此非比丘法於空林中入晝正受夜着睡眠我今當往覺悟之尒時天神往至比丘前而說偈言

比丘汝起起　何以着睡眠　睡眠有何利
病時何不眠　利剌剌身時　云何得睡眠

汝本捨非家　出家之所欲　當如本所欲
日夜求增進　莫得墮睡眠　令心不自在
無常不恒欲　迷醉於愚夫　餘人悉被縛
汝今已解脫　正信而出家　何以著睡眠
已調伏貪欲　其心得解脫　具足勝妙智
出家何故眠　勤精進正受　常修堅固力
尊求般涅槃　云何而睡眠
起明斷無明　滅盡諸有漏　調彼後邊
身云何著睡眠時彼天神說是偈時
彼比丘聞其所說專精思惟得阿羅漢
如是我聞一時佛住舍衛國祇樹給
孤獨園時有異比丘在拘薩羅住林
中入盡正受心起不善覺依於惡貪
時彼林中住止天神作是念非比丘
法止住林中入盡正受心生不善覺
依於惡貪我今當往開悟之時彼天
神即說偈言
其心欲遠離　止於空閑林　放心隨外緣
乱想而流馳　調伏樂世心　常樂心解脫
當捨不樂心　執受安樂住　思非於正念
莫著我我所　如以塵頭染　是著極難遣
莫令染樂著　欲心所濁乱　如釋君馳象
奮迅法塵穢　比丘於自身　正念除塵垢
塵著謂貪欲　非世間塵土　黠慧明智者
當悟彼諸塵　於如來法律　持心莫放逸
塵垢謂瞋恚　非世間塵土　黠慧明智者
當悟彼諸塵　於如來法律　持心莫放逸
塵垢謂愚癡　非世間塵土　明智黠慧者
當捨彼諸塵　於如來法律　持心莫放逸
時彼天神說是偈已彼比丘聞其所
說專精思惟斷諸煩惱心得阿羅漢
如是我聞一時佛住舍衛國祇樹給
孤獨園時有異比丘在拘薩羅人間
住一林中入盡正受起不正思惟時
彼林中止住天神作是念此非比丘
法止住林中入盡正受而起不正思
惟我今當往方便善覺悟之時彼天
神而說偈言
何不正思惟　覺觀所寢食　當捨不正念
專修於正受　遵崇佛法僧　及自持淨戒
常生隨喜心　喜樂轉勝進　以心歡喜故
速究竟苦邊
時彼天神說偈勸發已彼比丘專精
思惟盡諸煩惱得阿羅漢
如是我聞一時佛住舍衛國祇樹給
孤獨園時有異比丘於拘薩羅人間
住一林中入盡正受時彼比丘日中
時不樂心生而說偈言
於此日中時　衆鳥悉靜默　空野忽有聲
令我心恐怖
時彼林中住止天神而說偈言
於今日中時　衆鳥悉寂靜　空野忽有聲
應汝不樂心　汝當捨不樂　專樂修正受
時彼天子說偈覺悟彼比丘已時彼
比丘專精思惟捨除煩惱得阿羅漢
如是我聞一時佛住舍衛國祇樹給
孤獨園介時尊者阿那律陁在拘薩
羅人間住一林中時有天神名闍隣
尼是尊者阿那律陁本善知識往詣
尊者阿那律陁所到阿那律所說
偈言
汝今可發願　願還生本處　三十三天上
五欲樂悉備　百種諸音樂　常以自歡娛
每至睡眠時　音樂以覺悟　諸天玉女衆
晝夜侍左右
尊者阿那律陁說偈答言
諸天玉女衆　此皆大苦聚　以彼顛倒想
繫著有身見　諸求生彼者　斯亦是大苦
闍隣尼當知　我不願生彼　生死已永盡

不受後有故

尊者阿那律說是語時闍隣尼天子聞尊者阿那律所說歡喜隨喜即沒不現

如是我聞一時佛住舍衛國祇樹給孤獨園時有比丘在拘薩羅人間林中止住勤誦經勤講說精勤思惟得阿羅漢果已不復精勤誦說時有天神止彼林中者而說偈言

比丘汝先時　晝夜勤誦習　常為諸比丘
共論決定義　汝今於法句　寂然無所說
不與諸比丘　共論決定義

時彼比丘說偈答言

本來應離欲　心常樂法句　既離欲相應
誦說事已畢　先知道已備　用聞見道為
世間諸聞見　無知悉放捨

時彼天神聞比丘所說歡喜隨喜即沒不現

如是我聞一時佛住舍衛國祇樹給孤獨園時有異比丘在拘薩羅人間止一林中時彼比丘有眼患受師教應嗅鉢曇摩花時彼比丘受師教已往至鉢曇摩池側於池岸邊迎風而

坐隨風嗅香時有天神主此池者語比丘言何以盜華汝今便是盜香賊也尒時比丘說偈答言

不壞亦不奪　遠住隨嗅香　汝今何故言
我是盜香賊

尒時天神復說偈言

不求而不捨　世間名為賊　汝今人不與
而自一向取　是則名世間　真實盜香賊

時有一士夫取彼藕根重負而去尒時比丘為彼天神而說偈言

如今彼士夫　斷截分陁利　拔根負重去
便是姧狡人　汝何故不遮　而言我盜香

時彼天神說偈答言

狂乱姧狡人　猶如乳母衣　何足加其言
且堪與汝語　袈裟汙不現　黑衣墨不汙
姧狡凶惡人　世間不與語　蠅脚汙素帛
明者小過現　如墨點珂貝　雖小悉皆見
常從彼求淨　無結離煩惱　如毛髮之惡
人見如泰山

時彼比丘復說偈言

善哉善哉說　以義安慰我　汝可常為我
數數說斯偈

時彼天神復說偈言

我非汝買奴　亦非人與汝　何為常隨汝
數數相告語　汝今自當知　彼彼饒益事

時彼天子說是偈已彼比丘聞其所說歡喜隨喜從座起去獨一靜處專精思惟斷諸煩惱得阿羅漢

如是我聞一時佛住王舍城迦蘭陁竹園尒時尊者十力迦葉住王舍城仙人窟中時有獵師名曰尺只去十力迦葉不遠張網捕鹿尒時十力迦葉為彼獵師哀愍說法時彼獵師不解所說時十力迦葉即以神力指端火然彼猶不悟尒時仙人窟中住止天神而說偈言

深山中獵師　少智盲無目　何為非時說
薄德無辯慧　所聞亦不解　明中亦無見
於諸善勝法　愚癡莫能了　正使燒十指
彼終不見諦

時彼天神說是偈已尊者十力迦葉即默然住

如是我聞一時佛住王舍城迦蘭陁竹園時有尊者金剛子住巴連弗邑一處林中時巴連弗邑人民夏四月過作憍牟尼大會時尊者金剛子

聞世間大會生不樂心而說偈言

獨一處空林　猶如棄枯木　夏時四月滿
世間樂莊嚴　普觀諸世間　其苦無過我

介時林中住止天神即說偈言

獨一處空林　猶如棄枯木　為三十三天
心常所願樂　猶如地獄中　仰思生人道

時金剛子為彼天神所勸發已專精思惟斷諸煩惱得阿羅漢

如是我聞一時佛住舍衛國祇樹給孤獨園時有異比丘在拘薩羅人間住一林中唯好樂持戒不能增長上進功德時彼林中止住天神作是念此非比丘法住於林中唯樂持戒不能增修上進功德今我當作方便而發悟之即說偈言

非一向持戒　及修習多聞　獨靜禪三昧
閑居修遠離　比丘偏倚息　終不得漏盡
平等正覺樂　遠非凡夫輩

時彼比丘天神勸進已專精思惟斷諸煩惱得阿羅漢

如是我聞一時佛住舍衛國祇樹給孤獨園有尊者那伽達多在拘薩羅人間住一林中有在家出家常相見親近時彼林中止住天神作是念此非比丘法住於林中與諸在家出家周旋親數我今當往方便發悟而說偈言

比丘旦早出　迫暮而還林　道俗相習近
苦樂必同安　恐起家放逸　而隨魔自在

時那伽達多比丘為彼天神如是如是開覺已如是如是專精思惟斷諸煩惱得阿羅漢

如是我聞一時佛住舍衛國祇樹給孤獨園時有眾多比丘在拘薩羅人間住一林中言語嬉戲終日散亂心不得定縱諸根門馳騁六境時彼林中止住天神見比丘身不攝威儀心不欣悅而說偈言

此先有瞿曇　正命弟子眾　無常心乞食
無常受牀卧　觀世無常故　得究竟苦邊
今有難養眾　沙門所居止　處處求飲食
遍遊於他家　亡財而出家　無真沙門欲
垂著僧伽梨　如老牛曳尾

介時比丘語天神言汝欲猒我耶時彼天神復說偈言

不指其名姓　不非稱其人　而總向彼眾
說其不善者　疎漏相現者　方便說其過
勸修精進者　歸依恭敬礼

彼諸比丘為天神勸發已專精思惟斷諸煩惱得阿羅漢

如是我聞一時佛在舍衛國祇樹給孤獨園時有異比丘在拘薩羅人間住一林中時彼比丘與長者婦女嬉戲起惡名聲時彼比丘作是念我今不類共他婦女起惡名聲我今欲於此林中自煞時彼林中止住天神作是思念不善不類此比丘不壞無過而於林中欲自煞身我今當作方便開悟時彼天神化作長者女身語比丘言於諸巷路四衢道中世間諸人為我及汝起惡名聲言我與汝共相習近作不正事已有惡名今可還俗共相娛樂比丘荅言以彼里巷四衢道中為我與汝起惡名聲共相習近為不正事我今且自殺身時彼天神還復天身而說偈言

雖聞多惡名　苦行者忍之　不應苦自苦
亦不應煩惱　聞聲恐怖者　是則林中獸
是輕躁眾生　不成出家法　仁者當堪耐

不中住惡聲　執心堅住者　是則出家法
不由他人語　令汝成刼賊　亦不由他語
令汝得羅漢　如汝自知已　諸天亦復知
尒時比丘為彼天神所開悟已專精
思惟斷除煩惱得阿羅漢
如是我聞一時佛住舍衛國祇樹給
孤獨園時有尊者見多比丘在拘薩
羅人間住一林中著糞掃衣時梵
天王與七百梵天乘其宫殿來詣尊
者見多比丘所恭敬礼事時有天神
住彼林中者而說偈言
觀彼寂諸根　能感善供養　具足三明達
得不傾動法　度一切方便　少事糞掃衣
七百梵天子　乘宫來奉詣　見生死有邊
令礼度有岸
時彼天神說偈讃歎見彼比丘已即
沒不現
如是我聞一時佛住舍衛國祇樹給
孤獨園時有異比丘在拘薩羅人間
住一林中時彼比丘身體疲極夜著
睡眠時有天神住彼林中者而覺悟
之即說偈言
可起起比丘　何故著睡眠　睡眠有何義
修禪莫睡眠
時彼比丘說偈荅言
不肯當云何　懈怠少方便　緣盡四體羸
夜則著睡眠
時彼天神復說偈言
且汝當執守　勿聲而大呼　汝已得修閑
莫令其退沒
時彼比丘說偈荅言
我當用汝語　精勤修方便　不為彼睡眠
數數覆其心
時彼天神如是如是覺悟彼比丘時
彼比丘專精方便斷諸煩惱得阿
羅漢
時彼天神復說偈言
汝豈能自起　專精勤方便　不為衆魔軍
厭汝令睡眠
時彼比丘說偈荅言
從今當七夜　當坐正思惟　其身生喜樂
無一處不滿　初夜觀宿命　中夜天眼淨
後夜除無明　見衆生苦樂　上中下形類
善色及惡色　知何業因緣　而受斯果報
若士夫所作　所作還自見　善者見其善
惡者自見惡
時彼天神復說偈言
我知先一切　比丘十四人　皆是須陁洹
悉皆禪正受　來到此林中　當得阿羅漢
見汝一懈怠　仰卧著睡眠　莫令住凡夫
故方便覺悟
尒時比丘復說偈言
善哉汝天神　以義安慰我　至誠見開覺
令我盡諸漏
時彼天神復說偈言
比丘應如是　信非家出家　捨愚而出家
逮得見清淨　我今攝受法　當盡壽命思
若汝疾病時　我當與良藥
時彼天神說是偈已即沒不現
如是我聞一時佛住舍衛國祇樹給
孤獨園時尊者舍利弗在拘薩羅人
間依一聚落止住田側時尊者舍利
弗於晨朝時著衣持鉢入村乞食時
有一尼揵子飲酒狂醉持一鉼酒從
聚落出見尊者舍利弗而說偈言
米膏熏我身　持米膏一缾　山地草樹木
視之一金色
尒時尊者舍利弗作是念作此惡聲
是惡邪物而說是偈我豈不能以偈

荅之時尊者舍利弗即說偈言
無想味所勲　持空三昧跡　山地草樹木
視之如涕唾

如是我聞一時佛住舍衛國祇樹給孤獨園時有異比丘在拘薩羅人間住一林中得他心智煩惱有餘去林下不遠有井有飲野干灌拘鉤頸時彼野干作諸方便求脫而自念言天遂欲明田夫或出當恐怖我汝汲水灌怖我已久可令我脫時彼比丘知彼野干心之所念而說偈言

如来慧日出　離林說空法　心久恐怖我
今可放令去

時彼比丘自教授已一切結盡得阿羅漢

如是我聞一時佛在拘薩羅國人間遊行住一林中時有天神依彼林者見佛行跡伍頭諦觀修於佛念時有優樓鳥住於道中行欲蹈佛足跡尒時天神即說偈言

汝今優樓鳥　團目栖樹間　莫乱如来跡
壞我念佛境

時彼天神說此偈已默然念佛

如是我聞一時佛在拘薩羅人間住一林中依彼吒利樹下住止時有天神依彼林中住即說偈言

今日風卒起　吹波吒利樹　落波吒利花
供養於如来

時彼天神說偈已默然而住

如是我聞一時佛住王舍城迦蘭陁竹園時有衆多比丘住支提山側皆是阿練若比丘著糞掃衣常行乞食時山神依彼山住者而說偈言

孔雀文繡身　處翔提醞山　隨時出妙聲
覺乞食比丘　孔雀文繡身　處翔提醞山
隨時出妙聲　覺糞掃衣者　孔雀文繡身
處翔提醞山　隨時出妙聲　覺依樹坐者

時彼天神說此偈已即默然住

如是我聞一時佛住王舍城迦蘭陁竹園時有衆多比丘住支提山一切皆修阿練若行著糞掃衣常行乞食尒時郝婆佉多河岸崩殺三營事比丘時支提山住天神而說偈言

乞食阿蘭若　慎莫營造立　不見佉多河
傍岸卒崩倒　壓煞彼造立　營事三比丘
糞掃衣比丘　慎莫營造立　不見佉多河

傍岸卒崩倒　壓煞彼造立　營事三比丘
依樹下比丘　慎莫營造立　不見佉多河
傍岸卒崩倒　壓煞彼造立　營事三比丘

時彼天神說此偈已即默然住

如是我聞一時佛住迦蘭陁竹園時有異比丘住頻陁山尒時山林大火卒起舉山洞然時有俗人而說偈言

今此頻陁山　大火洞熾然　焚燒彼竹林
亦燒竹怨實

時彼比丘作是念今彼俗人能說此偈我今何不說偈荅之即說偈言

一切有熾然　無慧能救滅　焚燒諸受欲
亦燒不作者

時彼比丘說此偈已默然而住

如是我聞一時佛住迦蘭陁竹園時有異比丘在恒河側住一林中時有一族姓女常為舅姑所責至恒水岸邊而說偈言

恒水我今欲　隨流徐入海　不復令舅姑
數數見嫌責

時彼比丘見族姓女聞其說偈作是念彼族姓女尚能說偈我今何為不說偈荅耶即說偈言

淨信我今欲　隨彼八聖水　徐流入涅槃
不見魔自在
時彼比丘說此偈已默然而住
如是我聞一時佛住舍衛國祇樹給
孤獨園時有異比丘在拘薩羅人閒
住一林中去林不遠有種瓜田時有
盜者夜偷其瓜見月欲出而說偈言
明月汝莫出　待我斷其瓜　我持瓜去已
任汝現不現
時彼比丘作是念彼盜瓜者尚能說
偈我豈不能說偈荅耶即說偈言
惡魔汝莫去　待我斷煩惱　斷彼煩惱已
任汝出不出
時彼比丘說此偈已默然而住
如是我聞一時佛住舍衛國祇樹給
孤獨園時有異比丘在拘薩羅人閒
住一林中時有沙弥而說偈言
云何名為常　乞食則為常　云何為無常
僧食為無常　云何名為直　唯因陁羅幢
云何名為曲　曲者唯見鈎
時彼比丘作是念此沙弥能說斯偈
我今何不說偈而荅即說偈言
云何名為常　常者唯涅槃　云何為無常
謂諸有為法　云何名為直　謂聖八正道
云何名為曲　曲者唯惡徑
時彼比丘說此偈已默然而住
如是我聞一時佛住舍衛國祇樹給
孤獨園時有舍利弗弟子服藥已尋
即食粥時尊者舍利弗到瓦師舍從
乞瓦塸時彼瓦師即說偈言
云何得名勝　而不施一錢　云何勝實德
於財無所減
尒時舍利弗說偈荅言
若不食宍者　而施彼以宍　諸修梵行者
施之以女色　不坐高牀者　施以高廣牀
於彼臨行者　施以息止處　如是等施與
於財不損減　是則名有譽　而不捨一錢
實德名稱流　於財無所減
時彼瓦師復說偈言
汝今舍利弗　所說實為善　今施汝百塸
非餘亦不得
尊者舍利弗說偈荅言
彼三十三天　炎魔兜率陁　化樂諸天人
及他化自在　瓦鋒信以得　而汝不生信
尊者舍利弗說此偈已於瓦師舍默
然出去
如是我聞一時佛住舍衛國祇樹給
孤獨園時有異比丘在拘薩羅人閒
住一林中時有貧士夫在於林側
作如是悕望思惟而說偈言
若得猪一頭　美酒滿一瓨　成持塸一枚
人數數持與　若得如是者　當復何所憂
時彼比丘作是念此貧士夫尚能說
偈我今何以不說即說偈言
若得佛法僧　比丘善說法　我不病常聞
不畏衆魔怨
時彼比丘說此偈已默然而住
如是我聞一時佛住舍衛國祇樹給
孤獨園時有異比丘在拘薩羅人閒
住一林中時彼比丘作如是思惟若
得好劫貝長七肘廣二肘作衣已樂
修善法時有天神依彼林者作是念
此非比丘法住於林中作是思惟悕
望好衣時天神化作全身骨鏁於
彼比丘前儛而說偈言
比丘思劫貝　七肘廣六尺　晝則如是想
知夜何所思
時彼比丘即生恐怖其身戰慄而說
偈言

止止不須甈 今者糞掃衣 晝見骨鏁倂
知夜復何見
時彼比丘心驚怖已即正思惟專精
修習斷諸煩惱得阿羅漢
如是我聞一時佛住舍衛國祇樹給
孤獨園時有異比丘在拘薩羅人間
住一林中得阿羅漢諸漏已盡所作
已作巳捨重擔斷諸有結正智心善
解脫時有一女人於夜闇中天時微
雨電光暎照於林中過欲詣他男子
倒深泥中瓔釧斷壞華瓔散落時
彼女人而說偈言
頭髮悉散解 花瓔落深泥 鐶釧悉破壞
丈夫何所著
時彼比丘作是念是女人尚能說偈我
豈不能說偈荅之
煩惱悉斷壞 度生死淤泥 著纏悉散落
十力尊見我
時彼比丘說偈已即默然而住
如是我聞一時佛住舍衛國祇樹給
孤獨園有異比丘在拘薩羅人間住
於河側一林樹間時有丈夫與婦相
隨度河住於岸邊彈琴嬉戲而說
偈言
愛念而放逸 逍遥青樹間 流水流且清
琴聲極和美 春氣調適遊 快樂何是過
時彼比丘作是念彼士夫尚能說偈
我豈不能說偈荅之
受持清淨戒 愛念等正覺 沐浴三解脫
善以極清涼 入道具莊嚴 快樂豈過是
時彼比丘說此偈已即默然而住
如是我聞一時佛住舍衛國祇樹給
孤獨園時有異比丘在拘薩羅人間
住一林中時有天神見諸鴿鳥而說
偈言
鴿鳥當積聚 胡麻米粟等 於山頂樹上
高顯作巢窟 當若天雨時 安極飲食宿
時彼比丘作是念彼亦覺悟我即說
偈言
凡夫積善法 恭敬於三寶 身壞命終時
資神心安樂
時彼比丘說此偈已以即覺悟專精
思惟除諸煩惱得阿羅漢

雜阿含經卷第五十

雜阿含經卷第五十

校勘記

一 底本，金藏廣勝寺本。
一 二四四頁中一五行第六字「絡」，資、磧、南、徑、清、麗作「終」。
一 二四四頁中一七行「急捉」，徑、清作「忌提」。
一 二四四頁下一三行「說偈答言」，資、磧、南、徑、清作「復說偈言」。
一 二四五頁中二二行「除苦」，資、磧、南、徑、清作「斷苦」。
一 二四五頁下五行「無上導御師」，磧、南、徑、清作「無上道御師」。
一 二四五頁下一六行「眠睡」，徑作「惛睡」。
一 二四五頁下二〇行「商人」，資、磧、南、徑、清、麗作「商人」。
一 二四六頁上一二行「睡眠」，麗作「睡卧」。
一 二四六頁上一四行「清浄」，資、磧、南、徑、清、麗作「清涼」。

一　二四六頁上一五行「樂無」，磧、南、徑、清作「愛無」。

一　二四六頁中一行「婆多」，資、磧、南、徑、清、麗作「娑多」，下同。

一　二四六頁中一九行「從阿羅漢」，資、磧、南、徑、清作「從何羅漢」。

一　二四六頁下一行「諂供養」，資、磧、南、徑、清、麗作「設供養」。

一　二四六頁下三行「彼有」，磧、南、徑、清作「彼妙」。

一　二四七頁上一〇行及一三行「惱言」，資、磧、南、徑、清、麗作「澀言」。

一　二四七頁上一一行「說說」，資、磧、南、徑、清、麗作「誠說」。

一　二四七頁中六行「娑多耆利說偈答言」，資、磧、南、徑、清無。

一　二四七頁中六行至七行「牟尼善心具及身口業跡明行悉成就讚嘆於其法」，資、磧、南、徑、清無；麗作五言偈句。

一　二四七頁中一一行「佛前」，資、磧、南、徑、清作「所」。

一　二四七頁中一五行「大龍」，資、南、徑、清作「天龍」。

一　二四七頁中二一行「苦從如此滅」，資、磧、南、徑、清、麗作「苦從此而滅」。

一　二四七頁下四行「於彼」，資、磧、南、徑、清作「於後」。

一　二四七頁下九行「受世」，資作「世受」。

一　二四七頁下一〇行「損減」，麗作「損滅」。

一　二四七頁下一一行末字「問」，資、磧、南、徑、清、麗作「問佛」。

一　二四七頁下二二行「正住」，麗作「正信」。

一　二四八頁上一七行「尒時」，資、磧、南、徑、清作「是時」。

一　二四八頁中二行「不隨」，麗作「不用」。

一　二四八頁中一三行「糠糟」，資、磧、南、徑、清作「糠糩」。

一　二四八頁中一八行「傾轉」，磧、南、徑、清、麗作「傾動」。

一　二四八頁中一九行「不及」，資、磧、南、徑、清、麗作「不反」。同行「苦痛憂」，資、磧、南、徑、清作「苦痛處」。

一　二四八頁下一七行「入盡」，資、磧、南、徑、清、麗作「入晝」，下同。

一　二四九頁上一四行第一二字「非」，資、磧、南、徑、清作「此非」。

一　二四九頁上一八行「止於」，麗作「正於」。

一　二四九頁上二二行「馳象」，資作「馳馬」。

一　二四九頁上末行「法塵穢」，資、磧、南、徑、清、麗作「去塵穢」。

一　二四九頁中一行「塵著」，資、磧、南、徑、清、麗作「塵者」。

一　二四九頁中八行第一〇字「心」，資、磧、南、徑、清無。

一　二四九頁中一四行「當往」，資、磧作「當生」。

一二四九頁中一六行「寢食」，資作「使食」。

一二四九頁中一七行「遵崇」，資、磧、南、徑、清作「尊崇」。

一二四九頁下一四行末字「說」，資、磧、南、徑、清作「而說」。

一二四九頁下一七行「歡娛」，資、磧、南、徑、清作「歡嬉」。

一二四九頁下二〇行第六字「陁」，資、磧、南、徑、清無。

一二五〇頁上八行第五字「已」，資、磧、南、徑、清、麗作「證已」。

一二五〇頁上一六行「無知」，磧、南、徑、清作「無如」。

一二五〇頁中七行「不捨」，資作「自捨」。

一二五〇頁中一一行「負重」，資、磧、南、徑、清、麗作「重負」。

一二五〇頁中一五行首字「且」，麗作「宜」。

一二五〇頁中一七行末字「見」，資、磧、南、徑、清作「現」。

一二五一頁上三行「其苦」，資、磧、南、徑、清作「甚苦」。

一二五一頁上一九行「天神」，資、磧、南、徑、清作「爲天神」。

一二五一頁上末行末字「見」，資、磧、南、徑、清、麗無。

一二五一頁中一行「止住」，資、磧、南、徑、清作「住止」。

一二五一頁中二行「在家」，徑作「在人」。

一二五一頁中三行「周遊」，資、磧、南、徑、清、麗作「周旋」。

一二五一頁中一四行「見比丘身」，資、磧、南、徑、清作「見是比丘身」；麗作「見是比丘」。

一二五一頁中一九行「亡財」，磧、南、徑、清、麗作「望財」。

一二五一頁下五行「佛在」，資、磧、南、徑、清作「佛住」。

一二五一頁下一二行「當作」，資、磧、南、徑、清作「當往」。

一二五一頁下二一行「自苦」，資、磧、南、徑、清作「自害」。

一二五一頁下二二行「煩惱」，資、磧、南、徑、清、麗作「起惱」。

一二五一頁下末行「輕[足+彔]」，資、磧、南、徑、清、麗作「輕躁」。

一二五二頁上一六行「彼比丘」，資、磧、南、徑、清、麗作「多比丘」。

一二五二頁中六行「勿聲」，資、磧、南、徑、清作「物聲」。

一二五二頁中一八行「當坐」，麗作「常坐」。

一二五二頁下三行「悉皆」，資、磧、南、徑、清、麗作「悉得」。

一二五二頁下一一行「攝受法・當盡」，磧、南、徑、清作「攝受汝常盡」。

一二五二頁下一八行「缾」，資、磧、南、徑、清、麗作「一瓶」。

一二五三頁上七行首字「下」，麗無。

一二五三頁上七行第一〇字及一〇行首字「灌」，資、磧、南、徑、清、麗作「罐」。

一 二五三頁上七行「拘鈎」，磧、南、徑、清作「鈎鈎」。

一 二五三頁上八行「彼野千」，磧作「彼野野千」。

一 二五三頁中二行「彼吒利」，麗作「波吒利」。

一 二五三頁中四行第七至第九字「波吒利」，資、磧、南、徑、清作「彼吒利」，下同。

一 二五三頁下四行第六字「此」，資、磧、南、徑、清無。

一 二五三頁下九行「竹怨」，磧、南、清作「竹花」；徑作「竹華」；麗作「竹苑」。

一 二五三頁下一〇行「彼比丘」，資、磧、南、徑、清作「有比丘」。

一 二五四頁上一二行「莫去」，資、磧、南、徑、清、麗作「莫出」。

一 二五四頁上一五行「佛住」，徑作「佛在」。

一 二五四頁上一七行「偈言」，徑無。

一 二五四頁中七行第三字「垣」，資、磧、南、徑、清作「甌」；麗作「瓯」，下同。

一 二五四頁中一四行「名有譽」，麗作「有名譽」。

一 二五四頁中二二行第一一字「師」，資、磧、南、徑、清作「鉢」。

一 二五四頁下五行「成持」，資、磧、南、徑、清、麗作「盛持」。

一 二五四頁下一一行末字「住」，資、磧、南、徑、清作「去」。

一 二五五頁上一一行「環釧」，資、磧、南、徑、清作「珂釧」。

一 二五五頁上一五行第八字「是」，資、磧、南、徑、清、麗無。

一 二五五頁上一七行「散落」，資、磧、南、徑、清作「散壞」。

一 二五五頁上一九行「即默然而住」，資、磧、南、徑、清作「即默然住」，下同。

一 二五五頁上二一行第四字「有」，資、磧、南、徑、清、麗作「時有」。

一 二五五頁中三行「何是過」，資、磧、南、徑、清作「何過是」。

一 二五五頁中七行「人道」，資、磧、南、徑、清作「入道」。

一 二五五頁中一四行「當若」，麗作「若當」。

別譯雜阿含經卷第一　不

失譯人名今附秦録

初誦第一

如是我聞一時佛在弥絺羅國菴婆羅園尒時尊者善生初始出家剃除鬚髮來詣佛所頂礼佛足在一面坐佛告諸比丘此族姓子善生有二種端嚴一容貌瓌偉天姿挺特二能剃除鬚髮身服法衣深信家法會歸無常出家學道盡諸煩惱具足無漏心得解脫慧得解脫身證無為生死永盡梵行已立不受後有佛說是已即說偈言

比丘常寂定　除欲離生死　住寂後邊身
能破於魔軍　脩心斷諸結　端正無等倫

佛說是已諸比丘聞佛所說歡喜奉行

如是我聞一時佛在舍衛國祇樹給孤獨園尒時世尊與無央數大衆圍遶說法當于尒時有一比丘容色憔悴無有威德來詣佛所頂礼佛足叉手合掌向諸比丘在一面坐時諸比丘皆作是念今此比丘何故如是顏容毀悴無有威德世尊尒時知諸比丘心之

所念即告之言汝諸比丘見彼比丘礼我已不時諸比丘白佛言世尊唯然已見佛復告言汝等今者勿於彼所生下劣想何以故彼比丘者所作已辦獲阿羅漢捨於重擔盡諸有結得正解脫而今汝等不應於彼生輕賤想汝等若當知見如我然後乃可籌量於彼若妄稱量則為自損尒時世尊即說偈言

孔雀雖以色嚴身　不如鴻鵠能高飛
外形雖有美儀容　未若斷漏功德尊
今此比丘猶良馬　能善調伏其心行
斷欲滅結離生死　受後邊身壞魔軍

佛說是已諸比丘等聞佛所說歡喜奉行

如是我聞一時佛住王舍城迦蘭陁竹林尒時提婆達多獲得四禪而作是念此摩竭提國誰為最勝覆自思惟今日太子阿闍世者當紹王位我今若得調伏彼者則能控御一國人民時提婆達多作是念已即往詣阿闍世所化作象寶從門而入非門而出又化作馬寶亦復如是又復

化作沙門從門而入飛虛而出又化作小兒衆寶瓔珞莊嚴其身在阿闍世膝上時阿闍世抱取嗚唼唾其口中提婆達多貪利養故即嚥其唾提婆達多變小兒形還伏本身時阿闍世見是事已即生邪見謂提婆達多神通變化踰於世尊時阿闍世於提婆達多深生敬信日送五百車食而以與之提婆達多與其徒衆五百人俱共受其供時有衆多比丘著衣持鉢入城乞食飲食已訖往詣佛所白佛言世尊向以時到入城乞食見提婆達多招集遠近大獲供養佛告諸比丘汝等不應於提婆達所生願羨心所以者何此提婆達必為利養之所傷害譬如芭蕉生實則死蘆竹葦駏騾懷妊等亦復如是提婆達多得於利養如彼無異提婆達多愚癡無智不識義理長夜受苦是故汝等若見於彼提婆達多為於利養之所危害宜應捨棄貪求之事審諦觀察當作是解莫貪利養即說偈言

芭蕉生實死　蘆竹葦亦然　貪利者如是

必能自傷損　而此利養者　常為衰損滅
攖愚為利養　能害於淨善　譬如多羅樹
斬則更不生

佛說此已諸比丘聞佛所說歡喜奉行

如是我聞一時佛在舍衛國祇樹給孤獨園尒時衆多比丘食時已到著衣持鉢入城乞食時諸比丘聞釋子為首比丘在於城內遇病命終食訖迴還往至佛所礼佛足已在一面坐白佛言世尊我等比丘晨朝著衣持鉢入城乞食聞為首比丘其命已終唯願世尊為我解說為首比丘為生何處受何果報佛告諸比丘夫能增長三非法者身壞命終必墮地獄云何名為三種非法所謂增長慳貪愚癡瞋恚今此比丘犯三非法比丘當知墮於地獄尒時世尊即說偈言

若生不善心　成就貪瞋癡　此身自作惡
還復害於己　如芭蕉生實　自害於其身
若無貪瞋癡　是名為智慧　不害於己身
是名勝丈夫　是以應除斷　貪瞋癡大患

時諸比丘聞佛所說歡喜奉行

如是我聞一時佛在舍衛國祇樹給

孤獨園尒時長老難陁著鮮淨衣執持好鉢意氣憍慠陵蔑餘人自貢告言我是佛弟姨母之子尒時衆多比丘往至佛所頂礼佛足在一面坐白佛言世尊難陁比丘著鮮潔衣手持淨鉢稱是佛弟云是姨子內自憍慠陵蔑餘人佛聞語已遣一比丘往召難陁時一比丘受佛勑已往至其所語難陁言世尊喚汝難陁聞已即詣佛所頂礼佛足在一面立佛告難陁汝實著鮮潔衣手持好鉢稱是佛弟姨母之子憍慢於人有是事不難陁荅言實尒世尊佛告難陁汝今不應作如是事汝今應當樂阿練若處閑樹下納衣乞食若是我弟姨母所生應當修行如是等事尒時世尊即說偈言

我當云何見　難陁樂苦行　如彼阿練若
寂閑坐乞食　山林閑靜處　捨欲而入定

佛說是偈已諸比丘聞佛所說歡喜奉行

如是我聞一時佛在舍衛國祇樹給孤獨園尒時尊者難陁往至佛所頂礼佛足在一面坐尒時世尊告諸比

丘善說法中難陁比丘㝡為第一容
儀端正豪姓之子難陁比丘㝡為第
一能捨盛欲難陁比丘㝡為第一収
攝諸根飲食知量於初後夜精勤修
道脩念覺意常現在前難陁比丘㝡
為第一云何名難陁比丘能攝諸根
不著色聲香味觸法是名難陁能攝
諸根云何名難陁比丘飲食知量食
以止飢不為色力為修梵行裁自取
足如似脂車又如治癰不為色力肥
鮮端正是名難陁飲食知量云何名
難陁比丘於初後夜精勤修道晝則
經行夜則坐禪除陰蓋心於其初夜
洗足已訖正身端坐繫念在前入于
禪定訖於初夜又於中夜右脇著地
足足相累繫心在明脩念覺意於後
夜初正身端坐繫念在前而此難陁
於初後夜專心行道等無有異族姓
子難陁得㝡上念覺難陁比丘撿心
不散正觀東方南西北方亦復如是
撿心觀察不令錯乱苦受樂受不苦
不樂受悉知緣起知此諸受起滅久
近亦知諸想起滅因緣亦知諸覺當

住起滅因緣尒時諸比丘當作是學
守攝諸根飲食知量初中後夜精勤
修習修㝡上念覺當如難陁佛告諸
比丘我今教汝學難陁比丘所修之
行設有比丘所修之行猶如難陁我
今亦當教汝等學尒時世尊即說偈言

若能善攝諸根者　亦能繫念節飲食
是則名為有智人　善知心起之體相
難陁如是我所歎　汝等應當如是學

佛說是已諸比丘聞佛所說歡喜奉行
如是我聞一時佛在舍衛國祇樹給
孤獨園尒時有比丘名曰窒師是佛
姑子恃佛故恒懷憍慢不敬長老有
德比丘無有慙愧無常多言若諸比
丘少有所說便生瞋恚時諸比丘見
其如是往詣佛所合掌礼足在一面
坐白佛言世尊窒師比丘常生憍慢
自說我是佛姑之子輕慢諸餘長老
比丘恒多言說若諸比丘少有所說
便生瞋忿佛告諸比丘汝等今者可
往喚彼窒師比丘諸比丘等受佛教
已往喚窒師窒師受勑即詣佛所礼
佛足已在一面立如來尒時告窒師

言汝見諸長宿比丘無恭敬心無慚
無愧自多言說若諸比丘少有所說
便生瞋忿為實尒不窒師白言實尒
世尊佛告窒師汝今若是我姑之子
應於宿德長老諸比丘深生恭敬有
慚有愧應自少語聞他所說宜應忍
受尒時世尊即說偈言

恒應修善莫生瞋　若生瞋恚名不善
窒師汝今於我所　宜應斷瞋及憍慢
習行諸善修梵行　若如是者我慶悅

佛說是已諸比丘聞佛所說歡喜奉行
如是我聞一時佛在舍衛國祇樹給
孤獨園尒時毗舍佉沙門般闍羅子
於講堂上集諸比丘而為說法言辭
圓滿所說無滯能令大衆聞者悅豫
聽之無猒即得悟解時諸比丘聞其
所說踊躍歡喜至心聽受供養恭敬
撿心專意聽其說法不為利養及與
名稱應義才辯無有窮盡能令聞者
憶持不忘時會大衆皆如是聽有諸
比丘往詣佛所頂礼佛足在一面立
白佛言世尊毗舍佉比丘般闍羅子
在講堂上為衆說法不為利養名稱

讃嘆應義辯才無有窮盡能令聞者
憶持不忘佛告諸比丘汝可往喚彼
毗舍佉般闍羅子時諸比丘受教往
喚毗舍佉既受勑已来詣佛所頂礼
佛足在一面立佛問毗舍佉言汝實
集諸比丘為真說法乃至令諸比丘
至心聽受有是事不荅言實尒佛讃
之言善哉善哉毗舍佉汝集諸比丘
在講堂上為其說法又復不為利養
名稱言辭圓滿聞者歡喜至心信
受汝自今已後常應如是說法饒益
汝諸比丘若多若少應行二事一者
應說法要二者若無所說應當默然
不得說論諸餘俗事汝等今者莫輕
默然而默然者有大利益尒時世尊
即說偈言

若諸大衆中　愚智共聚集　若未有所說
人則不別知　若有所顯說　然後乃別知
是故汝今者　常應說法要　熾然於法炬
竪立仙聖幢　諸阿羅漢等　咸妙法為幢
諸仙勝人等　以善諸為幢

佛說是已諸比丘等聞佛所說歡喜
奉行

如是我聞一時佛在舍衛國祇樹給
孤獨園當于尒時有衆多比丘集講
堂中各作衣服時有一年少比丘出
家未久新受具戒在僧中坐不作僧
衣時諸比丘作衣已訖往至佛所頂
礼佛足在一面坐諸比丘白佛言世
尊我等比丘在講堂中我作衣服此
年少比丘在僧中坐不為衆僧造作
衣服佛告年少比丘言汝實不佐衆
僧而作衣耶比丘白佛言世尊我隨
力所能亦為僧作尒時世尊知彼比
丘心之所念告諸比丘汝等勿嫌年
少比丘無所作也彼比丘者所作已
辦得阿羅漢諸漏已盡捨於重擔獲
於正智心得解脫尒時世尊即說偈言

我涅槃法　終不為彼　懈怠無智
之所獲得　猶如良馬　上大丈夫
断除愛結　盡諸煩惱　除祛四取
獲于寂滅　能壞魔軍　住寂後身

佛說是已諸比丘聞佛所說歡喜奉行

如是我聞一時佛在舍衛國祇樹給
孤獨園時有一比丘名曰長老獨止
一房讃嘆獨住時諸比丘往詣佛所

頂礼佛足在一面坐白佛言世尊此
長老比丘讃嘆獨住獨行獨坐佛告
比丘汝可喚彼長老比丘時一比丘
往至其所語長老言世尊喚汝長老
比丘受教勑已来詣佛所頂礼佛足
在一面立佛告長老汝實獨住讃嘆
獨坐行法耶長老白佛言實尒世尊
佛復告言汝今太何樂於獨住讃嘆
獨住長老白佛言世尊我實獨入聚
落獨出獨坐佛復告言更有獨住勝
汝獨住何等是耶欲本乾竭来欲不
起現欲不生是名婆羅門無我我所
断於疑結遠離諸入滅於煩惱尒時
世尊即說偈言

一切世間　我悉知之　捨棄一切
盡諸愛結　如此勝法　名為獨住

佛說是已諸比丘聞佛所說歡喜奉行

如是我聞一時佛在舍衛國祇樹給
孤獨園尒時長老僧鉗從驕薩羅國
遊行至舍衛國到祇樹給孤獨園尒
時本二知僧鉗来至舍衛國著衣服
瓔珞種種莊嚴携將其子至僧鉗房
時尊者僧鉗露地經行到尊者所而

語之言我子稚小不能自活故來相見尊者雖與相見不共其語第二第三亦作是說尊者僧鉗雖復相對了不顧視亦不與語本二即言我來見尒不共我語此是尒子自養活耆經行道頭棄之而去遠住遥看尒時尊者亦復不共子語本二復自思念今此沙門善得解脫能斷愛結彼仙所斷盡以獲得不滿所願還來取兒貧還向家尒時世尊以淨天耳過於人耳具聞僧鉗本二所說尒時世尊即說偈言

見來亦不喜　見去亦不憂　捨除愛欲者
寂上婆羅門　來時既不喜　去時亦不憂
離垢清淨行　名智婆羅門

說是偈已諸比丘聞佛所說歡喜奉行

善生及惡色　提婆弃為首　二難陁窐師
般闍羅少年　長老弃僧鉗

如是我聞一時佛住王舍城仙人山中時尊者阿難處於閑靜嘿自思惟世尊昔來說三種香所謂根莖華香一切諸香不出此三然三種香順風則聞逆風不聞尊者阿難思惟是已

即從坐起往至佛所礼佛足畢在一面立白佛言世尊我於向者獨處閑靜嘿自思惟世尊所說根莖華等三種之香衆香中上然其香氣順風則聞逆則不聞世尊頗有香逆風順風皆能聞不佛告阿難如是如是世有好香順逆皆聞何者是耶若聚落城邑若男若女修治不煞不盜不婬不妄語不飲酒若諸天及得天眼者盡皆稱嘆彼城邑聚落若男若女持五戒者如是戒香順逆皆聞尒時世尊即說偈言

若栴檀沉水　根莖及花葉　此香順風聲
逆風無聞者　持戒香丈夫　芳馨遍世界
名聞滿十方　逆順悉聞之　栴檀及沉水
優鉢羅拔師　如此香微劣　不如持戒香
如是種種香　所聞處不遠　戒香聞十方
殊勝諸天香　如此清淨戒　不放逸為本
安住無漏法　正智得解脫　衆魔雖欲求
莫知其方所　是名安隱道　此道寂清淨
乘離於諸向　捨棄於衆趣

說是偈已諸比丘聞佛所說歡喜奉行

如是我聞一時佛遊摩竭提國與千

比丘俱先是婆羅門耆舊有德獲阿羅漢諸漏已盡盡諸有結所作已辦捨於重擔逮得己利如來往至善住天寺祠祀林中頻婆娑羅王聞佛到彼祠祀林間時頻婆娑羅王即將騎隊有万八千輦轝車乘万有二千婆羅門居士數千億万前後圍遶往詣佛所至佛所已捨為馬車釋其容餝往至佛所長跪合掌白佛言世尊我是摩竭提王頻婆娑羅三自稱說佛言如是如是摩竭提王頻婆娑羅時頻婆娑羅礼佛足已在一面坐摩竭提國諸婆羅門及以長者礼佛足各前就坐時此坐中或有舉手或嘿然坐尒時優樓頻螺迦葉坐於佛所摩竭提人咸生疑惑而作是念為佛是師為優樓迦葉是師耶尒時世尊知摩竭提人深心所念即以偈問迦葉曰

汝於優樓所　久修事火法　今以何因緣
卒得離斯業

優樓頻螺迦葉以偈答曰

我先事火時　貪著於美味　及以五欲色
此皆是垢穢　以是故棄捨　事火祠火法

尒時世尊復說偈言

我知汝不樂　五欲及色味　汝今所信樂
當為人天說

尊者優樓頻螺迦葉復說偈言

我先苦愚癡　不識至真法　祠祀火苦行
謂為解脫因　辟如生盲者　不見解脫道
今遇大人龍　亦我正見法　今日始覩見
無為正真迹　則益於一切　調御令解脫
佛出現於世　開亦於真諦　令諸含生類
咸得覩慧光

尒時世尊復說偈言

汝今為善來　所求事已得　汝有善思力
能別最勝法　汝今應觀察　大衆之深心
為其現神變　使彼生敬信

尊者優樓頻螺迦葉即時入定起諸神通身昇虛空坐卧經行即於東方行住坐卧現四威儀身上出水身下出火身下出水身上出火入火光三昧出種種色光於其東方現其神變南西北方亦復如是現神足已在佛前住頂礼佛足合掌而言大聖世尊是我之師我於今者是佛之子佛言如是如是汝從我學是我弟子佛復

命言還就汝坐時摩竭提頻婆娑羅王聞佛所說歡喜奉行

如是我聞一時佛在王舍城迦蘭陁竹林尒時有陁驃比丘力士之子世尊于時勑陁驃比丘料理僧事陁驃比丘奉命典知後於一時有一比丘名弥多求於衆僧次應當受請陁驃尒時即依僧次遣弥多求比丘應請詣彼值彼設供飲食麁澁如是再三私自惆悵生大苦惱向其姊妹弥多羅比丘尼說陁驃所老因緣每得麁澁苦惱於我即語弥多羅比丘尼言姊妹陁驃比丘三以惡食苦惱於我而汝今者寧不為我設諸方便報彼怨耶弥多羅比丘尼言我當云何能得相佐弥多求比丘言為汝計者汝往佛所言陁驃比丘先於我所作非梵行我當證言實尒實尒弥多羅比丘尼言我當云何於淨戒人而作毀謗弥多求言姊妹汝若不能為我作此事者我自今後更復不能與汝言語比丘尼言汝意必尒我當從汝弥多求比丘言姊妹我今先去汝可後來弥

多比丘往至佛所礼佛足已在一面坐弥多羅比丘尼復詣佛所礼佛足已在一面立白佛言世尊云何陁驃力士子乃於我所作非梵行弥多求比丘言實尒世尊時陁驃比丘在大衆中佛告陁驃比丘言聞是語不尒時陁驃比丘白佛言世尊佛自知我佛告陁驃汝今不應作如是語若作是事汝當言憶若不作者當言不憶即白佛言世尊我實不憶有如此事時羅睺羅白佛言世尊此陁驃比丘共弥多羅比丘尼作非梵行弥多求比丘證言我見陁驃比丘於弥多羅比丘尼所作非梵行陁驃比丘欲何所道佛告羅睺羅若彼弥多羅比丘尼誣謗於汝言羅睺羅今於我所作非梵行弥多羅求比丘亦復證言我實見羅睺羅於彼弥多羅比丘尼所作非梵行汝何所道羅睺羅白佛言世尊我若被誣唯言婆伽婆自證知我佛告羅睺羅汝尚知尒況彼清淨無有所犯而當不知作如是語佛告諸比丘汝等可為陁驃比丘作憶

念羯磨弥多羅比丘尼以自言故為作滅擯尒時諸比丘受佛勑已於弥多求比丘苦切撿挍語弥多求比丘言随驃比丘共弥多羅比丘尼作非梵行為何處見為獨見耶為共人見如是責問弥多求比丘不能得對方言誣謗随驃比丘先於僧次差我受請三得麁食我尒實以貪瞋癡故而生此謗尒時世尊出於靜室在衆僧前敷座而坐諸比丘等白佛言世尊已為随驃比丘作憶念羯磨復為弥多羅比丘尼作滅擯竟已為問弥多求知其虚謗尒時世尊即說偈言

若成就一切　所謂虚妄語　則為棄後世
無悪而不造　寧當以此身　吞食熱鐵丸
不以破戒身　而受淨信施

佛說是已諸比丘聞佛所說歡喜奉行

如是我聞一時佛在王舍城迦蘭陁竹林尒時随驃比丘往詣佛所於大衆中頂礼佛足白佛言世尊我於今者欲入涅槃唯願世尊聽我滅度如是三請佛告随驃汝入涅槃我不遮汝時随驃比丘於如來前作十八種

變踊身虚空即於東方現四威儀青黄赤白種種色像或現為水或現火聚身上出水身下出火身下出火身上出水或現大身滿虚空中或復現小履水如地履地如水南西北方亦復如是作是事已即於空中入火光三昧光炎熾然如大火聚即入涅槃無有遺燼猶如酥油一時融盡尒時世尊即說偈言

辟如熱鐵　椎打星流　散已尋滅
莫知所至　得正解脫　亦復如是
已出煩惱　諸欲汙泥　莫能知彼
所趣方所

佛說是已諸比丘聞佛所說歡喜奉行

如是我聞一時佛遊北摩竭陁國桃河樹林見放牧人稱此林中有鴦掘魔羅賊或傷害人佛告牧人言彼賊或能不見傷害即便前進蕩見牧人亦作是語佛如前荅至於再三佛故荅言彼悪人者或不見害佛到林中鴦掘魔羅遥見佛來左手持鞘右手拔刀騰躍而來彼雖奔走如來徐步不能得及鴦掘魔羅極走力盡而語

佛言住住沙門佛語之言我今常住汝自不住鴦掘魔羅即說偈言

沙門行不止　自言我常住　我今實自住
尒言我不住　云何尒言住　道我行不住

尒時世尊即說偈言

我於諸衆生　久捨刀杖害　汝惱亂衆生
不捨是悪業　是故我言住　汝名為不住
我於有形類　捨諸毒悪害　汝不止悪業
常作不善行　是故我言住　汝名不為住
我於諸有命　捨除衆惱害　汝害有生命
未除黒闇業　以是我言住　汝名為不住
我樂於已法　攝心不放逸　汝不見四部
一切所不信　是名我實住　汝名為不住

鴦掘魔羅復說偈言

我久處曠野　未見如此人　婆伽婆來此
示我以善法　我久修悪業　今日悉捨離
我今聽汝說　順法斷諸悪　以刀内鞘中
投棄捨深坑　即便稽首礼　歸命於世尊
信心甚猛利　發意求出家　佛起大悲心
饒益諸世間　尋言汝善來　便得成沙門

尒時鴦掘魔羅族姓子鬚髮自落被服法衣已得出家處於空靜心無放逸専精行道勤修精進以能専精攝

心正念修無上梵行盡諸苦際於現法中自身取證明知已法自知我生已盡梵行已立所作已辦不受後有介時尊者無害已成羅漢得解脫樂即說偈言

我今字無害　後為大殘害　我今名有實
真實是無害　我今身離害　口意亦復然
終不害於他　是真名無害　我本血塗身
故名鴦掘摩　為大駛流漂　是故歸依佛　歸依得具戒
即逮得三明　具知佛教法　遵奉而脩行
世間調御者　治以刀杖捶　鐵鉤及鞭轡
種種諸楚撻　世尊大調御　捨離諸惡法
去離刀杖捶　真是正調御　度水須橋船
直箭須用火　匠由斤斧正　智以慧自調
若人先造惡　後止不復作　是照於世間
如月雲翳消　若人先放逸　後止不放逸
正念離棘毒　專心度彼岸　作惡業已訖
必應墮惡趣　蒙佛除我罪　得免於惡業
諸人得我說　皆除怨結心　當以忍淨眼
佛說無諍勝

如是我聞一時佛在王舍城迦蘭陁竹林中介時有一比丘天未明曉往趣河邊辟疊衣服安著一處入河洗浴露形出水於河岸上晞乾其身有

天放光照彼河岸語比丘言汝出家未久盛壯好髮何不受五欲樂非時出家比丘荅言我今出家正是其時獲於非時天語沙門云何出家是時獲於非時沙門荅言佛世尊說五欲是時佛法是非時五欲之樂受味甚少其患滋多憂惱所集我佛法中現身受證無諸熱惱諸有所作不觀時日種少微緣獲大果報天復問言佛云何說五欲是時云何佛法名為非時比丘荅言我既年稚出家未久學日又淺豈曰能宣如來至真廣大深義婆伽婆今者在近迦蘭陁竹林介可自往問其疑惑天荅之言今佛侍從大威德天盈集左右如我弱劣不能得見汝今為我往白世尊如來慈矜若垂聽許我當詣彼諮啓所疑比丘荅言汝若能往我當為汝啓白世尊天復荅言我隨汝往詣世尊所介時比丘往詣佛所頂礼佛足在一面立具以天問而白世尊介時世尊即說偈言

名色中生相　謂為真實有　當知如斯人

是名屬死徑　若識於名色　本空無有性
是名尊敬佛　永離於諸趣

佛問天曰汝解已未天即荅言未解世尊佛復說偈言

勝慢及等慢　并及不如慢　有此三慢者
是可有諍論　滅除此三慢　是名不動想

佛告天曰汝解已未天荅佛言未解世尊佛復說偈言

斷愛及名色　滅除三種慢　不觸於諸欲
滅除於瞋恚　拔除諸毒根　諸想願欲盡
若能如是者　得度生死海

天白佛言我今已解諸比丘聞佛所說歡喜奉行

如是我聞一時佛在王舍城迦蘭陁竹林介時有一比丘於清晨朝往趣河邊脫衣洗浴還出岸上晞乾其身有天放光照于河岸問比丘言比丘此是巢窟夜則烟出晝則火燃有婆羅門見是事已破彼巢窟并掘其地時有智人語婆羅門言以刀掘地見有一龜婆羅門言取是龜来復語掘地見一蝮虵語令捉取復語掘地見一肉段語令拋取復語掘地見一刀

舍婆羅門言此是刀舍語令掘取復語掘地見楞祇芒毒虫語令掘取復語掘地見有二道復語掘出語更掘地見有石聚語令出石復語掘地見有一龍婆羅門言莫惱於龍即跪彼龍天語比丘言莫忘我語可以問佛佛有所說至心憶持所以者何我不見若天若魔若梵有能分別者除佛及以聲聞弟子比丘無能得解如是問者尒時比丘往至佛所頂礼佛足在一面立所聞天語具向佛說世尊云何巢窟夜則烟出晝則火然誰是婆羅門誰是智人云何是刀云何是掘云何為龜云何蝮虵云何肉段云何刀舍云何楞祇芒毒虫云何二道云何石聚云何名龍佛告比丘諦聽諦聽當為汝說巢窟者所謂是身受於父母精氣四大和合衣食長養乃得成身而此身者會至散敗膖脹虫爛乃至碎壞夜烟出者種種覺觀晝火然者從身口業廣有所作婆羅門者即是如來有智人者即諸聲聞刀喻智慧掘地者喻於精進龜者喻於

五蓋蝮虵者喻瞋惱宮肉段者喻慳貪嫉妬刀舍者喻五欲楞祇芒毒虫喻如愚癡二道者喻於疑諸石聚者喻於我慢龍者喻於羅漢盡諸有結尒時世尊即說偈言

巢窟名為身　覺觀如彼烟　造作如火然
婆羅門如佛　智人是聲聞　刀即是智慧
掘地喻精進　五蓋猶如龜　瞋恚如蝮虵
貪嫉如肉段　五欲如刀舍　愚癡如楞祇
疑者如二道　我見如石聚　汝今莫惱龍
龍是真羅漢　善荅問難者　唯有佛世尊

佛說是已諸比丘聞佛所說歡喜奉行

如是我聞一時佛在波羅奈國仙人鹿野苑中尒時世尊著衣持鉢入波羅奈城見一比丘身意不定諸根散乱時彼比丘遥見佛已低頭慙愧佛乞食已洗足入僧坊中出於靜室坐僧衆中語諸比丘言我於今朝見一比丘不攝諸根時彼比丘遥見我已有慙愧色低頭撿情為是誰耶時彼比丘即於坐起以郁多羅僧著右肩上叉手合掌白佛言世尊心意不定諸根散者即我身是也佛言善哉

比丘見我乃能撿情攝意見諸比丘比丘尼優婆塞優婆夷亦當如是撿情攝意如似見我汝能如是於長夜中安樂利益有一比丘即於佛前而說偈言

比丘乞食入聚落　心意縱乱不暫定
見佛精進攝諸根　是故佛稱為善哉

如是我聞一時佛在波羅奈國古仙人住處鹿野苑中尒時世尊時到著衣持鉢入城乞食有一比丘在天祠邊心念惡覺嗜欲在心時佛世尊語比丘言比丘比丘汝種苦子極為鄙穢諸根惡漏有漏汁處必有蠅集尒時比丘聞佛所說知佛世尊識其心念生大怖畏身毛皆竪疾疾而去佛乞食還食已洗足還僧坊中入靜房坐從靜房出在衆僧前敷座而坐佛告諸比丘我今入城乞食見一比丘在天祠邊心念惡覺嗜欲在心我即語言比丘比丘汝種苦子極為鄙穢諸根惡漏有漏汁處必有蠅集是時比丘聞佛所說生大驚怖身毛皆竪疾疾而去佛說是已有一比丘從坐

而起叉手合掌白佛言世尊云何名種苦子云何名為鄙穢云何名為惡漏云何名為蠅集佛言諦聽諦聽當為汝說瞋恚嫉害名種苦子縱心五欲名為鄙穢由六觸入不攝戒行名為惡漏煩惱上住能起無明憍慢無慙無愧起諸結使所謂蠅集尒時世尊即說偈言

若有不攝諸根者　增長欲愛種苦子
作諸鄙穢常流出　親近欲覺惱害覺
若在聚落空閑處　心終無有暫樂時
若於已身修正定　修集諸通得三昧
彼得快樂安隱眠　能滅覺虵使無餘
能修得行住健處　履行聖迹到善方
得正智迹終不還　入於涅槃寂滅樂

佛說是已諸比丘聞已歡喜奉行

如是我聞一時佛住舍衛國祇樹給孤獨園尒時有一比丘著衣持鉢入城乞食食已迴還洗足攝持坐具入得眼林中在一樹下敷草而坐起惡覺觀貪嗜五欲得眼林神知比丘念念於不淨在此林中不應嗜惡作如是念我當寤寤即作是言比丘比丘

何故作瘡比丘荅言我當覆之林神復語汝瘡如坻以何覆之比丘荅言我以念覺用覆此瘡林神讚言善哉善哉今此比丘善知覆瘡真實覆瘡佛以清淨天耳聞彼林神共比丘語尒時世尊即說偈言

世間嗜惡　邪意所作　瘡疣已生
衆蠅唼食　嗜欲即瘡　覺觀即蠅
我慢依貪　鑽丈夫心　貪利名稱
疑惑所著　不知出要　內心修定
具學諸通　此不作瘡　安隱見佛
能得涅槃

說此偈已諸比丘聞佛所說歡喜奉行

如是我聞一時佛在舍衛國祇樹給孤獨園尒時衆多比丘著衣持鉢入城乞食尒時有一年少新學比丘不以時節入於聚落時諸比丘處處見彼新學比丘而語之言汝今新學未知對治法門云何處處經歷諸家新學比丘白諸比丘言大德諸長老等皆往諸家云何遮我不至諸家時諸比丘乞食食已收攝衣鉢洗足已往至佛所頂礼佛足在一面坐諸比丘

等白佛言世尊我等入城乞食見一年少新學比丘不以時節往至諸家我等語言汝是新學未知對治何緣非時往至他家荅我等言諸老比丘亦到諸家何故獨自而遮我耶尒時世尊告諸比丘大曠野中有一大池有諸大象入彼池中以鼻拔取池中藕根淨抖擻已用水洗之然後乃食身體肥盛極得氣力諸小象等亦復食藕不知抖擻并及水洗合埿出食後轉羸瘦無有氣力若死若近死尒時世尊而說偈言

大象入池時　以鼻拔藕根　抖擻洗去泥
然後方食之　若有諸比丘　具修清白法
若受於利養　無過能染者　是名修行者
猶如彼大象　不善解方便　後受於過患
後受其苦惱　如彼小象等

諸比丘聞佛所說歡喜奉行

阿難與結髮　及以二陁驃　賊并散倒咤
拔弥慙愧根　苦子并覆瘡　小大食藕根

別譯雜阿含經卷第一

別譯雜阿含經卷第一

校勘記

一　底本，金藏廣勝寺本。本經底本爲十六卷，資、磧、普、南、徑、清分爲二十卷。

一　二五九頁中一行經名，資、磧、普、南、徑、清作「別譯雜阿含經初誦」。

一　二五九頁中二行「失譯人名今附秦録」，資、磧、普作「失譯」；南、徑、清作「失譯人名附秦録」。

一　二五九頁中三行「初誦第一」，資、磧、普、南、徑、清無。

一　二五九頁中八行「瓆偉」，資、磧、普、南、徑、清作「傀偉」。

一　二五九頁中九行「深信」，磧作「深作」。

一　二五九頁中一六行「是已」，麗作「是經已」。

一　二五九頁下一一行「儀容」，資、磧、普、南、徑、清作「容儀」。

一　二六〇頁上五行「還伏」，資、磧、普、南、徑、清作「還復」。

一　二六〇頁上七行末二字至次行首三字「於提婆達多」，諸本（不含石，下同）作「於提婆達多所」。

一　二六〇頁上一一行「飲食」，資、磧、普、南、徑、清作「飯食」。

一　二六〇頁上一四行「提婆達」，資、磧、普、南、徑、清作「提婆達多」。

一　二六〇頁上一五行「提婆達」，資、磧、普、南作「婆達多」；徑、清作「提婆達多」。

一　二六〇頁中一行「常爲」，麗作「當爲」。

一　二六〇頁中四行「此已」，麗作「此經已」。

一　二六〇頁下二行末字至次行首字「告言」，諸本作「高言」。

一　二六〇頁下五行「潔衣」，資、磧、普、南、徑、清作「淨衣」。

一　二六〇頁下六行「憍慢」，資、磧、普、南、徑、清作「憍矜」。

一　二六〇頁下一二行第六字「人」，資、磧、普、南、徑、清作「大人」。

一　二六〇頁下一四行「汝今」，南作「汝尒」。

一　二六一頁上一六行「在明」，資、磧、普、南、徑、清作「在前」。

一　二六一頁中一行「尒時」，諸本作「令」。

一　二六一頁中一四行「無常」，諸本作「每常」。

一　二六一頁中二〇行「瞋忿」，資、磧、普、南、徑、清「瞋恚」。

一　二六二頁上六行「爲真説法」，諸本作「爲其説法」。

一　二六二頁上九行「不爲利養」，磧作「人爲利養」。

一　二六二頁上一四行「説論」，諸本作「論説」。

一　二六二頁上二一行「善諸」，諸本作「善語」。

一　二六二頁中七行「我作衣服」，諸本作「裁作衣服」。

一　二六三頁上五行「自養活」，諸本

作「爾自養活」。

一　二六三頁上七行末字至次行首字「今此」，資、磧、普、南、徑、清作「此今」。

一　二六三頁上一一行「本二」，南作「本其」。

一　二六三頁上一三行「愛欲者」，資、磧、普、南、徑、清作「愛欲著」。

一　二六三頁上一六行首字「說」，資、磧、普、南、徑、清作「佛說」。

一　二六三頁上一八行「少年」，資、磧、普、南、徑、清作「年少」。

一　二六三頁中三行「思惟」，磧作「思作」。

一　二六三頁中五行「頗有香」，諸本作「頗復有香」。

一　二六三頁中九行「若諸天及得天眼者」，磧作「若諸天神得天眼者」。

一　二六三頁中一一行「皆聞」，資、磧、普、南、徑、清作「俱聞」。

一　二六三頁中一三行「順風聲」，諸本作「順風聞」。

一　二六三頁中二一行「乖離」，諸本作「永離」。同行「諸向」，磧作「諸衆」。

一　二六三頁下六行「万有二千」，磧作「方有二千」。

一　二六三頁下一三行「礼佛足」，諸本作「礼佛足已」。

一　二六三頁下一八行「以偈」，資、磧、普、南、徑、清作「以偈頌」。

一　二六四頁上七行「今遇」，南作「令遇」。

一　二六四頁上八行「則益」，諸本作「利益」。

一　二六四頁上一九行「色光」，資、磧、普、南、徑、清作「光色」。

一　二六四頁中八行「尒時」，資、磧、普、南、徑、清作「命時」。

一　二六四頁下一行「多比丘」，資、磧、南、徑、清作「多求比丘」。

一　二六四頁下一七行第六字「羅」，諸本無。同行末字「言」，諸本無。

一　二六五頁上七行「誣謗」，資、磧、普、南、徑、清作「誣誑」。

一　二六五頁中三行第一〇字至四行第三字「身下出火身上出水」，資、磧、普、南、徑、清作「身下出水身上出火」；麗作「身上出火身下出水」。

一　二六五頁中一二行「汙泥」，麗作「淤泥」。

一　二六五頁中一五行「佛遊北摩竭陀國」，麗作「佛遊化摩竭陀國」。

一　二六五頁中一八行「蕩見」，諸本作「復見」。

一　二六五頁下三行「自住」，徑作「自在」。

一　二六五頁下四行首二字「尒言」，麗作「今言」。

一　二六五頁下九行「不爲住」，諸本作「爲不住」。

一　二六五頁下一二行「四部」，資、磧、普、南、徑、清作「四諦」。

一　二六五頁下一三行「不信」，麗作「不住」。

一　二六五頁下一五行「久處」，資、磧、普、南、徑、清作「久住」。

一　二六五頁下一八行第三字「捨」，諸本作「於」。

一　二六六頁上六行「有實」，徑作「爲實」。

一　二六六頁上二二行「辟疊」，諸本作「襞疊」。

一　二六六頁中五行「答言」，磧作「答咨」。

一　二六六頁中一二行「豈曰」，資、磧、普、南、徑、清作「豈自」。

一　二六六頁中末行「生相」，磧、南、徑、清作「生想」。

一　二六六頁下五行末字「若」，諸本作「者」。

一　二六六頁下末行「拋取」，諸本作「挽取」。

一　二六七頁下一二行「汝種苦子」，南作「如種苦子」。

一　二六七頁下二一行末二字「是時」，南作「是諸」。

一　二六八頁上八行「即說」，徑作「而說」。

一　二六八頁上一二行「三昧」，諸本作「三明」。

一　二六八頁上一三行「覺蚍」，諸本作「覺蠅」。

一　二六八頁上一七行「佛住」，南作「佛在」。

一　二六八頁上末行「寤瘖」，資作「瘖瘖」；磧、南、徑、清、麗作「瘖瘖」。

一　二六八頁中七行「嗜惡」，麗作「嗜欲」。

一　二六八頁下一〇行「及水」，磧作「吸水」；普、南、徑、清作「汲水」。同行「泥土出」，資、磧、普、南、徑、清作「泥土」。

一　二六八頁下二〇行「拔弥」，麗作「拔弥」。

一　二六八頁下末行經名，資、磧、普作「別譯雜阿含經初卷第一」；南、清作「別譯雜阿含經初誦卷第一」。

別譯雜阿含經卷第二　　不

失譯人名今附秦録

初誦第二

如是我聞一時佛在王舍城住寒林中尒時佛告諸比丘人生壽淺會必歸終應勤行道淨脩梵行是故汝等不應懈怠應修善行修於法義及以真行尒時魔王聞是說已即作是念沙門瞿曇在王舍城住寒林中為諸聲聞而說法要我當至彼而作壞乱尒時魔王作是念已化為摩納往至佛所頂礼佛足在一面立而說偈言

人生壽長　無諸逺惱　常得安隱
無有死徃

佛作是念魔王波旬来作嬈乱即說偈言

人命短促　多諸逺害　宜急修善
如救頭燃　當知波旬　欲来惱觸

尒時魔王聞說偈已即作是念沙門瞿曇知我心念愁憂苦惱深生悔恨便即隱形還于天宮

如是我聞一時佛在王舍城寒林之

中尒時佛告諸比丘諸行無常迁速不停無可恃怙是敗壞法應當速離趣解脫道尒時魔王波旬復作是念沙門瞿曇住王舍城在寒林中為諸聲聞說如是法我當往彼而為嬈乱尒時魔王作是念已化為摩納往至佛所在一面立而說偈言

晝夜恒在　命常迴来　如輪軸轉
周遍無已

佛知魔王来作嬈乱即說偈言

命欲日夜盡　壽者多患難　猶如陷下河
速盡無遺餘　是故汝波旬　不應作壞乱

魔作是念佛知我心愁憂苦惱極生悔恨隱形而去還于天宮

如是我聞一時佛在王舍城迦蘭陁竹林尒時世尊於夜後分經行林中於其晨朝洗足已正身端坐繫念在前尒時魔王作是念言沙門瞿曇在王舍城於夜後分林中經行於其晨朝洗足已入於靜室正身端坐繫念在前我今當往而作嬈乱作是念已即便化為摩納之形在前立而說偈言

我心能化作　羅網遍虛空　沙門於我所

終不得解脫
佛作是念魔來嬈亂即說偈言
世間有五欲　愚者為所縛　能斷此諸欲
永盡一切苦　我已斷諸欲　意亦不染著
波旬應當知　我久壞欲網
尒時魔王聞說偈已不果所願憂愁
苦惱隱形而去還于天宮
如是我聞一時佛住王舍城迦蘭陁
竹林尒時世尊於初夜後分坐卧經
行於其晨朝洗足入房右脇著地足
足相累繫心在明脩於念覺而生起
想尒時魔王波旬即作是念沙門瞿
曇在王舍城迦蘭陁竹林中經行坐
卧於其晨朝洗足入房右脇著地足
足相累繫心在明脩於念覺作於起
想我當至彼而作嬈乱作是念已化
為摩納在佛前住而說偈言
何以睡眠　何以睡眠　去何睡眠
如入涅槃　如所作辦　而自安眠
乃至日出　故復眠也
佛知天魔來作嬈乱即說偈言
愛網著諸有　遍覆一切處　我今破斯網
諸愛永已斷　一切有生盡　安隱涅槃樂

波旬汝今者　於我復何為
尒時魔王聞說偈已憂愁苦惱即便
隱形還于天宮
如是我聞一時佛在王舍城耆闍崛
山中值天雲霧降少微雨電光暉赫
處處晃耀尒時世尊即於其夜露地
經行魔王波旬而作是念沙門瞿曇
在王舍城耆闍崛山值天雲霧降少
微雨電光暉赫處處光耀於其夜中
露地經行我當往彼而作壞乱尒時
魔王作是念已在其山上推大石下
欲到佛所時彼大石自然碎壞尒時
世尊即說偈言
汝壞靈鷲山　令如粉微塵　巨海及大地
悉皆分碎裂　欲使正解脫　生於怖畏想
欲令毛駭竪　終無有是處
尒時魔王作是念言沙門瞿曇知我
所念憂愁苦惱即便隱身還于天宮
如是我聞一時佛在王舍城耆闍崛
山尒時世尊於其中夜露地經行洗
足已入静房中整身端坐繫念在前
魔王波旬作是念言瞿曇沙門在王
舍城耆闍崛山中露地經行我當往

彼而作嬈乱尒時魔王即自變形作
蟒虵身其形長大猶如大船雙目晃
朗如憍薩羅鉾吐舌炎炎又如掣電
出入息聲如大霤震住於佛前以身
遶佛引頸舉頭當佛頂上尒時世尊
知魔嬈乱而說偈言
我處於閑寂　繫心正解脫　安禪修其身
如昔諸佛法　毒虵極猛暴　狀貌甚可畏
蚉䖟及蚤蝨　種種諸惱觸　不動我一毛
況能令我畏　假使虛空裂　大地皆震動
一切諸衆生　皆生大驚懼　欲令我怖畏
終無有是處　設復有毒箭　中於我心者
當于被箭時　終不求救護　然復此毒箭
亦不能中我
尒時魔王聞佛說偈而作是念瞿曇沙門已
知我心生大怖畏憂愁悔恨即變形
去還於天宮
如是我聞一時佛在王舍城曼直林中佛於
初夜坐禪經行初夜已訖洗足入室右脅
著地足足相累繫心在明作於起想魔王
波旬知佛心已而作是念沙門瞿曇在王
舍城曼直林中於其初夜坐禪經行至
中夜前洗足入房右脅著地足足相累

繫心在明作於起想我今當往而作壞亂尒　時魔王化作摩納在如來前而説偈言一

云何無事務　而作於睡眠　安寢不寤寤
如似醉人眠　人無財業者　乃可自恣睡
大有諸財業　歡樂快睡眠

尒時世尊知魔來燒亂而説偈言

我非無作睡　亦非醉而眠　我無世財故
是以今睡眠　我多得法財　是以安睡眠
我於睡眠中　乃至出入息　能皆有利益
未曾有損減　寤則無疑慮　睡眠無所畏
譬如有毒箭　人射中其心　數數受苦痛
猶尚能得睡　我毒箭已拔　何故而不睡

魔聞是偈作是念沙門瞿曇巳知我心心懷憂惱於即還宫

如是我聞一時佛在王舍城毗婆波世山七葉窟中尒時有一比丘名曰求惪獨住仙山黑石窟中處於閑静勤行精進以不放逸斷於我見得時解脱自身作證復還退失第二第三乃至第六亦還退失比丘念言我今獨處修行精進六反退失若更退失以刀自割魔王波旬知佛在王舍城

毗婆波世山七葉窟中瞿曇弟子名曰求惪亦在王舍城獨住仙山黑石窟中勤行精進心不放逸得時解脱自身作證得巳退失如是六返尒時魔王而作是念求惪比丘若第七得必自傷害出魔境界作是念巳捉琉璃琴往到佛所扣琴作偈

大智大精進　有大神通達　於法得自在
威光極熾盛　汝聲聞弟子　今將欲自害
人中最上者　汝今應遮斷　云何樂汝法
何故學他死

尒時魔王説是偈巳佛告魔言波旬汝今乃是諸放逸者之大親友汝今所説自為説耳乃不為彼比丘説也

尒時世尊復説偈言

若人不怯弱　堅修行精進　恒樂於禪定
晝夜修衆善　乾竭愛欲使　壞汝魔軍衆
今捨後邊身　永入於涅槃

尒時魔王憂悲苦惱失琉璃琴愁毒悔恨還本宫殿

佛告諸比丘當共汝等詣仙人山求惪比丘所佛將諸比丘詣求惪所見求惪尸東猶如煙聚佛告諸比丘汝

等見此燋聚巳不諸比丘言巳見世尊尸南西北亦如是聚佛告比丘此是波旬隱形遶求惪所覓其心識佛告比丘求惪比丘以入涅槃無有神識所至方尒時魔王化形摩納而説偈言

上下及四方　推求求惪識　莫知所至方
神識竟何趣

尒時世尊告波旬言如此健夫破汝軍衆以入涅槃佛説是巳諸比丘聞佛所説歡喜奉行

如是我聞一時佛在優樓比螺聚落尼連禪河菩提樹下成佛未久尒時魔王而作是念佛在優樓比螺聚落尼連禪河菩提樹下成佛未久我當詣彼伺求其便作是念巳往詣佛所而説偈言

汝獨處閑静　閑默常寂然　光顔顯神體
諸根悉悅豫　辟如失財者　後還獲於財
汝今歸禪寂　歡喜亦如是　既能遺國榮
亦不悕名利　何不與諸人　而共為親友

尒時世尊以偈荅言

我久獲禪定　其心常寂然　破壞汝欲軍

得於無上財　我根恒恬豫　心中得寂滅
以壞汝欲軍　修道情歡喜　獨一離憒丙
安用親友為

尒時魔王復說偈言

汝已獲正道　安隱向涅槃　既以得妙法
宜常戢在懷　誠應獨了知　何以教衆人

尒時世尊復說偈言

人不屬魔者　諮吾彼岸法　我為正分別
諦實得盡滅　止心不放逸　魔不得其便

尒時魔王復說偈言

辟如白石山　其色類脂膏　群鳥不別知
飛來而啄食　既不得其味　觜傷而虛還
我今亦如是　徒來無所為

尒時魔王說是偈已憂愁苦惱極生悔恨向一空處蹲踞獨坐以箭畫地思作方計時魔三女一名極愛二名悅彼三名適意時魔三女往至魔邊向父說偈

父今名丈夫　何以懷憂愁　我當以欲羂
羂彼如捕鳥　將來至父所　使父得自在

尒時魔王說偈荅言

彼人善斷欲　不可以欲牽　已過魔境界
是故我懷憂

彼魔三女化其形容極為端嚴往至佛所即禮佛足在一面立三女同聲俱白佛言我故來供養與佛策使尒時世尊無上斷愛了不顧視第二第三亦作是語佛不觀察時魔三女退在一處自共議論男子之法所好各異或愛小者或愛中者或愛大者即時一女化作六百女人或作小女或作童女或作未嫁女或作已嫁女或作已產女或作未產女化作如是衆多女已俱往佛所白佛言世尊我等今來供養世尊為其策使給侍手足佛不觀察第二第三亦如是說都不顧視時魔女等復退一處更共語言此必得無上斷愛欲解脫故若不尒者應見我等狂乱吐血或能心裂我等當往其所以偈問難魔女極愛以偈問曰

端拱樹下坐　閑靜獨思惟　為失於財寶
為欲求大財　城邑聚落中　都無愛著心
何不與衆人　而共作親友

尒時世尊說偈荅言

我以得大財　心中得寂滅　我壞愛欲軍

妙色都不著　獨處而坐禪　寂受第一樂
以是因緣故　都不求親友

魔女適意復說偈言

比丘住何處　能度五駛流　六駛流不過
入何禪定中　得度大欲岸　永離有攝縛

尒時世尊復說偈言

身獲柔軟樂　心得善解脫　心離於諸業
意不復退轉　得斷覺觀法　得離瞋愛掉
得住此處住　能度五駛流　并度第六者
作如是坐禪　能度大欲結　并離有攝流

魔女悅彼復說偈言

已斷於愛結　離衆所著處　多欲度駛流
多欲度死岸　唯有黠慧者　能度如斯難

尒時世尊復說偈言

大精進濟拔　如來正法度　如法得度脫
智者莫不欣

三女不果所願還至父所尒時魔王呵責三女因說偈言

三女占壞彼　形容猶如電　向彼大精進
如風吹兜羅　爪以欲壞山　齒齚於鐵丸
嬰愚以藕絲　欲懸於太山　佛已度衆著
欲共彼講論　羂擿欲捕魚　欲下虛空日
以手探大海　望欲得乾竭　佛已離諸苦

欲往共講論　畢脚度須弥　大海中覔地
佛以出諸者　而往共講論
魔王憂愁悔恨於即滅沒還于天宮
如是我聞一時佛在王舍城靈鷲山尒時佛與諸比丘讚嘆涅槃法魔王作是念佛在王舍城與諸比丘讚涅槃法我今當往而作壞乱作是念已即便化形作一百人五十人極為端正五十人極為醜惡時諸比丘皆生驚怪今以何故極為端正復有極醜佛知魔来欲作壞乱尒時世尊告波旬言汝於長夜生死之中具受如是好惡之形汝當去何得度苦岸如是變化復何用為若有愛著於男女者汝當變化作衆形相我今都無男女之相何用變化作衆形為佛說是已諸比丘聞佛所說歡喜奉行
長壽何帝及緰楹　睡眠經行大毒虵
無所為求惠魔女　壞乱變形及好惡
如是我聞一時佛在舍衛國祇樹給孤獨園尒時佛告諸比丘堅持七行必得帝釋何以故昔者帝釋為人之時發初履行孝順父母恭敬尊長所

言柔軟斷於兩舌好施無慳恒修實語終不欺誑不起瞋恚設生嫌恨尋思滅之尒時世尊即說偈言
於父母所　極能孝順　於諸尊長
深心恭敬　恒作軟善　恩柔好語
斷於兩舌　慳貪瞋恚　三十三天
各作是語　如是行者　勝我等輩
應當別住　以為天王
佛說是已諸比丘聞佛所說歡喜奉行
如是我聞一時佛在毗舍離祢猴彼岸大講堂中有一離車名摩訶離来詣佛所礼佛足已在一面坐白佛言世尊頗曾見帝釋不佛言我見離車白佛言有夜叉鬼狀似帝釋世尊所見將無是彼夜叉鬼耶佛告離車是帝釋身我善識之夜叉之形如帝釋者我亦識知帝釋本行及所行事我亦盡知帝釋本為人時極孝順父母敬於尊長所言柔軟斷於兩舌除去慳嫉常好布施口常實語除於瞋恚不起嫌恨尒時世尊即說偈言
於父母所　極能孝順　於諸尊長
深心恭敬　恒作軟善　恩柔好語

斷於兩舌　慳貪瞋恚　三十三天
各作是語　如是行者　勝我等輩
應當別住　以為天王
佛說是已諸比丘聞佛所說歡喜奉行
如是我聞一時佛在舍衛國祇樹給孤獨園尒時有一比丘往到佛所頂礼佛足在一面立白佛言世尊去何名帝釋去何作帝釋相佛告比丘帝釋本在人中所有布施生純信心信心施於貧窮沙門婆羅門等其所施時施漿飲食種種餚饍種種華鬘種種諸香燒香塗香財帛牀榻以是因緣時諸天等名為帝釋比丘復白佛何故名帝釋為富蘭但那佛告比丘帝釋昔在人中施無猒足數數施故諸天号名為富蘭但那以何因緣復名帝釋為摩佉婆佛告比丘帝釋本作婆羅門名摩佉婆又問復何因緣名婆娑婆佛言數數常以衣服施沙門婆羅門以是緣故名婆娑婆又問復何因緣名憍尸迦佛告比丘帝釋本為人時姓憍尸迦故名憍尸迦復何因緣名舍脂夫佛告比丘帝釋娶

毗摩質多羅阿修羅王女名舍脂夫又問復以何緣名　為千眼佛告比丘帝釋本為人時極大聰明斷事之時須臾之間能斷千事以是因緣故名千眼復以何緣名因陀羅佛告比丘帝釋居天王位斷理天事故名因陀羅尒時世尊告比丘能具上七事以是緣故諸天号曰帝釋佛說是已諸比丘聞佛所說歡喜奉行

如是我聞一時佛在舍衛國祇樹給孤獨園尒時世尊告諸比丘昔所有一夜叉形狀甚小顏色鄙惡身形又黒人不喜見坐帝釋座上尒時三十三天見是夜叉坐於釋處皆大瞋忿種種毀罵尒時夜叉惡相漸滅善色轉生漸漸長大諸天罵詈瞋恚轉多夜叉遂復身形長大顏色鮮盛諸天相將至帝釋所白帝釋言有一夜叉極為醜陋身形甚小坐帝釋處我等諸天盡共罵詈而夜叉子顏色轉好身形漸大帝釋語言有是夜叉得諸罵詈形色轉好名助人瞋尒時帝釋還向坐所偏袒右肩手就香爐語夜

叉言大仙我是帝釋我是帝釋三自稱名夜叉轉小形色轉惡於是消滅帝釋還復帝釋坐告諸天言自今以往莫生瞋恚若有惡對慎莫加瞋即說偈言

若他來侵欺　莫還侵欺彼　於來侵害者
皆生於惡心　無瞋無害者　常應親近之
彼即是賢聖　亦賢聖弟子　諸有瞋恚者
為瞋山所障　若有瞋恚時　能少禁制者
是名為善法　如轡制惡馬

佛告諸比丘帝釋居天王位受諸欲樂猶能制瞋又常讚歎禁制瞋者況汝比丘信家非家出家入道剃除鬚髮被服法衣而不制瞋讚離瞋者是故比丘當如是學尒時比丘聞佛所說歡喜奉行

如是我聞一時佛在舍衛國祇樹給孤獨園尒時世尊晨朝時到著衣持鉢入城乞食食已洗足攝坐具詣得眼林中遍觀察已於閑靜處在樹下結加趺坐住於天住尒時耆陀精舍中有二比丘於僧斷事時共生忿諍一小嘿然忍一瞋熾盛彼熾盛者自

見已過而來歸向嘿忍比丘求欲懺悔嘿忍比丘不受其懺如是展轉諸比丘等共相論說出大音聲如來尒時住於天住以淨天耳過於人耳還聞是聲即從坐起至於僧中在於僧前敷座而坐佛告諸比丘我於今朝著衣持鉢入城乞食乃至來入林中靜坐聞諸比丘高聲大喚為作何事尒時比丘即白佛言世尊耆陀精舍有二比丘僧斷事時共生忿諍一比丘者小自嘿忍其一比丘熾盛多語熾盛比丘自知已過歸誠懺悔嘿忍比丘不受其懺展轉共道出大音聲佛告比丘云何愚癡不受他懺諸比丘當知昔日釋提桓因在善法堂諸天眾中而說偈言

譬如用瓢器　斟酥以益燈　火然轉熾盛
返更燒瓢器　瞋心亦如是　還自燒善根
我終不含怒　瞋已尋復散　不如水旋流
迴復無窮已　雖瞋不惡口　不觸汝所諱
所諱如要脉　我終不傷害　調伏於身已
於已即有利　無瞋無害者　彼即是賢聖
亦賢聖弟子　常應親近之　諸有瞋恚者

重障猶如山　若有瞋恚時　能少禁制者

是名為善業　如彎制惡馬
佛告諸比丘釋提桓因處天王位尺
中自然尚能修忍讃嘆忍者况汝比
丘出家毀形而當不忍讃嘆於忍佛
說是已諸比丘聞佛所說歡喜奉行
如是我聞一時佛在舍衛國祇樹給
孤獨園尒時世尊告諸比丘昔釋提
桓因將諸天衆將欲往與阿脩羅戰
時釋提桓因語毗摩質多羅阿脩羅
王言我等今者不必苟須多將人衆
共相傷害但共講論以决勝負毗摩
質多羅語釋提桓因言憍尸迦汝等
講論若有勝負誰當分別釋提桓因
言我等衆中并阿脩羅亦有聰哲智
慧辯才能當善惡决勝負者毗摩質
多言帝釋汝今先說帝釋荅言我亦
能說汝是舊天應當先說毗摩質多
即說偈言
今我見過去　愚者謂忍法　彼怖故生忍
便以己為勝
釋提桓因復說偈言
隨彼言怖畏　已利取為勝　財寶及諸利
無勝忍辱者
毗摩質多羅復說偈言

愚者無智慧　要當須止制　辟如彼後牛
騰陌先牛上　是故須刀杖　摧伏於愚者
釋提桓因以偈荅言
我觀上制愚　黙忍最為勝　極大瞋恚忿
能忍彼自息　無瞋無害者　彼即是賢聖
亦賢聖弟子　常應親近之　諸有瞋恚者
瞋重障如山　若有瞋恚時　能少禁制者
是名為善者　如彎制惡馬
諸天及阿脩羅衆有智慧者詳共平
議量其勝負以阿脩羅說諍鬪為本
釋提桓因止息諍訟心無忿競以阿
脩羅負帝釋為勝佛告諸比丘釋提
桓因天中自在長夜忍辱讃忍辱法
汝等比丘若能忍辱讃嘆忍者稱出
家法佛說是已諸比丘聞佛所說歡
喜奉行
如是我聞一時佛在舍衛國祇樹給
孤獨園尒時世尊告諸比丘往昔之
時釋提桓因共阿脩羅將欲戰闘治
嚴已辦尒時釋提桓因告諸天言我
等諸天若得勝者必以五縛繫阿脩
羅將詣天宮時阿脩羅亦勅已衆我

等若勝亦以五縛繫釋提桓因詣阿
脩羅宮尒時諸天衆勝即以五縛繫
毗摩質多羅將詣天宮毗摩質多見
帝釋時瞋恚罵詈極出惡言帝釋尒
時親聞罵聲黙不加報尒時御者摩
得伽即說偈言
釋脂之夫摩佉婆　汝為怖畏無力耶
毗摩質多面前罵　極出惡言云何忍
尒時帝釋說偈荅言
我不怖畏而生忍　亦不以我無力故
而畏毗摩質多羅　我以勝智自修忍
愚者淺識智無及　而常諍訟心不息
若我以力用禁制　與彼愚者同無異
御者復說偈言
瓔愚若放縱　轉劇不休息　如彼後行牛
騰陌前牛上　健者宜以力　禁制彼愚者
帝釋復說偈言
我觀制禁愚　莫過於忍黙　瞋恚熾盛時
惟忍最能制　愚者謂有力　而實是無力
愚不識善惡　無法可禁制　我身有勇力
能忍愚劣者　是名第一忍　忍中之善者
微者於有力　不得不行者　是名怖畏忍
不名為實忍　威力得自在　為他所毀罵

嘿然不加報 是名為勝忍 微劣怖威力
嘿然不能報 是名為怖畏 不名為行忍
瓔愚無智等 惡害以加他 見他嘿然忍
便以己為勝 賢聖有智者 謂忍寂為勝
是以聖賢衆 恒讃忍功德 除己并與他
滅除諸難畏 見他瞋恚盛 但能行嘿然
彼瞋自然滅 不煩刀杖力 彼此得大利
自利亦利他 愚者謂忍怯 賢智之所讃
忍於勝己者 怖畏患害故 若於等己諍
畏俱害故忍 能忍卑劣者 忍中寂為上

佛告諸比丘帝釋於三十三天寂為自在行於王法尚能修忍讃嘆於忍況諸比丘毀形入法應當修忍讃嘆於忍若能修忍及讃嘆者是出家法佛說是已諸比丘聞佛所說歡喜奉行

如是我聞一時佛在舍衛國祇樹給孤獨園尒時佛告比丘昔釋提桓因欲詣遊戲園勑御者摩得梨伽汝駕千馬車時摩得梨伽疾駕車已即白釋言嚴駕已訖宜知是時帝釋出毗禪延堂上叉手合掌東面向佛摩得梨見帝釋東向合掌心生驚懼失所捉鞭并所執轡帝釋語言汝見何事

驚怖乃尒失馬鞭轡摩得梨言摩佉釋脂之夫我見汝叉手東向以是心懼故失鞭轡一切有生皆敬於汝一切地主盡屬於汝四天王及三十三天皆礼敬汝誰復有德勝於汝者叉手合掌東向而立帝釋荅言一切敬我信如汝言一切人天所恭敬者号之為佛我今恭敬礼向於佛尒時帝釋即說偈言

寂大名稱世間尊 汝摩得梨應當知
我今於彼生敬信 是故叉手合掌立

摩得梨即說偈言

尒時敬礼世間勝 我亦隨汝恭敬礼

作是語已合掌礼敬乘輦而去佛告諸比丘帝釋自在處天王位猶尚恭敬礼拜於佛汝諸比丘剃除鬚髮出家學道勤當敬佛應出家法佛說是已諸比丘聞佛所說歡喜奉行

如是我聞一時佛在舍衛國祇樹給孤獨園尒時世尊告諸比丘昔釋提桓因欲詣遊戲園勑御者摩得梨汝駕千馬車時摩得梨尋駕車已詣帝釋所即白釋言嚴駕已訖宜知是時

尒時帝釋出毗禪延堂合掌南向時摩得梨見已心亦驚怕失鞭及轡帝釋語言汝見何事驚怖乃尒摩得梨言摩佉釋脂之夫我今見汝合掌南向心懷懼故致失鞭轡一切有生皆敬於汝一切地主盡屬於汝四天王天及三十三天皆礼敬汝誰復有德勝於汝者叉手合掌南向而立帝釋荅言一切敬我信如汝言一切天人所恭敬者名之為法我今恭敬礼具足戒法尒時帝釋即說偈言

有諸出家者 以修不放逸 長夜入寂定
修寂上梵行 捨棄於三毒 能得解脫法
有如是等法 我今恭敬礼 諸大阿羅漢
遠離於欲者 能滅無明闇 斷除諸結使
并在家修善 不作惡業者 如是正法子
今我皆敬礼

摩得梨言汝礼寂勝我願隨礼尒時帝釋作是語已合掌敬礼乘輦而去佛告諸比丘帝釋處於人天而得自在尚能恭敬礼敬於法況汝比丘剃除鬚髮出家學道而當不勤恭敬於法佛說是已諸比丘聞佛所說歡喜

別譯雜阿含經卷第二　第二十四張　不字号

奉行

如是我聞一時佛在舍衛國祇樹給孤獨園佛告諸比丘昔釋提桓因欲詣遊戲園勑御者摩得梨汝嚴駕千馬車時摩得梨駕車已訖詣帝釋所白帝釋言嚴駕已訖宜知是時尒時帝釋出毗禪延堂合掌西向時御者摩得梨見是事已亦生驚懼失鞭及轡帝釋語言汝見何事驚怖乃尒摩得梨言摩佉釋脂之夫我今見汝合掌西向心懷懼故致失鞭轡一切有生皆敬於汝一切地主盡屬於汝四天王天及三十三天皆礼敬汝誰復有德勝於汝者叉手合掌敬向西方帝釋荅言一切敬我如汝所言一切大人所恭敬者名之為僧今我恭敬信向於彼

尒時摩得梨說偈問言

人身膿汙滿　劚於露死尸　恒患飢渴苦
豈羨彼無家　汝今以何故　極能恭敬彼
彼有何威儀　及以道德行　願汝為我說
我今至心聽

尒時釋提桓因即說偈言

以彼無家故　我實羨於彼　彼亦無庫藏

別譯雜阿含經卷第二　第二十五張　不字号

禽庫及穀米　離諸衆事務　節食諸全命
善護於禁戒　辯說美妙法　勇健無怯心
行聖嘿然法　諸天阿脩羅　恒共有戰諍
一切諸人中　悉各無忿競　今我所敬者
悉皆離刀杖　一切皆積聚　彼悉能遠離
世間所愛著　彼心皆捨棄　我今敬礼者
遠離一切過　摩得梨汝今　應當知此事

尒時摩得梨復說偈言

汝礼者最勝　我亦隨恭敬　摩佉之所礼
我今隨汝礼

說是偈已帝釋乘轝而去佛告諸比丘彼帝釋者處人天自在尚能敬僧況汝比丘出家修道各宜敬僧佛說是已諸比丘聞佛所說歡喜奉行

帝釋摩訶耶　以何因夜叉　得眼得善勝
縛繫及敬礼　敬法礼僧捨

別譯雜阿含經卷第二

別譯雜阿含經卷第二

校勘記

一　底本，金藏廣勝寺本。

一　二七二頁中一行經名，資、磧、普、南、徑、清作「別譯雜阿含經初誦卷第二」。

一　二七二頁中二行譯者，資、磧、普作「失譯人名附秦録」。

一　二七二頁中三行「初誦第二」，資、磧、普、南、徑、清無。

一　二七二頁中一三行第七字及一七行第七字「逸」，資作「擾」，磧、南、徑、清、麗作「嬈」。

一　二七二頁下二行「逮離」，資、磧、南、徑、清作「遠離」。

一　二七二頁下八行「命常迴来」，資、磧、普、南、徑、清作「人命常来」。

一　二七二頁下九行「周遍」，磧、普、南、徑、清、麗作「周迴」。

一　二七二頁下二二行「在前」，磧、南、

徑、清、麗作「在佛前」。

一　二七三頁上八行「佛住」，資、磧、南、徑、清作「佛在」。

一　二七三頁上二一行「即說」，資、磧、普、南、徑、清作「而說」。

一　二七三頁中九行「光耀」，資、磧、普、南、徑、清作「光輝」。

一　二七三頁中一五行末字「想」，諸本（不含石，下同）作「相」。

一　二七三頁中二〇行「中夜」，資、磧、普、南、徑、清作「夜中」。

一　二七三頁下一〇行「大地」，磧、普、徑、清作「天地」。

一　二七三頁下一一行「驚懼」，資、磧、普、南、徑、清作「驚怖」。

一　二七四頁上四行「寤寤」，清作「寐寤」。

一　二七四頁上五行「人眠」，資、磧、普、南、徑、清作「人睡」。

一　二七四頁上一〇行「能皆」，磧、普、南、徑、清、麗作「皆能」。

一　二七四頁上一七行「求悳」，資、磧、普、南、徑、清作「求德」，下同。

一　二七四頁上二二行末字「刀」，磧作「刀」。

一　二七四頁中六行第一三字「捉」，磧作「提」。

一　二七四頁中一一行第四字「他」，資作「地」。

一　二七四頁下一行「此燃」，磧、普、南、徑、清、麗作「此煙」。

一　二七四頁下五行第二字「所」，普、南、徑、清、麗作「無所」。

一　二七五頁上一行「我根」，資、磧、普、南、徑、清作「諸根」。

一　二七五頁上二行「歡喜」，資、磧、普、南、徑、清作「歡恬」。

一　二七五頁上六行「宜常」，資、磧、普、南、清作「宜當」。

一　二七五頁上一二行「鴿食」，資、麗作「噏食」；磧、南、徑、清作「貪食」。

一　二七五頁上一三行「徒来」，資、磧、南、徑、清作「徒求」。

一　二七五頁上二〇行「捕象」，麗作「捕鳥」。

一　二七五頁中一行「往至」，資、磧、普、南、徑、清作「往詣」。

一　二七五頁中一七行第二字「當」，磧、普、南作「常」。

一　二七五頁下四行「不過」，資、磧、普、南、徑、清作「亦通」；麗作「亦過」。

一　二七五頁下五行及一〇行「有攝」，資、磧、普、南、徑、清作「有搞」。

一　二七五頁下二〇行「爪以」，資、磧、普、南、徑、清作「以爪」。

一　二七五頁下二二行「捕魚」，磧、普、南、徑、清、麗作「捕風」。

一　二七五頁下末行「探大海」，磧、普、南、徑、清、麗作「掬大海」。

一　二七六頁上六行第一三字「讚」，資、磧、普、南、徑、清作「讚歎」。

一　二七六頁上一八行「何帝」，資、磧、普、南、徑、清作「河帝」。

一　二七六頁中八行「應當」，資、磧、

普、南、徑、清作「當知」。

一 二七六頁中一七行「識知」，磧作「識之」。

一 二七六頁下一六行末字至一七行第三字「復名帝釋」，磧、普作「帝復名釋」。

一 二七六頁下末行「何因緣」，資、磧、普、南、徑、清作「以何緣」。

一 二七七頁上一行末字「夫」，麗無。

一 二七七頁上一九行「帝釋處」，資、磧、普、南、徑、清作「帝釋座」。

一 二七七頁上末行「偏襢」，諸本作「偏袒」。同行「手就」，諸本作「擎」。

一 二七七頁中三行「復帝釋坐」，資、磧、普、南、徑、清作「復坐帝釋座」。

一 二七七頁中七行「惡心」，磧、普、南、徑、清、麗作「慈心」。

一 二七七頁中一五行第五字「如」，資、磧、普、南、徑、清作「作」。

一 二七七頁中一八行「晨朝」，諸本作「晨朝」。

一 二七七頁下三行「大音聲」，磧作「尖音聲」。

一 二七七頁下二〇行「迴復」，磧、普、南、徑、清作「洄澓」。

一 二七八頁上四行「自然」，諸本作「自在」。

一 二七八頁上一三行第四字「語」，磧、普、南、徑作「諸」。同行「汝等」，麗作「我等」。

一 二七八頁上一五行第六字「并」，資、磧、普、南、徑、清作「若」。

一 二七八頁上一六行「能當」，資、磧、普、南、徑、清作「能掌」。

一 二七八頁上一八行「毗摩質多」，資、磧、普、南、徑、清作「毗摩質多羅」。

一 二七八頁上二〇行「過去」，磧、普、南、徑、清、麗作「忍過」。

一 二七八頁中六行「觀上」，諸本作「觀止」。

一 二七八頁中一〇行「善者」，磧、普、南、徑、清、麗作「善業」。

一 二七八頁下四行第一〇至一三字「毗摩質多」，磧、普、南、徑、清作「毗摩質多羅」。

一 二七八頁下一七行「宜以力」，麗作「爲以力」。

一 二七九頁上六行「嘿然」，諸本作「默忍」。

一 二七九頁上八行「亦利他」，資、磧、普、南、徑作「知利他」。

一 二七九頁上二一行「廷堂」，諸本作「延堂」。

一 二七九頁中六行「東向」，磧、南、徑、清作「東面」。

一 二七九頁中末行「釋言」，資、磧、普、南、徑、清作「帝釋言」。

一 二七九頁下六行「四天」，磧作「四大」。

一 二七九頁下一六行「倐善」，諸本作「修善」。

一 二八〇頁上七行「西向」，徑作「向西」。

一 二八〇頁上一〇行第一一字「今」，資、磧、普、南、徑、清無。

一　二八〇頁上一〇行末五字至次行第二字「合掌西向心懷懼」，資、磧、南、清無。

一　二八〇頁上一五行「大人」，諸本作「天人」。

一　二八〇頁上一六行「於彼」，磧、普、南、徑、清、麗作「於僧」。

一　二八〇頁上一七行「説偈問言」，資、磧、普、南、徑、清作「即説偈言」。

一　二八〇頁中四行「無忿」，磧、普、南、徑、清、麗作「有忿」。

一　二八〇頁中九行「所礼」，磧作「忻礼」。

一　二八〇頁中一六行「敬礼」，磧、普、南、徑、清、麗作「敬佛」。同行「礼僧捨」，麗作「礼僧十」。

一　二八〇頁中末行經名，南、徑、清作「別譯雜阿含經初誦卷第二」。

別譯雜阿含經卷第三　不

失譯人名今附秦錄

初誦第三

如是我聞一時佛在舍衛國祇樹給孤獨園尒時世尊告諸比丘昔阿修羅集諸四兵象馬車步悉皆嚴備鬪戰之具欲詣忉利天宮與諸天共鬪尒時帝釋聞阿脩羅莊嚴四兵即告須毗羅天子我聞阿脩羅莊嚴四兵汝亦莊嚴四兵往與共鬪須毗羅白言此事𡧘善作是語已縱逸著樂不憶此事帝釋聞阿脩羅已來出城復告須毗羅言阿脩羅今已出城汝可莊嚴四兵往彼共鬪須毗羅白言憍尸迦此是善事須毗羅仍尒著樂不修戰備阿脩羅莊嚴四兵已至須弥山上漸欲近來帝釋復言我聞阿修羅漸來逼近汝將四兵可往擊之須毗羅即說偈言

若有清閑無事處　唯願與我如此處

帝釋即說偈荅言

若有如此閑樂處　汝當將我共至彼

須毗羅復說偈言

我今懈怠不欲起　雖具聞知不莊嚴

天女五欲光四塞　唯願帝釋與此願

帝釋以偈荅言

若有如此懈墯處　百千天女而圍遶

五欲自恣受快樂　汝若往彼與我俱

須毗羅復說偈言

天王若無事佚處　與我無苦受斯樂

帝釋以偈荅言

汝須毗羅有如是　我當與汝同是樂

頗曾見聞無事業　而得生活受樂者

汝今若有如是處　可疾速往可隨汝

汝當畏事好閑處　應當速疾向涅槃

聞是語已須毗羅即集四兵出與阿脩羅戰時諸天得勝阿脩羅退壞阿脩羅已種種莊嚴而來還宮佛告諸比丘釋提桓因處天王位得大自在猶自精勤讚嘆精進況復汝等信心出家被服法衣而當不勤精進讚嘆精進若能精進讚嘆精進如是為應出家之法佛說是已諸比丘聞佛所說歡喜奉行

如是我聞一時佛在舍衛國祇樹給

孤獨園尒時世尊告諸比丘往昔之時遠於聚落阿練若處多有諸仙在中而住離仙處不遠有天阿脩羅而共戰鬪尒時毗摩質多羅阿脩羅王著五種容飾首戴天冠捉摩尼拂上戴華蓋帶於寶劔衆寶革屣到仙人住處行不由門從壁而入亦復不與諸仙言語共相問訊還從壁出尒時有一仙人而作是語毗摩質多羅等無恭敬心不與諸仙問訊共語從壁而出復有一仙而作是言阿脩羅等若當恭敬問訊諸仙應勝諸天今必不如有一仙問言此為是誰有一仙言此是毗摩質多阿脩羅王仙人復言阿脩羅法知見微淺無有法教無尊敬心猶如農夫諸天必勝阿脩羅負尒時帝釋後到仙邊即捨天王五種容餝從門而入慰勞諸仙遍往觀察語諸仙言盡各安隱無諸惱耶問訊已訖從門而出復有一仙問言此為是誰安慰問訊周遍察行然後乃出甚有法教容儀端正一仙荅言此是帝釋有一仙言諸天極能敬順為

行調適諸天必勝阿脩羅負毗摩質
多羅聞諸仙讃嘆諸天毀呰阿脩羅
甚大瞋恚諸仙聞已往詣阿脩羅所
語言我等聞尒甚大瞋忿即說偈言
我等故自來　欲乞索所願　施我等無畏
莫復生瞋忿　我等若有過　願教責數我
毗摩質多以偈荅言
不施汝無畏　汝等侵毀我　畀進求帝釋
於我生毀呰　汝等求無畏　我當與汝畏
尒時諸仙以偈荅言
如人自造作　自獲於果報　行善自獲善
行惡惡自報　辟如下種子　隨種得果報
汝今種苦子　後必還自受　我今乞無畏
逆與我怖畏　從今日已往　使汝畏無盡
諸仙面與阿脩羅語已即乘虛去毗
摩質多羅即於其夜夢與帝釋交兵
共戰生大驚怕第二亦尒第三夢時
帝釋軍衆果來求戰時毗摩質多即
共交兵阿脩羅敗帝釋遂進至阿脩
羅宮尒時帝釋種種戰諍既得勝已
詣諸仙所諸仙在東帝釋在西相對
而坐時有東風仙人向帝釋即說偈言
我身久出家　腋下有臭氣　風吹向汝去

移避就南坐　如此諸臭氣　諸天所不喜
尒時帝釋以偈荅言
集聚種種華　以為首上鬘　香氣若干種
能不生猒離　諸仙人出家　氣如諸華鬘
我今頂戴受　不以為猒患
佛告諸比丘帝釋居天王位長夜恭
敬諸出家者汝諸比丘以信出家亦
應當作如是欽敬佛說是已諸比丘
聞佛所說歡喜奉行
如是我聞一時佛在舍衛國祇樹給
孤獨園尒時釋提桓因顏色殊妙過
於人天於其中夜來至佛所稽首佛
足在一面坐時祇洹中晃然大明踰
於晝日尒時釋提桓因即說偈言
除滅何事安隱眠　滅除何物無憂愁
滅何一法瞿曇讚　唯願為我決衆疑
尒時世尊說偈荅言
滅除瞋恚安隱眠　滅除瞋恚無憂愁
去除瞋恚棘毒根　汝今帝釋應當知
如是瞋恚壞美善　除滅上事聽所讚
釋提桓因聞佛所說遶佛三匝歡喜
奉行
如是我聞一時佛在舍衛國祇樹給

孤獨園尒時佛告諸比丘月八日四
天主遣使者案行天下伺察世間有
慈孝父母敬順尊長奉事沙門婆羅
門脩於善法及行惡者是故宜應脩
行善法滅除衆惡撿情守戒至十四
日四天王復遣太子案行天下至十
五日四天王自案行伺察亦復如是
時四天王既伺察已往帝釋善法堂
上啓白帝釋并語諸天世間人中多
有不孝父母不敬沙門婆羅門者不
奉事師及家尊長乃至無有多持戒
者尒時帝釋及諸天衆聞斯語已愁
然不樂諸天咸作是言損諸天衆益
阿脩羅若世間中有人常能孝順父
母供養沙門婆羅門乃至多能持戒
四天王上啓帝釋時諸天等極大歡
喜咸作是言世間人中脩行善事極
為賢善作所應作增益諸天損阿脩
羅帝釋歡喜即說偈言
月八十四日　及以十五日　并及神足月
受持清淨戒　是人得生天　功德如我身
佛告諸比丘帝釋所說不名善說所
以者何若漏盡阿羅漢所作已辦應

作是偈
月八十四日　及以十五日　并及神足月
受持清淨戒　斯人獲勝利　功德如我身
佛與羅漢應說斯偈名稱實說名為
善說佛說是已諸比丘聞佛所說歡
喜奉行
如是我聞一時佛在舍衛國祇樹給
孤獨園尒時佛告諸比丘往昔之時
質多阿脩羅王病患委困時釋提桓
因往詣其所阿脩羅語帝釋言願汝
使我病差安隱身得平健肥鮮如前
帝釋語言汝可教我阿脩羅幻化之
法我當使汝安隱病差歡樂如前阿
脩羅言待我問諸阿脩羅等若可尒
者我當教汝阿脩羅王即問諸阿脩
羅尒時其中有一諂偽阿脩羅語毗
摩質多羅言帝釋長夜行直善行無
諸諂偽汝可語帝釋言諸學阿脩羅
諂偽幻者當入盧摟地獄帝釋若語
汝言我不學彼阿脩羅者汝但捨去
汝患必愈阿脩羅王即用其語說偈
語帝釋言
千眼帝釋舍脂夫　若知幻法必當墮

於彼盧留地獄中　滿足一劫被燒煑
尒時帝釋聞斯語已即言止止不須
幻法尋即願言令汝病差安隱無患
佛告諸比丘釋提桓因雖處天位尚
不諂曲真實行事況汝出家剃除鬚
髮而當不離諸諂偽事行質直乎若
行質直應出家法佛說是已諸比丘
聞佛所說歡喜奉行
如是我聞一時佛在舍衛國祇樹給
孤獨園尒時帝釋来詣佛所將欲還
時請受一戒何謂一戒若我還宮見
諸怨憎設来害我我於彼所終不加
害毗摩質多羅既聞帝釋持如是戒
便捉利劒於路而待時釋提桓因聞
阿脩羅在於路側捉劒而待遥語阿
脩羅言止止汝今自縛毗摩質多語
帝釋言汝於佛所受一戒言若我還
宮見諸怨憎設彼害我我於彼所終
不加惡豈可不受如是戒耶帝釋荅
言我雖受戒語汝住住汝今自縛如
是之言於戒無犯毗摩質多羅言憍
尸迦放我帝釋語言汝作呪誓更於
我所不為怨疾我當放汝毗摩質多

羅即說誓言
貪瞋妄語謗賢聖　如是惡報使我得
尒時帝釋聞斯誓已即語毗摩質多
羅言我今放汝釋提桓因還至佛所
頂礼佛足白佛言世尊毗摩質多羅
聞我受戒即捉利劒在於路側伺畐
於我時我遥語阿脩羅言止止汝今
自縛毗摩質多即語我言汝於佛所
受於一戒若我還宮見有怨憎設来
害我我於彼所終不加惡豈可不受
如是戒耶我即荅言我雖受戒但語
汝住汝今自縛如是之言於戒無犯
毗摩質多羅即語我言憍尸迦放我
我即語言汝可重誓更於我所莫生
憎疾我當放汝時毗摩質多羅聞我
語已即說誓言
貪瞋妄語謗賢聖　如是惡報使我得
我聞其誓即放令去帝釋復白佛言
此阿脩羅作重誓已從今已後更不
作於怨憎惡耶佛告帝釋阿脩羅設
不作誓猶不為惡況作誓已尒時帝
釋聞佛所說踊躍歡喜即於坐沒尋
還天宮

如是我聞一時佛在舍衛國祇樹給孤獨園尒時佛告諸比丘昔於一時帝釋與阿脩羅戰當于尒時諸天不如阿脩羅勝尒時帝釋見巳不如尋即迴駕欲還天宮於其道中見苦娑羅樹時樹上有金翅鳥巢尒時帝釋即勅御者摩得梨言此巢中有二鳥卵脫能傷損汝可迴車避於此樹帝釋即向摩得梨而說偈言

汝觀樹上巢　巢中有二卵　今車若往彼
必衝而傷破　我若以此身　入阿脩羅陣
喪失於身命　終不傷鳥卵

說是偈巳尋即迴車時阿脩羅衆見帝釋迴生大恐怖各作是言帝釋向者詐現退散今復迴者必破我軍阿脩羅衆即時退諸天逐退迫到其城佛告諸比丘釋提桓因居天王位猶能長夜脩於慈忍汝等比丘當如是學諸比丘聞佛所說歡喜奉行

如是我聞一時佛在舍衛國祇樹給孤獨園

尒時釋提桓因與拔利婆妻支阿脩羅夜詣佛所威光熾盛礼佛足巳在

一面坐時彼帝釋毗妻支光明普照祇洹猶如晝日時拔利毗妻支在一面坐而說偈言

夫人常精進　所求必使得　既求得義理
安隱受快樂

帝釋亦說偈言

夫人常精進　所求必使得　既求得事業
脩忍寂為勝

尒時帝釋白佛言世尊我等所說何者利益何者無利佛告帝釋善分別者皆是善說汝等今當聽我所說即說偈言

一切衆生皆為利　各各隨心之所欲
等同利欲適願樂　夫人精勤求必得
既得事業忍寂勝　是故應當脩行忍

帝釋毗妻支聞佛所說礼佛足巳即於彼處而沒還宮

如是我聞一時佛在王舍城迦蘭陁竹林尒時王舍城中有一貧人極為窮困甚可憐愍於佛法中生清淨信能淨持戒少讀誦經亦能小施有此四事因緣果報身壞命終生忉利天勝妙善處此新生天有三事勝一色

貌勝二名稱勝三壽命勝諸天見巳皆共恭敬往帝釋所白帝釋言有新生天有三事勝於餘諸天帝釋言我先曾見彼新生天本為人時貧窮困苦極為寒悴直以信心向於三寶能淨持戒少多脩施今得生此忉利天上尒時帝釋即說偈言

若於三寶生淨信　其心堅固不動轉
持所受戒不毀犯　當知此人不名貧
名為智慧壽命人　以敬無上三寶故
得生天上受勝樂　是故應當作斯學

尒時諸天聞此偈巳歡喜信受作礼還宮

如是我聞一時佛在王舍城耆闍崛山中尒時王舍城有九十六種外道各各祠祀設有檀越信心於外道遮勒者言當先供養我師遮勒若信外道婆羅婆寔者亦言先當供養我師婆羅婆寔若信外道乹陁者咸言先與我師乹陁大嚫後與餘者若信外道名三水者言當供養我師三水若信外道名老聲聞者言先供養我師老聲聞若信外道大聲聞者亦言供

養我師大聲聞若信佛者咸言應先
供養我師如來及以衆僧時釋提桓
因作是念言今王舍城人生大邪見
佛僧在世若生邪見名為不善帝釋
尒時尋自變身為老婆羅門容貌端
正乘以白車駕以白馬諸摩納等圍
遶左右向於寺塲當中直過時王舍
城人咸作是念今此老婆羅門先向
何處我等隨從尒時帝釋知諸人等
心之所念迴車南旋向靈鷲山到諸
乘駕所住之處於中而止下車前進
往至佛所頂礼佛足在一面坐尒時
帝釋即說偈言
轉法輪聖王　能度苦彼岸　無怨憎恐怖
我今稽首礼　設人欲修福　當於何處施
又欲精求福　應生淨信敬　今日修布施
来世得善報　於何福田中　少施獲大果
尒時世尊在耆闍崛山中為天帝釋
敷演祠中最為勝者以偈荅言
四果及四向　禪定明行足　功德力甚深
猶如大海水　此名為實勝　調御之弟子
於大黑闇中　能燃智慧燈　常為諸衆生
說法而示道　是名僧福田　廣大無涯際

若施斯福田　是名為善與　若祀斯福田
是名為善祀　焚物而祭天　徒費而無補
不名為善燒　若於福田所　少作諸功業
後獲大富利　乃名為善燒　帝釋應當知
是名良福田　施僧次一人　後必獲大果
此事是時說　世間解所說　無量功德佛
以百偈讚僧　祠祀中最上　無過僧福田
若人種少善　獲報無有量　是以善丈夫
應當施於僧　能揔持法者　是則名為僧
辟如大海中　多有衆珎寶　僧海亦如是
多饒功德寶　若能施僧寶　是名善丈夫
已獲歡喜信　若能信心施　當知如此人
得三時歡喜　以三時喜故　能度三惡道
除袪諸塵垢　離煩惱毒箭　淨心手自施
自利亦利彼　能設如此祠　是人則名為
世間明智者　信心既清淨　得至無為處
世間之極樂　智者得生彼
帝釋聞是偈已踊躍歡喜於坐處沒
還於天宮帝釋還宮未久之間王舍
城中長者婆羅門即從坐起偏袒右
肩右膝著地合掌向佛而白佛言唯
願世尊及比丘僧於明晨朝受大祠
歡喜請尒時如來默然許之時王舍

城婆羅門長者知佛默然受已請已
頂礼佛足各還所止時諸人等既還
家已各各辦諸香美飲食清淨香潔
供設辦已晨朝敷座具行淨水遣使
往詣靈鷲山中白世尊言食時已到
尒時如來著衣持鉢衆僧圍遶世尊
在前往詣彼城到大祠所既至彼已
如来敷座於僧前坐彼城中人敷好
床座與僧而坐尒時諸長者等察衆
坐定各行淨水諸婆羅門長者手自
斟酌種種香美飲食時諸人等各各
勸益
尒時世尊觀諸衆僧飯食已訖即時
収鉢付於阿難時諸人等各自敷座
在佛前坐專心敬仰求欲聽法尒時
如来讚其所施而說偈言
婆羅門經書　祠祀火為最　外道典籍中
婆比室為最　於諸世人中　王者最為首
百川衆流中　巨海名為最　星辰諸宿中
月光名為最　於衆明之中　日光最為最
上下及四方　世間及天人　諸賢聖衆中
佛最第一尊
尒時世尊為王舍城人種種說法示

教利喜諸人踊躍從坐而退佛說是
已諸比丘聞佛所說歡喜奉行
須毗羅仙人 滅瞋月八日 病并持一戒
烏巢及婆梨 貧人及六祠
如是我聞一時佛在俱薩羅國漸次
遊行至舍衛城祇樹給孤獨園時波
斯匿王聞佛來至舍衛國祇樹給孤
獨園往詣佛所稽首問評在一面坐
而白佛言世尊我昔聞尒出家求道
要成無上至真等正覺汝為實有如
是語耶將非他人謗傳者乎為是讒
嫉致於毀呰作此語也佛告波斯匿
言如此語者是真實語非為毀呰亦
非增減實是我語實如法說非非法說
一切外人亦無有能譏嫌我者波斯
匿王復作是言我雖聞尒有如此語
猶未能信何故不信自昔諸人有久
出家耆老宿舊諸婆羅門富蘭那迦
葉末伽梨俱賒梨子刪闍耶毗羅胝
子阿闍多翅舍欽婆羅迦據多迦栴
延尼乾陁闍提弗多羅彼諸宿舊尚
自不信得阿耨多羅三藐三菩提況
汝年少而出家未久而當得乎佛言

大王世有四事小不可輕何者為四一
者王子雖小亦不可輕二龍子雖小亦
不可輕三火雖小亦不可輕四比丘
雖小亦不可輕尒時世尊即說偈言
王者雖為小 具習諸技藝 生處既真正
亦不雜鄙穢 有大美名稱 一切悉聞知
如此雖言小 其實不可輕 欲護己命者
不應輕於小 剎利雖云小 法應紹王位
既紹王位已 法當行讁罰 是以應敬順
不宜生輕慢 於諸聚落中 及以閑靜處
若見小龍子 形狀雖微細 能大亦能小
亦復能興雲 降注於大雨 若以小故輕
必能縱毒螫 欲護身命者 不宜輕於彼
為於己利故 宜應自擁護 亦如有小火
若具於眾緣 猛炎甚熾盛 遇於大暴風
能焚燒山野 既焚林野已 遇時還復生
欲護己命者 不應輕小火 若於淨戒所
惡口加罵辱 其身及子孫 一切皆毀謗
於未來世中 當同受惡報 是故應自護
莫以惡加彼 剎利具技藝 龍子及與火
比丘持淨戒 此四不可輕 為護己命故
謹慎應遠離
尒時波斯匿王聞此語已其心戰慄身

毛為豎即從坐起偏袒右肩合掌向
佛白佛言世尊我於今者實有過罪
自知毀犯辟如嬰愚狂癡無知所作
不善唯願世尊憐愍我故聽我懺悔
佛告波斯匿王言我今愍汝聽汝懺
悔時波斯匿王既蒙懺悔心大歡喜
作礼而去
如是我聞一時佛在舍衛國祇樹給
孤獨園尒時波斯匿王稟性仁孝母
初崩背哀號戀慕不自堪勝燒葬母
已便自沐浴衣髮故濕於日中時往
詣佛所礼佛足已在一面坐佛告王
曰王從何來衣髮故濕波斯匿王白
佛言世尊我之慈母情特尊敬一旦
崩背我送母喪遠至曠野殯葬已訖
新浴洗故衣髮猶濕佛告大王汝於
母所極愛敬不王即荅言實為愛敬
設令有人能使我母還得活者我以
象軍車軍馬軍步軍悉以與之續我
母命心無悔恨設以半國賞之亦不
生恨王復言曰佛語誠實一切生者
會必歸死佛言實尒實尒生必有死
五趣四生無不終者王者臣民婆羅

門衆會歸當死灌頂人王威力自在
統領國土會歸終沒轉輪聖王五四
天下七寶具足亦會當死五通神仙
在於山藪飲水食果亦歸於死三十
三天極受快樂光色熾盛處天宮殿
壽命延長亦歸終沒諸羅漢等捨於
重擔逮得己利盡諸有結心得自在
正智解脫後邊之身亦歸散滅諸辟
支佛獨一無侶常在閑靜亦當散滅
諸佛正覺具於十力有四無畏得四
無礙能師子吼身亦無常會歸散滅
佛言大王我為大王種種分別生必
有死略而言之無生不終佛即說
偈言
一切生皆死　壽命必歸終　隨業受緣報
善惡各獲果　修福上昇天　為惡入地獄
修道斷生死　永入於涅槃　非空非海中
非入山石間　無有地方所　脫之不受死
諸佛與緣覺　菩薩及聲聞　猶捨無常身
何況諸凡夫
時波斯匿王聞佛所說心開意解更
不憂悲歡喜而去佛說是已諸比丘
聞佛所說歡喜奉行

如是我聞一時佛在舍衛國祇樹給
孤獨園尒時波斯匿王在空閑處獨
靜思惟夫為人者云何愛己云何惡
己復作是念若身口意行於善業遠
離諸惡是名愛己若身口意行不善
業作衆惡行名不愛己波斯匿王思
惟是已從靜處起往詣佛所頂礼佛
足在一面坐即白佛言世尊我獨靜
處作是思惟云何名愛己云何不愛
己若能於身口意行善是名愛己若
身口意行不善業名不愛己佛言大
王實尒若人身口意行惡者是名不
愛己何以故彼為惡者雖有怨讎不
必速能有所傷害自造惡業毀害甚
深是以自作惡業名為不愛己又有
為己故作殺盜婬是為損己若人身
口意行善者設作是念我捨所愛居
家妻子名不愛己實是愛己何以故
如此之人雖有親友父母兄弟恩徹
骨髓至其衰老不能得救要自身口
意修行善能自濟度是名愛己佛即
說偈言
若人自愛己　不以惡加彼　無有造作惡

得於快樂者　若人自愛己　應修諸善業
速疾能獲得　種種諸快樂　夫欲愛己者
應當自擁護　譬如邊表城　曠野多賊盜
得值無難時　應當自隱蔽　若其失無難
值難苦無窮
佛說是已諸比丘聞佛所說歡喜奉行
如是我聞一時佛在舍衛國祇樹給
孤獨園尒時波斯匿王於空閑處作
是思惟云何護己云何不護己復自
念言若人修善名為護己若人行惡
名不護己思惟是已即從坐起往詣
佛所礼佛足已在一面坐白佛言世
尊我於靜處作是思惟云何護己云
何不護己復作是念若修善行名為
護己若行不善名不護己佛告大王
實尒實尒若以四兵為兵馬兵車兵
步兵圍遶自身不名護己何以故非
內護故若人身口意善雖無四兵是
名護己何以故有內護故此內護者
勝於外護故名護己佛即說偈言
若人欲自護　當護身口意　修行於善法
有慙亦有愧　不護三業者　邪見及眠睡
障蔽諸善法　隨從於惡魔　則為自毀傷

是以應自護 修定及智慧 常念佛所教
佛說是已諸比丘聞佛所說歡喜奉行
如是我聞一時佛在舍衛國祇樹給
孤獨園尒時波斯匿王於閑靜處作
是思惟世界之中少有能得富貴財
業設得財業不尚驕奢貞廣知足節
於嗜欲不惱衆生如是人少世界多
有衆人得勝財業驕逸自恣貪嗜於
欲加惱衆生如是人多波斯匿王於
閑靜處思惟是已從坐而起往詣佛
所頂礼佛足在一面坐即白佛言世
尊我於靜處作是思惟世界之中若
設有人得勝財業心自知足能不驕
恣不嗜於欲不惱於人如是人少若
復有人得勝基業憍逸自恣貪嗜於
欲加惱衆生如是人多佛言大王實
尒實尒世界之中多有衆人得封禄
已憍慠自恣貪嗜於欲苦楚衆生如
是愚人長夜受苦得大損減命終之
後必入地獄佛言大王譬如魚師及
其弟子於捕魚法善巧方便以細密
網截流而拖魚鼈黿鼉水性之屬為
網所得此水性等入網之者悉皆集

在魚師之手牽挽旋轉任魚師意世
間之中多有衆人得勝封禄憍慠自
恣貪嗜五欲加惱衆生亦復如是所
以者何如斯愚人即入魔網為網所
獲周迴擘動住魔所為尒時世尊即
說偈言
縱逸著事業 荒迷嗜五欲 不知有惡果
如魚入密網 此業已成就 極受大苦惱
佛說是已諸比丘聞佛所說歡喜奉行
如是我聞一時佛在舍衛國祇樹給
孤獨園尒時波斯匿王於閑靜處作
是思惟世界之中少有於人得勝封
禄而不憍恣不嗜五欲不惱衆生世
界之中多有衆人得勝基業憍慠自
恣貪嗜五欲加惱衆生思惟是已從
坐處起即詣佛所頂礼佛足在一面
坐白佛言世尊我今靜處作是思惟
世界之中少有衆人得勝基業不憍恣
不貪五欲不惱衆生多有衆人得勝基
業貪著五欲加惱衆生佛言大王如是
如是實如汝語譬如獵師鑿穽捕鹿驅
入穽中隨意而取世界之中多有衆
人得勝基業憍逸自恣貪嗜五欲苦楚
衆生亦復如是如斯愚人入於魔穽

從魔所為當入地獄 長夜受苦尒時
世尊即說偈言
縱逸著事業 荒迷嗜五欲 不知後惡果
如鹿入深穽 極受諸苦惱 行此惡業者
悲苦更苦報 悔恨何所及 修於善業者
後獲妙果報 臨終情歡豫 後則無悔恨
佛說是已諸比丘聞佛所說歡喜奉行
如是我聞一時佛在舍衛國祇樹給
孤獨園尒時波斯匿王往詣佛所頂
礼佛足在一面坐即白佛言世尊有
一長者名摩訶南其家巨富多饒財
寶佛問王曰云何大富王白佛言彼
長者家金銀珎寶數千万億不可稱
量況復餘財雖有財富不能飲食所
可食者雜糠麁澁若作羹時渾煑薑
罷煑已還取賣為財用所可衣者唯
著麁布五緫踈弊以為内衣乘朽故
車連綴樹葉以為繖蓋未曾見其施
沙門婆羅門貧窮乞兒若欲食時要
先閉門恐諸沙門婆羅門等來從其
乞佛言大王如此之人非善丈夫何
以故得斯財富不能開意正直受樂
又復不能孝養供給妻子亦不賜與

奴婢僕使又不時時施諸沙門婆羅
門亦復不求上業生天之報辟如鹵
地有少汪水以鹹苦故無能飲者乃至
竭盡世間愚夫亦復如是大得財業
不能施用身自受樂亦復未能供養
父母及與妻子并其眷屬奴婢僕使
親友知識悉不惠與雖豐財寶都無
利益佛言大王善丈夫者得於財業
能自施用正直受樂亦能供養師長
父母及與妻子并其眷屬奴婢僕使
親友知識乃至供養沙門婆羅門貧
窮乞匃悉能惠施如斯善人所得財
寶名為上業作快樂因生天之緣此
人聚財成就大善辟如近城村邑聚
落有清冷池流出好水四邊平正多
饒林樹種種華果有柔軟草遍布其
地一切衆人皆得洗浴并獲好飲飛
禽走獸翱翔嬉樂善健丈夫亦復如
是乃至生天成就大善尒時世尊即
說偈言
辟如鹹鹵土　中有冷汪水　鹹苦不可飲
後自煎洄盡　儜夫亦復尒　雖有多財寶
不能自衣食　亦不施他人　是名為儜者

有財能布施　辟如平博地　有好清流池
林亦甚蔚茂　人獸同快樂　是名為智者
如似大牛王　生則受快樂　死則生天上
佛說是已諸比丘聞佛所說歡喜奉行
如是我聞一時佛在舍衛國祇樹給
孤獨園尒時城中有大長者名摩訶男
無有子胤遇患命終尒時國法若不生
男命終之後家財入官以是之故摩訶
南所有財產應入國主時波斯匿王身
體坌塵往詣佛所既頂礼已却坐一面
佛告王曰今日何故身體坌塵顏容改
常而來至此波斯匿王白佛言世尊
舍衛城中有大長者名摩訶南昨日
命終以無子故所有財寶稅入于官
視其財寶冒涉風塵是以坌身佛問
王曰摩訶南實巨富耶王即荅言實
尒世尊云何大富金銀珎寶數千億
万不可稱計況復餘財雖有珎寶多
諸錯積以慳貪故惜不食敢所可食
者秈稗雜糠極為麤澁若作羹時煑
薑一罷煑已還取賣為財用所可著
者唯衣麁布五緫麤弊以為內衣乘
朽故車遶綴樹葉以為轍蓋未曾見
其脩少布施沙門婆羅門貧窮乞兒

佛言如此愚人非善丈夫何以故雖
有財寶不能開意正直受樂又復不
能供養父母及與妻子亦不賜與奴
婢僕使不時時施與沙門及婆羅門
亦復不求生天善報佛告王曰此摩
訶南乃往昔時已曾於多伽羅瑟辟
支佛所種少善根尒時布施飲食不
至心施不信心施不手自施不恭敬
施擿擲而與布施已訖後復生悔作
是念言我之飲食云何與此剃頭沙
門不如自與家中僕使於其捨身得
生舍衛城第一巨富大長者家雖復
生彼富長者家由先施食有悔心故
自然不憙著好衣裳亦復不喜食於
美食鞍馬車乘嚴飾之具悉不憙樂
大王當知摩訶南於昔往日其家豪
富為錢財故煞異母弟以是因緣入
於地獄無量年歲受諸苦惱由是之
故錢財七返常没於官摩訶南於多
伽羅瑟辟支佛所施食因緣受福已
盡如大罪人捨身之後入于地獄摩
訶南捨身亦復如是入大叫喚地獄
時波斯匿王復白佛言世尊彼摩訶

南捨身實入大叫喚地獄耶佛言實
入時王聞已悲泣流淚王整衣服偏
袒右肩合掌說偈

錢財穀帛弁珍寶　奴婢僕使及眷屬
一切無隨無隨者　亦不能取其少分
為死所侵捨故尸　一切財寶雖羅列
都無一物是儲有　亦復不能持少去
為有何物隨逐人　辟如有影隨其形
善惡受報必不失　唯此隨人猶如影

尒時世尊以偈答言

善惡隨逐人　辟如影隨形　隨其所趣向
未曾相捨離　辟如少資粮　越險增苦惱
行惡亦如是　不能至善徑　辟如豐資粮
安樂越險道　修福者亦尒　安隱至善處
辟如久別離　至於曠遠處　安隱得還家
其心甚悅豫　妻子及眷屬　歡喜極快樂
修善者亦尒　善業來迎接　亦如離眷屬
會合得歡喜　是以應積善　當為後世故
欲得後世福　應修行正行　今不被譏呵
後受於快樂

佛說是已諸比丘聞佛所說歡喜奉行

如是我聞一時佛在舍衛國祇樹給
孤獨園當于尒時波斯匿王欲設大

祀養千牛王皆繫於柱弁及犛牛水
牛乳牛犢及小牛盡各數千牂羖羊
等亦復數千種種畜生皆繫祀塲時
餘國中諸婆羅門聞王大祀自遠而
至進集舍衛城時衆多比丘於其晨
朝著衣持鉢入城乞食聞波斯匿王
欲設大祀養千牛王弁及犛牛水牛
乳牛小牛及犢盡各數千牂羖羊等
亦復數千如是種種諸畜生等皆悉
繫著於彼祀塲又聞餘國諸婆羅門
聞波斯匿王施設大祀一切雲集在
王舍城諸比丘乞食已訖攝於衣鉢
洗足已去往詣佛所頂礼佛足在一
面坐白佛言世尊我等今日入城乞
食聞如是事尒時世尊聞是語已即
說偈言

月月百千祀　修此以求福　不如一信佛
十六分中一　月月百千祀　修此以求福
不如一信法　十六分中一　月月百千祀
修此以求福　不如一信僧　十六分中一
月月百千祀　修此以求福　不如一慈心
十六分中一　月月百千祀　修此以求福
不如憐衆生　十六分中一　月月百千祀

修此以求福　不如憐鬼神　十六分中一
月月百千祀　不如一善心　憐愍畜生類
十六分中一　月月百千祀　不如於佛說
生信而愛樂　十六分中一　假使修諸祀
及與事火法　修此欲求福　行此諸祠祀
滿足一年中　不如正身立　一礼敬向佛
四分中之一

佛說是已諸比丘聞佛所說歡喜奉行

如是我聞一時佛在舍衛國祇樹給
孤獨園尒時波斯匿王收攝刹利眦
舍首陁羅沙門婆羅門持戒破戒出
家乃至伎兒旃陁羅等悉皆繫閉府
諸比丘入城乞食聞如是上事食已
洗足往詣佛所頂礼佛足在一面坐
白佛言世尊我等入城乞食聞波斯
匿王收攝刹利眦舍首陁羅沙門婆
羅門出家持戒破戒及伎兒旃陁羅
等悉皆繫閉尒時世尊聞斯語已即
說偈言

王者繫縛人　以鐵木及繩　賢聖觀斯事
深知非牢縛　若戀於妻子　錢財及珍寶
如是繫縛人　堅牢過於彼　妻子及財寶
愚人生繫著　其實如瀑流　漂沒諸凡夫

是以宜速逝　趣向於解脫

佛說是已諸比丘聞佛所說歡喜奉行

三菩提及母　愛己及護己　捕魚弁廢弃
慳弁及命終　祠祀及繫縛

別譯雜阿含經卷第三

甲辰歲高麗國大藏都監奉
勅雕造

別譯雜阿含經　第三　第三十張　不

別譯雜阿含經卷第三

校勘記

一　底本，麗藏本。

一　二八四頁上一行經名，資、磧、普、南、徑、清作「別譯雜阿含經初誦卷第三」。卷末經名，南、徑、清同。

一　二八四頁上二行譯者，資、磧、普作「失譯」；南、徑、清作「失譯人名附秦録」。

一　二八四頁上三行「初誦第三」，資、磧、普、南、徑、清無。

一　二八四頁中二一行第九字「諸」，資、磧、南、徑、清無。

一　二八四頁下八行「諸仙」，資、磧、普、南、徑、清作「諸仙人」。

一　二八五頁上一行「調適」，資、磧、普、南、徑、清作「調伏」。

一　二八五頁上一四行「使汝」，徑、清作「使我」。

一　二八五頁上一五行「語已」，資、磧、普、南、徑、清作「論已」。

一　二八五頁上一九行「逐進」，資、磧、普、南、徑、清作「逐退」。

一　二八五頁中二〇行「美善」，資、磧、普、南、徑、清作「美言」。

一　二八五頁下一四行「有人」，南作「天人」。

一　二八六頁上九行「委困」，磧、普、南、徑、清作「痿困」。

一　二八六頁上一八行「諸學」，資、磧、普、南、徑、清作「汝學」。

一　二八六頁上二〇行「汝言」，徑作「汝者」。

一　二八六頁中五行「真實」，資、磧、普、南、徑、清作「直實」。

一　二八六頁下一四行末字至次行第二字「生憎疾」，資、磧、普、徑、清作「生憎嫉」；南作「不憎嫉」。

一　二八七頁上五行「苦娑」，資、磧、普、南、徑、清作「蘑婆」。

一　二八七頁上一二行第一〇字「夘」，資、磧、普、南、徑、清作「卵」，下同。

一　二八七頁上一六行第六字「退」，

磧、普、南、徑、清作「退散」。同行第一一字「迫」，資、磧、普、南、徑、清作「自」。

一　二八七頁中七行「精進」，資、磧、普、南、徑、清作「精勤」。

一　二八七頁中二二行「四事」，南作「四種」。

一　二八七頁下五行「直以」，資、磧、普、南、徑、清作「直心」。

一　二八七頁下九行末字「貧」，資作「貪」。

一　二八七頁下一三行「還宮」，磧作「還宮合起」。

一　二八七頁下一九行末字「先」，資、磧、普、南、徑、清作「此」。

一　二八七頁下末行「亦言」，資作「言亦」。

一　二八八頁上末行「示道」，資、磧、普、南、徑、清作「示導」。

一　二八八頁中一行「若祀」，資、磧、普、南、徑、清作「若施」。

一　二八八頁中二行「徒費而無補」，資、磧、普、南、徑、清作「徒費而無福」。

一　二八八頁下二一行「天人」，資、磧、普、南、徑、清作「人天」。

一　二八九頁中二行「王子雖小」，資、磧、普、南、徑、清作「王雖小」。

一　二八九頁中一四行「小小」，資、磧、普、南、徑、清作「小火」。

一　二八九頁中一五行「遇於」，資、磧、普、南、徑、清作「過於」。

一　二八九頁下一六行「浴洗」，資、磧、普、南、徑、清作「洗浴」。

一　二八九頁下一八行「還得」，資、磧、普、南、徑、清作「復得」。

一　二八九頁下一九行「續我」，資、磧、普、南、徑、清作「贖我」。

一　二九〇頁中二〇行「得救」，磧、普、南、徑、清作「相救」。

一　二九〇頁下一行「菩業」，資、磧、普、南、徑、清作「善業」。

一　二九〇頁下一五行「大王」，磧、普作「天王」。

一　二九一頁上二二行「而拖」，資、磧、南、徑、清作「而施」。

一　二九一頁中五行第六字「住」，資、磧、南、徑、清作「任」。

一　二九一頁中一四行「衆人」，徑作「衆生」。

一　二九一頁中一八行「不憍恣」，資、磧、普、南、徑、清作「而不憍恣」。

一　二九一頁中二〇行「如是」，資、磧、普、南、徑、清作「實如是」。

一　二九一頁下一二行「王白佛言」，徑、清作「王曰佛言」。

一　二九一頁下一四行「飲食」，資作「餘食」。

一　二九一頁下一六行首字「罷」，磧、普、南、徑、清作「一罷」。同行第四字「還」，徑作「業」。

一　二九二頁上五行「末能」，資、磧、普、南、徑、清作「未能」。

一　二九二頁上一三行「上業」，徑作上還」。

一　二九二頁中六行「摩訶男」，資、磧、

普、南、徑、清作「摩訶南」。

一　二九二頁中一四行「于宮」，資、磧、普、南、徑、清作「于宮」。

一　二九二頁下四行「不時時」，資、磧、普、南、徑、清作「又不時時」。

一　二九二頁下一四行「亦復不」，資、磧、普、南、徑、清作「亦不」。

一　二九三頁上七行「儲有」，資、磧、普、南、徑、清作「其有」。

一　二九三頁上一七行第一三字「離」，資、磧、普、南、徑、清作「彼」。

一　二九三頁中一二行「王舍城」，資、磧、普、南、徑、清作「舍衛城」。

一　二九三頁中一三行第四字「去」，資、磧、普、南、徑、清無。

一　二九三頁下一〇行「収攝」，資、磧、普、南、徑、清作「又攝」。

別譯雜阿含經卷第四　　不

失譯人名今附秦錄

初誦第四

如是我聞一時佛在舍衛國祇樹給孤獨園摩竭提國阿闍世王將領四兵來共波斯匿王交陣大戰時阿闍世王韋提希子破波斯匿王所將軍衆波斯匿王單乘一車獨得入城時諸比丘入城乞食見是事已乞食訖洗足往詣佛所頂礼佛足在一面立白佛言世尊我等晨朝入城乞食見阿闍世王及波斯匿王各嚴四兵極大鬪戰波斯匿王所將四兵為彼所破唯王一身單乘一車獨得入城尒時世尊聞斯事已即說偈言

勝則多怨疾　負則惱不眠　若無勝負者
寂滅安睡眠

佛說是已諸比丘聞佛所說歡喜奉行

如是我聞一時佛在舍衛國祇樹給孤獨園尒時摩竭提阿闍世王及波斯匿王各嚴四兵交兵大戰波斯匿王大破阿闍世王所將兵并復擒得阿闍世王身波斯匿王既得勝已與阿闍世王同載一車來詣佛所頂礼佛足時波斯匿王白佛言世尊此摩竭提阿闍世王韋提希子我於彼所初無怨嫌彼於我所恒懷憎嫉然其是我親友之子以是之故我今欲放令得還國佛言大王可放令去若能放彼王於長夜有大利益尒時世尊即說偈言

力能破他軍　還為他所壞　力能侵掠人
還為他所掠　愚謂為無報　必受於大苦
若當命終時　乃知實有報

佛說是已諸比丘聞佛所說歡喜奉行

如是我聞一時佛在舍衛國祇樹給孤獨園尒時波斯匿王於閑靜處作是思惟佛所教法極有義利能得現報無有熱惱不待時節能將於人到于善處語諸人言汝等來善示汝妙法夫為智者自身取證深得解達須善友須善同伴恒應親友如是善友不向惡友并惡知識遠離惡伴思惟是已從坐處起往詣佛所在一面坐白佛言世尊我於閑處作是思惟佛

所教法有大義利能招現報無諸熱惱不待時節乃至不與惡友交遊佛告王曰實尒實尒佛所教法有大義利能招現報乃至不與惡伴交遊我於往時在王舍城耆梨跋提林尒時阿難比丘獨在靜處作是思惟善知識者梵行半體阿難起已來至我所頂礼我已而作是言善知識者梵行半體非惡知識惡伴惡友我告阿難止止莫作是語所以者何夫善知識善友善伴乃是梵行全體又善友伴者不與惡知識惡友惡伴而為徒黨何以故我以善知識故脱於生死是故當知善知識者梵行全體如是之事應分別知佛所說法有大義利能招現報乃至不與惡友惡伴惡知識等而為伴黨尒時世尊即說偈言

於諸善法中　不放逸冣勝　若當放逸者
賢聖所譏嫌　若不放逸者　獲於天帝位
於諸天中勝　於作無作中　不放逸冣勝
若不放逸者　坐禪盡諸漏　逮得於勝果

佛說是已諸比丘聞佛所說歡喜奉行

如是我聞一時佛在舍衛國祇樹給孤獨園尒時波斯匿王於閑靜處作是思惟頗有一法能得現利及後世利作是念已往詣佛所頂礼佛足退坐一面白佛言世尊頗有一法能得現利後世利不佛告王曰我有一法修行增廣現在未來多所饒益所謂修行不放逸法現得利益來世亦利辟如大地能生百穀一切草木一切善法亦因不放逸生不放逸增長不放逸廣大大王猶如大地一切種子因地而生因地增廣一切衆生因不放逸亦復如是一切根香中黑堅實香冣為第一此事亦尒一切善法因不放逸堅實香中赤栴檀為第一此事亦尒一切善法因不放逸為本不放逸者是實法因不放逸者善法生處一切華鬘中乹陁婆梨琴華鬘冣為第一一切善法中不放逸第一餘如上說一切水生華中青蓮華第一一切善法中不放逸第一餘如上說一切畜生跡中爲跡冣大一切善法中不放逸第一餘如上說如與賊戰能先出鬪名為第一一切善法不放

逸第一餘如上說一切獸中師子第一善法之中不放逸第一餘如上說一切樓觀高波鄉寫冣為第一善法之中不放逸第一餘如上說一切閻浮提樹閻浮提界上樹冣為第一善法之中不放逸為第一餘如上說一切詹婆羅樹中鳩羅苦婆羅冣為第一諸善法中不放逸第一餘如上說一切波吒羅樹中錦文芭吒羅為第一諸善法中不放逸第一餘如上說一切樹中波利質多羅為第一諸善法中不放逸第一餘如上說一切山中須弥山第一諸善法中不放逸第一餘如上說一切金中閻浮檀金第一諸善法中不放逸第一餘如上說一切妙衣迦尸衣第一諸善法中不放逸第一餘如上說一切色中白為第一諸善法中不放逸第一餘如上說一切鳥中金翅為第一諸善法中不放逸第一餘如上說一切明中日光為第一不放逸法亦復如是餘如上說如上諸說修行善行不放逸者是其根本是其生因是故大王汝今

應脩不放逸法亦應依止不放逸法
王若如是王之夫人及以妃后亦不
放逸王子大臣及諸官屬亦復如是
若不放逸即是守護中宮內外以不
放逸故倉庫盈滿王不放逸則為自
護并護一切尒時世尊即說偈言
不放逸最勝　放逸多譏嫌　今世不放逸
後世得大利　現利他世利　解知二俱利
是名為健夫　明哲之所行
佛說是已諸比丘聞佛所說歡喜奉行
如是我聞一時佛在舍衛國祇樹給
孤獨園尒時波斯匿王於閑靜處作
是思惟世有三法一者可憎二不可
愛三不可追念何謂可憎所謂老也
何謂不可愛所謂病也何謂不可追
念所謂死也波斯匿王思惟是已即
從坐起往詣佛所頂礼佛已在一面
坐白佛言世尊我於靜處作是思惟
世有三法一者可憎二者不可愛三
者不可追念何謂可憎所謂老也何
謂不可愛所謂病也何謂不可追念
所謂死也佛告王曰如是如是此三
種法實如王言佛言大王世間若無

此三佛不出也亦不說法以有此三
故佛出世為衆說法尒時世尊即說
偈言
王車嚴餝盛　莊校甚奇妙　久故色毀敗
如身必歸老　實法無衰老　展轉相付故
咄哉老賊惡　端正殊妙色　汝能壞敗也
設壽滿百年　必入于死徑　病來棄其力
老將付與死　是故常樂禪　撿心勤精進
了知生邊際　勝彼魔軍衆　度有生死岸
佛說是已諸比丘聞佛所說歡喜奉行
如是我聞一時佛在舍衛國祇樹給
孤獨園尒時波斯匿王往詣佛所頂
礼佛足在一面坐白佛言世尊布施
之時應與何處佛荅王曰脩布施者
隨意所樂布施於彼王復問佛布施
何處得大果報佛荅王曰汝問異前
我今問汝隨汝意荅如出軍陣欲鬬
戰時如東方有剎利盛壯有力然其
不能善解兵法亦復不知善調其身
及以射術畏懼前敵生于驚懼每常
先退不能住其所止之處射箭不遠
設復射箭終無所中不堪處彼大陣
之中大王若鬬戰時有如此人王當

安慰汝親近我當重賞賜王能尒不
王言世尊我實不用如是之人何以
故鬬戰之時所不須故南方有婆羅
門西方有毗舍北方有首陁亦復如
是如此人等王當用不王言若鬬戰
時皆所勇壯身體丁大驍勇有力善
解兵法兼知射術種種諸術多諸手
伎善能調身勇於向敵大膽不懼心
無驚畏見敵不退往所住處彎弓遠
射能中於物箭不虛發勇捍直進能
壞大陣大王若鬬戰時當用何者王
荅佛言用勇健者何以故鬬戰之法
須勇健故南西北方亦復如是佛告
大王如是大王若有沙門婆羅門五
支不具不任福田復有五支滿足堪
任福田施得大果得大利益極為熾
盛果報增廣云何名為具於五支斷
除五蓋云何斷除五蓋斷除欲蓋瞋
恚睡眠調悔及疑自知除五欲名斷
除五蓋云何滿足五支滿足無學戒
定慧解脫解脫知見若能滿足如是
五支沙門婆羅門施得大果名大熾
然果報深廣尒時世尊即說偈言

辟如有一人 驍勇有大力 兼善解射術
衆伎悉備知 闘戰須此人 當厚賜財寶
并與其爵賞 不擇其種姓 但録其功勳
大王應如是 若能行善者 柔和修忍辱
能見四真諦 得入於聖位 供養黠慧者
不應擇種姓 住處悉應有 飲食幷卧具
如此之供養 應有具戒者 於大洪流中
應作浮囊栰 并造作橋船 自渡亦濟他
安直多聞者 辟如有密雲 遍覆於世界
電光甚赫曜 雷音聲遠震 降注于大雨
土地普沾洽 衆卉木蘩林 無不蒙潤者
禾稼既滋茂 農夫生悦慶 如是信施主
多聞能惠施 無有慳嫉者 潤澤喻飲食
勸讓益進與 如雷音遠震 辟如降注雨
大獲於子寶 能修布施者 大獲於功德
後得涅槃樂

佛說是已諸比丘聞佛所說歡喜奉行
如是我聞一時佛在舍衛國祇樹給
孤獨園尒時波斯匿王往詣佛所頂
礼佛足在一面坐白佛言世尊婆羅
門種常生婆羅門家剎利種常生剎
利家不佛告王曰汝今不應作如是
語何以故有四種人一者從明入明

二者從明入冥三者從冥入明四者
從冥入冥何謂從冥入冥若有衆生
生於下賤貧窮之者或生魁膾伎巧
之家或身羸瘦其形極黑聾盲瘖瘂
諸根不具為他作使不得自在如此
之人或身行惡業或口作惡業或心
念不善身壞命終墮於地獄是名從
冥入冥如前廁出復入一廁我說此
人從冥入冥若如此人生於下賤及
魁膾伎巧或身羸瘦其形極黑聾盲
瘖瘂諸根不具為他走使不得自在
是名為冥若如此人能身行善能口
行善能意行善身壞命終得生天上
如此人從地而起得昇於床從床而
起得乘於車從車而起得乘於馬從
馬而起得乘於象從象而起得昇宫
殿以是緣故我說從冥入明何謂從
明入冥若有人生於剎利家或復生
於婆羅門家或生大長者家多饒財
寶巨富無量庫藏盈溢多諸僕從輔
相大臣親友眷屬亦甚衆多身形端
正有大威力如是之人是名為明若
此之人身行惡業口行惡業意行惡

業身壞命終墮於地獄如人從宫殿下
墮於象上從象上下而乘於馬從馬
上下而乘於車從車上下而坐於床
從床而下墮落於地從地而墮墜於
糞坑我說此人從明入冥何謂從明
入明若有人生於剎利大婆羅門家
或生長者多饒財寶巨富無量庫藏
盈溢多諸僕從輔相大臣親友眷屬
亦甚衆多身形端正有大威力此名
為明如此之人身行善業口行善業
意行善業身壞命終得生天上如似
從一宫殿至於宫殿從象至象從馬
至馬從車至車從床至床如此之人
我說從明入明尒時世尊即說偈言

大王汝當知 貧窮不信者 瞋恚懷嫉妬
恒起惡覺觀 邪見無恭敬 沙門婆羅門
持戒及多聞 見則加罵辱 設有少財物
無有奉施心 毀罵施與者 如此之業緣
必墮於地獄 是業墮地獄 名從闇入闇
大王今當知 貧窮好施者 有信無瞋恚
慙愧而好施 沙門婆羅門 持戒及多聞
起敬礼問訊 常行正善行 自施讃施者
受者亦讃嘆 如是至後世 生三十三天

此名從此闇　將入於明處　大王又當知
大富而不信　心常懷瞋恚　常起貪嫉妬
邪見不恭敬　沙門婆羅門　持戒及多聞
見則加罵辱　無有奉施心　從此而命終
墮於惡地獄　名從明入闇　大王又當知
大富信無瞋　慙愧得具足　能捨大慳心
沙門婆羅門　持戒及多聞　起敬而問訊
常行於正善　自施讚施者　受者所歎譽
捨此身命已　以是果報故　生三十三天
此名從於明　而入於明處

佛說是已諸比丘聞佛所說歡喜奉行

如是我聞一時佛在舍衛國祇樹給孤獨園波斯匿王於日中時乘駕輦轝往詣佛所身體塵坌尒時世尊而問王言大王何故以日中來至於此身體塵坌王白佛言世尊國事廣大衆務猥多斷理庶訖來詣佛所以是之故身體坌塵佛言大王我今問汝隨汝意荅大王辟如有人從東方來稟性正真未曾虛欺為衆所信設語王言今者東方有大石山上連於天下連於地從東方来其所歷處所有林卉有生之類悉皆摧碎南方北方

亦復如是皆為衆人深生信心亦相謂言今者四方有大石山一時俱至又無孔穴可逃避處天龍人鬼有生之類咸皆碎滅甚可怖畏佛告王曰當於尒時設何方計而得免難王言世尊當尒之時更無方計唯信佛法修行真行更無餘方佛言大王如王所說乃至除信佛法更無餘計大王何故作如是語波斯匿王白佛言世尊設如灌頂受王位者為兵馬兵車兵步兵各嚴戰具如此大山無可共闘刀箭弓矟無可用處若以呪術錢財貢獻如此之事無如之何亦復無有求名擁力諍勝之處是故世尊我言應修善法遠離虛妄除信佛法更無餘計佛言如是大王如是大王老山能壞壯年盛色病山能壞一切強健死山能壞一切壽命衰耗之山能壞一切榮華富貴妻子喪沒眷屬分離錢財亡失大王有如是四方碎壞世間隨逐於人實如汝言唯有修行真法除於佛法更無餘計尒時世尊即說頌曰

辟如四方有大山　廣大深厚無涯際
從四面来一時至　慞惶奔走無避處
為車馬兵不能拒　呪術財寶不能却
如是大王無常山　老病死山衰滅山
殘滅一切有生類　剎利首陁婆羅門
乃至下賤真陁羅　在家出家修梵行
及以全戒至毀禁　悉皆殘滅無遺餘
是以智人應修善　尊崇三寶行衆福
身口及意常清淨　現得名譽後生天

佛說是已諸比丘聞佛所說歡喜奉行

如是我聞一時佛在舍衛國祇樹給孤獨園尒時波斯匿王往詣佛所稽首佛足在一面坐時祇洹中有長鬚梵志七人復有裸形尼乾七人復有一衣外道七人身皆長大波斯匿王見諸外道在祇洹中經行彷徉時波斯匿王從坐而起合掌敬心向諸外道自說我是波斯匿王如是三說佛告波斯匿王何故見此長鬚裸形一衣之人如此恭敬王言世尊我國有此三人阿羅漢中名為最勝佛告王言汝不善知他心所趣云何知是羅漢非羅漢也如共久處用意觀察尒

乃可知持戒破戒雖復久處聰智能知愚者不知若其父母親里眷屬有死亡者可分別知若無此事難可了知若遭厄難為人強逼令行殺害或為女人私處逼迫而不犯戒可知堅實臨遂觀察乃能可知淨行不淨欲試其智聽其所說唯有智者善能分別唯有智人久處共住尒乃可知王即讚佛言善哉世尊如佛所說久處共住尒乃可知持戒破戒臨難別人觀察其行知淨不淨講說議論乃別其智凡此上說有智能知愚者不知久處乃知非可卒知何以故我所使人亦使者如是形服使遠至他國察彼國中或經八月或至十月作種種事已還來歸國五欲自恣一切所作如前無異是以知佛所說實是善說王又白言世尊我亦先知有如是事但卒不觀察便起恭敬尒時世尊即說偈言

不以見色貌　而可觀察知　若卒見人時
不可即便信　相貌似羅漢　實不攝諸根
形貌種種行　都不可分別　如似塗耳璫
亦復如塗錢　愚者謂是金　其內實是銅
如是諸人等　癡闇無所知　外相似賢善
內心實毒惡　行時多將從　表於賢勝者

佛說是已諸比丘聞佛所說歡喜奉行

如是我聞一時佛在舍衛國祇樹給孤獨園尒時有五國王共集一處各相謂言五欲之中何者最妙一王說曰色為第一次王說言聲為第一次王說言味為第一第四王言香為第一第五王言細滑第一諸王心意人各不同各見第一乃相謂言我等心意所美不同各競其理可詣佛所稟受分別波斯匿王而為上首共詣佛所五王尒時礼佛足已在一面立白佛言世尊我等五王私共議論五欲之中何者第一一王說言色為第一如此五王所說不同各稱第一所說不同故來詣佛所問斯義何者第一佛說若於色中取其像貌心意封著稱適其意當於尒時設有妙色勝於此者但以所著為勝不顧色妙聲香味觸亦復如是乃至於觸受其相貌心意計著以為最勝尒時有一婆羅門名曰昇嶷即從坐起偏袒右肩右膝著地合掌向佛白言世尊欲有所說唯願聽許佛告昇嶷宜知是時昇嶷即說偈言

央伽大王畜寶鎧　摩竭提主得大利
佛出其國最上寶　名稱普聞如山王
譬如蓮華新敷榮　光暎泉池香遍至
佛亦如日處虛空　光明周普照世界
諦視如來智慧力　猶如猛火炎熾盛
開諸眼目作大明　諸有疑惑來稟化
一切悉得決所疑

五王皆讚美偈訖各以上衣以用賞之尒時五王聞佛所說皆大歡喜從坐而去王去已後昇嶷合掌向佛即以五衣奉上於佛唯願納受佛即納受佛說是已諸比丘聞佛所說歡喜奉行

如是我聞一時佛在舍衛國祇樹給孤獨園尒時波斯匿王身體肥大喘息極麁往詣佛所頂礼佛足在一面坐佛告王言王今身體極為重大至於動轉出入息時極為大難王白佛言如是如是如世尊教今患此身以

爲慙愧用自識呵尒時世尊即說偈言
夫人常當自憶念　若得飲食應知量
身體輕便受苦少　正德消化護命長
尒時烏帯摩納在於衆中王告摩納
言汝能受持此偈於我食時常能爲
我誦此偈不若能誦者我當賞汝日
百金錢我之所食常當聽汝先我前
食烏帯摩納尒時荅言我能佛重爲
波斯匿王種種說法亦教利喜嘿然
而住波斯匿王礼佛而退烏帯摩納
小在後住受持此偈佛告摩納王若
食時恒爲王說如此上偈尒時波斯
匿王日日減食身體日日轉小漸得
輕便波斯匿王後至佛所身體輕便
轉得端正白佛言世尊我於今者奉
佛勅教現身之中受無量樂南無佛
婆伽婆至真等正覺知我現報現前
利益由節食故
得勝毀壞從佛教　一法福田可猒患
明闇石山著一衣　諸王喘息名跋瞿
如是我聞一時佛在舍衛國祇樹給
孤獨園時有摩納名阿脩羅塩往詣
佛所不善口意面於佛前加諸罵辱

尒時如來見聞是已即說偈言
行善不瞋恚　布施常實語　不瞋不害者
勝於懷惡忿　慳貪及妄語　親近惡人者
當知此衆生　積瞋如丘山　瞋恚如逸馬
制之由轡勒　控轡不名堅　制心乃名堅
是故我今者　名爲善調御
尒時摩納即白佛言我實愚闇所爲
不善面於佛前加諸罵辱唯願世尊
哀受我懺佛言摩納知汝至心憐愍
汝故受汝懺悔使汝從今善法增長
無有退轉佛說是已諸比丘聞佛所
說歡喜奉行
如是我聞一時佛在舍衛國祇樹給
孤獨園時有摩納名曰畀嶷往詣佛
所面於佛前不善口意罵詈世尊加
諸誹謗種種觸惱尒時如來見聞是
已語畀嶷言譬如世間於大節會鋸
無提日當於其夜汝於彼時頗有衣
服瓔珞種種餚饍餉親戚不畀嶷荅
言實尒餉與佛告畀嶷若彼不受汝
之所餉此餉屬誰畀嶷荅言若彼不
受我還自取佛言如是如是畀嶷汝
於如來至真等正覺所面加罵辱作

諸誹毀種種觸惱汝雖與我我不受
取譬如世人有所捨與前者受取是
名捨與亦名受取有人雖施前人不
受是名爲捨不名爲受若人罵詈瞋
打毀呰更還報者是名爲捨是名爲
受若人罵詈瞋打毀呰忍不加報是
名爲捨不名爲受畀嶷言瞿曇我聞
先舊長老宿德咸作是言世若有佛
無上正真等正覺面前罵詈終不生
惱我今罵汝汝便生惱尒時世尊即
說偈言
無有瞋恚者　於何而得瞋　調順正命者
無瞋汝當知　若瞋不報惡　鬪戰難爲勝
若不加報者　是則名爲上　不瞋勝於瞋
行善勝不善　布施勝慳貪　實言勝妄語
不瞋不害者　常與賢聖俱　近諸惡人者
積瞋如丘山　瞋恚如狂馬　制之由轡勒
轡勒未爲堅　制心乃名堅　是故我今者
名爲善調乘
佛說是已諸比丘聞佛所說歡喜奉行
如是我聞一時佛在舍衛國祇樹給
孤獨園尒時世尊在祇洹外露地經
行時婆羅突邏闍摳爲惡性往詣佛

所面於佛前惡口罵辱坐大瞋惱加
諸毀謗坐佛慚耻尒時世尊見罵是
已黙然而住時婆羅突邏闍見佛黙
然復作此言汝今嘿然我已知汝墮
於負處尒時如來即說偈言
除祛勝負者　寂滅安隱眠
婆羅門言瞿曇我實有過嬰愚無智
所為不善今我自知唯願世尊聽我
懺悔佛告婆羅門汝於面前毀罵如
來阿羅呵三藐三佛陁加諸誹謗種
種觸惱汝實愚小癡惑無智所作不
善我隨汝故受汝懺悔使汝善法增
長履行不退受懺悔已婆羅門甚大
歡喜頂礼而去
如是我聞一時佛在舍衛國祇樹給
孤獨園尒時世尊於其晨朝著衣持
鉢入城乞食時婆羅門突邏闍遥見
如來疾走往趣到佛所已覆於佛前
面加罵辱毀謗世尊種種觸惱又復
擲土欲以坌佛然所擲土風吹自坌
不能于佛尒時如來見是事已即說
偈言
無瞋人所横加瞋　清淨人所生毀謗

如似散土還自坌　辟如農夫種田殖
隨所種者獲其報　是人亦尒必得報
婆羅門言我實有過嬰愚無智所為
不善唯願如來聽我懺悔佛言汝
於如來阿羅呵三藐三佛陁所面加
毀謗癡惑之甚如汝所說我愍汝故
受汝懺悔使汝不退善法增長婆羅
門蒙佛聽許歡喜而去
如是我聞一時佛遊俱薩羅國還至
舍衛國祇樹給孤獨園尒時有婆羅
門名曰返戾聞世尊遊俱薩羅還舍
衛祇樹給孤獨園時婆羅門而作是
念我當往至沙門瞿曇所彼有所說
我當返戾時婆羅門作是念已即詣
佛所尒時世尊數千億衆前後圍遶
而為說法世尊于時遥見彼婆羅門
來嘿無所說時婆羅門来到佛所語
佛言何不說法我欲聽之尒時世尊
即說偈言
若求過短者　意欲識彼闕　汝不清淨心
瞋恚擾懷忿　諸佛所說法　終不能解悟
善順離諍訟　并祛不信心　遠離諸惱害
及以嫉妬想　若能如此者　善聽為汝說

時婆羅門而作是念瞿曇沙門已知
我心即起礼佛而作是言我實有過
所念不善唯願世尊受我懺悔尒時
世尊以憐愍故受其懺悔返戾歡喜
頂礼而去
如是我聞一時佛在舍衛國祇樹給
孤獨園尒時無害摩納往詣佛所問
訊安慰情報備到致問周訖在一面
坐白佛言瞿曇我名無害因此名致
故得無害不佛言汝身口意都不生
害故稱無害尒時世尊即說偈言
身不毀言　口意亦然　是故号汝
名為無害
佛說是已諸比丘聞佛所說歡喜奉行
如是我聞一時佛在舍衛國祇樹給
孤獨園尒時世尊於其晨朝著衣持
鉢入舍衛城次第乞食次到婆羅突
邏闍大婆羅門家時婆羅門清淨澡
手即取佛鉢盛滿美飯以奉世尊於
第二日及第三日亦次乞食至婆羅
突邏闍婆羅門作是念今此剃髮沙
門數来乞食似我知舊佛于尒時知
婆羅門心之所念即說偈言

天雨數數降 五穀數數熟 道人數數乞
擅越數數與 數數生天上 數數受果報
婦女數懷妊 數數生子息 數數搆牛乳
數數得酥酪 數數受於生 數數消滅盡
數數至於死 數數悲苦惱 亦復數數燒
數數埋塚墓 得斷後有道 則心不數數
若不數數生 亦不數數死 得不數數憂
亦不數數哭 尒時婆羅門 聞說是偈已
心生敬上信 踊躍甚歡喜 即取世尊鉢
盛滿種種食 欲以授與佛 佛不為其受
所以不受者 為說法偈故

時婆羅門白佛言世尊我於今者所施之食奉上如來世尊不受當以與誰佛言我不見沙門婆羅門若魔若梵若食此食有能如法得消化者佛復言此食宜應若置無虫水中無虫草中時婆羅門承佛教勑尋以此食置無虫水中即時熾然烟炎俱出淴淴振爆聲大叫裂婆羅門作是言沙門瞿曇所為神足實為希有於少食中尚作此變婆羅門見斯事已即詣佛所頂礼佛足白佛言唯願世尊聽我出家佛言善來比丘鬚髮自落法

衣著身便成沙門獲具足戒此族姓子信家非家出家修道晝夜精勤正念覺意在前志念堅固所作已辦梵行已立自身取證不受後有成阿羅漢心得善解脫

如是我聞一時佛在舍衛國祇樹給孤獨園尒時舍衛城中婆私吒婆羅門女於佛法僧前心信清淨歸依三寶心不生疑苦習滅道亦不生疑得見四諦逮第一果見法同等其夫婆羅門姓婆羅突邏闍為夫所使足跌倒地從地起已叉手合掌向佛方所而作是言南無佛陁如來至真等正覺真金之色圓光一尋身體方整如尼拘陁樹說法第一第七仙聖解脫世雄我之世尊尒時其夫婆羅門聞婦此語極生瞋忿而罵詈汝是顛狂旃陁羅也誰今為此癡旃陁羅作蠱道也更無如汝極下賤者汝於三明大婆羅門所不能恭敬方礼禿頭瘦黑之人如此沙門共耶鄉邏延斷人種者極相讚嘆汝若信樂極深厚者出我於今請與汝師共相講論婦語

夫言我都不見若沙門婆羅門若天若魔若梵有能與佛共講論者其婦復言南無佛陁如來至真等正覺真金之色身體方整圓光一尋如尼拘陁樹說法第一第七仙聖解脫世雄我之世尊汝自知時婆羅門即詣佛所問訊已在一面坐說偈問曰

摧壞何物得安眠 除却何法獲無憂
是何一法能死滅 瞿曇沙門為我說

尒時世尊說偈答言

摧壞瞋恚得安眠 除滅瞋恚得無憂
瞋恚詐親能死害 摩納如是應當知
滅除瞋恚聖所讚 能害彼者得無憂

尒時世尊為婆羅門如應說法示教利喜次第為說施論戒論生天之論欲為不淨苦惱之本出要為樂廣示衆善白淨之法時婆羅門聞佛所說心開意解踊躍歡喜佛知摩納心意調濡踊躍歡喜心無狐疑堪任法器為說一法堪任解悟如諸佛法為說四諦苦習盡道廣為說已時婆羅突邏闍聞佛所說如白淨氎易受染色即於坐上見四真諦了達諸法淨法

真際度疑彼岸不隨於他得無所畏即從坐起合掌向佛白言世尊我已出離今欲歸依佛法僧寶盡我形壽為優婆塞不煞不盜不婬不妄語不飲酒即於佛所得不壞信礼佛歸家其婦見夫如上歎佛我師如是汝共語耶夫荅婦言我不見世間若沙門若婆羅門若天若魔若梵有能與佛共論議者復語婦言與我衣来婦即與之既得衣已往詣佛所頂礼佛足在一面坐白佛言世尊唯願聽我於佛法中出家學道佛即然許命一比丘度使出家既出家已稱出家法獨已專精餘如婆羅突邏闍經中廣說乃至得阿羅漢心得好解脫佛說是已諸比丘聞佛所說歡喜奉行

如是我聞一時佛在舍衛國祇樹給孤獨園尒時有一婆羅門名曰摩佉往至佛所問訊佛已在一面坐尒時摩佉白佛言世尊今我家中若有一人来及三人来衆多人来我盡施與瞿曇我行如是施獲大福不也佛時荅有實獲大福若施一人及衆多人悉皆施與獲得無量阿僧祇福摩佉婆羅門即說偈言

我今樂設祠　所以施復施　為求福德故
我今問牟尼　願聞佛所說　我今謂世尊
與梵天齊等　云何得解脫　云何至諸趣
云何階梵天　云何作正礼　及以為祠主
得生於梵天　壽命長無極

尒時世尊說偈荅曰

欲使設祠時　歡喜而施與　作已三時善
緣善故心喜　隨其安心施　悉能離過患
善除於貪欲　正断欲解脫　若修慈無量
是名具足祀　便得心具足　於善趣亦生
如是祠祀者　是名為正祀　得生梵天上
壽命極長久

時摩佉婆羅門聞佛所說作礼而去歡喜奉行

如是我聞一時佛在舍衛國祇樹給孤獨園尒時剎利波羅毗空婆羅門往詣佛所問訊世尊在一面坐即說偈言

剎利久修諸苦法　終不能得名為淨
婆羅門讀三圍陁　如是得名為清淨

尒時世尊說偈荅言

汝謂為清淨　其實為不淨

婆羅門問佛汝說清淨道亦說無上清淨云何是淨道云何是無上清淨佛偈荅言

乾竭欲淤泥　亦竭于瞋癡　是名無上淨
正見正思惟　正語及正業　正命憑正志
正念及正定　如是婆羅門　是名清淨道
數數習正觀　數數修正定　增廣於正定
得断於貪欲　亦断瞋恚癡

婆羅門言汝說淨道已亦說無上清淨我今家事所纏辭退還歸佛言婆羅門宜知是時婆羅門聞佛所說歡喜作礼而去

第一阿脩羅界疑　二種瞋罵及返吹
婆私吒摩佉與剎利　是各名為十

別譯雜阿含經卷第四

別譯雜阿含經卷第四

校勘記

一　底本，金藏廣勝寺本。

一　二九七頁中一行經名，資、磧、南、徑、清作「別譯雜阿含經初誦卷第四」。卷末經名，南、徑、清同。

一　二九七頁中二行譯者，資、磧、普作「失譯」；南、徑、清作「失譯人名附秦録」。

一　二九七頁中三行「初誦第四」，資、磧、普、南、徑、清無。

一　二九七頁中末行「所將兵」，麗作「所將兵衆」。

一　二九七頁下一九行「夫爲」，資、磧、普作「大爲」。

一　二九八頁中一〇行「大王」，資、磧、普、南、徑、清作「天王」。

一　二九八頁下三行「高波那寫」，磧、普、南、徑、清作「高波那羅」。

一　二九八頁下七行「苦婆羅」，磧、普、南、徑、清作「蘑婆羅」。

一　二九八頁下二二行「如上諸說修行善行」，資、磧、普、南、徑、清作「上諸修行善行」；麗作「如上說諸修行善行」。

一　二九九頁中一行「不出也」，磧、普、南、徑、清、麗作「不出世」。

一　二九九頁中八行「精進」，資、磧、普、南、徑、清作「精定」。

一　二九九頁下六行「皆所勇壯身體丁大」，諸本「不舍石，下同)作「皆所不用佛言苦鬭戰時東方有剎利來年在盛壯長大(「長大」，麗作「丁大」)」。

一　二九九頁下九行「徃所」，麗作「住所」。

一　二九九頁下一〇行「勇捍」，磧、普、南、徑、清作「勇悍」。

一　二九九頁下一九行「調悔」，磧、普、南、徑、清作「掉悔」。

一　三〇〇頁上九行「安直」，磧、普、南、徑、清作「安置」。

一　三〇〇頁上二二行「佛告」，資、磧、普、南、徑、清作「佛荅」。

一　三〇〇頁中八行「如前」，麗作「如從」。

一　三〇〇頁中一一行「他走」，磧作「他作」。

一　三〇〇頁下六行「剎利」，資、磧、普、南、徑、清作「剎利家」。

一　三〇〇頁下一五行「嫉姤」，資、磧、普、南、徑、清作「嫉姤」，下同。

一　三〇一頁上一七行「庶訖」，資、磧、普、南、徑、清作「麁訖」。

一　三〇一頁上二〇行「正真」，麗作「正直」。

一　三〇一頁上二一行「大石山」，磧作「大名山」。

一　三〇一頁上末行「南方北方」，諸本作「南西北方」。

一　三〇一頁中一二行「若以」，徑、清作「若無」。

一　三〇一頁下八行「尊崇」，資、磧、普、南、徑、清作「導崇」。

一　三〇二頁上四行「强逼令行」，資、

磧、普、南、徑、清作「逼迫强令行」。

一　三〇二頁上一二行「能知」，磧、普作「能則」。

一　三〇二頁中二行「賢善」，資、磧、普、南、徑、清作「賢聖」。

一　三〇二頁中一七行「所說」，資、磧、普、南、徑、清作「所謂」。

一　三〇二頁中一八行「所問」，磧、普、南、徑、清、麗作「所諮問」。

一　三〇二頁下一二行「偈訖」，資、磧、普、南、徑、清作「說偈」。

一　三〇三頁上三行「正德」，諸本作「正得」。

一　三〇三頁上二〇行「石山」，資作「石生」。

一　三〇三頁中一八行「頗有」，麗作「頗以」。

一　三〇三頁下六行「忍不加報」，磧作「更還報者」。

一　三〇三頁下九行「正真」，資、磧、南、徑、清作「至真」；普作「正直」。

一　三〇三頁下一三行「報惡」，諸本作「報瞋」。

一　三〇三頁下一七行「狂馬」，資、磧、普、南、徑、清作「狂象」。同行第一三字「由」，資、磧、普、南、徑、清作「如」。

一　三〇四頁上二行「見罵」，麗作「見聞」。

一　三〇四頁上二一行「于佛」，諸本作「汙佛」。

一　三〇四頁中二行「必得報」，諸本作「必得果」。

一　三〇四頁中末行首字「及」，磧作「反」。

一　三〇四頁下九行末四字至次行首字「因此名致故」，資作「因此名致」；磧、普、南、徑、清、麗作「因此名故」。

一　三〇四頁下一二行第四字「言」，麗作「害」。

一　三〇四頁下二一行末三字至次行首字「剃髮沙門」，磧、普作「剃沙門髮」。

一　三〇五頁上三行「搆牛乳」，諸本作「穀牛乳」。

一　三〇五頁上六行「則心」，磧、普、南、徑、清、麗作「則止」。

一　三〇五頁上一八行末字至次行首字「悤悤」，資作「涓涓」，磧、普、南、徑、清作「渾渾」。

一　三〇五頁中五行「得善解脫」，諸本作「善得解脫」。

一　三〇五頁中一一行末字「趺」，資、磧、麗作「跌」。

一　三〇五頁中一七行「而罵詈」，諸本作「而罵詈言」。

一　三〇五頁下八行「除却」，資、磧、普、南、徑、清作「除祛」。

一　三〇五頁下末行「淨法」，諸本作「得法」。

一　三〇六頁上二行「白言」，資、磧、普、南、徑、清作「白佛言」。

一　三〇六頁上二二行第一二字「也」，資、磧、普、南、徑、清無。

一　三〇六頁中三行「爲求」，徑作「爲

來」。

一 三〇六頁中六行「祠主」，普、南、徑、清作「祠王」。

一 三〇六頁中一二行「足祀」，資、磧、普、南、徑、清作「足禮」。

一 三〇六頁中一三行「是名爲正祀」，資作「是名爲正禮」；磧、普、南、徑、清作「是多爲正禮」。

一 三〇六頁中二二行「三圍陀」，徑、清作「三韋陀」。

一 三〇六頁下三行「淨道」，資、磧、普、南、徑、清作「清淨道」。

一 三〇六頁下四行「佛偈」，資、磧、普、南、徑、清作「佛說偈」。

一 三〇六頁下一四行至一五行「第一……爲十」，資、磧、普、南、徑、清作七言四句「第一阿修羅卑嶷 二（資作「十」）種瞋罵及返戾 婆私吒摩佉剎利 以是十種名爲十」；麗作五言六句「第一阿修羅 卑嶷二瞋罵 返戾及無害 羅闍婆私吒 摩佉與剎利 是名爲十種」。

別譯雜阿含經卷第五　　不

失譯人名今附秦錄

初誦第五

如是我聞一時佛在舍衛國祇樹給孤獨園尒時有一婆羅門往詣佛所問訊佛已在於佛前而說偈言

云何戒具足　威儀不闕減　修習何等業　成就何等法　而能得名為　三明婆羅門

尒時世尊說偈荅曰

能知於宿命　見天及惡趣　盡於生死有　三通并三明　心得好解脫　断欲及一切　成就上三明　我名為三明

時婆羅門聞佛所說踊躍歡喜退坐而去

如是我聞一時佛在舍衛國祇樹給孤獨園尒時世尊晨朝著衣持鉢阿難從佛向舍衛城時於糞聚窟中見夫妻二人年㪯老大拄杖戰慓如老鸛雀佛遥見已告阿難言汝見夫妻二人極為老朽在糞窟中不阿難白佛言唯然已見佛告阿難如斯老人若少年時在舍衛城中應為第一長者剃除鬚髮被服法衣應得羅漢若少年時聚積財錢應為第二長者若出家者剃除鬚髮被服法衣應得阿那含若第三時聚集錢財應為第三長者剃除鬚髮被服法衣應得須陁洹如今老熟亦不能聚財不能精勤亦不得上人法尒時世尊即說偈言

少不修梵行　亦不聚財寶　猶如老鸛雀　栖止守空池　不修於梵行　壯不聚財寶　念壯所好樂　住立如曲弓

佛說是已諸比丘聞佛所說歡喜奉行

如是我聞一時佛在舍衛國祇樹給孤獨園尒時有一老婆羅門年耆根熟先於往日多造衆惡極為麁弊毀犯所禁不信福善不先作福臨終之時無所依止往詣佛所問訊佛已在一面坐而白佛言世尊我於往日多造衆惡極為麁弊毀犯所禁不能修福又不修善亦復不能先作福德臨終之時無所依止佛言實如汝語老婆羅門言善哉瞿曇當為我說使我長夜獲於安樂得義得利佛言實如汝說汝於往日身口意業不作善行

毀犯禁戒不修福德不能先造臨命
終時作所怙恃汝於今者實為衰老
先造衆罪所作麁惡不造福業不修
善行不能先造可畏之時所歸依處
辟如有人將欲死時思願逃避入善
舍宅以自救護如是之事都不可得
是故今當身修善行意口亦然若三
業善臨命之時即是舍宅可逃避處
尒時世尊即說偈言
人生壽命促　必將付於死　衰老之所侵
無有能救者　是以應畏死　唯有入佛法
若修善法者　是則歸依處
佛說是已第二經無老別應求歸依
處大人宜修善第三長行別偈則不
同偈言
壯盛及衰老　三時皆過去　餘命既無幾
常為老所患　近到閻王際　婆羅門欲生
二間無住處　汝都無資粮　應作小明燈
依憑於精勤　前際於諸使　不復生老死
如是我聞一時佛在舍衛國祇樹給
孤獨園尒時有一老婆羅門往至佛
所問訊佛已在一面坐白佛言世尊
吾今朽邁往昔已來造作衆惡未曾

作福未更修善又所不行離於怖畏
救護之法善哉瞿曇為我說法使我
命終有所救護屋宅歸依逃避之處
佛告婆羅門世間熾然何謂熾然謂
老病死以是之故應身修善口意亦
然汝都不修身口意善汝今若能於
身口意修於善者即是汝之船濟乃
至死時能為汝救護為汝屋宅為汝
歸依逃避之處尒時世尊即說偈言
辟如失火家　焚燒於屋宅　宜急出財寶
以置無火處　生老病死火　焚燒於衆生
宜應修惠施　賑衆於貧窮　世間金寶等
王賊水火侵　死時悉捨離　無有隨人者
施逐人不捨　猶如堅牢藏　王賊及水火
無能侵奪者　慳貪不布施　是名常睡眠
修施濟匱乏　是名為覺悟
佛說是已諸比丘聞佛所說歡喜奉行
如是我聞一時佛在舍衛國祇樹給
孤獨園尒時烏荅摩納往至佛所問
訊佛已在一面坐而作是言瞿曇我
如法乞財供養父母又以正理使得
樂處正理供給得大福不佛言如是
供養實得大福佛言摩納不限汝也

一切如法乞財又以正理供養父母
正理供樂正理供給獲無量福何以
故當知是人梵天即在其家若正理
供養父母是阿闍梨即在其家若能
正理供養父母正理得樂一切皆還
敬其家若能正理供養父母正理使
樂正理供給當知大天即在其家若
能正理供養父母正理與樂供給當
知一切諸天即在其家何以故梵天
王由正理供養父母故得生梵世若
欲供養阿闍梨者供養父母即是阿
闍梨若欲礼拜先應礼拜父母若欲
事火先當供養父母若欲事天先當
供養父母即是供養諸天尒時世尊
即說偈言
梵天及火神　阿闍梨諸天　若供養彼者
應奉養二親　今世得名譽　来世生梵天
如是我聞一時佛在舍衛國祇樹給
孤獨園尒時有一摩納名優比伽往
詣佛所稽首問訊在一面坐白佛言
世尊婆羅門如法乞財聚設大祀教
他設祀如是之祀為當作祀為當不
作尒時世尊說偈荅言

馬脂及人脂牛脂并美食吸風開祀門
此六名大祀作業雖廣大仙聖所毀呰
牂羊及羖羊牛王諸小牛一切煞生類
此不為正祀如是邪祀衆聖所不過
若設正祀者終不惱群生不害有生命
設祀斷諸有是名為正祀若設如是祀
大仙必往彼施及祀餘塲宜與彼應供
清淨心恵施時施施何處當施勝福田
云何勝福田所謂修梵行若能如是施
斯名廣大祀設如是大祀以如法聚財
淨水手自與若能如是施諸天生信敬
名為自他利必獲大果報如是設大祀
唯有智者能能生於淨信亦得心解脫
惱害不能加得世間衆樂得生於勝處
是名為智者所設之大祀

佛說是已優比伽摩納聞佛所說歡喜而去

如是我聞一時佛在舍衛國祇樹給孤獨園時有摩納名優比伽往詣佛所稽首問訊在一面坐白佛言世尊婆羅門如法乞財聚斂大祀教他設祀如是之祀為當作祀為當不作尒時世尊說偈荅言

施設大祀具不擾害群生若能如是祀
所作皆清淨是名祀深隱梵行者所受
現於世間中名聞極遠者遠離於戰諍
如是祀可讚諸佛所稱善祀及祀及通
以清淨恵施宜施彼應供施時施何處
斯名廣大祀諸天所信敬以如法聚財
淨水手自與若能如是祀名為自他利
必獲大果報如是之大祀唯有智者能
能生於淨信亦得心解脫惱害不能加
得世間寂樂得生於勝處名為有智者

佛說是已優比伽聞佛所說歡喜而去

如是我聞一時佛在舍衛國祇樹給孤獨園尒時有一摩納名曰佛移往詣佛所稽首問訊在一面坐白佛言世尊為有幾法教在家人處於家中得現報利并得利樂佛告摩納有四法使在家人得現世報獲益利樂何謂為四一能精勤二能守護諸根三得善知識四正理養命云何精勤隨所作業家計資生或為王臣或為農夫或復治生或復牧人隨其所作不憚劬勞寒暑風雨飢渴飽滿蚊虻蠅蜂雖有勤苦不捨作業為成業故終

不休廢是名精勤云何名為守護諸根若族姓子如法聚財設有方計不為王賊水火之所刼奪怨憎之處悉不得侵不生惡子是名守護云何名為近於善友若族姓子近於善友而此善友資性賢良終不姧盜亦不放逸飲酒醉乱吐出實言不為欺誑與如此人共為親友未生憂惱能令不生已生憂惱能使滅除未生喜樂能使得生已生喜樂能使不失是名善友云何名為正理養命若族姓子知其財物量其多少節其財用入多於出莫着輕用辟如有人食優曇果初食之時樹上甚多既食之已醉眠七日既醒悟已方覺失果宜處以理奢儉得衷若有錢財不能衣食不能恵施極自儉用衆人咸言如此之人死如狗死宜自籌量不奢不儉是名正理養命摩納復白佛言修何等法令在家人現受其利後世得福佛告摩納有四種法能獲福報何謂為四所謂信戒及施聞慧云何名戒能行不煞乃至不飲酒云何名施施沙門婆

羅門師長父母貧窮之者乞與衣食牀敷卧具病瘦醫藥種種所須盡能惠與名之為施去何聞慧如實知苦知苦諦如實知習知習諦如實知道知道諦如實知滅知滅諦是名聞慧具足尒時世尊即說偈言

精心修事業　勤守護不失　親近於善友
能正理養命　信戒施聞慧　除斷於慳貪
若能如是者　速獲清淨道　如是八種法
能得現利喜　於未來之世　亦得天上樂

佛說是已佛移摩納聞佛所說歡喜奉行

如是我聞一時佛在弥絺羅國菴婆羅園尒時婆私吒婆羅門女新喪第六子為喪子故心意錯乱裸形狂走漸走不已至弥絺羅菴婆羅園尒時世尊與無鞅數大衆圍遶說法時婆私吒婆羅門女遥見世尊還得本心慚愧蹲地佛告阿難與其欝多羅僧汝可將來我為說法阿難受勅即與欝多羅僧婆私吒婆羅門女尋取衣著往詣佛所頭面礼足尒時世尊為婆羅門女宣種種法亦教利喜如昔

諸佛為說法要施論戒論生天之論欲為不淨苦惱之本出要為樂尒時世尊廣為說法知彼至心欲離盖纏為說四諦苦習滅道此婆私吒女聡明解悟聞法能持辟如淨白氎易受染色婆私吒女即於坐上見四真諦見法到法知法度疑彼岸自已證知法所畏即從坐起合掌礼佛白佛言世尊我今已得度於三悪盡我形壽歸依三寶為優婆夷盡壽不煞清淨信向不盗不邪婬不妄語不飲酒亦復如是時彼婦女聞法歡喜礼佛而去更於異時婆私吒喪第七子心不愁憂亦不苦惱亦不追念裸形狂走尒時其夫婆羅突邏闍說偈問言

汝昔喪子時　追念極荼毒　愁幢纏心情
弥時不飲酒　今者第七子　遇患而命終
汝脩為慈母　何故不哀念

時婆私吒即便說偈荅其夫言

從無量劫來　受身無涯際　由於恩愛故
子孫不可計　處處皆受身　喪失亦非一
生死曠路中　受苦無窮已　我了於生死

往来之所趣　是故於今者　都無哀念情

其夫婆羅門復說偈言

如汝所說者　自昔未曾有　於誰得解悟
而能忘所憂

時婆私吒復以偈荅

婆羅門當知　往日三佛陁　於彼弥絺羅
菴婆羅園中　說斷一切苦　并與盡苦道
修八聖道分　安隱得涅槃

時婆羅門復說偈言

我今亦欲詣　菴婆羅園中　諮問彼世尊
除我念子苦

時婆私吒復說偈言

佛身真金色　圓光遍一尋　永斷衆煩惱
超度生死流　如是大導師　能調伏一切
衆生咸蒙化　故号為真濟　汝今宜速往
詣彼世尊所

時婆羅門聞婦所說歡喜踊躍即時嚴駕詣彼園中遥見世尊威光顯赫倍生恭敬到已頂礼在一面坐尒時世尊以他心智觀察彼心知其懇重即時為說苦習滅道及八正道如此等法能至涅槃

時婆羅門聞是法已悟四真諦已得

見法尋求出家佛即聽許既出家已修不放逸於三夜中具得三明佛記彼人得阿羅漢是故更名為善生也已得三明勑其御者婆羅提言汝可乘於所駕寶車還歸於家語婆私吒汝於我所可生隨喜所以者何佛今為我說四諦法又蒙出家獲於三明是故於我應生淨信時婆羅提乘車還家時婆私吒見車已還問御者言彼婆羅門見於佛不御者白言婆羅門即於坐上見四真諦既見四諦求索出家佛聽出家得出家已於三夜中獲阿羅漢尒時其婦語御者言汝今能傳是善消息當賜汝馬及千金錢御者白言我今不用馬及金錢我欲願往詣佛所聽受妙法婆私吒言汝若如是實為甚善若汝出家速能獲得阿羅漢道婆私吒語其女言汝善持家受五欲樂我欲出家女孫陁利即白母言我父尚能捨五欲樂出家求道我今亦當隨而出家離念兄弟眷戀之心如大烏去小烏亦隨我亦如是當隨出家執持瓦鉢而行乞

食我能修於易養之法不作難養婆私吒言汝所欲者真為吉善所願必成我今觀汝不久必當得盡於欲離諸結使時婆羅門婆羅闍婆私吒并孫陁利悲共相隨俱時出家皆得盡於諸苦際邊

如是我聞一時佛在毗舍離國大林之中尒時如来著衣持鉢入城乞食食訖攝其衣鉢并復洗足坐一樹下住於天住時有一婆羅門名爵湊羅突邏闍失産乳牛遍處推求經於六日不知牛處次第求覓趣大林中遥見如来在樹下坐容貌殊特諸根寂定心意恬靜處於寂上調伏之意如似金樓威光赫然見是事已往詣佛所即於佛前而說偈言

云何比丘樂獨靜　如是思惟何所得

尒時世尊說偈荅言

我於諸得失　都無有愁憂　汝莫謂於我
與汝等無異

時婆羅門復說偈言

此中真是梵住處　實如比丘之所說
我欲論於家中事　唯願少聽我所說

沙門汝今者　宴坐林樹間　亦無有失牛
六日之憂苦　當知此沙門　真為寂然樂
汝亦不種稻　何憂於灌水　亦不憂稻穗
有出不出者　如是等衆苦　汝今久捨離
亦不種胡麻　又不恐荒穢　汝亦無如是
芸耨之苦惱　當知彼沙門　無為寂然樂
我家有草敷　敷来經七月　中有衆毒虫
蝎螫生苦惱　汝無如是事　沙門為快樂
汝無有七子　憔悴難教授　舉貸負他債
汝無如是事　沙門為快樂　汝又無七女
或有産一子　或有無子者　鰥夫来歸家
無有如是事　當知沙門樂　亦無諸債負
晨朝来至門　債索所負者　無有如是事
沙門為快樂　汝無有朽舍　遍中諸空器
鼷鼠在中戲　撻觸出音聲　擾乱廢我睡
通夕不得眠　汝無有惡婦　醜陋目黄睛
中夜強駈起　日夕常罵詈　或說家寒苦
或云負他債　沙門無此事　當知為快樂

尒時世尊復說偈言

婆羅門當知　汝言為至誠　無賊偷我牛
已經於六日　無有如斯事　真實為快樂
我實無稻田　而生乏水想　又不憂稻穗
有出不出者　我無如是苦　當知為快樂

我無胡麻田　生草而荒穢　我無如是事
真實名為樂　我實無草穢　經歷於七月
又無毒虵出　蝎螫家眷苦　我無如是事
真實為快樂　我無有七子　懶惰而難教
各自作債負　為他所敦慼　我又無七女
或産不産者　喪夫還歸家　我無如此苦
我亦無債主　晨朝来扣門　徵索所負物
又亦無朽舍　滿中諸空器　鼷鼠戲其中
撞觸出音聲　擾乱廢我睡　竟宿不得眠
亦無有悪婦　黄眼而醜陋　中夜強駈起
日夕常罵詈　或說家貧苦　或云負他債
都無如斯苦　真實為快樂　婆羅門當知
汝不斷愛憎　不得勉是苦　斷欲離諸愛
於後得快樂

尒時世尊為婆羅門種種說法示教利喜廣說如上乃至盡諸有結不受後有時尊者欝湊羅突邏闍得阿羅漢得解脫樂踊躍歡喜而說偈言

今我極憘樂　大仙所說法　聞法得解悟
都無諸取捨　不虛見世尊　過佛獲道果

如是我聞一時佛在娑羅婆羅門聚落尒時世尊於其晨朝著衣持鉢欲入娑羅聚落乞食有非時雲起天降

於雨如来避雨至彼聚落時聚落中婆羅門長者共集論處遥見佛来咸作是言剃髮道人知何等法佛聞其言即告之曰汝婆羅門有知法者不知法者剃利居士亦復如是尒時世尊即說偈言

終不於親友　令其生屈伏　王者亦不取
不應伏者伏　妻不求夫伏　父母襄老至
子應致敬養　不宜生勃逆　無有衆聚處
而無賢良人　無有善丈夫　而不說法語
斷於貪瞋癡　所說皆如法

時諸婆羅門言汝善知婆羅門法来入此衆即時敷坐請佛就坐為我說法我等樂聽尒時世尊入其衆中坐其座上為說種種法示教利喜而說偈言

若黙無所說　莫知其愚智　要因於言說
然後乃別知　若說妙法者　說法趣涅槃
是以應言說　熾然於法燈　已立仙聖幢
皆由於言說　言說即聖幢　是以不應嘿

佛說是已從坐而去

如是我聞一時佛遊拘薩羅尒時彼國有婆羅門名曰天敬其聚落中有

止客舍尒時尊者優波摩那為佛侍者止客舍中如来于時微患風動苦於背痛尊者優波摩那著衣持鉢詣天敬婆羅門家尒時天敬在於門中剃髮而坐彼婆羅門遥見尊者即說偈言

落髮服法衣　手中執應器　住立我門側
將欲何所求

時尊者優波摩那以偈荅言

大羅漢善逝　牟尼患背痛　須少煗藥水
故来從汝乞

時婆羅門即取鉢盛滿酥油黒石蜜一篋煗藥水一車而以與之尒時尊者既得之已賫詣佛所即以此油并煗藥水洗塗佛身飲黒蜜漿背痛即愈時天敬婆羅門於後日朝往詣佛所問訊世尊在一面坐尒時世尊以偈問婆羅門言

云何婆羅門　行婆羅門法　施何獲大果
何者是施時　於何福田中　獲得於勝報

時婆羅門復以偈荅言

有多教學者　多聞能揔持　父母真正淨
顏容悉端嚴　如是等名為　三明婆羅門

若施如斯處　能獲大果報　隨時施衣食
是名勝福田
時婆羅門復以偈問佛
瞿曇說何種　名為婆羅門　云何為三明
施何得大果　何者是施時　云何勝福田
尒時世尊以偈荅言
明知於三世　見人天惡趣　得盡於生死
并獲諸神通　心智得解脫　是謂為三明
施彼得大果　是名勝福田
時婆羅門聞佛所說歡喜而去
如是我聞一時佛遊拘薩羅國夜止
婆羅林尒時有一婆羅門近林耕殖
由晨行田因到佛所白佛言世尊我
近林耕故樂此林汝今亦樂此婆羅
林將非此中而耕種耶時婆羅門即
說偈言
汝將欲種殖　而樂此林耶　無侶憘空寂
以此林樂耶
尒時世尊說偈荅曰
我於斯林中　都無有所作　拔斷其根本
一切盡枯摧　於林而無林　已得出於林
我永棄所樂　禪定斷染著
時婆羅門復說偈言

汝實名佛陁　於諸世間尊　善能滅諸結
離於諸蓄積　世間之最上　盡後有邊際
汝須欲華幢　故号為世尊
婆羅門說是偈已歡喜而去
如是我聞一時佛遊拘薩羅國在婆
羅林時有一婆羅門去林不遠五百
摩納從其受學時婆羅門每念世尊
如来何時来遊此林當往諮問釋我
疑滯時婆羅門遣諸摩納詣林採薪
欲以祀火時諸摩納既至林已見於
如来在樹下坐端正殊特容貌和弈
如真金樓暉光赫然時諸摩納覩如
来已尋負薪歸白其師言和上昔日
每思見佛今者如来近在此林若欲
見者宜知是時時婆羅門聞是語已
即詣佛所問訊起居在一面坐即說
偈言
深林極茂盛　其中甚可畏　何故獨宴坐
修禪無懼心　又無衆音聲　可以娛自身
云何樂閑居　實為未曾有　汝為求大梵
世界自在主　為求於帝釋　三十三天尊
何故樂獨處　可畏深林中　為修於苦行
將欲何所求

尒時世尊說偈荅言
者有所欲者　多懷諸疑惑　於無數境界
各各生深著　一切諸結使　皆因無智起
我斷無智根　吐結欲涅乾　悉斷於志求
亦無諸諂曲　於諸善法中　證知得清淨
正智無上道　修禪離欲者
尒時婆羅門復說偈言
我今稽首禮　歸依牟尼尊　於諸禪自在
解悟無量覺　於天人中尊　具三十二相
端正無與等　猶彼雪山王　於林得解脫
而不著於林　清淨解脫者　無生拔毒箭
如来所說法　於諸中論上　言說最第一
人中師子吼　敷演真四諦　廣度於一切
自離於大苦　亦度諸群生　咸令得安樂
願為說此法　我今歸命礼　得度於彼岸
離諸怖畏者　善来住此林　今我得值遇
天人大導師　能除滅衆生　一切諸苦惱
尒時婆羅門說是偈已歡喜而去
如是我聞一時佛遊拘薩羅國尒時
世尊止於孫陁利河岸時彼岸側有
住婆羅門往詣佛所問訊已訖在一
面坐即白佛言我欲入此河中浴耶
佛問之曰入此河浴有何利益婆羅

門言今此河者古仙度處若入洗浴
能除衆惡清淨鮮絜名為大吉佛聞
是已即說偈言
非彼孫陁利　得閑及恒河　竭闍婆鉢提
入是諸河浴　終不能洗除　已作之惡業
大力鉢健提　并與愚下劣　設共於中洗
乃至百千年　終不能除惡　煩惱之垢穢
若人心真淨　具戒常布薩　能修淨業者
常得具足戒　不煞及不盜　不婬不妄語
能信罪福者　終不嫉於他　法水澡塵垢
宜於是處洗　雖於孫陁利　竭闍等諸河
此皆是世水　飲之及洗浴　不能除垢汙
并祛諸惡業　飲浴何用為　實語而調順
捨瞋不害物　此是真淨水　若入淨戒河
洗除諸塵勞　雖不除外穢　能祛於內垢
凶嶮殘害者　瓔愚造諸惡　如是等不淨
穢汙垢惡者　水正洗身垢　不能除此惡
時婆羅門聞佛所說讚言善哉善哉
所言夫洗浴者能除身垢為惡業者非
洗能除
如是我聞一時佛遊拘薩羅孫陁利
河岸尒時世尊新剃鬚髮宿彼河岸
後夜早起以衣覆頭正身端坐繫念

在前時彼河岸有祀火婆羅門祀火
之法餘施與諸婆羅門於天欲曉即
持祀餘求婆羅門欲以施之遇值於
佛尒時世尊聞其行聲即發却覆謦
欬出聲此婆羅門既見佛已而作是
言此非婆羅門乃是剃鬚道人尋欲
迴還復作是念夫剃鬚者不必沙門
婆羅門中亦有剃鬚我當至彼問其
因緣所生種姓時婆羅門即至佛所
問訊言汝生何處為姓何等尒時世
尊以偈荅言
不應問生處　宜問其所行　微木能生火
卑賤生賢達　亦生善調乘　慚愧為善行
精勤自調順　度畢陁彼岸　定意攝其心
具足脩梵行　晨朝應施與　祠祀之遺餘
汝今婆羅門　若欲脩福者　宜當惠施與
如是善丈夫
時婆羅門說偈荅言
我今遇善祀　此處真祀火　我今觀察汝
實度畢陁岸　昔来祠祀我　每施與餘人
未曾得如法　勝妙可施處
婆羅門即以此食奉上世尊佛不為
受即說偈言

先無惠施情　說法而後與　如斯之飲食
不應為受故　常法封如是　故我不應食
所以不受者　為說法偈故　現諸大人等
盡滅於煩惱　應以衆飲食　種種供養之
欲求福田者　斯處亦應施　若欲為福者
我即是福田
時婆羅門重白佛言今我此食當施
與誰佛言我不見世間沙門婆羅門
若天若魔若梵能受是食正理消化
無有是處佛言宜置于彼無垂水中
時婆羅門受佛教已即持置彼無垂
水中烟炎俱起悤悤作聲時婆羅門
見是事已生大驚怖身毛為竪以驚
懼故更採取薪以用祀火尒時世尊
即到其所而說偈言
汝齋整薪燃　謂為得清淨　薄福無智人
乃然於外火　婆羅門應當　棄汝所燃火
宜脩內心火　熾然不斷絕　增廣如是火
斯名為真祀　數數生信施　汝應如是祀
汝今憍慢重　非車所能載　瞋毒猶如烟
亦如油投火　舌能熾惡言　心為火伏藏
不能自調順　云何名丈夫　若以信為河
戒為津濟渡　如是清淨水　善人之所讚

別譯雜阿含經卷第五　第二十四張　不字号

若入淨戒洗　即汝毗陁呪　能滅衆惡相
得度於彼岸　以法用為池　瞿曇眞濟渡
清潔之淨水　善丈夫所貴　諸能洗浴者
毗陁功德人　身體不汙濕　得度于彼岸
實語調諸根　隱藏於三業　具修於梵行
忍慚愧寂上　信向質直人　斯是法洗浴
是故今汝者　應當如是知

時婆羅門聞佛所說棄事火具即起礼佛合掌白言唯願聽我於佛法中出家受具得為比丘入於佛法修于梵行佛即聽許令得出家受具足戒時彼尊者勤修剋己專精獨一樂于閑靜離於放逸不樂親近出家在家所以者何此族姓子剃除鬚髮服於法衣正信出家為修無上梵行現在知見自身證故時此比丘修集定慧得羅漢果盡諸有漏梵行已立所作已辦不受後有

如是我聞一時佛在舍衛國祇樹給孤獨園尒時有一鬍鬚婆羅門突邏闍婆羅門往詣佛所問訊已訖在一面坐即說偈言

外鬚悉被鬍　內有鬍鬚不　世間鬚所鬍
誰有能除者

尒時世尊復說偈言

明智豎立戒　心修於智慧　專精能勤學
年少除鬍鬚

時婆羅門復說偈言

外鬚悉被鬍　內有鬍鬚不　世間鬚所鬍
誰能斷除者

尒時世尊復說偈言

眼耳鼻舌身　及與於意法　名色都無餘
心意盡滅度　若能如是者　斷除於鬍鬚

旃陁婆私吒　失牛講集處　天敬婆羅林
聚薪二孫陁　一鬍鬚為十

別譯雜阿含經卷第五

別譯雜阿含經卷第五　第二十五張　不字号

如是我聞一時佛在優樓頻螺聚落泥連河岸菩提樹下成佛未久尒時世尊獨坐思惟而作是念夫人無敬心不能恭順於其尊長不受教誨無所畏憚縱情自逸永失義利若如是者衆苦纏集若人孝事尊長敬養畏慎隨順不逆所願滿足得大義利若如是者觸事安樂復作是念一切世間若天若人若天世界若人世界若魔世界若梵世界沙門婆羅門一切世間有生類中若有戒定慧解脫解脫知見勝於我者我當親近依止於彼供養恭敬遍觀察已都不見於世間人天魔梵沙門婆羅門一切世間有勝於我戒定慧解脫解脫知見為我依止復作是念我所覺法我今應當親近供養恭敬誠心尊重何以故過去諸佛一切皆悉親近依止供養恭敬尊重斯法未来現在諸佛亦復親近依止斯法供養恭敬生尊重心我今亦當如過去未来現在諸佛親近依止供養恭敬尊重於法尒時梵主天王遥知世尊在優樓頻螺聚落泥連河岸菩提樹下而作是念觀察世間若天若人若魔若梵沙門婆羅門一切生類若有勝我戒定慧解脫解脫知見者我當依止然都不見有能勝我者又復觀察過去未来現在諸佛悉皆親近依止於法供養恭敬生尊重心我今亦當隨三世佛之所應作親近依止供養恭敬尊重於法時梵主天復作是念我當從此處沒往到佛所時梵主天譬如壯士屈申臂頃來至佛所白佛言世尊實如所

別譯雜阿含經卷第五　第二十六張　不

念誠如所念即說偈言

過去現在諸如來　未來世中一切佛
是諸正覺能除惱　一切皆依法為師
親近於法依止住　斯是三世諸佛法
是故欲尊於己者　應先尊重敬彼法
宜當憶念佛所教　尊重供養無上法

尒時梵王讚歎世尊深生隨喜作礼而去

如是我聞一時佛在優樓頻螺聚落於泥連河側菩提樹下成佛未久佛於樹下獨坐思惟而作是念唯有一道能淨眾生使離苦惱亦能除滅不善惡業獲正法利所言法者即四念處云何名為四念處耶觀身念處觀受念處觀心念處觀法念處若人不修四念處者為遠離賢聖之法遠離聖道若離聖道即遠離甘露若遠離甘露則不免生老病死憂悲苦惱如是等人我說終不能得離於一切諸苦若修四念處即親近賢聖法者若親近賢聖法即親近賢聖道若親近賢聖道即親近甘露法若親近甘露法即能得免生老病死憂悲苦惱若免

生老病死憂悲苦惱如是等人即說靜苦時梵主天遥知如來心之所念作是念言我於今者當至佛所隨喜勸善思惟是已譬如壯士屈申臂頃來至佛所頂礼佛足在一面立白佛言誠如世尊心之所念唯有一道能淨眾生乃至得免憂悲苦惱時梵主天即說偈言

唯此道出要　斯處可精勤　欲求遠離苦
唯有此一道　若涉斯道者　如鵠飛空逝
釋迦牟尼尊　逮得於佛道　一切正導師
當以此覺道　顯示於眾生　常應數數說
咸令一切知　生有之邊際　唯願說一道
愍濟諸眾生　過去一切佛　從斯道得度
未來及今佛　亦從此道度　云何名為度
能度瀑駛流　究竟於無邊　調伏得極淨
世間患生死　解知一切界　為於具眼者
宣明如此道　譬如彼恒河　流赴於大海
聖道亦如是　佛為開顯說　斯道如彼河
趣於甘露海　昔來未曾聞　轉妙法輪音
唯願天人尊　度老病死者　一切所歸命
為轉妙法輪

時梵主天頂礼佛足即沒而去

如是我聞一時佛在舍衛國祇樹給孤獨園時梵主天於其中夜光明倍常來詣佛所礼佛足已在一面坐梵主威光照於時會赫然大明即於坐上而說偈言

剎利二足尊　種姓真正者　明行已具足
人天中最勝

佛告梵主言誠如是言誠如是言剎利二足尊種姓真正者明行已具足天人中最勝時梵主天聞佛所說踊躍歡喜頂礼佛足於彼坐沒還於天宮

如是我聞一時佛遊拘薩羅國時彼國中有一阿蘭若住處尒時世尊與諸大眾比丘僧俱在彼止宿於時世尊讚斯住處說阿蘭若住處法時梵主天知如來遊於拘薩羅與比丘眾止宿阿蘭若住處讚歎阿蘭若住處說阿蘭若住處法梵主天王作是念言我今當詣佛所讚歎隨喜時梵主天即於彼沒譬如壯士屈申臂頃來詣佛所頂礼佛足在一面坐即說偈言

處靜有教具　應斷於結縛　若不能受樂
還應住僧中　恒應正憶念　調根行乞食
具足禁戒者　應至空靜處　放捨於怖懼
堅住於無畏　斷除憍慢者　堅心處中住
如是我所聞　不應懷疑惑　一千阿羅漢
於此斷生死　學者二五百　千一百須陁
隨流從正道　終不趣邪徑　不能具宣說
諸道得果者　所以不能說　畏懼不信敬
時梵主大說是偈已頂礼佛足還於天宫

如是我聞一時佛在釋翅迦毗羅衛林與五百大比丘衆俱皆是阿羅漢諸漏已盡所作已辦捨於重擔逮得已利盡於後有無復結使正智解脫復有十世界大威德諸天來至佛所問訊佛僧於時世尊說於隨順涅盤之法有四梵身天各作是念今佛在釋翅迦羅衛林與五百比丘僧俱皆是大阿羅漢諸漏已盡所作已辦捨於重擔逮得已利盡於後有無復結使正智解脫復有十世界大威德天来至佛所問訊佛僧世尊為其說於隨順涅盤之法我於今者當往於彼

佛世尊所時梵身天作是念已即於彼没譬如壯士屈申臂頃来至佛所頂礼佛足在一面立時第一梵身天而說偈言

今於此林中　集會於大衆　是故我等来
正欲觀衆僧　不以不善心　壊僧破和合

第二梵身天復說偈言

比丘誠寳心　宜應務精勤　猶如善御者
制馬令調順　比丘亦如是　應制御諸根

第三梵身天復說偈言

譬如野馬被羈繫　拔柱蹋塹安隱出
諸比丘等亦如是　拔三毒柱斷欲塹
世尊導師之所調　能出是等大龍鳥

第四梵身天復說偈言

諸有歸依於佛者　人中捨形得天身

時四梵身天各說偈已在於僧中敬心戰慄作礼而去

如是我聞一時佛在王舍城迦蘭陁竹林時梵主天於其中夜威光甚明来至佛所尒時世尊入火光三昧時梵主天作是心念今者如来入於三昧我来至此甚為非時當尒之時提婆達多親友瞿迦梨比丘謗舍利弗

及大目連此梵主天即詣其所扣瞿迦梨門喚言瞿迦梨瞿迦梨汝於舍利弗目連當生淨信彼二尊者心淨柔耎梵行具足汝作是謗後於長夜受諸衰苦瞿迦梨即問之言汝為是誰荅曰我是梵主天瞿迦梨言佛記汝得阿那含耶梵主荅言實尒瞿迦梨言阿那含名為不還汝云何還梵主天復作是念如此等人不應與語而說偈言

欲測無量法　智者所不應　若測無量法
必為所燒害

時梵主天說是偈已即往佛所頂礼佛足在一面坐以瞿迦梨所說因緣具白世尊佛告梵言實尒實尒欲測無量法能燒凡夫尒時世尊即說偈言

夫人生世　斧在口中　由其惡口
自斬其身　應讃者毁　應毁者讃
如斯惡人　終不見樂　迦梨偽謗
於佛賢聖　迦梨為重　百千地獄
時阿浮陁　毁謗賢聖　口意惡故
入此地獄

時梵主天聞是偈已礼佛而退

别譯雜阿含經卷第五

此卷末五經及第六卷初五經皆國宋本所無而丹本獨有者前九是梵問經第十是度須跋經今撿梵問經者與彼大本雜阿含經第四十四卷之初同本異譯度須跋經與大本第三十五卷十六幅已下同本異譯則國宋二本無此經者脫之耳今依丹藏加之分入二卷焉

甲辰歲高麗國大藏都監奉

勑雕造

别譯雜阿含經卷第五　第二十五張　不

别譯雜阿含經卷第五

校勘記

一　底本，金藏廣勝寺本。本卷經文，金藏廣勝寺本至三一八頁中一二行止，共二十五版；其後部分金藏廣勝寺本原缺，係據麗藏本所補，資、磧、普、南、徑、清均載於第六卷。

一　三一〇頁中一行經名，資、磧、普、南、徑、清作「别譯雜阿含經初誦卷第五」。

一　三一〇頁中二行譯者，資、磧、普作「失譯」；南、徑、清作「失譯人名附秦録」。

一　三一〇頁中三行「初誦第五」，資、磧、普、南、徑、清無。

一　三一〇頁中一八行「年幾」，資、磧、普、南、徑、清作「年紀」。

一　三一〇頁中二〇行第一〇字「中」，資、磧、普、南、徑、清無。

一　三一〇頁中末行「少年」，諸本（不含石，下同）作「年少」。

一　三一〇頁下一五行「不信」，資、磧、普、南、徑、清作「不修」。

一　三一〇頁下一九行「又不」，資、磧、普、南、徑、清作「久不」。

一　三一〇頁下末行「不作善行」，資、磧、普、南、徑、清作「不行於善」。

一　三一一頁上二行「怙恃」，資、磧、普、南、徑、清作「恃怙」。

一　三一一頁上七行「意口」，資、磧、普、南、徑、清作「口意」。

一　三一一頁上八行「臨命之時」，資、磧、普、南、徑、清作「臨命終時」。

一　三一一頁上一九行「精勤」，資、磧、普、南、徑、清作「精進」。同行「前際」，諸本作「前除」。

一　三一一頁中一〇行「宜急」，諸本作「宜急」。

一　三一一頁中一二行「宜應修」，資、磧、普、南、徑、清作「可應修」。同行「賑衆」，資、磧、普、南、徑、清作「賑濟」。

一　三一一頁下二行「供樂」，諸本作「使樂」。
一　三一一頁下一九行「優北」，普、南、徑、清作「憂比」。南、徑、清下同。
一　三一二頁上七行「餘場」，麗作「塲餘」。
一　三一二頁上二一行「聚歛」，資、磧、普、南、徑、清作「聚斂」。
一　三一二頁上二二行「不作」，磧作「又作」。
一　三一二頁中四行「及通」，磧、普、南、徑、清作「及道」；麗作「道之」。
一　三一二頁中一七行「獲益利樂」，諸本作「獲利益樂」。
一　三一二頁中二二行「劬勞」，南、徑、清作「勤勞」。
一　三一二頁下九行「滅除」，資、磧、普、南、徑、清作「除滅」。
一　三一二頁下一〇行「已生」，資、磧、普、南、徑、清作「已得」。
一　三一二頁下一二行「財用」，資、磧、普、南、徑、清作「時用」。

一　三一三頁上三行「名之」，資、磧、普、南、徑、清作「是名」。
一　三一三頁上一七行「無鞅數」，諸本作「無央數」。
一　三一三頁中七行第一三字「知」，麗無。
一　三一三頁中一七行「愁憧」，諸本作「愁憶」。
一　三一三頁中一八行「飲酒」，諸本作「飲食」。
一　三一四頁上一六行「佛所」，資、磧、普、南、徑、清作「世尊所」。
一　三一四頁上一九行「持家」，麗作「治家」。
一　三一四頁中六行「際邊」，諸本作「邊際」。
一　三一四頁中一〇行「湊羅」，資、磧、普、南、徑、清作「溱羅」。
一　三一四頁中一四行「處於」，諸本作「獲於」。
一　三一四頁中末行「論於」，麗作「我於」。

一　三一四頁下六行「無爲」，諸本作「實爲」。
一　三一四頁下七行「我家」，資、磧、普、南、徑、清作「我室」。
一　三一四頁下一一行「有無」，資、磧、普、南、徑、清作「無有」。
一　三一四頁下一二行「債負」，諸本作「債主」。
一　三一四頁下一三行「所負者」，資、磧、普、南、徑、清作「所負物」。
一　三一四頁下一五行「摚觸」，資作「棠觸」；磧、普、南、徑、清作「振觸」，下同。
一　三一五頁上二行「名爲樂」，資、磧、普、南、徑、清作「爲快樂」。
一　三一五頁上五行「作債負」，麗作「而債負」。
一　三一五頁上一一行「家貧苦」，資、磧、普、南、徑、清作「我家貧」。
一　三一五頁上一三行「不得勉是苦」，諸本作「不得免是苦」。同行「離諸愛」，資、磧、普、南、徑、清作「離於愛」。

一 三一五頁上一四行「於後」，諸本作「然後」。

一 三一五頁上一九行「解悟」，資、磧、普、南、徑、清作「解脱」。

一 三一五頁中六行第二字「即」，資、磧、普、南、徑、清無。

一 三一五頁下三行「背痛」，資、磧、普、南、徑、清作「腰脊」。

一 三一五頁下五行「剃髮」，資、磧、普、南、徑、清作「剃鬚」。

一 三一六頁上七行「三世」，麗作「二世」。

一 三一六頁上一〇行「時婆羅門」，諸本作「時天敬婆羅門」。

一 三一六頁上一七行「汝將」，資、磧、普、南、徑、清作「汝今」。

一 三一六頁中七行「婆羅門」，諸本作「彼婆羅門」。

一 三一六頁中一一行「和奕」，磧、普、南、徑、清作「和懌」。

一 三一六頁中一九行「音聲」，麗作「音樂」。

一 三一六頁中二一行「自在主」，清作「自在王」。

一 三一六頁中二二行「爲修」，諸本作「常修」。

一 三一六頁下三行「深著」，諸本作「染著」。

一 三一六頁下六行「正智」，麗作「正得」。

一 三一六頁下七行首字「尒」，資、磧、普、南、徑、清無。

一 三一六頁下九行「天人」，資、磧、普、南、徑、清作「人天」。

一 三一六頁下一二行「諸中論」，諸本作「諸論中」。

一 三一六頁下一三行「真四諦」，磧、普、南、徑、清、麗作「四真諦」。

一 三一六頁下一六行「住此林」，資、磧、普、南、徑、清作「至此林」。同行「今我」，資、磧、普、南、徑、清作「令我」。

一 三一六頁下一七行「苦惱」，資、磧、普、南、徑、清作「煩惱」。

一 三一六頁下二二行「我欲」，磧、普、南、徑、清、麗作「汝欲」。

一 三一七頁上四行「得閇」，資、磧、普、南、徑、清作「得聞」。同行「闍婆鉢提」，資、磧、普、南、徑、清作「闍娑鉢提」。

一 三一七頁上一二行「洗浴」，資、磧、普、南、徑、清作「沐浴」。

一 三一七頁上一五行「諸塵」，資、磧、普、南、徑、清作「衆塵」。

一 三一七頁上一六行「瓔愚」，磧、普、南、徑、清作「嬰愚」。

一 三一七頁上一八行末四字至次行首二字「善哉善哉所言」，資、磧、普、南、徑、清作「善哉誠如所言」；麗作「善哉善哉誠如所言」。

一 三一七頁中二行「餘施與」，磧、普、南、徑、清、麗作「餘應施與」。

一 三一七頁中三行「遇值」，麗作「過值」。

一 三一七頁中四行末字至五行首字

「嚼咳」，資作「謦咳」；磧、普、南、徑、清作「謦欬」。

一　三一七頁中九行末字「所」，資作「所問其因緣所生種姓時婆羅門即至佛所」。

一　三一七頁中一三行「調乘」，磧、普、南、徑、清作「調伏」。

一　三一七頁中一六行「福者」，資、磧、普、南、徑、清作「福田」。同行「惠施與」，諸本作「速施與」。

一　三一七頁中一九行首二字「我今」，資、磧、普、南、徑、清作「今我」。

一　三一七頁中二一行「如法」，諸本作「如汝」。

一　三一七頁下一行「說法」，資、磧、普、南、徑、清作「施法」。

一　三一七頁下二行「受故」，諸本作「受取」。

一　三一七頁下五行「亦應施」，資、磧、普、南、徑、清作「應施與」。

一　三一七頁下一二行「烟炎俱起悤悤作聲」，資、磧、普、南、徑、清作「烟燄俱起洋洋作聲」。

一　三一七頁下二二行「調順」，資作「調慎」。

一　三一七頁下末行「津濟渡」，資、磧、普、南、徑、清作「律濟渡」。同行「如是」，資、磧、普、南、徑、清作「如彼」。

一　三一八頁上一行「淨戒」，磧、普、南、徑、清、麗作「信戒」。

一　三一八頁上七行「今汝者」，諸本作「汝今者」。

一　三一八頁上一四行「服於」，資、磧、普、南、徑、清作「被於」。

一　三一八頁上二〇行「婆羅門」，諸本作「婆羅」。

一　三一八頁中九行「滅度」，資、磧、普、南、徑、清作「滅處」。

一　三一八頁中一二行經名，南、徑、清作「阿含經初誦卷第五」；麗無。至此，資、磧、普、南、徑、清卷五終，卷六始。

一　三一九頁中一行「即說」，磧、普、南、徑、清作「即脱」。

一　三一九頁中一六行「極淨」，資、磧、普、南、徑、清作「極得」。

一　三一九頁中一七行「具眼者」，磧、普、南、徑、清作「見眼者」。

一　三二〇頁上八行「不能說」，資、磧、普、南、徑、清作「不能施」。

一　三二〇頁上一八行「迦羅」，資、磧、普、南、徑、清作「迦毗羅」。

一　三二〇頁下一二行「燒害」，資、磧、普、南、徑、清作「嬈害」。

一　三二〇頁下一五行「梵言」，資、磧、普、南、徑、清作「梵主」。

一　三二〇頁下一六行「能燒」，資、磧、普、南、徑、清作「能嬈」。

一　三二一頁上二行「別譯雜阿含經卷第五」，資、磧、普、南、徑、清無（未換卷）。

一　三二一頁上三行至一〇行「此卷……二卷焉」，資、磧、普、南、徑、清無。

別譯雜阿含經卷第六

失譯人名今附秦錄

二誦第一

佛在王舍城迦蘭陁竹林尒時世尊告諸比丘汝等皆當勤修善行漸漸增長如月初生時有比丘初始受戒漸修慚愧善持威儀往返人閒柔和恭順不為佷戾能制身心如明眼人避深空井及山峻岸比丘亦尒如月初生漸漸增長善行日新佛復告諸比丘今此會中迦葉比丘勤修善行如月初生漸漸增長漸修慚愧往返人閒能制身心柔和恭順終不佷戾如明眼人能避深井遠離峻谷迦葉比丘亦復如是佛告比丘何等比丘與法相應堪至諸家時比丘白佛言世尊如来則是諸法根本諸法之導法所依憑善哉世尊願為我等敷演斯義我等聞已至心受持佛復告諸比丘諦聽諦聽至心憶念若有比丘無所染著不愛縛家不生增減心無嫉恨亦不嫉妬見他利養心生歡喜

見他施彼亦不忿恨於修福者咸皆隨喜又不自讃已有德行諸所言說恒為一切見餘比丘同至他家終不譏毀於自他所心無高下若諸比丘能修善心如向所說乃名隨順如法周旋往返人閒尒時世尊於虛空中而自運手告諸比丘今我此手不著於空不縛於空無有鄣礙亦無瞋恚此手寧有縛著增減已不諸比丘即白佛言世尊此空中手無縛無著無有增減佛告比丘如是如是若有比丘心無縛著如空運手乃可出入往返諸家不生增減不生懊憹亦不嫉妬見他利養心生歡喜見他布施不與於已亦不忿恨見修福者普皆隨喜乃至心無高下佛告比丘迦葉比丘亦復如是往返人閒心無縛著乃至心無高下佛復空中第二運手告諸比丘如上所說乃至迦葉比丘亦復如是佛告比丘云何比丘出入諸家為人說法云何得名清淨說法云何名為不清淨說時諸比丘白佛言世尊如来則是諸法根本法之所導法所依憑善哉世尊願為敷演我等聞已至

心受持佛告諸比丘諦聽諦聽至心憶念若有比丘為人說法作如是念我為彼人而說於法當令彼人信敬於我能多與我飲食衣服病瘦醫藥若作是說者是名不淨若有比丘為人說法欲令聽者諳解佛法除現在苦離諸熱惱不擇時節導示善趣為其顯現乃至能令知者自知不從他教離於生老病死憂悲苦惱能令聽聞其所說如法修行為令聽者於長夜中得法得義得利得安如是說者名為清淨慈悲之說憐愍利益欲使正法得久住故如是說法名為清淨是故比丘應作是念為人說法當作是學第三亦如上所說迦葉比丘能如是說為令聽者諳解佛法乃至欲令正法得久住故憐愍利益作如是說是名清淨稱可佛法時諸比丘聞佛所說歡喜奉行

如是我聞一時佛在舍衛國祇樹給孤獨園尒時佛告諸比丘若有比丘將欲往詣於檀越家先作是念若有所施當速與我勿令遲晚至心施我

莫不至誠願使多得勿令寡少惠我精細勿得麤澁若作是念決定意者往檀越家檀越雖與不至心施不恭敬與雖施飲食不令豊足與其麤澁不與精細設有施與遲緩不速而此比丘不稱意故羞恥愁憂生損減心而此比丘應作是念至檀越舍彼非已家云何而得稱遂其心何故生念欲令檀越速施不遲乃至精細不用麤澁若作是念設無所得心不悔恨離於增減無有怨嫌設彼檀越少有所施不至心與遲晚不速乃至與麤不與精細如是比丘心不嫌恨亦不愧耻心無增減迦葉比丘作如是心至檀越所斯非已家云何而得自稱其意望彼至心速施不遲乃至精細莫得麤澁迦葉比丘作如是念至檀越家雖不得施都無慚耻心不損減是故比丘應作是心至於他家不應生念速施於我乃至精細是故汝等當作是學如迦葉比丘往檀越家時諸比丘聞佛所說歡喜奉行

如是我聞一時佛在舍衛國祇樹給

孤獨園尒時尊者摩訶迦葉在彼舍衛舊園林中毗舍佉講堂時尊者摩訶迦葉即於其夜從定始起從定起已往詣佛所頂礼佛足在一面坐佛告迦葉汝受教授諸比丘等相導教照禪定之法為說法要何以故我恒教授是比丘等汝亦應尒常為諸比丘說於法要汝亦應尒迦葉白佛是諸比丘不能受語難可教授佛告迦葉汝於今者以何因緣不為說法迦葉復白佛言今二比丘一是阿難共行弟子名曰難荼二是目連弟子名阿毗浮是二弟子手諍勝負各自稱言我知見勝我所說勝手共相引欲史知見及以言說為我說妙為汝說妙為我句義具足為汝句義具足尒時阿難侍於世尊以扇扇佛尒時阿難語迦葉言止止尊者聽我懺悔如此比丘新入佛法愚無智慧未有所解尊者迦葉語阿難言尒止阿難汝莫僧中作偏黨語尒時世尊告一比丘汝可往喚彼二比丘時彼比丘奉教往喚語二比丘言世尊喚汝時二

比丘承佛勅命即往佛所頂礼佛足在一面立尒時世尊告二比丘汝等二人實作是語我讀誦多我所知多我所說言句偈不關為决勝負為有是不時二比丘白佛言實尒世尊佛復告言汝若解我所說修多羅祇夜授記說偈優他那旦他那伊帝目多伽本生毗佛略未曾有優波提舍本事是十二部汝若讀誦令通利者是等經中為有勝負以不時二比丘白佛言世尊是十二部實無是說佛復告二比丘言說十二部經為欲除滅諍訟勝負汝今云何作如是說汝等愚人作如是解我豈可有如是說耶若生諍訟此非佛法又復不應出家之法我佛法中終不如是我勝汝負乃至我所說法句義具足汝之所說句義不足如是諍訟實非我說汝二比丘如斯之事汝應作不時二比丘即礼佛足白佛言我等聞佛所說自知有過實如㘗愚無所知解作不應作所作不善乃共相决種種勝負實有是過唯願世尊憐愍我故聽許懺

悔佛言知汝誠心慇重懺悔汝實㘗愚無所知解所作不善不如佛教非出家法乃諍勝負各云多知乃至我所言說句義具足汝不具足如是勝負實不應作吾今受汝誠心懺悔使汝善法增長無有退失何以故若能至心實知有罪然後懺悔後莫復作如是懺者善法增長無有退失諸比丘聞佛所說歡喜頂礼而去

如是我聞一時佛在舍衛國祇樹給孤獨園尒時尊者摩訶迦葉住舊園林毗舍佉講堂中時尊者迦葉於日沒時從禪定起往至佛所礼佛足已在一面坐佛告迦葉汝可教授諸比丘等當為說法所以者何我恒教授汝亦應尒我當為諸比丘說法汝亦應尒迦葉白佛是諸比丘難可教授不能受語佛告迦葉汝於今者見何因緣而不為說迦葉對曰若不信者退失善法便生懈怠無有慚愧愚癡無智貪著他物有恚害心睡蓋所覆掉動不停於法疑惑深著我見具於煩惱垢汙之心喜瞋失念無暫定有

如是等種種不善惡法决定具有如斯等人尚無少善況復增進善法無有退失若復有人見於信心不退善法精進不倦能修慚愧有智之人具行善法無有貪想遠離瞋嫉除睡眠蓋心不掉動無有疑惑不著身見心淨無染不喜瞋恚能住心念具於禪定善法不退若有具上種種善法我尚不說彼人善法停住況不增長如斯等人於日夜中善法增長佛告迦葉如是如汝所說若不信者退失善法乃至如斯等人尚無少善況復增長若復有人具信心者不退善法乃至我尚不說彼人善法停住況不增長時諸比丘聞佛所說歡喜奉行

如是我聞一時佛在舍衛國祇樹給孤獨園尒時尊者摩訶迦葉住舊園林毗舍佉講堂時尊者迦葉於日沒時從禪定起往詣佛所頂礼佛足在一面坐佛告迦葉汝可教授諸比丘等為其說法所以者何我常教授汝亦應尒我常為彼而說法要汝亦應尒迦葉白佛言世尊是諸比丘不能

受語難可教授佛告迦葉汝何以故

而不教授為其說法迦葉對曰世尊
是法根本是法之導法所依憑善哉
世尊願為敷演我聞語已至心受持
佛告迦葉汝今善聽受持憶念吾當
為汝分別解說迦葉白佛唯然世尊
願樂欲聞佛告迦葉昔有比丘自脩
阿練若行讚嘆脩阿練若行者自行
乞食著糞掃衣讚嘆乞食著糞掃衣
者少欲知足常樂空閑寂靜之處勤
脩精進心不馳散恒樂禪定自盡諸
漏讚盡漏者以是之故一切比丘咸
来親近而問訊之而此比丘語諸来
者善来比丘可就此坐汝名為何是
誰弟子履行賢良應沙門法夫出家
者宜應如汝作於沙門若見汝者學
汝所為不久必當獲於已利新學比
丘覩斯事已而作是念彼有比丘共
相恭敬我今亦當習學其行自脩阿
練若行讚嘆脩阿練若行者自行乞
食著糞掃衣讚嘆乞食著糞掃衣者
少欲知足常樂空閑寂靜之處勤脩
精進心不馳散恒樂禪定自盡諸漏

讚盡漏者以是之故一切比丘咸来

親近安慰問訊而此比丘語諸来者
善来比丘可就此坐汝名為何是誰
弟子履行賢良應沙門法出家之人
宜應如汝作於沙門若見汝者學汝
所為不久必當獲已義利諸新學者
若生是念長夜利益得義得樂名自
濟拔能令正法得久住世是人進趣
終不退没佛告迦葉若有比丘生則
有福初始出家多得利養衣服湯藥
牀敷卧具四事豐饒復有比丘見是
比丘親近談語安慰問訊特此比丘
語彼比丘汝名何等是誰弟子生則
有福多得利養衣服湯藥牀敷卧具
四事豐饒若有比丘親近汝者四事
不乏若有新學比丘覩斯事已應作
是念彼有生福比丘共相恭敬我今
亦當脩如是行衣服卧具飲食湯藥
四事供養亦常豐饒若新學比丘作
如是意學如是事是名長夜衰耗都無
利益及以利樂非沙門法受諸苦惱
名自輕毀梵行不立没于淤泥為惡
所欺具於結使數受諸有名生熱惱

獲得苦報必當受於生老病死時大

迦葉及諸比丘聞佛所說歡喜奉行
如是我聞一時佛在舍衛國祇樹給
孤獨園尒時尊者摩訶迦葉住舊園
林毗舍佉講堂時大迦葉於日没時
從禪定起往至佛所頂礼佛足却坐
一面尒時世尊告迦葉言汝今朽老
年既衰邁著此商那糞掃納衣垢膩
厚重汝今還可詣於僧中食於僧食
檀越施衣裁割壞色而以著之迦葉
白佛言世尊而此納衣是我久服我
亦讚嘆著納衣者去何可捨佛告迦
葉汝見著納衣者有何義利長夜服
甝自行阿練若行讚嘆阿練若行者
自行乞食讚嘆乞食者迦葉白佛言
世尊我見納衣者有二種利於現在
世安樂而往未来之世為諸比丘作
照明法為後世人之所習學後世人
輩當發是意昔佛在世大德比丘久
脩梵行善樂佛法深達法式少欲知
足自行阿練若行讚嘆阿練若行者
著糞掃衣讚嘆著彼糞掃衣者次行
乞食讚嘆乞食者未来世人多生此心

別譯雜阿含經卷第六　第十二張　不字号

欣慕斯法為作救拔義利安樂佛讚
迦葉善哉善哉汝若如是於長夜中
憐愍世間利益弘多為作救濟義利
安樂若有沙門及婆羅門毀頭陁者
是等即為毀呰於我若有讚嘆頭陁
功德是等即為讚嘆於我所以者何
我以種種因縁無數方便讚嘆頭陁
所得功德安立頭陁讚嘆頭陁諸行
中勝汝從今日已後常應自行阿練
若行讚嘆能行阿練若行者時大迦
葉及諸比丘聞佛所說歡喜奉行
如是我聞一時佛在舍衛國祇樹給
孤獨園尒時尊者摩訶迦葉在於邊
遠草敷而住衣被弊壞染色變脱鬚
髮亦長来詣佛所尒時世尊大衆圍
遶而為說法時諸比丘見迦葉已皆
生是念彼尊者不知出家所有威儀
衣色變壞鬚髮亦長威儀不具尒時
世尊知諸比丘心之所念為欲令彼
生欽尚故還見迦葉即語之言善来
迦葉尋分半座命令共坐我當思惟汝
先出家我後出家是故命汝與尒分
坐摩訶迦葉聞斯教已即懷惶悚便

別譯雜阿含經卷第六　第十三張　不字号

起合掌頂札佛足白佛言世尊是我
大師我是弟子云何與師同共同坐
第二第三亦作是言佛告迦葉實如
汝言我是汝師汝是弟子即命迦葉
汝可於彼所應坐處於中而坐時尊
者迦葉即奉佛教敷座而坐尒時世
尊為欲令彼諸比丘等益增猒惡自
呵責故為欲讚嘆摩訶迦葉功德尊
重與佛齊故告諸比丘我修離欲之
定入于初禪作意思惟迦葉比丘亦
欲離惡不善有覺有觀入于初禪亦
復晝夜欲入初禪二禪三禪及第四
禪亦復如是我若發心欲入慈心無
嫌怨心無惱心遍廣心善修無量於
其東方作如是心南西北方四維上
下亦作是心我於晝夜欲修是心摩
訶迦葉亦復如是欲入慈心無嫌怨
心無惱心遍廣心善修無量於其東
方作如是心南西北方四維上下亦
作是心我若修於悲喜捨心我於晝
夜常入此心摩訶迦葉亦復如是於
晝夜中常入此心我欲滅除惱壞却
於色想除若干想入無邊虛空亦欲

別譯雜阿含經卷第六　第十四張　不字号

晝夜常入此定識處不用處非想非
非想處亦復如是我亦欲入神通等
定能以一身作無量身以無量身還
作一身我欲觀察諸方上下入于石
壁無有障礙猶如虛空坐卧空中如
彼鴈王履地如水履水如地身至梵
天手捫日月若我晝夜欲修是定迦
葉比丘亦復如是欲入於彼神通等
定能以一身作無量身以無量身還
為一身觀察四方四維上下能以此
身入于石壁無有障閡猶如虛空坐
卧空中如彼鴈王履地如水履水如
地身至梵天手捫日月亦欲晝夜常
入此定天眼天耳及他心智宿命漏
盡亦復如是尒時世尊於彼無量大
衆之中稱讚迦葉功德尊重如是種
種與已齊等時諸比丘聞佛所說歡
喜奉行
如是我聞一時佛在王舍城耆闍崛
山迦蘭陁竹林尒時尊者摩訶迦葉
尊者阿難在耆闍崛山中于時阿難
食時已到語尊者摩訶迦葉言大德
食時已到可共乞食於是摩訶迦葉

著衣持鉢與阿難出耆闍崛山入王舍
城乞食阿難語摩訶迦葉言日時猶
早我欲至彼比丘尼精舍觀諸比丘
尼等所行法式迦葉答言可尒即時
共詣比丘尼精舍尒時諸比丘尼遥
見二尊者来即敷牀座既敷座已白
二尊者可就此坐時二尊者即就其
坐諸比丘尼既見坐已稽首礼足在
一面立尒時摩訶迦葉為比丘尼種
種說法示教利喜於彼衆中有比丘
尼名偷羅難陁聞說法要心不甘樂
即出惡言今者云何長老迦葉在阿
難前為比丘尼而說法要如賣針人
至針師門求欲賣針終不可售今者
迦葉亦復如是云何乃在阿難前而
說於法作是語已嘿然而住時摩訶
迦葉以淨天耳聞其所言語長老阿
難汝見是偷羅難陁比丘尼心不喜
樂悦心出麁言不是時阿難語迦葉
言彼說何事迦葉答言彼作是說云
何迦葉在阿難比提醯子牟尼之前
而說法要以汝同彼針師之子以我
名為賣針之人尊者阿難語迦葉言

止止尊者嬰愚少智不足具責唯願
大德聽其懺悔迦葉即語長老阿難
言如来世尊多陁阿伽度阿羅呵三
藐三佛陁為教導故引彼月喻日漸
增長能具慚愧離於無慚忍于罵辱
禁制身心往返人間為導於我為說
於汝同彼月耶阿難答言如来世雄
實不說我同於彼月迦葉復言唯願
佛世尊多陁阿伽度阿羅呵三藐三
佛陁等正覺知者說我同彼月初生
時日漸增長能具慚愧離於無慚忍
于罵辱禁制身心往返諸家阿難白
言實尒尊者迦葉語阿難言如来世
尊於無量百千大衆之前稱我名字
言是大德有慚愧人智慧深遠喻似
於已佛告比丘我今離於欲惡不善
有覺有觀喜樂一心入於初禪晝夜
常在如是定中迦葉比丘亦常離於
欲惡不善有覺有觀喜樂一心入於
初禪晝夜恒在如是定中阿難答言
實尒迦葉二三四禪慈悲喜捨及四
禪定三明六通亦復如是尒時尊者
摩訶迦葉於比丘尼大衆之前作師

子吼已從坐而起即還所止
尒時如来將欲涅槃尊者阿難摩訶
迦葉在耆闍崛山時世飢儉乞食難
得於是尊者阿難將諸新學比丘向
于南山聚落新學比丘之中有諸年
少樂著嬉戲躭嗜飲食不攝諸根無
有威儀初夜後夜不勤行道讀誦經
典左脇著地自恣睡眠既違彼已諸
比丘中三十餘人罷道還俗以是之
故徒衆減少遊行已竟還至於彼王
舍大城耆闍崛山収攝衣鉢洗手足
已往詣尊者大迦葉所礼尊者足在
一面坐時大迦葉告阿難曰汝從何
来徒衆減少阿難答言我往至彼南
山聚落弟子之中三十餘人昔日盡
是童真出家罷道還俗以是事故徒
衆減少摩訶迦葉語阿難言如来何
故制別衆食而聽三人共一處食如
是之意為欲擁護於諸人故使不損
減復為制伏惡欲比丘断除於人多
眷屬故稱僧名字多有所求減損諸
家破壞衆僧使作二部故令如法比
丘不得供養衣服飲食非法比丘多

獲利養惡欲比丘既得供養與淨行者而共諍訟汝以何故於飢饉世將彼新學年少比丘以為徒衆而此比丘樂著嬉戲貪嗜飲食諸根馳散無有威儀貪著睡眠無有猒足初夜後夜不勤於道讀誦經典云何而此如是徒衆遊行至彼南山聚落既違彼已三十餘人昔日盡是童子出家罷道還俗汝於今者徒從破壞汝今無智猶如小兒阿難荅言我已年邁云何而言猶如小兒迦葉復言我非無故稱汝名字以為小兒今世飢饉乞匃難得而汝云何多將人衆遊行至彼南山聚落汝弟子中有諸年少樂著嬉戲貪嗜飲食諸根馳散無有威儀貪好睡眠無有猒足初夜後夜不勤行道讀誦經典使三十餘人休道還俗如是所作豈非同彼小兒者乎尒時帝舍難陁比丘尼聞大迦葉呵責尊者阿難比丘作小兒行心中不悅生大憂惱即出麁言此大迦葉本是外道而今云何毀呰阿難比提醯牟尼作小兒行是時迦葉以淨天耳

聞比丘尼出斯麁言毀罵已已於是迦葉告阿難曰帝舍難陁比丘尼身心中不悅生大苦惱發是惡言斯大迦葉本外道師云何毀呰尊者阿難比提醯牟尼作小兒行即時阿難語迦葉曰此比丘尼稚小兒智稱如瓔挍唯願大德聽其懺悔摩訶迦葉語阿難言我出家時作是要誓世間若有阿羅漢者當歸依自出家來未有異趣唯依如来無上至真等正覺我先在俗未出家時觀諸世間生老病死憂悲愁惱衆苦聚集如是之事競来逼切我於尒時猒家迫迮無有可處樂出家法能離麁垢觀於在家衆事憒內猶如入於鉤棘之林鉤㓤刺牽傷毀形服難可得出在家亦尒緣務纒縛浸於欲泥不得脩於清淨梵行晝夜思惟不見一法能勝於彼剃除鬚髮被服法衣棄捨家業信心出家欲出家時選擇家中最下衣裳得一弊衣其價猶直十万兩金即使取之為僧伽梨先所居業一切悉捨眷屬親戚亦悉捨離復作是念世間若

有阿羅漢者我當歸依隨其出家時彼王舍大城中間有難羅健陁羅羅健陁中間有多子塔我端嚴殊妙諸根寂定心意惔怕得於無上調伏之心相好光餝如真金樓我既見已心中踊躍即作是念我昔推求出世之師今所見者真是我之婆伽婆阿羅呵三藐三佛陁也作是念已心不散乱尊念觀佛更正衣服右遶三匝䠒跪合掌白佛言佛是我世尊我是佛弟子如是三說佛亦復言如是迦葉我是汝世尊汝是我弟子亦復三說佛告迦葉世間若有聲聞弟子都無至心實非世尊而言世尊實非羅漢而言羅漢非一切智言一切智如是之人頭當破壞作於七分我於今日實是知者實是見者實是羅漢而言羅漢實尒等正覺言等正覺我所敷演實有因緣非無因緣而說法要實有乘出非無乘出實有對治非無對治實有精進非不精進能斷結漏非不能斷迦葉汝今應作是學諸有所聽是善法儀應當至心受持莫忘尊

重憶念捨於乱心宜應尊意觀五受陰增長損減常應觀彼六入生滅安心住於四念處中修七覺意轉令增廣證八解脫繫念隨身未曾放捨增長慚愧尒時如来為我種種分別法要亦教利喜我於尒時尋隨佛後未曾捨離每作是念佛若坐者我當以此僧伽梨價買直十万兩金者與如来敷之佛知我心之所念故出道而住我疾牒衣以敷坐處白佛言世尊願就此坐佛即坐上旣坐上已語迦葉言此衣輕軟迦葉白佛實尒世尊唯願世尊憐愍我故當受此衣佛告迦葉汝能受我僑䣢納衣不迦葉荅言能受之尒時如来即受迦葉所著大衣我於是時自從佛手受是僑䣢糞掃之衣佛授我已即便起去我隨佛後遶佛三匝為佛作礼即還所止我於八日學得三果至第九日盡諸有漏得阿羅漢阿難當知若有人能正實說者應當言我是佛長子從佛口生從法化生治佛法家禪定解脫諸三昧門中出入無㝵辟如轉輪聖

王所有長子未受王位五欲自恣我於今者亦復如是是佛長子從佛口生從法化生持佛法家禪定解脫諸三昧門出入無㝵如轉輪王所有象寶其為高大持一多羅樹葉覆其身體欲令不現可得尒耶阿難即言如是樹葉終不能覆彼大象身尊者迦葉語阿難言彼猶易覆無有人能障覆於我六通之者若有人於如意通中生疑惑者我悉能為演說其義令得明了天耳通知他心通宿命通生死智通漏盡通若復有人於此通中生疑惑者我亦能為演說其義使得明了阿難荅曰我於長夜每敬尊者心生淨信時二尊者作是說已歡喜而去

如是我聞一時佛在王舍城耆闍崛山迦蘭陁竹林尒時尊者舍利弗及大迦葉俱在彼山時彼國中有諸異見六師徒黨来詣尊者舍利弗所問訊已訖在一面坐而作是言如来世尊頗說於我死此生彼如是說不舍利弗荅言如斯之事佛所不說外道

六師復作是言若如是者說於我身在此間耶更不生耶舍利弗言如斯之事佛亦不說外道復言我於此死亦生於彼亦不生彼如是說耶舍利弗言佛亦不說外道復言我死之後非生非不生耶舍利弗言佛亦不說外道復言我先問汝死此生彼乃至非生非不生悉不見荅汝若名為宿舊出家應廣解義為我分別今者觀汝不能荅我便是童矇無智愚人時彼外道作是語已即從坐起還其所止尒時尊者摩訶迦葉去舍利弗不遠外道去後舍利弗即詣於彼大迦葉所以外道問向迦葉說如来何故如是四問嘿然不荅何以故不能根似比類而荅於彼我昔曾聞有人問佛於此死已受後有不佛嘿然不荅又問死後不受有耶佛亦不荅又問我此死已亦受後有亦不受耶佛亦不荅又問我死之後非受於有非不受有耶佛亦不荅尊者迦葉語舍利弗言如来寧可說色滅已生於後有乃至非生非不生世尊於彼色所盡處

正智解脫然都無有死此生彼死此
不生彼亦生亦不生非生非不生是
故不荅如斯之義甚深廣大無量無
邊無有筭數乃至盡滅受想乃至識
死此生彼乃至非生非不生亦復如
是此是動轉此是憍慠此是放逸此
是有為造作之業此是愛結此愛生
彼愛不生彼亦愛生彼亦不生彼愛
非生彼非不生彼如来愛盡得善解
脫愛盡生彼有亦無也不生彼有亦
無也生彼不生彼亦無也非不有生
彼非不無生彼亦無也此義甚深廣
大無邊無有筭數至於盡滅大德舍
利弗當知以是因緣故如来於問中
而不正荅死此生彼此死不生彼亦
生彼亦不生彼非生非不生此二大
人平相讃美各還所止

如是我聞一時佛在舍衛國祇樹給
孤獨園尒時尊者摩訶迦葉住舍衛
國西園林中毗舍佉講堂彼大迦葉
於日沒時從禪定起往詣佛所頂礼
佛足在一面坐而白佛言世尊以何
因緣如来初始制戒之時㮀為尠少

修行者多今日何故制戒轉增履行
者少佛告迦葉如是如是衆生命濁
結使濁衆生濁刼濁見濁衆生轉惡
正法亦末是故如来為諸弟子多制
禁戒少有比丘能順佛語受持禁戒
諸衆生等漸漸退沒辟如金寶漸漸
損減像法乃出像法出故正法滅沒
迦葉當知辟如海中所有舩舫多載
衆寶舩必沉沒如来教法亦復如是
以漸滅沒如来正法不因地沒亦非
水火風之所壞若我法中生於惡欲
行惡威儀成就衆惡法言非法非法
言法非是比尼說言比尼犯說非犯
非犯說犯輕罪說重重罪說輕如斯
之事出於世者皆由像法句味相似
令佛正法漸漸滅沒迦葉當知有五
因緣能令法滅一切咸共忘失章句
善法退轉何等為五不恭敬佛不尊
重佛不供養佛不能至心歸命於佛
然復依止佛法而住不敬法不尊重
法不供養法於正法中不至心然依
法住不恭敬戒不尊重戒不供養戒
不能至心持所受戒然依戒住不恭

敬教授不尊重教授不供養教授不
能至心向教授者以不恭敬尊重供養
亦不至心向教授故然復依此教授
而住於同梵行佛所讃者不恭敬不
尊重不供養不能至心礼拜問訊然
猶依彼而得安住迦葉以此上来五
因緣故能令正法漸漸滅沒衰退忘
失迦葉復有五因緣故能令正法久
住於世不沒不退不忘不失何等為
五恭敬世尊尊重於佛供養於佛常
能至心歸依於佛於法於戒及以教
授同梵行者亦應供養恭敬尊重至
心向之以此五種善因緣故能使正
法久住於世不沒不退不忘不失以
是義故應當恭敬佛法教法同梵行
者諸比丘等聞佛所說歡喜奉行

月喻施與　負勝無信　佛為根本
極老納衣重　是時衆減少　外道法損壞

別譯雜阿含經卷第六

如是我聞一時佛在舍衛國祇樹給孤獨園時有二天一名小勝善閑梵二名小勝光梵欲來詣佛時婆迦梵見此二梵即問之曰欲何所至二梵荅言我等欲往詣世尊所問訊礼敬時婆迦梵即說偈言

四梵字鸛雀　三梵名為金　七十二五百
名曰為餘毗　汝觀我金色　赫然而明盛
所有威光明　暉光蔽梵天　云何不覲我
乃欲詣佛所

尒時二梵以偈荅言

汝今有少光　暎蔽于梵天　當知此光色
皆有諸過患　明智得解脫　不樂斯光色

尒時二梵說是偈已来詣佛所頂礼佛足在一面坐二梵白佛言世尊我等欲来見佛時婆迦梵因問我言欲何所至我等荅言欲詣佛所時婆迦梵說此偈言

四梵名鸛雀　三梵名為金　七十二五百
名曰為餘毗　汝觀我金色　赫然大熾盛
所有身光明　暉光蔽梵天　云何不覲我
乃欲詣佛所

我等即便說偈荅言

汝今有少光　暎蔽於梵天　當知此光色
皆有諸過患　智者得解脫　不樂斯光色

佛言梵天實尒實尒彼梵雖復少有光色暎蔽梵天當知光色皆有過患智者解了不應樂此佛為二梵種種說法示教利喜二梵聞法歡喜頂礼還於天宮

如是我聞一時佛在舍衛國祇樹給孤獨園時婆迦梵生於邪見言此處常堅實不壞不復往来於其生死若有過此不往来者無有是處尒時世尊知婆迦梵心之所念如来尒時譬如壯士屈申臂頃尋即往彼婆迦梵宮時婆迦梵語佛言大仙此處是常堅實不壞都無往来若有過此無往来者無有是處佛語梵言此處無常汝今云何橫生常想此處敗壞而復橫生不敗壞想此處不定橫生定想此處往来汝今橫生不往来想更有勝處都無往来汝便橫生更無勝想時婆迦梵即說偈言

七十二梵作勝福　悉皆於此而終沒
一切諸梵皆知我　唯我在此不退沒

尒時世尊復說偈言

汝謂為長壽　其實壽短促　我知汝壽命
百千尼羅浮

時婆迦梵說偈荅曰

婆伽婆世尊　汝智實無盡　過於生老憂
為具眼者說　我先造何業　修何等戒行
在此梵天上　壽命得延長

尒時世尊復說偈言

往昔有群賊　劫掠壞聚落　剝脫繫縛人
大取於財物　汝當於尒時　甚有大勇力
救解於諸人　然復不加害　尋共彼諸人
一劫中修善　慈仁好惠施　復能持戒行
汝於瞻及寤　宜憶本所行　又有人乘船
於彼恒河中　惡龍捉船人　盡欲加毒害
汝時為神仙　救濟於彼命　此汝昔日時
修戒之所致

時婆迦梵即說偈言

汝實能知我　壽命之脩短　更有諸餘事
汝亦悉知之　汝光甚熾盛　能蔽於諸梵
靡所不了達　故名婆伽婆

尒時世尊為婆迦梵說種種法示教

利喜尋復於彼没還祇洹
如是我聞一時佛在舍衛國祇樹給
孤獨園時有一梵起大邪見而作是
言我此處常不見有能生於我宮況
復有能過於我上者尒時世尊入於
三昧從閻浮提没現於梵頂虛空中
坐尊者憍陳如以淨天眼觀於世尊
為至何處即知如來在梵頂上虛空
中坐時憍陳如亦入是定於此而没
現梵頂上處如來下在於東面
時尊者摩訶迦葉以淨天眼觀於如
來為至何處尋知世尊在梵頂上復
入此定於此處没在如來下現梵頂
上在於南面
尊者目連以淨天眼觀於如來為至
何處尋知世尊在梵頂上即入是定
於此處没現梵頂上處如來下現於
西面
時尊者阿那律復以淨天眼觀察如
來為至何處尋知世尊在梵頂上亦
入是定於此處没現梵頂上處如來
下在於北面
尒時世尊告梵天言汝本所見為捨

已不復告梵天汝本心念我不見有
能生我宮者況能出過汝今試觀此
等天身容貌光明勝汝已不時梵白
佛唯然已見而今見之斯等光明昔
所不見而今見之斯等光明真為殊
勝自今已後更不敢言此處常恒無
有變易佛告梵天此處無常空不自
在佛為彼梵種種說法示教利喜入
如是三昧從彼梵没還於祇洹尊者
憍陳如摩訶迦葉阿那律等亦為彼
梵種種說法示教利喜亦入是定從
彼處没還於祇洹唯尊者大目揵連
在彼而坐尒時彼梵問目連言世尊
弟子頗有如汝有大威德神足者不
目連答言諸餘聲聞亦有如是威德
神足尊者目連即說偈言
牟尼弟子大羅漢　有大威德具三明
得盡諸漏知他心　能現神變化群生
如是聲聞甚衆多　是故汝今宜恭敬
時尊者目連說是偈已種種說法示
教利喜亦入是定從彼梵没還於祇
洹
如是我聞一時佛在拘尸那竭力士

告阿難曰汝可為我於雙樹間北首
敷座於時阿難受佛勑已於雙樹間
北首敷座既敷座已還至佛所頂礼
佛足在一面坐白佛言世尊我於雙
樹間北首敷座所作已竟尒時世尊
即從坐起往趣雙樹敷上北首右脇
而卧足足相累繫心在明起於念覺
先作涅槃想尒時拘尸那竭國有一
梵志名須跋陀羅先住彼國其年朽
邁一百二十時彼國中諸力士輩供
養恭敬尊重讚歎是阿羅漢時須跋
陀羅傳聞人說娑伽婆於今日夜當
入涅槃作是念言我於法中有所疑
惑唯有瞿曇必能解釋決我所疑作
是念已即出拘尸那竭往詣娑羅林
尊者阿難在外經行時須跋陀見阿
難已即詣其所白阿難言我聞他說
沙門瞿曇於今日中夜當入無餘涅
槃吾今須見諮決所疑阿難答言梵
志佛身疲惓汝今擾惱須跋陀羅白
阿難言我聞如來今日中夜入無餘
涅槃我昔曾聞宿舊仙言若如來至
真等正覺出現於世如優曇鉢花難

可值遇我有少疑思得諮決願聽我
見如是三請阿難答言莫擾惱佛尒
時世尊以淨天耳遥聞阿難遮須跋
陁不聽前進佛告阿難莫遮彼人聽
其前進隨意問難時須跋陁羅聞佛
慈矜聽令前進踊躍歡喜即至佛所
問訊已訖在一面坐白佛言世尊我
有少疑聽我問不佛言恣汝所問須
跋陁羅既蒙聽許白佛言世尊外道
六師種種異見富蘭那迦葉末迦梨
俱賒梨子阿闍耶毗羅坻子阿闍多
翅舍婆羅迦尼陁迦旃延尼乾陁闍
提子斯等六師各各自稱已為世尊
竟為實得一切智不尒時世尊即說
偈言
三十一出家　尒来過五十　推求諸善法
戒定行明達　一切諸世間　不知實方所
況知實法者　若修八正道　能獲於初果
乃至第四果　若不修八正　初果不可知
況復第四果　我於大衆中　說法師子吼
如此正法外　亦無有沙門　及與婆羅門
佛說是時須跋陁羅遠塵離垢得法
眼淨時須跋陁羅整𪗋多羅僧合掌

向佛白佛言世尊我今已得過三惡
道時須跋陁羅白阿難言善哉阿難
汝獲大利為佛弟子給侍第一我於
今者亦得善利於佛法中願得出家
阿難合掌白佛言須跋陁羅於佛法
中願樂出家尒時世尊即告須跋陁
羅善来比丘鬚髮自落法衣著身即
得具戒得具戒已即成羅漢須跋陁
羅即作是念我今不忍見於世尊入
般涅盤我當先入須跋陁羅即時先
入涅盤如来於後亦入涅盤尒時衆
中有一比丘而說偈言
雙樹入涅盤　枝條四遍布　上下而雨花
繽紛散佛上　所以雨花者　世尊入涅盤
釋提桓因復說偈言
諸行無常　是生滅法　生滅滅已
乃名涅盤
時梵主天復說偈言
世間有生類　捨身歸終滅　今者大聖尊
具足於十力　世尊無等倫　今入於涅盤
時尊者阿那律復說偈言
法主意止住　出入息已断　如来所成就
行力悉滿足　今入於涅盤　其心無怖畏

都捨於諸受　如油盡燈滅　滅有入涅盤
心意得解脫
時衆覩已身毛皆竪佛入涅盤始經
七日尒時阿難闍維如来右遶說偈
大悲梵世尊　體同真淨寶　有大神通力
火出自然身　千㲲用纏身　內外二不燒

別譯雜阿含經卷第六

校勘記

一 底本，金藏廣勝寺本。

一 三二五頁中一行經名及二行譯者，資、磧、普、南、徑、清無（因未換卷）。

一 三二五頁中二行譯者與三行「二誦第一」之間，諸本（不含石，下同）有大段經文金藏廣勝寺本原缺，今據麗藏本補録於卷末，即三三四頁上一行至三三六頁下六行「如是我聞……內外二不燒」，並校以資、磧、普、南、徑、清。

一 三二五頁中三行「二誦第一」，資、磧、普、南、徑、清無。

一 三二五頁中四行至三二九頁下一八行「佛在王舍城……奉行」，這部分經文資、磧、普、南、徑、清在卷第十三。

一 三二五頁中四行「竹林」，南作「林林」。

一 三二五頁中一六行「比丘」，諸本作「諸比丘」。

一 三二五頁下一二行「懊憹」，諸本作「懊惱」。

一 三二五頁下一四行「見修福者」，資、磧、普、南、徑、清作「於修福者」。

一 三二五頁下二一行「說時」，資、磧、普、南、徑、清作「說法時」。

一 三二六頁上九行「能令聽」，諸本作「能令聽者」。

一 三二六頁上一五行「上所說」，資、磧、普、南、徑、清作「上說」。

一 三二六頁中一行「患我」，磧、普、南、徑、清作「與我」。

一 三二六頁中八行「已家」，資、磧、普、南、徑、清作「我家」。

一 三二六頁下三行「始起」，諸本作「而起」。

一 三二六頁下五行「汝受」，諸本作「汝當」。同行「相導」，諸本作「指道」。

一 三二六頁下六行首字「照」，資、磧、普、南、徑、清作「詔」。

一 三二六頁下七行「常爲」，諸本作「我常爲」。

一 三二六頁下一二行「難荼」，磧、普、南、徑、清作「離荼」。

一 三二六頁下二〇行「尒止阿難」，資、磧、普、南、徑、清作「止尒阿難」。

一 三二七頁上一行「即往」，資、磧、普、南、徑、清作「即往詣」。

一 三二七頁上四行「爲決」，諸本作「欲決」。

一 三二七頁中七行「有罪」，磧作「本罪」。

一 三二七頁中一六行「我當」，諸本作「我常」。

一 三二七頁中末行「無暫定」，資、磧、普、南、清作「心無暫定」；徑作「心無蹔定」。

一 三二七頁下三行「見於」，諸本作「具於」。

一 三二七頁下二二行「常爲」，資、

磧、普、南、徑、清作「恒爲」。
一　三二八頁上一行「何以故」，資、磧、普、南、徑、清作「以何故」。
一　三二八頁中二〇行「如是事」，諸本作「如是事已」。
一　三二八頁下一七行「而往」，諸本作「而住」。
一　三二八頁下二〇行「善樂」，資、磧、普、南、徑、清作「喜樂」。
一　三二八頁下二一行第一二字「若」，資、磧、普、南、徑、清無。
一　三二九頁上一行「爲作」，資、磧、普、南、徑、清作「爲彼」。
一　三二九頁上二行「如是」，資、磧、普、南、徑、清作「作如是」。
一　三二九頁上三行「救濟」，資、磧、普、南、徑、清作「救拔」。
一　三二九頁中八行「功德」，資、磧、普、南、徑、清作「得道」。
一　三二九頁中九行「佛齊」，普作「佛濟」。
一　三二九頁中二二行末字「却」，資、磧、普、南、徑、清作「祛」。
一　三二九頁下七行至一三行「若我……日月」，南無。
一　三二九頁下一九行至三三三頁下一八行「如是我聞……外道法損壞」這段經文，資、磧、普、南、徑、清在卷第十四。
一　三三〇頁上一九行「樂悦心」，資、磧、普、南、徑、清作「悦」。
一　三三〇頁上二一行第一〇字「子」，徑、清無。
一　三三〇頁中四行及一一行「日漸」，資、磧、普、南、徑、清作「日新」。
一　三三〇頁中八行末字「願」，麗無。
一　三三一頁上六行「於道」，諸本作「行道」。同行「而此」，資、磧、普、南、徑、清作「而與」。
一　三三一頁上九行「徒從」，磧、普、南、徑、清、麗作「徒衆」。
一　三三一頁中二行末字「身」，資、磧、普、南、徑、清無。
一　三三一頁中六行「稚小兒智」，資、磧、普、南、徑、清作「稚小無智」。同行「稱如」，諸本作「猶如」。
一　三三一頁中九行「當歸依」，資、磧、普、南、徑、清作「我當歸依」。
一　三三一頁中一四行「麁垢」，諸本作「塵垢」。
一　三三一頁中一五行「鈎剴」，資、磧、普、南、徑、清作「鈎斵」。
一　三三一頁中二一行「即使」，諸本作「即便」。
一　三三一頁下三行第九字「我」，資、磧、普、南、徑、清作「我時於彼遇值世尊」。
一　三三一頁下一八行第四字「尒」，諸本無。
一　三三一頁下末行「法儀」，資、磧、普、南、徑、清作「法義」。
一　三三二頁上八行第六字「買」，諸本無。
一　三三二頁上一〇行「牒衣」，磧、普、南、徑、清作「揲衣」。
一　三三二頁上一五行「能受之」，諸

本作「我能受之」。同行「即受」，資、磧、普、南、徑、清作「即授」。

一三三二頁上二二行「治佛」，諸本作「持佛」。

一三三二頁中五行「其爲」，諸本作「甚爲」。

一三三二頁下五行「復言」，磧、普、南、徑、清作「言」。

一三三二頁下一五行「不能」，麗作「不引」。

一三三三頁上八行「亦愛」，麗作「愛亦」。

一三三三頁上九行「如來」，資、磧、普、南、徑、清作「如是」。

一三三三頁中七行「損減」，諸本作「損減乃至相似金出如來正法亦復如是漸漸損減」。

一三三三頁中一三行「比尼說言比尼」，資、磧、普、南、徑、清作「比丘說言比丘」。

一三三三頁中二一行「不至心」，諸本作「不能至心」。

一三三三頁下二行第三字「心」，資、磧、普、南無。

一三三三頁下一五行「教法」，麗作「教授」。

一三三三頁下一七行「負勝無信」，資、磧、普、南、徑、清作「負勝無住」；麗作「角勝無信」。

一三三三頁下末行「卷第六」，資、磧、普、南、徑、清作「卷第十四」。

一三三四頁上七行「鸛雀」，資、磧、普、南、徑、清作「鶴雀」，下同。

一三三四頁上九行「不觀我」，南作「不觀義」。

一三三四頁下一六行第八字「提」，資、磧、普、南、徑、清作「捉」。

一三三五頁上一行「還祇洹」，資、磧、普、南、徑、清作「還于祇洹」。

一三三五頁上一七行「現於」，資、磧、普、南、徑、清作「在於」。

一三三五頁中三行「天身」，磧、普、南、徑、清作「大身」。

一三三五頁中末行「力士」，資、磧、普、南、徑、清作「力士生地娑羅林（資作「地娑羅林」）中尒時如來涅槃時到」。

一三三五頁下一一行第八字「是」，資、磧、普、南、徑、清作「謂是」。

一三三五頁下一六行，次頁上三行末二字至四行首字「須跋陁」，資、磧、普、南、徑、清作「須跋陁羅」。

一三三六頁上一四行「竟爲」，資、徑、清作「意爲」。

一三三六頁中一三行「四遍布」，資、磧、普、南、徑、清作「遍四布」。

一三三六頁中二一行「止住」，磧、普、南、徑、清作「正住」。

別譯雜阿含經卷第七　不

失譯人名今附秦録

二誦第二

尒時世尊在王舍城迦蘭陁竹林時彼城中有伎人主号日動髮往詣佛所到佛所巳頭面礼足却坐一面而作是言瞿曇我於昔者曽從宿舊拪老伎人邊聞於伎塲上施設戲具百千万人皆来觀看彈琴作倡鼓樂絃歌種種戲笑所作訖巳命終之後生光照天如是所說為實為虛佛告之曰止止汝今莫問是事時彼伎主第二第三亦如是問佛恙不荅尒時如来語伎主言我今問汝隨汝意荅若有伎人於伎塲上施設戲具彈琴作倡鼓樂絃歌以是事故百千種人皆恚来集如此諸人本為愛欲瞋恚愚癡之所纒縛復更造作放逸之事豈不增其貪恚癡耶辟如有人為繩所縛以水澆之逾增其急如是諸人先為三毒之所纒縛復更於彼伎塲之上作倡伎樂唯當增其三毒熾盛如是伎主汝為斯事命終得生光照天者無有是處若有人計於伎塲上作衆伎樂命終生於光照天者我說是人名為邪見邪見之果生於二處若墮地獄或墮畜生佛說是巳時彼伎主悲泣墮淚佛告伎主以是因縁故汝三請我不為汝說尒時伎主白佛言世尊我今不以聞佛語故而便涕泣我愍如斯諸伎人等癡愚無智所作不善彼於長夜作如是見於未来世當受大苦常被欺誑為人所輕若有伎人作如是言於伎塲上作倡伎樂命終生彼光照天者如是之言名大妄語若以此業生光照天無有是處世尊我從今日更不造彼如是惡業佛即告言汝今真實於未来世必生善處尒時伎主及諸比丘聞佛所說歡喜奉行

如是我聞一時佛在王舍城迦蘭陁竹林時彼城中有善鬪將為聚落主往詣佛所頂礼佛足問訊巳訖在一面坐白佛言世尊我於昔者曽從宿舊耆老邊聞若欲戰時要當莊嚴所

持器仗牢自防護勇猛直進無有怯弱能破前敵傷殺物命使餘軍衆皆恚退散作是事巳命終得生箭注嚴天彼時鬪將作如是問佛告之日止不須說汝於今者所問義趣甚為不善第二第三亦如是問佛復告言汝巳慇懃三問於我汝若能受當為汝說諸有戰者牢自莊嚴善知鬪術審為陣首勇猛前進如是戰將豈不作意方便欲得傷害彼諸軍衆作是念言云何當繋縛於彼傷害於彼令其壞盡寧可不生如是念耶戰將汝於衆生所起三邪惡業何等名為三邪惡業所謂即是身口意也若以如是三不善業身壞命終得生天者無有是處戰將汝今若如是見者即是邪見邪見之業必生二處或在地獄或墮畜生尒時鬪將聞佛語巳悲泣流淚佛復告曰我以是故三請不說今為汝說何故涕泣時彼鬪將白佛言世尊我不為聞是說故而生悲惱憐愍諸鬪戰者長夜愚闇癡無智所作不善常為此事於未来世當受大

若如是惡業而實不得生於天中若以此業而生彼前莊嚴天者實無是處世尊我從今更不作於如是邪見佛即讚言善哉善哉汝所說者甚為希有尒時闘將聞佛所說頂礼還去

如是我聞一時佛在王舍城迦蘭陀竹林尒時善調馬師聚落主往詣佛所頂礼佛足在一面坐佛告調馬師曰以幾因緣令馬得調馬師言瞿曇以三事故能令馬調一者一向須濡二者一向須麁三者亦濡亦麁佛語之言若斯三事不能調者復當云何馬師對曰打令命終馬師即言瞿曇汝為無上調御之師調丈夫時以幾事調佛言我亦以三事調御一須濡語二者麁語三者不濡不麁而得調伏云何名為一向須濡如佛告比丘汝若修三業善者獲善果報此是天此是人是名一向以濡而得調伏云何名麁如說三惡道此是身口意業造惡果報云何名為麁而濡說身口意有諸善業得生人天此是身口意善所獲果報亦說身口意有諸惡業當

墮三塗斯亦身口意所獲果報是則名為亦麁亦濡而調衆生馬師白佛若以此三不調伏者當云何調佛告之曰與其切言若不調者深加毀害馬師對曰今汝沙門常說不煞云何言害佛言馬師如是如是言如來者實不應殺所不應作如來世尊以此三事用調衆生若不調者終不與語亦不教誨亦不指授佛告馬師於汝意云何如來若不教授說不與語設不指授如是者則名毀害是真毀害馬師對曰實尒瞿曇如來若當不與其語不教授法實成毀害甚於世害馬師復言瞿曇我自今已後當斷毀害更不造惡佛即讚言馬師如汝所說實為真正尒時馬師聞佛所說歡喜頂礼而去

如是我聞一時佛在王舍城迦蘭陀竹林時聚落主名曰惡性往詣佛所頂礼佛足在一面坐即白佛言世尊如世有人無所修集惱觸於他作惱觸語是故諸人咸稱其人名為極惡佛告聚落主設有一人惱觸於彼作

惱害語出惱語故令他瞋忿以是之故名為惡性不修正見正業正語正命正念正方便正志正定不修正定故惱觸於彼以惱觸故極生瞋忿以瞋忿故出瞋忿語出瞋語故名為惡性時村主言希有瞿曇實如所言以惱觸故實名惡性我以不修正見故為彼觸惱以惱觸故稱我惡性一切世人咸皆稱我以為惡性從是已來名為惡性村主復言瞿曇云何得不惱觸無惱觸故得無惱語雖復為彼之所惱觸不惱於他雖復為彼之所惱語而不惱語以惱於彼雖為他惱不生心惱以不惱故世人咸稱能忍善者亦復於彼生忍善想若如是者能修正見修正見故正業正語正命正志正方便正定正念修正定故為他所觸而不生惱不生惱故名為忍善村主言希有瞿曇所說甚善實如所言我以不修正見故為他所惱為他惱故出惱觸言是以世人稱我惡性皆生惡想故名惡性不修八正道故為他所觸出惱觸語遂至瞋忿有是

想故世人稱我以為悪性村主言瞿曇我從今已後如是悪性卒暴我㥀凶險我當捨棄佛讃之曰汝若如是實為甚善時彼村主聞佛所說歡喜頂礼而去

尒時有聚落主名如意珠頂髮往詣佛所頂礼佛足在一面坐即白佛言世尊我於往日在王宮殿與諸輔相共一處坐群臣眷屬評議講論所謂作沙門者為得捉於錢寶以不得捉金不時彼衆中有一人言縱令捉者竟有何過應當得捉有一人言不應得捉沙門釋子不捉金寶世尊如是二語為得名為稱法而說為不稱說若作斯語非為毀佛非過言耶為是佛說為非是乎佛告聚落主若作是說斯名謗我為不稱說名為過說然我所說實不同彼何以故為比丘者沙門釋子法不應捉金等錢寶若捉金等錢寶彼非沙門釋子之法佛之教法轉勝端嚴佛如是說為比丘者不應捉於金等錢實設有捉者非沙門法村主言我於彼時於大衆中亦

作是說沙門釋子實不應捉金等錢寶若有捉者宜應自恣放逸五欲時彼村主聞佛所說頂礼而去當於尒時阿難比丘侍立佛側以扇扇佛佛告阿難曰汝可呂諸比丘依此王舍城而住止者盡集講堂尒時阿難奉佛教已如佛所命勑諸比丘盡集講堂時諸比丘各来集已阿難詣佛頂礼佛足在一面坐白佛言世尊諸比丘僧依王舍城迦蘭陁竹林者皆来集在講堂之中唯願世尊宜知是時尒時世尊即往講堂於衆僧前敷座而坐佛告比丘有如意珠頂髮聚落主来至我所頂礼我已而作是言我於往日在王宮殿與諸輔相共議講論沙門之法為應捉持金等錢寶為不捉耶時彼衆中有一人言假令沙門捉持錢寶及金銀等有何過咎但捉無苦復有人言沙門之法法不應捉金等錢寶如斯二人其語不同此二人言何者稱法我即答言沙門釋子不應捉持金等錢寶時聚落主而作是言我於昔時於彼衆中亦作是語

如斯沙門得捉金等及以錢寶亦應恣令受於五欲時彼村主聞我所說歡喜而去佛告諸比丘汝等當知彼如意珠頂髮聚落主於衆人前作師子吼言沙門法不應受取金銀錢寶汝諸比丘從今已後若有所須欲捉之者當作草木及捉糞想寧捉糞穢不捉寶物時諸比丘聞佛所說歡喜頂礼而去

如是我聞一時佛在瞻波國竭城祇池岸時聚落主号王頂髮来詣佛所頂礼尊足在一面坐佛告之曰此世間中多有衆生依二種法一貪欲樂二名習於無益身事非聖之法徒受無益損减習於欲樂是名下賤繫累之法受欲樂者凡有三種云何為三一者聚非法財殘害物命自樂已身而為已身作正樂因此亦不名供養父母亦不名與妻子及其僮僕亦非親友知識眷屬輔弼己者亦復不名為供養供給沙門婆羅門諸福田等若如是者不脩上道不作樂因不得樂報是名第一欲樂設受欲樂或時如

法或不如法或為殘害或不殘害以樂已身安樂父母妻子僮僕親友眷屬輔弼已者悉皆供養供給與正安樂然不施與沙門婆羅門及諸福田亦復不修正道不作樂因不求樂報不作生天因緣是名第二欲樂佛復告聚落主若有集於財寶如法而聚而為殘害以如法故不造殘惡故修自已身正受其樂亦名正理供養父母及與妻子僮僕親友眷屬輔成已者皆名正與安樂正事給養時時供養沙門婆羅門修立福田修於上道種於樂因求樂果報作生天因緣是名第三受於欲樂我今為諸受欲樂者皆悉同說設受欲樂我說下賤設受欲樂我說為中設受欲樂我說為上何者下賤非法聚財又不非法聚財自樂已身而為已身作正樂因此亦不供養亦不名與妻子僮僕親友眷屬亦不隨時供養沙門婆羅門諸福田等不修上道不作樂因不得樂報不作生天因緣是名為下何等名中設受欲樂或時如法或不如法或

為殘害以自樂身亦復安樂父母妻子僮僕親屬乃至不作生天因緣是名為中云何名上所謂如法聚財不作殘害身正受樂正理供養父母及與妻子僮僕親友乃至能作生天因緣是名為上何等無益三種苦身所謂苦非聖法無有義利若有苦身心已變壞初犯禁戒身心內外一切俱熱追念此事無時暫離現在之世不離煩熱終不能得過人之法是名初無益苦身法若復有人雖不犯戒心亦不變然復稱於身心二業內外俱適修學是事現在之世不離煩惱終不能得過人之法是名第二無益苦身復次若更有人雖不犯戒心不變異然復稱於身心二業內外俱適修念此事現在之世不離惱熱有少增進過人之法或得少智或得見法或少禪定是名第三無益苦身聚落主我亦不說無益苦行都為一種有一苦行名為下品復有苦行名為中品又有苦行名為上品云何名下初毀戒時心已變壞身心內外一切俱熱

追念此事無時暫離於現在世不離煩惱終不能得過人之法是名為下云何名中若復有人雖不犯戒心亦不變然復稱於身心二業內外俱適修學此事於現在世不離惱熱亦不能得過人之法是名為中云何名上若更有人雖不犯戒心不變異然復稱於身心二業內外俱適修學此事於今現在不能永斷一切煩惱有少增進過人之法或得少智或得見法或觸禪樂是名為上為聚落主除是二邊趣向於道所謂三種欲樂及以三種無益苦身趣向中道何等名為捨於三種欲樂之事及以三種無益苦身向中道耶聚落主貪染欲樂惱害自身亦惱害他自他俱害現集諸惡於當來世亦集諸惡以此因緣心煩悲憂受諸苦惱設盡欲結亦無自苦亦不苦他亦復無有自他之苦現在之世不集諸苦於未來世亦復不集一切衆苦以是義故得現法樂離衆惱熱不擇時節得近涅槃於現在世能得道果智者自知明了無滯不隨

他教是名初中道聚落主復有中道離於惱熱不擇時節得近涅槃智者自知不隨他教所謂正見正語正業正命正定正方便正志正念是名第二中道說是法時王頂髮聚落主遠塵離垢得法眼淨尒時王頂髮聚落主知法見法得法度疑彼岸離於疑惑不隨他教不受異見於佛法中得自在辯即從坐起整衣服合掌向佛白佛言世尊我於今日已得出過歸依於佛亦復歸依法僧二寶我持優婆塞戒從今盡壽歸依三寶尒時王頂髮聚落主聞佛所說歡喜踊躍頂礼而去

尒時世尊遊行於末牢村邑漸次至於優樓頻螺聚落在鶵䳇闍無果林中時驪姓聚落主遥聞世尊遊末牢邑至優樓頻螺聚落鶵䳇闍無果林作是思惟我聞世尊瞿曇所說之法能滅現在一切苦習我亦欲滅現在一切苦習宜應詣彼聽斯妙法彼或為我說於盡滅苦習之道時彼驪姓思惟是已即出聚落往世尊所頂礼

佛足在一面坐白佛言世尊我聞如來所說之法能滅衆生現在苦習善哉世尊垂哀矜愍願為敷演現在能滅苦習之義尒時世尊即告之曰我若為汝說於過去曾更無量衆苦滅苦習法汝或時信或不信或樂不樂我今亦欲為汝說於未来無量衆苦滅苦習法而汝或信或不信或樂不樂佛復告曰我於今者即於此處為汝說於滅苦習法汝當諦聽至心受持諸有衆生起小苦處而此苦中種種差別是等衆苦因欲而生皆習於欲欲為根本欲為因緣時聚落主復白佛言善哉世尊今我根鈍不解略說唯願垂愍廣演斯義令我開悟佛復告言今我問汝隨所樂荅此優樓頻螺聚落中所有民衆假設有人盡繫縛之加諸罵辱皆悉斬戮汝頗於中生苦惱不聚落主言雖復憂惓不必一向生大苦惱復白佛言世尊此優樓頻螺聚落之中是我愛者則能生我憂悲苦惱心不悦豫非我愛者非我所欲非我所念於斯等邊我則

無有憂悲苦惱佛告之曰聚落主是故當知一切種種苦惱之生皆由於欲欲恚因於欲欲為根本佛復告言聚落主於汝意云何若汝子未生未依於母未見聞時頗於彼所有欲親昵愛念心不對曰無也佛復告言汝子依母而生長已汝若見時頗生欲親愛念以不對曰實尒佛言汝子依母生已漸大設當敗壞王賊劫奪若如是者汝生苦惱憂悲念不聚落主曰若遭是事當于尒時我心愁毒若死若近死况復不生憂悲苦惱佛復告言是故當知一切種種苦惱之生皆因於欲恚從欲生欲為根本聚落主言希有世尊所說甚善巧為方喻復白佛言我子設當在于遠處遣使往看使若還遲我與其母心意不安怪使遲晚我子將不平安耶佛言聚落主是故當知衆生苦惱種種憂悲皆因於欲由欲而生欲為根本假使四愛敗壞變異便生四種憂悲苦惱若三亦皆生於憂悲苦惱若有一愛便生一憂悲苦惱若無愛者是則無有

憂悲苦惱離於塵垢如池蓮華不著
於水說是法時驢姓聚落主遠離塵
垢得法眼淨見法得法解法知法度
疑離惑不從他心不趣異道於佛教
法獲得辯力即從坐起整衣服合掌
白佛而作是言世尊我已出離歸依
三寶從今日夜為優婆塞盡我形壽
生清淨信聞佛所說歡喜頂禮而去
諸比丘聞佛所說歡喜奉行
尒時世尊與千二百五十大比丘僧
千優婆塞五百乞兒而自圍遶遊行
摩竭提國從一聚落至一聚落從城
至城乃至到彼鄰羅健陁城賣疊園
林於中止住時閑口姓聚落主是尼
乹陁弟子聞佛在摩竭提遊乃至是
中到此園林作是念言我當往白師
尼乹陁然後往詣瞿曇邊時閑口姓
即往尼乹陁所頂礼其足在一面坐
時尼乹陁即告之言汝能以二種論
難瞿曇不如兩鐵鉤鉤取於魚既不
得吐又不得嚥斯二種論亦復如是
能令於彼不得吐嚥聚落主言唯願
教我我當往問何等二論能令瞿曇

不得吐嚥尼乹陁言汝詣彼所如我
辭曰汝今瞿曇頗欲利益諸家不若
不利益與諸凡愚有何差別若言利
益汝今云何將千二百比丘千優婆
塞五百乞兒從一聚落至一聚落從
城至城破壞諸家所經之處為汝踐
蹈摧壞傷毀如雹害禾是名破壞非
為利益尒時閑口受其教已詣賣疊
林往詣佛所粗相問訊在一面坐即
白佛言瞿曇汝今寧可不欲增長利
益於諸家耶汝豈不常讚嘆增長利
益者乎佛告之曰我於長夜恒欲增
長利益之法時聚落主而作是言汝
若利益何故今者於飢饉世與千二
百比丘千優婆塞五百乞兒俱從一
聚落至一聚落從城至城破壞諸家
斯非增長利益之法所為損減如雹
害禾汝壞人民亦復如是佛告之曰
我憶九十一劫已來無有一家以熟
食施而致損減汝今且觀一切諸家
多饒財寶眷屬僮僕象馬牛羊是富
基業有不從施而得者不盡從施我
獲斯果報有八因緣能壞諸家若為

王賊所侵為火所燒大水所漂失所
伏藏生於惡子不解生業威逼用財
惡子無理用於財貨一切世人皆云
八事能破居家我今更說第九之破
言第九者所謂無常離是九種外言
沙門瞿曇能破諸家無有是處若棄
如是九種因緣言沙門瞿曇能破諸
家不增長者無有是處不捨是語不
捨是欲如斯等人猶如拍毱必墮地
獄時閑口姓聚落主聞是語已心生
驚怖憂惱猒惡身毛為竪起礼佛足
歸命於佛而作是言我今誠心向佛
懺悔我甚愚癡猶如嬰兒所作不善
今於佛前虛妄不實下賤妄語唯願
忿愍聽我懺悔佛告之曰知汝至心
汝實知罪實知愚癡猶如嬰兒所作
不善汝於如來阿羅呵作大虛妄鄙
賤之業今自知罪誠心懺悔善法增
長惡事退滅我今愍汝受汝懺悔令
汝善法增長常不退失時閑口姓聚
落主聞佛所說歡喜頂礼而去
如是我聞一時佛在鄰羅乹陁城賣
疊林中尒時閑口姓聚落主而作是

念我今欲見沙門瞿曇不見我師尼乹陀者不得往彼即時往詣尼乹陀所頂礼其足在一面坐時尼乹陀即告之曰今我教汝作二種難令彼瞿曇既不得吐又不得嚥閉口娃即問之曰阿闍梨以何二難能令瞿曇不得吐嚥復告之曰汝當往詣彼瞿曇所作如是言汝可不為利益安樂一切衆生汝亦讚嘆利益安樂一切衆生之法若言不為利益安樂一切衆生與世凡愚有何差别若言我欲利益安樂衆生何不一切等同說法云何而有不為說者時聚落主受其教已往詣佛所粗相問訊在一面坐即白佛言汝實不欲利益安樂諸衆生耶豈不常讚如是法乎佛告之曰我於長夜常欲利益一切衆生亦恒讚嘆如是之法閉口娃言若如是者何不為諸衆生等同說法有不說者佛告之曰我今問汝隨所樂荅譬如世人有三種田有一上田良美沃壤墽為上好第二田者適處其中好第三田者曠野邊遠沙鹵鹹惡有諸田夫

先於何田而下種子閉口娃言為利益者先種良田望獲大利佛告之言若良田盡次種何田閉口娃言次種中者種中田已次種下田亦復擲子亦望後時少有所獲佛告之曰欲知上田如我弟子諸比丘比丘尼我為說法初中後善成於已利句義微妙滿足利益具足清白顯發梵行彼比丘比丘尼聽我法已依止我住歸依於我依憑於我我為舟主而濟渡之我為開眼令得視瞻住於安樂彼等聞已各作是言佛為我說我等咸當盡心脩行便於我等長夜利益得義得樂彼中田者如我弟子優婆塞優婆夷我為說法初中後善成就已利句義微妙滿足利益具足清白顯發梵行彼優婆塞優婆夷聽我法已依上於我歸依於我依憑於我我為舟主而濟渡之我為開眼令得視瞻住於安樂彼等聞已各作是言佛為我說我等咸當至心脩行便於我等長夜利益得義得樂欲知下田沙鹵惡者如諸外道我亦為說初中後善乃

至顯發梵行彼諸外道各能聽受隨其所樂乃至一句解其義趣亦為彼等於長夜中救濟利益得義得樂時閉口娃聞佛所說而作是言希有瞿曇善說美喻佛告之曰為成斯義更說譬喻如世人有三種瓫有一水瓫堅完不損無有孔裂亦無滲漏其第二瓫亦完不破無有孔裂少有滲漏第三瓫者亦破亦漏彼人注水應先何器對曰先於不破漏者完器滿已注第二器其第二器雖完不破然小滲漏佛復告言滿是瓫已更注何處其第三瓫雖復漏破亦應注水為未漏間暫得用故其第一瓫喻我弟子諸比丘比丘尼我為說法乃至令其得義得樂其第二瓫喻我弟子諸優婆塞優婆夷我為說法乃至得義得樂其第三瓫喻諸外道我為說法若少聽受乃至令其得義得樂時閉口娃聚落主聞佛所說心生驚怖憂愁猒惡身毛為竪起礼佛足而作是言我今誠心向佛懺悔我甚愚癡猶如嬰見所作不善面於佛前虛妄不實

下賤妄語唯願哀愍聽我懺悔佛告
之曰知汝至心汝實知罪實知愚癡
猶如嬰兒所作不善汝於如來阿羅
呵所虛妄下賤作斯妄語汝今知罪
誠心懺悔善法日增惡事退減今我
愍汝受汝懺悔令汝善法增長常不
退失時聞口姓聚落主聞佛所說歡
喜奉行頂礼而去
如是我聞一時佛住郍羅健陁城貴
疊林中尒時結集論者聚落主作是
思惟我今不應往見尼乹當到佛所
作是念已尋往詣佛問訊已訖在一
面坐尒時佛告結集論者聚落主彼
尼乹陁若提之子為諸弟子說何等
法時聚落主白佛言世尊彼尼乹陁
常作是說若作煞業隨煞時多必墮
惡趣入于地獄偷盜邪婬及妄語等
亦復如是隨作時多必墮地獄尒時
世尊告聚落主若如尼乹之所說者
衆生都無墮隨惡趣入于地獄所以
者何如尼乹說若作煞業隨煞時多
必墮惡趣入于地獄偷盜邪婬及妄
語等亦如是者一切衆生煞生時少

不煞時多若以時多入地獄者煞生
時少不煞時多是故不應墮惡趣中
入于地獄偷盜邪婬及妄語等亦復
如是作業時少不作時多悉皆不應
墜墮惡趣入于地獄佛復告聚落主
如汝說者都無有人入於地獄時聚
落主即白佛言實尒瞿曇佛復告聚
落主世間若有教導者出能善量有
慧分別在思量地以己言辯才是凡
夫地為諸弟子說如是法若煞生者
盡墮惡道入于地獄隨作業時多以
是多業牽入地獄盜竊邪婬并妄語
時亦復如是隨作業時多墮於惡趣
入于地獄其諸弟子專心信樂彼師
所說至心受持作如是言我教導主
知彼前境見彼所見此諸弟子復有
弟子而語之言我教導主作如是說
若有煞生時隨煞時多墮於惡趣入
于地獄彼孫弟子作是念言我先煞
生必墮地獄偷盜邪婬及妄語時必
隨惡道入於地獄因此作見即得是
見是名邪見不捨是見不解疑惑不
悔所作惡業之因而猶常作如是惡

業心不肯改不能滿足心所解脫亦
不滿足慧解脫亦不滿足以心解脫
慧解脫不滿足故誹謗賢聖謗賢聖
故即是邪見佛復告聚落主設有一
人作是邪見墮在惡道入於地獄一
切衆生皆有因緣染汙心垢以是緣
故一切衆生得業結使設有佛出如
來應正遍知阿羅呵三藐三佛陁佛
以種種因緣呵於煞生偷盜邪婬及
妄語等亦復如是兼讃嘆彼勝法有
決定信解復白佛言我之世尊真實
知見種種說法令我得與弟子說如
是法種種因緣呵責煞生讃嘆不煞
生種種因緣讃不妄語不邪婬不偷
盜我於昔時已曾煞生偷盜邪婬及
妄語等我以此因緣常自悔責雖自
悔責而得名為不作罪業是故深自
悔責如是惡業以懺悔故皆除疑悔
增進善業更不煞生偷盜邪婬及
妄語等悔責先造後更不作種種惡
業以是之故心得滿足而獲解脫亦
能滿足慧解脫心慧滿故不謗賢聖
不謗賢聖故便得正見佛告聚落主

以能修於正見緣故身壞命終得向
善趣生于天上以能懺悔正見之故
能淨一切衆生之心亦能淨於衆生
結業煩惱罪垢賢聖弟子得聞此事
即時修學若時及時分時分中間
中間晝夜已過如是時中為煞時多
不煞時多以義推之煞生時少不煞
時多我於彼時故作煞生我實不善
所作非理我從今已後更不復煞我於
一切更不生嫉更不生恨亦不生嫉
深生歡喜生歡喜故深生愛樂生愛
樂故深得猗樂深猗樂故得受於樂
以受樂故其心得定賢聖弟子心得
定故得與慈俱與慈俱故無恚嫉恨
得於無嫉其心廣大志趣弘博無量
無邊善修慈故於彼東方一切衆生
都無怨嫉南西北方四維上下亦復
如是於一切世界普生慈心作是意
解當修立如是善心於善中住尒時
世尊取地少土置於爪上問造論姓
聚落主言大地土多爪上土多聚落
主言爪上之土極為尠少不可方喻
大地之土百分千分千億分不得比

喻共相挍量佛告聚落主所有罪業
如爪上土大地之土筭數譬喻不能
量度聚落主言如是如是惡業挍量
可知如是少業不能牽人令墮惡道
亦不能住亦不可計夫行慈者所得
功德如大地土煞生之罪如爪上土
悲之功德如大地土偷盜之罪如爪
上土喜之功德如大地土邪婬之罪
如爪上土捨之功德如大地土妄語
之罪如爪上土如來分別如是法時
造論姓聚落主聞佛所說遠塵離垢
得法眼清淨得法證法見法知法得
法邊際度諸疑惑不隨他信尋得已
辦即起離坐整衣合掌白佛言世尊
我已得度我已得度令歸依佛歸依
法僧為優婆塞盡其形命信心清淨
聚落主復白佛言世尊譬如為利養
故作於惡罵日日轉惡尚失已財况
復得利我亦如是為得利故親近愚
癡不善尼乾我以狂惑親近於彼供
養恭敬我於彼所不得善利為其所
陷將墮地獄世尊拔我得離惡趣今
重歸佛法僧我盡形壽為優婆塞我

先於彼愚癡尼乾所有信心愛念恭
敬悉皆捨棄我今第三亦重歸依佛
法僧寶盡我形壽為優婆塞不生不
信時造論姓聚落主聞佛所說歡喜
頂禮而去

動搖及鬪諍　調馬與惡性　頂髮并牟尼
王髮及驢姓　飢饉與種田　說何論為十

別譯雜阿含經卷第七

甲辰歲高麗國大藏都監奉
勅雕造

別譯雜阿含經卷第七

校勘記

一　底本，麗藏本。

一　三四〇頁上一行經名「卷第七」，諸本(不含[石]，下同)作「卷第十五」。卷末經名同。

一　三四〇頁上二行譯者，[資]、[磧]、[普]作「失譯今附秦録」；[南]、[徑]、[清]作「失譯人名附秦録」。

一　三四〇頁上三行「二誦第二」，諸本無。

一　三四一頁上一三行「命終」，諸本作「命絶」。

一　三四一頁上二一行「麁而濡説」，諸本作「亦麁而輭」。

一　三四一頁中一四行「今已後」，諸本作「今後」，下同。

一　三四一頁下一行「令他瞋忿」，諸本作「設令他瞋」。

一　三四一頁下一一行「雖復」，諸本作「佛告聚落主雖復」。

一　三四二頁上一〇行「錢寳」，[徑]作「財寳」。

一　三四二頁上一七行第六字「爲」，諸本無。

一　三四二頁上二〇行「彼非」，諸本作「非彼」。

一　三四二頁上末行及中末行「我於」，[徑]作「我以」。

一　三四二頁中二行首字「寳」，[徑]作「財」。

一　三四二頁中四行「佛佛」，諸本作「佛」。

一　三四二頁中六行「住止」，諸本作「依止」。

一　三四二頁中九行「在一面坐」，[徑]作「在一面立」。

一　三四二頁下一七行「殘害物命」，諸本作「殘物害命」。

一　三四三頁上七行「財寳」，諸本作「財果」。

一　三四三頁上八行「而爲」，諸本作「不爲」。同行末字「修」，諸本作「能」。

一　三四三頁中三行「所謂」，諸本作「所説」。

一　三四三頁中二一行首二字「苦行」，[磧]、[普]、[南]、[徑]、[清]作「名行」。

一　三四三頁下一八行「悲憂」，諸本作「悲擾」。

一　三四四頁上一一行「二寳」，[普]、[南]、[徑]作「三寳」。

一　三四四頁中五行末字至次行首字「滅苦」，諸本作「滅苦滅苦」。

一　三四四頁下二一行「苦惱」，諸本作「苦惱苦惱」。

一　三四五頁上三行「解法」，諸本無。

一　三四五頁上二〇行「兩鉀鈎鈎取」，[資]作「兩鐍鈎釣取」；[磧]、[普]、[南]、[徑]、[清]作「兩鑷鈎釣取」。

一　三四五頁中九行「往詣」，諸本作「往至」。

一　三四五頁下一六行「實知愚癡」，[徑]、[清]作「實如愚癡」。

一　三四六頁上五行末字「問」，[南]作

「告」。

一　三四六頁中一三行及二一行「便於」，諸本作「使於」。

一　三四六頁下七行「涂漏」，資作「淋漏」。

一　三四六頁下一二行第三字「佛」，磧作「使」。

一　三四七頁中四行「作業」，諸本作「隨作業」。

一　三四七頁中八行「善量」，諸本作「善思量」。

一　三四七頁中一九行第五字「孫」，諸本作「諸」。

一　三四七頁下一九行「增進」，諸本作「增長」。

一　三四七頁下二二行「滿故」，諸本作「滿足故」。

一　三四八頁中一二行「清淨」，諸本作「淨」。

一　三四八頁中一八行「作於」，徑、清作「於作」。

一　三四八頁中一九行首字「復」，南作「後」。

一　三四八頁下七行「驢姓」，諸本作「驢性」。

別譯雜阿含經卷第八　不

失譯人名今附秦録

如是我聞一時佛在舍衛國祇樹給孤獨園時有一天光色倍常於其夜中來詣佛所禮佛足已在一面坐時此天光甚為熾盛普照祇洹悉皆大明尒時此天却坐一面而說偈言

住阿練若處　寂滅修梵行　日常食一食
顔色極和悅

尒時世尊復說偈言

不愁念過去　亦不求未來　現在正智食
裁欲為存身　欲於未來世　追念過去事
六情皆怡悅　是以顔色和　如新生茅華
翦之置日中　凡夫自燋乾　其事亦如是

天復說偈讃言

往昔已曾見　婆羅門涅槃　久捨於嫌畏
能度世間愛

尒時此天說此偈已歡喜還宮

如是我聞一時佛在舍衛國祇樹給孤獨園時有一天光色倍常於其夜中來詣佛所禮佛足已在一面坐時此天光甚為熾盛普照祇洹悉皆大

明尒時此天却坐一面而說偈言

諸有憍慢人　終不可調習　詐現修禪定
放逸在空林　由是放逸故　不能度死岸

尒時世尊復說偈言

捨憍常入定　別想盡知法　一切處解脫
不放逸空林　由不放逸故　能度彼死岸

天讃偈言

往昔已曾見　婆羅門涅槃　怖畏久棄捨
能度世間愛

尒時此天說此偈已歡喜還宮

如是我聞一時佛在舍衛國祇樹給孤獨園時有一天光色倍常於其夜中來詣佛所禮佛足已在一面坐時此天光甚為熾盛普照祇洹悉皆大明尒時此天却坐一面而說偈言

云何於晝夜　福業常增長　如法而持戒
何人趣天道

尒時世尊復說偈言

種植園苑林　洪流置橋船　曠野造好井
要路造客舍　是人於日夜　福業常增長
正法淨持戒　如是趣天道

天讃偈曰

往昔已曾見　婆羅門涅槃　嫌怖久棄捨

能度世間愛
尒時此天說此偈已歡喜還宮
如是我聞一時佛在舍衛國祇樹給
孤獨園時有一天光色倍常於其夜
中来詣佛所時此天光甚為熾盛遍
照祇洹悉皆大明尒時此天却坐一
面而說偈言
云何得大力　并獲於妙色　施何得安樂
何緣得淨眼　云何一切施　願為我說之
尒時世尊以偈答曰
施飲食得力　施衣得威色　施乘得安樂
燈明得淨目　屋宅一切施　如法教弟子
能作如是施　是名施甘露
天讚偈言
往昔已曾見　婆羅門涅槃　嫌怖久棄捨
能度世間愛
尒時此天說此偈已歡喜還宮
如是我聞一時佛在舍衛國祇樹給
孤獨園時有一天光色倍常於其夜
中来詣佛所威光熾盛遍照祇洹悉
皆大明尒時此天礼佛足已却坐一
面而說偈言
世間及天人　飲食生歡喜　世間都無有

飲食不生喜
尒時世尊復說偈言
若有能信施　使心極清淨　今世若後世
飲食福隨逐
尒時此天聞佛所說白佛言世尊實
為希有善說斯偈
復白佛言世尊我憶過去有一人王
名曰遲緩然彼國王於四城門施於
飲食城中及市亦施飲食時王夫人
白於王言王今作福願聽我等助王
為福王聞其言以城東門所施之食
迴與夫人王之太子亦白父言父母
修福我亦樂修王聞其言以城南門
所施之食迴與太子輔相後来啓白
王言王今修善夫人太子皆修福業
唯願聽我助修福業王聞其言以城
西門所施之食迴與輔相時有諸臣
復白王言夫人太子及以輔相咸修
福德我等今者亦樂助修王聞其言
即以北門所施之食迴與諸臣時國
中人復白王言夫人太子輔相咸修
福德願聽我等助修福業王聞其言
復以布施迴與人民時典施人白於

王言王之所有於四城門及以布施
悉皆迴與夫人太子輔相大臣國中
人民断於王施兼竭庫藏王即荅言
先所與者已尒與盡自今已後他方
小國所可貢獻半入庫藏半用修福
世尊我於尒時長夜修福我於長夜
獲得勝報常懷喜樂所受福報無有
窮盡不見邊際如我所受得大果報
乃知世尊善說斯偈時遲緩天子聞
佛所說歡喜踊躍頂礼佛足還于天宮
如是我聞一時佛在舍衛國祇樹給
孤獨園時有一天光色倍常於其夜
中来詣佛所甚為熾盛遍照祇洹却
在一面而說偈言
如遠至他國　誰為可親者　於其居家中
復以誰為親　於其資財中　復以誰為友
若至後世時　復以誰為親
尒時世尊說偈荅曰
若遠至他國　行伴名為親　於自居家中
慈母最為親　於生財利所　眷屬乃為友
能修功福者　是名後世親
天讚偈言
往昔已曾見　婆羅門涅槃　嫌怖久棄捨

能度世間愛
尒時此天聞佛所說歡喜而去
如是我聞一時佛在舍衛國祇樹給
孤獨園時有一天光色倍常於其夜
中来詣佛所威光顯赫普照祇洹悉
皆大明却坐一面而說偈言
人生壽不定　日日趣死徑　無常所使棄
壽命甚短促　老来侵壯色　無有救護者
恐怖畏向死　作福得趣樂
尒時世尊以偈荅言
人生壽不定　日日趣死徑　無常所使棄
壽命甚短促　老来侵壯色　無有救護者
恐怖畏向死　欲得寂滅樂　應捨世五欲
不宜深生著
天讚偈言
往昔已曾見　婆羅門涅槃　嫌怖久捨棄
能度世間愛
時此天子聞佛所說歡喜奉行
如是我聞一時佛在舍衛國祇樹給
孤獨園時有一天光色倍常於其夜
中来詣佛所威光顯赫遍照祇洹悉
皆大明却坐一面而說偈言
四時不暫停　命亦日夜盡　壯年不久住

恐怖死来至　為於涅槃故　應當勤修福
尒時世尊以偈荅言
四時不暫停　命亦日夜盡　壯年不久住
恐怖死来至　見於死生苦　而生大怖畏
捨世五欲樂　當求於寂滅
天讚偈言
往昔已曾見　婆羅門涅槃　嫌怖久捨棄
能度世間愛
尒時此天聞佛所說歡喜而去
如是我聞一時佛在舍衛國祇樹給
孤獨園尒時夜中有一天子光色倍
常来詣佛所威光顯赫遍于祇洹悉
皆大明却在一面而說偈言
當思於何法　應棄捨何法　修行何勝事
成就何等事　能度駛流水　得名為比丘
尒時世尊以偈荅言
能斷於五蓋　棄捨於五欲　增上修五根
成就五分法　能度駛流水　得名為比丘
天讚偈言
往昔已曾見　婆羅門涅槃　嫌怖久棄捨
能度世間愛
尒時此天聞佛所說歡喜而去
如是我聞一時佛在舍衛國祇樹給

孤獨園時有一天光色倍常於其夜
中来詣佛所威光顯照遍于祇洹赫
然大明却坐一面而說偈言
誰於睡名寤　誰於寤名睡　云何染塵垢
云何得清淨
佛以偈荅言
若持五戒者　雖睡名為寤　若造五惡者
雖寤名為睡　若為五蓋覆　名為染塵垢
無學五分身　清淨離塵垢
天復說偈讚言
往昔已曾見　婆羅門涅槃　嫌怖久棄捨
能度世間愛
尒時此天聞佛所說歡喜而去
阿練若憒閙　修福日夜增　云何得大力
何物生歡喜　遠至強親遍　日夜有損減
思惟及眠寤
如是我聞一時佛在舍衛國祇樹給
孤獨園尒時世尊告諸比丘世有三
種不調之馬一切世人現悉知之或
有馬行步駿疾然無好色是則名為
乘不具足或復有馬行步駿疾雖有
好色是亦名為乘不具足或有良馬
行步駿疾然有好色是則名為乘得

具足人亦三種如彼三種不調之馬此三種人於佛教法現所知見何等為三有人駿疾具足色及可乘然不具足或復有人駿疾具足顏色具足乘不具足或復有人駿疾顏色及以可乘悉皆具足何者是駿疾具足色不具足乘不具足如法中人如實知苦如實知苦集如實知苦滅如實知向盡苦道如是知見巳斷於三結所謂身見戒取疑斷此三結得須陁洹不墮惡趣於道决定乃至人天七生盡于苦際是名駿疾具足云何色不具足若有問難阿毗曇毗尼不能善通於深問難不能了達句味相順不能稱說不能如理而為具說是名色不具足云何可乘不具足少於福德所生之處無有福德不得利養衣服飲食卧具湯藥是名乘不具足是名駿疾具足色不具足乘不具足云何駿疾具足顏色具足乘不具足何者駿疾具足如法中人如實知苦如實知苦集如實知苦滅如實知苦滅道知見是巳斷於三結所謂身見戒取

疑斷三結巳得須陁洹不墮惡趣於道决定乃至七生人天盡於苦際是名駿疾具足云何名色具足若有問難阿毗曇毗尼能善解說句味相應稱理顯說是名色得具足云何名為乘不具足少於福德不能生便有大福德不得利養衣服飲食卧具湯藥是名駿疾及色得于具足乘不具足云何名為駿疾色乘悉皆具足何等駿疾如此法中如實知苦如實知苦集如實知苦滅如實知苦滅道既知見巳斷於三結得須陁洹七生人天不墮惡趣是名駿疾具足云何色得具足若有問難阿毗曇毗尼能為通釋句味相順稱理顯說是名色得具足云何名為乘得具足若多福德生便有福能得利養衣服飲食卧具湯藥是名乘得具足是名第三駿疾色乘悉皆具足諸比丘聞佛所說歡喜奉行

如是我聞一時佛在舍衛國祇樹給孤獨園尒時佛告諸比丘世有三馬良善調順或有馬駿疾具足色乘不

具或復有馬駿疾及色二俱具足乘不具足或復有馬三事具足人亦三差如彼三馬是三種人佛教法中現所知見或有駿疾具足色乘不具足有人具足於二不具足一有人三事具足何者具足於一不具於二如佛法中如實知苦如實知苦集如實知苦滅如實知苦滅道斷五下分結得阿那含是人不還不墮惡趣云何色不具足若有問難阿毗曇毗尼不能解釋句味順理不能稱說是名色不具足云何名為乘不具足少於福德不能生便有大福德不得利養衣服飲食卧具湯藥是名乘不具足云何弟二二事具足一不具足是人於佛法中見四真諦乃至斷五下分結得阿那含若有問難阿毗曇毗尼能為解演說餘如上說一不具足亦如上說是名第二具足於二不具足一云何第三三事具足是人於佛法中如實知巳見四真諦巳得阿那含乃至多有福德獲於利養是名第三三事具足時諸比丘聞佛所說歡喜

奉行

如是我聞一時佛在舍衛國祇樹給孤獨園尒時佛告比丘辟如世閒善乘之馬凡有三種人亦如是有三種人其第一者駿疾色乘悉皆具足若有人於佛法中如實知見四真諦已斷於三漏所謂欲漏有漏無明漏解脫知見具足盡諸有結心得自在生死已盡梵行已立所作已辦不受後有得阿羅漢。是名駿疾具足餘如上說云何第二二事具足一不具足於佛法中如實知見四真諦已乃至得阿羅漢若通問難餘如上說云何第三三事具足是人於佛法中如實知見四真諦已乃至有福德能得利養是名三事具足佛說是已時諸比丘聞佛所說歡喜奉行

如是我聞一時佛在舍衛國祇樹給孤獨園尒時佛告諸比丘如是三種善調乘馬應為王者及王子乘何等三種所謂駿疾具足色具足乘具足三種比丘如彼三馬若比丘具足三事宜應礼拜供養合掌讚歎是名三

事具足云何色具足具持禁戒於波羅提木叉善能護持往返出入具諸威儀於小罪中心生大怖堅持禁戒無有毀損是名色具足云何力具足惡法未生能令不生惡法已生方便令滅善法未生方便令生善法已生方便令增廣是名力具足云何駿疾具足若佛法中如實知見四真諦已是名駿疾具足佛說是已諸比丘聞佛所說歡喜奉行

如是我聞一時佛在舍衛國祇樹給孤獨園尒時佛告諸比丘有四良馬王者應乘何等為四善調駿疾能忍善住不鬪比丘如是成就四種當應歸依供養礼拜合掌恭敬於世閒中無上福田何等為四所謂善調駿疾能令善住不鬪佛說是已諸比丘聞佛所說歡喜奉行

如是我聞一時佛在舍衛國祇樹給孤獨園尒時世尊告諸比丘有四種馬賢人應乘是世閒所有何等為四其第一者見舉鞭影即便驚悚隨御者意其第二者鞭觸身毛即便驚悚

稱御者意其第三者鞭觸身肉然後乃驚隨御者意其第四者鞭徹肉骨然後乃驚稱御者意丈夫之乘亦有四種何等為四其第一者聞他聚落若男若女為病所惱極為困篤展轉欲死聞是語已於世俗法深知猒惡以猒惡故至心脩善是名丈夫調順之乘如見鞭影稱御者意其第二者見於已身聚落之中若男若女有得重病遂至困篤即便命終覩斯事已深生猒患以猒患故至心脩善是名丈夫調順之乘如觸身毛稱御者意其第三者雖復見於已聚落中有病死者不生猒惡見於已身所有親族輔弼已者遇病困篤遂至命終然後乃能於世閒法生猒惡心以猒惡故勤脩善行是名丈夫調順之乘如觸毛肉稱御者意其第四者雖復見之所有親族輔弼己者遇病喪亡而猶不生猒惡之心若身自病極為困篤受大苦惱情甚不樂然後乃生猒惡之心以猒惡故脩諸善行是名丈夫善調之乘如見鞭觸肉骨隨御者意時諸

比丘聞佛所說歡喜奉行
如是我聞一時佛在舍衛國祇樹給
孤獨園介時世尊告諸比丘馬有八
種過世間所知現在可見何等為八
一者乘馬之人控轡乘策將即遠路
而彼惡馬齧銜跳躑頓絶羈勒破碎
乘具傷毀形體是名馬過其第二者
御者乘之不肯前進而此惡馬騰躍
亘制破碎乘具其第三者御者乘之
不肯著路但踰埳塹其第四者若乘
之時不肯前進返更却行其第五者
都不畏於御乘之人鞭策之痛其第
六者御馬之人以鞭策之方便距地
二足雙立其第七者御馬之人意欲
馳驟返更卧地不肯進路其第八者
御馬之人意欲令行而返停住於佛
法中脩學丈夫亦有如是八種過患
何等為八若比丘同梵行者有見聞
疑事覺觸已身即語彼言汝於今者
稚小無智不善不了汝今應當覺觸
餘人云何乃欲覺觸於我汝自有過
反舉他事如是之人猶第一馬其第
二者見他比丘有見聞疑罪同梵行

者即便語彼有罪人言汝於今者犯
如是罪時有罪人復語彼言汝今自
犯如是之罪若懺悔者然後乃可糺
舉我罪如是之人猶第二馬所有過
失其第三者若有比丘作見聞疑罪
為他所舉便作異語隨於愛瞋及以
怖癡心生忿怒如是之人猶第三馬
所有過失其第四者若有比丘亦復
作於見聞疑罪為他所舉即便語彼
舉事人言我都不憶犯如是罪當知
此人同第四馬所有過失其第五者
若有比丘亦復犯於見聞疑罪同梵
行者而來舉之時犯罪人即攝衣鉢
隨意而去其心都無畏忌衆僧及舉
事者當知斯人同第五馬所有過失
其第六者若有比丘亦復犯於見聞
疑罪同梵行者而舉其事時犯罪人
即便於彼高處而坐與諸長老比丘
諍論道理舉手大喚作如是言汝等
諸人悉皆自犯見聞疑罪而更說我
犯如是罪當知斯人同第六馬所有
過患其第七者若有比丘亦復犯於
見聞疑罪清淨比丘糺舉其事彼有

罪人嘿然而住亦復不言有罪無罪
惱乱衆僧當知斯人同第七馬所作
過失其第八者若有比丘亦復犯於
見聞疑罪清淨比丘發舉其事彼犯
罪人即便捨戒退失善根罷道還俗
既休道已在寺門邊住立一面語諸
比丘我今還俗為滿汝等所願以不
汝今歡喜極快樂不當知是人同第
八馬所有過患諸比丘聞佛所說歡
喜奉行
如是我聞一時佛在舍衛國祇樹給
孤獨園介時世尊告諸比丘有八種
馬為賢所乘所言賢者轉輪聖王何
等為八賢乘所生是名第一賢馬之
相其第二者極為調善終不惱觸其
餘凡馬是名第二賢馬之相其第三
馬所食之草不擇好惡悉盡無遺是
亦名為賢馬乘相其第四者有穢惡
物生不淨相大小便處終不於中止
住眠卧是名第四具賢馬相其第五
者能示御者惡馬之過能教御者治
於惡馬所有疵態是亦名為賢馬之
相其第六者能忍重擔而不求輕恒

作是念我常見於餘馬擔時當為代之是名第六賢乘馬相其第七者常在道中初不越逸道雖微淺明了知之是名第七賢馬之相其第八者病雖困篤乃至臨終力用不異是名第八賢乘馬相丈夫賢乘亦有八事何等為八其第一者若有比丘善持梵戒具足威儀往返人間無所毀犯設誤犯於微小罪者心生大畏持所受戒猶如瞎者護餘一目當知是人同彼初馬生賢乘處其第二者若有比丘具足善法終不惱觸同梵行者共住安樂如水乳合當知是人同第二馬生於賢處其第三者復有比丘受飲食時不擇好惡悉食無餘當知斯人同第三馬生於賢處其第四者若有比丘見諸惡法不清淨者心生猒患悉皆遠離三業不善呵責惡法鄙陋下賤當知是人同第四馬生於賢處其第五者若有比丘既犯罪已親於佛前陳已過罪亦復於彼梵行所說自發瘕疵當知是人同第五馬生於賢處其第六者若有比丘具足學

戒見同梵行諸比丘等於戒有犯心每念言我當修學令無所毀當知斯人同第六馬生於賢處其第七者若有比丘行八正道不行邪徑當知此人同第七馬不行非道生於賢處其第八者若有比丘病雖困篤乃至欲死精勤無懈志性堅固不可輕動恒欲進求諸勝妙法心無疲惓當知是人同第八馬至死盡力生於賢處佛教法中能得真實佛說是已諸比丘聞佛所說歡喜奉行

如是我聞一時佛在那提迦國瓮蹇迦精舍尒時世尊告大迦旃延定意莫乱當如善乘調攝諸根勿同惡馬諸根馳散猶如惡馬繫之槽上唯念水草餘無所知若不得食斷絕羈靽亦如有人多與欲結相應以貪欲故多有嫌恨之心多起欲覺以有欲覺生諸惱害種種惡覺由斯而生以是事故不知出要終不能識欲之體相若復有人躭好睡眠以常眠故多起乱想種種煩惱從之生長以是義故不知出要對治之法若復有人多生

掉悔以其常生掉悔心故於諸法相不能分明當知掉悔為散乱因以是因緣不知出要對治之法若復有人多生疑心以疑心故於諸法中猶豫不了以斯義故不知出要對治之法如善乘馬繫之櫪上其心都不思於水草不絕羈靽辟如有人心無欲結但有淨想以不滌著是欲想故亦復不生掉悔疑等睡眠之蓋以其不生五蓋之心因緣力故便知出要對治之法比丘如是不依於彼地水火風亦復不依四無色定而生禪法不依此世不依他世亦復不依日月星辰不依見聞不依識識不依智知不依推求心識境界亦不依止覺知獲得無所依止禪若有比丘不依如是諸地禪法得深定故釋提桓因三十三天及諸梵衆皆悉合掌恭敬尊重歸依是人我等今者不知當依何法則而得禪定尒時尊者薄迦梨在佛後立以扇扇佛即白佛言世尊云何比丘修諸禪定不依四大及四無色乃至不依覺觀之想若如是者諸比丘等

云何而得如是禪定釋提桓因及諸大衆合掌恭敬尊重讚嘆得斯定者而作是言此善男子丈夫中上依止何事而修諸禪佛告薄迦梨若有比丘深修禪定觀彼大地悉皆虛偽都不見有真實地想水火風種及四無色此世他世日月星辰識知見聞推求覺觀心意境界及以於彼智不及處亦復如是皆悉虛偽無有實法但以假号因緣和合有種種名觀斯空寂不見有法及以非法尒時世尊即說偈言

汝今薄迦梨　應當如是知　習於座禪法
觀察無所有　天主憍尸迦　及三十三天
世界根本主　大梵天王等　合掌恭敬礼
稽首人中尊　咸皆稱斯言　南無善丈夫
我等不知安　依憑何法則　而得是深定
諸人所不了

說斯法時大迦旃延遠塵離垢得法眼淨薄迦梨比丘煩惱永滅不受後生盡諸有結時諸比丘聞佛所說歡喜奉行

惡馬調順馬　賢乘三及四　鞭影并調乘

有過八種惡　迦旃延離垢　十事悉皆竟

如是我聞一時佛在迦毗羅衛國尼拘陁林時釋摩男往詣佛所頂礼佛足在一面坐而白佛言世尊云何名為優婆塞義唯願如來為我敷演佛告釋摩男在家白衣歸依三寶以是義故名優婆塞汝即其人時釋摩男復白佛言世尊云何名優婆塞信佛告釋摩男於如來所深生信心安住信中終不為彼沙門婆羅門若天若魔若梵若人不信所壞是名優婆塞信時釋摩男復白佛言云何優婆塞戒佛告釋摩男不煞不盜不婬不欺及不飲酒等是名優婆塞戒又問云何施具足佛告釋摩男優婆塞法應捨慳貪一切衆生皆悉為彼貪嫉所覆以是義故應離慳貪及嫉妬意生放捨心躬自施與無有疲猒是名施具足又問云何智慧具足佛告釋摩男優婆塞如實知苦如實知苦集如實知苦滅如實知苦滅道知此四諦決定明了是名慧具足佛說是已諸比丘聞佛所說歡喜奉行

如是我聞一時佛在迦毗羅衛國尼拘陁林時釋摩男與五百優婆塞往詣佛所頂礼佛足在一面坐白佛言世尊如佛所說優婆塞義在家白衣具丈夫志歸命三寶自言我是優婆塞者云何而得須陁洹果乃至阿那含耶佛告釋摩男斷除三結身見戒取及疑網等斷三結已成須陁洹更不復受三塗之身於無上道生决定信人天七返盡諸苦際入於涅槃是名優婆塞得須陁洹又問云何而得斯陁含果佛告摩訶男斷三結已薄婬怒癡名斯陁含又問云何而得阿那含果佛告摩訶男若能斷三結及五下分成阿那含時摩訶男及五百優婆塞聞斯法已心生歡喜而白佛言世尊甚為希有諸在家者獲此勝利一切咸應作優婆塞時摩訶男及諸優婆塞作是語已礼佛而退諸比丘等聞佛所說歡喜奉行

如是我聞一時佛在迦毗羅衛國尼拘陁林時釋摩男往詣佛所恭敬已畢在一面坐而白佛言世尊云何名

優婆塞具丈夫志廣說如上復當云何滿足諸行佛告摩訶男優婆塞雖具足信未具禁戒是名有信不具於戒欲求具足信戒之者當勤方便求使具足是名信戒滿足優婆塞佛復告摩訶男優婆塞雖具信戒捨不具足為具足故勤修方便令得具足時摩訶男白佛言世尊我於今者具信戒捨具足三支佛告摩訶男雖具三事然不數往僧坊精舍以是因緣名不具足應勤方便數往塔寺時摩訶男言諸優婆塞我今應當具足信戒及以捨心詣於塔寺佛告摩訶男若能具足信戒捨心數詣塔寺親近衆僧是名具足佛告摩訶男雖復具足如上四事若不聽法名不具足摩訶男言我能聽法佛復告摩訶男雖能聽經若不受持亦名不具雖能受持不解其義亦名不具雖解義趣而未能得如說修行亦名不具若能具足信戒捨心數往塔寺聽法受持解其義趣如說修行是則名為滿足之行摩訶男雖復具足信戒捨心數詣塔

寺親近衆僧然猶未能專心聽法是亦名為行不具足以斯義故應當方便專心聽法雖能聽法若不受持亦名不具是故應當受持正法雖能受持若不解義亦名不具是故應當解其言趣雖解義味若復不能如說修行亦名不具是故應當如說修行若能具足信心持戒及捨心等數往僧坊專心聽法受持莫忘解其義趣信戒捨心往詣塔寺聽受經法受持不忘解其義趣若復不能如說修行是亦名為不具足也摩訶男優婆塞以信心故則能持戒以持戒故能具捨心具捨心故能往詣僧坊往詣僧坊故能專心聽法專心聽法故則能受持能受持故解其義趣解其義趣能如說修行能如說修行故勤作方便能令滿足時摩訶男復白佛言世尊云何優婆塞具足幾支自利未利於他佛告摩訶男具足八支能自利益未利於他何等為八優婆塞自已有信不能教他自持淨戒不能教人令持禁戒自修於捨不能教人令行布

施自往詣塔寺親近比丘不能教人往詣塔寺親近比丘自能聽法不能教人令聽正法自能受持不能教人受持自能解義不能教人令解其義自能如說修行不教他人如說修行是名具足八支唯能自利不能利他時摩訶男復白佛言具足幾法能自利益亦利於他佛告之曰若能具足十六支者如是之人能自他利自生信心教人令得自行受持教人受持自行捨心亦復教人令行捨心身自往詣僧坊塔寺亦復教人往詣僧坊親近比丘自能聽法亦復教人令聽正法自能受持亦復教人令受持法自解義趣亦復教人解其義味自如說行亦復教人如說修行若能具足十六支此則名為自利利他如斯之人若在剎利衆若婆羅門衆若居士衆若沙門衆隨所至處能為此衆作大照明猶如日光除諸闇冥當知是人甚為希有佛說是已釋摩男礼佛而退時諸比丘聞佛所說歡喜奉行

如是我聞一時佛在迦毗羅衛國尼

拘陁林尒時釋摩男往詣佛所頂礼佛足却坐一面而白佛言世尊此迦毗羅人民熾盛安隱豊樂我常在中每自思惟若有狂象奔車逸馬狂走之人来觸於我我於尒時或當忘失念佛之心或復忘失念法僧心復自念言若當忘失三寶心者命終之時當生何處入何趣中受何果報佛告之曰汝當尒時勿生怖畏命終之後生於善處不墮惡趣不受惡報辟如大樹初生長時恒常東靡若有斫伐當向何方然後墮落當知此樹必東向倒汝亦如是長夜修善若墮惡趣受惡報者無有是處時釋摩男聞佛所說頂礼佛足還其所止諸比丘聞佛所説歡喜奉行

如是我聞一時佛在迦毗羅衛國尼拘陁林尒時釋摩男往詣佛所頂礼佛足在一面坐而白佛言世尊若有比丘在於學地所作未辦常欲進求阿羅漢果入於涅槃云何比丘修習幾法盡諸有漏心得無漏心得解脫慧得解脫於現在世獲其果證得無

漏戒决定自知我生已盡梵行已立所作已辦不受後有佛告摩訶男若有比丘在於學地未得無學意恒進求欲得涅槃常修六念辟如有人身體羸瘦欲食美膳為自樂故諸比丘等亦復如是為涅槃故修於六念何等為六一者念於如来應供正遍知明行足善逝世間解無上士調御丈夫天人師佛世尊當于尒時無有貪欲瞋恚愚癡唯有清淨質直之心以直心故得法得義得親近佛心生歡喜以歡喜故身得猗樂以身樂故其心得定以得定故怨家及已親族於此二人無怨憎想心常平等住法流水入於定心修念佛心趣向涅槃是名念佛二者念法所謂法者即是如来所有功德十力無畏必趣涅槃應當至心觀察是法智者自知聖弟子者應修念法尒時離於貪欲瞋恚愚癡唯有清淨質直之心以直心故得義得法以親近法心生歡喜以歡喜故身得猗樂得猗樂故其心得定以得定故於怨憎所其心平等無有愛瞋

住法流水入於定心修念法觀趣向涅槃是名念法三者念僧所謂僧者如来弟子得無漏法能為世間作良福田何等名為良福田耶有向須陁洹有得須陁洹已有向斯陁含有得斯陁含有向阿那含有得阿那含有向阿羅漢有得阿羅漢是則名為良祐福田具戒定慧解脫解脫知見應當合掌恭敬其人以念僧故得法得義得親近僧心生歡喜生歡喜故乃得快樂得快樂故其心得定以得定故於怨憎所其心平等無有貪欲瞋恚愚癡唯有清淨質直之心住法流水入於定心修念僧觀趣向涅槃是名念僧云何念戒所謂不壞戒不缺戒不雜戒無垢戒離恐懼戒非戒盜戒清淨戒見善戒念如是等諸禁戒時即得離於貪欲瞋恚愚癡邪見離諸惡故得法得義得親近戒心生歡喜以心喜故乃得快樂心得樂故其心得定以得定故於怨憎所其心平等清淨質直住法流水入於定心修念戒想是名念戒云何念施念已所施

獲得善利一切世間為慳嫉所覆我於今者得離如是慳貪之垢住捨心中於一切物心無悋惜持用布施既布施已我心應喜猶如大祠分已財物捨與他人若能如是修施心者於現世中得法得義得親近施無有貪欲瞋恚愚癡唯有清淨質直之心應生歡喜以歡喜故身得快樂身快樂故其心得定以心定故於慳憎所心無高下住法流水入於定心修念施想是名念施云何念天所謂四天王三十三天炎摩天兜率天化樂天他化自在天此諸天等若當信心因緣力故生彼天者我亦有信戒施聞慧亦復如是以此功德生天上者我亦具有如是功德當生彼天念如斯天以念天故離於貪欲瞋恚愚癡唯有清淨質直之心於現世中得法得義得親近天心生歡喜心歡喜故身得快樂得快樂故其心得定心得定故於慳憎所心無高下住法流水入於定心修念天想是名念天摩訶男若有比丘住於學地所作未辦常欲進

求阿羅漢果入於涅槃應當至心修是六念以能修習斯六念故盡諸有漏心得解脫慧得解脫於現在世獲其證果即得證已作是唱言我生已盡梵行已立所作已辦不受後有時摩訶男及諸比丘聞佛所說歡喜奉行

尒時世尊在迦毗羅衛國尼拘陁林夏坐安居尒時衆多比丘於夏欲末在講堂中為佛縫衣諸比丘等縫衣已訖作是思惟我等於今縫衣已竟當逐佛遊行時釋摩男聞諸比丘縫衣已訖欲隨佛遊行聞斯語已即往佛所稽首礼足在一面坐而白佛言世尊我今身心甚為重鈍迷於諸方雖復聽法心不甘樂所以者何我聞諸比丘等縫衣已竟當隨佛遊行即生念言何時當復還見世尊及以修心諸比丘等佛告之曰我及比丘雖去餘處汝若恒欲見於如來及比丘者應以法眼至觀察常修五事何等為五所謂以具信故能隨順教非是無信能隨順教持淨戒故能隨順教非是毀禁能順教也以多聞故能隨順

教非以少聞能隨順教非以慳悋能行布施以捨心故能行布施非以愚癡能修智慧以慧心故能識法相是故摩訶男若欲見佛及比丘者恒應修習如是五事并六念法若如是者我及比丘便常在前所謂僧者名為和合時摩訶男聞佛所說歡喜礼足而去

如是我聞一時佛在迦毗羅衛國尼拘陁園林中尒時摩訶男釋往詣佛所頂礼佛足在一面坐白佛言世尊如我解佛所說之義獲定心故而得解脫若如是者為先得定後解脫耶為先解脫後得定耶定與解脫為俱時耶所未曾得所未曾行過去未來所未曾生現在亦無尒時世尊黙然不荅第二第三亦如是問如來黙然悉皆不荅時尊者阿難侍如來側以扇扇佛于時阿難作是念今釋摩訶男以此甚深之義諮問世尊世尊今者所患始除氣力尚微未堪說法我當為彼略說少法令其還去時尊者阿難作是念已即語釋摩男如來所

說說於學戒亦說於彼無學之戒說
於學定亦說於彼無學之定說於學
慧亦說於彼無學之慧說學解脫亦
說於彼無學解脫時摩訶男白阿難
言云何如來說於學戒及無學戒學
定無學定學慧無學慧學解脫無學
解脫如來聖衆住戒持波羅提木叉
具足威儀行所行處於小罪中心生
大怖具持禁戒是則名為持戒具足
猒於欲惡及諸不善離生喜樂入於
初禪乃至入第四禪是名為禪如實
知苦如實知苦集如實知苦滅如實
知苦滅道如是知見斷五下分結身
見戒取疑欲愛瞋恚彼斷五下分結便
得化生即於彼處而得涅槃名阿那
舍更不還來至此欲界是則名為學
戒學定學慧解脫復次更於異時盡
諸有漏得於無漏心得解脫慧得解
脫現法取證逮得無生自知生死已
盡梵行已立所作已辦不復更有當
于尒時得無學戒無學定無學慧無
學解脫摩訶男以是緣故佛說於學
及以無學時摩訶男聞其所說歡喜

頂礼而去時摩訶男既去不遠佛告
阿難此迦毗羅衛國諸比丘等頗共
諸釋講論如是深遠義不阿難白佛
此迦毗羅衛諸比丘等每與諸釋共
論如是甚深之義佛告阿難迦毗羅
衛比丘與諸釋等獲大善利能解如
是聖賢慧眼諸比丘聞佛所說歡喜
奉行

如是我聞一時佛在迦毗羅衛國尼
俱陁園林中時釐手釋往詣摩訶男
所語摩訶男言如來說須陁洹有幾
不壞信摩訶男釋荅言如來所說須
陁洹人有四支不壞信所謂於佛不
壞信於法不壞信於僧不壞信聖所
授戒得不壞信釐手釋言汝今不應
說言如來說四不壞信所以者何如
來唯說三不壞信所謂於三寶所得
不壞信第二第三亦作是說摩訶男亦作是荅
彼莫說言三不壞信如是如來實說四不壞信二
人紛紜各競所見不能得定往詣佛
所頂礼佛足在一面坐請決所疑時
摩訶男白佛言世尊彼釐手釋來至
我所作是言如來為說幾不壞信我

即荅言如來說於四不壞信所謂三
寶聖所授戒釐手釋言如來唯說三
不壞信云何言四所謂三寶第二第
三亦作是說第二第三我亦荅言如
來說四實不說三彼之所說我不能
解我之所說彼亦不解時釐手釋即
從坐起白佛言世尊假設佛不教我
僧不教我比丘尼優婆塞優婆夷若
天若魔若梵此諸人等都不教我向
於佛者我亦一心迴向於佛法僧亦
然佛告摩訶男言釐手釋作如是語
汝云何荅摩訶男白佛言世尊若如
是者我更無荅異於佛法更無善處
離於佛法更無真處無異處善無異
處真佛復告摩訶男汝從今日應如
是解具足四事名不壞信所謂於佛
法僧聖所念戒釐手釋以不解故作
如是語即聞佛說即得解了時摩訶
男及釐手釋聞佛所說歡喜頂礼而去

尒時佛在迦毗羅衛國尼俱陁園林中當尒之時彼國諸釋集講論處旣集坐已於其中間各共談論語摩訶男言無有前後汝意謂詳以為後耶麁手釋者如来記彼得須陁洹於天上人中七生七死得盡苦際彼麁手釋毀犯禁戒飲食彼酒衆佛尚記言得須陁洹若如是者有何前後復語摩訶男言汝可往詣於世尊所問如斯義時摩訶男釋尋如其言即往佛所頂礼佛足在一面坐白佛言世尊迦毗羅釋集講論處於其中閒作如是論語我言誰為前後時麁手釋其命已終如来記彼得須陁洹於人天中七生七死得盡苦際彼麁手釋毀犯禁戒飲放逸豩若記彼得須陁洹當知是則無有前後佛告之曰皆稱我為善逝世尊作是語者亦名善逝稱善逝故生善逝心賢聖弟子生正直見稱言善逝復次摩訶男如来弟子一向歸佛亦復歸依法僧三寶得疾智利智猒離智道智不墮地獄餓鬼畜生及餘惡趣得八解脫獲於身證具八解脫住於具戒以智慧見盡於諸漏是則名為得俱解脫阿羅漢也復

次摩訶男賢聖弟子亦如上說慧解脫阿羅漢不得八解脫復次摩訶男一向歸佛餘如上說身證阿那含成就八解脫未盡諸漏復次摩訶男一向歸佛餘如上說不墮地獄餓鬼畜生不墮惡趣如来教法彼隨順不逆是名見到復次摩訶男賢聖弟子一向歸依佛餘如上說佛所教法彼隨順解脫是名信解脫復次摩訶男若信佛語欣尚翫習忍樂五法所謂信精進念定慧是名賢聖弟子不墮三塗是名堅法復次賢聖弟子信受佛語然有限量忍樂五法如上所說是名賢聖弟子不墮三塗是名堅信摩訶男我今若說娑羅樹林能解義味無有是處假使解義我亦記彼得須陁洹以是義故麁手釋我當不記彼釋得須陁洹所以者何彼麁手釋不犯性重犯於遮戒臨命終時悔責所作以悔責故戒得完具得須陁洹人火有所犯悔責完具何故不記彼麁手釋得須陁洹摩訶男釋聞佛所說歡喜頂礼而去

云何優婆塞 得果一切行 自輕及住處
十一與十二 解脫并含羅 麁手為第十

別譯雜阿含經卷第八

別譯雜阿含經卷第八

校勘記

一 底本，金藏廣勝寺本。

一 三五一頁中二行譯者，資、磧、普作「失譯」；南、徑、清作「失譯人名附秦録」。

一 三五一頁中八行首字「住」，磧作「在」。同行「日常」，南作「日當」。

一 三五一頁下二行首字「諸」，磧作「請」。

一 三五一頁下三行首字「放」，磧作「故」。

一　三五二頁上四行「倍常」，徑作「倍當」。
一　三五二頁上末行「及天人」，麗作「天及人」。
一　三五二頁下二行「輔相」，資、磧、普、南、徑、清作「輔國」。
一　三五二頁下六行第四至第五字「我於」，資、磧、普、南、徑、清作「我念」。
一　三五二頁下二一行「功福」，資、磧、普、南、徑、清作「功德」。
一　三五三頁上一八行「奉行」，諸本(不含石，下同)作「而去」。
一　三五三頁中五行「當求」，資作「常求」。
一　三五三頁下一五行「遠至」，磧、普、南、徑、清作「遠去」。
一　三五三頁下一六行「眠寤」，徑、清作「睡寤」。
一　三五三頁下一七行至三六二頁卷末最後一句偈言「如是我聞……鹿手爲第十」，資、磧、普、南、徑、清爲第十六卷經文。
一　三五三頁下二一行「駿疾」，資、磧、普、南、徑、清作「不駿疾」。
一　三五四頁上一六行「可乘」，資、磧、普、南、徑、清作「名乘」。
一　三五四頁上二二行第二字「苦」，資、磧、普、南、徑、清無。
一　三五四頁下一七行「阿那含」，資、磧、普、南、徑、清作「那含」。
一　三五五頁上三行「比丘」，諸本作「諸比丘」。
一　三五五頁上一三行「若通」，資、磧、普、南、徑、清作「善通」。
一　三五五頁中三行「心生」，資、磧、普、南、徑、清作「不生」。
一　三五五頁下七行「至心」，資作志心」。
一　三五五頁下一七行「調順」，磧作「訶順」。
一　三五六頁上五行「乘榮」，麗作「秉策」。
一　三五六頁上八行「騰躍」，資、磧、普、南、徑、清作「騰踊」。
一　三五六頁下五行「退失」，資、磧、普作「過失」。
一　三五六頁下九行「過患」，資、磧、普、南、徑、清作「過惡」。
一　三五六頁下一三行「爲賢」，資、磧、普、南、徑、清作「爲賢者」。
一　三五六頁下一八行「有穢」，資、磧、普、南、徑、清作「諸穢」。
一　三五六頁下二二行「㡿態」，資、磧、普、南、徑、清作「疾態」。
一　三五七頁上三行「微淺」，資、磧、普、南、徑、清作「微滅」。
一　三五七頁上七行末字「梵」，諸本作「禁」。
一　三五七頁上一八行首字「患」，資、磧、普、南、徑、清作「惡」。
一　三五七頁中七行「輕動」，資、磧、普、南、徑、清作「轉動」。
一　三五七頁中一五行「槽上」，磧、普、南、徑、清作「櫪上」。
一　三五七頁下一二行「禪法」，資、

磧、普、南、徑、清作「諸禪」。

一　三五八頁上六行「地想」，資、磧、普、南、徑、清、作「地相」。

一　三五八頁上一七行「不知安」，諸本作「不知汝」。

一　三五八頁下八行「取及」，資作「盜及」。

一　三五九頁上二二行第九字「名」，資、磧、普、南、徑、清無。

一　三五九頁中六行「義味」，資、磧、普、南、徑、清作「義趣」。

一　三五九頁下一〇行「令得」，資、磧、普、南、徑、清作「信」。

一　三五九頁下一二行末二字「僧坊」，資、磧、普、南、徑、清作「僧坊塔寺」。

一　三五九頁下一七行「六支」，資、磧、普、南、徑、清作「六支者」。

一　三六〇頁上一五行「諸比丘」，資、磧、普、南、徑、清作「時諸比丘」。

一　三六〇頁上二〇行「常欲進求」，資、磧、普、南、徑、清作「當欲求進」。

一　三六〇頁中六行「爲涅槃故」，資、磧、普、南、徑、清作「爲得涅槃」。

一　三六〇頁下一七行「見善戒」，諸本作「具善戒」。

一　三六〇頁下二〇行「心得」，資、磧、普、南、徑、清作「心快」。

一　三六一頁上一六行「具有」，資、磧、普、南、徑、清作「見有」。

一　三六一頁上二〇行「心得」，資、磧、普、南、徑、清作「心以」。

一　三六一頁中二行第八字「斯」，資、磧、普、南、徑、清作「斷」。

一　三六一頁中二〇行「至觀察」，諸本作「至心觀察」。

一　三六一頁中二一行「以具」，資作「以其」。

一　三六二頁上七行「如來」，麗作「阿難言如來」。

一　三六二頁上八行「行所行處」，資、磧、普、南、徑、清作「正行所行」。

一　三六二頁上一四行「取疑」，資、磧、普、南、徑、清作「盜疑」。

一　三六二頁上二〇行「更有」，諸本作「受有」。

一　三六二頁中一〇行「鹿手」，磧作「種手」。

一　三六二頁中一五行及下二行「授戒」，資、磧、普、南、徑、清作「受戒」。

一　三六二頁中一九行「如來實說四不壞信」，資、磧、普、南、徑、清無。

一　三六二頁中二二行「白佛言」，資、磧、普、南、徑、清作「白言」。

一　三六二頁下一七行「念戒」，資、磧、普、南、徑、清作「受戒」。

一　三六三頁上五行「於天上人中」，諸本作「於人天中」。

一　三六三頁上七行首字「食」，諸本無。同行「記言」，磧作「記彼」。

一　三六三頁下一行「卷第八」，資、磧、普、南、徑、清作「卷第十六」。

別譯雜阿含經卷第九　息

失譯人名今附秦錄

如是我聞一時佛在舍衞國祇樹給孤獨園時有一天光色倍常來詣佛所身光顯照遍于祇洹赫然大明却坐一面而說偈言

端坐百千鏃　頭上亦火然　應勤思方便
而斷於欲結

介時世尊以偈答曰

端坐百千鏃　頭上亦火然　念覺之比丘
應勤思方便　而斷於邊見　及以吾我見

天復以偈讚曰

往昔已曾見　婆羅門涅槃　嫵怖久棄捨
能度世間愛

介時此天說是偈已歡喜還宮

如是我聞一時佛在舍衞國祇樹給孤獨園時有一天光色倍常於其夜中來詣佛所威光普照遍于祇洹赫然大明却坐一面而說偈言

天女侍左右　毗舍闍充滿　愚癡黑闇林
云何得過去

介時世尊以偈答曰

正直名為道　無畏名方便　無聲名快樂
能覆善覺觀　慚愧為拘靷　念為諸翼從
智慧為善乗　正見為引導　男子若女人
能乗是乗者　必捨棄名色　離欲斷生死

天復以偈讚曰

往昔已曾見　婆羅門涅槃　嫵怖久捨離
能度世間愛

介時此天說此偈已歡喜還宮

如是我聞一時佛在舍衞國祇樹給孤獨園時有一天光色倍常於其夜中來詣佛所威光普照遍于祇洹赫然大明却坐一面而說偈言

九門四輪轉　内感滿重銅　深於泥之中
云何而得去

介時世尊以偈答曰

斷於喜愛結　及以欲貪惡　拔於愛根本
然後安隱出

天復以偈讚言

往昔已曾見　婆羅門涅槃　嫵怖久捨離
能度世間愛

介時此天說此偈已歡喜還宮

如是我聞一時佛在舍衞國祇樹給孤獨園時有一天光色倍常於其夜

中來詣佛所威光普照遍于祇洹赫
然大明却坐一面而說偈言
云何外結縛　內亦有結縛　世界俱結縛
我今問瞿曇　云何令結解　作於不結縛
尒時世尊以偈答曰
堅持立禁戒　修心及智慧　懃行於精進
具念名比丘　逮能令結解　作於不結縛
天復以偈讚言
往昔已曾見　婆羅門涅槃　孏怖久棄捨
能度世間愛
尒時此天說此偈已歡喜還宮
如是我聞一時佛在舍衛國祇樹給
孤獨園時有一天光色倍常於其夜
中來詣佛所威光普照遍于祇洹赫
然大明却坐一面而說偈言
出家甚為難　極難難可見　愚者作沙門
多有諸事難　怖畏懈怠者　常無歡喜心
云何而得行　於彼沙門法　不能禁其心
數生不歡喜　想欲得自在　云何而除滅
尒時世尊以偈答曰
比丘攝惡覺　譬如龜藏六　比丘无所依
亦不惱害彼　比丘入涅槃　都無有譏論
天復以偈讚言

往昔已曾見　婆羅門涅槃　孏怖久棄捨
能度世間愛
尒時此天說此偈已歡喜還宮
如是我聞一時佛在舍衛國祇樹給
孤獨園時有一天光色倍常於其夜
中來詣佛所威光普照遍于祇洹赫
然大明却坐一面而說偈言
睡眠欠頻申　頻申而不樂　飲食不調適
并心下狹劣　五事來覆障　不得見賢道
尒時世尊以偈答曰
若人睡眠欠　頻申而不樂　飲食不調適
并其心下劣　精進捨五事　後必見聖道
天復以偈讚言
往昔已曾見　婆羅門涅槃　孏怖久棄捨
能度世間愛
尒時此天說此偈已歡喜還宮
如是我聞一時佛在舍衛國祇樹給
孤獨園時有一天光色倍常於其夜
中來詣佛所威光普照遍于祇洹赫
然大明却坐一面而說偈言
池水云何竭　有何流還返　世間之苦樂
何處都消盡
尒時世尊以偈答曰

眼耳與鼻舌　并及於身意　名色都消盡
如是池枯竭　盡於諸結業　世間之苦樂
於斯盡無餘　亦無有還返
天復以偈讚言
往昔已曾見　婆羅門涅槃　孏怖久棄捨
能度世間愛
尒時此天說此偈已歡喜還宮
如是我聞一時佛在舍衛國祇樹給
孤獨園時有一天光色倍常於其夜
中來詣佛所威光普照遍于祇洹赫
然大明却坐一面而說偈言
牟尼之世雄　猶如伊尼延　少食不嗜味
寂然處林坐　我今有少疑　欲問於瞿曇
苦從誰出要　云何解脫苦　苦於何處盡
願為決所疑
尒時世尊以偈答曰
世間有五欲　意第六顯現　除斷於喜欲
遠離一切苦　是名苦出要　亦名苦解脫
斯處名盡滅　是事汝當知
天復以偈讚言
往昔已曾見　婆羅門涅槃　孏怖久棄捨
能度世間愛
尒時此天說此偈已歡喜還宮

如是我聞一時佛在舍衛國祇樹給孤獨園時有一天光色倍常於其夜中来詣佛所威光普照遍于祇洹赫然大明却坐一面而說偈言

都無所緣攀　又無安足處　其深洪流中
誰能不沉没　誰有勤精進　能度瀑駛流

尒時世尊以偈荅曰

淨持於禁戒　修智及禅定　觀察内身念
難度而得度　得離於欲結　出過色有使
盡於歡喜有　如是能履深　而不為没溺
能度瀑駛流

天復以偈讃言

徃昔已曾見　婆羅門涅槃　嬾怖久棄捨
能度世間愛

尒時此天說此偈已歡喜還宫

如是我聞一時佛在舍衛國祇樹給孤獨園時有一天光色倍常赫然大明遍于祇洹来詣佛所頂礼足已在一面坐問言瞿曇汝今能知一切衆生所著所縛及知一切衆生得解脱者并淨解脱不尒時世尊即告天曰我實盡知一切之所縛著及得解脱盡解脱淨解脱者天復問言瞿曇云

何能知一切衆生之所縛著得解脱盡解脱淨解脱耶佛復告言我盡觀見有汝天當知今我之心得善解脱得解脱故能知衆生之所縛著得解脱盡解脱淨解脱亦悉知之天即讃言善哉善哉瞿曇知縛著乃至能知得淨解脱

天復以偈讃言

徃昔已曾見　婆羅門涅槃　嬾怖久棄捨
能度世間愛

尒時此天說此偈已歡喜還宫

如是我聞一時佛在舍衛國祇樹給孤獨園時有一天光色倍常於其夜中来詣佛所威光顯照遍于祇洹晃然大明却坐一面而問佛言瞿曇汝為能度瀑駛流耶尒時世尊荅言實尒天言瞿曇如此駛流深廣無際傍無攀緣中无安足而能得度甚為奇特佛言實尒天復問曰瞿曇汝今云何於此駛流無可攀挽无安足處而能得度佛荅天曰若我懈怠必為沉没若為沉没必為所漂若我精進必不沉没若不沉没不為所漂我於如

是大洪流中無可攀挽無安足處而能得度此大駛流天即讃言善哉善哉比丘於此駛流無所攀挽而能得度甚為希有

天復以偈讃言

我昔已曾見　婆羅門涅槃　久捨於嬾怖
能度世間愛

尒時此天說此偈已歡喜還宫

牟鋑及天女　四轉輪髻駿　嚾獸拯難盡
伊尼延駛流　無縛著解脱　而能得濟度

如是我聞一時佛在舍衛國祇樹給孤獨園時有一天光色倍常来詣佛所身光顯照遍于祇洹赫然大明却坐一面而說偈言

世間常驚懼　衆生恒憂惱　未得財封利
及已得之者　於得不得中　能无喜懼心
如斯之等事　惟頠為我說

尒時世尊以偈荅曰

若有智慧者　苦行攝諸根　棄捨一切務
除如此等人　更無出生死　若不捨諸務
常處於生死　驚畏而怖迭　憂愁等諸惡
苦惱所纏逼　若捨於一切　能除上諸患
則離於生死　憂怖等諸惡

天復以偈讚言

往昔已曾見　婆羅門涅槃　嬔怖久棄捨
能度世間愛

尒時此天說此偈已歡喜還宮

如是我聞一時佛在舍衛國祇樹給孤獨園時有一天光色倍常於其夜中来詣佛所威光普照遍于祇洹赫然大明却坐一面而說偈言

誰得色寂勝　誰乘和合遊　當於其處住
習學何事業　是何等種類　而能供養天

尒時世尊以偈荅曰

持戒有智慧　善能修已者　念禪不放逸
除去四熱惱　正法意解脫　如此得上色
美妙獲冣勝　和合斯乘道　應形彼處住
習學於善法　若有如是人　名知供養天

天復以偈讚言

往昔已曾見　婆羅門涅槃　嬔怖久棄捨
能度世間愛

尒時此天說此偈已歡喜還宮

如是我聞一時佛在舍衛國祇樹給孤獨園時有一天光色倍常於其夜中来詣佛所威光普照遍于祇洹赫然大明却坐一面而說偈言

羅吒國賔佉　財產極巨富　各各相貪利
貪求无猒足　為財產鬪諍　愛欲結流漂
如斯之等類　誰能捨欲愛

尒時世尊以偈荅曰

棄捨於眾緣　妻子及六畜　一切所翫愛
除去欲貪癡　捨欲而出家　此能斷欲結
永捨於一切　漂沒及諍訟

尒時天復以偈讚言

往昔已曾見　婆羅門涅槃　嬔怖久棄捨
能度世間愛

尒時此天說此偈已歡喜還宮

如是我聞一時佛在舍衛國祇樹給孤獨園尒時佛告諸比丘於往昔時俱薩羅國有五百乘車而以為伴行到曠野險難之處無有水草有五百賊尋逐其車規欲剽掠時有天神住曠野中知賊欲劫而作是念我今當往詣彼車所我當問之彼若能荅當為救護設有不通我當放捨思惟是已尋即来到行客車前身光遍照五百乘車盡皆大明即便以偈問賔佉言

誰於寤者名為睡　誰於睡者名為寤
誰能解達如斯義　宜知是時應荅我

時賔佉中有優婆塞於三寶所深得淨信歸佛法僧於佛法僧得了決定無有狐疑又於四諦亦無疑心已得見諦獲於初果晨朝早起正身端坐繫念在前高聲誦經誦法句偈及波羅緣種種經偈彼優婆塞說偈荅言

我於寤者名為睡　我於睡者名為寤
我知斯事憲明了　是故今者以偈荅

尒時天神以偈問言

汝今云何作是言　我於寤者名為睡
我於睡者名為寤　云何如此而荅我

優婆塞以偈荅言

斷除貪欲瞋恚癡　諸漏已盡阿羅漢
彼稱為寤我名睡　不知苦習及滅道
我於彼睡名為寤　天神汝今應當知

天神復說偈問言

善哉於寤名為睡　汝能善解荅我問
久来不見法兄弟　今得相見大歡悅
今尒眾伴為汝故　一切安隱得歸還

佛說是已諸比丘聞佛所說歡喜奉行

如是我聞一時佛在舍衛國祇樹給孤獨園尒時佛告諸比丘乃往古昔輸波羅城有優婆塞所居住處諸優

婆塞咸共集會於其堂上呵欲之過
欲現外形如露白骨又如肉段衆鳥
競逐欲如糞毒亦螫亦汙又如火坑
亦如疥人向火癢痛踰增其疾又如
向風執炬逆走若不放捨必為所燒
亦如夢幻又如假借亦如樹果又如
鉾戟欲為不淨穢惡充滿如食不消
噦臭可惡雖復共集種種言説呵欲
之過然其還家各自放逸時優婆塞
所集堂神而作是念諸優婆塞集會
此堂説欲過患及其還家嗜欲滋甚
不名清淨不依法行我今為彼作諸
觸惱令其覺寤作是念已時彼堂神
於優婆塞集會之時即説偈言
優婆塞集論　説欲是无常　汝等還自為
欲流所沉没　辟如深淤泥　老牛墜在中
如今我觀察　優婆塞衆多　多聞持禁戒
唯説一欲過　言欲是无常　但空有是言
實無棄欲心　貪著男女相　貪著名非法
汝等宜捨弃　於佛教法中　應如法修行
尒時天神説如是偈諸優婆塞聞是
偈已皆悉解悟猒惡於欲剃除鬚鬉
信家非家出家學道勤行精進修戒

定慧悉皆獲得阿羅漢果佛説是已
諸比丘聞佛所説歡喜奉行
如是我聞一時佛在王舍城迦蘭陁
竹林時須達多長者有少因緣從舍
衛國至王舍城詣護弥長者家見其
家中竟夜不睡破薪然火辦諸供具
安置高座敷諸牀搨須達多長者見
是事已作是思惟今此長者施設供
具為欲結婚歡樂宴會為欲屈彼頻
婆娑羅王及大臣乎復更思念若請
國王及以官屬婚姻宴會而此長者
不應躬身而自棲棲執於勞苦然火
作食必有勝人不審是誰我今當問
思惟是已即以所念問於長者時護
弥長者即荅之曰我亦不為婚姻歡
會亦不屈請頻婆娑羅王及大臣等
而為此會我於明日將欲請佛及比
丘僧故設斯供須達多長者初聞佛
名身毛為竪驚喜問言云何名佛護
弥荅言釋種出家剃除鬚髮成於无
上正真之道号曰為佛須達又問云
何名僧長者荅曰若刹利子剃除鬚
髮逐佛出家婆羅門種居士種首陁

羅種如是之等信家非家隨佛出家
是名為僧我於今者請佛及僧須達
多問言今日如来為可見不護弥荅
言如来近在迦蘭陁林尒今小侍佛
當自来受我供養時須達多内心踊
躍思覩世尊便小睡眠眠已尋寤天
猶未曉意謂平旦即便早起趣於城
門然彼城門初夜後夜二時常開時
須達多既至門下見城門開謂天已
曉即出門外欲詣佛所先以念佛故
有光明来照其身到城外已見一天
祠即時繞祠恭敬礼拜還復黑闇心
自念言天大黑闇若人非人或能害
我當還入城時尸婆天神放光照曜
乃至祇洹悉皆大明天神即語須達
多言汝可前進不宜退還尒時天神
即説偈言
假使百匹馬　載滿衆珎寶　并及百金人
以持用布施　如是展轉施　遍滿閻浮提
如是功德聚　以用為一分　不如有一人
發心向佛所　舉足行一步　十六分中一
假使雪山中　所有大力象　其數足滿百
金寶莊校身　其體甚姝大　其行極迅疾

暴迸倍有力　滿載諸雜寶　以此用布施
不如向佛所　一步之功德　十六分中一
假使劒摩耆　所出之寶女　顏容甚端嚴
其數足滿百　瓔珞以嚴身　真金為首飾
頭著寶珠瓔　此以用布施　所得之功德
不如向佛所　舉足行一步　十六分中一
是故我勸汝　於此莫退還

時須達多即問之曰汝是誰耶天即荅言我是汝昔日親舊善身摩納於舍利弗大目連所臨終之時生歡喜心命終生天得為北方天王毗沙門子我於如来弟子所發心隨喜尚獲此福況復佛也時須達多復自念言令此天神稱讚乃尒以此量之必知彼人功德尊勝尒時世尊露地經行須達多長者即詣佛所初見世尊不知礼敬輙前直坐時彼天神化作婆羅門来至佛所繞佛三匝頂礼恭敬然後就坐時須達多既見之已方効於彼礼敬而坐問訊不審聖體安樂以不尒時世尊以偈荅曰

一切事安樂　婆羅門涅槃　無為欲所汙
解脫於諸有　心斷諸欲求　心除熱惱病

其心得清淨　寂滅安隱眠

尒時世尊即將長者須達多入於房中敷座而坐時須達多礼佛足已在一面坐佛為種種說法示教利喜施論戒論生天之論欲為不淨出要為樂佛知須達多心意專正踊躍歡喜佛為說四真諦即於座上見四真諦如新淨氎易受染色須達多易悟亦復如是見法證法斷八十億洞然之結得須陁洹即從座起整衣服礼佛足已白佛言世尊我名須達多我以布施貧乏之故諸人稱為給孤獨氏佛言汝是何國人出生何種族須達白言我所出生舍衛國唯願世尊往詣彼國我當終身施設供養佛告須達多彼國為有僧坊以不須達多白佛言世尊但往於彼我當營造使諸比丘来往於彼尒時如来默然受請時須達多聞佛所說并受其請頂礼佛足歡喜而去

如是我聞一時佛在舍衛國祇樹給孤獨園尒時須達多長者遇病困篤於時世尊聞其病甚即於晨朝著衣

持鉢往詣其家須達長者遥見佛来動身欲起佛告長者不須汝起尒時世尊別敷座坐佛告長者汝所患苦為可忍不醫療有降不至增乎長者白佛今所患苦甚為難忍所受痛苦遂漸增長苦痛逼切甚可患猒辟如力人以繩繫於羸劣者頭攪搣掣頓揉捺其頭我患首疾亦復如是辟如屠家以彼利刀而開牛腹挑攪五内我患腹痛亦復如是辟如二大力士捉彼羸瘦極乏之人向火拷炙我患身體煩熱苦痛亦復如是佛告長者汝於今者應於佛所生不壞信法僧及戒亦當如是長者白言如佛所說四不壞信我亦具得佛告長者依四不壞尒今次應修於六念汝當念佛諸功德憶佛十号如来應供正遍知明行足善逝世間解无上士調御丈夫天人師佛世尊是名念佛云何念法如来所說勝妙之法等同慶善現在得利及獲得證離諸熱惱不擇時節能向善趣現在開示乃至智者自知是名念法云何念僧常憶念僧

之德行如来聖僧得向具足應病授藥正真向道所行次第不越限度能隨於佛所行之法須陁洹果向須陁洹斯陁含果向斯陁含阿那含果向阿那含阿羅漢果向阿羅漢是名如来聲聞僧具足戒定慧解脫知見為他所請如是等僧冝應敬礼合掌向之是名念僧云何念戒自念所行滿足之戒白淨戒不瑕戒不缺戒不穿漏戒純淨戒无垢穢戒不求財物戒智者所樂戒無可譏嫌戒次應自念是名念戒云何念施巳所行施我得善利應離慳貪行於布施心无所著悉能放捨若施之時手自授與心常樂施無有猒倦捨心具足若有乞索常為開分是名念施云何念天常當護心念六欲天念須陁洹斯陁含生彼六天須達多白佛言世尊如佛所說六念之法我巳具修須達白佛唯願世尊在此中食佛默受請日時既到須達長者為於如来設衆餚饌種種俻具清淨香㓗設是供巳合掌向佛而作是言世尊出世難可值遇佛

為長者種種說法示教利喜從座而去須達長者於佛去後尋於其夜身壞命終生天上既生天上尋還佛所須達天子光色倍常照于祇洹悉皆大明頂礼佛足在一面坐而說偈言

此今猶故是　祇洹之園林　仙聖所住處
林池甚閑靜　法主居其中　我今生喜樂
信戒定慧業　正命能使淨　若能修如是
向来之上行　非種姓財富　能得獲斯事
智慧舍利弗　寂然持禁戒　空處樂恬靜
寂勝无倫疋

佛告天曰如是如是尒時世尊即說偈言

信戒定慧業　正命能使淨　非種姓財富
能獲如斯事　智慧舍利弗　寂滅能持戒
空處樂恬靜　寂上無倫疋

須達天子聞佛所說歡喜頂礼於座上没還於天宮

尒時世尊於天未曉入講堂中敷座而坐告諸比丘向有一天光色倍常来詣我所其光暉耀普照祇洹悉皆大明礼我足巳却坐一面而說斯偈

此今猶故是　祇洹之園林　仙聖所住處

林池甚閑靜　法主於其中　我今生法樂
信戒定慧業　正命能使淨　若能修如是
向来之上事　非種姓財富　能獲如斯事
智慧舍利弗　寂然持禁戒　空處樂恬靜
寂勝無倫疋

尒時尊者阿難在如来後聞天說偈即白佛言此必是須達長者得生天上是故還来讃舍利弗佛言如是如是彼須達多生天上来至我所說如斯偈尒時阿難及諸比丘聞佛所說歡喜奉行

如是我聞一時佛在曠野園第一林中時首長者身遇困疾尒時世尊聞其患巳後日晨朝著衣持鉢往詣其家時首長者遥見佛来動身欲起佛告長者不須汝起佛即慰問汝所患苦為可忍不醫療有降不至增耶長者白佛今我患苦極為難忍所受痛劇遂漸增長苦痛逼切甚可猒患辟如有力之人以手攬捘無力者頭揉捺牽掣我患頭痛亦復如是辟如屠者以彼利刀耗攪牛腹腸胃寸絕我患腹痛亦復如是辟如二大力人捉

一羸病向火拷炙身體燋爛患體熱痛亦復如是佛告長者汝今應於佛所生不壞信法僧及戒亦當如是長者白佛如佛所說四不壞信我已具得佛告長者依於如是四不壞信應修六念長者白佛如此六念我已具修時首長者即白佛言唯願世尊在此中食佛默然受請日時已到彼首長者為於如來設衆餚膳種種備具清淨香潔設是供已尋便奉施合掌向佛而作是言世尊出世難可值遇佛為長者種種說法示教利喜從座而去時首長者如來去後尋於其夜身壞命終生無熱天既生天已即作此念我於今者應往佛所作是念已尋來佛所光色倍常照于祇洹悉皆大明頂礼佛已却坐一面身濕入地譬如酥油佛告天子汝可化為麤身當作住想時首天子受佛勅已即便化作欲界麤形不復濕没佛告首天子言汝行幾法不生猒足身壞命終生無熱天首天白佛我行三法心无猒足故得生天見佛聽法供養衆僧

無猒足故命終得生無熱天上時首天子即說偈言

我樂常見佛　不捨於聽法　供養比丘僧
受持賢聖法　調伏貪嫉心　得生無熱天

時首天子說是偈已歡喜頂礼即從座没還於天宫

如是我聞一時佛在舍衛國祇樹給孤獨園時有一天來至佛所光色倍常威光暉曜遍照祇洹悉皆大明却坐一面而說偈言

七比丘解脫　生於无煩天　盡於善愛有
度世間愛著　誰使度駛流　而此駛流者
死擫得自在　甚難可得度　誰救死羂弶
出過天境界

尒時世尊以偈答曰

優比羅建陁　第三佛羯羅　跋直羯提婆
婆睺提毗紐　如是等比丘　盡度於駛流
能度死自在　盡斷生死羂　出過於天界
言說擫深遠　難識難可解　所說無不善
汝是何天耶　来問我此事

尒時此天以偈答曰

我不還此有　名為無煩天　是故我盡知
七比丘解脫　斷棄於愛有　度世之縛結

我生天先緣　今日當具說　梵行盡於漏
迦葉優婆塞　凡師養父母　遠離於婬欲
迦葉及父母　愛答摩納等　彼是我親友
我亦與彼昵　淨身守口意　盡住寂後身
如是諸大人　我共為善伴

尒時世尊復答天曰如是如是實如所說

凡師如尒言　本毗婆陵伽　難提婆凡師
迦葉優婆塞　孝事於父母　梵行盡於漏
彼與我親友　我亦為彼親　如是諸大人
本日相親近　善修身口意　住於寂後身

尒時彼天　聞佛所說歡喜頂礼而去

常驚恐顔色　羅吒國估客　輸波羅須達
須達多生天　首長者生天　又有无煩天

別譯雜阿含經卷第九

如是我聞一時佛在舍衛國祇樹給
孤獨園時有一天光色倍常來詣佛
所身光顯照遍於祇洹赫然大明却
坐一面而說偈言
不生歡喜園　終不能得樂　是三十三天
名稱滿世間　常是彼天人　之所居住處
汝如小嬰愚　非尒智所及　如斯之妙法
乃是羅漢語　諸行斯無常　是生滅之法
其生滅滅已　寂滅乃為樂
天復以偈讚曰
往昔已曾見　婆羅門涅槃　嬿怖久棄捨
能度世間愛
尒時此天說此偈已歡喜還宮
如是我聞一時佛在舍衛國祇樹給
孤獨園時有一天光色倍常來詣佛
所身光顯照遍於祇洹赫然大明却
坐一面而說偈言
能捨於家業　斷諸一切法　常教授於他
不名善沙門
尒時世尊以偈荅曰
夜叉汝當知　若諸種姓中　有遭苦難者
諸有有智人　不應不愍彼　善逝以大悲
安慰而教導　羅漢法應尒
天復以偈讚言
往昔已曾見　婆羅門涅槃　嬿怖久捨離
能度世間愛
尒時此天說此偈已歡喜還宮
如是我聞一時佛在舍衛國祇樹給
孤獨園時有一天光色倍常來詣佛
所身光顯照遍於祇洹赫然大明却
坐一面而說偈言
若有賢善人　能具修慚愧　辟如彼良馬
不為鞭挍惡
尒時世尊以偈荅曰
一切世間人　少能修慚愧　能遠離諸惡
猶彼調乘馬
天復以偈讚言
往昔已曾見　婆羅門涅槃　嬿怖久捨離
能度世間愛
尒時此天說此偈已歡喜還宮
如是我聞一時佛在舍衛國祇樹給

孤獨園時有一天光色倍常來詣佛
所身光顯照遍於祇洹赫然大明却
坐一面而說偈言
不善知已法　好欲習他法　是名睡不寤
有時必得寤
尒時世尊以偈荅曰
既善知已法　不憘習他教　漏盡阿羅漢
棄惡就正法
天復以偈讚言
往昔已曾見　婆羅門涅槃　嬿怖久捨離
能度世間愛
尒時此天說此偈已歡喜還宮
如是我聞一時佛在舍衛國祇樹給
孤獨園時有一天光色倍常來詣佛
所身光顯照遍於祇洹赫然大明却
坐一面而說偈言
不善調於法　依止於異見　是名睡不寤
有時或得寤
尒時世尊以偈荅曰
於法善調順　不依止邪見　度愛之彼岸
佛知已涅槃
天復以偈讚言
往昔已曾見　婆羅門涅槃　嬿怖久捨離

能度世間愛
尒時此天說此偈已歡喜還宮
如是我聞一時佛在舍衛國祇樹給孤獨園時有一天光色倍常来詣佛所身光顯照遍於祇洹赫然大明却坐一面而說偈言
比丘得羅漢　盡諸有漏法　如是滅結者
住於最後身　偽說言是我　偽說言非我
尒時世尊以偈荅曰
比丘得羅漢　盡諸有漏法　如斯滅結者
住於最後身　内心終不著　我及以非我
隨順世俗故　亦說我非我
天復以偈讃言
往昔已曾見　婆羅門涅槃　嬈怖久捨離
能度世間愛
尒時此天說此偈已歡喜還宮
如是我聞一時佛在舍衛國祇樹給孤獨園尒時羅睺羅阿脩羅王手障於月時月天子極大驚怖身毛為竪往詣佛所頂礼佛足即說偈言
如来大精進　我今歸命礼　能於一切處
悉皆得解脫　今遭大艱難　願作我歸依
世間之善逝　應供阿羅漢　我今来歸依

如来愍世間　使彼羅睺羅　自然放捨我
尒時世尊說偈荅曰
月處虛空中　能滅一切闇　有大光明照
清白悉明了　月是世明燈　羅睺應速放
羅睺聞偈已　心中懷戰慄　流汗如沐浴
即速放彼月
時跋羅蒲盧旃見阿脩羅王速疾放月即說偈言
汝何故驚懼　速疾放於月　身汗如沐浴
掉動如病者
時阿脩羅復說偈言
我聞佛說偈　若不放月者　頭當破七分
終不見安樂
時跋羅蒲盧旃復說偈言
佛出未曾有　見者得安隱　阿修聞說偈
即時放於月
如是我聞一時佛在舍衛國祇樹給孤獨園時有一天光色倍常来詣佛所身光顯照遍於祇洹赫然大明却坐一面而說偈言
汝手為有杻　及有鞞桁不　不處於牢獄
乃至繫閉不
尒時世尊以偈荅曰

我都無手杻　及以諸桁械　羈鞞繫閉等
一切皆永滅　夜叉汝當知　我脫如是事
天復以偈問曰
云何名為杻　云何是桁械　云何是羈鞞
云何為繫閉
佛復以偈荅曰
母即名為杻　婦名為桁械　子名為羈鞞
愛名為繫閉　我無母之杻　亦無妻桁械
無有子羈鞞　復無愛繫閉
天復說偈言
善哉得無杻　亦無有桁械　善哉無羈鞞
無繫閉亦善
天復以偈讃言
往昔已曾見　婆羅門涅槃　嬈怖久捨離
能度世間愛
尒時此天說此偈已歡喜還宮
如是我聞一時佛在釋翅鳩羅脾大斯聚落尒時世尊剃除鬚髮未久之間晨朝早起正身端坐以衣覆頭時彼鳩羅脾大斯聚落之中有一天神来至佛所而問佛言汝憂愁耶佛言我無所失何故憂愁天神復言汝歡

喜耶佛荅之日我無所得何故歡喜
復言沙門汝不憂愁不歡喜耶佛言
誠如所言天即說偈言
比丘汝云何　得無煩惱耶　汝無少歡喜
獨坐於林野　是處難忍樂　而汝於今者
不為不忍樂　之所覆蔽障
介時世尊以偈荅曰
我都無煩惱　安住得解脫　亦無有歡喜
不樂所不亂　天神應當知　是故能獨住
天神復以偈問言
比丘汝今者　何故無煩惱　云何無歡喜
而獨住林野　不為彼不樂　之所覆蔽障
介時世尊以偈荅曰
歡喜即煩惱　煩惱即歡喜　我無喜煩惱
天神應當知
天神復說偈言
比丘快善哉　而無諸煩惱　亦無有歡喜
無歡喜善哉　善哉處閑獨　不樂所不亂
天神復以偈讚言
往昔已曾見　婆羅門涅槃　嫌怖久捨離
能度世間愛
介時此天說此偈已歡喜還宮

別譯雜阿含經第九卷　第七張　息

別譯雜阿含經卷第九

校勘記

一　底本，金藏廣勝寺本。
一　三六六頁中一行「卷第九」下，麗有夾註「丹本第九卷初准」。
一　三六六頁中二行譯者，資、磧、普作「失譯」；南、徑、清作「失譯人名附秦録」。
一　三六六頁中二行譯者與三行正文之間，諸本(不含石，下同)有大段經文底本原缺，今據麗藏本補録於卷末，即三七四頁上一行至三七六頁上末行「如是我聞……歡喜還宮」，並校以資、磧、普、南、徑、清。
一　三六六頁下二行「拘紖」，資作「倨紖」；磧、普、南、徑、清、麗作「拘紖」。同行「翼從」，資作「習從」。
一　三六六頁下一四行「得去」，資、磧、普、南、徑、清作「得出」。
一　三六六頁下一六行「根本」，南作「根中」。
一　三六六頁下一九行「捨離」，南作「棄捨」。
一　三六七頁上三行第四及第五字「結髮」，資、磧、普、南、徑、清作「髻髮」，下同。
一　三六七頁上一七行末字「心」，資、磧、普、南、徑、清作「見」。
一　三六七頁上二一行「所依」，磧作「所伏」。
一　三六七頁中八行「睡卧」，資、磧、普、南、徑、清作「睡眠」。
一　三六七頁中八行及一一行「調適」，諸本作「調適」。
一　三六七頁中九行第三字「下」，南作「不」。同行「賢道」，資、磧、普、南、徑、清作「聖道」。
一　三六七頁中一二行「精進」，徑作「精神」。
一　三六八頁上五行「緣攀」，資、磧、普、南、徑、清作「攀緣」。同行「其深」，諸本(不含石，下同)作「甚深」。
一　三六八頁上一〇行「履深」，磧作

「復深」。

一　三六八頁下一行「無可」，資、磧、普、南、徑、清作「無有」。

一　三六八頁下二一行「諸惡」，諸本作「諸患」。

一　三六九頁中五行「於衆緣」，資、磧、普、南、徑、清作「衆緣務」。

一　三六九頁中一六行「剽掠」，資、磧、普作「漂掠」；南、麗作「摽掠」。

一　三六九頁下六行「羅緣」，資、磧、普、南、徑、清作「羅經」。

一　三六九頁下八行第五字「憲」，諸本作「悉」。

一　三六九頁下一一行「如此」，資、磧、普、南、徑、清作「知此」。

一　三七〇頁上四行「踰增」，麗作「愈增」。

一　三七〇頁上二一行「天神」，資、磧、普、南、徑、清作「堂神」。

一　三七〇頁中二一行「須達」，資、磧、普、南、徑、清作「須達多」，下同。

一　三七〇頁中末行「逐佛」，徑、清作「隨佛」。

一　三七〇頁下四行第九字「林」，資、磧、普、南、徑、清作「竹林」。

一　三七〇頁下八行「常開」，資、普、南、徑、清作「常閑」；磧作「常閑」。

一　三七一頁上三行第三字「劒」，磧、普、南、徑、清作「斂」。

一　三七一頁上五行「此以」，麗作「以此」。

一　三七一頁下七行「摟摵」；資作「揔滅」；磧、南作「揔摵」；普作「摠摵」；徑、清作「總摵」，下同。

一　三七一頁下一一行第六字「乏」，諸本無。同行「拷炙」，麗作「燸炙」，下同。

一　三七一頁下末行「常憶念」，諸本作「常當憶念」。

一　三七二頁上六行「解脫」，諸本作「解脫解脫」。

一　三七二頁中三行「生天上」，諸本作「得生天上」。

一　三七二頁下一行「於其中」，諸本作「居其中」。同行「法樂」，諸本作「悅樂」。

一　三七二頁下一二行「曠野園」，資、磧、普、南、徑、清作「曠野國」。

一　三七二頁下一六行「汝所」，資、磧、普、南、徑、清作「汝其」。

一　三七三頁上一七行第一二字及二〇行第九字「澡」，資、磧、普、南、徑、清作「淋」；麗作「滲」。

一　三七三頁中一一行「善受」，資、磧、普、南、徑、清作「善愛」。

一　三七三頁中一三行末字「弶」，資作「樞」。

一　三七三頁下二行「婬欲」，資、磧、普、南、徑、清作「五欲」。

一　三七三頁下八行首二字及末二字「凡師」，諸本作「瓦師」。

一　三七三頁下一四行「又有」，資作「人有」。

一　三七四頁上一二行「棄捨」，資、磧、普、南、徑、清作「捨離」。

一　三七四頁下四行「他法」，資、磧、

普、南、徑、清作「他教」。

一 三七五頁中二一行「𤘽桁不」，資、磧、普、南、徑、清作「絆桁械」。

一 三七五頁下末行「天神」，磧、普作「大神」。

別譯雜阿含經卷第十 息

失譯人名今附秦錄

如是我聞一時佛住王舍城迦蘭陁竹林介時犢子梵志往詣佛所慰問如來在一面坐白佛言世尊我有少疑將欲請問汝若多聞顧垂聽察佛告犢子若有所疑隨汝所問犢子問曰身之與我為是一耶佛言如此之事我所不荅又問身我異耶佛言如此之事我亦不荅犢子復言今我問汝我身一耶汝不見荅身我異耶汝復不荅如斯等問尚不見荅云何而能記諸弟子死此生彼天人之中汝若記彼死此生彼寧可不是身留於此我往於彼五道之中若如斯者身之與我則為別異佛告梵志我說有取記彼受生若無取者則无受生復次犢子辟如彼火有取則然若無取者火則不然犢子言瞿曇我亦見火無取而然佛告犢子汝見何火無取而然犢子復言辟如見大火甚為熾盛猛風絕炎離火見然佛告犢子如此絕炎亦復有取犢子言離火見然以何為取佛言如斯絕炎因風而然以風取故炎得暫傳以風力故絕炎可見犢子言瞿曇火尚可介人則不然所以者何身死於此意生於彼於其中間誰為其取佛言當於介時以愛為取愛取因緣衆生受生一切世間皆樂於取一切皆為取所愛樂一切恚皆以取為因衆生見取則生歡喜一切衆生皆入于取如来阿羅呵以無取故而得成於无上正覺犢子言我於今者大有所作欲還所止佛言梵志宜知是時介時犢子聞佛所說歡喜奉行

如是我聞一時佛在王舍城迦蘭陁竹林介時犢子梵志往詣尊者大目連所既到彼已問訊尊者在一面坐介時犢子梵志問目連曰何因緣故若沙門婆羅門来問於佛死此生彼乃至非生非不生默然不荅其餘沙門婆羅門若見有人来問難者隨意為說我昔曾問沙門瞿曇死此生彼默不見荅死此不生彼死此亦生彼

亦不生彼非生彼非不生彼悉不見
荅如斯之義其餘沙門婆羅門皆悉
荅之沙門瞿曇為何事故默然不荅
目連對曰其餘沙門婆羅門不知色從
因生不知色滅不知色味不知色過
不知色出要以不能解如是義故著
色我生彼色我不生彼著色我亦生
彼亦不生彼著色我非生彼非不生
彼受想行識亦復如是如来如實知
色從因生色從因滅知色味知色過
知色出要如来如實知故色生彼心
無取著乃至色非生非不生亦不取
著受想行識亦復如是如斯之義甚
深無量无有邊際非筭數所知无有
方處亦無去来寂滅无相尒時犢子
梵志聞尊者目連所說歡喜奉行
如是我聞一時佛住王舍城迦蘭陁
竹林尒時犢子梵志往詣佛所問訊
佛已在一面坐白佛言世尊以何因
緣諸餘沙門及婆羅門若有所問皆
稱順荅說我死此生彼我死此不生
彼我死此亦生彼亦不生彼我非生
彼非非生彼犢子復言瞿曇如斯之

難何故不能稱順而荅佛告之曰諸
餘沙門婆羅門不知色從因生不知
色滅不知色過不知色味不知色出
要以不能知色從因生乃至不知色
出要故而於色我死此生彼死此不
生彼死此亦生彼亦不生彼非生彼
非非生彼悉皆取著受想行識亦復
如是復告犢子如来不尒知色因知
色滅知色味知色過知色出要如實
知之如来如實能知色因色滅色過
色味色出要能知色我死此生彼乃
至非生非非生彼悉皆不著受想行
識亦復如是
佛告犢子是故此義甚深廣大无量
無邊非筭數所及復告犢子以是因
緣諸餘沙門婆羅門等不達義趣隨
問強荅若問如来我色生彼不生彼
亦生彼亦不生彼非生彼非非生彼
以無義理置而不荅我已生彼乃至
非生非非生悉皆不荅犢子言希有
瞿曇汝及弟子義與義句及與句味
所說之事等無差別犢子復言我於
異時至沙門目揵連所我於尒時以

此句味問彼目連彼以此義句味而
荅於我瞿曇汝今所可宣說與彼無
異是故我今稱為希有如此教法昔
所未有亦未曾說義理相順善荅斯
問犢子梵志聞佛所說歡喜而去
尒時尊者僧提迦旃延在那提城群
寔迦所住之處尒時犢子梵志以緣
事故往詣彼城既至彼已營事已訖
即便往彼尊者僧提迦旃延所相問
訊已在一面坐白尊者言我有所疑
欲相諮問汝若閑豫聽我所問願為
解說尊者告言犢子我聽汝問然後
乃知犢子問言以何因緣故諸餘沙
門婆羅門有人来問死此生彼死此
不生彼乃至非生彼非非生彼悉皆
能荅沙門瞿曇為以此問色死此生
彼乃至非生彼非非生彼無義理故
置不荅乎尊者告言我今問汝隨汝
所稱而荅於我於汝意云何若因若
緣若行若根本若行所從生若色若
無色若有想若無想以此因以此緣
以此行以此根本以此行所從生無
餘寂滅無想盡處若如是等无有因

緣無行无相及盡滅法如来寧可說死此生彼乃至說非生彼非非生彼耶犢子言迦旃延如是因如是緣如是行如是根本如是行所從生是色是無色是想是無想此等諸法皆至無餘盡滅无想滅盡是等諸法無有因緣如来云何而當說之犢子聞已心懷歡喜問尊者言汝為佛弟子從来久近尊者荅言我為佛弟子始過三年犢子言迦旃延汝獲大利能於眾中身口智慧辯才如是於少時中能具斯事實為希有犢子言我今緣事欲還所止尊者言宜知是時犢子梵志聞尊者語歡喜而去

如是我聞一時佛在王舍城迦蘭陁竹林尒時犢子梵志往詣佛所問訊佛已却坐一面白佛言世尊我有少疑今欲諮問若有閑裕願為解說佛言隨意問難犢子言以何緣故諸餘沙門婆羅門等有人来問死此生彼乃至非生彼非非生彼悉皆能荅沙門瞿曇以斯問死此生彼乃至非生彼非非生彼無義理故置而不荅佛

告犢子吾今問汝隨汝所解而荅於我於汝意云何若因若緣若行若根本若行所從生若色若無色若有想若無想以此因以此緣以此行以此根本以此行所從無餘寂滅无想盡處若如是等無有因緣无行無想及盡滅法我寧於此無因緣等盡滅法中說死此生彼乃至說非生彼非非生彼耶犢子復白佛言如是因如是緣如是行如是根本如是行所從生是色是無色是想是無想斯等諸法皆至無餘盡滅无想滅處如是諸法無有因緣吾當云何而能荅之尒時犢子聞佛所說心生歡喜而作是言希有瞿曇汝今弟子說義句味等无差別犢子復言我於異日以少緣事曾至于彼鄉提城群宴迦所住之處問沙門僧提迦旃延如斯之事彼以此義而荅於我然義句味及其文字與今所說等無有異都无錯謬是故我今稱為希有如此教法昔所未有亦未曾說義理相順善荅斯問犢子梵志聞佛所說歡喜而去

如是我聞一時佛在王舍城靈鷲山迦蘭陁竹林彼時犢子梵志往詣佛所問訊佛已在一面坐白佛言瞿曇一切眾生為有我不佛默然不荅又問為无我耶佛亦不荅尒時犢子作是念我曾數問沙門瞿曇如是之義默不見荅尒時阿難侍如来側以扇扇佛彼時阿難聞其語已即白佛言世尊何故犢子所問默然不荅若不荅者犢子當言我問如来都不見荅增邪見耶佛告阿難於先昔彼問一切諸法若有我者吾可荅彼犢子所問吾於昔時寧可不於一切經說无我耶以無我故荅彼所問則違道理所以者何一切諸法皆無我故云何以我而荅於彼若然者將更增彼昔来愚惑復次阿難若說有我即墮常見若說無我即墮斷見如来說法捨離二邊會於中道以此諸法壞故不常續故不斷不常不斷因是有是因生是生故彼則得生若因不生則彼不生是故因於無明則有行生因行故有識因識故有名色因名色故有六

入因六入故有觸因觸故有受因受
故有愛因愛故有取因取故有有因
有故有生因生故有老死憂悲苦惱
衆苦聚集因是故有果滅無明滅則
行滅行滅則識滅識滅則名色滅名
色滅則六入滅六入滅則觸滅觸滅
則受滅受滅則愛滅愛滅則取滅取
滅則有滅有滅則生滅生滅則老死
憂悲苦惱衆苦聚集滅盡則大苦聚
滅佛說是已諸比丘聞佛所說歡喜
奉行

如是我聞一時佛在王舍城迦蘭陀
竹林尒時犢子梵志往詣佛所問訊
佛已在一面坐問佛言瞿曇汝頗作
是見作是論世界是常唯我解了餘
人不知作是說不佛告犢子我不作
是見不作是說唯我能知餘人不解
犢子又問汝若不作如是說者一切
世界悉無常耶佛告犢子我亦不作
如是說言世界無常唯我能知餘人
不解犢子又問汝頗復作如是論言
世界亦常無常唯我能知餘人不解
作是說耶佛告犢子我亦不作如是

說言一切世界亦常無常唯我獨了
餘人不知犢子又問汝頗復作如是
說言一切世界非常非无常非非常
非非無常唯我能解餘人不了作是
說耶佛告犢子我亦不作如是說言
一切世界非常非無常非非常非非
無常唯我能知餘人不解犢子復問
世界有邊世界無邊亦有邊亦无邊
非有邊非無邊非非有邊非非無邊
身即是命命即是身身異命異衆生
神我死此生彼為有為無亦有亦无
非有非無非非有非非無瞿曇汝令
作是說耶佛告犢子我不作是見不
作是論說言世界有邊無邊乃至非
非有非非無犢子復言瞿曇汝今於
斯法中見何過患不取一見佛告犢
子我亦不言世界是常唯此事實餘
皆愚闇彼見結障彼見所行及所觀
處彼見塵埃垢穢不淨見結與苦俱
能為害能與憂惱能令行人受欝蒸
熱生諸憂患若與見結相應即是嬰
愚亦名無聞亦名凡夫能令生死迴
流增長復告犢子世間常无常亦常

無常非常非无常世界有邊及以無
邊亦有邊亦無邊非有邊非无邊衆
生神我死此生彼若有若無亦有亦
無非有非无非非有非非無若有人
計斯見者名為嬰愚亦名無聞亦名
凡夫增長生死煩惱垢汙能令行人
受欝蒸熱生諸憂患无有安樂以是
義故我於此見無所執著犢子又問
汝若不計如是見者汝今所計為是
何見佛告犢子如來世尊於久遠来
諸有見者悉皆除捨都无諸見雖有
所見心無取著所謂見苦聖諦見苦
集諦見苦滅諦見至苦滅道諦我悉
明了知見是已覩一切法皆是貪愛
諸煩惱結是我我所名見取著亦名
憍慢如斯之法是可患猒是故皆應
當斷除之既斷除巳獲得涅槃寂滅
清淨始是正解脫諸比丘等若更受
身於三有者无有是處犢子言瞿曇
汝於今者見何因緣說無生處佛告
犢子我還問汝隨汝意荅辟如有人
於汝目前然大火聚汝知是火然不
知此火聚在汝前滅汝知滅不若復

有人來問汝言此火滅已為至東方
南西北方乃至下方亦復如是斯諸
方中為至何處若如是者當云何荅
犢子言瞿曇若人問我當如實荅若
有草木及牛馬糞此火與新相得便
然不滅草木牛糞若都盡者此火則
滅不至方所
佛告犢子如是如是若言色是如來
受想行識是如來者無有是處何以
故如來已斷如斯色故受想行識亦
復如是皆悉已斷辟如有人斷多羅
樹斷已不生如來亦尒斷五陰已不
復受生寂滅無想是無生法犢子言
瞿曇我於今者樂說辟喻唯願聽說
佛告之曰隨汝意說犢子即言辟如
去於城邑聚落不遠平博之處有娑
羅林是娑羅林已百千年枝葉悉墮
唯貞實在汝今瞿曇亦復如是已斷
一切煩惱結縛四倒邪惑皆悉滅盡
唯有堅固真法身在瞿曇當知我今
緣務將欲還歸佛言宜知是時犢子
梵志聞佛所說歡喜而去
如是我聞一時佛在王舍城迦蘭陀

竹林尒時犢子梵志來詣佛所問言
瞿曇若有愚癡起如是見作斯論言
世間是常唯此事實餘則无實乃至
我不生彼非非生彼佛告犢子不知
色者作是見作是論說言世間色悉
皆是常自執此見以為真實謂諸餘
者以為虛妄常無常亦常亦无常非
常非非常世間有邊无邊非有邊非
無邊非非有邊非非無邊身一神一
身異神異我死此生彼死此不生彼
我死此亦生彼亦不生彼我死此非
生彼非非生彼受想行識亦復如是
犢子言瞿曇若有智者不取是見不
取是論亦復不應起如此見作如斯
論言世界是常此見為是餘見為非
佛告犢子若能知色解其性相如斯
等人不起是見不作是論言世界常
無常亦常亦無常非常非非常見亦
復如是世界有邊無邊亦有邊亦無
邊非有邊非非有邊亦復如是身一
命一身異命異我死此生彼死此不
生彼亦生彼亦不生彼非生彼非非
生彼亦復如是受想行識亦如上說

若了知識解其性相如斯等人不起
是見不作是論言識是常以見為是
餘見為非識為無常亦常亦无常非
常非非常見亦復如是識有邊无邊
亦有邊亦無邊非有邊非非有邊亦
復如是身一命一身異命異我死此
生彼死此不生彼亦生彼亦不生彼
非生彼非不生彼亦復如是不知者
如知者說見者不見者如知者說解
不解亦如上說通徹不通徹亦如上
說有相無相亦如上說其義深淺亦
如上說寤寤不寤寤亦如上說犢子
梵志聞佛所說歡喜而去
如是我聞一時佛在王舍城尒時犢
子梵志往詣佛所問訊佛已在一面
坐白佛言瞿曇我有少疑若蒙聽察
乃敢發問佛黙然不荅第二第三亦
如是問第二第三佛亦黙然犢子言
瞿曇我於長夜與汝親厚我有少問
唯願荅我佛作是念犢子梵志長夜
已來稟性質直無有諂偽諸有所問
皆求解故不為惱乱吾當聽之若阿
毗曇毗尼隨其所問佛告犢子恣汝

所問諸有所疑無得疑難犢子白佛言瞿曇一切世間有不善不佛荅言有又問頗有善不佛荅言有犢子言瞿曇願為我說善不善法令我解了佛告犢子吾能多種說善不善今當為汝略說其要復告犢子欲為不善離欲為善瞋恚愚癡是名不善離瞋恚癡是名為善煞生不善離煞為善偷盜邪婬妄語惡口兩舌貪恚邪見是名不善離如是等正見為善吾為汝說三種不善三種善十種不善十種善復告犢子若我弟子解此三種善不善及十種善不善如實能知便能盡欲瞋恚愚癡亦能永盡貪欲諸惡都滅無餘能盡貪欲愚癡故諸欲漏都盡以盡漏故成就無漏心得解脫慧得解脫於見法中自身解了證知得法自知生盡梵行已立所作已辦更不受有犢子白佛頗有一比丘於佛教法成就無漏心得解脫慧得解脫於見法中自身解了證知得法自知生盡梵行已立所作已辦更不受有為有是不佛告犢子得是法者

不但一二及以三四乃至五百多有比丘心得解脫慧得解脫於現法中自身取證犢子復問佛教法中頗有一比丘尼心得解脫慧得解脫不佛告犢子我教法中比丘尼等得斯法者非一二三乃至五百其數衆多犢子又問除彼比丘及比丘尼頗有一優婆塞度疑彼岸以不佛告犢子我佛法中諸優婆塞度疑彼岸非一二三乃至五百其數衆多斷五下分結成阿那含不還欲界犢子又問餘比丘比丘尼修梵行者除優婆塞頗有一優婆夷除於疑悔度疑彼岸不佛告犢子我佛法中得斯法者非一二三乃至五百其數衆多斷五下分結成阿那含不還欲界犢子梵志復白佛言置比丘比丘尼并優婆塞優婆夷修梵行者是佛法中頗有優婆塞獨在居家受五欲樂度疑彼岸不佛告犢子是佛法中非一二三乃至五百其數衆多如斯等人乃與男女群居逼迮共住香華瓔珞著細緡衣用好旃檀衆妙雜香以塗其身受畜金

銀種種珎寶奴婢僮僕其數衆多處斯憒閙逼隘之中能斷三結得須陁洹决定必至於三菩提盡諸苦際極鈍根者任運七生不生三惡人天流轉自然得盡諸苦邊際犢子又問且置比丘比丘尼優婆塞優婆夷修梵行者又置優婆塞在欲得須陁洹頗有女人在佛教法作優婆夷在於欲中度疑彼岸者不佛告犢子我佛法中諸優婆夷在欲度疑非一二三乃至五百其數衆多諸優婆夷雖處居家如優婆塞斷於三結得須陁洹犢子言瞿曇汝於菩提已得正覺設當修梵行比丘比丘尼優婆塞優婆夷處欲優婆塞處欲優婆夷若如是等不具道行便為支不滿足犢子言瞿曇汝今既得成等正覺得果比丘比丘尼修梵行優婆塞優婆夷處欲優婆塞處欲優婆夷悉獲果證於佛教法是名具足犢子復言瞿曇我今樂說辟喻願聽我說佛告之曰隨汝意說辟如天降大雨隨下水流注于大海汝之教法亦復如是男女長幼及

以褻老蒙佛法雨於長夜中盡趣湼槃善哉瞿曇善哉妙法善哉能入佛教法者犢子言我今相問設得出家修梵行者為久近成佛告犢子若有外道異學於佛法中求出家者先剃其鬚髮滿足四月於衆僧中心意調潻然後受戒不必盡尒亦隨人心犢子梵志聞佛語已心生喜樂若蒙出家得受戒者假設四年我尚為足况四月也佛告犢子吾先為汝說二種人不必一切悉皆如是犢子言瞿曇先者實作是說佛告比丘汝等今者與彼犢子剃髮受戒尒時比丘受佛勑已即剃其髮并與受戒如比丘法尊者犢子精勤修道於半月中具於學地知法到法見法覺法既得學果知已解已得證法已尊者犢子作是念我今應詣佛所作是念已即往佛所頂礼佛足在一面立白佛言世尊我於學地都證知已唯願世尊重為我說令我聞法心得解脱佛告犢子汝若速求心得解脱應修二法當學二法增廣二法言二法者所謂智定

若能如是修習增廣是則名為知種種界通達諸界知無數界佛告犢子比丘若欲離欲惡不善者有覺有觀入於初禪如是比丘應修二法定及智慧乃至四禪慈悲喜捨空處識處不用處非想非非想處亦復如是犢子欲得須陁洹斯陁含阿那含者悉皆應學如是三法欲學身通欲知他心智欲知宿命欲得天眼耳欲得漏盡智應修二法增廣二法知種種界通達諸界知無數界尊者犢子聞佛所說歡喜頂礼而去大悲如來種種因緣教導犢子受佛教已於閑靜處獨坐精懃心不放逸常處禪定所以族姓子剃除鬚髮正欲為修無上梵行故於現法中自身取證我生已盡梵行已立所作已辦更不受有時衆多比丘往至佛所尒時尊者犢子見諸比丘即問之言汝等欲何所至比丘答言我等將詣佛所親近供養犢子比丘語諸比丘言汝等今者往至佛所因以我語問訊世尊起居輕利少病少惱并可為我白世尊言犢子

比丘已報佛恩為法供養順佛所行時衆多比丘往至佛所礼佛足已在一面坐白佛言世尊尊者犢子比丘稽首世尊足下問訊世尊起居輕利少病少惱犢子比丘又作是言為我白佛我已修行隨順佛說世尊所行我已具得佛告比丘先汝有天來至我所言犢子比丘已得羅漢我已先知天在後導汝等今者復在天後尒時世尊記彼犢子已成羅漢佛說是已諸比丘聞佛所說歡喜奉行

身命及目連　希有迦旃延　未曾有有我
見及於愚癡　犢子所出家

別譯雜阿含經卷第十

別譯雜阿含經卷第十

校勘記

一 底本，金藏廣勝寺本。

一 三七九頁中一行「卷第十」，資、磧、普、南、徑、清作「卷第十八」（卷末卷次同）；麗於「卷第十」下有夾註「丹本第十八卷初准」。

一 三七九頁中二行譯者，資、磧、普作「失譯今附秦錄」；南、徑、清作「失譯人名附秦錄」。

一 三八〇頁下一三行「因緣故」，資、磧、普、南、徑、清作「緣故」。

一 三八〇頁下一九行「所稱」，諸本（不含石，下同）作「所解」。

一 三八一頁中五行「所從」，資、磧、普、南、徑、清作「所從生」。

一 三八一頁中一五行「汝今」，資、磧、普、南、徑、清作「汝及」。

一 三八二頁下一八行「始是」，麗作「如是」。

一 三八三頁下二行「以見」，諸本作「此見」。

一 三八三頁下一二行「寤寤」，資、磧、普、南、徑、清作「寐寤」；麗作「寤寤」。同行「寤寤」，資、磧、普、南、徑、清作「寐寤」。

一 三八四頁上六行「復告」，麗作「佛復告」。

一 三八四頁上九行「兩舌」，資、磧、普、南、徑、清作「兩舌綺語」。

一 三八四頁上一七行及二一行「見法」，資、磧、普、南、徑、清作「現法」。

一 三八四頁中一一行第一三字「餘」，諸本作「除」。

一 三八四頁下四行「不生」，麗作「不至」。

一 三八五頁上九行「假設」，徑、清作「假說」。同行「爲足」，諸本作「爲之」。

一 三八五頁上一七行「證法」，徑作「正法」。

別譯雜阿含經卷第十一　息

失譯人名今附秦錄

如是我聞一時佛住王舍城時有梵志厥名優陟來詣佛所問訊佛已在一面坐即問佛言瞿曇一切世界為有邊耶為無邊耶佛告優陟如斯等問吾初不荅優陟言瞿曇我問世界有邊無邊悉不見荅若然者汝常說法解釋問難為何所荅佛言優陟吾於諸法悉善知已為聲聞弟子分別正道斷除衆苦盡其邊際優陟言瞿曇汝於諸法悉善知已為聲聞弟子說於正道斷除衆苦盡其邊際若如是者汝所得道為一切人盡行是道為有多少而行斯道尒時如來默然不荅第二第三亦如是問如来默然悉不加報尒時阿難執扇侍佛以扇扇佛聞彼優陟所諮已即語之言汝後所問與前無異是以世尊默然不荅汝我且為汝說一方喻譬如邊守有城牆壁牢實欄楯窓牖悉皆堅固街巷里陌官府市肆周障布置不相干錯而此城中唯有一門時守門人聰明智慧有大念力善能分別客舊諸人識者聽入不識則遮時城中人欲有出者不知出要周匝遍觀更无孔穴唯此一門乃從求出而此守門智慧之人雖不具知城中種類然知其中將出城者皆由此門如是優陟如来亦尒雖不具悉思惟分別然知出入皆由此門如来亦然知過去若現在未来苦之邊際皆由斯道得盡於苦優陟梵志聞佛所說歡喜而去

如是我聞一時佛住王舍城迦蘭陁竹林尒時尊者富那在靈鷲山多諸異學外道梵志来至其所問訊尊者富那在一面坐白尊者富那言我等皆聞沙門瞿曇說衆生斷更不受生此事云何尊者荅曰如我解佛所說義者佛終不說衆生死已更不復有死此生彼佛實不見衆生之相所以者何凡夫妄想以有慢故言有衆生如来斷慢讃歎斷慢故无衆生想時諸外道聞尊者說不生歡喜亦不嫌毀即便還歸其去未久富那即便往

詣佛所到佛所已頂礼佛足在一面立以諸外道所問具白世尊是諸外道皆言世尊說衆生斷更不受生此事云何我即荅言如我解佛所說義者佛終不說衆生死已更不復有死此生彼佛實不見衆生之想所以者何凡夫妄想以有憍故起於衆生如来断憍讃歎断憍是故不起於衆生想富那復言我為外道作如是說將不違佛所說教法致於謗毁生增減耶為同世尊之所宣說為當異耶為如法說為不如法為似法說不似法說不為同佛法者所譏呵耶佛告富那汝說真實非為毁謗不增不減如我所說等無差別是如法說非非法說無有同佛法者能譏呵汝何以故從本已来一切皆為我憍所害衆生煩惱皆因我憍而得生長喜樂我憍不知我憍以不知故辟如循環不知端緒亦如乱織莫知其首亦如麻蕴亦如軍衆被破壞時擾攘乱走衆生於何擾乱不定此世他世流馳不止生死流轉不能得出復告富那如是

我憍一切衆生無盡盡滅无相至於盡滅悉皆散壞若知如是於人世界天世界魔世界梵世界沙門婆羅門天人大衆之中長夜得義救拔得樂時諸比丘聞佛所說歡喜奉行

如是我聞一時佛在王舍城迦蘭陁竹林介時尊者阿難於是夜中詣多跋河脫其衣裳置于岸上入河澡浴著一浴衣即出于水待自身乾時有外道名俱迦那提往至彼河尊者阿難聞彼行聲及謦咳聲外道亦聞尊者之聲外道問言汝為是誰阿難荅言我是沙門沙門甚多汝今為是何等沙門阿難荅言我是釋子外道言我欲問難汝若閑暇聽我所問阿難荅言欲問便問聽已當知外道問言我死此生彼以不阿難言如来不說又問我死此不生彼亦生亦不生非生非非生彼不阿難又言如斯等問佛悉不荅外道言我今問汝死此生彼乃至非生非非生悉不見荅汝寧不知如此事乎阿難言如是之事我悉知見非不知見外道言汝所知見

為何謂也阿難荅言我所知見見彼處所見衆生行乃至知見彼所從生知見結業舉動所作見煩惱結如墨聚集無闇凡愚與見結相應順於未来長處生死我所知見其事如是豈可謂為不知見乎外道俱迦那即問之曰汝名何等阿難荅言我名阿難外道復言善哉善哉大師弟子我今乃至共相談論而不知汝乃是阿難我若知汝終不能得共相抗對時彼外道聞阿難所說歡喜而去

如是我聞一時佛在舍衛國祇樹給孤獨園介時長者須達多好欲詣佛親近供養復作是念我若往彼日時故早如来猶未從禪定起我今應先至彼外道所住之處即往其所既至彼已共相慰問在一面坐異學外道問須達言汝可為我說彼沙門瞿曇為作何見須達荅言如来所說我不能及其所知見在吾分外外道言汝若不知佛之所見頗復能知比丘見不須達荅言如斯之事我亦不知外道復言汝若如是竟何所見若少所

見請聞其說須達復言汝當先說汝之所見然後我當自說所見尒時外道語須達言我所見者衆生之類是常是實餘皆妄語復有外道語須達言我之所見一切無常唯此為實餘皆妄語又復有言亦常無常非常非無常唯此為是餘皆妄語世界有邊世界無邊亦有邊亦无邊非有邊非无邊身即是命命即是身身異命異衆生神我死此生彼死此不生彼死此亦生彼亦不生彼如是長者我所見者死此非生彼非不生彼時諸外道各各自說已所見已語須達言仁者當說須達荅言如我所見一切衆生悉是有為從諸因緣和合而有言因緣者即是業也若假因緣和合有者即是無常无常即苦苦即無我以是義故我於諸見心無存著汝諸外道作如是言一切諸法常唯此為實餘皆妄語如此計者乃是衆苦之根本也以貪著斯諸邪見者與苦相應能忍大苦於生死中受無窮苦皆由計有世界是常乃至死後非生於彼

非不生彼如斯諸見實是有為業集因緣之所和合以此推之當知無常無常即苦苦即无我復有外道語須達言長者衆生若是業集因緣和合而有悉皆無常无常即苦苦即無我若如是者汝今亦復作諸苦本與苦相應於生死中受無窮苦須達荅言我先已說一切諸見心無所著是故我今亦復不著如斯之見時彼外道讚須達言如是長者汝亦應當作如是說尒時須達於彼外道異見衆中作師子吼令諸外道邪見之心皆悉息已往詣佛所頂禮佛足在一面坐以巳所見共外道談論向如來說佛即讚言善哉應當如是摧諸外道令墮負處應熾盛正法之論佛說是已諸比丘聞佛所說歡喜奉行

如是我聞一時佛在王舍城迦蘭陁竹林尒時長爪梵志往詣佛所在一面坐而作是言如我今者於一切法悉不忍受佛告長爪梵志汝於諸法悉不忍者見是忍不長爪復言如此之見我亦不忍佛告長爪梵志汝若

不忍如是見者何故而言我於諸法悉皆不忍誰為汝出不忍之語佛復告大姓汝若知若見不忍是見即斷是見巳棄是見譬如有人既當吐巳若如是者於餘見中即不次第便為不取便是不生長爪梵志復作是念汝所言我巳斷是見巳棄是見譬如人吐便於諸見無有次第不取不生佛告長爪若如是者多有衆生同汝所見亦復如是論者諸有異道沙門婆羅門若捨是見更不受異見是名少智極為尠薄亦名愚癡梵志當知世間衆生皆依三見初言我忍一切第二言一切不忍第三言我少忍少不忍賢聖弟子觀察初見能起貪欲瞋恚愚癡常為如是三毒纏縛不得遠離能生患害能生結使不得解脫憙樂於欲守護縛著是名為忍若不忍者能生貪欲瞋恚愚癡常為如斯三毒所纒不能遠離獲得解脫憙樂於欲常為愛取守護縛著是名不忍若見少忍少不忍亦復如是忍如上忍中說不忍如上不忍中說賢聖弟子

若說言忍便為與彼二見共諍若言不忍亦復與彼二見共諍若言少忍少不忍亦與二見共諍以已所見違於他故便起諍論若起諍論必相毀害以共諍論生毀害故以見是過生諸諍論故便棄是見不受餘見以是義故能斷是見棄離是見猶如人吐於諸見中無有次第不取不生賢聖弟子若言忍及以不忍少忍少不忍亦有是過如是梵志此色麤現四大所成賢聖弟子見是身無常既見無常便能離欲見此身滅即便捨離若見身無常便離身欲便離身愛離身窟宅除身決定想梵志當知受有三種苦受樂受不苦不樂受如此三受以何為因云何為習因何而生從何處出以觸為因因解生習習從觸生因觸所生若觸滅則受滅離熱得涼辟如日沒身邊受身邊時知是身邊受命邊受命邊時知是命邊如實而知无有錯謬賢聖弟子若受樂受知身必壞若受苦受不苦不樂受知身必壞若受樂受非和合受苦受不

苦不樂受亦復如是云何名為與受不和合所謂貪欲瞋恚愚癡不與生老病死而共和合憂悲苦惱衆苦聚集尒時尊者舍利弗出家半月侍如来側以扇扇佛于時如来為說斷於離欲之法時舍利弗如是觀察諸法無常即便離欲證成棄捨諸見无生漏盡心得解脫長爪梵志於諸法中得法眼淨如上所說既得信心即白佛言唯願世尊聽我出家尒時如来即聽出家既出家已懃修精進得阿羅漢道

如是我聞一時佛在王舍城須摩竭隨池岸尒時奢羅浮梵志在大衆中而作是言我知釋子所說教法我所知見勝彼釋子當于尒時有衆多比丘入城乞食見奢羅浮梵志在彼池岸聞其所說作如是言我知釋子所有法教我所知者出過於彼時諸比丘聞此語已還至僧坊収攝衣鉢洗手足已往詣佛所頂礼佛足在一面坐白佛言世尊我等今日入城乞食訖已還歸於其中路經須摩竭隨

池彼池岸上有一梵志名奢羅浮在大衆中唱如是言我知釋子所有教法我所知者出過於彼善哉世尊唯願當往彼池岸尒時如来默然許之與諸比丘前後圍遶往詣於彼須摩竭隨池時奢羅浮遥見佛来即從坐起敷置高座尋白佛言可就此坐佛即便就坐坐已而告之曰汝實作是言我知釋子所有法教我所知者出過於彼如是說不時彼梵志默然而住佛復告曰何故默然而不荅我汝若解者隨汝意說若不解者吾當為汝分別宣說令汝具足汝今若能具足說者吾助尒喜梵志當知世若有人說言如来非阿羅呵三藐三佛陁者如是說者我稱善哉當問彼言汝以何事說言如来非阿羅呵三藐三佛陁此衆生等於理不決不能正荅更說世間其餘談論以諸雜語間錯其中憍慢矜高生毀害心以不能荅如斯問故默然而住慚愧低頭失於機辯奢羅浮汝今亦尒設復有人作如是言沙門瞿曇能善顯示是有過

法如是說者我亦稱善當問於彼以何智知如斯之事彼不能荅更說其餘世閒談論錯乱其中辝窮理屈慚愧低頭默然而住失於機辯亦如汝今無有異也若復說言沙門瞿曇所有弟子無善迴向不具持戒我亦稱善而問於彼汝以何法驗知斯事彼不能荅更說世閒其餘談論錯乱其中辝窮理屈慚愧低頭默然而住失於機辯汝今亦尒當于尒時奢羅浮同梵行者語奢羅浮汝今何故默然不荅汝昔日時恒於大衆多人之中而言我所知見出過瞿曇所有教法汝今宜問沙門瞿曇云何乃使沙門瞿曇反問汝法詰汝使說作如是言汝所說者若能具足吾助尒喜稱慶善哉如其不具吾當為汝分別宣示令得具足時奢羅浮聞斯語已亦復默然無所陳說尒時世尊在須摩竭陁池岸作師子吼已即從坐起還王舍城佛去不久彼諸同行種種呵責作如是言汝於今者如截角牛在屏處吼汝亦如是於閑靜處作師子吼

於沙門瞿曇前默然無所說亦如童女欲作男子聲然不能作還為女聲汝亦如是欲學瞿曇作師子吼而不能成亦如雌野干欲作師子吼然其出聲故作野干終不能成師子之聲諸同行者如是種種呵責奢羅浮已各四散而去

如是我聞一時佛在王舍城迦蘭陁竹林時有梵志名曰重巢居在於彼須摩竭陁池岸上於彼衆中作是唱言我所說偈若有人能具足分別顯示其義我當為其而作弟子時諸比丘食時已到著衣持鉢入王舍城次第乞食乞食已訖即便還歸於其中路經須摩竭陁池岸聞彼梵志作是語已即還僧坊収攝衣鉢洗手足已往詣佛所頂礼佛足在一面坐白佛言世尊須摩竭陁池岸有重巢梵志作如是語我所說偈若有人能具足分別顯示其義我當為彼而作弟子唯願世尊往至彼池尒時如來默然許之與諸比丘前後圍遶往詣彼池尒時重巢梵志遥見佛來即從坐起

敷置高座語佛言瞿曇可就此座于時如來即就其座而告之曰云汝自言我所作偈若有人能具足分別顯示其義我當為彼而作弟子為有是不梵志對曰實尒瞿曇佛復告曰汝所作偈今當為我誦其章句吾當為汝分別解說尒時重巢梵志復敷高牀而坐其上自說偈言

若是比丘　　釋種子者　　應當如法
清淨活命　　不宜嬈害　　於諸衆生
宜應遠離　　不善諸法　　守意清淨
護所受戒　　如是調伏　　隨順定智

尒時世尊以偈荅曰

若稱如是外　　隨順而履行　　於善丈夫中
汝得為最勝　　比丘處閑靜　　清淨自調順
不惱害衆生　　遠離一切惡　　如是調伏者
隨順於定智　　柔和善濡心　　身口不造惡
能攝三業者　　亦名順定智　　為世福田故
持鉢諸家乞　　撿心修念處　　謙下處卑劣
除欲棄貪求　　故獲无所畏

尒時重巢梵志聞斯偈已即生念言沙門瞿曇實知我心我今宜應歸依三寶作是念已即白佛言唯願如來

聽我出家佛即聽許出家為道受具
足戒便成沙門精懃修習斷諸煩惱
得阿羅漢諸比丘聞佛所說歡喜奉行
如是我聞一時佛在王舍城迦蘭陀
竹林中當於是時摩竭提國諸外道
輩相與聚集須摩竭陁池上作斯論
言此是婆羅門諦此是婆羅門諦尒
時如来在于精舍以禪淨天耳聞其
所說即從定覺往詣於彼須摩竭陁
池上諸婆羅門遥見佛来悉從座起
為佛敷座白佛就坐佛即就坐而告
之曰汝等聚集作何談論諸婆羅門
各白佛言瞿曇當知我等今日共相
聚集作是說言此是婆羅門諦此是
婆羅門諦佛告之曰如是如是我昔
求道初成正覺已證知竟取要言之
一切世間不過三諦吾當分別何等
為三所謂一切不煞此語是實非虛
妄說此事若實應勤精進於諸衆生
恒生慈心此是婆羅門初諦我知是
已廣為人說復次婆羅門一切苦集
是生滅法如斯之言真實不虛此事
若實應懃精進於其中間常宜修心

作生滅相應如是住是名婆羅門第
二諦我以知此生滅相故成等正覺
常為衆生說如是法復次婆羅門第
三諦者離我我所真實無我若離如
是三法相者便能遠離一切諸惡此
事若實應懃精進求離衆惡應如是
住佛說是已衆多外道聞佛所說默
然而坐尒時世尊而作是念斯愚癡
人常為諸魔之所覆蔽是大衆中乃
至無有一人能信斯語生志學想修
持梵行于時如来作斯念已從坐起
去佛去不久尒時須摩竭陁池神而
說偈言

辟如畫水欲求迹　下種鹵地求苗稼
如以芳香熏臭穢　水浸注波求濡弱
吹彼鐵杵求妙聲　如於盛冬求野馬
彼諸外道亦如是　雖聞妙法不信受

尒時諸婆羅門聞此池神說是偈已
覺隨佛後求索出家佛即聽許既出
家已精懃修道得阿羅漢果佛說是
已諸比丘聞佛所說歡喜奉行
尒時尊者阿難在拘睒弥國瞿師羅
園時有梵志名曰聞陁詣阿難所問

訊已訖在一面坐而作是言汝以何
事於彼沙門瞿曇法中出家學道阿
難答言我今為欲斷惡生善以是義
故於佛法中出家學道梵志復言斷
何等惡阿難答言我今欲為斷除貪
欲瞋恚愚癡梵志復言汝等亦知斷
除貪欲瞋恚癡耶阿難答曰唯佛法
中有斷如是貪欲瞋恚愚癡之法禁
制身心梵志又言如此貪欲瞋恚愚
癡有何過患汝等法中禁制之耶阿
難對曰欲愛深著能生惱乱於現在
世增長惡法憂悲苦惱由之而生未
来世中亦復如是瞋恚所著愚癡所
著能壞已心亦壞他心自他俱惱於
現在世增長諸惡未来世中亦復如
是增長諸惡復次若有深著此貪欲
者能令衆生盲無慧眼貪欲因緣能
令智慧微尠損減諸善不趣涅槃不
得三明及六神通離菩提道如貪欲
瞋恚愚癡亦復如是我等見斯貪欲
瞋恚愚癡有如是過患以是義故禁
斷貪欲瞋恚愚癡梵志又問頗復有
道修集增廣能斷貪欲瞋恚愚癡耶

阿難答言有八聖道所謂正見正語正業正命正方便正定正念正志能斷貪欲瞋恚愚癡趣向涅槃梵志復言如斯之道極為甚善修集增廣能斷貪欲瞋恚愚癡阿難當知我今緣務極為猥多今欲還歸阿難告曰宜知是時梵志聞阿難所說歡喜而去

如是我聞一時佛在舍衛國祇樹給孤獨園尒時尊者舍利弗往詣佛所頂礼佛足在一面坐于時如來為舍利弗種種說法示教利喜已默然而住時舍利弗見佛默然即從坐起頂礼佛足還其所止未到所住處道逢梵志名曰優陟問舍利弗從何處來舍利弗言梵志當知我於今日詣世尊所聽法來還優陟復言汝今故未離於教法猶如孾兒未離乳耶舍利弗言我今聽法無有猒足不同孾兒何以故孾兒轉大則離母乳

優陟復言我已久離聽法教戒舍利弗言如汝法中雖復教戒无有義利行於非道不名乘出不至菩提是壞敗法無有一法可恃怙者汝之師尊

非是如來阿羅呵三藐三佛陁汝今宜應速疾離彼邪師教法辟如犛牛志性輕躁好為羝突加復少乳所生犢子其形甚小數數離母隨意放逸如汝師尊无義教法亦復如是志性輕躁所有教法無有義利所有弟子稚小無智遠離其師隨意放逸各自說言我已離於教戒之法如來法中有義教戒有義教戒有善乘出趣向菩提不為邪見之所破壞有諸善法而可恃怙我之世尊是如來多陁阿伽度阿羅呵三藐三佛陁諸弟子等隨逐不捨猶如善牛志性不輕不為羝突加復多乳其犢身體日日長大隨逐其母終不捨離優陟梵志讚舍利弗善哉善哉汝獲善利所受教戒是出世法趣向菩提有善乘出至於涅槃不可沮壞有所依憑汝師世尊是如來阿羅呵三藐三佛陁作是語已各還所止

如是我聞一時佛在舍衛國祇樹給孤獨園時有梵志名曰優陟往詣佛所問訊已訖在一面坐而作是言瞿

曇於昔日時諸外道等相與聚集彼大講堂作種種論沙門瞿曇在於閑靜修攝其心智慧辯才我於是時亦共論議作如是言此相應此不相應辟如老牛加復无目我等亦尒所有教法甚為鄙陋盲無慧眼沙門瞿曇有大智慧在於閑靜修攝其心瞿曇汝今云何教諸弟子佛告之曰我佛法中童男童女共相聚會歡娛燕會隨意儛戲是名相應辟如有人年過八十頭白面皺牙齒墮落然猶歌儛作木牛馬作於琵琶箜篌箏笛亦作小車及蹹毱戲如斯老人作如是事名不相應其有見者當名此人為作智人為作癡人梵志對曰如是之人名為嬰愚無有智慧佛告之曰我佛法中相應相順如童子戲梵志當知聖賢法中如童子戲優陟白佛云何比丘修集善法佛告之曰比丘之法應當遠離諸惡不善修諸善法不調伏者為調伏故應懃修集不得定者為得定故應懃修集不解脫者為解脫故應懃修集所未斷者為令斷故

應懃修集所未知者為令知故應懃
修集所不修者為欲修故應懃修集
所未得者為欲得故應懃修集梵志
白佛言世尊何等不調欲令調故應
懃修集佛言眼不調乃至意不調為
令調故應懃修集梵志言何等不解
脫欲令解脫應懃修集佛言心不解
脫為令解脫應懃修集梵志言何等
為斷悪應懃修集佛言斷欲无明與
愛故應懃修集梵志言何等不知為
知故應懃修集佛言未知名色為令
知故應懃修集梵志言何等不修為
修故應懃修集佛言未修定慧不得
八道應懃修集梵志白佛比丘之行
甚為真實我今事多欲還歸家佛告
之曰宜知是時優陟梵志即從坐起
還其所止

如是我聞一時佛在王舍城迦蘭陁
竹林介時國中有一梵志名曰尸蒭
往詣佛所問訊已訖在一面坐而作
是言瞿曇所言學者云何名學佛告
之曰學故名學梵志又問云何學故
名為學也佛言時時修學增上戒故

名之為學時時修學增上心故名之
為學時時修學增上智故名之為學
梵志復言瞿曇若有阿羅漢盡諸有
漏所作已辦捨於重擔逮得己利心
得自在無復煩惱正智得解脫時當
何所學佛言若有羅漢盡諸煩惱正
見心得解脫當于介時貪欲瞋恚及
以愚癡一切悉斷無有遺餘是名无
學若彼羅漢盡於貪欲瞋恚愚癡更
不造作身口意悪無所進求以是義
故名為無學介時尸蒭梵志聞佛所
說歡喜而去

如是我聞一時佛在王舍城迦蘭陁
竹林介時尸蒭梵志往詣佛所問訊
已訖在一面坐而作是言瞿曇若有
婆羅門作是說隨所作業悉是過去
本所作因於現在世所作諸業能增
過去不善之因現在之世若不造業
則能破壞生死之橋四流永絕更不
流轉以業盡故苦亦得盡苦盡則苦
邊際盡瞿曇此事云何佛告尸蒭如
汝所言彼諸沙門婆羅門等作如是
說隨所造業悉是過去本業因緣乃

至盡苦邊際若如是者以何因緣於
現在世而有種種風冷病等四大增
損若如是者為自所作為他所作尸
蒭白佛他之所作佛告尸蒭云何自
已所作常拔鬚髮或舉手立不在床
坐或復蹲坐以之為業或復坐卧於
棘刺之上或邊椽坐卧或坐卧灰土
或牛屎塗地於其中坐卧或翹一足
隨日而轉盛夏之月五熱炙身或食
菜或食稗子或食舍摟伽或食糟或
食油滓或食牛糞或日三事火或於
冬節凍氷襯體有如是等无量苦身
法是名自己所作云何名為從他作
苦為他手足及以刀杖凡石打擲如
是等苦是則名為從他得苦一切世
人四大增損或為風冷而起是患如
是患等現所見事云何彼諸婆羅門
等若作是見言以此故能盡苦際即
是自作過咎如是等汝一切世人皆
共知之彼自虛說以五因緣故能令
身心受諸苦惱何等為五所謂貪欲
瞋恚調悔疑如斯五法能令衆生現
在之世身心苦惱復有五因緣故於

現在世能令身心常得快樂不受苦惱何等為五所謂能斷貪欲之心則於現在能令身心受法快樂何以故以有貪欲瞋恚調悔故能令衆生受諸苦惱若能斷除則受快樂無有憂患是故應當斷除如是貪欲瞋恚掉悔若斷除者無熱无惱不待時節當得解脫必趣涅槃尸蔔是名現在所得法復有現前所得法所謂正見正語正業正命正方便正志正念正定說是法時尸蔔梵志遠離塵垢於諸法中得法眼淨既得道已即整衣服合掌向佛而白佛言世尊唯願如來慈哀憐愍聽我出家如来即聽出家既出家已於空靜處懃懃精進得阿羅漢

如是我聞一時佛在鄰羅健陁置疊聚落蕃婆羅林時聚落中有一梵志名鄰利婆力在彼村住其年衰邁已百二十被聚落中所住人民咸謂是人真阿羅漢悉共恭敬而供養之然斯梵志有一親友福盡命終得生天上尒時此天作是思惟我今若勸是

鄰利婆力詣佛所者必不信受我今當教脫能信我作是念已即往於彼老梵志所威光炎熾遍照其人所住之處即至彼已語梵志言云何於已實是怨家詐現親相云何於自善親友所視之如已云何說斷云何無熱惱汝今應當心中默念不應發言若有能解如斯義者當往其所而求出家淨修梵行尒時此天作是語已即没不現於是鄰利婆力梵志聞斯語已即往於彼富蘭鄰迦葉所心中默念如斯問難云何於已實是怨家詐現親相云何於自善親友所視之如已云何說斷云何無熱惱然富蘭鄰迦葉尚不能知彼心所念況能荅之復至删闍耶毗羅胝子所亦作如是心中所問乃至尼揵陁若提子所亦復如是作心中難彼若提子尚不能知是念況復能荅時鄰利婆力梵志遍至六師悉不能知如斯之難若不能荅我今何為於其法中出家修道不如還俗受五欲樂我今家業甚為豐饒寧在家居布施作福復作是念

我當往詣沙門瞿曇所作是念已即往佛所於其中路復作是念沙門瞿曇年少出家而富蘭鄰六師之徒悉是耆舊宿德之人尚不能知況彼沙門瞿曇既是年少出家未久學日又淺而當能解如斯之義作是念時於其中路迴車欲還復更思惟我昔曾從耆舊宿德老梵志所聞如是說出家之人年雖幼稚不應輕蔑何以故年雖幼稚有大神通及大智慧作是念已即往佛所至佛所已恭敬問訊在一面坐心中默念如是四難云何於已實是怨家詐現親相云何於自善親友所視之如已云何說斷云何無熱惱尒時世尊知彼梵志心之所念即說偈言

屏處極毀罵　百千種誹謗　面前而讚歎
言是善好人　實能辦諸事　詐偽而不實
智者應當知　此是怨詐親　出言詐親善
所作無利益　智者應當知　此是怨詐親
云何於親友　愛重如己身　不應於親友
伺覓其過失　親友心願同　相念常不忘
如是之親友　不為他沮壞　應當恒敬念

別譯雜阿含經　第十一卷　第二十七張　[illegible]

愛重如己身　何故說於斷　斷能生喜樂
亦能得勝利　至於寂滅所　能修於勝果
丈夫向正道　以是義故斷　云何得无熱
得於寂靜味　獲得大智慧　尒時得無熱
遠離於諸惡　入法歡喜味　是名為无熱

尒時梵志聞是偈已即整衣服而白佛言唯願世尊聽我出家于時如来即聽出家既出家已精懃修道得阿羅漢

須跋陁羅者如集偈頌中說

優陟分匿俱迦郁　須達長爪奢羅浮
重林三諦及闍陁　二不留得尸蓟根
尸蓟郁羅婆力迦　須跋陁羅第十五

別譯雜阿含經卷第十一

別譯雜阿含經卷第十一

校勘記

一　底本，金藏廣勝寺本。

一　三八七頁中一行「卷第十一」，資、磧、普、南、徑、清作「卷第十九」；麗於「卷第十一」下有夾註「丹本第十九卷准」。

一　三八七頁中二行譯者，資、磧、普作「失譯今附秦録」；南、徑、清作「失譯人名附秦録」。

一　三八七頁中九行「佛言」，資、磧、普、南、徑、清作「佛告」。

一　三八七頁中一九行「默然」，資、磧、普、南、徑、清作「默」。

一　三八七頁下一一行第八字「佛」，資、磧、普、南、徑、清作「阿難」。

一　三八八頁上六行「之想」，資、磧、普、南、徑、清作「之相」。

一　三八八頁上八行「來断慢」，資、磧、普、南、徑、清作「来慢斷」。

一　三八八頁上二〇行「麻藴」，磧、普、南、徑、清、麗作「麻緼」。

一　三八九頁上一行「請聞」，資、磧、普、南、徑、清作「請問」。

一　三八九頁中一〇行「汝亦」，資、磧、普、南、徑、清作「汝今」。

一　三八九頁中一四行第四字「見」，資、磧、普、南、徑、清無。

一　三八九頁下三行「大姓」，資、磧、普、南、徑、清作「火性」。

一　三九〇頁上七行「是義」，資、磧、普、南、徑、清作「見義」。

一　三九〇頁上一四行「知受」，資、磧、普、南、徑、清作「知受身」。

一　三九〇頁上一七行「因解」，諸本（不含石，下同。）作「因觸」。

一　三九〇頁上末行第一二字「苦」，徑作「若」。

一　三九〇頁中五行「断於」，磧、普、南、徑、清作「断漏」。

一　三九〇頁中末行第三字「已」，資、磧、普、南、徑、清無。

一　三九一頁上一五行「汝法」，徑、

清、麗作「於汝」。
一　三九一頁中七行「而去」，資、磧、普、南、徑、清作「去」。
一　三九一頁中一五行第七字「池」，資、磧、普、南、徑、清無。
一　三九一頁下二行「云汝」，資、磧、普、南、徑、清作「聞汝」。
一　三九一頁下一〇行「嬈害」，資、磧、普、南、徑、清作「惱害」。
一　三九一頁下一九行「諸家」，資、磧、普、南、徑、清作「詣家」。
一　三九二頁中八行「而坐」，資、磧、普、南、徑、清作「而住」。
一　三九二頁中一五行「浸注波」，資、磧、普、南、徑、清作「浸注陂」。
一　三九二頁下四行「梵志復」，資、磧、普、南、徑、清作「梵志次復」。
一　三九二頁下七行第六字「癡」，資、磧、普、南、徑、清作「愚癡」。
一　三九二頁下一二行「惡法」，資、磧、普、南、徑、清作「諸惡」。
一　三九二頁下一四行「已心」，資、磧、普、南、徑、清作「自心」。
一　三九三頁中三行「瓨突」，資、磧、普、南、徑、清作「觝突」；麗作「抵突」，下同。
一　三九三頁中九行首四字「有義教戒」，資、磧、普、南、徑、清無。
一　三九三頁下一〇行「隨意」，資、磧、普、南、徑、清作「隨喜」。
一　三九三頁下一四行「共有」，磧、普作「甚有」。
一　三九三頁下二二行「應懃」，南作「慧勤」。
一　三九四頁下七行「邊椽」，資、磧、普、南、徑、清作「編椽」。
一　三九四頁下一三行第三字「名」，資、磧、普、南、徑、清無。
一　三九四頁下一七行「患等」，麗作「等患」。
一　三九四頁下一九行第九字「汝」，資、磧、普、南、徑、清作「法」；麗作「咎」。
一　三九四頁下二二行「調悔」，諸本作「掉悔」，下同。
一　三九五頁上一一行「遠離塵垢」，資、磧、普、南、徑、清作「遠塵離垢」。
一　三九五頁上一七行「置疊」，磧、普、南、徑、清作「賣氎」。
一　三九五頁中五行末四字至次行首六字「於自善親友所視之如己」，資、磧、普、南、徑、清作「於自親友視之如己」。
一　三九五頁中一〇行首字「沒」，資、磧、普、南、徑、清作「復」。
一　三九五頁中一六行「復至」，資、磧、普、南、徑、清作「復往」。
一　三九五頁中一九行第八字「時」，磧、普、南、徑、清作「爾時」。
一　三九六頁上一二行「重牀」，資、磧、普、南、徑、清作「重巢」。
一　三九六頁上末行「卷第十一」，資、磧、普、南、徑、清作「卷第十九」。

別譯雜阿含經卷第十二 丹本第六卷十二張後准 息

失譯人名今附秦錄

如是我聞一時佛在舍衛國祇樹給孤獨園時有比丘尼名曰曠野於其晨朝著衣持鉢入城乞食食訖洗鉢將欲向彼得眼林中時魔王波旬作是心念瞿曇沙門今在舍衛得眼林中其弟子曠野比丘尼入城乞食食訖洗鉢収攝坐具將欲往詣於彼林間我當為其而作擾乱尒時波旬化作摩納於彼路側問曠野言欲何所詣比丘尼荅言我今欲詣閑靜之處尒時摩納聞是語已即說偈言

一切世間中　无有解脫者　汝詣空靜處　將欲何所作　汝今年盛美　不受於五欲　一旦衰老至　後莫生憂悔

時比丘尼而作是念此為是誰欲惱乱我甚為欺詐為是人耶是非人乎作是念已入定觀察知是波旬欲来惱乱即說偈言

世間有解脫　我今自證知　波旬汝愚鄙　不解如斯跡　欲如摽利戟　陰賊拔刀逐　汝言受五欲　欲苦可怖畏　欲能生憂惱　欲能生追念　欲能生百苦　欲是衆苦本　斷除一切愛　滅諸無明闇　逮證於盡滅　住於无漏法

尒時波旬而作是念曠野比丘尼善知我心懊惱悔恨慚愧還宮

如是我聞一時佛在舍衛國祇樹給孤獨園尒時蘇摩比丘尼著衣持鉢入舍衛城乞食食訖洗鉢汉攝坐具向得眼林魔王波旬作是念今蘇摩比丘尼著衣持鉢入城乞食食訖洗鉢収攝坐具向得眼林尒時波旬化作婆羅門在路側立而作是言阿梨耶欲何所至比丘尼荅言我今欲詣彼寂靜處尒時波旬即說偈言

仙聖之所得　斯處難階及　非汝鄙纖智　獲得如是處

時比丘尼作如是念此為是人是非人乎而欲惱我入定觀察知是波旬即說偈言

女相無所作　唯意脩禪定　觀見於上法　若有男女相　可說於女人　於法無所能　若無男女相　云何生分別　斷除一切愛

別譯雜阿含經第十二卷　第六張　息

滅諸無明闇　逮證于盡滅　住於無漏法
以是故當知　波旬墮負處

尒時波旬而作是念蘇摩比丘尼善知我心憂愁悔恨慚愧還宮

如是我聞一時佛在舍衛國祇樹給孤獨園尒時翅舍憍曇弥比丘尼著衣持鉢入城乞食食訖洗鉢収攝坐具至得眼林坐一樹下住於天住尒時魔王波旬作是心念沙門瞿曇在於舍衛國祇樹給孤獨園有比丘尼名翅舍憍曇弥著衣持鉢入城乞食食訖洗鉢収攝坐具至得眼林坐一樹下住於天住作是念已化作摩納欲為擾乱即說偈言

汝今者何為　懷憂坐樹下　歔欷而流淚
將不喪子乎　獨處於林中　欲求男子耶

時比丘尼而作是念此為是誰甚為欺詐為是人耶是非人乎而欲為我作大擾乱入定觀察知是魔王即說偈言

我斷恩愛已　無欲无子想　端坐林樹間
無愁无熱惱　斷除一切愛　滅諸無明闇
逮得於滅盡　安住無漏法　以是故當知
波旬墮負處

尒時波旬而作是念翅舍憍曇弥比丘尼善知我心憂愁悔恨慚愧還宮

如是我聞一時佛在舍衛國祇樹給孤獨園尒時蓮華色比丘尼於其晨朝著衣持鉢入城乞食食訖洗鉢収攝坐具并洗足已入得眼林坐一樹下端坐思惟住於天住尒時魔王而作是念沙門瞿曇在舍衛國祇樹給孤獨園蓮華色比丘尼著衣持鉢入城乞食食訖洗鉢収攝坐具至得眼林中坐一樹下住於天住我當為其而作擾乱作是念已化為摩納往至其所而說偈言

娑羅樹下坐　如華善開敷　獨一比丘尼
汝今坐樹耶　更無第二伴　能不畏愚癡

尒時蓮華比丘尼即作是念此為是誰擾乱於我甚為欺詐為是人耶是非人乎入定觀察知是波旬即說偈言

百千姧偽賊　皆悉令如汝　不動我一毛
故獨无所畏

尒時魔王復說偈言

我今自隱形　入汝腹中央　或入汝眉間
令汝不得見

時比丘尼復以偈荅

我心得自在　善修如意定　斷絶大繫縛
終不怖畏汝　我已吐諸結　得拔三垢根
怖畏根本盡　故我無所畏　我今住於此
都無畏汝心　汝軍衆盡來　我亦不怖畏
斷除一切愛　滅諸無明闇　逮得於盡滅
安住无漏法　以是故當知　波旬墮負處

尒時波旬而作是念蓮華色比丘尼善解我心憂愁悔恨慚愧還宮

如是我聞一時佛在舍衛國祇樹給孤獨園尒時石室比丘尼於其晨朝著衣持鉢入城乞食食訖洗鉢収攝坐具向得眼林尒時魔王而作是念沙門瞿曇在舍衛國祇樹給孤獨園中有石室比丘尼著衣持鉢入城乞食食訖洗鉢収攝坐具向得眼林我當為其而作擾乱作是念已化為摩納往至其所而說偈言

衆生是誰造　衆生造作誰　云何名衆生
衆生何所趣

時石室比丘尼聞是偈已而作是念此為是誰甚為欺詐為是人耶是非

人乎入定觀察知是魔王以偈荅言

衆魔生邪見　謂有衆生想　彼空以聚會
都無有衆生　辟如因衆緣　和合有車用
陰界入亦尒　因緣和合有　業緣故聚會
業緣故散滅　斷除一切愛　滅諸無明闇
逮得於盡滅　安住於无漏　以是故當知
波旬墮憂處

尒時魔王而作是念此比丘尼善知我心憂愁悔恨慚愧還宮

如是我聞一時佛在舍衛國祇樹給孤獨園時有比丘尼名曰鼻黎在舍衛國王園精舍於其晨朝著衣持鉢入城乞食食訖洗鉢收攝坐具向得眼林於時魔王而作是念沙門瞿曇在舍衛國祇樹給孤獨園有鼻黎比丘尼著衣持鉢入城乞食食訖洗鉢收攝坐具向得眼林我當為其而作擾乱作是念已化為魔納即於路側而說偈言

誰造於色像　色像造作誰　色像從何出
色緣何所趣

時比丘尼聞斯偈已而作是念此為是誰惱乱於我甚為欺詐為是人耶

是非人乎入定觀察知是魔王說偈報言

色像非自作　亦非他所造　衆緣起而有
緣離則散滅　辟如殖種子　因地而生長
陰界諸入等　和合是色像　因苦故生長
因苦故散壞　斷除一切愛　滅諸无明闇
逮得於盡滅　安住無漏法　以是故當知
波旬墮憂處

尒時波旬而作是念此比丘尼善知我心憂愁悔恨慚愧還宮

如是我聞一時佛在舍衛國祇樹給孤獨園尒時毗闍耶比丘尼從王園精舍著衣持鉢入城乞食食訖洗鉢收攝坐具至得眼林坐一樹下住於天住尒時魔王而作是念沙門瞿曇在舍衛國祇樹給孤獨園王園精舍毗闍耶比丘尼著衣持鉢入城乞食食訖洗鉢收攝坐具至得眼林坐一樹下住於天住我當為其而作擾乱作是念已化為摩納往詣其所而說偈言

汝今極盛壯　我年亦復少　五欲共歡娛
放意而受樂　何以獨坐此　而不與我俱

時比丘尼聞是偈已而作是念此為是誰來惱於我甚為欺詐為是人耶是非人乎入定觀察知是魔王說偈報言

作樂縱歌舞　及餘五欲樂　盡迴用與汝
非我之所宜　人間一切樂　并及天五欲
盡迴用與汝　都非我所宜　我斷一切愛
滅諸无明闇　逮得於盡滅　安住无漏法
以是故當知　波旬墮憂處

尒時波旬而作是念此比丘尼善知我心憂愁悔恨慚愧還宮

如是我聞一時佛在舍衛國祇樹給孤獨園尒時有一比丘尼名曰折羅於其晨朝著衣持鉢入城乞食食訖洗鉢收攝坐具入得眼林在一樹下正身端坐入於天住尒時魔王作是念言沙門瞿曇在舍衛國祇樹給孤獨園中有一比丘尼名曰折羅於其晨朝著衣持鉢入城乞食食已洗鉢收攝坐具入得眼林中在一樹下坐入於天住我今當往而作擾乱尒時魔王作是念已化摩納形往至其所而語之言阿利耶欲生何處比丘尼

言如我今者都無生處尒時摩納即說偈言

有生必得樂　生必受五欲　汝受誰教勑

言不用復生

析羅比丘尼說偈報言

生者必有死　衆苦所纏縛　一切苦應斷

是以不求生　具眼牟尼尊　說斯真諦法

苦因生於苦　皆應捨離之　修聖八正道

安隱趣涅槃　世尊教道我　我樂是教法

我證知彼法　是故不樂生　斷除一切愛

滅諸无明闇　逮得於滅盡　安住無漏法

以是故當知　波旬墮負處

尒時波旬而作是念此比丘尼善知我心憂愁悔恨慚愧還宮

如是我聞一時佛在舍衛國祇樹給孤獨園尒時優波析羅比丘尼住王精舍於其晨朝著衣持鉢入舍衛城乞食乞食已洗鉢洗足攝持坐具詣得眼林在一樹下正身端坐入於天住尒時魔王作是念言今瞿曇沙門在舍衛國祇樹給孤獨園王園精舍有比丘尼名曰優波析羅於其晨朝著衣持鉢入舍衛城乞食食訖洗足

収攝坐具詣得眼林在一樹下正身端坐入於天住我今當往而作壞乱作是念已化作摩納即往其所問比丘尼言阿利耶欲何處受身比丘尼答曰我都无受身處尒時摩納即說偈言

忉利及炎摩　兜率與化樂　他化自在天

是處極快樂　汝應願樂彼　受於勝妙事

優波析羅比丘尼復說偈言

忉利及炎摩　兜率與化樂　他化自在天

諸處雖受樂　不離於我見　必為魔所縛

世間皆動搖　彼亦歸遷謝　無有諸凡夫

離魔之境界　世間皆然熾　世間皆烟出

離於動搖者　我樂如此處　斷除一切愛

滅諸無明闇　逮得於滅盡　安住無漏法

以是故當知　波旬墮負處

尒時魔王而作此念此比丘尼善知我心憂愁悔恨慚愧還宮

如是我聞一時佛在舍衛國祇樹給孤獨園尒時王園精舍有一比丘尼名曰動頭於其晨朝著衣持鉢入城乞食乞食已洗鉢洗足攝持坐具詣得眼林在一樹下正身端坐入於天

住尒時魔王作是念言瞿曇沙門在舍衛城祇樹給孤獨園有一比丘尼名曰動頭於其晨朝著衣持鉢入舍衛城乞食乞食已洗鉢洗足攝坐具入得眼林中在一樹下正身端坐入於天住我今欲往而壞乱之作是念已化作摩納往詣其所語比丘尼言九十六種道汝樂何道比丘尼答言此道我都不樂尒時波旬即說偈言

受誰教剃髮　自号比丘尼　不欲樂外道

汝為甚愚癡

動頭比丘尼復說偈言

此外諸異道　悉為邪見縛　種種諸見縛

終竟墮魔網　釋種大世尊　無比之丈夫

一切種中勝　降魔坐道場　悉過一切上

諸事皆解脫　能調盡有邊　彼佛教於我

是我之世尊　我樂彼教法　我今知彼已

盡除諸結漏　斷除一切愛　滅諸無明闇

逮得於滅盡　安住無漏法　以是故當知

波旬墮負處

尒時波旬而作是念此比丘尼善知我心憂愁悔恨慚愧還宮

曠野素弥　蘇瞿曇　蓮華石室

及毗羅毗 闍折羅 憂波折羅 第十名勤頭
無趣仙人 汝今與子 花敷於上 衆生誰造
汝上壯三 欲生何處 何處受生

如是我聞一時佛在薩婆國竭闍池岸尒時世尊月十五日在僧前坐說戒當於是夜月初出時婆耆奢在彼衆中作是念言我今欲以月為喻讚歎於佛作是念已從座而起合掌向佛言世尊我今欲有所說唯願善逝垂哀聽許佛告婆耆奢聽汝所說尊者婆耆奢即說偈言

猶如盛滿月 無雲處空中 光明照世界
一切皆樂見 釋迦牟尼尊 世間大導師
端嚴甚殊特 名聞悉充滿 月出白蓮華
日現紅蓮敷 從佛受化者 辟如華敷榮
開彼宿善根 悉令見道跡

時婆耆奢說此偈已歡喜踊躍還于所止

如是我聞一時佛在舍衛國祇樹給孤獨園尒時世尊與無央數大衆圍遶而為說法尒時尊者憍陳如適從餘處来詣佛所頂礼佛足在一面坐時尊者婆耆奢亦在會中作是念言我今欲在佛前以偈讚憍陳如作是念已從坐而起白佛言世尊唯願聽我少有所讚佛告婆耆奢隨汝所說尊者婆耆奢即說偈言

上座比丘憍陳如 安處實語住利樂
常樂空閑寂靜處 聲聞所求佛教法
悉皆逮得不放逸 有大威德具三昧
悉心巻別諸善根 如来長子憍陳如
歸命稽首礼世尊

時婆耆奢說此偈已歡喜踊躍還于所止

如是我聞一時佛在舍衛國祇樹給孤獨園尒時尊者舍利弗在講堂中為衆說法言音滿足能使聽者心意喜樂言辭正直聞者開解心無所為所說辯了諸比丘衆至心聽受聽者悅豫尊重恭敬至心憶念等同歡喜聽受其法尒時尊者婆耆奢在於會中心作是念我欲以偈讚舍利弗作是念已即正衣服從坐而起合掌白舍利弗言唯願尊者聽我所說尒時尊者告婆耆奢言若有所說恣聽汝意即說偈言

善哉舍利弗 明知道非道 為諸比丘僧
略廣而宣說 此優波室馱 出於微妙音
聞者皆悅豫 出聲和雅妙 可樂甚可愛
大衆聽无猒

時婆耆奢說此偈已歡喜踊躍還于所止

如是我聞一時佛在王舍城住龍山側與大比丘衆五百人俱皆是阿羅漢諸漏已盡所作已辦捨於重擔盡諸有結心得解脫尒時尊者目連觀察時坐五百比丘皆離愛欲尒時世尊在衆僧前敷座而坐當於尒時月半說戒時尊者婆耆奢亦在衆中而作是念我今在於佛僧之前欲有讚說即從坐起整其衣服合掌向佛而作是言唯願世尊聽我所說佛言婆耆奢隨汝所說尒時尊者婆耆奢即說偈言

無上之商主 在於龍山側 智慧能撫慰
五百比丘僧 目連神足者 觀察五百心
知此諸比丘 咸斷欲結使 一切皆具足
牟尼大聖尊 能度於苦岸 世間最後身
我今歸命礼 瞿曇之大師

如是我聞一時佛在王舍城迦蘭陁

竹林夏坐安居尒時世尊與大比丘衆五百人俱皆是阿羅漢諸漏已盡所作已辦捨於重擔盡諸有結正智心得解脫唯除一人如來記彼現身盡漏於七月十五日自恣時到佛於僧前敷座而坐尒時世尊告諸比丘汝等當知我是婆羅門於般涅槃受寂後身無上良醫拔於毒箭汝等皆是我子悉從於我心口而生是我法子從法化生我今欲自恣我身口意無過失不尒時尊者舍利弗在衆中坐從坐而起整其衣服合掌向佛白言世尊如佛所說我是婆羅門於般涅槃受寂後身無上良醫拔於毒箭汝等皆是我子悉從於我心口而生是我法子從法化生我等不見如來身口有少過失何以故世尊能使不調者調不寂滅者使得寂滅苦惱之者能使安隱未入涅槃者使得涅槃如來是知道者是示道者是說道者是導道者將來弟子相續不絕世尊教法次第修道恒相教習隨順正法常應擁護親愛善法我等不見世尊

若身口意有少過失舍利弗言世尊自恣說我若身口意有所闕短垂哀教整佛告舍利弗我不見汝有少過失何以故汝舍利弗堅持淨戒多聞少欲知足遠離憒閙樂於閑靜有精進具足定心智慧疾智健展轉智有大種智別智唯除如來諸餘智慧无能及汝深遠之智成就實智示教利喜心無嫉妬見他有能示教利喜隨喜讚歎若為四衆比丘比丘尼優婆塞優婆夷說法無有疲猒是故汝今若身口意無有少過舍利弗白言世尊頗見是五百比丘於身口意有少過不佛告舍利弗我不見五百比丘於身口意有少過失何以故是五百比丘皆是阿羅漢諸漏已盡所作已辦捨於重擔逮得己利盡諸有結正智心得解脫以是義故我不見是五百比丘若身口意有少過失舍利弗復白佛言世尊終不譏彼小闕亦不見五百比丘若身口意有少過失世尊此五百比丘幾具三明幾得解脫幾得慧解脫佛言此比丘衆中九十比

丘具於三明有百八十得俱解脫其餘之者盡慧解脫舍利弗言此五百人離諸塵垢無有腐敗悉皆貞實尒時婆耆奢在彼衆中而作是念佛今自恣我今欲說讚自恣偈婆耆合掌向佛白佛言世尊唯願聽我所說佛言婆耆隨汝所說婆耆奢即說偈言

此十五日清淨朝　五百比丘同共處
皆悉斷於結使縛　盡於後有之大仙
誠心親近淨世尊　悉得解脫離後有
斷於生死所作辦　諸漏已盡滅調悔
除貪憍慢斷有結　拔愛毒箭滅愛有
人中師子離諸取　盡諸有結滅怖畏
如似轉輪大聖王　群臣翼從而圍遶
遊行大池至巨海　辟如闘戰得大勝
無上商主弟子衆　悉具三明滅於死
斯等皆是佛真子　離諸垢穢純清淨
如日親友今敬礼

如是我聞一時佛在舍衛國祇樹給孤獨園尒時尊者婆耆奢在空靜處時欲撿心繫念思惟卒起異想生不憙樂即自覺知我於今者便失善利夫出家者名為難得若有是心不名

難得我今便為退失善心得于惡心
今當說心多諸過惡說猒患偈時尊
者即說偈言
棄捨樂諸者　及不樂著者　捨衣貪嗜覺
不造煩惱林　欲枝下垂而　衆生樂緣著
能斷於欲林　是名為比丘　不垂下著欲
无林名比丘　第六意出覺　然此欲覺者
世間所樂著　若得出覺意　能離非結著
不樂於勝欲　樂出麁惡言　不名為比丘
樂嗜於愛身　因見聞意識　想著生五根
能離欲想者　不受塗汙辱　是名得解脫
大地及虛空　世間有色處　悉皆歸散壞
一切同盡滅　智見是事已　行法已決定
諸處不生愛　質直不諂偽　雖求念存身
為有所利益　若能如是者　同彼入涅槃
如是我聞一時佛在舍衛國祇樹給孤園尒時尊者
婆耆奢與阿難俱著衣持鉢入城乞食見一女人
年在盛壯容貌端正便起欲想尒時婆耆奢尋自覺
知極自呵責我今名為不得出家之
利我之壽命極為難得若生是心名
為不善寧捨壽命不作欲想我於今
者不名出家何以故見於盛壯端正
女人即起愛心若生此心非我所宜

即向阿難而說偈言
為欲結所勝　燋然於我心　唯願為我說
除欲善方便
尒時阿難即說偈言
起於顛倒想　能燒然其心　淨想能生欲
應修不淨觀　獨處而坐禪　速滅於貪欲
莫數受燒然　當觀察諸行　無常无有樂
并及无我法　安心念此身　多猒惡生死
修習正智慧　除七憍結使　若知斷憍已
苦則有邊際
如是我聞一時佛在舍衛國祇樹給
孤獨園時有一天光色倍常於其夜
中来至佛所威光顯照遍于祇洹悉
皆大明却坐一面而說偈言
云何義利勝　誰為最親友　衆生依何等
而得自濟活　修造何事務　而能得聚斂
尒時世尊以偈荅曰
種田為義利　妻為最親友　衆生依熟苗
而得自濟活　若能勤作者　斯業勝聚斂
尒時天復說偈讃言
往昔已曾見　婆羅門涅槃　嬾怖久棄捨
能度世間愛
尒時此天說此偈已歡喜而去

如是我聞一時佛在舍衛國祇樹給
孤獨園時有一天光色倍常於其中
夜来詣佛所威光顯照遍于祇洹悉
皆大明却坐一面而說偈言
愛中子第一　財中牛第一　明中日第一
渕中海第一
尒時世尊以偈荅言
所愛无過身　能教第一財　慧為第一明
雨為第一渕
尒時天復說偈讃言
往昔已曾見　婆羅門涅槃　嬾怖久棄捨
能度世間愛
尒時此天說此偈已歡喜而去
如是我聞一時佛在舍衛國祇樹給
孤獨園時有一天光色倍常於其夜
中来詣佛所威光顯照遍于祇洹赫
然大明却坐一面而說偈言
於其二足中　刹利最為勝　於彼四足中
牛最為勝者　若於娶妻中　童女為最勝
於諸兒息中　長子為最勝
尒時世尊以偈荅曰
兩足最勝正覺是　四足中勝善乘是
娶妻中勝貞女是　兒子中勝孝者是

尒時天復說偈讚言

徃昔已曾見　婆羅門涅槃　嬈怖久棄捨
能度世間愛

尒時此天說此偈已歡喜而去

如是我聞一時佛在舍衛國祇樹給孤獨園時有一天光色倍常於其中夜来詣佛所威光顯照遍于祇洹赫然大明却坐一面而說偈言

何物生為勝　何物入地勝　種子何者勝
擲種誰為勝

時有天子先身從種田中得因以為名以偈荅言

苗稼生為勝　子入地第一　擁護於耕牛
兒擲種為勝

尒時彼天語此天言我不問汝我欲問佛復以偈問佛

何物生為勝　何物入地勝　種子何者勝
擲種誰為勝

尒時世尊以偈荅言

明生最為苗　無明滅為勝　親近供養佛
擲種僧最勝

尒時天復以偈讚言

徃昔已曾見　婆羅門涅槃　嬈怖久棄捨

能度世間愛

尒時此天說此偈已歡喜而去

如是我聞一時佛在舍衛國祇樹給孤獨園時有一天光色倍常於其夜中来詣佛所威光顯照遍于祇洹赫然大明却坐一面而說偈言

云何生世間　云何得和合　幾愛世間有
何物苦世間

尒時世尊以偈荅言

六愛生世間　六觸能和合　六愛能得有
六情生諸苦

尒時此天以偈讚言

徃昔已曾見　婆羅門涅槃　嬈怖久棄捨
能度世間愛

尒時此天說此偈已歡喜而去

如是我聞一時佛在舍衛國祇樹給孤獨園時有一天光色倍常於其夜中来詣佛所威光顯照遍于祇洹赫然大明却坐一面而說偈言

云何劫世間　云何名苦惱　云何是一法
世間得自在

尒時世尊以偈荅曰

意劫將諸趣　意苦惱世間　意名為一法

世間得自在

尒時天復以偈讚言

徃昔已曾見　婆羅門涅槃　嬈怖久棄捨
能度世間愛

尒時此天說此偈已歡喜而去

如是我聞一時佛在舍衛國祇樹給孤獨園時有一天光色倍常於其夜中来詣佛所威光顯照遍于祇洹赫然大明却坐一面而說偈言

何物縛世間　云何得解脫　斷於何等法
得至於涅槃

尒時世尊以偈荅曰

欲縛於世間　捨欲得解脫　能斷於愛縛
是名得涅槃

尒時天復以偈讚言

徃昔已曾見　婆羅門涅槃　嬈怖久棄捨
能度世間愛

尒時此天說此偈已歡喜而去

如是我聞一時佛在舍衛國祇樹給孤獨園時有一天光色倍常於其夜中来詣佛所威光普照遍于祇洹赫然大明却坐一面而說偈言

何物覆世間　何物能圍繞　何物縛衆生

云何世間住
尒時世尊以偈荅曰
老能覆世間　死能為圍繞　愛縛於衆生
如法住世間
尒時天復以偈讚言
往昔已曾見　婆羅門涅槃　嬿怖久棄捨
能度世間愛
尒時此天說此偈已歡喜而去
如是我聞一時佛在舍衛國祇樹給
孤獨園時有一天光色倍常於其夜
中来詣佛所威光普照遍于祇洹林
然大明却坐一面而說偈言
何物迷世間　何物和合有　何誰汙衆生
云何竪於幢
尒時世尊以偈荅曰
無明迷世間　愛著和合有　瞋汙染衆生
我慢竪為幢
天復以偈問言
何誰無蓋障　何誰斷於欲　誰出於汙染
誰能倒大幢
尒時世尊以偈荅曰
如来無蓋障　正智得解脫　彼无有蓋障
能盡于愛結　出離於塵垢　傾於我慢幢

尒時天復以偈讚言
往昔已曾見　婆羅門涅槃　嬿怖久棄捨
能度世間愛
尒時此天說此偈已歡喜而去
如是我聞一時佛在舍衛國祇樹給
孤獨園時有一天光色倍常於其夜
中来詣佛所威光普照遍于祇洹却
坐一面而說偈言
人財何者勝　修行何善行　能得快樂報
味中何最勝　云何諸壽中　壽命得最勝
尒時世尊以偈荅曰
於諸財物中　信財弟一勝　如法修善行
能獲快樂報　於諸滋味中　實語為第一
於諸壽命中　慧命為最勝
尒時天復以偈讚言
往昔已曾見　婆羅門涅槃　嬿怖久棄捨
能度世間愛
尒時此天說此偈已歡喜而去
如是我聞一時佛在舍衛國祇樹給
孤獨園時有一天光色倍常於其夜
中来詣佛所威光普照遍于祇洹林
然大明却坐一面而說偈言
人於生死中　何者是二伴　誰為教授者

歸向涅槃道　比丘樂何法　而斷於結縛
尒時世尊以偈荅曰
於諸生死中　信為第二伴　智慧如教授
能樂涅槃者　斷諸結使縛　是則名比丘
尒時天復以偈讚言
往昔已曾見　婆羅門涅槃　嬿怖久棄捨
能度世間愛
尒時此天說此偈已歡喜而去
如是我聞一時佛在舍衛國祇樹給
孤獨園時有一天光色倍常於其夜
中来詣佛所威光普照遍于祇洹林
然大明却坐一面而說偈言
何善能至老　何善最安住　何寶為第一
何物賊不劫
尒時世尊以偈荅曰
持戒善至老　信寂為安住　智慧人勝寶
福財賊不劫
尒時天復以偈讚言
往昔已曾見　婆羅門涅槃　嬿怖久棄捨
能度世間愛
尒時此天說此偈已歡喜而去
如是我聞一時佛在舍衛國祇樹給
孤獨園時有一天光色倍常於其夜

中来詣佛所威光普照遍于祇洹林
然大明却坐一面而說偈言
衆生誰所生　云何常馳求　云何於生死
流轉不解脫
尒時世尊以偈答曰
愛生于衆生　意馳於諸塵　一切有命類
轉轉於生死　恒受於諸苦　云何得解脫
尒時天復以偈讚言
往昔已曾見　婆羅門涅槃　嬈怖久棄捨
能度世間愛
尒時此天說此偈已歡喜而去
如是我聞一時佛在舍衛國祇樹給
孤獨園時有一天光色倍常於其夜
中来詣佛所威光普照遍于祇洹林
然大明却坐一面而說偈言
衆生誰所生　云何常馳求　於生死轉輪　何者為怖畏
尒時世尊以偈答言
衆生從愛生　心意馳不停　衆生處生死　苦為大怖畏
尒時天復以偈讚言
往昔已曾見婆羅門涅槃　嬈怖久棄捨　能度世間愛
尒時此天說此偈已歡喜而去
如是我聞一時佛在舍衛國祇樹給孤獨園時有一天光色倍常於
其夜中来詣佛所威光普照遍於祇洹林然大明却坐一面而說偈言
衆生誰所生云何常馳求　生死常輪轉　何者大怖畏
尒時世尊以偈答言
愛能生衆生　意識馳諸塵　衆生處生死　業為大怖畏
尒時天復以偈讚言

往昔已曾見　婆羅門涅槃　嬈怖久棄捨　能度世間愛
尒時此天說此偈已歡喜而去
如是我聞一時佛在舍衛國祇樹給
孤獨園時有一天光色倍常於其夜
中来詣佛所威光普照遍于祇洹林
然大明却坐一面而說偈言
云何名非道　何物日夜逝　梵行誰為垢
誰惱害世間　云何名澡浴　而能不用水
唯願佛世尊　為我分別說
尒時世尊以偈答曰
欲名為非道　人命日夜逝　女為梵行垢
亦惱害世間　專修梵行者　契淨勝彼水
尒時天復以偈讚言
往昔已曾見　婆羅門涅槃　嬈怖久棄捨
能度世間愛
尒時此天說此偈已歡喜而去
如是我聞一時佛在舍衛國祇樹給
孤獨園時有一天光色倍常於其夜
中来詣佛所威光普照遍于祇洹林
然大明却坐一面而說偈言
何物為第一　諸物中最勝　云何在處處
而得於最上　有何一種法　於世間自在

尒時世尊以偈答曰
於諸世物中　四陰名最勝　善於彼處處
皆得為最上　四陰名一法　於世間自在
尒時天復以偈讚言
往昔已曾見　婆羅門涅槃　嬈怖久棄捨
能度世間愛
尒時此天說此偈已歡喜而去
如是我聞一時佛在舍衛國祇樹給
孤獨園時有一天光色倍常於其夜
中来詣佛所威光普照遍于祇洹林
然大明却坐一面而說偈言
偈為何者初　云何為分別　偈何所依止
偈以何為體
尒時世尊以偈答曰
偈以欲為初　字為偈分別　偈依止於名
文章以為體
尒時天復以偈讚言
往昔已曾見　婆羅門涅槃　嬈怖久棄捨
能度世間愛
尒時此天說此偈已歡喜而去
如是我聞一時佛在舍衛國祇樹給
孤獨園時有一天光色倍常於其夜
中来詣佛所威光普照遍于祇洹林

然大明却坐一面而說偈言

以何知王車　云何知於火　云何分別國

云何知女人

尒時世尊以偈答曰

以幢知王車　以烟知有火　以主知有國

以夫別女人

尒時此天以偈讚言

往昔已曾見　婆羅門涅槃　嫌怖久棄捨

能度世間愛

尒時此天說此偈已歡喜而去

信及第二及至老

種種生世間　非道寂上勝　偈為何者初

別事為第十

別譯雜阿含經第十二卷

癸卯歲高麗國大藏都監奉

勅雕造

別譯雜阿含經第十二卷　第十三張　、惡

別譯雜阿含經卷第十二

校勘記

一　底本，金藏廣勝寺本。三九八頁中、下及四〇七頁下至次頁上共四版，原版殘缺，以麗藏本補。

一　三九八頁中三行至四〇二頁上三行「如是我聞……何處受生」，資、磧、普、南、徑、清上承卷第六，三六頁下六行「內外二不燒」。至此資、磧、普、南、徑、清卷第六終。

一　三九八頁中四行「有比丘尼」，磧、普、南、徑、清作「有一比丘尼」。

一　三九八頁中一六行「一旦」，資、磧、普、南、徑、清作「一日」。

一　三九八頁下一行「憂惱」，資、磧、普、南、徑、清作「憂愁」。

一　三九八頁下三行「一切愛」，資、磧、普、南、徑、清作「一切受」。同行「逺證」，資、磧、普、南、徑、清作「遂證」。

一　三九九頁上一三行「化作」，資、磧、普、南、徑、清作「化爲」。

一　三九九頁上一五行「生樹下」，諸本（不含石，下同）作「坐樹下」。

一　三九九頁中一一行「至得」，資、磧、普、南、徑、清作「入得」。

一　三九九頁中一六行「禪耶」，磧、普、南、徑、清作「禪那」。

一　三九九頁中一七行「尒時蓮華」，資作「時蓮華」；磧、普、南、徑、清作「時蓮華色」。

一　三九九頁下七行「盡滅」，磧、普、南、清作「滅盡」。

一　三九九頁下一〇行「還官」，諸本作「還宮」。

一　四〇〇頁上二行「徦空」，諸本作「假空」。同行末字「會」，磧作「舍」。

一　四〇〇頁上四行「聚會」，資、磧、普、南、徑、清作「聚集」。

一　四〇〇頁上二一行「色緣」，諸本作「色像」。

一　四〇〇頁上末行「欺詐」，資、磧、普、南、徑、清作「欺誑」。

一　四〇〇頁下一九行及次頁下四行「食已」，資、磧、普、南、徑、清作「食訖」。

一　四〇一頁上三行「必受」，資、磧、普、南、徑、清作「便受」。

一　四〇一頁上一六行末字「王」，資、磧、普、徑、麗作「王園」。

一　四〇一頁中一行「訖得」，諸本作「詣得」。

一　四〇一頁中一三行「離麗」，資、磧、普、南、徑、清作「離縛」。同行「然熾」，諸本作「熾然」。

一　四〇一頁下四行第一二字「攝」，諸本作「收攝」。

一　四〇一頁下二二行「慚愧」，磧、南作「慚恨」；普作「慚悢」。

一　四〇一頁下末行「蘇瞿曇」，資、磧、普、南、徑、清作「搜瞿曇彌」。

一　四〇二頁上一行「及毗羅」，資、磧、普、南、徑、清作「及與毗羅」。同行第四字「毗」，諸本與其下「闍折羅」相連，爲「毗闍折羅」。同行末字「頭」下，麗有夾註「此下丹本第七卷」。

一　四〇二頁上二行至三行「無趣仙人……何處受生」，資、磧、普、南、徑、清作「無趣仙人　汝今喪子　華數於上　衆生誰造　汝上壯年　欲生何處　何處受身」；麗無。

一　四〇二頁上四行至四〇四頁中一〇行「如是我聞……苦則有邊際」，資、磧、普、南、徑、清爲卷第七前半部分經文。

一　四〇二頁上一四行末字「華」，諸本作「榮」。

一　四〇二頁上二〇行「無殃數」，諸本作「無央數」。

一　四〇二頁上二一行「道從」，諸本作「適從」。

一　四〇二頁上二三行首字「待」，諸本作「時」。

一　四〇二頁中六行「三昧」，諸本作「三明」。

一　四〇二頁中七行「悉心」，諸本作「知心」。

一　四〇二頁中一六行「憶念」，資、磧、普、南、徑、清作「意念」。

一　四〇二頁中一九行第五字「正」，資、磧、普、南、徑、清作「整」。

一　四〇二頁中二一行，四〇四頁上一八行「婆耆」，資、磧、普、南、徑、清作「婆耆奢」。

一　四〇二頁下二二行「大師」，資、磧、普、南、徑、清作「本師」。

一　四〇三頁上一〇行第八字「欲」，資、磧、普、南、徑、清作「欲說」。

一　四〇三頁上一九行「能使」，資、磧、普、南、徑、清作「能使得」。

一　四〇三頁上二一行第二字「導」，資無。

一　四〇三頁中三行「教登」，諸本作「教勑」。

一　四〇三頁中六行第一〇字「健」，諸本作「捷智」。

一　四〇三頁中七行「大種智」，資、磧、普、南、徑、清作「大智種」。

一 四〇三頁中一一行「說法」，資、磧、普、南、徑、清作「說諸法」。

一 四〇三頁中一二行「白言」，磧、普、南、徑、清作「白佛言」。

一 四〇三頁中二二行「解脫」，諸本作「俱解脫」。

一 四〇三頁下五行「婆耆」，諸本作「婆耆奢」。

一 四〇三頁下七行第二至第三字「婆耆」，資作「婆耆舍」；磧、普、南、徑、清作「婆耆奢」。

一 四〇三頁下八行「同共處」，資、磧、普、南、徑、清作「共同處」。

一 四〇三頁下一一行「調悔」，諸本作「掉悔」。

一 四〇三頁下一五行「大池」，諸本作「大地」。

一 四〇三頁下一六行「商主」，普作「商王」。

一 四〇三頁下二一行「時欲」，磧、普、南、徑、清作「將欲」。

一 四〇四頁上二行「時尊」，資、磧、普、南、徑、清作「時彼尊」。

一 四〇四頁上五行「煩惱林」，磧、普、南、徑、清作「煩惱枝」。同行「樂緣著」，資、磧、普、南、徑、清作「樂緣者」。

一 四〇四頁上六行「欲林」，磧、普、南、徑、清作「欲枝」。

一 四〇四頁上一一行「欲想者」，諸本作「欲想著」。

一 四〇四頁上一六行「給孤園」，諸本作「給孤獨園」。

一 四〇四頁上一八行末字至一九行首字「覺知」，資、磧、普、南、徑、清作「知覺」。

一 四〇四頁中五行及七行「燒然」，資、磧、普、南、徑、清作「熾然」。

一 四〇四頁中七行「當觀察」，資、磧、普、南、徑、清作「常觀察」。

一 四〇四頁中一〇行「苦則有邊際」下，麗有夾註「此下丹本第八卷第六張後」。

一 四〇四頁中一一行至四〇八頁卷末「如是我聞……別車爲第十」，資、磧、普、南、徑、清爲第八卷後半部分經文，並至此卷八終。

一 四〇四頁中一五行「利勝」，資、磧、普、南、徑、清作「勝利」。

一 四〇四頁下五行第八字「牛」，南作「子」。

一 四〇五頁上一二行首字「名」，資、磧、普、南、徑、清作「名焉」。

一 四〇五頁上二〇行「寂爲」，諸本作「寂勝」。

一 四〇五頁中七行「生世間」，資、磧、普、南、徑、清作「世間生」。

一 四〇五頁中七行第一二字及一〇行第一二字「愛」，資、磧、普、南、徑、清作「受」。

一 四〇五頁中一二行「此天」，諸本作「天復」。

一 四〇五頁中末行第一二字「名」，徑作「明」。

一 四〇六頁上一三行第一二字「誰」，資、磧、普、南、徑、清作「物」。

一　四〇六頁上一六行「愛著」，資作「著我」。

一　四〇六頁上一九行「断於欲」，資、磧、普、南、徑、清作「断於愛」。同行「汙染」，磧作「汙垢」。

一　四〇六頁中七行「威光普照遍于祇洹」下，資、磧、普、南、徑、清有「赫然大明」四字。

一　四〇六頁下一六行「勝寶」，資、磧、普、南、徑、清作「寶勝」。

一　四〇六頁下一七行第三字「賊」，南作「財」。

一　四〇六頁下一九行第一三字「久」，普作「人」。

一　四〇七頁上六行「命類」，磧作「命短」。

一　四〇七頁上七行「轉轉」，諸本作「輪轉」。

一　四〇七頁上一六行「轉輪」，諸本作「輪轉」。

一　四〇七頁上二三行「衹洹」，諸本作「衹洹」。

一　四〇七頁下二行「於諸」，磧、普、南、徑、清作「諸於」。

一　四〇七頁下一五行「分別」，資、磧、普、南、徑、清作「分段」。

一　四〇八頁上一一行「信及第二及至老」，資、磧、普、南、徑、清作「信財及第二　持戒善至老」。

一　四〇八頁上一二行「種種」，資、磧、普、南、徑、清作「三種」。

趙城縣廣勝寺

別譯雜阿含經卷第十三　失譯人名今附秦錄　丹本當七卷六張已後准　息

如是我聞一時佛在舍衛國祇樹給孤獨園時有長者請佛及僧施設大會尒時世尊與諸大衆圍遶至彼大長者家時彼尊者婆耆舍於僧直次守于僧坊當於尒時有多女人詣彼僧方時女人中有一端正美色之者時婆耆舍見斯事已為色壞心生於欲想復自思念我今妄想失於大利期於非利人身難得命終亦然若生是心名為不善寧捨壽命不作欲想我於今者不名出家何以故見於少壯端正女人不自制心便生欲想我今當說猒惡之患即說偈言

我今捨俗累　住於出家法　無明欲所逐
將失本善心　如牛食他苗　甘味無制者
五欲亦如是　貪嗜无慚愧　若不禁制者
必害善法苗　譬如刹利子　具習諸伎藝
設有善射術　具滿一千人　如是刹利子
戰鬪力勝彼　比丘念具足　如彼刹利子
常持智慧力　斷滅於欲覺　既除欲覺已

快樂常寂滅　我親佛前聞　二種之親友
趣向涅槃道　是我心所樂　我修不放逸
處林住空寂　我熟讃於心　是名立正法
後必趣於死　若得涅槃時　當知是惡心云何能見我

如是我聞一時佛在舍衛國祇樹給孤獨園尒時尊者婆耆舍於有德者謙順柔軟諸比丘所心生憍慢尋自覺知可責於巳我極失利都无饒益人身難得出家難遇我既得之不能謹慎輕於出家輕於受命以巳智能輕篾於彼謙順柔軟有德比丘我今當說猒惡慢心即說偈言

汝悉捨諸慢　不應自貢高　莫以慢自退
後悔无所及　一切諸衆生　皆為慢所害
為害墮地獄　是故我今者　不應恃才辯
而生憍慢心　若遠憍慢者　能捨諸障蓋
淨心懷恭恪　獲得於三明　謙卑如是者
名得念比丘　憍陳如舍利　龍勝及自恣
不樂及欲結　出離及憍慢

如是我聞一時佛在舍衛國祇樹給孤獨園尒時尊者婆耆舍獨處閑靜善能修巳勤行精進終不放逸住如是地逮得三明時尊者婆耆舍作是

念我今獨處閑靜遠得三明我欲讚
已所得三明即說偈言
我昔如荒醉　經歷諸城邑　遊行得值佛
即蒙大福利　瞿曇大悲愍　為我說正法
我聞正法已　即得清淨信　思惟出家者
世間大導師　道化無不普　男女及長幼
中年及老病　佛是日親友　能示善方所
衆生無明盲　將導示其門　云何名為門
所謂四真諦　從因則生苦　從苦得出家
見於八正道　拔出諸衆生　安隱趣涅槃
我修不放逸　林野空寂處　獲得於三明
作佛教已訖
如是我聞一時佛在舍衛國祇樹給
孤獨園　尒時佛告諸比丘我今欲成
就演說四句偈法汝等至心諦聽諦
聽我今當說云何名為四句義
善說寂為上　仙聖之所說　愛語非麁語
是名為第二　實語非妄語　是名為第三
說法不非法　是名為第四　是名演四句
四句之偈義
尒時婆耆奢在衆會中而作是念佛
今演於四句之法我今欲於一句以
一偈讚尒時婆耆奢即從座起合掌

向佛白佛言世尊我於婆耆奢欲有
所說唯願聽許佛告之言恣聽汝說
尒時婆耆奢即說偈言
諸有所說不惱已　亦不害他名善說
常當愛語令他喜　亦不造作諸過惡
從諸佛口有所說　必得安樂趣涅槃
能斷諸苦讚善說　實語甘露最无上
實語應語得大利　安立實說善丈夫
如是我聞一時佛在舍衛國祇樹給
孤獨園尒時佛告諸比丘世有良醫
能治四病應為王師何謂為四一善
能知病二能知病所從起三者病生
已善知治愈四者已差之病令更不
生能如是者名世良醫佛亦成就四
種之法如來至真等正覺無上良醫
亦拔衆生四種毒箭云何為四所謂
是苦是苦習是苦滅是苦滅道佛告
比丘生老病死憂悲苦惱如此毒箭
非是世間醫所能知生苦因緣及能
生斷苦亦不知生老病死憂悲苦惱
因緣及能斷除唯有如來至真等正
覺無上良醫知生苦因緣及以斷苦
乃至知老病死憂悲苦惱知其因緣

及以斷除是以如來善根能拔出四
種毒箭故得稱為無上良醫尒時尊
者婆耆奢在彼會坐作是念言我今
當讚如來所說拔四毒箭喻法即從
座起合掌向佛而說偈言
我今歸命佛　愍於群生類　最上第一尊
能拔出毒箭　世有四種醫　能治四種病
所謂療身疾　瓔兒眼毒箭　如來治眼病
過於彼世醫　能以智慧鉀　決無明眼膜
如來治身患　過於彼世醫　世醫所療者
唯能治四大　如來善分別　六界十八界
以此法能治　三毒身重病　能治瓔愚病
最勝无有上　故我今敬礼　瞿曇之大師
醫王名迦留　多施人湯藥　復有一明醫
名為婆呼盧　瞻眦及耆婆　如是醫王等
皆能療衆病　是等四種師　治者必得差
雖差病還發　亦復不免死　如來無上醫
所可療治者　拔毒盡苦際　畢竟離生死
終更不受苦　無量億那由　阿僧祇衆生
佛治令盡苦　畢竟不還發　我今白大衆
諸賢在會者　甘露不死藥　咸當至心服
諸人應受信　最上治目者　療身拔毒箭
諸醫無與等　是故宜至心　歸命瞿曇尊

如是我聞一時佛在王舍城迦蘭陀
竹林尒時尼瞿陀劫波比丘住彼第
一曠野林中而此野中復有一林時
此比丘於彼遇病尊者婆耆供給彼
病尼瞿陀劫波比丘因此病故即入
涅槃尒時尊者婆耆奢即旬供養和
上尼瞿陀劫波已漸次遊行至王舍
城迦蘭陀竹林時婆耆奢於其晨朝
著衣持鉢入王舍城乞食食乞食已
洗鉢収攝坐具往詣佛所整其衣服
合掌向佛說偈問曰
我今欲問佛　無量之解慧　現在斷疑惑
於曠野城中　比丘入涅槃　生來有福德
守攝身口意　兼有大名聞　尼瞿陀劫賓
佛為作是名　佛為婆羅門　立如是名字
如是我聞一時佛在舍衛國祇樹給
孤獨園尒時大聲聞者舊之等於佛
左右各造菴窟於其中住時憍陳如
頞發者賢跋滿摩訶南耶舍鄰毗摩
羅牛哃尊者舍利弗摩訶目連摩訶
迦葉摩訶俱絺羅摩訶劫賓那尊者
阿那律尊者難陀迦尊者鉗比羅耶
舍賒羅俱毗訶富那拘毗羅拘婆尼

泥迦他毗羅如是等輩及諸餘大聲
聞各於草菴諸窟中住於月十五日
布薩尒時如来於衆僧前敷座而坐
尊者婆耆奢亦在會中即從座起叉
手合掌白佛言聽我所說佛言我今
恣汝所說尒時婆耆奢即說偈言
諸大比丘等　必乾竭欲愛　棄捨諸積聚
勇捍无怖畏　知時知節量　不貪嗜五欲
離一切垢穢　深心有黠慧　有如斯事故
名為大比丘
如是我聞一時佛在舍衛國祇樹給
孤獨園尒時尊者婆耆奢来至毗舍
佉鹿子母講堂中遇病困篤尒時富
匿於彼瞻病時尊者婆耆奢告富匿
言汝可往詣於世尊所如我婆耆奢
頂礼世尊足下問訊世尊少病少惱
起居輕利無諸苦不尒時富匿受尊
者教往詣佛所頂礼佛足在一面坐
合掌白佛言世尊婆耆奢比丘在毗
舍佉講堂中病疾困篤而語我言往
世尊所稱我名字頂礼佛足問訊世
尊少病少惱起居輕利無諸苦不尒
時富匿復白佛言此婆耆奢或因困

疾即入涅槃唯願世尊屈意往彼如
来默然受富匿語尒時富匿即還詣
尊者婆耆奢所白言如上我問訊已
復啓世尊婆耆奢或因困病入于涅
槃世尊默然聽受我語尒時世尊從
禪定起即往毗舍佉講堂婆耆奢所
時婆耆奢遥見佛来自力欲起佛告
之曰不須汝起尒時世尊別敷座坐
告婆耆奢汝今身體苦痛為可忍不
能飲食不時婆耆奢白言此痛轉增
無有瘳損今我所患辟如力士捉儜
人髮捴搣捺捺我患頭痛亦復如是
又如大力煞牛之人以刀刾腹割其
腸肚我患腹痛亦復如是又如瘦人
為有力者強捉火炙身體燋然我苦
體痛亦復如是我於今日欲入涅槃
我於寂後欲讚於佛佛告之曰隨汝
所說即說偈言　本无少偈
本如酒醉　四句　讚　龍腦拔毒箭
尼　瞿　陀　劫賓入涅槃　讚大聲聞
婆耆奢滅盡
如是我聞一時佛在舍衛國祇樹給
孤獨園時有一天光色倍常於其夜

中来詣佛所礼佛足已在一面坐時
此天光甚為熾盛普照祇洹悉皆大
明尒時此天却坐一面而說偈言
住阿練若處　寂滅修梵行　日常食一食
顏色極和悅
尒時世尊復說偈言
不愁念過去　亦不求未来　現在正智食
裁欲為在身　欲於未来世　追念過去事
六情皆怡悅　是以顏色和　如新生苹葦
剪之置日中　凡夫自燋乾　其事亦如是
天復說偈讚言
往昔已曾見　婆羅門涅槃　久捨於嫌畏
能度世間愛
尒時此天說此偈已歡喜還宮
如是我聞一時佛在舍衛國祇樹給
孤獨園時有一天光色倍常於其夜
中来詣佛所礼佛足已在一面坐時
此天光甚為熾盛普照祇洹悉皆大
明尒時此天却坐一面而說偈言
諸有憍慢人　終不可調習　詐現修禪定
放逸在空林　由是放逸故　不能度死岸
尒時世尊復說偈言
捨慢常入定　別想盡知法　一切處解脫

不放逸空林　由不放逸故　能度死彼岸
天讚偈言
往昔已曾見　婆羅門涅槃　怖畏久棄捨
能度世間愛
尒時此天說此偈已歡喜還宮
如是我聞一時佛在舍衛國祇樹給
孤獨園時有一天光色倍常於其夜
中来詣佛所礼佛足已在一面坐時
此天光甚為熾盛普照祇洹悉皆大
明尒時此天却坐一面而說偈言
云何於晝夜　福業常增長　如法而持戒
何人趣天道
尒時世尊復說偈言
種殖園苑林　洪流置橋船　曠野造好井
要路造客舍　是人於日夜　福業常增長
正法淨持戒　如是趣天道
天讚偈言
往昔已曾見　婆羅門涅槃　嫌怖久棄捨
能度世間愛
尒時此天說此偈已歡喜還宮
如是我聞一時佛在舍衛國祇樹給
孤獨園時有一天光色倍常於其夜
中来詣佛所時此天光甚為熾盛遍

照祇洹悉皆大明尒時此天却坐而
說偈言
云何得大力　并獲於妙色　施何得安樂
何緣得淨眼　云何一切施　願為我說之
尒時世尊以偈荅曰
施飲食得力　施衣得盛色　施乘得安樂
燈明得淨目　屋宅一切施　如法教弟子
能作如是施　是名施甘露
天讚偈言
往昔已曾見　婆羅門涅槃　嫌怖久棄捨
能度世間愛
尒時此天說此偈已歡喜還宮
如是我聞一時佛在舍衛國祇樹給
孤獨園時有一天光色倍常於其夜
中来詣佛所威光熾盛遍照祇洹悉
皆大明尒時此天礼佛足已却坐一
面而說偈言
世間及天人　飲食生歡喜　世間都無有
飲食不生喜
尒時世尊復說偈言
若有能信施　使心極清淨　今世若後世
飲食福隨逐
尒時此天聞佛所說白佛言世尊實爲

希有善說斯偈
復白佛言世尊我憶過去有一人王
名曰遲緩然彼國王於四城門施於
飲食城中及市亦施飲食時王夫人
白於王言王今作福願聽我等助王
為福王聞其言以城東門所施之食
迴與夫人王之太子亦白父言父母
修福我亦樂修王聞其言以城南門
所施之食迴與太子輔相後來啓白
王言王今修善夫人太子皆修福業
唯願聽我助修福業王聞其言以城
西門所施之食迴與輔相時有諸臣
復白王言夫人太子及以輔相咸修
福德我等今者亦樂助修王聞其言
即以北門所施之食迴與諸臣時國
中人復白王言夫人太子輔相咸修
福德願聽我等助修福業王聞其言
復以布施迴與人民時典施人白於
王言王之所有於四城門及以布施
悉皆迴與夫人太子輔相大臣國中
人民斷於王施蕪竭庫藏王即荅言
先所與者已尒與盡自今已後他方
小國所可貢獻半入庫藏半用修福

世尊我於尒時長夜修福我於長夜
獲得勝報常懷喜樂所受福報無有
窮盡不見邊際如我所受得大果報
乃知世尊善說斯偈時遲緩天子聞
佛所說歡喜踊躍頂礼佛足還于天宮
如是我聞一時佛在舍衛國祇樹給
孤獨園時有一天光色倍常於其夜
中来詣佛所甚為熾盛遍照祇洹却
坐一面而說偈言
如遠至他國 誰為可親者 於其居家中
復以誰為親 於其資財中 復以誰為友
若至後世時 復以誰為親
尒時世尊說偈荅言
若遠至他國 行伴名為親 於自居家中
慈母最為親 於生財利所 眷屬乃為友
能修功德者 是名後世親
天讚偈言
往昔已曾見 婆羅門涅槃 嬿怖久棄捨
能度世間愛
尒時此天聞佛所說歡喜而去
如是我聞一時佛在舍衛國祇樹給
孤獨園時有一天光色倍常於其夜
中来詣佛所威光顯赫普照祇洹悉

皆大明却坐一面而說偈言
人生壽不定 日日趣死徑 無常所侵奪
壽命甚短促 老来侵壯色 无有救護者
恐怖畏向死 作福得趣樂
尒時世尊以偈荅曰
人生壽不定 日日趣死徑 無常所侵奪
壽命甚短促 老来侵壯色 无有救護者
恐怖畏向死 欲得寂滅樂 應捨世五欲
不宜深生著
天讚偈言
往昔已曾見 婆羅門涅槃 嬿怖久捨棄
能度世間愛
時此天子聞佛所說歡喜而去
如是我聞一時佛在舍衛國祇樹給
孤獨園時有一天光色倍常於其夜
中来詣佛所威光顯赫遍照祇洹悉
皆大明却坐一面而說偈言
四時不暫停 命亦日夜盡 壯年不久住
恐怖死来至 為於涅槃故 應當勤修福
尒時世尊以偈荅曰
四時不暫停 命亦日夜盡 壯年不久住
恐怖死来至 身於生死苦 而生大怖畏
捨世五欲樂 當求於寂滅

天讃偈言

往昔已曾見　婆羅門涅槃　嬾怖久捨棄
能度世間愛

尒時此天聞佛所說歡喜而去

如是我聞一時佛在舍衛國祇樹給孤獨園尒時夜中有一天子光色倍常来詣佛所威光顯赫遍于祇洹悉皆大明却在一面而說偈言

當思於何法　應棄捨何法　修行何勝事
成就何等事　能度駃流水　得名為比丘

尒時世尊以偈荅曰

能斷於五蓋　棄捨於五欲　增上修五根
成就五分法　能度駃流水　得名為比丘

天讃偈言

往昔已曾見　婆羅門涅槃　嬾怖久棄捨
能度世間愛

尒時此天聞佛所說歡喜而去

如是我聞一時佛在舍衛國祇樹給孤獨園時有一天光色倍常於其夜中来詣佛所威光顯照遍于祇洹赫然大明却坐一面而說偈言

誰於睡名寤　誰於寤名睡　云何染塵垢
云何得清淨

佛以偈荅言

若持五戒者　雖睡名為寤　若造五惡者
雖寤名為睡　若為五蓋覆　名為染塵垢
無學五分身　清淨離塵垢

天復說偈讃言

往昔已曾見　婆羅門涅槃　嬾怖久棄捨
能度世間愛

尒時此天聞佛所說歡喜而去

阿練若憍慢　修福日夜增　云何得於力
何物生歡喜　遠去強親逼　日夜有損減
思惟及眠寤

如是我聞一時佛在舍衛國祇樹給孤獨園時有一天光色倍常於其夜中来詣佛所威光顯赫照于祇洹赫然大明却坐一面而說偈言

若人有子孫　則便生歡喜　財寶及六畜
有則皆歡喜　若人受身時　亦復生歡喜
若見無身者　則无歡悅心

尒時世尊以偈荅言

若人有子孫　則能生憂惱　財寶及六畜
斯是苦惱本　若復受身者　則為憂惱患
若不受身者　則名寂滅樂

天復說偈讃言

往昔已曾見　婆羅門涅槃　嬾怖久棄捨
能度世間愛

尒時此天聞佛所說歡喜而去

如是我聞一時佛遊俱薩羅還至舍衛國祇樹給孤獨園時有摩納名曰極慢其所承籍七世以来父母真正博通多聞既自讀誦亦教他人其所聞者聞則能持四圍陁典已達其趣婆羅乹陁論及與聲論毗伽羅論戲笑之論毗陁羅論善解法句義趣通達如是種種諸論容貌端正才藝過人難可訓疋無生豪族又處富貴自恃才力生大憍慢於父母所不生敬順及和上阿闍梨師長親屬斯不敬礼時極慢摩納聞佛從俱薩羅至舍衛國祇樹給孤獨園將往佛所而作是念我至彼時若沙門瞿曇接待我者我當問訊若不問我當默然還尒時摩納作是念已即詣佛所于時世尊大衆圍遶而為說法極慢摩納雖往於彼如来當時聊不顧視時彼摩納默作是念沙門瞿曇都不以我而經於懐尋欲歸依尒時世尊知其心

念即說偈言
為義來至此　未得便欲還　何不使獲得
稱汝所來心
極慢摩納作是思惟沙門瞿曇知我
所念即生信心欲礼佛足佛告摩納
我録汝心不必礼敬所為已足尒時
大衆覩斯事已恠未曾有咸作是言
沙門瞿曇有大神足此極慢摩納於
已父母和上阿闍梨尚無恭敬今見
瞿曇能自謙下恂恂恭順尒時極慢
摩納見諸大衆言音暫止在一面坐
端身正意而說偈言
當於何等所　不應起憍慢　復更於時所
而當生謙讓　孰能知衆苦　何者與利樂
供養何者勝　為賢智所讃
尒時世尊以偈荅言
供養於父母　以空淨滿月　敬順兄諸親
和上阿闍梨　及餘尊長等　於彼不應慢
宜當自謙下　都應悉恭敬　若見憂惱者
應為除諸苦　亦與其快樂　普皆應供養
若斷貪欲瞋　并離愚癡者　漏盡阿羅漢
正智得解脫　於斯上人所　除慢不自高
應當向歸依　合掌而敬礼

尒時世尊為極慢說諸法要乃至不
受後有餘如波羅蜜闍經中說佛說
是已諸比丘聞佛所說歡喜奉行
如是我聞一時佛遊俱薩羅至舍衛
國祇樹給孤獨園尒時優竭提舍利
婆羅門施設大祀七百牛王繫之於
柱牸牛犢子牂羖羊等如是種種所
有畜生不可稱計在祀場中處處繫
之設諸餚饍種種飲食尒時餘國諸
婆羅門聞彼設祀悉來雲集時優竭
提舍利婆羅門聞佛從俱薩羅到舍
衛國祇樹給孤獨園欲往佛所作是
念言我今設祀所作會具當問瞿曇
將不少耶時婆羅門乘羽葆車所著
衣裳上下純白提三岐金叉持金澡
盥滿中淨水諸摩納衆圍遶左右餘
國種種諸婆羅門亦為翼從來詣佛
所問訊已訖在一面坐具白佛言世
尊我於今者設斯大祀繫七百牛王
及諸畜生乃至餘國婆羅門等悉來
雲集辦具已訖欲設大祀願佛教我
滿足勝無少減不佛言婆羅門汝為
祀主大施求福亦大得罪豎三種刀

斯名不善作於苦因亦得苦報得於
苦利受報亦苦云何名為三種刀意
口身刀也何名意刀汝若祀時意業
不善煞諸畜生以為大祀是名豎於
意刀何者口刀汝欲祀時而作是言
我於明日當煞尒許種種生命是名
豎於口刀云何名為身刀汝若祀時
手牽牛王及諸畜生受於呪願是名
豎於身刀佛言又有三種火宜勝宜
妙宜應謹慎亦當恭敬非汝所事邪
見火也何謂為三一名恭敬火二名
苦樂俱火三名福田火云何名為恭
敬火應當供養尊重恭敬擁護父母
何以故父母求子禱祀神祇然後得
子父母赤白和合成身生育長養以
是之故名恭敬火如是之火應正供
養與衆快樂令无乏苦云何名為苦
樂俱火若族姓子起於精勤積集錢
財於其妻子并諸眷屬奴婢僕使知
友輔相及諸親族皆應供養供給所
須與其利樂如是等輩皆同苦樂是
名苦樂俱火云何名為福田火若沙
門婆羅門能斷貪欲解脫貪欲能斷

瞋恚解脫瞋恚能斷愚癡解脫愚癡
如是等沙門婆羅門名福田火上趣
諸天能招樂報此名福田火是以族
姓子應當至心供養恭敬使得快樂
又有三種火必應滅之何者 三火所
謂貪欲愚癡瞋恚火不如世間火有
時須然有時須滅尒時世尊即說偈言
恭敬俱福田 此三火應祀 若勤心供養
獲得三種樂 云何為三樂 施戒及修定
三種之果報 人天涅槃樂 若人於一切
善解於方法 於祠祀時節 能養其眷屬
供養應供者 能供養應供 終竟必獲得
永離眾患處
尒時優竭提舍利婆羅門聞佛所說
即語烏荅摩納汝可往詣彼祀場中
先所繫養諸畜生等以係祀者今悉
散放隨逐水草盡其壽命莫作拘导
烏荅摩納言和上如所教勑我能為
之即往祀場宣告諸人我受優竭提
舍利教勑一切畜生悉皆解放任意
令去烏荅摩納往祀場所未久之間
如來於後即為優竭提舍利婆羅門
如諸佛法為說法要亦教利喜時婆

羅門即受禁戒乃至見諦餘如突羅
闍品中所說時優竭提舍利婆羅門
即整衣服頂礼佛足白佛言世尊唯
願明日與諸大眾往祀場中受我供
設尒時世尊默然受請時婆羅門聞
佛所說又見受請歡喜而去時婆羅
門至祀場已通夜辦具種種餚饍乃
至敷座又具淨水後日晨朝往詣佛
所白佛言時到尒時如來與諸大眾
著衣持鉢往詣祀場在眾僧前敷座
而坐時婆羅門覩佛大眾寂然坐定
手行淨水施設種種餚饍飲食食訖
攝鉢時婆羅門在世尊前敷座而坐
願樂聽法尒時如來即為呪願
於諸大祀中 祠祀火為上 婆羅門書中
薩婆底為上 一切國土中 人王最為上
百川眾流中 海水最為上 列宿嚴于天
月光最為上 一切眾明中 日光最為上
十方世界中 佛為第一尊
尒時世尊為婆羅門種種說法亦教
利喜從座而去
如是我聞一時佛在舍衛國祇樹給
孤獨園尒時有摩納名僧伽羅往詣

佛所問訊佛已在一面坐即白佛言
世尊云何觀察不善丈夫佛言譬如
觀月又問云何觀察善勝丈夫佛復
答曰亦如觀月尒時摩納復白佛言
云何不善丈夫觀之如月佛言不善
丈夫如十六日月光漸減圓滿轉虧
乃至於盡損減不現如佛法中不能
信心受持禁戒少所讀誦若修少施
於其後時懈怠不勤漸失信心毀犯
禁戒復不布施親近惡友不至僧坊
諸受於法不聽法故身口意業造於
不善以造惡故身壞命終墮於惡道
是故當知惡丈夫者猶如彼月漸漸
損減乃至滅盡又問云何善勝丈夫
亦復如月佛言譬如初月光明熾然
漸漸增長至十五日圓滿具足如佛
法中能有信心修行禁戒習於多聞
修於布施却除邪見修於正見於佛
法中得純信心堅持禁戒善修多聞
能施不慳具於正見信心持戒多聞
惠施以漸增長是善丈夫身口意行
親近善友具修諸善身壞命終得生
天上是故當知善丈夫者亦復如月

尒時世尊即説偈言
辟如盛滿月　處於虚空中　圓光甚暉曜
映蔽於諸星　亦如具信人　戒聞捨貪嫉
於諸嫉妬者　如月蔽衆星
時僧伽羅摩納聞佛所説踊躍而去
諸比丘聞佛所説歡喜奉行
如是我聞一時佛在舍衛國祇樹給孤獨園尒時有婆羅門名曰生聽往詣佛所問訊已訖在一面坐即白佛言我曾聞人説世尊言但施於我莫施餘人但施我弟子莫施他弟子若能施我及我弟子得大果報若施他人及餘弟子不得果報實説是不將非世人誹謗者乎佛言此實虚妄誹謗於我都無此語若如是説作二種難一者遮難二者受者得减損難若如此説作大損减身壞命終墮三惡道汝今應知乃至洗鉢之水我尚説言施與虫蟻獲大福報况於施我實作是語施持戒者得福甚多施破戒者得福尠少尒時世尊即説偈言
一切布施處　我常生讚歎　破戒得福少
持戒獲大果　黒白赤青牛　生犢各差別

篤用取其力　不擇其產種　人亦復如是
刹利婆羅門　毗舍首陁羅　真陁羅富旦
能持於淨戒　施之得大果　如似賫麻幹
捨之取珎寶　騃愚無智者　未曾聽聞法
不能修梵行　施之獲少果　若親近賢聖
正覺及聲聞　能信於善逝　信根立堅固
生處恒尊貴　最後得涅槃
尒時生聽聞佛所説歡喜奉行
如是我聞一時佛在舍衛國祇樹給孤獨園尒時世尊晨朝著衣持鉢入城乞食有一老婆羅門捉杖持鉢而行乞食時佛見已語婆羅門言汝今極老何以捉杖持鉢而行乞食婆羅門言我有七子各為妻娶分財等與我今無分為子駈故而行乞食佛告之言我今為汝説偈汝能於大衆中説此偈不荅言我能尒時世尊即説偈言
生子大歡喜　為之聚財寶　各為娶妻子
而便駈弃我　此等無孝慈　口言為父母
如彼羅刹子　垂死駈弃我　辟如馬槽櫪
滿中置穬麩　少馬無敬讓　駈蹹於老者
此子亦如是　無有愛敬心　弃我使行乞

不如杖愛我　我今捉此杖　御狗及羊馬
行則佐我力　闇夜為我伴　捎水知深淺
若跌扶杖起　蒙杖除多鬧　是杖愛念我
婆羅門受此偈已誦讀使利尒時七子在大會中時婆羅門於大衆中而作是言汝等今當聽我所説大衆默然即説上偈七子慚愧起来抱父各共修敬將父歸家置本坐處諸子各出妙氎二張奉上於父時婆羅門即作是念我今得樂是瞿曇力瞿曇即是我阿闍梨婆羅門法法應供養和上阿闍梨選取好衣往至佛所問訊佛已在一面坐白佛言世尊我今家中得諸利樂是汝之恩我經書中説阿闍梨者應與阿闍梨分和上者應興和上分瞿曇汝今是我阿闍梨應憐愍我受我此衣尒時世尊以憐愍故為受是衣婆羅門踊躍從座而起歡喜而去
如是我聞一時佛在舍衛國祇樹給孤獨園尒時世尊著衣持鉢入城乞食時有一老婆羅門捉杖持鉢而行乞食遥見佛已往至佛所而作是言

我從杖持鉢從他乞食汝亦乞食我
之與汝俱是比丘尒時世尊即說偈言
不必從他乞　得名為比丘　雖具在家法
正修於梵行　福果及惡報　俱斷無相者
乾竭諸有結　是名比丘法
佛說是已諸比丘聞佛所說歡喜奉行
如是我聞一時佛在王舍城迦蘭陁
竹林尒時王舍城北有耕作婆羅門
名豆羅闍尒時世尊於其晨朝著衣
持鉢往至彼所時婆羅門遥見佛來
即至佛所白言世尊我種作人耕種
而食不從人乞瞿曇汝今亦可耕種
而食佛言我亦耕種而食時豆羅闍
婆羅門即說偈言
汝自說知耕　未見汝耕時　汝若知耕者
為我說耕法
尒時世尊說偈答言
吾以信為種　諸善為良田　精進為調牛
智慧為轅轄　慚愧為犁具　念為御耕者
身口意調順　持戒為鞅子　耕去煩惱穢
甘雨隨時降　芸耨為善心　大獲善苗稼
趣向安隱處　可以尅永安　吾所耕如是
故得甘露果　超昇離三界　不來入諸有

婆羅門言汝耕實是耕無上之勝耕
婆羅門聞是偈心生信解盛滿鉢飲
食來用奉佛佛不受餘如上豆羅闍
婆羅門所說乃至不受後有
如是我聞一時佛在舍衛國祇樹給
孤獨園尒時有一比丘名曰梵天遊
行央伽國來到瞻波至健伽池邊後
日晨朝著衣持鉢入瞻波城次第乞
食到於本家尒時尊者梵天母在中
門中以蘇米胡麻以投火聚望生梵
天尊者梵天在門中立其母不識尒
時毗沙門天王敬信梵天即與無數
夜叉之衆乘虚而行見梵天母祠祀
於火不見其兒唯見道人不謂已子
毗沙門天王即為其母而說偈言
婆羅門家女　梵天去此遠　祀火望梵世
斯非其逕路　不解趣梵天　勤苦事火為
梵天中梵天　在汝門中立　都無有取者
亦無所養育　遠離諸惡趣　結使塵不著
遠離諸欲求　不染汙世法　如龍象善調
而無所惱觸　勝念之比丘　心善得解脫
如是應真者　今來受汝供　汝應然意燈
淨心速施與

尒時其母聞毗沙門說心即覺悟毋
即施食與梵天食已為其作照明後
世安樂因
如是我聞一時佛在舍衛國祇樹給
孤獨園尒時有一婆羅門往詣佛所
問訊佛已在一面坐白佛言世尊世
人稱汝為佛隨佛迭如是之名從何
而生婆羅門說偈問言
佛隨是勝名　名生津齊義　為父母制名
故名汝為佛
尒時世尊以偈答曰
今我哀愍汝　當為分別說　所以有是稱
汝今善諦聽　佛知過去世　未來世亦然
現在普悉知　諸行壞滅相　明達了諸法
應修者悉修　應斷盡斷除　以是故名佛
摠相及別相　分別解了知　一切悉知見
是故名為佛　婆羅門當知　無量劫觀察
諸行之苦惱　受生必終没　遠塵離垢習
拔毒箭煩惱　得盡生死際　以是故名佛
婆羅門聞佛所說歡喜奉行
如是我聞一時佛在憍薩羅國遊行
至沙林聚落尒時世尊捨於道次在
一樹下正身端坐繫念在前時有一

婆羅門姓曰煙氏在佛後来見佛跡
中千輻輪相炷未曾有即自思惟我
未見人有如是跡我當推尋是何人
跡作是念已即尋其跡往至佛所瞻
仰尊顔容色悅豫觀者信敬諸相寂
定心意亦定得最上調心寂滅之寂
身真金色猶如金樓即白佛言世尊
汝當得天也佛言婆羅門我不得天
也婆羅門言當得阿修羅為得龍揵
闥婆夜叉緊那羅摩睺羅伽也佛言
我皆不得婆羅門言汝得人也佛言
我不得人也婆羅門言我問汝為得
天及龍阿修羅揵闥婆夜叉緊那羅
摩睺羅伽及人汝皆言不得為何所
得也尒時世尊即說偈言
我非天龍阿修羅　緊那摩睺乾闥婆
亦非夜叉及以人　我漏已盡斷煩惱
我雖調馴如龍象　終不為他所制御
不為他制斷疑故　斷愛解脫離諸趣
一切盡知斷後生　如分陁利善開敷
處於水中得增長　終不為水之所著
清淨香潔人所樂　八法不汙如蓮華
我亦如是生世間　同於世法不染著

無量劫来常觀察　諸行所緣受苦惱
諸受生者皆終沒　遠塵離垢斷衆習
拔出毒箭斷煩惱　皆得盡於生死際
以是之故号之為佛煙姓婆羅門聞
佛所說歡喜而去
慯優竭提　生聽極老　比丘種作
及梵天
佛陁輪相為第十
如是我聞一時佛在王舍城迦蘭陁
竹林尒時世尊著衣持鉢入城乞食
到火姓達賴殊婆羅門家尒時火姓
達賴殊於中門前祀祠於火佛来至
門達賴殊遥見佛来而語之言住住
旃陁羅莫来至此佛告之言汝識旃
陁羅知旃陁羅法不婆羅門荅言不
識不識旃陁羅旃陁羅法汝識旃陁
羅知旃陁羅法耶佛告之言我識旃
陁羅知旃陁羅法時婆羅門於坐處
起為佛敷座而白佛言汝為我說旃
陁羅法尒時世尊即坐其座而說偈言
惡性喜瞋久嫌恨　為人剛惡懷憍慢
行於倒見及幻惑　當知此是旃陁羅
含忿嫉妬好惡欲　難可調化無慚愧

行如是者旃陁羅　傷害胎生及卵生
心無慈愍害生類　傷殘毀害於四生
當知是此旃陁羅　若人賫物涉道路
聚落空處有財寳　悉能劫奪并害命
行如是者旃陁羅　造行衆惡無悔恨
是則名為旃陁羅　捨自己妻及婬女
邪奸他婦無所避　如是亦名旃陁羅
於己種姓及親友　如是之處造邪惡
不擇好惡而奸婬　是亦名為旃陁羅
以理問義為倒說　如是亦名旃陁羅
自歎己德毀呰他　貪著我慢下賤行
如是亦名旃陁羅　横加誹謗極愚癡
為小利故生誹謗　如是亦名旃陁羅
自己有過推與他　専行欺誑謗毀人
如是亦名旃陁羅　多有財寳饒親族
自食好美與他惡　如是亦名旃陁羅
已到他家得美食　他若来時與麁惡
如是亦名旃陁羅　父母衰老離盛壯
而不孝順加供養　如是亦名旃陁羅
父母兄弟及姊妹　罵詈惡口无遜第
如是亦名旃陁羅　沙門及與婆羅門
中時垂至不施與　更加罵詈而瞋恚
如是亦名旃陁羅　沙門及與婆羅門

貧窮乞匃請向家　不與飲食亦不施
如是亦名旃陀羅　毀罵於佛及聲聞
出家在家加毀罵　如是亦名旃陀羅
竟非羅漢詐稱是　於天人中為殘賊
生於大家婆羅門　韋陀典籍悉通利
數數造作諸惡業　種姓不能遮謗毀
亦不能遮地獄報　現前為人所罵辱
未來之世墮惡趣　生旃陀羅須陀延
得好名稱必不聞　又得盛樂生梵處
種姓不能遮梵處　現在稱歎終生天
我今為汝顯示說　如是之事應當知
種姓不是婆羅門　種姓不是旃陀羅
淨業得作婆羅門　惡行得為旃陀羅

婆羅門聞是偈讚言如是如是大精進實如所說大牟尼不以種姓是婆羅門不以種姓旃陀羅善能修行是婆羅門作惡行者旃陀羅婆羅門聞是偈已歡喜信解盛滿鉢飲食持以奉佛佛不為受何以故以是說法食故婆羅門白佛言此食當以施誰佛言我不見沙門婆羅門若天若魔若梵能消此食者無有是處當以此食著淨無虫水中婆羅門即以此食著

無虫水中烟炎俱起滑滑大聲尒時婆羅門生未曾有想佛世尊尚於食所出大神足婆羅門還至佛所白佛言唯願世尊聽我出家得及道次佛言善來比丘鬚髮自落法服著身即得具戒如出家法於空靜處獨已精修所以族姓子剃除鬚髮被服法衣者為正修無上梵行故族姓子梵行已立所作已辦不受後有成阿羅漢得解脫樂而說偈言

我昔迷正真　愚惑造邪行　不識清淨道
又不知死路　妄想生橫計　劬勞承奉火
空為虛妄事　徒損無所獲　今遇天中天
黑闇蒙惠光　獲得樂中樂　具戒得三明
於佛教法中　所作皆已訖　本雖婆羅門
實是旃陀羅　今日真實是　淨行婆羅門
遠離於淤泥　淨自澡浴已　過韋陀彼岸

別譯雜阿含經卷第十三

別譯雜阿含經卷第十三　校勘記

一　底本，金藏廣勝寺本。

一　四一二頁中三行至四一四頁下二一行「如是我聞……婆耆奢滅盡」，資、磧、普、南、徑、清爲卷第七後半部分經文。

一　四一二頁中八行「僧方」，諸本（不含石，下同）作「僧坊」。

一　四一二頁中九行「見斯事」，資、磧、普、南、徑、清作「覩斯事」。

一　四一二頁中一一行「期於」，資、磧、普、南、徑、清作「斯於」。

一　四一二頁中一八行「慚愧」，磧、普、南、徑、清作「慚恥」。

一　四一二頁下二行「放逸」，清作「放没」。

一　四一二頁下一〇行「受命」，資、磧、普、南、徑、清作「壽命」。

一　四一二頁下一一行「輕篾」，資、磧、普、南、徑、清作「輕慢」。

一 四一二頁下一七行「恭恪」，資、磧、普、南、徑、清作「恭敬」。

一 四一三頁上四行「悲愍」，資、磧、普、南、徑作「慈悲」。

一 四一三頁上五行「思惟」，資、磧、普、南、徑、清作「雖離」。

一 四一三頁上七行「佛是曰」，資、磧、普、南、徑、清作「佛是日」；麗作「佛曰是」。同行「能示」，資、磧、普、南、徑作「能不」。

一 四一三頁上一〇行「趣涅槃」，資、磧、普、南、徑、清作「處涅槃」。

一 四一三頁上一四行末字至次行首字「成就」，諸本無。

一 四一三頁上一六行「四句義」，資、磧、普、南、徑、清作「四句義法」。

一 四一三頁中一行「我於」，諸本作「我今」。

一 四一三頁中六行「安樂」，資、磧、普、南、徑、清作「安隱」。

一 四一三頁中一三行「之病」，資、磧、普、南、徑、清作「之患」。

一 四一三頁中二〇行「生断苦」，諸本作「斷生苦」。同行第七字「生」，諸本無。

一 四一三頁下一行第一〇字「根」，諸本無。

一 四一三頁下八行「眼病」，資、磧、普、南、徑、清作「眼疾」。

一 四一三頁下九行第一一字「決」，徑、清作「抉」。

一 四一三頁下一一行至一二行「如來善分別　六界十八界　以此法能治　三毒身重病」四句，資、磧、普、南、徑、清重出。

一 四一三頁下一三行「无有上」，資、磧、普、南、徑、清作「無上尊」。

一 四一三頁下一五行「婆呼盧」，資、磧、普、南、徑、清作「婆吁盧」。

一 四一三頁下末行「瞿曇尊」，徑、清作「瞿曇等」。

一 四一四頁上三行「野中」，資、磧、普、南、徑、清作「野林中」。

一 四一四頁上四行「婆耆」，資、磧、普、南、徑、清作「婆耆奢」。

一 四一四頁上一三行「城中」，徑作「林中」。

一 四一四頁上一七行「大聲聞」，諸本作「諸大聲聞」。

一 四一四頁中八行「勇捍」，磧、普、南、徑、清作「勇悍」。同行「知節量」，資、磧、普、南、徑、清作「如節量」。

一 四一四頁下三行「如上」，資、麗作「和上」。

一 四一四頁下九行「可忍」，南作「有忍」。

一 四一四頁下一二行「捴械」，資作「捴滅」；麗作「摞搣」。

一 四一四頁下一八行夾註「本无」，磧、普、南、徑、清作「本云」。

一 四一四頁下二二行至四一七頁中一一行「如是我聞……思惟及眠寤」，諸本無，因金藏廣勝寺本經文內容重出故（參見卷八三五一頁第三行至三五三頁第一六行）。

一 四一七頁中一二行至下三行「如是我聞……歡喜而去」，諸本上承第八卷三五三頁第一六行「思惟及眠寤」。

一 四一七頁中一三行「時有」，資、磧、普、南、徑、清作「爾時有」。

一 四一七頁中一八行「若見無」，資、磧、普、南、徑、清作「若無有」。

一 四一七頁下四行至四二三頁卷末經文「如是……彼岸」，資、磧、普、南、徑、清無。

一 四一七頁下一二行「詶疋」，麗作「儔匹」。

一 四一七頁下末行首字「經」，麗作「逕」。

一 四一八頁上九行「尚無」，麗作「所尚無」。

一 四一八頁上一三行「於時所」，麗作「於何所」。

一 四一八頁中二二行第三字「勝」，麗作「有勝」。

一 四二一頁下末行末字「一」，麗無。

一 四二二頁中一六行「不識」，麗作「不知」。

一 四二二頁下一行「夘生」，麗作「卵生」。

一 四二三頁中卷末經名後，麗有小記「自極慢已下十一經皆丹藏所無於大本經中亦無同本異譯者然其文相不異當經前後則丹藏無者脫之耳故此仍之」。

別譯雜阿含經卷第十四 丹本第十卷初准 息

失譯人名今附秦録

如是我聞一時佛在王舍城耆尼山中有一天女名求迦尼婆本是波紌提女光色倍常於其夜中来詣佛所威光暉曜普照此山悉皆大明頂礼佛足在一面坐即說偈言

口意宜修善　不應作諸惡　身不以小惡
加害於世間　觀欲空无實　修於念覺意
設自不樂苦　莫作損減業

尒時世尊讚天曰善哉善哉如汝所說

口意宜修善　不應作衆惡　身不以小惡
加害於世間　觀欲空无實　修於念覺意
若自不樂苦　莫作損減業

時波紌提女聞佛所說歡喜頂礼即於坐没還于天宫

如是我聞一時佛在舍衛國祇樹給孤獨園尒時阿難告諸比丘我今欲演四句之法咸當善受至心諦聽憶持莫忘云何名為演四句法

口意宜修善　不應作諸惡　身不以小惡
加害於世間　觀欲空无實　修於念覺意
若自不樂苦　莫作損減業

時有一婆羅門去阿難不遠聞說斯偈即便思惟如此偈義義味深遠非是人作必是非人之所宣說當往問佛作是念已時婆羅門即詣佛所問訊已訖在一面坐白佛言瞿曇我從阿難聞說此偈如我思惟此偈句義非人所作佛告婆羅門實尒實尒是非人之所宣說非人所造我於往時在王舍城耆尼山中求迦尼婆天女来詣我所頂礼我已在一面坐即說斯偈而斯偈者實非人說時婆羅門聞佛所說歡喜而去

如是我聞一時佛在王舍城耆尼山中時求迦尼婆天本是波紌提女身光晃曜猶如電光淳誠至信歸依三寳來詣佛所在一面坐以此光明普照此山悉皆洞然求迦尼婆天女即說偈言

我今以種種　讚詠佛法僧　今但略宣說
隨意所樂足　口意宜修善　不應造衆惡
身不以小過　加害於世間　觀欲性相空
修於念覺意　若自不樂苦　莫作損減業

尒時世尊告天女言如是如是如汝所說求迦尼天女聞佛說已歡喜頂礼於此處没還于天宫

如是我聞一時佛在毗舍離彌猴彼岸精舍之中時波紌提天女拙羅天女光色倍常往詣佛所頂礼佛足在一面坐時此二天女放大光明遍照彌猴及毗舍離悉皆大明時拙羅天女即說偈言

世尊婆伽婆　無上等正覺　在於毗舍離
住於大林中　求迦尼婆天　并及於拙羅
波紌提女等　稽首尊足下　我往昔曾聞
能善稱說法　牟尼世尊者　今現在演說
諸有生識毀　如斯深法者　是則名愚癡
後必墮惡趣　有能讚聖法　成就具於念
是名有智者　後必生善處

時求迦尼婆天女復說偈言

口意宜修善　不應造衆惡　身不以小惡
加害於世間　觀欲性相空　修於念覺意
若自不樂苦　莫作損減業

尒時世尊告天女言如是如是如汝所說時天女等聞佛說已歡喜而去

如是我聞一時佛在舍衛國祇樹給

孤獨園時有一天於其夜中來詣佛
所威光大明遍照祇洹頂礼既已退
坐一面而說偈言
不觸者勿觸　觸者必還報　以如是事故
不應妄有觸　若非津濟處　不應作濟意
尒時世尊以偈答曰
可瞋而不瞋　清淨无結使　若欲惡加彼
惡便及己身　如逆風揚土　塵來自坌身
欲以瞋加彼　彼受必還報　是二並名惡
兩俱不脫患　若瞋不加報　能伏於大怨
尒時天復以偈讚言
往昔已曾見　婆羅門涅槃　久棄捨嬈怖
能度世間愛
尒時此天說此偈已歡喜而去
如是我聞一時佛在舍衛國祇樹給
孤獨園時有一天光顏熾盛容色殊
常來詣佛所頂礼佛足在一面坐而
說偈言
嬰愚少智者　造於諸惡業　為己自作怨
後受大苦報
尒時世尊以偈答曰
所作業不善　作已自燒煮　愚癡造眾惡
受報悲啼哭

天復以偈讚言
往昔已曾見　婆羅門涅槃　久棄捨嬈怖
能度世間愛
尒時此天說此偈已歡喜頂礼還于
天宮
如是我聞一時佛在舍衛國祇樹給
孤獨園時有一天威容光赫顏色殊
常來詣佛所既頂礼已退坐一面而
說偈言
不以言說故　得名為沙門　此實趣向道
成就堅履跡　若有勇健者　能深修禪定
獲得於解脫　壞於魔結縛　作及不作業
二俱稱實說　詐偽无誠信　智者所棄捐
己身實無得　虛讚以自憍　詐偽虛誑說
世間之大賊
尒時世尊以偈答曰
不顯己功德　不知他心行　知已復涅槃
能度世間愛
尒時此天聞佛偈已而白佛言我於
今者實有罪過唯願聽我誠心懺悔
時佛默然天復說偈言
我今說罪悔　汝不受我悔　懷惡心不善
不捨於怨嫌

世尊以偈復答天曰
說罪言懺悔　內心實不滅　云何除嫌隙
云何而得善
天又說偈重問曰
人誰無愆過　人誰无誤失　何誰離愚癡
何誰常具念
尒時世尊以偈答曰
如來婆伽婆　正智得解脫　彼無諸愆過
亦復无得失　彼已離愚癡　能具於正念
天復以偈讚言
我昔已曾見　婆羅門涅槃　久棄捨嬈怖
能度世間愛
尒時此天說此偈已歡喜而去
如是我聞一時佛在王舍城迦蘭陀
竹林尒時提婆達多友瞿迦梨往詣
佛所在一面立佛告瞿迦梨汝於舍
利弗有緣莫生嫌想舍利弗目連淨
修梵行心意柔軟汝莫生嫌恨長夜受
諸苦惱瞿迦梨言我信佛語我隨於佛
然舍利弗目連實有惡欲惡欲於彼
實得自在彼隨惡欲佛復告瞿迦梨
汝今勿於彼二人所生嫌恨心如是
至三而瞿迦梨雖聞佛言惡心不改

捨佛而去去佛不遠身生惡瘡初如芥子須臾之頃猶如豆許復漸長大如毗梨果身體爛潰膿血流出身壞命終墮大蓮華地獄時有三天光色倍常於其夜中來至佛所頂禮佛足在一面立第一天白佛言世尊瞿迦梨是夜命終第二天言墮大蓮華地獄第三天即說偈言

夫人生世　斧在口中　由其惡言
自斬其身　應讚而毀　應毀而讚
口出綺語　後受苦殃　綺語奪財
是故小過　謗佛聖賢　是名大患
受苦長遠　具滿百千　入尼羅浮
及三十六　入阿浮陀　乃至墮彼
五阿浮陀　誹謗賢聖　口意造惡
入斯地獄

時彼三天礼佛足已還於天宮

尒時佛告諸比丘汝等欲聞彼阿浮陀地獄壽命長短以不比丘白言願為我說我等聞已信受憶持尒時世尊告諸比丘二十佉利胡麻得波羅捺滿溢一車有長壽人足滿百年取其一粒如是胡麻一切都盡此阿浮

陀地獄所得壽命猶故未盡此二十阿浮陀缸成一尼羅浮陀二十尼羅浮陀缸一呵吒吒二十呵吒吒缸一睺睺二十睺睺缸一蓮華地獄二十蓮華地獄缸一大蓮華地獄瞿迦梨比丘以謗舍利弗目連故墮是大蓮華地獄中佛告諸比丘被燒燋柱尚不應謗况情識類佛說是已諸比丘聞佛所說歡喜奉行

如是我聞一時佛在舍衛國祇樹給孤獨園時有一天光色倍常威顏晃曜遍照祇洹来詣頂礼退坐一面而說偈言

云何輕賤他　及不輕賤他　為他所輕賤
以何為首目　我今問如來　大仙為我說

尒時世尊以偈荅曰

善知不輕賤　不知名輕賤　樂法名恭敬
慢法名不恭　不近善知識　是名不敬首
樂行於非法　親友生怨嫉　與怨為親友
是為不敬首　如有婦女人　履行不貞良
好與姧婬通　作於無理行　男子違礼度
其義亦復然　如是等名為　輕賤之元首
斗秤欺誑人　巧偽不均平　苟且懷貪利

是名輕賤首　博弈相侵欺　擿蒱錢財盡
如是等名為　輕賤之首目　嗜睡著美味
早眠而晚起　懈怠於事務　而復喜瞋恚
如斯之等人　亦名輕賤首　耳璫及鐶釧
輦蓋錦屣履　貧窮自嚴飾　是名輕賤首
財物既尠少　愛著情愈濃　雖生剎利種
慕求得王位　如是愚癡人　是名輕賤首
財寶甚豐大　多眷屬親友　自食於美味
不分施與他　受他好飲食　及得財寶利
彼來至已家　都無報荅心　乃至不與食
是名輕賤首　父母年朽邁　衰老既至已
自食於甘美　終不知供養　如斯之等人
是名輕賤首　父母及兄弟　親屬并姊妹
打罵出惡言　是名輕賤首　沙門婆羅門
中時來至家　不請不施食　是名輕賤首
沙門婆羅門　及貧窮乞匃　罵辱不施食
是名輕賤首　謗佛及聲聞　出家在家人
為此非法事　是名輕賤首　實非是羅漢
自稱是羅漢　天人婆羅門　沙門中大賊
若為如是者　是名輕賤首　如斯之等類
為他所輕賤　世間可輕賤　我悉知見之
宜應遠捨離　如怖畏嶮道

天復以偈讚言

我昔已曾見　婆羅門涅槃　久棄捨嬈怖
能度世間愛
尒時此天說此偈已歡喜而去
如是我聞一時佛在舍衛國祇樹給
孤獨園時有一天顏容暉赫光色甚
明遍于祇洹來詣佛所頂礼足已退
坐一面而說偈言
誰名為敬順　誰名為陵邈　誰為猥愚戲
如小兒挊土
尒時世尊以偈答曰
男子若敬順　女人必陵邈　男子若陵邈
女人必敬順　女人猥愚戲　如小兒挊土
天復以偈讚言
我昔已曾見　婆羅門涅槃　久棄捨嬈怖
能度世間愛
尒時此天說此偈已歡喜還宮
如是我聞一時佛在舍衛國祇樹給
孤獨園時有一天身光晃曜猶如電
光遍照祇洹赫然甚明來詣佛所頂
礼足已退坐一面而說偈言
覺觀意欲來　遮止應遮止　一切盡遮止
不造生死塵
尒時世尊以偈答曰

別譯雜阿含經第十四卷　第十張　息

覺觀意欲來　遮止應遮止　不應一切遮
但遮惡覺觀　惡惡應遮止　遮止能遮止
若能如是者　不為生死遮
天復以偈讚言
我昔已曾見　婆羅門涅槃　久棄捨嬈怖
能度世間愛
尒時此天說此偈已歡喜還宮
如是我聞一時佛在舍衛國祇樹給
孤獨園時有一天身光晃曜遍照祇
洹來詣佛所礼佛足已退坐一面而
說偈言
云何得名稱　云何得財業　云何得稱譽
云何得親友
尒時世尊以偈答曰
持戒得名稱　布施得財寶　實語得稱譽
普施衆皆親
天復以偈讚言
我昔已曾見　婆羅門涅槃　久棄捨嬈怖
能度世間愛
尒時此天說此偈已歡喜還宮
如是我聞一時佛在舍衛國祇樹給
孤獨園時有一天光顏晃曜赫然甚
明遍于祇洹來詣佛所頂礼佛足退

別譯雜阿含經第十四卷　第十一張　息

坐一面而說偈言
云何生為人　如見極明了　集諸財寶利
多少義云何
尒時世尊以偈答曰
先學衆技能　次集諸財寶　集財為四分
一分供衣食　二分營作事　一分俟匱乏
種田是初業　商估是為次　蕃息養牛群
羔羊并六畜　復有諸子息　各為求妻婦
出女并姉妹　及六畜家法　調和得利樂
不和得苦惱　作事令終訖　終不中休廢
智者善思惟　深知於得失　善解作不作
財寶來趣已　如河歸大海　勤修於事業
如蜂採衆華　日日常增長　晝夜聚財業
如彼蟻增長　財不寄老朽　不與邊遠人
惡人作歐業　勢力勝己者　終不以財寶
與如是等人　與財為親厚　債索時忿諍
㥶栽財義利　失財失親友　但如法聚財
不應作非法　丈夫如法作　端嚴極熾盛
既能自衣食　又復惠施人　調適不失度
命終得生天
天復以偈讚曰
我昔已曾見　婆羅門涅槃　久棄捨嬈怖
以度世間愛

別譯雜阿含經第十四卷　第十二張　息

尒時此天說此偈已歡喜還宮

如是我聞一時佛在舍衛國祇樹給孤獨園尒時佛告諸比丘乃往古昔俱薩羅國有一善彈琴人名俱尨羅涉路而行時有六天女各乘宮殿陵虛而行天等出宮語此人言舅可為我彈奏清琴我當歌舞時彈琴人觀其容貌光明異常生希有想問言姊妹作何功德得生斯處尒先為我說其先因我當為尒彈奏清琴天女答曰汝今但當為我彈琴我於歌中自說往緣時俱尨羅於六天前即鼓琴時第一天女而說偈言

諸能以上衣　用施於他人　人中之尊勝
處天如我今　身如真金聚　光色甚熈怡
天女有數百　我為冣尊勝　施於所愛物
其福勝如是

第二天女復說偈言

若以諸上味　餚饍飲食施　生人為男女
男女中冣勝　若生於天上　猶如我今日
以捨所愛故　隨意受快樂　汝觀我宮殿
乘空自在行　身如真金聚　光顏甚殊妙
天女有數百　我為冣尊勝　施上味飲食
獲勝報如是

第三天女復說偈言

若以勝妙香　布施而修福　生人得尊勝
處天如我身　以捨所愛故　隨意受快樂
汝觀我宮殿　乘空自在行　身如真金聚
光顏甚殊妙　天女有數百　我為冣尊勝
以施勝香故　獲報得如是

第四天女復說偈言

我本人中時　孝事難舅姑　罵詈麤惡言
我悉能忍受　是故於今者　獲得此天身
以能孝順故　隨意受快樂　汝觀我宮殿
乘空自在行　身如真金聚　光顏甚殊妙
天女有百數　我為冣尊勝　以能孝事故
獲勝報如是

第五天女復說偈言

我於先身時　屬人為婢使　奉侍於大家
隨順不瞋戾　精勤不懈怠　早起而晚卧
若於大家所　得少飲食時　分施於沙門
及與婆羅門　是故得天身　隨意受快樂
汝觀我宮殿　乘空自在行　身如真金聚
光顏甚殊妙　天女數百中　我冣為尊勝
處賤修福田　獲勝報如是

第六天女復說偈言

我於先身時　得見於比丘　及以比丘尼
生大歡喜心　彼教我精懃　得聞彼說法
一日受齋法　是故今生天　隨意受快樂
汝觀我宮殿　乘空自在行　身如真金色
光顏甚殊妙　天女數百中　我為冣尊勝
汝今且觀我　以用善教故　獲勝報如是

時彈琴者復說偈言

我今觀善行　可樂薩羅林　我今見天女
晃曜如電光　見聞如斯事　還歸造功德

尒時比丘聞佛所說歡喜奉行

如是我聞一時佛在舍衛國祇樹給孤獨園時有一天光色倍常來至佛所頂礼佛足在一面坐是天威德光明熾盛普照祇洹悉皆大明彼天尒時即說偈言

云何起必壞　云何遮不生　云何捨所畏
云何成法樂

尒時世尊以偈答曰

瞋恚起時滅　貪欲生必遮　棄無明无畏
諦滅冣為樂　棄恚捨貪欲　出於諸結使
不著於色名　觀諸法空林　欲為生死根
欲能生諸苦　斷欲得解脫　諸苦亦復然
若得解脫故　苦本亦解脫　攖愚無智者

放逸不觀苦　是故沒苦海　纏縛無窮已
智者撿亂心　不宜著諸欲　夫為放逸行
能壞禪定樂　是故應攝想　勿得著欲染
辟如巨富者　守護其珎寶
尒時天復以偈讚言
往昔已曾見　婆羅門涅槃　爀怖已棄捨
能度世間愛
尒時此天說此偈已　歡喜而去
如是我聞一時佛在舍衛國祇樹給
孤獨園尒時有天光色倍常来至佛
所頂礼佛足在一面坐是天威德光
明熾盛普照祇洹悉皆大明彼天尒
時即說偈言
雖到於五塵　不名為貪欲　思想生染著
乃名為貪欲　欲能縛世間　健者得解脫
尒時世尊以偈答曰
欲性本無常　斷滅則悟道　著欲生繫縛
永不得解脫　若以信為伴　不信莫由起
名稱轉增長　壽終得生天　若復斷除欲
不數數受有　不還来生死　永入於涅槃
知身空無我　觀名色不堅　不著於名色
從是而解脫　亦不見解脫　及以非解脫
哀愍利群生　廣饒益一切
別譯雜阿含經第十四卷　第十六張　息

天復以偈讚言
往昔已曾見　婆羅門涅槃　爀怖久捨離
能度世間愛
尒時此天說此偈已　歡喜而去
如是我聞一時佛在舍衛國祇樹給
孤獨園尒時有天光明倍常来至佛
所頭面礼佛在一面坐而說偈言
應共誰止住　復應親近誰　從誰所受法
得利不生惡
尒時世尊以偈答曰
應共善人住　親近於善者　從彼人受法
得利不生惡　應共善人住　親近於善者
從彼人受法　智者得利樂　應共善人住
親近於善者　從彼人受法　智者得名譽
親近於善者　從彼人受法　智者得解慧
是故應共住　親近於善者　從彼人受法
親族中尊勝　能離於憂愁　於一切苦中
而能得解脫　遠離諸惡趣　能斷一切縛
純受上妙樂　得近於涅槃
天復以偈讚言
往昔已曾見　婆羅門涅槃　爀怖久棄捨
能度世間愛
尒時此天說此偈已　歡喜而去
別譯雜阿含經第十四卷　第十七張　息

如是我聞一時佛在舍衛國祇樹給
孤獨園尒時有天光明倍常普照祇
洹悉皆大明来詣佛所頂礼佛足却
坐一面而說偈言
貪悋負窮苦　皆由不惠施　若欲求福德
智者應施與
尒時世尊以偈答曰
可怖莫過貪　貪之恒飢渴　恐貧不布施
不施畏甚大　今世若後世　飢窮苦難計
若得少能施　得多亦能施　生時得快樂
壽終得生天　難施而能施　是名難作業
猥愚不知解　諸佛賢聖法　愚智俱命終
生處各別異　愚者墮地獄　受於種種苦
智者生人天　乃可得解脫　貧窮捃拾活
以用養妻子　淨心割少施　其福無有量
設百千大祀　供養於一切　不及貧布施
十六分中一　大祀有鞭打　侵掠他財寶
種種苦惱人　以成大祀業　以惡取財寶
衆皆不歡悅　如是不淨施　及以小淨施
受報有好醜　不可以相比　如法聚財物
終不非法求　得財捨用施　正直而施與
具戒修禪定　正直者受取　福聚布四方
猶如大海水
別譯雜阿含經第十四卷　第十八張　息

天復以偈讚言
往昔已曾見　婆羅門涅槃　嬿怖久捨離
能度世間愛
尒時此天說此偈已歡喜而去
如是我聞一時佛在王舍城毗婆山側七葉窟中時佛為佉陁羅刺脚極為苦痛如来默受雖復苦痛無所請求尒時有八天子顏容端正来詣佛所中有一天言沙門瞿曇實是丈夫人中師子雖受苦痛不捨念覺心無惱異若復有人於瞿曇大師子所生誹謗者當知是人甚大愚癡第二天亦作是說瞿曇沙門丈夫龍象雖受苦痛不捨念覺心无惱異若復有人於瞿曇龍象所生誹謗者當知是人甚大愚癡第三天復作是言沙門瞿曇如善乘牛第四天復作是言沙門瞿曇如善乘馬第五天復作是言沙門瞿曇猶如牛王第六天復作是言沙門瞿曇無上丈夫第七天復作是言沙門瞿曇人中蓮花第八天復作是言沙門瞿曇猶如分陁利觀彼禪寂極為善定終不矜高亦不卑下止

故解脫解脫故止時第八天即說偈言
非彼清淨心　假使滿百千　通達五比施
為於戒取縛　没溺愛欲海　不能度彼岸
尒時八天說此偈已頂礼佛足還其所止
垂下及遮止　名稱及技能　彈琴并棄捨
種別善丈夫　慳貪不惠施　八天為第十
如是我聞一時佛在舍衛國祇樹給孤獨園時有一天顏色殊常来詣佛所赫然大明頂礼佛足在一面坐而說偈言　丹本歷函第十一卷初治
辟如彼大地　廣大無有邊　又亦如巨海
甚深无崖際　須弥極高峻　無以能踰及
誰如鄔羅延　男子中無比
尒時世尊以偈荅曰
無物廣於愛　深大不過腹　憍慢高須弥
唯有佛世尊　於諸男子中　㝡勝无倫疋
天復以偈讚言
往昔已曾見　婆羅門涅槃　嬿怖久捨離
能度世間愛
尒時此天說此偈已歡喜還宫
如是我聞一時佛在舍衛國祇樹給

孤獨園時有一天於其中夜来詣佛所威光照曜赫然甚明頂礼佛足在一面坐而說偈言
何物火不燒　旋嵐不能壞　劫盡大洪水
一切浸爛壞　何物於彼所　而得不爛潰
男子若女人　所有諸財寶　以何方便故
王賊不能侵　是何堅牢藏　無能毀壞者
尒時世尊以偈荅曰
福聚火不燒　旋嵐不吹壞　劫盡洪水浸
不能令腐朽　男女有福聚　王賊不能侵
福是堅牢藏　無能侵毀者
天復以偈讚言
往昔已曾見　婆羅門涅槃　嬿怖久捨離
能度世間愛
尒時此天說此偈已歡喜還宫
如是我聞一時佛在舍衛國祇樹給孤獨園時有一天於其夜中来詣佛所威光照曜赫然大明頂礼佛足却坐一面而說偈言
誰能具曠路　涉道之資粮　以何因緣故
賊所不能劫　設復逆奸惡　云何得守護
云何被劫奪　而生大歡喜　云何常親近
智者生欣悅

尒時世尊以偈荅曰
信為遂資粮　福聚非賊刧　賊刧飛遮煞
沙門刧生喜　數親近沙門　智者生欣悦
天復以偈讃言
往昔已曾見　婆羅門涅槃　嫌怖久捨離
能度世間愛
尒時此天說此偈已歡喜還宮
如是我聞一時佛在舍衛國祇樹給
孤獨園時有一天光色倍常於其中
夜來詣佛所威光赫然悉皆大明頂
礼佛足却坐一面而說偈言
樂者所思念　稱意盡獲得　一切諸樂中
欲樂最為勝
尒時世尊以偈荅曰
樂者無思念　苦者有願求　若人捨思願
是為最為勝
天復以偈讃言
往昔已曾見　婆羅門涅槃　嫌怖久捨離
能度世間愛
尒時此天說此偈已歡喜還宮
如是我聞一時佛在舍衛國祇樹給
孤獨園時有一天光顔殊特赫然大
明來詣佛所頂礼佛足退坐一面而

說偈言
佛為天人師　於諸物中勝　能知一切法
利益諸世間　一切諸難中　何物最為難
唯願大仙尊　為我分別說
尒時世尊以偈荅曰
於他得自在　忍彼觸惱難　貧窮能布施
危厄持戒難　盛年處榮貴　捨欲出家難
天復以偈讃言
往昔已曾見　婆羅門涅槃　嫌怖久捨離
能度世間愛
尒時此天說此偈已歡喜還宮
如是我聞一時佛在舍衛國祇樹給
孤獨園時有一天來詣佛所威光晃
曜赫然大明頂礼佛足退坐一面而
說偈言
車為云何生　誰將車所至　車去為遠近
車云何損滅
尒時世尊以偈荅曰
從業出生車　心將轉運去　去至因盡處
因盡則滅壞
天復以偈讃言
往昔已曾見　婆羅門涅槃　嫌怖久捨離
能度世間愛

尒時此天說此偈已歡喜還宮
如是我聞一時佛在舍衛國祇樹給
孤獨園時有一天光色倍常來詣佛
所身光晃曜遍照祇洹悉皆大明時
此天子却坐一面而白佛言世尊須
多蜜奢鋁陁女生子佛言斯是不善
非是善也
尒時此天即說偈言
子生世言樂　生子極欣慶　父母漸老朽
何故說不善
尒時世尊以偈荅曰
我知生子者　必有愛別離　陰聚和合苦
此都非是子　是名與諸苦　癡愚謂為樂
是故我說言　生子為不善　不善作善想
不愛作愛想　苦作於樂想　放逸所極熟
天復以偈讃言
往昔已曾見　婆羅門涅槃　嫌怖久捨離
能度世間愛
尒時此天說此偈已歡喜還宮
如是我聞一時佛在舍衛國祇樹給
孤獨園時有一天光顔暉曜威色倍
常赫然大明來詣祇洹頂礼佛足在
一面坐而說偈言

云何自思等　不為煩惱覆　云何復名為
永離於衆數
尒時世尊以偈荅曰
若善等討者　二漏不流轉　名色永已滅
彼名離衆處　捴數不復藏　已去於捴數
天復以偈讚言
往昔已曾見　婆羅門涅槃　燋怖久捨離
能度世間愛
尒時此天說此偈已歡喜還宮
如是我聞一時佛在舍衛國祇樹給
孤獨園時有一天光色暉曜赫然大
明来詣祇洹頂禮佛足退坐一面而
說偈言
何物重於地　何物高於空　何物疾於風
何物多草木
尒時世尊以偈荅曰
持戒重於地　憍慢高於空　心念疾於風
乱想多草木
天復以偈讚言
往昔已曾見　婆羅門涅槃　燋怖久捨離
能度世間愛
尒時此天說此偈已歡喜還宮
如是我聞一時佛在舍衛國祇樹給

孤獨園時有一天威顏晃曜光色殊
常来詣祇洹赫然大明頂礼佛足退
坐一面而說偈言
修行何戒行　復作何威儀　有何功德力
造作何業行　具足何等法　得生於天上
願世尊悲愍　為我開顯說
尒時世尊以偈荅曰
我今為汝說　汝當至心聽　諸欲生天者
先當斷煞生　善修於禁戒　守攝於諸根
不害有生類　便得生天上　不盗他財物
彼與樂受取　斷於對盗心　便得生天上
不姧他婦女　度邪婬彼岸　自足已妻色
便得生天上　為利自己身　亦欲利于彼
并為財利故　遠離諸放逸　實語不虛妄
便得生天上　除去於兩舌　不鬪乱彼此
樂出和合語　以此因緣故　便得生天上
斷於麁惡言　讒刺觸惱故　吐辞皆柔軟
聞者生欣悅　以是業緣故　得生于天上
除斷於綺語　不談無益事　知時而說法
便得生天上　若聚落曠野　不生貪利想
於他財物所　不起愚癡心　便得生天上
慈心不害物　不挟怨憎心　向於群生類
心無怒害想　便得生天上　信業及果報

能修信施者　二事俱生信　具足得正見
便得生天上　如斯衆善法　白淨十業道
悉能修行者　必得生天上
天復以偈讚言
往昔已曾見　婆羅門涅槃　久捨於燋怖
能度世間愛
尒時此天說此偈已歡喜還宮
大地火不燒　誰貴根所願　甚能及卑乗
鋸施女等數　何重并十善

別譯雜阿含經卷第十四

癸卯歲高麗國大藏都監奉
勑雕造

斉

別譯雜阿含經卷第十四

校勘記

一　底本，麗藏本。

一　四二六頁上一行「卷第十四」，諸本（不含石，下同）作「卷第十」。同行「丹本第十卷初准」，諸本無。

一　四二六頁上二行譯者，資、磧、普作「失譯」；南、徑、清作「失譯人名附秦録」。

一　四二六頁上四行「有一」，磧作「有二」。

一　四二六頁上一一行第六字「天」，諸本作「天女」。

一　四二六頁上一四行「自不」，諸本作「不自」。

一　四二六頁中一行「樂苦」，磧作「樂若」。

一　四二六頁中七行「此偈句義」，普作「止偈句義」。

一　四二六頁中一一行「我已」，磧作「我足」。

一　四二六頁下二行「求迦尼」，諸本作「求迦尼娑」。

一　四二七頁上八行「及已身」，諸本作「來及己」。

一　四二七頁中一四行「無得」，諸本作「無德」。同行「自憍」，諸本作「自驕」。

一　四二七頁中二二行「我今」，諸本作「今我」。

一　四二七頁下三行「而得」，諸本作「如得」。

一　四二七頁下五行及六行「何誰」，諸本作「阿誰」。

一　四二七頁下一八行第一二字「恨」，諸本無。

一　四二八頁上二二行第九字「人」，諸本作「天」。

一　四二八頁上末行「都盡」，諸本作「都澌」。

一　四二八頁中一二行「來詣」，諸本作「來詣佛所」。

一　四二八頁中二一行「理行」，資作「聖行」。

一　四二八頁下四行「鐶釧」，諸本作「環釧」。

一　四二八頁下八行「其業」，諸本作「基業」。同行「自食」，諸本作「自身」。

一　四二八頁下一六行「施食」，諸本作「施與」。

一　四二九頁中二行「惡惡」，諸本作「惡意」。

一　四二九頁下二行「如見」，諸本作「知見」。

一　四二九頁下八行「求妻」，諸本作「取妻」。

一　四三〇頁上一五行「熈怡」，諸本作「喜悅」。

一　四三〇頁上二二行「乘空」，諸本作「乘虛」。

一　四三〇頁下九行「斯事」，諸本作「是事」。

一　四三〇頁下一二行「來至」，諸本作「來詣」。

一 四三〇頁下末行「苦得」，[徑]作「若得」。同行「無智者」，諸本作「無智人」。

一 四三一頁上一〇行「有天」，諸本作「有一天」。

一 四三一頁下一八行「取財寶」，諸本作「聚財寶」。

一 四三二頁中八行「八天爲第十」，至此，諸本卷第十終，卷第十一始。

一 四三二頁中一二行夾註「丹本澄函第十一卷初准」，諸本無。

一 四三二頁中一七行「過腹」，諸本作「過瞋」。

一 四三二頁下七行「是何」，[南]作「是故」。

一 四三二頁下一五行「還宮」，諸本作「而去」。

一 四三二頁下二二行「被劫奪」，[磧]作「彼劫奪」。

一 四三三頁上九行末字至次行首字「中夜」，諸本作「夜中」。

一 四三三頁上一二行「盡獲」，諸本作「所獲」。

一 四三三頁中三行「何物」，[徑]作「何佛」。

一 四三三頁中一七行「車云何損滅」，[資]作「車云何損滅」；[磧]、[普]、[南]、[徑]、[清]作「車去何損滅」。

一 四三三頁下五行第八字「而」，諸本無。

一 四三三頁下一四行末字、一五行第五字及第一〇字「想」，諸本作「緣」。

一 四三四頁上四行「二漏」，諸本作「三漏」。

一 四三四頁中二行「大明」，諸本作「甚明」。

一 四三四頁中九行「於禁戒」，諸本作「持禁戒」。

一 四三四頁中一三行「亦欲」，諸本作「亦用」。

一 四三四頁中一五行「便得」，諸本作「便往」。

一 四三四頁中一九行「而說法」，諸本作「如說法」。

一 四三四頁中末行「無怒」，[南]作「無恕」。

一 四三四頁下九行「陁女」，諸本作「質女」。

一 四三四頁下卷末經名，諸本無（未換卷）。

別譯雜阿含經卷第十五　丹本第十一卷第五張准　息
失譯人名今附秦錄

如是我聞一時佛在舍衛國祇樹給孤獨園尒時有一天子名曰因陁羅光色倍常於其夜中来詣佛所身光暉曜遍照祇洹赫然大明頂礼佛足却坐一面而說偈言

云何不知壽　云何覺了壽　云何貪著壽
云何繫縛壽

尒時世尊以偈荅曰

色不能知壽　行不覺了壽　貪著已身壽
愛壽爲繫縛

時因陁羅天子復說偈言

如佛之所說　色非壽命者　云何共意識
而得成身聚

世尊復以偈荅曰

識依歌羅羅　歌羅羅最初　歌羅羅生胞
從胞生肉叚　肉叚生堅鞕　從鞕生五胞
從胞生髮爪　由是生五根　男女相別異
遷變不暫住　以是因緣故　云何有壽命

時彼天子聞佛所說歡喜頂礼還于天宮

如是我聞一時佛在舍衛國祇樹給孤獨園時有天子名曰釋迦光色倍常於其夜中来詣佛所身光暉曜遍照祇洹赫然大明頂礼佛足却坐一面而說偈言

別譯雜阿含經第十五卷　第二張　息字号

斷於一切結　當捨衆事務　若有教授他
不名善沙門

尒時世尊以偈荅曰

夜叉應當知　諸種苦惱逼　智者宜悲愍
說法而教導　不應放捨彼　墜墮於苦道
羅漢懷慈慧　救拔無過咎

時釋迦天子聞佛所說歡喜頂礼還于天宮

如是我聞一時佛在舍衛國祇樹給孤獨園時有天子名曰最勝長者神光暉赫遍照祇洹頂礼佛足却坐一面而說偈言

常學說善偈　親近敬沙門　恒樂空靜處
寂定於諸根

尒時世尊以偈荅曰

常學說善偈　親近敬沙門　恒樂空寂處　寂定於心意

時最勝長者天子聞佛所說歡喜頂礼還于天宮

如是我聞一時佛在舍衛國祇樹給
孤獨園時有一天名曰尸毗威光顯
曜顏色殊常遍于祇洹赫然大明頂
礼佛足却坐一面而說偈言
應共誰止住　宜與誰和合　於誰得王法
獲勝無過患
尒時世尊以偈荅曰
應共賢聖住　宜與賢和合　從賢諳正法
獲勝無僁過
時尸毗天子聞佛所說歡喜頂礼還
于天宮
如是我聞一時佛在舍衛國祇樹給
孤獨園時有天子名月自在威光顯
照遍于祇洹須礼佛足却坐一面而
說偈言
修禪至盡處　食草離麁戒　成就於棄樂
逮得於四禪
尒時世尊以偈荅曰
雖復修彼禪　猶在生死綱　能具正念者
獨處心惔怕　遠離於生死　如鵠出綱羅
時月自在天子聞佛所說歡喜頂礼
還于天宮
如是我聞一時佛在舍衛國祇樹給

孤獨園時有天子名曰毗紐威光炳
耀赫然大明来詣祇洹頂礼佛足却
坐一面而說偈言
諸親近佛者　無不得歡喜　咸令一切人
樂於汝法教　能令修學者　獲得不放逸
尒時世尊以偈荅曰
此法善教誡　知時不放逸　於魔得自在
魔不得其便
時毗忸天子聞佛所說歡喜頂礼還
于天宮
如是我聞一時佛在舍衛國祇樹給
孤獨園時有天子名般闍羅光色暉
曜赫然甚明威儀詳序来詣佛所頂
礼佛足退坐一面而說偈言
在家纏衆務　出家甚寬博　牟尼由專精
從禪出覺了　廓然而大悟　開發顯大智
尒時世尊以偈荅曰
雖處衆緣務　亦能獲得法　能具念力者
由能專定故　唯有明智人　逮證於涅槃
時般闍羅天子聞佛所說歡喜頂礼
還于天宮
如是我聞一時佛在舍衛國祇樹給
孤獨園時有天子名須尸摩與其眷

屬五百人俱来詣佛所頂礼佛足在
一面坐尒時世尊告阿難言世若有
人能稱實說彼當應言舍利弗比丘
持戒多聞少欲知足樂於閑靜精勤
修定有大念力成就智慧速疾智利
智善知出要深解出乘滿足實智阿
難白佛言世尊誠如聖教若稱實說
彼應當言舍利弗比丘持戒多聞寂
為第一乃至成就實智時諸天子聞
於如来及與阿難讚舍利弗天之容
貌轉復端嚴其身光曜倍更殊常遍
照祇洹赫然大明時須尸摩天子顏
貌威光轉熾感已合掌向佛而說偈言
舍利弗多聞　咸稱為大智　持戒善調順
世尊所讚歎
世尊復以偈荅曰
舍利弗多聞　咸稱為大智　持戒善調順
世尊所讚歎　得無生寂滅　破魔住後身
時須尸摩聞佛所說歡喜頂礼還于
天宮
如是我聞一時佛在舍衛國祇樹給
孤獨園時有天子名曰赤馬光色倍
常来詣佛所頂礼佛足却坐一面白

佛言世尊於何處而能得有不生老死不没不出衆生盡處如是邊際為可知不尒時世尊告赤馬天子言不生老死既不終没亦不出世無有人能行至邊際亦無有能往詣於彼盡其崖限時赤馬天子白佛言世尊世尊所說甚善希有不生老死乃至無能得其邊際所以者何念我過去曾為仙人号名赤馬斷於欲結得世五通神力駿疾過於日月舉足一趣能渡大海而作是念我今神力駿疾如是我當行盡衆生邊際我於尒時志欲專求衆生邊故心意悩悩都無閑暇唯除洗手并飲食時及大小便於百年中竟不能得衆生邊際而便命終以是故知如來善說不生老死不出不没欲往於彼知其邊際都無是處佛告赤馬天子曰如是如是若有不生老死不出不没衆生邊際實無是處若欲知者衆生邊際即是涅槃若盡苦際是即名為得其邊際尒時世尊即說偈言

雖有是神力　終無有能得　行盡衆生邊

若不得邊際　何能盡苦際　是故我牟尼
得名善知世　唯有勝智人　能曉了邊際
梵行已得立　正智衆生邊　度邊之彼岸

時赤馬天子聞佛所說歡喜頂礼還于天宫

如是我聞一時佛在王舍城迦蘭陁竹林當于尒時有六天子本是外道六師徒黨一名難勝二名自在三名顯現四名决勝五名時起六名輕拃此六天子咸於其夜來詣佛所在一面坐斯諸天光倍勝於常遍照祇洹赫然大明尒時難勝即說偈言

可譏毀比丘　四時自禁制　見聞其住已
是人離諸惡

自在天子復說偈言

苦行可譏毀　撿攝於已身　斷惡口忿諍
苦樂同世尊　於其法主所　不造作衆惡

顯現天子復說偈言

斬截及傷害　祠祀火燒等　皆無善惡報
迦葉之所說

决勝天子復說偈言

尼乾若提子　常說如是言　長夜修苦行
斷除於妄語　離羅漢不遠　墮於世尊數

尒時世尊以偈答言

從今令汝等　獨已若多衆　我觀皆鄙穢
悉同於死尸　云何以野干　同彼師子王
汝尊僕形衆　極惡喜妄語　如斯外道等
彼去羅漢遠

時有天子復說偈言

作彼苦行者　深為可譏毀　雖處於閑静
徒為勞苦事　願當擁護彼　為其作教導
必趣於色有　生梵世歡喜

尒時世尊復以偈答

世界所有色　此處及他處　并在虚空中
有大光明者　如是等一切　悉入魔羂撻
譬如捕魚師　以網掩衆魚

又有一天復說偈言

說有及欲過　并諸癡幻惡　一切悉斷除
讃歎斷欲結　應向彼礼拜　供養以稱讚
所以如是者　彼即世尊故

有一天子復說偈言

說有及瞋過　并諸癡幻惡　一切悉斷除
讃歎斷瞋結　應向彼礼拜　供養以讃歎
所以如是者　彼即世尊故

時一天子復說偈言

說有及癡過　并諸癡幻惡　一切悉斷除

讚歎斷癡者
時一天子復說偈言
說有憍慢過　并諸慢幻惑　一切悉斷除
讚歎斷憍慢
時一天子復說偈言
說有諸見過　并諸見幻惑　一切悉斷除
讚歎斷見者
時一天子復說偈言
說有愛著過　并諸愛幻惑　一切悉斷除
讚歎斷愛者
有一天子復說偈言
王舍城諸山　毗富羅最上　大地諸山中
雪山王最上　四方諸世界　上下及四維
一切天人中　如来最為尊
時諸天子聞佛所說各說偈已歡喜
頂礼還于天宮
因陁羅閒壽　斷於一切結　說善稱長者
尸毗閣共住　速疾閒邊際　婆賑諮大喜
太喜毗忸門　般闍羅揵持
須深摩問第一　有外道問諸見
如是我聞一時佛在舍衛國祇樹給
孤獨園時有天子名曰摩佉来詣佛
所光色熾盛赫然大明礼佛足已却

住一面而說偈言
害誰安隱眠　害誰不憂愁　滅何等一法
為聖所稱歎
尒時世尊以偈荅曰
害瞋安隱眠　害瞋得無憂　瞋恚之毒根
詐親傷害人　滅是等一法　賢聖所稱歎
尒時摩佉聞佛所說歡喜頂礼還于
天宮
如是我聞一時佛在舍衛國祇樹給
孤獨園時有天子名曰弥佉来詣佛
所威光顯耀赫然大明頂礼足已却
坐一面而說偈言
云何於世間　顯發於照明　何者是無上
第一之照明　如是之深義　願佛為我說
尒時世尊以偈荅曰
於一切世間　凡有三照明　云何三照明
所謂日月火　能於晝夜中　處處為照明
天上及人間　唯佛無上明
時弥佉天子聞佛所說歡喜頂礼還
于天宮
如是我聞一時佛在舍衛國祇樹給
孤獨園時有天子名曇摩尸来詣佛
所威光暉赫遍于祇洹却坐一面而

說偈言
婆羅門今者　斷三有欲結　不願求諸有
竟何為所作
尒時世尊以偈荅曰
婆羅門無作　念作已終訖　涉水足盡底
以至于彼岸　若足不盡底　不能到彼岸
手足必運動　是名有所作　以此為方喻
以明無作義　曇摩汝當知　已盡於諸漏
住於最後身　諸有愛欲過　一切悉斷除
超渡生死海
尒時曇摩天子聞佛所說歡喜頂礼
還于天宮
如是我聞一時佛在舍衛國祇樹給
孤獨園時有天子名多羅揵陁来詣
佛所光顏暉赫明遍祇洹却坐一面
而說偈言
斷除於幾法　棄捨於幾法　增進修幾法
比丘成幾法　凡修除幾法　得度於駛流
尒時世尊以偈荅曰
除五欲受陰　棄捨於五蓋　增進修五根
成就五分身　如是之比丘　超渡生死海
尒時多羅揵陁天子聞佛所說歡喜
頂礼還于天宮

如是我聞一時佛在舍衛國祇樹給孤獨園時有天子名曰迦默來詣佛所光色暐赫明照祇洹礼佛足已却坐一面而白佛言世尊云何名為難為難作尒時世尊以偈荅曰

學者為難作　具足於戒定　得離衆縁務
恬靜而快樂

尒時迦默天子復白佛言誠如聖教默靜為難尒時世尊復以偈荅

迦默汝今者　難得而欲得　晝夜修定意
必能安靜默

時迦默復白佛言心意難定世尊復以偈荅

定攝乱擾心　決定根難住　壞於死羂網
能獲於聖智

迦默復白佛言深嶮道岨難何由得濟渡世尊復以偈荅

非聖必墮嶮　賴聖莫由過　賢聖履嶮途
安隱從中度

尒時迦默聞佛所說歡喜頂礼還于天宮

如是我聞一時佛在舍衛國祇樹給孤獨園時有天子名曰迦默来詣佛

所光明赫然遍照祇洹礼佛足已却住一面而說偈言

貪欲及瞋恚　以何為根本　樂不樂恐怖
為是而誰耶　嬰孩捉母乳　意覺從何生

尒時世尊以偈荅曰

從愛至我心　如尼拘陁樹　根鬚從上生
然後入于地　各各於異處　愛著生於欲
亦如摩樓多　纏縛覆林樹　若知其根本
夜叉當捨離　能渡生死海　度更不受有

時迦默天子聞佛所說歡喜頂礼還于天宮

如是我聞一時佛在舍衛國祇樹給孤獨園時有天子名曰栴檀来詣佛所光顔熾盛明照祇洹却立一面而說偈言

我今問瞿曇　種別大利智　除去諸障蔽
智見悉明了　止住於何處　為習何法教
於後世不畏　得善之果報

尒時世尊以偈荅曰

除棄口意惡　身不行非善　若處於居家
布施如流水　信心數受戒　攝念分財與
天當住此處　習學如上事　若能勤心行
後世都無畏

時栴檀天子聞佛所說歡喜頂礼還于天宮

如是我聞一時佛在舍衛國祇樹給孤獨園時有天子名曰栴檀来詣佛所光顔熾盛明照祇洹却立一面而說偈言

云何度駛流　晝夜恒精進　如此駛流中
濤波甚暴急　無有攀挽處　亦無安足地
誰能處深流　而不為漂沒

尒時世尊以偈荅曰

一切戒完具　定慧充其心　思惟内心念
此能度難度　除去於欲想　度有結駛流
盡於喜愛有　處深不沉沒

時栴檀天子聞佛所說歡喜頂礼還于天宮

如是我聞一時佛在舍衛國祇樹給孤獨園時有天子名曰迦葉身光倍常来詣佛所所出光明遍照祇洹却坐一面而白佛言比丘我今欲說比丘勝利佛告迦葉恣汝所說尒時迦葉即說偈言

比丘能具念　心得善解脫　諸欲有所求
逮得無垢處　能知於世間　有垢及無垢

捨離一切有　亦無諸畜積　是名為比丘
有勝利功德

時迦葉天子說此偈已歡喜頂礼還于天宮

如是我聞一時佛在舍衛國祇樹給孤獨園時有一天名曰迦葉光色倍常即於其夜來詣佛所身光顯照遍于祇洹却坐一面白佛言比丘比丘大德我今亦復欲說比丘所得功德佛言迦葉隨汝意說迦葉即說偈言

比丘能具念　心得善解脫　願求得涅槃
已知於世間　解有及非有　深知諸法空
是名為比丘　離有獲涅槃

時迦葉天子說此偈已歡喜頂礼還于天宮

摩佉間所害　弥佉諸照明　曇摩諦應作
多羅諂所短　極難及伏藏　迦默炎二疑
寶智及度流　栴檀之所說　無垢有非有
斯雨迦葉談

此中華次因陁羅夜叉所上因陁羅天子所說不具以其繁重故闕而不傳次章釋迦夜叉與上釋迦天子不別亦闕不書

如是我聞一時佛遊摩竭提國將欲向彼崛默夜叉宮中時崛默夜叉往

詣佛所頂礼佛足在一面坐白佛言世尊唯願如來及比丘僧於今日夜在我宮宿尒時世尊默然許之時崛默夜叉為欲安置佛徒衆故即時化作五百宮殿牀敷卧具皆悉備足又復化作五百火爐中火熾然都無烟氣請佛詣宮奉以上房五百比丘以次取房尒時如來入房坐已崛默夜又在一面立而說偈言

得正憶念樂　憶念正亦樂　志念常不忘
正念得安眠　正念得賢樂　不害不扙捶
不勝亦不負　於一切衆生　普皆生慈愍
離一切怨憎　斯乃為大樂　更無有過者

時崛默夜叉說此偈已歡喜頂礼而還

如是我聞一時佛在白山尒時尊者象護為佛侍者於時世尊夜中經行天降微雨電光晃曜時天帝釋即便化作琉璃寶堂以覆佛上作是事已來詣佛所頂礼佛足如來經行猶未休止時彼國人若小兒啼泣不時止者輙以薄俱羅鬼而以恐之然諸佛常法師不入室弟子不得在前入房而先眠睡尒時象護作是心念今夜

既久世尊不眠我當作薄俱羅鬼恐其令眠作斯念已尋便返被俱執至經行道頭而語佛言沙門沙門薄俱羅鬼來尒時佛告象護汝甚愚癡以薄俱羅鬼恐怖於我汝寧不知如來久斷驚懼毛竪一切畏耶時釋提桓因見聞是已白佛言世尊佛法之中亦有如是出家人也佛告天帝憍尸迦瞿曇種姓搬為寬廓多所容納如是之人不久亦當得清淨法尒時世尊即說偈言

若於自已法　具行婆羅門　到于彼岸者
盡諸有結漏　若於自已法　具行婆羅門
名到于彼岸　觀諸受滅没　若於自己法
具行婆羅門　到于彼岸者　觀因之盡没
若於自已法　具行婆羅門　能度于彼岸
觀結使寂滅　若於自己法　具行婆羅門
度于彼岸者　觀生老病死　若於自已法
具行婆羅門　度于彼岸者　觀度毗舍闍
薄俱羅彼岸

尒時帝釋聞佛所說歡喜頂礼還于天宮

尒時尊者阿㝹律從佛遊行至彼岸鵄

提國鬼子母宮時阿那律中夜早起正身端坐誦法句偈及波羅延大德之偈又復高聲誦習其義及修多羅等時鬼子母所愛小子字賓伽羅啼泣墮淚時鬼子母慰撫子言道人誦經汝莫啼泣即說偈言

汝賓伽羅止尒聲　聽道人誦法句偈
聽是偈已除破戒　獲得清淨能守禁
汝賓伽羅止尒聲　聽道人誦法句偈
聽是偈已得不煞　汝賓伽羅止尒聲
聽道人誦法句偈　聽是偈已得實語
汝賓伽羅止尒聲　聽道人誦法句偈
聽是偈已離鬼胎　是故汝應止啼聲

如是我聞一時佛在摩竭提國富那婆修夜叉母宮佛於其夜在彼宮宿其子夜叉婆修及女優怛羅夜中啼泣其母尒時慰撫男女欲令不啼即說偈言

富那婆修　及優怛羅　汝等今者
宜止啼聲　佛之世雄　所說法要
使我得聞　非父非母　能脫苦惱
唯有世尊　善巧說法　能令聞者
永離諸苦　一切衆生　隨於欲流

没生死海　我欲聽法　斷斯欲流
富那婆修　及優怛羅　是故汝等
宜應默然

時富那婆修即說偈言

我今隨母教　更不生音聲　小妹優怛羅
尒今亦默然　願聽彼沙門　說於微妙法
佛於摩竭提　人中家為上　廣為諸衆生
演說斷苦法　說苦能生苦　說苦出要道
說賢聖八道　安隱趣涅槃　善哉聞沙門
所說法之妙

母以偈荅

汝是知見者　所說稱我心　汝善讚歎彼
世間之導師　以汝等默故　令我見四諦
優怛羅後時　亦當見四諦

如是我聞一時佛遊摩竭提國至摩尼行夜叉宮時摩尼行夜叉共諸夜叉不在已宮集於餘處有一女人持好香花并齎美酒来至於此夜叉宮中尒時世尊處彼宮坐諸根寂定時此女人見於如来在宮中坐顏色怳豫志意湛然諸根寂定得上調心辟如金樓見斯事已即生此念我於今者便為現見摩尼行夜叉時此女人

前札佛足而說偈言

汝實應供養　請與我所願　使汝得賢善
此摩竭提人　咸從汝求願　汝常稱其心
能與福慶祐　汝今稱我願　令我現在樂
来世得生人

尒時世尊以偈荅曰

汝慎莫放逸　而生於憍慢　常當樂信戒
汝當自化度　請求摩尼行　彼將何所為
未若汝自修　生天之業緣

時彼女人聞斯偈已復作是念彼必不是摩尼夜叉乃是瞿曇沙門即此女人尋以香花酒瓶併於一處頂札佛足合掌向佛而說偈言

云何能獲得　現樂後生天　趣向於何事
能得彼快樂　當作何業行　我今問瞿曇
云何今得樂　命終得生天　施與調諸根
能生於快樂　正見賢善俱　親近於沙門
正命自活者　何用生于彼　三十三天中
彼即苦羅網　汝除於欲愛　至心聽我說
我今當為汝　說無塵垢法　汝諸夜叉衆
善哉聽甘露

尒時世尊即為說法示教利喜如諸佛法說施論戒論生天之論欲為不

淨出世為要佛知其心志意調順為說四諦苦集滅道女人意聽聞法信悟如新淨㲲易受染色即於座上見四聖諦法知法逮得於法盡法崖底斷於疑網渡疑彼岸不隨於他即起礼佛合掌而言世尊我已得出我已得出我盡形壽歸依三寶成就不煞時此女人聞法歡喜頂礼而去

如是我聞一時佛遊摩竭提國至箭毛夜叉宮於夜止宿時箭毛夜叉與諸夜叉餘處聚會不在宮中時箭毛同伴其名為炙此炙夜叉見佛在於箭毛舍中詣箭毛夜叉所而語之言汝得大利如来至真等正覺今在汝宮於中止宿箭毛夜叉言彼云何在我宮宿時夜叉復語之言彼雖人類實是如来至真等正覺箭毛復言我今還宮足自别知為是如来至真等正覺為非是耶箭毛夜叉聚會既訖尋還已宮以身欲觸佛佛身轉遠即問佛言沙門今者為驚懼耶佛言我不畏汝觸極恶箭毛復言沙門我今問難汝若解釋甚善無量若不荅我

當破汝心令熱沸血從面而出又捉汝膊擲置婆耆河岸佛言我不見世間若天魔梵沙門婆羅門有能令我心意顛倒破我之心面出沸血能捉我膊擲置于彼婆耆岸者尒時箭毛既說偈言

貪欲瞋恚　以何為本　樂及不樂
怖畏毛竪　為是何耶　彼意覺者
住在何處　嬰孩小人　云何生便
知捉於乳

尒時世尊以偈荅曰

愛從以我生　如尼拘陁樹　欲愛隨所著
亦如摩樓多　纒縛尼拘樹　夜叉應當知
若知其根本　必能捨棄離　知彼根本者
能度生死海　度於有駛流　更不受後有

時箭毛夜叉聞佛所說心開意解歡喜踊躍即受三歸

如是我聞一時佛在舍衛國祇樹給孤獨園尒時優婆夷有一男兒受持八戒於戒有缺以犯戒故鬼著而狂時優婆夷即說偈言

十四十五日　及以月八日　如来神足月
清淨持八戒　修行不缺減　鬼神不擾乱

我從羅漢所　得聞如是事

時有夜叉而說偈言

十四十五日　及以月八日　神足月齋日
持戒不毀缺　具受八支齋　鬼神不擾乱
汝於羅漢所　所聞皆稱實　我今必當放
夜叉作是語　毀戒鬼擾捽　若有所毀缺
現在鬼神惱　將来獲恶果　受戒如執刀
急緩俱能傷　智者須善提　得中則無害
不持法沙門　後受地獄苦　如彼拙用刀
必傷於其手　善捉者不傷　能護沙門法
後必得涅槃　夜叉捉兒竟　捉已尋復放
時彼優婆夷　尋語其子言　汝今當聽我
夜叉之所說　諸有遲緩業　梵行不清淨
邪命并諂曲　彼不成大果　辟如拙用刀
必自傷害手　善持沙門法　後必近涅槃
如似善捉刀　不自傷其手

尒時優婆夷為子種種說是法已其子尋即生於猒恶既猒恶已便求出家剃除鬚髮即著法服年少出家不能深樂出家之法以不樂故便還歸家時優婆夷遥見子来舉手大喚而說偈言

舍既被燒　烟炎熾盛　善出諸物

何以復來　而欲入火　舍旣焚燒
烟炎熾盛　何緣復來　欲被燒害
尒時其子復說偈言
一切世人死　必應悲啼哭　現在若不見
亦復應啼泣　母今以何故　如彼餓鬼哭
其母復說偈言
汝以先捨欲　出家為沙門　汝今欲還家
恐為魔所縛　我今以是故　是以哭於汝
時優婆夷　如是種種　呵責其子
使生猒惡
尒時其子即向阿練若處精勤修道晝夜不廢獲阿羅漢

如是我聞一時佛遊摩竭提國往至於彼曠野夜叉所住之宮於夜止宿時彼夜叉與諸夜叉餘處聚會不在已宮時有夜叉名曰驢駒見於如來在曠野宮宿即往於彼曠野鬼所而語之言汝獲大利如來至真等正覺在汝宮宿曠野荅言彼人去何在我宮宿時驢駒夜叉復語之言雖是人類實是如來至真等正覺曠野復言汝審真實是如來至真等正覺為非是耶尒時曠野衆會已訖還于已宮

既見佛已而作是言出去沙門如來尒時以彼住處故隨語出復語佛言沙門還入佛斷我憍復隨語入第二第三語佛出入佛悉隨之第四亦言沙門出去佛言汝已三請我於今者不為汝出曠野即言我欲問難汝若解釋當聽汝坐若不荅我當令汝心意倒錯又破汝心使熱沸血從面而出挽汝之脚擲置婆耆河岸佛言不見世間若天若魔若梵沙門婆羅門有能以我如汝語者汝欲問者隨汝所問時曠野鬼即說偈言
一切財寶中　何者最為勝　修行何善行
能招於樂報　於諸美味中　何者最為勝
於諸壽命者　何者壽命勝
尒時世尊以偈荅曰
於諸人中財　信財第一勝　修行於法者
能得於快樂　實語最美味　智慧壽命勝
時曠野夜叉復說偈言
誰度於駛流　誰度於大海　誰能捨離苦
誰得於清淨
尒時世尊以偈荅曰
信能度駛流　不放逸度海　精進能離苦

智慧能清淨
曠野夜叉復說偈言
云何能得信　云何能得財　云何得名稱
云何得善友
尒時世尊復以偈言
阿羅漢得信　行法得涅槃　順行所應作
精勤能聚財　實語名遠聞　廣施得親友
汝可廣請問　沙門婆羅門　誰過得實語
離我誰有法　九十六種道　汝觀察諦問
誰法有不害　能具調順者
尒時曠野復說偈言
何須更問彼　沙門婆羅門　大精進顯示
善分別說法　我今念汝恩　由汝示我故
令我今得見　無上大商主　我從於今日
隨所行來處　城邑及聚落　常當歸命佛
顯示於正法
時曠野夜叉聞佛所說歡喜踊躍歸依三寶并受禁戒為佛弟子

如是我聞一時佛在王舍城迦蘭陀竹林尒時王園精舍有比丘尼名曰毗梨毗梨秦言雄也時彼國人一切共為俱蜜頭星會七日七夜歡娛聚集無有延請此丘尼者時有夜叉於

彼毗嚟比丘尼所生信敬心知諸國人都無請者於里巷中說斯偈言

王舍城諸人　一切咸醉眠　毗梨比丘尼
寂然入善定　行者實是雄　成就於雄法
而此比丘尼　善能修諸根　永離於塵垢
寂滅到涅槃　如斯大德人　宜勤加供養
汝等今云何　都無請命者

時彼城中諸優婆塞聞是偈已各持衣服及諸餚饍而來施與彼比丘尼于時夜叉見諸人等各各供養復說偈言

毗梨比丘尼　斷除一切結　優婆塞有智
能施於彼食　以施彼食故　得大福增長
毗嚟比丘尼　斷一切結使　優婆塞有智
能施毗嚟衣　以施彼衣故　得大福增長

如是我聞一時佛在王舍城迦蘭陀竹林時王園精舍有比丘尼名曰白淨尒時國人一切共作俱蜜頭星會七日七夜歡娛聚集無有請彼比丘尼者時有夜叉於白淨比丘尼所生信敬心知諸國人都無請者於里巷中說斯偈已

王舍城諸人　一切皆醉眠　不請比丘尼

修於諸根者　白淨白淨法　比丘尼善定
永離於塵垢　寂滅到涅槃　如斯大德人
宜勤加供養　汝等今云何　都無命請者

時彼城中諸人聞是偈已各持衣食施比丘尼于時夜叉見得衣食復說偈言

白淨比丘尼　斷除於愛結　優婆塞有智
能施彼衣食　以施彼食故　獲於無量福
白淨比丘尼　斷除於慳貪　優婆塞有智
能施於彼衣　以施於彼衣　獲於无量福

如是我聞一時佛在王舍城迦蘭陀竹林時二夜叉一名七岳二名雪山此二夜叉共為親友而作擔言若汝宮中有妙寶出當語於我若我宮中有妙寶出亦當語汝時雪山夜叉宮中有千葉蓮花大如車輪紺瑠璃莖金剛為鬚雪山夜叉覩斯事已即便遣使語彼七岳言我宮中有是異物汝可来觀尒時七岳夜叉聞是語已即作心念如來世尊近在不遠可使詣雪山夜叉所言我當必詣彼往看寶華作是念已即復遣使言我此中有如来至真等正覺在此現形汝宮

雖有如是寶華為何所益尒時雪山夜叉聞其使語侍從五百夜叉往詣于彼七岳夜叉所止宮中雪山夜叉向於七岳而說偈言

十五日夜月　圓足極淨明　聞命將徒衆
今故來相造　應當親近誰　誰是汝羅漢

七岳夜叉說偈答曰

如來世所尊　王舍城最上　說於四諦法
斷除一切苦　說苦從因生　能生苦名習
賢聖八正道　趣向於寂滅　彼是我羅漢
必當親近之

雪山夜叉復說偈言

普於群生類　君有慈等心　於愛不愛覺
為得自在不

七岳夜叉復以偈答

心意極調柔　於諸群萌類　了知一切法
為世大導師　於愛不愛覺　心皆得自在

雪山夜叉復說偈言

若能真實語　終不虛妄言　慈愍衆生類
除斷於煞生　遠離於放逸　於禪而不空

七岳夜叉復說偈言

終不虛妄語　遠離於惡害　常捨諸放逸
佛无不定時

雪山夜叉復說偈言
若不著於欲　心無諸擾乱　為有法眼耶
盡於愚癡不　能捨諸煩惱　得於解脫不
七岳夜叉復以偈荅
超出欲淤泥　心淨無擾乱　法眼甚清徹
得盡於愚癡　永離衆結使　獲得於解脫
雪山夜叉復說偈言
誰無別離惱　誰能不綺語　誰見物不貪
誰不生想見
七岳夜叉復以偈荅
久斷愛別苦　未曾無義言　除捨貪欲心
永无邪見想
雪山夜叉復說偈言
頗具於諸明　戒行清淨不　為能盡諸漏
不受後有耶
七岳夜叉復以偈荅
明行悉具足　持戒行清淨　久斷諸結漏
永不受後有
雪山夜叉復說偈言
如來三業中　頗具衆善行　汝今得遵行
讚歎真實法
七岳夜叉復以偈荅
如來身口意　具足衆善行　明達悉充備

我讚其實法
雪山夜叉復說偈言
牟尼天世雄　蹲如伊梨延　少食不著味
仙聖處林禪　我等可共往　礼敬瞿曇尊
尒時七岳夜叉共雪山等將千夜叉
同時俱往既到佛所各整衣服合掌
敬礼而說偈言
婆伽婆世雄　佛陁兩足尊　諸天所不知
具眼悉明了
尒時雪山七岳等說此偈已在一面
坐雪山夜叉以偈問佛
云何苦出要　云何捨離苦　世尊為我說
苦於何處盡
尒時世尊以偈荅曰
五欲意第六　於此處離欲　解脫於諸苦
斯是苦出要　如斯解脫苦　即於苦處滅
汝今問於我　為汝如是說
雪山夜叉復以偈問
云何池流迴　何處无安立　苦樂於何處
滅盡无有餘
尒時世尊以偈荅曰
眼耳鼻舌身　意根為第六　此處池流迴
此無安立處　名色不起轉　此處得盡滅

雪山夜叉復以偈問
云何世間生　云何得和聚　幾為世間受
幾事為苦求
尒時世尊以偈荅曰
世間從六生　因六得和集　從六生於受
六事恒苦求
雪山夜叉復以偈問
云何修善法　晝夜不懈怠　云何度駛流
無有安足處　亦無所攀挽　處深不沉没
尒時世尊以偈荅曰
一切戒无犯　智慧具禪定　思惟衆過患
具足於念力　此能度難度　遠離欲和合
捨諸有結使　盡於歡喜有　如是人名為
處深不沉没
雪山夜叉復以偈問
誰度於駛流　孰能越大海　誰能捨於苦
云何得清淨
尒時世尊以偈荅曰
信能度駛流　不放逸越海　精進能捨苦
智慧能使淨　汝詣諸沙門　及諸婆羅門
各各種別問　誰有知法者　誰能說實捨
離我誰能說
雪山夜叉復以偈問

我今聞佛說　疑網皆已除　何須種別問
沙門婆羅門　世雄善顯示　具實分別說
七岳恩深重　能使我得見　无上大導師
我今所至處　城邑及聚落　在在并處處
日夜常歸依　如來三佛陁　法中之正法
一千諸夜叉　心各懷踊躍　皆合掌向佛
咸求為弟子　歸依佛世尊

如是我聞一時佛在王舍城迦蘭陁竹林尒時尊者舍利弗大目揵連在靈鷲山時舍利弗新剃鬚竟晨朝早起正身端坐以衣覆頭當于彼時有二夜叉一名為害二名復害尒時復害見舍利弗語為害言我於今者欲以拳打剃頭沙門為害荅言而此比丘有大神德汝勿為此長夜受苦弟二第三亦如是諫復害故欲以拳打舍利弗以不用其所諫曉故及至以身躬自抱捉尒時復害惡熾心盛雖聞他諫乃至抱捉都不從順即以拳打舍利弗頭既打之已復害夜叉語為害言今打比丘便為燒煮於我汝今應當救拔於我作是語時地自開裂現身陷入無間地獄尒時尊者大

目揵連去舍利弗坐處不遠坐一樹下尋聞打於舍利弗聲往詣尊者舍利弗所而語之言不能堪忍受如是苦將無驚怖散壞身耶舍利弗言我身忍受都無苦痛亦不散壞尊者即讚歎言實有神德假令復害以手打彼耆闍崛山猶當碎壞而舍利弗都無異相斯二尊者作是語時尒時世尊晝在房坐以淨天耳遥聞其言即說偈言

正心如大山　安住无動搖　諸所可染著
染不染著法　遠離於愛樂　所謂愛樂者
即是塵欲法　若來加惱觸　不報惱觸者
是名不惱觸　若如是修心　終不受於苦

尒時比丘聞佛所說歡喜奉行

因陁羅　釋迦崛摩　白山賔迦羅
冨䣕婆修曼遮尼羅　箭毛　受齋
曠野及雄淨七岳并雪山　害及於
無害　是名第十四

別譯雜阿含經卷第十五

別譯雜阿含經卷第十五
校勘記

一　底本，金藏廣勝寺本。四三七頁中原版缺，以麗藏本補。
一　四三七頁中一行經名並夾註及二行譯者，資、磧、普、南、徑、清無（未換卷）。
一　四三七頁中七行「却坐」，資、磧、普、南、徑、清作「退坐」。
一　四三七頁下三行末三字至次行首字「却坐一面」，資、磧、普、南、徑、清作「却一面坐」。
一　四三七頁下五行「當捨」，資、磧、普、南、徑、清作「常捨」。
一　四三七頁下六行「善沙門」，資、磧、普、南、徑、清作「著沙門」。
一　四三七頁下二〇行「空寂處」，資、磧、普、南、徑、清作「空靜處」。
一　四三七頁下二一行首字及次頁上一三行第四字「時」，資、磧、普、南、徑、清作「尒時」。

一　四三七頁下末行「天官」，諸本（不含石，下同）作「天宮」。

一　四三八頁上二行，四四二頁上六行「有一天」，資、磧、普、南、徑、清作「有天子」。

一　四三八頁上五行「止住」，資、磧、普、南、徑、清作「住止」。同行「王法」，諸本作「正法」。

一　四三八頁上八行「與賢」，南作「與誰」。

一　四三八頁上一四行「須礼」，諸本作「頂礼」。

一　四三八頁上一六行「至盡處」，南作「得盡處」。

一　四三八頁中五行「汝法教」，資、磧、普、徑、清作「如法教」。

一　四三八頁中一二行「天子」，資、磧、普、南、徑、清作「一天子」。

一　四三八頁中一三行「詳序」，資、磧、普、南、徑、清作「庠序」。

一　四三八頁中一五行「專精」，資、磧、普、徑、清作「專靜」。

一　四三八頁下四行「知足」，麗作「知定」。

一　四三八頁下一五行及一八行「讚歎」，資、磧、普、南、徑、清作「稱歎」。

一　四三八頁下一六行第三字「復」，磧、普、南、徑、清無。

一　四三九頁上一行第五字「於」，諸本作「當於」。

一　四三九頁上四行「出世」，諸本作「出生」。

一　四三九頁上一三行「專永」，諸本作「專求」。同行「惚惚」，磧、普、南作「惡念」。

一　四三九頁上一八行「子日」，資、磧、普、南、徑、清作「曰」。

一　四三九頁上一九行「不生」，磧、普、南、徑、清作「了生」。

一　四三九頁中二二行「常說」，資、磧、普、南、徑、清作「當說」。

一　四三九頁下一八行「有一」，磧作「時一」。

一　四三九頁下二〇行「讚歎」，資、磧、普、南、徑、清作「稱讚」。

一　四四〇頁上一二行「大地」，資作「天地」。

一　四四〇頁上一八行「尸毗闍」，麗作「尸毗問」。

一　四四〇頁上一九行第五字「門」，諸本作「問」。

一　四四〇頁上二〇行「須深摩」，徑、清作「須尸摩」。

一　四四〇頁上二二行「摩佉」，磧、普作「摩法」。

一　四四〇頁中三行「稱歎」，資、磧、普、南、徑、清作「稱讚」。

一　四四〇頁中六行「詐親」，資、磧、普、南、徑、清作「雜親」。

一　四四〇頁中一一行「足已」，諸本作「佛足已」。

一　四四〇頁中一四行「之深義」，諸本作「甚深義」。

一　四四〇頁下三行「竟何爲」，資、磧、普、南、徑、清作「意爲何」。

一四四〇頁下五行「已終說」，諸本作「已終訖」。

一四四〇頁下一五行「光顏」，資、磧、普、南、徑、清作「光色」。

一四四一頁上一四行「乱擾心」，諸本作「擾乱心」。

一四四一頁上一八行「嶮途」，資、磧、普、南、徑、清作「嶮道」。

一四四一頁中六行「從上生」，諸本作「從土生」。

一四四一頁中八行「林樹」，資、磧、普、南、徑、清作「林木」。

一四四一頁中九行「不受有」，資、磧、普、南、徑、清作「不愛有」。

一四四一頁中一四行及下五行「却立」，資、磧、普、南、徑、清作「却坐」。

一四四一頁下七行「精進」，資、磧、普、南、徑、清作「精勤」。

一四四一頁下一一行「內心念」，資、磧、普、南、徑、清作「內身念」。

一四四一頁下一二行「難度」，資、磧、普、南、徑、清作「難處」。同行「駛流」，諸本作「使流」。

一四四二頁上一行「諸畜積」，資、磧、普、南、徑、清作「有蓄積」。

一四四二頁上八行末二字「比丘」，麗無。

一四四二頁上一七行「所短」，磧、普、南、徑、清作「所斷」。

一四四二頁上二一行附註左「不書」，資、磧、普、南、徑、清作「而不書」，並至此換卷，爲卷第十一終，卷第十二始。

一四四二頁上二一行附註與二二行正文之間，麗有「此下丹本第十二卷初」一行。

一四四二頁中五行「皆悉」，資、磧、普、南、徑、清作「悉皆」。

一四四二頁中一二行「不負」，資、磧、普、南、徑、清作「不貪」。

一四四二頁下一行「不眠」，資、磧、普、南、徑、清作「不睡」。

一四四二頁下二行「俱執」，磧作「拘執」。

一四四二頁下一三行「有結漏」，資、磧、普、南、徑、清作「結有漏」。

一四四二頁下一六行「于彼岸」，資、磧、普、南、徑、清作「彼岸者」。

一四四二頁下一九行「觀度」，諸本作「能度」。

一四四二頁下末行「彼岸」，諸本作「彼摩」。

一四四三頁上八行「除破戒」，清作「陰破戒」。

一四四三頁中五行「不生」，資、磧、普、南、徑、清作「不出」。

一四四三頁中八行「生善」，磧、普、南、麗作「生苦」。

一四四三頁中一〇行「之妙」，諸本作「之要」。

一四四三頁中一三行「令我」，清作「今我」。

一四四三頁下三行「汝常」，資、磧、普、南、徑、清作「此常」。

一四四三頁下五行「生人」，諸本作

「生天」。

一　四四三頁下一二行「併於」，諸本作「屏於」。

一　四四三頁下一五行「彼快樂」，諸本作「受快樂」。

一　四四三頁下一六行「施與調諸根」前，資、磧、普、南、徑、清有「尒時世尊以偈答曰」一行。

一　四四四頁中三行末字「我」，南作「他」。

一　四四四頁中六行「既說」，諸本作「即說」。

一　四四四頁中九行「小人」，麗作「小兒」。

一　四四四頁下六行「擾拃」，資、磧、普、南、徑、清作「擾亂」。

一　四四四頁下八行「須菩提」，資、磧、普、南、徑、清作「須善捉」。

一　四四四頁下一二行「尋語」，資、磧、普、南、徑、清作「即語」。

一　四四四頁下二一行「大喚」，資、磧、普、南、徑、清作「大歎」。

一　四四五頁上四行第八字「悲」，資、磧、普、南、徑、清作「愁」。

一　四四五頁上五行「滯泣」，諸本作「啼泣」。

一　四四五頁上一七行「即往」，資、磧、普、南、徑、清作「即詣」。

一　四四五頁中六行「即言」，資、磧、普、南、徑、清作「鬼言」。

一　四四五頁中一五行「壽命者」，諸本作「壽命中」。

一　四四五頁下五行「復以偈言」，資、磧、普、南、徑、清作「復以偈答」。

一　四四五頁下六行「順行」，資、磧、普、南、徑、清作「慎行」。

一　四四五頁下一一行「曠野」，資、磧、普、南、徑、清作「曠野鬼」。

一　四四五頁下一五行「隨所」，資、磧、普、南、徑、清作「隨順」。

一　四四五頁下二一行「毗[口+梨]秦言雄也」，資、磧、普、南、徑、清作夾注；「秦言雄也」，麗作夾註。

一　四四五頁下末行「此丘尼」，諸本作「比丘尼」。

一　四四六頁上二二行「偈已」，諸本作「偈言」。

一　四四六頁中一行「根者」，資、磧、普、南、徑、清作「根人」。

一　四四六頁中八行「以施彼食故」，麗作「能施於彼食」。

一　四四六頁中一〇行第八至一〇字「於彼衣」，諸本作「彼衣故」。

一　四四六頁中一二行「二名」，普作「一名」。

一　四四六頁中二〇行末字「使」，資、磧、普、南、徑、清作「便」。

一　四四六頁下一一行「必當」，諸本作「汝當」。

一　四四六頁下一五行及次頁上一六行「復以偈答」，資、磧、普、南、徑、清作「復說偈言」。

一　四四六頁下一七行「自在」，磧、普、南、徑、清作「因在」。

一　四四七頁上五行「清散」，諸本作「清徹」。

一　四四七頁上六行「永離」，資、磧、普、南、徑、清作「永捨」。

一　四四七頁中一行「其實法」，諸本作「真實法」。

一　四四七頁下九行「攀挽」，諸本作「攀緣」。

一　四四八頁上一四行「捲打」，諸本作「拳打」，下同。

一　四四八頁上一七行「及至」，諸本作「乃至」。

一　四四八頁上一八行「熾心」，諸本作「心熾」。

一　四四八頁上一九行「不從」，資、磧、普、南、徑、清作「無從」。

一　四四八頁中三行「戢忍」，諸本作「堪忍」。

一　四四八頁中一六行末字至次行首字「羅富」，資、磧、普、南、徑、清作「富羅」。

一　四四八頁中一九行「是名第十四」，資、磧、南、徑、清作「是名第十」；普作「是名第十」並夾註「十四」。

一　四四八頁中末行「卷第十五」，資、磧、普、南、徑、清作「卷第十二」。

別譯雜阿含經卷第十六 丹本第十七卷仍准

失譯人名今附秦錄　息

尒時世尊在毗舍離獼猴陂岸大講堂中時有四十波利㸌迦比丘皆阿練若著糞掃衣盡行乞食悉在學地未離欲法咸至佛所頂礼佛足在一面坐尒時世尊作是念此諸比丘皆阿練若著糞掃衣盡行乞食悉是學人未斷諸結吾當為彼如應說法令諸比丘不起于坐心得解悟盡諸結漏佛告之曰比丘當知生死長遠無有邊際無有能知其根源者一切衆生皆為无明之所覆蓋愛結所使經繫其頸生死長途流轉無窮過去億苦無能知者辟如恒河流入四海我今問汝汝處生死所出血多為恒河多時諸比丘白佛言世尊如我解佛所說義者我處生死身所出血多彼恒河四大海水佛告諸比丘善哉善哉汝從往世所受象身為他截鼻截耳或時截足鐵鉤鄧頭及以斬項所出之血無量無邊又受牛馬騾驢駱駝猪雞犬豕種種禽獸如受雞形截其羽翼及其項足身所出血是諸禽獸各被割截所出之血不可計量復告諸比丘色為是常是無常乎諸比丘白佛言世尊色是無常佛復問言色若無常為當是苦為非苦乎比丘對曰無常故苦佛復告言若無常苦是敗壞法於此法中賢聖弟子計有我及我所不比丘對曰不也世尊佛復告曰受想行識為是常耶為无常乎比丘對曰斯皆無常佛復問言若是無常為是苦耶為非苦耶比丘對曰無常故苦佛又問言若无常苦是敗壞法賢聖弟子寧計是中我我所不比丘對曰不也世尊佛告比丘善哉善哉色是無常无常故即無我若無有我則無我所如是知實正慧觀察受想行識亦復如是是故比丘若有是色乃至少時過去未来現在若內若外若近若遠此盡無我及以我所如是稱實正見所見若受想若行若識若多若少若內若外若近若遠過去未来現在都無有我亦無我所

別譯雜阿含經第十六卷　第二張　息

如實知見賢聖弟子見是事已即名多聞於色猒惡受想行識亦生猒惡以猒惡故得離欲得離欲故則解脫得解脫故則解脫知見若得解脫知見即知我生已盡梵行已立所作已辦更不受有佛說是時四十波利㸌迦比丘不受後有心得解脫時諸比丘聞佛所說歡喜奉行

如是我聞一時佛在舍衛國祇樹給孤獨園尒時佛告諸比丘汝等當知生死長遠無有邊際無有能知其根源者一切衆生皆為無明之所覆蓋愛結纒縛流轉生死无有窮已過去億苦無能知者辟如恒河流注四海復告比丘生死長遠於昔過去受形已来憂悲哭泣所出目淚為多為恒河多時諸比丘白佛言世尊如我解佛所說義者生死長遠目所出淚踰彼恒河亦多四海佛告比丘善哉善哉所集目淚實多四海誠如汝言過去來世父母棄背伯叔兄弟姊妹兒子宗親眷屬悉皆死喪及失錢財象馬牛羊或受鞭杖或被傷刖侵毀形

別譯雜阿含經第十六卷　第三張　息

體乃至繫閉如斯衆苦悲惱流淚不可稱計辟如瀑流漂衆草木聚沫塞路愛之聚沫遮賢聖道血滴受身數受地獄餓鬼畜生及餘惡趣佛問比丘色為是常是無常乎比丘對曰色是無常佛復問言色若無常為當是苦為非苦耶比丘對曰無常故苦佛告比丘若無常苦是敗壞法於斯法中賢聖弟子寧計有我及我所不比丘對曰不也世尊佛又問言受想行識為是常耶是無常乎比丘對曰斯皆無常佛又問言若是無常為是苦耶為非苦乎比丘對曰無常故苦又問若無常苦是敗壞法賢聖弟子寧計是中我我所不比丘對曰不也世尊佛告比丘善哉善哉色是无常無常故苦苦即無我若無有我則無我所如是知實正慧觀察受想行識亦復如是是故比丘若有是色乃至少許過去未来現在若內若外若近若遠此盡無我及以我所如是稱實正見所見若受想行識若多若少若內若外若遠若近過去未来現在都无

有我亦無我所如實知見賢聖弟子見是事已即名多聞於色解脫受想行識亦得解脫憂悲苦惱一切解脫佛說是已諸比丘聞佛所說歡喜奉行

如是我聞一時佛在舍衛國祇樹給孤獨園介時佛告諸比丘言生死長遠無有邊際無有能知其根源者一切衆生皆為無明之所覆蓋愛結纏縛流轉生死無有窮已過去億苦無能知者復告比丘辟如恒河流注四海於昔過去生死曠遠飲於母乳比恒河水何者為多比丘白佛如我解佛所說義者過去久遠所飲母乳多彼恒河及四海水受形已来無量无邊或受象馬駝驢牛羊麀等種種畜獸所飲母乳不可稱計辟如瀑流漂諸草木合成聚集妨塞途路愛之聚沫亦復如是能遮聖道餘如上說

如是我聞一時佛在舍衛國祇樹給孤獨園介時佛告諸比丘生死長遠無有邊際无有能知其根源者一切衆生皆為無明之所覆蓋愛所纏縛流轉生死無有窮已過去億苦无能

知者假設有人斬截天下大地草木悉以為籌盡此諸籌欲數過去无量世来所生之母亦不能盡其邊際假設斬於大地草木悉皆以為四指之籌欲筭過去所生之父終不能得知其邊際復告比丘生死長遠邊不可得餘如上說汝諸比丘當作是學斷於生死斷於諸有更不受有時諸比丘聞佛所說歡喜奉行

如是我聞一時佛在舍衛國祇樹給孤獨園介時佛告諸比丘生死長遠無有邊際无有能知其根源者一切衆生皆為無明之所覆蓋愛所纏縛流轉生死無有窮已過去億劫恒受衆苦一切无有能得知者復告比丘假設有人丸大地土猶如豆粒以此豆粒欲數過去所受生母盡此地土亦不能得盡其邊際餘如上說是故汝等應作是學學斷後有懃求方便斷於後有佛說是已諸比丘聞佛所說歡喜奉行

如是我聞一時佛在舍衛國祇樹給孤獨園介時佛告諸比丘生死長遠

無有邊際无有能知其根源者一切
衆生皆為無明之所覆盖愛所纒縛
流轉生死無有窮已過去億數所受
衆苦一切無有能得知者佛告比丘
汝觀世間喜樂之衆受上樂者汝等
决定應作是念我從過去以來受如
此樂數受斯樂亦皆敗失如是生死
長遠餘如上說汝等今者當作是學
懃修方便斷於後有諸比丘聞佛所
說歡喜奉行

如是我聞一時佛在舍衛國祇樹給
孤獨園尒時佛告諸比丘生死長遠
餘如上說若見衆生受極苦毒憂愁
懊惱當作是念我從昔來無量劫中
亦受如是無量苦惱生死長遠餘如
上說汝等比丘當作是學應懃方便
斷於後有莫作起有因縁諸比丘聞
佛所說歡喜奉行

如是我聞一時佛在舍衛國祇樹給
孤獨園尒時佛告諸比丘生死長遠
餘如上說汝等比丘若見有人心生
驚怖身毛為竪當知前身曾作怨害
是故生死長遠餘如上說汝等比丘

應作是學當懃方便斷於後有諸比
丘聞佛所說歡喜奉行

如是我聞一時佛在舍衛國祇樹給
孤獨園尒時佛告諸比丘生死長遠
餘如上說若見衆生自然愛樂起於
欲心心極親愛汝等當知先身之時
必為父母兄弟妻子或作和上阿闍
梨師長所尊是故當知生死長遠餘
如上說汝等比丘應作是學懃修方
便斷於後有莫作生有因縁諸比丘
聞佛所說歡喜奉行

如是我聞一時佛在舍衛國祇樹給
孤獨園時有一婆羅門往詣佛所問
訊世尊在一面坐白佛言世尊未來
當有幾佛出世佛荅之言未來當有
恒河沙諸佛出現於世時婆羅門聞
佛所說作是念我當於未來佛所修
梵行迴還不遠復作是念我竟不問
過去之世幾佛出世作是念已還至
佛所白佛言世尊過去之世幾佛出
世佛荅之曰過去有無量恒河沙諸
佛已出於世時婆羅門復作是念過
去未來諸佛出世我不值遇今得值

佛云何空過我當於佛法中出家學
道即起合掌白佛言世尊唯願慈愍
聽我出家於佛法中修行梵行佛即
聽許尋得出家既出家已獨處閑靜
精勤修習斷於生死得阿羅漢佛說
是已諸比丘聞佛所說歡喜奉行

如是我聞一時佛住王舍城毗富羅
山足佛告諸比丘若有一人於一劫
中流轉受生取其白骨若不毀壞積
以為聚如毗富羅山賢聖弟子隨時
聞如實知苦聖諦如實知苦集知苦
滅知趣苦滅道如是知見已斷於三
結所謂身見戒取疑名須陁洹不墮
悪趣决定菩提趣於涅槃極至七生
七死得盡苦際說是事已復說偈言

一人一劫中　流轉受生死　積骨以為聚
集之在一處　使不毀敗壞　猶如毗富羅
若觀四真諦　正智所鑒察　說苦因從生
苦滅八聖道　安隱趣涅槃　流轉生死輪
任運過七生　得盡於苦際

時諸比丘聞佛所說歡喜奉行頂礼
而去

血淚及母乳　土丸如豆粒　恐怖及彼愛

恒沙及骨聚。
如是我聞一時佛在舍衛國祇樹給
孤獨園尒時世尊告諸比丘生死長
遠亦如上說尒時衆中有一比丘從
坐而起整衣服合掌向佛白佛言世
尊劫為久近佛告比丘吾可為汝敷
演而說恐汝不解比丘白佛頗可方
喻說不佛言可作方喻以鐵為城縱
横正等高一由旬設盛芥子滿中流
溢假設有人百年之中取一芥子城
中芥子可得都盡劫之邊際不可得
知復告比丘劫之長遠其喻如是如
斯長劫百千億万乃至百億万苦惱
無量无邊麁惡痛苦意所不憙猶如
聚沫血渧受身數受地獄餓鬼畜生
惡趣之中人中惡趣是故應斷後有
宜勤方便遠離諸有汝等比丘當作
是學諸比丘聞佛所說歡喜奉行
如是我聞一時佛在舍衛國祇樹給
孤獨園尒時佛告諸比丘生死長遠
餘如上說於彼衆中有一比丘即從
坐起偏袒右肩胡跪合掌白佛言世
尊劫為久近佛告比丘可為汝說汝

不能解比丘白佛為可作方喻以不
佛言可作方喻佛告比丘如有碩石
無有孔穴共同一體縱廣高下滿一
由旬假使有人以細羅縠衣或初摩
細濡或以細氎百年一拂令其壞盡
劫猶未盡是故我說劫之長遠邊際
難得劫之久近其喻如是如是長劫
數百數千數万數千億万衆生於斯
長劫之中受大苦惱麁澁痛苦意所
不憙如似聚沫血渧所受數受地獄
餓鬼畜生入於惡趣是故汝等當斷
後有勤修行道離於諸有因緣應作
是學諸比丘聞佛所說歡喜奉行
如是我聞一時佛在舍衛國祇樹給
孤獨園尒時衆中有一比丘從坐而
起整衣服長跪合掌白佛言世尊從
昔已來多少劫過佛告比丘吾可說
之汝不能解比丘白佛言可作方喻
說不佛言可作方喻假設有人年滿
百歲於一日中晨起日中及日暮三
時各憶百千劫事如是日日憶念滿足
百年猶不能得過去劫數邊際劫數長
遠亦復如是衆生於是長遠劫中受衆
苦極麁澁痛苦心不生憙數受地獄

餓鬼畜生入於惡趣是故比丘應斷
後有勤修方便絕離諸有汝等比丘
應作是學諸比丘聞佛所說歡喜奉行
如是我聞一時佛在舍衛國祇樹給
孤獨園尒時佛告諸比丘生死長遠
餘如上說乃至過去億數之劫不可
得知於此大地無有不是汝等故身
生處死處復告比丘生死長遠邊際
難知汝等比丘應勤方便斷離諸有
諸比丘聞佛所說歡喜奉行
如是我聞一時佛在舍衛國祇樹給
孤獨園尒時佛告諸比丘生死長遠
乃至如上所說復告比丘此世間中
無有一人不作汝父母兄弟姊妹妻
子眷屬及以和上阿闍梨所尊之者
此世間中無一衆生不煞害汝為汝
然亦復無有一衆生等不食於汝身
肉之者如是无始生死餘如上說是
故比丘應勤方便斷離諸有當作斯
學佛說是已諸比丘聞佛所說歡喜
奉行
如是我聞一時佛在舍衛國祇樹給
孤獨園尒時佛告諸比丘譬如天雨

既至於地即便生泡速生速滅生死之法速生速滅亦復如是無始生死長遠若斯是故比丘應勤方便斷離諸有當作是學佛說是已諸比丘聞佛所說歡喜奉行

如是我聞一時佛在舍衛國祇樹給孤獨園介時佛告諸比丘死生長遠如上所說復告比丘天雨密緻如縛掃篲東西南北及以四維間無空處東方無量世界衆生感戚安樂无量世界悉皆碎壞無量世界衆生滿中無量世界悉皆空虛無有衆生在中居止南西北方四維上下亦復如是生死無始餘如上說是故比丘當勤方便斷離諸有應作是學諸比丘聞佛所說歡喜奉行

如是我聞一時佛在舍衛國祇樹給孤獨園介時佛告諸比丘生死長遠如上所說乃至無始生死亦如上說復告比丘辟如擲杖或根著地或頭著地或墮不淨穢惡之處或復墮於清淨之處一切衆生亦復如是為無明所覆或生天上及在人中或墮地

獄餓鬼畜生或復墮於阿修羅有以是義故生死長遠廣說如上是故比丘當斷諸有應如是學諸比丘聞佛所說歡喜奉行

如是我聞一時佛在舍衛國祇樹給孤獨園介時佛告諸比丘辟如五輻車輪其有力者旋轉速疾一切衆生亦復如是為無明覆輪轉五道所謂人天地獄餓鬼及以畜生如是無始生死是故比丘當斷諸有應作善法諸比丘聞佛所說歡喜奉行

如是我聞一時佛在王舍城毗富羅山下介時世尊告諸比丘諸行无常是生滅法無有住時不可保信是壞敗法以是義故汝諸比丘於諸行所應知止足生猒惡想離於愛欲而求解脫復告比丘此毗富羅山往昔之時名曰婆耆半闍介時此城名帝弥羅彼時人民壽四万歲諸人民等欲上此山經於四日然後乃能至彼山頂時世有佛号迦孫如来應供正遍知明行足善逝世間解無上士調御丈夫天人師佛世尊為諸弟子而說

法要初中後善其義深遠其語巧妙純一無雜具足清白梵行之相比丘當知介時婆耆半闍山相於今已滅人民盡死是佛世尊入涅槃後人壽轉減以是義故諸行無常是生滅法無有住時不可保信是壞敗法是故比丘於諸行所應知止足生猒惡想離於愛欲而求解脫復告比丘乃往昔時此山名日朋迦于時此城名阿毗迦時彼世人壽三万歲此諸衆生若欲上山經於三日便得往還時世有佛世尊号迦那含牟尼如来應供正遍知明行足善逝世間解無上士調御丈夫天人師佛世尊介時如来普為大衆演說法要所演說者初中後善其義深遠其語巧妙具足清淨顯發梵行之相比丘當知彼佛世尊入涅槃後人民轉減于時山相於今已滅人民死盡是故比丘諸行無常是變易法不可恃怙會歸磨滅汝等應當於諸行所宜知止足生猒惡想離於愛欲而求解脫佛復告諸比丘乃往古昔此山名曰善邊介時國土

名曰赤馬于時人民壽二万歲當尒
之時有佛出世号曰迦葉如來應供
正遍知明行足善逝世間解無上士
調御丈夫天人師佛世尊廣為大衆
敷演分别諸法秘奥其所說者初中
後善其義深遠其語巧妙純一無雜
具足清白梵行之相比丘當知善邊
山名於今已滅人皆終没彼佛世尊
入般涅槃人命轉減以是義故諸行
無常是變易法無有住時不可恃怙
會歸磨滅是故宜應於諸行所生於
止足猒惡之想離於愛欲而求解脫
此山今復名毗富羅而斯國土名摩
竭提是中衆生壽命百年或增或減
此諸衆生若欲上山須臾之頃即便
往還我釋迦文出現於世十号具足
為衆演說無量經典其所說者初中
後善其義深遠其語巧妙純一無雜
具足清白梵行之相復告比丘此山
名字并及國人不久亦當悉皆滅盡
我亦不久當入涅槃以是義故諸行
無常是變易法無有住時不可恃怙
會歸磨滅是故比丘宜應至心於諸

行所生止足想猒惡之心離於愛欲
而求解脫尒時世尊即說偈言
婆耆半闍帝弥羅　阿毗迦羅朋伽迦
善邊之山赤馬國　毗富羅山摩竭提
諸山悉滅人亦終　佛入涅槃壽命滅
以是義故諸行無常是生滅法生滅
滅已寂滅為樂時諸比丘聞佛所說
歡喜奉行
城山過去　無地方所　衆生無不是
麁雨渧　雨如縛掃箒　擲杖還轉輪
毗富羅　此下與丹本第二十卷准
尒時衆多比丘在俱薩羅園竹林中
夏坐安居彼園林中有天神住天神
愁念而作是言今僧自恣月十五日
已復欲去更有天神即問之言汝今
何故愁憂如是即說偈言
天神汝今者　何以懷愁憂　淨戒諸比丘
今日當自恣　得遍如是事　宜應自欣悅
彼林天神以偈答言
我亦知彼等　今日當自恣　非是無慚愧
同諸外道等　斯等皆精懃　具有慚愧者
収斂衣鉢已　自恣各散去　比丘既散已
此林空无人　更無所聞見　是故我愁憂

時諸比丘既自恣已各散出林還其
所止尒時天神見其四散心懷憂悕
即說偈言
諸比丘去已　但見遊居處　牟尼諸弟子
多聞有知見　善能具分別　種種清淨說
如斯持法人　今者安所詣
時餘天神復說偈言
此諸比丘等　四散道不同　有向摩竭提
或有詣跋耆　亦復有向彼　毗舍離國者
此阿練若處　集會諸比丘　辟如野鳥鹿
栖止無恒所　此諸比丘等　捨棄於緣務
常求空閑處　靜坐得安樂
有一比丘從俱薩羅國詣俱薩羅林
於中止住晝日睡眠時彼林中有天
神作是念言今此比丘處林而睡甚
非所宜非沙門法汙辱此林我於今
者當覺悟之作是念已即往其所嚮
咳彈指而說偈言
咄比丘汝起　無得嗜睡眠　如是睡眠者
竟有何義利　身遭極重病　云何而安眠
毒箭中汝心　求拔云何眠　汝既能出家
捨離衆緣務　當滿本願求　勿為睡所覆
瞢瞢无覺了　失於昔所願　欲體性無常

掉動不停住　眴息不可保　凡夫愚惑著
汝今已出家　離於在家縛　云何離縛已
而復樂眠睡　若未斷愛欲　其心未解脫
未得寂上智　不具斯事者　不名為出家
云何安睡眠　欲稱出家法　應當勤精進
晝夜不懈惓　堅固求涅槃　所求既未獲
出家為何眠　慧識却無明　盡於諸漏結
善調於心行　獲寂後邊身　能具如上事
乃可安眠睡

尒時復有一比丘亦住於彼俱薩羅林晝入房坐起於惡覺依於貪嗜時林天神知彼比丘起於惡覺依於貪嗜不能稱可出家法或是不善事處此林中起於惡覺我於今者當寤悟之作是念已即往其所而說偈言

比丘惡怖欲　故來處此林　形雖坐林間
心意出林表　馳騁逐外塵　起于惡覺觀
若滅諸欲者　然後得解脫　既得解脫已
乃尒知快樂　汝應捨不樂　安心樂此法
我今寤悟汝　令汝還得念　欲如惡焦山
煎涸諸善法　惡焦无猒足　難可得小離
勿貪於欲樂　坌汙已淨心　如鳥為塵坌
奮翮振塵穢　比丘亦如是　禪思去塵勞

塵垢來染心　正念能除捨　愛欲即塵垢
非謂外埃土　欲覺及瞋癡　謂之為塵勞
攝心有智者　尒乃能除去

尒時復有一比丘亦住於彼俱薩羅林晝入房坐而於欲所起清淨想彼林天神知其所念為覺悟故即說偈言

汝思欲淨想　欲覺之所吞　捨欲不淨心
妄取欲淨想　比丘汝今者　處林獨閑坐
應念佛法僧　及已所受戒　多獲歡喜心
便知苦邊際

尒時復有一比丘遊俱薩羅國止一林中於其日中威熱之時心生不樂時此比丘即說偈言

日中既威熱　林木甚欝烝　衆禽以熱故
各自停不飛　布穀厲其聲　我聞生驚懼

彼林天神聞此偈已即說偈言

日中威熱時　衆鳥皆停住　布穀厲聲鳴
汝應生快樂　不應生怖懼　此處當畏誰

尒時尊者阿那律遊俱薩羅國止住一林時阿那律天上本妻來至此林礼尊者足在一面坐即說偈言

汝昔天上時　善巧奏琴樂　又復能歌舞
縱意受快樂　汝當發心願　還向本宮殿

處三十三天　彼天豊諸欲　天女恒翼從
極樂甚可樂

尊者阿那律說偈荅曰

天女極為苦　依止於身見　諸樂生天者
一切無不苦　我不受後有　更不生彼天
天女汝當知　我盡於生死

尒時復有一比丘在俱薩羅國止一林住晝夜誦習精懃修道得阿羅漢已得阿羅漢已不誦習彼時天神而說偈言

汝常誦法句　精懃不休廢　今何故默然
都無所誦習

比丘說偈荅言

我先求法句　未得離欲結　吾今既離欲
法句義已成　我今已知見　不墮於諸道
所其得出要　何用文字為　世間諸所有
一切聞見事　悉皆都捨離　不受於後有

尒時復有一比丘在俱薩羅國依止彼林眼視不明請醫占之醫語之言比丘若能嗅蓮華香眼還得明彼比丘即信其言又語之曰我於何處得斯蓮花醫即荅言汝若欲得蓮花香者當詣蓮花池所時彼比丘即用其

言至彼池所端坐嗅香尒時天神見
其如是即說偈言
池中所生華　香氣甚馚馥　汝都不見主
云何偷花香　而汝於今者　真實得名盜
大仙汝何故　而盜於彼香
比丘說偈荅言
天神汝當知　蓮花生池中　我不傷根莖
亦不偷盜取　但遠嗅香氣　以何因緣故
名為偷香者　我不受此語
天神復說偈言
池中有香花　不問其主取　擅越不施與
世人名為盜　大仙汝偷香　一向成盜罪
時有一人來入此池以鐮芟截蓮花
根莖重負而去比丘見已復說偈言
斯人入池中　斬拔花根子　狼藉而踐蹈
重擔而齎歸　何故不遮彼　語言汝盜取
天神說偈荅言
彼人入池者　恒作於惡業　辟如乳兒母
而著於黑衣　雖有諸嘊唾　都不見汙辱
汝如白淨衣　易受其點汙　是故止制汝
不能遮于彼　惡人如衣黑　造惡不譏呵
鮮白上有點　猶如蠅脚等　世人皆共見
設諸賢智人　有少微細過　其喻亦如是

珂貝上黑點　人皆遠見之　若斷結使者
諸業皆潔淨　有如毛髮惡　人見如丘山
比丘復說偈言
天今利益我　為欲拔濟故　隨所見我處
數數覺悟我
天神說偈荅言
汝不以錢財　而用市我得　又不破他國
虜掠見擒獲　損益汝自知　誰逐汝覺悟
汝今應自忖　諸有損益事
尒時尊者十力迦葉在俱薩羅國栖
泥窟中有一獵師名達迦去尊者不
遠施鹿羂撫尒時尊者憐愍獵師為
其說法彼不解法尊者迦葉指端出
光獵師雖見亦不猒離如此惡事但
自思念鹿來入羂為不入羂尒時栖
泥窟神而說偈言
獵師處深山　少智盲無目　非時又所說
徒自失其言　假令汝十指　一時都出光
終不能令彼　得見於四諦　彼都無智故
造作諸非法　不樂及聽眠　猒離倒淨想
安住闍利鄉　誦習花迦葉
尒時跋耆子遊俱薩羅國住止彼林
時彼國人一切皆作拘牟提大會七

日七夜尒時跋耆子見是事已心小
退壞即說偈言
我在林樹間　辟如彼棄木　我今如棄木
獨處寂空林　今日到滿月　誰苦劇於我
尒時天神知其所念說偈問言
汝今處空林　云何似棄木　地獄羨忉利
天慕汝亦然
尒時有一比丘在俱薩羅止住彼林
修持禁戒已為滿足更不求勝時彼
天神即說偈言
不應以持戒　多聞及禪定　住於空靜處
未盡諸漏結　不應作是事　用智自損減
遠離凡夫法　逮得菩提樂
尒時俱薩羅國有一比丘号曰龍與
住止彼林好樂家法晨入聚落日暮
乃還尒時天神作是念言此年少比
丘親近憒閙朝往暮還我於今者為
作覺悟即說偈言
去時何太早　迴還何逼暮　瞻形觀相貌
如似在家者　數數常往返　苦樂同世俗
龍與汝當知　宜應自思量　勿貪著居家
以損清淨行　汝今慎勿為　無自在所牽
尒時復有衆多比丘在俱薩羅國止

住彼林衆多比丘掉動不停少於慚恥輕躁佷戾識念不定心意惶惶諸根馳散尒時天神作是念比丘之法不應如是斯甚不善我當為其說覺悟偈即說偈言

瞿曇諸弟子　正命用自活　乞食及住時
常思於無常　於彼住坐卧　亦復思无常
已自難將養　佷戾心馳散　辟如世俗人
食訖皆睡眠　棄於自巳舍　親近者他家
如為人所迫　強逼作沙門　無實无信心
亦不求出家　強著僧伽梨　如老牛駕犂

尒時諸比丘即荅之言今者汝欲譏我等耶天復說偈荅言

我不見種姓　亦不稱名字　我今敬礼僧
譏毀作過者　若能住精進　我今亦礼足

尒時憍薩羅國有一比丘林中止住與一長者共為親友是時長者有一兒婦年少端正時此比丘少共語言衆人皆謗謂為非法是時比丘聞是語已心中懊惱欲向林中而自刑戮天神念言彼比丘實無過患於此林中若自刑害甚為非理我當令其使得覺悟時此天神即便化作彼兒婦

形至比丘所比丘見已即向化婦而說偈言

如市在四衢　甚為宽博處　唯有染汙語
三四人衆中　親近生誹謗　汝知是事已
宜應速疾去　勿得此間住

時化天神復說偈言

出家應忍受　譏毀誹謗言　謗語是不實
不宜生愁惱　空聲不著已　但是虛妄語
自省無過咎　不應生惱苦　聞謗而恐畏
云何處深林　辟如彼野鹿　終身行不立
能忍諸音聲　善惡上中下　有識之佳人
成就具正行　不以他語故　得名賊牟尼
汝今自審已　既無諸過咎　賢聖及諸天
亦知汝無過

時化天神說是偈已即於其處隱没不現彼時比丘晝夜精勤心不懈息斷除煩惱得成羅漢

別譯雜阿含經卷第十六

甲辰歲高麗國大藏都監奉
勑雕造

別譯雜阿含經卷第十六

校勘記

一　底本，麗藏本。

一　四五三頁上一行「卷第十六」，諸本（不含石，下同）作「卷第十七」。同行夾註「丹本第十七卷初准」，諸本無。

一　四五三頁上二行譯者，資、磧、普作「失譯今附秦録」；南、徑、清作「失譯人名附秦録」。

一　四五三頁上九行「諸結」，諸本作「欲結」。

一　四五三頁上二一行「鄙頭」，諸本作「斵頭」。

一　四五三頁下三行第五字「得」，諸本作「則得」。同行第一二字「則」，諸本作「則得」。

一　四五三頁下末行「鞭杖」，諸本作「鞭打」。同行「傷刖」，諸本作「傷割」。

一　四五四頁上二行「瀑流」，諸本作

「暴流」，下同。

一　四五四頁上三行「血渧」，〔徑〕、〔清〕作「雨滴」。

一　四五四頁中二行第七字「多」，諸本無。

一　四五四頁中一七行「聚集」，諸本作「聚沫」。

一　四五四頁下一六行「大地土」，〔徑〕作「大地上」。

一　四五五頁中九行「應作」，諸本作「當作」。

一　四五五頁下七行「佛住」，諸本作「佛在」。

一　四五五頁下一四行第三字「決」，〔磧〕作「法」。同行「七生」，〔磧〕作「十生」。

一　四五六頁上八行至九行「說不佛言可作方喻以鐵爲城縱横正等」，諸本作「使我得知佛告比丘吾今爲汝說其方喻諦聽善思佛言比丘譬如以鐵爲城縱廣正等」。

一　四五六頁上一〇行第五字「人」，〔磧〕、〔普〕、〔南〕作「一」。

一　四五六頁上一三行「百億万」，諸本作「百千億万」。

一　四五六頁上一五行「血渧」，〔磧〕、〔普〕、〔南〕、〔徑〕、〔清〕作「雨滴」，下同。

一　四五六頁中二行「硬石」，諸本作「破石」。

一　四五六頁中四行「初摩」，〔磧〕、〔普〕、〔南〕、〔徑〕、〔清〕作「蓊摩」。

一　四五六頁中五行「細濡」，諸本作「細輭」。

一　四五六頁中一八行第一〇字「言」，諸本無。

一　四五六頁下三行「諸比丘」，諸本作「時諸比丘」。

一　四五六頁下一七行首字「怨」，諸本作「怨者亦復無有一衆生等汝不食其肉血之者」。

一　四五七頁下一九行「已滅」，〔徑〕作「已滅」。

一　四五八頁中一一行夾註「此下與丹本第二十卷准」諸本無。至此諸本卷第十七終，卷第二十始。

一　四五八頁中二二行「収斂」，諸本作「收檢」。

一　四五八頁下一〇行「野烏」，〔清〕作「野馬」。

一　四五八頁下一九行「嗜睡眠」，諸本作「着睡眠」。

一　四五九頁上七行第八字「却」，〔資〕、〔磧〕、〔普〕、〔南〕作「祛」；〔徑〕、〔清〕作「袪」。

一　四五九頁上一三行「法式」，諸本作「法式」。同行「事處」，〔徑〕作「士處」。

一　四五九頁上一七行「惡覺觀」，〔徑〕、〔清〕作「慈覺觀」。

一　四五九頁下一六行第二字「其」，諸本作「期」。

一　四六〇頁中七行「又不破」，〔資〕、〔磧〕、〔普〕、〔南〕、〔徑〕作「又不被」；〔清〕作「人不被」。

一　四六〇頁中一七行第一三字「又」，諸本作「有」。

一　四六〇頁下三行「林樹」，諸本作

「榛樹」。

一　四六〇頁下一一行「空静」，諸本作「空閑」。

一　四六〇頁下一七行「憒鬧」，普作「慣閙」。

一　四六一頁上二行「惶惶」，諸本作「慞惶」。

一　四六一頁上七行「於彼」，諸本作「於行」。

一　四六一頁上一四行「不見」，諸本作「不覓」。

一　四六一頁上二一行「比丘」，諸本作「比丘者」。

一　四六一頁中八行「不著已」，諸本作「不著己」。同行「虛妄語」，諸本作「虛妄言」。

一　四六一頁中一一行「佳人」，諸本作「行人」。

一　四六一頁中第一八行「卷第十六」，諸本作「卷第二十」。

大般涅槃經卷上　淵

東晉平陽沙門釋法顯譯

如是我聞一時佛在毗耶離大林中重閣講堂與大比丘衆千二百五十人俱尒時世尊而與阿難於晨朝時著衣持鉢入城乞食還歸所止食竟洗漱収攝衣鉢告阿難言汝可取我尼師壇来吾今當往遮波羅支提入定思惟作此言已即與阿難俱往彼處既至彼處阿難即便敷尼師壇於是世尊結跏趺坐寂然思惟阿難尒時去佛不遠亦於別處端坐入定世尊須臾從定而覺告阿難言此毗耶離優陁延支提瞿曇支提菴羅支提多子支提娑羅支提遮波羅支提此等支提甚可愛樂阿難四神足人尚能住壽滿於一刧若減一刧如来今者有大神力豈當不能住壽一刧若減一刧尒時世尊既開如是可請之門以語阿難阿難默然而不覺知世尊乃至慇懃三說阿難湛然猶不解悟不請如来住壽一刧若減一刧利益世間諸天人民所以者何其為魔王所迷惑故尒時世尊三說此語猶見阿難心不開悟即便默然

尒時魔王来至佛所而白佛言世尊今者宜般涅槃善逝今者宜般涅槃所以者何我於往昔在尼連禪河側勸請世尊入般涅槃世尊尒時而見荅言我四部衆比丘比丘尼優婆塞優婆夷猶未具足又未降伏諸餘外道所以未應入般涅槃世尊今者四部之衆無不具足又已降伏諸餘外道所為之事皆悉已畢今者宜應入般涅槃于時魔王如是三請如来即便荅言善哉我於往昔在尼連禪河側已自許汝以四部衆未具足故所以至今今已具足却後三月當般涅槃是時魔王聞佛此語歡喜踊躍還歸天宮

尒時世尊即便捨壽而以神力住命三月是時大地十八相動天鼓自鳴以佛力故空中唱言如来不久當般涅槃諸天人衆忽聞此聲心大悲懽遍體血現是時世尊即於彼處而說

偈言
一切諸衆生　皆隨有生死　我今亦生死
而不隨於有　一切造作行　我今欲棄捨
介時世尊說此偈已默然而住是時阿難見大地動心大驚怖而自念言今者何故忽有是相如此之事非為小緣我今當往諮問世尊作此念已即從座起到於佛前頭面礼足白言世尊我向於彼別處思惟忽見大地十八相動又聞空中天鼓之聲心大怖懼不知此相是何因緣佛言阿難大地震動有八因緣一者大地依於水住又此大水依風輪住又此風輪依虛空住空中有時猛風大起吹彼風輪風輪既動彼水亦動彼水既動大地乃動二者比丘比丘尼優婆塞優婆夷有修神通始成就者欲自試驗故大地動三者菩薩在兜率天將欲来下降神母胎故大地動四者菩薩初生從右脅出故大地動五者菩薩捨於王宮出家學道成一切種智故大地動六者如来成道始為人天轉妙法輪故大地動七者如来捨壽

以神通力住命而住故大地動八者如来般涅槃時故大地動阿難當知地動因緣有此八事阿難有八部衆一者刹利二者婆羅門三者長者居士四者沙門五者四天王六者忉利天七者魔王八者梵王此八部衆我觀其根應得度者隨所現形而為說法彼亦不知是我所說阿難有八勝處一者內有色想外觀色少境界二者內有色想外觀色無量境界三者內無色想外觀色少境界四者內無色想外觀色無量境界五者觀一切色青六者觀一切色黃七者觀一切色赤八者觀一切色白此是行者上勝之法復次阿難有八解脫一者內有色想外觀色二者內無色想外觀色不淨思惟三者淨解脫四者空處解脫五者識處解脫六者無所有處解脫七者非想非非想處解脫八者滅盡定解脫此亦復是行者勝法若能究竟此等法者即於諸法自在無礙阿難知不我於往昔初成道時度優樓頻螺迦葉在尼連禪河側介時

魔王来至我所而請我言世尊今者宜般涅槃善逝今者宜般涅槃何以故所應度者皆悉解脫今者正是般涅槃時如是三請我即荅言今者未是般涅槃時所以者何我四部衆未具足故所應度者皆未究竟諸外道衆又未降伏如是三荅魔王聞已心懷愁憹即還天宮向者又来而請我言世尊今者宜般涅槃善逝今者宜般涅槃所以者何我於往昔在尼連禪河側勸請世尊而般涅槃世尊尒時即荅我言我四部衆比丘比丘尼優婆塞優婆夷猶未具足又未降伏諸餘外道是以未應入般涅槃世尊今者四部之衆無不具足又已降伏諸餘外道所為之事皆悉已畢今者宜應入般涅槃魔王乃至如是三請我即荅言我於往昔在尼連禪河側已自許汝以四部衆未具足故所以至今今已具足却後三月當般涅槃魔王聞我作此語已歡喜踊躍還歸天宮我既於此受魔請已即便捨壽住命三月以是因緣大地震動介時

阿難聞佛此語心大悲懷遍體血現
涕泣流淚而白佛言惟願世尊哀愍
我等住壽一刼若減一刼利益世間
諸天人民如是三請尒時世尊告阿
難言汝今非是請如来時所以者何
我已許魔却後三月當般涅槃汝今
云何而請住耶阿難汝侍我来頗曾
聞我說二言不阿難白佛實不曾聞
天人之師有二言也我於往昔曾聞
世尊為四部衆而說法言四神足人
則能住壽滿足一刼若減一刼況復
如来無量神力自在之王今更不能
住壽一刼若減一刼而便捨壽住命
三月惟願世尊哀愍我等住壽一刼
若減一刼尒時世尊荅阿難言我今
所以便捨壽者正由汝故所以者何
我前於此向汝說言四神足人尚能
住壽滿足一刼若減一刼如来今者
有大神力豈當不能住壽一刼若減
一刼乃至如是慇懃三說開勸請門
而汝默然曾不請我住壽一刼若減
一刼是故我今住命三月汝今云何
方請我住尒時阿難聞佛此語決定

知佛入般涅槃不可勸請心生苦痛
悶絶懊憹泣涕流連不能自勝尒時
世尊既見阿難生大苦憹而以梵音
安慰之言阿難汝今勿生憂悲有為
之法皆悉如是一切合會無不别離
世尊即便而說偈言

一切有為法　皆悉歸無常　恩愛和合者
必歸於别離　諸行法如是　不應生憂憹

於是阿難流淚而言天人之師無上
大尊不久應當入般涅槃我今云何
而不憂憹即便拍頭高聲唱言嗚呼
苦哉世間眼滅衆生不久失於慈父
尒時世尊又告阿難汝今不應生於
憂憹設住一刼若減一刼會亦當滅
有為之法性相如是汝勿於我獨生
苦也我今欲還重閣講堂汝可取我
尼師壇来於是世尊即與阿難俱共
還歸重閣講堂

尒時世尊告阿難言汝今可語此大
林中重閣講堂諸比丘衆皆悉令往
大集講堂阿難奉勑即便普語諸比
丘衆世尊皆令往大集堂比丘集已
阿難白佛諸比丘衆悉皆已集惟願

如来自知其時尒時如来從重閣講
堂往大集堂敷座而坐告諸比丘我
昔為汝所說諸法常思惟之誦習勿
廢淨修梵行護持禁戒福利世間諸
天人民諸比丘我昔為汝說何等法
汝思惟之勿生懈怠三十七道品法
所謂四念處四正勤四如意足五根
五力七覺支八聖道分汝應修習精
勤思惟此法能令到解脫處復次比
丘一切諸法皆悉無常身命危脆猶
如驚電汝等不應生於放逸汝等當
知如来不久却後三月當般涅槃尒
時世尊即說偈言

我欲棄捐此　朽故之老身　今已捨於壽
住命留三月　所應化度者　皆悉已畢竟
是故我不久　當入般涅槃　我所說諸法
則是汝等師　頂戴加守護　修習勿癈忘
汝等勤精進　如我在無異　生死甚危脆
身命悉無常　常求於解脫　勿造放逸行
正念清淨觀　善護持禁戒　定意端思惟
攝情於外境　若能如此者　是則護正法
自到解脫處　利益諸天人

尒時諸比丘聞佛此語心大苦痛涕

泣交流遍體血現迷悶懊憹而白佛
言世尊唯願住壽勿般涅槃利益衆
生增長人天唯願住壽勿般涅槃開
諸衆生智慧之眼一切衆生墮於黒
暗唯願如来為作明照一切衆生皆
悉漂没生死大海唯願如来為作舟
航舉手拍頭搥胷大叫嗚呼苦哉如
来不久當般涅槃一切衆生何所歸
依尒時世尊告諸比丘一切諸法皆
悉無常恩愛合會無不別離汝等不
應請我住世何以故今者非是勸請
我時向為汝等略說法要當善奉持
如我無異日既晚暮世尊即與阿難
俱共還歸重閣講堂尒時世尊既至
明旦著衣持鉢而與阿難入城乞食
既得食已即便還歸重閣講堂食訖
澡漱與諸比丘往軋荼村路經毗耶
離城世尊迴顧向城而笑阿難即便
頭頂礼足而問佛言無上大尊非無
因緣而妄笑也佛即荅言阿難我今
所以向城笑者正為寂後見此城故
當於如来說此言時虛空之中無雲
而雨於是阿難復白佛言世尊甚為

奇特虛空清淨無有氛翳忽然而降
如此寂雨佛告阿難汝知之不虛空
諸天聞我說言寂後見於毗耶離城
心大懊憹悲感涕泣此是天淚非為
雨也尒時阿難及諸比丘聞佛此語
心復悲懊悶絶躃地而白佛言今者
天人極大苦痛世尊云何而欲委捨
般涅槃耶尒時如来即以梵音而安
慰之汝等不應生於憂苦諸比丘言
世尊今者寂後見於毗耶離城不久
便當入般涅槃我等云何而不憂苦
如是展轉人人相告乃至聲徹諸離
車等時諸離車聞此語已心懷悲懷
遍體血現舉手拍頭搥胷大叫嗚呼
苦哉世間眼滅衆生於今無所歸依
互相語言我等今者應往佛所勸請
世尊住毗耶離住壽一劫若減一劫
利益世間諸天人民即便嚴駕疾往
佛所既出城門遥覩如来又見阿難
及諸比丘涕泣流連悶絶懊憹諸離
車等倍增悲慟前詣佛所頭面礼足
而白佛言世尊今者欲般涅槃一切
衆生失智慧眼方當在於黒暗之中

云何能見所應行處唯願世尊住壽
一劫若減一劫如是三請佛即荅言
有為之法皆悉無常設住一劫若減
一劫亦歸無常尒時如来即說偈言
須弥雖高廣　終歸於消靡　大海雖深曠
會以還枯竭　日月雖明朗　不久則西没
大地雖堅固　能負荷一切　劫盡業火然
亦復歸無常　恩愛合會者　必歸於別離
過去諸如来　金剛不壞身　亦為無常遷
今我豈獨異　諸佛法如是　汝等不應請
勿偏於我上　而更生憂惱
尒時世尊說此偈已告諸離車汝等
可止啼泣之情諦聽如来寂後所說
諸離車言善哉世尊願樂欲聞於是
如来敷尼師壇結跏趺坐諸比丘衆
及以離車強自抑忍各坐一面尒時
世尊告離車言汝等當知有七種法
日就增進而不減損一者歡悅和同
無相違逆二者共相曉悟講論善業
三者護持禁戒及持礼儀四者恭敬
父母及餘尊長五者親戚和睦各相
承順六者國内支提脩理供養七者
奉持佛法親敬比丘及比丘尼愛護

優婆塞及優婆夷如是七法若受行者令人威德日就增進國土熾威人民豐樂汝等從今至盡形壽當奉持之無得懈怠時諸離車即白佛言我等若於此七法中修行一事尚能令我威德增進況復具足修行七法善哉世尊我等今者使得福利當盡形壽奉持不忘尒時世尊告諸比丘汝等從今亦當修習七法之行一者歡悅和諧猶如水乳二者常共集會講論經法三者護持禁戒不生犯想四者恭敬於師及以上座五者料理愛敬阿練比丘六者勸化檀越修營三寶所止住處七者勤加精進守護佛法汝等當知若有比丘行此七法功德智慧日就增進復次比丘更有七法汝等當修一者不如白衣營貲生業二者不作戲論調譺之言三者不樂睡眠廢於精勤四者不論世間無益之事五者遠惡知識近於善友六者正念不生邪想七者若於佛法有所得者更求勝進汝等若能行此七法功德智慧日就增長復次比丘更

有七法汝等當行一者於佛法僧生堅固信二者有慙三者有愧四者心常樂於多聞五者心不輕躁六者樂聞經義七者樂修智慧汝等若能修此七法功德智慧日就增長復次比丘更有七覺意法汝等當行一者擇法二者精進三者喜四者念五者定六者猗七者捨汝等若能行此七法功德智慧日就增長復次比丘更有七法一者觀於無常二者觀於無我三者觀於不淨四者觀苦五者不樂世間六者不著五欲七者勤修寂滅汝等若能行此七法功德智慧日就增長復次比丘更有七法汝等當行一者身常行慈二者口常行慈三者意常行慈四者若有檀越種種布施平等分與無使有偏五者於深妙法樂說不厭六者不以世間典籍而教於人七者見非同學不生憎嫉汝等若能修此七法功德智慧日就增長復次比丘更有七法汝等當行一者於九部法善能分別二者善解其義三者行道誦習皆得其時四者行住

坐卧善得儀中五者為人說法無自量忖以其所長而以教人六者若婆羅門刹利長者居士来欲聽法當善籌量隨根為說七者善別愚智汝等若能行此七法功德智慧日就增長則能守護我之正法

尒時國中諸離車妻聞佛不久當般涅槃今者冣後見毗耶離心大懊憹悲泣流連各與五百眷屬各辦五百乘車載供養具種種莊嚴車牛白者懸素幡蓋如是玄黃各隨牛色次第出城往至佛所尒時世尊遥見彼来告諸比丘汝等見此諸離車妻前後導從極嚴麗不比丘荅言唯然見之佛告比丘此毗耶離離車長者及以其妻出入之儀甚為光飾與忉利天等無異也時離車妻既到佛所頭面礼足悲泣流連不能自勝以諸供具而供養佛白言世尊唯願住壽教化衆生世尊今若般涅槃者我等盲瞑永無開悟受生薄福為此女身恒有限礙不得自在無緣而數親近世尊世尊便欲般涅槃者我等善根日就

減損尒時如来而荅之言汝等從今
至盡形壽精勤持戒如人護眼意念
端直勿生諂嫉此便即是常得見我
諸離車妻聞佛此語倍增悲絶不能
自勝却坐一面
尒時菴婆羅女顏容端正世界第一
聞佛不久當般涅槃寂後見於毗耶
離城心懐悲悩涕泣交流即與五百
眷屬嚴五百乘車次第出城往詣佛
所尒時世尊遥見彼来告諸比丘菴
婆羅女今来詣我形皃殊絶舉世無
雙汝等皆當端心正念勿生著意比
丘當觀此身有諸不淨肝膽腸胃心
肺脾腎屎尿膿血充滿其中八萬戶
虫居在其内髮毛爪齒薄皮覆肉九
孔常流無一可樂又復此身根本始
生由於不淨此身所可往来之處皆
悉能令不淨流溢雖復飾以雕綵熏
以名香辟如寶瓶中藏臭穢又其死
時膖脹腐爛節節支解身中有虫而
還食之又為虎狼鵄梟鵰鷲之所呑
噬世人愚癡不能正觀戀著恩愛保
之至死攢於其中而生貪欲何有智

者而樂此耶尒時世尊即說偈言
雖復佩瓔珞　香華自嚴飾　屎尿及唾洟
不淨藏其內　衆生保惜之　迷惑不覺悟
猶如灰覆火　愚人蹈其上　智者當遠離
勿生染著心
尒時菴婆羅女到於佛前頭面礼足
以諸供具而供養佛銜淚嗚咽而白
佛言惟願世尊住壽住世不般涅槃
利益世間諸天人民世尊若定般涅
槃者一切衆生無復辯道猶如嬰兒
失於慈母尒時世尊而告之言一切
諸行性相如是汝今不應生於悲懊
世尊即便普為来衆而說法言汝等
從今護持禁戒勿得虧犯破戒之人
天龍鬼神所共憎猒惡聲流布人不
憙見若在衆中獨無威德諸善鬼神
不復守護臨命終時心識怖懼設有
微善悉不憶念死即隨業受地獄苦
經歷劫數然後得出復受餓鬼畜生
之身如是輪轉無解脫期比丘持戒
之人天龍鬼神所共恭敬美聲流布
聞徹世間處大衆中威德明盛諸善
鬼神常隨守護臨命終時正念分明

死即生於清淨之處當於如来說此
法時六萬八千那由他天人八部遠
塵離垢得法眼淨六十比丘漏盡意
解成阿羅漢尒時世尊告諸離車及
與其妻并菴婆羅女我今欲進乹茶
村中汝等可各還歸所止當知諸行
皆悉無常但當修行我所說法勿如
嬰兒涕泣悲懊世尊即便從座而起
時諸離車及與其妻菴婆羅女聞佛
此言搥胷拍頭號咷大叫緣路隨佛
不肯旋反世尊既見戀慕情深非是
言辭所可安慰即以神力化作河水
涯岸深絶波流迅疾時諸離車及以
眷屬菴婆羅女既見如来與比丘衆
在彼河岸倍增悲慟悶絶躃地而以
微聲共相謂言是處那忽有此大河
而復乃尒波湍驚急當是如来見於
我等隨從不捨而故作此絶行道耳
時諸離車及以其妻菴婆羅女既不
得度心倍踊躍俛仰哽咽絶望乃還
尒時如来至乹茶村北林中住告諸
比丘汝等當知有四種法一戒二定
三慧四解脫若不聞知此四法者斯

人長夜在生死海我於往昔若不聞知此四法者不能疾得阿耨多羅三藐三菩提於是世尊即說偈曰

戒定慧解脫　我若不久聞　不能疾得證
無上正真道　汝等宜精進　修習此四法
能斷生死苦　天人上福田

尒時世尊說此偈已為諸比丘分別廣說此四法義當於如來說此法時千二百比丘即於諸法漏盡意解成阿羅漢

尒時世尊與諸比丘即從座起趣於象村菴婆羅村閻浮村乃至到於善伽城到彼城已與諸比丘前後圍繞在一處坐於是世尊告諸比丘有四聖諦當勤觀察一者苦諦二者集諦三者滅諦四者道諦比丘苦諦者所謂八苦一生苦二老苦三病苦四死苦五所求不得苦六怨憎會苦七愛別離苦八五受陰苦汝等當知此八種苦及有漏法以逼迫故諦實是苦集諦者無明及愛能為八苦而作因本當知此集諦是苦因滅諦者无明愛滅絕於苦因當知此滅諦實是滅

道諦者八正道一正見二正念三正思惟四正業五正精進六正語七正命八正定此八法者諦是聖道若人精勤觀此四法速離生死到解脫處汝等比丘若於此法已究竟者亦當精勤為他解說我若滅後汝等亦應勤思修習當於如來說此法時五百比丘漏盡意解成阿羅漢虛空諸天其數四萬於諸法中遠塵離垢得法眼淨

尒時世尊告諸比丘有四決定說一者若有比丘樂欲說法作如是言我親從佛聞如是法善解其義受持讀誦極自通利汝等宜應請之令說應隨所聞善自思惟為修多羅為是毗尼法相之中有此法耶若修多羅及以毗尼法相之中有此法者宜應受持稱讚善哉若修多羅及以毗尼法相之中無此法者不應受持亦勿稱讚當知此法非我所說二者若有比丘樂欲說法作如是言我於某處比丘僧衆聞如是法善解其義受持讀誦極自通利汝等宜應請之令說隨

所聞法善自思惟為修多羅為是毗尼為是法相有此法耶若修多羅及以毗尼法相之中有此法者宜應受持稱讚善哉若修多羅及以毗尼法相之中無此法者不應受持亦勿稱讚當知此法非我所說亦復非彼比丘衆說三者若有比丘樂欲說法作如是言我親從彼某僧伽藍某阿練若住處衆多上座比丘悉皆多聞聡明智慧聞如是法善解其義受持讀誦極自通利汝等宜應請之令說應隨所聞善思惟之為修多羅為是毗尼為是法相中有此法耶若修多羅及以毗尼法相之中有此法者宜應受持稱讚善哉若修多羅及以毗尼法相之中無此法者不應受持亦勿稱讚當知此法非我所說四者若有比丘樂欲說法作如是言我親從某僧伽藍某阿練若住處有一上座比丘智慧多聞聞如是法善解其義受持讀誦極自通利汝等宜應請之令說應隨所聞善思惟之為修多羅為是毗尼為法相中有此法耶若修多

羅及以毗尼法相之中有此法者宜應受持稱讚善哉若修多羅及以毗尼法相之中無此法者不應受持亦勿稱讚當知此法非我所說汝等宜應善分別此四決定說又亦以此分別說法傳授餘人設我在世及般涅槃虛僞真實以此知之時諸比丘而白佛言善哉世尊我等從今當能分別佛說魔說

尒時世尊與諸比丘從座而起趣犍婆村到彼村已與比丘衆前後圍繞坐一樹下時彼村中諸婆羅門長者居士聞佛至已皆悉馳競来詣佛所頭面礼足却坐一面而白佛言世尊今者與諸比丘故来此村别有餘趣於是如来即荅之言我却後三月當般涅槃從毗耶離城遍歷村邑次第到此尒時諸人聞佛此語悲泣懊惱悶絶躃地舉手拍頭搥胷大叫唱如是言嗚呼苦哉世間眼滅我等不久失所歸導垂涕白言惟願世尊住壽一刧若減一刧尒時世尊而荅之言汝等不應生此悲懊所以者何有為之

法性相如是汝等可捨憂懊之情靜心聽我冣後所說於是諸人強自抑忍伍頭默聽時彼座中有一婆羅門名弗波育帝聰明智慧博聞強記尒時如来即告之言汝等當知在家之人有四種法宜應修習一者恭敬父母盡心孝養二者恒以善法訓導妻子三者慈念僮僕知其有無四者近善知識遠離惡人汝等若恒行此四法現世為人之所愛敬將来所生常在善處復次弗波育帝在家之人有四樂法一者不負他財無慙愧色二者極大巨富自惜不用父母妻子親戚眷屬皆不給與又不供養沙門婆羅門三者極大巨富身著麗服口恣上味供養父母親戚眷屬皆悉給與奉事沙門及婆羅門四者身口意業並不為惡聰明智慧樂欲多聞汝等當知在家之人雖復有此四種之樂而不負他債及以慳貪此法名為冣下之樂好行布施名為中樂身口意業不造於惡聰明智慧樂於多聞此法名為上勝之樂尒時如来而說偈言

不負債及慳　斯名為下樂　有財行布施
此名為中樂　身口意業淨　智慧樂多聞
此則為上樂　慧者之所行　汝等從今日
乃至盡形壽　長幼手相教　行此中上法

大般涅槃經卷上

大般涅槃經卷上

校勘記

一　底本，金藏廣勝寺本。

一　四六四頁中二行譯者，磧、徑、清作「東晉沙門釋法顯譯」。

一　四六四頁中六行「還歸」，徑作「遠歸」。

一　四六四頁下二行「此語」，資、磧、普、南、徑、清作「此言」。

一　四六四頁下一九行「住命」，磧作「性命」。

一　四六六頁中二行「流連」，磧、普、南、徑、清作「流漣」，下同。

一　四六六頁中五行「別離」，資作「可離」。

一　四六六頁下一七行「癈忘」，資作「疑忘」。

一　四六七頁上七行首字「舡」，諸本（不含石，下同）作「航」。

一　四六七頁中一行「氛翳」，諸本作「氣翳」。同行「忽然」，資、磧、普、南、徑、清作「怱然」。

一　四六七頁中一〇行「今者」，磧作「今諸」。

一　四六七頁下五行「消摩」，諸本作「消磨」。

一　四六七頁下六行「會以」，諸本作「會亦」。

一　四六七頁下二二行「支提」，磧作「支後」。

一　四六八頁上七行「使得」，麗作「便得」。

一　四六八頁上二一行「正念」，磧、普、南、徑、清作「常思正念」。

一　四六八頁下一行「無自」，麗作「並自」。

一　四六九頁上一八行「雕綵」，資、磧、普、南、徑、清作「雜綵」。

一　四六九頁中二〇行「輪轉」，麗作「轉轉」。

一　四七〇頁下二行「此法」，資作「比法」。

一　四七〇頁下一八行「從某」，磧、普、南、徑、清作「從彼某」。

一　四七一頁上一一行首字「娑」，資、磧、普、南、徑、清作「婆」。

一　四七一頁中一五行「麗服」，資、磧、普、南作「鹿服」；徑、清作「麤服」。

大般涅槃經卷中

東晉平陽沙門釋法顯譯　刈

尒時弗波育帝等而白佛言世尊我等從今以中上法乎相開導於是弗波育帝等五百人即於佛前受三歸依并及五戒弗波育帝等重白佛言惟願世尊及比丘僧明受我供于時如来黙然許之弗波育帝等知佛許已即從座起與其来衆礼佛而退還到其舍通夕辦好香美飲食既至明日食時將到遣信白言惟願世尊自知其時於是如来與比丘僧前後圍繞往詣其舍次第而坐弗波育帝見佛及僧悉安坐已便起行水手自斟酌諸美飲食餘婆羅門長者居士有五百人各賫美饌亦在其舍共供養佛時諸比丘當於食上有不善攝身威儀者諸婆羅門長者居士既見之已心不歡喜尒時世尊知衆人心而普告言汝等當知如来正法深曠如海不可測量又復大海有諸衆生身體極大長万六千踰闍那或復身長八千踰闍那或復身長四千踰闍那或復身長千踰闍那或復身長一寸半寸乃至極微如来法海亦復如是其中或有得阿羅漢具足三明及以六通有大威德福天人者其中亦有得阿那含者斯陁含者須陁洹者亦復有得四果向者乃至亦有凡夫之人未得法利者是故汝勿於法海中而生礙心於是世尊而說偈言

一切衆川流　皆悉歸大海　若皈佛及僧
福歸已亦然

尒時如来說此偈已又為衆人說種種法于時弗波育帝等五百人於諸法中遠塵離垢得法眼淨尒時世尊與比丘僧從座而起更復前行趣波波城弗波育帝等五百人悲號啼泣奉送如来徘徊顧慕絶望乃反

尒時世尊既至彼城彼城之中有工巧子名曰純陁其人有園極為閑靜如来即便與諸比丘前後圍繞往住彼園是時淳陁聞佛及僧来其園中歡喜踴躍不能自勝與其同類俱詣佛所頭面礼足却住一面而白佛言

不審世尊何緣來此有他趣耶尒時世尊即荅之言我今所以來至此者不久應當入般涅槃是以故來寂後相見是時淳陁及其同類聞佛此語心大悲懷悶絶於地良久微聲而白佛言世尊今者捨諸衆生不慈念耶去何便欲入般涅槃惟願世尊住壽一劫若減一劫即又拍頭捉胷大叫作如是言嗚呼苦哉世間眼滅一切衆生從今以後沒生死海未有出期所以者何無上導師般涅槃故尒時世尊告淳陁言汝今不應生苦懷也一切諸行法皆如是忘為無常之所遷變合會恩愛必有別離是故汝今勿生憂懷尒時淳陁即白佛言我今亦知諸行無常合會恩愛皆忘別離然無上尊當般涅槃我今去何而不悲懷尒時世尊即為淳陁說種種法淳陁聞已憂悲小歇便從座起整身威儀偏袒右肩頂礼佛足白言世尊惟願明日受我薄供世尊即便黙然許之尒時淳陁知佛許已礼足而退淳陁還舍通夕辦於多美飲食至明

食時遣信白佛惟願世尊自知其時於是如來與諸比丘前後圍繞往詣其舍次第就坐是時淳陁見佛坐已即便行水手自斟酌下諸精饌世尊及僧食竟洗鉢還歸本座淳陁亦坐尒時世尊告淳陁言汝今已作希有之福寂後供飯佛比丘僧如此果報無有窮盡一切衆生所種諸福无有能得等於汝者宜應自生欣慶之心我今寂後受汝請訖更不復受他餘供飯尒時世尊即說偈言

汝今已建立　希有之功德　寂後得供飯
佛及比丘僧　功德日增長　永無窮竭時
汝今宜自慶　深生欣慶心　一切所造福
無有等汝者

尒時世尊說此偈已即語阿難我今身痛欲疾往彼鳩尸那城尒時阿難與諸比丘并及淳陁聞佛此語生大苦痛號泣流連不能自勝於是世尊即從座起與諸比丘前後圍繞趣向彼城尒時淳陁亦與眷属隨從如來世尊中路止一樹下語阿難言我於今者極患腹痛即將阿難去樹不遠

而便下血既還樹下而勑阿難汝可取我僧伽梨衣四疊敷地我欲坐息不堪復前阿難受勑世尊即便坐息樹下又告阿難我今患渴汝可往至迦屈蹉河取淨水來阿難荅言向有商人五百乘車從河而過其水必濁恐不堪飲如是再三勑於阿難阿難然後持鉢而去既到河上見水澄清心大怖懼身毛皆竪而自念言我於向者見諸商人五百乘車經此水過意謂猶濁不言便清致令屬逆如來之勑即持水歸而以供奉作如是言甚奇世尊向見商人五百乘車從河而度妨於前後十日之中猶未應清世尊神力俄尒之頃而便澄潔世尊即便受水飲之

尒時有一瞞羅仙人之子名弗迦婆是彼迦蘭仙人弟子從鳩尸那詣波波城忽於中路而見如來坐息樹下合掌問訊却坐一面而白佛言夫出家法坐禪之業寂為第一調伏情根心不亂專精寂靜莫能驚恐所以者何憶念往昔隨從我師迦蘭仙人行

於道路既患疲乏近於路側止息樹下我師即便坐禪思惟當尒之時有諸商人乘五十乘車從前而過我師尒時猶故寂默身不動揺如是良久方從禪起我即便往而白師言尊向在此坐禪之時有諸商人五十乘車經前而過聲如雷震不審尊向為見之不師荅我言都無所見又復問言聞其聲不亦荅不聞即復白言尊今衣上所以有此塵土污者是彼車過故致尒耳我於尒時深生奇特知坐禪法極可敬重善攝情根無能亂者尒時世尊荅弗迦娑汝向所說非為奇特所以者何若復有人非是熟眠亦復不入於滅盡定端心坐禪五百乘車從其前過此人于時不覺不聞如是乃可名為奇特復次弗迦娑斯亦未足為大奇特若復有人正念坐禪遇天霹靂雷電震曜時有耕者兄弟二人聞此驚怖應聲而死又有四牛亦皆頓絶而坐禪者不覺不聞斯可得名為奇特不弗迦娑言五百乘車從前而過不覺不聞已為奇特况

復霹靂震曜動地而不聞覺極為希有尒時世尊告弗迦娑我於往昔在阿車摩村於一樹下端坐思惟時有商人五百乘車經我前過而我禪思不覺不聞諸商人等經過良久我方出定時彼商人遥見我起皆悉覺来見我身上塵坌污衣即便拂之而問我言我等向者五百乘車從此而過世尊見不即便荅言我不見也彼復問言世尊自可閉目不視為聞聲不我又荅言亦不聞聲商人又問世尊為眠為是入於滅盡定耶我又荅言我向不眠亦非入定但在禪思故無聞見彼諸商人聞我此言極生奇特歎未曾有而作是言坐禪之力乃能如此我即為其說種種法時彼商衆悉於諸法遠塵離垢得法眼淨復次弗迦娑我於往日在彼村側田間獨坐寂默禪思不久忽然天大霹靂雷電風雨震動天地時有耕者兄弟二人忽聞此聲同共怖死又有四牛亦復頓絶時彼村人聞有耕者二人怖死或是父母妻子知識合村相隨涕

泣来看我於尒時方從禪覺見地泥水又有衆人集聚號哭有一人来我即問言何故人衆聚此悲泣彼人荅言世尊向者不覺雷電霹靂聲耶我村之中兄弟二人在此而耕同時為於霹靂所煞及以四牛亦皆俱死去何世尊而不覺知如来向者為是得眠為是入於滅盡定耶即荅之言我向不眠亦不入定端寂坐禪故不聞耳是時彼人聞佛此語深生奇特歎未曾有心自念言坐禪乃有如此之力我即為其種種説法既聞法已於諸法中遠塵離垢得法眼淨時弗迦娑聞佛此言生希有心而白佛言本見我師坐禪之時五十車過而不聞知謂為奇特今者如来說此二事百千万倍不可為比如来禪力不可思議即便從佛受三歸依如来為說種種妙法其聞法已心開意悟遠塵離垢得法眼淨即語侍人汝可取我金色刧貝二張持来我欲上佛侍人奉勑即取將来時弗迦娑手執刧貝長跽佛前而作是言我今以此奉上世

尊惟願哀愍即賜納受尒時世尊荅弗迦娑我今為汝受取一張可以一張施於阿難所以者何阿難日夜親侍我側且又今日看我疾病着有施主施於病人及看病者斯則名為滿足大施時弗迦娑聞佛此語歡喜踊躍即以一張㲲佛足下又持一張至阿難所長跪白言我今以此奉施尊者惟願納受阿難荅言善哉善哉汝今能信天人師言令汝長夜永得安樂我為汝受於是弗迦娑還至佛所如來即復為說諸法其聞法已得阿那含果時弗迦娑復白佛言我今欲於佛法出家佛即喚言善來比丘鬚髮自落袈裟著身即成沙門得阿羅漢尒時如來從其面門放種種光青黃赤白頗梨紅色於是阿難頂礼佛足長跪叉手而白佛言不審世尊有何因緣而現此瑞佛即荅言阿難當知我有二時放大光明一者在菩提樹欲成佛時放大光明二者欲般涅槃放大光明阿難知不我成阿耨多羅三藐三菩提盡於夜分般涅槃時亦

復如是汝今當知我於今者後夜分盡在鳩尸那城力士生地熈連河側娑羅雙樹間入般涅槃說此語已諸比丘衆虛空諸天悲號啼泣不能自勝尒時世尊與比丘衆到迦屈蹉河世尊即便入河洗浴洗浴訖已共比丘僧坐於河側尒時淳陀心自咎責世尊因受我之供飯而患腹痛欲般涅槃尒時世尊知淳陀心告阿難言汝今當知一切衆生勿自責言如來因受我之供飯致使身患而般涅槃所以者何如來出世有二種人獲福冣上一者欲成阿耨多羅三藐三菩提時而來奉施二者如來臨欲般涅槃時冣後供飯此二人福正等無異所獲果報不可稱計如此二施難可值遇如優曇鉢花時時乃有尒時世尊即告淳陀汝今心意正有此念不應自生如此悔責已獲無上難得之寶宜應自生慶幸之情百千万劫佛名難聞雖得聞名見佛又難雖得見佛供養又難雖得供養在此二施亦又甚難汝今已果不久當獲辯才智

慧色力壽命尒時淳陀聞佛此語心生歡喜不能自勝而白佛言快哉世尊我今已得如此大利尒時世尊而說偈言

布施者獲福　慈心者無怨　為善者消惡
離欲者無惱　若行如此行　不久般涅槃

尒時世尊說此偈已告淳陀言汝今應以冣後施福廣為人說令得聞者長夜獲安尒時世尊告阿難言我今欲進鳩尸那城力士生地熈連河側娑羅雙樹間阿難白言唯然世尊於是如來與諸比丘前後圍繞而便進路濟熈連河往鳩尸那城力士生地娑羅林外語阿難言汝可往至娑羅林中見有雙樹孤在一處灑掃其下使令清淨安處繩牀令頭北首我今身體極苦疲極尒時阿難及諸比丘聞佛此語倍增悲絕阿難流淚奉勑而去至彼樹下灑掃敷施皆悉如法還歸白言灑掃敷施皆悉已畢尒時世尊與諸比丘入娑羅林至雙樹下右脅著牀累足而卧如師子眠端心正念尒時雙樹忽然生花墮如來上

世尊即便問阿難言汝見彼樹非時
生花供養我不阿難荅言唯然見之
尒時諸天龍神八部於虛空中雨衆
妙花曼陁羅花摩訶曼陁羅花曼殊
沙花摩訶曼殊沙花而散佛上又散
牛頭栴檀等香作天伎樂歌唄讚歎
佛告阿難汝見虛空諸天八部供養
我不阿難白言唯然已見世尊又復
告阿難言欲供養我報於恩者不必
以此香花伎樂淨持禁戒讀誦經典
思惟諸法深妙之義斯則名為供養
我也尒時有一比丘名優波摩那如
来昔日未取阿難為侍者時其恒執
事看視如来時優波摩那既見如来
卧雙樹下心大苦惱在佛前立尒時
世尊而告之言汝今不須當我前倚
優波摩那即却一面尒時阿難心生
疑念我侍佛来經歷年載未曾見佛
作如此語今日何故不聽前立如来
今者不久便當入般涅槃而復不聽
在前悲泣於是阿難即礼佛足長跪
叉手白言世尊我從昔来侍佛至今
數數在於世尊前立而未曾聞今我

却退今者何故語優波摩那使避前
耶佛言阿難諸天龍神八部之衆聞
我在於娑羅雙樹右脅而卧皆悉競
来瞻視於我從虛空中累至于地四
面充滿各三十二踰闍那此優波摩
那比丘當我前立天龍八部生不喜
心作如是念如来今者在雙樹閒不
久便當入般涅槃我等宜後瞻視之
時而此比丘當佛前立以是因緣故
今之却阿難知不今此八部或有悲
泣不能自勝或有懊惱迷悶欲絕或
有以手自拔頭髮或有牽絕嚴身具
者悉皆同聲唱如是言如来今者入
般涅槃何其速哉如来出世難可值
遇如優曇鉢花時時乃現而今不久
入般涅槃嗚呼苦哉世閒眼滅我等
從今誰為歸導離欲諸天皆悉歎言
嗚呼世閒極為無常無有受生不歸
滅者又彼諸天共相謂言世尊昔日
或在毗耶離城或在王舍城或在舍
衛國并及餘處安居訖已諸比丘衆
從四方来問訊世尊我等因此得於
路側見諸比丘礼拜供養聽受經法

長獲福利世尊今者既般涅槃諸比
丘僧安居竟已無復問訊遊行處所
我等不復得於路側見諸比丘礼拜
供養聽受經法從今永失如此福利
尒時如来告阿難言若比丘比丘尼
優婆塞優婆夷於我滅後能故發心
往我四處所獲功德不可稱計所生
之處常在人天受樂果報無有窮盡
何等為四一者如来為菩薩時在迦
比羅旆兜國藍毗尼園所生之處二
者於摩竭提國我初坐於菩提樹下
得成阿耨多羅三藐三菩提處三者
波羅㮈國鹿野苑中仙人所住轉法
輪處四者鳩尸那國力士生地熈連
河側娑羅林中雙樹之閒般涅槃處
是為四處若比丘比丘尼優婆塞優
婆夷并及餘人外道徒衆發心欲往
到彼礼拜所獲功德悉如上說尒時
阿難聞佛此語白言世尊我從今者
當普宣告諸四部衆知此四處若往
礼拜功德如是尒時阿難復白佛言
若有善心諸優婆夷善持戒行樂聽
經法欲見比丘我等從今當去何耶

佛言汝等從今勿與相見阿難言若脫遇會與之相逢當復云何佛言勿與共語阿難言若不共語其脫諮請欲聞經法當復云何佛言應為說法但當善攝汝身口意尒時阿難而白佛言我等從今如是奉行

尒時阿難而白佛言世尊入於般涅槃後供養之法當云何耶佛言汝今不應逆憂此事但自思惟於我滅後護持正法以昔所聞樂為人說所以者何諸天自當供養我身又婆羅門及以諸王長者居士此等自當供養我身阿難言雖復天人自興供養然我不知應依何法佛言阿難供養我身依轉輪聖王阿難又問供養轉輪聖王其法云何佛言阿難供養轉輪聖王之法用新淨綿及以細氎合纏其身如是乃至積滿千重內金棺中又作銀棺盛於金棺又作銅棺盛於銀棺又作鐵棺盛於銅棺然後灌以衆妙香油又復棺內以諸香華而用塗散作衆伎樂歌唄讚頌然後下蓋造大寶轝極令高廣軒蓋欄楯衆妙

莊嚴以棺置上又於城中作闍維處掃灑四面極令清淨以好栴檀及諸名香聚為大積又於積上敷舒繒氎施大寶帳以覆其上然後轝舉至闍維處燒香散華伎樂供養繞彼香積周迴七匝然後以棺置香積上而用香油以澆灑之然火之法從下而起闍維既竟収取舍利內金瓶中即於彼處而起塔婆表剎莊嚴懸繒幡蓋諸人民等恒應日日燒香散華種種供養阿難當知供養轉輪聖王之法其事如是闍維我身亦與王等然起塔婆有異於王表剎莊嚴應懸九繖若有衆生懸繒幡蓋燒香散華及然燈燭礼拜讚歎我塔婆者此人長夜獲大福利將来不久他人亦復起大塔婆供養其身阿難當知一切衆生皆無塔婆惟有四人得立塔婆一者謂如来應正遍知明行足善逝世間解無上士調御丈夫天人師佛世尊慈愍衆生堪為世間作上福田應起塔婆二者謂辟支佛思惟諸法自覺悟道亦能福利世間人民應起塔婆

三者謂阿羅漢隨所聞法思惟漏盡亦能福利世間人民應起塔婆四者謂轉輪聖王宿殖深福有大威德王四天下七寶具足自行十善又復勸於四天下人亦行十善應起塔婆阿難當知若有衆生以諸供具而以供養此塔婆者其所得福漸次差降

尒時阿難聞佛此語心生懊惱悲號啼泣隱於佛後相去不遠而以微聲作如是言我今猶是學地之人於諸法中未得深味而天人師一旦捨我入般涅槃我當何時踐解脫路即便舉手攀一樹枝挃胷拍頭悶絕懊惱尒時世尊問餘比丘阿難即時為在何處比丘荅言阿難今者在如来後於一樹下啼泣懊惱又告比丘汝可往彼語阿難言天人之師今欲見汝比丘便往說如来言阿難既聞即便来還至於佛所頭面礼足倚立一面世尊於是問阿難言我於近日巳為汝說一切諸行皆悉無常合會恩愛必歸別離汝今何故猶生悲懷復次阿難汝從往昔侍我至今左右執事

大般涅槃經卷中　第十八張　樹字号

進止去来及通賓客皆得宜節又復見汝身口及意皆悉清淨無有瑕穢汝獲福利不可稱計尒時世尊告諸比丘阿難不應作此悲懊所以者何不久當得到解脱處比丘當知過去諸佛皆有侍者如今阿難未来諸佛亦復如是比丘當知今此阿難智慧深妙聰明利根我從昔来所說法藏阿難皆悉憶持不忘復次比丘阿難善知進止時節若有人客欲来見我阿難即先思量其時世尊或應某時見諸比丘或應某時見比丘尼或應某時見優婆塞或應某時見優婆夷或應某時見婆羅門或應某時見於刹利或應某時見長者居士或應其時見諸外道如是等衆若来見我及聞說法皆悉多獲功德福利所以者何悉是阿難通進見我得其善根成熟時故復次比丘轉輪聖王有四奇特希有之法一者若婆羅門来至轉輪聖王之所既到見王顏容端正威德高顯心生歡喜次聞王語音辭清徹亦生歡喜乃至見王默然無言又

大般涅槃經卷中　第十九張　樹字

懷踊躍及與王辭還歸所止迴戀顧慕步步悵快如飢渴人不得飽滿二者諸小刹利三者毗舍四者首陁羅亦復如是此為轉輪聖王四奇特事當知阿難亦有此四奇特之事一者若諸比丘從遠方来欲問詳我次見阿難皆生歡喜聞其說法及見默然亦復欣悦辭別而退戀德情深不能有已二者比丘尼三者優婆塞四者優婆夷亦復如是汝等當知阿難有此四奇特事

尒時世尊告阿難言汝今不應自生苦懊而作是言天人之師將般涅槃我今無復解脱之期所以者何凡我所說一切法藏於我滅後思惟奉持勤行精進不久自當得於解脱尒時阿難既得如来梵音安慰憂懷小除而白佛言我今心意如小醒悟欲有所請惟願哀愍佛即答言欲請何事阿難言此鳩尸那城比餘大國極為邊狹人民又復不能熾盛惟願世尊往餘大國王舍城毗耶離城舍衛國城婆羅㮈城阿踰闍城瞻波城俱睒

大般涅槃經卷中　第二十張　樹字号

弥城德叉尸羅城如是諸城所處正中人民熾盛國土豐樂皆多信心智慧聰明惟願世尊往彼諸城而般涅槃廣利其中諸衆生等尒時世尊荅阿難言汝今不應作是請我言此鳩尸那城為邊狹也汝當諦聽今為汝說阿難過去久遠此鳩尸那城有轉輪聖王名大善見七寶具足王有千子能伏怨敵皆以正法化諸人民尒時此城名鳩尸婆帝城東西二門其間相去十二踰闍那南北二門其間相去八踰闍那其城四面周匝七重其內一重塹以黃金其第二重塹以白銀其第三重塹以琉璃其第四重塹以頗梨其第五重塹以車磲其第六重塹以瑪瑙其第七重雜以衆寶其城樓櫓皆悉七層牕牖欄楯七寶雕飾懸衆寶鈴寶網羅上其間相去盡一箭道其城四門門各九重莊校嚴飾光麗悦目七重城外各有塹水其水澄潔具八功德皆以七寶而為階陛諸雜類鳥鸞鳳孔雀鳧鴈鴛鴦翱翔飛儔鳴集其中其水復有鳩牟

頭華㶏波羅華分陁利華青黄赤白
雜色蓮華又其岸上有七行寶樹行
各異寶微風徐起吹彼樹枝條葉相
觸音如天樂城中人民皆悉盈滿安
隱豊樂極為熾盛諸五欲具如忉利
天道路之中懸諸明珠人民行止初
無晝夜此城恒有十種音聲一者爲
聲二者馬聲三者車聲四者鼓聲五
者螺聲六者琴瑟等聲七者歌聲八
者扣鍾擊磬設大會聲九者讃嘆持
戒人聲十者乐共說法語論之聲大
善見王有諸威德端正第一衆人見
者無不愛敬長壽歡樂身無小疾王
性慈仁慜念一切猶如慈父憐愛其
子一切人民親敬於王亦復如父阿
難大善見王別於一時欲出園林遊
觀嬉戲嚴四種兵各八万四千又復
後宫夫人婇女亦嚴八万四千乘車
欲隨遊看時王又復勅於國中諸婆
羅門長者居士令隨出遊嚴駕辦已
時主兵臣入白王言四兵已辦願王
知時時王即便昇白爲輿與婆羅門
長者居士大臣眷屬及以四兵前後

圍繞出往園中爲行駿疾猶如風馳
尒時諸臣及婆羅門長者居士共諫
王言大王久在深宫之中外諸人民
無緣見王今者既往園林遊觀諸人
民衆充塞路側皆悉瞻仰欲見大王
以是事故願勅御者不須迋速王聞
此語即勅御者令徐徐行路邊人民
恣意瞻仰如子見父尒時彼王見諸
衢巷無不平坦又七寶樹羅列蔭映
而無池水即勅一臣夾諸路側造七
寶池其間相去皆一百弓又令栽植
種種名華又復勅令一一池間給諸
侍人有来浴者供以香華又與飲食
恣意取足如是供給不捨晝夜又勅
彼臣自今已後四遠人民有来求乞
隨須給與既到園林與婆羅門長者
居士并餘大臣遊觀嬉戲乃至日暮
珠光明曜如晝無異不見日影乃知
是夜時王與諸婆羅門衆長者居士
并餘臣民嬉戲訖已還歸宫城別於
他日時婆羅門長者居士及與大臣
持衆名寶共来獻王王即語言我於
近日園林遊戲勅於某臣自今已去

有来求索隨意給與我之布施乃至
如是卿等去何反以衆寶而来獻我
時王即便心自思惟此諸人等所以
持寶来獻我者皆緣國中共貴之故
如此之事由民貧来即勅藏臣出諸
珎寶及寶生具置四衢道撾鍾擊鼓
唱令四遠大善見王今開寶藏以用
布施若有所須隨意来取王恒如是
廣行布施利益衆生不捨晝夜
尒時國中諸婆羅門長者居士及以
大臣而白王言大王常可所居宫殿
極為褊狹我等每来問許王時諸侍
從者不相容受惟願大王開拓令廣
王聞此語默然許之心自念言我今
宜應開闊住處時天帝釋知王心念
呼一天子名毗首建磨極為妙巧無
事不能而語之言今閻浮提轉輪聖
王名大善見其今欲更開拓宫城汝
便可下為作監匠使其居處嚴麗雕
飾如我無異彼天奉勅即便来下猶
如壯士屈伸臂頃到閻浮提當王前
立時王既見彼天子形風姿端正必
知非凡而問之言汝是何神而忽来

下天即荅言大王當知我天帝釋之大臣也名毗首建磨極閑工巧大王心欲開廣宮殿故天帝釋遣我來下為作監匠以助於王王聞此言心懷歡喜時彼天子即便經始開廓宮城城之四門其間相去二十四踰闍那為三起殿高下縱廣各八踰闍那七寶嚴麗如帝釋宮其殿凡有八万四千間隔住處皆有七寶床帳卧具又復為王起說法殿高下縱廣亦八踰闍那七寶莊嚴無異於前其殿四面有七寶塹及以名華列植蔭映又造寶池其水清潔具八功德其殿中央施師子座七寶莊嚴極為高廣覆以寶帳垂七寶珠又為四遠來聽法者設四寶座黃金白銀琉璃頗梨其數凡有八万四千毗首建磨既為彼王造作宮城皆悉竟已與王辭別忽然不現還歸天上時大善見王既見宮城皆悉修立即勑擊鼓唱令國界大善見王却後七日當為一切說種種法若欲樂聞皆可來集說法殿上時婆羅門長者居士大臣人民聞此唱

令至於其日皆悉來集時王即便上說法殿登師子座一切來衆亦皆坐於四寶之座尒時彼王先為諸人說十善法然後又為開餘法門乃至經於万二千歲其國衆生若有聞彼王法者命終生天不墮三塗阿難彼王恒作如此利益一切衆生阿難時大善見王於靜室中心自念言我過去世有何行業修何善根生世尊貴有大威德色力壽命人無等者正當由於過去世中廣修布施忍辱慈悲故今獲得如此報耳我今宜應更修進勝而便思惟不久之閒即得初禪乃至得於第四禪復更修習四無量心阿難大善見王又教夫人及以婇女令修四禪

大般涅槃經卷中

癸卯歲高麗國大藏都監奉
勑雕造

大般涅槃經　卷中

校勘記

一　底本，金藏廣勝寺本。四八一頁上六行至卷末，原版殘缺，以麗藏本換。

一　四七三頁中二行譯者，徑、清作「東晉沙門釋法顯譯」。

一　四七三頁下八行「法利」，資、磧、普、南、徑、清作「往利」。

一　四七四頁上八行「搥胷」，磧、普、南作「拔胸」。

一　四七四頁上末行「通夕」，資、磧、普、南、徑、清作「通夜」。

一　四七四頁中一九行「流連」，普、南、徑、清作「流漣」。

一　四七四頁下一一行「致令屬逆」，資、磧、普、南作「致令属逆」；麗作「致令屢逆」。

一　四七四頁下一四行「妨於前後十日」，資、磧、普、南、徑、清作「方於前後十里」。

一　四七四頁下一七行「瞞羅」，諸本（不含石，下同）作「滿羅」。

一　四七四頁下二一行「坐禪之業」，資、磧、普、南、徑、清作「禪定業」。

一　四七五頁上一〇行第九字「汚」，諸本作「汙」，下同。

一　四七五頁上一一行「致介耳」，磧、普作「致車耳」；南、徑、清作「致塵耳」。同行「介時」，磧、普、南、徑、清作「是時」。

一　四七五頁上二〇行「應聲」，磧、普、南、徑、清作「席聲」。

一　四七六頁中五行「迦屈蹬河」，諸本作「迦屈蹉河」。

一　四七六頁下一三行「濟熙連河」，麗作「渡熙連河」。

一　四七七頁上一五行「前立」，資、磧、普、南、徑、清作「前泣」。

一　四七七頁上一六行「前倚」，資、磧、普、南、徑、清作「前立」。

一　四七七頁中四行「於我」，磧、普、南、徑、清作「於後」。

一　四七七頁中一〇行「之却」，資、磧、普、南、徑、清作「之去」。

一　四七七頁下四行「永失」，資、磧、普、南、徑、清作「永去」。

一　四七七頁下二〇行「當普」，資、磧、普作「當者」。

一　四七八頁中四行「與舉」，麗作「舁舉」。

一　四七九頁上一五行末字「其」，諸本作「某」。

一　四七九頁下一〇行「二門」，資、磧、普、南、徑、清作「門」。

一　四七九頁下一一行「二門」，清作「門」。

一　四七九頁下末行「翱翔」，資、磧、普、徑、清、麗作「翻翔」。

一　四八〇頁下二行第七字「反」，資、磧、普、南、徑、清作「及」。

一　四八〇頁下四行「共賁」，資、磧、普、南、徑、清作「富賁」。

一　四八〇頁下六行第四字「寶」，麗作「資」。

一　四八〇頁下一八行「開柘」，諸本作「開拓」。

一　四八一頁上一一行「莊嚴」，資、磧、普、南、徑、清作「莊飾」。

大般涅槃經卷下

東晉平陽沙門釋法顯譯　　渊

尒時雪山有八萬四千白烏日日来到列王殿前時王心念此諸白烏恒来我所經由道路践踏衆生即便勑語主兵臣言自今已後不須此烏日来我所經一千歲可令一来但令四萬二千便足不必其滿八萬四千王玉女寶名曰善賢與餘夫人及以綵女八萬四千人於靜室中坐禪思惟經四萬歲共相謂言我等在此坐禪思惟經四萬歲不見大王今者宜應礼拜問訊作此言已即便相隨到於王所其餘宮人入白王言善賢今與八萬四千女人来問訊王時王聞已即便往於說法殿上昇師子座俄尒之項善賢等至王即嘆前時善賢等相隨而進到於王所頭面礼足次第而坐即作是言我等共在靜室之中坐禪思惟經四萬歲不見王久故来問訊欲有所說唯願聽許王即答言善哉隨意善賢即便而白王言此閻

浮提西瞿耶尼北欝單越東弗婆提四方人民極為熾盛富樂安隱皆行十善並是大王德化力也此閻浮提如鳩尸婆帝城者其數凢有八萬四千此諸城等國王臣民及婆羅門皆悉来此欲見大王而王坐禪經多年歲来朝謁者皆不相見辟如孝子不見慈父又四天下不見大王遊歷甚久唯願大王善將時宜撫接民人我等女弱於國無益所以坐禪適意久遠大王豪貴統攝內外一切人民莫不宗仰豈得如我女人所行白烏車馬其數各有八萬四千大王宜應乘之遊觀大王昔日恒為一切說種種法授以十善須来坐禪斯事頗廢于時善賢以如此事種種諫王大善見王聞此語已而荅之言汝於前後每以善事而諫勸我今聞汝言殊乖昔意尒時善賢聞王此誨心生懊惱垂涕念言我向所以諫大王者正以所見謂為得中不圖乃復更生罪咎即從座起頂礼王足而白王言今我愚癡不識正理乃以此事而用上諫唯

願大王聽我懺悔尒時大善見王答
善賢言一切諸行皆悉無常恩愛合
會亦復别離此四天下雖尒熾盛我
亦不久當捨棄之我於往昔八萬四
千歲而為嬰兒八萬四千歲而為童
子八萬四千歲為灌頂太子八萬四
千歲為灌頂王然後得成轉輪聖王
領四天下七寶具足八萬四千歲統
理民務八萬四千歲為諸人民講說
諸法八萬四千歲坐禪思惟從尒已
来五十八萬八千歲雖復如此壽命
延長會歸於盡我今已老死時將至
古昔諸王尊貴快樂如我不異亦復
遷謝歸於無常鳩尸婆帝城及餘八
萬四千大城會亦磨滅不應於此獨
生愛著長放逸心我今所以獲此尊
勝皆猶往昔積諸善業今者宜應廣
植諸善造来生因是故坐禪經積年
歲尒時善賢等聞王此言心大歡喜
頂礼王足退還所住如是不久王得
篤疾自知命盡即立太子而以為王
集餘大臣及婆羅門長者居士以四
海水灌太子頂事既畢竟王即命終

上生梵天阿難大善見王王四天下
而其所居唯閻浮提大城雖有八萬
四千而其所處惟鳩尸婆帝雪山之
中有八萬四千白象之寶而王所乘
不過一象雖有八萬四千駿馬而王
所騎不過一疋雖有八萬四千七寶
之車而王常駕不過一乘雖有八萬
四千夫人王之所愛唯在一人雕飾
寶殿八萬四千王之所處不過一室
身之所須飽足而已而王促處四方
經心物務徒勞精神於身無益阿難
大善見王豈異人乎我身是也我於
往昔獲此尊貴所居國城即在於此
我於此城作轉輪王不可稱數成就
利益無量衆生今者諸天充滿虛空
皆是我昔為王之時以諸善法教化
所成其於今日復在此城見般涅槃
當令其獲般涅槃果阿難以是事故
汝云何言此鳩尸那城為邊狹耶我
今決定住於此城而般涅槃當於如
来說此事時諸天及人億那由他於
諸法中遠塵離垢得法眼淨即共同
聲而白佛言世尊往昔無量无邊阿

僧祇劫以諸善法利益我等今又於
此以般涅槃樂安立於我即散名華
并作天樂歌唄讚嘆供養如来尒時
阿難而白佛言奇哉世尊此鳩尸那
城過去乃有斯奇特事我今不復生
小心也

尒時世尊告阿難言汝今可入鳩尸
那城語諸力士道我今日於後夜分
入般涅槃皆悉令来與我相見若有
所疑恣意請問莫令於我般涅槃時
不及相見後生悔恨尒時阿難聞佛
言已垂泣懊惱頂礼佛足攝身威儀
與一比丘俱共入城時鳩尸那城諸
力士等男女大小始共集聚論叙如
来當般涅槃各各皆欲往詣佛所會
見阿難即便問言我聞世尊在雙樹
間將般涅槃正共言論欲至佛所於
是阿難具以如来所勑之辞告諸力
士力士聞已悲號懊惱悶絶躃地乎
共微聲而相謂言嗚呼苦哉世間眼
滅我等從今何所歸依猶如嬰兒失
於慈母從今已去人天轉减三惡道
趣日就增感白阿難言我等眷屬今

欲相隨往至佛所是時阿難還白佛

言以世尊語入城宣示諸力士衆莫
不驚絶涕泣歔欷皆悉當来瞻奉世
尊諸力士等男女大小一切相隨流
涙嗚咽緣路而進是時阿難見諸力
士人數甚多心自念言若此人衆一
一礼佛無有竟時我今當令家家一
時礼諸力士衆至佛所已阿難即便
普語之言汝等来衆既為不少若人
人礼佛不卒得竟今可家家一時礼
也力士奉旨即便礼佛退住一面而
白佛言唯願世尊住壽一劫若減一
劫不般涅槃利益一切諸天人民令
諸衆生無有慧眼唯願世尊為作開
導尒時如来告力士言汝今不應作
此請我所以者何一切諸行皆悉無
常恩愛合會必歸別離設我住世若
滿一劫會亦當滅我所說法但當憶
持誦念勿忘此則不異我在世也諸
力士等聞佛此言不果所請心懐愁
悴悲泣懊惱嘿然而住
尒時鳩尸那城有一外道年百二十
名須跋陁羅聰明多智誦四毗陁經
一切書論無不通達為一切人之所

宗敬其聞如来在娑羅林雙樹之間
將般涅槃心自思惟我諸書論說佛
出世極為難遇如優曇鉢花時一現
耳其今在於娑羅林中我有所疑試
往請問瞿曇若能决我疑者便是實
得一切種智作此念已往到佛所在
於林外逢見阿難即語之言我書論
中說佛興世極難值遇億千萬劫時
時乃出如優曇鉢華不可數覩在世
教化我初不見今聞在此娑羅林中
當般涅槃我有所疑欲往請問汝可
為我白世尊言道我今者欲希相見
尒時阿難聞其此語心自思惟世尊
今者四大不和接對来久已自增惡
若復與此外道相見必有言論容致
損劇即荅之言世尊今者四大不和
寢卧林中極苦身痛汝今不須見如
来也莫臨世尊般涅槃時而作障礙
須跋陁羅如是三請阿難亦復如是
三荅尒時世尊以淨天耳聞須跋陁
羅請阿難聲又觀其根是可度時即
以梵音告阿難言汝莫於我最後弟
子獨作留礙聽須跋陁羅前来我欲

見之此人質直聰慧易悟所以求進
欲决疑難非為故来論勝負也於是
阿難即承佛教語須跋陁羅世尊今
已勅聽汝前須跋陁羅聞佛許前歡
喜踊躍不能自勝而心念言沙門瞿
曇决定是得一切種智即前佛所乎
相問訊坐於一面而白佛言瞿曇欲
有所問唯願聽許佛言善哉善哉須
跋陁羅恣汝所問須跋陁羅即問佛
言今者世間沙門婆羅門外道六師
富蘭那迦葉末伽利拘賖梨子删闍
夜毗羅眡子阿耆多翅舍欽婆羅迦
羅鳩馱迦旃延尼揵陁若提子等各
各自說是一切智以餘學者名為邪
見言其所行是解脫道說他行者是
生死因乎相是非太何而得知其虚
實何師應得沙門之稱何師定是解
脱之因尒時如来即荅之曰善哉善
哉須跋陁羅乃能問我如此之義諦
聽諦聽吾為汝說須跋陁羅諸法之
中若不見有八聖道法當知無有一
沙門名二及三四亦復不有既無沙

門亦無解脫解脫既無非一切種智
須跋陁羅若諸法中有八聖道法當
知必有四沙門名有沙門名則有解
脫既有解脫是一切種智須跋陁羅
唯我法中有八聖道有四沙門名是
解脫道是一切種智彼諸外道富蘭
那迦葉等其說法中無八聖道無沙
門名非是解脫及一切種智若言有
者當知必是虛誑之說須跋陁羅一
切衆生聞我所說信受思惟當知其
人必不空聞要得解脫須跋陁羅我
在王宮未出家時一切世間皆為六
師之所迷醉初未見有沙門之實須
跋陁羅我年二十有九出家學道三
十有六於菩提樹下思八聖道究竟
源底成阿耨多羅三藐三菩提得一
切種智即往波羅捺國鹿野苑中仙
人住處為阿若憍陳如等五人轉四
諦法輪其得道跡尒時始有沙門之
稱出於世間福利衆生須跋陁羅當
知我法能得解脫如來實是一切種智
尒時須跋陁羅既聞如來說八聖道
心生歡喜舉身毛竪渴仰欲聞八聖

道義而白佛言唯願世尊為我分別
八聖道義於是世尊即便為其分別
廣說須跋陁羅既聞佛說八聖道義
心意開朗豁然大悟於諸法中遠塵
離垢得法眼淨即白佛言我今欲於
佛法出家於是世尊即便喚之善来
比丘鬚髮自落袈裟著身即成沙門
世尊又為廣說四諦即獲漏盡成阿
羅漢
尒時世尊告阿難言汝今當知我於
道場成阿耨多羅三藐三菩提最初
說法度阿若憍陳如等五人今日在
於娑羅林中臨般涅槃最後說法度
須跋陁羅諸天及人無復更應聞我
說法而得度者若有善根應得解脫
當来皆是我之弟子展轉相教阿難
須跋陁羅雖是外道而其善根應成
熟時唯有如来能分別知我般涅槃
後若有外道欲於我法求出家者汝
等不應便聽許之先令四月誦習經
典觀其意性為虛為實若見其行曾
直柔軟於我法中實有深樂然後方
可聽其出家阿難所以然者汝等小

智不能分別衆生之根是故令汝先
觀之耳尒時須跋陁羅而白佛言我
於向者欲求出家世尊若令先於佛
法四十年中讚誦經典然後聽我而
出家者我亦能尒豈況四月尒時世
尊即告之言如是如是須跋陁羅我
觀汝意於我法中慇懃渴仰今作此
言非為虛設尒時須跋陁羅前白佛
言我今不忍見天人尊入般涅槃我
於今日欲先世尊入般涅槃佛言善
哉時須跋陁羅即於佛前入火界三
昧而般涅槃
尒時如来告阿難言汝勿見我入般
涅槃便謂正法於此永絶何以故我
昔為諸比丘制戒波羅提木叉及餘
所說種種妙法此即便是汝等大師
如我在世無有異也阿難我般涅槃
後諸比丘等各依次第大小相敬不
得呼姓皆喚名字乎相伺察无令衆
中有犯大戒不應闕求覓他細過車
匿比丘應與重罰阿難問佛與何重
罰佛言阿難與重罰者一切比丘勿
與共語於是阿難如教奉行尒時世

尊告諸比丘汝等今者若有疑難悉
意請問莫我滅後生悔恨言如来近
在娑羅林中我於尒時不往諮决致
令今日情有所滞我今雖復身體有
疾猶堪為汝等解釋疑惑若欲於我
般涅槃後奉持正法利益天人今宜
速来决所疑也世尊乃至如是三告
諸比丘等嘿然無有求决疑者尒時
阿難即白佛言竒哉世尊如是三誨
而此衆中無有疑者佛言如是如是
阿難今此衆中五百比丘未得道者
我般涅槃後未来世中當得盡漏汝
亦當在此中數也
尒時世尊告諸比丘汝等若見我身
口意脫相犯觸汝當語我時諸比丘
聞佛此語流淚懊惱而白佛言如来
豈當有身口意微細過耶於是如来
即便說偈
諸行無常　是生滅法　生滅滅已
寂滅為樂
尒時如来說此偈已告諸比丘汝等
當知一切諸行皆悉無常我今雖是
金剛之體亦復不免無常所遷生死

之中極為可畏汝等宜應勤行精進
速求離此生死火坑此則是我冣後
教也我般涅槃其時已至時諸比丘
及餘天人聞佛此誨悲號涕泣悶絶
躃地如来即便普告之言汝等不應
生此悲惱諸行性相皆悉如是於是
如来即入初禪出於初禪入第二禪
出於二禪入第三禪出於三禪入第
四禪出第四禪入於空處出於空處
入於識處出於識處入無所有處出
無所有處入於非想非非想處出於
非想非非想處入滅盡定尒時阿難
既見如来湛然不言身體肢節不復
動摇即便流淚而作是言世尊今已
入般涅槃尒時阿㝹樓馱語阿難言
如来即時未般涅槃所以湛然身不
動者正是入於滅盡定耳尒時世尊
出滅盡定更還入於非想非非想處
乃至次第入於初禪復出初禪入第
二禪出於二禪入第三禪出於三禪
入第四禪即於此地入般涅槃尒時
阿㝹樓馱語阿難言世尊已於第四
禪地入般涅槃於是阿難及四部衆

聞阿㝹樓馱作此言已悲號嗚咽悶
絶躃地其中或有舉手拍頭搥胷大
叫共相謂言世間眼滅一何速哉一
切衆生從今已去誰為導者人天方
滅惡道日增時虛空中天龍八部涕
泣滂沲猶如驟雨下相謂言我等從
今誰為歸依猶若嬰兒失於慈母三
惡道逕日就開閉解脫之門方巨重
關一切衆生沉淪苦海亦如病人遠
於良醫又似盲者失所牽導我等既
去無上法王煩惱之賊日見侵逼唱
此言已悶絶懊惱不能自禁時鳩尸
那城諸力士衆皆悉勇健猶如香象
既見如来入般涅槃神情憔悴如病
新起當於尒時大地震動天鼓自鳴
四大海水波浪翻倒須弥山王自然
傾摇狂風奮發林木摧折蕭索枯悴
駭異於常尒時大梵天王即說偈言
過去與未来　及以今現在　無有諸衆生
不歸無常者　如来天人尊　金剛身堅固
猶不免無常　而況於餘人　一切諸衆生
愛惜保其身　薰餘以香華　不知當毀滅
如来金色身　相好以莊嚴　會亦當棄捨

應入般涅槃　永断諸煩惱成一切種智
猶尚不得免　況餘結累者
尒時天帝釋即說偈言
一切諸行性　實是生滅法　兩足㝡勝尊
亦復歸於盡　三毒熾然火　恒燒諸衆生
無有大悲雲　誰能雨令滅
尒時阿㝹樓馱即說偈言
如来於今日　諸根不摇動　心意會諸法
而棄於此身　恬然絶思慮　亦復無諸受
如燈盡光滅　如来滅亦然
尒時阿難即說偈言
大地忽震動　狂風四徼起　海水波翻倒
須弥寶山揺　天人心悲痛　泣淚猶如雨
皆悉大恐怖　如被非人執　由佛般涅槃
故有如此事
尒時衆中有未得道比丘人天既見如来已般涅槃心生懊惱宛轉于地已得道者深歎世間無常之苦悲號啼泣不能自勝是時阿㝹樓馱語諸比丘及以天人汝等不應生大憂惱如来前日已為汝等說諸行性相法皆如是云何猶故而悲泣耶尒時阿難即便普語四遠来衆如来今已入

般涅槃尒時衆人聞阿難言悲號啼泣悶絶懊惱而以微聲語阿難言今此人衆極為闐塞三十二踰闍那皆悉充滿唯願尊者各令我等次第得前親見如来㝡後瞻仰礼拜供養如来出世難可值遇如優曇鉢華時時乃現今者親在此般涅槃願必哀愍令我得見尒時阿難聞衆人言心自思惟如来出世極為難值㝡後供養亦復甚難我今當令誰在於先供養佛者今者宜使諸比丘尼及優婆夷得在前来供養佛身所以然者斯等女弱普来之時不必得到如来之所以是因緣故宜在先作此念已即便普唱諸比丘尼及優婆夷皆聽前於如来身所諸比丘尼及與無量優婆夷等俱到佛所既見如来已般涅槃啼泣懊惱圍繞礼拜種種供養尒時有一貧窮優婆夷年一百歲見諸婆羅門并及刹利長者居士力士妻女長幼大小以妙香華種種供養自傷貧乏獨絶此願心自思惟如来出世極為難值㝡後供養復為甚難而今

窮罄無以自表作此念已倍增悲慟臨佛足上心大懊惱涕泣流連汙如来足願我将来所生之處常得見佛諸比丘尼及優婆夷供養畢已即還本處尒時阿難又復普告諸餘人言諸比丘尼及優婆夷供養已畢汝等可前次第供養時諸人衆以次而来到佛身所既見如来已般涅槃號泣宛轉心大悲惱以諸供具而用供養尒時諸力士衆皆悉集聚共相謂言我等今者云何闍維如来之身世尊臨欲般涅槃時應有遺勅即便共往問阿難言我等今者欲共闍維如来之身其法云何世尊臨可般涅槃時當有遺旨惟願見告尒時阿難語力士言如来遺勅闍維之法令與轉輪聖王等無有異阿難即便具說佛向所勅之事諸力士等聞阿難言皆共嚴辦闍維之具先造寶輿雕鏤莊嚴以如来身置寶輿上燒香散華作衆伎樂歌頌讚歎於音樂中而說苦空無常無我不淨之法時諸力士白阿難言如来今者既般涅槃㝡後供養

極為難遇我等請留如来之身七日七夜恣意供養令諸天人長夜獲安阿難即便以力士言問阿㝹樓馱阿㝹樓馱荅阿難言善哉隨意阿難尒時告諸力士聽留佛身七日七夜恣意供養時諸力士聞阿難言心大悲慶即於林中種種供養滿七日已時諸力士以新淨綿及以細㲲纒如来身然後内以金棺之中其金棺内散以牛頭栴檀香屑及諸妙華即以金棺内銀棺中又以銀棺内銅棺中又以銅棺内鐵棺中又以鐵棺置寶輿上作諸伎樂歌唄讚歎諸天於空散曼陁羅花摩訶曼陁羅花曼殊沙花摩訶曼殊沙花并作天樂種種供養然後次第下諸棺蓋時力士等共相謂言七日之期今者已滿我等宜應輿如来棺周匝繞城令諸人民恣意供養然後徃於城南闍維作此言已即便共輿如来之棺盡其身力而不能起各共驚恠不知何故而以問於阿㝹樓馱我等諸人欲輿佛棺周匝繞城還趣南門供養闍維盡竭身力

而不能舉不知此是何等事相惟願尊者為我說之時阿㝹樓馱語衆人言所以然者虚空諸天欲令佛棺周匝繞城從北門入住於城中聽諸天人種種供養然後應從東門而出徃於寶冠支提之所而闍維之彼諸力士聞此語已共相謂言諸天意尒宜應順從即與佛棺繞城一匝從北門入住城之中聽諸天人恣意供養作妙伎樂燒香散華歌唄讚歎諸天於空雨曼陁羅花摩訶曼陁羅華曼殊沙花摩訶曼殊沙花并作天樂種種供養供養訖已即便從城東門而出徃於寶冠支提之所既到彼處比丘比丘尼優婆塞優婆夷天龍八部感結悲哽不能自勝而便聚積牛頭栴檀及諸雜香又於積上敷舒繒㲲施大寶帳以覆其上輿舉寶棺繞彼香積周廻七匝燒香散花作衆伎樂而以寶棺置香積上取妙香油周澆灑之時四部衆并諸天人戀慕懊憹不能自勝即便以火從下燒之火不肯然乃至再三亦復不然時諸人衆不

知所以即以此事問阿㝹樓馱三燒香積何故不然阿㝹樓馱言所以然者尊者摩訶迦葉在鐸叉鄉耆利國闍於如来欲般涅槃與五百比丘從彼國来欲見世尊是以如来不令火然尒時大衆聞此語已深歎奇特

尒時摩訶迦葉在鐸叉鄉耆利國遥聞如来在鳩尸那城欲般涅槃心大悲戀與五百比丘緣路而来去城不遠身患疲極在於路邊與諸比丘坐於樹下見一外道手執曼陁羅華迦葉問言汝從何来荅言我從鳩尸那城来迦葉又問汝知我師應正遍知不其即荅言識汝大師在鳩尸那城娑羅林中雙樹之間已般涅槃得今七日即時正在寶冠支提將欲闍維天人充滿悉競供養故我於彼得此天華尒時迦葉聞此言已悲歸哽咽諸比丘衆悶絶躄地而以微聲共相謂言嗚呼苦哉世間眼滅於是迦葉而安慰之汝等不應作此苦懊諸行性相皆悉如是如来天尊猶尚不免況復餘人而得脫耶宜應精進求離

世若今可速起前於寶冠支提之所礼拜瞻仰尒時衆中有餘比丘晚暮出家愚癡無智共相謂言佛在世時禁呵我等不得縱意既般涅槃何其快哉是時迦葉與諸比丘進鳩尸那城到於寶冠支提之所見如来棺在香積上悲泣流淚圍繞七匝而登香積至寶棺所在於足處號咷嗚咽頭面作礼尒時如来於寶棺內而出雙足迦葉見此倍增悲驚時諸天人既覩奇特希有之事莫不嗟歎深生苦戀尒時迦葉見佛足上而有點汙即便迴顧問阿難言如来足上何緣有此阿難荅言如来初可般涅槃時四衆充滿我時思惟若令大衆同時進者女人羸弱不必得前即便先聽諸比丘尼及優婆夷到如来所礼拜供養尒時有一貧窮優婆夷年一百歲見諸婆羅門及以剎利長者居士力士妻女長幼大小以妙香華種種供養自傷貧乏無以表心作此念已倍增悲慟臨佛足上心大懊憹涕泣流連汙如来足尒時迦葉既聞此語心

懷惆悵悔責阿難曾不呵止致此點汙即以香華供養佛棺礼拜讚歎皆悉畢已於是雙足自然還入迦葉即便還下於地以佛力故香積自然四面火起經歷七日寶棺融盡於時諸天雨火令滅諸力士衆取舍利以千張氎纏佛身者最裏一張及外一重如本不然猶裹舍利當尒之時虛空諸天雨衆妙華并作伎樂歌唄讚歎供養舍利時諸来衆及以力士皆悉各設種種供養諸力士衆即以金甖取舍利置寶輿上燒香散華作衆伎樂還歸入城起大高樓而以舍利置於樓上即嚴四兵防衛守護唯聽比丘及比丘尼得入礼拜種種供養其餘國王及婆羅門長者居士一切人民皆不聽前

尒時韋提希子阿闍世王聞彼力士取佛舍利置高樓上而嚴四兵防衛守護心大悲惱又復忿怒諸力士輩即便遣信語力士言世尊在世亦是我師般涅槃時恨不臨見我之族姓及與世尊皆是剎利汝今云何獨取

舍利置高樓上而嚴四兵防衛守護不分餘人汝便可以一分與我我欲於國起妙塔婆興諸供養若能見許永通國好不見許者興兵伐汝餘七國王及毗耶離諸離車等遣使之法皆亦如是時婆羅門長者居士亦各遣信白力士言世尊亦是我等之師願能哀愍賜舍利分時諸國使到力士所具宣王意力士聞已深懷不平荅諸使言佛来我國而般涅槃舍利自然應屬我等欲於國界興造塔婆莊嚴供養此不可得若塔婆成恣汝等意快共来此供養礼拜若欲興兵而見向者此國軍衆亦足相擬時彼諸使各歸本國人人向王說如此事諸王聞已益懷瞋忿各嚴四兵而往攻伐時諸力士亦嚴戰具以擬来敵鳩尸那城中有一婆羅門名徒盧那聰明多智深信三寶心自思惟彼八國王及諸離車身力壯健軍衆精銳又且力士勇猛難當若交戰者必無兩全而即便語諸力士言汝等雖復勇銳果敢彼八國王齊力同心人衆

雲集軍陣猛盛若戰鬪者理無兩全鋒刃既交必有傷害如来在世教人行慈而於今日忽相煞戮汝等不應恡惜舍利宜分諸國及離車等各於其界造立塔婆稱於世尊往昔之訓又使汝等普獲福利諸力士衆聞此語已心意解悟即荅之言汝之所說實得於理聽如汝言彼婆羅門見力士衆皆悉解甲即便出城語諸王言汝今為法何故興兵諸王荅言我為法故遠求舍利而見拒逆不肯分與是以今者興兵共来時婆羅門復語王言我已相為和諸力士皆悉與汝舍利之分可取寶瓶為汝分之八王歡喜奉授金瓶彼婆羅門受諸金瓶持以還歸於高樓上而分舍利以與八王于時八王既得舍利踴躍頂戴還於本國各起塔婆彼婆羅門從諸力士乞分舍利瓶自起塔婆諸力士等取其一分於闍維處合餘灰炭而起塔婆如是凢起十處塔婆如来從始欲般涅槃及般涅槃後至於闍維起諸塔婆其事如是其後迦葉共於

阿難及諸比丘於王舍城結集三藏

大般涅槃經卷下

大般涅槃經卷下

校勘記

一　底本，金藏廣勝寺本。

一　四八三頁中二行譯者，徑、清作「東晉沙門釋法顯譯」。

一　四八三頁中五行「踐踏」，資、磧、普、南、徑、清作「踐藉」。

一　四八三頁中八行「其滿」，磧作「具滿」。

一　四八三頁下一五行「須來」，諸本（不含石，下同）作「頃來」。

一　四八四頁中八行「雕飾」，徑、清作「雖飾」。

一　四八五頁上一一行「退住」，資、磧、普、南、徑、清作「退坐」。

一　四八五頁中一八行「林中」，資、磧、普、南、徑、清作「床中」。

一　四八五頁下一三行「毗羅眡」，資、磧、普、南、徑、清作「毗羅胝」。

一　四八六頁下三行「欲求」，南作「欲來」。

一四八六頁下四行「讃誦」，資、磧、普、南、徑、清作「讀誦」。

一四八七頁上二二行「雖是」，磧、普、南、徑、清作「身是」。

一四八七頁中二二行第五字「語」，磧、普、南作「謂」。

一四八七頁下五行首字「滅」，徑、清、麗作「減」。

一四八七頁下一七行「簫索」，資、磧、普、南、徑、清作「蕭索」。

一四八七頁下二〇行「金剛」，資、磧、普、南、徑、清作「金剛」。

一四八八頁上五行「歸於」，磧、普、南作「歸依」。

一四八八頁上一二行「徼起」，麗作「激起」。

一四八八頁上二一行第四字「日」，麗無。

一四八八頁中一一行「宜使」，磧、徑、清作「宣使」。

一四八八頁下二行「流連」，磧、普、南、徑、清作「流連」，下同。

一四八八頁下一四行「臨可」，資、磧、普、南、徑、清作「臨向」。

一四八九頁中六行「闍維之」，資、磧、普、南、徑、清作「闍維也」。

一四八九頁下末行「脱耶」，磧、普、南作「解脱耶」。

一四九〇頁上一行第二字，一一行末字「若」，諸本作「苦」。

一四九〇頁上一七行第四字「及」，磧、普、南、徑、清無。同行「如來所」，磧、普作「如來所所」；徑、清作「如來身所」。

佛般泥洹經卷上　　測

西晉河内沙門白法祖譯

聞如是一時佛在王舍國鷂山中與千二百五十比丘俱時摩竭國王号名阿闍世與越祇國不相得欲往伐之自與羣臣共議越祇國富人民熾盛多出珎寶不首伏於我寧可起兵伐其國國有賢公公名雨舍雨舍公者遊心種也公言唯命王告雨舍公言佛去是不遠若持王聲往至佛所頭面著足問佛消息身體平安不飡食如常不問佛礼竟自持若意白佛言越祇國大輕易毛王欲往伐之寧能得勝不公受王教即嚴車五百乘騎二千步人二千往到王舍國得步徑止車下到佛所見佛前頭面著佛足佛與机使坐問國丞相從何所来公言王使臣来稽首佛足問佛消息身體平安不飡食如常不佛即問王及國人民寧安和不糓糴平賤不公言得佛恩皆自安和風雨時節國中豐熟佛言公行道人馬皆平安不公言

得佛恩行道皆平安無他公白佛言王與越祇國有嫌欲往伐壞之於佛意何如可得勝不佛言是越祇國人民持七法者王不能得勝不持七法者可勝佛言我　昔嘗往到越祇國國有急疾神舍我止頓其中越祇國中諸長老皆来語我言阿闍世王欲来伐我國我曹謹勑自守國佛言我即告諸長老莫愁莫恐若曹持七法阿闍世王来者不能勝汝雨舍問佛七法者何等時佛坐阿難從後扇佛佛告阿難汝寧聞越祇國人數相聚會講議政事修備自守不對曰聞其數相聚會講議政事修備自守佛言如是彼為不衰汝聞越祇君臣常和所任忠良轉相承用不對曰聞其君臣常和所任忠良轉相承用汝聞越祇國奉法相率無取无願不敢有過不曰聞其奉法相率無取无願不敢有過汝聞越祇礼化謹敬男女有別長幼相事不曰聞其礼化謹敬男女有別長幼相事汝聞越祇孝於父母遜悌師長受誡教誨不曰聞其孝

於父母遜悌師長受誡教誨汝聞越祇承天則地敬畏社稷奉事四時不曰聞其承天則地敬畏社稷奉順四時汝聞越祇尊奉道德國有沙門應真及方遠来者供養衣被牀卧醫藥不曰聞其尊奉道德國有沙門應真及方遠来者供養衣被牀卧醫藥佛言夫有國者行此七法難可得危雨舍公對言使越祇持一法者尚不可攻何况七法公曰國事多故當還請辭佛言可宜知時即從坐起礼佛而去去未久佛呼阿難勑之往至鷄山中請諸比丘僧皆聚會著講堂中阿難即受教詔至鷄山中勑諸比丘僧佛請諸比丘比丘悉来皆為佛作礼佛即在前至講堂中設坐已皆坐佛告諸比丘若曹當持七戒法何等為七比丘當數相聚會誦經法可久上下相承用坐起法可久坐起不得念家室妻子法可久在山阻閒若在深林樹下塚閒當自思惟五滅法可久少年奉道當先問長老比丘敬畏承用受教莫猒法可久心當奉法敬畏

經戒法可久持二百五十戒具以得阿羅漢道欲来學者莫却入者相承用来者所有衣被飲食當共用病瘦當相瞻視比丘持是七法法可久

復有七法皆聽比丘諸受教比丘不得貪卧卧者不得思他事法可久樂守清淨不樂有為法可久樂賢共坐守忍辱行慎無諍訟法可久不得責望人礼敬為人説經不用作恩德法可久小得道頭角莫自憍恣法可久不思諸情欲心不投餘行如此者法可久不貪利養常樂隱處草蓐為牀比丘持是法可久復有七法皆聽諸比丘言受教人有惠彼物餘人不得有恨意法可久當知蓄懃法可久不懈於經戒法可久坐起心不忘經法法可久坐起不相猒苦法可久坐起當明經法法可久學讀經當諷誦惟其深義比丘持是七法法可久

復有七法佛在世閒為比丘作師比丘敬佛所説戒勑持受戒法不懈念師恩持師戒法法可久不得下道當隨佛法約束法可久敬比丘僧受其

教戒得當承用無猒法可久當重持戒能忍辱者法可久隨經戒心無所貪愛常念人命非常法可久晝日不得貪飯食夜卧不得貪好牀法可久自勑頓思惟世閒擾擾所念莫懈莫隨惡心莫隨邪心邪心来至自戒莫隨當端心世閒人為心所欺比丘莫隨天下愚人心持是七法法可久

復有七法比丘僧言受教比丘當重經如愚人重珎寶持經當父母當用經生活父母活人一世耳經度人無數世令人得泥洹道用是故法可久不得貪食嗜味食不得多多者病人少者復飢趣可而已不得味飯法可久當持身比土日當憂死不樂在生死中生者多憂憂父母兄弟妻子親屬奴婢知識畜生田宅是曹憂者皆愚癡憂耳如人有罪為吏所取雖有宗親不得前附用是織故身當以比土獨来獨去當與身覓法可久勤修精進端身口意行無過失取道不難法可久懼降心意不聽六情抑婬怒癡無有邪行法可久坐衆人中不蓄

衆人為人所敬心淨端故不恐不畏
取道不邪如人為人所攙為吏所捕
吏雖執之其人不恐用无所犯故清
淨持戒畏佛戒語坐衆人中不恐心
淨故法可久敬慎不自憍慢從慧者
受經戒見癡者當教經戒比丘持是
七法法可久
復有七法比丘言受教比丘常當念
經棄貪婬之態常當念度世之道自
思惟身體法可久常持佛所說經用
著心中既著心中當端其心棄惡心
受好心如人衣多垢以淳灰浣之垢
三遍垢便去念佛語當持戒去惡就
善法可久當與心諍不當隨心心欲
婬怒癡不得聽常自戒於心不得隨
心如人從軍健者衆人共將處在軍
前鋒難得復還意欲悔却著其後人
以受淨戒但當端心正意在衆人前
莫得在後可先得道法可久當知所
入法行多少深淺熟與初頭志當日
勝樂経不猒苦不擇食不擇牀卧以
道自勸樂法可久當敬同學當持同
學作兄弟當端外內外者身口過內

者心過當思惟是二事法可久坐自
思惟九孔惡露無所不有一孔主內
九孔皆出不淨飢飽寒熱皆為苦極
身體難得宜這皆不淨繫內懷不淨
風寒熱見外有不淨反自覆鼻見吐
寒熱心皆不喜有是者亦不惡不憙
比丘當端心內外法可久視天下人
帝王亦死貧富貴賤無有離死者同
死生之道如人夢見好舍好園豪貴
快樂寤則不見世間所有貧富貴賤
如人夢耳自思惟世間譬如人夢比
丘持是七法思惟莫失法可久
復有七法比丘僧當有慈心於天下
有慈心於佛人罵不得應不得恨持
慈心向天下如獄中有繫囚常慈心
相向人處世間亦當慈心轉相愍念
比丘執心人罵無怒弊歠无喜生有
是心可以無憂所以不與世人諍者
譬如牸牛食茥草出乳乳出酪酪出
蘇酥成醍醐持心當如醍醐奉佛戒
法可久端舌莫妄語語莫傷人意舌
當端舌不端使人不得道舌致刀杖
或致滅門為道常當端舌法可久端

心莫念惡莫思婬有婬心者不成阿
羅漢道夜卧婬　態欲来者當念女
人惡露婬意即解恨怒心来當念生
在地上不久法可久若有將請比丘
飲食餘人不得念言是比丘獨得我不
得不得有是貪念比丘病人儻有義持醫
藥来與之餘人不得念言獨視彼不
視我不得念是人持衣物遺比丘餘
人不得念言我獨不得何以所行乞
自得者以在鉢中不得言多少心如
是者法可久持誡法慎戒法不知者
當問知戒比丘念佛念法念比丘僧
莫得休息展轉相承用於衣中得虱
當有慈心向之法可久見死人言此
人既死不知經道舉家啼哭及知識
親屬不知此人獨如去比丘以得道
能知死人䰟神所趣向佛經不可不
讀道不可不學天下俓道衆多王道
冣大佛道亦尒冣上道也如數十人
各持弓箭射准中有前中者有後中
者射不休息必復中准行佛經道如
此莫懈莫念前以得道令我不得道
不得有是恨如人射不休息會中准

為比丘不止會衘道法可久坐起當相承用佛經當讀諷誦思惟其義除饉清信士清信女如此七法可久奉是七七四十九法如天下水小溪水流入大溪大溪水流入江江流入海比丘當如水流入海為道不止會當得阿羅漢道

佛從王舍國起呼阿難去至巴隣聚阿難言諾即從摩竭國行未至巴隣聚中間有為羅致聚佛至呼比丘僧皆聽比丘諸受教佛言天下有四痛佛所知人皆不知用人不知故生死不止無休息時何等為四生痛老痛病痛死痛人不思惟是四痛強力忍之故生死不絕無休止時佛故發是四痛以告人雖有父母妻子皆當别離轉相憂思啼哭不止諸所惡見日在目前用是故佛出經當離是四痛奉八戒身亦不能佛言一者受佛語二者當遠離愛欲就道無所貪諍三者不妄言綺語兩舌惡口四者不得殺盜犯人婦女五者不得嫉妬瞋恚愚癡六者坐息思惟四痛著意中七

者思念身體皆不淨八者視生死身體皆當作土佛亦念是四痛來佛亦念是四痛去佛亦出是八戒來佛亦出是八戒當念佛經深義諸比丘有念於父母妻子念世間生活者不得度世道樂世間心不樂道道從心起心正者可得道心小端可得上天明經者可得作人當斷地獄畜生餓鬼道佛為天下正生死道諸比丘當思惟之

佛從羅致聚呼阿難去至巴隣聚阿難言諾即隨佛去時比丘僧有千二百五十人佛至巴隣聚樹下坐巴隣聚鬼神即往告逝心理家皆出有持席者持氍氀者持鐙者皆往至佛所前為佛作礼却在一面坐佛告逝心理家人在世間其有貪欲自放恣者即有五惡何等為五一者財產日耗減二者不知道意三者衆人所不敬死時有悔四者醜名惡聲遠聞天下五者死入地獄三惡道中人能伏心不自放恣者即有五善何等為五一者財產日增二者有道行三者衆人

所敬至死無悔四者好名善譽遠聞天下五者死生上福德之處不自放恣有是五善汝等自思惟之佛為逝心理家說經竟皆歡喜為佛作礼而去

佛起到阿衛聚坐一樹下持道眼見上諸天使賢善神營護此地佛從宴坐起出阿衛聚更坐一處賢者阿難正服從坐起稽首畢一面住佛問阿難誰當此巴隣聚起城郭者對曰摩竭大臣雨舍公當起此城欲以遏絕越祇佛言善哉阿難雨舍公之賢乃知當此吾見忉利天上諸神妙天共護此地其有土地為天上諸天所護持者其地必安且貴又此地者天之中也主此四分野之天名曰仁意仁意所護者其國久而益勝必多聖賢智謀之人餘國不及亦無有能壞者是巴隣城欲壞時當以三事一者大火二者大水三者中人與外人謀乃壞此城大臣雨舍聞佛與比丘衆從摩竭國轉遊到此即乘王威嚴車五百乘出巴隣聚往到佛所前為佛作

礼却坐一面前白佛明日寧可與諸比丘俱於舍小食佛嘿然不應雨舍公言如是者三佛法嘿然者如言可雨舍公即去嚴舍中為佛及諸比丘僧施設牀座然燈火飯食具明日雨舍公往請佛佛時與比丘僧千二百五十人俱往飯食訖竟佛即呪願言使若得道莫樂國公位雖今世不得離於縣官者若今飯佛及比丘僧使若後世脫於縣官世有明者當飯食賢善道人道入呪願不棄仕官求官不可有貪心酷心進心樂心歡心去是五心事縣官者可得無他死後可得除地獄之罪雨舍公若自思惟公言諾受教佛及比丘僧皆起去佛出城門公即隨佛後視佛從何城門出欲名佛所出門為佛城門所度小溪水名為佛溪佛至江水邊時人民大衆多欲度中有乘舫舡者小舡者竹捊度者佛坐思念我未作佛時度此曹水乘捊舩度今我身不復乘捊舩度水佛自念言我是度人師使人得度世道不復從人受度念這已諸比

丘皆已度佛呼阿難俱至拘隣聚阿難言諾佛即與千二百五十比丘悉俱至拘隣聚佛言諸比丘皆聽持善心與天下無諍自思惟當知無常以慧憂身持善心與天下無諍自思惟以即明明者即去貪婬瞋恚愚癡之態三態去即得度世道不復生死心不復走一心無所著如國王樂獨思若干人衆中我獨主得道者度世者亦自思心有若干千万端今皆主是心如國王典主人民

佛復從拘隣聚呼阿難俱至喜豫國阿難言諾佛與諸比丘俱至喜豫國揵提樹下坐佛遣諸比丘僧於喜豫國分衛以還白佛言喜豫國多病者人民多死者中有優婆塞名玄烏時仙祝動式賢淑賢快賢伯宗薫尊德舉上淨等十人皆優婆塞持五戒今皆死諸比丘俱問佛是諸優婆塞死者皆趣何道佛言玄烏等十人死皆在不還道中佛告諸比丘僧若曹但見十人死佛持天眼見見優婆塞死者五百人皆生不還道中復有三百

優婆塞如難提等生時無婬態恚怒態無癡態死皆生忉利天上得灊港道當復七死七生便得阿羅漢道玄烏等五百人皆得不還道自於天上得應真道佛告諸比丘若行分衛来還何為道是十優婆塞若曹故擾佛佛謂佛不欲聞是惡佛亦當何所畏難其有生者皆當死過去當来現在諸佛皆般泥洹今我作佛亦當般泥洹用是身故作佛若干劫求佛止生死之道作佛絕生死之本知是人本從癡故從癡為行從行為識從識為字色從字色為六入從六入為栽從栽為痛從痛為愛從愛為求從求為有從有為生從生為老死憂悲苦不如意惱如是合大苦陰墮習佛故思惟生死本如車有輪車行無休息時人從癡故得生死以去癡便癡滅以癡滅便行滅以行滅便識滅以識滅便字色滅以字色滅便六入滅以六入滅便栽滅以栽滅便痛滅以痛滅便愛滅以愛滅便求滅以求滅便有滅以有滅便生滅以生滅便老死滅以

老死滅便憂悲苦不如意惱滅如是
合天陰隨習為盡佛故先為若曹說
癡故有生死慧者持道不復生死佛
言若曹當念奉佛法聖衆淨戒相承
用教佛經當思惟端心不復更生死
無憂哭之患
佛從喜豫聚呼阿難至維耶梨阿難
言諾佛從喜豫聚至維耶梨國未至
七里佛止榛園中有婬女人字榛女
有五百婬女弟子於城中聞佛以來
在榛園中皆勑五百婬女弟子令好
莊衣嚴車從城中出至佛所欲見佛
為佛跪拜時佛在榛園中與千比丘
俱為諸比丘說經佛見榛女與五百
婬弟子俱皆好莊衣佛勑諸比丘汝
曹見榛女與五百婬弟子俱皆伭頭
端若心雖好莊衣來辟如畫瓶外有
好畫中但有不淨封結不可發解解
者不淨臭即至榛女皆是瓶輩其有
比丘當見力何等為見力去惡就善
不聽婬態寧自破骨破心燔燒身體
終不隨心作惡不但力士為多力能
自端心勝於力士佛與心諍以來其

劫無數不聽隨心勤力精進自致作
佛比丘可自齊端其心心久在不淨
中今亦可自拔擢自思惟身體五藏
亦可齊止生死之法視外亦苦視中
亦苦端若心榛女到下車至佛所為
佛作礼却坐一面諸比丘皆伭頭佛
言若何緣來榛女言我數聞佛尊於
諸天故來跪拜佛言榛女若樂作女
人耶榛女言天使我作女人耳我不
樂作佛言汝不樂作女人者誰使汝
畜五百婬弟子者榛女言是皆貧民
我養護之佛言不然若不猒女人之
病月期不淨拘絆播杖不得自在不
猒汝身及更從五百人榛女言我癡
所致慧者不為是佛言審如是者善
捺女即長跪白佛明日請佛及比丘
僧佛嘿然不應榛女大喜即起為佛
作礼而去去未久維耶離豪姓諸理
家聞佛比丘僧俱來去城七里在榛
園中即乘王威皆嚴駕乘而出欲覲
見供養佛中有乘青馬青車青衣青
蓋青幢青幡官屬皆青中有乘黃馬
黃車黃衣黃蓋黃幢黃幡官屬皆黃

中有乘赤馬赤車赤衣赤蓋赤幢赤
幡官屬皆赤中有乘白馬白車白衣
白蓋白幢白幡官屬皆白中有乘黑
馬黑車黑衣黑蓋黑幢黑幡官屬皆
黑佛還見車騎數十万人來即告諸
比丘汝欲見忉利天上帝釋苑中侍
從出入者如此諸理家無有異也諸
理家行到道口皆下車至佛所前者
為佛跪中央者皆伭頭最後者但叉
手皆坐佛問若曹所從來諸理家言
聞佛在是故出城跪拜中有一人字
賓具起至佛前熟視佛佛問若何等
視賓具言與天上天下皆為佛傾動
我視佛無猒極佛言賓具莊當熟視
佛久遠乃復有佛耳身有佛時當受
佛教命中有四五百理家言賓具有
大德與佛共談賓具言我適聞佛經
我念作是經久我逌今日乃得見耳
我有慈孝心於佛佛言天下人少有
如賓具華慈孝於師佛告賓且佛出
於天下知天下生死之道說經開化
天上天下及鬼龍無不傾側者是佛
第一威神其有讀佛經自端心得道

普是佛第二威神佛於天下說經賢者無不喜聞者無不喜學者轉相教轉相授導轉相端心是佛第三威神其學佛經者皆喜如愚人得金上智者得應真道第二者可得不還第三者可得頻來第四者可得溝港第五持優婆塞五戒者可得天上持三戒者可得作人佛出在天下因現此道是佛第四威神佛告賓貝若來熟視佛若說數聞佛名希見佛時坐中有數十万人皆不問佛若獨問是佛第五威神佛告賓貝天下智慧者少無又復者多受佛經道受師好語持師戒法諸鬼神龍無不護視者吏不敢妄召呼當慈孝於師師不從弟子有所求索在師前當敬師背後當稱譽師師死常當憶念於今賓貝者人中雄善樂法清戒維耶梨逝心理家㮈女朝旦來寧可與諸比丘入城飯食佛言㮈女朝旦來請佛及比丘僧諸逝心理家皆俱去㮈女明日旦來至佛所白佛言以設座飯食具皆已辦願天尊屈威神佛言若經去我今隨

後佛起著衣持鉢與比丘俱入城城中觀者數十万人中有賢善優婆塞皆言佛如明月弟子如明星與月相隨時佛好如是佛至㮈女家就坐行澡水佛及諸比丘僧飯食竟澡手以畢㮈女持小机於佛前坐佛告㮈女聖人及天下尊豪富貴雖尚戒淨明佛諸經坐中語言無不好聽其所行處無不敬愛者今在天下作人不貪財色奉佛神化死無不生天上者佛告㮈女善自愛重持五戒佛與比丘俱去

佛從維耶梨國出告阿難寧可俱至竹芳聚阿難言諾又聞竹芳聚米麋大貴諸比丘求分衛難得佛坐思惟維耶梨國飢饉糴羅騰貴其聚狹小不能供諸比丘分衛佛思念欲遣諸比丘分布餘國賤米糴處行分衛佛告諸比丘僧是竹芳聚米糴騰貴求分衛難得彼間有沙羅提國豐熟是維耶梨叱界米糴皆貴我自與阿難俱留此竹芳聚諸比丘受佛教皆去至沙羅提國佛與阿難俱至竹芳聚

身皆大痛欲般泥洹佛自念諸比丘皆去我獨般泥洹不事無教戒阿難從一樹下起至佛所問佛聖體不和寧瘳不佛言未差大劇欲般泥洹阿難言且莫般泥洹須比丘僧聚會佛告阿難我以有經戒若曹但當案經戒奉行之我亦在比丘僧中比丘僧皆以知佛所教勑事師法皆以付諸弟子弟子但當持行熟學本我身皆痛我持佛威神治病不復持心思病如小差狀佛語阿難今佛年以尊具八十如故車無堅彊我身體如此無堅強我本不為若曹說無有墮地不死者冣上有天名不想人壽八十億四千万劫會當復死用是故起經於天下斷生死之根本我般泥洹以後無得棄是經戒轉相承用自思中外端心正行當持戒法中外令如常其有四輩弟子持戒法者皆佛弟子其有學佛經道者皆是佛弟子佛棄轉輪王憂天上天下人亦可自憂疾去婬態怒態癡態

佛從竹芳聚呼阿難且復還至維耶

梨國阿難言受教佛還維耶梨國入城持鉢行分衛還止急疾神樹下露坐思惟生死之事阿難遠在一樹下思惟陰房之事起至佛所為佛作礼已往白佛言何以不般泥洹佛告阿難維耶梨國大樂越耶國大樂急疾神地大樂沙逹講城門大樂城中街曲大樂社名淨佛大樂闍浮利天下大樂越祇大樂遮波國大樂薩城門大樂摩竭國大樂滿佛大樂欝提大樂醯連溪出金山大樂閻浮利內地所生五色如畫人在其中生者大樂佛告阿難其有比丘比丘尼持四法熟思正心不隨心外亦思善中亦思善心亦無所復貪樂心不驚恐不復走比丘比丘尼其有持志意如是四法名四神足欲不死一劫可得魔時入阿難腹中佛復告阿難如是尚可阿難復言佛何以不般泥洹時足可般泥洹佛復言閻浮利大樂其有知是四神足者常可在天地間一劫有餘佛告阿難如是者再三阿難不應四神足事佛告阿難若却於樹下自思

惟佛起至醯連溪水邊樹下坐魔來至佛所言何以不般泥洹佛言咄弊魔未可般泥洹須我四輩弟子黠慧得道須我天上諸天世間人民逮及鬼神智慧得道須我經法遍布天下未可般泥洹魔知佛當般泥洹歡喜而去佛坐息思惟亦可放棄壽命意欲放棄壽命時天地大動諸鬼神皆驚阿難於樹下驚起至佛所前以頭面著佛足却在一面住白佛我於樹下坐天地大動我驚衣毛為起我生不更是曹地動佛為阿難說天地動有八事何等為八地在水上水在風上風持水如從地上望天或時風動水水動地地因動是為一動有阿羅漢尊貴自欲試威神意欲令地動因以手兩指案地天地為大動是為二動中有天威神大意欲動地地即為大動是為三動佛為菩薩時從第四兜術天來下入母腹中時天地為大動菩薩從右脇生時天地為大動菩薩得道為佛時天地為大動佛起本經時天地為大動佛放棄壽命天地

為大動佛告阿難今佛却後三月當般泥洹天地為當復大動是為八動阿難聞佛自期三月即啼而問得无以棄壽命佛告阿難是以棄壽命阿難白佛言我從佛聞口受若比丘有是四法名四神足欲不死一劫可得佛德過四神足何以不止過一劫佛告阿難是若過是若所作我再三告言閻浮利內大樂若徑默然不應我見若頭角若何以聽魔使得入若腹中我今不得復止却後三月當般泥洹阿難即起語諸比丘僧佛却後三月當般泥洹佛告阿難皆聚會諸比丘耆大會堂中阿難白言比丘僧皆在大會堂中佛即起到大會堂中諸比丘皆起為佛作礼佛告諸比丘天下无常堅固人愛樂生死不求度世道者皆為癡父母皆當別離有憂哭之念人轉相恩愛貪莫悲哀天下無生不死者我本經說生者皆當死死者復生轉相憂哭無休息時須弥山尚崩壞天上諸天亦死作王者亦死貧富貴賤下至畜生無生不死者莫

㤥佛却後三月當般涅洹佛去亦當
持經戒在者亦當持經戒趣至度世
不復生死無復憂哭佛經當使長久
佛去後天下賢者當共持經戒天下
人自正心者天上諸天皆喜助人得
福佛經可讀可諷可學可持可思可
正心可端意可轉相教有四事端身
端心端志端口復有四事欲怒者忍
惡念者棄貪欲者棄常當憂死復
有四事心欲邪者莫聽心欲婬者莫聽
思欲惡者莫聽思欲豪貴莫聽復有
四事心常當憂死心所欲畐惡者莫
聽當撿心心當隨人人莫隨心心者
誤人心煞身心取羅漢心取天心取
人心取畜生虫蟻鳥獸心取地獄心
取餓鬼作形貌者皆心所為壽命三
者相隨心寂是師命隨心壽隨命三
者相隨令我作佛為天上天下所敬
皆心所為當念生死之痛與家室别
離當念八事思惟佛經一者當棄妻
子求度世道不與世間諍無貪心二
者不得兩舌惡口妄言綺語吟嘯歌
戲三者不得煞生盜人財物思念婬

泆四者不得懷怒癡貪五者不得嫉
彼慢人六者不得思念作惡加痛於
人七者無作恣態不得懈怠者卧存
味飲食八者當憂身生老病死持是
八事自端心可與天下無諍當趣度
世道諸比丘當思惟是八事本四痛
佛經可長久
佛從維耶梨國呼阿難去至拘隣聚
阿難言諾佛從維耶梨國出迴身視
城阿難即前問佛佛不妄轉身視城
佛告阿難我不妄轉身夫作佛不得
妄還向視阿難言佛還向視者何意
佛言我今日壽竟不復入是城故還
顧耳隨佛有一比丘前問佛於今不
復還入是城中佛言我當般泥洹不
復還見維耶梨國當至華氏鄉土佛
至拘隣聚聚中有園名尸舍洹佛皆
呼諸比丘令作心淨潔坐自思惟知
生中慧者使心端心端者婬怒癡態
三態皆解其比丘自說以斷生死之
根得羅漢道一心無所復憂不復憂
生死雖更苦得不生死之道佛從拘
隣聚呼阿難去至揵梨聚阿難言諾

佛與比丘僧俱至揵梨聚從揵梨聚
佛呼阿難俱至金聚與比丘僧俱佛
告諸比丘其有比丘淨心思心智心
自思惟其有智知經者是慧心本婬心
怒心癡心皆滅去三心清淨欲得度
世道不難以得羅漢道諸婬怒癡皆
消滅去當自說以棄是三事不復作
生死之法佛從金聚呼阿難且復至
授手聚阿難言諾即與諸比丘俱至
授手聚佛告比丘淨心思心智心有
淨心意者心即正智心即生智心即
生開解不念婬不念怒不復癡心乃
開解比丘自說言我所求皆得因見
羅漢道佛從授手聚呼阿難去至擒
滿聚阿難言諾即與諸比丘俱至擒
滿聚佛告諸比丘僧淨心之法思心
智心至無婬怒之態得淨心之道思
心智心即生思心之道淨心智心即
開解智心之道淨心思心即明人有
褺與染者作色褺布淨潔作色皆
好是褺淨故比丘有是三心淨心思
心智心淨心為尸大思心為三摩提
智心為崩慢若尸大心者不婬不怒

不貪三摩提者攝心令不走蕩慢者
者心無愛欲持佛經戒如人有褩布
褩布有垢人欲作染色以著染中色
不明比丘不定在淨心思心智心欲
得道者難坐心不解故比丘心自解
坐思即見天下具知人心所念亦見
地獄餓鬼畜生善惡所趣如清水下
有沙石青黃白黑水中所有皆現但
水清故求度世道如是心清淨譬如
溪水濁下沙石不見亦不知水深淺
比丘心不淨不能得度世道坐心濁
故佛從掩潬隣聚呼阿難俱至喜豫聚
阿難言諸即與諸比丘俱至喜豫聚
佛告比丘若有淨心思心智心師所
教授弟子當學思師同不能入弟子
心中端弟子心比丘當自淨心端是
心心端則得度世道當自說以得度
世尊斷生死之根本佛呼阿難至華
氏聚阿難言諸即與諸比丘俱至華
氏聚佛告諸比丘心有三垢婬垢怒
垢癡垢持淨心却婬垢持思心却怒
垢持慧心却癡垢比丘自說以得度
世道斷是生死啼哭憂思之本佛復

從華氏聚呼阿難俱至夫延城阿難
言諸即與諸比丘俱至夫延城北樹
下坐阿難坐邊樹下精思內觀地大
動阿難起至佛所白佛言地何以大
動佛言地動有四因緣一動者地在
水上水在風上下風動搖水水動搖
地地因動是為一動其有阿羅漢欲
自試道以手兩指案地地為動是為
二動中有大威神力意欲動地地即
為動是為三動佛不久當般泥洹地
當復大動是為四動阿難言佛威神
乃如是佛般泥洹地為大動
佛告阿難佛威神巍巍甚尊明化无
量若欲知佛威神不阿難言願欲聞
知佛言我行遍諸天下所至郡國中
人民知者來至佛所佛身自變化作
其國邑衣服語言我視其人民行何
等法知有何經戒其
人民皆不知我為誰亦不知我從天
上來地中出人民大恭敬我我化遍
至諸國王所國王問我言卿為何等
人我言是國中道人國王問我作何
經我言欲問何等經所問者我皆應

荅國王所可喜者我皆為廣說已我
即化沒去不見國王從後皆不知我
為誰我至諸逝心國我亦化作哲心
衣服語言我問若作何等經戒我知
子曹心知子曹語言我引經與教戒
便化沒去子曹皆從後思我自相與
語是何等人天鬼神乎子曹皆不知
我誰我亦不道是佛我行一天下授
經道遍已我上第一天上四天王所
我作天上衣服言語我問天若作何
等經天言我不知經我即為說經竟
便化沒去天亦不知我為誰我復上
第二忉利天上化作忉利天上衣服
語言我問忉利天若作何等經忉利
天言不知經我為說經竟便化沒去
天亦不知我為誰我復上第三鹽天
上化作鹽天上衣服語言我問鹽天若
作何等經天言我不知經我為說經
我復上第四兜術天上化作其天上
衣服語言我問天作何等經其天言
弥勒為我說經我重復為說經我復
上至第五不憍樂天上作其天上衣
服語言我問天若知經不其天言不

知經我為說經化沒去天皆不知我為誰我復上第六化應聲天上作其天上衣服語言我問天若作何等經天言不知經我為說經即復化沒去第六天從後皆不知我為誰我亦不語言是佛我復上梵天梵衆天梵輔天大梵天水行天水微天無量水天水音天約淨天遍淨天淨明天守妙天近際天快見天無結愛天諸天皆來視我我悉問若寧知經不中有知經者有不知經者我皆為說生死之道說斷生死根本之道子書所樂經者我皆為說之我效作天上衣服語言餘四天其天皆不能語我欲上者其天不能應答我第二十五名空慧天第二十六天名識慧入第二十七天名無所念慧入第二十八天名不想入佛言吾無所不見唯泥洹寂為樂佛告阿難佛威神不但能動地二十八天皆為大動佛但以正心所致佛告阿難我般泥洹後阿難從佛口受聞經戒師法阿難當道言我從佛口聞是法當為後比丘僧說之阿難若

不得藏匿佛經極可列露經中無所疑我般泥洹以後諸比丘當共持法其有他比丘妄欲作師法其經中無禁戒者棄勿持壞佛法其有他比丘妄增減佛經戒者阿難若當言我不從佛聞是經法若何以妄增減佛經戒比丘有不解佛經者當問尊老比丘阿難所見佛經戒所從佛口聞者為比丘僧說之勿增減其有欲增減經戒者阿難若當正處非法者棄勿用阿難若當言佛不出是語當謂之言若何以欲壞佛經戒中有疑比丘不解經戒者當問尊老比丘比丘不得怒其有比丘不了是經中有比丘知經戒知佛所說當往衆問其有比丘疑於經戒者來問比丘僧當說言從其師聞各自說其師名字比丘僧說經戒者不得疑言非是佛所戒勅比丘皆在結經中在中者用在結經外棄勿用疑不解經戒者當問何處有長老比丘明經戒者當往問其經問者不得言非是其有疑者阿難口解言我從佛聞不入結經中長老比丘所不說棄勿用語比丘當處經戒諸比

丘處經戒之後當共持其有比丘疑言是非真佛經不樂經者諸比丘當逐出之天下禾中生草草敗禾實人當誅拔草去之禾乃成好實比丘惡者不樂經不持戒壞敗善比丘諸比丘當共逐出中有賢善比丘好經戒往詣比丘所佛語諸比丘所持所知所學當授與比丘經戒當言佛在時於某國某縣某聚某處時與某比丘相隨說某經戒持是經戒不得呵言非佛所語當轉相教轉相承用長幼當相撿押無得以佛般泥洹去故不相承用相承用諸天人民助喜皆得福可使佛經長久我般泥洹後阿難當道某處有明經持戒比丘某新作比丘當往長老明經比丘所當從受經戒新來比丘聞經戒不得言非持佛經戒當相承用比丘和持戒者外有清信士清信女聞比丘僧和持佛經戒皆樂供養比丘僧飯食衣被病瘦與醫藥佛經可長久比丘僧和相承事上下相撿押天下人趣地獄禽狩餓鬼道者但坐相與不和故趣是三

道諸比丘持經戒當相和不得相刑笑言我智多若智少智多智少各自行比丘和持佛經可長久使天下人得福天上諸天皆喜不在經戒中者棄在佛語中佛所說比丘所受當奉行佛告阿難旦復前至波洵國阿難言諾佛與比丘僧俱夫延國至波洵國止禪頭國中波洵國人民名諸華諸華人民聞佛來止神頭國中皆來出前為佛作礼皆却坐佛皆為說經時有一人名淳淳父字華氏華氏子時在坐中諸人民皆去淳獨留須臾起持繞佛三匝却叉手住白佛明日寧可與諸比丘僧俱於舍飯食佛嘿然不應淳即前為佛作礼繞佛三匝而去歸家為佛諸比丘施座然燈火明日淳來白佛言以辦佛起持鉢與諸比丘俱至淳家飯比丘中有一惡比丘取所飯水器壞之佛即知之淳亦見之佛飯竟淳取小机於佛前坐白佛言我欲問一事天上天下智無過於佛天下為有幾輩比丘佛言有四輩一者為道殊勝二者解道能言

三者依道生活四者為道作穢何謂為道殊勝所說道義不可稱量能行大道最勝無比降心態度憂畏為法御導世間是輩沙門為道殊勝何謂解道能言佛所貴第一說又奉行無疑難亦能為彼演說法句是輩沙門解道能言何謂依道生活念在自守勤綜學業一向不迴孜孜不勸人法自覆是輩沙門為依道生活何謂為道作穢但作所樂依恃種姓專造獨行致伎論議不念佛言亦不畏罪是輩沙門為道作穢凡人聞者以為弟子在清白智有善者有惡者不可皆同以為一也彼不善者為善致謗毀辟如禾中有草草敗禾實天下人家有惡子一子敗家一比丘惡并敗餘比丘人用比丘皆為惡佛言人不用顏貌衣服為好清淨意端者是乃為好人不可委相佛告淳若飯佛及比丘僧死當生天上知經者去婬心去怒心去癡心不可用一人故非責衆人也

佛般泥洹經卷上

佛般泥洹經卷上

校勘記

一　底本，金藏廣勝寺本。四九三頁中及五〇四頁下卷末經名，原版缺，以麗藏本補。

一　四九三頁中八行「公名雨舍」，諸本(不含石，下同)作「名曰雨舍」。

一　四九三頁下六行「急疾」，資、磧、普、徑、清、麗作「急疾」；南作「恁疾」。

一　四九三頁下九行第一三字「持」，資、磧、普、南、徑、清作「於」。

一　四九四頁上一行第一二字「汝」，南作「法」。

一　四九四頁上一二行「鷄山」，諸本作「鷄山」，下同。

一　四九四頁上二一行「五滅」，資、磧、普、南、徑、清作「五戒」。

一　四九四頁中八行「諍訟」，資、磧、普作「諍誦」。

一　四九四頁中九行「恩德」，資、磧、普、南、徑、清作「恩得」。

一　四九四頁中一九行「法法」，資、磧、普、南、徑、清作「法」。

一　四九四頁下五行「自勑頓」，資、磧、普、南、徑、清作「自整頓」。

一　四九四頁下一一行「一世」，資、磧、普、南、徑、清作「世世」。

一　四九四頁下一五行及一九行末字至次行首字「比土」，資、磧、普、南、徑、清作「比丘」。

一　四九五頁上一行「端故」，資、磧、普、南、徑、清作「端正」。

一　四九五頁中一行首字「者」，資作「著」。

一　四九五頁中四行第六字「這」，諸本作「適」，下同。

一　四九五頁中五行第九字「反」，資、磧、普、南、徑、清作「及」。

一　四九五頁中八行第四字「死」，資作「不」。

一　四九五頁中一六行第一〇字「心」，資、磧、普、南、徑、清無。

一　四九五頁中一七行「牂踧」，麗作「將蹴」。

一　四九五頁中一九行「乳乳」，磧、普、南、徑、清作「湩湩」。

一　四九五頁中二二行「當端」，資、磧、普、南、徑、清作「常端」。

一　四九五頁下二行第六字「婬」，諸本作「婬欲」。

一　四九五頁下三行「即解」，資、磧、普、南、徑、清作「即懈」。

一　四九五頁下五行第九字「是」，資、磧、普、南、徑、清作「是以」。

一　四九五頁下六行「不得」，資、磧、普、南、徑、清無。同行「義持」，資、磧、普、南、徑、清作「議持」。

一　四九五頁下一〇行「自得者」，諸本作「白得者」。

一　四九五頁下二〇行「射准中有前中者中」，資、磧、普、南、徑、清作「射垛中有前中者中」；麗作「射埻中有前中者」。

一　四九五頁下二一行「中准」，麗作

「中埻」。

一　四九五頁下末行「如人射」，資、磧、普、南、徑、清作「如人射射」。

一　四九六頁上三行「七法」，資、磧、普、南、徑、清作「七法法」。

一　四九六頁上一五行「發是」，資、磧、普、南、徑、清作「數是」。

一　四九六頁上一九行「不能」，諸本作「可厭」。

一　四九六頁上末行「坐息思惟」，資、磧、普、南、清、麗作「坐自思惟」，下同。

一　四九六頁中二行「作土」，麗作「作土去」。

一　四九六頁中四行「八戒」，南、徑、清作「八戒去」。

一　四九六頁中七行「天明」，資、磧、普、南、徑、清作「明天」。

一　四九六頁中一四行「往告」，資、磧、普、南、徑、清作「往告若」。

一　四九六頁中一五行「持鐙者」，諸本作「持燈者」。

一　四九六頁下一行「遠闇」，諸本作「遠聞」。

一　四九六頁下一四行「諸天」，麗作「諸神」。

一　四九七頁上二〇行「捊度」，資、普、徑作「浮度」；磧、南、清、麗作「桴度」。

一　四九七頁上二一行「曹水」，資、磧、普、南、徑、清作「遭水」。同行第三至第四字「乘捊」，諸本作「乘桴」，下同。

一　四九七頁中一六行「玄烏」，諸本作「玄鳥」，下同。

一　四九七頁中末行「三百」，麗作「二百」。

一　四九七頁下六行「故擾」，諸本作「故欲擾」。

一　四九七頁下七行首字「佛」，諸本無。

一　四九八頁上二行「天陰隨習」，諸本作「大陰墮習」。

一　四九八頁上七行「維耶梨」，諸本作「維耶梨國」。

一　四九八頁上一三行「千比丘」，資、磧、普、南、徑、清作「數千比丘」。

一　四九八頁中一〇行「作佛也言」，諸本作「也佛言」。

一　四九八頁下一二行「賓具」，諸本作「賓自」，下同。

一　四九八頁下一三行第五字「與」，諸本作「舉」。

一　四九八頁下一四行「無厭」，資、磧、普、南、徑、清作「無能」。

一　四九八頁下一六行「命中」，資作「今中」；磧、普、南、徑、清作「令中」。

一　四九八頁下二〇行「賓且」，諸本作「賓自」。

一　四九九頁上一八行末字至次行首四字「稌女朝旦來」，諸本作「請佛明日」。

一　四九九頁上末行「經去」，諸本作「徑去」。

一　四九九頁中一七行「供諸」，徑作

「共諸」。
一　四九九頁中二二行第三字「此」，徑、清作「在」。
一　四九九頁中末行「沙羅提國」，徑作「阿羅提國」。
一　四九九頁下一一行末字「具」，諸本作「且」。
一　四九九頁下一四行「人壽」，麗作「入壽」。
一　四九九頁下一六行「生死」，磧作「至死」。
一　四九九頁下末行「且復」，資、磧、南作「旦復」。
一　五〇〇頁上五行「往白」，麗作「住白」。
一　五〇〇頁上七行「沙達諦」，諸本作「沙達諍」。
一　五〇〇頁上八行「淨佛」，諸本作「浮沸」。
一　五〇〇頁上一〇行「滿佛」，諸本作「滿沸」。
一　五〇〇頁上二一行「常可」，諸本作「當可」。
一　五〇〇頁中四行「逮及」，資作「還及」。
一　五〇〇頁下二行第七字「當」，資、磧、普、南、徑、清無。
一　五〇〇頁下一九行「貪莫」，諸本作「貪慕」。
一　五〇一頁中三行末三字至次行首三字「者卧存味飲食」，資、磧、普、南、徑、清作「著卧存味飯食」；麗作「著卧存味飲食」。
一　五〇一頁中五行「趣度」，資、磧、普、南、徑、清作「超度」。
一　五〇一頁中一七行「園名」，資、磧、普、南、徑、清作「國名」。
一　五〇一頁下一一行「正智」，麗作「生智」。
一　五〇一頁下二〇行首字「裝」，資、磧、普、南、徑、清作「髮」，下同。
一　五〇二頁上三行「作染色」，諸本作「染作色」。
一　五〇二頁上六行「天下」，資、磧、普、南、徑、麗作「天上」。同行「所念」，南作「所知」。
一　五〇二頁上一二行「掩滿隣聚」，諸本作「掩滿聚」。
一　五〇二頁上一八行「世尊」，諸本作「世道」。
一　五〇二頁中九行「大威神力」，資、磧、普、南、徑、清作「天威神力」；麗作「天威神大」。
一　五〇二頁中一八行末字「其」，諸本作「其佛即益其經戒」。
一　五〇二頁下三行「哲心」，諸本作「逝心」。
一　五〇二頁下二〇行第八字「作」，資、磧、普、南、徑、清作「若作」。
一　五〇三頁上一七行「念慧入」，資、磧、普、南、徑、清作「念慧入慧」。
一　五〇三頁中一七行「比丘僧」，諸本作「比丘」。
一　五〇三頁中一八行「比丘」，諸本作「比丘僧」。
一　五〇三頁中二〇行「問者」，資、

磧、普、南、徑、清作「問經者」。

一 五〇三頁中末行「語比丘」，諸本作「諸比丘」。

一 五〇三頁下一六行「當往」，資、磧、普、南、徑、清作「當往到」。

一 五〇三頁下二一行「比丘僧」，資、磧、普、南、徑、清作「比丘當」。

一 五〇四頁上一行「相刑」，諸本作「相形」。

一 五〇四頁上六行第六字「旦」，諸本作「且」。

一 五〇四頁上八行「禪頭國」，資、磧、普、南、徑、清作「禪頭園」。

一 五〇四頁上九行「神頭國」，資、磧、普、南、徑、清作「禪頭園」；麗作「禪頭國」。

一 五〇四頁上一一行「淳淳」，資、磧、普、南、徑、清作「淳」。

一 五〇四頁上一六行「而去」，徑作「而退」。

一 五〇四頁上一九行「飯水器」，諸本作「飲水器」。

一 五〇四頁中一〇行末字至次行首三字「獨行致伎」，諸本作「濁行致彼」。

一 五〇四頁中一二行「聞者」，麗作「閙者」。

一 五〇四頁中一九行「委相」，諸本作「妄相」。

佛般泥洹經卷下

西晉河內沙門白法祖譯　洲

佛去淳家呼阿難去至鳩夷那竭國阿難言諾即與比丘僧從華氏國至鳩夷那竭國佛道得病下道止坐呼阿難阿難言諾佛言近是間有溪水名鳩對持鉢往取水滿鉢來我欲飲澡面阿難即往到溪水邊時有五百乘車上流厲度水大濁阿難即取濁水持來白佛溪上流有五百乘車適水大濁但可澡面澡足不可飲是間更有一溪名醯連水大清去是不遠可往取飲佛即取濁水澡面足病即小差時有華氏國人中大臣名胞罽隨道而來遥見佛威神形貌端正安靜而坐大臣胞罽前趣佛為佛作禮却坐佛為說經胞罽淚出佛言何等比丘為若說經若聞經何以故哭啼胞罽言有一人名羅迦盤為我誦經時我淚出佛言為若誦何等經胞罽言羅迦盤坐樹下自思惟身體有五百乘車過未久有一人問言適有五百乘車過寧聞車聲不荅言我不聞其人言近在是間匈匈如是何以不聞荅言忽然不聞其人言時比丘瞋耶荅言不瞋人言何以不聞車聲荅言我念道自思惟身體五藏人言車過如是不聞車聲胞罽言我於道中逢一人為我說經比丘羅迦盤持道深不聞五百乘車聲我用是故啼佛告胞罽五百乘車聲何如雷聲胞罽言正使千乘車聲不如雷聲佛告胞罽我昔在優曇聚坐思天下生死之根本時天暴雨雷電霹靂煞四牛耕者兄弟二人時有衆人往觀有一人來到我所前為我作礼我問是間何以聚人其人言屬者霹靂煞四牛兄弟二人佛何以不聞佛時瞋耶佛言我不瞋坐思道耳其人言佛道深乃如是不瞋而不聞霹靂聲佛思道甚深其人亦即淚出大臣胞罽言佛道深乃如是從今以往當持佛經戒胞罽即呼從者來使歸取黃金織成氎布一張來我以上佛從者即歸取來胞罽持上佛白佛言同知佛不用當哀我為受之佛即受之胞罽為佛作礼而去

去未久佛呼阿難持金織成氎布來色大好正黃阿難言我侍佛二十餘年未曾見氎好乃如是佛言有是甚好阿難言佛今日面色如是氎色佛告阿難佛有是曹色者有兩時佛初得道為佛時面色好如是我今日夜半當般泥洹面色好當復如是佛所復呼阿難去至醯連溪水邊我欲洗浴身體阿難言諾佛獨與阿難俱至醯連溪水邊佛解衣自取水灌浴佛告阿難朝華氏子淳家飯我今日夜半當般泥洹若告淳言佛從若飯已夜半當般泥洹若當歡喜語淳莫啼哭若一飯佛得五福若飯佛佛持若飯食氣力用般泥洹淳得長壽得端正得富貴尊豪得生天上佛可敬一飯佛得五福阿難白佛有一比丘名梅檀比丘急性憙罵數鬪諸比丘佛般泥洹以後我曹諸比丘當云何共事佛經戒佛語阿難我般泥洹已若曹莫復與語諸比丘不與語梅檀比丘當思惟懷重慙愧悔數鬪諸比丘佛告阿難施牀使北首我背大痛欲卧阿

難仰施牀著枕佛偃右脇臥屈膝累
脚臥思無為之道佛臥呼阿難若知
七意之事不何等為七一者有志二
者明經三者不懈於經四者不貪臥
當憙經五者政心六者淨心七者梘
身中惡露比丘有是七法以自知得
度世道阿難意念佛懈臥佛告阿難
若意念佛懈臥耶佛告阿難人不懈
於經不懈於坐起欲作佛者可得佛
語已即起坐時有一比丘名劫賓来
語阿難言我欲問一事阿難言佛聖
體不和且莫佛即從裏知比丘欲問
事佛告阿難呼比丘来入入與佛相
見佛言所欲問者當問比丘言佛有
疾且置經不須復說佛說七事者我
曹以聞當持佛且止莫說經佛告比
丘我向臥阿難念佛有懈惰之意何
以臥我以是故起說七事比丘言佛
是天上天下之尊去何不從天請藥
可使病愈佛言如人舍宅久故皆當
壞地績安如故佛心安如地身如故
舍心無病但身有病耳佛言憂七事
憂身持戒比丘言今佛當般泥洹有

身病何況凡人比丘言鵜生子怙父
母得食以生活今佛捨我曹般泥洹
我曹當依誰
世尊又曰吾經不說無生不死者比
丘當念持佛重戒比丘旋出佛告阿
難疾去為佛於盬呵沙施牀使北首
今日夜半佛當般泥洹阿難奉命之
彼施牀牀頭北首畢還白言施牀已竟
佛起至盬呵沙得牀猗右脅臥有一比
丘名優和洹當佛前立佛言無當吾
前阿難白言自吾親侍二十五年未
曾見比丘直自来進不問阿難佛言
是比丘於彼諸天衆有威神聞佛滅
度故直自前貪欲見佛阿難問言獨
是天知佛當滅度復有餘天佛告阿
難從鳩夷那竭國境界四百八十里
中頭頭相附間不容鍼皆是諸天聞
佛當滅度悲哭且来中有攪頭髮者
自裂衣者塞心絶尸視者哀去柰何
佛捨我曹滅度永逝何其疾乎佛為
大明三界中眼今般泥洹三界眼滅
佛告阿難吾本經不說無生不死者
天地無不壞敗者愚人以天地為常

佛以為虛空天地有成敗無不壞身
者善惡隨身父有過惡子不獲殃子
有過惡父不獲殃各自生死善惡殃
咎各隨其身阿難白佛言佛滅度後
吾等葬佛身體法當云何佛告阿難
汝默無憂當有逝心理家共憂吾身
阿難言彼以何法憂佛尊體佛告阿
難葬法如飛行皇帝殯葬之法佛復
踰彼阿難言甚聖帝法云何佛告阿
難葬法用錦衾以纏身劫波育千張
交纏其上著假棺中以澤香膏灌劫
波育上其有好香皆以著上以梓薪
椁薪柟薪以蓋覆棺以薪著上下地
維訖畢鍛舍利於四交道起塔立剎
以幡著上懸繒鼓華香燃燈飛行皇
帝葬法若斯佛復勝之佛說此時阿
難在後慷慨啼以頭拄牀角從後白
言滅度太疾亡天下眼四面郡國諸
比丘僧聞佛欲滅度啼哭且来自相
謂恐不見佛比丘僧到佛問比丘阿
難所在乎對曰阿難近在牀後角住
頭哽噎諸比丘流淚而言世尊滅度
何其太疾佛言吾本行諸壇聚豫告

若曹却九十日當般泥洹四輩弟子在數千里外者忠至佛告阿難若莫悲哀所以然者若盡心侍佛二十餘年慈仁於佛敬身慎口大孝於佛還去佛侍者亦如阿難當來佛侍者亦如阿難若知佛意若去某時可見比丘比丘尼優婆塞優婆夷某時不可見所供飲食若言可食可飲可卧可起常合佛意未嘗失儀某比丘某逝心樂經不樂經若所言皆誠於佛寂孝帝哭何為佛告諸比丘聽飛行皇帝有四難及之德何謂四德諸小國王及諸逝心理家并諸黎民詣帝闕下飛行皇帝皆見之和心軟教為諸王說治國法知足無求逝心之行清淨為首理家及民出詣佛廟聽採沙門正真之化歸當脩孝隨其所定慈心賜之諸王逝心理家庶民靡不欣豫稱嘆聖帝感動諸天飛行皇帝有斯四德阿難比丘亦有四德其有除饉男除饉女清信士清信女之阿難所從問經戒阿難為具廣陳演之四輩弟子靡不欣懌退坐出去尋塗稱歎斯謂阿難第一

四德復有四輩弟子不解經典至阿難所啓質所疑阿難釋結无不開解聞者不猒出無不歎斯謂阿難第二四德四輩高德覩阿難侍佛左側無不吟詠斯謂阿難第三四德佛所說經言無多少阿難所聞皆識諷誦宣授四輩一無增減是為阿難第四四德

阿難白佛言去是不遠有郡國舍衛國沙枝國拘波國三舍國波羅㮈國維耶梨國斯諸大國明義循忠佛當滅度何不於彼既於小縣復處城外薄聚鄙縣而般泥洹

佛告阿難無云小聚所以然者惟昔往古鳩夷那竭名鳩夷越王國大樂時無荒病米穀豐沃黎民熾盛家有孝子城東西長四百八十里南北廣二百八十里其城七重皆以焦塹累集作城黃金白銀琉璃水精以著城壁亦以四寶為瓦覆城城高六丈四尺上廣二丈四尺城中寶樹華光五色行有三道兩邊皆以四寶瓦覆其上兩邊居家舍宅彫文刻鏤服如天上琴瑟衆樂男女不雜歌音以德道樂

益明民無憂怖心常歡喜頭上六鉼明香遠達其聖王名曰大快見呈飛行皇帝勅兵光世都無齊雙相宰以道無違王法民欲飛行念即身往王有七寶自然生黃金飛輪神力白象紺色神馬明月珠天玉女妻主寶聖臣典兵聖臣王有四德為小兒時為太子時即帝位時捐國絕欲為沙門時各八萬四千歲斯即大快見王一難及之德飲食時化體無長疾寒溫調適身意常安斯二德容觀堂堂顏華絕世儀下帝釋以為不如斯三德普天率土民無巨細慈愛於王猶至孝之子願令親安王亦赤心慈愛衆生等之於子貧給財寶飢者飯之渴者飲之窮老幼孤令之合居為親為子屋舍車乘疾濟以藥斯謂四德其國常聞十二種聲為象聲馬聲牛聲車聲螺聲鼓聲儛聲歌聲諸絃樂聲誦仁義聲歎佛尊行聲黎民服飾衣寶織成明月雜珠瓔珞光道飲食伎樂猶忉利天居民欣樂无日不喜王欲出遊呼御車臣臣名須達勅之曰今

車徐行吾久不見逝心理家今欲見
之逝心理家聞王當出有持明月珠
者白珠碧珠青珠珊瑚栴檀名香輕
貢聖王王不欲受皆稽首求哀王乃
受之勑掌寶臣倍顧其直黎民巨細
亦以衆寶華香散地稱壽无極諸小
國王有八萬四千閩飛行皇帝欲布
施皆来翼從至大殿所帝欲與諸王
俱昇正殿諸王辭曰臣等諸國皆有
寶殿帝曰介等小殿未足以云且觀
明殿遂無敢昇者諸王各有寶車車
高十丈皆有四輪自下以上悉是七
寶上施幢幡色明相照車駕六馬馬
皆飛行時有一車駕兩駱爲車名俱
羅竭聖帝所乘矣八萬四千車皆在
前導至明殿所殿名波羅沙檀縱廣
四十里以黄金白銀琉璃水精壁爲
壁亦以四寶爲柱黄金瓦白銀瓦琉
璃瓦水精瓦陛五十重皆以黄金白
銀琉璃水精爲陛黄金梁白銀梁琉
璃梁水精梁黄金楯白銀楯琉璃楯
水精楯殿中有八万四千牀黄金牀
白銀牀琉璃牀水精牀黄金帳白銀

佛般泥洹經卷下　第十張　渊

帳琉璃帳水精帳黄金織成白銀織
成琉璃織成水精織成赤罽織成皆
以布牀上以天上降織成爲枕阿難
宫墻四重黄金墻白銀墻琉璃墻水
精墻作四寶浴池周匝四十里黄金
池白銀陛白銀池黄金陛琉璃池水
精陛水精池琉璃陛池中自然生四
色蓮華青紅紫白華冬夏常生池中外
有香華樹殿下有四道亦以四寶爲步
欄楯各長二十里殿陛之前有四寶樹
樹高四十里蔭地亦介黄金樹白銀葉
白銀樹黄金葉琉璃樹水精葉水精
樹琉璃葉帝於殿下自思惟不宜上
殿辭讓諸王諸王皆不敢昇大快見
勑令近臣請諸沙門逝心明經持戒
者先上殿具設美食重賜明寶沙門
逝心去帝即深惟壽命非常與一侍
人俱昇明殿曰吾欲遣諸夫人伎女
傍臣諸王各遣令去帝坐黄金牀足
蹈白銀机深自思念婬泆之行何益
於已愚人多貪不知其禍吾今雖壽
三十三万六千歲夫盛有衰合會有
離身爲朽種會成灰土斯四寶殿孰

佛般泥洹經卷下　第十一張　渊

能久保乎曰吾一身耳小屋足安何
用四十里殿八萬四千牀爲從黄金
牀至白銀牀足蹈金机惟人作意必
當清潔貪婬恚癡邪婬之心以四非
常滅令無餘觀世無常吾焉得久從
白銀牀至琉璃牀足蹈水精机曰吾
後宫玉女有八萬四千人各遣令去
用之爲拘女聚惡感當棄織意從琉
璃牀至水精牀足蹈琉璃机重思天
下衆事皆惡唯無爲快除吾濁心當
求無爲今雖爲飛行皇帝豪貴如斯
何潤於身侍者前白諸王女寶問王
處殿何其稽久皆欲進前帝告侍者
曰勑掌寶臣遣諸夫人各歸其家
著身衆珎名寶皆各自隨諸王群臣
天馬寶爲皆遣令去
大快見王即昇高觀遥聞衆聲喧呵
呼天帝曰何聲侍者白言天玉女聲
諸王群臣頓躄于地舉哀呼天寶爲
天馬呼嗶淚出戀慕天王靡不損躃
帝曰持小机来安置殿下請玉女寶
諸王群寮進諸爲馬寶車從者第一
嫡后就坐帝側帝更以女妹之愛待

佛般泥洹經卷下　第十二張　渊

諸夫人嫡后舉手指諸女寶曰天女之容煒煒光世著身天服世所希覩留微心以副其意寶為天馬馬名桓青白珠夜光衆寶瓔珞弈弈光國四方諸王皆有聖人之明度奉稱臣孝順慈忠愛慕天王快見王曰吾世世有慈心於世女人更相嫉妬殃惡流被延及王身惟斯重禍吾欲遠之自今以往若曹女等皆我姊妹諸夫人皆舉哀去當奈何生離善哉去皆脫身衆餝投之于地嫡后自搣推心悲哭呼云天王吾當依誰帝曰人命致短尒憂及長身為朽器死在无期自今執心尚沙門德遠女親賢唯道是尊修身自憂不能憂餘告諸王曰命短憂長當自愛身無生不死當正心行慈愛孝順榮難久保諸王稽首至誠辭曰四天諸國皆侍天王常聞諸聖咨嗟斯土以為無喻帝及群寮无不神聖國土珎寶辟如天上天王加哀宜還聖思帝告諸王人壽致短憂俗及長當自憂身命在呼吸无生不死當去貪婬譏濁之行帝起上殿坐

黃金牀持卬慈之心向諸夫人群寮諸王庶民為馬十方勤苦者悲心傷之欲使知佛從金牀至銀牀思無為之道從銀牀至琉璃牀思慈哀之行以濟衆生從琉璃牀至水精牀思大孝行欲度無數劫之親自惟五藏九孔惡露帝曰吾昔尚得一病如有竹索絞頸木鑿鑿身身為苦器安足可恃乎佛告阿難飛行皇帝大快見者吾身是也王後壽終昇生梵天誰知佛身作飛行皇帝修行正法又有四德七寶自然栰鳩夷鄃竭境界長四百八十里廣二百八十里皆在城中吾前以七持身置此地中今得斷求念空無相之定絕生死之原自今之後不復作身也

阿難汝往入城告諸民云今日夜半佛當般泥洹若等所疑急諮決之慎無後悔長懷若曹恨佛在小聚逮於稟戒阿難如教民僉然曰佛以何緣處于小聚滅度去乎民皆顛地叩頭者摶頰者搥心刮面搣鬚裂衣蹹地啼哭呼當奈何其王聞之愕然曰斯

者何哀王還迸臣問外何哀民嗚咽曰阿難勅言佛當滅度心所疑結令諮質之以斯哀矣臣還啓去阿難勅民佛當般泥洹今質所疑以故與耳王即召太子阿晨命之曰尒諮佛所稽首佛足敬問消息伏願世尊於正殿上昇泥洹道無於小聚般泥洹也太子白言若世尊逆不尒難者當去何王曰受教疾還太子到佛所阿難白言鳩夷國王遣太子來未敢通之佛言呼進太子五體投地稽首佛足却長跪諸王遣阿晨稽首佛足敬問消息衆生没溺唯佛拯濟今當滅度何其大疾當於宮中而於小聚佛告阿晨諦尒父王吾往以說昔為飛行皇帝冣後聖帝名大快見吾以七反以身喪此并今為八吾今道成不復以身著斯地中謝尒父王枉告太子太子還宮晻冥適至太子見王本末自陳王愕然流涕勅國黎民率土皆往受佛明法王以人定時到佛所與民十四萬衆俱住在外王自阿難曰吾與民十四萬人欲受佛戒阿難向

佛具陳王意世尊即曰當王及民阿難自言寧可遣王佛言不可當與相見王與國中高德賢者俱進皆以頭面稽首佛足却叉手立於佛前无燈火佛放頂中光光照二千里佛謝王及其臣民勞狂尒来王稽首曰佛有何誡所當奉行

佛言吾告使者去得佛說經四十九歲王國諸賢皆自執行王且還宮吾今夜半當般泥洹王及臣民莫不舉哀佛告王曰吾聞有生無不哀喪啼哭何為慈伏猛心上法天闓遠惡自愛勤心修德親賢事来重恩无加本暴人命難得當哀萬姓明者可責愚者原赦世多諸邪自愛自慶王及賢者皆自退出王去佛五里所止宅住國有耆年字曰須拔年百二十時在城中夜卧覺寤見佛光明照一城中家無一人即出城疾到佛所向阿難曰以吾啓聞吾有疑心於世尊阿難曰夜以且半佛當善逝且莫煩擾須拔對曰不可以聞乎吾聞無數世乃有一佛耳今諮質疑而不以聞吾之所疑唯

佛而釋餘莫能也阿難曰且止不須問矣佛知須拔在外欲質所疑呼阿難問何以不啓須拔疑事阿難對曰見夜且半佛當滅度懼其來入語言煩擾佛今當棄三有欲界就無為道佛言將須拔入有疑當問阿難即將須拔入須拔聞當入其心喜踊身皆為動前以頭面稽首佛足佛見須拔年老息微賜机使坐佛問須拔尒有何疑對曰佛為三界天中之天神聖無量至尊難雙開化導引四十九年仙聖梵釋靡不稽首吾有同志八人有故龜氏有無先氏有志行氏有自鶩子氏有延壽氏有計金樊氏有多積願氏有厓捷子彼八人智無瑩燭之明善無沛生絲髮之潤內懷三毒外為欲走坐作虛論妄書非真不諳稟化將有緣乎佛告須拔子曹經意與佛經違為生死之路求富貴之耶吾道之志斷求念空不識世榮淡泊無為以斯為樂須拔曰何謂无為之道乎佛言滅有歸本不復生死謂之無為也若曹志趣皆有八惡何謂為八

祠祀鬼神卜問虛煞是為一處家寅癡不奉孝道貪愛萬邪欲无舍上定為二兩舌惡罵妄言綺語未常陳吾令愚去惡是為三煞盜婬泆是為四常懷慈心不孝二親輕慢兄弟妻子九族心邪行讖無善勸導常自憍六欲人畏敬是為五晝夜懷邪不畏法律輕慢賢者尊貴讖濁遠避真正文墮惡人是為六聞有賢智明經沙門梵志豫懷憎嫉虛偽作謗是為七不敬先祖盡孝于親弃賢明而反賊毀仁正不覺流俗讖濁可耻斯謂八惡若自陳去世尊說經四十九載有八人不諳稟化子曹皆懷斯八惡豈樂清化乎正使來者佛亦不受須拔若心有斯八惡慎無問佛執斯八戒可得濟巷頻來不還應真行斯八戒當正尒心乃為佛弟子其有凡人違作師導教化之首違斯八戒皆是敵壘當遠棄避慎無聽受世尊曰吾今於三界中獨言獨步莫有等雙尒之所疑便問無嫌須拔稽首長跪而曰誠如佛言幾亡吾身又墮狂愚世尊

又曰若解八戒未乎對曰已解重稽首曰吾欲捐下賤之操執沙門清淨之行世尊又曰尒誠不對曰願佛加哀受我為沙門須投髮自然墮地袈裟著體精心思教霍然無想一心清淨喻明月珠即得應真道重自思念吾不能使吾師於前泥洹也即時先佛取泥洹道

佛呼比丘入言吾滅度後其有世人棄家去穢欲作沙門入比丘僧中先試三月知行高下世有四輩人一輩貧窮不能自活欲為比丘一輩負債無以償之欲作比丘一輩在役當時無用欲作比丘一輩高士行淨無穢聞無數世乃有一佛覩佛經典欣然心寤捐家棄欲不貪世榮來作比丘吾泥洹後凡諸來者觀于志趣視于坐起採于語言察于踏步知于施行善惡所趣求道用心精進樂不三月審察志高行淨可與乃用作比丘身既作比丘當選耆舊明於法律為之作師授其十戒奉戒三年兢兢不虧衆賢咸可當授與二百五十戒十戒

為本二百四十戒為札儀若曹後世施行是法天神地祇靡不敬善佛所戒法諸比丘熟思之無得以佛般泥曰去懈怠遠法佛之所行弟子所思長幼相奉無為不孝有不樂得道慕尊榮者當讀是經求壽欲生天上者讀是經弗之大要趣無為道吾泥日後無得以佛去故言無所復怙當怙經戒吾泥日後轉相承用諷經奉戒執二百五十戒轉相敬奉猶孝事親耆年比丘當教後嗣猶吾在時後進比丘若得疾病耆舊比丘當有乃心消息占視明教讀經喻諭以和順持佛戒吾道可久吾泥日後賢者子賢者婦女尋後思念吾世有佛有妙經典佛於世始般泥洹日子曹皆有至孝於佛慈心于經至其壽終皆當昇天尒等無得以吾去故不奉經戒慎無懈慢諸比丘尒等熟視佛顏色佛不可復得起却後十五億七千六十万歲乃復有佛耳佛世難值經法難聞衆僧難值唯佛難見也閻浮提內有尊樹王名優曇鉢有實无華優曇

鉢樹有金華者世乃有佛吾正於今當般泥洹尒曹於經有疑結者及佛在時當決所疑今不釋結後莫轉爭身我在時急質所疑阿難時在佛後稽首白佛自佛教化諸比丘僧無疑結者弟子自說吾等無疑天中天佛告比丘夜已且半勿復有聲佛起正坐深思道原棄是善惡都及三界年亦自至七十有九惟斷生死迴流之淵思惟深觀從四天王上至不想入從不想轉還身中自惟身中四大惡露無一可珍北首枕手猗右脇卧屈膝累脚便般泥日天地大動諸天散華香悲哭咸言法王滅度吾等依誰國王十四萬衆躃身呼佛衆生長衰當奈痛何或有絶而復穌者第二帝釋告諸天曰佛常去生無不死者尒等當念非常皆空非身之諦莫復啼哭第七天王亦來下曰佛光以冥佛尚棄身尒曹何望啼哭躃身者寧可復得乎諸比丘有死轉地啼哭且去三界眼滅何其疾乎自今之後世為長衰有住哭者息絶尸視者中有深

思佛在常亡無生不死啼哭為身何益明法哉有一比丘字阿那律語阿難曰止諸比丘無使重哀止王及臣民止上諸天莫復哀慟阿難問曰視上諸天能有幾人曰周匝四百 八十里中比首相附皆是尊天以一小鍼於上投之鍼不墮地阿那律上止諸天諸天哀慟倍悲阿那律語阿難曰佛不使吾等棺斂余赴徃告逝心理家吾等自能殯斂世尊有命令逝心理家棺斂殯塟無令有恨阿難即徃至逝心理家所如其事説逝心理家舉哀去世尊滅度吾等孤露智士歎嵗唯恃世尊某等五百人詣王訟曰乞獨殯塟王曰佛去衆生孤露和心無諍必盡孝心佛慇諸子令得景福王説斯事無不哽噎理家及民舉佛金牀還入王城諸天以名寶蓋覆佛牀上幢幡導從華香雜寶其下如雪十二種樂皆從後作天人龍鬼莫不舉哀理家問曰世尊在時勑令殯塟棺斂其法云何阿難曰佛在時云如飛行皇帝法佛復踰之理家問曰聖

帝殯法其則云何曰用新㲲錦牢纏身體新劫波育復以纏上著假棺中以澤香膏灌令徹身以蓋覆上栴檀香薪擣香薪梓薪樟薪著棺上下四面高廣各三十丈投火䭾維十二部樂同時俱作以好香華皆以散上斂取舍利擇去灰炭以好香汁熟淨洗之著金甖中以甖著金牀上當著宮中齋戒殿上九十日訖當於四交道起塔立刹懸繒旛華香作樂飛行皇帝塟法如是佛當勝之諸逝心理家揮淚曰諾必如明教願假七日理家俱詣王吾等欲棺斂天尊聖軆願王臨之王曰敬諾理家俱舉佛黄金牀却還從城西門入於城中央至七日得三十万衆皆共棺斂民衆皆持十二部樂晝夜燃燈燈火去城面十二里步步有之第二帝釋將十万衆天人來下持十二部天名樂來華香衆寶懸在空中去地三里帝釋獨下問阿那律佛有何令阿那律具以佛教告釋釋曰以具衆寶伎樂華香塟具吾欲殯塟其宜可乎荅曰吾當貢之

阿那律具以釋意向阿難説阿難荅曰佛在時不有令乎諸天及王無令棺斂勑令逝心理家殯塟謝諸梵釋願明佛意即還具以阿難意告諸天諸天曰吾上帝塟具不如民間乎荅曰斯何言與世尊踈逝有重貴令慎無相非逝心理家即日舉佛舍利牀欲從城西門入牀為不舉理家俱曰牀不動摇從得出城乎阿難問阿那律牀何以不揺荅曰諸天欲得棺斂故令牀不舉阿那律曰吾方上白梵釋諸天即上告梵釋曰阿難謝諸天塟儀之趣自是佛意梵釋諸天曰吾等以持塟具來至此寧可令吾等於牀右面國王黎民于牀左也伎樂華香送世尊乎荅曰吾當還報阿那律還以天意具報阿難阿難曰欲棺斂者上違佛教為孝送者可即報梵釋其事見聽諸天咸喜皆下在佛金牀右面王及民衆在牀左面理家問曰可舉佛牀出西城門去阿難曰可帝釋前以手持牀右面前足梵王持牀右面後足阿難持牀左面前足國王

持牀左面後足逆心理家以繒縛牀
前兩足天人哀慟共挽金牀諸天龍
鬼神散華雜寳名香伎樂幢幡華蓋
各皆導從王及黎民供具亦佘天人
挽歌歎德於上黎民紹之哀歌於下
天神鬼龍帝王黎民同時哀慟搥心
呼佛滅度如之衆生何怙出西城門
趣周梨波檀殿有大講堂以佛著堂
上逆心理家如佛遺教以氎緈纏身
劫波育千張交纏其上著假棺中以
澤香膏灌令徹身天蓋覆上理家俱
舉棺下殿於其中庭以梅檀香薪積
香薪梓檡薪栴薪高廣三十丈天神
鬼龍諸王人民皆以華香散薪上理
家然薪火為不然問阿那律曰火何
緣然之不然答曰佛有耆舊弟子名
大迦葉周行教化令者来還將弟子
二千人諸天無央數欲見佛令火
不然理家曰諾教待迦葉與四輩弟
子各五百人俱来於道止息有異學
者名優為從佛所来持天華華名曼
陁勒見大迦葉與弟子二千人相隨
優為逆為大迦葉稽首揖讓畢迦葉

問子從何来曰吾從郁竭國来迦葉
曰識吾大師佛不諾吾識之滅度巳
来今為七日吾從彼得斯天神華也
時諸弟子有未見諦者聞佛滅度靡
不驚愕躃踊搥心宛轉自滅呼曰奈
何衆生何怙有見諦者添存佛誠世
皆無常恩愛猶幻誰獲長存者衆比
丘中有一比丘年耆闇昧不達聖意
見衆比丘哀慟痛至住止之曰顧莫
哀也世尊在時法戒重沓此非法也
彼非義矣持此行是無違无犯今世
尊逝吾等自由不亦快乎衆比丘皆
共非之因共告天天取者比丘捐着
衆外大迦葉勑諸比丘使急就道四
輩弟子天人無數悲哭且行俱到佛
所繞殿三匝頭面著地踐面奄主吐血
而絕者迦葉熟視佛黄金棺意自念
曰吾来晚矣不及吾師不知世尊頭
足所在佛便應聲雙出兩足迦葉即
以頭面著佛足陳佛功德說偈言
彼為不生老　亦　為不死　彼為不復會
無有相逢憎　彼為不復令　愛欲相别離
當為求方便　令致得是處　彼為是五陰

以畢不復受　亦不復為為　有無是五陰
皆為以盡畢　有本亦以除　當為求方便
令致得是處　佛為斷世間　愛欲為以畢
便名為忍　亦捨所世間惱　佛為自安
亦致世間安隱　但當為叉手　當為謙礼佛
佛為所說法　為世間寂明　佛為寂見道
安隱无所㝵　亦為活天下　令不復老死
當何為世間　人不受佛恩　月為以出
但為夜去冥　日為以出　但為晝作明
電為以出　但能照明雲　佛明為以出
令為明三界　一切所河　為无過崐崘河
一切所大水　為無過於海　一切星宿明
月寂為明　佛為世間　天上天下寂尊
佛為以度世　為施福至今　佛為教誠行
為至今分明　亦為至今　為佛弟子受行
一切天亦人　恭敬叉手行礼
迦葉讃畢天神鬼龍帝王黎民皆礼
佛足衆礼訖畢足還入棺天人鬼龍
見足還沒踰為哽噎同時悲哭哭畢
迦葉與諸比丘更相弔唁逝心理家
放火蛇維天散華香皆大會衆生
為窮乎佛光徹照第七梵天十方幽
隱陰冥之處生不相見得佛光影一

時炳然欣面談曰斯何明也諸理家商佛肌肉盡即以香乳澆火令滅熟洗舍利盛以金甖佛内外衣續在如故所纏身劫波育為燋盡取舍利甖著金牀上以還入宮頓止正殿天人散華伎樂繞城步步燃燈滿十二里地阿難語阿那律謝諸天龍且各還居天龍鬼神各流淚去亡三界之日月世為長衰臨喪之絶當能幾間急逐吾等令去何為荅曰民衆擾擾欲上華香且宜暫還以展民心帝釋問阿那律何日當興世尊宗廟乎阿那律問阿難阿難曰却後九十日當於四交道中立剎興廟諸天咸曰待九十日將有緣乎阿那律曰四輩弟子其在遠者必當奔赴以副其望也諸天同時頭面著地帝釋處前諸天翼從繞殿三匝悲哭而去

比丘二万留衛舍利又謝國王且自還宮及群臣稽首于地悲哭繞殿三匝還宮勑諸夫人婇女皆令奉戒畢九十日遊心理家齋肅亦尒四遠皆聞佛以滅度鳩夷國四輩弟子皆賚

佛般泥洹經卷下　第二十八張　洲

華香悲哭塞路繞殿三匝稽首于地頭踰哀慟呼當奈何千里内王皆從太子千里外者遣其太子率從臣民皆詣佛所繞殿哀慟華香供養先至先退後至後退諸比丘俱問阿難塟法云何荅曰當東出去城三十里彼土有鄉鄉名衛致有四衢峙剎立廟以玉作甓甓之縱廣其方三尺塔縱廣丈五尺矣舍利金甖正著中央興塔樹剎高懸繒幡燒香燃燈淨掃散華十二部樂朝夕供養遊心理家當共成塔釋梵鬼龍王及臣民送佛舍利理家敬諾如阿難教

大迦葉及諸羅漢與阿那律共議斯三十万衆并王臣民終當生兜術天上弥勒所弥勒成佛第一說經九十六億比丘得羅漢弥勒當為衆生說經云斯諸神通皆是釋迦文佛時作塔者懸繒燒香燃燈執行佛戒皆清信士清信女也大迦葉與阿難及諸應真共議鳩夷國王壽終當趣何道大迦葉言斯王壽終當生十二水微天上後弥勒來下作佛時當字須達

佛般泥洹經卷下　第二十九張　洲

為弥勒興造宮殿講受道堂諭聞物精舍孤獨聚園衣食疾藥供比丘僧阿難問大迦葉鳩夷國王何以不於弥勒佛所取應真道大迦葉曰斯王欲心未厭生老病死憂悲之苦故不取應真道矣迦葉語阿難莫有不厭生死患者終不得道阿難荅曰吾久猒之何以不得道乎大迦葉曰尒但執戒不惟内外身身之惡轉流生死但以食故邊境八國聞佛滅度舍利在鳩夷國中皆發兵來索舍利分鳩夷國王曰佛在吾國今者滅度吾當供養遠苦枉顧舍利不可得八王荅曰吾等叉手索舍利分了不與我必當以命扭取之耳天帝見八王共諍欲得舍利還國供養化為梵志自名乇屈叉手前曉八國王曰聽吾一言惟佛在時諸王奉尊教常慈惠夫為民主無宜有諍當行四等分佛舍利令諸國土皆有宗廟開民盲冥令知有佛以為宗緒使得景福天神鬼龍諸王黎民僉曰善哉乇屈普施衆生福田也共請乇屈作平八分乇屈自

佛般泥洹經卷下　第三十張　洲

以天上金甖中以石蜜塗棗成量金
利各與一甖諸王得之悲喜交集皆
以香華懸繒雜綵燒香燃燈朝夕作
樂乞屈長跪七甖中餘著蜜舍利吾
欲立廟諸王惠之遂入甖道士名曰
桓違從王索舍利王曰已分不可復
得唯有焦炭便自往取道士取炭香
華供養復有遮迦竭人來索舍利曰
已分唯有餘灰可自往取即復取灰
奉九十日
大迦葉阿鄉律迦栴延共議阿難隨
佛審久於佛獨親佛所教化施為弘
摸阿難貫心無微不照可受阿難法
律委曲載之竹帛比丘僧議阿難白
衣恐有貪心隱蔵妙語不肯盡宣比
丘僧曰當說取之設一高座處諸聖
上會以比丘僧以慈詰問三上下因
問經要可得誠實鳩夷國王立佛宗
廟精房禪室凡有三千諸比丘處其
中誦經坐禪王遣大臣臣名摩南將
兵三千宿衛佛廟大迦葉與阿鄉律
共報比丘僧佛經結律名四阿含阿
難從佛獨為親密佛以衆生婬泆无

度作一阿含四慾悖逆作一阿含愚
冥遠正作一阿含不孝二親遠賢不
宗受佛恩不惟上報作一阿含沙門
衆曰唯阿難知夫四阿含當由阿難
出大迦葉曰阿難白衣恐有貪意不
盡出經衆比丘曰可以前事詰責阿
難當上阿難著于高牀諸賢者衆自
下問經僉曰善哉誠合大宜直事沙
門即會聖衆逐阿難出聖衆皆坐復
命阿難令疾進進為聖衆稽首作礼
得應真者皆坐如舊未得者皆起直
事沙門令之昇坐中央高座阿難辭
曰非吾座也聖衆僉曰以佛經故尊
尒于彼從尒受佛之上法阿難乃坐
賢衆問之尒有七過寧知之乎世尊
在時云閻浮提之内大樂尒嘿然為直
事沙門呼阿難阿難即對曰佛為无
上正真聖尊將不得自在耶當須吾
言乎設佛在世一劫之間弥勒至尊
從得作佛聖衆黙然阿難无懼衆聖
僉曰且還復坐知子宣法與衆所聞
正法同不如斯三上阿難復三下之
阿難復上言伊焰摩須檀伊焰摩須

檀者吾從佛聞諸比丘僧聞阿難法
言伊焰摩須檀吾從佛聞咸嗄噎去
何當奈此何佛適處世而今更去吾
從佛聞說如是天神鬼龍帝王臣民
四輩弟子莫不舉哀大迦葉賢聖衆
選羅漢得四十人從阿難得四阿含
一阿含者六十疋素寫經未竟佛宗
廟中自然生四名樹一樹字迦栴一樹
字迦比延一樹字阿貨一樹字尼拘
類比丘僧言吾等慈心寫四阿含自
然生四神妙之樹四阿含佛之道樹
也因相約束受比丘僧二百五十清
淨明戒比丘尼戒五百事優婆塞戒
有五優婆夷戒有十寫經竟諸比丘
僧各行經戒轉相教化千歲千歲之
中有持戒者應在第四弥勒佛所弥
勒世尊當為天說經法言今之會衆
皆是釋迦文佛時持戒者來會斯上弥
勒佛言尒曹勤心加於精進行難偕
念多少持之佛泥日後作八宗廟第
九瓶塔第十炭塔第十一灰塔經曰
佛以四月八日生八日棄國八日得
道八日滅度以沸星時去家學道以

沸星時得道以沸星時般涅曰草衣復更華蒸擧國樹木皆更茂盛佛般涅日去三界天中天光明以滅一切十方皆自歸於佛

佛般泥洹經卷下

甲辰歲高麗國大藏都監奉
勅雕造

佛般泥洹經卷下　第三十四張　谢

佛般泥洹經卷下

校勘記

一　底本，麗藏本。

一　五〇九頁上一四行「胞罠」，資、磧、南作「罰民」；徑、清作「胞罽」，下同。

一　五〇九頁上一六行第八字「佛」，徑、清作「佛所」。

一　五〇九頁上二〇行「何等經」，資、磧、南、徑、清作「何經等」。

一　五〇九頁中四行「五藏」，資、磧、南、徑、清作「五滅」。

一　五〇九頁中二二行「同知」，南、徑、清作「固知」。

一　五〇九頁下一一行第七字「淳」，資、磧、南、徑、清作「淳陀」。

一　五〇九頁下一四行末字「飯」，資、磧、南、徑、清作「飲」。

一　五〇九頁下二一行「栴檀」，資、磧、南、徑、清作「栴」。

一　五一〇頁上一行第六字「枕」資、磧、南、徑、清作「枕」下同。同行末字「累」，資、磧、南、徑、清作「壘」下同。

一　五一〇頁上二行「若知」，資、磧、南、徑、清作「爾知」。

一　五一〇頁上九行「坐起」，資、磧、南、徑、清作「戒以起」。

一　五一〇頁中六行「呵沙」，資作「呵次」。

一　五一〇頁中八行「彼施牀牀頭」，資、磧、南、徑、清作「彼牀牀頭」。

一　五一〇頁中九行「呵沙」，資作「呵汝」。

一　五一〇頁中二一行「三界眼滅」，資作「三界明滅」，下同。

一　五一〇頁下一〇行「錦縶」，資作「錦氎」；磧、南、徑、清作「綿氎」。

一　五一〇頁下一一行「假棺」，磧、南、徑、清作「銀棺」，下同。

一　五一〇頁下一三行末字至次行首字「蚍維」，資、磧、南、徑、清作「闍維」，下同。

一五一〇頁下一五行「繒鼓」，資、磧、南、徑、清作「繒鼓樂」。

一五一〇頁下末行「何其」，資、磧、南、徑、清作「何期」。

一五一一頁上八行「可飲」，資無。

一五一一頁上一〇行第二字「經」，資無。

一五一一頁上二〇行第一一字「男」，資、磧、南無。

一五一一頁中一五行「疥病」，磧、南、徑、清作「疾病」。

一五一一頁中一七行「累集」，資、磧、南、徑、清作「壘集」。

一五一一頁下一一行「斯二德」，南、徑、清作「斯謂二德」。

一五一一頁下一二行「斯三德」，資、磧、南、徑、清作「斯謂三德」。

一五一一頁下一四行「赤心」，資作「志心」。

一五一一頁下一七行「屋舍」，資、磧、南、徑、清作「室舍」。

一五一一頁下二二行「欣樂」，資、磧、南、徑、清作「欣欣」。

一五一二頁上一行「今欲見」，磧、南、徑、清作「舍欲見」。

一五一二頁上四行第一三字「王」，磧、南、徑、清作「至」。

一五一二頁上五行「倍顧」，磧、南、徑、清作「倍貴」。

一五一二頁上一一行第八字「諸」，資、磧、南、徑、清無。

一五一二頁上一二行「十丈」，資、磧、南、徑、清作「十尺」。

一五一二頁上一四行「時有」，資、磧、南、徑、清作「特有」。

一五一二頁上二一行第八字「楷」，資、磧、南、徑、清作「橑」，下同。

一五一二頁中九行「四道亦以」，資無。

一五一二頁中二二行「三十三」，磧作「三十二」。

一五一二頁下一行「足安」，資作「之安」。

一五一二頁下一七行「喧叫」，資、磧、南、徑、清作「喚叫」。

一五一二頁下一八行「天玉」，南作「天王」。

一五一二頁下一九行第六字「蹌」，磧、南、徑、清作「搶」，下同。

一五一二頁下二〇行「呼嘷」，磧、南、徑、清作「呼號」。同行「頓躃」，資作「頓擗」。

一五一二頁下末行末字「侍」，資、磧、南、徑、清作「待」。

一五一三頁上二行「著身」，資、磧、南、徑、清作「身被」。

一五一三頁上一一行「自搣」，資、磧、南、徑、清作「自滅」。

一五一三頁上一六行「愛身」，磧、南、徑、清作「憂身」。

一五一三頁上一八行「皆侍」，資、磧、南、徑、清作「皆待」。

一五一三頁上二二行末字「不」，資作「無」。

一五一三頁中三行「思無爲之」，資、磧作「思無之」；南、徑、清作「思無爲」。

一 五一三頁中七行「尚得」，資、磧、南、徑、清作「甞得」。

一 五一三頁中一一行「皇帝修行」，資無。

一 五一三頁中一四行「今得断求」，資作「今得断求求」；磧、南、徑、清作「令得求求」。

一 五一三頁中一五行第五字「定」，資作「促」。

一 五一三頁中二〇行第一〇字「曰」，磧、南、徑、清作「白」。

一 五一三頁下一四行「大疾」，資、磧、南、徑、清作「太疾」。同行「而於」，資、磧、南、徑、清作「勿於」。

一 五一四頁上一行「苦王」，磧、徑、清作「若王」。

一 五一四頁上一四行「可責」，資、磧、南、徑、清作「可貴」。

一 五一四頁上一五行「自慶」，資、磧、南、徑、清作「自愛」。

一 五一四頁上二二行「乎吾聞」，資無。

一 五一四頁中一二行末字「有」，資、磧、南、徑、清無。

一 五一四頁中一六行「沛生」，磧、南、徑、清作「濟生」。

一 五一四頁中二〇行「断求」，資作「逝求」。

一 五一四頁中末行「志趣」，清作「思趣」。

一 五一四頁下一行「虚煞」，磧、南、徑、清作「虐殺」。

一 五一四頁下二行「貪愛」，資、磧、南、徑、清作「貪受」。

一 五一四頁下三行「未常」，資、磧、南、徑、清作「未嘗」。

一 五一四頁下一一行「弃賢明而反賊」，資、磧、南、徑、清作「不宗賢明而友賊」。

一 五一四頁下一四行「八惡」，資、磧、南、徑、清作「八罪惡」。

一 五一五頁上三行第七字「尒」，資無。

一 五一五頁上一一行「三月」，南作「二月」。

一 五一五頁上末行「當授」，資、磧、南、徑、清作「受授」。

一 五一五頁中三行末字至次行首字「泥曰」，資、磧、南、徑、清作「泥洹」，下同。

一 五一五頁中九行「經戒」，磧、南、徑、清作「我經戒」。

一 五一五頁中一二行「乃心」，資、磧、南、徑、清作「耐心」。

一 五一五頁下二行第一三字「及」，資作「曼」。

一 五一五頁下四行首字「曼」，磧、南、徑、清作「慢」。

一 五一五頁下六行首字「結」，資、磧、南、徑、清作「經」。

一 五一五頁下二一行「宛轉地」，資、磧、南、徑、清作「宛轉于地」。

一 五一五頁下二二行「三界眼滅」，資、磧、南、徑、清作「三界明滅」。

一 五一六頁上一四行「唯恃世尊某

等」，資、磧、南、徑、清作「唯心恃世尊其等」。同行「詣王」，資作「諸王」。

一五一六頁上二一行第七字「曰」，資、磧、南、徑、清無。

一五一六頁中一行「褩錦」，資作「氎錦」；磧、南、徑、清作「氎綿」，下同。

一五一六頁中五行「投火」，資、磧、南、徑、清作「持火」。

一五一六頁中二二行「釋釋」，資、磧、南、徑、清作「帝釋」。

一五一七頁上一三行「梓樟薪」，資、磧、南、徑、清作「梓薪樟薪」。

一五一七頁上二一行「名優」，資作「各復」。

一五一七頁上末行首字「優」，資作「復」。

一五一七頁中二行「吾識之」，清作「若識之」。

一五一七頁中七行「長存者」，徑、清作「長有者」。

一五一七頁中九行第九字「住」，資、磧、南、清作「往」。

一五一七頁中一六行「奄土吐血」，資作「奄土血」；磧、南、徑、清作「掩土血」。

一五一七頁中二〇行「說偈言」，資、磧、南、徑、清作「即說偈言」。

一五一七頁中二一行「不死」，資、磧、南、徑、清作「不老死」。

一五一七頁中二二行「相逢憎」，資、磧、南、徑、清作「相逢時」。同行「不復令」，資、磧、南、徑、清作「不復會」。

一五一七頁下三行「斷世間」，資作「已逝間」。

一五一七頁下四行至五行「使名爲忍……亦致世間安隱」，資、磧、南、徑、清作五言偈「佛名爲忍亦　捨所世間惱　佛爲自安亦　致世間安隱」。

一五一七頁下八行第一一字「月」，資、磧、南、徑、清作「皓月」。

一五一七頁下九行第六字「日」，資、磧、南、徑、清作「皎日」。

一五一七頁下一〇行首字「電」，資、磧、南、徑、清作「閃電」。

一五一七頁下一一行「所河」，資、磧、南、徑、清作「所有河」。同行「爲无過崐崘河」，資、磧、南、徑、清作「無過崑崘河」。

一五一七頁下一三行首字至末字「月……尊」，資、磧、南、徑、清作五言偈「明月最爲明　佛爲世間眼　天上天下尊」。

一五一七頁下一六行「行礼」，資、磧、南、徑、清作「礼」。

一五一七頁下一九行「踰爲」，資、磧、南、徑、清作「愈爲」。

一五一七頁下末行「光影」，資、磧、南、徑、清作「光量」。

一五一八頁上二行「香乳」，資、磧、南、徑、清作「香汁」。

一五一八頁上一九行「二万」，資、磧、南、徑、清作「一万」。

一五一八頁上二一行「奉戒」，磧、南、徑、清作「齋戒」。

一五一八頁上二二行「齋肅」，磧、南、徑、清作「齋肅」。

一五一八頁中七行「有四衢峙」，磧、南、徑、清作「有四衢道當於四衢跱」。

一五一八頁中一五行「臣民」，資、磧、南、徑、清作「人民」。

一五一八頁中末行第六字「来」，資、磧、南、徑、清無。

一五一八頁下一行末三字至次行首二字「喻聞物精舍」，資作「喻聞物釋舍」；磧、南、徑、清作「踰聞物精舍」。

一五一八頁下八行「厭之」，資、磧、南、徑、清作「能之」。

一五一八頁下一四行第一〇字「了」，資、磧、南、徑、清作「子」。

一五一八頁下一六行「自名」，資、磧、南、徑、清作「字名」。

一五一八頁下一九行「民主」，磧作「民主」。

一五一九頁上一行「成量」，資、磧、南、徑、清作「盛量」。

一五一九頁上五行「道士」，資、磧、南、徑、清作「時有道士」。

一五一九頁上一七行「以慈詰問三上下」，資、磧、南、徑、清作「以茲詰問三上三下」。

一五一九頁中三行「佛恩」，資、磧、南、徑、清作「佛深恩」。

一五一九頁中九行「即會」，資作「即貪」。

一五一九頁中一六行第八字「内」，資、磧、南、徑、清無。

一五一九頁下三行首字「何」，資、磧、南、徑、清無。

一五一九頁下八行「一樹宇迦栴」，資、磧、南、徑、清作「一宇迦栴」。

一五一九頁下一八行第七字「時」，資、磧、南、徑、清無。同行「斯上」，資、磧、南、徑、清作「斯土」。

一五二〇頁上卷末經名後，資、磧、南、徑、清有附記「從佛般泥洹到永興七年二月十一日凡已八百八十七年餘七月十有一日今丙戌歲合爲九百一十五年是比丘康日所記也又至慶曆六年丙戌歲共計一千九百九十四年」。

般泥洹經卷上

不載譯人附東晉錄　　樹

聞如是一時佛遊於王舍鷂山從大衆比丘比丘千二百五十時摩竭王阿闍世與越祇不相得衆臣議言越祇自恃國富民衆地沃野豊多出珎寶不首伏我當往攻伐國賢大臣名曰雨舍梵志種也王命使行稽首佛足敬問消息興居輕強氣力遊步德化日昇言阿闍世與越祇有憾衆臣之議欲往攻伐願聞衆祐有以教之大臣受命即嚴車五百乘騎二千步人二千行詣鷂山到小道口下車步進見佛歡喜貌色恭辭氣重揖讓畢長跪言摩竭王阿闍世稽首佛足敬問消息興居輕強氣力遊步德化日昇佛言甚善王與國人及汝皆安不雨舍白言王與越祇有憾衆臣之議以彼自恃國富民衆地沃野豊多出珎寶不首伏我欲往伐之願聞佛教佛報大臣昔吾一時曾遊越祇正躁神舍見其國人皆多謹勑我時為說治國七法不危之道其能行者日當興盛未之衰也即叉手言願聞七法蓋何施行佛言諦聽對曰受教時賢者阿難住後扇佛佛言阿難汝寧不聞越祇國人數相聚會講論政事修備自守對曰聞其數相聚會講論政事修備自守佛言如是彼為不衰汝聞越祇君臣常和所任忠良轉相承用對曰聞其君臣常和所任忠良轉相承用汝聞越祇奉法相率無取無願不敢有過對曰聞其奉法相率無取無願不敢有過汝聞越祇礼化謹敬男女有別長幼相事對曰聞其礼化謹敬男女有別長幼相事汝聞越祇孝於父母遜悌師長受識教誨對曰聞其孝於父母遜悌師長受識教誨汝聞越祇承天則地敬畏鬼神敬順四時對曰聞其承天則地敬畏鬼神敬順四時汝聞越祇尊奉道德國有沙門應真及四方來者供養衣食卧牀疾藥對曰聞其尊奉道德國有沙門應真及四方來者供養衣食卧牀疾藥佛言夫有國者行此七法難可

得危雨舍對曰使越祇人持一者尚不可攻何況有七國事多故當還請辭佛言可置知是時即從坐起礼佛而去是時佛勑賢者阿難請鷂山中諸倚行比丘令會講堂即請志會稽首畢一面坐佛告諸比丘聽我所言善念行之皆曰受教佛言比丘有七教則法不衰何等七教一當數會講誦經道無有懈怠二當和順忠正相教轉相承用三當無取無願於他雅樂山澤四當絕望長幼先後相事以礼五當慈孝承事師長受識教誨六當奉法敬畏經戒以修梵行七當遵道供養聖衆開解童蒙來學者受給施衣食卧牀疾藥如是七法可得久住又比丘有七守則法不衰當善念行一守清淨不樂有為二守無欲不貪利養三守忍辱無所諍訟四守空行不入衆聚五守法意不起衆想六守一心坐禪定意七守約損衣食麁疏草蓐為牀如是七法可得久住又比丘有七敬則法不衰當善念行一為敬佛善心礼事無他倚行二為

敬法志在道意無他倚行三為敬衆依受教令無他倚行四為敬學事持戒者無他倚行五為敬聞事講授者無他倚行六為敬淨無欲无他倚行七為敬定事坐禪寂无他倚行如是七法可得久住又比丘有七財則法不衰當善念行一當有信見正喜樂二當有戒慎護不犯三當有慙改過自悔四當有愧順所言行五當多聞諷誦無猒六當智慧深行微妙七當法施勿望札貺如是七法可得久住又比丘有七覺意則法不衰當善念行一志念覺倚淨無淫捨分散意二法解覺倚淨无淫捨分散意三精進覺倚淨無淫捨分散意四愛喜覺倚淨無淫捨分散意五一向覺倚淨无淫捨分散意六惟定覺倚淨无淫捨分散意七行護覺倚淨无淫捨分散意如是七法可得久住又比丘有七知則法不衰當善念行一當知法佛十二部經諦受誦論二當知識求諸法慧博解其要三當知時可誦可步可禪可卧無失時宜四當自知所入

法行多少深淺熟與初始志當曰勝五當知節勿貪羙妙適身節食无以自病六當知衆入比丘衆梵志聖人君子及士民衆分別知可敬可住可坐可默可語七當知人觀其所好察其志能隨意勸導令知聖化如是七法可得久住又比丘有七惟則法不衰當善念行一惟經道當如人念父母父母生子思極一世惟法活人無數世庚人生死二惟人生無不有苦憂念妻之家屬所有死各離散不知所墮若身有罪親不能解知此非常當念行道三惟精進端身口意取道不難四惟謙虛無自憍大承事明哲矜誨未聞愍傷教之五惟降意不馳六情抑婬怒癡態無有邪行六惟軀中但臧臭穢風寒熱血无可貪者七惟自觀形如糞土日當念死天地開闢生民以來無不死者世間如夢所見歡愛不知為化悟乃覺空當知是幻勿以自欺如是七法可得久住又比丘復有六重法當善念行可得久住一為修身以起慈心依聖旬通諸

清淨者行此重任和一受敬施於同學無取無諍勉共守行行二為修口善行以起慈心三為修意善行以起慈心四為所見法際若得衣食應器餘物終不愛藏五為持戒不犯不以摸質能用勸人六為若從正見得出正要受道皆盡度知見了行此重任皆以聖旬通清淨用和愛敬施於同道無取無諍轉相建立共守道行又復比丘當為愍傷一切蠕動至於蜎虫必加慈心人之死亡當為悲哀彼得為人如不聞道家室啼哭亦不知死魂神所趣唯得道者能知之耳佛為是故數陳經法經不可不學道不可不行天下多道王道為大佛道如是冣為其上辟數十人俱共射准有前中者有後中者要射不止必復中准又如天下衆流不息皆歸于海比丘如此行道不止會得解脫如佛法教轉相承用諷詠佛語常用時誨四輩弟子展轉相教如是佛經可得久住彼時佛請賢者阿難俱之巴連弗邑即受教行佛攝衣鉢歷王舍城去

行半道所頻止王園佛告諸比丘皆聽其為道者當知四諦凡人不知故走長塗死轉生死無休止時吾是以啓汝意何等四一曰知苦苦是謂真諦二曰苦由習生是謂真諦三曰苦習盡滅是謂真諦四曰苦習盡受道是謂真諦於苦不慧不知故走長塗生死不休當以知此苦諦苦者謂生苦老苦病苦死苦憂悲惱苦愛別離苦所求不得苦以要言之五盛陰苦已覺斯苦能斷愛習是謂得眼為極是生後不復有苦猶習者從愛苦習都盡受道之諦得眼見證為盡是生後不復有已見真諦得道眼者无復生死長塗永絕如是比丘又當復知道得八行何等八一以專心受佛經法二棄愛欲與世無諍三絡不為煞盜婬行四不欺調傒飾惡罵五不嫉妬貪餮不信六念非常苦空非身七觀形中臭穢不淨八不貪身知當歸土諸往古佛皆見此四諦諸當來佛亦見此四諦其有貪慕家居恩愛及樂世間榮名之壽者終不得是度世

般泥洹經卷上　第七張　剛

之道道從心生心淨者乃得道其次心端不犯五戒可得上天其次信道好學經法後可得作人若都欲斷絕地獄畜生餓鬼道者當以一心奉行經戒令佛為天下解脫生死開現正道其欲學者當諦思惟佛與賢者阿難前到巴連弗止城外神樹下諸梵志居士聞佛從諸弟子來皆出城外欲覲見供養佛有持牀蓐有持毾㲪有持水漿及錠燈者行詣佛所稽首畢一面坐佛告諸梵志居士人在世間好貪欲恣意者有五消耗一自放恣財產日耗二自放恣危身失道三自放恣衆人不敬死時有悔四自放恣醜名惡聲周聞天下五自放恣身死魂神墮三惡道人能降心不放恣者有五豐德一自撿攝財產日增二自撿攝得近道意三自撿攝衆人所敬至死無悔四自撿攝好名善譽周聞天下五自撿攝身死神生天上福地人不自恣有此五善宜思念之佛為衆人說法正化若干要語无不歡喜皆前稽首佛足繞三匝而去於是

般泥洹經卷上　第八張　剛

佛起到阿衛隙坐一樹下持神心道眼見上諸天使賢神守護此地賢者阿難從燕坐起稽首畢一面住佛問阿難誰當此巴連弗起城郭者對曰是摩竭大臣雨舍所建所其欲以遏絕越祇佛言善哉善哉雨舍之賢乃知當此吾見忉利諸神妙天共持此地其有土地為天神所護必安且貴又此地者近天之中主此地神名曰人意人意所護其國久而益勝必多聖賢仁智豪俊餘國弗及亦莫能壞此城久久如欲壞時當以三事一者大火二者大水三者中人與外人謀乃壞此城雨舍聞佛與衆弟子俱進到此即乘王威嚴車五百乘出城欲覲見供養佛到即下車步入園門見佛歡喜顏色恭肅氣重揖讓畢一面坐佛為說法正化若干要語雨舍歡喜乃避坐言欲設微食願與聖衆俱屈威神佛以默如可之即起稽首繞佛三匝而歸大臣歸乃通夜具作好食嚴室內施牀座早行白佛食具已辦唯聖知時佛即攝衣持鉢與衆弟

般泥洹經卷上　第九張　剛

子俱到其舍就高座於衆前坐兩舍
手自斟酌醼美奉鉢致漿行澡水畢
住白佛言已所施福願佛呪願此國
土民一切天人使長得安佛呪願言
佛助汝喜為天人供養士民作導飯
佛比丘僧稱譽正法受道慧語奉行
經戒都呪願此可敬知敬可事知事
博施兼愛有慈哀心使汝一切常獲
福利得見正道大臣歡喜佛復言汝
於今世雖有官事緣由此福後必解
脫若人得飯佛及真賢持戒者沙門
呪願終不徙棄又當以知若欲在官
及居位者不可有貪心不可侈心不
可憍心不可虐心不可快心去此五
者後無咎悔死得上天除惡道罪佛
說已從坐起出東城門兩舍退侍曰
當名此門為瞿曇門佛度津渚又退
名之為瞿曇津是時人民有乘舫身
渡者有乘小船或乘竹箄及木桴渡
渡者甚衆佛坐定意自思往昔亦作
佛時身所更來乘此桴舡不可復數
令以解脫不復乘此亦使我諸弟子
得離是佛從定覺自說頌曰

佛為海船師　法橋渡河津　大乘道之輿
一切渡天人　亦為自解脫　度岸得昇仙
都使諸弟子　縛解致泥洹
彼時佛請賢者阿難俱之拘利邑受
教皆行到坐樹下佛告諸比丘皆聽
當持淨戒當思定意當解慧行此三
者稱譽既豊又得離於婬怒癡垢是
謂正度欲疾望此當力自解用盡是
生入清淨行務如應作而知一心以
善其性與世無諍已知世事宜自憂
身靜居內思意志即明三垢已除便
自得道心不復走亦無所著辟如國
王為万姓主比丘自思惟能万端皆
心為主佛與阿難俱到喜豫邑止河
水邊揵祇樹下諸弟子且入城乞食已
澡洗畢還札佛住白佛言是國多疫
到有死者朝所共聞有清信士玄鼷
時仙初動或震叔良怢賢伯宗兼篤
德稱淨高十人皆死是輩喪身當趣
何道佛告諸比丘此十人者已斷自
然魂神上生十八天上到不還地不
復來下受世間法又是國死非但此
也佛天眼見五百清信士悉如難提

等離三垢五道斷死皆上生不還之
地止取泥洹又有三百清信士已斷
三結無婬怒癡昇頻來地後來下生
當見苦際復有五百清信女皆得四
喜三結盡得灊港離三惡道生天人
中不過七世當得應真於是佛謂諸
比丘洪說彼死者為撓擾佛也然吾
為佛不復受此亦當何懼微哉妙矣
生死有時夫諸佛興雖曰生於世不
佛法情矣何則如來法情已止無所
不覺已了是生現說分明所謂妙者
從有是令得是無有是不得是從是
起令是生是滅者乃都滅所以者何
用有欲求故為不明緣不明行緣行
識緣識名色緣名色六入緣六入更
樂緣更樂痛緣痛愛緣愛受緣受有
緣有生緣生老死憂悲苦滿惱致
是具足苦性習有生死之本轉如車
輪行無休息從癡不明故有生死假
令不明無餘無欲以滅則行滅行滅
則識滅識滅則名色滅名色滅則六
入滅六入滅則更樂滅更樂滅則痛
滅痛滅則愛滅愛滅則受滅受滅則

有滅有滅則生滅生滅則老死憂悲
苦惱惱致是具足苦性習有為都
滅矣故先為若説癡者有生死慧者
持道不復生死當思念此拄其心乃
不持復更生死之道又欲近道當有
四喜冝善念行一曰念佛意喜不離
二曰念法意喜不離三曰念衆意喜
不離四曰念戒意喜不離念此四喜
必令具足而自了見當堅正度求解
身要可以除断地獄畜生鬼神之道
以致瀟港不墮悪地雖往来走天上
人中不過七生自得苦際彼時佛請
賢者阿難俱之維耶離國即受教行
佛樂拘利歷城中去到止城外故埊
女柰氏園柰女聞佛從諸弟子自越
祇来即嚴車衣服從五百女弟子俱
出城詣柰園欲跽拜侍覲佛遥見其
五百女来勅諸比丘見是皆當伍頭
内觀自端汝心彼好莊衣辟如畫瓶
雖表彩色中但屎尿當知好女皆畫
畫瓶革也夫為道者不當惑彼故當
健制志惟分别是柰女来亦從我教
何謂健制已生悪法能即断却治性

精進自攝意端未生悪法能令不起
治性精進自攝意端未生善法意能
發生治性精進自攝意端巳生善法
志立弗忘能使增廣治性精進自攝
意端是以當為宰破筋骨自碎身體
不隨心而為悪是為健制何謂志惟
惟内身循身觀惟外身循身觀以内
外觀思念分别断不使意惟内痛循
痛觀惟外痛循痛觀以内外觀思念
分别断不使意惟内意循意觀惟外
意循意觀以内外觀思念分别断不
使意惟内法循法觀惟外法循法觀
以内外觀思念分别断不使意是為
志惟何謂分别知可行不可行從其
正能别行是為分别夫能健制志惟
分别乃為有力非謂壯士多力而為
健也能去悪就善是謂冣健自吾求
佛與心諍以来其刼無數用不聽邪
心故今得為若世間作佛亦可休上
汝意久在不淨之中可自拔擢免斯
衆苦見是女来當如我教於是柰女
到稽首畢一面坐佛問言今汝諸女
意何如對曰受佛大恩得聞法教愚

癡醒悟夙夜自勑不敢邪心佛告柰
女好邪婬者有五自妨一者多聲不
好二者王法所疾三者懷畏多疑四
者死入地獄五者地獄罪竟受畜生
形皆所致能自滅心不邪婬者有五
增福一者多人稱譽二者不畏縣官
三者身得安隱四者死上天生五者
從立清淨泥洹道是以當自患猒毋
人生病月期不淨拘絆捶杖不得自
在受行經戒可得如佛清淨之道佛
為柰女説法正化若干要語柰女歡
喜避坐長跪白言欲設微食願佛聖
衆俱屈威神佛以默然可之即作礼
而去去未久維耶離豪姓有諸離車
聞佛從諸弟子来去城七里即乘王
威嚴四色車出欲見佛諸離車中有
乘青馬青車青衣青蓋青幢青幡官
屬皆青有乘黄馬黄車黄衣黄蓋黄
幢黄幡官屬皆黄有乘赤馬赤車衣蓋
幢幡官屬皆赤有乘白馬白車衣蓋
幢幡官屬皆白佛見車騎數十万衆
填路而来即告諸比丘汝欲見忉利
天上天帝苑中侍從出入者如此無

異耶諸離車到皆下車步入柰園作
礼畢一面坐佛為大衆說法正化有
一人字并豎避坐起整衣服向佛自
陳言每聞佛功德巍巍甚大天上天
下無不傾動常從在所夙夜敬仰服
重清化不敢有惱佛語并豎天下欽
哲乃知敬佛夫敬佛者自得其福死
皆上天不墮惡道於是并豎說頌
讚曰
敬謁法王來　心正道力安　最勝号為佛
名顯若雪山　譬華淨无疑　得善如近香
方身觀无猒　光若露耀明　唯佛智高妙
明威無瑕塵　願奉清信戒　自歸於三尊
是時坐中五百豪姓各解身上衣以
授并豎并豎持衣前白佛言是諸尊
者聞善言喜共以五百上衣奉獻世
尊願哀受之佛受已告言傳士當知
佛為如来至真等正覺明行成已善
逝世間解無上士道法御天人師号
佛衆祐出興於世有五難有自然之
法何等五佛出教化天下釋梵沙門
梵志龍神帝王以自然慧為世現證
開說真道上語亦善中語亦善下語

亦善至要義具清淨究暢一切敷演
是一難有自然法也佛說經於天下
聞者皆樂信學諷誦端身口意去邪
入正是二難有自然之法也天下人
民聞佛經道意去開解深之思惟皆
得明慧是三難有自然之法也天下
人民聞佛教誡多以愛敬出三惡道
生天人中獲大利是四難有自然之
法也天下人民聞佛道奧深妙法言
解本生死緣之事斷情絕欲皆得出
要第一精進得應真道第二精進得
不還道第三精進得頻来道第四精
進得溝港道是五難有自然之法也
凡人於佛而有反復之心以施少善
者皆得大福不唐棄也是故并豎當
自勗勉以學此得佛說已諸離車從
坐起整衣服叉手言本欲請佛而柰
女以奪我先願須後日我等多務欲
還請辭佛言可當知時時即皆稽首
佛足繞三匝而去柰女通夜作濃美
食嚴飾室内晨施牀座行白佛言食
具足辦唯聖知時佛與衆弟子俱到
其舍就高座於衆前坐柰女手自斟

酌奉鉢致漿行澡水畢取小牀坐佛
前欲問法佛言我代若喜好布施者
後無怨畏多得稱譽善名日增衆人
愛敬人能無慳仁慧為智如是無垢
安隱生天上諸天相娛樂佛為柰女
說法正化若干要說已皆歡喜佛請
賢者阿難俱至竹芳邑止城北林樹
下是歲竹芳邑飢饉穀糴騰貴佛告
諸比丘是間飢饉乞求難得汝等宜
分部行別到維耶及越祇諸縣邑可
以無乏受教當行佛言比丘當知自
損得善無喜得惡勿憂食取支身勿
貪求美但坐嗜味愛求之故生死不
絕夫知節身能自損者可得定意佛
為說法正化若干要語皆歡喜礼佛
去各分部行到諸國邑佛獨與阿難
俱到衛沙聚是時佛身疾擧軀皆痛
佛念痛甚而弟子皆不在當須衆来
乃取泥洹宜為是疾自力精進以受
不念衆想之定即如其像正受三昧
思惟不念衆想之定以是忍意而自
得聞賢者阿難從一樹下起詣佛稽
首畢一面住問佛消息疾寧療損閒

聖體疾實用憂懼世尊得无欲取泥洹願有教令於衆弟子佛報阿難佛豈與衆相違遠乎吾亦恒在比丘衆中所當施為教誡以具前後所說皆在衆所但當精進案經行之向吾疾生舉軀痛甚即思不念衆想之定意不著疾故忍中正要者阿難我所說法中外俻患佛為法師无所遺忘所當施行自足可知我亦已老年且八十形如故車無牢無強吾本說生死有時無生不終極上有天名不想入其壽八十四千万劫彼亦有死是以佛起經於天下咸亦泥洹大道以斷生死之本我今都為有身作錠令身歸為法教錠令法自歸彼何謂錠何謂自歸謂是專心在四志惟一惟觀身二惟觀痛三惟觀意四惟觀法健制思念斷不使想是為一切作法教錠當以自歸吾為此已重說如欲解者當精進行中外戒法必使如常其有自歸覺佛經道皆佛子孫今我委棄轉輪王位為天下作佛憂度三界汝等亦宜自憂其身以斷衆苦彼避雨

時補繕衣畢佛請賢者阿難俱至維耶離受教即行既到止猨猴館行乞食畢滌鉢澡洗又與阿難俱到急疾神地佛言阿難維耶離樂越施亦樂今此天下十六大國其諸郡邑皆樂濕連然河多出黃金閻浮提地五色畫人生於世以壽為樂若比丘比丘尼知四神足是為拔苦多修習行當常如是阿難佛四神足已多習行專念不忘在意所欲可得不死一劫不念不忘在意所欲如来可止一劫有餘佛重說是至再三時阿難意沒在邊想為魔所蔽矇矇不悟默而不對佛言阿難汝去到一樹下靜意自思即受教一處坐時魔波旬来曰佛意无欲可般泥洹教誨已周已訖可滅度矣

昔者佛遊傴留河上解說諸老曰吾為佛雖得自在不貪久住非謂今也所度亦畢可般泥洹佛報波旬吾所以至於是未滅度者須我衆比丘及比丘尼令皆智慧承用經戒勸請未入使學者成亦以須我請清信士及清信女令得智慧承用經戒未

入者入受法者成如是波旬吾以待此四輩弟子皆得法意展轉相教解諸童蒙使學成就是以至今未滅度耳魔曰可足時已畢矣佛言汝默如来不久是後三月當取泥洹魔心乃悅歡喜而去佛即正坐定意自思於三昧中不住性命棄餘壽行當此之時地為大動空中清淨佛之光明微照無窮諸天神来側滿虛空佛從定覺自說偈曰

無量衆德行　有為吾今捨　近遠應度者
已度應度者

賢者阿難心驚毛竪疾行詣佛稽首畢一面住白佛言甚哉世尊地動乃尒是何因緣佛語阿難凡世地動有八因緣何等八天下地在水上水止於風風止於空空中大風有時自起則大水擾大水擾則普地動是為一也有時得道沙門及神妙天戒德隆感欲自試力手按少地則普地動是為二也若始菩薩從第四天下入母胎明哲慈意欲見道化開發愚矇乃放神光震動天地令梵釋魔沙門梵

志一切見明是為三也若菩薩生出
母胎時德感諸天淨無雲曀神光遠
照則普地動是為四也至於菩薩得
無上道正真佛時普地大動天神四
布稱揚佛名是為五也及已作佛初
大會時法輪三轉天人則解此彼菩
薩昇成大道光明遠照時普地動是
為六也佛教將畢欲棄壽行不住性
命乃大放光勸發天人則普地動是
為七也如佛衆祐臨當棄身般泥洹
時明無不照天神衆至則地普動是
為八也阿難言今佛已為捨性命耶
佛言已捨阿難曰昔聞佛說若有弟
子知四神足多修習行專念不忘在
意所欲可止不死一劫有餘而佛道
德過殊於此亦不可久止乎佛報阿
難今汝言之豈不過耶吾與汝言四
神足者乃至再三而若徑默沒在暗
昧不發明想為魔所蔽而復何去具
佛所說言一出口寧自違乎對曰不
也如是阿難夫不智者既自發言而
退違之我無是也阿難垂涕曰亦何
駛哉佛取泥洹一何疾哉世間眼滅

彼時佛勅賢者阿難請維耶離國猗
行比丘受教即請悉會講堂稽首畢一
面住佛告諸比丘世間無常无有牢
固皆當離散無常在者心識所行但
為自欺恩愛合會其誰得久天地須
弥尚有崩壞況于人物而欲長存生
死憂苦可猒已矣佛後三月當般泥
洹勿悵勿憂且夫一切去来現佛皆
從法得經法且存但當自勉勤學力
行持清淨心趣得度脫心識情休則
不死不復生亦不復走於五道捨一
身受一身也五陰已斷乃無飢渴寒
熱憂悲苦惱之患人知正心天上諸
天皆代人喜當以降心柔弱自損勿
隨心行心之行無不為得道者亦心
也心作天心作人心作鬼神畜生地
獄皆心所為也從心行得起諸法心
作識識作意意轉入心心也者取為
長心志為行行作為命賢愚在行壽
夭在命夫志行命三者相須所作好
惡身自當之父作不善子不代受子
作不善父亦不受善自獲福惡自受
殃今佛為天上天下所尊敬者皆志

所為是故當以正心行法唯行法者
能現世得休現世得安宜善取持諦
受諷誦靜意思惟然則我清淨法可
得久住可以慇度世間衆苦道利綏
寧諸天人民比丘當知何等為法謂
是四志惟四意端四神足四禪行五
根五力七覺八道諦如受行可得解
脫令法不衰彼何謂四志惟惟內身
循身觀惟外身循身觀以內外觀分
別思念斷癡惑意惟痛之觀及意與
法皆如初說何謂為四意端已生惡
法能即斷却治性精進自攝意端未
生惡法制使不起治性精進自攝意
端未生善法即能發生治性精進自
攝意端已生善法志立不忘能使增
踰精進意端何謂為四神足思惟欲
定以滅衆行具念神足其欲不邪不
取無捨常守清行惟精進定惟意志
定惟戒習定皆同文如初說何謂四
禪棄欲惡法但念但行志樂無為成
一禪行念行已滅內守一心志在恬
靜成二禪行惟觀無婬心安體正分
別見真成三禪行已斷苦樂无憂喜

想意已清淨成四禪行何謂五根一為信根意向四喜二為精進根治四意端三為念根念四志惟四為定根思四禪行五為智根見四真諦何謂五力一為信力喜意不壞二為精進力常能健御三為念力得志惟觀四為定力禪意不亂五為智力以道自證何謂七覺志念覺意法解覺意精進覺意愛喜覺意一向覺意惟定覺意行護覺意何謂八道正見正思正言正行正命正治正志正定是為度世清淨之法彼時佛請賢者阿難俱至拘利邑即受教行佛樂維耶過國中出城門迴身右轉梘門而笑賢者阿難即整衣服右膝著地長跪問曰自我得侍二十餘年未曾見佛行以無緣如迴身梘門而笑是何因緣佛言如是如是阿難佛之儀法不妄迴身虛而笑也是我寂後見維耶離故梘笑耳於是佛自頌曰

是吾之寂後　遊觀維耶離　將遊彼泥洹
不復受有身

有異比丘亦讃頌曰

佛稱此末後　身行極於斯　若遂淪清虛
於何覩聖來

佛與阿難俱到拘利止城北林樹下告諸比丘當護淨戒當思定意當解智慧夫以守戒有定慧者成大德致豐譽永離貪婬瞋恚愚癡可得應真欲以現世望正度者當加自解令盡是生入清淨道已如應行乃自知身後不復受佛復請賢者阿難俱之犍持邑止城北樹下坐告諸比丘當守淨戒思惟定意求解智慧守淨戒者不隨三態惟定意者心不放散已解慧者去離受欲行無罣礙有戒定慧德大豐譽又離三垢終得應真欲以是身望得正度當勤求解令盡是生入清淨道作如應行乃自知滅後不復受佛又與阿難俱過搶滿邑及出金邑授手邑華氏邑至善淨邑處處為弟子說此三要曰當護戒當思定當解慧守此三者德豐譽大消婬怒癡是謂正度已有戒心則定心成定心已成則智心明如深淨潔受色明好有此三心則道易得但當一意勤

身求解令盡是生已入清淨行如應者自知極此不復受生若不能具戒定慧行欲度世難有此三者意自開解坐而思惟便見五道天上人中地獄畜生鬼神分明悉知衆生意志所念譬如溪水清其中沙礫青黃白黑所有皆見得道之人但心清故所覩悉見欲得道者當淨其中心如水渾濁則無所見持心不淨不得度世師所見說弟子當行師同不入弟子心中就正其念念意端者道自得矣佛已樂善淨又請賢者阿難俱之夫延邑止城北樹下坐晡時阿難從燕坐起到佛所稽首畢叉手問曰倉卒欲知地動幾事佛語阿難有三因緣一為地倚水上水倚於風風倚於空大風起則水擾水擾則地動二為得道沙門及神妙天欲現感應故以地動三為佛力自我作佛前後已動三千日月万二千天地無不感發天人鬼神多得聞解阿難歎曰妙哉佛為無倫以自然法無不感動至德至道巍巍乃尒佛言如是如是阿難佛德不

小乃從無數刧積累功德奉行諸善自致作佛有是神妙自然法化一切知一切見無不入無不化憶念我昔以慈悲心若干百千人天下諸王君子衆化住相見隨其像貌為安慰說經道周流教化使得善意如是現化遍於八方隨其國俗服飾語言相其人行何法知何經而為演說授以正道樂義言者為設典教解道理者為說上要堅立其志已而捨沒說王君子莫知我誰後皆躭味敬承法化是為佛之清妙自然法也又我阿難得佛力遍入現化以佛儀法入沙門衆為之師導已後化入梵志之衆又居士儒林異學隨其被服聲音語言授與經道一切成就為錯横法已而捨殁子曹皆受我教而莫我知是佛之難有自然法也佛亦上入第一四天王遍上第二忉利天第三焰天第四兜術天第五不憍樂天第六化應聲天周印魔又上第七梵天第八梵衆天第九梵輔天第十大梵天第十一水行天第十二水微天第十三水無

量天第十四水音天第十五約淨天第十六遍淨天第十七清明天第十八守妙天第十九玄妙天第二十福德天第二十一懸淳天第二十二近天第二十三快見天第二十四無結愛天我皆周遍若于百千人是諸天隨形貌與相見樂清淨者為說清淨達道意者勸使布化在清人者立以大其解法情即授以要誘勸導利化使得道訖輒捨殁彼諸天輩莫知我誰是佛之難有自然法也上餘四天皆無形聲故佛不往第二十五空慧入天第二十六識慧入天第二十七不用慧入天第二十八不想入天如是阿難佛恩廣大無不成慘然而難值佛出世間如漚波羅華時時有耳佛所說法亦難聞聞已聞經法當受護持護持云何我滅度後若有比丘言我見佛口受是法是律是教然其言說不近不經而虧損法當持法句經所言律所見為解說之若經不入與法意諍則當諫曰賢者且聽佛不說是吾子妄受與法意違非法非律不

如佛教當知棄是若有比丘言我所止得依聖衆有法戒者面受是法是律是教然其言說不近不經虧損正法當持法句經義律語為解說之若經不入與法意諍則當諫謂賢者且聽比丘衆者知法曉律此非法律吾子妄受不應於經與法意違不如佛教當知棄是若有比丘言我面從耆舊長老者口受是法是律是教然其言教不近不經虧損正法當持法句經義語為解說之若經不入與法意違則當諫謂賢者且聽耆舊長老知法曉律此非法律吾子妄受不應於經與法意違不如律教當知棄是若有比丘言我得近賢才高明智達福慧衆所宗事面從受是經法律教然其言說不近不經虧損正法當持法句義解說之若經不入與法意諍則當諫謂正賢者且聽賢哲高明曉法律此非法律吾子妄受不應於經與法意違不如教佛知棄是又復阿難若有言我得從佛受是法語而其言謬不合經法若有言我從依聖衆奉

法者受而其言謬不合經法若復言
我口從耆舊長老受是其言錯謬不
合經法若言我從賢才高明智大福
慧面受是語而其言非不合經法當
舉佛語以解曉之趣使其人入經承
律以為詳說佛經法教聖衆所承長
老所明賢才所識賢者諦受如律教
無得諍當知持是四若彼阿難有是
四暗虧損正法當為分別令棄邪媚
受四正意是為受持護法者也其不
承經戒者衆比丘當黜之穢稗不去
害善穀苗弟子不善壞我道法當相
撿挍無得以佛去故不承用教世有
沙門奉行經戒則天下得福天神皆
喜若聞在所有明經比丘長老比丘
新人學者當從諮受如是則清信之
士清信之女樂供衣食牀卧疾藥比
丘同道不可不和其墮地獄三惡道
者皆不和故耳比丘不可轉相形笑
言我知經多汝知經少知多知少各
自行之言說應經者用不合者棄是
佛所說比丘所受必善持之若令如
後凡講論經當言聞如是一時佛在

某國某處與某比丘俱說是經若其
經是不得苟言非佛所說相承用如
是者比丘法可得久住彼時佛請賢
者阿難俱之波旬國弟子皆行佛以
樂夫延歷城中去到止城外禪頭園中
波旬豪姓有諸華氏聞佛來到皆出作
礼稽首畢一面坐佛告諸華氏智者居
家恭儉節用所奉有四用得歡喜一為
供養父母妻子二為瞻視人客奴婢三
為給施親屬知友四為奉事君天正
神沙門道士是謂知生全身安家得
力得色富足名聞死得上天佛為諸
華氏說法正化若干要語皆歡喜去
有華氏子淳獨留起整衣服長跪白
佛欲設微食願與聖衆俱屈威神佛
以慈哀默而可之淳喜為礼而歸調
作濃美嚴飾室內晨敷牀座畢行白
佛食具已辦唯聖知時佛與弟子俱
到其舍就高座於衆前坐淳手自斟
酌奉鉢致漿有惡比丘已欲取器佛
知之淳念聖恩善意供養行澡水畢
取小牀坐佛前說頌問曰
請賢聖慈智　已度到彼岸　法御為折疑
將幾沙門輩

佛告淳沙門有四當識別之一曰行
道殊勝二曰達道能言三曰依道生
活四曰為道作穢何謂殊勝佛所說
法不可稱量能行無比降心能度愛
畏為法御導世間是輩沙門為冣
殊勝何謂能言佛所稱貴微妙之法
體解其情行之不疑亦能為人演說
道迹是輩沙門為慇能言何謂依道
念在自守懃綜學業一向不迴孜孜
無倦以法自養是輩沙門為知生活
何謂作穢恣意所樂依恃種姓專為
穢行為衆致議不敬佛語亦不畏罪
是輩沙門為道作穢凡人見聞將謂
在道學淨智者如此而已當知是中
有真有偽有善有惡不可齊同以為
一也彼不善者為賢致謗是故佛律
黜夫惡者辟如苗中生草不去害禾
世多此輩內懷穢濁外如清淨若知
福者信心奉道終不為彼起恨想也
識善之人修已遠惡除欲怒癡故得
道疾佛說已淳歡喜

般泥洹經卷上

甲辰歲高麗國大藏都監奉
勑雕造

般泥洹經卷上

校勘記

一　底本，麗藏本。

一　五二五頁上一行經名，諸本(不含石，下同)作「佛說方等泥洹經卷上」。卷末經名同。

一　五二五頁上二行譯者，資、磧、普作「新爲失譯附東晋録」。南、徑、清作「失譯人名附東晋録」。

一　五二五頁上一〇行第三字「言」，磧、普、南、徑、清作「啟言」。

一　五二五頁上二一行「正躁」，磧、普、南、徑、清作「止躁」。

一　五二五頁中六行「講論」，諸本作「講議」。

一　五二五頁下三行第五字「置」，諸本作「宜」。

一　五二五頁下一一行「絶望」，磧、普、南、徑、清作「絶婬」。

一　五二五頁下一九行「不入」，諸本作「不久入」。

一　五二六頁上一一行「礼貺」，磧、普、南、徑、清作「禮賂」。

一　五二六頁中一行「曰勝」，諸本作「日勝」。

一　五二六頁中四行「分別」，磧、普、南、徑、清作「當分別」。

一　五二六頁中八行「當善」，資作「當言」。

一　五二六頁中九行「思極」，徑作「恩極」。同行末字「無」，磧、普、南、徑、清作「至無」。

一　五二六頁中一一行「妻之」，徑作「妻子」。

一　五二六頁中一五行「不馳」，資作「不耻」；磧、普、南、徑、清作「不聽」。

一　五二六頁中一七行「臭穢」，諸本作「臭處」。

一　五二六頁下八行「清淨」，磧、普、南、徑、清作「清淨慧」。

一　五二六頁下二二行「佛請」，諸本作「佛語」，下同。

一　五二七頁上四行「知苦苦」，磧、普、南、清作「知苦尤苦」；徑作「知苦無苦」。

一　五二七頁上六行第一二字「盡」，諸本作「盡滅」。

一　五二七頁下五行第一〇字「所」，徑作「肇」。

一　五二八頁上二行「醎美」，諸本作「腆美」。

一　五二八頁上一二行「在官」，磧、普、南、徑、清作「仕官」。

一　五二八頁上一五行「咎悔」，磧、普作「各悔」。

一　五二八頁中一二行第七字「走」，徑作「起」。

一　五二八頁中一五行「且入城乞食已」，資、普、南、清作「且入城食已」；磧、徑作「旦入城食已」。

一　五二八頁中一七行首字「到」，諸本作「癘」。

一　五二八頁中一八行「或震叔良」，磧、普、南、徑、清作「戒震淑良」。

一　五二八頁中二二行「下受」，磧作「不受」。
一　五二八頁下一〇行首字「佛」，磧、普、南、徑、清作「住」。
一　五二八頁下一七行「懣惱」，資作「滿心惱」；磧、普、南、徑、清作「懣心惱」。
一　五二九頁上二行「懣惱」，諸本作「懣心惱」。
一　五二九頁上五行第二字「持」，磧、普、南、徑、清無。
一　五二九頁上一七行「跽拜」，資、磧、普、徑、清作「跪拜」。
一　五二九頁中一五行「別行」，磧、普、南、徑、清作「發行」。
一　五二九頁中一九行「今得」，諸本作「令得」。
一　五二九頁下三行「懷異」，磧、普、南、徑、清作「懷畏」。
一　五二九頁下五行第二字「皆」，磧、普、南、徑、清作「皆欲」。
一　五二九頁下八行末字「毋」，諸本作「女」。
一　五二九頁下一八行「黄盖」，諸本無。
一　五二九頁下一九行「赤車衣」，諸本作「赤車赤衣」。
一　五三〇頁上六行「有惱」，磧、普、南、徑、清作「有忽」。
一　五三〇頁上一二行「燿明」，磧、普、南、徑、清作「耀明」。
一　五三〇頁上一七行「傳士」，諸本作「溥士」。
一　五三〇頁中五行「意去開解深之思惟」，磧、普、南、徑、清作「志意開解深入思惟」。
一　五三〇頁下六行「要説」，諸本作「要語」。
一　五三〇頁下一八行「弟子」，磧、普、南、徑、清作「諸弟子」。
一　五三一頁上七行「正要」，諸本作「止要」。
一　五三一頁上一〇行「本説」，諸本作「本已説」。
一　五三一頁上一三行「咸示」，磧、普、南、徑、清作「咸亦」。
一　五三一頁上一五行首字「歸」，磧、普、南、徑、清作「自歸」。
一　五三一頁上一八行「使想」，磧、普、南、徑、清作「使意」。
一　五三一頁中一行「繕衣」，資作「縫衣」。
一　五三一頁中四行「越施」，磧、普、南、徑、清作「越祇」。
一　五三一頁中七行首字「畫」，磧、普、南、徑、清作「如畫」。
一　五三一頁中八行末字「當」，磧、普、南、徑、清作「常」。
一　五三一頁中一五行第一二字「曰」，資無；磧、普、南、徑、清作「白」。
一　五三一頁中一三行「曚曚」，磧、普、南、徑、清作「懞懞」。
一　五三一頁中二二行首字及第一二字「請」，諸本作「諸」。
一　五三一頁下九行「側滿」，磧、普、南、徑、清作「[土*則]滿」。

一　五三一頁下一一行「近遠應度者」，磧、普、南、徑、清作「近来一切安」。
一　五三一頁下二二行「欲見」，磧、普、南、徑、清作「欲現」。同行「愚曚」，諸本作「愚蒙」。
一　五三二頁上四行「正真」，磧、普、南、徑、清作「正證」。
一　五三二頁上七行「昇成」，磧、普、南、徑、清作「證成」。
一　五三二頁上一一行「地普動」，磧、普、南、徑、清作「普地動」。
一　五三二頁上一九行末字「具」，磧、普、南、徑、清作「且」。
一　五三二頁中九行「且存」，磧、普、南、徑、清作「具存」。
一　五三二頁中一八行「心也者取」，資作「心者取」；磧、普、南、徑、清作「心者最」。
一　五三二頁中二〇行首字「夭」，諸本作「尤」。
一　五三二頁下四行「道利」，磧、普、南、徑、清作「導利」。
一　五三二頁下一八行「清行」，磧、普、南、徑、清作「淨行」。
一　五三三頁上一九行「虛而」，磧、普、南、徑、清作「而虛」。
一　五三三頁上二一行「將遊」，磧、普、南、徑、清作「將逝」。
一　五三三頁中一三行「愛欲」，諸本作「愛欲」。
一　五三三頁中二二行「淨潔」，磧、普、南、徑、清作「淨氎」。
一　五三三頁下二一行「闓解」，磧、普、南、徑、清作「開解」。
一　五三四頁上四行「千人」，諸本作「千入」，下同。
一　五三四頁上一〇行「竪立」，磧、普、南、徑、清作「竪立」。同行「設王」，磧、普、南、徑、清作「諸王」。
一　五三四頁上一四行第一三字「又」，磧、普、南、徑、清作「又入」。
一　五三四頁上一六行「爲錯攢法」，磧、普、南、徑、清作「爲厝模法」。
一　五三四頁上二一行「周印魔」，諸本作「周匝魔界」。
一　五三四頁中四行「慜淳天」，磧、普、南、徑作「懿淳天」。
一　五三四頁中五行首字「天」，磧、普、南、徑、清作「際天」。
一　五三四頁中八行「在清人者立以大」，磧、普、南、徑、清作「在清仁者立以大道」。
一　五三四頁中九行第八字「要」，磧、普、南、徑、清作「法要」。
一　五三四頁中一五行「成脩」，磧、普、南、徑、清作「成濟」。
一　五三四頁中一六行「時時」，徑作「時一」。
一　五三四頁下一一行「經義語」，磧、普、南、徑、清作「經義律語」。
一　五三四頁下一四行「律教」，磧、普、南、徑、清作「佛教」。
一　五三四頁下一五行「達福」，磧、普、南、徑、清作「大福」。
一　五三四頁下二一行「教佛知」，諸本作「佛教當知」。

一　五三五頁上一三行「用教」，磧、普、南、徑、清作「用教也」。

一　五三五頁上一六行「新人」，磧、普、南、徑、清作「新入」。

一　五三五頁上二二行「若令」，諸本作「若今」。

一　五三五頁中九行「供養」，諸本作「敬養」。

一　五三五頁中一七行「濃美」，諸本作「腆美」。同行「敷牀」，諸本作「施牀」。

一　五三五頁中一八行「弟子」，諸本作「衆弟子」。

一　五三五頁中二〇行「已欲」，諸本作「已飯」。

一　五三五頁中二三行「賢聖」，磧、普、南、徑、清作「質聖」。同行「折疑」，諸本作「析疑」。

一　五三五頁下一行「有四」，諸本作「有四輩」。

一　五三五頁下四行「能度」，諸本作「態度」。

一　五三五頁下八行「爲愍」，諸本作「爲敏」。

一　五三五頁下一一行末二字至次行首二字「專爲穢行」，諸本作「專造濁行」。

一　五三五頁下二〇行「除欲」，資作「降欲」。

般泥洹經卷下　丗

不載譯人附東晉錄

彼時佛請賢者阿難俱之拘夷邑已樂波旬歷城中度行半道所佛疾生身背痛止樹下坐勅賢者阿難持鉢到拘遺河取水則受教行是時五百乘車屬渡上流水濁未清阿難行取水還住白佛言向羣車過水濁未清適可澡洗有槃連河去此不遠請取可飲佛取鉢水澡面洗足於是以忍疾又得閒時諸華大臣字福罽行過見佛諸根寂嘿得上調意之滅淨具顏色明好心歡喜前礼佛揖讓畢一面住佛問福罽汝於何得法喜對曰由於比丘力藍昔我行道見力藍坐樹下是時道上五百乘車過有人後到下車問比丘見前羣車不荅言不見又曰寧聞車聲不荅言不聞曰時卧耶言我不卧自思道耳其人歎言車聲㘁㘁覺而不聞用心何專難有乃尒五百車聲尚且不聞豈他聞哉即施之以一㲲布衣我時聞此甚加其志遂得法喜至于今日佛問福罽汝知雷電霹靂孰與五百車聲對曰正使千車疾馳同響猶不能暨佛言曩昔一時吾遊阿沉其日晡時天暴雷雨震電霹靂煞四特牛耕者兄弟二人世尊獨不聞乎吾言我定意覺彷徉經行一人来稽首作礼隨我而步吾問是何忩忩其人言向者霹靂煞四特牛耕者兄弟二人世尊獨不聞乎吾言不聞曰時卧耶荅言不卧自三昧耳其人亦歎言希聞得定如佛者也夫名霹靂聲聒天地而得寂定不聞者哉其人心悅亦得法喜福罽讚曰

遇哉覩佛者　何人不得喜　福願與時會
令我獲法利

佛荅頌言

受法者卧安　得喜志念清　賢人所說法
賢者常樂行　法護行法者　如雨之潤生

於是大臣勅其僕歸取新織成黃金㲲手奉獻曰知佛不用願哀納之佛受其㲲為說法之正化若干要語福罽避坐言從今日始身自歸佛自

歸道法自歸聖衆受清信戒身不煞不妄取不婬妷不欺偽不飲酒不噉肉不敢有犯國事多故當還請辞即稽首佛足遶三匝而去佛勑賢者阿難取福罽黃金織成氎来受教奉進佛取被身阿難見佛光顏從容餘懌明好殊紫金色長跪白言自我得侍二十餘年不識有如今日佛面光潤顏色發明願聞其意佛言阿難有二因緣佛色發明何等二謂初夜得佛无上正真之道妙正覺時及至終夜棄所受餘無為之情取滅度時吾今夜半當般泥洹故色發明　阿難啼言何其駛哉佛取泥洹何其疾哉世間眼滅於是佛請賢者阿難至熙連河佛到河邊著衣入水兩手舉衣自澡浴身已乃渡河於彼岸住整衣服告阿難朝從弟子淳飯夜當滅度汝解淳意佛從汝飯即夜滅度天下有二難得值若得遭值面供養者既解疑畏且有正報何等二一為若施飯食令彼得以食之氣力成無上正真為至聖佛二為若施飯食令彼得以食之氣

力棄所受餘無為之情而滅度者今淳飯佛當得長壽得無欲得大富得極貴得官屬終生天上獲此五福語淳勿憂宜用歡喜汝一飯佛而獲多報當知佛者不可不敬經法不可不學聖衆不可不事阿難白佛如悷比丘性弊悷急好罵數說佛泥日後當如之何佛語阿難我泥日後為悷比丘作梵檀罰令衆默屏莫復與語彼當為慙而自改悔

彼時佛勑賢者阿難施牀枕我背疾即施牀枕佛倚右脅屈膝累脚卧思至真正智之道於是佛請賢者阿難令說七覺意阿難言唯昔從佛聞一志念之覺佛用自覺成無比聖猗无為止不婬捨分散意二法解之覺佛用自覺成無比聖猗无為止不婬捨分散意三精進之覺佛用自覺成无比聖猗無為止不婬捨分散意四愛喜之覺佛用自覺成無比聖猗無為止不婬捨分散意五一向之覺佛用自覺成無比聖猗無為止不婬捨分散意六惟定之覺佛用自覺成無比

聖猗無為止不婬捨分散意七行護之覺佛用自覺成無比聖猗無為止不婬捨分散意佛言阿難已能言之宜必精進對曰唯能言者當精進如是阿難仂行者得道疾佛起基坐思惟法意有比丘說頌曰

甘露化從佛出　疾如聽弟子陳
教以此勸後學　七覺妙宜諸賢
由佛興使我得　清白行無玷玦
學當知正志念　愛喜法精進入
一向專護定意　如法解為淨智
有疾者宜聞斯　覺微想除邪思
是疾者為法王　道寶出自此源
彼猶尚請聆法　況凡夫而替聞
勝上首明弟子　来問疾務聽真
在聖哲猶不猒　何況餘欲廢聞
若過時聞道俗　起他想心乖異
如彼為非愛喜　佛之教無雜思
愛喜者一向法　為無為心行寂
已正止無閒想　是名為法解覺
衆行滅智已淳　自歸此三世尊
願一切人天神　共學慈大道真
今聖師滅度後　衆賢必紹徽明

尊時講誦法言　願神骨助化行
彼時佛勑賢者阿難汝於蘇連雙
樹間施繩牀令北首我夜半當滅度
受教即施還白已具佛到雙樹就繩
牀側右脅而卧阿難在牀後垂頭啼
忼愾言一何駃哉佛取泥洹一何疾
哉世間眼滅我諸同志從四方来欲
見佛者望絶已矣佛難復覩難復得
侍来而不見皆當悲慕子何心哉佛
問比丘阿難胡為對曰在後悲泣佛
謂阿難汝莫啼也何則自汝侍佛已
来身行常慈口行亦慈心行亦慈恕
以施安念慮詳審有心於佛雖彼往
昔過佛侍者為敬供養不得踰汝亦
彼當来及現在佛之有侍者盡心供
養不得踰汝何者汝達於佛而知宜
適若衆比丘每詣佛時可通見者常
得時宜若比丘尼及清信士清信女
輩每詣佛時可通見者常得時宜每
衆異學及諸梵志居士之輩来詣請
現可通見者常得時宜佛告諸比丘
天下極貴轉輪聖王有四難及自然
之德何等四若其屬國諸剎利王来

親詣朝覲者聖王歡喜現為說法皆
樂聽受遵承奉行是一德也若諸奉
道梵志之輩来親詣朝覲者歡喜引
現為之說法皆樂聽受遵承奉行是
二德也若諸理家居士之輩来親詣
朝覲者歡喜引現為之說法皆樂聽
受遵承奉行是三德也若彼儒林異
學之徒来親詣朝覲者聖王輙現
為之說法皆樂聽受遵承奉行是四
德也
又此比丘賢者阿難亦有四美難及
之德何等四若諸比丘詣阿難所即
歡喜與相見為說經法無不開解樂
受奉行諸比丘尼諸清信士諸清信
女詣阿難所即歡喜與相見為說經
法無不開解樂受奉行是其第一四
德復有四賢者阿難為諸比丘比丘
尼諸清信士諸清信女說經法時心
端言正無有二意聞者恭肅寂然聽
受以寂靜故阿難博識無所忘忽是
其第二四德復有四若諸比丘諸比
丘尼諸清信士諸清信女有不解經
及法律義以問阿難阿難即分別說

皆得解釋出後無不譽阿難者是其
第三四德復有四佛所說十二部經
賢者阿難皆諷誦念識傳為四輩
弟子說如所聞無所增減亦未曾倦
是為阿難第四四德為難可及世間
無比是時有化比丘當佛前住佛言
比丘避莫當吾前賢者阿難白佛言
我得奉侍二十五載不自識有如此
比丘無所關啓而直前者佛言阿難
是化比丘又若干劫為大遵天致神
妙有威德憂畏已除知佛期在夜半
所以来者自今已後永不見佛故阿
難言獨是天知佛當滅度耶佛言從
拘夷城東西南北縱廣四百八十里
諸天側塞無空缺處皆憂歎驚擾不
安其心念言佛滅度疾
賢者阿難問佛言近此左右有閑物
大國王舍大國滿羅大國維耶大國
佛不於彼般泥洹何正於此褊陋小
城佛言阿難無謂此城為褊陋也所
以者何古者是國名拘鄉越大王之
都城長四百八十里廣二百八十里
嚴好如畫城垣七重下基四層起高

八尋上廣三尋皆作黃金白銀水精琉璃四寶瓦甓其壁牒尉彫文剋鏤地集氍毹及民室屋皆四寶成侠道自生長多鄰樹樹亦四寶其金樹者銀葉華實其銀樹者金葉華實水精琉璃樹亦如是微風動樹常出五音其聲濡悲如五絃琴樹間浴池池邊集甓步渚相承中四寶基墍陛欄楯屋壁牀机一切四寶池中常有雜種蓮華青蓮漚鉢紫蓮拘恬黃蓮文郁紅蓮芙蓉四願成行其邊道上又有七種奇華香氣馥芬冬夏常生五色光明其國常聞十二種聲爲聲馬聲牛聲車聲蠡聲鐘聲鈴聲鼓聲儛聲歌聲諸絃樂聲誦仁義聲歎諸佛尊行聲時有轉輪聖王名大快見主四天下以正法治自然七寶一金輪寶二白爲寶三紺馬寶四神珠寶五玉女寶六理家寶七聖導寶王有四神德爲童儒時八萬四千歲爲太子時八萬四千歲爲轉輪王八萬四千歲退服法衣八萬四千歲凡壽三十三萬六千歲是其一神德也王能飛行遊四天下七寶導

般泥洹經卷下　第九張　渊

從所至臣屬是其二神德也端正美色強健少疾身中和適不寒不熱是其三神德也威神殊勝心常和悅明見正道以法化民是其四神德也王每出遊布施興福慈人所欲求槃與槃求食與食衣被車馬華香錢寶不逆人意滋於民物如父愛子士民慕王如子仰父王每出遊勑御徐行使國士民久得視見體性淳仁四方太平又是其至德也所部諸國凡八萬四千小王每朝覲時王大快見皆請上殿歡喜安慰爲說正法問國所乏諸王答讓受天重賜自足爲樂王又勑使各嚴所治令如我殿以正法化勿枉天民輒賜諸王衣冠履鞍車輦寶物受詔辭出莫不歡喜是時大王所治法殿長四十里層陛四重悉黃金白銀水精琉璃屋壁欄楯柱梁楯櫨棼橑棟宇其上覆及下地牀坐机遊皆是四寶又法殿上有八萬四千交露轝枰悉施斗帳金交露枰前施銀隆銀枰金枰水精琉璃枰橙亦然其交露間垂華懸果四寶雜廁所覆

般泥洹經卷下

帳上金銀織成赤罽文繡綺雜色四角珊瑚交露中施四寶獨座其殿四面浴池各縱廣一由延俠池生多鄰樹八萬四千株長一由延諸交露枰大王出者即以駕鵠彼時快見以其所有施福其衆日旦常請沙門梵志上殿飯食王自思念日月流邁而吾將老當用是五所欲實館作等欲自約損修清淨行即但與一侍士俱升法殿入金交露坐銀御牀思惟天下貪婬無奇生者要死形骸歸土所有萬物一切無常王起入銀交露坐金御牀念合會者皆當別離戀慕无益當棄恩愛淨修梵行已又起之水精交露坐琉璃牀自念當與老病死覺改心易行除婬慾癡思无爲道已又起入琉璃交露坐水精牀尊自精思當棄世間貪欲惡法思無爲道守惟清淨成一禪行如是至久周遍諸枰於是八萬四千玉女共白第一玉女寶言天后所知我等聞者未復覲侍守情執敬願欲朝見答言諸弟還自嚴飾當俱朝見即告聖導我等嬪

般泥洹經卷下　第十一張

女久未親侍敬仰之心皆欲朝見導

臣即駕八萬四千烏犀甲金鏤絡用
寶珠白烏王朱鬣尾為第一八萬四
千馬犀甲金鏤絡用寶珠力馬王紺
青身朱鬣尾為第一八萬四千車犀
華之甲鏤用四寶聖道臣為第一八
萬四千女女載一車玉女寶為第一
諸王導從詣法殿下侍士白言諸烏
馬車夫人小王皆來欲見王勅侍士
施牀殿下王下法殿見八萬四千女
服鏤靡麗時民歎曰是難善也王者
嚴女乃至於此玉女對曰我等久違
不得親侍故嚴服來願得朝見
於是王坐諸女皆前稽首畢一面坐
玉女寶首白言今是一切諸烏馬車
玉女小王自天所有願小願意留心
娛志又八万四千國天王都為第一
八萬四千枰大正枰為第一願天留
意以養性命王荅曰第吾所以宿夜
約已自損正心行慈者但欲遠離此
貪欲耳何則女人嫉妬之態殃及吾
身是以捨欲願離斯荅玉女寶垂泣
言天王何為獨割愛欲謂我為弟離

弃恩情絕羣女望願聞天王所以戒
之正心行慈為之奈何我等亦願相
率修之王曰慈心正行不墮諸漏棄
損貪欲修德守淨念生日少而命逝
疾人物華非常唯道為真吾是以於
諸烏馬輦枰郡國小王婦女愛欲一
切違離不復繫意欲自憂身觀天地
間無生不終諸弟各冝正心行慈無
以放恣墮諸漏也玉女寶乃收淚言
今天王約已自損不欲墮漏念生日
少而命逝疾濳居憂身守修清淨計
諸人物無生不終違遠所有不以汙
意願奉明戒不敢有忘王以慈心奉
謝諸女皆遣去還升法殿入金交露
枰坐念慈心都忘怨恨無所嫉惡進思
大道無量德行普慈世間而自約省
已復起入銀交露枰坐念悲心都忘
怨恨無所嫉惡進思大道無量德行
普悲世間而自約省已復起入水精
交露枰坐念喜心都忘怨恨無所嫉惡
進思大道無量德行普和世間而自
約省已復起入琉璃交露枰坐念護心
都忘怨恨無所嫉惡進思大道无量

德行一切欲護而自約省以惟行與

四大梵行却愛欲意多修清淨王行
如是使得自在死時安隱身無痛痒
辟如力士美飯一食之頃魂神逝生
第七梵天時轉輪王大快見者則歡
世我身也如是阿難誰能知此昔我
宿命作轉輪王自然七寶行正法有
四德常能不貪彼時枸夷城旁行四
百八十里皆在天王城中吾前是時
又為刹利王已六捉骨於此地中并
彼為七今得作佛已斷生死從是已
後不復著身我亦一切皆已周竟現
於東方南方西方北方隨方教化三
月輒移終措骨此
賢者阿難白佛言佛滅度後當作何
葬佛言汝嘿梵志居士自樂為之又
問梵志居士為葬法當云何佛言當
如轉輪王法用新劫波錦纏身疊已
以五百張氎次如纏之內身金棺灌
以麻油澤訖畢舉金棺置於第二大
鐵槨中衆香積上而闍維之訖収舍
利於四衢道立塔起廟表刹懸繒奉
施華香拜謁礼事是為轉輪王之葬

法也佛勑阿難汝行八城告諸華氏
佛中夜當滅度所欲施作當晏時爲
無從後悔欲面從佛得開解者宜及
是時即受教行入拘夷城見五百諸
華氏㑹議語阿難報諸尊者佛夜
半當滅度所欲施作當晏時爲無從
後悔欲面從佛得開解者宜及時行
衆人皆驚而悲歎言何其大駛佛取泥
洹何其大疾世間眼滅哀慟之聲聞
于宮中王遣太子并諸華氏各將家
屬俱詣雙樹到白阿難欲前礼問阿
難入啓太子阿晨與諸豪姓家屬俱
来受三自歸不遠是夜佛請入即皆
前稽首畢一面坐太子言佛身滅度
何其大疾佛報言吾本已說世間非
真無可樂者凡人貪壽恩戀五欲惑
而無利但增生死更苦無量令我爲
佛以得自然無欲於此又宜自勉天
下智者常願見佛樂聞經法已有是
意當務立信立戒布施多聞廣學智
慧建此五志以離垢慳然則甚當受
富貴名譽遠聞生天安樂可得泥洹
佛說已太子及諸華氏皆作礼去於

是王與國中男女大小十四萬衆以
人定時出詣雙樹到白阿難請見叟
諦前啓佛請入王將國中賢善者論
稽首畢一面坐前無燈火佛放項光
照二千里佛言勞苦大王與群臣来
王曰佛當滅度有何勑戒佛報王自
我得佛四十九歲所說經戒一切具
悉王國賢才皆已擇取王與群臣條
然皆悲佛告王自古已来天神人物
無王不死死而不滅惟泥洹快王胡
爲啼但當念善改往修来以政治國
無加卒暴尊待賢良赦宥小過務行
四恩以綏衆心何等四一當布施給
護不足二當仁愛視民如子三當利
人化以善正四當同利與下共歡王
如是者常得其福我宿命時行此四
恩積無數世故得作佛初得佛已見
泥洹喜自說頌曰

今盡見佛尊　捨婬淨無漏　智爲天人尊
從者得善豫　夫福報至快　妙願志皆成
勇疾得上般　吾將逝泥洹

王與來者皆起礼佛遶三匝而去
是時城中有老異學年百二十名曰

須拔聞佛夜半當取滅度自念吾有
法望之疑常願瞿曇一解我意當及
是時即起自力行到雙樹白阿難言
吾聞瞿曇期在夜半請見決疑阿難
言止止須拔無擾佛也須拔固請至
再三曰吾聞佛爲如來至真正諦覺
明行成已善逝世間解無上士道法
御天人師号佛衆祐甚難值如優
曇華百千萬世時時一有願一見析
所疑阿難以爲勞擾智来故不欲通
佛神心徹聽清淨過人徹見知之即
勑阿難勿禁止聽使入是爲最後當
度異學須拔者也須拔得入前啓說
辭善心生焉見佛歡喜礼爾來辭氣
重揖讓畢一面住白佛言欲有所問
豈有閑暇一决其疑佛言便問恣汝
所欲問可得解須拔問曰今世學者
各自稱師有古龜氏有無失氏有志
行氏有白鷺子氏有延壽氏有討金
樊氏有多積願氏有尼犍子彼八子
者有所述乎自知之也佛告須拔彼
與佛異乎曹自作貪生猗想以邪之
道一日邪見不知今世後世所作自

得好以卜占享祀求福二曰邪思念在愛欲有諍怒心三曰邪言虛偽諂諛佞讒綺語四曰邪行煞生貪取有婬泆意五曰邪命求利衣食不以正道六曰邪治惡不能止善不能行七曰邪志志貪常樂痛身謂淨八曰邪定專意所墜不見出要如是須拔昔我出家十有二年道成得佛開說經法但五十載自從捨家有戒有定有慧有解得度知見說正道者唯佛沙門非凡異也吾本所履有八真道第一沙門亦從是得二三至四皆從是成若不見此八真道者彼為不得沙門四道所謂八真道者一為正見見今世後世作善有福為惡得殃知苦知習滅行得道二為正思思樂出家去諍怒心三為正言言諦至誠柔軟忠信四為正行不煞不邪无有婬心五為正命求利衣食以道不邪六為正治抑制惡行發起善意七為正志志惟四觀身痛意法解非常苦非身非淨八為正定一向無為成四禪行沙門梵志履此八正乃成四道能師

子吼我賢弟子行無放逸世間甚滅故得羅漢於是須拔謂阿難言快哉賢者是利弘美寔未曾有蓋上弟子得值此者不亦妙乎今受聖恩乃聞是法願得捨家受成就戒阿難白佛異學須拔願受衆祐自然法律捨家就戒沙門之行佛以可其就戒之志曰是吾未後得證見淨者異學須拔也即授戒為比丘一心受不放逸以健制以志惟以斷却如所欲下鬚髮被袈裟以家之信離家為道得法意具淨行自知作證成解究暢為行如應已意通知賢者須拔已度世得應真坐自念吾不能待佛般泥洹便先滅度而佛後焉

彼時佛告諸比丘我滅度後儻有如此外學他術在異生輩欲棄東歸來踐法諸沐浴清化捨家就戒當聽可彼以為沙門何則用彼有大意故當先識之三月知欲自損用心與不着寂行相應者為能捨罪先授十戒三年無失乃與二百五十戒其十戒為本二百四十戒為禮節威儀能行此

者諸天代喜又凡悕望受律就戒作沙門者有四因緣皆有慕樂近道之意我滅度後或離縣官求作沙門或年老者求作沙門或貧困劣求作沙門或習正行求作沙門若夫賢才習正者老貧困及離縣官來為道者其於衣食趣得而已受誦法言如有梵行可得久住猶為從是令多人安多人得度世間得依利諸天人是故曰從法者現世得安現世得解當善諦受彼為何法令現世安得解度者謂佛所說十二部經一文二歌三記四頌五辟喻六本記七事解八生傳九廣博十自然十一道行十二兩現是名為法若以奉持護如法者即現世安可得解度但當諦受護持諷誦正心思惟令清淨道得以久住汝諸弟子當自勖勉無以懈惕謂佛已去莫可歸也必承法教常用半月望晦講戒六齋之日高座誦經歸心於經令如佛在又族姓子族姓女所當追念為有四事一曰佛為菩薩初下生時二曰佛始得道妙正覺時三曰上頭

說經轉法輪時四日棄所受餘無為之情般泥洹時當論思此念佛生時福徳如是佛得道時神力如是轉法輪時度人如是將滅度時遺法如是次中末時有思念此起意行者皆生大上若以受此而有疑望非意在佛及法聖衆苦習盡道汝諸比丘當解所問令如我在為以是語面所問佛亦真弟子自所問告及從我解說之賢者阿難在後扇佛應曰唯諾皆已願樂無一比丘有疑非意於佛法衆四諦者也佛語阿難其已願樂如來正化於佛法衆苦習盡道無所疑者當棄貪欲慢緩之心遵承佛教以精進受嘿惟道行是為寂後佛之遺令必慎順之汝諸比丘觀佛儀容難復得覩却後一億四千餘歲乃當復有弥勒佛耳難常遇也天下有漚曇鉢不華而實若其生華則世有佛佛為世間日恒憂除衆冥自我為聖師年至七十九所應作者亦已究暢汝其勉之夜已半矣

於是佛作一禪之思惟通第一禪又起二禪之思惟通第二禪又起三禪之思惟通第三禪又起四禪之思惟通第四禪又起空無際之思惟通空無際又起識無量之思惟通識无量又起無所用之思惟通無所用又起不想入之思惟通不想入又起想知滅之思惟通想知滅是時阿難問阿那律佛已滅度耶答言未也佛方思念想知滅之思惟阿難言昔聞佛說從四禪思惟至於無知棄所受餘無為之情乃般泥曰時佛捨想知滅還思不想入捨不想入思無所用捨無所用思識無量捨識無量思空无際捨空無際思第四禪捨於四禪思第三禪捨於三禪思第二禪捨於二禪思第一禪從一禪思復至三禪便從四禪反於無知棄所受餘泥洹之情便般泥洹當此之時地大震動諸天龍神側塞空中散華如雨莫不歎慕而來供養時第二天帝釋下說頌曰

陰行無有常　但為興衰法　生者無不死　佛滅之為樂

第七梵天下　說頌曰

妙哉佛已棄　一切世間猗　應遺清淨教　三界中無比　神真力無畏　光明滅於兹

賢者阿那律說頌曰

佛已無為住　不用出入息　本由自然來　靈耀於是沒　意淨無所著　為人受斯疾　施恵教已過　乃退歸寂滅　惟兹還佛者　莫不蒙恩澤　今已淪清靈　來了時復出

是時諸比丘皆驚擾徘徊呼言駛哉佛般泥曰一何疾哉世間眼滅中有憂歎自悲念世間苦不得是道中有尸視惟心猗有從因緣起以作復作受非常苦生輙有死死則復生生死往來精神不滅莫致是處賢者阿那律言止止阿難曉衆比丘上天見此以為荒迷安有捨家入自然律而不能用法利自解阿難拭淚而問上有幾天答曰從感耶越至褫荼廟及猥連河四百八十里諸天充滿無有空缺徘徊驚擾皆言駛哉佛般泥曰亦大疾哉世間眼滅中有憂歎自悲念世間苦貪欲所蔽不見斯道或相曉言佛說生死本從緣起意作復作受非常苦生輙有死死則復生識隨行

走莫知泥洹佛已度世宜各精進夜至過半阿那律令阿難入告城中佛已滅度所欲施作宜及時為阿難入告城中諸華聞之莫不驚愕躃踊悲言何其駛乎佛般泥日何其疾乎世間眼滅舉城中相會聚奉持華香詣佛舍利稽首作礼承事供養共問阿難葬法云何荅如教說轉輪王法佛當復勝諸豪姓言寧可假期七日欲奉伎樂華香燈燭展我曹心阿難荅言恣聽所欲諸華即共作黃金轝黃金轝牀黃金棺為鐵槨具新劫波錦五百張氎是時四面人衆周滿四百八十里中皆齎伎樂華香来詣雙樹共舉佛身置黃金牀上而以伎樂礼事供養

於是諸華選衆童男使扶持舉牀欲至洹荼神地如闍維之而諸童子不能得前近佛舉牀又復更進至手再三了不得持賢者阿那律語阿難言所以不得舉佛牀者是諸天意欲使諸華童子倚牀左面諸天右面國人隨後共舉牀入東城門過往城中施

天樂供養訖出西城門置洹荼地處積衆香乃闍維之阿難言諾歎如天願以告諸華皆日敬從即使諸童左面屬若干種繒繫牀左角天於右面屬諸天繒繫牀右角而維之餘無數天於虛空中散天雜華而雨澤香貴時婆賢大臣與拘夷大臣議欲以人樂讃紹天樂俱送舍利即如所議徐行入東城門周遍城中四衢道里巷處處住施華香伎樂出西城門到洹荼地持劫波錦纏佛身體五百張氎次纏千過麻油澤香塗滿金棺已內佛身舉黃金棺置鐵槨中庫藏既積積衆香舉洹蘇大臣執火而欲燃佛積火至輒滅三進不燃賢者阿那律語阿難言火所以不燃者是諸天意見大迦葉將五百衆從波旬來已在半道欲面礼佛故使火不燃耳阿難言諾歎如天願是時有異道士名阿夷維見佛滅度得天曼陀羅華學道逢迦葉見之就車問子知我師聖師佛乎即答言我舉知之般泥日已七日天以香會供養其身吾從彼

来得此天華於是迦葉悵然不樂五百比丘中有排佃舉擾仰天呼怨佛般泥日何一疾世間眼滅中有憂歎悲傷念世間皆為恩愛縛不見斯道迦葉曉言諸賢者釋棄恩知有身皆從緣起心作復作致非常皆生者輒死死則有生五道無安惟泥洹樂未得道者當求法利捨有為無所會則得矣攝衣疾行可見佛身其衆中有名樓頭者亦釋家子與佛同出止諸比丘言何為復憂我曹從今已得自在彼老常言當應行是不應行是今彼長逝不甚枉耶迦葉不悅行到雙樹至觀佛積謂阿難言及未闍維請見佛身阿難對日佛身已纏淹用麻油藏在金棺外積衆香亟灌澤香難未闍維固已難見迦葉請至三阿難荅如初以為佛身難復得見於是佛尸從重棺裏雙出兩足一切見者莫不歡喜迦葉稽首作礼見佛足出而有異色仰問阿難佛身金色是何故異阿難荅言有嬴老母稽首佛足墮淚其上故異色耳大迦葉又不悅

乃嘳然讚頌曰
彼為滅不生　不復受老死　亦為不復會
無有相逢憎　本已捨恩愛　不為別離憂
當為求方便　令致得是處　佛為五陰淨
已斷不復有　亦又不為為　有受是五陰
皆為已畢盡　有本亦已除　當仂求方便
令得如是安　佛已斷世間　愛欲一切解
亦為慈能忍　得離諸患難　為已自安隱
亦致天下安　當為稽首是　永得度三界
佛所說經戒　為世間最明　已廣現正道
審諦无所疑　亦遍法天下　令得度老死
諸得值佛者　誰不受弘恩　辟月照於夜
為除陰冥闇　如日照於晝　能使天下明
亦如電光現　為雙照厚雲　佛明一時出
都已明三界　一切所名河　無過崑崙河
一切名大水　亦為無過海　一切星宿中
月為第一明　佛為世間導　天上天下尊
佛所以度世　福施已周匝　所說教戒行
在在悉分明　亦以法流布　弟子樂受行
令天人鬼神　龍敬承行礼
迦葉說已稽首佛足遶積三匝却住
一面諸比丘比丘尼清信士清信女
天龍鬼神王天樂神質諒神金翅鳥
神愛欲神甄軀神各前稽首佛足遶
積三匝一面住畢於是佛積不燒自
燃賢者阿難時說頌曰
佛以中外淨　為梵世之身　本乗精神下
而今措於是　錦纏氎千過　不用衣著軀
亦不以洗濯　如一淨鮮明
至終其夜佛積燒盡自然生四樹蘇
禪尼樹迦維屠樹阿世鞞樹尼拘類
樹國諸豪姓共撿佛骨感滿黃金甖
置于轝牀舁入城中著大殿上共作
伎樂散華燒香礼事供養時波旬國
諸華氏可樂國諸拘鄰有衛國諸滿
離神州國諸梵志維耶國諸離揵聞
佛止雙樹般泥曰各嚴四種兵為兵
馬兵車兵步兵到拘夷止城外遣使
者言聞佛衆祐止此滅度彼亦我師
敬慕之心並来從君請佛骨分欲還
本土立起塔廟拘夷王言佛自来此
我當供養遠苦諸君舍利分不可得
赤澤國諸釋氏亦嚴四兵来到報言
聞佛衆祐止此滅度是釋聖雄出自
我親實我諸父敬慕之心来請骨分
還立塔廟王荅如初不肯與分摩竭

王阿闍世又嚴四兵度河津来使梵
志毛䟽入問消息致慇懃言吾本宿
夜信心友汝無取無諍今佛衆祐止
此滅度是三界尊實我所天敬慕之
心来請骨分汝其與我則我與汝所
有重寶願終共之王荅曰佛自来此
我當供養謝汝大王舍利分不可得
也於是毛䟽聚衆人作頌告言
今各撰䂗　遠来拜首　謙遜求分
如我不與　舉上動衆　四兵在此
義言不用　必命相应
拘夷國人亦荅頌曰
遠勞諸君　辱屈拜手　佛来遺形
不敢相許　如欲舉衆　吾斯亦有
俱命相应　則未為恐
梵志毛䟽曉衆人言諸君皆宿夜承
佛嚴教日誦法言心服仁化一切衆
生尚念欲安且佛大慈故燒形遺骨
欲廣祐天下何宜當為毀本惠意舍
利現在但當分耳衆咸稱善皆詣舍
利稽首畢一面住乃共使毛䟽分之
於是毛䟽持一甖受石許蜜塗其裏
分為八分已自衆言吾既敬佛亦嘉

衆意願得者覺舍利歸起塔廟皆言
智哉是為知時即共聽與又有梵志
名溫違白衆人言竊慕善意乞地燋
炭歸起塔廟皆言與之後有衛國異
道士求得地灰於時八國得佛八分
舍利各還起塔皆甚嚴好梵志毛覺
種邑道人大溫違還俾賁邑衛國道
士得地灰歸皆起塔廟舍利八分有
八塔第九覺塔第十炭塔第十一灰
塔佛從四月八日生四月八日捨家
出四月八日得佛道四月八日般泥
洹皆以佛星出時此時百草華英樹
木繁盛佛已般泥洹天下光明滅十
方諸天神莫不自歸佛。
既分舍利又為遠方諸四輩弟子未
悉聞故留九十日乃起塔廟諸來國
王豪姓人民家屬僕從皆齋戒九十
日在所遠方四輩弟子衆普會拘夷
共問阿難於何起塔阿難答言當出
去城四十里於衛致鄉四衢道中作
塔廟拘夷豪姓共作𡎺瓴石壁縱廣
三尺集用作塔高及縱廣皆丈五尺
戧黄金罌舍利於其中置立長表法

輪枰蓋懸繒燃燈華香伎樂札事共
養舉國人民得共興福大迦葉阿那
律衆比丘會共議一日三十萬衆及
諸國豪姓群臣得值佛時敬意行福
終皆當生第四天上與弥勒會而得
解脫拘夷國王當生第十二水音天
上至弥勒作佛時當下為佛造立精
舍勝今給孤獨園阿難問大迦葉拘
夷王何以不於弥勒佛求應真道答
言是王未猒生死苦故未猒苦者不
得應真阿難言我已患猒身苦不得
離世間奚不得道迦葉答言汝但持
戒不行身觀坐猗生死飯食想而生
死行未休故也至九十日大迦葉阿
那律衆比丘會共議佛十二部經有
四阿含獨阿難侍佛久佛之所說阿
難志識當從書受恐其未得道尚有
貪心欲持舊事詰責阿難與設高座
三上三下如是者可得誠實皆言大
善衆會坐定直事比丘逐阿難出須
臾又請阿難入礼衆僧未得道者皆
為之起直事比丘處著中央高座於
是讓言此非阿難座衆比丘言用佛

經故處汝高座欲有所問阿難就座
衆僧問曰汝有大過寧自知不昔者
佛言閻浮提樂汝奚不對直事比丘
勑阿難下即下對言佛為不得自在
當須我言耶衆僧默然直事比丘又
令阿難上衆復問曰佛為汝說得四
禪足者可止一劫有餘汝何以嘿阿
難下言佛說弥勒當下作佛始入法
者應從彼成設自留者如弥勒何僧
又嘿然阿難心怖衆比丘言賢者當
如法意具說佛經對曰唯然如是三
上阿難寂後上言聞如是一時座中
未得道者皆垂泣言佛適說經今何
以疾大迦葉即選衆中四十應真從
阿難受得四阿含一中阿含二長阿
含三增一阿含四雜阿含此四文者
一為貪婬作二為喜怒作三為愚癡
作四為不孝不師作四阿含文各六
十疋素衆比丘言用寫四文當興行
於天下故佛闍維處自生四樹遂相
撿緻分別書佛十二部經戒律法具
其在千歲中持佛經戒者後皆會生
弥勒佛所當從彼解度生死履

般泥洹經卷下

癸卯歲高麗國大藏都監奉勅雕造

般泥洹經卷下　第二十三張　別

般泥洹經卷下

校勘記

一　底本，金藏廣勝寺本。五四〇頁中至五四三頁上及五四九頁中至五五一頁上共十五版，原版殘缺，以麗藏本換。

一　五四〇頁中一行經名，資、磧、普、南、徑、清作「佛說方等泥洹經卷下」。卷末經名同。

一　五四〇頁中二行譯者，資、磧、普作「新爲失譯附東晋録」；南、徑、清作「失譯人名附東晋録」。

一　五四〇頁中三行「佛請」，資、磧、普、南、徑、清作「佛語」，下同。

一　五四〇頁中六行「拘遺河」，資、磧、普、南、徑、清作「拘匱河」。

一　五四〇頁中八行第一一字「水」，資、磧、普、南、徑、清作「水水」。

一　五四〇頁中一二行第一一字「之」，磧、普、南、徑、清作「定」。

一　五四〇頁中一七行第一一字及一八行第七字「不」，資、磧、普、南、徑、清無。

一　五四〇頁中二〇行「呴呴」，磧、普、南、徑、清作「轟轟」。

一　五四〇頁中末行「甚加」，資、磧、普、南、徑、清作「其嘉」。

一　五四〇頁下一行「佛問」，徑作「佛聞」。

一　五四〇頁下六行「世尊獨不聞乎吾言」；磧、普、南、徑、清作「人衆大聚聲亦讙嗷」。

一　五四〇頁下一二行「名霹靂聲聒天地」，資作「名霹靂聲括天地」；磧、普、南、徑、清、作「以霹靂聲聒天地」。

一　五四〇頁下二一行首字「氎」，資作「絖縶」；磧、普、南、徑、清作「絖氎」。

一　五四〇頁下二二行第四字及次頁上五行第七字「氎」，資作「縶」。

一　五四〇頁下末行末字「自」，資、磧、普、南、徑、清作「身」。

一 五四一頁上三行「不敢」，資、磧、普、南、徑、清作「無」。

一 五四一頁上一六行「著衣入水兩手舉衣自澡浴身」，資、磧、普、南、徑、清作「脱衣入水秉手舉衣自澡洗身」。

一 五四一頁中七行「恢急」，資、磧、普、南、徑、清作「戾急」。同行「泥日」，資、磧、普、南、徑、清作「泥洹」，下同。

一 五四一頁中一〇行「爲慙」，磧、普、南、徑、清作「羞慚」。

一 五四一頁中一一行第一一字「枕」，資、磧、普、南、徑、清作「枕」，下同。

一 五四一頁中一二行「佛倚」，資、磧、普、南、徑、清作「佛偃」。

一 五四一頁中二〇行「自覺」，資作「七覺」。

一 五四一頁下八行「七覺妙」，磧、普、南、徑、清作「七覺意」。

一 五四一頁下一七行「心乖異」，資、磧、普、南、徑、清作「心永異」。

一 五四二頁上九行「子何」，資、磧、普、南、徑、清作「予何」。

一 五四二頁下二行「所説」，資、磧、普、南、徑、清作「所等説」。

一 五四二頁下一〇行「大遵天」，磧、普、南、徑、清作「大尊天」。

一 五四二頁下一五行「側塞」，資作「測塞」；磧、普、南、徑、清作「堋塞」，下同。

一 五四二頁下一九行「何正」，資、磧、普、南、徑、清作「何止」。

一 五四二頁下二〇行「此城」，資、磧、普、南、徑、清作「此小」。

一 五四三頁上二行「牒尉」，磧作「堞尉」；普、南、徑、清作「堞堞」。

一 五四三頁上八行首字「墼」，磧作「塹」。

一 五四三頁上一三行「十二」，磧、普、南、徑、清作「十三」。

一 五四三頁上一四行「鈴聲鼓聲」，資、磧、普、南、徑、清作「鼓聲貝聲」。

一 五四三頁上一五行末五字至次行首字「歎諸佛尊行聲」，資無。

一 五四三頁上一六行第一二字「主」，資、磧、普、南、徑、清作「王」。

一 五四三頁上一九行「聖導寶」，資作「聖道寶」。

一 五四三頁中七行「滋於」，資、磧、普、南、徑、清、麗作「慈於」。

一 五四三頁中二一行第四字，第一二字、二二行第四字、下五行首字及二〇行首字、五四四頁上一八行第五字及第八字、中六行第五字及一七行第八字「枰」，資、磧、普、南、徑、清作「棚」。

一 五四三頁中二二行「金枰」，資、磧、普、南、徑、清、麗作「金隆」。同行「枰橙」，資、磧、普、南、徑、清作「棚隆」；麗作「枰隆」。

一 五四三頁下六行「其衆」，磧、普、南、徑、清、麗作「甚衆」。

一 五四三頁下九行「約損」，資、磧、普、南、徑、清作「挹損」。

一　五四三頁下一四行「起之」，資、磧、普、南、徑、清作「起入」。

一　五四三頁下一七行「專自精」，麗作「專精自」。

一　五四三頁下二二行「諸弟」，資、磧、普、南、徑、清作「諸娣」，下同。

一　五四四頁上六行「聖道」，資、磧、普、南、徑、清、麗作「聖導」。

一　五四四頁上八行「諸王」，資、磧、普、南、徑、清作「諸玉女」。

一　五四四頁上一五行「寶首」，麗作「寶前」。

一　五四四頁上一九行第九字「第」，資、磧、普、南、徑、清作「娣」。

一　五四四頁上二二行「垂泣」，資、磧、普、南、徑、清作「垂淚」。

一　五四四頁上末行第一三字「弟」，資、磧、普、南、徑、清作「娣」。

一　五四四頁中一行首字「弃」，資、磧、普、南、徑、清作「乖」。

一　五四四頁中七行「憂身」，資、磧、普、南、徑、清作「愛身」。

一　五四四頁中一五行首字、二〇行第三字及二二行第一一字「秤」，資、磧、普、南、徑、清無。

一　五四四頁中一七行「坐念」，磧作「坐合」。

一　五四四頁下四行「一食」，資、麗作「一湌」。

一　五四四頁下一三行「比方」，資、磧、普、南、徑、清、麗作「北方」。

一　五四四頁下一八行及五四八頁上一二行「劫波錦」，磧、普、南、徑、清作「劫波育貝綿」。

一　五四四頁下二一行「收舍」，資、磧、普、南、徑、清作「斂舍」。

一　五四五頁上一行「八城」，資、磧、普、南、徑、清、麗作「入城」。

一　五四五頁上二行「當曼」，磧、普、南、徑、清作「當勉」，下同。

一　五四五頁上六行「富滅度」，資、磧、普、南、徑、清、麗作「當滅度」。

一　五四五頁上八行至九行「何其大駃佛取涅洹何其大疾」，資、普作「何其太駃佛涅洹何其太疾」；磧、南、徑、清作「何其太駛佛涅洹何其太疾」；麗作「何其太駛佛取涅洹何其太疾」。

一　五四五頁上一五行「大疾」，資、磧、普、南、徑、清、麗作「太疾」。

一　五四五頁上一八行「於此」，磧、普、南、徑、清作「於世」。

一　五四五頁上二一行第一四字「當」，資無。

一　五四五頁中六行「勑戒」，資、磧、普、南、徑、清、麗作「勑誡」。

一　五四五頁中一〇行「無王」，資、磧、普、南、徑、清、麗作「無生」。

一　五四五頁中一三行「四恩」，資作「四意」。

一　五四五頁中一七行首字「思」，資、磧、普、南、徑、清、麗作「恩」。

一　五四五頁中二〇行「善豫」，資、磧、普、南、徑、清、麗作「喜豫」。

一　五四五頁下七行「導法」，磧、普、南、徑、清作「道法」。

一　五四六頁上六行「痏身」，資、磧、普、南、徑、清、麗作「痛身」。

一　五四六頁上九行第二字「但」，資、磧、普、南、徑、清作「經」。

一　五四六頁上一四行「一爲」，資、磧、普、南、徑、清作「福爲」。

一　五四六頁中一〇行「鬌髮」，資、磧、普、南、徑、麗作「鬚髮」。

一　五四六頁中一八行「法諸」，資、磧、普、南、徑、清作「法者」；麗作「法渚」。

一　五四六頁中二〇行「誠之」，資、磧、普、南、徑、清作「試之」。

一　五四六頁下一四行「雨現」，資、磧、普、南、徑、清、麗作「兩現」。

一　五四七頁上四行「遺法」，資作「道法」。

一　五四七頁上六行「大上」，資、磧、普、南、徑、清、麗作「天上」。

一　五四七頁上九行「問告」，資、磧、普、南、徑、清作「問吾」。

一　五四七頁上一六行「愼順」，資、麗作「共順」；磧、普、南、徑、清作「恭順」。

一　五四七頁上末行「禪之」，資、磧、普、南、徑、清作「禪定」，下同。

一　五四七頁中二二行「之爲樂」，磧、普、南、徑、清作「度最樂」。

一　五四七頁下一行「廣遺」，磧作「廣爲」。

一　五四七頁下七行「求了時復出」，資、磧、普、南、徑、清作「永号時復出」。

一　五四八頁上四行「諸華」，資、磧、普、南、徑、清作「諸華氏」，下同。

一　五四八頁上一一行第八字「即」，磧作「耶」。

一　五四八頁上一九行「舉牀」，麗作「舁牀」。

一　五四八頁上末行「過往」，清、麗作「遍往」。

一　五四八頁中五行「維之」，資、磧、普、南、徑、清作「而綍維之」；麗作「而綍之」。

一　五四八頁中九行「城中」，資、磧、普、南、徑、清作「地中」。

一　五四八頁中一一行「劫波錦」，磧、普、南、徑、清作「劫波綿」。

一　五四八頁中一三行「庫藏」，磧、普、南、徑、清作「匣藏」。

一　五四八頁中一五行「積火」，資、磧、普、南、徑、清作「蘔火」，下同。

一　五四八頁下三行「巨何一疾」，資、磧、普、南、徑、清作「其何一疾」；麗作「一何巨疾」。

一　五四八頁下一〇行「檀頭」，資、磧、普、南、徑、清作「桓頭」。

一　五四八頁下一三行「徃耶」，資、磧、普、南、徑、清作「佳耶」。

一　五四八頁下二〇行「足出」，麗作「足上」。

一　五四九頁上六行「仂求」，資、磧、普、南、徑、清作「勤求」。

一　五四九頁上八行「諸患難」，南作「無患難」。

一　五四九頁上一一行「法天下」，資、

磧、普、南、徑、清、麗作「活天下」。

一　五四九頁上二一行「逸積」，資、磧、普、南、徑、清作「逸積」，下同。

一　五四九頁上二二行「清信土」，資、磧、普、南、徑、清、麗作「清信士」。

一　五四九頁中五行「錦纏」，磧、普、南、徑、清作「綿纏」。

一　五四九頁中六行「如一」，南、徑、清作「如上」。

一　五四九頁下九行「撰躬」，資、磧、普、南、徑、清作「選躬」。

一　五四九頁下一一行「相庢」，資作「相拡」；磧、普、南、徑、清作「相抵」，下同。

一　五四九頁下一五行「則未爲恐」，資作「則未爲怨」；磧、普、南、徑、清作「則不爲恐」。

一　五五〇頁上一二行「佛星」，資、磧、普、南、徑、清作「沸星」。

一　五五〇頁中一行第二字「枰」，資作「棚」；磧、普、南作「柈」；徑、清作「槃」。

一　五五〇頁中一三行「飯食」，磧、普、南、徑、清作「有飯食」。

一　五五〇頁中一七行「志諷」，資、磧、普、南、徑、清作「悉諷」。

一　五五〇頁下七行「禪足」，資、磧、普、南、徑、清作「神足」。

一　五五〇頁下九行第五字「成」，資、磧、普、南、徑、清作「成就」。

一　五五〇頁下一八行「不師作」，磧、普、南、徑、清作「不承事師作」。

一　五五〇頁下一九行「四文」，資、磧、普、南、徑、清作「此四文」。

一　五五〇頁下二〇行「遂相」，徑、清作「逐相」。

一　五五〇頁下末行末字「履」，資、磧、普、南、徑、清作「漏」。

人本欲生經序 㓹

人本欲生經者照于十二因緣而成四諦也本癡也欲愛也生生死也略舉十二之三以為目也人在生死莫不浪滯於三世飄縈於九止稠繆八縛者也十二因緣於九止則第一人亦天也四諦所鑒鑒乎九止八解所正正于八邪邪正則無往而不恬止鑒則無往而不愉無往而不愉故能洞照傍通無往而不恬故能神變應會神變應會則不疾而速洞照傍通則不言而化不言而化故無棄人不疾而速故無遺物物之不遺人之不棄斯禪智之由也故經曰道從禪智得近泥洹豈虛也哉誠近歸之也斯經似安世高譯為晉言也言古文悉義妙理婉覩其幽堂之美闕庭之富者或寡矣安䓁攬其文欲罷不能所樂而玩者三觀之妙也所思而在者想滅之辞也敢以餘暇為之撮注其義同而文別者無所加訓焉

佛說人本欲生經

後漢安息三藏安世高譯

聞如是一時佛在拘類國行拘類國法治處（阿難記所聞並數去法治處三藏也）是時賢者阿難獨閑處傾猗念如是意生未曾有是意是微妙本生死亦微妙中微妙但為分明易現（現當為見也是意微妙本句倒）便賢者阿難夜已竟起到佛已到為佛足下礼已訖一處止已止一處賢者阿難白佛如是我為獨閑處傾猗念如是意生未曾有是意是微妙本（本癡也解癡者四諦之所照也）生死亦微妙（生死無本末也欲明之諦達于未也）中微妙（中者本末之間九用諦燭之之亦無微妙也）但為分明易現（現當作見也言四諦觀十二因緣了了分明不難知也）佛告阿難勿說是分明易知易見深微妙阿難從有本生死是阿難從本因緣生死如有不知不見不解不受令是世間如織機躡撰往来（言從癡者有是生死至深至妙何得言易見乎自有癡受淫動果今皆然者也亦有不了諦反視如有者者萬無一人易云分明耶）從是世後世從後世是世更苦世間居令不得離世間（此說生死苦為苦諦也令於斯後身）如是因緣阿難可知（生生死猶老疾而恚者以生而戚死類以成苦）為深微妙從有本生死明亦微妙（由生有死）（故致曰因緣達今世後世可繼生死故曰更苦明照三世故曰微妙也結苦諦也）若有問有老死因緣問是便報有因緣何因緣

阿難老死便報生故（死因于生習生有十二上知…苦此推習也）若有問有生因緣問是（有生因緣猶生有所因不也）便報有因緣何因緣生有故為生（…因乎三有也）若有問有因緣有便報有因緣有何因緣有報受因緣有（因於受有三有）若有問有因緣受報有因緣受何因緣受報為愛求因緣受（言從前身習八愛故中陰有四愛四受既受則有今身二世現故略而止與也常…諦苦是十二因緣具三世癡人不知今世後世故今連以斯綸三世令知無迴流轉四諦也故因此人以撿計於計未來本未為無明…謂斷四諦也）如是阿難從愛求因緣受從受因緣有從有因緣生從生因緣老死憂悲苦不可意惱生如是為具足寂苦陰（如是五事以轉相因則為習也知五事苦為苦諦也愛別離苦在有脂苦生老悲惱）（直為苦痛也）從是有習（習勾倒也言從習有是苦也）生因緣阿難為老死是故說是為從是致有是（是故從…從癡致行…生有是老死）當從是阿難分明為生因緣老死（分明者謂了了知習也諦言因緣皆習也故及盡苦更…習例之也）若阿難無有生為無有魚種無有飛鳥飛鳥種為無有蚕虫蚕虫種為無有龍龍種為無有神神種為無有鬼鬼種為無有人人種各各種（例知盡諦無有生者）（何從行五道也）若如有如有生無有亦無應有今有生（解盡諦其知…則生無有也亦無有說今生有）一切阿難無有生為有老死不阿難白佛言不

無生則無死識從此言也佛便告阿難從是因緣當知為從是本從是習從是因緣老死為生故生因緣阿難為老死從是因緣從是因緣發也上也解無生則不老死皆不了無者從四習生便有苦也此四習與止至受還下與也白是下無句皆反復而成也生因緣阿難為老死也宜由若有問有因緣生可報有因緣生何因緣生為有因緣故從是阿難因緣當知令從是有有因緣生從胎二有更有生十二因連之一從也若阿難有因緣无有寧有魚魚種蜚鳥蜚鳥種蚤蝱蚤蝱種龍龍種神神種鬼鬼種人人種各各種解空無有則無五從也如應應有無有亦無有者為有无有一切阿難無有為有生不阿難言不得真如諦則便為有無有本復有也既以是故阿難無有者為無有起無有如今辨有一切無有為有生不反以實阿難阿難無也從是發從是本從是習從是因緣生為有有故從有因緣阿難為生以作是四習故生以有為本也若有問有因緣有便言有何因緣阿難有可報為受因緣有因緣有如是分明為受因緣有因四受則有三有也設阿難受因緣無有亦無有受有一切阿難無有受為有現不阿難報不無有受緣亦無有受現當為見也一切無爭從有可見不也如是阿難為從是起從是本從是習從是因緣令有受受

因緣阿難為有有因緣阿難受若不遠無便挾四習也令有受則宜言令受有也有因緣阿難受如是問對為有何因緣有受可報受因緣從是因緣阿難當知為受因緣受有因緣阿難受引倒也言有受因緣也八受心是則受胎也若阿難無有受亦無有受亦無有當受一切阿難無有受為有受不亦有受名不阿難言不無緣無受則無受及當受也又反反以質文之常也如是阿難為從是發從是本從是習從是因緣為受因緣受受因緣阿難為受如是阿難為受因緣求求因緣利利因緣計計因緣樂欲樂欲因緣發求以往受因緣便不欲捨慳以不捨慳因緣便有家以有家因緣便守不解則從是欲是也留結也從守行本阿難便有刀杖從有刀杖便有鬬諍言語上下欺侵若干兩舌多非一致弊惡法多非弊法從守始起也八受之一也若阿難本無有亦無所守亦無有守一切阿難無有守為有刀杖鬬諍語言上下欺侵若干兩舌多非一致弊惡法不阿難言不若無藏不守共色寧致若干弊惡不質以明理也云無所爭故無所守也下亦無二字重合句耳如是阿難是從是發是為本是為習是為因緣刀杖鬬諍語言上下欺侵若干

兩舌多非一致弊惡法並守不守一理已現故更舉四習合為守也從守故阿難便有刀杖鬬諍語言上下欺侵若干兩舌多非一致弊惡法如是但為多苦為從五陰習致不守者不了色兩中之也刀杖非一惡即知大苦者諦也忍怖十二因緣十二事一皆有四諦也諸習諦捨本非一端也不極十二而上十六無無滿習盡二覺五耶捨本此則八受盡有四習以此推之則可知也又受為織薄衆惡編為何但入耶六八本其康耳欲求叅基何以無起至今不還乃舉則耳是故為說是當從是知阿難為家因緣守由有妻室則有室門擧捨之守也何使操逸高岸擧捨何絕也故說者云是上言合也若家因緣無有已無有受當何因緣有家一切家因緣無有寧有家不寧有刀杖鬬諍語言上下欺侵若干兩舌多非一致弊惡法不阿難言不不受此色人無緣有家無緣有家寧有守向借刀大言集不如是阿難從是有從是本從是習從是因緣令有守為守故從家阿難令有守上從是有者從家起有守也以家本習始因家守成守因於家亦幾倒相明也難捨慳因緣令有家從是因緣有是當從是因緣知阿難為難捨慳因緣令有家難因色欲惡存不捨由之為家也故曰是緣有是也若難捨慳阿難無有亦無有受已無有受寧當有慳難捨不一切阿難慳難捨已無有寧當有家不阿難白佛言無有無有受不捨受也已無有受寧當有慳難捨慳難捨已無有寧有家不如是

阿難從是起從是本從是習從是因
緣受家慳難捨故阿難令有家是慳惜心也
從往受阿難因緣令有慳難捨是故
有是言亦從是因緣有是如是當從
是因緣阿難可解為從發受從是受
慳難捨即彼好伏因之甚惜故曰往受令有難捨也是故上說說往有是慳也若阿
難發受無有寧有受亦何因緣往受
一切阿難無有發受寧當有慳難捨
不阿難白佛言不解無發往則不有受與至彼也若不往受豈慳惜也本末上
如是阿難從是起從是本從是習從
是因緣令慳難捨為發往受故亦為
發有因緣故阿難令有慳難捨從發習發遂至
不捨也欲貪因緣阿難令有發是故說是
當從是因緣阿難知為從欲貪因緣
令發婬貪内甩則發而適彼也若欲貪阿難無有已无
有因緣亦何因緣當有欲貪一切阿
難欲貪无有寧當有發往不阿難言
不若行人解婬無有因緣亦何計當有淫貪耶言無貪心何有往受也凡上云無有皆明因無有也一切已
下字以因又緣無有如是阿難從是發從是本從
是習從是因緣令發為有欲貪故為
從欲貪阿難令發令從為有欲貪句側也已發從發
往令有欲貪是故為說當從是因緣
知為從發往令有欲貪此發往計故欲相連也除掉入日額惧往

佛說人本欲生經　第七張

相也即第五計也故說者是故上說因計生貪也若無有發往阿難
亦無有令發往一切阿難雖發往若
有貪欲不阿難言不假解無無往之因亦往貪有生不也如是
阿難為從是有從是本從是習從是
因緣貪欲為有發往因緣令有欲貪
解無如上者不解則如上為習也其皆結句又復少發往三字也從是利故阿難
令發往為從是說是當從是因緣知
為從利因緣令發往好利甚則忘存往也是上說是當了利為往緣也
若阿難以無有利亦無有求亦何因
緣有求一切阿難已無有利寧當有
發往不阿難言不既解知利則無有利之求何當有利求因緣耶答無有利
豈有發往耶如是阿難從是有從是本從是
習從是因緣發往利故利故亦發求
從求因緣故令有利故說是從是因
緣當知令從求因緣有利此八愛或言文說或云是說義
不異也以具文於上此二解之故云是故言言余也若求因緣阿難無
有亦何因緣有求亦從何因緣求一
切阿難以無有求若有見利不阿難
言不若求本無所因求何得求也音無求者利可見不如是阿難從是
有從是本從是習從是因緣為有利
為有求故求故阿難令有利或曰發田生或曰起
或曰有義同文別耳從愛故令有求是故說當從
是知令從愛求愛心内淵求之由也若阿難無有

佛說人本欲生經　第八張

愛亦無有求亦無有因緣求亦無有
愛一切阿難愛無有寧當有求不阿
難言不諸因緣唯此一說以上愛中即音無有受下目二無有受耳餘皆在一切上於日一切
下說以色又然如是阿難從是有從是本從是
習從是因緣有愛故令有求求故令
有愛受之滿長我于八也彼阿難欲愛亦有愛是
二皆痛相會此推愛本文終也欲受色受也亦言受非一也經曰心可則為欲也是兩
受痛為本為習為因緣從痛發兩如有則無也知會痛相因也有痛因緣阿難
若有問是便言有何因緣有便言更
因緣有從是因緣阿難亦當知令更
因緣痛於問發本也本六更故三痛由是也若阿難眼不更
亦無有應當更眼亦不得更一切阿
難眼已不更寧有眼更不亦有眼當
因緣生不為樂為苦為亦不樂亦不
苦阿難應不若眼知如有不更耶亦無有應作眼更者一復不得此更也音眼已
不更豈有眼更因緣生三痛不也如是阿難從是有從是
本從是習從是因緣令眼更痛眼更
因緣阿難令眼知痛耳亦如是鼻亦
如是舌亦如是身亦如是心不更阿
難亦無有當更亦無更因緣令心更
一切阿難心無有更寧當有心更入
因緣令有痛不令有樂不令有苦不
令有不苦不樂不阿難應不如是阿

佛說人本欲生經　第九張

難是為有是為本是為習是為因緣痛令有更心更因緣阿難令有痛（更即有三）（痛癢阿難重說於此顛倒相明若言也）若有問有因緣更不對為有何等更有因緣對為名字因緣當從是阿難可知令從名字因緣更（更本應是六入而今是名字六入同出六更六更同出六情六情之本則名字是故總曰名色也亦應出經時失次也）若從所處有亦從所處應受令名身聚有（句倒云在所處四身為在所處三有也將從說無色故云受之與有也有受有乃有名色也）若阿難從所處有亦從所處應受無有為有更有名字不阿難言不（知有知無）若阿難從所處有亦從所處應受無有令名身有無有寧當有對（受之與有豈有更有因名字耶）更不阿難言不（反覆明之上句云豈有更因名字不此句言寧有名字與更對為因也）一切阿難名字亦色身無有為有更不為從有更不阿難言不（此上三反問於此一問云若無名色何從有更乎天竺言倒其插其先也）如是阿難為從是是發為從是是本為從是是習為從是是因緣從是是更令從是名字名字因緣阿難令有更（凡上云見因緣是有次云無是則無取捨）（云從發習因緣即成上句從是有是故皆如是也）阿難有名字因緣設有問便對為有何因緣名字謂識因緣為有當從是因緣阿難解知為識因緣名字（中陰深識遂處胎有五陰）若識阿難不

下母腹中當為是名色隨精得駐不阿難言不（設無中陰溼識當有依精住成名色不名色已後至有中世也識已前前世也）（三世成十二也）若識阿難母腹已下不得駐去為有名字得致不阿難言不識阿難為本若男兒若女兒已壞已亡令無有為得名字令增長令所應足不阿難言不（縱使中陰來精入胎或一二七日而亡此是有此身耶或以成根男女及命便隨傷胎棄待）（五陰身不爭自下母胎則溼識也一二七日男根女根已是名字之成）如是阿難從是起有從是本從是習從是因緣為名字從識識因緣阿難為有名字（無至稽句）（無重者以名色從識注識為名色因緣反覆言也）有因緣阿難識若問是便對有從何因緣有識名字因緣有識當從是因緣阿難分別解為名字因緣識（怫識之本本當是行而今言名字五大名識也即六大癡也有六大癡心作溼）（行溼行中有識共出六大故名字也）若阿難識不得名字駐已識不得駐得增上為有生老死苦習能致有不阿難言不（省文有似上來溼識入胎受有名字身或七日）（或三根成而胎傷復溫長成十二緣不必若當介者興上不畢也又此說無名字是無常之說非盡諦言也而今少行又文亂似出經時未定缺也說而通之者云大不住無庭宜得望行與望識不也夫為真存乎癡乃照存乎標故此經以癡為本以諦對也）如是阿難從是致（致生也從六大生望識也）從是本（望識以六大為）從是習（習癡以成識也）從是因緣（因癡有識）（緣也上二十事實有十八皆照也）識令有名字名字因緣有識（十二事粉此）是如是為識因緣名字名字

因緣識止是說名止是處對止是諍本現當從有慧莫受（痛名字反覆而論之六止是者十二事終是說名字處也對止是諸云須則也諍本見者三耶見也墮耶見則失正觀正觀四慧也見當見也故曰諍本見當從慧受也）幾因緣阿難為計痛是為身阿難言是法本從佛是法正本佛自歸本佛願令佛說令從佛說是說受解利佛言聽阿難善哉善哉諦受念佛便說賢者阿難應唯然從佛聞佛便說是或阿難有見是痛為身（未要三更而愚墮為身）或有見是痛計非身但為身更痛法見是為身（但為已上痛痛而云無也此云身更痛法與痛分布三痛身更知同也上三痛）（亦皆云更知也以身更為異耳）或一身為是痛見不為身亦不為痛法見痛法計是不為身但為見是身為身（但為已上亦稱上二事云無也見後解中六不覺乃後間解三事）（亦不見也覺見痛同耳但有有為異也不不解也覺悟之痛也痛分布曰三痛心更知似其事也若不介者宜言三痛覺由身也上云　痛更由身也備六覺六更也此下散說為三痛滴其文亡而錯得下慧心解三事之重釋以次此非其事也）彼阿難或為在是痛計為身（由痛）（而修身也此即下道慧解痛文也而逆續此為痛病也）當為對說是（此文意稱上計）（痛為身者解而執之也下色重解不痛為賓主也）是痛賢者為三輩有樂痛有苦痛有不樂不苦痛是賢者三痛見何痛應作身樂痛時阿難是時二痛已為滅為苦亦不樂亦不苦是時但為樂更樂痛阿難非常苦

要滅樂阿難痛已滅離身不在身計 將謂兩身故云痛有三兩身一何適為身耶欲言樂痛身身當其類樂則無苦與不樂不苦三痛而今一樂非身明矣又分別讀識其常身死敗滅以諦照之復非身明白矣 是如是是時阿難
苦痛便時是時為兩痛已滅為樂亦
苦是時但為更苦痛苦阿難痛非常
苦盡法苦阿難痛已盡身不復更知
是時阿難 與樂痛同義不別解也此中樂亦苦苦上少三字宜言樂者不樂不苦也使字從宜為更也 亦不苦亦不樂不更是痛是時
兩痛滅痛亦苦但為是時不苦不樂
更是痛不苦不樂阿難痛法非常苦
盡不苦不樂阿難痛已盡應無有身
自有是計或阿難為行道 本同上二義也長下不字也中 云痛亦苦宜云樂亦苦也文大樂不大苦中中人也 為是非常法痛為
計見身或有阿難為行道 常觀三痛計身之見也
放散樂苦痛為自見計身如是阿難
因緣不應可為痛作身見身 得慧觀則三痛故 散因緣畏息水無痛之作身想 彼阿難或不痛計見是身
但為身法更痛 但為上痛痛兩云無也但云身更痛者身歷三痛而作身也漏 分布十三痛身更知即止滅也 便可報若賢者無有痛更
亦不見所更寧當應有是不 上更痛計為身佛撮要曰 尚不痛計身云猶有身更可修身耶上痛更轉反身更法身更法言所更約耳言二不見似盡滅也設問對計非身寸 字應是法更 是時阿難比丘不痛為見計非

是身寧應是法更痛亦見是身不阿
難言不 既教本無痛更無緣假身又反以質阿難也不痛為見計非是者言第二身更痛無第一 痛計身也二與三都無非常盡滅直言寧應者此二事皆仍上三痛故云寧寧者既兩痛滅安得獨稱身耶雅現幽顯義不复立也 如是阿難是因緣亦不應亦不
可令或一無有痛計是身但為身更
痛 但為已上亦稱也反稱結句也 彼阿難所不計痛為身
亦不見是痛非身 將設第三云無第一也 亦不身更
痛亦痛法不見不計是身 云無第二也 但為
計我為不覺是身是身 覺見也覺三痛計為身也云不覺覺也 便可報一切賢者自計身 計稱覺也覺是身也
不更痛 句倒也即無第二也 寧應有身不 此言自覺身為身不更痛 法又不痛計身三名並寧應獨覺身是身耶獨上三痛何痛應作身也當一兩滅何得並稱也 是時
比丘不痛為身身亦不更痛痛法亦
不為身有身 二無第一第二也 但為不覺身耳
如是觀身寧應身不阿難言不 云三事並列何得稱有身也上設問對此問阿難 如是因緣阿難不應令無
有痛為身亦不身為更亦不應法為
身亦不應不覺身為身如是阿難一
切痛為作身已痛見見是身 中無適作身也
幾因緣阿難或為行道不為痛作身
為見不見身阿難報是法本從佛教
令亦從佛願佛為說佛說已弟子當
受令是說當為解利佛告阿難聽是

受是諦受重受念是當為說如是賢
者阿難從佛聞佛便說是有阿難比
丘不為痛作身亦不見痛為身 行者行四非常 解盡諦慧者不計三痛而有身也既不計三痛則不恢痛之見考身想也 亦不為身更
亦不痛法計為身 分痛法耳宜合痛法亦上三痛但身更知心更知望得知 為異也 亦不見身見為身 見覺也上身更此身覺為一異耳 亦不
從或有是身亦不從是見見是身已
如是見不復致世間令不復受世間 有是身者故上計痛有是身也攝三事之二云既無身則不致受世間也致至之 巳不復受
致世間便不復憂已不復憂便無為
度世便自知為已盡生老病死憂已
畢 三痛身盡則不致不受十一苦也 行已足所應作已作
不復還在世間齊是阿難或為行道
不計痛為身自方便作亦不見見為
身 齊至也至此身最後先仙也身則畢於此不受更身故曰不還世間也 幾因緣阿
難或為行道為色作身阿難報法本
從佛教令亦從佛願佛為說佛說已
弟子當受令是說當為解利佛告阿
難聽是受是諦受重受念是當為說
如是賢者阿難從佛聞佛便說是有
阿難或為行道為少色行為身 少會身下乃為勤 阿難或為行道為不少色行為身 將及二勝一無也 亦色無有量行為身但為少不色

行為身（但為二字宜上在色無量上也不為少不色重眼耳也無量者謂勸貪內外色也）或有阿難為行道亦不為少色亦不為無有量色（臟無第一第二及三也）亦不色少行為身（不色小及第一也內不少貪外微著也）或有阿難為行道亦不為少色亦不為無有量色亦不無有少色行為身（隆無上二）但為不色無有量行為身（反第二也內不色無有量外懃勸也）彼阿難或為行道少色行為身現在阿難或為行道少色行為身已身壞死令復見身相像如是不為是對行對如是致亦如是齊是（現在猶是計貪少計貪少色以起者身時雖身死之後貪身思存想像未知累癡行道不應與此為因而愚與俱以致此身此而還也斷己也俱也齊至也死而不解無常也）阿難或為行道色少行為身自方便計作齊是阿難或為行道色少行為身自方計作齊是阿難或為行道色少行為身令結使（自計方便貪色命終不絕也不自拔開至此而止故為身結身使也上自計方便如當識下事也可無一餘耳此說病耳而云行道道當知也）彼阿難或為行道不少色為作行身但為色無有量計作為是身現是阿難或為行道色無有量為計作身身已壞死令復現身相像如是不為是對行對如是致亦如是齊是阿難或為行道為計身色無有量齊是阿難或為行道令

色無有量為身令使結彼阿難或為行道不少色亦無有量色計但為念少色為身現在阿難或為行道不色少為計身身壞死令復見身相像如是不為是對行對如是致亦如是齊是阿難或為行道不色少自計為致身齊是阿難或為行道不色少令身使結彼阿難或為行道亦不色少亦不色無有量亦不無有色少亦不無有色無有量為墮行身現在阿難或為行道亦不色少亦不色無有量亦不無有色少亦不無有色無有量為計墮身已身壞死令復見身相像如是不為是對行對如是致亦如是齊是阿難或為行道不色无有量自計為致身齊是阿難或為行道令不色為使結齊是阿難或為行道自計為致身身幾因緣阿難為行道色不行作身阿難報是法本從佛教令亦從佛願佛為說佛說已弟子當受令是說當為解利佛告阿難聽是受是諦受重受念是當為說如是賢者阿難從佛聞佛便說是或阿難為行道或

不為色作身（計四大有身相也欲日也）亦不為色計為身（少色也脫少字去行道行者不起小色而滑身也）亦不為色無有量（量各香四七色以多色也）亦不為色少（為下小無字也九已小反）（第一也亦色小一結也十報內無有小色外見小為正也）亦不為色無有量計為身（為下亦少不字也此反第二也行諸亦發之也十報內不宿不報論正小見色不報想正色也）彼阿難為行道不少色為作身亦不為計是身（如道行諸已增也得此說者未少者四大色也）現是阿難為行道不為少色作身亦不為墮是身已身壞死令不復是是身相像（現在猶是時也是行時不貪小色見身非常或盡永絕不身者己之想也）不為是對行對如是是无有齊是（對令身復也無有身猗之　至此一也）阿難為行道不少色為身亦不計為是身齊是阿難為行道為不少色為身不使結（云至此無身之相對無貪身之七使九結也）彼阿難或為行道不為色无有量為身亦不作色為身現在是阿難為行道不色無有量為身亦不計是身已身壞死令不復見身相像不為是對如是如是是為无有是齊是阿難為行道不色無有量為身亦不墮身計如是阿難齊是或為行道不色无有量為身不使結彼阿難或為行道不為不色少為身亦不墮身計現是阿難為行

道不色少為身亦不墮身計已身
壞死令不復見身相像不為是對如
是如是是為無有是齋是阿難為行
道不為不色少為身亦不墮身計如
是阿難齋是為行道不為不色少令
不使結彼阿難或為行道不行不色
无有量為身亦不墮計是身現是
阿難為行道不為不色阿難為身亦
不墮計為成身已身壞死如是身令
不復見是計不為是對如是如是是
為無有是齋是阿難為行道不行不
色無有量為身亦不墮計是身齋是
阿難為行道不行不色无有量亦令
不使結齋是阿難或為行道不行不
色无有量為身亦不成身亦不墮計
是身亦有是七處阿難令識得駐亦
有二受行從得解五道則張欲界為五并三界天為一九神止處則分色無色合欲為一也論王道者以淚很受苦為失故精說三惡道與天為一也說九止者論業弘教受三觀者故自人始不及三苦也分一受者稍粗細便觀法不異也二受皆居滿界之位故有解名也　有色為令
從是有若干身若干思想辟或人或
天是為第一識止處
有色為令從是一身若干思想辟天
名為梵天長壽本在處是為第二識

止處
有色為令從是一身若干思想辟天
名為明聲是為第三識止處
有色為令從是一身一像思亦一辟
天名為遍淨是為第四識止處
有不色為令從是一切從色想度多
想滅為無有量空空慧受意止辟天
名為空慧行是名第五識止處
有不色為令從是一切從空行竟過
無有量識從慧受意止辟天名為識
慧是名為第六識止處
有不色為令從是一切從識慧過度
無有量不用從是慧意受止辟天名
為不用從受慧是為第七識止處
何等為阿難亦有二受行從得解有
從色因緣行道令不更思想辟天名
為不思想是為一受行從得解有從
不色因緣行道一切從不用得度為
受不思想亦有思想受行止辟天名
為不思想亦有思想是為二受行從
得解彼阿難所第一識止處為從色
行因緣行道若干身若干思想辟名
為人亦一處色身也有也有欲也形故曰色也由欲界身行道諦故曰行道也六天已下

其形非一故曰若干也心亦多異故曰若干想也辟行字也若阿難行道是
識止處已知知欲天及人所得入身識不也亦知是識
從是習習天及人識不能捨也知者慧也亦知從是沒沒也行
天及人身天下識著滅知如慧曰盡也亦知是所樂七處結曰時也貪樂天及人今故曰樂也知之為盡亦知是更苦天及人身由之受苦也知一苦則慧也亦
知是從得出要如有知出要法句言得要止盡也故七處曰欲能治能息能度也盡諦有四事出要是其一也凡六事皆日知行道諦之法也六事皆曰是是六天已下下天人身所從也七處三觀經一皆知五陰之一而陰有六情也一皆知陰陰有習三四知陰盡以行道又曰亦知色本亦知也出要此七處也二觀者觀中之觀五陰觀六情也六即七處之事第一陰入也言以道綜盡諸苦卅要沖由內入又繫而陰也也五陰繫縛以五陰為五習盡為七處耶苦出要為三觀又小異大同身二經說七處三觀經有道淨二經皆七事而已然俱四行道亦道淨也皆曰知知亦淨也如至識知或曰如本為知非諦何也知觀同義也九九止即天身為欲地習天之習天之身會滅行消味然天然天樂樂必有苦能出天貪可求治道故曰出要也皆四諦數觀九處也所謂微而顯約而異也十處畢眾陰習盡而止也是時阿難為
行道所識止處可應求可應望可應
住處阿難言不若行道慧以四諦觀人身皆有貪求望想此住止處不常曰空也
彼阿難第二識止處為從色行因緣
行道若干身一想辟天名為梵身長
壽本第一在處謂行一禪生四梵名梵小梵梵輔大梵梵輔身不相形故曰若干身猶此人之優劣也心未統一故曰非一想也若阿難行道是識止
處以知亦是識止處從是習亦知從
是沒亦知是所樂亦知是更苦亦知
是從得出要如有知是時阿難為行
道所識止處可應求可應望可應住

處阿難對言不彼阿難第三識止處
為從色行因緣行道一身若干想辟
天名為明若阿難為行道是識止處
巳知亦是識止處從是習亦知從是
沒亦知是所樂亦知是更苦亦知是
從要得出如有知是時阿難為行道
所識止處可應求可應望可應住處
阿難對言不（遍行二禪以知覺猶滌乎念神生此以明天身發光明遍照大寶心猶示）
（一放日著千也）彼阿難第四識止處為從色行
因緣行道一像身一思想辟天名為
遍淨若阿難為行道是識止處巳知
亦是識止處從是習亦知從是沒亦
知是所樂亦知是更苦亦知從是要得
出如有知是時阿難為行道所識止處
可應求可應望可應住處阿難對言不
（此是第三天也直言淨天天也容更驛交四天者一莫心恬猶遊禪思故曰一）彼阿難第
五識止處為從不色行因緣行道一
切從色得度地想巳沒無有量空空
慧行受止辟天名為空慧若阿難為
行道是識止處巳知亦是識止處從
是習亦知從是沒亦知是所樂亦知
是更苦亦知從是要得出如有知是
時阿難為行道所識止處可應求可

應望可應住處阿難對言不（地者謂心如地也）
（想巳沒斷求也無量空也）彼阿難第六識止處為從不
色行因緣行道一切從空慧度識無
有量受慧行止辟天名為識慧若阿
難為行道是識止處巳知亦是識止
處從是習亦知從是沒亦知是所樂
亦知是更苦亦知從是要得出如有
知是時阿難為行道所識止處可應
求可應望可應住處阿難對言不
（空識定者難對識空不本來也）彼阿難第七識止處為從
不色行因緣行道一切從識慧度无
有量不用巳捨受慧行辟天名為不
用受慧行若阿難為行道是識止處
巳知亦是識止處從是習亦知從是
沒亦知是所樂亦知是更苦亦知從
是要得出如有知是時阿難為行道
所識止處可應求可應望可應住處
阿難對言不（色盡求生空而知還不復識日識而復知也不罪識也）彼阿
難第一受行從得解有從色因緣行
道無有想亦不受辟天名不思若阿
難為行道巳知是從受亦知從受習
亦知從是沒亦知是所樂亦知是更
苦亦知從是要得出如有知是時阿

難為行道是受行從得解可應求可
應望可應住處阿難對言不（不可知從受天止四阿那含之第四天也四阿那含受身未滿四禪六增也第一巳上四天無漏第四禪屬也四禪之第六天名受勝者無思天共在一天上耳）彼阿難第二受行從得解有
從不色因緣行道一切不用從慧得
度過無有思想亦未離思想為受行
止（正受定也）辟天名為無有思想解若阿難
為行道是受行從得解巳知為是解
從是習亦知從是沒亦知是所樂亦
知是更苦亦知從是要得出如有知
是時阿難為行道是受行從得解可
應求可應望可應住處阿難對言不
（無想者知空而對想不令起之此上八止皆知處知此八處亦知八處習亦知八處盡亦知八處樂亦知八處要得出最同故不二謂之也）若阿難為行道如是知如
是見說為不知不見者有是結使是
時應說為常是時應說非常（流隔門云斷滅見常也）
是時應說世間有本是時應說世間
无有本（本要也有本無要耳）是時應說得道以死
復生是時應說得道不得死（或見亡反生死者故曰死）
（復生或至正悔先天者故曰不死也）為有無有（或曰有度世或曰無度世）度世
死從是結使是時阿難為行道是七
識止處二受行從得解如是如有從
諦慧見從是意巳解巳得解脫是名

為阿難為行道無所著從慧得解脫（尽稱得道不得死是五耶緒使經十九止行者以四諦觀之共得息解成阿羅漢也）亦有阿難八解脫處何等為八色觀色是為第一解脫處（內外身者觀兩事也）內觀色不想外觀色是為第二解脫處（濡者外身也）觀三十六物淨身受觀行止是為第三解脫處（道者已身則本六物觀也從第一禪至四禪皆三觀也人病不同或貪己身或貪外色內外俱貪故有三觀也四意止觀亦復如是單奉禪要則五蓋也有其特除則四禪也）一切從色想已度（已過四禪色天次及空也）滅地想（滅塵心如土塵故曰如地也）若干想不念無有量空慧已受竟辟天名為空慧是名為第四解脫處（四空定文同故不一一解也）一切從空慧已度無有量識慧受竟辟天名為識慧是名為第五解脫處一切從識慧得度無所有不用受慧竟行辟天名為不用无所用慧行是為第六解脫處一切從不用慧得度無有思想亦不無有思想竟受止辟天名為思想是名為第七解脫處一切從無有思想竟得度（將已竟四空次及滅定也）滅思想亦覺盡身已更竟受止是為第八解脫處（心之流放喻息生滅之間乖擬中宜之長奔身之所從無不待行行在定者滅心根身御觸如操真如定乎當豈不能駐其念山禁不能係其陰實默與大虛齊量恬然與造化俱遊曰滅定也）若已阿難行道七識止處二受行從得

解脫亦是八解脫處是如有是慧已更見從是竟識却不用已得解脫如是本福已身更竟止是名阿難行道無所著從兩行得解脫佛說如是阿難受行

佛說人本欲生經

癸卯歲高麗國大藏都監奉
勅彫造

佛說人本欲生經

校勘記

一　底本，麗藏本。

一　五五六頁上一行至二一行經序，石無。

一　五五六頁上一行「人本欲生經序」後，資、磧、普、南、徑、清有作者「沙門釋道安述」一行。

一　五五六頁上五行「稠繆」，資、磧、普、南、徑、清作「綢繆」。

一　五五六頁上一五行第一三字「也」，磧、普、南、徑、清作「要」。

一　五五六頁上一七行「妙理婉」，資、磧、普、南、徑、清作「妙理婉然」。

一　五五六頁上一九行「在者」，資、磧、普、南、徑、清作「存者」。

一　五五六頁上末行「佛說人本欲生經」下，石有「一卷」二字。

一　五五六頁中一行譯者，資、磧、普、南、徑、清作「後漢安息國沙門安世高譯」。

一　五五六頁中三行夾註「阿難……三城也」，諸本無。以下夾註諸本均無。

一　五五六頁中八行首字「託」，石無。

一　五五六頁中一二行「但爲分明易現」，石作「但爲分別易現」；資、磧、普、南、徑、清作「分明易現」。

一　五五六頁中一三行「佛告」，石作「佛便告」。

一　五五六頁中一四行「生死」，資、磧、普、南、徑、清無。

一　五五六頁中一六行「躡撰」，資、磧、普、南、徑、清作「躡梭」。

一　五五六頁中一八行「從後世」，石作「得後世」。

一　五五六頁中末行「老死」，石作「生老死」。

一　五五六頁下五行末二字至次行首字「有因緣」，諸本作「何因緣」。

一　五五六頁下七行第三字「受」，資、磧、普、南、徑、清無。

一　五五七頁上六行「可報有因緣生」，資、磧、普、南、徑、清作「報有因緣」。

一　五五七頁上七行「知令」，資、磧、普、南、徑、清作「知命」。

一　五五七頁上一七行「有因緣」，資、磧、普、南、徑、清作「因緣」。

一　五五七頁上一八行「有因緣」，資、磧、普、南、徑、清無。

一　五五七頁上一九行末二字至次行首字「設阿難」，徑作「發阿難」。

一　五五七頁上末行「從是因緣」，資、磧、普、南、徑、清作「從因緣」。

一　五五七頁中三行「愛因緣」，資作「受因緣」。

一　五五七頁下一二行「鬪諍」，資、磧、普、南、徑、清作「不鬪諍」。

一　五五七頁下一五行末字「守」，資、磧、普、南、徑、清作「家」。

一　五五八頁上一九行「從是發」，資、磧、普、南、徑、清作「令是發」。

一　五五八頁上二一行「已發」，資、磧、普、南、徑、清無。

一　五五八頁上二二行「令有欲貪是故」，石作「令有貪欲是故因緣令發爲有欲貪故」。

一　五五八頁上末行「欲貪」，石作「貪欲」。

一　五五八頁中一行及次頁中一五行「阿難」，資、磧、普、南、徑、清無。

一　五五八頁中二行「令發徃」，資、磧、普、南、徑、清作「令往」。同行「雖發徃」，資、磧、普、南、徑、清作「離發徃」。

一　五五八頁中五行「欲貪」，資、磧、普、南、徑、清作「貪欲」。

一　五五八頁中六行「從是利故」，資、磧、普、南、徑、清作「從利故」。

一　五五八頁中七行「是當」，資、磧、普、南、徑、清作「當是」。

一　五五八頁中九行「有求」，資、磧、普、南、徑、清作「求」。

一　五五八頁中一〇行「已無」，資、磧、普、南、徑、清作「無」。

一　五五八頁中一三行「從是」，資、磧、普、南、徑、清作「從」。同行末

一 五五字「求」，石無。
一 五五八頁中二一行「爲有」，資、磧、普、南、徑、清作「爲」。
一 五五八頁下七行「二皆痛相會」，石作「爲二法皆通相會」；資、磧、普、南、徑、清作「二皆痛相會」。
一 五五八頁下一一行「因緣痛」，石作「因緣有痛」。
一 五五八頁下二〇行「亦無有當更亦無更」，資、磧、普、南、徑、清作「亦無當更亦有更」。
一 五五九頁上四行「更有因緣」，資、磧、普、南、徑、清作「更爲因緣」。
一 五五九頁上七行「亦從所處應受」，諸本作「亦從所應受」。
一 五五九頁上一一行「有亦從所」，資、磧、普、南、徑、清無。
一 五五九頁上一九行「令有更」，資作「令更」。
一 五五九頁上二〇行「阿難」，石、磧、普、南、徑、清作「佛復告阿難」。
一 五五九頁上二二行「當從」，資、磧、普、南、徑、清作「從」。
一 五五九頁中一行「隨精得駐」，石作「隨精得住」；資、磧、普、南、徑、清作「墮精得駐」。
一 五五九頁中三行第一三字「駐」，石作「住」，下同。
一 五五九頁中六行「增長」，諸本作「長增」。
一 五五九頁中一一行「若問」，資、磧、普、南、徑、清作「若聞」。
一 五五九頁中二〇行「從是致」，石作「從是致有」。
一 五五九頁中末行「因緣」，資、磧、普、南、徑、清作「因緣因緣」。
一 五五九頁下六行「受解」，資、磧、普、南、徑、清作「愛解」。
一 五五九頁下七行「阿難」，石作「阿難言」。
一 五五九頁下八行末字「便」，石作「更」。
一 五五九頁下一八行「説是」，資、磧、普、南、徑、清作「説」。
一 五五九頁下二一行「應作」，石作「應住」。
一 五五九頁下末行「更樂痛阿難」，石作「更痛樂痛阿難」；資、磧、普、南、徑、清作「更痛樂痛爲」。
一 五六〇頁上四行第三字「便」，石、磧、普、南、徑、清作「更」。同行「爲樂」，諸本作「樂」。
一 五六〇頁上八行「不更」，石作「更不」。
一 五六〇頁上一〇行「更是痛」，資、磧、普、南、徑、清作「更痛」。
一 五六〇頁上一二行「自有」，資、磧、普、南、徑、清作「自是」。
一 五六〇頁上一四行「或有」，資、磧、普、南、徑、清作「或」。
一 五六〇頁中一行「是法」，石作「是身」。
一 五六〇頁中一三行末字「亦」，資、磧、普、南、徑、清作「而」。
一 五六〇頁中一四行「但爲不覺」，資、磧、普、南、徑、清作「但不爲覺」。

一　五六〇頁中一九行「是身」，諸本作「是身身」。

一　五六〇頁中二〇行末字至二一行首二字「身爲見」，徑作「見爲身」。

一　五六〇頁下七行「從是見」，石作「從見」。

一　五六〇頁下八行「受世間」，石作「受致世間」。

一　五六〇頁下一五行首字「身」，石作「身身」。

一　五六〇頁下一八行「解利」，資作「解説」。

一　五六〇頁下二〇行「阿難」，資、磧、普、南、徑、清無。

一　五六〇頁下二一行「爲身」，諸本作「爲身有」。

一　五六一頁上二行「有阿難」，資、磧、普、南、徑、清作「阿難」。

一　五六一頁上三行「無有」，資、磧、普、南、徑、清作「無有有」。

一　五六一頁上五行「不爲少色亦不爲無有量色」，資、磧、普、南、徑、清作「不少色亦不無有量色」。

一　五六一頁上九行第一一字，中一九行第一二字、中二〇行第一三字及五六二頁上二行第三字、九行末字「令」，資、磧、普、南、徑、清作「今」。

一　五六一頁上一〇行第三至第四字「如是」，資、磧、普、南、徑、清無。

一　五六一頁上一四行第九字至一六行第二字「色少行爲身自方計作齊是阿難或爲行道色少行爲身」，石作「色少行爲身」；資、磧、普、南、徑、清作「色行爲身」。

一　五六一頁上二〇行第九字，中一八行第三字及下末行第七字「身」，資、磧、普、南、徑、清無。

一　五六一頁上二一行「現身相像」，資、磧、普、南、徑、清作「見相像」。

一　五六一頁中一行「令使結」，石作「令結使」；資、磧、普、南、徑、清作「使結」。

一　五六一頁中二行末字「念」，石作「令」。

一　五六一頁中八行「使結彼」，石作「結使彼」；資、磧、普、南、徑、清作「使結彼是」。

一　五六一頁中一六行「或爲」，資、磧、普、南、徑、清作「或」。

一　五六一頁下一行「不爲色作身」，資、磧、普、南、徑、清作「不色作爲身」。

一　五六一頁下三行「有量」，資、磧、普、南、徑、清作「有有量」。

一　五六一頁下六行「不少色」，資、磧、普、南、徑、清作「不色少」。

一　五六一頁下九行「見是身」，石作「見身」。

一　五六一頁下一一行「是无有」，諸本作「無有是」。

一　五六一頁下一三行「爲是身」，資、磧、普、南、徑、清作「爲身」。

一　五六一頁下一四行「爲身不使結」，石作「不爲身結使」。

一 五六一頁下一七行「是身」，資、磧、普、南、徑、清作「是是身」。

一 五六二頁上二行「壞死」，諸本作「已壞死」。

一 五六二頁上三行「是爲無有是」，資、磧、普、南、徑、清作「爲無有」。

一 五六二頁上七行「現是」，石作「現今是」；資、磧、普、南、徑、清作「現今是」。

一 五六二頁上一三行第三字「爲」，石作「或爲」。

一 五六二頁上一四行「不使」，諸本作「身使」。同行「行道」，資、磧、普、南、徑、清作「近道」。

一 五六二頁上二〇行「從是有」，資、磧、普、南、徑、清作「從是」。

一 五六二頁中七行「受意止」，石作「受竟止」；資、磧、普、南、徑、清作「意止」。

一 五六二頁中八行「是名」，石作「是名爲」。

一 五六二頁中九行第一〇字「從」，石無。

一 五六二頁中一二行「不色」，資、磧、普、南、徑、清作「不在色」。

一 五六二頁中一三行第九字「意」，石作「竟」。

一 五六二頁中一四行「從受慧」，資、磧、普、南、徑、清作「從是慧」。

一 五六二頁中一五行第一一字「從」，石作「從行」。

一 五六二頁中一七行「得解」，資、磧、普、南、徑、清作「得」。

一 五六二頁中一八行「不色」，資、磧、普、南、徑、清作「色」。

一 五六二頁中二二行「辟名」，諸本作「辟天名」。

一 五六二頁下一行「若阿難」，資、磧、普、南、徑、清作「天天若阿難」。

一 五六二頁下一五行「阿難言」，石作「阿難對言」。

一 五六二頁下一九行至次頁上一行「若阿難行道……阿難對言不」共七〇字，資、磧、普、南、徑、清無。

一 五六三頁上二行「爲從」，資、磧、普、南、徑、清作「從」。

一 五六三頁上七行「可應住處」，資、磧、普、南、徑、清作「住處」。

一 五六三頁上一四行「所識」，資、磧、普、南、徑、清作「識」。

一 五六三頁上一八行「已沒」，磧、普、南、徑、清作「已後」。

一 五六三頁上一九行「空慧」，石作「空空慧」。

一 五六三頁中四行「爲識」，資、磧、普、南、徑、清作「識」。

一 五六三頁中一〇行末二字至次行第九字「爲從……一切」，資、磧、普、南、徑、清無。

一 五六三頁中一二行「捨受」，石作「於受」。

一 五六三頁中一八行末二字至次行首字「彼阿難」，資、磧、普、南、徑、清無。

一 五六三頁中二一行第七字至次行第二字「是從受亦知從受習亦知」，

資、磧、普、南、徑、清作「見從愛亦習知從愛習知」。

一　五六三頁下一行、八行及一一行「是受」，資、磧、普、南、徑、清作「是愛」。

一　五六三頁下二行「住處」，石作「住止處」。

一　五六三頁下五行「從不」，石作「彼從不」。

一　五六三頁下六行「度過」，石作「過度」。

一　五六三頁下六行末三字至次行首字「爲受行止」，資、磧、普、南、徑、清作「受行止行止」。

一　五六三頁下一八行「有本」，資、磧、普、南、徑、清作「有本本」。

一　五六三頁下一九行「不得死」，資、磧、普、南、徑、清作「不復死」。

一　五六三頁下二〇行「無有」，資、磧、普、南、徑、清作「無有爲無有」。

一　五六三頁下二一行「結使」，資、磧、普、南、徑、清作「使結」。

一　五六四頁上三行第一二字「是」，資、磧、普、南、徑、清無。

一　五六四頁上六行「淨身」，資、磧、普、南、徑、清作「不淨身」。

一　五六四頁上九行「若干想」，資、磧、普、南、徑、清無。

一　五六四頁上一〇行「無有量空慧」，石作「無有量空空慧」；資、磧、普、南、徑、清作「無量空慧」。

一　五六四頁上一二行「識慧」，石作「識識慧」。

一　五六四頁上一四行「識慧」，諸本作「識慧行」。

一　五六四頁上二〇行末三字至二一行首字「是爲第八」，資、磧、普、南、徑、清作「是第八」。

一　五六四頁中二行「從是竟戰」，石作「從是竟戰厭」；資、磧、普、南、徑、清作「從是意戰」。

一　五六四頁中末行經名，石作「佛說人本欲生經一卷」；資、磧、普作「人本欲生經一卷」。

佛說尸迦羅越六方礼經　剡

後漢安息國三藏安世高譯

佛在王舍國鷄山中時有長者子名尸迦羅越早起嚴頭洗浴著文衣東向四拜南向四拜西向四拜北向四拜向天四拜向地四拜佛入國分衛遥見之往到其家問之何為六向拜此應何法尸迦羅越言父在時教我六向拜不知何應令父喪亡不敢於後違之佛言父教汝使六向拜不以身拜尸迦羅越便長跪言願佛為我解此六向拜意佛言聽之內著心中其有長者黠人能持四戒不犯者令世為人所敬後世生天上一者不煞諸羣生二者不盜三者不愛他人婦女四者不妄言兩舌心欲貪婬恚怒愚癡自制勿聽不能制此四意者惡名日闇如月盡時光明稍冥能自制惡意者如月初生其光稍明至十五日盛滿時也

佛言復有六事錢財日耗減一者喜飲酒二者喜博掩三者喜早卧晚起四者喜請客亦欲令人請之五者喜與惡知識相隨六者憍慠輕人犯上頭四惡復行是六事妨其善行亦不得憂治生錢財日耗減六向拜當何益乎

佛言惡知識有四輩一者內有怨心外強為知識二者於人前好言語背後說言惡三者有急時於人前愁苦背後歡喜四者外如親厚內興怨謀善知識亦有四輩一者外如怨家內有厚意二者於人前直諫於外說人善三者病瘦縣官為其征彸憂解之四者見人貧賤不棄捐當念求方便欲富之惡知識復有四輩一者難諫曉教之作善故與惡者相隨二者教之莫與喜酒人為伴故與嗜酒人相隨三者教之自守益更多事四者教之與賢者為友故與博掩子為厚善知識亦有四輩一者見人貧窮卒乏令治生二者不與人諍計挍三者日往消息之四者坐起當相念善知識復有四輩一者為吏所捕將歸藏匿之於後解吏之二者有病瘦將歸養

視之三者知識死亡棺斂視之四者知識已死復念其家善知識復有四輩一者欲鬪止之二者欲隨惡知識諫止之三者不欲治生勸令治生四者不喜經道教令信喜之惡知識復有四輩一者小侵之便大怒二者有急倩使之不肯行三者見人有急時避人走四者見人死亡棄不視佛言擇其善者從之惡者遠離之我與善知識相隨自致成佛

佛言東向拜者謂子事父母當有五事一者當念治生二者早起勑令奴婢時作飯食三者不益父母憂四者當念父母恩五者父母疾病當恐懼求醫師治之父母視子亦有五事一者當念令去惡就善二者當教計書跡三者當教持經戒四者當早與娶婦五者家中所有當給與之

南向拜者謂弟子事師當有五事一者當敬難之二者當念其恩三者所教隨之四者思念不猒五者當從後稱譽之師教弟子亦有五事一者當令疾知二者當令勝他人弟子三者

欲令知不忘四者諸疑難悉為解說
之五者欲令弟子智慧勝師
西向拜者謂婦事夫有五事一者夫
從外來當起迎之二者夫出不在當
炊蒸掃除待之三者不得有婬心於
外夫罵言不得還罵作色四者當用
夫教誡所有什物不得藏匿五者夫
休息蓋藏乃得卧夫視婦亦有五事
一者出入當敬於婦二者飯食之以
時節與衣被三者當給與金銀珠璣
四者家中所有多少悉用付之五者
不得於外邪畜傳御
北向拜者謂人視親屬朋友當有五事
一者見之作罪惡私往於屏處諫曉
呵止之二者小有急當奔趣救護之
三者有私語不得為他人說四者當
相敬難五者所有好物當多少分
與之
向地拜者謂大夫視奴客婢使亦有
五事一者當以時飯食與衣被二者
病瘦當為呼醫治之三者不得妄撾
捶之四者有私財物不得奪之五者
分付之物當使平等奴客婢使事大

佛說尸迦羅越經 弟四張 洌

夫亦有五事一者當早起勿令大夫
呼二者所當作自用心為之三者當
愛惜大夫物不得棄捐乞匃人四者
大夫出入當送迎之五者當稱譽大
夫善不得說其惡
向天拜者謂人事沙門道士當用五
事一者以善心向之二者擇好言與
語三者以身敬之四者當慇慕之五
者沙門道士人中之雄當恭敬承事
問度世之事沙門道士當以六意視
凡民一者教之布施不得自慳貪二
者教之持戒不得自犯色三者教之忍
辱不得自恚怒四者教之精進不得
自憍慢五者教人一心不得自放意
六者教人黠慧不得自愚癡沙門道
士教人去惡為善開示正道恩大於
父母如是行之為知汝父在時六向
拜之教也何憂不富乎尸迦羅越即
受五戒作礼而去

佛說唄偈

鷄鳴當早起 被衣來下牀 澡漱令心淨
兩手奉花香 佛尊過諸天 鬼神不能當
低頭遶塔寺 叉手礼十方 賢者不精進

佛說尸迦羅越經 第五張 洌

譬如樹無根 根斷枝葉落 何時當復連
採華著日中 能有幾時鮮 放心自縱意
命過復何言 人當慮非常 對來无有期
犯過不自覺 命過為自欺 今當入泥犁
何時有出期 賢者受佛語 持戒慎勿疑
佛如好華樹 無不愛樂者 處處人民聞
一切皆歡喜 令我得佛時 願使如法王
過度諸生死 無不解脫者 戒德可恃怙
福報常隨己 現法為人長 終遠三惡道
戒慎除恐畏 福德三界尊 鬼神邪毒害
不犯有戒人 墮俗生世苦 命速如電光
老病死時至 對來无豪強 無親可恃怙
無處可隱藏 天福尚有盡 人命豈久長
父母家室居 譬如寄客人 宿命壽以盡
捨故當受新 各追所作行 無際如車輪
起滅從罪福 生死十二因 現身遊免乱
潛育一切人 慈傷墮衆邪 流沒于深淵
勉進以六度 修行致自然 是故稽首礼
歸命天中天 人身既難得 得人復嗜欲
貪婬於意識 痛想无猒足 豫種後世栽
歡喜詣地獄 六情幸完具 何為自困辱
一切能正心 三世神吉祥 不與八難貪
隨行生十方 所生輙精進 六度為橋梁

佛說尸迦羅越經 第六張 洌

廣勸无極慧一切蒙神光

佛説尸迦羅越六方礼經

癸夘歲高麗國大藏都監奉
勅雕造

佛說尸迦羅越經　第七張　桝

佛說尸迦羅越六方禮經
校勘記

一　底本，麗藏本。

一　五七〇頁上一行經名後，徑有「長阿含善生經別譯」八字，資、磧、普將此八字置於次行譯者後。

一　五七〇頁上二行譯者，諸本（不含石，下同）作「後漢沙門安世高譯」。

一　五七〇頁上六行「向天」，諸本作「仰向」。

一　五七〇頁上二一行「六事」，磧、普、南作「言事」。

一　五七〇頁中一二行「其征忪」，諸本作「甚征忪」。

一　五七〇頁中一三行第一〇字及二一行第九字「當」，諸本作「常」。

一　五七〇頁中一八行末字「善」，資、磧、普作「言」。

一　五七〇頁中一九行「卒乏」，諸本作「悴乏」。

一　五七〇頁下一四行「當恐懼」，南作「常恐懼」。

一　五七〇頁下一六行末字「書」，資作「晝」。

一　五七〇頁下一九行第五字「謂」，諸本作「諸」。

一　五七〇頁下二〇行及次頁上一七行「敬難」，諸本作「敬歎」。

一　五七一頁上八行「盖藏」，諸本作「善藏」。

一　五七一頁上一二行「傳御」，徑作「傅御」。

一　五七一頁上一三行首二字「北向」，資作「比向」；南作「此向」。同行第七字「視」，資、磧、普、徑無。

一　五七一頁中一〇行「六意」，諸本作「六憶」。

一　五七一頁中一二行第一〇字「色」，諸本無。

一　五七一頁中一七行「爲知汝父」，諸本作「爲如汝父」。

一　五七一頁下二行第三字「著」，諸本作「者」。

一　五七一頁下四行「自覺」，磧、普、南、徑、清作「有覺」。

一　五七一頁下一一行「命速」，諸本作「今速」。

佛說梵志阿颰經　渊

吳月支國居士支謙譯

聞如是一時佛與五百沙門俱遊於越祇到鼓車城外樹下坐比隟有豪賢梵志名弗迦沙明曉經書星宿運度所問皆荅有五百弟子弟子中第一者名阿颰阿颰問師言今有佛來人稱其德名蓋天下不識斯何人也弗迦沙言吾聞是釋種國王太子厭與無師自著經化阿颰言若無師者名譽何美又國王子多憍婬好樂安有塗行降志乞食誨人不倦將是真人乎願師可行觀其道德弗迦沙言不然我世豪賢聰叡多才彼為新出義當來謁吾不宜往阿颰言我聞天帝釋與第七梵皆下事之所教弟子悉得五通輕舉能飛達視洞聽知人意志及生所從來死所趣向此蓋天師何肯來謁弗迦沙言經說帝王生子有三十二相者立即當為飛行皇帝王四天下自然七寶一金輪寶二白象寶三紺馬寶四玉女寶五神珠寶

六理家寶七賢將寶當有千子皆才明勇武一人當千兵杖不用其世泰平若棄天下當為自然佛以无為花度人得道彼豈是耶汝且往觀有此相者其審是佛吾當事之阿颰言願與同志共行師言大善即與五百弟子俱到皆下車揖讓佛佛使就座五百人盡坐獨阿颰左右彷徨徼觀佛相佛知其意亦起併行阿颰住佛亦住阿颰坐佛亦坐阿颰乃問佛言本事何等道除鬚髮披袈裟持鉢何應佛言吾求道已來歷世久遠不可稱紀常奉諸佛行菩薩道所事師友無復央數除鬚髮者為終身戒捐棄貪愛無復餝好使人不欲己已亦不欲人袈裟法服壟旌表解釋垢結无復世念鉢為應器宜道人用節身約省非義不受也斯皆無為清淨之像今我作佛為天下師自恣汝意欲問勿難阿颰言我等所事師弗迦沙世世聰明名昇遐遠又是梵種特勝餘人天下雖貴為王亦有不仁而我種者獨不好煞佛言吾本用惡煞故求佛无

佛說梵志阿颰經　一　第二張　渊字号

為之道汝梵志種但口貴仁雖手不
煞心皆有煞今我為佛身口意淨一
切不煞用天下人皆好煞故教以仁
義阿颰閗言今佛棄捐妻子自絕種
嗣殆不若我師世世繼嗣也佛言天下
狀人本末各異衆人前世曾為我子
吾亦曾為一切人子會輙有離種姓
無常或時寃仇相從為親或時親屬
復為寃仇因緣離合一切如幻父母
妻子本非我親吾亦非彼有世人但
以是我非我而為罪惡為後受普
我故世時曾為刹利王 名懿 摩休
有四子一名郁鉗二名虔尼三名度
四名溽王尚未崩四子爭位王聞愁
憂念四子諍當煞人民即委國東去
行行自念言生人無幾無憂乃長今我
為王欲得子姓既已有子還欲相伐
有嗣如是何益於人吾不忍見恐煞
無辜但當捨家作沙門耳即北入山
說道人迦比按止草廬又有道人摩
離王問其本何緣學道摩離自說娶
妻無子顧懸諸家故作沙門王言異
哉吾為國王有子四人身尚未死而

子國亂不忍見之故為道耳摩離意
解乃遂精進如是阿颰正使子賢父
老病亡子不能却生時為惡死入地
獄子不能得代用是故我常以慈心
救濟人物道成得佛度脫天下阿颰
言佛為難及今天下有四種人君子
梵志田家工伎獨我梵種為真且貴
餘三輩皆事我種佛言假使汝種為
真貴者儻婦無子婢而生男當舉不
曰當舉之今汝祖母現取婢子為後可
為真貴耶阿颰嘿然五百弟子皆起
住言瞿曇沙門何毀我種阿颰才智
亦能相難佛言皆嘿然若其才智當
自辯之佛問其祖至三無對金剛力
士舉椎言佛重問汝何故不對阿颰
懼曰實如佛言五百人言佛聖智明
阿颰母者信釋家婢我等從今請不
復敬佛言不然世或母賤而子賢貴
阿颰賢不可毀也若使梵種娶刹利
女生子長大當學父家學母家耶皆
曰當學父家佛言如是母賤何損若
子長大明經行高踰於父者汝加敬
之若梵志女為刹利婦生子長大知

外家賢而不肯學自效父家射獵煞
生汝當敬不皆曰不敬佛言如是用
為問母若使阿颰有子復賢才勇絕
世汝當奈何曰當著上坐設父母俱
是梵種生子不肖無所中直汝當奈
何皆曰當著下座佛言如是賢者是當
耶若梵志子煞盜犯法吏當捕不曰
當捕之汝何不非言我種貴不應收
捕曰現有罪何得語種佛言今我為
佛師民仁孝告之正言欲去愍癡有
常之態諸為惡者我輙教令不煞盜
婬妄語飲酒祠祀事邪人取為惡身
當受罪烹煞祠天為過滋甚无所補
也且夫天意清仁豈食人食乎有德
致祐非煞為福是以天下賢智世主
聞佛經戒皆自剋絕願不為惡其持
戒死精神上天若能至心清淨即得
沙門四道一曰溝港二曰頻來三曰
不還四曰應真又天下 君王雖行正
欲平亦責民租稅貪意不除今我為
佛都使天下無復情欲無為道我
求道以來其劫無數每生有願願棄
愛欲修沙門行無適无莫於天下人

賢明君子聞佛經戒靡不奉行其不
承者後皆有悔能制意志無復貪欲
便斷生死憂哭之道不退相戀焉得
離苦痛天下無常人如水泡一成一
壞莫能自在佛問阿颰汝師以何教誡對
曰師戒不得煞人煞牛不得盜金銀
不婬師家及弟子婦不得飲酒年四
十八乃得取婦我師教人盡此八戒
未知佛戒復何義也佛言樂聞者聽
若族姓子来自陳說貪樂佛戒我隨
其能而授與戒欲居家修道者名曰
清信士當持五戒一不好煞禽獸蝡
動之類無所剋傷以已況彼不加刀
杖心念為仁口不及煞二不偷盜貪
殆人財斗秤尺如圭銖分不得侵
人心存于義口不教取三不好欲婬
犯人婦女不觀華色不聽好音樂心
修礼禁言不失法四不妄語讒譖入人
罪時而後言言必誠信心不漏慢口無
毀謷五不飲酒縱情酗醟心不好嗜
口無味嘗酒有三十六失勿以勸人
是名為我清信士之戒也佛言我不
呼人人自來請數受戒轉數教去惡

就善天下欲作沙門我每先問何緣
覺悟夫為人子當以孝敬安養為務
而欲為道當報父母父母聽許然後
為說沙門之戒有二百五十戒終身
清淨得無不能中道而廢失供養恩
若人故請信意不轉堪奉法律俞乃
與戒沙門之戒慈仁為本不得殘煞
蠕動之類哀念人物踰於赤子亦不
惡訟求直於人常念所生及師友恩
精進求道欲度父母沙門不得貪餘
妄取人財見諸寶貨當如糞土人與
不受受者不留轉乞窮乏常為人說
不貪之德沙門不得有婦繼嗣防遠
女人禁閉情態行見好色目不逆送
耆者比母次如姊妹若心不止當觀
惡露以却婬行行起生死皆由癡愛
沙門不妄言綺語譖入人罪見聞知
實非礼勿傳和解爭者兩說其善徐
言惟止無宣人私沙門不得吟詠歌
曲挊儛調戲及論倡優當勤精思習
故知新沙門所說言必法師其所不
聞不得意造晨夜誦經不得謬誤精
行道要以除衆穢為人說法思合義

意沙門不得安卧好牀衣不文綵食
不著味不用金銀朱漆之器但麁瓦
鐵之鉢沙門不得飲酒嗜肉思嘗衆味不
得服藥酒及諂酒家沙門不得以諸
華香塗身燒勲衣服思念持戒沙門
不得買使奴婢借賃僮客或人進與
一不得受沙門不得畜養六畜車轝
騎乘快心恣意沙門不得儲財米穀
朝朝乞食不過七家一家不得乃到
二家亟七家不得應但飲水沙門入
聚當如鳥食飽而棄去不顧其餘若
不得食心亦不恨沙門捨家止不懐
安不慕好舍其唯山澤樹下而已沙
門不得遊廬園圃墾殖苗稼思禁種
作沙門不得裨販求利思念此彼何貴何賤
沙門不得論說樂他水菜一心惟道不應念
餘沙門不得議道國邑盛衰好惡有所高下
沙門不得詮謗同道基業田宅桑粮衣食彼
有此无沙門不得卧談食語不得務知國中
政事治軍行師攻奪可否沙門不得說其衣
雅飲食精美及麤白水水好惡沙門不得說
諸畜生形態好惡此愚人談非道法
儀沙門不得自稱解經說彼不通自
伐非賢不當貢高沙門講法不得言

我經利汝經綴㝵我戒行淨汝戒行檝不得言我師明汝師不明佛經一統其歸無二壯志自抗不容毀譽不得言我世大姓汝種孤窶不得自詭曾與某講以不如我不得轉自相平某好牀机被枕卧具某有簦蹝不得照鏡摩𪔕念著細滑不得觀長者鬬諸賊人及畜生鬬不得效以手拳相加不得摴蒱愽弈觀郯諸戲態卧謀食不得念到某方某郡從彼還此計其道里不得作男女醫及牛馬醫不得教人當吐下莫吐下不得習拵兵仗彈丸擲戲不得學相男女貧富貴賤有相無相及相六畜儀形之狀不得孝占永旱灾變歲熟不熟有疫何國當之不得仰觀曆數推步日月盈虛薄蝕星殞變現山崩地動歲中風雨不得知役門過日中不得食衣食麁疎心不以怨辭常佩左脅下其所行處不憂飢寒身常與辭俱如鳥有翅口不妄食六情常端耻志不昇不恨身苦顧在經戒目不眄色耳鼻口身所更好惡其心不動節食將身不飢不飽卧趣息體暇寐不久抗志清邈恒在泥洹辭 如孝子早喪父母哀號思慕

無須臾忘斯我沙門守志行道坐即禪興則諷詠飢飽寤寐精進匪邌戒行是為佛弟子佛告阿颰如此戒者有二百五十令粗說耳沙門攝意不使放逸閑居靖處去婬怒癡以就智慧常用慈心愍傷天下捐棄睡卧貪欲之態一心信法不復疑惑乃得羅漢羅漢者為已應真辟如人居常貧負債給生獲利歸畢歡喜復有罪人久繫獄中好有長者方便得出亦如奴婢免為良民及病連年醫療得愈又如商人從遠難道得重貨歸此五辟喻人皆歡喜而我沙門亦猶若此自念生死久繫五陰更苦無量今得解脫何謂五陰一色二痛三想四行五識此五覆人令不見道沙門自思覺知無常身非其身愚癡意解心无所著色陰已除是第一喜沙門思念自見身中五藏不淨貪欲意解善惡无二痛陰已除是第二喜沙門精思見恩愛苦不為漏習無更樂意想陰已除是第三喜沙門思惟身口意淨无復喜怒寂然意定不起不為行陰已除是

第四喜沙門自念得佛清化斷諸緣起癡愛盡滅識陰已除是第五歡喜也

佛告阿颰我沙門捐棄諸欲奉行經戒以斷生死則於今世無復憂哭相戀之意吾不貪人人亦不貪我而吾以道慈念一切欲使度脫夫人為道一世苦耳不為道者其苦弥長如人沐浴但可外淨心垢不除得應真者衆惡都除凡人志心道人心一如石在地日炙不消雨漬不澤風吹不動出其凡俗得成至道心意已冷無復婬熱辟如蓮華出於汚泥根華常冷塵水不著沙門念父母養子恩極一世佛開天下使人得道自見本末五道生死知人壽命意志已正所為自恣欲上天即上入海即入辟如以香塩浴死人不能使香教惡人善能必善人心者惡身口俱惡外學加言但恣則耳無有真道人聞此終不應荅知凡人意想見皆倒愚不解道以正為邪不別真偽聖人愍之故加慈愛沙門持意如人衣新衣坐起慎護不欲玷

污故持戒者常與心爭使百惡来終不聽受父母生子幼化以道長犯罪死不可怨親辟如踞牀有木無繩不能得坐子無明師亦不得道如此儒士吾前世時多事賢聖所受非凡皆無為師也得羅漢者能自陳說於其處得潇港於某處得頻来及不還至應真僞都解脫不復生死具知閻秩如觀好畫分別五綵見天下人皆有三毒憍慢放逸貪味之態自知已解不復貪天上生亦不樂人中但念衆生欲令解脫凡人未聞宜諦受學如持綵絲貫瑠璃珠五色悉現道眼見人魂神生所從来死趣何道知某人死神墮地獄某墮畜生某墮鬼神某人人形某死上天道成自知斷此五處已得所願視身如土聽取我形碎亦可以明真僞如入清水沙礫珠寶所有悉見豫知天下一人為百百人為一所以然者一人生子轉至玄孫興盛為百或時百人死亡空滅更餘有一沙門得道具見好惡知何人死當生善道亦知何人當墮惡道自見

身中四氣分數知人壽命苦樂長短本從不明心識為行受名色但因緣寄託生母腹中更相憂念父母言我子子言我父母精神展轉皆不自識宿命善者復生為人則富貴長壽其不善者則皆短命各由本業天地人物一仰四氣一地二水三火四風人之身中強者為地和濕為水温熱為火氣息為風生借用此死則歸本計其本末各自為地凡人不覺天地之間生者如夢命祿至短屢擾而死辟如風吹海水波浪相逐生死亦然往来無休沙門得道悉知天地成敗終始一劫中事身所更来亦知久遠无數劫事乃知天下得道神仙無及佛者自知意志本有萬端今事成一常悲衆人為貪欲迷婬怒癡醉交亂胥中或作恩愛不知此要得道達視如人鑑鏡飛行無导石壁皆過能上須彌手捫日月能令身中別出水火能没地下從一方出能行空中坐卧自在能使魔王梵釋諸天無不傾側辟如陶家燒作瓦器盛水不漏凡人如

坯得道如瓦可燦可濕滑漬不釋如鍛金師在作何器得神足者亦復如是在所變化陶冶之家爵火盛器我沙門爵意成道如執牛皮卷之有聲舒亦有聲濕以脂膏卷舒皆軟道意如是一切柔軟無復剛強辟於高樓見聞下人歌儛鍾鼓諸六畜聲道耳如是亦聞天上音樂亦聞餓鬼地獄飢渴痛聲具見人心有欲態者无欲態者有諸喜怒憎愛愚智強弱易化難化好道不好道皆分別知之如人喜沐浴摩身不遍復更熟摩道眼觀知可度者即持佛經開解授與意悉善者復得為人行高者死得上天若戒淨便得沙門四道其得道者知一世十世百世無數世事亦知天地終始劫成敗則知無數劫身所從生彼時生父母姓字彼時數多少知彼時從人道上作天從天道下作人或從人入地獄從地獄作畜生從餓鬼出作人或從人復作鬼神從鬼神入地獄上作天悉分別知自思惟如人遠客憶念故鄉具識所有親見五道自知已解

道力自在欲壽百歲千歲萬歲至无
數劫皆能欲不食十日百日一歲百
歲可至無數欲食即食如登高樓聽
視下人東西南北坐立語聲一切聞
見道人自知意志已淨善惡皆棄如
人好過誤犯法吏以取拘挂頸絢令
其人羞慙欲疾免難得羅漢者善身
如是羅漢有二輩一輩為滅一輩為
護所謂滅者自憂得道即取泥洹護
者憂人度脫天下辟如水清其中沙
石魚鱉自現道意以淨悉見天下心
識所有沙門如是汝師教戒寧能介
不阿颰對曰此實難及佛言我見世
間亦有道士不知佛法隱居藪澤食
於果蓏言不用師當得自然此得道
乎對曰不得佛言道從心得當有師
法是為癡妄背道一也復有道士採
取百草枝葉華實服食方藥自用可
仙汝師弟子亦信此乎對曰不信是
為癡妄背道二也或有道士委棄父
母著鹿皮衣卧止草蓐被髮不食拜
天求道徒自困苦無所成獲汝效此
乎對曰不效是為癡妄背道三也亦

有道士深居閑處題門有道祭事水
火日月五星烹殺祠天博頰求福汝
為此乎對曰不為是謂為癡妄背道
四也
佛告阿颰天地開闢已来有天梵志
道士二十三人名為耆闍留耗盡陀
迦夷阿柔迦晨譚夷頻起炎毛巴欬
監化阿倫表曇文耆賴譚淡迦葉暴伏
阿鉾援頭優寮波利僥頸陂佉天下
城郭皆是此二十三人共所造也今
弗迦沙何如此輩人對曰不及佛言
汝師何長能為帝王作師令帝王得
道耶對曰不能汝等能為天子大臣
長吏作師使得道耶對曰不能汝師
能教士農工商長中少年男子始女
及令汝等皆得道乎對曰不能汝師
先祖頗得道乎對曰不聞師教汝等
趣何等道曰師言持八戒者死上梵
天寧見汝輩持是八戒昇梵天耶曰
聞師言耳
佛告阿颰我沙門得應真者知劫中
生死分別衆人彼時為某從某作某
知天下人及天上事飛行在所至剎

能在能亡能動天地移須弥出入無間
變化恣意父母死亡知墮何道追求
開導能令解脫子得道者父母皆度
又我沙門持一正意行二百五十戒
就無為道佛告阿颰我棄國捐王行
作沙門憂斷生死今得自然為如来
至真等正覺明行成為善逝世間解
無上士道法御天人師号佛衆祐都
為天上天下作師其持我經戒無不
得道者我常慈心教化天下慈就善善
可常行惡不可久皆可長處樂不可
保樂者當時快意久後受苦苦至而
悔無所及矣於是阿颰熟視佛身心
念佛相有三十二我殊不見一相何
也佛知其意即為出舌先舐左耳却
舐右耳復舐鬚際以舌覆面徐引舌
下阿颰歎曰如佛者難值萬世難有
舌相乃介安得不知佛言汝等来久
歸謝汝師五百人皆前接佛足而去
弗迦沙乘車而出見諸弟子来即住
待之諸弟子至下車作礼師言瞿曇
沙門名聞天下有其相乎住何以久
盡說何事阿颰言朝来所語無有一

佛說梵志阿颰經　第十八張

失還舍飯已徐當說之師言佛不能讓留汝飯乎對曰佛坐樹下了無所有知可飯時故遣我還即俱歸飯已阿颰向師具說佛語師言汝隨佛語得無增減欲使我事之耶阿颰言聽佛所語勝我梵志但恐我種不能事耳師即怒蹹地曰我累世為師何用不如阿颰言師試自往觀其智能師言然當自請佛與共談語暮即施牀席作五百人供具鷄鳴師自行至通姓名佛請相見作礼畢一面坐叉手言今設微食願佛與衆沙門俱屈威神佛以嘿然可之弗迦沙歡喜辭歸辦食日未中又遣阿颰行迎佛與五百沙門俱就舍坐已定施飯食行澡水畢弗迦沙問佛言昨阿颰還道佛語不審諦願重聞之佛言皆是无所增減便復為說昨時所語聞佛語喜即自稽首言我昨無故瞋阿颰所語佛言汝雖怒者是賢弟子辟如善馬知人心意佛呪願阿颰言使汝壽身無病於是師讚佛言

火能照於冥　江海百谷王　聖人廣教授

佛說梵志阿颰經　第十九張

如國有明君　摩尼寶第一　月為星中明
如日照天下　三界惟佛尊

佛知其心端正無邪為說偈言

人當仁義　布施作福　覺識非常
守行經戒　世間危嶮　樂少苦多
當自憂身　不宜懈怠　務斷貪欲
致畏之習　生老病死　憂哭之痛
恩愛別離　一切皆苦　是故聖人
求無為道

弗迦沙意解起礼佛足垂淚言曰念我先祖皆無有知自佛言願佛慈傷我　有昆弟妻子諸家今欲將來使受佛法佛言可即皆來礼佛足受三自歸與阿颰等俱持五戒後弗迦沙以其命終弟子問佛是師死者趣何道乎佛言已得第三不還生十九天阿那舍中當於彼般泥洹阿颰等五百人欲作沙門佛言各自歸家善持五戒意志已固乃可捨罪佛說經已皆大歡喜作礼而去

佛說梵志阿颰經

佛說梵志阿颰經

校勘記

一　底本，金藏廣勝寺本。

一　五七三頁中一行經名，麗作「佛開解梵志阿颰經」，卷末經名同。

一　五七三頁中二行譯者，資、磧、普、南、徑、清作「吴月支國優婆塞支謙譯」。

一　五七三頁中五行「弗迦沙」，諸本（不含石，下同）作「費迦沙」，下同。

一　五七三頁中八行「天下」，麗作「天地」。

一　五七三頁中一一行「安有」，麗作「安肯」。

一　五七三頁下三行「爲化」，資、磧、普、南、徑、清作「化度」。

一　五七三頁下一三行「菩薩道」，普作「善薩道」。

一　五七三頁下一六行「古聖」，資、磧、普、南、徑、清作「古賢」。同行「垢結」，資、磧、普、南、徑、清作「蟠結」。

一 五七四頁上一行「爲之道」，麗作「上正真之道」。同行「貴仁」，資、磧、普、南、徑、清作「貴仁數」。

一 五七四頁上三行「好煞」，磧、普、南、徑、清作「好不殺」。

一 五七四頁上六行「狀人」，資、麗作「人狀」；磧、普、南、徑、清作「人姓」。

一 五七四頁上八行及九行「寃仇」，資、磧、普、南、徑、清作「怨仇」。

一 五七四頁上一一行「是我」，資、磧、普、南、徑、清作「是義」。

一 五七四頁上一二行「故世」，麗作「古世」。同行「名懿摩休」，資、磧、普、南、徑、清作「名爲鼓摩休」；麗作「名爲鼓摩牀」。

一 五七四頁上一四行「爭位」，資、普、南、清作「諍立」；磧、徑作「爭立」。

一 五七四頁上一六行「言生人」，諸本作「人生」。同行「無憂乃長今我」，資作「而憂久長今我」；磧、普、徑、清作「而憂反長今我」；南作「而憂反長令我」。

一 五七四頁上一九行第一二字「北」，南、徑、清作「此」。

一 五七四頁上二二行「顧愍」，麗作「顏愍」。

一 五七四頁上末行首字「哉」，資、磧、普、南、徑、清作「我」。

一 五七四頁中四行第五字「得」，麗無。

一 五七四頁中七行「獨我」，資、磧、普、南、徑、清作「去彼獨我」。

一 五七四頁中八行首字「餘」，諸本作「其餘」。

一 五七四頁中九行末字「不」，諸本作「之不」。

一 五七四頁中一〇行「今汝」，南作「令汝」。

一 五七四頁中一五行「擧榷」，資、磧、普、南、徑、清作「擧杵」；麗作「擧大杵」。

一 五七四頁中一九行第三字「賢」，諸本作「賢人」。

一 五七四頁下二行「不敬」，資、磧、普、南、徑、清作「不當」。

一 五七四頁下四行第六字「曰」，諸本作「皆曰」。

一 五七四頁下六行「貴素是有當」，資、磧、普、南、徑、清作「素是有常」；麗作「貴是有常」。

一 五七四頁下八行末字「牧」，諸本作「收」。

一 五七四頁下九行「語種」，諸本作「言種」。

一 五七四頁下一〇行「欲去」，諸本作「去欲」。

一 五七四頁下一二行「人最」，諸本作「人宿」。

一 五七四頁下二一行「欲無」，諸本作「得無」。

一 五七五頁上二行「後皆」，磧、普、南、徑、清作「復皆」。

一 五七五頁上三行第九字至次行第三字「不退相戀馬得離苦痛」，資作「不相追戀而得苦離當」；磧、普、南、徑、清作「不相追戀而得離苦當」；麗作「不追相戀焉得離苦痛」。

一　五七五頁上五行「自在」，諸本作「自存」。

一　五七五頁上八行「取婦」，麗作「娶妻」。

一　五七五頁上一二行「禽獸」，資、磧、普、南、徑、清作「禽獸蟲蟻」。

一　五七五頁上一三行「以已」，資、磧、普、南、徑、清作「以身」。

一　五七五頁上一五行首字「殆」，資、磧、普、南、徑、清作「殘」。同行「欺斗」，資、磧、普、南、徑、清作「欺升」。

一　五七五頁上一八行「不妄語證」，資作「不妄證」；磧、普、南、徑、清、麗作「不妄語」。

一　五七五頁上一九行「時而」，資、磧、普、南、徑、清作「笑而」。

一　五七五頁上二一行「三十六」，麗作「二十六」。

一　五七五頁上末行「人人自來」，資、磧、普、南、徑、清作「人仁人自來」。

一　五七五頁中一行「天下」，諸本作「天下賢智」。

一　五七五頁中四行「二百五十戒」，麗作「二百五十」。

一　五七五頁中六行「故請」，資、磧、普、南、徑、清作「固請」。

一　五七五頁中一〇行「貪餘」，麗作「貪欺」。

一　五七五頁中一二行「乞窮乏」，資、麗作「周窮乏」，磧、普、南、徑、清作「賙窮乏」。

一　五七五頁中一五行「次如」，資、磧、普、南、徑、清作「次者如」。

一　五七五頁中一七行「不妄言綺語」，資、磧、普、南、徑、清作「不得妄言詭語」；麗作「不得妄言綺語」。同行末字「知」，諸本作「如」。

一　五七五頁中一八行「非礼」，諸本作「非義」。

一　五七五頁中一九行「惟止」，麗作「惟正」。

一　五七五頁中二〇行「倡優」，資作「倡伎」。同行末字「習」，麗作「温」。

一　五七五頁下一行「安卧」，資、磧、普、南、徑、清作「妄卧」。

一　五七五頁下三行「嗜肉」，資、磧、普、南、徑、清無。

一　五七五頁下一三行「而已」下，麗有「沙門不得裨販求利思念此彼何貴何賤」十六字。

一　五七五頁下一四行「遊廬」，麗作「田廬」。

一　五七五頁下一五行「沙門不得裨販求利思念此彼何貴何賤」，諸本無。

一　五七五頁下一六行「樂他水菜」，麗作「樂地水香華」。

一　五七五頁下一八行「詿謗」，麗作「評論」。

一　五七五頁下一九行「國中」，麗作「國家」。

一五七五頁下二〇行第一一字至次行第一二字「沙門不得説其衣稚飲食精美及麤白水水好惡」，資、磧、普、南、徑、清無；麗作「沙門不得説其衣服飲食精美及麁泉水好惡」。

一五七五頁下二二行末字至次行首字「法儀」，麗作「法語」。

一五七五頁下末行「非賢」，麗作「作賢」。

一五七六頁上一行第六字「綴」，麗無。

一五七六頁上三行「不容」，資、磧、普、南、徑、清作「不當」。

一五七六頁上五行「曾與某講」，資、磧、普、南、徑、清作「曾與其謀以」。同行「不得」，麗作「沙門不得」。

一五七六頁上六行「被枕」，資、磧、普、南、徑、清作「被枕」。同行「弊踈」，磧、普、南、徑、清作「櫛梳」。

一五七六頁上九行「觀郊」，諸本作「觀效」。

一五七六頁上一五行「歲熟不熟有疫何國當之」，諸本作「歲之豐儉」。

一五七六頁上一五行末字至一七行第七字「不得仰觀歲中風雨」，資、磧、普、南、徑、清無；麗作「沙門不得仰觀曆數推步日月盈虛薄蝕星殞變現山崩地動歲中風雨」。

一五七六頁上一七行「不得知」，諸本作「一不得知」。

一五七六頁上二一行「口身」，資、磧、普、南、徑、清作「舌身」。

一五七六頁中二行首字「禪」，諸本作「禪思」。同行「飢飽寤寐精進匪違戒行」，資、磧、普、徑、清、作「覺寤精進匪違戒行」；南作「覺寢精進匪違戒行」；麗作「寤寐精進匪違戒行」。

一五七六頁中五行「以就」，麗作「以趣」。

一五七六頁中九行「復有」，資、磧、普、南、徑、清作「復如」。

一五七六頁中一〇行「好有」，資、磧、普、南、徑、清作「又如」；麗作「有好」。

一五七六頁下六行「而吾」，資、磧、普、南、徑、清作「吾而」。

一五七六頁下七行末五字至次行首三字「夫人爲道一世苦耳」，資、磧、普、南、徑、清作「夫爲道一世苦身」。

一五七六頁下一一行「不澤」，麗作「不釋」。

一五七六頁下一二行末字至一三行首字「婬熱」，諸本作「熱婬」。

一五七六頁下一三行「根華」，麗作「根葉」。

一五七六頁下一四行「沙門念」，諸本作「沙門自念」。

一五七六頁下一六行「已正」，資、磧、普、南、徑、清作「已止」。

一五七六頁下一七行末字「盥」，資、磧、普、南、徑、清作「灌」。

一五七六頁下一九行「者惡」，諸本作「惡者」。同行「身口俱惡外學加言」，資作「身口俱惡外學家言」；磧、普、南、徑、清作「身口得惡外學家言」。

一　五七六頁下二〇行「耳無」，普、南、徑作「身無」。

一　五七七頁上八行「僞都」，諸本作「爲都」。

一　五七七頁上一六行首字「人」，諸本作「入」。

一　五七七頁上一七行「形碎」，資、磧、普、南、徑、清作「形破碎」；麗作「身破碎」。

一　五七七頁上二一行「空湯」，資作「空澌」；徑、清作「空偒」。

一　五七七頁中二行「行受」，諸本作「行行受」。

一　五七七頁中四行首字「子」，清作「之子」。

一　五七七頁中六行「本業」，資、磧、普、南、徑、清作「其本行」。

一　五七七頁中八行「和濕」，諸本作「和淖」。

一　五七七頁中一〇行「爲地」，麗作「爲他」。

一　五七七頁中一二行「相逐」，資、磧、普、南、徑、清作「相逮」。

一　五七七頁中一七行「欲迷」，資、磧、普、南、徑、清作「欲恚」。

一　五七七頁中一九行「石壁」，資、磧、普、南、徑、清作「石壁」。

一　五七七頁中二二行「傾側」，資、磧、普、南、徑、清作「傾倒」。

一　五七七頁下一行首字「坯」，資、磧、普、南、徑、清作「坏」。同行「潛漬不釋」，資、磧、普、南、徑、清作「浸漬不碎」。

一　五七七頁下二行「在作」，磧、普、南、徑、清作「任作」。

一　五七七頁下三行「盛器」，資、磧、普、南、徑、清作「成器」。

一　五七七頁下四行「沙門」，資、磧、普、南、徑、清作「之沙門」；麗作「沙門亦」。

一　五七七頁下一〇行「有諸」，資、磧、普、南、徑、清作「無諸」。

一　五七七頁下一三行「恚志」，資、磧、普、南、徑、清作「意悉」。

一　五七七頁下一四行「行高者」，麗作「行小高者」。

一　五七七頁下一五行「戒淨」，諸本作「持戒淨」。同行「知一」，麗作「皆知一」。

一　五七七頁下一七行「劫成敗則知」，資、磧、普、南、徑、清作「劫成劫敗則知天地」；麗作「劫成敗時知」。同行末字「彼」，麗作「彼彼」。

一　五七七頁下一八行「字彼時數多少」，資、磧、普、南、徑、清作「字彼時異壽數多少」；麗作「彼彼時異壽數多少」。

一　五七七頁下二〇行「作畜生」，諸本作「作畜生作餓鬼」。同行末字「出」，麗無。

一　五七七頁下末行「親見」，諸本作「覲見」。

一　五七八頁上六行「以取拘挂頸佝

令」，資、磧、普、南作「以取鈎鉗頸徇令」；徑、清作「以取鈎鉗頸徇令」；麗作「以死狗掛頸徇令」。

一 五七八頁上七行「免難」，資、磧、普、徑、清、麗作「免離」。

一 五七八頁上一七行「皆道」，諸本作「信道」，下同。

一 五七八頁中二行「慱頻」，資、磧、普、南、徑、清作「博類」。

一 五七八頁中五行「有夭」，諸本作「有大」。

一 五七八頁中七行「頞起」，諸本作「頞超」。同行「巴密」，資、磧、普、南、徑、清作「巳密」。

一 五七八頁中九行「阿鉢援頭」，資、磧、普、南、徑、清作「阿敗援頭」；麗作「阿般援頭」。

一 五七八頁中一三行「天子」，諸本作「太子」。

一 五七八頁中一五行「姤女」，資、磧、普、南、徑、清作「婦女」。

一 五七八頁下一行「能在能亡能動天地移須弥」，資、磧、普、南、徑、清作「能存能亡能動地移須弥山」；麗作「能在能亡能動天地移須弥山」。

一 五七八頁下七行「善逝」，麗作「善道」。

一 五七八頁下一一行「常行」，資作「當行」。

一 五七八頁下一二行「苦苦」，諸本作「苦罪」。

一 五七八頁下一七行第一三字「難」，諸本作「時」。

一 五七八頁下二〇行「即住」，磧作「即如」。

一 五七九頁上四行「汝隨」，諸本作「汝道」。

一 五七九頁上一一行「佛請」，資、磧、普、南、徑、清作「請佛」。

一 五七九頁上一六行「還道」，諸本作「還道說」。

一 五七九頁上末行「百谷王」，南作「百谷主」。

一 五七九頁中三行「端正」，諸本作「輭正」。

一 五七九頁中四行「非常」，麗作「非當」。

一 五七九頁中一一行「白佛言」，麗作「佛者」。

一 五七九頁中一二行首字「我」，資、磧、普、南、徑、清作「我我」。

一 五七九頁中一八行「各自」，資、磧、普、南、徑、清作「各且」。

一 五七九頁中一九行「捨罪」，資、磧、普、南、徑、清作「捨家」。

一 五七九頁中二〇行「而去」，資、磧、普、南、徑、清作「如去」。

佛說寂志果經　淵

東晉西域沙門竺曇無蘭譯

聞如是一時佛遊王舍城耆域柰園與比丘衆千二百五十俱時王阿闍世七月十五日過新歲臘與群臣百官俱眷屬圍繞上寂安觀謂群臣言諸卿當知如是我修非時愁悒不敀雖得此歲憒憹不次當何方便除其怵惕有臣白王當以五樂消散憂慮有臣當作名倡巧妙異妓鼓樂絃歌可以療憂有臣白王宜以四種爲馬車步勇猛兵士消除悒憒有臣白王不蘭迦葉莫軻離惟瞿樓阿夷耑其耶令離迦旃先比盧持尼揵子等是諸師者各與五百之衆在此大城可嚴大駕造與相見談聽歡娛可離所患時有童子醫王名曰耆域晉言固活持扇侍王王顧謂言卿何故默獨無所陳耆域白王欲蠲灼惕忘憂除患今佛世尊與弟子衆俱在柰園可到佛所稽首致敬諮啓疑惑乃得開解時王阿闍世便即欲見天中之天

荅耆域言善哉大佳當俱往覲耆域受教嚴五百爲五百采女嚴訖白辦宜知是時王乘駕爲名曰仁調與五百侍從俱導衛前後出王舍城然大炬火時王恐懅住止不前謂耆域言佛與幾比丘俱在柰園荅曰有千二百五十王曰卿得無詐令吾出國道相危乎每至異道諸惑志所其衆五百音聲揚逸今比丘多而不聞聲耆域曰王莫恐莫懅不敢謀王不造逆害及尊貴人惟佛世尊長夜寂然弟子志學法則靜然願王前覲上妙光明見佛世尊諸弟子衆意亦乃悅於是王阿闍世遥見世尊便下所乘屏毖五事脫王冠幘纓絡寶服幢花翠羽去蓋釼刀步到講堂問耆域曰佛爲所在荅曰衆比丘前坐者是也威神光光功德巍巍王前詣佛問訊占對却住一面觀佛比丘衆忠坐寂定無量清淨甚深微妙其心欣然叉手向佛白世尊言佛心寂然微妙無念弟子亦尒願令我心志于微妙隱定如是有一童子名曰帛賢白其王言

大王願欲得是行耶王白佛言唯然
世尊願樂衆僧其心歡悅
於是王阿闍世白佛言願欲有所問
儻有聽者乃敢發言佛言便問在意
所欲王言所可供事及諸所欲娛樂
睡眠合聚計挍筭術印綬大臣百官
羣從太史占變知終始受人恭敬飲
食行藝或為己身父母妻子奴婢供
養沙門梵志施以上供求索安隱吉
祥之利頗有立於是佛法律得道證
不乎佛言大王曾聞諸外異道如是
誼不王白佛言曾到不蘭迦葉所問
所有為馬乘車步行財寶侍從匳藏
力士勇猛大為車娛樂睡眠合會天
人印綬大臣百官羣從太史占變知
人終始所可恭敬有所作為或為己
身求索安隱或為父母妻子奴婢供
養沙門梵志施以上供是我寧得法
律之正入寂然道乎即報我言無有
是也亦無世尊無荅善恩亦無罪福
無有父母亦無羅漢得道之人供養
無福亦無今世後世亦無專行一心
道志於是雖有身命壽終之後四事

散壞心滅歸無後不復生雖塟土藏
各自腐敗志盡如空無所復有唯然
世尊我問外師以是見荅我心念言
無云何而無罪福報應辟如有人問
柰何類以瓜荅之問瓜以柰荅之不
蘭迦葉亦如是也言語顛倒無有本
末雖聞彼說不以為解
王阿闍世白佛言我復至莫軻離瞿
耶婁所問何謂小處欲處人無因緣
得淨人為有罪福不為無知無見亦
荅我言無今世後世無力不力無精
進一切人得其苦樂若問六以七荅
世尊辟如問柰以瓜荅問瓜以柰荅
此異道人如是在我國內問其所問
以是見荅問其所言不以開解即便
捨去
我復至阿夷耑所問何謂所住處欲
處云何於是法律得至道證荅我言
唯大王他人往問亦作是荅言有教
世復生我問之亦言有後世設有後
世復生世間為有為無如我意想為
有後世或無後世或有人往問言儻
有後世儻無後世或有是或無是辟

如人問柰以瓜荅問瓜以柰荅阿夷
耑亦如是問沙門得道之證持異術
多事荅我言語無次我心念言一切
王舍城所有異道不能開解除我愁
意當於何所得沙門梵志令解我意
使不憂悒見阿夷耑所說無益便起
捨去
我復至波休迦旃所問何謂所住處
粗問畜生所由於是法律去何得道
證荅我言唯大王其有人得受身者
無因亦無緣無有想亦無貢高積累
賊害於住立而得住處於是得身無
有失者所想知想而自流行謂罪福
善惡其有人所斷截目所覩見無有
諍訟有身壽盡不憂命死彼無有說
是欲我當死及諸天用人故說壽終
沒已於是人間愛欲勞塵天人見欲
其欲及便有五賊六十二種其六十
二種者無種性俱說六十二事與種
性俱無用思想入其八難皆當棄捐
常得增益便得安隱已得安隱常在
於天已在於天便有八十四大念與
幻術俱與微妙俱便起老病苦無有

道人亦無梵志所説如是我戒清淨
又離愛欲於欲已盡常隨逐身辟如
燈然已然其事如是無得道梵志辟
如有人問柰以爪荅問爪以柰荅其
波休迦旃如是我問沙門得道之證
通持老病人荅我我心念言問於道
證反以是荅聞其所言不以為悦不
用作解便起捨退

我復至先比盧持所而問之問所住
欲於是法律云何成道荅我言唯大
王人所作教人所當為所斷所奪所
見離見所求皆猒愁憂自推毀瓶塈
離慳貪破壞國城敗害人民煞盜婬
泆妄言兩舌飲酒闘亂雖犯是事無
有罪殃所布施者無有福報殘害悖
逆作衆不善無罪無福亦無所取所
作無因緣無有至誠亦無質朴繼行
義理善惡無應辟如問柰以爪荅問
爪以柰荅比盧持亦如是問行法當
得道證更荅斷絶無有罪福我心念
言何緣如是不以為解即便捨退
我復至尼揵子所問尼揵子何謂得
所住處欲處有人無耶所受罪福去

何為前世事乎學道為得道不荅我
言唯大王一切現人有所見者所得
罪福皆是前世之事因緣愛欲而生
因緣有老病於是學道有因緣想因
生子孫然後得道辟如問柰以爪荅
問爪以柰荅我問得道之證反以虛
妄見荅我聞其語不悦不樂即起
捨退

王阿闍世白佛言適問諸師不得闗
解敢問世尊財寶所在處唯以所問
願荅其疑云何寂志梵志於是法律
逮得道證佛告王言在所欲問吾當
為汝事事分別令心結解我先問王
王以意荅之云何大王若有人著好
衣服供侍王以自娱樂其人不樂居
處及本土心自念言阿闍世王是人
我亦是人王以五樂自娱衣服自嚴
不樂本土不懷居處我當立德離諸
罪殃我不如除鬚鬢被袈裟作沙門
以家之信捨家為道便受法戒奉行
道禁不煞盜婬不妄言兩舌惡口駡
詈不怒嫉癡於王意何如往詣王所
白言其人好莊嚴供侍王者不樂居

處亦不懷土以家之信捨家為道護
身口意不犯衆惡修行十善王柰之
何王白佛言我見其人當歡喜問訊
恭修礼敬供養衣服飲食床卧具病
瘦醫藥佛語王其人未行大法得道
果證王白佛言取其説法佛語王我
與世間為如来至真等正覺明行成
為善逝世間解無上士道法御天人
師号佛世尊便即説法初語亦善中
語亦善竟語亦善誼慧妙具講清淨
行若尊長者有子聞佛所講説經於
如来法律得信善利自見於佛法中
有大善利即得法忍念念心居家逼
於垢塵其出家者為無罣礙便一其
心止除欲樂盡其形壽奉清淨行念
言我欲棄家財產門室眷屬下鬚鬢
被袈裟以家信出尊道捨所樂立家
志奉比丘戒二百五十不犯道禁護
得度法行止礼節不失儀檢忽除所
有靖恭畏慎一心平等修習正戒也
遠離於煞不執刀杖心懷慙愧普安
一切不施恐怖其心清淨無所加害
遠離盜竊除不與取樂喜惠施心欲

放捨所思念安常自護已其心清淨
不與不取遠離婬行淨修梵行志于
貞絜消滅濁欲其心清淨不為色惑
遠離妄語不尚虛誕未曾詐殆志存
誠信所住安諦不違世擔其心清淨
不懷欺偽不樂兩舌讒謗敗德未曾
傳說鬪亂彼此和解變諍散除怨害
其心清淨不仇兩舌遠離惡口不好
罵詈每制自在未曾放恣吐不善言
所說柔順無麁獷辭聽服踊躍歸仰
其心清淨曾不罵詈遠離綺語發言
應節無所毀害詳在誼法所說安詳
寂靜無失分別情理其心清淨志不
綺語遠離無黠除去愚心不貪他有
不求人短已身及人常求大止其心
清淨不懷愚癡遠離瞋怒无恚害意
常懷慈心志存善權衮護蠕動著愧
安慰一切衆類其心清淨不懷恚怒
遠離睡眠心習空行常行寂然未常
安寢欲思見明想欲得起其心清淨
志不睡眠遠離調戲嘲談嬉語行無
所著無有卒暴其心清淨志不調戲
遠離狐疑心不猶豫秉意一定在於

善法其心清淨志不狐疑遠離邪見
今世後世信施得福孝順父母尊敬
賢聖奉修善道信人壽命後當復生
得道六通平等之行其心清淨無有
邪見遠離諭諂其心質朴不懷巧偽
不用斤斗尺寸侵欺利人不行繫縛
及與牢獄無毀無望求欲得明其心
清淨志不諭諂遠離男女不樂居家
妻子愛欲省除匿欵其心清淨無所
榮冀不畜奴客僕從婢妾不樂治家
其心清淨不妄執事不畜象馬牛羊
不樂畜獸其心清淨不志車乘不畜
鷄鶩狗犬豬豕無所利求其心清淨
不在鷄豬遠離廬館不飾屋宇不畜
田宅園圃果蓏其心清淨不在田舍
遠離金銀高廣之座不樂綺麗茵蓐
几筵其心清淨不寢高牀遠離七寶
不畜珎琦捨除玩弄無所榮冀其心
清淨不貪財色遠離花香不樂雜聲
身不芬薰無所希求其心清淨不志
花香遠離非時飯食中節恒以一食
終為期限其心清淨飯不失時犁地
下種莊嚴中閒見所為行行沙門事

嚴淨其心光儉憂愁除諸穢害常行
真正節度知足一心在道然後為沙
門梵志受信施食在土地郡國縣邑
所行如法根本常淨莖節枝葉華實
亦淨具足種種清淨其種像如是在
郡國縣邑作沙門遠離是若有沙門
梵志是應食信施所住處善思念其
人行常如應若有沙門梵志所在受
信施食所止住處所行不應求索飯
食挍計合會求索香華衣被牀卧蔵
去珎寶求索其處沙門道人皆遠離
是若有沙門梵志食信施食坐高廣
猗牀處於寶牀所行求應莊挍揄蹉
釆畫文蓐錦繡若好繒綵驚起毛竪
執持幢拂乘為車馬志求好食常在
名色沙門道人皆遠離是若有沙門
梵志食信施食沐浴自在所行不應
所行斷絕香華自薰求索供養不以
道理手執刀盖挍以真珠瓔珞辟腕
頸脚身著白淨衣服短截樹木如此
住行沙門道人當遠離是
若有沙門梵志受信施食自綺其身
所住之處其行不應鬪象牛馬鷄羊

大豕鬬亂於人男女大小往觀戰鬬及衆大會如是之行所可求住沙門道人遠離如是若有沙門梵志受信施食自莊嚴身所住以非其行不應但行聽爲聲羣馬車行人牛羊撾鼓妓樂歌儛調戲話語如是之法異道道行沙門道人已遠離此若有沙門梵志受人信施食行樗蒲博戲所住非法其行不一便共競諍鞬㩉毬擒君犢塞推盧如是之行非法所住沙門道人已遠離此若有沙門梵志受信施食常共鬬諍遘挍言語所行非法所住非法其行不應此為是法是為非法是不如是是為一法不如卿語我所行法汝所為不應我所為應汝有因緣我無因緣汝自前往在後妄語我得卿勝卿無所種但行衆惡當見危害我得度脫卿見棄捐不得自在如是諍訟非法之言沙門道人已遠離此若有沙門梵志食信施食生共𧬈語其行不應王者云何盜賊云何戰鬬云何飲食云何衣被男女大小云何說世事因事好事如是之

像非法之言沙門道人已遠離此沙門梵志受信施食妄說非事其行不應說王者婆羅門事說樹木人事說國事於此彼當如是彼國當有是此人當往彼彼人當来此如是句所言非法沙門道人已遠離此沙門梵志受信施食而行諭諂所為非法其行不應坐共語言是為得利是為褒折治生賈販財物之人如是媮嫍非法之事沙門道人已遠離此沙門梵志受信施食學修幻術興起邪見說日之怯逢占觀相妄語有所奪學品術屢度術所學呪欺詐術軋陁羅呪孔雀呪雜碎呪術是異術欺詐迷惑如是之像非法之術沙門道人已遠離此也沙門梵志受信施食學迷惑呪欺詐之術觀人面像星宿灾變風雲雷霧求索良日夏月之時其聚落當雨不雨其地當吉不吉說國王事如是之行非法之術沙門道人已遠離此沙門梵志受信施食學有若干種非邪之法畜生之業屢方行藥住在所欲令人短氣吐下泆出動人血脉

志不忠正說欺詐術占安隱事如是之像畜生之業沙門道人已遠離此沙門梵志受信施食所行非法以斷餡口說嫁娶事其有居跱某舘某舍某堂懷軀某堂嬿處某有宮殿為精進行其有堂舘無精進行說王者雜事如是之像畜生之業沙門道人已遠離此沙門梵志受信施食作若干種畜生行邪見之業有占相珠寶中馬居家刀刃所見相男子女人大小如是之像邪見之業沙門道人已遠離此沙門梵志受信施食或有嫉妄之夲行非法業無智之事自以為智卜問行將呪如是之像邪見之業沙門道人已遠離此沙門梵志受信施食或見善或見惡豫說米穀當飢貴當平賤當有恐怖當有安隱當大疫當死亡如是之像邪見之業沙門道人已遠離此沙門梵志受信施食說某國王戰鬬當得勝某國王當不如某國王當出遊觀他國他國王不得自在此當得勝彼當敗壞此王象馬六畜車乘多彼王象馬車乘少如是

之像邪見之業沙門道人已遠離此沙門梵志受信施食共說日月順行日月差錯星宿順行星宿差錯日月運行遲疾不順當有災異無常之變日月當蝕或雨霜雹或當霹靂如是之像邪見之業沙門道人已遠離此沙門梵志受信施食便說日月是故順行以是不順行星宿順有因緣不順亦有因緣有所罣㝵變怪日月西行或言東行或言當蝕又去何不蝕當雷電霹靂如是之像常見證驗沙門道人已遠離此是謂賢聖戒弟子沙門以是奉賢聖戒品行知止足衣取蔽形食裁充口所遊至處衣鉢隨身無所顧戀辟如飛鳥飛行空中兩翅隨身比丘如是奉賢聖戒心知止足無所希望一曉節度其行安隱盡行安詳視眄觀耶不失儀範屈伸進止依法從宜坐起安雅行無所壞持是戒品第一知足根門寂定心在安跡諸根不亂守護其心救使無想在道目見好色不想求以為好斷截所受奉行善本其心內住遠離內色

守護眼根如是耳聲鼻香舌味身更不以想求亦無所著除諸不可棄療愚癡斷不善法其意內住救使不亂令心根定其比丘奉是賢聖戒第一知足其心寂定礼節根定於內無起而行安隱閑居寂然山藪避猥巖穴野處身燕其中離世無黙心念無想不貪他有不起愚癡不侵亂人常行慈心其意清淨無有癡想所在遊行心無所著快善安隱辟如有人遠行求利徑過惡道得度嶮途多獲盈利無所遺亡供給妻室男女親族其人自念心甚歡喜比丘如是遠離愚癡其心清淨無有垢濁已除恚害喜悅無穢辟如有人得疾著牀連年羸頓後日得愈安隱有力飯食消釋心自念言我本委厄今得除愈比丘如是除瞋恚心熟自思惟心亦歡喜辟如有人為他下使羈繫作役終無休閑不得自在然後得免脫為良民心自念言我本屬人今得脫出心亦踊悅比丘去疑心無猶豫立在清淨欣喜踊躍辟如有人拘閉牢獄楚痛苦毒

然後得出心自念言我本幽閉今已得脫亦自僥愛比丘如是除去狐疑心淨無瑕歡喜比丘除不正心正心無瑕想清淨其志辟如有人遭值穀貴恐怖飢餓得濟安隱救攝其命值得豐殖穀米平賤逸豫無畏心自念言我本飢匱危困難言今得飽安心亦歡喜比丘如是除不正心無衆想行却本清淨無疑心除五蓋遠塵勞心力得智慧而脫衆厄刑獄飢餓已去愛欲衆不善去有想有行寂而清淨行第一禪辟如有人入水洗浴清潔無垢度在岸邊心亦歡喜比丘如是寂然獨處安靜喜悅觀視一切身本所起觀無有身普觀無根心用寂然喜悅安隱第一一心彼以是定其心清淨寂然住立得無有異愛欲以盡除去想行內以具足所念安隱為善行第二一心復以是身得三昧定歡喜安隱以無罣㝵觀視具足無有身類成無所與當定欣喜辟如青蓮芙蓉蘅華生於汙泥長養水中雖在水中其根莖華實在水無著亦无所

汙比丘如是於是身與三昧安隱歡喜彼以是正受之心至于堅住得無有異清淨其心無有欲塵第三一心彼以是心身安隱意定安隱無著設無有身普觀遍無所有亦不復歡喜安隱不亂辟如有山皃具無缺廣普無邊東方風来而不能動南西北風亦復如是所以者何其下根堅不可動故中有流水清涼且美無能汙者用依山故流滿具足周普遍流无所不至用水清淨之故比丘如是於是觀身無所愛樂所倚安隱其行具足觀視無身尒乃普見彼以是心安隱之行清淨無瑕堅住無異除去愛欲無苦無樂當行第四禪一心辟如有人月七八日著新衣服首面悦澤觀視其無有裸形欲著上好妙衣之故也比丘如是身行清淨其心無垢歡喜得度行無所處不見有身普觀無處用心清淨無有衆穢辟如郡國縣邑不遠有大講堂有人在上然火然明其明等炤不高不下風不能滅鳥不能覆及餘衆類不能翳明堅住不

動比丘如是其心不乱堅住不動已得空淨比丘作是了知已得正受其身寂然是四大身從父母生魂神所依棄身不樂常立身心是可患猒不復更受使心無色除去一切形類身諸有種不失根本立身心化現諸身具足衆好無所缺減辟如拔草木根株明者見知如拔根本不復更生比丘如是曉了如此其身所有見有名色四大合成從父母生衣食所養為虛偽覆有何堅固為摩滅法魂神所依使住不乱亦不動揺我當立身心化現衆身無有色心具足形容諸根無毀從三昧起化若干意形容具足辟如有人出篋中劍明者見之知為四劍之篋比丘如是曉了如此是有形之身依所温煗四大合成從父母生魂神依之當立身心變現衆形无有名色具足形容諸根無缺從三昧起化無數身辟如有人從鞘拔刀明者見之是鞘中有利鐵刀今拔出耳比丘如是曉了如此普觀其人化無數形衆好具足令不缺減

比丘以是三昧正受其心清淨無有瑕穢除去塵勞柔濡无欲堅住不動神足之慧已逮得證神通之慧心無增減其行平等尊大自在心念無畏以一身化無數身無數身還令為一獨立現變若干之慧出徹趣墻辟而無导跡辟如飛鳥遊於虛空出無閡入无孔入地無垔如出入水經行水上辟如履地在虛空中正跏趺坐如飛鳥雲於是日月威神廣遠以手捉持而捫摸之變身上至第九梵天辟如巧黠陶師調和其泥摸好摸像埏埴作器無所不成比丘如是得神通在所變化至于梵天辟如調爲馬師調諸爲馬皆令成就比丘如是神通變化身至梵天辟如金師所鍛工巧取紫磨金作辟環瓔環印步耀勝隨意忠成比丘如是神通變化身至梵天比丘持三昧正受心淨無瑕至于證智逮得神通心無所著眼能徹視見天上天下善惡所趣耳能徹聽聞諸天人所語及蚑行喘息人物之聲辟如達士丈夫吹大鳴螺立大高上

盡力吹之其聲四聞比丘如是道耳徹聽諸天人善惡所歸皆悉聞知用得道證神通普徹知他人心所念善惡有欲無欲有怒無怒有慈無慈有癡無癡有黠无黠有塵勞无塵勞得道證不得證乱心請心進者怠者功德智慧有量無量皆悉知之辟如郡國縣邑不遠有大枰閣若高樓人住其上見無數人行来出入智者見之觀出入者比丘如是見他人心所念善惡是非普及一切世間形類

佛言其比丘得神通者念過去無央數世事慧心癡心見一世十世百世千世万世十万世無數世往来周旋天地成敗是人本生彼来生此其所在處土地名字種姓名色長短好醜善惡彼没生此此没生彼悉了知之辟如有人從此聚落到某聚落坐起言語卧眠不語從彼聚落来還至此坐起言語經行皆識見之比丘如是識知如海見過去無數世事佛言比丘得神通者其心清徹道眼洞視過於人本見人没生善惡好醜歸善道

惡道是人身行善口言善心念善正觀無邪見緣是之本壽終得生天上是人身行惡口言惡心念惡緣是之本身死之後墮惡道中辟如有人住高樓上視行人往来出入及坐歡喜悲哀比丘如是逮得神通道明徹視清淨無瑕見去来事

佛言比丘逮得神通諸漏已盡慧證三達不以戲疑解知苦習盡諦道諦除流無流無有癡心悉見其本深諦無異見知如是已度欲漏所有癡漏其心淨脫則度脫已度智具足生死已斷已建梵行所作已辦知名色本

佛言大王是為現在沙門道果於是摩竭王阿闍世起坐稽首佛足自首悔過唯願世尊原其罪疊辟如小兒愚癡無智迷惑失志無有善權佛為法王一切父母常立正法救迷立法無怒害陰蓋令若更生願世尊受身歸命自見過惡更受勑戒懲改既往隨順將来佛言大王如仁所言實如小兒愚癡無智迷惑無擢害其父母命今歸法王為得更生自見罪過於

是法律為得善利不為有損時王阿闍世叉手向佛唯願世尊受我供施及比丘衆時佛默然即已受請王知受請其心喜躍繞佛三匝稽首而退時王既退去佛不遠告耆域童子御之於我多所饒益令吾詣佛啓受法誨得覲世尊免吾罪尤令重咎微輕

佛告諸比丘王阿闍世已得生忍雖害法王了除瑕穢無有諸漏已住於法而不動轉於是坐上遠塵離垢諸法眼生王還歸宮即夜設百種飯食餚饍精細明旦往詣佛所稽首佛足白佛言時以到願尊自屈佛即與比丘僧俱眷屬圍繞往詣王宮佛衆坐定行澡水訖便布飯食手自斟酌食澡畢竟王取小揄而坐佛前聽佛說經王白佛唯然世尊願受我一夏之請於王舍宮供養所乏及比丘衆當為佛立五百精舍令千二百五十人寢息有所倉庫米穀中宮小大當進所供養佛言大王喜悅則所施具足前已受舍衛國長者須達之請一夏矣王白佛言彼國長者為得善利佛

天中天先受其請故時佛為阿闍世
王說法令心開解佛說偈言
有作火祠者　一切自謂上　王者人中尊
海為衆流本　星宿中月明　日者晝秉光
上下所往来　所事謂萌類　天上及世間
佛道為寂尊
佛說經已王阿闍世諸比丘衆諸天
阿須倫聞經歡喜作礼而去

佛說寂志果經

佛說寂志果經

校勘記

一　底本，金藏廣勝寺本。
一　五八五頁中一行經名，資、磧、普作「佛說寂志果經一卷」。
一　五八五頁中二行譯者，資、磧、普、南、徑、清作「東晉沙門竺曇無蘭譯」。
一　五八五頁中三行「耆域柰園」，資、磧、普、南、徑、清作「耆域柰國」。
一　五八五頁中四行「千二百五十」，資、磧、普、南、徑、清作「千二百五十人」。
一　五八五頁中一七行末三字至次行首字「昏言固活」，資、普作夾註「此言固活」；磧、南、麗作夾註；徑、清作夾註「此言固活」。
一　五八五頁中一八行「謂言」，資、磧、普、徑、清作「語言」。
一　五八五頁中一九行「灼惕」，磧、普、南、徑、清作「怵惕」。
一　五八五頁下五行第六字及一〇行第七字「懅」，資、磧、普、南、徑、清作「懼」。
一　五八五頁下八行「惑志」，資、磧、普、南、徑、清作「梵志」。
一　五八五頁下一〇行「謀王」，徑作「辦王」。
一　五八五頁下一八行末字「占」，磧、普、南、徑、清作「瞻」。
一　五八六頁上七行「知終始」，諸本(不含石，下同)作「知人終始」。
一　五八六頁上七行末字至次行首三字「飲食行藝」，諸本作「飯食技藝」。
一　五八六頁上一一行「曾聞」，麗作「曾問」。
一　五八六頁上一四行第七字「車」，磧、普、南、徑、清作「車馬」。
一　五八六頁中五行第五字「爪」，諸本作「瓜」，下同。
一　五八六頁下一行首字「如」，資、磧、普、南、徑、清無。

一五八六頁下五行「令解」，南作「今解」。

一五八七頁上三行「燈然」，資、磧、普、南、徑、清作「然燈」。

一五八七頁上一二行「瓶壅」，資、磧、普、南、徑、清作「瓶甕」。

一五八七頁上一三行「敗害」，資、磧、普、南、徑、清作「賊害」。

一五八七頁中一七行「衣服」，磧作「求服」。

一五八七頁中一九行「鬢髮」，資、磧、普、南、徑、清作「鬒髮」。

一五八七頁中二二行「嫉癡」，資、磧、普、南、徑、清作「嫉妬」。

一五八七頁下一三行「念念心」，資、磧、普、南、徑、清作「念止」；麗作「念念止」。

一五八七頁下一五行「心止」，資、磧、普、南、徑、清作「心心」。

一五八七頁下一七行「尊道」，諸本作「導道」。同行末字「家」，資、磧、普、南、徑、清作「寂」。

一五八八頁上四行「詐殆」，徑、清作「詐紿」。

一五八八頁上一四行「無黠」，資、磧、普、南、徑、清作「無默」。

一五八八頁上一七行「常懷慈心」，資、磧、普、南、徑、清作「心常懷慈」。

一五八八頁上一九行「未常」，資、磧、普、南、徑、清作「未嘗」；麗作「未曾」。

一五八八頁中五行「諭諂」，諸本作「諛諂」，下同。

一五八八頁中六行「斤斗」，南、徑、清作「升斗」。同行「利人」，諸本作「削人」。

一五八八頁中八行「居家」，資、磧、普、南、徑、清作「居處」。

一五八八頁中九行第八字「款」，資、麗作「疑」。

一五八八頁中一四行「不在」，資、磧、普、南、徑、清作「不存」。

一五八八頁中一九行「雜聲」，諸本作「雜馨」。

一五八八頁中二二行「期限」，資、磧、普、南、徑、清作「期度」。

一五八八頁下一行「光焰」，資、磧、普、南、徑、清作「光燄」。

一五八八頁下四行「根大」，諸本作「根本」。

一五八八頁下一一行首字「去」，資、磧、普、南、徑、清作「積」。

一五八八頁下一三行「琦牀」，資作「倚牀」；磧、普、南、徑、清作「綺牀」。同行「求應」，資、磧、普、南、徑、清作「不應」。

一五八八頁下一四行「驚起」，磧、普、南、徑、清作「驚怖」。

一五八八頁下二〇行「短截」，資、磧、普、南、徑、清作「斷截」。

一五八九頁上九行「鞬橛」，磧、普、南、徑、清作「椽橛」。

一五八九頁上一〇行「君犢塞推盧」，資作「君牘塞稚盧」；磧、普、南、徑、清作「君犢塞稚盧」。同行「所住」，資、磧、普、南、徑、清作「所作」。
一　五八九頁上一二行「常共」，徑作「當共」。
一　五八九頁上一六行「前往」，資、磧、普、南、徑、清作「前住」。
一　五八九頁上二一行「生共囈語」，資、磧、普、南、徑、清作「坐共寱語」。
一　五八九頁中九行「如是媮婚」，資作「出如是諭諂」；磧、普、南、徑、清作「出如是諛諂」；麗作「如是諛諂」。
一　五八九頁中一二行「恠逢」，資、磧、普、南、徑、清作「恠逆」。
一　五八九頁中一八行「共聚落」，麗作「某聚落」。
一　五八九頁中二二行「非邪」，麗作「非取」。
一　五八九頁下四行「鎧口」，資、麗作「鐙口」。同行「其有」，資、磧、普、南、徑、清作「某有」。
一　五八九頁下九行末字「中」，諸本作「牛」。
一　五九〇頁上一四行首字「取」，資、磧、普作「趣」；南、徑、清作「輒」。
一　五九〇頁上一五行末字至次行首字「兩翅」，資作「羽翅」。
一　五九〇頁上一八行「觀盻」，資、磧、普、南、徑、清作「觀瞻」。同行「儀範」，資、磧、普、南、徑、清作「儀軌」。
一　五九〇頁上二一行「無想」，資、磧、普、南、徑、清作「無念無想」。
一　五九〇頁中六行「避猥」，資、磧、普、南、徑、清作「避隈」。
一　五九〇頁中七行「無點」，資、磧、普、南、徑、清作「無黠」。
一　五九〇頁中一一行「徑過」，諸本作「經過」。同行「嶮迮」，資、磧、普、南、徑、清作「險窄」。
一　五九〇頁下三行第一三字「正」，資、磧、普、南、徑、清無。
一　五九〇頁下一〇行「心力」，資、磧、普、南、徑、清作「自心力」。
一　五九〇頁下一一行「善去」，資、磧、普、南、徑、清作「善法」。
一　五九〇頁下一五行「所起」，磧、普、南、徑、清作「所趣」。
一　五九〇頁下二一行「當定欣喜譬如青蓮」，資、磧、普、南、徑、清作「當得定喜譬如有青蓮」。
一　五九〇頁下二二行「蘅華」，資、磧、普、南、徑、清作「莖華」。
一　五九一頁上八行第八字「何」，資作「了」。
一　五九一頁上九行「且美」，資、磧、普、南、徑、清作「具美」。
一　五九一頁中六行「立身」，資、磧、普、南、徑、清作「當立身」。
一　五九一頁中八行「更生」，徑作「根生」。
一　五九一頁中一一行「摩滅法」，資、磧、普、南、徑、清作「磨滅法」。
一　五九一頁中一四行第一〇字「意」，麗作「身」。

一　五九一頁中一七行「温燸」，資、磧、普、南、徑、清作「温暖」。

一　五九一頁下五行「還令」，資、磧、普、南、徑、清作「還合」。

一　五九一頁下六行「出徹趣」，資、磧、普、南、徑、清作「出趣」；麗作「出徹」。

一　五九一頁下七行「出無閩」，磧、普、南、徑、清作「出無門」。

一　五九一頁下八行「入水」，磧、普、南、徑、清作「大水」。

一　五九一頁下一一行「第九」，資、磧、普、南、徑、清作「第七」。

一　五九一頁下一二行「摸像」，諸本作「模像」。

一　五九一頁下一七行「耀勝」，資作「瑶勝」；磧、普、南、徑、清作「摇勝」。

一　五九一頁下二二行「喘息」，徑作「端息」。

一　五九一頁下末行「鳴蝙」，資、磧、普、南、徑、清作「鳴螺」。同行「高上」，資、磧、普、南、徑、清作「高山」；麗作「臺上」。

一　五九二頁上八行「枅閣」，諸本作「棚閣」。

一　五九二頁上一四行「十万」，諸本作「千万」。

一　五九二頁上一八行「某聚落」，資、磧、普、南、徑、清作「彼聚落」。

一　五九二頁中六行「道明徹視」，諸本作「道眼徹視」。

一　五九二頁中一二行「生死」，磧、普、南、徑、清作「無死」。

一　五九二頁中一三行「已建」，資、徑作「已逮」。

一　五九二頁中一七行「迷惑」，徑作「迷亂」。

一　五九二頁中二〇行「勑戒」，諸本作「勑誡」。

一　五九二頁中二一行「隨順」，諸本作「修順」。

一　五九二頁中二二行「無權」，磧、普、南、徑、清作「無懼」。

一　五九二頁下四行「喜躍」，資、磧、普、南、徑、清作「喜踊」。

一　五九二頁下一〇行「遠塵離垢」，徑作「遠離塵垢」。

一　五九二頁下一五行「便布」，磧、普、南、徑、清作「連布」。

一　五九三頁上四行「乘光」，諸本作「垂光」。

一　五九三頁上五行「所事」，資、磧、普、南、徑、清作「所可」。

佛說梵網六十二見經

月支優婆塞支謙譯　刪

聞如是一時佛遊於俱留國與大比丘衆比丘千二百五十人俱尒時異道人須卑及弟子梵達摩納隨佛及比丘僧異道人須卑謗佛無鞅數及謗法比丘僧弟子梵達摩納嗟歎佛及法比丘僧無鞅數是師弟子便共諍言各自非其所說常隨佛比丘僧受請是時佛從俱留國往至舍衛國止在祇樹給孤獨園時諸比丘會於迦梨羅講堂上坐共議言是事當云何異道人須卑及弟子梵達摩納常隨佛及比丘僧受請異道人須卑謗佛及法比丘僧無鞅數弟子梵達摩納嗟歎佛及法比丘僧無央數佛徹聽遥聞諸比丘共議說是事佛便起往至講堂佛則坐佛問諸比丘言屬者會迦梨羅講堂所議何等諸比丘白佛言何者會共議言異道人須卑及弟子梵達摩納常隨佛及比丘僧受請異道人須卑謗佛及法比丘僧

無鞅數弟子梵達摩納嗟歎佛及法比丘僧無鞅數佛言善哉諸比丘會常當行二事何等為二一者說法二者思惟佛告諸比丘若有謗我及法比丘僧汝曹不瞋恚念惡愁憂者為善若有謗我及法比丘僧卿曹便瞋恚愁憂者為有衰比丘若有嗟歎我及法比丘僧者汝便當不善亦不愁憂亦不憘憘者汝便有衰若復謗我及法比丘者汝意便當念言彼人所說非至誠言佛無有是事比丘若有嗟歎我及法比丘僧者汝當念言實有是事所以者何其少知者但有誠不能多聞者便嗟歎佛諸比丘問佛言何所是少知但有誠不多聞嗟歎佛者佛言其人說言佛不殺生無惌結不持刀杖教人為善慈哀一切及蜎蜚蠕動之類亦不取他人財物但欲布施心亦念布施見人刼掠人者哀念之身自行清淨不入人罪法修清淨梵行樂清淨行不樂惡愛欲之法亦不妄語所言至誠樂實無虛世間人皆信其言無有異意亦不忘念不

兩舌傳語鬪人若有諍者和解各令
安隱不罵詈亦不惡口所說令衆人
歡喜但說善不欺言知時至誠有義
行法所言柔軟不坐高綺好牀亦不
著香花不聽歌儛不飲酒亦不著金
銀珎寶常以法食食不失其時不受
男女奴婢不絶生穀亦不受鷄羊豬
無有舍宅亦不市買不行斤升寸尺
欺侵人皆離於刀杖撾捶恐怖人
辟如異道人貪著食以是比著行多
居穀食酒畜生衣被醫沙門瞿曇皆
無是
譬如異道人受人信施食已是故常
作癡業徐行出入誹謗嫉妬但欲得
自恭敬佛常離是癡業
辟如異道人受人信施食畜聚落舍
宅穀食樹木果瓜菜園自取食之佛
皆離是事有異道人受人信施食在
高廣綺牀上卧起以金銀好畫之上
布綩綖及諸爲馬畜生諸飛鳥之毛
以布座上佛皆離是事辟有異道人
受人信施食便共相問言王者云何
賊云何兵云何鬪去何大臣去何郡

國縣邑去何女人去何婬妷者云何
說世間事說閑事海事佛皆離是事
有異道人受人信施食行虛現實應
表裏不相副示光法明以求財利常
貪鉢佛皆離是癡見有異道人受人
信施食便共諍訟言我知法律卿不
知法律卿爲邪見豈能知法耶我爲
正見語言前後顛倒爲我正見卿則
見邪卿爲負我得勝卿惡卿邊至無
復受其言卿當學行爲有保任不佛
離是畜生果有異道人受人信施食
常行摴蒱博掩便言我以得鞬槪兒
摴蒱君犢塞盧佛皆離是事有異道
人受人信施食便沐浴以雜香塗身
自莊嚴以鏡自照持高繖蓋著屐結
髮以珠珞毦佛皆離是事有異道人
受人信施食常行現惡事便持手鬪
足以頭面相觸鬪爲馬牛羊鬪男子
女人及小兒鬪鷄猪鴨佛皆離是邪
惡見有異道人受人信施食作畜生
業以自給活別知刀鉾弓箭別相男
女大小別知相爲馬牛羊佛皆離是
事有異道人受人信施食作畜生業

以自給活作男女小兒醫作爲馬牛
羊之醫佛皆離是事有異道人受人
信施食作畜生業自給活作鬼神事
作衣被作自醫作女人産醫作呪嬈
女人往来之時持華化作美食與人
食之便詐隨索好物化廬服與人能
令飛行佛皆離是事有異道人受人
信施食以作畜生業自給活持藥與
人使吐佛皆離是事有異道人受人
信施食以畜生業自給活呼人言使
東西行呪令共鬪諍訟相撾捶人墮
人著地呪女人使傷胎以草呪著人
辟佛皆離是事有異道人受人信施
食以畜生業自給活持薪然火呪粟
皮毒蒲蔔子作烟呪鼠傷殺人學呪
知人生死時佛皆離是事有異道人
受人信施食以畜生業自給活一人
言當大雨一人言當小雨一人言米穀
當豊熟一人言不熟一人言方穀當
貴一人言當賤一人言當大病疫一
人言不一人言當有賊来破壞此國
一人言當有大死亡一人言當有崩
王當有立王一人言地當大動一人

言不一人言月當蝕一人言月不蝕一人言日當蝕一人言日不蝕一人言日從東西行一人言從西東行一人言月星宿從東西行一人言從西東行用是故有吉凶一人言用是故日月星宿從東西行一人言用是故日月星出一人言用是故日月星入一人言雲當覆日一人言當出於雲一人言天當清無雲佛皆離是事有異道人受人信施食以畜生業自給活一人言此國王當往破彼國彼國王當來破此國一人言此國王車馬畜少爲人解夢呪人使不能語令人口噤爲人書取其價爲人持校計取其價分別好惡色取其價佛皆離是事佛言沙門一飯暮不食以時食離不時食行知止足於衣鉢食取足而以所行至處皆賫衣鉢自隨身辟如飛鳥所行至處兩翅隨其身比丘亦如是於衣被飯食鉢取足而已所行至處衣鉢皆隨身比丘亦如是受賢者誡奉行自觀身不諍訟思惟道所作安諦見色不作想亦不手相見鬪人

變者續寂寞不癡乱諸不可意惡不善之法不能乱其志皆護眼根是爲比丘奉賢者誡品賢者如是寂定根門於内不念鬪乱飯食取足而已食亦不多亦不少適得其中常尒一食不增減趣支命不用作筋力但欲令身安不呰痛有氣力得定行若有當來比丘當以是賢善奉行誡當以是賢善飯食取足而已思惟道初夜後夜行道應妙不傾動行道念晝日若坐若經行不念惡法初夜若經行若坐中夜猗右脇累兩足而卧意即念起常欲見明後夜復坐念道若經行不念惡法若入郡國縣邑分衛明旦起著衣持鉢入郡國縣邑分衛皆護身諸根常念著意分衛訖出飯食以澡手洗足去鉢便入在獨夜坐若空閑樹下若露處山間巖石間若草屋水所還處政坐不左右顧視離世間癡意念行不作惡意以慈心哀傷一切人民及蜎飛蠕動之類意亦不念惡去愛欲去離睡眠常念疾得定行意而不念睡眠去離猶豫衆想不説

惡亦不作想内意寂定去離外疑去離衆想行不行惡法意亦不念衆想皆棄五蓋及塵勞意辟如人舉息錢行賈作如意還本償息常有餘未饒足自活其人自念心亦歡喜辟如人久行作奴婢得脱奴身出入自在自念言我本作奴今得脱爲民其人自念心亦歡喜辟如人拘閉牢獄遇赦得脱其人自念心亦歡喜辟如人得重病連年累歲遭遇良醫政治得愈有氣力行步出入飯食其人念言昔時病累歲今得除愈有氣力飯食出入其人自念亦歡喜辟如人持重財經過惡道財物畜甚安隱得至善道其人自念亦歡喜比丘亦如是去離五蓋辟如負債以負責以償拘閉得脱久病除愈奴免爲民經過惡道以脱是心歡喜佛言其少知或不多闇者便謗如來佛言我所解法深妙我所知所了者賢者弟子聞者便嗟歎如來佛言何所是深妙之法我所可了知賢者弟子聞之便嗟歎如來佛言若有異道人於過去劫中見過去

事於無央數道各各學其事知其中事皆在十八見中若有異道人於當来劫中見當来事學當来事於无央數道各各了其事皆在是四十四見中彼異道人於過去劫中見過去事於無央數道各各了其事悉在十八見中者有異道人行常見常自為世間說有常在是四見中佛言其異道人何以在四見中各見常說自為世間人說有常若有異道人斷愛欲行禪即如其像三昧正受能念過去二十劫事其人言我與世有常所以者何我知過去劫成敗時不知當来劫成敗時其人便念知過去事捨當来事是為第一見第二若有異道人斷愛欲即如像三昧正受能念當来四十劫事其人言我與世有常所以者何我不知過去劫成敗時但知當来劫成敗時其人便捨過去事不知之念當来事是為第二見第三若異道人斷愛欲精進行寂即如其像三昧定意念過去當来八十劫事其人便言我與世有常所以者何我知過

去當来劫成敗時其人便念過去當来之智是為第三見第四若有異道人精進寂一心行斷惡行即如其像三昧定意念寂根住癡念其人自為世間說有常所以者何我不知過去劫成敗時亦不知當来劫成敗時是為第四見所可謂異道人說常見常自為世間人說有常者皆在是四見中不能復過上如来皆知是復過是上微妙知是以不誠之離於誠得無為如来知痛痒所更樂盡滅知所従起佛見以無所受意善解佛言我所解法深奥深照若有賢者弟子聞之便嗟歎佛其有異道人於過去劫中見過去事念過去事於无央數道各樂說知其中事皆在十八見中其異道人何謂於過去劫中見過去事念過去事於無央數道各樂說知其中事者若有異道人各說常見常各自為世間人說有常皆在四見中其異道人何謂說常見常為世間人說常其劫壞敗時下人民便上生第十二阿衛貨羅天上劫壞敗時其天福德

薄命盡展轉来下有梵天在上虛空中生便於彼為大尊梵自謂我皆作諸事於其上尊為一切作父解義千人之上其梵天自念言當於何所得人来生此適發意頃餘下人即解生其上介時其梵天因發見言我皆化作是諸人其人民亦自生見言梵天皆化作我曹所以者何梵天先生我曹後生是故化我曹其先生梵天寂端正好潔威神巍巍其餘諸天隨法福德薄命盡皆稍稍下生人間行精進離愛欲行一心即如其像三昧定意定念昔所生處其人言上先所生梵天得常在終不轉移亦不死常在尊上梵天化作我曹非常轉移死是謂為說常非是是為第一見第二若有異道人彼有梵天發見如是言其有色法痛痒思想行識是法為常亦不轉移不死其有地種水種火種風種空種此非常不堅固其梵天人稍相福德薄者終亡来下生人間其人精進離愛欲一心即如其像三昧定意念昔梵天是其人言彼色法痛痒思

想行識其法常堅固此人間地種水種火種風種空種是法非常无堅固有終亡是為第二見第三若有異道人所說何謂有天名幾陁波羼在其上相娛樂快樂以後常不復念身病著牀其人法祿相福德薄終亡下生人間其人行精進離愛欲一心即如其像三昧定意念昔所生處其人便言彼天人相娛樂快樂者得常在不動轉終亡此人間相娛樂非常无堅固有終亡彼天有常此人間無常是為第三見第四若有異道人所說有天名散提彼居上共止頓平相向生瞋恚離本座其天人祿相福薄者終亡下生人間其人行精進離愛欲一心即如其像三昧定意念昔所生天上其人言彼諸天共止相娛樂者得常在堅固不終亡我生人間者非常無堅固有終亡彼天有常我人間無常是為第四見佛言諸異道人各各所說有常各各為世間人說有常者皆在是四見中不能過是四見佛皆知是復過是上絕妙知是以不識亦

不毀得無為佛知痛痒更樂知方便所從起起以見佛無所受意善解佛所知法深奧深照我悉了若有賢者弟子聞知之便嗟歎如來若有異道人於過去劫中見過去事念昔時行於不可計道各樂說解知其事皆在十八見中其道人所知何謂有異道人言我於此自然生不從他方來生念無所從生見謂本無世間今有世間皆在二見中其異道人所知何謂言我於此自然生不從他方來生念無世間今有世間者有天名無想人無有思想無有痛痒其天人若念思想祿相福德便薄盡終亡來不生世間其人行精進離愛欲一心定意意即如像像其三昧不能復念昔時所從來生其人便言本無有世間今適有世間我昔時無今自然生是第一見第二若有異道人意念癡其癡人念言本無世間今適有世間我本無今自生有所以者何我本無今自生有是謂為本無有世間是為第二見其異道人所可謂我本無所從來生

念無所從生見謂本無世間今適有世間者皆在是二見中是二見不能復過上佛皆知是復過其上絕妙知是以不識亦不毀得無為佛知痛痒所更樂知方便所從起以見佛無所受意善解佛言我所知法深奧深照我悉曉了之若有賢者弟子聞知者便嗟歎佛若有異道人於過去劫中見過去事念昔時行於可計道各樂說解知其事者在十八見中有異道人一人言我所見有崖底一人言我所見無崖底一人言我所見有崖底無崖底一人言我所見不有崖底亦不無崖底皆在是四見中其異道人所知何謂若有異道人行如是自為世間人說有限我所言至誠其餘者為癡虛妄言自為世間人說無限作是說有言我與世間有限無限我與世亦不有限亦不無限者後亦為虛妄語作是說者為狂語所以者何我所見世間有限是為第一見第二若有異道人所知何謂言我所行所見無限謂知我與世無限其異道人見

如是行如是謂我與世無限其人說言我與世無限我至誠其餘者為癡反言我與世有限無限我與世亦無有限亦不無限作是說者為誑語所以者何我與世無限是為二見第三若有異道人所知何謂其異道人見如是行謂知我與世有限無限我所言至誠其餘為癡虛妄語反言我與世有限言無限我與亦不有限亦不無限作是說者為誑語所以者何我與世有限無限是為第三見第四若有異道人所知何謂其人言我念如是行如是見謂知我與世亦不有限亦不無限我所言者至誠其餘者為癡虛妄語反言我與世有限我與世無限我與世有限無限作是說者為誑語所以者何我與世亦不有限亦不無限是為第四見佛言諸異道人有言有限有言無限有言有限无限有言亦不有限亦不無限我及世間者皆在是四見中不能復過是四見上佛皆知是復過是上絕妙知是以不識不毀得無為佛知痛痒所更樂

知方便所從起不受著佛善解佛言我所知法深奧深照若有賢者弟子聞知之便嗟歎佛若有異道人於過去劫中見過去事念昔所生處於不可計道各樂說解其事者皆在是十八見中各異道人共諍說所言各異若有問事者便共諍所言各異言教我某當如是教彼人當如是教餘人當如是教人當如是不如是皆在是四見中其異道人共諍說所言各異者何謂各有異道人見如是行如是言我不知亦不見為有後世為無後世我不知一切無有後世我亦不見我所可不見不知不念是事如我所說不如餘者所說其人獨語自用我所見至誠其餘為癡佛言受取癡邪見人身死至泥犁惡道若有沙門婆羅門所行多知黠慧解說其義諦觀所語無異名聞遠方棄捐他見來到其所安諦不能發遣其異道人死墮惡道是為第一見第二若有異道人所知何謂其異道人見如是所說如是我不知為有善惡之殃福亦不知

為無善惡之殃福我亦不知亦不見若作是語有善惡之殃福我為著无善惡之殃福我為雖者若我不著為轉還受若沙門婆羅門所行多知黠慧解說其義諦觀所語無異名聞遠方棄捐他見来到其所安諦問之不能發遣其異道人疑恐畏来問若有問者便共諍說教某人當如是教餘人當如是當如是不如是亦當如是不如是是為第二見第三若有異道人所知何謂其異道人所見如是所說如是不我知何所善何所惡當行何等不行何等何所惡道何所善道何所是現世實何所是後世實常當作何等行為皆當作何等行為樂若有沙門婆羅門所行多知解其義諦觀所語無異名聞遠方棄捐他見来到其所安諦問之何所善惡當行不行何等何所善惡之道何所是現後世實常當作何等行為皆樂来問之不能發遣恐畏惡道若有問事者便共諍所言各異教某人當如是教餘人當如是教人當如是亦當如是不

如是為第三見第四若有異道人所知何謂其異道人意念癡若有問事者便共諍所言各異教某人當如是教餘人當如是當如是不如是亦當如是亦不如是不如是亦當如是亦不如是是為第四見所謂異道人共諍亦說各異若有問事者便共諍語教某人當如是教餘人當如是當如是不如是亦當如是亦不如是者皆在四見中不能過是四見上佛皆知是所知復過上絕妙知是以不識亦不毀得無為佛知痛痒更樂方便知所從起佛現所受意善解佛言我所知法深奧深照我悉了若有賢者弟子聞知者便嗟歎佛若有異道人於過去劫中知過去事念昔時行於不可計道各樂說解其事者皆在是十八見中是十八見不能復過上佛如是所知復過上絕妙知是以不識亦不毀佛現無所受意善解佛言我所知法深奧深照我悉了若有賢者弟子聞知之便嗟歎佛若有異道人於當來初中見當來事念當來事行

不可計道各樂說其事者皆在四十四見中其異道人所知何謂於當來劫中知當來事行不可計道各樂說解其事若有異道人行想見想自為世間人說想在十六見中其異道人所知何謂行想見想為世間說想在十六見中其異道人所見如是行如是有我色為有後世想言我至誠其餘為癡是為第一見若有異道人言無色為有我無後世言我至誠其餘者為癡是為第二見若有異道人行想見想自為世間人說想者言有色無色有我我所語至誠其餘者為癡是為第三見若有異道人言亦不有色亦不無色為有我我至誠其餘者為癡是為第四見第五若有異道人言有限為我我至誠其餘者為癡是為第五見第六若有異道人言無限為有我我至誠其餘者為癡是為第六見第七若有異道人言有限無限為有我我至誠其餘者為癡是為第七見第八若有異道人言亦不有限亦不無限為有我我至誠其餘者

為癡是為第八見第九若有異道人言一想為有我我至誠其餘者為癡是為第九見第十若有異道人言少思想為有我我至誠其餘者為癡是為第十見第十一若有異道人言種種思想為有我我至誠其餘者為癡是為第十一見第十二若有異道人言無鞅數思想為有我我至誠其餘者為癡是為第十二見第十三若有異道人言一樂為有我我至誠其餘者為癡是為第十三見第十四若有異道人言苦為有我我至誠其餘者為癡是為第十四見第十五若有異道人言苦樂為有我我至誠其餘者為癡是為第十五見第十六若有異道人言亦不苦亦不樂為有我我至誠其餘者為癡是為第十六見佛言其異道人行想見想自為世間說想者皆在是十六見中不能復過上佛皆知是所知復過上絕妙佛知是以不識亦不毀得無為佛知痛痒更樂知方便所從起佛現無所著受意善解佛言我所知法深奧深照我悉了

若有賢者弟子聞知之便嗟歎佛若有異道人於當来劫中見當来事念昔時行於不可計道各樂解說其事悉在四十四見中其異道人何謂若有異道人行無常見無常自為世間人說無常悉在八見中其異道人所行何謂行無想見無想自為世間人說無想其異道人見如是行如是有色為有我無想死無後世言我至誠其餘者為癡是為第一見第二若有異道人所知何謂行無想見無想自為世間人說無想謂無色為有我無想死無後世我至誠其餘者為癡是為第二見第三見若有異道人言有色無色為有我無想死無後世我至誠其餘者為癡是為第三見第四見若有異道人亦非有色亦不無色為有我及世死無後世我至誠其餘者為癡是為第四見第五見若有異道人言我為與世有限我至誠其餘者為癡是為第五見第六見若有異道人言我與世無限我至誠其餘者為癡是為第六見第七見若有異道人

有限無限我至誠其餘者為癡是為第七見第八見若有異道人言亦不有限　亦非無限我至誠其餘者為癡是為第八見佛言若有異道人於當来劫見當来事所知言各異皆在四十四見中其異道人所知何謂見無想行無想亦不無想見謂知我與世無有想皆在是八見中第一見若有異道人見如是行如是有色為有我亦不有想亦不無想死有後世我至誠其餘者為癡是為第一見若有異道人言有色無色為有我亦不有想亦不無想死有後世我至誠其餘者為癡是為第二見第三見若有異道人言有色無色為有我亦不有想亦不無想於後世我至誠其餘者為癡是為第三見第四見若有異道人亦不有色亦不无色為有我亦不有想亦不無想於後世我至誠其餘者為癡是為第四見第五見若有異道人言有限為有我亦不有想亦不无想於後世我至誠其餘者為癡是為第五見第六見若有異道人言無限為

有我亦不有想亦不無想於後世我至誠其餘者為癡是為第六見第七見若有異道人言有限無限為有我亦不有想亦不無想於後世我至誠其餘者為癡是為第七見第八見若有異道人言亦不有限亦不無限為有我亦不有想亦不無想於後世我至誠其餘者為癡是為第八見佛言若有異道人亦不有想亦不無想行亦不有想亦不無想見亦不有想行亦不有想見皆在是八見中不能復過是八見上佛皆知是所知復過上絕妙知是以不識亦不毀得無為佛知痛痒所更樂方便知所從起佛現無所著意解脫佛言我所知法深奧深照我悉了若有賢者弟子聞知便說佛功德佛言若有異道人當来劫見當来事於無鞅數道所知言各異皆在四十四見中其異道人所知何謂若有異道人言無行無有見無有人念空知皆在七見中其異道人言無行無有見無有人念空者所知何謂若有異道人見如是如是諸我色

四大父母所生以飲食而長在非常沐浴衣身死在地骨節解墮別離異處風吹其身破碎壞敗以後世不復生死如是便滅盡是為第一見第二見復有異道人言死非如此破敗更有我復過其上何所是我踰上者其我者色天及欲行天彼我者若死壞敗後世不復生死是為第二見第三見若有異道人言我者死非如此壞敗更有異我復過其上其我者色無意故彼我若死壞敗後世不復生死是為第三見第四見復有異道人言我者非如此死壞敗更有我復過其上其我者何謂其我皆過諸色想天恚踰瞋恚想天念種種無鞅數虛空知行其我若死壞敗後世不復生死是為第四見第五見復有異道人言我者不如死壞敗更有我復過其上其我者何謂其我皆踰一切虛空知天無鞅數名識知天所念行其天若不壞敗時後世便不復生死是為第五見第六見復有異道人言我者不如此死壞敗更有我復過其上其我

者何謂皆踰一切識知天不復著名無識知念行其天我者死壞敗後世不復生死是為第六見第七見復有異道人言我者非如此死壞敗更有我復過其上其我者何謂皆踰一切無識知天其天人無想有想念行其天我者死壞敗時後世便不復生死是為第七見佛言所可謂異道人行滅壞見無行無有想無人念空皆在是七見中於七見中不復能過上佛皆知是所知復過其上絕妙知是以不識亦不毀之得無為佛知痛痒所更樂故便知所從起起以現佛無所著意善解我所知法深奧深照悉了知若有賢者弟子聞知便說佛功德佛言若有異道人於當来劫中見當来於無鞅數道所說各異皆在四十四見中復有異道人自說今現念行無為現在見無為若人至其所便為說現在無為皆在五見中有異道人見如是說行亦尒其在殿舍自快以五欲自娯樂其人言我現在得无為是為第一見第二見復有異道人言

不如餘者言有我現在無為也更有現在得無為何謂現在無為若比丘離欲脫惡不善之法意念行善安樂便第一禪其人滅盡我者後世不復生死是我現在得無為是為第二見第三見復有沙門道人復言不如餘者所說不用此我現在得無為更有現無為復過其上何謂現在無為其比丘滅意內寂定其志一不念亦不行三昧喜樂便行第二禪其人滅盡現在得無為是為第三見第四見復有沙門道人言不如餘者言不用此我現在得無為更有現無為復過其上何謂現在無為其有比丘喜離婬妷悅觀行常寂悅身行如賢者所觀行常安便行第三禪是為第四見第五見復有沙門道人言不如餘者言不用此現在得無為更有現在无為復過其上何謂現在無為其有比丘斷樂斷苦無有昔時可意不可意亦不苦亦不樂常奉清淨便行第四禪其人現在得無為滅盡以後世不復生死是為第五見佛言所可謂有沙

門道人說現在無為見現在無為者
念現在無為者皆在是五見中不能
復過是五見上佛皆知是所知復踰
上絕妙知是以不識亦不毀得無為
佛知痛痒所更樂方便知所從起以
現佛無所著意善解我所知法深奧
深照我悉了知若有賢者弟子聞知
之便說佛功德佛言彼異道人念常
見常為人說我世有常在是四見中
者用不知亦不現故不得道行精進乃
知是習因緣不習因緣用是成因緣
用是不成因緣不得其處佛言彼異
道人說上中行各現所各自為大說
世常在二見中者用不知不見不得
道行精進乃如是習因緣不習因緣
用是成因緣不得其處佛言若有異
道人各念常見常各為人說我與世
有常在四見中者用不知不見故不
得道習因緣不習因緣是用因緣成
用是因緣不成不得其處佛言彼諸
異道人有言有限又言元限有言有
限無限又言亦不有限亦不無限我
及世在四見中者用不知不見不得

道行精進乃如是習因緣不習因緣
用是因緣成用是因緣不成不得其
處佛言彼諸異道人共諍言所說各
異在四見中者用不知不見故不習
道行精進乃如是習因緣不習因緣
用是因緣成用是因緣不成不得其
處佛言彼諸異道人說想行想為人
說我與世有想在十六見中者用不
知不見故不得道行精進乃如是習
因緣不習因緣用是因緣成用是因
緣不成不得其處佛言彼諸異道人
念無想見無想為人解說我與世无
想在八見中者用不知不見故不得
道行精進乃如是習因緣不習因緣
用是因緣成用是因緣不成不得其
處佛言彼諸異道人亦不念想亦不
無想為人說我與世無想在八見中
者用不知不見故不得道行精進乃
如是習因緣不習因緣用是因緣成
用是因緣不成不得其處佛言彼諸
異道人說滅壞常為人說我與世滅
壞在七見中用者不知不見故不得
道行精進乃如是習因緣不習因緣

用是因緣成用是因緣不成不得其
處佛言彼諸異道人說現在無為見
現在無常為人說現在無為在五見
中者用不知不見故不得道行精進
乃如是習因緣不習因緣用是因緣
成用是因緣不成不得其處佛言若
有異道人於過去劫中見過去事於
無鞅數道各各異在十八見中彼諸
異道人當於來劫中見當來事於无
鞅數道所說各異在四十四見者合
皆在是六十二見往還其中於彼住
在厥中生俱會行於網中生死不得
出佛言辟如工捕魚師若捕魚弟子
持麼目網下著小泉中下以便前住
若坐其人念言水少諸魚浮游皆上
網上往往在其中不得出佛言如是
諸異道人於過去劫中見過去事識
昔時行於無鞅數道所說言各異在
十八見者若有異道人於當來劫中
見當來事念說當來事於無鞅數道
所說各異在四十四見中者皆在是
六十二見往還於其中住在其中生
死俱合會行在羅網中不得出佛言

比丘佛身皆斷諸著常在厭徃諸天及人民悉見佛般泥洹後不能見也佛說是經時三千大千世界六反震動尒時鄒耶和留比丘在佛前住以扇扇佛於是賢者鄒耶和留長跪叉手白佛未曾有天中天是經深乃知是深照天中天是經名爲何等云何持名佛告鄒耶和留拘樓秦佛如来無所著等正覺說是經時名爲法網迦葉佛如来無所著等正覺說是經時名爲見網今我亦說是經名爲梵網佛說如是諸比丘皆歡喜前爲佛作礼而去

佛說梵網六十二見經

佛説梵網六十二見經

校勘記

一　底本，金藏廣勝寺本。

一　五九七頁中二行譯者，資、磧、普、南、徑、清作「吳月支優婆塞支謙譯」。

一　五九七頁中四行「比丘」，諸本（不含石，下同）無。

一　五九七頁中五行「梵達摩納」，資作「梵達摩網」，下同。

一　五九七頁中二〇行「何者」，諸本作「向者」。

一　五九七頁下八行「不善」，諸本作「不喜」。

一　五九七頁下九行首字「憂」，資作「意」。同行「謗我」，諸本作「有謗我」。

一　五九七頁下一五行「但有誠」，資作「但有識」。

一　五九七頁下一六行「寃結」，諸本作「怨結」。

一　五九七頁下末行「忘念」，南、麗作「妄念」。

一　五九八頁上八行「斤升」，南、徑、清作「斗升」；麗作「斤斗」。

一　五九八頁上一〇行第一一字「比」，資作「皆」。

一　五九八頁上一一行第九字「醫」，資、磧、普、南、徑、清作「醫藥」。

一　五九八頁上一二行「無是」，資、磧、普、南、徑、清作「無是事」。

一　五九八頁上一七行「果爪」，諸本作「果蓏」。

一　五九八頁上二〇行「繞梃」，資作「施褥」；磧、普、南、徑、清作「繞筳」；麗作「施梃」。

一　五九八頁中二行「開事」，資作「問事」。

一　五九八頁中八行「爲我」，諸本作「我爲」。

一　五九八頁中九行「見邪」，資、磧、普、南、徑、清作「邪見」。

一　五九八頁中一二行「摴蒲」，資作

一「牡滿」。同行「得犍」，資、磧、普、南、徑、清作「得掾」。
一 五九八頁中一三行「摴蒲」，資、磧、普、南、徑、清作「牡滿」。
一 五九八頁中一五行「織盖」，資作「散盖」。
一 五九八頁中一六行首字「髮」，資、磧、普、南、徑、清作「髻」。
一 五九八頁中一八行首字「足」，資作「之」。
一 五九八頁下三行「自給」，資、磧、普、南、徑、清作「以自給」。
一 五九八頁下四行「自醫」，磧、普、南、徑、清作「目醫」。
一 五九八頁下一〇行「呼人」，資作「手人」。
一 五九八頁下一三行首字「臂」，資作「譬」。
一 五九八頁下一九行「方穀」，諸本作「米穀」。
一 五九九頁上五行「吉凶」，麗作「吉西」。
一 五九九頁上一四行「持技計」，資、磧、普、南、徑、清作「持衣計」。
一 五九九頁上一七行「而以」，諸本作「而已」。
一 五九九頁中九行「初夜」，資作「上夜」。
一 五九九頁下四行「常有餘未」，諸本作「尚有餘末」。
一 五九九頁下一〇行「政治」，諸本作「攻治」。
一 五九九頁下一六行「以負責」，諸本無。
一 六〇〇頁上二〇行「念當」，資作「當念」。
一 六〇〇頁下五行「此適發意項」，資、磧、普、徑、清作「此過發意頃」；南作「此過發意煩」；麗作「此適發意頃」。
一 六〇〇頁下一三行第二字「定」，麗無。同行「所生」，資作「生所」。
一 六〇〇頁下一四行第三字「得」，資、磧、普、南、徑、清無。
一 六〇〇頁下一七行「發見」，南作「法見」。
一 六〇一頁上七行「離受欲」，諸本作「離愛欲」。
一 六〇一頁上一三行「共止頡平」，麗作「頡平」。
一 六〇一頁上二二行第六字「中」，南無。
一 六〇一頁上末行「不識」，資作「不戒」。
一 六〇一頁中一二行「天名」，南作「大名」。同行末字「人」，麗作「入」。
一 六〇一頁中一四行「不生」，諸本作「下生」。
一 六〇一頁下三行「如是」，諸本作「知是」。
一 六〇一頁下四行「不識」，資作「不誡」；南、徑、清、麗作「不譏」。
一 六〇一頁下一〇行第七字「在」，麗作「皆在」。
一 六〇一頁下一九行首字「世」，南作「世間」。

一　六〇二頁上九行「言無限我與」，麗作「無限我與世」。

一　六〇二頁上一六行「作是說者」，資、南、徑、清作「作是語者」；磧、普作「我是語者」。

一　六〇二頁上二一行末二字「四見」，資作「四境」。

一　六〇二頁上末行「不識」，資作「不誠」(下同)；磧、普作「不識」。

一　六〇二頁中一行「不受著」，資作「不受者」。

一　六〇二頁中八行「我某當」，資、清作「我其當」。

一　六〇二頁中二〇行「安諦」，麗作「安諦問之」。

一　六〇二頁下三行「離著」，資作「離者」。

一　六〇二頁下四行第四字「若」，資作「居」。

一　六〇二頁下八行、二二行及次頁上八行「某人當」，資作「其人當」。

一　六〇二頁下一三行第七字「何」，資、磧、普、南、徑、清無。

一　六〇二頁下二一行第九字「若」，徑作「苦」。

一　六〇三頁上三行「某人當」，資、磧、普、南、徑、清作「其人當」。

一　六〇三頁上七行首字「諍」，資作「事」。

一　六〇三頁上末行「初中」，諸本作「劫中」。

一　六〇三頁下二一行「不誡」，磧、普、南、徑、清、麗作「不識」。

一　六〇四頁上二〇行「與世有限」，徑作「與有無限」。

一　六〇四頁上末行末字「人」，資、磧、普、南、徑、清作「人言」。

一　六〇五頁上一一行「若死」，資作「苦死」。

一　六〇五頁上一九行「皆喻」，徑、清作「皆踰」。

一　六〇五頁中四行「死壞敗」，資作「無壞敗」。

一　六〇五頁中一一行「知是所知」，資、磧、普、南、徑、清作「如是所知」。

一　六〇五頁下一二行「不如」，磧、普、南、徑作「不知」。

一　六〇五頁下一六行第四字「便」，資、磧、普、南、徑、清作「便便」。

一　六〇六頁上二行首字「念」，資、磧、普、南、徑、清作「爲」。

一　六〇六頁上一二行「其處」，資、磧、普、南、徑、清作「是處」。

一　六〇六頁上一八行「常在」，磧作「常住」。同行「用不知不見」，普作「用不知不息」；徑作「用不不知不見」。

一　六〇六頁上二一行「又言」，資、磧、普、南、徑、清作「人言」。下二二行資同。

一　六〇六頁中一行「乃如是」，麗作「乃知是」，下同。

一　六〇六頁中二二行「用者」，諸本作「者用」。

一　六〇六頁下九行「當於」，麗作「於

當」。

一　六〇六頁下一〇行末字「合」，資、磧、普、南、徑、清作「今」。

一　六〇六頁下一一行末字、及次頁上一行第一二字「住」，資作「往」。

一　六〇六頁下一五行「浮游」，資作「游游」。

一　六〇七頁上六行「是經」，資、磧、普、南、徑、清作「是緣」。同行末字「知」，諸本作「如」。

起世經卷第一　澄

三藏法師闍那崛多達摩笈多等譯

閻浮洲品第一

如是我聞一時婆伽婆在舍囉婆悉帝城迦利羅窟尒時彼處衆多比丘飯食已皆出來集迦利羅堂一時坐已各生是念同共議言諸長老輩未曾有也今此世間天地衆生所居國土云何轉合云何轉散云何轉散已而復還合云何轉合已而安住也是時世尊獨在靜處天耳徹聽清淨過人聞諸比丘飯食已後皆出聚集迦利羅堂共作如是希有語言世尊聞已其日晡時出於禪定從迦利羅窟中而起行詣堂上到堂上已在諸比丘大衆之前依常敷座儼然端坐世尊坐已知而故問汝等比丘向者議論說何語言聚集而坐時諸比丘同白佛言大德世尊我等食後諸比丘衆皆共至此迦利羅堂集聚詳議如是語言諸長老輩甚奇希有云何世間如是轉合云何世間如是轉散云何世間轉散已合云何世間轉合已住大德世尊我等向者有是語言是以集議斯事

尒時佛告諸比丘言善哉善哉諸比丘輩汝等能尒如法信行諸善家子汝以信故捨家出家若汝等輩能作如是如法語言共集坐者不可思議汝等比丘集聚坐時應修如是二種法行各作事業若論法義若聖默然不生怠慢若能尒者汝等當聽如來所說如是之義世間轉合世間轉散世間轉散已而復還合世間轉合已而安住作是語已時諸比丘同白佛言大德世尊此是時也修伽多此是三摩耶若佛世尊為諸比丘說如此義諸比丘聞世尊所說當如是持

尒時佛告諸比丘言汝等比丘諦聽諦聽善思念之我當為汝次第而說時諸比丘同白佛言唯然世尊願樂欲聞尒時佛告諸比丘言諸比丘如一日月所行之處照四天下尒所四天下世界有千日月諸比丘此則名為一千世界諸比丘千世界中千月

千日千須弥山王四千小洲諸四千大洲四千小海四千大海四千龍種性四千大龍種性四千金翅鳥種性四千大金翅鳥種性四千惡道處種性四千大惡道處種性四千小王四千大王七千種種大樹八千種種大山十千種種大泥犁千閻摩羅王千閻浮洲千瞿陁尼千弗婆提千欝多羅究留千四天王天千三十三天千夜摩天千兜率陁天千化樂天千他化自在天千諸摩羅天千梵世天諸比丘彼梵世中有一梵王威力最强無能降者統攝千梵自在王領云我能作能化能幻云我如父於諸事中自作如是憍大語言即生我慢如来不然所以者何一切世間各隨業力現成此世諸比丘如此小千世界猶如周羅（周羅者隋言髻也外國人頂上結少許長髮為髻）名千世界諸比丘介所周羅一千世界是名第二中千世界諸比丘如一第二中千世界介所中千一千世界是名三千大千世界諸比丘此三千大千世界一時轉合一時轉合已而還復

散一時轉散已而復還合一時轉合已而安住如是世界周匝轉燒名為敗壞周匝轉合名為成就周匝轉住名為安立是為無畏一佛剎土衆生所居諸比丘此大地厚四十八万由旬邊廣無量諸比丘此之大地住於水上水住風上風依虛空諸比丘此大地下所有水聚彼水聚厚六十万由旬邊廣無量彼水聚下所有風聚彼風聚厚三十六万由旬邊廣無量諸比丘其大海水最甚深處深八万四千由旬邊廣無量諸比丘其須弥山王入海水中八万四千由旬出海水上亦八万四千由旬諸比丘須弥山王其底平正下根連住大金輪上諸比丘其須弥山王於大海中下狹上廣漸漸寬大端直不曲牢固大身微妙最極殊勝可觀四寶合成所謂金銀琉璃頗梨生種種樹其樹欝茂出種種香其香遠熏遍滿諸山多諸聖賢最大威德勝妙天神之所住止諸比丘須弥山王上分之中四方有峯其峯傍挺角出各高七百由旬微

妙可憙七寶所成所謂金銀琉璃頗梨赤真珠車渠馬瑙等之所莊嚴曲臨海上諸比丘其須弥山下有三級諸神住處其最下級縱廣六千由旬七重牆壁七重欄楯七重鈴網復有七重多羅行樹周匝圍遶可憙端正其樹皆以金銀琉璃頗梨赤真珠車渠馬瑙等七寶所成其諸牆壁各有四門彼一一門有諸壘堞具足莊嚴重閣䑓軒却敵樓櫓臺殿房廊樹林苑等并諸池沼池出妙華衆雜香氣有種種樹種種莖葉種種華果悉皆具足亦出種種微妙諸香復有諸鳥各出妙音鳴聲開雜和雅清徹其中分級縱廣四十由旬所有莊嚴七重牆壁欄楯鈴網多羅行樹可憙齊平周匝端正亦為七寶金銀琉璃頗梨赤真珠車渠馬瑙等之所挍飾門觀樓閣臺殿園池果樹及以衆鳥皆悉具足其上分級縱廣二十由旬七重牆壁乃至諸鳥各出妙音諸比丘其下級中有夜叉住名曰鉢手其中級中有諸夜叉名曰持鬘其上級中有

諸夜叉名曰常醉諸比丘須弥山半四万二千由旬中有四大天王宮殿諸比丘須弥山上有三十三諸天宮殿帝釋所住三十三天向上一倍有夜摩諸天宮殿住其夜摩天向上一倍有兜率陁諸天宮殿其兜率天向上一倍有化樂諸天宮殿住其化樂天向上一倍有他化自在諸天宮殿住其他化自在天向上一倍有梵身諸天宮殿住其他化上梵身天下於其中間有魔波旬諸宮殿住倍梵身上有光音天倍光音上有遍淨天倍遍淨上有廣果天倍廣果上有不麁天廣果天上不麁天下其間別有諸天宮住名為無想衆生所居倍不麁上有不惱天倍不惱上有善見天倍善見上有善現天倍善現上則是阿迦尼吒諸天宮殿諸比丘阿迦尼吒上更有諸天名無邊虛空處天無邊識處天無所有處天非想非非想處天此等盡名諸天住處諸比丘如是之處如是界分衆生所住如是衆生若来若去若生若滅邊際所極是世界中

諸衆生輩有生老死墮在如是生道中住至此不過是故說言娑婆世界無畏剎土自餘一切諸世界中亦復如是諸比丘須弥山王北面有洲名欝多囉究畱其地縱廣十千由旬四方正等而彼人面還似地形諸比丘須弥山王東面有洲名弗婆毗提訶其地縱廣九千由旬圓如滿月彼閒人面還似地形諸比丘須弥山王西面有洲名瞿陁尼其地縱廣八千由旬形如半月彼諸人面還似地形諸比丘須弥山王南面有洲名閻浮提其地縱廣七千由旬北廣南狹狀如車箱其中人面還似地形諸比丘須弥山王北面以天金所成照彼欝多囉究畱洲東面以天銀所成照彼弗婆毗提訶洲西面以天頗梨所成照彼瞿陁尼洲南面以天青琉璃所成照此閻浮提洲諸比丘其欝多囉究畱洲有一大樹名菴婆羅其本縱廣七由旬下入於地二十一由旬出高百由旬枝葉垂覆五十由旬諸比丘其弗婆毗提訶洲有一大樹名迦曇婆

其本縱廣七由旬下入於地二十一由旬出高百由旬枝葉垂覆五十由旬諸比丘瞿陁尼洲有一大樹名鎭頭迦其本縱廣七由旬乃至枝葉覆五十由旬而彼樹下有一石牛高一由旬以此因緣故名瞿陁尼洲諸比丘此閻浮洲有一大樹名曰閻浮其本縱廣七由旬乃至枝葉覆五十由旬而彼樹下有閻浮檀金聚高二十由旬以金從於閻浮樹下出生是故名為閻浮檀閻浮檀金因此得名諸比丘諸龍金翅有一大樹名曰拘咤賒摩利和其本縱廣七由旬乃至枝葉覆五十由旬諸比丘阿修羅輩有一大樹名修質多囉波吒羅其本縱廣七由旬乃至枝葉覆五十由旬諸比丘三十三天有一大樹名波利夜多囉瞿比陁囉其本縱廣七由旬下入於地二十一由旬出高百由旬枝葉覆五十由旬諸比丘須弥山下其次有山名佉提羅迦高四万二千由旬上廣亦然可憙端正七寶合成所謂金銀琉璃頗梨赤真珠車𤦲馬瑙

等諸比丘其須弥山佉提羅迦二山中間廣八万四千由旬周匝無量優婆羅鉢頭摩拘牟頭奔荼利迦搔揵地雞遍覆諸水諸比丘次佉提羅迦外有山名伊沙陁羅高二万一千由旬上廣亦然微妙可喜乃至馬瑙等七寶所成其佉提羅迦伊沙陁羅二山中間廣四万二千由旬周匝無量優鉢羅鉢頭摩拘牟頭奔荼利迦搔揵地雞遍覆諸水次伊沙陁羅外有山名遊揵陁羅高一万二千由旬上廣亦然可憙微妙乃至馬瑙等七寶所成其伊沙陁羅遊揵陁羅二山中間廣二万一千由旬周匝無量優鉢羅鉢頭摩拘牟陁奔荼利迦搔揵地雞遍覆諸水次遊揵陁羅外有山名曰善見高六千由旬上廣亦然可憙微妙乃至馬瑙等七寶所成其遊揵陁羅去於善見二山中間廣一万二千由旬周匝無量優鉢羅鉢頭摩拘牟陁奔荼利迦搔揵地雞遍覆諸水次善見外有山名馬半頭高三千由旬上廣亦然可憙端正乃至馬瑙等

七寶所成其善見及馬半頭二山中間廣六千由旬周匝無量優鉢羅鉢頭摩拘牟陁奔荼利迦搔揵地雞遍覆諸水次馬半頭外有山名尼民陁羅高一千二百由旬上廣亦然可憙微妙乃至馬瑙等七寶所成馬半頭尼民陁羅二山中間廣二千四百由旬周匝無量優鉢羅鉢頭摩拘牟陁奔荼利迦搔揵地雞遍覆諸水次尼民陁羅外有山名毗那耶迦高六百由旬上廣亦然微妙可憙乃至馬瑙等七寶所成尼民陁羅毗那耶迦二山中間廣一千二百由旬周匝無量種種雜華乃至搔揵地雞遍覆諸水次毗那耶迦外有山名斫迦羅隋言輪也高三百由旬上廣亦然微妙可憙乃至馬瑙等七寶所成其毗那耶迦及斫迦羅二山中間廣六百由旬周匝無量四種雜華及搔揵地雞遍覆諸水去輪圍山其間不遠邊有空地青草遍布即有大海其大海北有大樹王名曰閻浮樹身周圍有七由旬根下入地二十一由旬高百由旬乃

至枝葉四面垂覆五十由旬其邊空地青草遍布次有菴婆羅樹林閻浮樹林多羅樹林多樹林各皆縱廣五十由旬間有空地生諸青草次有男名樹林女名樹林刪陁那林真陁那林各皆縱廣五十由旬其邊空地青草弥覆次有呵梨勒果林鞞醯勒果林阿摩勒果林菴婆羅多迦果林亦各縱廣五十由旬次有可殊羅樹林毗羅果樹林婆那娑果林石榴果林各各縱廣五十由旬次有烏勃林棕林甘蔗林細竹林大竹林各廣五十由旬次有荻林葦林割羅林大割羅林迦奢文陁林各廣五十由旬次有阿提目多迦華林瞻婆華林波吒羅華林薔薇華林各廣五十由旬其邊空地青草遍覆復有諸池優鉢羅華鉢頭摩花拘牟陁華奔荼利迦華等弥覆復有諸池毒地充滿各廣五十由旬其間空地青草遍覆其次有海名烏禪郁迦廣十二由旬其水清冷味甚甘甜輕軟澄淨七重塼壁七重闌錯七重欄楯七重鈴網外有七

重多羅行樹周帀圍遶微妙端正七寶莊飾乃至馬瑙等七寶所成周遍四方有諸階道可憙端正亦是七寶金銀琉璃頗梨赤真珠車璖馬瑙等所成復有優鉢羅鉢頭摩拘牟陁奔茶利迦華其華火色即現火形有金色者即現金形有青色者即現青形有赤色者即現赤形有白色者即現白形婆無陁色現婆無陁形華如車輪根如車軸華根出汁色白如乳味甘若蜜諸比丘烏禪鄒迦海中有諸轉輪聖王行道上廣十二由旬諸比丘閻浮提中轉輪聖王出現世時彼諸海道自然湧現共水齊平諸比丘烏禪鄒迦海其次有山名烏禪伽羅諸比丘其烏禪伽羅山可憙端正微妙可觀所有諸樹諸葉諸華諸果諸香及諸異草種種鳥獸但是世間所出之物於彼烏禪伽羅山中無不悉有諸比丘其烏禪伽羅山如是可憙端正可觀汝等應當如是善持諸比丘次烏禪伽羅有山名曰金脇諸比丘金脇山有八万窟彼諸窟中有八

万龍爲在中居住皆悉白色猶如拘牟頭華七枝拄地並有神通乘空而行其頂赤色猶如因陁羅瞿波迦蟲皆悉六牙其牙纖利雜色金塡諸比丘過金脇山有山名曰雪山高五百由旬廣厚亦尒其山微妙四寶所成金銀琉璃及頗梨等彼山四角有四金峯挺出各高二十由旬於中復有衆寶雜峯高百由旬彼山頂中有阿耨達池阿耨達多龍王在中居住其池縱廣五十由旬其水凉冷味甘輕美清淨不濁七重塼壘七重板砌七重欄楯七重鈴網周帀圍遶可喜端正乃至馬瑙七寶所成復有諸花優鉢羅鉢頭摩拘牟陁奔茶利迦華其華雜色青黃赤白華如車輪復有藕根大如車軸汁白如乳其味如蜜諸比丘其阿耨達多池中有阿耨達多龍王宮其殿五柱微妙可憙阿耨達多龍王與其眷屬在中遊戲受天五欲具足快樂諸比丘阿耨達池東有恒河從爲口出共五百河流入東海阿耨達池南有辛頭河從牛口出共

五百河流入南海阿耨達池西有博叉河從馬口出共五百河流入西海阿耨達池北有斯陁河從師子口出共五百河流入北海諸比丘以何因緣此龍名爲阿耨達多耶諸比丘有三因緣何等爲三諸比丘閻浮洲中有諸龍住唯除阿耨達多龍王其餘諸龍受快樂時即有熱沙墮其身上彼等諸龍皆失天形色現虵形色彼等諸龍時受斯苦阿耨達多龍王無如此事是名第一因緣諸比丘閻浮洲中唯除阿耨達多龍王其餘諸龍遊戲樂時有熱風來吹彼等身即失天色現虵形色有如是苦阿耨達多龍王無如此事是名第二因緣諸比丘閻浮洲中所有諸龍遊戲樂時金翅鳥王飛入其宮彼等既見金翅鳥王心生恐怖以恐怖故即失天色現虵形色具受彼苦阿耨達多龍王不尒若金翅鳥生如是心我今欲入阿耨達多龍王宮殿時彼金翅以報劣故即自受苦不能得入阿耨達多龍王宮殿諸比丘此是第三因緣是故

稱言阿耨達多諸比丘雪山南面不遠有城名毗舍離毗舍離北有七黑山七黑山北又有香山其香山中無量諸緊那羅常有歌儛音樂之聲其山多有種種諸樹其樹各出種種香熏大威德神之所居住諸比丘彼香山中有二寶窟一名雜色二名善雜色微妙可憙乃至馬瑙七寶所成各皆縱廣五十由旬柔軟滑澤觸之猶若迦栴連提迦衣諸比丘其雜色善雜色二窟之中有一乾闥婆王名無比喻共五百緊那羅女在中居住具受五欲娛樂遊戲行住坐卧諸比丘雜色善雜色二窟之北有大娑羅樹王名為善住其彼善住娑羅樹王別有八千娑羅樹林周匝圍遶時彼善住娑羅林下有一龍象居住其中亦名善住其色純白如拘牟陁花七枝拄地騰空而行頂骨隆高如因陁羅瞿波迦虫其頭赤色具足六牙其牙纖利復有金沙點於牙上復有八千諸餘龍象以為眷屬其色悉白如拘牟陁華七枝拄地乃至悉以金莊挍

牙其彼善住娑羅樹王林之正北為於善住大龍象王出生一池名曼陁吉尼縱廣正等五十由旬其水涼冷甘美澄清無諸濁穢乃至藕根大如車軸破之汁出色白如乳味甘若蜜諸比丘其曼陁吉尼池周匝更有八千諸池而自圍遶一一皆如曼陁吉尼池彼八千池亦復如是諸比丘其善住龍象王意中若欲入曼陁吉尼池遊戲樂時尒時即念八千眷屬諸龍象輩時彼八千諸龍象等亦起是心我之善住龍象王心念我等我等今者當往善住王邊諸龍象到已即在善住龍象王前低頭而住尒時善住大龍象王即便詣向曼陁吉尼池時彼八千諸龍象等前後圍遶彼善住王安庠而行諸龍象輩有持白蓋覆其上者又有龍象以鼻持白摩尼珠拂拂其上者其前又有諸音樂神歌儛作倡在前導者尒時善住大龍象王到已即入彼曼陁吉尼池中出没歡娛遊戲洗浴縱心適意受樂而行中有龍象洗其鼻者或有龍象摩

其牙者或有龍象揩其耳者或有龍象灌其頭者或有龍象淋其背者或有龍象摩其髀者或有龍象洗其脛者或有龍象洗其足者或有龍象浴其尾者或有龍象鼻拔藕根清淨洗已內於善住龍象口者或有龍象以鼻拔取優鉢羅鉢頭摩拘牟陁奔茶利迦華等繫著善住龍象王頭上者尒時善住大龍象王於彼曼陁吉尼池中恣意隨心洗浴遊戲歡娛自在受快樂已取諸龍象所與藕根頭上校飾優鉢羅等種種雜華莊嚴訖已從彼池出上岸傍住時彼八千諸龍象等即各散入彼八千池隨意洗浴遊戲自在受歡樂已各皆噉食池內藕根食已頭上即以優鉢羅等種種雜華而自嚴飾既繫華已皆悉聚會集在善住龍象王邊到已周匝四面圍遶尒時善住大龍象王與彼八千諸龍象等前後導從意欲還向善住娑羅樹王之林善住行時諸龍象輩或擎白蓋或有執持白摩尼拂又有諸神作諸音樂引前而行

尒時善住大龍爲王到於善住娑羅大林樹王下住隨意卧起時彼八千諸龍爲等亦各到彼八千娑羅樹林之下有住卧起自在安樂時彼林中有娑羅樹其本或有周圍六尋有娑羅樹其本復有周圍七尋八尋或九或十有娑羅樹其本周圍十二尋者其彼善住娑羅樹王其本周圍有十六尋於彼八千娑羅樹林所有萎黄墮落葉者即有風來吹令外出不穢其林彼等八千諸龍爲輩所有便利穢汙之時有諸夜叉掃除擲却

諸比丘若閻浮提有轉輪王出現世時而彼八千諸龍爲中有最小龍爲晨旦日日來至轉輪上前供給承奉因尒得名調善爲王人其善住龍爲大王或十五日旦起詣向天帝釋邊天前住立承奉驅使諸比丘其彼善住龍爲大王有是神通有是威德雖復生於畜生之中是龍輩類乃有如是大威神力汝等應當如是念持

起世經欝多羅究留洲品第二

諸比丘其欝多羅究留洲有無量山

彼等衆山有種種樹其樹欝茂出種種香其香普熏遍滿彼處生種種草皆青紺色右旋宛轉如孔雀毛香氣猶如婆利師迦華觸之柔軟如迦旃連提長可四指下足則偃舉脚還起有種種樹樹出種種莖葉華果種種香熏種種諸鳥各各自鳴和雅微妙彼等諸山種種河流諸道四散平順向下漸漸安流無有波浪又不速疾其岸不深平淺易度其水清淨衆花覆上廣半由旬遍滿而流彼等諸河兩岸皆有種種樹林隨水映覆種種香花青草弥布多諸雜果衆鳥皆鳴又彼諸河兩岸悉有諸妙好船雜色可憙並是金銀琉璃頗梨赤真珠車磲馬瑙等七寶所成

諸比丘其欝多羅究留洲土地平正無諸荊棘坑坎稠林亦無屏廁糞穢不淨及以礓石瓦礫等物純是金銀不寒不熱時節調和又其地中恒常潤澤青草弥覆諸雜林樹葉常敷榮華果成就諸比丘其欝多羅究留洲中有諸樹林名曰安住其樹皆高

六拘盧舍葉密重疊雨滴不漏次第相接如草覆舍彼諸人等在樹下住又諸香樹亦高六拘盧舍或復有高五拘盧舍四三二一拘盧舍者其最小者猶高半拘盧舍悉有種種葉花與果彼等諸樹隨心所出種種香氣復有刧波樹亦高六拘盧舍乃至五四三二一拘盧舍者如是最小高半拘盧舍悉有種種葉花與果從彼果邊自然而出種種雜衣懸在樹間又有種種瓔珞之樹其樹亦高六拘盧舍乃至五四三二一拘盧舍者如是最小半拘盧舍悉有種種葉華與果彼等諸果隨心而出種種瓔珞懸垂而住又諸鬘樹其樹亦高六拘盧舍乃至五四三二一拘盧舍者如是最小半拘盧舍亦有種種葉花與果彼等諸果隨心而出種種鬘形懸著於樹又諸器樹其樹亦高六拘盧舍乃至五四三二一拘盧舍者如是最小半拘盧舍亦有種種葉華與果其彼等果隨心而出種種器形懸樹而住又有種種衆雜果樹其樹亦高六

拘盧舍乃至五四三二一拘盧舍者如是冣小半拘盧舍皆有種種菓花與果彼等諸果隨心而出種種衆果在於樹上其次又有音樂之樹其樹亦高六拘盧舍乃至五四三二一拘盧舍者如是冣小半拘盧舍亦有種種菓花與果彼等諸果隨心而出衆音樂形懸在樹間其地又有不因耕種自然粳米清潔白淨不為皮糩之所結裹若欲成熟是時自有諸敦持果而作鐺釜有諸火珠不假薪然而自出焰所欲作事種種成熟諸飲食已珠焰自息更不熾然諸比丘其欝多囉究留洲周匝四面而有四池其池名曰阿耨達多各各縱廣五十由旬其水清涼甜美輕軟香潔不濁七重塼壘七重版砌七重欄楯周匝圍遶七重鈴網復有七重多羅行樹周迴圍繞雜色可憙皆以金銀琉璃頗梨赤真珠車渠馬瑙等七寶所成其池四方各有階道雜色可憙乃至馬瑙七寶所成有諸雜花優鉢羅鉢頭摩拘牟陁奔荼利迦等青黃赤白及

縹色等其華圓廣大如車輪香氣氛氳微妙冣極有諸藕根大如車軸破之汁出其色如乳食之甘美味甜如蜜諸比丘彼阿耨達多池四面復有四大河水隨順而下正直而流無有波浪不疾不遲其岸不高平淺易入水不奔逸雜華彌覆廣一由旬彼等諸河兩岸復有種種樹林交雜映覆復出種種衆妙香熏種種草生青色柔軟右旋宛轉略說乃至高如四指脚下隨下步舉還平及諸鳥等種種音聲其河兩岸又有諸船雜色可憙乃至車渠馬瑙等寶之所合成觸之柔軟如迦旃隣提迦衣

諸比丘其欝多囉究留洲恒常夜半從彼阿耨達多四池之中起大密雲周匝遍覆欝多羅究留洲及諸山海悉遍布已然後乃雨八功德水猶如搆㸬牸牛乳頃所下之雨如四指深更不傍流當下之處即没地中還彼半夜雨止雲除上虛空中悉皆清淨從海起風吹於涼冷柔軟甘澤調適觸之安樂潤彼欝多羅究留洲普

令悅澤肥膩滋濃如巧鬘師鬘師弟子作鬘成已以水細灑灑已彼鬘光澤鮮明如是如是諸比丘彼欝多羅究留洲其地恒常悅澤肥膩辟如有人以油酥塗彼地潤澤亦復如是諸比丘彼欝多囉究留洲復有一池名為善現其池縱廣一百由旬涼冷柔軟清淨無濁七寶塼砌略說乃至味甜如蜜諸比丘其善現池東面有苑還名善現其苑縱廣一百由旬七重欄楯七重鈴網七重多羅行樹周匝圍遶雜色可憙七寶所成乃至車渠及馬瑙等一一方面各有諸門而彼等門悉有却敵雜色可憙七寶所成乃至車渠及馬瑙等諸比丘彼善現苑平正端嚴無諸荆棘丘陵坑坎亦無屏廁礓石瓦礫諸雜穢等多有金銀不寒不熱節氣調和常有泉流四面彌滿樹葉敷榮華果成就種種香熏種種衆鳥常出妙音鳴聲和雅復有諸草青色右旋柔軟細滑猶孔雀毛常有香氣彼婆利師華觸之猶如迦旃隣提衣足蹈之時隨脚上下復

有諸樹其樹多有種種根莖葉華及果各出種種香氣普熏諸比丘彼善現苑復有諸樹名為安住其樹出高六拘盧舍其樹葉密雨不能漏樹葉接連如草覆舍彼諸人輩多在其下居住止宿有諸香樹諸劫波樹諸瓔珞樹又諸雜樹諸器物樹諸果樹等又有自然清淨粳米成熟之飯諸比丘彼善現苑無我无主無守護者其欝多囉究留人輩入善現苑入已遊戲受種種樂隨意欲行或於東門南西北門入其中已遊戲澡浴受樂而行隨心欲行去處即去

諸比丘其善現池為欝多囉究留人輩南邊有苑名曰普賢其苑縱廣一百由旬七重欄楯周帀圍遶諸比丘其普賢苑無守護者唯欝多囉究留人輩欲入普賢苑中澡浴遊戲受樂彼等從東門南西北門入已澡浴遊戲受樂已隨欲去處即去

諸比丘其善現池為欝多囉究留人輩西邊有苑名曰善華其苑縱廣一百由旬十重欄楯周帀圍遶略說乃

至如善現苑等無有異亦復無有守護之者唯欝多囉究留人輩欲入善華苑澡浴遊戲受樂即從東門南西北門入已澡浴遊戲受樂已隨欲去處即去諸比丘其善現池北邊有苑名曰喜樂縱廣正等一百由旬乃至無守護者其欝多囉究留人輩欲入喜樂苑澡浴遊戲受樂即從東門南西北門入澡浴遊戲受樂已隨欲去處即去略說如前善現苑等

諸比丘其善現苑接善現池東邊有大河名易入道漸次下流無有波浪又不速疾雜華覆流廣二由旬半諸比丘其易入道河兩岸有種種樹覆種種香熏種種草生略說乃至觸者柔軟如迦栴隣提迦衣足蹈之時四指下伏舉足之時還四指起有種種樹及種種葉華果具足種種香熏有種種鳥各各自鳴其易入道河兩岸有諸妙船雜色可憙七寶所成金銀琉璃頗梨赤真珠車𤦲馬瑙等莊嚴挍餝

諸比丘其善現池南為欝多囉究留

人輩有大河流名曰善體漸次下流略說猶如易入道河此處所有種種如彼無異乃至諸船雜色所成柔軟猶如迦栴隣提迦衣諸比丘其善現池西為欝多囉究留人輩有大河流名曰如車乃至略說漸次而下諸比丘其善現池北為欝多囉究留人輩有大河流名曰威主漸次而下略說乃至兩岸有船七寶莊飾柔軟猶如迦旃隣提迦衣其間有欝陁那伽地

善現普賢等　善花及喜樂　易入并善體
如車威主河

諸比丘其欝多囉究留人輩欲入易入道善體如車及威主等河中澡浴遊戲受諸樂時即皆至彼河之兩岸各脫衣裳置於岸邊欲入水故坐於舡上乘向水中澡浴身體遊戲受樂彼等誰最在前出者即取上衣自恣著已隨意而去亦不專求自許本衣何以故彼欝多囉究留人輩無我我所無守護者又復彼等詣向香樹到香樹已是時香樹為彼等故樹枝垂下為彼諸人香樹即出種種妙香令

手擧及時彼等人於彼樹取種種衆香用塗身已復各詣向劫波樹下到已其樹亦復如前樹枝垂下出種種衣令彼諸人手所擧及彼諸人輩於彼樹取種種妙衣取已而著著已轉向諸瓔珞樹到彼樹已為諸人輩彼瓔珞樹枝亦垂下為彼等故彼瓔珞樹如前樹出種種瓔珞手所擧及彼諸人輩於彼樹取種種瓔珞繫著身已詣向鬘樹到鬘樹已為彼等故彼鬘樹枝亦自垂下時彼鬘樹出種種鬘令彼等人手所擧及既於彼樹取種種鬘繫著頭已詣向器樹到器樹已器樹為彼枝亦垂下手所擧及隨所欲器即取持用詣向果樹到果樹已為彼等故果樹枝垂為彼等故彼之果樹出種種果手所擧及彼等人輩於彼樹下隨所欲果稱意而取取已或有食其果者或有搦取其汁而飲之者食飲訖已詣向音樂樹林到彼林已為彼等故彼音樂林枝亦垂下為彼等出諸音樂器手所擧及彼等人輩於彼樹間各隨所須衆音樂器取已執持其形微妙其音和雅欲彈則彈欲儛則儛欲歌則歌如具受樂種種訖已各隨所之欲去則去

起世經卷第一

起世經卷第一

校勘記

一　底本，金藏廣勝寺本。

一　六一一頁中一行經名「起世經卷第一」，麗作「起世因本經卷第一」。

一　六一一頁中二行譯者，磧、南、徑、清作「隋三藏法師闍那崛多等譯」；麗作「隋天竺沙門達摩笈多譯」。

一　六一一頁下五行「如去言行」，磧、南、徑、清、麗作「如法信行」。同行「善家子」，磧、南、徑、清作「善男子」。

一　六一二頁上一行「四千小洲諸」，資作「四千洲渚」，磧、徑、清、麗作「四千小洲」。

一　六一二頁上八行「婆提」，資、磧、南、徑、清作「婆毗提訶」。

一　六一二頁上一二行「梵主」，南、徑、清作「梵王」。

一　六一二頁中二〇行「多諸」，資、磧、南、徑、清作「多衆」。

一　六一二頁下一行首字「妙」，磧作「如」。

一　六一二頁下四行「六千」，資、磧、南、徑、清、麗作「六十」。

一　六一二頁下一五行「七重」，資、南作「十重」。

一　六一三頁上六行「宮殿」，麗作「宮殿住」。

一　六一三頁下七行「閻浮洲」，資、磧、南、徑、清作「閻浮提」。

一　六一三頁下一二行「金翅」，麗作「金翅所居之處」。

一　六一三頁下一四行第一三字「華」，麗作「處」。

一　六一四頁中一四行第一〇字「揵」，資作「建」。

一　六一四頁下五行「删陁」，資、磧、南、徑、清作「那陀」。

一　六一四頁下一〇行「婆那婆果」，資作「婆那娑果」。

一　六一四頁下一九行「毒地」，資、磧、南、徑、清、麗作「毒虵」。

一　六一五頁上一〇行「色曰」，磧、南、徑、清、麗作「色白」。

一　六一五頁上末行第四字「山」，資、磧、南、徑、麗作「山中」。

一　六一五頁中四行「纖利」，磧、徑、清作「銛利」；南作「銛利」。

一　六一五頁中二二行「恒河」，資、磧、南、徑、清作「恒伽河」。

一　六一五頁下一八行末字「見」，資、磧、南、徑、麗作「現」。

一　六一六頁上五行「各出」，磧作「各山」。

一　六一六頁上二一行「纖利」，磧、南、徑、清作「銛利」。

一　六一六頁中五行「十出」，資、磧、南、徑、麗作「汁出」。

一　六一六頁中一七行「安庠」，徑、清作「安詳」。

一　六一六頁下一三行「岸傍」，磧、南、徑、清作「岸停」。

一　六一六頁下一五行「歡樂」，磧、南、徑、清作「歡喜」。

一　六一七頁上四行「有住」，資、磧、南、徑、清、麗作「行住」。

一　六一七頁上一五行「轉輪上」，資、磧、南、徑、清、麗作「轉論王」。同行「承奉」，資、磧、南、徑、清作「承事」。

一　六一七頁上一六行「人其」，資、磧、南、徑、清、麗作「又其」。

一　六一七頁上一七行「旦起」，磧作「上起」。

一　六一七頁上二二行「起世經」，資、徑、清無。同行「第二」，麗作「第二上」。

一　六一七頁下一行「拘盧舍」，資、磧、南、徑作「拘盧奢」，下同。

一　六一八頁上一八行「鈴網」，資、磧、南作「鉢網」。

一　六一八頁中一二行「又有」，資、磧作「入有」。

一　六一八頁中一九行「搆捋」，資、磧、南、徑、清作「轂捋」。

一　六一八頁下一七行「礦石」，資、

一 磧、南、徑、清作「砂石」。

一 六一九頁上一〇行「究留」，資、磧、南、徑、清作「究留洲」，下同。

一 六一九頁上二〇行「已隨」，麗作「已隨心」。

一 六一九頁上二二行首字「葉」，南、徑、麗作「箄」。

一 六一九頁上末行末字「巧」，資、磧、南、徑、麗作「乃」。

一 六一九頁下三行第六字「王」，磧、南、徑、麗作「至」。

一 六一九頁下四行第四字「䙕」，資、磧、南、徑、麗作「梅」。

一 六一九頁下一〇行「那伽地」，資、磧、南作「那伽池」；徑、清作「那伽陀」。

一 六二〇頁中二行「如具」，資、磧、南、徑、清、麗作「如是」。

一 六二〇頁中末行「起世經」，資、麗作「起世因本經」。

一 六二〇頁中卷末經名後，麗有如下附文：「此經宋藏題爲起世經闍那崛多共達摩笈多譯進之爲前經編入澄函而丹藏題爲起世因本經達摩笈多譯却之爲後經今撿開元録丹藏爲正故題加因本二字譯除闍那崛多却之爲後經爲取函焉」。

起世因本經卷第二　取

隋天竺沙門達摩笈多譯

欝多羅究留品下

諸比丘其欝多羅究留人輩頭髮青色垂長八指其人一色一形一像無有别色可知其異諸比丘欝多羅究留人輩不全露形不半露形无有適莫齒皆平密不疎不缺善好潔白猶如珂貝明淨可憙諸比丘欝多羅究留人輩若有飢渴須食飲時彼等即取不曾耕種自然粳米清淨潔白無有糠糩取已擲置敦持果中置已即將火珠置底而彼火珠衆生福力自然出焰飯食熟已焰還即滅彼等人輩欲食飯者即坐座上於彼時中東西南北來欲食者為彼人等設於飯食飯終不盡乃至彼等施飯食人坐而不起彼之飯食則常盈滿彼等食彼自然粳米成熟之飯無有糠糩清淨香美不假羹臛衆味具足白如花聚其色猶如天酥陁味彼等人輩食是食時身分充盈無有缺減无老無變湛然不動乃至彼食資益彼等色力安樂辯才具足

諸比丘其欝多羅究留人輩若有欲於諸婦女邊生染著心意相向者彼即觀看彼之婦女而彼婦女即便隨逐彼人而行至於樹下若彼婦女是彼人毋或復是姨是姉妹等為彼等故彼之樹林枝不垂下其葉即時萎黄枯落各不相覆亦不出華亦无床敷若非是毋亦非是姨非是姉妹彼諸樹木即便垂覆枝葉欝茂樹枝各各共相蔭映衆華鮮榮亦為彼人出百千種牀敷卧具彼等相將入於彼處歡娛受樂隨意所作

諸比丘其欝多羅究留人輩住胎七日至第八日而彼婦人即便産生其産既訖若男若女即將彼子安置坐於四衢道中捨之而去時彼所有東西南北人輩來者彼等諸人為欲養育彼男女故各將手指內於彼等男女口中彼等指頭出好甘乳與彼男女飲已得活如是七日彼等男女還成就彼一種身量如彼人輩等無殊

異若是男子即隨男伴相逐而行若是女人即隨婦女徒伴而去

諸比丘其欝多羅究留人輩壽命一定無有中夭若命終時即便上生復次於中何因緣故其欝多羅究留人輩得定壽命命終已後皆向上者諸比丘世有一人專作煞生盗他財物邪婬妄語兩舌惡口及綺語等貪瞋邪見以是因緣身壞命終當墮惡道在地獄中復有一人不曾煞生不盗他物不行邪婬又不妄語不兩舌不綺語不惡口不貪不瞋又不邪見以是因緣身壞命終趣向善道生人天中復何因緣向下生者以其煞生及邪見等向上生者以不煞生及正見等復有一人作如是念我於今者應行十善是因緣故身壞當生欝多羅究留人中彼中生已住一千年不增不減彼作如是諸善願已行十善業身壞當生欝多羅究留中彼於彼處其壽命住滿一千年不增減也諸比丘此因緣故其欝多羅究留人得定壽命

諸比丘何因緣向於上生諸比丘閻浮洲人於他邊受十善業已身壞當生欝多羅究留人中其欝多囉究留人輩若其舊有具足十善業如法行已身壞皆當向上善處諸天中生諸比丘此因此緣其欝多囉究留人輩向上勝處諸比丘其欝多囉究留人輩若其壽命終盡之時彼無有人憂愁啼哭唯莊嚴已棄置四大衢道之中捨已而去

諸比丘其欝多囉究留人輩有如是法若彼衆生壽命盡已應時即有一鳥飛來其鳥名曰優禪伽摩(隋言高行)尒時彼鳥優禪伽摩從大山谷迅疾飛來即銜其頸將彼死屍擲置餘洲何以故以欝多囉究留人輩業清淨故欲意憙故不令風吹彼臭穢氣諸比丘其欝多囉究留人輩若欲大小便利之時為彼人故彼地開裂出已還合何以故其欝多羅究留人輩欲清淨故欲意憙故復次於中有何因緣說彼名曰欝多羅究留洲諸比丘其欝多囉究留洲於四天下比餘三洲

最上最妙最勝彼故說欝多羅究留洲為欝多囉究留洲也(欝多囉究留隋言上作)

起世經轉輪王品第三

諸比丘閻浮洲內若轉輪王出現世時此閻浮提自然而有七寶具足其轉輪王復有四種神通德力云何七寶一金輪寶二白象寶三紺馬寶四神珠寶五玉女寶六藏主寶七兵將寶是為七寶諸比丘云何轉輪聖王輪寶具足諸比丘其轉輪王出閻浮提以水灌頂為察帝利於彼逋沙他(隋言齋日)十五日月圓滿時洗沐頭髮著不擣白疊垂裓下向飾以摩尼及諸瓔珞在樓閣上親屬諸臣前後圍遶是時王前自然而有天金輪寶千輻轂輞諸相滿足自然來應非工匠成輪徑七肘尒時灌頂察帝利轉輪王作如是念我昔曾聞如是言說若有灌頂察帝利王於彼逋沙他十五日滿月正圓時洗沐頭已身著不擣白疊之衣服諸瓔珞在樓閣上親屬諸臣前後圍遶是時王前自然而有天金

輪寶千輻轂輞諸相滿足自然來應非工匠成皆是金色輪徑七肘有是瑞時彼則成就轉輪王德我今定應是轉輪王

尒時灌頂察帝利轉輪王欲得試彼天輪寶故即令嚴備四種分力身兵所謂象身馬身車身步身四種分力身嚴備已即時詣向天金輪邊到已偏露右髆在於金輪前右膝著地以右手擲彼天輪寶作如是言謂天輪寶我今若是轉輪王者未降伏地為我降伏其天輪寶應時便轉為欲降伏諸未伏故諸比丘是時灌頂察帝利王既見彼天輪寶轉已其轉輪王即便嚴駕向東方行彼天輪寶及四種分象馬身兵一時皆從諸比丘其輪寶前復有四大天身而行其天輪寶所到他方住止之處其轉輪王及四分力象馬身兵皆於彼中停住止宿

尒時東方所有一切諸國王等各取金器盛滿銀粟或以銀器盛滿金粟如是具已皆前詣向轉輪王所到已

啓白轉輪王言大王善來此是天物東方人民豐熟安樂無怖无畏多有人民甚可愛樂唯願大天垂哀受取憐愍我等微細諸王我等今日承奉天王一無有二時轉輪王告諸王言汝等誠心若能尒者汝等各各於自境界如法治化莫令國土有不如法所以者何汝等若令我之國內有諸非法惡行顯現我當治汝令教汝等當斷煞生教人不煞不與勿取邪婬妄語乃至邪見皆不應為若汝等輩斷於煞生教人不煞不與勿取不行邪婬實語正見者我即當知汝等諸王國土降伏

尒時東方諸國王等聞彼輪王如是勑已一時同受十善業行受已遵承各各國土如法治化是轉輪王自在力故所向之處輪寶隨行時彼聖王天金輪寶如是降伏東方國已達東海岸周遍而迴次第歷到南方西方乃至北方依於古昔轉輪王道引導而行其轉輪王及四兵身相次行時而彼在先天輪寶前復有四大天身

而行時此輪寶所住之處於彼方面其轉輪王及四種兵即便停宿

尒時北方所有一切諸國王等亦各賫持天真金器盛滿銀粟天真銀器盛滿金粟俱來詣向轉輪王所到已長跪作如是言善哉天來善哉天來我等北方蒙天王故人民熾盛豐熟安隱無諸怖畏甚可愛樂天留治化我等隨順其轉輪王即便勑言若能然者汝等各各治化自境一依教令勿不如法所以者何勿令我境有非法人及惡行者又復汝等莫作煞生教人不煞不與勿取邪婬妄語乃至邪見汝等當斷若離煞生乃至若當行於正見能如是者我即當知汝等國土善巳降伏其諸王等同共啓白轉輪王言如天教勑我等奉行

尒時北方諸國王等聞轉輪王如是勑已各各遵承受十善業受已奉行皆悉如法依律治化其轉輪王自在力故所行之處其天輪寶隨逐而行此天金輪如是次第降北方已度海北岸所有土地周迴其際遍巳還來

尒時始於閻浮提中選擇最上威德形勝極精妙地其天輪寶當於彼上東西經絡闊七由旬南北縱畫十二由旬如是度巳尒時諸天即夜下來自然為彼轉輪聖王造立宮殿應時成就既成就巳妙色端嚴四寶所作謂天金銀頗梨琉璃是時彼天真金輪寶為於聖王當宮內門上虛空中嶷然停住如著軸輪不搖不動其轉輪王當于尒時生大歡喜踊躍無量作是念言我今巳受天輪寶耶諸比丘彼轉輪王有如是形天金輪寶自然具足諸比丘其轉輪王復有何等白色象寶應當具足諸比丘是轉輪王於日初分坐宮觀時即當王前出生象寶其象妙色形體純白如拘物頭七支拄地有大神力飛騰虛空其頭赤色如因陁羅瞿波迦虫象有六牙並皆纖利其牙微妙雜色莊嚴猶如金粟其象名曰烏逋沙他(隋言受齋)轉輪聖王見象寶巳作如是念此象既現若調伏時堪受諸事作賢乘不時此象寶一日之中即便調伏堪任駕馭

一切諸事猶如無量百千歲數所調伏來端嚴賢善隨順調適如是如是彼之馬寶於一日中受諸調伏堪任衆事亦復如是時轉輪王欲試馬寶於其晨朝日初出時乘彼馬寶周迴巡歷遍諸海岸盡大地際周匝既已還來至本宮殿之處是轉輪王便進小食以是因緣彼王尒時於其內心歡喜踊躍爲我故生如此馬寶諸比丘彼轉輪王有於如是白色馬寶自然具足

諸比丘何等是彼轉輪聖王馬寶具足諸比丘是轉輪王日初分時坐宮殿上即於王前出紺馬寶身青體潤毛色悅澤頭黑鬉鬛有神通力飛騰虛空其馬名曰婆羅囉呵(隋言髮毛)是轉輪王見此馬已作如是念此馬既現若調伏時堪受諸事能得爲我作善乘耶時彼馬寶一日之中應時調伏堪受諸事猶如無量年歲調來妙勝賢善彼馬如是如是調時一日之內堪受彼等一切諸事時轉輪王欲試馬寶於其晨朝日初出時乘彼馬

寶周歷大地還來本宮彼轉輪王乃至進食以是因緣故生歡喜踊躍無量我今已生紺馬之寶諸比丘是轉輪王有如是色馬寶具足

諸比丘是轉輪王何等名爲珠寶具足諸比丘彼轉輪王有摩尼寶毗琉璃色妙好八楞非工匠造自然出生清淨明曜其轉輪王見此珠已作如是念此摩尼寶衆相滿足應當懸之置於宮內令顯光明時轉輪王欲試於彼摩尼寶故嚴備四兵所謂爲兵馬兵車兵步兵具四兵已即於夜半重雲黑闇雷電光出時天降微雨時轉輪王取彼珠寶懸置幢上出園苑中意欲遊觀驗珠德故諸比丘彼摩尼寶在於幢頭光明周遍普照四方及四兵身悉皆明了如日照世尒時彼地所有一切諸婆羅門及居士輩在彼住者悉皆覺起作諸事業謂言已明是日出耶以是因緣其轉輪王受大歡喜踊躍無量心念此寶爲我生耶諸比丘彼轉輪王有如是色珠寶具足

諸比丘何等名爲轉輪聖王女寶具足諸比丘是轉輪王出生女寶不短不長不麁不細不白不黑端正姝妍甚可愛樂最勝最妙色貌備充若天熱時女寶身涼寒時身暖彼身體上出栴檀香口氣恒如青優鉢羅香爲轉輪王晚卧早起勤奉恭敬有所作事無失王心彼女意尚不生惡念況其身口以是因緣轉輪聖王受大歡喜踊躍無量內心念云此已爲我生女寶耶諸比丘彼轉輪王有如是形女寶具足

諸比丘何等名爲轉輪聖王主藏臣寶威神具足諸比丘彼轉輪王生主藏寶大富饒財多有功果以業報故生有天眼洞見地中或有主藏或無主藏皆爲彼眼之所洞視雖復水陸若遠若近於中所有其主藏臣皆悉爲彼如法作護若無主者即便取彼中金銀爲轉輪王有所資須財寶用事應時辦具時彼藏臣即便詣向轉輪王所到已啓白轉輪王言大聖天王若天所須財寶用者願天勿憂

我能為天有所須者皆悉備具時轉
輪王欲試於彼主藏寶故行到水邊
上船上坐住水中流告藏臣言汝主
藏臣我須財寶可速備具可速備具
主藏臣啓去唯願大天待須臾時此船
至岸當於彼處為天取財以供天用
王告藏臣我今不欲岸上取財但於此
處為我具備其主藏臣即白王言如
天所勑我不敢違時主藏臣聞王勑
已即袒右髆便以右膝著船板上手
攪海水指如螃蟹多掬金銀滿諸
瓮中安船板上奉轉輪王而白王言
此天金銀天以此寶供贍於王為財
事用時轉輪王告藏臣言我不須財
但試汝耳時主藏臣聞王此語還取
金銀置於水內以是因緣其轉輪王
受大歡喜踊躍無量我今已生藏臣
寶耶諸比丘彼轉輪王有如是等藏
寶具足
諸比丘何等名為轉輪聖王主兵臣
寶威相具足諸比丘是轉輪王福德
力故自然出生兵將之寶所謂巧智
多諸策謀洞識軍機神慧具足彼

起世因本經卷第二　第十三張　取

轉輪王若須兵力即能備具所謂若
欲走兵身時即皆齊走欲散即散若
欲置立即能置立時兵將寶即便詣
向轉輪王所到已啓白轉輪王言若
王欲須兵衆教習願王勿慮我當為
王教習兵衆使令如心調柔隨順時
轉輪王欲試於彼兵將寶故即勑備
具四種兵身所謂象寶兵身馬寶兵
身車兵步兵悉皆如是嚴勑備具四
兵身已時王勑彼兵將寶言汝兵將
主善好為我備具兵身敎令隨順善
走善行善集善散如法勿違其兵將
主聞轉輪王如是勑已白言大王如
天教勑我不敢違其四兵身並備具
訖依王所勑教走能走教散能散乃
至若欲置立皆能以是因緣彼轉輪
王受大歡喜踊躍無量我今已生主
兵將寶諸比丘彼轉輪王有如是形
主兵將寶威力具足諸比丘若有如
是七寶現者然後得名轉輪聖王
諸比丘何等是彼轉輪聖王四種自
在神通具足諸比丘彼轉輪王年歲
壽命長遠久住於迦羅時三摩耶時

起世因本經卷第二　第十四張　取

一切世間無有人生能得如是安隱
久處如彼轉輪王長命久住是則名
為轉輪聖王第一壽命神通具足
復次諸比丘彼轉輪王所受身體無
病少惱衆相具足又復其腹不大不
小寒煖冷熱隨時節調進止輕便食
飲消化安隱快樂於迦羅時三摩耶
時無有餘人世間生者能尒少病無
諸疾惱如彼聖王是則名為轉輪聖
王第二身力神通具足
復次諸比丘彼轉輪王報得形容可
憙端正為諸世間常所樂觀最勝最
妙色身清淨具足莊嚴於迦羅時三
摩耶時無有人中所受生者能得如
是端正可憙為於世間願樂觀矚如
彼輪王形相備者是則名為轉輪聖
王第三色貌神通具足
復次諸比丘彼轉輪王業報因緣大
有福德所謂種種資產豐饒世間珍
奇衆寶具足於迦羅時三摩耶時無
有人中所受生者有如是富有如是
財眠玩衆多寶物充溢得及於彼轉
輪王者是則名為轉輪聖王第四果

起世因本經卷第二　第十五張　取

報神通具足諸比丘若有如是四種
神通皆具足者然後得名轉輪聖王
諸比丘又彼福德轉輪聖王得諸人
民之所愛重心常喜樂辟如諸子愛
敬其父又諸人民得轉輪王之所𢹂
愍意恒慈念如父愛子
諸比丘其轉輪王坐毗闍耶多隋言勝好車
欲出遊歷觀看園林及諸善地於彼
時中諸人民等得覩於彼轉輪王時
皆大歡喜各共同告彼馭者言汝善
馭者唯願持轡緩緩徐行勿過速疾
所以者何汝若安步寬縱車行願我
等輩多時得見轉輪聖王其轉輪王
聞此語已亦復如是告馭者言汝善
馭者徐徐緩行慎莫速疾何以故汝
若安住善持車行則令我今多時如
是周遍觀矚彼諸人民諸比丘其諸
人民見輪王已皆各自持所有珎寶
或以珎寶於前奉獻轉輪聖王上已
白言我今奉天此物屬天願天受已
隨天所用但此之物唯應天用
諸比丘其轉輪王出現世時此閻浮
洲清淨平整無有荊棘及諸稠林丘

墟坑坎并餘廁溷雜穢臭處礓石瓦
礫沙鹵等物自然金銀七寶具足不
寒不熱時節均調又諸比丘其轉輪
王出現世時此閻浮洲自然安置八
方城邑皆悉快樂無諸怖畏甚可愛
樂穀米豐饒聚落衆多人民熾盛又
諸比丘其轉輪王出現世時此閻浮
提村落城邑王所治處比屋連甍雞
飛相及人民快樂不可思議又諸比
丘其轉輪王出現世時此閻浮洲常
於夜半從阿耨婆達多池中起大雲
氣遍閻浮洲及諸山海即便澍雨乃
至如一搆牛乳頃其水具足八功德
味水深四指更不傍流當於下處即
浸入地皆沒不現到夜後分雲悉開
除還從海中起清涼風吹彼潤澤觸
諸人民皆受安樂又彼甘澤潤閻浮
洲普使肥鮮辟如世人巧作鬘師若
鬘師弟子作鬘成已以水灑上令其
悅澤華色光鮮亦復如是
復次其轉輪王出現世時此閻浮提
土地恒常沃壤滋茂辟如有人用酥
油塗其地津液肥美膏腴亦復如是

諸比丘彼轉輪王出現在世經歷無
量久遠年時雖受人間所有覺觸辟
如細軟柔弱體人食好美食運動施
為少時疲觸須臾消化如是如是彼
轉輪王處世久時生死覺觸亦復如
是諸比丘彼轉輪王壽終之時捨身
命已上生天中與彼三十三天共俱
又諸比丘彼轉輪王當命終時上虛
空中雨優鉢羅鉢頭摩拘物頭分陁
利等種種香華為轉輪王作供養故
又復更雨天沉水末多伽羅末栴檀
香末及天曼陁羅華等復有天諸微
妙樂音不鼓自鳴亦有天妙歌歎之
聲為供養彼轉輪王身作福利故
諸比丘時彼女寶及主藏寶兵將寶
等取輪王身即以種種香湯洗之香
汁洗已最初先用劫波娑縷然後乃
以不擣疊衣持用裹之次復更以微
妙細疊足五百端就上次第如是纏
已又取金棺滿盛酥油持輪王身安
置棺中安棺中已更取銀槨復以金
棺內銀槨中內銀槨已以釘釘之又
復集諸一切香木作於大積然後闍

毗既闍毗已乃於四郊大衢道中為轉輪王作蘇偷婆（隋言高塔）高一由旬闊半由旬雜色挍飾四寶所成所謂金銀琉璃頗梨其塔四院周圍縱廣五十由旬七重垣牆七重欄楯略說如上乃至衆鳥各各自鳴時彼女寶并及主藏主兵寶等為轉輪王作蘇偷婆成就訖已然後施設微妙供具所謂種種諸來求索須食與食須飲與飲須乘與乘須衣與衣須財與財須寶與寶盡給與之悉令滿足

諸比丘彼轉輪王命終已後經於七日彼金輪寶象寶馬寶摩尼珠寶一切自然隱没不現女寶主藏及兵將等皆亦命終彼四寶城各各改變為塼土城彼之人民亦皆次第隨而減少諸比丘一切諸行有為無常如是遷變無有常住破壞離散不得自在是磨滅法暫時須臾非久停住諸比丘乃至應須捨於諸行應須遠離應須猒惡應當速求解脫之道

起世經地獄品第四上

諸比丘其四大洲及八万小洲諸餘

起世因本經卷第二 第十九張 取

大山及須弥山王等外別有一山名為輪圓（前代舊譯云鐵圍山）高六百八十万由旬縱廣亦有六百八十万由旬弥密牢固金剛所成難可破壞諸比丘此輪圓外更有一重大輪圓山由旬高廣正等如前其兩山間極大黑闇無有光明日月如是有大威神大力大德不能照彼使見光明諸比丘彼兩山間有八大地獄何等為八所謂活大地獄黑大地獄衆合大地獄叫喚大地獄大叫喚地獄熱惱大地獄大熱惱地獄阿毗脂大地獄

諸比丘彼八大地獄各各復有十六小地獄周匝圍遶而為眷屬是十六獄悉皆縱廣五百由旬何等十六所謂黑雲沙地獄糞屎泥地獄五叉地獄飢地獄渴地獄膿血地獄一銅釜地獄多銅釜地獄疊磓地獄斛量地獄雞地獄灰河地獄斫板地獄刀鋒地獄狐狼地獄寒氷地獄

諸比丘何因緣故名活大地獄諸比丘彼活大地獄諸衆生輩生者有者出現者轉住者手指自然有鐵爪生

起世因本經卷第二 第二十張 取

纖長尖利並皆鋒銛彼等衆生既相見已心意濁亂心既濁亂各以鐵爪自爴破身或自擗身擗已復擗或復大擗裂已復裂或復大裂割已復割或復大割諸比丘彼等衆生於彼時中作如是知我已被傷我今已死然於彼時以業報故復生冷風來吹其身須臾更生身體皮肉筋骨血等已復還活既得活已以業力故復起東西各相告言汝衆生輩願欲得活活已勝耶諸比丘於是中間少分分別故名活耳然於彼中更有別業極受辛苦大重諸惱楚毒難忍而於彼中命既未終乃至彼惡不善之業未盡未滅未除未轉未少分現未全分現若於先世起者造者若人非人身中作者

復次諸比丘彼活大地獄中諸衆生輩生者有者出現者轉住者手指又復生鐵刀子半鐵刀子極長纖利各各相著心意惱亂乃至爴裂擗割破截等死已冷風來吹須臾還活

諸比丘如是少分略而言之名為活

起世因本經卷第二 第二十一張 取

也諸比丘更復別業而於彼中極受苦惱苦未畢故求死不得乃至彼惡不善之業未盡未滅未除未離或復往昔作者造者若人身作若非人身作如是一切次第具受

又復彼等大活地獄諸衆生輩無量時中苦報盡已從於大活地獄得出出已復走更求其餘屋宅之處救護之處歸依之處作是念已以罪業故即便入於黑雲沙小地獄中廣五百由旬入彼中已上虛空中起大黑雲雨下如沙其焰熾然極大猛熱墮於彼等地獄衆生身分之上墮皮燒皮墮肉燒宍至筋燒筋至骨燒骨至髓燋髓出烟出焰洞徹熾然受極苦惱以其受苦未畢盡故求死不得乃至未盡惡不善業不滅不除不轉不變不離不失若於往昔人及非人如是作來次第而受更無量時

諸比丘彼等衆生經歷無量久遠長道從黑雲沙地獄中出出已復走求屋求宅求救求覆求歸依處作是念已又復入於糞屎熱泥小地獄中廣

五百由旬彼等入已從咽已下生糞屎泥熱沸焰中入已行焰燒手燒脚耳鼻身體一時燋然乃至彼惡不善之業未盡未滅未除未轉不離不失以於往昔若人非人作重業來復次

諸比丘其糞屎泥小地獄中有諸鐵虫名為針口住彼獄中為諸衆生處處鑽身悉令穿破先鑽破皮鑽破皮已次鑽破宍鑽破宍已次鑽破筋鑽破筋已然後破骨既鑽破骨住於髓中食於彼等衆生脂髓令彼衆生受嚴劇苦乃至壽命猶未畢終既未盡彼惡不善業乃至不滅如是次第具足而受

諸比丘彼等地獄諸衆生輩有時多時長道久遠從糞屎泥小地獄出出已奔走求室求宅求護求洲及歸依處即入五叉小地獄中其獄亦廣五百由旬彼等入於五叉獄已時守獄卒取彼地獄受罪衆生撲於熾然熱鐵地上其焰洞赳時諸罪人在中仰卧如是卧已於兩脚掌釘兩鐵釘熱焰熾然又兩手掌釘兩鐵釘焰亦熾

然又齊輪中釘一鐵釘焰又熾然獄卒於是以五叉鑠極受嚴苦乃至彼處壽命未終惡業未盡若往昔造若人非人身中所造如是次第彼地獄受

諸比丘彼諸衆生多時長遠從於五叉小地獄出復走求救求室求洲求依求覆及守護處詣向飢餓五百由旬小地獄中入彼處已時守獄者遥見彼等衆生來已即前問言汝等今者來何所欲彼等皆共荅言仁者我等飢餓時守獄者即便取彼地獄衆生撲著熾然熱鐵地上令其仰卧便以鐵鉗開張其口用熱鐵丸擲著口中時彼地獄衆生脣口應時燒然燒脣已燒舌燒舌已燒齶燒齶已燒咽燒咽已燒心燒心已燒胷燒胷已燒腸燒腸已燒胃燒胃已經過小腸向下而出其丸尚赤如是彼等地獄衆生於其時中受嚴極苦命未終故略說乃至若人非人先世所作如是次第彼地獄中種種具受

諸比丘彼衆生輩於無量時久長遠

道從彼飢餓小地獄出復馳奔走略說如前求守護處詣向燋渴五百由旬小地獄中入彼處已時守獄者遥見彼等地獄衆生來而問言汝等今者何所求須彼等荅言仁者我今甚渴時守獄者即取彼等地獄衆生撲著熱鐵熾然地上在猛焰中仰而卧之便取鐵鉗開張其口融赤銅汁灌其口中時彼地獄衆生脣口即便燋爛脣口爛已燒舌燒舌已燒腭燒腭已燒咽喉燒咽喉已燒心燒心已燒胃燒胃已燒腸燒腸已燒[月胃]燒[月胃]已直破小腸向下而出彼等衆生各於其中受嚴重苦受極痛苦受異種苦彼等乃至壽命未終若不盡彼惡不善業略說如前乃至若人非人時造如是次第具足而受

起世因本經卷第一

甲辰歲高麗國大藏都監奉

勑雕造

起世因本經卷第二　第二十五張　耿

起世因本經卷第二

校勘記

一　底本，麗藏本。

一　六二三頁上一行經名，磧、普、南、徑、清作「起世經卷第二」。

一　六二三頁上二行譯者，資作「隋三藏闍那崛多達摩笈多二法師共譯」；磧、普、南、清作「隋三藏闍那崛多等譯」；徑作「隋三藏法師闍那崛多等譯」。

一　六二三頁上三行品名，資、磧、普、南、徑、清作「鬱多囉究留洲品第二之餘」。

一　六二三頁上一七行「飯食人」，諸本（不含石，下同）作「飯食之人」。

一　六二三頁上二一行「其色」，資、徑作「其味」。

一　六二三頁中一行「不動」，諸本作「無動」。

一　六二三頁中五行「婦女」，磧、普、南、徑、清作「婦人」。

一　六二三頁下七行「熱生」，磧作「殺坐」。

一　六二三頁下二〇行「彼於」，磧、普、南、徑作「往於」。

一　六二四頁中三行「起世經」，資、磧、普作「起世因本經」；徑、清無。

一　六二四頁中八行「藏主寶」，諸本作「主藏寶」。

一　六二四頁中一一行「察帝利」，諸本作「刹帝利」，下同。

一　六二四頁下七行「象身」，磧、普作「爲身」。

一　六二四頁下一七行第三字「前」，資、磧、普、徑作「前後」。

一　六二四頁下一八行「他方」，諸本作「地方」。

一　六二五頁上一〇行「不熱不與」，諸本作「莫熱莫與」。

一　六二五頁上一五行「諸國王」，磧、普、南作「諸國土」。同行「輪王」，諸本作「轉輪王」，下同。

一　六二五頁中七行末字「熱」，諸本

作「樂」。
一 六二五頁中一七行「我等」，諸本作「我當」。
一 六二五頁中二二行第九字「降」，諸本作「降伏」。
一 六二五頁下八行「宮内」，諸本作「宮殿」。
一 六二五頁下一九行，六二九頁下二〇行「纖利」，磧、普、南、徑、清作「銛利」。
一 六二五頁下二一行末字「現」，資作「理」。
一 六二五頁下二二行末字「此」，諸本作「彼」。
一 六二六頁上一四行「身青」，磧、普、徑作「身清」。
一 六二六頁上一五行「髮懸」，諸本作「髮鬘」。
一 六二六頁上一六行第九字「囉」，資、磧、普、南、徑無。
一 六二六頁上二〇行「調來」，磧、普、南、徑、清作「調伏」。
一 六二六頁下三行「姝妍」，諸本作「姝好」。
一 六二七頁上三行「告藏」，諸本作「告主藏」。
一 六二七頁上四行「可速倫具可速倫具」，資、磧、普、南、徑作「可速倫具」。
一 六二七頁上一一行首字「攪」，資、磧、徑作「攪」。
一 六二七頁上一二行第七字「奉」，資、磧、普、南、徑作「奉上」。
一 六二七頁上一三行「此天」，普作「此大」。
一 六二七頁上一七行首字「受」，諸本作「甚」。
一 六二七頁中九行「嚴勑」，諸本作「嚴精」。
一 六二七頁中一四行「兵身」，清作「其身」。
一 六二七頁下一行「人生」，諸本作「人類」。
一 六二七頁下二行「轉輪王」，資、磧、普、南、徑作「輪王」。
一 六二八頁中一行末字「凡」，磧、南、徑、清作「瓦」。
一 六二八頁中一五行首字「浸」，諸本作「沒」。
一 六二八頁下一一行第八字、第一二字及一二行第二字「末」，資、磧、普、南作「秣」。
一 六二八頁下一三行「樂音」，諸本作「音樂」。
一 六二九頁上一行「四郊」，諸本作「四交」。
一 六二九頁上八行「供具」，磧、普、南、徑、清作「法具」。
一 六二九頁上一四行「主藏」，普作「王藏」。
一 六二九頁上二二行「起世經地獄品第四上」，資作「起世因本經地獄品第四」；磧、普、南作「起世經地獄品第四」；徑、清作「地獄品第四之一」。
一 六二九頁中五行「圓外」，諸本作

「圓山外」。
一 六二九頁中一九行末字「鍱」，磧、普、南、徑、清作「葉」。
一 六二九頁中末行「自然有」，諸本作「自然自有」。
一 六二九頁下三行第九字「擗」，諸本無。
一 六二九頁下二一行「相著」，諸本作「相看」。
一 六三〇頁中一行第一〇字「咽」，磧、普、南作「胭」。
一 六三〇頁中一一行「食於」，磧、普、南、徑、清作「貪於」。
一 六三〇頁下二行「叉搩」，磧、普、南、徑、清作「叉磔」。
一 六三〇頁下三行「若往昔造」，諸本作「往昔所造」。
一 六三〇頁下四行第七字至五行「所造……地獄受」，諸本作「一切惡業於獄中次第而受」。
一 六三〇頁下二〇行「時中」，磧、普、南、徑、清作「中時」。
一 六三一頁上八行第一〇字「融」，徑、清作「鎔」。
一 六三一頁上一八行「起世因本經卷第一」，資作「卷第二」；磧、普、南、徑、清作「起世經卷第二」。

起世因本經卷第三　取

隋天竺沙門達摩笈多譯

地獄品中

復次諸比丘彼等地獄諸衆生輩有無量時長遠道中從彼燋渴五百由旬小地獄出出已奔走略說乃至求救護處即便詣向五百由旬膿血地獄入彼處已即為彼等生於膿血乃至咽喉已下熱沸而彼地獄諸衆生等入已東西交横行走彼等如是馳走之時燒手燒足或燒耳鼻燒耳鼻已及諸支節皆悉燒然其諸支節被燒然已諸罪人等於彼受苦嚴酷重切不可思議命既未終惡不善業又未畢盡乃至人身所造作來復次諸比丘膿血獄中有諸虫名寂猛勝住而彼諸虫為彼地獄諸衆生等作多損害或於身中先割破皮割皮破已次復割肉割肉已割筋割筋已破骨破骨已拔出於髓取而食之彼諸衆生於中乃至受嚴重苦命既未終乃至未盡惡不善業及以人身所作來者皆悉具受復次諸比丘彼膿血獄所有衆生或時飢渴彼等即以兩手掬取彼沸膿血置於口中置口中已應時燒彼衆生脣口燒脣口已燒腭燒腭已燒喉燒喉已燒胷燒胷已燒心燒心已燒腸燒腸已燒胃燒胃已直過小腸向下而出彼等衆生於彼地獄乃至受諸嚴切重苦命既未終乃至未盡惡不善業及以人身所作來者如是次第具足而受

復次諸比丘彼等地獄諸衆生輩經无量時長遠道中從於膿血五百由旬小地獄出出已馳走乃至求於救護之處向一銅釜五百由旬小地獄中入彼處已時守獄者捉彼地獄諸衆生輩擲置釜中其頭向下脚皆在上彼諸衆生於其中間以地獄火相燒煑故若沸向上即煑即熟若沸在下亦煑亦熟若在中間還即煑熟若交若横還即煑熟若為沫覆還煑還熟若見不見一切煑熟譬如世間若煑小豆若煑大豆及豌豆等置於釜內滿中著水其下然火如是湧沸湯

豆和合若來向上即煑即熟若向下去亦即煑熟若住於中亦煑亦熟若其交横亦俱煑熟若為沫覆還亦煑熟若見不見一切時熟諸比丘如是如是彼一銅釜小地獄中有守獄者取彼地獄諸衆生等令脚在上以頭向下逼擲彼等置銅釜中被地獄火之所燒逼熱沸既盛時諸罪人逐沸向上即煑即熟略說乃至若見不見亦即煑熟彼等於中受嚴切苦乃至若人非人身中所作來者如是次第於彼地獄具足而受

諸比丘彼地獄中諸衆生等經無量時長遠道中從一銅釜五百由旬小地獄出出已奔走乃至欲求救護之處向多銅釜五百由旬小地獄中入彼處已為守獄者取於彼等地獄衆生捉脚向上頭向下擲置銅釜之中而彼地獄猛火逼切若沸向上即煑即熟若沸向下亦即煑熟若在中間亦即煑熟若横若覆見與不見俱悉煑熟譬如釜中煑諸豆等為火燒逼湧沸向上亦煑亦熟略說乃至若見

不見悉皆煑熟諸比丘如是如是其多銅釜五百由旬小地獄中諸衆生輩爲守獄者取其兩脚倒竪向上捉頭向下擲銅釜中彼等於中被地獄火之所逼切若沸向上交横煑熟略説乃至見與不見悉煑悉熟

復次諸比丘彼多銅釜五百由旬小地獄中諸衆生輩爲守獄者以鐵鐅爪取彼地獄諸衆生身從釜至釜彼等從釜將至釜時體血皮肉皆悉散盡唯餘骸骨彼等於中乃至受於嚴重極苦未得命終乃至不盡彼不善業若人身中所作業者一切悉受

諸比丘彼地獄中諸衆生輩經無量時長遠道中從多銅釜五百由旬小地獄出出已馳走乃至欲求救護之處諸向磑疊五百由旬小地獄中入彼處已時守獄者即捉罪諸衆生輩仰撲置於鐵磑之上熾然光焰一向洞然仰卧中已更取別石於上壓之壓已色別復更研之研已復研作於細末作細末已復更重末審後細末別於彼處末已更研研已復研末

已復末至其審後細末之時而其支體血一邊流一邊猶有骨末存在彼等於中受審嚴苦乃至於中未得命終未盡於彼不善之業乃至人身所作來者如是次第具足而受

諸比丘彼等地獄諸衆生輩經無量時長遠道中從於磑疊五百由旬小地獄出出已馳走欲求室宅欲求歸依覆護之處諸向斛量五百由旬小地獄中入彼處已其守獄者取彼地獄諸衆生輩以熱鐵斛熾然光焰一向猛烈量其量火彼量火時燒手燒脚燒耳燒鼻燒大支節燒小支節然支節已彼等於中受極嚴苦受審痛苦壽命未終乃至未盡惡不善業不滅不沒不離不失乃至往昔所造作者若人身中所作來者如是次第具足而受

諸比丘彼等地獄諸衆生輩經無量時長遠道中從彼斛量五百由旬小地獄出出已馳走求室求覆求救求洲求歸依處遂詣向雞五百由旬小地獄中入彼處已於中生雞滿彼而

住乃至膝輪熾然光焰一向猛熱彼衆生輩行於其中步步焰熱東西馳走四向顧望無處可依大火熾然燒手燒脚燒耳燒鼻燒耳鼻已燒諸支節大小一時俱皆洞然彼等於中受極嚴苦乃至受於痛切重苦彼等於中命既未終又未盡彼不善惡業乃至若人身造作者於彼次第一切具受

諸比丘彼地獄中諸衆生等經無量時久遠長道得從彼雞小地獄出出已一向馳奔而走乃至欲求救護之處即向灰河小地獄中其獄亦廣五百由旬諸比丘罪人入已其彼灰河流注急疾波浪高湧鳴聲極震灰水沸溢彌岸盈滿於彼灰河底下分中有諸鐵剌尖利若磨於其兩岸復更別有剃刀稠林其河兩岸刀林之中復有諸狗形紫黑色垢膩可畏又其兩岸復各別有守地獄者又其兩岸各復皆生奢摩羅樹其樹有剌鐵長尖利鋒頴若磨尒時地獄諸衆生輩入彼河中欲渡彼岸當於渡時爲大波浪之所漂沒沉淪向下遂於彼中

為諸鐵刺劖刺其身刺已即往彼等
於中受極嚴苦受大重苦既浮出已
從沸灰河渡至彼岸到彼岸已即復
入彼劍刀稠林其林廣闊遊歷多時
冒涉利刀彼等於中處處經過入已
復入受大極苦或復割手或時割脚
或割手脚割耳割鼻復割耳鼻割支
割節復割支節彼等於中受嚴重苦
乃至極苦未得命終乃至未盡惡不
善業及其往昔若人身中所作來者
悉於中受復次彼灰河中兩岸所有
諸守獄者見彼受罪諸衆生輩來已
問言汝等身今欲得何物彼等衆生
即同答言我等甚飢時守獄者取彼
地獄諸衆生輩撲置地上熾然光焰
一向猛熱乃至仰卧又以鐵鉗開擽
其口持熱鐵丸著於口內應時燒彼
地獄衆生脣口燋破略說乃至從咽
喉下到於小腸直過無㝵彼等於中
受嚴切苦受極重苦命既未終乃至
未盡彼不善業及以往昔人身作者
悉皆具受

復次諸比丘又彼熱沸灰河兩岸所

有諸狗身黑紫色垢膩可畏敢彼地
獄諸衆生身從其支節所有之肉齧
齧咬食狗或作聲嗺喍嗚吠彼等於
中受嚴切苦乃至受於最極重苦未
得命終乃至未盡彼不善業及以往
昔於人身中所作來者一切具受

諸比丘彼等地獄諸衆生輩為彼湧
沸極熱灰河所逼切時又迫彼等纖
利鐵刺并劍刀林怖守獄者及避黑
紫諸垢膩狗種種急故時彼地獄諸
衆生輩即走上彼奢摩羅樹上彼樹
時其樹枝柯純是鐵刺其刺尖利頭
皆向下纖長若磨設欲下時彼等鐵
刺頭則向上纖長尖利其彼地獄諸
衆生等上彼奢摩羅樹時即有諸烏
名為鐵嘴彼烏來已啄彼地獄諸衆生
頭啄頭破已唼嗽其腦噉而食之彼
等於中受極嚴苦受痛切苦不可堪
忍即還墮落入沸灰河彼等於中還
復為大波浪所漂沒至河底到彼處
已復為鐵刺之所劖刺彼等身體既
被刺已不能復去則便住彼於中受
苦極大猛酷既不堪忍復起馳走從

灰河渡渡已還來到於此岸彼等復
入劍刀稠林入已復入而彼入時割
手割脚或割手脚乃至割截諸支節
等於中具足受極嚴苦命未終盡略
說乃至從於往昔人非人身所作來
者次第悉受

復次諸比丘其沸灰河此岸所有諸
守獄者彼等既見地獄受罪諸衆生
來來已即便遥問之言諸汝等輩何
為遠來欲得何物彼等衆生各各答
言我等渴乏時守獄者取彼衆生撲
著熱鐵熾燃地上令其仰卧既仰卧
已火焰洞起即以鐵鉗開彼等口融
赤銅汁灌其口中時彼地獄諸衆生
輩既飲銅汁既燒脣口乃至小腸直
下而出彼等於中極受嚴苦乃至壽
命未散未滅未盡於彼不善之業及
人身中所作來者悉於中受

復次諸比丘彼等地獄諸衆生輩受
於罪報經無量時長遠道中乃有風
來其此大風名為和合吹彼地獄諸
衆生等向於岸邊如是次第從沸灰
河地獄中出出已馳走乃至求於救

護之處詣向斫板五百由旬小地獄中入彼處已其守獄者取彼地獄諸衆生輩撲置熱鐵熾然地上乃至令其仰卧地已以鐵斵斤熾然猛焰極大焰赫為彼地獄諸衆生等斫手斫脚亦斫手脚斫耳斫鼻亦斫耳鼻斫支斫節亦斫支節彼等於中乃至極受嚴重之苦命既未終乃至未盡惡不善業及以人身所作來者如是次第一切具受

復次諸比丘彼等地獄諸衆生輩有無量時長遠道中從彼斫板小地獄出出已馳走乃至求室求覆求洲求歸依處求救護處向刀葉林五百由旬小地獄中入彼中已以無諸善業果報故忽起風吹從空中墮鐵刀葉林彼刀葉林為彼地獄諸衆生輩斫手斫脚亦斫手脚斫耳斫鼻亦斫耳鼻斫支斫節亦斫支節彼等於中乃至極受嚴切重苦命既未終略說如上乃至人身所作來者一切具足悉於中受

復次諸比丘彼刀葉林小地獄中以

無諸善業果報故有鐵嘴鳥忽然生出飛來向彼地獄衆生兩髆之上安立脚已即以鐵嘴啄彼罪人兩眼而去彼於尓時極受嚴切痛惱重苦命既未終略說如上乃至人身所作來者如是次第一切悉受

復次諸比丘彼地獄中諸衆生輩有無量時長遠道中從刀葉林小地獄出出已馳走欲求室宅求覆求洲求歸依處求救護處詣向狐狼五百由旬小地獄中入彼處已以諸不善業果報故於彼獄中出生狐狼嚴熾麁惡嘊喍可畏咬彼地獄諸衆生身所有之肉脚蹹口掣擘齧齧而食亦作號聲甚大震吼彼等於中乃至極受嚴重之苦命既未終略說如前人非人身所作來者如是次第皆於其中一切具受

復次諸比丘彼地獄中諸衆生輩有無量時從彼狐狼小地獄出出已馳走乃至求室求洲求覆求救護處求歸依處詣向寒氷五百由旬小地獄中入彼處已以諸不善業果報故忽

起冷風吹大盛溢嚴苦之寒觸彼地獄諸衆生身皮皆破裂皮破裂已次破裂肉破裂肉已次破裂筋破裂筋已次破裂骨破裂骨已次破裂髓破裂髓時彼等於中受極嚴苦㝡重切苦乃至不可堪忍耐故還於彼中壽命終盡此是㝡初第一極大名活地獄及餘十六諸小地獄

復次諸比丘第二黑繩大地獄者亦有十六五百由旬諸小地獄而以圍遶從黑雲沙乃至㝡後第十六寒氷地獄為一眷屬諸比丘於其中間有何因緣此大地獄名黑繩也諸比丘其彼黑繩大地獄中所有衆生生者有者出者住者以諸不善業果報故於上空中忽然出生盛大黑繩熾然猛焰一向焰熱辟如從地乃至向上於其中間有大黑雲充遍出生如是如是而彼黑繩大地獄中所有衆生以諸不善業果報故上虗空中出大黑繩熾然猛焰為彼地獄諸衆生輩墮於身上墮身上已即燒地獄諸衆生皮燒皮已燒肉燒肉已燒筋燒筋已

燒骨燒骨已徹至於髓髓出已然髓既然已復出大焰彼等於中受嚴切苦受極重苦彼以罪業命既未終乃至未盡惡不善業未滅未變未除未畢若於往昔若人非人身造作者一切悉受

復次諸比丘其彼黑繩大地獄中所有衆生生者有者住者化者以諸不善業果報故時守獄者取彼地獄諸衆生輩撲著熾然熱鐵地上乃至一向燋焰猛盛仰卧著已以熱鐵繩處處拼度既拼度已以鐵斵斤熾然赫焰乃至交擴斫彼地獄諸衆生身作於兩分或作三分四分五分乃至十分二十分或五十分或復百分譬如世間工巧木匠若木匠弟子取於諸木安地上已即用黑繩而以拼度拼度訖了以利斵斤或作二分三四五分或復十分二十分或作百分如是如是諸比丘然彼黑繩大地獄中所有衆生亦復如是其守獄者取彼衆生撲置熱鐵熾然地上乃至仰卧以鐵黑繩拼度作道即用斵斤斫破

其身作諸分段亦復如是彼等於中乃至痛切受極嚴苦命既未終又未盡彼不善諸業及以往昔人身作來一切具受

復次諸比丘而彼黑繩大地獄中所有衆生有者化者乃至住者時守獄者取彼衆生撲著熾然熱鐵地上乃至取已仰卧於地以鐵黑繩拼度其身即以鐵鋸熾然猛焰鋸彼地獄衆生身破破已復破乃至大破次復更裂裂已復裂乃至大裂或割或截既割截已復更割截或大割截譬如世間巧用鋸師若鋸解師所有弟子取於諸木安置地上即以黑繩拼度作道以利鐵鋸而鋸破之破已復破乃至大破次復更裂裂已復裂乃至大裂而復割截既割截已復更割截及大割截如是如是諸比丘其彼黑繩大地獄中所有衆生生者有者乃至住者其守獄者取彼衆生撲置熱鐵熾燃地上乃至令其仰卧地已以鐵黑繩拼度作道即以鐵鋸熾然猛焰解破其身破已復破乃至大破裂

已復裂乃至大裂割已復割乃至大割截已復截乃至大截彼等於中乃至具受極嚴重苦命既未終略說如上乃至人身所作來者於中備受

復次諸比丘而彼黑繩大地獄中諸衆生輩所有生者乃至住者其守獄者取彼衆生以熱鐵砧熾然猛焰乃至令彼自相搥打彼等打時燒手燒脚或燒手脚燒耳燒鼻或燒耳鼻燒支燒節燒諸支節彼等於中乃至受於極嚴重苦命既未終略說如上及以人身所作來者一切具受

復次諸比丘而彼黑繩大地獄中所有衆生乃至住者爲彼等故上虛空中有大黑繩出生熾燃極大猛焰乃至一向墮彼地獄衆生身上黑繩墮時絞彼地獄諸衆生身絞已復絞乃至大絞勒已復勒乃至大勒既絞勒已後復還爲風吹開解風開解時而彼地獄諸衆生輩從身剥皮既剥皮已次復剥肉既剥肉已其次抽筋乃至破骨既破骨已吹髓而去彼等尒時於其中間乃至受於極嚴重苦命

既未終略說如上未盡於彼惡不善業如是次第一切具受

復次諸比丘彼地獄中諸衆生輩有無量時長遠道中從彼黑繩大地獄出出已馳走乃至求覆求室求洲求歸依處求救護處詣黑雲沙五百由旬小地獄中入已略說乃至如上到第十六寒氷地獄入彼獄已乃至命終受種種苦

復次諸比丘衆合大地獄亦有十六諸小地獄各皆縱廣五百由旬而相圍遶從黑雲沙小地獄中乃至略說其家在後寒氷地獄諸比丘於其中間有何因緣彼大地獄名爲衆合也諸比丘而彼衆合大地獄中所有衆生生者有者出者化者乃至住者爲彼等故生於兩山名爲白羊口食熾然極猛光焰尒時彼等地獄衆生入彼山內彼等入已時彼兩山各各相磨各各相打各各相揩彼山如是合已磨已打揩各說還住本處辟如眦佉菟共囉眦佉菟（此二是鬪羊名）相合相磨相揩相打彼既相合相磨打已各還本處如是

如是諸比丘彼之二山相合相磨相揩相打着已各散還歸本處亦復如是然於彼中所有地獄諸衆生輩彼山合着揩磨打時身體一向膿血流出唯骸骨在彼等尒時乃至受於極嚴重苦命既未終略說乃至如上次第如是當知

復次諸比丘其彼衆合大地獄中所有衆生生者住者其守獄者取彼地獄諸衆生輩以大鐵石熾然猛焰乃至撲彼地獄衆生置熱地上令其仰卧彼鐵石上更取別石以覆其上如世間磑如是用磨磨已復磨大磨作末既作末已復更細磨彼等磨時更復重研研已復研大研作塵既作塵已復作細塵如是種種作塵末時一向唯見膿血流出空有骸骨塵末而在彼等於中乃至受於極重苦惱命既未終略說如上次第應知

復次諸比丘而彼衆合大地獄中所有地獄諸衆生輩生者有者乃至住者其守獄卒取彼衆生撲置熱鐵大鐵槽中其槽熾然一向猛焰擲槽中

已猶如世間壓諸甘蔗及以胡麻如是柞壓壓已復壓如是大壓彼等壓時其傍唯見膿血流出一邊唯有骸骨滓在於中乃至受大嚴苦略說如上命既未終其中受苦種種痛劇

復次諸比丘而彼衆合大地獄中所有地獄諸衆生輩生者有者乃至住者其守獄卒取彼衆生擲鐵臼中熾然猛焰乃至一向極熱鐵杵持用擣築擣已復擣乃至大擣如是又築築已復築乃至大築既擣築已復更碎末又大碎末彼等如是舂擣築碎作塵末時唯有膿血一向傍流一邊唯有骸骨末在彼等於中乃至極受嚴切重苦略說如上乃至其中命未終盡具受衆苦

復次諸比丘而彼衆合大地獄中所有地獄諸衆生輩生者有者乃至住者尒時於上虛空之中有大鐵鳥自然出生熾然猛壯乃至一向光焰赫盛爲彼地獄諸衆生輩從其頭頂乃至足趺鳥以兩脚蹹其髑髏蹹已復蹹乃至大蹹彼鳥蹹時能令彼等地

獄衆生身諸膿血一向流出一邊唯有骸骨獨在彼等於中受大嚴苦略說如上命未終盡如是次第於中具受

復次諸比丘而彼衆合大地獄中諸衆生輩經無量時長遠道中從於衆合大地獄出出已一向馳奔而走乃至求於救護之處向黑雲沙五百由旬小地獄中入已乃至寒氷地獄具受衆苦

復次諸比丘其彼叫喚大地獄中亦有十六五百由旬諸小地獄從黑雲沙乃至最後寒氷地獄諸比丘於其中間有何因緣稱彼叫喚為大地獄諸比丘而彼叫喚大地獄中諸衆生輩生者有者乃至住者其守獄卒駈彼地獄諸衆生輩令其入於諸鐵城中其城熾然熱鐵猛焰其光焰赫彼等於中乃至受於嚴重苦故衆惱逼切共相和合恒大叫喚名叫喚獄其彼獄中以鐵為屋房室輂轝皆以鐵為樓觀園池悉熱炭火熾然光耀一向洞徹駈逐彼等受罪衆生擲著於

中諸苦逼切不可忍耐即便叫喚是故名為叫喚獄也彼等於中受大嚴苦略說如上命既未終未盡彼等惡不善業如是次第具足而受諸比丘其彼地獄諸衆生輩經無量時長遠道中從彼叫喚大地獄出出已馳走略說如前乃至求於救護之處詣黑雲沙五百由旬小地獄中入已如前乃至略說其次最後寒氷地獄其中命終具受衆苦

復次諸比丘彼大叫喚大地獄中亦有十六諸小地獄以為眷屬皆悉縱廣五百由旬從黑雲沙乃至最後寒氷地獄諸比丘於彼中間有何因緣名大叫喚大地獄也諸比丘彼大叫喚大地獄中所有衆生生者住者時守獄卒取彼衆生悉皆擲置鐵屋室中熾然大熱乃至一向光焰猛壯彼等於中受極嚴苦逼切難忍衆惱和合遂大叫喚以是緣故稱彼地獄名大叫喚彼地獄中有鐵屋宇鐵房鐵輂鐵閣鐵樓其中炭火沸湧盈溢彼等於中受極重苦略說如前既未命

盡如是次第具足而受諸比丘而彼地獄諸衆生輩經無量時長遠道中從大叫喚大地獄出出已馳走乃至略說求救護處詣黑雲沙小地獄中入已乃至最後十六寒氷地獄於中命終具受衆苦

復次諸比丘其彼熱惱大地獄中亦有十六諸小地獄以為眷屬其獄各各如前縱廣五百由旬從黑雲沙乃至最後寒氷地獄諸比丘於其中間有何因緣稱彼名為熱惱大地獄諸比丘其彼熱惱大地獄中諸衆生輩生者有者乃至住者其守獄卒取彼地獄諸衆生輩擲鐵鑊中頭直向下脚皆向上熾然沸湧乃至一向熱焰湯火彼等於中被燒煑故是故名為熱惱獄也而彼獄中有諸鐵釜鐵甑鐵瓮鐵坩鐵盌鐵鏊鐵鼎並皆熾然一向猛焰彼等於中若燒若煑故名熱惱乃至受於極嚴重苦命既未終未盡彼等惡不善業如是次第一切悉受諸比丘彼地獄中諸衆生輩經无量時長遠道中從彼熱惱大地獄出

出已乃至馳奔而走欲求救護歸依之處向黑雲沙小地獄中略說乃至寒氷地獄於彼命終具受衆苦

復次諸比丘彼大熱惱大地獄中亦有十六諸小地獄各各縱廣五百由旬從黑雲沙小地獄中乃至㝡後寒氷地獄於其中間有何因緣名大熱惱大地獄也諸比丘彼大熱惱大地獄中諸衆生輩生者有者乃至住者其守獄卒取彼地獄諸衆生輩捉頭擲下以脚向上置鐵釜中熾然猛火乃至一向熱焰衝出彼等於中極受熱惱大熱惱已復大熱惱是故名為熾然㝡大熱惱獄也彼等於彼熱鐵瓮中盆中鑊中鼎中鎗中熾然熱惱極大苦切擲著中已彼等於中為地獄火若燒若煮若炙若煎受諸苦惱惱已復惱以是故名㝡熾猛熱極惱獄也彼等於中受劇苦惱略說如前乃至命終如是次第於中受苦諸比丘彼地獄中諸衆生輩經無量時長遠道中從彼熾熱極大劇惱地獄出已馳奔而走乃至略說欲求救護歸依

起世因本經卷第三　第十二張　取

之處詣黑雲沙小地獄中乃至㝡後寒氷地獄命既未終受諸苦惱次第如前

復次諸比丘彼阿毗脂大地獄中亦有十六諸小地獄而為眷屬以自圍遶其獄各廣五百由旬初黑雲沙乃至㝡後寒氷地獄諸比丘於彼中間有何因緣名阿毗脂大地獄也諸比丘其阿毗脂大地獄中諸衆生輩生者有者出者住者彼等衆生以惡不善業果報故彼守獄者自然出生各各以手取彼地獄諸衆生身撲著熱鐵熾然地上火焰直上一向猛壯覆面撲已即持利刀從其脚踝抽拔出筋乃至頭髮皆相連挽貫徹心髓痛苦難論如是拔已然後令駕鐵車而行熾然光焰一向猛熱將其經歷無量由旬鐵地而過所行之處純是洞然熱鐵險道去已復去隨彼心意無暫時停欲向何處稱意便去隨所去處隨所到處彼等如是將彼去時欲將去時意欲去時即消彼等身諸肉血無復遺餘以是因緣受嚴切苦極重

起世因本經卷第三　第十三張　取

劇苦意不憙苦命既未終乃至未盡惡不善業未滅未散未變未移者於往昔人非人身所作來者一切悉受

復次諸比丘彼阿毗脂大地獄中諸衆生輩生者有者化者住者以惡不善業果報故從於東方有大火聚忽尒出生熾然赤色極大猛焰一向洞赤如是次第南方西方及北方等諸方各各皆有極大火聚出生熾然光焰悉皆猛赤彼等於中以此四方四大火聚之所圍遶漸漸逼近共相和合令諸衆生受諸痛苦乃至受彼大嚴切苦命既未終略說如上於彼獄中一切具受

起世因本經卷第三　七

甲辰歲高麗國大藏都監奉
勅彫造

起世因本經卷第三　第十四張　取

起世因本經卷第三

校勘記

一　底本，麗藏本。
一　六三四頁上一行經名，磧、南、徑、清同上卷。
一　六三四頁上二行譯者，資同上卷；磧、普、南、徑、清作「隋三藏法師闍那崛多等譯」。
一　六三四頁上三行「地獄品中」，諸本作「地獄品第四之二」。
一　六三四頁上一二行「支節」，磧、普、徑作「肢節」。
一　六三四頁上一六行「膿血獄」，資、磧、普、南、徑作「膿血地獄」。
一　六三四頁上一八行「皮破」，徑、清作「破皮」。
一　六三四頁中一行「膿血獄」，諸本作「膿血地獄」。
一　六三五頁上一二行首字「重」，諸本作「切」。
一　六三五頁上二二行第三字「末」，資作「抹」；磧、普、南作「粖」，下同。
一　六三五頁下二行「焰熱」，諸本作「蹈熱」。
一　六三五頁下三行末字「燒」，資作「熾」。
一　六三五頁下二一行「鋒頴」，諸本作「鋒頭」。
一　六三六頁上一四行「益言」，諸本作「答言」。
一　六三六頁上一六行末字「搮」，徑作「磔」。
一　六三六頁中八行末字「纖」，磧、普、南、徑、清作「銛」。
一　六三六頁下一三行末字「融」，諸本作「鎔」。
一　六三六頁下一五行「既燒」，資、磧、南、徑作「即燒」。
一　六三七頁上一二行「斫板」，資作「破板」。
一　六三七頁上二一行末字至二二行「悉於中受」，諸本作「於中受之」。
一　六三八頁上一二行末字「赫」，資作「赤」。
一　六三八頁中一八行首字「及」，諸本作「乃」。同行「如是如是」，資、磧、普、南、徑作「如是」。
一　六三八頁中一八行及次頁中八行「其彼」，南作「其被」。
一　六三八頁中二一行「令其」，資作「今其」。
一　六三八頁下三行「具受」，南作「真受」。
一　六三八頁下一九行「後復」，諸本作「次復」。
一　六三九頁中一四行首字「末」，資、磧作「粖」。以下時有出現，不出校。
一　六三九頁下二行「柞壓」，資作「笮壓」；磧、普、南、徑、清作「醡壓」。
一　六三九頁下一三行「唯有」，資、磧、普、徑、清作「唯見」。
一　六四〇頁下一七行「有諸」，諸本作「有熾」。
一　六四〇頁下一八行第五字「盥」，資作「與」；磧、普、南、徑、清作

「罐」。

一　六四〇頁下二二行「北丘」，資、磧、普、南、徑作「比丘」。

一　六四一頁中四行第九字「脂」，資作「脜」。

一　六四一頁中一五行「頭髮」，諸本作「頭後」。

一　六四一頁下七行第六字及八行首字、一〇行第五字「赤」，資、磧、普、南、徑作「赫」。其中一〇行第五字，清同。

一　六四一頁下七行「極大」，磧作「極火」。

一　六四一頁下一五行「起世因本經」，磧、普、徑、清作「起世經」。

起世經卷第四　澄

三藏法師闍那崛多達摩笈多等譯

地獄品下

復次諸比丘彼阿毗脂大地獄中諸衆生輩生者有者乃至住者以惡不善業果報故從於東壁光焰出已直射西壁到已而住從於西壁光焰出已直射東壁到已而住從於南壁光焰出已直射北壁從於北壁光焰出已直射南壁從下向上自上射下縱横交接上下衝射熱光赫焰騰沸相激彼等於中以此六種大猛火聚擲諸衆生以著其中乃至受於極嚴切苦命既未終乃至略說彼不善業未畢未盡於其中間具足而受

復次諸比丘彼阿毗脂大地獄中諸衆生輩生者有者乃至住者以惡不善業果報故經無量時長遠道中見獄東門忽然自開是時彼獄諸衆生輩以見聞彼開門聲故走向彼處走已復走大速疾走我等今者至於彼處決應得脱我等今者達到彼處應當大吉彼等衆生如是走時走復走時速疾走時其身轉更熾燃光焰辟如世間有力壯夫將大火炬逆風而走而彼火炬更復轉然焰熾猛盛如是如是彼等走時走已復走如是走時身諸支節轉復熾然舉足之時肉血離散下足之時其肉還生又復彼等如是奔走欲近門時為彼等故門自然閉衆生尒時於彼獄中熱鐵地上熾然光焰一向悶絶覆面而蹈彼等於中既覆蹈已即燒其皮燒皮已次燒肉燒肉已燒筋燒筋已燒骨燒骨已至髓髓出已即時烟出烟出已復出烟大出烟彼等於中乃至次第受極嚴苦命既未終略說如前未盡彼惡不善之業乃至往昔人非人身所作来者於中具受

復次諸比丘彼阿毗脂大地獄中諸衆生輩生者有者乃至住者以諸不善業果報故經無量時長遠道中是時彼獄南門西門乃至北門還如是開時彼地獄諸衆生輩聞彼開聲向門而走走已復走乃至大走作如是

念我等今者當於此處必應得脫我等於今定當脫了彼等如是大馳走時其身轉復熾然猛烈辟如壯夫手中執持大乾草炬逆風而走彼炬既然轉復熾盛如是如是彼等衆生走已復走乃至大走作是走時彼等身分轉更熾然舉擲足時肉血俱散欲下足時肉血還生及到門時彼門還閉彼等於中熱鐵地上熾燃焰盛専一向走既不得出其心悶乱覆面倒地彼等於中既倒地已即燒身皮既燒皮已次燒其肉既燒肉已復燒於骨乃至徹髓洞然烟出其烟熢㶿復出赫光烟焰相雜熱惱復倍彼等於中受極嚴苦略說如前乃至壽命未得終盡惡不善業未滅未離未變未散乃至徃昔若人非人身造作者一一切悉受

復次諸比丘彼阿毗脂大地獄中所有衆生乃至住者以諸不善業果報故為彼地獄火所燒時眼所見色皆是意中所不憙色有意憙者而不現前非意所好非是好者不愛之色不

善之色而恒逼惱耳所聞聲鼻所聞香舌所取味身所覺觸意所念法皆是意中所不意法若非意憙非可愛法而來見前凡有境界皆是不善彼等於中以是因緣恒受極重苦惱嚴盈其色惡故其觸亦然乃至壽命未得終盡惡不善業未没未滅若於徃昔人非人身造作一切諸惡業者悉皆具受

復次諸比丘更何因緣彼阿毗脂大地獄者稱阿毗脂大地獄也諸比丘其阿毗脂大地獄中於一切時無有須臾得暫受樂乃至如一彈指頃時是故稱彼大地獄者為阿毗脂也如是次第具足受苦諸比丘彼大地獄諸衆生輩經無量時長遠道中乃至從彼阿毗脂中大地獄出出已馳走走已復走乃至大走欲求屋宅求覆求洲求歸依處求救護處諸黒雲沙五百由旬小地獄中入已乃至略說衆後到第十六寒氷地獄具受衆苦彼處命終此中世尊說如是偈

若人身口意造業　作已向於惡道中

如是當生活地獄　其中可畏毛竪處
經歷無數千億年　死已須臾還復活
悉鬭各各相報對　此由衆生更相殺
若於父母起惡心　或佛菩薩聲聞衆
此等皆當墮黒繩　彼處受苦極嚴劇
教他正行令邪曲　見人友善必破壞
彼等皆墮黒繩獄　兩舌惡口多妄語
樂作三種重惡業　不修三種善根牙
此癡人輩墮合獄　彼等於中久受苦
或害羊馬及諸牛　種種雜獸雞猪等
并殺諸餘虫蟻類　彼等墮於合獄中
世間怖畏相多種　以此逼切惱人故
彼墮磓山等獄中　廹押臼杵舂擣苦
貪欲恚癡惡使故　迴轉正理令別異
判是作非非法律　彼為刀劍輪所傷
若倚强勢劫奪他　有力無力皆悉取
故作如是諸逼切　彼為鐵烏所蹴蹹
若樂殺害諸衆生　身手血塗心嚴惡
常行如是不淨業　彼等當生叫喚中
諸種觸惱衆生故　於叫喚獄多被責
彼中復有大叫喚　此由諂曲奸猾心
諸見稠林所覆蔽　愛網羅罥所沉淪
常行如是最下業　彼則墮於大叫喚

若至此大叫喚中　熾然鐵城毛豎處
其中鐵堂及鐵屋　所來入者悉燒然
若作世間諸事中　多諸惱亂衆生者
彼等當生熱惱獄　受諸熱惱無量時
世間沙門婆羅門　父母尊長諸耆舊
若恒觸惱令不憙　彼等皆墮熱惱中
生天淨業不樂修　所愛至親常遠離
如是之事憙作者　彼皆當入熱惱獄
惡向沙門婆羅門　并諸善人父母等
或復害於其餘尊　墮熱惱中常被煑
恒多造作諸惡業　不曾發起一善心
如是人向阿毗脂　當受無量衆苦惱
若說正法為非法　說諸非法為正法
既無增益於善者　彼等皆當入阿毗
活及黑繩此兩獄　合會叫喚三為五
熱惱大熱共成七　其阿毗脂為第八
此等八是大地獄　嚴熾苦切難忍受
惡業之人所作故　其中小獄有十六

尒時世尊說此偈已告諸比丘作如是言汝諸比丘今應當知彼之世界於兩中間別更復有十地獄住何等為十所謂頞浮陀地獄泥囉浮陀地獄阿浮地獄呼呼婆地獄阿吒吒地獄搔揵提迦地獄優鉢羅地獄波頭摩地獄奔茶利地獄究牟陀地獄諸比丘於彼中間有如是等十種地獄諸比丘何因何緣其頞浮陀地獄名為頞浮陀也諸比丘彼頞浮陀地獄之中諸衆生輩有得如是色身形體譬如泡沫是故名為頞浮陀也復更於中有何因緣其泥囉浮陀名為泥囉浮陀也諸比丘彼泥囉浮陀地獄之中諸衆生輩有得如是色身形體譬如肉片是故名為泥囉浮陀也又復於中何因何緣其阿呼地獄名為阿呼也諸比丘彼阿呼大地獄中諸衆生輩受於嚴苦逼切之時叫喚唱言阿呼阿呼甚大苦也是故名為阿呼呼也又復於中何因何緣其呼呼婆名為呼呼婆也諸比丘彼呼呼婆地獄之中諸衆生輩為彼地獄極苦所逼切時叫喚唱言呼呼婆是故名為呼呼婆也又復於中何因何緣其阿吒吒地獄名為阿吒吒也諸比丘彼阿吒吒地獄之中諸衆生輩以極苦惱憂逼切時稱叫喚言阿吒吒亦

不能自口中出舌是故名為阿吒吒也又復於中何因何緣其搔揵提迦名為搔揵提迦也諸比丘彼搔揵提迦地獄之中火如是色譬如搔揵提迦華是故名為搔揵提迦也又復於中何因何緣其優鉢羅名為優鉢羅也諸比丘彼優鉢羅地獄之中火如是色譬如優鉢羅華是故名為優鉢羅也又復於中何因何緣其究牟陀名為究牟陀也諸比丘彼究牟陀地獄之中火有是色譬如究牟陀華是故名為究牟陀也又復於中何因何緣其奔茶梨迦名為奔茶梨迦也諸比丘彼奔茶梨迦地獄之中火有是色譬如奔茶梨迦華是故名為奔茶梨迦也又復於中何因何緣其波頭摩名為波頭摩也諸比丘彼波頭摩地獄之中火有是色譬如波頭摩華是故名為波頭摩也

諸比丘譬如憍薩羅國中二十佉羅迦（佉羅迦者隋言二十斛）烏麻高滿不緊令平而於彼中有一丈夫滿一百年取一烏麻如是次第滿百年已復取一粒烏

麻擲出諸比丘擲彼憍薩羅滿二十
佉囉迦烏麻盡已如是時節我說其
一頞浮陁壽猶未畢盡且以此數略而
計之如是二十頞浮陁壽為一泥囉
浮陁二十泥囉浮陁為一阿呼二十
阿呼為一呼呼婆二十呼呼婆為一
阿吒吒二十阿吒吒為一搔揵提迦
二十搔揵提迦為一優鉢羅二十優
鉢羅為一究牟陁二十究牟陁為一
奔茶梨迦二十奔茶梨迦為一波頭
摩二十波頭摩為一中劫
諸比丘其波頭摩地獄處所若衆生
輩離彼一百踰闍那住（踰闍那者隋數四十里也）為
彼獄火光焰所燒若離五十踰闍那
住諸衆生輩皆盲無眼若離二十五踰
闍那住諸衆生輩身之肉血自然破散
諸比丘其瞿迦梨比丘為於舍利弗
及目揵連邊起誹謗心濁惡心已死
後即生彼波頭摩地獄之中生彼處
已從口生焰出長十肘（肘長二尺）於其舌
上自然而有五百具犁恒常耕之諸
比丘我於餘處未曾見有如是色類
而自損害所謂於諸梵行人邊心生

垢濁自損故惡心故不利益心故無
慈心故無淨心故諸比丘是故汝等
應須於彼諸梵行邊當起於慈身口
意業如我所見晝夜起慈身口意者
常受安樂是故汝等諸比丘輩皆當
如我所見所說汝應晝夜常起慈心
汝等應當如是習學尒時世尊說此
伽陁

世間人輩當生時　舌頭自然出斤斧
所謂口中說惡故　還自損害割其身
應讃嘆者不稱譽　合毀辱人反談美
如是名為口中諍　以此諍故無樂受
若人博戲得資財　此是世間少言諍
清淨行邊起濁心　是名口中大鬬諍
如是三十六百千　泥囉浮陁地獄數
及五頞浮陁地獄　墮彼波頭摩獄中
以毀聖人致如是　緣口意業作惡故

諸比丘彼界中間復有諸風名曰熱
惱諸比丘彼等諸風若來到此四世
界中而此四洲世界所有諸衆生輩
生者住者彼皆一切皆散皆滅皆壞
皆無辟如草荻若被刈已不得水時
乾壞無有如是如是諸比丘彼界中

間所有諸風名熱惱者彼等若來此
四界時此四洲界所有衆生一時皆
悉乾壞無有彼等以此內輪圓山大
輪圓山二山所障是故彼風不來到
此諸比丘彼輪圓山大輪圓山能作
如是寂大利益為此四洲四世界中
諸衆生等作依業故
復次諸比丘又於彼處世界中間有
諸風吹地獄燒煑衆生身肉脂髓臭
穢熢㶴氣響種種不淨諸比丘彼風
若來到此四洲世界中時尒時四洲
世界之中所有衆生乃至住者彼等
皆盲無復眼目以其氣惡臭處猛故
然彼輪圓及大輪圓二山障㝵以障
㝵故不來於此諸比丘彼內輪圓及
大輪圓二山能為此四洲界諸衆生
等造作如是寂大利益成諸衆生依
止業故
復次諸比丘又彼界中更有大風名
僧伽多（僧伽多者隋言合會）諸比丘彼風若來此
世界中則四大洲及諸八万四千小
洲并餘大山及須弥留山王悉能舉
舉去地令高一俱盧舍（四肘名一弓千弓名一俱盧舍）舉

巳能令分散破壞乃至二三四五六
七俱盧舍地旣擎舉巳悉能令其星
散破壞乃至高一踰闍那地擎舉星
散破壞如前如是二三四五六七踰
闍那地擎舉破壞悉令分散乃至一
百踰闍那地旣擎舉巳分散破壞及
二三四五六七百踰闍那地擎舉巳
碎分散破壞亦復如前乃至一千踰
闍那地旣擎舉巳塵散破壞及二三
四五六七千踰闍那地悉擎舉巳分
散破壞諸比丘譬如壯健有力丈夫
以手搦取麦麨一把高擎舉巳於虛
空中粉末分散悉令碎壞如是如是
諸比丘彼世界中最大極吹僧伽多
風若来到此四洲界中尒時此界四
方大洲并及八万四千小洲餘諸大
山及須弥留山王擎舉高一俱盧舍
地分散破壞略說如前乃至七千踰
闍那地旣擎舉巳塵散破壞諸比丘
但以得彼内輪圓山大輪圓山二山
障㝵以障㝵故不来於此諸比丘彼
内輪圓大輪圓山二山威德有如是
力能大利益為此四洲四世界中諸

起世經卷第四　第十二張

衆生等作依業故
復次諸比丘於彼世界中閒之外閻
浮洲南有閻摩王宫殿住處縱廣六
千踰闍那地七重墻壁七重欄楯七
重鈴網其外七重多羅行樹周匝圍
遶雜色可觀七寶所成所謂金銀瑠
璃頗致迦赤真珠車璖馬瑙等七
寶之所成就於彼四方各有諸門彼
等諸門皆有却敵樓櫓臺殿園苑華
池其諸華池及園苑内有種種樹其
樹各有種種衆菓及種種花與種種
果弥滿遍布種種香熏種種衆鳥各
各自鳴復次諸比丘別有一時及三
摩耶其閻摩王以惡不善業果報故
於夜三時晝三時閒自然而有赤融
銅汁在前出生當如此時其王宫殿
即變為鐵於先所有五欲功德在目
前者皆沒不現若在宫内即於宫内
如是出生時閻摩王見此事巳怖畏
不安諸毛皆竪即便出外若在宫外
即復於外如是出生時閻摩王心生
怖畏戰動不安身有諸毛一時皆竪
即走入内時守獄者取閻摩王即便

起世經卷第四　第十三張　字号

撲著熱鐵地上熾燃猛焰一向光焰
撲仰卧巳即以鐵鉗用開其口以洋
銅汁置於口中時閻摩王即燒脣口
燒脣口巳次燒於舌旣燒舌巳即燒
咽喉燒咽喉巳即燒大腸及小腸等
次第燋然從下而出即於彼時及三
摩耶其閻摩王作如是念所有衆生
以其往昔身作惡行口作惡行意惡
行者彼等皆受如是種種形色苦惱
心不憙處譬如地獄諸衆生輩我今
亦然并及餘者若共閻摩王同作善
衆生之輩嗚呼願我從此捨身死巳
隨和合中共於人閒相逢受生尒時
我於如来教法中當得信解尒時我
於彼處當得信解具足巳剃除鬚髮
著袈裟衣正得信解從家出家我於
尒時出家巳和合不久若善家子為
何事故正得信解從家出家即彼無
上梵行盡處現見法中自得通證作
具足巳願我當行我今巳盡生死巳
立梵行應所作者皆作辦訖更不復
於後世受生
諸比丘其閻摩王或復有時發如是

起世經卷第四　第十四張　字号

等求習善念於彼時中其閻摩王所住宮殿還成七寶種種出生及天五欲功德現前悉皆具足當於彼時其閻摩王復作是念所有一切諸衆生輩以身善行口意善行願於彼等各各皆受如是安樂辟如空住諸夜叉輩如我今者自餘閻摩王所有同業業衆生者

諸比丘世間凡有三種天使何等為三所謂衰老及病死也諸比丘有一種人以自放逸身行惡行及其口意行於惡行而其彼人身口及意行惡行已彼因緣故身壞命終向於惡趣生地獄中其守獄者驅彼衆生即時將向閻摩王邊白言天王此之丈夫昔在人中縱逸自在不善和合恣身口意行於惡行然此以其身及口意行惡行已今來生此是故天王善好教示善好訶責

時閻摩王問彼丈夫汝善丈夫昔在人間第一天使善好教示善好訶責汝豈不見彼之天使出現生耶彼荅言天我實不見時閻摩王復更告言

丈夫汝豈不見往昔世間有人身時或作婦女或作丈夫衰老相現摩訶羅時齒缺髮白皮膚緩皺黶子遍滿狀如烏麻傴僂背曲跛跂而行步不依身恒常偏側頸皮寬緩如牛咽垂脣口乾枯喉舌燥澀身體屈折氣力綿微喘息作聲猶如挽鋸向前欲倒倚杖而行既離盛年肉血消盡羸瘦趣向未來世路舉動尫弱失壯時形乃至身心恒常戰慄其諸支節一切悉皆疲解已不彼人荅言天我實見之

時閻摩王復更告言汝愚丈夫無有智慧汝昔既見如是相貌云何不作如是思念我今身上亦有是法亦有是事我今亦未離如是法我今具有如是老法既未得離我今應當為身口意亦可造作微妙善業使我當有長夜利益安樂報也時彼丈夫即荅言天我實不作如是思念何以故以心縱蕩行放逸故時閻摩王又更告言愚癡丈夫若如是者汝自懈怠行放逸故不修身口及意善業以是因

緣汝當長夜得大苦惱無有安樂是故汝當具足受此放逸行罪當得如是惡業果報如彼放逸丈夫受者又汝丈夫此之苦報惡行業者非汝母作非汝父作非汝兄弟作非姊妹作非國王作非諸天作亦非往昔先人所作是汝丈夫自於身中作此惡業今自聚集汝還自當受此報也

尒時彼世閻摩羅王具以如是第一天使善好教示訶責彼已復更次以第二天使善好教示訶責告言丈夫汝豈不見第二天使世間出也彼荅言天我實不見王復告言丈夫汝豈不見往昔世間作人身時四大和合一旦乖違若婦女身若丈夫體患苦困篤或在小牀或大牀上以自屎尿汙穢於身宛轉糞中不得自在卧起行坐皆人扶持或人洗拭或人抱出或有與飲或復與食彼人荅言天我實見之王復告言丈夫汝見如是若巧智者云何不作如是思念我今亦有如是之法我今亦有如是之事我亦未離如是患法我亦自有如是

起世經卷第四　第十八張　澄字号

患事既未免脫應自覺知我今亦可作諸善業若身若口若意善業為我當來長夜作於大利益所大安樂處彼人荅言天我實不作如是思念以懈怠心行放逸故王復告言丈夫汝今既是行放逸者懶惰懈怠不作善業若身若口若意善業汝何能得長夜利益及安樂報是故汝當修行善事若行放逸隨放逸故汝此惡業非父母作非兄弟作非姉妹作非王非天亦非往昔先人所作非諸沙門及婆羅門等之所造作此之惡業汝既自作汝還自受此果報也

時閻摩王依次以此第二天使善好教示訶責彼已依次更以第三天使教示訶責彼丈夫言汝愚丈夫汝在人間作人身時豈可不見第三天使世間出生彼荅言天我實不見

時閻摩王復告彼言汝丈夫豈可不見彼世間時若復婦女若有丈夫隨時命終安置牀上將向於外以雜色衣而覆其上又作種種斗帳軒蓋而普周匝為諸眷屬之所圍遶絕諸瓔

起世經卷第四　第十九張　澄字号

珞舉手散髮或將灰土以坌頭上叫極悲惱號咷哭泣或言嗚呼或言多多或言養育舉聲大叫搥胷哀慟種種語言酸切哽楚汝悉見不彼丈夫言天我實見之

時閻摩王復告彼言丈夫汝昔既見如此之事何不自作如是思念我今亦有如是之法我身亦有如是之事我既未脫如是之事我亦有死亦有死法未得免離我今亦可作諸善業若身若口若意善業為我長夜作大利益作安樂故時彼丈夫即荅天言我實不作何以故以放逸故時閻摩王復告彼言丈夫汝今既是放逸行者以放逸故不作善業亦不聚集其餘諸善謂身口意為汝長夜作於利益當作安樂是故汝今有如是事依放逸行以放逸故汝自招此惡不善業汝此惡業非父母作非兄弟作非姉妹作非王非天亦非往昔先人所作又非沙門婆羅門作丈夫汝此惡業是汝自作自聚集故得此果報汝還自受時閻摩王具足以此第三

起世經卷第四　第二十張　澄字号

天使教示訶責勑彼丈夫言語訖已即棄捨之時守獄者種種取彼丈夫手擗以頭向下持足向上即擲置於諸地獄中世尊尒時說伽他言

衆生造作惡業已　死後墮於惡趣中
時閻摩王見彼來　以悲愍心而訶責
汝昔在於人間時　可不見於老病死
此是天使來告示　云何放逸不覺知
縱身口意滌諸塵　不行施戒自調伏
如此云何名有識　而不遺作利益因
尒時如法閻摩王　作是訶責罪人已
彼即喘息心恐怖　戰懼便作如是言
以我昔共惡朋友　聞善意中不憙作
貪欲瞋恚所纏覆　不作自利故損身
汝既不脩衆善因　唯造種種諸惡業
愚癡今日當得果　彼業受來地獄中
如此一切諸惡業　非父非是母所作
亦非沙門婆羅門　非是國王非諸天
此直是汝自造作　諸惡業子不淨故
自既作此諸惡業　今當分受此惡果
彼王以是三天使　次第訶責罰者已
閻摩羅王於彼時　棄捨諸罪衆生去
時閻摩世所住者　即便取彼丈夫輩

牽將向於地獄中　極大可畏毛竪處
四邊相向有四門　四方四維皆整頓
諸院垣牆皆是鐵　用鐵周匝以為欄
熾然猛熱鐵為地　光焰嚴熾烟火合
遥見可畏心已驚　嚴熾焰赫難可向
猶如一百由旬內　大火熾然悉弥滿
其中所燒衆生輩　皆由往昔作惡因
被於天使之所訶　而心放逸無覺察
彼等即今長夜悔　皆由往昔下劣心
所有智慧諸人等　若見天使來開導
應當精勤莫放逸　諸聖法王善巧說
既見聞已須恐怖　諸有生死窮盡處
一切無過於涅槃　種種患盡無有餘
至彼安隱則快樂　如是見法得寂滅
所謂諸怨皆已度　自然清淨得涅槃

起世經卷第四

起世經卷第四　校勘記

一　底本，金藏廣勝寺本。
一　六四四頁中一行及卷末經名，麗作「起世因本經」。
一　六四四頁中二行譯者，磧、普、南、徑、清同上卷；麗作「隋天竺沙門達摩笈多譯」。
一　六四四頁中三行「地獄品下」，磧、普、南、徑、清作「地獄品第四之三」。
一　六四四頁下三行第八字「將」，磧、普、南、徑、清作「持」。
一　六四五頁上二行「脱了」，磧、普、南、徑、清作「訖了」。
一　六四五頁上一四行「赫光」，麗作「赤光」。
一　六四五頁上一八行首字「一」，磧、南、徑、清、麗無。
一　六四五頁中四行「見前」，磧、普、南、徑、清、麗作「現前」。
一　六四五頁中一四行第一三字「也」，磧、普、南、徑、清無。
一　六四五頁中一五行「具足」，磧、普作「具定」。
一　六四五頁下八行「根牙」，磧、普、徑、清、麗作「根茅」。
一　六四五頁下一九行「當生」，磧、普、徑作「常生」。
一　六四六頁上末行「阿浮」，磧、普、南、徑、清作「阿呼」。
一　六四六頁中八行「泥囉浮陁」，徑、清作「泥囉浮陀地獄」。
一　六四六頁中一五行末字至一六行首二字「阿呼呼」，磧、普、南作「阿呼阿呼」；徑、清作「阿呼」。
一　六四六頁中一六行末二字至一七行首字「呼呼婆」，徑、清作「呼呼婆地獄」。
一　六四六頁下二行「搔揵提迦」，徑、清作「搔揵提迦地獄」。
一　六四六頁下六行第七至第九字「優鉢羅」，徑、清作「優鉢羅地獄」。

一 六四六頁下九行「究牟陁」，徑、清作「究牟陀地獄」。

一 六四六頁下一三行第二至第五字「奔荼梨迦」，徑、清作「奔荼梨迦地獄」。

一 六四六頁下一六行「波頭摩」，徑、清作「波頭摩地獄」。

一 六四六頁下一七行「彼頭」，磧、普、南、徑、清、麗作「波頭」。

一 六四七頁上八行首字「二」，磧、普作「一」。

一 六四七頁上一三行夾註右第五字「隋」，磧、普、南作「隋言」；徑、清作「此言」。

一 六四七頁上一五行第一〇字「若」，磧、普、徑、清無。

一 六四七頁下一〇行「氣響」，磧、普、南、徑、清作「之氣」。

一 六四八頁上一三行「粉未」，磧、普、南、徑、麗作「粉秣」。

一 六四八頁上一九行「擎舉」，磧、徑作「舉擎」。

一 六四八頁中一五行「赤融」，磧、普、南、徑、清作「赤鎔」。

一 六四八頁下八行第六字「作」，普無。

一 六四九頁中三行「緩皴靨子」，磧、普、南、徑、清作「赧皴黶子」。

一 六四九頁中四行「跛跂」，清作「跛跛」。

一 六四九頁中一〇行「戰慄」，磧、南、徑、清作「顫慄」。

一 六四九頁中一一行「疲解」，磧、普、徑作「疲懈」。

一 六四九頁下五行第七字「汝」，磧、普、南、徑、清、麗無。

一 六五〇頁上一九行「汝丈夫」，磧、普、徑、清作「汝愚丈夫」；南作「丈夫」。

一 六五〇頁上二二行「軒盖」，磧、普、南、徑、清作「幰盖」。

一 六五〇頁下一三行「用友」，磧、普、徑作「朋友」。

一 六五〇頁下二一行「罰者」，磧、普、南、徑、清、麗作「罪者」。

一 六五一頁上四行第七字「地」，磧、普、南、徑、清作「城」。

起世經卷第五　　澄

三藏法師闍那崛多達摩笈多等譯

諸龍金翅鳥品第五

復次諸比丘一切諸龍有四種生何
等為四一者卵生二者胎生三者濕
生四者化生如此名為四種生龍諸
比丘其金翅鳥亦四種生所謂卵生
胎生濕生及以化生此等名為彼金
翅鳥有四種生諸比丘大海水底有
娑伽羅龍王宮殿縱廣正等八万由
旬七重垣牆七重欄楯周匝莊嚴七
重寶鈴閒錯珠網復有七重多羅行
樹扶疏蔭映之所圍繞妙色可觀眾
寶莊挍所謂金銀琉璃頗梨赤真珠
車磲馬瑙等七寶所成於彼四方各
有諸門而彼諸門有諸重閣樓觀却
敵有諸園苑及以泉池地與池中各
各皆有眾雜花草行伍相當復有諸
樹種種葉華種種眾果種種香熏種
種諸鳥各各自鳴
諸比丘彼須弥留山佉低羅山二山
中間有於難陁優波難陁二大龍王

起世經卷第五　第二張　澄字号

宮殿住處其處縱廣六千由旬七重
垣牆七重欄楯略說如前乃至眾鳥
各各自鳴諸比丘其大海北為諸龍
王及諸一切金翅鳥王有一大樹其
樹名曰居吒奢摩離（隋言鵄聚）彼之大樹
其本周圍有七由旬其下入地二十
由旬其上出高一百由旬枝葉遍覆
五十由旬其院縱廣五百由旬七重
牆壍略說如前乃至眾鳥各各自鳴
諸比丘彼居吒奢摩離大樹東面有
卵生龍及卵生金翅鳥諸宮殿住宮
各縱廣六百由旬七重垣牆略說如
上乃至眾鳥各各自鳴其居吒奢摩
離大樹南面有胎生龍及胎生金翅
鳥諸宮殿住亦各縱廣六百由旬七
重垣牆略說如前乃至眾鳥各各自
鳴其居吒奢摩離大樹西面有濕生
龍及濕生金翅鳥諸宮殿住亦各縱
廣六百由旬七重垣牆略說如前乃
至眾鳥各各自鳴其居吒奢摩離大
樹北面有化生龍及化生金翅鳥諸
宮殿住亦各縱廣六百由旬七重垣
牆略說如前乃至眾鳥各各自鳴

諸比丘其彼卵生金翅鳥王欲得搏取卵生龍時於是即飛向居吒奢摩離大樹東面枝上下觀海已便以兩翅飛扇大海水為之開二百由旬海水開已即便銜取卵生龍出隨其所用隨其所食諸比丘其諸卵生金翅鳥王唯能取得卵生龍食隨其所用則不能取胎生之龍及濕生龍化生龍等

諸比丘其諸胎生金翅鳥王若欲得取卵生龍者即時飛向彼居吒奢摩離大樹東枝之上下觀大海即以兩翅飛扇大海水為之開二百由旬因而銜取卵生龍出隨其所食又復胎生金翅鳥王若欲搏取胎生龍者即便飛向彼居吒奢摩離大樹南枝上下觀大海即以兩翅飛扇大海水為之開四百由旬遂便銜取胎生龍出隨其食用諸比丘其諸胎生金翅鳥王唯能取得卵生諸龍及胎生龍隨其所用則不能得濕生諸龍化生龍等

諸比丘其諸濕生金翅鳥王若欲得取卵生龍時尒時飛上彼居吒奢摩

離大樹東枝上以翅飛扇大海水為之開二百由旬開已銜取卵生龍用隨其所食又復濕生金翅之鳥若欲得取胎生龍時即便飛向彼居吒奢為之開四百由旬開已銜取胎生龍食隨其所用又復濕生金翅之鳥若欲得取濕生龍者尒時飛向彼居吒奢摩離大樹西枝上以翅飛扇大海水為之開八百由旬即便銜取濕生龍用隨其所食諸比丘其諸濕生金翅之鳥唯能得取卵生諸龍胎生之龍濕生龍等隨其所用隨其所食唯不能得化生諸龍

諸比丘其諸化生金翅之鳥若其欲得取卵生龍尒時飛向彼居吒奢摩離大樹東枝上以翅飛扇大海水為之開二百由旬即便銜取卵生龍食隨其所用又復化生金翅之鳥若欲搏取胎生龍時即便飛向彼居吒奢摩離大樹南枝上以翅飛扇大海水為之開四百由旬時彼化生金翅之鳥即便銜取胎生龍食隨其所用又

復化生金翅之鳥若欲得取濕生龍時即便飛向彼居吒奢摩離大樹西枝上以翅飛扇大海水為之開八百由旬即時銜取濕生龍食隨其所用又復化生金翅鳥王若欲得取化生龍者尒時即飛向彼居吒奢摩離大樹北面枝上下觀於海便以兩翅飛扇大海水為之開一千六百由旬即便銜取化生龍食隨其所用諸比丘此等諸龍悉皆為彼金翅之鳥所取食噉

諸比丘別有諸龍彼金翅鳥不能取得所謂娑伽羅龍王不曾為彼金翅鳥王之所驚動又有難陁龍王優波難陁龍王此二龍王等亦不為彼金翅鳥取又復提頭賴吒龍王阿那婆達多龍王等亦不為彼金翅鳥王之所撮取諸比丘復有自餘諸龍王等亦不為彼金翅鳥取所謂摩多車迦等德叉迦等羯勒拏憍多摩迦等熾婆陁弗知梨迦等商居波陁迦等甘婆羅阿濕婆多羅二龍王等諸比丘更有自餘諸龍住處彼等界中亦復

不為諸金翅鳥之所食噉

諸比丘於彼趣中有何因緣而彼等輩生於龍中諸比丘有諸衆生熏修龍因受持龍戒發起龍心分別龍意作是業已為彼因緣所成熟故當生龍中復有一種熏修金翅鳥因受持金翅鳥戒發起金翅鳥心分別金翅鳥意以是因緣身壞命終即當生彼金翅鳥中復有一種熏修諸獸因受持諸獸戒發起諸獸心習行諸獸業分別諸獸意彼以如是種種熏修諸獸戒因發起行業成就心意衆因緣故身壞命終即便生彼諸雜獸中復有一種熏修牛因牛戒牛業牛心牛意略說如前乃至分別以是緣故生於牛中復有一種熏修雞因雞戒雞業雞心雞意略說如前乃至分別雞心雞業以是因緣當生雞中復有一種熏修鵄鵂因受鵄鵂戒發鵄鵂心行鵄鵂業分別鵄鵂意以彼熏修鵄鵂業受鵄鵂戒起鵄鵂心分別鵄鵂意故以是因緣捨身當生於鵄鵂中諸比丘復有一種熏修月戒或復熏

修日戒星宿戒丈人戒或復熏修默然戒或有熏修大力天戒或有熏修大丈夫戒或有熏修入水戒或有熏修供養日戒或復熏修事行火戒或修苦行諸穢濁處彼熏修已作如是念願我所修此等諸戒月戒日戒星辰等戒及默然戒大力天戒大丈夫戒水戒大戒苦行穢濁諸如是戒我當作天或得天報發此邪願

諸比丘有一種丈夫福伽羅起邪願者我今說彼當向二處若生地獄若生畜生諸比丘復有一種沙門婆羅門等作如是見作如是言我及世間常此事實餘虛妄復有一種沙門婆羅門等作如是見作如是言我及世間悉皆無常此是實餘虛妄復有一種沙門婆羅門作如是見作如是言我及世間常無常此是實餘虛妄復有一種沙門婆羅門作如是見作如是言我及世間非常非無常此是實餘虛妄

諸比丘復有一種沙門婆羅門等作如是見作如是言我及世間有邊此

是實餘虛妄復有一種沙門婆羅門等作如是見作如是言我及世間無有邊此是實餘虛妄復有一種沙門婆羅門等作如是見作如是言我及世間或有邊或无邊此是實餘虛妄復有一種沙門婆羅門等作如是見作如是言我及世間非有邊非無邊此是實餘虛妄

諸比丘復有一種沙門婆羅門等作如是見作如是言命即是身此是實餘虛妄復有一種沙門婆羅門等作如是見作如是言命異身異此是實餘虛妄復有一種沙門婆羅門等作如是見作如是言有命有身此是實餘虛妄復有一種沙門婆羅門等作如是見作如是言無命無身此是實餘虛妄復有一種沙門婆羅門等作如是見作如是言如来死後有有此是實餘虛妄復有一種沙門婆羅門等作如是見作如是言如来死後無有有此是實餘虛妄復有一種沙門婆羅門等作如是見作如是言如来死後或有有或無有有此是實餘虛

妄復有一種沙門婆羅門等作如是見作如是言如來死後非有非無有有此是實餘虛妄

諸比丘於中所有沙門婆羅門等作如是見如是說言我及世間是常此是實餘虛妄者彼等於諸行中當作我見當作世見離諸行中當作我見當作世見以是義故彼等作如是見作如是說我及世間是常此是實餘虛妄諸比丘於中所有沙門婆羅門等作如是見如是說言我及世間無常此是實餘虛妄者彼等於諸行中當作無我見無世間見離諸行中當作無我見無世間見以是義故彼等作如是說我及世間无常此是實餘虛妄諸比丘於中所有沙門婆羅門等作如是見如是說言我及世間常非常此是實餘虛妄者彼等於諸行中當有我見及世間見離諸行中當有我見及世間見以是義故彼等作如是說我及世間常非常此是實餘虛妄諸比丘於中所有沙門婆羅門等作如是見如是說言我及世間非常

非非常此是實餘虛妄者彼等於諸行中當有我見及世間見離諸行中當有我見及世間見是故彼等作是說言我及世間非常非非常此是實餘虛妄

諸比丘於中所有沙門婆羅門等作如是見如是說言我及世間有邊此是實餘虛妄者彼等作如是說命有邊人有邊從初託胎腹中是命死後殯塟埋藏是人上人從初出生受身四種七反墮落七過流轉七走七行當成就命及入命聚是故彼等作如是說我及世間有邊此是實餘虛妄

諸比丘於中所有沙門婆羅門等作如是見作如是說我及世間無有邊此是實餘虛妄者彼等作如是說命無有邊人無有邊從初託胎腹中是命死後殯塟埋藏是人上人從初出生受身四種七反墮落七過流轉七走七行當成就命及入命聚是故彼等作如是說我及世間無有邊此是實餘虛妄

諸比丘於中所有沙門婆羅門等作

如是見作如是說我及世間非有邊非無邊此是實餘虛妄者彼等作如是說命非有邊非無邊是人從初託胎腹中死後殯塟埋藏上人從初受身四種七反墮落七過流轉七走七行已當成就命及入命聚是故彼等作如是說我及世間非有邊非无邊此是實餘虛妄

諸比丘於中所有沙門婆羅門等作如是見作如是說我及世間非非有邊非非無邊此是實餘虛妄者彼等如是說世間非非有邊非非無邊從初受身四種七反墮落七過流轉七走七行已當成就命及入命聚是故彼等作如是言我及世間非非有邊非非無邊此是實餘虛妄

諸比丘於中所有沙門婆羅門等作如是見作如是言彼命即彼身此是實餘虛妄者彼等於身中見有我及見命於餘身中亦見有我亦見有命是故彼等作如是言即彼命即彼身此是實餘虛妄

諸比丘於中所有沙門婆羅門等作

如是見作如是言命別身別此是實餘虛妄者彼等於身中當見有我及見有命亦別身中當見有我及見有命是故彼等作如是言命別身別此是實餘虛妄

諸比丘於中所有沙門婆羅門等作如是見作如是言有命及身此是實餘虛妄者彼等於身中當見有我及有命別身中亦當見有我及當見有命是故彼等作如是言有命及身此是實餘虛妄

諸比丘於中所有沙門婆羅門等作如是見作如是言非命非身此是實餘虛妄者彼等於身中不見有我不見有命身亦不見有我亦不見有命是故彼等作如是言非命非身此是實餘虛妄

諸比丘於中所有沙門婆羅門等作如是見作如是言如來死後有有是實餘虛妄者彼等於世作如是見壽命亦當至壽命亦當走趣向流轉是故彼等作如是言如來死後當有有此是實餘虛妄

諸比丘於中所有沙門婆羅門等作如是見作如是言如來死後無有有此是實餘虛妄者彼等於世作如是言此處有壽命至彼處有壽命斷是故彼等作如是言如來死後無有有此是實餘虛妄

諸比丘於中所有沙門婆羅門等作如是見作如是言如來死後或有有或無有有此是實餘虛妄者彼等所見作如是言此處命斷走至彼處趣向流轉是故彼等作如是言如來死後或有有或无有有此是實餘虛妄

諸比丘於中所有沙門婆羅門等作如是見作如是言如來死後非有有非無有有此是實餘虛妄者彼等見世作如是言人於此處命斷壞已移至彼處命亦斷壞是故彼等作如是言如來死後非有有非無有有此是實餘虛妄

尒時佛告諸比丘言諸比丘我念往昔有一國王名為鏡面時鏡面王曾於一時欲共生盲諸丈夫等遊戲喜樂即便宣告多集生盲諸丈夫輩集

已語彼群盲等言謂汝生盲汝等頗知象之形類其狀云何時彼衆盲同共荅言天王我等生盲實不曾知象之形類王復告言汝等先來既未識象今者欲知象形類不時彼群盲同聲荅言天王我實未識若蒙王恩我等欲得知象形類

時鏡面王即便勑喚一調象師來告之言卿可速往彼象廐内取一象來置於我前亦諸盲人時調象師知王意已即將象來置王殿前王語彼等衆盲人輩此即是象時諸盲人各各以手摩觸其象尒時象師語衆盲人汝摩觸象以實報王時衆盲輩有摸鼻者或牙齒者或摸耳者頭項脊脇膝脚尾等如是摸已時王問言汝生盲輩汝等已得知象形類相皃等耶彼等生盲同荅王言天王我等今已知象形類

尒時彼王即復問言汝等諸盲既已知象若其知者象為何類時群盲中或有以手摩觸鼻者即白王言天王象形如繩觸牙齒者荅言天王其象

如㮣觸著耳者荅言天王其為如箕
觸為頭者荅言天王為猶如瓮觸為
項者荅言天王為如屋梁觸為背者
荅言天王為如舍脊觸為脇者荅言
天王為形如篅觸為䏶者荅言天王
其為如樹觸為脚者荅言天王其為
如臼觸為尾者荅言天王為如掃箒
其衆盲人各如是荅天王其為如是
天王其為如是復更白言天王我知
為如是時王告衆盲言汝亦不知是
為非為况能得知為之形類時彼衆
盲各各自執共相諍鬪各各以手自
遮其面各各相諍各各相毁各言已
是時鏡面王見彼衆盲如是諍競大
笑歡樂王於彼時即說偈言

此等群盲生無目　横於諸事各相爭
曾無有師一語教　去何知是為身分

諸比丘如是如是世間所有諸沙門
婆羅門等亦復如是既不能知如實
苦聖諦苦集聖諦苦滅聖諦苦滅道
聖諦既不如實知當知彼等方應長
夜共生諍鬪流轉而行各相形毁各
相罵辱既生諍鬪執競不休各各以

手自遮其面如彼群盲共相惱亂於
中說此偈言

若不知彼苦聖諦　亦不能知苦集因
所有世間諸苦處　苦滅盡處無有餘
此處是道既不知　况知滅苦所行處
如是彼心未解脱　未得智慧解脱處
彼既不能諦了觀　所趣但向生老死
未得免脱於魔縛　豈能到彼無有處

諸比丘若有沙門婆羅門等能知如
實苦聖諦苦集苦滅苦滅道聖諦如
實知者彼等應當隨順修學彼等長
夜當知合行各各歡喜無有諍競同
趣一學猶如水乳共相和合一處同
住亦現教師所說聖法安樂處住此
中偈言

若能知是悉有苦　及有所生諸苦處
既知一切悉皆苦　應令悉滅无有餘
既知得滅由於道　便到苦滅所得處
即能具足心解脱　及得智慧解脱處
則能到於諸有邊　如是不至生老死
長得免脱於魔網　永離世間諸有處

起世經阿修羅品第六

尒時佛告諸比丘言諸比丘去須迷

留山王東面過千踰闍那已其大海
下有鞞摩質多囉阿修羅王宮殿住
處其處縱廣八万踰闍那七重垣牆
而為圍遶七重欄楯周匝莊嚴乃至
七重金銀鈴網其外七重多羅行樹
普遍圍遶雜色可觀七寶所成金銀
鞞琉璃頗致迦赤真珠車璖馬瑙等
七寶彼城垣牆高百踰闍那廣五十
踰闍那彼諸垣牆相去各各五百踰
闍那間則置立於門其門高三十踰
闍那廣十二踰闍那彼等諸門各有
種種却敵樓櫓園苑陂池諸園池中
有種種樹樹種種葉葉種種華華種
種果果有種種香香氣遠熏復有種
種雜類衆鳥各各自鳴其音和雅出
種種聲

諸比丘彼阿修羅大垣牆中別為鞞
摩質多囉阿修羅王置立宮殿其宮
名曰設摩婆帝其城縱廣六万踰闍
那七重垣牆乃至車璖等七寶所成
彼城垣牆高百踰闍那廣五十踰闍
那彼城垣牆相去五百踰闍那間則
置立於門彼等諸門高三十踰闍那

廣十二踰闍那彼等諸門亦有樓櫓却敵臺門有諸園苑及以陂池諸華沿等有種種樹及種種葉與種種華并種種果種種香熏有種種鳥各各自鳴其音和雅出種種聲

諸比丘彼設摩婆帝城其王住處正居中央為鞞摩質多羅阿修羅王置聚會處名曰七頭其處縱廣五百踰闍那七重欄楯校飾莊嚴復有七重金銀鈴網其外七重多羅行樹周匝四方而為圍遶雜色可觀甚可愛樂各各悉是七寶所成乃至車璖馬瑙等寶普四方面各有諸門而彼諸門樓櫓却敵雜色可觀七寶所成乃至車璖馬瑙等寶而彼下分青鞞琉璃以為間錯柔軟細滑觸之猶如迦旃隣提迦衣

諸比丘彼阿修羅七頭聚會處所正中自然而有寶所成柱高二十踰闍那彼寶柱下為鞞摩質多羅阿修羅王安立寶座高一踰闍那廣半踰闍那雜色可觀甚可愛樂七寶所成乃至車璖馬瑙等寶柔軟細滑觸之猶

如迦旃隣提迦衣其座三邊各有十六小阿修羅所住之處雜色可觀亦為七寶之所成就乃至車璖馬瑙等寶柔軟可喜觸之猶如迦旃隣提迦衣

諸比丘其阿修羅七頭聚會處所東面有鞞摩質多羅阿修羅王宮殿住處其處縱廣千踰闍那七重垣牆七重欄楯七重鈴網外有七重多羅行樹四面普皆周匝圍遶雜色可觀甚可愛樂亦為七寶之所成就所謂金銀鞞琉璃頗致迦乃至車璖馬瑙等寶普四方面各有諸門而彼諸門有諸樓櫓却敵臺閣園苑陂池諸華沿等有種種樹與種種葉及種種華種種果等種種香熏有種種鳥各各自鳴其音和雅出種種聲

諸比丘其阿修羅七頭聚會處所南面西北面等各有諸小阿修羅王輩宮殿住處其處縱廣九百踰闍那或八百或七百六百五百四百三百二百踰闍那其最小者猶尚縱廣百踰闍那七重垣牆乃至略說種種衆鳥各各自鳴

諸比丘又阿修羅七頭聚會處所東面南西北面復有諸小阿修羅輩宮殿住處其處縱廣九十踰闍那或有八十七十六十五十四十三十二十踰闍那其最小者猶縱廣十二踰闍那七重垣牆略說乃至有種種鳥各各自鳴諸比丘其阿修羅七頭聚會處所東面鞞摩質多羅阿修羅王有苑名娑羅林其林縱廣千踰闍那七重垣牆七重欄楯七重鈴網及馬瑙等七寶所成普四方面各有諸門而彼諸門有諸樓櫓雜色可觀亦為七寶之所成就乃至車璖馬瑙等寶

諸比丘其阿修羅七頭聚會處所南面鞞摩質多羅阿修羅王有苑名奢摩梨林其林縱廣千踰闍那七重垣牆七重欄楯七重鈴網及馬瑙等七寶所成普四方面各有諸門而彼諸門有諸樓櫓雜色可觀亦為七寶之所成就乃至車璖馬瑙等寶

諸比丘其阿修羅七頭聚會處所西面鞞摩質多羅阿修羅王有苑名俱毗陀羅林其林縱廣千踰闍那七重

垣牆七重欄楯七重鈴網及馬瑙等七寶所成普四方面各有諸門而彼諸門有諸樓櫓雜色可觀亦為七寶之所成就乃至車𤦲馬瑙等寶

諸比丘其阿修羅七頭聚會處所北面鞞摩質多羅阿修羅王有苑名難陁郁林其林縱廣千踰闍那七重垣牆七重欄楯七重鈴網及馬瑙等七寶所成普四方面各有衆寶諸門安住而彼諸門有諸樓櫓雜色可觀乃至車𤦲馬瑙等寶之所成就其此諸門唯無臺閣自餘同等

諸比丘其娑羅林奢摩梨林二林中間鞞摩質多羅阿修羅王有一大池名曰難陁其池縱廣五百踰闍那其水涼冷輕美不濁澄潔常清七種寶塼以為間錯七重版砌七重欄楯七重鈴網其外七重多羅行樹周匝圍遶雜色可觀七寶所成乃至車𤦲馬瑙等寶普四方面各有階道雜色可觀亦為七寶之所成就謂馬瑙等復有種種諸華出生所謂優鉢羅鉢陁摩究牟陁奔荼梨迦其如火者火色

火形火光金者金色金形金光青者青色青形青光赤者赤色赤形赤光白者白色白形白光緑者緑色緑形緑光圓如車輪其光明照一踰闍那其香亦熏一踰闍那其池又有諸藕根生大如車軸割之汁出色白如乳其味甘甜如無蠟蜜

諸比丘其俱毗陁羅及難陁郁二林中間為鞞摩質多囉阿修羅王有一大樹名蘓質多囉波吒羅其本周圍七踰闍那根下入地二十一踰闍那其樹上出高百踰闍那枝葉蔭覆五十踰闍那周迴縱廣五百踰闍那其外亦有七重垣牆略說乃至周匝圍遶雜色可觀七寶所成乃至車𤦲馬瑙等寶普四方面亦有七寶諸門而住又彼諸門亦有樓櫓却敵臺閣略說乃至種種衆鳥各各自鳴

起世經卷第五

起世經卷第五

校勘記

一　底本，金藏廣勝寺本。

一　六五三頁中一行及卷末經名，資、麗作「起世因本經」。

一　六五三頁中二行譯者，資作「隋三藏闍那崛多達摩笈多二法師共譯」；磧、普、徑、清、麗同上卷；南作「隋三藏法師闍那崛多達摩笈多等譯」。

一　六五三頁中一九行「葉華」，資、磧、普、南、徑作「華葉」。

一　六五四頁上七行「龍食」，資、磧、普、南、徑、清作「龍出」。

一　六五四頁上一〇行「欲得」，資、磧、普、南、徑、清作「欲搏」。下同至下五行。

一　六五四頁上一七行「即以兩翅」，資、磧、普、南、徑、清作「以翅」。

一　六五四頁中四行與五行之間，諸本（不含石，下同）有「摩離大樹南枝上以翅飛扇大海水字」共十四字。

一　六五四頁下三行「飛肩」，諸本作「飛扇」。

一　六五四頁下一〇行第一〇字至一一行首二字「金翅之鳥所取食」，資、磧、普、南、徑、清作「金翅鳥之所食」。

一　六五四頁下一二行末字至一三行首字「取得」，資作「取搏」；磧、普、南、徑、清作「搏取」。

一　六五五頁上一五行末字「生」，磧、普作「牛」。

一　六五五頁上一九行第一一字「發」，資、磧、普、南、徑、清作「發起」。

一　六五五頁中一行「丈人戒」，資、磧、普、南、徑、清作「大人戒」。

一　六五五頁中二行第四字「有」，磧、普、南、徑、清作「復」。

一　六五五頁中四行「或復」，資、磧、普、南、徑、清作「或有」。

一　六五五頁中一〇行第四字「有」，麗作「復有」。同行「福伽羅」，資、磧、普、南、徑、清作「福伽羅等」。

一　六五五頁中一六行「此是」，磧、普、南、徑、清作「此事」。

一　六五六頁上一二行首字「當」，諸本作「常」。

一　六五六頁下一二行「如是」，徑、清作「作如是」。

一　六五六頁下二〇行「見命」，麗作「見有命」。

一　六五七頁上一五行第四字「身」，諸本作「別身」。

一　六五七頁上一九行「此是」，磧、普作「此見」。

一　六五七頁上二〇行「如是見」，徑、清作「如是言」。

一　六五七頁中一五行末字「見」，徑、清作「於」。

一　六五七頁中一七行首字「至」，資、磧、普、南、徑、清作「生」。

一　六五七頁下一一行「王語」，資、磧、普、南、徑、清作「告語」。

一　六五七頁下一五行「頭項」，資、磧、普、南作「頭頂」。

一　六五七頁下二〇行「聞言」，磧、南、徑、麗作「問言」。

一　六五八頁上一行「觸著」，麗作「觸象」。

一　六五八頁上七行「如曰」，磧、普、南、麗作「如白」；徑作「如白」。

一　六五八頁上二一行「富知」，磧、普、南、徑、麗作「當知」。

一　六五八頁中一二行「當知」，諸本作「當和」。

一　六五八頁中二二行「起世經阿修羅品第六」，資作「起世因本經阿修羅品第六」；徑、清作「阿修羅品第六」；麗作「起世經阿修羅品第六上」。

一　六五八頁中末行「須迷」，資、磧、普、徑作「須彌」。

一　六五八頁下五行「七重」，普作「十重」。

一　六五八頁下一〇行及二二行「間則」，資、磧、普、南、徑、清作「間厠」。

一 六五九頁上二行「臺門」，資、磧、普、南、徑、清作「樓閣」；麗作「臺閣」。

一 六五九頁中一五行第三字「等」，資、普、南、徑、清無。

一 六五九頁下二行首字「而」，磧、普、南、徑、麗作「面」。同行末字「宮」，南作「官」。

起世經卷第六　澄

三藏法師闍那崛多達摩笈多等譯

阿修羅品下

諸比丘其阿修羅七頭聚會處所有二岐道通為彼王遊戲去來其鞞摩質多羅阿修羅王宮殿處所有二岐道亦復如前諸小阿修羅王輩宮殿處所亦二岐道諸小阿修羅輩住止處所亦二岐道其娑羅園林亦二岐道奢摩梨園林亦二岐道俱毗陀羅園林亦二岐道難陀鄰園林亦二岐道其難陀池亦二岐道蘇質多羅波吒羅大樹亦二岐道悉皆如前七頭聚處相通來往

諸比丘其鞞摩質多羅阿修羅王意欲向彼娑羅園林奢摩梨俱毗陀羅難陀鄰園林等澡浴嬉戲遊行受樂尒時心念彼諸小阿修羅王輩及念諸小阿修羅輩是時彼諸小阿修羅王輩并及諸小阿修羅等即生是心鞞摩質多羅阿修羅王意念我等如是知已即以種種衆寶瓔珞莊嚴其

身各嚴飾已乘種種乘俱來詣向鞞摩質多羅阿修羅王宮門之外到已入向鞞摩質多羅阿修羅王殿前而住尒時鞞摩質多羅阿修羅王見彼諸小阿修羅王及諸小阿修羅衆來即便自以種種瓔珞莊嚴其身莊嚴身已即便騎乘是時諸小阿修羅王并及諸小阿修羅輩左右四面周匝圍遶前後導從相將詣向娑羅園林及奢摩梨園林俱毗陀羅園林難陀鄰園林等到彼處已在於難陀園林前住

諸比丘其難陀園林有三風輪自然吹動莊嚴彼園何等為三所謂開者淨者吹者何者名開有風輪來開闢諸門何者為淨有風輪來掃彼園林令地清淨何者為吹有風輪來吹動彼園林樹衆華飄零四散諸比丘其難陀鄰園林之中風散種種微妙衆華下到於膝有種種香其香氛馥遍滿園林當於彼時其鞞摩質多羅阿修羅王及諸小阿修羅王并諸小阿修羅等輩圍遶即入彼難陀鄰園

林入已洗浴觀看遊戲隨意而住諸
阿修羅等於彼園林或復一月二月
三月澡浴遊戲隨意止住各隨所欲
去處而去
諸比丘其鞞摩質多羅阿修羅王恒
常別有五阿修羅停住其側擁護守
視諸惡事故云何為五一名隨喜二
者名有三者名醉四名牟真隣陁五
名鞞呵多羅諸比丘其鞞摩質多羅
阿修羅王有如是等五阿修羅恒常
在於鞞摩質多羅阿修羅王側為守
護故諸比丘而彼鞞摩質多羅阿修
羅王宮殿之上有万踰闍那海水而
住其彼水聚自然而有四種風持何
等為四所謂一住二者安主三者不
墮四名牢固皇為此風持常住不動
諸比丘去須弥留山王南面千踰闍
那在大海下有踊躍阿修羅王宮殿
住處其處縱廣八万踰闍那七重垣
牆略說猶如鞞摩質多羅阿修羅王
種種所有此中一一亦如彼說汝應當
知乃至此王宮殿之上所有水聚亦
為四種風輪住持一住二安住三不

墮四牢固主諸比丘去須弥留山王
西面千踰闍那大海水下有奢婆羅
(隋言幻也)阿修羅王宮殿住處其處縱廣
八万踰闍那七重垣牆略說猶如鞞
摩質多羅阿修羅王種種所有此中
一一亦如彼說汝應當知乃至此王
宮殿之上所有水聚亦為四種風輪
住持一住二安住三不墮四牢固主
諸比丘須弥留山王北面如上相去
大海水下有羅睺羅阿修羅王宮殿
住處其處縱廣如上所說彼諸牆壁
及以門樓臺閣却敵園苑諸池有種
種樹與種種葉種種華果種種香熏
有種種鳥各各自鳴諸比丘彼之處
所為羅睺羅阿修羅王有城王住其
城名曰摩婆帝(隋言數主)縱廣莊嚴亦如
上說牆壁七重七重欄楯七重多羅
行樹七重鈴網周匝圍遶雜色可觀
七寶所成乃至車渠馬瑙等寶彼等
垣牆高下縱廣亦如前說彼諸垣牆
亦有諸門彼等諸門高下縱廣一一
如前而彼諸門所有層樓却敵臺閣
園苑諸池及華沼等亦有諸樹與種

種葉種種花果種種香熏亦有種種
諸雜類鳥各各自鳴
諸比丘其彼摩婆帝城王所住處為
羅睺羅阿修羅王有聚會處還名七
頭其處縱廣如上所說欄楯七重及
諸鈴網多羅行樹周匝圍遶雜色可
觀亦為七寶之所莊嚴乃至車渠馬
瑙等寶普四方面各有諸門彼等諸
門亦有樓櫓雜色可觀七寶所成乃
至車渠馬瑙等寶而彼下分以天車
渠分布其地柔軟觸之猶如迦旃隣
提衣而彼處中有一寶柱高下縱廣
如上所說其彼柱下為羅睺羅阿修
羅王置一高座其座高下縱廣莊挍
一一如前雜色可觀七寶所成乃至
車渠馬瑙等寶柔軟細滑觸之猶如
迦旃隣提衣其座左邊為十六小阿
修羅王亦各別置諸妙高座雜色可
觀七寶所成乃至車渠馬瑙等寶右
邊亦然為十六小阿修羅王有諸高
座亦如上說柔軟觸之如迦旃隣提衣
諸比丘彼七頭聚會阿修羅王住處
東面為羅睺羅阿修羅王更置別住

起世經卷第六　第六張　澄字号

宮殿處所其處縱廣一一如前七重垣牆七重欄楯七重鈴網乃至七重多羅行樹四面普皆周匝圍遶雜色可觀七寶所成乃至車𤦲馬瑙等寶四方諸面各有諸門彼等諸門各有樓臺却敵重閣園苑諸池衆華泉沼有種種樹與種種葉種種華果種種香熏復有種種衆類異鳥各各自鳴其音和雅甚可愛樂

諸比丘彼七頭聚會阿修羅王住處東西南北為諸小阿修羅王輩各有宮殿住處其處縱廣九百踰闍那或有八百或有七百及以六百五百四三二其最小者百踰闍那皆有七重牆壁欄楯略說乃至種種衆鳥各各自鳴諸比丘彼七頭聚會阿修羅王住處東西南北為彼諸小阿修羅輩亦各別有宮殿住處其處縱廣九十踰闍那或有八十七十六十五十四三二極最小者猶故縱廣十踰闍那七重垣牆略說乃至種種衆鳥各各自鳴

諸比丘其阿修羅王七頭聚會處所東面為羅睺羅阿修羅王有園苑住

起世經卷第六　第七張　澄字号

名娑羅林其林縱廣一一如前七重垣牆七重欄楯乃至馬瑙七寶所成普四方面各有諸門彼等諸門皆有樓櫓雜色可觀乃至亦為車𤦲馬瑙七寶所成甚可愛樂

諸比丘其阿修羅王七頭聚會處所南面為羅睺羅阿修羅王有園苑住名奢摩梨林縱廣莊嚴皆如上說七重垣牆七重多羅行樹雜色可觀亦為七寶之所挍成乃至車𤦲馬瑙等寶普四方面各有諸門彼等諸門有諸樓櫓乃至馬瑙七寶所成

諸比丘其阿修羅王七頭聚會處所西面為羅睺羅阿修羅王有園苑住名曰難陁那林其林縱廣一一皆如上所說七重垣牆乃至馬瑙七寶所成普四方面各有諸門而彼諸門亦有樓櫓種種挍飾雜色可觀乃至車𤦲馬瑙等寶之所莊嚴甚可愛樂

諸比丘其阿修羅王七頭聚會處所北面為羅睺羅阿修羅王有園苑住名曰難陁那林其林縱廣如上所說七重垣牆乃至馬瑙七寶所成普四

起世經卷第六　第八張　澄字号

方面各有諸門而彼諸門亦有樓櫓種種挍飾雜色可觀乃至車𤦲馬瑙等寶之所莊嚴甚可愛樂

諸比丘其奢摩梨及娑羅林二處中間為羅睺羅阿修羅王有一池水名曰難陁其池縱廣如上所說其水涼冷柔軟輕甜清淨不濁以七寶塼七重而砌以七寶版間錯莊嚴七重欄楯七重鈴網亦有七重多羅行樹周匝圍遶雜色可觀乃至馬瑙七寶所成又其四方有諸階道甚可愛樂亦為七寶之所挍成又生諸華優鉢羅華鉢陁摩究牟頭奔茶梨迦其華火色火形火光略說乃至如上水色水形水光明照四方香氣氛氳普熏一切又有藕根汁白味甜食之甘美如無蠟蜜

諸比丘其俱毗陁羅林及難陁那二林中間為彼羅睺羅阿修羅王有一大樹其樹名曰蘇質多羅波吒羅其樹縱廣種種莊嚴皆如上說乃至七重牆壁欄楯車𤦲馬瑙七寶所成甚可愛樂略說乃至種種衆鳥各各自

鳴其音和雅聽者歡喜
諸比丘其阿修羅王七頭聚會處所嚴飾如上所說亦有岐道去來逕路為彼羅睺羅阿修羅王遊宮殿故又復為諸小阿修羅王及諸小阿修羅輩亦有岐道通往來故向奢摩梨及俱毗陀羅亦有岐道向難陀那及難陀池蘇質多羅波吒羅樹等皆有岐道通其往來遊戲樂故
諸比丘其羅睺羅阿修羅王若欲向彼娑羅林苑及難陀那林等澡浴遊戲出觀看時尒時心念鞞摩質多羅阿修羅王尒時鞞摩質多羅阿修羅王作如是心彼羅睺羅阿修羅王心念於我欲共遊戲其時鞞摩質多羅阿修羅王作是念已復自念其諸小阿修羅王及諸小阿修羅衆輩尒時彼諸小阿修羅王并諸小阿修羅輩即生是心鞞摩質多羅阿修羅王念我等輩我等當往即以種種衆寶瓔珞莊嚴其身嚴飾身已各乘騎乘詣向鞞摩質多羅阿修羅所到已在彼宮門之所齊整而立尒時鞞摩質多

羅阿修羅王既見諸小阿修羅王并及諸小阿修羅衆皆聚集已即自嚴身服諸瓔珞駁種種乘共諸小王及阿修羅衆左右圍遶前後導從向羅睺羅阿修羅王所到已而住
尒時羅睺羅阿修羅王又復念彼踊躍及奢婆羅二阿修羅王等時彼踊躍及奢婆羅二阿修羅王亦如是念其羅睺羅阿修羅王今念我等如是知已彼等復各念其諸小阿修羅王及諸衆輩其各知已又並聚集嚴飾而来各向踊躍奢婆羅等二阿修羅王邊到已各各嚴身瓔珞乘騎將從圍遶來向彼羅睺羅阿修羅邊到已各各隨所在住
尒時羅睺羅阿修羅王見鞞摩質多羅阿修羅王等並雲集已自念諸小阿修羅王及其衆輩彼等知已亦各嚴飾服乘而来到羅睺羅阿修羅王前儼然住立時彼羅睺羅阿修羅王見已自着種種瓔珞莊嚴其身駕種種乘前後圍遶即共鞞摩質多羅阿修羅王并及踊躍奢婆羅等阿修羅

王并諸小王阿修羅衆輩雲集導從向娑羅林奢摩梨林俱毗陀羅林難陀那林等到已在前少時而住
諸比丘其難陀那林苑之中自然而有三種風輪何等為三所謂開者淨者吹者於中開者所有風輪開敞諸門淨者風輪掃除諸地吹者風輪吹諸華樹諸比丘其難陀那林苑之中上妙好華遍散滿地其花香氣普熏園林莊嚴充足種種可觀
尒時羅睺羅阿修羅王及鞞摩質多羅阿修羅王踊躍阿修羅王奢婆羅阿修羅王等并諸小王羣衆眷屬小阿修羅輩圍遶而入難陀那園入已澡浴遊戲受樂種種觀矚或行或住或卧或坐隨所欲往任意而行諸比丘其羅睺羅阿修羅王亦常有五阿修羅擁護惡事名字如前宮上海水縱廣厚薄四種風持令不墮墜亦如上說

起世經四天王品第七

諸比丘其須彌留山王東面半腹去地四万二千踰闍那由乾陀山頂有

提頭賴吒天王城郭住處城名賢上
縱廣六百踰闍那七重垣牆七重欄
楯七重鈴網復有七重多羅行樹周
帀圍遶雜色可觀悉以七寶而為莊
嚴所謂金銀瓣琉璃頗致迦赤真珠
車渠馬瑙等之所成就普四方面各
有諸門而彼諸門有諸樓櫓却敵臺
觀園苑諸池其諸花林有種種樹與
種種葉種種花果種種香熏有種種
鳥各各自鳴其音調和甚可愛樂
諸比丘其須弥留山王南面半腹去
地亦四万二千踰闍那由乹陁山頂
有毗婁勒迦天王城郭住處城名善
現縱廣莊嚴一一如前提頭賴吒天
王處所略說乃至種種諸鳥各各自鳴
諸比丘其須弥留山王西面半腹去
地亦四万二千踰闍那由乹陁山頂
有毗婁博叉天王城郭住處城名善
觀縱廣莊嚴一一如前提頭賴吒天
王處所略說乃至種種諸鳥各各自
鳴其音調和甚可愛樂
諸比丘其須弥留山王北面半腹去
地亦四万二千踰闍那由乹陁山頂

為毗沙門天王有三城郭以為住處
其三者何第一所謂毗舍羅婆第二
名為伽婆鉢帝第三名曰阿荼槃多
各各縱廣六百踰闍那七重垣牆七
重欄楯略說乃至種種衆鳥各各自
鳴諸比丘唯除月天子宮殿日天子
七大宮殿其間所有自餘貫屬四大
天王諸天宮殿或有縱廣四十踰闍
那或有三十二十十二其最小者猶
故縱廣六踰闍那亦各七重垣牆欄
楯略說如前乃至各各衆鳥自鳴
諸比丘其毗舍羅婆及伽婆鉢帝二
宮殿間為毗沙門天王有一池水其
池名曰那攞尼縱廣四十踰闍那其
水調和清涼輕軟其味甜美香潔不
濁其池四邊七重塼砌七重寶版間
錯分明七重欄楯七重鈴網亦有七
重多羅行樹周帀圍遶雜色可觀七
寶所成乃至車渠馬瑙等寶普四方
面各有階道亦為七寶之所莊嚴於
其池中有優鉢羅鉢陁摩究牟陁
奔荼梨迦等諸花自然出生其華火
色火形火光乃至水色水形水光華

開縱廣大如車輪其光明照半踰闍
那其香氣熏一踰闍那有諸藕根大
如車軸割之汁出色白如乳食之甜
美味甘猶蜜
諸比丘其伽婆鉢帝及阿荼槃多二
宮殿間為毗沙門天王有園苑住其
園名曰迦毗延多縱廣正等四十踰
闍那七重垣牆七重欄楯乃至七重
多羅行樹周帀圍遶雜色可觀略說
如前乃至七寶之所成就其提頭賴
吒天王賢上住處城郭往來有二岐
道毗婁勒迦天王善現住處城郭去
來亦二岐道毗婁博叉天王其善觀
處城郭去來有二岐道其毗沙門天
王阿荼槃多城郭處所有二岐道毗
舍羅婆及伽婆鉢帝等城郭處所亦
各俱有二岐之道其四天王所有眷
屬諸小天衆宮殿處所亦各往來有
二岐道其那攞尼池及迦毗延多苑
等亦各往來有二岐道
諸比丘其毗沙門天王若欲至彼迦
毗延多苑中遊戲澡浴之時內心即
念提頭賴吒天王尒時提頭賴吒天

王亦心生念毗沙門天王意中念我
如是知已其即自念其天所屬諸小
天王及天衆等是時東面所屬身天
王及天衆輩作如是念提頭賴吒天王
心念我等如是知已各各嚴身種種
瓔珞乘種種騎詣向提頭賴吒大天
王邊到已在前一面而住尒時提頭
賴吒天王即自莊嚴服諸瓔珞馭駕
乘已與諸小王天衆眷屬前後圍遶
相將往詣毗沙門大天王邊到已在
彼毗沙門王面前而住
尒時毗沙門天王心念毗婁勒迦毗
婁博叉二大天王時彼二王心如是
念毗沙門王意念我等如是知已即
各自念已所統領諸小天王并諸天
衆時彼小王及諸天衆亦復心念我
等大王心念我輩宜時速往如是知
已各自嚴飾瓔珞其身俱共往詣毗
婁勒迦及毗婁博叉二天王所到已
而住時二天王知諸小王及餘天衆
聚集来已各自嚴身服衆瓔珞便即
騎乘與衆圍遶皆共往詣毗沙門宫
大天王所到已在前俱各停住

尒時毗沙門天王知諸二王天衆集
已復自念其所領諸小天王及諸群
衆尒時北方諸小天王及其天衆作
如是心毗沙門天王今念我等如是
知已各著種種衆寶瓔珞莊嚴身已
詣毗沙門大天王前各皆立住
尒時毗沙門天王自著種種衆寶瓔
珞莊嚴自身駕種種乘共提頭賴吒
毗婁勒迦毗婁博叉等四大天王各
與所屬諸天王衆前後圍遶俱皆詣
向迦毗延多園所到已在苑前住諸
比丘其迦毗延多苑中自然而有三
風輪来一開二淨三吹開者開彼園
門淨者淨彼園地吹者吹彼園樹諸
華飄颺諸比丘其迦毗延多苑中
衆華積至于膝種種香氣周遍普熏
尒時毗沙門天王提頭賴吒王毗婁
勒迦王毗婁博叉王等與諸小王通
及眷屬圍遶共入迦毗延多苑中澡
浴遊戲種種受樂於彼園中或復一
月二月三月澡浴訖已遊戲受樂隨
欲去處自恣而行諸比丘其毗沙門
亦有五夜叉神王恒常隨逐側近左

右為守護故何等為五一名五丈二
名曠野三名金山四名長身五名針
毛諸比丘其毗沙門天王遊戲去来
常為此等五夜叉神之所守護
起世經三十三天品第八
諸比丘其須彌留山王頂上有三十
三天宮殿住處其處縱廣八万踰闍
那七重垣牆七重欄楯七重鈴網七
重多羅行樹周匝圍遶雜色可觀七
寶所成所謂金銀琉璃頗致迦赤
真珠車璖馬瑙等其垣牆高四百踰
闍那廣五十踰闍那彼等垣牆相去
各各五百踰闍那於其中間有諸門
住彼等諸門高三十踰闍那廣十踰
闍那其門兩邊有諸樓櫓却敵臺閣
及華寠等又有諸池及以花林有種
種樹種種葉種種花果種種香熏有
種種鳥各各自鳴其音調和甚可愛
樂又彼諸門各各常有五百夜叉為
三十三天作守護故
諸比丘彼垣牆内為三十三天王有
一城郭名曰善見其城縱廣六万踰
闍那七重垣牆七重欄楯七重鈴網

七重多羅行樹周匝圍遶雜色可觀亦為七寶之所莊嚴乃至車渠馬瑙等寶彼城壁高百踰闍那其上廣五十踰闍那彼城垣牆亦各相去五百踰闍那於其中間有諸門住其門各高三十踰闍那廣十踰闍那彼等諸門亦有樓櫓却敵臺閣諸池花林有種種樹種種葉種種花果種種香熏種種衆鳥各各自鳴彼等諸門門別各有五百夜叉為三十三天而作守護

諸比丘近彼天宮善見城側為伊羅鉢那大龍象王有宮殿住其宮縱廣六百踰闍那亦有七重牆壁欄楯略說乃至種種衆鳥各各自鳴諸比丘彼善見城大垣牆內為三十三天有聚會處名善法堂其處縱廣五百踰闍那七重欄楯七重鈴網七重多羅行樹周匝圍遶雜色可觀七寶所成乃至車渠馬瑙等寶普四方面各有諸門彼等諸門皆有樓櫓却敵臺觀種種雜色七寶所成其地純是青琉璃寶柔軟滑澤觸之猶如迦栴隣提衣當其中間有一寶柱高二十踰闍那於其柱下為天帝釋置立一座高一踰闍那廣半踰闍那雜色可觀乃至車渠馬瑙七寶成就柔軟細滑觸之如前其座兩邊各有十六小天王座而侍衛之七寶所成雜色可觀細滑觸之如前不異

諸比丘其善法堂諸天集處為天帝釋更立宮殿其宮縱廣千踰闍那七重垣牆乃至衆鳥各各自鳴諸比丘其善法堂諸天集處東西南北為諸小王有宮殿住縱廣九百踰闍那者或八或七六五四三二其最小者廣百踰闍那七重垣牆乃至衆鳥各各自鳴其善法堂諸天會處東西南北為三十三天諸小天宮縱廣九十踰闍那八十七十六十五十四十三十二十其最小者廣十二踰闍那七重垣牆乃至衆鳥各各自鳴

諸比丘其善法堂諸天聚會處東面為三十三天王有園苑住名波婁沙縱廣千踰闍那略說乃至七重垣牆為馬瑙等七寶所成普四方面各有諸門彼等諸門有諸樓櫓雜色可觀乃至馬瑙七寶所成諸比丘其波婁沙園苑之中有二大石一名賢二名善賢為天馬瑙之所成就各皆縱廣五十踰闍那柔軟細滑觸之猶如迦栴隣提衣

諸比丘其善法堂諸天聚集處所南面為三十三天王有一園苑名雜色車其園縱廣千踰闍那七重垣牆乃至馬瑙之所成就普四方面各有諸門彼等諸門皆有樓櫓雜色可觀乃至馬瑙之所成就其彼園中亦有二名石一名雜色二名善雜色純以天青琉璃所成亦各縱廣五十踰闍那柔軟細滑觸之猶如迦栴隣提衣

諸比丘其善法堂諸天聚集處所西面為三十三天王亦有園苑名為雜亂其園縱廣千踰闍那七重垣牆乃至七寶之所成就四方有門皆有樓櫓却敵臺閣俱七寶所成彼雜亂園亦有二石一名善現二名小善現以天頗致迦所成亦各縱廣五十踰闍那柔軟細滑觸之猶如迦栴隣提衣

起世經卷第六　第二十一張

諸比丘其善法堂諸天眾集處所北面為三十三天王有園苑住名曰歡喜其園縱廣千踰闍那七重垣牆乃至馬瑙七寶所成四方有門各有樓櫓却敵臺閣亦為七寶之所莊嚴諸比丘歡喜園中亦有二名一名歡喜二名善歡喜以天銀成亦各縱廣五十踰闍那柔軟潤澤觸之猶如迦旃隣提衣

諸比丘其波婁沙園及雜色車二園中間為三十三天王有一池水名為歡喜縱廣五百踰闍那其水涼冷輕軟甘甜清潔不濁以七寶塼四面而壘七重寶版而間錯之七重欄楯乃至七重多羅行樹周匝圍遶雜色可觀又其四方各有階道並為七寶之所莊嚴中有諸華優鉢羅華鉢陁摩究牟陁奔茶梨迦花等其華火色火形火光乃至水色水形水光縱廣大小皆如車輪其光明照一踰闍那風吹香氣熏一踰闍那有諸藕根大如車軸割之汁流色白如乳其味甘甜如無蠟蜜

起世經卷第六　第二十二張

諸比丘其雜亂園及歡喜園二園中間為三十三天王有一大樹名波利夜多羅俱毗陁羅其根周匝七踰闍那略說乃至枝葉遍覆及院縱廣五百踰闍那七重垣牆乃至衆鳥各各自鳴諸比丘其波利夜多羅俱毗陁羅大樹之下有一大石其石名曰槃茶甘婆羅以天金成縱廣五十踰闍那柔軟潤澤如觸迦旃隣提衣

諸比丘於彼中間何因何緣其善法堂諸天集會稱為善法諸比丘其善法堂諸天會處三十三天王聚集坐已於中惟論微妙細密語深義審諦思惟稱量觀察多是世間諸要法事真實正理是以天稱為善法堂集會之處又何因緣名波婁沙迦苑諸比丘麁澁園中三十三天王入已坐賢善賢二石上已惟論世間麁惡不善語言戲謔是故稱為波婁沙迦又何因緣名雜色車苑諸比丘雜色車園中三十三天王入已坐於雜色及善雜色二石之上論說世間種種雜類色相語言是故稱為雜色車苑又何因緣名雜亂苑

起世經卷第六　第二十三張

諸比丘雜亂園中三十三天王常以月八日十四日十五日放其一切宮內婇女向彼園中令共三十三天衆華合雜嬉戲不生障隔恣其歡娛受天五欲具足功德遊行受樂是故彼處諸天衆等共稱彼園為雜亂苑

起世經卷第六

起世經卷第六

校勘記

一 底本，金藏廣勝寺本。

一 六六三頁中一行及卷末經名，資、麗同上卷。

一 六六三頁中二行譯者，資、磧、普、徑、清、麗同上卷；南作「隋三藏法師闍那崛多等譯」。

一 六六三頁中三行「阿修羅品下」，資、磧、普、南、徑、清作「阿修羅品第六之餘」。

一 六六三頁中八行「阿修羅」，資、磧、普、南、徑、清作「阿修羅王」。

一 六六三頁中一二行末字「泥」，諸本(不含石，下同)作「波」。

一 六六三頁下一五行末字「閇」，資、磧、普、南、徑、清作「彼」。

一 六六三頁下一八行「飄零」，資、磧、普、南、徑、清作「飄令」。

一 六六四頁上三行「止住」，資、磧、普、南、徑、清作「住止」。

一 六六四頁上一一行「阿修羅」，資作「阿難羅」。

一 六六四頁上一五行「一住」，資、磧、普、南、徑、清作「一者住」。同行「安主」，磧、普、南、徑、清、麗作「安住」。

一 六六四頁上一六行第六字「主」，資、磧、普、南、徑、清無。

一 六六四頁中九行「北面」，清作「比面」。

一 六六四頁中二〇行「高下縱廣」，資、磧、普、徑作「縱廣高下」。同行末二字「垣牆」，資、磧、普、南、徑、清作「牆壁」。

一 六六四頁下六行「周匝」，資、磧、普、南作「周布」。

一 六六四頁下二二行「諸比比丘」，資、磧、普、南、徑、麗作「諸比丘彼」；清作「比比丘彼」。

一 六六五頁上二〇行第九字「十」，麗作「十二」。

一 六六五頁中一五行「難陀那林其林」，資、磧、普、南、徑、清作「俱毗陀羅林」；麗作「俱毗陀羅林其林」。

一 六六五頁中一六行第二字「所」，諸本無。

一 六六五頁中一七行末字至一八行首字「亦有」，資、磧、普、南、徑、清作「有諸」。

一 六六五頁中一八行「種種校飾」，資、磧、普、南、徑、清無。

一 六六五頁中一九行「莊嚴」，資、磧、普、南、徑、清作「成就」。

一 六六五頁下五行首字「閇」，普作「門」。

一 六六五頁下二〇行「名曰」，南作「名白」。

一 六六六頁上一四行「是心」，資、磧、普、南、徑、清作「是念」。

一 六六六頁上二二行及中一四行「阿修羅」，徑作「阿修羅王」。

一 六六六頁中七行至八行「等時彼踊……阿修羅王」，資、磧、普、南、徑、清無。

一 六六六頁下六行「開敞」，磧、普、南、徑、清作「開敞」。

一 六六六頁下一九行「厚溥」，磧、普、南、徑、清、麗作「厚薄」。

一 六六六頁下二一行「起世經」，資作「起世因本經」；徑、清無。

一 六六七頁中七行「貫屬」，資、磧、普、南、徑、清作「眷屬」。

一 六六七頁下一行「廣大」，資作「廣天」。

一 六六七頁下二〇行「有二」，資、磧、普、南、徑、清作「亦二」。

一 六六八頁上四行第三字「天」，諸本無。

一 六六八頁上一一行第五字及中一七行第一二字「王」，資、磧、普、南、徑、清作「天王」。

一 六六八頁中四行「是心」，資、磧、普、南、徑、清作「是念」。

一 六六八頁下五行「起世經……第八」，資作「起世因本經三十三天品第八」；徑、清作「三十三天品第八之一」；麗作「起世經三十三天品第八上」。

一 六六九頁上一三行「住其宮」，資、磧、普、南、徑、清作「住其宮殿」。

一 六六九頁上末行「猶如」，資、磧、普、徑、清作「猶若」。

一 六六九頁中九行「其宮」，資、磧、普、南、徑、清作「其宮殿」。

一 六六九頁下九行「一重」，磧、普、南、徑、清、麗作「七重」。

一 六六九頁下一三行「名石名」，諸本作「石一名」。

一 六六九頁下一七行末字至一八行首字及二〇行「雜穢」，資、磧、普、南、徑、清作「雜亂」。

一 六六九頁下二〇行第九字「所」，諸本無。

一 六七〇頁上六行「二名」，磧、普、南、徑、清、麗作「二石」。

一 六七〇頁上八行第一一字「猶」，資、磧、普、南、徑、清無。

一 六七〇頁中一行「雜穢」，徑、清作「雜亂」。

一 六七〇頁中七行「其石」，徑、清無。

一 六七〇頁中一三行第一〇字「語」，資作「諸甚」；磧、普、南、徑、清作「善語」；麗作「諸」。

一 六七〇頁下三行「一切宮內」，諸本作「宮內一切」。

起世經卷第七　澄

三藏法師闍那崛多達摩笈多等譯

三十三天品中

諸比丘又彼園中有何因緣名為歡喜諸比丘彼歡喜園三十三天王入其中已坐於歡喜及善歡喜二石之上心受歡喜意念歡喜念已復念心受悅樂受悅樂已復受悅樂是故彼稱為歡喜園諸比丘又復彼樹有何因緣名波利夜多羅拘毗陀羅樹諸比丘其波利夜多羅拘毗陀羅樹下有天子住名日未多日夜常以彼天種種五欲功德具足和合遊戲受樂是故彼天稱彼為波利夜多羅拘毗陀羅樹諸比丘又復三十三天隨急疾時未曾離彼般茶甘婆石唯設供養尊重恭敬隨心所欲去處即去所以者何以此石是如來昔日所住處故彼諸天取為支提塔一切世間天人魔梵沙門婆羅門等供養故

諸比丘有三十三天雀眼得見波婁沙迦園身不得入身不入故不得彼處五欲功德受具足樂何以故彼處業勝以其前世作善根劣故不得入有三十三天得見波婁沙園身亦得入既得入已具得以天種種五欲和合功德具足而受同體快樂何以故以其善根增上勝故

諸比丘有三十三天眼不得見雜色車園身亦不入亦不得以彼園五欲和合功德具足同體而受快樂何以故以其善根有別異故又有三十三天眼雖得見雜色車園身不得入亦不得以彼園五欲和合功德具足同體而受快樂何以故以其善根有優劣故又有三十三天眼既得見雜色車園身亦得入既得入已具足得彼種種五欲同體和合快樂而受何以故以其善根增上勝故

諸比丘諸是一切三十三天並得見於雜亂園苑亦皆得入既得入已悉共同得彼園苑中種種五欲和合功德同體快樂具足而受何以故彼處無有別異善根修業等故諸比丘有三十三天不得見歡喜園亦不得入

亦不得以彼園苑中種種五欲和合
功德同體快樂具足而受何以故彼
處果報前世造時業別異故又有三
十三天得見歡喜園雖不得入亦不
得彼歡喜園中種種五欲和合功德
同體快樂具足而受何以故彼於彼
處業別異故又有三十三天得見歡
喜園其身亦入既入彼已具足得彼
種種五欲和合功德同體快樂並皆
受之何以故彼於彼處造諸善業所
熏修時無別異故
諸比丘其善法堂三十三天聚會處
所有二岐道帝釋天王宮殿處所有
二岐道諸小天王并諸官屬三十三
天宮殿處所亦二岐道伊羅婆那大
龍為王宮殿處所亦二岐道沙婁沙園
亦二岐道雜色車園及雜亂園歡喜
園池等一一亦各有二岐道波利夜
多羅拘毗陀羅大樹亦二岐道
諸比丘其帝釋天王若欲向於波婁
沙迦園及雜色車歡喜園等澡浴歡
樂遊戲行時尒時心念伊羅婆那大
龍為王其伊羅婆那大龍為王亦生

是念帝釋天王心念於我如是知已
從其宮出即自變化作三十三頭其
一一頭化作六牙一一牙上化作七
池一一池中各有七華一一華上各
七玉女一一玉女各復自有七女為
侍尒時伊羅婆那大龍為王化作
如是諸神變已即便詣向帝釋王所
到已在彼帝釋前住
尒時帝釋天王心念諸小三十二天
王并三十二諸天衆等時彼小王及
諸天衆亦生是心帝釋天王今念我
等如是知已各以種種衆妙瓔珞莊
嚴其身俱乘種種車乘詣向天帝釋
邊到已各各在前而住時天帝釋見
已即自種種嚴身服衆瓔珞前後左
右以諸天衆周匝圍遶即便昇上伊
羅婆那龍為王上帝釋天王正當中
央真頭上坐左右兩邊各有十六諸
小天王悉同乘彼伊羅婆那龍為王
化頭之上各各而坐時天帝釋導從
天衆向波婁沙迦及雜色車并雜亂
園歡喜園等到已而住其歡喜等四
園之中皆有三種風輪而持謂開淨

吹略說如前開門淨地及吹花等諸
比丘彼等園中既吹花散遍地至膝
其花香氣處處普熏於時帝釋共小
天王三十三天眷屬圍遶入雜色車
歡喜園等嬉戲受樂隨意遊行或卧
或坐時帝釋天王欲得瓔珞即念毗
守羯磨天子時彼天子即便化作衆
寶瓔珞奉上天王若三十三天眷屬
等須瓔珞者毗守羯磨皆悉化作而
供給之欲聞音聲及伎樂者則有諸
鳥出種種音聲甚和雅令天樂聞天
於彼時如是受樂一日乃至七日一
月乃至三月種種歡娛澡浴娛戲行
住坐卧隨意東西諸比丘帝釋天王
有十天子常為守護何等為十一名
因陀羅迦二名瞿波迦三名頻頭迦
四名頻頭婆迦五名阿俱毗迦六名
毗都多迦七名時婆迦八名胡盧祇
那九名難荼迦十名胡盧婆迦諸比
丘其天帝釋常為如是十天子護恒
隨左右不曾捨離以守護故
諸比丘閻浮提地為諸人輩有水生
諸華冣上精妙極可愛者所謂優鉢

起世經卷第七　第六張　澄字号

羅花鉢陁摩花究牟陁華奔荼梨迦
花其花香氣氤氳軟美其陸生華
最極好者所謂阿提目多迦華瞻波
迦華波吒羅花蘇摩那華婆利師迦
花摩利迦華摩頭揵提迦華檀揵提
迦花遊提迦華殊低沙迦利迦花陁
奴沙迦膩迦花等諸比丘瞿陁尼人
輩有水生花最極好者所謂優鉢羅
花鉢陁摩花究牟陁花奔荼梨迦花
香氣氛馥處處熏人其陸生華最香
好者所謂阿提目多迦華瞻波迦花
波吒羅花蘇摩那花婆利師迦花摩
利迦花摩頭揵提迦花檀揵提迦花
遊提迦花殊低沙迦利迦華陁奴沙
迦膩迦花等
諸比丘其弗婆提諸人輩有水生之
華最極好者所謂優鉢羅花鉢陁摩
花究牟陁華奔荼梨迦花極甚光鮮
香氣普熏其陸生花最極好者所謂
阿提目多迦花瞻波迦華波吒羅花
蘇摩那華婆利師迦花摩利迦花摩
頭揵提迦華檀揵提迦華遊提迦花
殊低沙迦利迦花陁奴沙迦膩迦華等

起世經卷第七　第七張　澄字号

諸比丘其欝多羅究留人輩有水生
花最極好者所謂優鉢羅花鉢陁摩
花究牟陁華奔荼梨迦花香氣柔軟
其陸生華最極好者所謂阿提目多
迦華瞻波迦華波吒羅華蘇摩那花
婆利師迦花摩利迦花摩頭揵提迦
華檀揵提迦華遊提迦花殊低沙迦
利迦花陁奴沙迦膩迦花等
諸比丘其諸龍等及金翅鳥亦各皆
有水生之花最極好者所謂優鉢羅
花鉢陁摩花究牟陁花奔荼梨迦華
香氣氛氳柔軟美妙其陸生花最極
好者所謂阿提目多迦花瞻波迦花
波吒羅花蘇摩那花婆利師迦華摩
利迦花摩頭揵提迦花檀揵提迦花
遊提迦花殊低沙迦利迦花羯迦羅
利迦花摩訶羯迦羅剎迦花等
諸比丘其阿修羅輩亦各皆有諸水
生花最極妙者所謂優鉢羅花鉢陁
摩華究牟陁花奔荼梨迦花香氣普
熏甚可愛樂其陸生花最極好者所
謂阿提目多迦花瞻波迦花波吒羅
華蘇摩那華婆利師迦花摩利迦花

起世經卷第七　第八張　澄字号

摩頭揵提迦花檀揵提迦花遊提迦
花殊低沙迦利迦花陁奴師迦花羯迦
羅利迦花摩訶羯迦羅利迦花頻隣
曇華摩訶頻隣曇花曼陁羅帆華摩
訶曼陁羅帆華等
諸比丘其四天王及諸天輩有水生
花極好端正可愛微妙所謂優鉢羅
花鉢陁摩花究牟陁華奔荼梨迦華
其氣極香質甚柔軟其陸生華微妙
可愛所謂阿提目多迦花瞻波迦花
波吒羅華蘇摩那花婆利師迦華摩
利迦花摩頭揵提迦華檀揵提迦花
遊提迦華殊低沙迦利迦華陁奴沙
迦花羯迦羅利迦華摩訶羯迦羅利
迦華頻隣曇華摩訶頻隣曇華等
諸比丘其三十三天有水生華極好
端正微妙可意所謂優鉢羅華鉢陁
摩華究牟陁花奔荼利迦花等其氣
極香質甚柔軟其陸生華微妙可愛
所謂阿提目多迦花瞻波迦花波吒
羅花蘇摩那華婆利師迦華摩利迦
花摩頭揵提迦花檀揵提迦花遊提迦
華殊低沙迦利迦花陁奴沙迦膩迦華

羯迦羅利迦花摩訶羯迦羅利迦花
頻隣曇花摩訶頻隣曇花曇陁羅帆
華摩訶曇陁羅帆花等如三十三天
所有諸華其夜摩天兜率陁天化樂
天他化自在天并魔身天如是次第
等無有異一一應知
諸比丘其世間人有七種色何等為
七諸比丘有諸人華火色火形金色
金形青色青形赤色赤形白色白形
黃色黃形黑色黑形辟如魔梵常色
諸比丘世間人有此七種色諸阿修
羅亦復如是有此七色諸天衆等亦
復有此七種之色辟如魔梵常色
諸比丘諸天別有十種之法何等為
十諸比丘一諸天行來去無邊二諸
天行来去無㝵三諸天行無有遲疾
四諸天行脚無蹤跡五諸天身無患
疲乏六諸天身有形無影七諸天無
大小便八諸天身无有涕唾九諸天
身清淨微妙無有脂髓皮肉及血筋
骨脉等十諸天身欲現長短青黃赤
白大小麁細隨意悉能並皆端正可
喜殊絶令人愛樂諸天之身有此十

起世經卷第七　第九張　澄字号

種不可思議諸比丘又諸天身光實
不虛悉皆平滿齒白方密髮青齊整
柔軟光澤身自然明有神通力飛騰
虛空眼視不瞬瓔珞自然衣無垢膩
諸比丘閻浮提人壽命百年其間有
夭瞿陁尼人壽二百年中亦有夭弗
婆提人壽三百年中亦有夭欝多羅
究留人定壽千年無有夭殤閻摩羅
世諸衆生壽七万二千歲中亦有夭
諸龍及金翅鳥壽命一劫中亦有夭
阿修羅壽同天千年中間亦夭四天
王壽五百歲中亦有夭三十三天壽
命千歲夜摩諸天壽二千歲兜率陁
天壽四千歲化樂諸天壽八千歲他
化自在天壽十六千歲魔身天壽三
万二千歲梵身天壽一劫光憶念天
壽命二劫遍淨諸天壽命四劫廣果
諸天壽命八劫無想諸天壽十六劫
不熱諸天壽命千劫無惱諸天壽二
千劫善見諸天壽三千劫善現諸天
壽四千劫色究竟天壽五千劫虛空
處天壽十千劫識處天壽二万一千
劫無所有處天壽四万二千劫非想

起世經卷第十　第十張　澄字号

非非想處天壽八万四千劫於其中
間並皆有夭
諸比丘閻浮提人身長三肘半衣廣
中七肘上下三肘半瞿陁尼人弗婆
提人身量及衣與閻浮等其欝多羅
究留人身長七肘衣廣中十四肘上
下七肘阿修羅身長一踰闍那衣廣
中二踰闍那上下一踰闍那重半迦
利沙四天王身長半踰闍那衣廣中
一踰闍那上下半踰闍那重一迦利
沙三十三天身長一踰闍那衣廣中
二踰闍那上下一踰闍那重半迦利
沙夜摩天身長二踰闍那衣廣中四
踰闍那上下二踰闍那重一迦利沙
四分之一兜率陁天身長四踰闍那
衣廣八踰闍那上下四踰闍那重一
迦利沙八分之一化樂天身長八踰
闍那衣廣十六踰闍那上下八踰闍
那重一迦利沙十六分之一他化自
在天身長十六踰闍那衣廣三十二
踰闍那上下十六踰闍那重一迦利
沙三十二分之一魔身諸天身長三
十二踰闍那衣廣六十四踰闍那上

起世經卷第七　第十一張　澄字号

下三十二踰闍那重一迦利沙六十四分之一自此已上諸天身量長短與衣正等無差

諸比丘閻浮提人所有市買或以錢財或以穀帛或以衆生瞿陁尼人所欲市買或以牛羊或摩尼寶弗婆提人若作市易或以財帛或以五穀或摩尼寶欝多羅究留人輩無諸市買所欲自然諸比丘閻浮提人瞿陁尼人弗婆提人悉有男娶女嫁之法其欝多羅究留人輩無我我所樹枝若垂男女便合無有娶嫁諸比丘龍金翅鳥及阿修羅輩略說嫁娶悉如人間四天王天三十三天夜摩諸天兜率陁天化樂諸天他化自在諸天魔身天等皆有嫁娶略說如前從此已上其諸天等無復娶嫁男女之別

諸比丘閻浮提人若行欲時二根相到流出不淨瞿陁尼人弗婆提人并欝多羅究留人輩悉如閻浮一切諸龍金翅鳥等若行欲時亦二根到但出風氣即便暢情無有不淨諸阿修羅四天王天三十三天行欲根到暢

情出氣如諸龍王及金翅鳥一種無異夜摩諸天執手成欲兜率陁天憶念成欲化樂諸天熟視成欲他化自在天共語成欲魔身諸天相看成欲並皆暢心成其欲事

諸比丘論其人間螢火之明則不如彼燈火之明燈火之明又不如彼炬火之明其炬火明又不如彼火聚之明其火聚明不及諸天星宿光明其星宿明又不及彼月宮殿明月宮殿明又不及日宮殿光明其日宮殿照耀光明又不及彼四天王天諸牆壁宮殿身瓔珞明四天王天諸有光明則又不及三十三天所有光明其三十三天諸有光明則又不及夜摩諸天牆壁宮殿瓔珞光明其夜摩天所有諸光則不及彼兜率陁天所有光明兜率陁天所有諸明則又不及化樂天明其化樂天所有光明則不及彼他化自在諸天光明他化自在所有光明則又不及魔身天明其魔身天牆壁宮殿瓔珞身光比於在下最勝最妙殊特無過

諸比丘其魔身天比梵身天則又不及其梵身天比光憶念天則又不及其光憶念天比遍淨天則又不及其遍淨天比廣果天光則不及彼廣果天如是略說無惱熱天善見善現阿迦膩吒天等唯除瓔珞餘如上說應如是知諸比丘若天世界及諸魔梵沙門婆羅門人等世間所有光明欲比如來阿羅呵三藐三佛陁光明百千万億恒河沙數不可為比此如來光最勝最妙殊特第一所以者何諸比丘其如來身戒行無量三摩提般若解脫解脫知見神通及神通行教化及教化輪說處及說處輪等並各無量无邊諸比丘如來如是無量功德一切諸法皆悉具足以是義故如來光明最勝無上當如是持

諸比丘一切衆生有四種食以資諸大得住持故成諸有故相攝受故何等為四一者麁段及微細食二者觸食三者意思食四者識食何等衆生應食麁段及微細食諸比丘閻浮提人飯食麨豆及魚肉等此等名為麁

叚之食褁盖按摩澡浴揩拭脂膏塗等此悉名為微細之食瞿陁尼人弗婆提人麁叚微細略說與前閻浮提等其欝多囉究留人輩身不耕種自然而有成熟粳米以為麁叚覆盖澡浴及按摩等為微細食

諸比丘一切諸龍及金翅鳥等以諸魚鼈黿鼉蝦蟇虬蝓蚫獺金毗羅等是彼麁叚諸覆盖等是彼微細諸阿脩羅以天須陁妙好之味以為麁叚諸覆盖等以為微細四天王天及諸天輩皆用彼天須陁之味以為麁段諸覆盖等以為微細三十三天以須陁味為天麁叚諸覆盖等以為微細略說猶如三十三天其夜摩天兜率陁天化樂諸天他化自在天等並皆用天須陁之味以為麁叚諸覆盖等以為微細自此以上諸天衆輩並以禪悅法喜為食三摩提為食三摩跋提為食無復麁叚及微細食

諸比丘何等衆生以觸為食諸比丘有諸衆生從卵生者所謂鵝鴈鴻鶴鷄鴨孔雀鸚鵡鸜鵒鳩鴿鷰雀鴆鷀等

自餘種種雜類衆生從卵生者以其從卵有此身故是等並皆以觸為食何等衆生以思為食若有衆生以意思惟資潤諸根增長身命所謂魚鼈龜蛇蝦蟇及以伽羅瞿陁等自餘所有諸衆生類以意思惟潤益諸根增長命者此等並皆用思為食何等衆生以識為食所謂地獄諸衆生輩及識無邊諸天輩等此等衆生並皆用識持以為食諸比丘此四種食為衆生輩任持諸大攝受生故於中有優陁那偈

花色及諸法　壽命衣第五　市買并嫁娶
二根食為十

諸比丘世間衆生皆悉有此三種惡行何等為三所謂身惡口惡意惡諸比丘有一種類以身惡行口意惡行如是作已彼因緣故身壞命終當墮惡趣生地獄中彼於此中寂後識滅地獄中識初相續生彼識共生即有名色緣名色故即生六入

諸比丘復有一種以身惡行口意惡行如是作已彼因緣故身壞命終墮

於惡趣生畜生中彼於此中寂後識滅畜生中識初相續生當於彼識共生之時即有名色緣名色故便生六入

諸比丘復有一種以身惡行口意惡行如是作已彼因緣故身壞命終墮於惡趣生閻魔世彼於此中寂後識滅閻魔世識初相續生當於彼識初生之時即共名色一時俱生緣名色故六入即生諸比丘此等名為三種惡行應當遠離

諸比丘世間復有三種善行何等為三所謂身善行口意善行諸比丘有一種類身作善行口意善行如是習已彼因緣故身壞命終生於人道彼於此處寂後識滅人道中識初相續生當於彼識初生之時即共名色一時同生緣名色故六入便生

諸比丘復有一種以身善行口意善行如是作已彼因緣故身壞命終生於天上此處識滅彼天上識初相續生彼識生時即共名色一時俱生有名色故即生六入諸比丘彼於天中或在天子或在天女加趺處生或兩膝

內髀股間生初出之時狀如人間十二歲兒若是天男即於天子坐膝邊生若是天女即天玉女髀股內生如是生已彼天即稱是我兒女如是應知諸比丘修善生天有如是法若初生時是諸天子及天女等以自業因所熏習故生三種念一者自知從何處死二者自知今此處生三知此生是何業果是何福報以我彼處身命壞已來生此間又如是念緣我有是三種業果三種業熟得來生此何者為三所謂身善行口意善行此等三業果報熟故身壞命終來於此處復作是念願我今於此處死已當生人間我於彼處如是生已還修身口及意善行以身口意行善行故身壞敗已還來此生作是念已即便思食彼念食時即於彼前有眾寶器自然盛滿天須陁味種種出生若天子中有勝上者彼須陁味其色最白若其天子果報中者彼須陁味其色即赤若有天子福德下者彼須陁味其色現黑時彼天子即以手取天須陁味內於

口中彼須陁味既入天口即自漸漸融消變化辟如酥及生酥擲置火中即自融消無有形影如是如是天須陁味置於口中自然消化亦復如是食須陁已若其渴時即於彼前有天寶器盛滿天酒福上中下白赤黑色略說如前入口消化融消亦尒時彼天子食飲訖已而其身體上下大小如彼舊生諸天子天女等

諸比丘若諸天子及諸天女身體既充各隨意向或詣池邊到池邊已入彼池內澡浴清淨歡喜受樂既出池上詣香樹邊時彼香樹枝自然低從枝中出種種妙香流入手中即以塗身復詣衣樹到已如前亦為之低而彼樹中又出種種微妙好衣至于手邊已即取而著既著衣已詣瓔珞樹如是自低垂流入手或繫或著以莊嚴身如是復詣華鬘樹所如前低垂流出種種妙好華鬘持飾頭已便向器樹樹出種種眾寶雜器隨意入手將詣果林盛種種果或即噉食或取汁飲如是復詣音樂樹邊樹亦低垂

自然而出種種樂器隨意而取或彈或打或歌或儛音聲微妙即便詣向林苑之中入苑中已於彼即見無量無邊百數千數無量百千万億之數諸天玉女若未見女所有前世知見業報我從何處而來生此如我此身今受斯報果業熟故彼於此時了了分別憶宿世事猶如指掌以見天女迷諸色故正念覺察智心即滅既失前生著現在欲口唯唱言天玉女耶天玉女耶如是名為欲愛之縛諸比丘此則名為三種善行諸比丘一月之中有六烏晡沙他（烏晡沙他隋言受齋亦云增長）白月半助有十五白黑月半助亦十五日如此白黑二月各有三受齋日何等白月三受齋日所謂月八日十四日十五日黑月亦有三受齋日如白月數云何名為白黑二月各有三日受於齋戒諸比丘白黑二月各有八日當於是日四天大王集其眷屬而告之言汝等可往普觀四方頗有人輩於世間中多行孝順供養父母恭敬沙門婆羅門不於諸尊長崇重以

不脩行布施受禁戒不守攝八關持六齋不時四天王如是教勑其使者已而彼使者如天王命承奉而行即下遍觀一切世人是誰家中孝養父母有何族姓恭敬沙門婆羅門等誰家男女敬事尊長誰行布施誰受六齋誰持八禁誰守戒德尒時使者如是遍歷世間觀察見於人中孝順供奉父母者少承事尊重沙門者少猶敬宿舊婆羅門少於諸長老崇敬亦少布施微薄受齋稀踈護戒不全禁守多缺是時天使如是見已即便往到四天王所而啓白言天王當知其諸世間一切人輩無多孝養事父母者亦無有多恭敬沙門婆羅門者亦無有多敬重尊長耆舊德者亦无有多修行布施持六齋者亦無有多奉持禁戒守八關者

尒時四天王聞諸使者如是語已意中慘然不甚歡悅報使者言彼等世間若實然者其諸人輩甚為不善所以者何人輩壽命極成短促上少時活應修諸善至彼後世可得安樂

云何今者彼世間人無有多行孝養父母乃至不能修持六齋及以八禁守攝身口此大損減我諸天衆展轉增加阿脩羅種諸比丘若其世間多人恭敬孝順父母尊重沙門婆羅門等及諸宿舊修行布施樂受六齋勤建福業恒守八禁如是相續時天使者巡察見已上白四王大王當知彼世間人多有孝順於其父母多有恭敬沙門婆羅門及諸尊長樂行布施勤修齋福

尒時四天王從其使邊聞此語已心大歡喜踊躍無量作如是言甚善甚善諸世間人能如是修極大賢善何以故彼諸人輩壽命短少不久便當移至他世人者乃能於彼人間孝養父母敬事沙門及婆羅門諸耆舊等多樂布施持戒守齋如此則當增長諸天無量眷屬損減諸阿修羅種類

諸比丘云何黑白二月十四日是為晡沙他日諸比丘其黑白二月十四日四大天王亦如是召四天太子使

其來下觀察善惡多少歡喜愁慘略說悉如天使所說唯以太子自下為異諸比丘其黑白二月十五日為晡沙他四大天王自下世間躬察善惡知多少已即自往詣彼善法堂到諸天集議論會處至法堂前面向帝釋陳說人間善惡多少違順等事尒時帝釋聞於人間修福者少即便慘然悵怏不樂云何如是天衆減少阿修羅轉多若聞人間如法多者則大歡喜踊躍无量作如是言我今天衆漸當增長緣此黑白二月六日諸天下觀人間善惡故名此日為晡沙他

起世經卷第七

起世經卷第七

校勘記

一 底本，金藏廣勝寺本。
一 六七三頁中一行及卷末經名，資、麗同上卷。以下各卷同。
一 六七三頁中二行譯者，諸本(不含石，下同)同上卷。以下各卷同。
一 六七三頁中三行「三十三天品中」，資、磧、普、南、徑、清作「三十三天品第八之二」。
一 六七三頁中九行「有可」，諸本作「有何」。
一 六七三頁下三行「沙園」，徑、麗作「沙迦園」。
一 六七四頁上一六行「沙婁沙園」，資、磧、南作「波樓沙園」，徑、清、麗作「波樓沙迦園」。
一 六七四頁中二行「三十三頭」，磧作「三十二頭」。
一 六七四頁中五行「玉女一一玉女」，南作「王女一一王女」。
一 六七四頁中七行「諸向」，資、磧、南、徑、清作「詣向」。
一 六七四頁中末行末字「争」，諸本作「淨」。
一 六七四頁下三行「普熏」，資、磧、南、徑作「普熏」。
一 六七四頁下一三行「娛戲」，諸本作「嬉戲」。
一 六七四頁下一五行「可等」，諸本作「何等」。
一 六七四頁下二一行「守護」，資、磧、南、徑、清作「守衛」。
一 六七五頁中一七行「羅刹」，諸本作「羅利」。
一 六七五頁下二行「師迦」，磧、普、南作「諦迦」；徑、清作「沙迦膩迦」。
一 六七五頁下八行「梨迦華」，磧作「梨如華」。
一 六七五頁下一四行首字「迦」，徑、清作「迦膩迦」。
一 六七五頁下一六行「北丘」，諸本作「比丘」。
一 六七六頁上一八行「諸天」，資、磧、普、南、徑、清作「諸天身」。
一 六七六頁中七行「三百」，徑、清作「五百」。
一 六七六頁中一九行「不熱」，磧、普、南、徑、清作「不麁」。
一 六七六頁下二行末字「夭」，資作「天」。
一 六七六頁下一三行「踰間」，諸本作「踰闍」。
一 六七七頁上二〇行「閻浮」，資、磧、南、徑、清作「閻浮提」。
一 六七七頁上二一行「二根」，資、磧、普、南、徑、清作「二根相」。
一 六七七頁中一六行「衣摩天」，諸本作「夜摩天」。
一 六七七頁下二行「憶念天」，資作「憶念夭」。
一 六七七頁下四行「光則」，資、磧、普、南、徑、清作「光明」。
一 六七七頁下二一行第三字「者」，資、磧、南、徑、清無。

一 六七七頁下末行「此等」，南作「肉等」。

一 六七八頁上八行第八字「蠄」，資、磧、南、徑、麗作「螭」。

一 六七八頁上末行「鳩鴿」，資、磧、徑、麗作「鳩鴿」。

一 六七八頁中一八行「常墮」，諸本作「當墮」。

一 六七九頁上八行「三知」，資、磧、南、徑、清作「三者知」。

一 六七九頁中一行「既入」，資、磧、普、徑、清作「即入」。

一 六七九頁中一三行第一〇字「枝」，南作「彼」。

一 六七九頁中一六行第一三字「于」，諸本無。

一 六七九頁中二〇行「持飾」，資、磧、普、南、徑、清作「校飾」。

一 六七九頁中二二行「果林」，資、磧、普、南、徑、清作「果樹」。同行「敢食」，磧、徑、清、麗作「噉食」。

一 六七九頁下八行首字「別」，徑、清作「明」。

一 六七九頁下一三行夾註「受齋」，資、普作「受齊」；清無。

一 六八〇頁上四行「世人」，資、磧、南、徑、清作「人世」。

一 六八〇頁上九行首字「本」，資、磧、普、南、徑、清作「養」。

一 六八〇頁上一〇行第七字「少」，資、磧、南、徑、清無。同行「長老」，資、磧、南、徑、清作「長者」。

一 六八〇頁上一三行「四天王」，資、磧、普、南、徑、清作「四大王」。同行「天王當知」，資、磧、普、南、徑、清作「大王當知」。

一 六八〇頁上二二行「上少」，諸本作「止少」。

一 六八〇頁中一行「世間人」，資、磧、普、南、徑、清作「人世間」。

一 六八〇頁中一六行「人者」，諸本作「今者」。

一 六八〇頁下三行末字「烏」，諸本作「鳥」。

起世經卷第八　澄

三藏法師闍那崛多等譯

三十三天品下

諸比丘若當有時諸外道輩或復波利婆羅闍迦來向汝處問汝等言諸長老輩何因何緣有一種人為彼非人之所恐怖有一種人復不為彼非人恐怖其諸外道作是問者汝等應當如是報言諸長老輩此有因緣何以故世間之中有一種人習行非法彼有邪見有顛倒見彼等既行十不善法說不善法念不善法邪見顛倒以作此十不善法故護生之神漸漸捨離如是等輩若百若千唯留一神摠而守護譬如牛群或復羊群若百若千共傍唯有一人守視如是如是護神少故恒為非人之所恐怖有一種人言語如法不行邪見不顛倒見彼等既行如是十善正見正語修習善業是一一人則有無量若百千神來共守護以是因緣此人不為非人所恐辟如國王若王大臣其一一人

則有若百若千人輩之所守護

諸比丘世間人輩有如是等諸姓名字者其非人中亦有如是等諸名字諸比丘人間所有山林川澤國邑城隍村塢聚落居停住處其非人中亦有如是舍宅之名諸王坐處

諸比丘一切街巷四衢道中屈曲陌等或屠膾坊或復空宅並悉不虛皆有衆神及諸非人之所依止又復屍陁林塚之中及諸惡獸所行道路悉有非人凡一切樹高一尋圍一尺即有神祇在上依住以為支提諸比丘一切世間若男子及女人從生已來有諸天神常隨逐行不相遠離唯習行惡及命終時方始捨去略說如上

諸比丘閻浮提人有五種事勝瞿陁尼何等為五一者勇健二者正念三者閻浮佛出世處四者閻浮是修業地五者閻浮行梵行處其瞿陁尼有三事勝閻浮提人何等為三一者饒牛二者饒羊三瞿陁尼饒摩尼寶其閻浮提有五種勝弗婆提人略說如前其弗婆提有三事勝閻浮提人何

等為三一者彼洲㝡極大故二者彼洲廣含諸渚三者彼洲甚微妙故其閻浮提有五種事勝欝多羅究留五種如上其欝多羅究留有三種事勝閻浮提何等為三一者彼人無我我所二者壽者㝡極長故三者彼人有勝行故其閻浮提有五種事勝閻魔世諸衆生輩亦如上說其閻魔世有三種勝閻浮提人何等為三一壽命長二身形大三有自然衣食活命閻浮提人有五種勝龍金翅鳥五種如前龍及金翅有三種勝閻浮提人何等為三一壽命長二身形大三宮殿廣閻浮提人有五種事勝阿脩羅如前所說其阿脩羅有三種事勝閻浮提何等為三一者長壽二者色勝三受樂多如是三事㝡為殊勝

諸比丘四天王天有三事勝一宮殿高二宮殿妙三者宮殿㝡勝光明三十三天亦三事勝何等為三一者長壽二者色勝三者多樂如三十三天其夜摩天兜率陁天化樂天他化自在天魔身天等當知悉有三種勝事如忉利天勝閻浮人其閻浮提有五種勝諸天龍輩如上所說汝應當知

諸比丘此三界中有三十八諸衆生類何者是其三十八種諸比丘欲界之中有十二種色界中有二十二種无色界中復有四種諸比丘於中何者是其欲界十二種類所謂地獄畜生餓鬼人阿脩羅四天王天三十三天夜摩天兜率陁天化樂天他化自在天魔身天等此名十二何等色界二十二種謂梵身天梵輔天梵衆天大梵天光天少光天無量光天光音天淨天少淨天無量淨天遍淨天廣天少廣天無量廣天廣果天無想天無煩天无惱天善見天善現天阿迦膩吒天等此二十二屬於色界其無色界四種者謂空无邊天識无邊天無所入天非想非非想天此四種類屬無色界

諸比丘其世間中有四種雲白雲黑雲赤雲黃雲諸比丘其四種中白色雲者多有地界黑色雲者多有水界赤色雲者多有火界黃色雲者多有風界汝等應當作如是知

諸比丘世間復有四種大天何等為四所謂地多大天水多大天火多大天風多大天諸比丘曾於一時地多大神發是惡見心自念言於地界中無有水火及以風界諸比丘我尒時詣彼地天邊告彼地多大天神言汝天實有如是惡見云地界中無水火風三大界也彼荅我言實尒世尊我復告言汝天莫作如是惡見何以故彼地界中實有水火及以風界但於其中地界㝡多是故地界偏得名字諸比丘我能知彼地多大天發如是念斷其惡見令彼歡喜於諸垢中得法眼淨證果覺道無有結惑度疑彼岸無復煩惱不隨他教隨順法行而白我言大德世尊我今歸依佛法聖僧大德世尊從今已後我當奉持優婆夷戒乃至命盡更不煞盜及非法等歸佛法僧清淨護持諸比丘復有一時水大天神亦如是念生於惡見言水界中無有地界及火風界我知其意往詣彼邊問水天言汝實尒

不荅言實尒我復告言汝天莫作如是惡見其水界中盡有地火及以風界乃至火天風天亦尒俱有此見佛既知已悉往詣問並荅佛言實尒世尊佛開其意皆得悟解歸依三寶悉隨順行略說如前地大天神除疑一種来向我邊諸比丘此等名為四大天神

諸比丘世間有雲從地上昇在虛空中或有至一俱盧奢住或二或三俱盧奢住乃至六七俱盧奢住諸比丘或復有雲上虛空中一踰闍那或二三四至五六七踰闍那住諸比丘或復有雲上虛空中百踰闍那乃至二三四五六七八踰闍那停而住者或復有雲從地上空千踰闍那二三四五六七千踰闍那住乃至劫盡

諸比丘或時外道波利婆羅闍迦来向汝邊作如是問諸長老輩有何因緣虛空雲中有是音聲諸比丘應如是荅有三因緣共相觸故空雲隊中有聲鳴出何等為三諸長老輩或有一時雲中風界共於地界相觸著故自然聲出所以者何辟如樹枝相揩

火出如是如是諸長老輩此是第一因緣出聲復次長老或復有時雲中風界共彼水界相揩觸故自然出聲亦如上說此是第二因緣出聲復次長老或復有時雲中風界共彼火界相揩觸故自然出聲略說乃至辟如兩樹相揩火出此是第三出聲因緣應如是荅諸比丘亦應如是廣分別知

諸比丘或時外道波利婆羅闍迦来向汝邊作如是問諸長老輩有何因緣虛空雲中忽然光明出生閃電諸比丘汝等應作如是報荅諸長老輩有二因緣從虛空中雲裏出生閃電光明何等為二一者東方閃電名曰無厚南方有電名曰順流西方有電名墮光明北方有電名百生樹諸長老輩或復有時若彼東方無厚閃電共於西方墮光明電相觸相著相揩相打以如是故從於虛空雲隊之中出生光明名曰閃電此是第一閃電因緣復次諸長老輩若彼南方順流閃電共於北方百生閃電相觸相著

相揩相打以如是故出生電光辟如兩木風吹相著自然火出還歸本處此是第二閃電因緣從雲隊中有光明出

諸比丘於虛空中有五因緣能障㝵雨令占候師不測不知增長迷惑記必應雨而天不雨何等為五諸比丘或復有時上虛空中起雲動雷作伽茶伽茶瞿廚瞿廚聲或出閃電或復有吹涼冷氣来如是種種皆是雨相其占察人及天文師等悉剋此時必當降雨尒時羅睺羅阿修羅王從其宮出即以兩手擦彼兩雲擲置海中諸比丘此是第一雨障因緣而天文師及占候者不見不知心生疑惑記天剋雨而遂不雨

諸比丘或復有時虛空起雲雲中亦作伽茶伽茶聲亦出閃電亦復有吹涼冷氣来時天文人及占候者見是相已記天此時剋當作雨尒時火界增上力生於彼中間雨雲燒滅此名第二雨障因緣彼天文人不見不知心生迷惑記天必雨而遂不雨

諸比丘或復有時虛空起雲雲中亦作伽茶伽茶聲亦出閃電亦復有吹涼冷氣來時天文人及占候者見是相已記天此時剋當作雨但以風界增上力生則吹彼雲擲置於彼迦陵伽磧中或復擲著檀茶迦磧中或復擲置摩登伽磧中或復擲著空曠野中或復擲著摩連那磧地此名第三雨障因緣彼天文人不見不知心生迷惑記天必雨而遂不雨諸比丘又復有時虛空起雲而其雲中亦作伽茶伽茶之聲出生閃電吹冷氣來其占候者記天必雨然彼行雨諸天子輩有時放逸以放逸故彼雨不得依時降雨既不依時雲自消散此是第四雨障因緣以是義故諸天文人心生迷惑記天必雨而遂不雨

諸比丘又復有時空中起雲而天亦作伽茶伽茶之聲亦出閃電吹涼冷風彼天文人等記剋當雨然此閻浮世間人輩其中多有不如法行耽樂諸欲慳貪嫉妬邪見所纏彼等人輩以惡行故習非法故樂著欲故貪嫉

競故天則不雨諸比丘此名第五雨障因緣其天文人及占候等不見不知心生迷惑記天必雨而遂不雨諸比丘是名五種雨障因緣於其中有優陁那偈

花法色壽命　衣服幷責貫　嫁娶三摩提
四種飲食等　二行睡沙他　上下名三界
雲色諸天等　俱盧含鳴電

起世經闘戰品第九

諸比丘我念往昔有諸天等共阿修羅起闘戰時帝釋天王告其三十三天言諸仁者輩汝等諸天若共阿修羅戰闘之時宜好莊嚴善持器仗若諸天勝阿修羅不如汝可生捉毗摩質多羅阿修羅王當以五繫縛已將向善法堂前諸天集會處所置之三十三天聞帝釋命依而奉行尒時毗摩質多羅阿修羅王亦如是告諸阿修羅言若諸天等共阿修羅闘天若不如即當生捉帝釋天王以五繫縛將向七頭諸阿修羅集會之處置立我前時諸阿修羅亦受教行諸比丘當於彼時帝釋天王戰闘勝故生捉

阿修羅以五繫縛至善法堂天集會處帝釋前立當於彼時其毗摩質多羅王作如是念願諸阿修羅各自安善我今不用諸阿修羅輩我今在此共諸三十三天一處同受娛樂甚為適意當其毗摩質多羅王興此念時即見自身五縛悉解諸天種種五欲功德皆現其前又復有時作如是念我今不用三十三天願諸天等各自安善我當還歸阿修羅宮殿起此念時其身五繫即還自縛五欲功德忽然散滅

諸比丘彼毗摩質多羅阿修羅王有於如是微細結縛其諸魔縛復細於此所以者何諸比丘邪思惟時即被結縛正憶念即便解脫何以故諸比丘思惟有我是邪思惟思惟無我亦是邪思乃至思惟我當有常我當無常有色無色有想無想及非有想非無想等並是邪思諸比丘此邪思惟是癰是瘡猶如毒箭於其中有多聞聖者智慧之人知是邪思如病如瘡如癰如箭如是念已繫心正憶不隨

心行令心不動多所利益諸比丘若念有我則是邪念則是有為則是戲論若念無我亦是戲論乃至有色無色有想無想非有想非無想悉是戲論諸比丘所有戲論皆悉是病如癰如瘡猶如毒箭於其中有多聞聖者智慧之人知此戲論諸過患已樂無戲論守心寂靜多所修行

諸比丘我念往昔有諸天王共阿修羅欲戰鬪時帝釋天王告其四面三十二天作如是言謂仁者輩宜善嚴備身諸器仗令諸阿修羅欲來戰鬪若諸天勝可生捉取毗摩質多羅阿修羅王以五繫縛將向諸天集會之處善法堂前持見於我三十二天受帝釋命依而奉行其阿修羅亦如是教諸比丘當尒戰時諸天得勝即以五繫縛阿修羅將来詣向善法堂前尒時毗摩質多羅阿修羅王既被五繫在天衆前見帝釋王来入善法堂中而坐即便惡言諸種罵詈毀辱天主其天帝釋有調御者名摩多離見阿修羅毗摩質多羅對衆惡言毀罵天主即便以偈白帝釋言

帝釋天王為羞畏　為當無勢故懷忍
聞於如是麁惡罵　含受容耐都不言

尒時帝釋還以偈荅摩多離言

我非羞畏故懷忍　亦非無力於修羅
誰能如我神策謀　豈得同於彼無智

時摩多離復更以偈白天主言

若不嚴加重訶責　愚癡熾盛轉更增
若當折伏無智人　猶如畏杖牛奔走
今以縱之為彼樂　至其處所更憍高
是故明智示以威　顯現勇猛斷愚騃

尒時帝釋復以偈荅摩多離言

如斯之事我久知　為伏諸人愚癡故
彼以瞋嬈而罵詈　我聞堪能自制心

時摩多離更復以偈白帝釋言

帝釋天王願善思　如是之忍有一患
彼愚癡者如是罵　謂言怯畏耻不言

尒時帝釋重復偈荅摩多離言

愚癡種類隨心意　謂言畏彼我默然
若欲益身求利安　於彼等邊須有忍
如我意見彼惡罵　不應於瞋復起瞋
於瞋者邊報以瞋　如是戰鬪難得勝
若當為他所嬈惱　有力能忍者為難

應知此忍最為强　如此忍時須讚美
若自若他所興心　皆求救拔大畏處
既被他人瞋罵已　不應於彼起忿憎
若於自己及他邊　如是二處應作益
既知他瞋嬈罵已　能使自瞋轉得消
如是二處利益心　若自若他皆悉為
若他意念是癡者　斯由不知法所因
若有大力諸丈夫　能為無力故含忍
如是忍人他讚歎　無力人邊忍不瞋
為彼無有智慧力　唯以愚癡力為力
以愚癡故棄捨法　如此人輩無正行
愚癡心生念我勝　瞋恚罵詈出麁言
能忍彼惡有常勝　是忍增上難具說
勝者語言畏不論　於等忍生寃故忍
聞下論說能忍者　此忍為諸智稱揚

諸比丘汝等當知彼時帝釋則我身是我於尒時身作三十三天王自在治化受勝福報縱任快樂恒常懷忍亦讚歎忍樂行調順無有瞋恚恒常讚歎無瞋恚者諸比丘然今汝等自說行中有信解心捨俗出家精勤不懈汝等若於餘衆生邊能行忍辱讚歎忍者調順慈悲常行安樂滅除瞋

恚讀無瞋者諸比丘汝等亦應作如是學

諸比丘我念往昔諸天衆等共阿修羅各嚴器仗欲鬪戰時帝釋告天衆言諸仁者若阿修羅共諸天鬪天得勝時汝等可以五繫縛之如前所說諸天奉教阿修羅王亦勑軍衆諸比丘尒時鬪戰阿修羅勝帝釋天王恐怖不如背走而還是時馭者迴於千輻賢調御車欲向天宮尒時有一居吒奢摩梨樹其上有金翅鳥王巢內有諸卵帝釋見已告摩多離調馭者言

摩多離知樹上卵　為我迴此車轅軸
為阿修羅寧捨命　勿令毀破諸鳥巢

時摩多離善調馭者聞釋天王如是勑已即便右迴彼天千輻賢調御車路還指向阿修羅宮諸比丘時諸阿修羅見帝釋車忽然迴還謂言帝釋別有戰策更來欲鬪阿修羅退各趣本宮諸比丘尒時帝釋以慈因緣諸天還勝阿修羅不如諸比丘欲知尒時天帝釋者今我身是諸比丘我於尒時作天主領三十三天自在治化

受勝福報猶能憐愍一切衆生為其壽命而作利益起慈悲心汝等比丘以信捨家應當利益一切衆生

諸比丘我憶往昔天阿修羅欲戰鬪時尒時帝釋告毗摩質多羅阿修羅王言仁者我等且停種種器仗天及阿修羅其中並各有智慧者彼等悉能知於我等若善若惡說諸法義但以善言長者取勝天共阿修羅相推前說尒時毗摩質多羅阿修羅王即便在先向天帝釋而說偈言

愚癡猛威者　必須重訶責　折伏於無智
猶牛畏鞭走　愚癡恭有樂　在處難調御
是故用嚴杖　速疾斷其癡

尒時毗摩質多羅阿修羅王向天帝釋說此偈已其阿修羅諸眷屬等皆大歡喜稱歎踊躍帝釋諸天及眷屬等皆默然住尒時毗摩質多羅王告帝釋言汝大天王便可說偈尒時天主向阿修羅而說偈言

我明見此事　不欲共癡同　愚者自起瞋
智者誰與諍

尒時帝釋天王說此偈已三十三天

及眷屬等皆大稱歎踊躍歡喜諸阿修羅及其眷屬默然而住尒時帝釋告毗摩質多羅阿修羅王言仁者可更辯說善言時阿修羅即向天主說偈報言

寂然忍辱意　帝釋我亦知　愚癡者勝時
言我畏故忍

尒時毗摩質多羅阿修羅王說此偈已諸阿修羅及眷屬等皆悉踊躍稱歎歡喜帝釋諸天并其眷屬默然而住時阿修羅告帝釋言仁者天主可更辯說如法善言尒時天主帝釋大王向阿修羅衆說偈報言

愚癡者自謂　稱忍為畏彼　以此求自益
彼邊則無利　我意彼作惡　不應瞋彼瞋
於瞋能默然　彼鬪則常勝　若為他所惱
有力能忍者　當知如此忍　忍中最為上
無問自及他　皆求離畏處　若知他瞋已
不於彼起憎　二處作利益　若自若於他
他瞋嫌罵者　自瞋能消滅　二處作利益
若自若於他　他意念愚癡　斯由不知法
若有強力人　為彼無力忍　此忍為最勝
餘忍更無過　彼無智慧筋　唯有愚癡力

愚癡捨法故　自然失正行　愚癡自矜勝
瞋恚出惡言　若忍此罵時　彼則常有勝
聞高勝言忍以畏　於齊等忍恐生忿
為下惡罵能忍者　斯忍智人所稱讚
尒時帝釋天王說此偈已三十三天
并及眷屬稱嘆歡喜踊躍無量共阿
修羅衆皆各默然時諸天中有智慧
天阿修羅中有智慧者各集一處皆
共量議此等諸偈詳審思念觀察諦
尋同稱讚已作如是言諸仁者輩今
天帝釋善說言辭彼等治化一切無有
刀杖鞭撾亦無諍鬪毀辱怨讎亦無
言訟及求報復於生死中有可患猒
求遠離欲為厭滅故為寂靜故得神
通故得沙門故成就正覺得涅槃故
諸仁者輩若彼毗摩質多羅阿修羅
王所說之偈無有如是善妙語言彼
等一切唯有刀杖鞭打楚撻諍鬪毀
辱言訟怨讎有求報復長養生死無
可患猒貪著諸欲無求厭靜厭滅之
行不希神通及沙門果無望正覺及
以涅槃諸仁者輩帝釋天王所說之
偈名為善說毗摩質多羅阿修羅王

所說之偈非是善說諸仁者輩帝釋
天王所說之偈善說善說毗摩質多
羅阿修羅王所說之偈非是善說非
是善說諸比丘汝等應知彼時帝釋
即我身是諸比丘我時作彼忉利天
王自在治化受於福樂猶說善言以
為戰鬪由善言故鬪戰常勝而今汝
等諸比丘輩於我善說法教之中淨
心離俗捨家出家有精進行汝等若
求善說惡說教法之中欲取義者應
如是知諸比丘我念往昔諸天王等共
阿修羅合戰鬪時帝釋天王摧阿修
羅鬪戰勝已造立勝殿東西縱廣五
百由旬南北縱廣二百五十由旬諸
比丘彼勝殿外別有一百區梨由河
而彼由河一一間內復各有七鳩吒
伽羅皆七寶成而其一一鳩吒伽羅
內各置七房一一房中安施七揄一
一揄上有七玉女一一玉女復各別
有七女而侍其釋天王并及彼等諸
玉女侍更無餘為食飲資須香花服
玩一切樂具皆隨往業果報而受諸
比丘三千大千世界之內所有天宮

更無如是帝釋天王勝殿比類
尒時鞞摩質多羅阿修羅王作如是
念我有如是神德威力日之與月及
三十三天彼等雖於我上轉行我力
能取作耳璫處處遊行曾於一時
其羅睺羅阿修羅王內心瞋恚熾盛
煩毒意不歡喜則念鞞摩質多羅阿
修羅王尒時鞞摩質多羅阿修羅王
作如是念其羅睺羅阿修羅　王今念
於我彼復自念其所統領小阿修羅
王及諸眷屬小阿修羅輩時彼小王
及諸阿修羅知其鞞摩質多羅阿修
羅王念已即各嚴備種種器仗詣向
彼邊到已在前各各而住尒時鞞摩
質多羅阿修羅王自服鎧甲持仗嚴
駕與其小王并諸軍衆圍遶往詣羅
睺羅阿修羅邊到已而住尒時羅睺
羅阿修羅王復念踊躍并及幻化二
阿修羅王尒時二王知彼念已還如
鞞摩質多羅王所念小王并其所部
知已各各嚴備器仗向其王邊到已
皆來詣於羅睺羅阿修羅王邊尒時
羅睺羅阿修羅王自服種種嚴身器

仗共鞞摩質多羅踊躍幻化三阿修
羅王并諸三王小王眷屬前後圍遶
從阿修羅城導從而出欲共忉利諸
天戰鬬
尒時難陁優波難陁二大龍王從其
宮出各以身遶須弥留山七匝動之
動已復動大動遍動震已復震大震
遍震湧已復湧大湧遍湧以尾打海
其一渧水上至須弥留山頂上諸比
丘於彼時天主帝釋作是念已告天
衆言汝等仁輩見此大地如是動不
空中靉靆猶如雲雨又似輕霧決知
阿修羅欲共天鬬是時海內所住諸
龍各從自宮種種嚴備持仗而出向
阿修羅前共其戰鬬勝者遂退逐至
其宮其不如者恐怖背走往到地居
夜叉等邊到已告言汝等當知諸阿
修羅欲共天鬬汝等今可共我向彼
相助打破夜叉聞已嚴持甲仗共龍
往戰其勝者逐不如者退恐怖而走
詣向鉢足夜叉之所到已告言覆鉢
夜叉仁輩知不諸阿修羅欲共天鬬
汝等可来共我相助往彼打之鉢足

聞已嚴身持仗相隨而去乃至退走
往告持鬘諸夜叉等如前不如退走
往告常醉夜叉常醉聞已又復嚴仗
共持鬘等并力合鬬其有勝者逐入
到宮其不如者恐怖退走詣向四大
天王等邊到已諮白四天王言四天
大王仁輩當知諸阿修羅今者欲来
共諸天鬬汝等應可共我相助打彼
令破其四天王聞常醉言即各嚴持
種種器仗駕馭而往乃至退走不能
降伏是時四王即便上詣彼善法堂
諸天集會議論處所啓白帝釋說如
是言天王當知諸阿修羅今者聚集
欲共天鬬宜應向彼與其共戰時天
帝釋從四天王聞是語已意中印可
即喚一天摩那婆言汝天王来汝今
可往須夜摩天珊兜率陁并化自樂
及他化自在諸天王等至彼處已為
我白言仁輩諸天若其知者諸阿修
羅欲共天鬬汝等仁輩應可助我来
共向彼與其戰鬬時摩那婆聞釋語
已即便向彼須夜摩天具白其事
尒時須夜摩天王從釋天使摩那婆

邊聞是語已心中即念彼須夜摩諸
天衆輩時彼天衆知其天王心念彼
已即著種種鎧甲器仗乘天種種所
有諸騎各来詣向其天王邊到已在
前各各而立時須夜摩天王自身即
著種種天諸鎧甲持寶器仗與其無
量百千万數諸天子俱圍遶来下向
須弥留山王頂上在於東面竪紺青
色難降旗幡依峯而立尒時彼使天
摩那婆復上詣向珊兜率陁天子之邊
到已還白珊兜率陁如是之言仁者
當知帝釋天王有是啓白阿修羅輩
欲共天鬬仁者願来助我往彼并力
鬬戰彼兜率陁聞是語已即自念彼
諸天子衆知已悉来集兜率陁大天
王邊到已即各嚴持器仗乘種種騎
相率圍遶下来到於須弥留山於南
面住無量百千万衆雲集竪於黃色
難降旗幡依峯而立
尒時彼天摩那婆使又復更上向化
樂天白言仁者化樂天王當知帝釋
有如是語其阿修羅欲共天鬬如前
啓請乃至彼天與其無量百千万數

諸天子來各嚴鎧甲種種騎乘下來到於須弥留山西面竪於赤色難降旗幡依峯而立如是上自他化自在諸天子等一一如前時彼天衆嚴持器仗復倍化樂與其无量百天子無量千天子無量百千天子圍遶來下向須弥留山王北面竪於白色難降旗幡依峯而立

尒時帝釋見上諸天並皆雲集心念空中諸夜叉輩時虛空中諸夜叉衆各作是言帝釋天王意念我等如是知已即相誡勑著甲持仗嚴倫身具皆各勝之乘種種乘詣天帝釋前一面而住時天帝釋又復念其諸小天王并及三十三天眷屬如是念時並各著鎧嚴持器仗乘種種乘詣天主前是時帝釋自著種種鎧甲器仗乘種種乘共空夜叉及諸小王三十三天前後圍遶從天宮出共阿修羅欲戰闘故

諸比丘諸天尒時共阿修羅戰闘之時有如是等諸色器仗所謂刀箭穳捧梃杵金剛鈹箭面箭鑿箭鏃箭犢齒箭迦陵伽葉鏃箭微細鏃箭弩箭如是等器雜色可愛七寶所成金銀琉璃頗梨赤真珠車𤦲馬瑙等以彼諸仗遥擲向彼阿修羅身不著不害而懸徹過於彼等身亦復不見瘡瘢痕處唯觸緣故受於害痛諸比丘其阿修羅所有器仗共天闘時色類相似一種七寶之所成就者時徹過亦無瘢痕唯觸因緣受於害痛諸比丘欲界諸天共阿修羅戰闘之時有如是色種種器仗況復世間諸人輩也

起世經卷第八

起世經卷第八

校勘記

一　底本，金藏廣勝寺本。

一　六八三頁中三行「三十三天品下」，[資]、[磧]、[普]、[南]作「三十三天品第八之餘」；[徑]、[清]作「三十三天品第八之三」。

一　六八三頁中七行「復不」，[磧]作「後不」。

一　六八三頁中末行「所恐」，[資]、[磧]、[普]、[南]、[徑]、[清]作「之所恐怖」。

一　六八三頁下一二行「神祇」，[資]作「神祈」。

一　六八三頁下一四行「常隨」，[磧]作「當隨」。

一　六八三頁下二一行第六字，次頁上一六行末字「三」，[資]、[磧]、[普]、[南]、[徑]、[清]作「三者」。

一　六八四頁上六行「壽者」，諸本（不含[石]，下同）作「壽命」。

一　六八四頁中一行第六、七字，六八

一 六頁上二〇行「閻浮」，資、磧、普、南、徑、清作「閻浮提」。

一 六八四頁中一三行「少淨天」，普作「少爭天」。

一 六八四頁中一八行「無所入天」，資、磧、普、南、徑、清作「無所有天」。同行「種類」，資、磧、普、南、徑、清無。

一 六八五頁上一四行「七八」，諸本作「七八百」。

一 六八五頁中一二行第一三字及一五行第一二字、一六行末字「雷」，諸本作「電」。

一 六八五頁中一六行及一八行「無厚」，資、磧、普、南、徑、清作「無享」。

一 六八五頁下一三行「兩雲」，磧、普、南、徑、麗作「雨雲」。

一 六八六頁上二行「閃電」，磧作「門電」。

一 六八六頁上一二行「吹冷氣」，徑、清作「吹凉冷氣」。

一 六八六頁上一四行「彼雨」，諸本作「彼雲」。

一 六八六頁上一八行「空中」，磧作「至中」。

一 六八六頁中九行「起世經」，資作「起世因本經」；徑、清無。

一 六八六頁中一一行及一六行末字至一七行首二字「三十二」，資、磧、普、南、徑、清作「三十三」。次頁上一五行，資、普、南同。

一 六八六頁下一六行「憶念」，麗作「憶念時」。

一 六八六頁下末行「正憶」，徑作「王憶」。

一 六八七頁上一一行第八字「謂」，諸本作「諸」。

一 六八七頁中一〇行「爲彼」，資、磧、普、南、徑、清作「令彼」。同行「處所」，資、磧、普、南、徑、清作「本處」。

一 六八七頁中一三行「爲伏」，資、磧、普、南、徑、清作「爲彼」。

一 六八七頁下一四行第一二字「寃」，資、磧、普、南、徑、清作「怨」。

一 六八八頁上一六行「千輻」，資、磧、普、南、徑、清作「千輻輪」。

一 六八八頁中一二行「猛威」，諸本作「猛盛」。

一 六八八頁下四行「天主」，磧、普作「天言」；南、徑、清作「天王」。

一 六八八頁下一九行「二處」，磧作「一處」。

一 六八九頁上一〇行首字「尋」，資、磧、普、南、徑、清作「忍」。

一 六八九頁上一二行「鞭撾」，資、磧、普、南、徑、清作「鞭撻」。

一 六八九頁上一三行「生死」，磧作「主死」。

一 六九〇頁上三行首字「從」，資、磧、普、南、徑、清作「從彼」。

一 六九〇頁上一〇行第一〇字「是」，資、磧、普、南、徑、清無。

一 六九〇頁上二一行「覆鉢」，麗作「鉢足」。

一 六九〇頁中九行第一三字「嚴」，

資、磧、普、南、徑、清無。

一　六九〇頁中一六行「言汝天王來」，資、磧、普、南、徑、清作「告言汝天子來」；麗作「言汝天子來」。

一　六九〇頁中二一行「釋語」，麗作「帝釋語」。

一　六九〇頁下一〇行「天子」，資、磧、普、南、徑、清作「天王」。

一　六九〇頁下一一行及一四行「兜率陁」，資、磧、普、南、徑、清作「兜率陁天王」。

一　六九一頁上一一行「天王」，資、磧、普、南、徑、清作「天主」。

一　六九一頁上一六行「天主」，磧、普作「天王」。

一　六九一頁上一七行「種種」，資、磧、普、南、徑、清作「重」。

起世經卷第九　澄

隋天竺沙門達摩笈多譯

刧住品第十

諸比丘世間凡有三種中刧何等爲三一者所謂刀杖中刧二者所謂疾疫中刧云何名饑饉中刧三者所謂疾疫中刧云何名爲刀杖中刧諸比丘刀杖中刧者彼時人輩無有正行不如法說邪見顛倒具足皆行十不善業彼時衆生唯壽十歲諸比丘其人如是壽十歲時女生五月即便行嫁猶如今日年十五六嫁與夫主今者地力所有酥油生酥石蜜沙糖粳米至於彼時一切滅沒並皆不現當彼十歲人壽命時純以羖羊毛氈爲衣猶如今日迦尸迦嬌奢耶衣蒭摩繒衣度究邏衣句路摩婆衣刧貝衣甘婆羅寶衣最爲勝妙其毛氈衣亦復如是當於彼時唯食稗子如今粳米又爲父母之所憐愛唯願十歲是其上壽如今人願乞壽百年諸比丘彼十歲時所有衆生不孝父母不敬沙門及婆羅門不敬耆舊彼等亦當得他供養讚嘆尊重猶如今日行法教人名譽一種何以故其業尒故又諸比丘十歲人時無有善名人亦不行十善業道一切多行不善之業衆生相見各生殺害誅戮之心無慈愍意如今獵師在空山澤見諸禽獸唯起屠害殺戮之心又諸比丘當彼之時其諸人輩緣身之具瓔珞莊嚴皆是刀杖譬如今者華鬘耳璫頸瓔臂釧指環釵鑷交絡嚴身一種無異又諸比丘當彼之時中刧將末七日之內於其手中所當觸者若草若木土塊凡石彼等一切皆爲刀杖其鋒其利勝人所造七日之中各各覓捉共相屠害一切相殺命終並墮諸惡趣中受地獄苦何以故以其共相向各生殺心濁心惡心無利益心無慈悲心無淨心故諸比丘如是名爲刀杖中刧

諸比丘云何名爲饑饉中刧諸比丘饑饉刧時其諸人輩無有法行邪見顛倒具足行十不善業道以是義故天不降雨以無雨故世則饑饉無有

種子白骨為業諸皮活命云何名為白骨為業諸比丘飢饉之時彼諸人輩若四衢道街巷城郭道路處處悲汲白骨以水煎煑取汁而飲以資活命是故名為白骨為業云何名為諸皮活命諸比丘飢饉刼時彼諸人輩以飢急故取諸樹皮以水煎煑而飲其汁以資活命是故名為諸皮為業諸比丘彼時衆生飢餓死已皆當生於諸惡趣道或復墮於閻羅世中所謂餓鬼為彼等輩慳貪嫉妬畏諸物盡爭取藏貯諸比丘以是故名飢饉中刼

諸比丘云何名為疾疫中刼諸比丘彼時諸人亦欲行法欲說如法亦欲行於無顛倒見具足欲行十善業道但彼時中如法人輩以其過去无十善業勝果報故致令非人放於灾氣行諸癘疫於中多有人輩命終又諸比丘於彼疾病三摩耶中復有他方世界非人來為此等作疫病故何以故以放逸故行放逸行亦復與其惡相觸故惱亂其心奪彼威力於中

多有薄福之人得病命終辟如若王或王大臣守護民故於其界首安置戍邏尒時他方有盜賊來為彼戍邏不謹慎故有放逸故以諸刼賊一時誅戮或滅諸家或殄村舍或破聚落或毀國城如是如是彼人放逸他方非人來行疾疫命終悉盡亦復如是又復彼時他方非人來行疾病時諸衆生無放逸行彼鬼大力強相逼迫與其惡觸令心惱乱奪其威力於中多有遇病命終辟如國王或王大臣為諸聚落作守護故安置鎮防於彼時中他方刼賊來相侵擾而是鎮防無有放逸勤謹遮護彼賊大力強相逼迫於此人等一時誅戮或滅諸家村舍聚落略說如前如是如是諸比丘其疾疫刼人輩遇病逼切命終亦復如是彼身死已皆得向上諸天中生所以者何為彼等輩無相害心無有乱心有利益心慈心淨心當命終時又各相問汝病可忍得少損不頗有脫者頗有起者從諸疾病有差者不諸比丘以是義故得生天上以

是名為疾疫中刼諸比丘是名世間三種中刼

起世經住世品第十一

諸比丘世間之中有四無量不可得量不可得稱不可思議若天若人世中筭數欲取其量有若干年若干百年若干千年若干百千年若干俱致年若干百俱致年若干千俱致年若干百千俱致年終不可得何等為四諸比丘若世界住此不可得筭計而知若干年若干百年若干千年若干百千年若干俱致年若干百俱致年若干千俱致年若干百千俱致年諸比丘若世界住已壞亦不可得筭計而知若干年若干百年若干千年若干百千年若干俱致年若干百俱致年若干千俱致年若干百千俱致年諸比丘若世界破壞已復住此亦不可筭計而知若干年若干百年若干千年若干百千年若干俱致年若干百俱致年若干千俱致年若干百千俱致年

諸比丘若世界成已住此亦不可筭

計而知若干年若干百年若干千年若干百千年若干俱致年若干百俱致年若干千俱致年若干百千俱致年

諸比丘此等名為四種無量不可得量不可得稱不可思議不可計得若天若人無有筭計而能得知若干百千万年若干百千万俱致年諸比丘於此東方有諸世界轉住轉壞无有間時或有轉成轉住轉壞諸比丘南西北方轉成轉住轉壞亦復如是諸比丘譬如五轂輪除其軸却轉無暫住無暫間時略說如是如是又如夏雨其渧麁大相續下注無有休間如是東方南西北方成住壞轉无有停住時亦復如是

諸比丘於其中間復有三灾何等為三一者火灾二者水灾三者風灾其火灾時光音諸天首免其灾水灾之時遍淨諸天首免其灾風灾之時廣果諸天首免其灾云何火灾諸比丘火灾之時諸衆生輩有於善行所說如法正見成就无有顛倒具足而

行十善業道得無覺觀二禪不用功修自然而得尒時彼等諸衆生輩以神通力住於虛空住諸仙道住諸天道住梵行道如是住已受第二禪無覺觀樂如是證知成就具足身壞即生光音天處地獄衆生畜生衆生閻摩羅世阿修羅世四天王世三十三天夜摩兜率化樂天他化自在及魔身天乃至梵世諸衆生輩於人間生悉皆成就無覺无觀快樂證知身壞即生光音天處一切六道悉皆斷絕此則名為世間轉盡

諸比丘云何世間住已轉壞諸比丘若有於彼三摩耶時及無量時長遠道時天下亢旱無復雨澤所有草木一切乾枯悉無復有譬如葦荻青刈之時不得雨水乾枯朽壞皆無復有如是如是諸比丘天久不雨一切草木悉皆乾枯亦復如是諸比丘一切諸行亦尒無常不久住不堅牢不自在破壞法可猒離可求解脫

復次諸比丘於彼時有迦梨迦大風吹撒八万四千由旬大海水已於下

即出日之宮殿擲置海上須弥留山王半腹四万二千由旬安日道中諸比丘此名世間第二日出所有諸小陂池江河一切乾竭悉無復有諸比丘一切諸行悉皆無常略說如前可求免脫復次諸比丘略說如前大風吹海出日宮殿置日道中是名世間第三日出所有一切大陂大池大河及恒河等一切大河悉皆乾竭無復遺餘諸行亦尒如是世間第四日出所有大水大池所謂善現大池阿那婆達多大池曼陁祇尼大池鞞滿大池等悉皆乾竭無復有餘諸行亦尒如是世間第五日出其大海水漸漸乾竭初如脚踝已下減少乃至猶如膝已下減乃至半身或復一身二三四五六七人身已下乾竭諸比丘其五日出大海水減半多羅樹乃至一多羅樹或二三四五六七多羅樹減乃至半俱盧奢或一二三四五六七俱盧奢減乃至半由旬減或一二三四五六七由旬而減乃至百由旬減或二三四五六七百由旬減諸比丘其

五日出大海之水千由旬減乃至二三四五六七千由旬減諸比丘其世間中五日出時彼大海水略說乃至七千由旬餘殘住時或至六五四三二一千由旬在如是乃至七百由旬其水殘在或至六五四三二一百由旬在或七由旬其水殘在或復六五四三二一由旬水在或復減至七俱盧奢其水殘在乃至六五四三二一俱盧奢水餘殘住在諸比丘其世間中五日出時彼大海水深七多羅餘殘而在或復六五四三二一多羅樹木餘殘而在或如七人其水殘在或復六五四三二一或復半人或膝已下或至踝骨其水殘在又五日時於大海中少分有水餘殘而住如秋雨時於牛跡中少分有水如是如是五日之時彼大海中亦復如是又諸比丘五日之時彼大海中於一切處乃至塗脂水無復遺餘諸比丘一切諸行亦復如是無常不久須臾暫時略說乃至可猒可離應求免脫

復次諸比丘略說如前乃至六日出現世時其四大洲并及八万四千小洲諸大山等須弥留山王悉皆起烟起已復起猶如凡師欲燒器時器上火焰一時俱起其火大威充塞遍滿如是如是其四大洲及諸山等烟起猛壮亦復如是略說乃至諸行無常應求免脫復次諸比丘略說如前七日出時其四大洲并及八万四千小洲諸餘大山及須弥留山王等皆悉洞然地下水際並盡乾竭其地聚既盡風聚亦盡如是火大焰熾之時其須弥留山王上分七百由旬山峯崩落其火焰熾風吹上燒梵天宮殿乃至光音其中所有後生光音宮殿下者諸天子輩不知世間劫轉壞成及轉成住皆生恐怖驚懼戰慄各相謂言莫復火焰來燒光音諸宮殿也是時彼處光音天中諸天子輩善知世間劫壞成住慰喻其下諸天子言汝等仁輩莫驚莫畏（上兩句梵本並無[illegible]）所以者何仁輩昔有光焰亦至於彼時諸天子聞此語已即便憶念往昔時光憶念彼光不離於心故有此名名曰光天彼等如是極大熾然猛焰洪赫無有餘殘灭墨燋燼可得知別諸比丘諸行如是略說乃至可求免脫（梵本從此已下還覆述論從一日乃至七日出名往已壞今悉略之）

諸比丘云何世間壞已復成諸比丘彼三摩耶無量久遠不可計時起大重雲乃至遍覆梵天世界如是覆已注大洪雨其雨渧麁如車軸或有如杵經歷多年百千万年而彼水聚漸漸增長乃至梵天世界為畔其水遍滿然彼水聚有四風輪之所住持何等為四所謂一住二者安住三者不墮四者牢主時彼水聚雨斷已後還自退下無量百千万踰闍那當於介時四方一時有大風起其風名為阿那毗羅吹彼水聚波濤沸涌攪乱不住於中自然出生泡沫然其泡沫為彼阿那毗羅大風之所吹擲從上安置作諸宮殿微妙可愛七寶間成所謂金銀瑠璃頗梨赤真珠車𤦲瑪瑙等寶諸比丘此因緣故梵身諸天有斯宮殿諸牆壁等世間出生

諸比丘如是作已時彼水聚即便退

下無量百千万踰闍那略說如前四
方風起名曰阿那毗羅大風吹擲沸
沫即成宮殿名魔身天垣牆住處如
梵身天無有異也唯有寶色精妙莹
降上下少殊如是造作他化自在諸
天宮殿化樂諸天宮殿牆壁其次造
作刪兜率陁諸天宮殿其次夜摩諸
天宮殿如是出生具足悉如梵身諸
天次第而說

諸比丘時彼水聚復漸退下無量百
千万踰闍那縮而減少如是停住彼
水聚中周匝四方自然起沫浮水而
住厚六十八百千由旬廣闊無量辟
若泉池及以泊中普遍四方有於漂
沫覆水之上弥羅而住如是如是諸
比丘彼水聚中普四方面泡沫上住
厚六十八百千由旬廣闊無量亦復
如是

諸比丘時彼阿那毗羅大風吹彼水沫
即便造作彼須弥留大山王身次作
城郭雜色可愛四寶所成所謂金銀
琉璃頗梨等諸妙寶諸比丘此因緣
故世間便有彼須弥留山王出生如
是諸比丘又於彼時毗羅大風吹彼

水沫於須弥留山王上分四方化作
一切山峯其峯各高七百由旬雜色
微妙七寶合成乃至車𤦲馬瑙等寶
以是因緣世間出生諸山峯岫彼風
如是次第又吹其水上沫為三十三
諸天衆等造作宮殿其次復於須弥
留山東南西北半腹中間四万二千
踰闍那處為彼四大天王造作諸宮
殿住城壁垣牆雜色七寶可愛端嚴
如是訖已介時彼風又取水沫於須
弥留山王半腹四万二千踰闍那中
為月天子造作大城宮殿處所雜色
七寶成就莊嚴如是作已風復取沫
為日天子造作七日諸天宮殿城郭
樓櫓七寶雜色種種莊嚴以是因緣
世間有斯七日宮殿安置住持又諸
比丘彼風次吹其水聚沫於須弥留
大山王所造作三處城郭莊嚴雜色
七寶乃至車𤦲馬瑙等寶如是城聚
世間出生

諸比丘時彼阿那毗羅大風次吹水
沫於海水上高万由旬為於虛空諸
夜叉輩造作頗梨宮殿城郭諸比丘

此因緣故世間便有虛空夜叉宮殿
城壁如是出生

諸比丘時彼阿那毗羅大風次吹水
沫於須弥留大山王邊東西南北各
各去山一千由旬在大海下造作四
面阿修羅城雜色七寶微妙可愛乃
至世間有此四面阿修羅城如是出生

復次阿那毗羅大風吹彼水沫於須
弥留大山王外擲置彼處造作一山
名曰佉提羅迦其山高廣各有四万
二千由旬雜色七寶莊嚴成就微妙
可觀諸比丘此因緣故世間便有佉
提羅迦山如是出生

復次阿那毗羅大風吹彼水沫於佉
提羅迦山外擲置彼處造作一山名
曰伊沙陁羅其山高廣各有二万一
千由旬雜色可愛七寶所成乃至車
𤦲馬瑙等寶諸比丘此因緣故世間
便有伊沙陁羅山如是出生

復次阿那毗羅大風吹彼水沫擲置
伊沙陁羅山外於彼造作一山而住
名曰由乾陁羅其山高廣一万二千

由旬雜色可愛乃至為彼車𤦲馬瑙七寶所成諸比丘此因緣故世間便有由乾陁羅山王出生如是次第作善現山高廣正等六千由旬次復造作馬片頭山（舊大半頭）高廣正等三千由旬次復造作尼民陁羅山高廣一千二百由旬次復造作毗那耶迦山高廣正等六百由旬次復造作彼輪圍山高廣正等三百由旬雜色可愛所謂金銀琉璃頗梨及赤真珠車𤦲馬瑙等諸七寶之所成就廣說如上佉提羅迦造作無異諸比丘此因緣故世間有斯輪圍山出

復次阿那毗羅大風吹彼水沫散擲置於輪圍山外各四面住作四大洲及八万小洲并諸餘大山如是展轉造作成就諸比丘此因緣故世間便有斯四大洲并及八万小洲諸大山等次第出現

復次阿那毗羅　大風吹彼水沫擲四大洲及八万小洲須弥留山王并餘諸大山之外安置住　立名曰大輪圍山高廣正等六百八十万由旬牢固

真寶金剛所成難可破壞諸比丘是因緣故大輪圍山世間出生

復次阿那毗羅大風吹掘大地漸漸深入即於其處置大水聚湛然而住諸比丘此因緣故世間之中便有大海如是出生復何因緣其大海水如是鹹苦不中飲食諸比丘此有三緣何等為三一者從火災後無量時節長遠道中起大重雲住持弥覆乃至梵天然後下雨其雨滴大廣說如前彼大雨汁洗梵身天諸宮殿已次洗魔身諸天宮殿他化自在諸天宮殿化樂宮殿删兜率陁諸天宮殿夜摩宮殿洗已復洗如是大洗彼等洗時所有鹹鹵辛苦等味悉皆流下次洗須弥留大山王身及四大洲八万小洲自餘大山并輪圍等如是澆漬流注洗盪其中所有鹹苦辛味一時併下墮大海中諸比丘此一因緣其大海水鹹不中飲

復次其大海水為諸大神大身衆生之所居住何等大身所謂魚鼈蝦蟇獺乱宮毗羅低摩耶低寐（迷私反下同）弥羅

低寐（上音同）兜羅兜羅祁羅等其中或有身百由旬或有二百三四五六七百由旬如是大身在其中住彼等所有屎尿流出皆在海中以是因緣其海鹹苦而不中飲諸比丘此名第二鹹苦因緣復次其大海水又被往昔諸仙所呪仙呪願言願汝成塩味不中飲（此兩句本存補）諸比丘此是第二鹹苦因緣其大海水鹹不中飲復次於中有何因緣大熱燋竭世間出生諸比丘若此世間劫初轉時於彼三摩耶其阿那毗羅大風取彼六日宮殿城郭擲置於彼大海水下其安置處即於彼住其大水聚皆悉消盡不曾盈沉諸比丘此因緣故世間有是大熱燋竭亦現出生此名世間轉壞已住

復次云何名世間轉壞已成住諸比丘辟如現今世間成已如是住立有其火灾於中云何復有水灾諸比丘其水灾劫三摩耶時彼諸人輩有如法行說如法語正見成就無有顛倒持十善行彼諸人輩當得無喜第三禪處不勞功力無有疲倦自然而得

時彼衆生得住虛空諸仙諸天梵行道中得住中已離喜快樂即自稱言快樂仁輩此第三禪如是快樂尒時彼處諸衆生輩即共問彼得禪衆生彼便荅言善哉仁輩此是無喜第三禪道應如是知彼等衆生知已成就如是無喜第三禪道禪成已證證已思惟思惟已住身壞命終生遍淨天如是下從地獄衆生閻羅世中阿修羅中四天王中乃至梵世光音天下諸衆生輩一切處一切有皆斷盡諸比丘是名世轉

復次於中云何世間轉已而壞諸比丘有三摩耶無量久遠長道時節大雲遍覆乃至光音諸天已來雨沸灰水無量多年略說乃至百千億年諸比丘彼沸灰水雨下之時消光音天所有宮殿悉皆滅盡無有形相微塵影像可得識知譬如以酥及生酥等擲置火中消滅然盡無有形相可得驗知如是如是彼沸灰水雨下之時消光音天諸宮殿等亦復如是無相可知諸比丘諸行無常破壞離散流

轉磨滅不久須臾亦復如是可猒可患應求免脫諸比丘如是梵身諸天魔身化樂他化自在兜率夜摩諸宮殿等為沸灰雨澆洗消滅略說如前似酥入火融消失本無有形相亦復如是乃至一切諸行無常應求免離諸比丘彼沸灰水雨下之時雨四大洲八万小洲自餘諸山須弥留山消磨滅盡無有形相可得記識廣說如前應可患猒如是變化唯除見者乃能信之此名世轉住已轉壞

復次云何轉壞已成諸比丘於時起雲注大水雨經歷多年起風吹沫上作天宮廣說乃至如火災事是為水災

復次云何有於風災諸比丘其風災時諸衆生輩如法修行成就正念生第四禪廣果天處其地獄中衆生捨身還來人間修清淨行成就四禪亦復如是畜生道中閻羅世中阿修羅中四天王天三十三天夜摩兜率化樂他化及魔身天梵世光音遍淨少光等成就四禪廣說如上諸比丘是

名世間轉成云何轉壞諸比丘於彼無量久遠道中有大風起彼之大風名僧伽多（隋言和合）諸比丘彼和合風吹於遍淨諸天宮殿令其相著揩磨壞滅無有形相餘殘可知譬如壯人取二銅器於兩手中相揩破壞磨滅消盡無有形相可得識知彼和合風吹遍淨天宮殿磨滅亦復如是諸比丘一切諸行無常破壞不久須臾乃至可猒應求免離如是次吹光音諸天宮殿吹梵身天宮殿魔身諸天他化自在化樂夜摩諸天宮殿相打相揩相磨相滅無形无相無影无塵可知其相諸比丘一切諸行亦復如是敗壞不牢無有真實應當猒離早求免脫

諸比丘彼僧伽多大風吹四大洲八万小洲并餘大山須弥留山王舉高一拘盧奢分散破壞或二或三四五六七拘盧奢已分裂散壞或吹舉高一踰闍那二三四五六七或吹舉高百踰闍那二三四五六七百踰闍那分散破壞或吹舉高千踰闍那二三四五

六七千踰闍那或復舉高百千由旬分散破壞彼風如是吹破散壞无形無相无如微塵餘殘可知辟如有力壯健丈夫手擦一把麦麩令碎擲向虛空分散飄颺無形无影如是如是彼風吹破諸洲諸山亦復如是唯除見者乃能信之此名世間轉住已壞

復次世間云何壞已轉成諸比丘彼三摩耶無量年歲長遠道中起大黑雲普覆世間乃至遍淨諸天居處如是覆已即降大雨其雨渧麁猶如車軸或有如杵相續注下如是多年百千万歲而彼水聚深廣遠大乃至遍淨滿其中水四種風輪持如前說乃至吹沫造遍淨宮七寶雜色顯現出生一一悉如火災水灾次第而說諸比丘是名世間壞已轉成云何世間轉成已住諸比丘辟如今者天人世間轉成已住諸比丘如是次第有於風吹此等名為世間三灾

起世經最勝品第十二

復次諸比丘彼三摩耶世間轉已如是成時其衆生輩多得生於光音天

上彼等於彼天上生時身心悅豫歡喜為食自然光明又有神通乘空而行得最勝色年壽長遠安樂而住諸比丘彼三摩耶世間轉壞其轉壞時虛空無物於梵宮中有一衆生福業命盡從光音天下來生彼梵宮殿中不從胎生忽然化有是梵天名娑婆波帝（上兩句梵本羴攝之）為如是故有此名生諸比丘彼時復有自餘衆生福業壽盡從光音天捨身命已於此處生身形端正亦以歡喜持為飲食自然光明有神通力騰空而行身色最勝即於此間長遠久住彼等於此如是住時無有男女無有良賤唯有衆生衆生名也如是得名

復次諸比丘當於如是三摩耶時此大地上出生地肥凝然而住辟如有人熟煎乳訖其上便有薄膜而住或復水上有薄膜住如是如是諸比丘或復於三摩耶時此大地上生於地肥凝然而住辟如攢酪成就生酥有於如是形色相貌其味有如無穢之蜜尒時彼處諸衆生輩其中有生貪

性衆生作如是念我於今者亦可以指取味而嘗乃至我知此是何物時彼衆生作是念已即以其指齊一節開取彼地味向口而嘗吮已意喜如是一過再過三過即生貪著次以手抄漸漸手掬後遂搏掬而恣食之時彼衆生如是以手摶掬食時於彼復有自餘人輩見彼衆生如是取已即便相學競取而食諸比丘彼等衆生以手如是摶掬地味食噉之時彼等身形自然澀惡皮膚麁厚軀體濁暗色貌改變無復光明亦更不能飛騰虛空以地肥故神通滅沒諸比丘如前所說後亦如是彼三摩耶世間之中便成黑暗

諸比丘為如是故世間始有大暗出生復次云何於彼時節世間自然出生日月彼三摩耶現星宿形便有晝夜一月半月年歲時節名字而生諸比丘尒時日天大勝宮殿從於東出繞須弥留山王半腹於西而沒西向沒已還從東出尒時衆生見彼日天大宮殿已各相告言諸仁者輩還是

起世經卷第九　第二十四張　餘字號

日天光明宮殿𣅜從東方出巳右繞須弥留山半腹西沒𣅜三見巳各相謂言諸仁者輩此是彼天光明流行是天光明流行世也是故稱言修梨耶修梨耶（修梨耶者隋言此彼身也）故有如是名字出生

起世經卷第九

起世經卷第九

校勘記

一　底本，金藏廣勝寺本。

一　六九四頁中五行「刀杖」，資、磧、徑作「刀仗」，下同。

一　六九四頁中二一行「百年」，資、磧、普、南、徑、清作「百歲」。

一　六九四頁下一〇行「交絡」，資、磧、普、南、徑、清作「交路」。

一　六九四頁下一三行「若木」，磧作「若大」。

一　六九四頁下一四行「其利」，諸本（不含石，下同）作「甚利」。

一　六九五頁上八行「爲業」，徑、清作「活命」。

一　六九五頁上一二行「藏貯」，資、磧、普、南、徑、清作「藏積」。同行「以是故名」，資、磧、普、南、徑、清作「是故名爲」。

一　六九五頁中一行末字「若」，麗作「國」。

一　六九五頁中五行「村舍」，南作「林舍」。

一　六九五頁中一三行「來相侵擾」，磧、普、南、徑、清作「來侵擾擾」。

一　六九五頁下三行，七〇一頁上二一行「起世經」，資作「起世因本經」；徑、清無，下同。

一　六九五頁下一九行「若千百年」，磧、普作「若十百年」。

一　六九五頁下末行「者比丘」，諸本作「諸比丘」。

一　六九六頁中八行「化樂天」，資、磧、普、南、徑、清作「化自樂天」。

一　六九六頁中一五行「旡旱」，資、磧、徑作「亢旱」。

一　六九七頁上一三行首字「木」，諸本作「水」。

一　六九七頁中二行第一〇字「王」，資、磧、普、南、徑、清作「等」。

一　六九七頁中三行「凡師」，磧、徑作「瓦師」；麗作「凡師」。

一　六九七頁中二〇行夾註「上兩句」，

徑、清作「上之兩句」。

一 六九七頁下一行「熾然」，資、磧、普、南、徑、清作「熾盛」。

一 六九七頁下二行「殘灭」，諸本作「殘灰」。

一 六九七頁下一二行「一住」，資、磧、普、南、徑、清作「一者住」。

一 六九七頁下一三行「牢主」，清作「牢王」。

一 六九八頁上一四行「泊中」，磧、普、南、徑、清作「濼中」。

一 六九八頁中一一行「又取」，資、磧、普、南、徑、清作「又吹」。

一 六九八頁中一四行「復取」，資、磧、普、南、徑、清作「復聚」。

一 六九八頁中一九行「三處」，麗作「三片」。

一 六九九頁中二行「出生」，資、磧、普、南、徑、清作「出現」。

一 六九九頁中末行夾註「迷私反」，徑、清無。

一 六九九頁下一行夾註「音同上」，徑、清無。

一 六九九頁下八行夾註「本再稱」，資、磧、普、南、徑、清作「梵本再稱」。同行「第二」，諸本作「第三」。

一 六九九頁下一二行「取彼」，資、磧、普、南、徑、清作「聚彼」。

一 六九九頁下一六行「已住」，徑、清作「已成」。

一 七〇〇頁上二行「離喜」，資、磧、普、南、徑、清作「歡喜」。

一 七〇〇頁下一六行「免脫」，磧、普作「免散」。

一 七〇〇頁下二〇行「吹舉」，資、磧、普、南、徑、清作「次舉」。

一 七〇一頁上一一行第一一字「麁」，磧作「鹿」。

一 七〇一頁中一八行及一九行「簿膜」，磧作「薄漠」。

一 七〇一頁下二二行「日天」，磧作「月天」。

起世經卷第十　澄

三藏法師闍那崛多達摩笈多等譯

最勝品下

復次諸比丘其彼光明日大宮殿縱廣
五十一踰闍那上下四方周匝正等
七重牆壁七重欄楯七重多羅樹普
皆圍繞雜色間錯以為莊嚴彼諸垣
牆皆為金銀瑠璃頗梨及赤真珠車
璖馬瑙等諸七寶之所成就普四方
面悉有諸門彼等諸門皆有樓櫓却
敵臺觀及諸樹林池沼園苑其中悉
生種種樹種種葉種種華及種種果
種種香熏復有種種諸鳥鳴聲諸比
丘其彼日天大宮殿中有二種法立
其宮殿四方如宅遥看似圓諸比丘
其日大宮殿多有天金及天頗梨間錯
成就兩分天金清淨無垢離諸穢濁
皎潔光明其一面以天頗梨成淨潔
光明善磨善瑩無垢无穢諸比丘其
彼日天大宮殿中有五種風吹轉而
行何等為五所謂一持二住三隨順
轉四波羅呵迦五將行

復次諸比丘其彼日天大宮殿前別
有無量諸天先行無量百天無量千
天無量百千諸天而行行時各各常
受安樂牢行牢行有是名字又諸比
丘其彼日天大宮殿中有閻浮檀妙
輦出生其輦上高十六由旬廣八由
旬而彼輦中其日天子及內眷屬入
彼輦中以天五欲功德和合具足受
樂歡喜而行諸比丘其日天子壽命
歲數滿五百年子孫相承皆於彼治
其宮殿住滿足一劫

復次諸比丘其日天子諸身分中光
明出照閻浮檀輦其閻浮檀輦中光
明出已照彼日大宮殿從彼日大宮
殿光明相接出已照四大洲及於世
間諸比丘其日天子具足而有一千
光明五百光明傍照而行五百光明
向下而照復次於中何因緣故其日
天子大勝宮殿照四大洲及眾世界
諸比丘有一種人能行布施彼布施
時施於沙門婆羅門及貧窮孤獨遠
来乞求所謂食飲乘騎衣裳華鬘瓔
珞塗香牀敷房舍燈油凡是資身養

活命者彼布施時速疾即施不諂曲
施或復供養諸持戒仙功德具足行
善法者種種承事彼因是故受無量
種種身心安樂辟如曠澤空閑山林
或復廣磧而有池水其水涼冷清淨
輕甜時有壯夫遠行疲極熱惱渴乏
不飲食來已經多日至彼池所飲已
澡浴除斷一切渴乏熱惱出於池外
身意怡悅受於無量快樂歡喜如是
如是彼布施時心清淨故身壞命終
於日天子宮殿中生彼中生已報得
如是速疾稱心飛行宮殿此因緣故
日大宮殿照四大洲及餘世界
諸比丘復有一種斷於殺生不盜他
物不行邪婬口不妄語不飲諸酒身
不放逸供養持戒功德具足諸仙諸
賢親近純直善法行人廣說如前身
壞命終隨願往生日天宮殿住彼當
受速疾果報是故名為諸善業道此
因緣故其日宮殿照四大洲并餘世界
復有一種修不殺生乃至正見彼曾
供養諸仙持戒功德具者純直善行
曾值遇彼清淨因緣亦當報生日宮

殿中受速疾果以是緣故其日宮殿
照四大洲及餘世界廣說如前
諸比丘六十刹那名一羅婆三十羅
婆名牟休多諸比丘若干刹那若干
羅婆及牟休多其日宮殿六月北行
日於一日行六俱盧奢不曾暫時離
於日道六月南行亦一日行六俱盧
奢不差日道諸比丘其日宮殿六月
行時其月宮殿十五日中還尒許行
復次於中有何因緣生諸熱惱諸比
丘其日宮殿六月之中向北道行一日
中行六俱盧奢亦不曾離日道而行
但於其中有十種緣故生熱惱何等
為十諸比丘須彌留山王外其次有
山名佉提羅迦高廣正等四万二千
由旬雜色可觀七寶成就於其中間
日大宮殿所有光明照於彼山觸而
生熱彼三摩耶致有熱惱此第一緣
故生熱惱復次諸比丘佉提羅迦山
外其次有山名伊沙陀羅高廣正等
二万一千由旬於其中間日大宮殿
所有光明照觸彼山此是第二熱惱
其次由乾陀山高廣一万二千由旬

是第三緣其次善現山高廣六千由
旬是第四緣其次馬片頭山高廣三
千由旬是第五緣其次尼民陀羅山
高廣一千二百由旬是第六緣其次
毗那耶迦山高廣六百由旬是第七
緣其次輪圍山高廣三百由旬是第
八緣其次從此大地已上虛空高万
由旬彼有夜叉諸宮殿華頗梨所成
是第九緣其次四大洲中并及八万
小洲之中自餘大山須彌留山王等
是第十緣具足應如佉提羅迦中說
此是十種日大宮殿六月之中向北
道行熱惱因緣
復次於中何因何緣有諸寒冷諸比
丘日大宮殿六月已後向南而行於
中復有十二因緣故生寒冷何等十
二諸比丘其須彌留山佉提羅迦等
二山中間須彌留海廣八万四千由
旬周迴無量優鉢羅鉢陀摩究牟陀
奔荼梨迦等華悉皆遍滿甚有香氣
照觸此是第一寒冷因緣如是次第
伊沙陀羅山是第二緣由乾陀山是

第三緣善現山是第四緣馬頭片山是第五緣尼民陁羅山是第六緣毗那耶迦山是第七緣輪圍之山是第八緣其中諸花具足次第應如佉提羅迦山中廣說

復次所有閻浮洲中諸河流行日大宮殿所有光明而相照觸故有寒冷略說乃至此是第九寒冷因緣

復次所有閻浮洲中諸河流行其瞿陁尼洲中諸河流行倍多於彼日大宮殿所有光明而相照觸此是第十寒冷因緣

復次所有瞿陁尼洲中諸河流行其弗婆提洲中諸河流行倍多於彼此是第十一緣

復次所有弗婆提洲中諸河流行其欝多羅究留洲中諸河流行倍多於彼日大宮殿光明而相照觸此是第一寒冷此是第十二緣

諸比丘日大宮殿六月向南行日於一日行六俱盧奢不違其道於中有此十二因緣所以寒冷

復次於中有何因緣其冬天時夜長晝短諸比丘其日宮殿過六月已次向南行日於一日行六俱盧奢亦不差移但於彼時其日在於閻浮提洲最南邊際地形狹小日過速疾

諸比丘此因緣故其冬分中晝短夜長復次於中有何因緣春夏晝長其夜短促諸比丘日大宮殿過六月已向北而行一日中行六俱盧奢亦不差移乖異常道但於彼時正在閻浮處內而行地寬行久所以晝長諸比丘此因緣故春夏晝長其夜即短

復次諸比丘若閻浮提洲日中於弗婆提洲則日沒其瞿陁尼洲日出欝多羅究留洲正夜半若瞿陁尼洲日中其閻浮提洲日沒欝多羅究留洲日出弗婆提洲夜半若欝多羅究留洲日中其瞿陁尼洲日沒弗婆提洲日出閻浮提洲夜半若弗婆提洲日中則欝多羅究留洲日沒閻浮提洲日出瞿陁尼洲夜半

諸比丘其閻浮提洲人所有西方瞿陁尼洲人以為東方其瞿陁尼洲人所有西方欝多羅究留洲人以為東方其欝多羅究留洲人所有西方弗婆提洲人以為東方其弗婆提洲人所有西方閻浮提洲人以為東方南北二方亦復如是

佛於此中說優陁那

轉住及轉壞　天出及薄覆　十二重風吹
於前諸天行　樓櫓及風吹　身體光明照
布施持戒業　剎那羅婆過　說熱有十緣
論寒十二種　晝夜及日中　東西說四方

諸比丘其月天子最大宮殿縱廣正等四十九由旬周匝上下七重垣牆七重欄楯七重鈴網復有七重多羅行樹而為圍繞雜色可觀彼諸牆壁皆以金銀乃至馬瑙七寶所成四面諸門各有樓櫓種種莊挍廣說如前日天宮殿乃至衆鳥各各自鳴諸比丘其月宮殿純用天金銀天青琉璃以為間錯其二分銀清淨無垢無諸滓穢其體皎潔甚為明曜彼之一分天青瑠璃亦復清淨表裏映徹光明遠照諸比丘其月天子最勝宮殿有五種風所持而行何等為五一持二住三順四攝五行以是五種因緣持

故其月宮殿依空而行諸比丘其月宮殿復有無量諸天宮殿在前而行無量百千万數諸天在前而行其行之時受於無量種種快樂彼諸天等皆有名字諸比丘其月天子大宮殿中更復别有青瑠璃輦其輦出高十六由旬廣八由旬其月天子及諸天女入於輦中以天種種五欲功德和合受樂歡娛悦預隨意而行

諸比丘其月天子依天數量壽五百歲子孫相承皆於彼治然其宮殿住於一劫諸比丘其月天子諸身分中光明出已即便照彼青瑠璃輦其輦光照月大宮殿月宮殿光照四大洲諸比丘其月天子有五百光向下照行有五百光傍照而行故名月天子光照也亦復名為涼冷光明

諸比丘何因緣故月大宮殿照四大洲過去世時布施沙門及婆羅門貧窮孤獨遠来乞求所謂食飲乘騎衣服華鬘諸香牀鋪房舍諸資生等而敎施時應時疾與不諂曲心或復供養諸仙持戒具功德者正直純善彼

因緣故受無量種種身心快樂譬如空閑山林荒澤曠野磧中有一池水涼冷輕美無有濁穢是時有人遠行疲乏飢渴熱逼入彼池中澡浴飲水除一切苦受無量樂如是如是彼因緣故生月天子宮殿之中受樂果報諸比丘復有一種斷於殺生乃至斷酒及放逸行供養承事諸仙人等亦生於彼月宮殿中照四洲界復有斷殺乃至正見故得速疾空行宮殿此則名為諸善業道又何因緣其月宮殿漸漸而現有三因緣何等為三一者背方面出二者有青身諸天形服瓔珞一切悉青常半月中隱覆其宮以隱覆故彼時月形漸漸而現三者從彼日天大宮殿中别有六十光明出已障彼月輪以是義故漸漸而現復次於中何因緣故其月宮殿圓淨滿足如是顯現諸比丘此亦三緣故使如是一者彼時月大宮殿正方面出以是義故圓滿而現

復次彼青色天衣服瓔珞一切皆青常半月中隱月宮殿而月宮殿於遍

沙他十五日時圓滿光明照曜熾盛譬如多有諸種油脂中然大炬彼等一切諸餘燈明悉皆翳覆如是如是月大宮殿十五日時每恒如是復次日大宮殿六十光明出已障彼清淨月輪而月宮殿於遍沙他十五日中圓滿具足於一切處皆捨翳障彼時日光不能覆蔽

復次於中何因緣故月大宮殿於彼黑月第十五日一切不現諸比丘其月宮殿於彼黑月第十五日近日宮殿行彼由日光作覆翳故一切不現復次何緣月大宮殿得名月也

諸比丘其月宮殿於彼黑月一日已去以其光明顏色威德缺而減少以此因緣得名月也復次於中何因緣故月大宮殿其中有影諸比丘有閻浮樹因此故言閻浮洲也於彼清淨月輪光明為其作影此因緣故有於影現復何因緣有諸河水流於世間諸比丘有日故有熱有熱故有惱有惱故有炙有炙故有汗濕有汗濕故諸山之中汁流水出諸比丘此因緣

起世經卷第十　第十二張　澄字号

故河流世間復何因緣有五種子世間出現諸比丘若於東方或有世界轉成已壞或壞已成或成已住南西北方成壞及住亦復如是尒時阿耶毗羅大風別於他界轉成住處吹五種子散此界中散已復散乃至大散所謂根子莖子節子合子子子此為五子諸比丘閻浮大樹有是色果辟如摩伽陁國中量斛摩昆彼等摵已其汁流出色辟如乳味甜如蜜

諸比丘閻浮樹果有五種分出生利益謂東南西上下彼東分者諸揵闥婆輩食其南分有七種大聚落人輩食所謂一不正叫二叫喚三不正體四賢五善賢六牢七勝於彼七種大聚落中有七黑山所謂一徧箱二一搏三小来四何鼓五百徧頭六能勝七最勝彼七山中有七梵仙所居之窟一善眼二善賢三小四百徧頭五爛物池六黑入七增長時其西分中金翅鳥輩食上分虛空夜叉輩食下分海中諸垂輩食於中有憂陁那偈

初說雨多少　宮殿中示現　二事多有風

起世經卷第十　第十三張　澄字号

於前諸天行　輩及於壽命　身體光明照
布施持戒業　偏及滿足輪　月影及不現
有影何因緣　諸河諸種子　閻浮樹最後

諸比丘劫初衆生食地味時既資益已久長住世而彼等輩若多食者顏色即劣若少食者光相殊勝當於彼時形色現故衆各相欺言爭勝劣勝者生慢以我慢故地味便沒即生地皮色味具足辟如成就羯昆迦羅花有如是色又如淳蜜無蠟有如是味彼等衆生共聚集已憂愁苦惱椎胷叫喚迷悶困乏唱言嗚呼我地味嗚呼我地味辟如今者所有勝味既嘗知已唱言嗚呼此是我味執著舊名不知真義彼等衆生亦復如是時彼衆生食於地皮久長住世多食色麁少食形勝以勝劣故我慢相陵地皮復沒便生林蔓形色成就香味具足辟如成就迦藍婆柯花有如是色割之汁流猶無蠟之蜜乃至如前聚共愁惱如是次第林蔓沒已粳米出生不曾耕種自然顯現無芒無糩清淨米粒香味具足彼時衆生如是食已

起世經卷第十　第十四張　澄字号

其諸身分即有脂髓皮肉筋骨髓血衆脉及有男女根相而彰根相既生染心即起以有染故數相視瞻既數相看便生愛欲以欲愛故便於屏處行非梵行不淨欲法彼時復有自餘衆生未如此者見已告言謂汝衆生所作甚惡云何如此其彼衆生遂生慙愧墮在不善諸惡法中即得如是波帝波帝之名字也（梵語波帝隋言夫主）時彼衆生以墮如是語惡法故共行欲者將飯食來言有墮也言有墮也如是立名為婆梨耶婆梨耶也（梵語婆梨耶隋言婦）諸比丘此因緣故舊時下來諸勝人輩見於世間夫婦出故彼等衆輩以左手扼用右手推令轉彼處而彼衆生或復二月三月去已還復歸來時彼衆輩見彼還來即以杖木土凷瓦石而用打擲作如是言汝善隱藏汝善隱藏辟如今者諸女嫁時或復擲花金銀衣服及擲羅闍（梵語羅闍隋言熱稻穀花）復作如是呪願言語願汝新婦安隱快樂諸比丘如是次第往昔衆人如是惡作見今諸人亦如是作以是因緣諸衆

生輩於世法中行於惡行如是次第起作舍屋為彼惡業作覆藏故偈言

初時作占婆　於後波羅奈　過劫成末際
規度王舍城

諸比丘此因緣故前最勝者造作村城聚落處所國邑王宫莊嚴世間出生住處如是衆輩更復增長非法行時有餘衆生福命業盡從光音天捨身來下毋腹受胎諸比丘此因緣故舊時勝者先生世間彼等衆生餘福力故不須耕種而有自然粳米出生若有欲須日初分取於日後分即復還生日後分取日初還生成熟一種若不取者依舊常在時彼衆生福漸薄故嬾惰懈怠慳悋心生作如是念今此粳米不曾耕種何用辛苦日初日後時别各取徒自困乏我今寧可一時頓取遂即併取時餘衆生喚彼人言食時節至可共相逐取粳米彼人報言我以一時為日初後頓取將來汝欲去者可自知時彼作是念此衆生等善作快樂於日初後一時頓取我今應當為兩三日亦可併取

即便悉取尒時更有别衆生喚彼衆生言我等可共取粳米彼即報言我前總已取三日分汝自知時彼衆生聞復作是念此人甚善我今亦宜一時併取四五日分為貯積故時彼粳米即生皮糩裹米而住被刈之者即更不生未刈之處依舊而住其此稻穀即便段別叢聚而生是時衆生相共聚集愁憂悲哭各相謂言我憶往昔意所生身以喜為食自然光明騰空自在神色最勝壽命長遠而為我等忽生地味色香味具食已久住其多食者色形則麁少食之者顏色猶勝爭勝劣故起憍慢心則成差別緣於此故地味滅没次生地皮次生林蔓次生粳米乃至皮糩刈者不生不刈如舊以如是故成此一叢段別住也我等今者宜應分壃結作界畔并立議罰彼是汝許此是我分侵者罰之諸比丘此因緣故世間便有界畔議罰名字出生

尒時别有餘一衆生自惜己稻盜他稻穀餘人見已即告彼言謂汝衆生

汝惡作也汝惡作也云何自有盜取他稻可已而放更莫如此而彼衆生已復再作亦宜呵放如是再三猶不改悔麁言呵責以手打頭牽辟將詣衆人之中告衆輩言此人盜他而彼衆生對於衆前拒諱爭鬪語衆輩言此之衆生麁惡言語罵詈於我以手打我時彼衆輩聚集憂愁悲哭而嘆我等今者相共至此因惡處也我等已生惡不善法為諸煩惱增長未來生老苦果當向惡趣現見以手共相牽排驗遣呵責我等今應求正守護為我作主合呵責者正作呵責合議罰者即正議罰合驗遣者即正驗遣我等所有田分稻穀各自取來彼守護主有所須者我等供給大衆如是共平量已時彼衆輩即共推求正守護者

尒時彼處大衆之中别有一人長大最勝可愛端正形容奇特微妙可觀身色光儀種種具足時諸衆輩向彼人邊作如是言善哉仁者汝為我等作正守護我等此處各有田畔勿使

侵欺合呵正呵合責正責乃至讁罰
合遣正遣我等所収不耕稻穀當分
與汝不令乏少彼人聞巳即許可之
為作正主可責讁罰駈遣平正无有
侵凌衆鈒粗穀而供濟之不令短闕
如是依法為作田主以從彼等衆生
田裏取地分故因即立名為刹帝利
（刹帝利者隋言田主）時彼衆生悉皆歡喜依誠
奉行彼刹帝利於衆事中智慧巧妙
處彼衆內光相㝡勝是故稱名為曷
囉闍（曷囉闍者隋言王也）大衆立為大平等王
是故名為摩訶三摩多（摩訶三摩多者隋言大衆平等
王也）諸比丘其摩訶三摩多作王之時
彼諸人輩因始立名為薩多婆（薩多婆者
隋言衆生）諸比丘其摩訶三摩多王有息
名乎盧遮（隋言意喜）諸比丘彼乎盧遮作
王之時彼諸人輩稱為何奧摩柯
（隋言金者）諸比丘其乎盧遮王有息名柯
梨耶鄉（隋言正真）諸比丘其柯梨耶鄉作
王之時彼諸人輩稱為帝羅闍（隋言為齋
生也）諸比丘其柯梨耶鄉王有息名婆
羅柯梨耶鄉（隋言最正真者）諸比丘其婆
羅柯梨耶鄉作王之時彼諸人輩稱

為阿婆囉騫他（隋言雲片）諸比丘其雲片
王有息名烏逋沙他（隋言齋戒）諸比丘其齋
戒王在位之時彼諸人輩稱為多羅
求伽（隋言木脛）諸比丘其齋戒王頂上自
然出一肉胞生於童子端正具足三
十二相生巳唱言摩陁多（摩陁多者隋言持戒）其
頂生王具大神通甚有威力統四大
洲自在治化諸比丘此等六王壽命
無量諸比丘其頂生王右髀出胞生
一童子端正具足三十二相名右髀
生亦有威力統四大洲其右髀王左
髀出胞生一童子亦三十二相名左
髀生具威德力王三大洲其左髀王
右膝肉胞生一童子威相如前王二
大洲其右膝王左膝生一童子威相
如前領一大洲

諸比丘從此巳來有轉輪王皆領一
洲汝等當知諸比丘如是次第㝡初
衆立大平等王次意喜王次正真王
次㝡正真王次受齋戒王次頂生王
次右髀王次左髀王次右膝王次左
膝王次巳脫王次巳巳脫王次體者
王次體味王次畢黎車王次海王次

大海王次奢俱梨王次大奢俱梨王
次茀草王次別茀草王次善賢王次
大善賢王次相愛王次大相愛王次
叫王次大叫王次尼梨迦王次鄰瞿
沙王次狼王次海分王次金剛辟王
次牀王次師子月王次鄰耶埵王次
別者王次善稲水王次熱惱王次作
光王次曠野王次小山王次山者王
次焰者王次熾焰王諸比丘其熾焰
王子孫相承有一百一並悉在彼逋
多羅城治化天下其㝡後王名為降
怨以能降伏諸怨敵故名曰降怨

諸比丘其降怨王子孫相承於阿踰
闍城中治化有五万四千王其㝡後
王名為難勝

諸比丘其難勝王子孫相承於波羅
奈城中治化有六万三千王彼㝡後
王名難可意諸比丘其難可意子孫
相承於柯篿囉城中治化有八万四
千王彼㝡後王名為梵德諸比丘其
梵德王子孫相承於彼白烏城中治
化有三万二千王彼㝡後王名為烏
德諸比丘其烏德王子孫相承於拘

尸鄉城中治化有三万二千王彼最
後王名曰藿香諸比丘其藿香王子
孫相承於優羅奢城中治化有三万
二千王其最後王名鄉伽鄉嗜諸比
丘其鄉嗜王子孫相承於難降伏城
中治化有三万二千王彼最後王名
日降者諸比丘其降者王子孫相承
於葛鄉鵠遮城中治化有一万二千
王彼最後王名勝軍諸比丘其勝軍
王子孫相承於波波城治化天下有
一万八千王彼最後王名曰天龍諸
比丘其天龍王子孫相承於多摩梨
奢城中治化有二万五千王彼最後
王名曰海天諸比丘其海天王子孫
相承還於多摩梨奢城中治化有一
万王彼最後王還名海天諸比丘後
海天王子孫相承於檀多冨羅城中
治化有一万八千王彼最後王名為
善意子孫相承於王舍大城治化有
二万五千王彼最後王名善治化諸
比丘善治化王子孫相承還於波羅
奈城中治化有一千一百王彼最後
王名大帝君諸比丘大帝君王子孫

相承於茅主大城中治化有八万四
千王彼最後王復名海天諸比丘其
海天王子孫相承還於逋多羅城中
治化有一千五百王彼最後王名為
苦行諸比丘其苦行王子孫相承還
於茅主大城中治化有八万四千王
彼最後王名為地面諸比丘其地面
王子孫相承還於阿踰闍城中治化
有一千王彼最後王名為持地諸比
丘其持地王子孫相承還於波羅奈
大城中治化有八万王彼最後王名
曰地主諸比丘其地主王子孫相承
於寐（士咲反）溰（湯梨反）羅城中治化有八
万四千王彼最後王名曰大天諸比
丘其大天王子孫相承於後寐溰羅
大城中治化有八万四千刹帝利王
彼一切王於彼寐溰羅城菴婆羅林
中修行梵行其最後王名曰足寐王
次没王次堅齊王次軻嗅王次優波
王次嗅摩王次善見王次月見王次
聞軍王次法軍王次降伏王次大降
王次更降王次無憂王次除憂王次
肩節王次王節王次摩羅王次婁鄉

王次方主王次塵者王次迦羅王次
難陁王次鏡面王次生者王次斟領
王次食飲王次饒食王次難降王次
難勝王次安住王次善住王次大力
王次力德王次堅行王諸比丘其堅
行王子孫相承於迦奢波城中治化
有七万五千王彼最後王名菴婆梨
沙諸比丘其梨沙王子名善立諸比
丘其善立王子孫相承於波羅大城
中治化有一千一百王彼最後王名
枳梨祁

諸比丘彼時有迦葉如来阿羅呵三
藐三佛陁出現世間菩薩於彼修行
梵行生兜率天枳梨祁王息名為善
生子孫相承還於逋多羅城中治化
有一百一王彼最後王名耳其耳王
有二息一名瞿曇二名婆羅墮闍彼
王一息名甘蔗種諸比丘其甘蔗種
子孫相承還於逋多羅城中治化有
一百一甘蔗種王彼最後王名不善
長甘蔗種王諸比丘不善長王而生
四子一名優牟佉二名金色三名似
白烏四名足渠其足渠息名曰天城

其子牛城子孫相承於迦毗羅婆蘇都城中治化有七万七千王彼冣後王名廣車王次別車王次堅車王次住車王次十車王次百車王次九十車王次雜色車王次智車王次廣弓王次多弓王次蕪弓王次住弓王次十弓王次百弓王次九十弓王次雜色弓王次智弓王

諸比丘其智弓王生於二息一名師子頰二名師子足其師子頰紹繼王位生於四子一名淨飯二名白飯三名斛飯四名甘露飯又生一女名為不死諸比丘其淨飯王生於二子一悉達多二名難陁白飯二子一名帝沙童二名難提迦斛飯二子一阿泥婁馱二跋提梨迦甘露飯王亦生二子一阿難陁二提婆達多其不死女唯有一子名世婆羅菩薩一子名羅睺羅

諸比丘如是次第從於大衆平等王來子孫相承冣勝種族至羅睺羅童子身上成阿羅漢斷於煩惱盡生死際更無復有諸比丘此因緣故舊稱

昔時有勝刹利世間出生依於如法非不如法諸比丘有如是法世間刹利冣為勝生尒時自餘諸衆生輩如是念言世間有為是病是癰是其毒箭熟思惟已棄捨有為於空山澤造作草菴寂靜禪定有所求須或日初分或後分中出於草菴入村乞食衆人見已須者與之復為造作或有稱言此等衆生冣好作善棄捨世間有流不善諸惡法故名婆羅門此因緣故婆羅門種世間出生或有衆生樂定不成倚著村落多教呪術因此得名為教者也以其下来入村舍故名向聚落復為成就諸欲法故名成就欲此因緣故舊稱昔時勝婆羅門高行種姓世間出生依於如法非不如法復有自餘諸衆生輩造作種種求利伎能工巧藝術諸業之處以此得名為毗舍也此因緣故舊稱昔時毗舍種姓現於世間彼亦如法非不如法諸比丘此等三種世間生已於後復有第四種姓世間出生諸比丘復有一種各自毀呰自家法已剃除鬚

髮身著袈裟棄捨世間出家修道口自唱言我作沙門彼作是稱即成正願婆羅門也毗舍亦然復有一種如前毀呰亦捨出家口自稱我當作沙門為彼故有如是正願諸比丘復有一種刹利以身口意行於惡行以惡行故身壞命終一向受苦其婆羅門及毗舍等亦如是復有一種刹利以身口意行善行故身壞命終一向受樂婆羅門毗舍亦然

諸比丘復有一種刹利以身口意行二種行身壞命終當受苦樂婆羅門毗舍亦尒諸比丘復有一種刹利正信出家修習證於三十七助道能盡諸漏心解脫智解脫現見證法得諸神通既作證已口自唱言我已盡生梵行已立所作已辦更不受有其婆羅門毗舍亦尒諸比丘此三種姓於彼邊生能成就明行足得阿羅漢名為冣勝諸比丘其梵王娑呵波底善於我前說如是偈

刹利勝生者　若出諸種姓　明行足成就
彼冣勝天人

起世經卷第十　第二十七張　遂字号

諸比丘其梵王娑呵波底彼偈善頌非為不善我已印可諸比丘我多陁阿伽度阿羅呵三藐三佛陁亦說此義諸比丘如是次第我所具說世間轉成轉壞轉住諸比丘若有教師為諸聲聞所應作處哀愍利益而行慈悲我已作訖汝等須依諸比丘此等空閑山林樹下虛房靜室土窟崖龕或塚墓間以稻芉等為草菴住離於村舍聚落居停如是之處汝等比丘應修習禪勿恆放逸致令後悔此我教示汝諸比丘佛說經已諸比丘等歡喜奉行

起世經卷第十

起世經卷第十

校勘記

一　底本，金藏廣勝寺本。

一　七〇四頁中三行「最勝品下」，資、磧、普、南、徑、清作「最勝品第十二之餘」。

一　七〇四頁中一〇行「皆有」，麗作「各有」。

一　七〇四頁下一五行「光明」，資、磧、普、南、徑、清作「光相」。

一　七〇六頁上一行「馬頭片」，諸本（不含石，下同。）作「馬片頭」。

一　七〇六頁上六行「閻浮洲」，資、磧、普、南、徑、清作「閻浮提洲」，下同。

一　七〇六頁上一四行末字「此」，資、磧、普、南、徑、清無。

一　七〇六頁上一八行「日大」，清作「日月」。

一　七〇六頁中二行「行六俱」，資、磧、普、南、徑、清作「日行六俱」。

一　七〇六頁中四行「袂小」，磧、南、徑、清、麗作「狭小」。

一　七〇六頁中七行「日大」，資、磧、普、南、徑、清作「日天」。

一　七〇六頁下五行「優陁那」，徑、清作「優陀那偈」。

一　七〇六頁下一二行「欄楯」，資作「欄楣」。

一　七〇六頁下一九行「其爲」，諸本作「甚爲」。

一　七〇七頁上五行「其月」，普、南作「其有」。

一　七〇七頁上一六行末二字至一七行首二字「天子光照」，資、磧、普、南、徑、清作「天子光明」；麗作「天千光照」。

一　七〇七頁中末行「而月」，資、磧、普、南、徑、清作「而見」。

一　七〇七頁下七行「皆捨」，資、磧、普、南、徑、清作「皆稱」。

一　七〇七頁下一〇行「黑月」，資、普、南、徑、清作「黑助」。

一　七〇八頁上一六行第一一字及一

七行第一〇字、一九行第一一字「偏」，諸本作「偏」。

一 七〇八頁上一七行「小来」，諸本作「小臺」。

一 七〇八頁上一八行「最勝」，資、磧、普、南、徑、清作「聚勝」。

一 七〇八頁中六行「即劣」，資、磧、普、南作「即少」。

一 七〇八頁中一三行末字「甞」，磧、普、南作「當」。

一 七〇八頁下五行「彼時」，資、磧、普、南、徑、清作「時彼」。

一 七〇八頁下一〇行「如是語」，諸本作「如是諸」。

一 七〇八頁下一六行「二月」，資、磧、普、南、徑、清作「三月」。

一 七〇八頁下二〇行夾註「熱稻」，資、磧、徑作「熱稻」。

一 七〇九頁上二行「爲彼」，磧、普、南、徑、清作「爲被」。

一 七〇九頁上一五行「慳悋」，諸本作「貪悋」。

一 七〇九頁下三行「亦宜」，諸本作「亦且」。

一 七〇九頁下九行「因惡」，麗作「困惡」。

一 七一〇頁上五行「租穀」，諸本作「稻穀」。

一 七一〇頁上七行首二字「田裏」，資作「因理」。

一 七一〇頁中四行首字「求」，諸本作「承」。

一 七一一頁上一六行末字「後」，麗作「彼」。

一 七一一頁上一九行「善意」，資、磧、南、徑、清作「善意諸比丘其善意王」。

一 七一一頁中一三行夾註「亡毗反」，「湯梨反」，徑、清無。

一 七一一頁中一五行「於後」，諸本作「於彼」。

一 七一一頁下六行「迦奢波城」，資、磧、普、南、徑、清作「迦奢婆波城」。

一 七一一頁下一八行首字「王」，資、磧、普、南、徑、清作「生」。

一 七一一頁下末行「天城」，磧作「天城天城有二名曰牛城」；普、南、徑、清作「天城天城有子名曰牛城」。

一 七一二頁上一行「牛城」，資作「天城」。

一 七一二頁上一五行第四字「名」，資、磧、普、南、徑、清無。

一 七一二頁下一八行「三種」，麗作「一種」。

一 七一三頁上七行「作訖」，資作「作說」。

一 七一三頁上九行「稻芊」，徑作「稻芋」。

起世因本經卷第一　題（亦名本起）　取

閻浮洲品第一

隋三藏闍那崛多等譯

如是我聞一時婆伽婆在舍婆提城迦利羅石室時諸比丘食後皆集常說法堂一時坐已各各生念便共議言是諸長老未曾有也今此世間衆生所居國土天地云何成立云何散壞云何壞已而復成立云何立已而得安住

尒時世尊獨在靜室天耳徹聽清淨過人聞諸比丘食後皆集常說法堂共作如是希有言論世尊聞已晡時出禪從石室起往法堂上在諸比丘大衆之前依常敷座儼然端坐於是世尊知而故問汝等比丘於此集坐向來議論有何所說時諸比丘同白佛言大德世尊我等比丘於此法堂食後共集大衆詳議作如是言是諸長老未曾有也云何世間如是成立云何世間如是散壞云何世間壞已復立云何世間立已安住大德世尊

我等向來集坐言論正議斯事

尒時佛告諸比丘言善哉善哉汝諸比丘乃能如是如法信行諸善男子汝以信故捨家出家汝等若能共集一處作如是等如法語者不可思議汝等比丘若集坐時應當修此二種法行各為已業不生息惰所謂論說法義及聖默然若能尒者汝等當聽如來所說如是之義世間成立世間散壞世間壞已而復成立世間立已而得安住

時諸比丘同白佛言大德世尊今正是時修伽多今正是時若佛世尊為諸比丘說此義者我諸比丘聞世尊說當如是持

尒時佛告諸比丘言汝等比丘諦聽諦聽善思念之我當為汝次第演說時諸比丘同白佛言唯然世尊願樂欲聞

佛言比丘如一日月所行之處照四天下如是等類四天世界有千日月所照之處此則名為一千世界諸比丘千世界中千月千日千須弥山王

四千小洲四千小海四千大海四千龍種姓四千大龍種姓四千金翅鳥種姓四千大金翅鳥種姓四千惡道處種姓四千大惡道處種姓四千小王四千大王七千種種大樹八千種種大山十千種種大泥犁千閻摩王千閻浮洲千瞿陁尼千弗婆提千欝單越千四天王天千三十三天千夜摩天千兜率陁天千化樂天千他化自在天千摩羅天千梵世天諸比丘於梵世中有一梵王威力最強无能降伏統攝千梵自在王領𠫵我能作能化能幻𠫵我如父於諸事中自作如是憍大語已即生我慢如來不尒所以者何一切世間各隨業力現起成立諸比丘此千世界猶如周羅(周羅者隋言髻)名小千世界諸比丘尒所周羅一千世界是名第二中千世界諸比丘如此第二中千世界以為一數復滿千界是名三千大千世界諸比丘此三千大千世界同時成立同時成已而復散壞同時壞已而復還立同時立已而得安住如是世界周遍燒已名

為散壞周遍起已名為成立周遍住已名為安住是為无畏一佛剎土衆生所居

諸比丘今此大地厚四十八万由旬周閪无量如是大地住於水上水住風上風依虛空諸比丘此大地下所有水聚厚六十万由旬周閪无量彼水聚下所有風聚厚三十六万由旬周閪無量諸比丘此大海水最極深處深八万四千由旬周閪無量諸比丘須弥山王下入海水八万四千由旬上出海水亦八万四千由旬須弥山王其底平正下根連住大金輪上諸比丘須弥山王在大海中下狹上闊漸漸寬大端直不曲大身牢固佳妙殊特最勝可觀四寶合成所謂金銀琉璃頗梨須弥山上生種種樹其樹欝茂出種種香其香遠熏遍滿諸山多衆聖賢最大威德勝妙天神之所止住

諸比丘須弥山王上分有峯四面挺出曲臨海上各高七百由旬殊妙可愛七寶合成所謂金銀琉璃頗梨真

珠車𤦲瑪瑙之所莊挍諸比丘須弥山下別有三級諸神住處其最下級縱廣正等六十由旬七重牆院七重欄楯七重鈴網復有七重多羅行樹周帀圍遶端嚴可愛其樹皆以金銀琉璃頗梨赤珠車𤦲瑪瑙七寶所成一一牆院各有四門於一一門有諸壘埭重閣華軒却敵樓櫓臺殿房廊苑園池沼具足莊嚴一一池中並出妙華散衆香氣有諸樹林種種莖葉種種花果悉皆具足亦出種種殊妙香氣復有諸鳥各出妙音鳴聲閒雜和雅清暢其第二級縱廣正等四十由旬七重牆院七重欄楯七重鈴網多羅行樹亦有七重周帀齊平端嚴可愛亦為七寶金銀琉璃頗梨赤珠車𤦲瑪瑙之所挍飾所有莊嚴門觀樓閣臺殿園池果樹衆鳥皆悉具足其最上級縱廣正等二十由旬七重牆院乃至諸鳥各出妙音莫不具足諸比丘於下級中有夜叉住名曰鉢手第二級中有夜叉住名曰持鬘於上級中有夜叉住名曰常醉

諸比丘須弥山半高四万二千由旬有四大天王所居宮殿須弥山上有三十三天宮殿帝釋所居三十三天已上一倍有夜摩諸天所居宮殿夜摩天上又更一倍有兜率陁天所居宮殿兜率天上又更一倍有化樂諸天所居宮殿化樂天上又更一倍有他化自在諸天宮殿他化天上又更一倍有梵身諸天所居宮殿他化天上梵身天下於其中間有摩羅波旬諸天宮殿倍梵身上有光音天倍光音上有遍淨天倍遍淨上有廣果天倍廣果上有不麁天廣果天上不麁天下其間別有諸天宮殿所居之處名无想衆生倍不麁上有不惱天倍不惱上有善見天倍善見上有善現天倍善現上有阿迦尼吒諸天宮殿諸比丘阿迦尼吒已上更有諸天名無邊空處无邊識處无所有處非想非非想處此等皆名諸天住處諸比丘如是處所如是界分衆生居住是諸衆生若來若去若生若滅邊際所極此世界中所有衆生有生老死墮

在如是生道中住至此不過是名娑婆世界無畏剎土諸餘十方一切世界亦復如是諸比丘須弥山王北面有洲名欝單越其地縱廣十千由旬四方正等彼洲人面還似地形諸比丘須弥山王東面有洲名弗婆提其地縱廣九千由旬圓如滿月彼洲人面還似地形諸比丘須弥山王西面有洲名瞿陁尼其地縱廣八千由旬形如半月彼洲人面還似地形諸比丘須弥山王南面有洲名閻浮提其地縱廣七千由旬北闊南狹如婆羅門車其中人面還似地形諸比丘須弥山王北面天金所成照欝單越洲東面天銀所成照弗婆提洲西面天頗梨所成照瞿陁尼洲南面天青琉璃所成照閻浮提洲諸比丘欝單越洲有一大樹名菴婆羅其本縱廣有七由旬下入於地二十一由旬高百由旬枝葉垂覆五十由旬諸比丘弗婆提洲有一大樹名迦曇婆其本縱廣亦七由旬下入於地二十一由旬高百由旬枝葉垂覆五十由旬諸比丘

瞿陁尼洲有一大樹名鎮頭迦其本縱廣亦七由旬乃至枝葉垂覆五十由旬於彼樹下有一石牛高一由旬以此因緣名瞿陁尼（隋言牛施）諸比丘此閻浮洲有一大樹名曰閻浮其本縱廣亦七由旬乃至枝葉垂覆五十由旬於此樹下有閻浮那檀金聚高二十由旬以此勝金出閻浮樹下是故名為閻浮那檀閻浮那檀金者因此得名

諸比丘諸龍金翅所居之處有一大樹名曰拘吒賖摩利其本縱廣亦七由旬乃至枝葉垂覆五十由旬諸比丘阿修羅處有一大樹名善晝華其本縱廣亦七由旬乃至枝葉垂覆五十由旬諸比丘三十三天有一大樹名曰天遊其本縱廣亦七由旬下入於地二十一由旬高百由旬枝葉垂覆五十由旬

諸比丘須弥山下次復有山名佉提羅高四万二千由旬上闊亦尒端嚴可愛七寶合成所謂金銀琉璃頗梨赤珠車渠瑪瑙諸比丘其須弥山佉

提羅山二山之間闊八万四千由旬
周帀无量優鉢羅華鉢頭摩華拘牟
陁華奔茶利迦華等諸妙香物遍覆
水上諸比丘佉提羅外有山名曰伊
沙陁羅高二万一千由旬上闊亦尒
端嚴可愛乃至瑪瑙等七寶所成佉
提羅山伊沙陁羅二山之間闊四万
二千由旬周帀无量優鉢羅華鉢頭
摩華拘牟陁華奔茶利迦華等諸妙
香物遍覆水上伊沙陁羅山外有山
名曰遊乾陁羅高一万二千由旬上
闊亦尒端嚴可愛乃至瑪瑙等七寶
所成伊沙陁羅遊乾陁羅二山之間
闊二万一千由旬周帀无量優鉢羅
花鉢頭摩花拘牟陁花奔茶利迦花
等諸妙香物遍覆諸水遊乾陁羅山
外山名曰善見高六千由旬上闊亦
尒端嚴可愛乃至瑪瑙等七寶所成
遊乾陁羅與善見山中間相去一万
二千由旬周帀无量優鉢羅華鉢頭
摩華拘牟陁華奔荼利迦華等諸妙
香物遍覆諸水善見山外有山名曰
馬半頭高三千由旬上闊亦尒端嚴

可愛乃至瑪瑙等七寶所成其善見
山與馬半頭二山之間闊六千由旬
周帀無量優鉢羅華鉢頭摩華拘牟
陁華奔茶利迦華等諸妙香物遍諸
水上馬半頭外有山名曰尼民陁羅
高一千二百由旬上闊亦尒端嚴可
愛乃至瑪瑙等七寶所成其馬半頭
尼民陁羅二山之間闊二千四百由
旬周帀无量優鉢羅華鉢頭摩華拘
牟陁華奔茶利迦華等諸妙香物遍
覆於水尼民陁羅山外有山名毗那
耶迦高六百由旬上闊亦尒端嚴可
愛乃至瑪瑙等七寶所成尼民陁羅
毗那耶迦二山之間闊一千二百由
旬周帀无量四種雜華乃至諸妙香
物遍覆諸水毗那耶迦山外有山名
斫迦羅（隋言輪圓即是鐵圍山也）高三百由旬上闊
亦尒端嚴可愛乃至瑪瑙等七寶所
成毗那耶迦及斫迦羅二山之間闊
六百由旬周帀无量四種雜花及諸
妙香物遍覆於水去斫迦羅山其間
不遠亦有空地青草遍布即是大海
於大海北有大樹王名曰閻浮樹身

周圍有七由旬根下入地二十一由旬
高百由旬乃至枝葉四面垂覆五十
由旬邊有空地青草遍布次有菴婆
羅樹林閻浮樹林多羅樹林那多樹
林亦各縱廣五十由旬間有空地生
諸青草次有男名樹林女名樹林那
陁那林真陁那林亦各縱廣五十由
旬邊有空地青草弥覆次有呵梨勒
果林鞞醯勒果林阿摩勒果林菴婆
羅多迦果林亦各縱廣五十由旬邊
有空地青草弥覆次有可殊羅樹林
毗羅果林婆那婆果林石榴果林亦
各縱廣五十由旬邊有空地青草弥
覆次有烏勃樹林棗樹林甘蔗林細
竹林大竹林亦各縱廣五十由旬邊
有空地青草弥覆次有荻林葦林割
羅林大割羅林迦奢文陁林亦各縱
廣五十由旬邊有空地青草弥覆次
有阿提目多迦華林瞻波華林波吒
羅華林薔薇華林亦各縱廣五十由
旬邊有空地青草遍覆復有諸池優
鉢羅華鉢頭摩華拘牟陁華奔茶利
迦華等弥覆池上復有諸池毒虵充

滿亦各縱廣五十由旬閒有空地青草遍覆次復有海名鳥禪郍迦闊十二由旬其水清冷味甚甘美輕軟澄淨七重砌壘七寶間錯七重欄楯七重鈴網外有七重多羅行樹周帀圍遶殊妙端嚴以瑪瑙等七寶莊飾周遍四方有諸階道悉皆端嚴亦以金銀琉璃頗棃赤珠車𤦲瑪瑙等之所合成復有无量優鉢羅華鉢頭摩華拘牟陁華奔荼利迦華等遍覆水上其華火色即現火光有金色者即現金光有青色者即現青光有赤色者即現赤光有白色者即現白光婆无陁色現婆無陁光華如車輪根如車軸其根出汁色白如乳味甘若蜜

諸比丘鳥禪郍迦海中有轉輪聖王所行之道亦闊十二由旬閻浮提中轉輪聖王出現世時此中海道自然涌現與水齊平諸比丘次鳥禪郍迦海有山名曰鳥承伽羅諸比丘此鳥承伽羅山莊嚴端正殊妙可觀一切樹一切葉一切華一切果一切香種種草種種鳥獸但是世間所出之物於

彼山中无不悉備諸比丘鳥承伽羅山如是端正殊妙可觀汝等應當善持此也

諸比丘次復有山名曰金脇於此山中有八万窟有八万龍象在中居住並皆白色如拘牟陁華七支拄地悉有神通乘空而行其頂赤色似因陁羅瞿波迦虫六牙具足其牙纖利雜色金塡諸比丘過金脇已即有雪山高五百由旬闊厚亦尒其山殊妙四寶所成謂金銀琉璃頗棃其山四面有四金峯挺出山外各高二十由旬復有高峯衆寶閒雜迥然秀出高百由旬於山頂上有池名曰阿耨達多阿耨達多龍王在中居住其池縱廣五十由旬其水凉冷味甘輕美清淨不濁七重塼壘七重板砌七重欄楯七重鈴網周帀圍遶端嚴殊妙乃至瑪瑙等七寶所成復有諸華優鉢羅華鉢頭摩華拘牟陁華奔荼利迦華其華雜色青黃赤白大如車輪下有藕根麁如車軸汁白如乳味甘如蜜諸比丘此阿耨達多池中有阿耨達

多龍王宮其殿五柱殊妙可愛阿耨達多龍王與其眷屬在中遊戲受天五欲快樂自在諸比丘阿耨達多池東有恒伽河從象口出與五百河俱流入東海阿耨達多池南有辛頭河從牛口出與五百河俱流入南海阿耨達多池西有薄叉河從馬口出與五百河俱流入西海阿耨達多池北有斯陁河從師子口出與五百河俱流入北海諸比丘以何因緣此龍名為阿耨達多諸比丘有三因緣何等為三諸比丘閻浮洲中有諸龍住處唯除阿耨達多龍王其餘諸龍受快樂時便有熱沙墮其身上諸龍尒時即失天形現虵形相諸龍時時受斯等苦阿耨達多龍王無如此事是名第一因緣諸比丘閻浮洲中除阿耨達多龍王其餘諸龍遊戲樂時有熱風來吹其身體即失天形現虵形相有如是苦阿耨達多龍王无如此事是名第二因緣諸比丘閻浮洲中所有諸龍遊戲樂時金翅鳥王飛入其宮諸龍既見金翅鳥王心生恐怖以

恐怖故即失天形現虵形相具受衆苦阿耨達多龍王无如此事若金翅鳥王生如是心我今欲入阿耨達多龍王宮内彼金翅鳥以報劣故即自受苦永不能入阿耨達多龍王宮殿諸比丘此是第三因緣是故說名阿耨達多

諸比丘雪山南面不遠有城名毗舍離毗舍離北有七黑山七黑山北有香山於香山中有無量无邊緊那羅住常有歌舞音樂之聲其山多有種種諸樹其樹各出種種香熏大威德神之所居止諸比丘彼香山中有二寶窟一名雜色二名善雜色殊妙可愛乃至馬瑙七寶所成各皆縱廣五十由旬柔軟滑澤觸之猶若迦旃連提迦衣諸比丘有一軋闥婆王名无比踰與五百緊那羅女在雜色善雜色二窟中住受五欲娛樂遊戲行住坐起諸比丘二窟之北有太婆羅樹王名為善住別有八千娑羅樹林周帀圍遶彼善住娑羅林下有一龍象亦名善住遊止其中色甚鮮白如

拘牟陁華七支拄地騰空而行頂骨隆高如因陁羅瞿波迦垂其頭赤色具足六牙其牙纎利金沙廁填復有八千諸餘龍象以為眷屬其色悉白如拘牟陁華七支拄地乃至悉以金填其牙於善住娑羅林北為善住大龍象王出生一池名曼陁吉尼縱廣正等五十由旬其水凉冷甘美澄清無諸濁穢乃至藕根大如車軸破之汁出色白如乳味甘若蜜諸比丘曼陁吉尼池側周帀更有八千諸池四面圍遶一一皆如曼陁吉尼无有異也諸比丘其善住龍象王意若欲入曼陁吉尼池中遊戲之時即念八千龍象眷屬時彼八千諸龍象等亦起是心善住象王心念我等今者當往善住王處諸象到已皆在善住龍象王前伭頭而立尒時善住大龍象王知諸象集即便發引向曼陁吉尼池八千龍象前後圍遶隨從而行善住象王從容安步諸龍象中有持白盖覆其上者有以鼻持白摩尼拂拂其背者有諸樂神歌舞作倡在前引導

尒時善住大龍象王到已便入曼陁吉尼池出沒洗浴歡娛遊戲從心適意受諸快樂中有龍象澆其鼻者或有龍象磨其牙者或有龍象揩其耳者或有龍象灌其頭者或有龍象淋其背者或有龍象摩其脇者或有龍象洗其髀者或有龍象洗其足者或有龍象浴其尾者或有龍象拔取藕根淨洗鼻擎內其口者或有龍象拔優鉢羅華鉢頭摩華拘牟陁華奔荼利迦華等繫於善住象王頭者

尒時善住大龍象王於曼陁吉尼池中恣意洗浴遊戲歡娛自在受樂噉諸龍象所奉藕根頭上莊飾優鉢羅等種種雜華是事訖已從彼池出上岸停住八千龍象然後散入八千池中隨意洗浴遊戲自在受快樂已各食藕根食竟亦以優鉢羅等種種雜華繫其頭上用自莊嚴復共集會善住王所四面圍遶恭敬而住尒時善住大龍象王與彼八千諸龍象等前後導從還詣善住娑羅樹林所象王行時諸龍象等或擎白盖或執白拂

隨從如前諸神作樂導引亦尒

尒時善住大龍象王到善住娑羅大林已在樹王下隨意卧起受諸安樂八千龍象亦各詣彼八千樹下行住卧起自在安樂於彼林中有娑羅樹其本或復周圍六尋有娑羅樹其本或復周圍七尋八尋九尋十尋有娑羅樹其本周圍十二尋者唯此善住娑羅樹王其本周圍十有六尋彼八千娑羅樹林之中若有萎黄及所落葉即有風來吹令外出不穢其林八千龍象所有便利穢汙之物有諸夜叉隨掃擲棄

諸比丘閻浮提中有轉輪聖王出現世時八千象中一冣小者日日晨旦至輪王前供給承事調善象寶因此得名彼善住大龍象王每十五日晨旦往詣天帝釋所在前住立承奉駈使諸比丘善住象王有此神通有此威德雖復生於象畜之中然是龍輩乃有如是大威神力汝等比丘應當念持

起世因本經欝單越洲品第二之一

諸比丘欝單越洲有无量山彼諸山中有種種樹其樹欝茂出種種香其香普熏遍彼洲處生種種草皆紺青色右旋宛轉如孔雀毛香氣猶如婆師迦華觸之柔軟如迦旃連提迦衣長齊四指下足則偃舉足還復别有種種雜色果樹有種種莖葉華果出種種香其香普熏種種諸鳥各各自鳴其聲和雅其音微妙彼諸山中有種種河百道流散平順向下漸漸安行不緩不急无有波浪其岸不深平淺易涉其水清澄衆華覆上闊半由旬水流遍滿諸河兩岸有種種林隨水而生枝葉映覆種種香華種種雜果青草弥布衆鳥和鳴又彼河岸有諸妙船雜色莊嚴殊妙可愛並是金銀琉璃頗梨赤珠車𤦲瑪瑙等七寶所成

諸比丘欝單越洲其地平正无諸荆棘深邃稠林坑坎屏廁糞穢不淨壚石瓦礫純是金銀不寒不熱時節調和地常潤澤青草弥覆諸雜林樹枝葉恒榮華果成就諸比丘欝單越洲

復有樹林名曰安住其樹皆高六拘盧奢（一拘盧奢五里）葉密重布次第相接如草覆屋雨滴不漏彼諸人等樹下居住有諸香樹亦高六拘盧奢或復有高五拘盧奢四三二一拘盧奢者其冣小樹高半拘盧奢悉有種種枝葉華果此諸樹上隨心流出種種香氣復有劫波娑樹亦高六拘盧奢乃至五四三二一拘盧奢如是冣小半拘盧奢悉有種種枝葉華果從其果邊自然而出種種雜衣懸置樹間復有種種瓔珞之樹其樹亦高六拘盧奢乃至五四三二一拘盧奢者如是冣小半拘盧奢悉有種種枝葉華果從其果邊隨心流出種種瓔珞懸垂而住復有鬘樹其樹亦高六拘盧奢乃至五四三二一拘盧奢者如是冣小半拘盧奢亦有種種枝葉華果從其果邊隨心而出種種鬘形懸著於樹復有器樹其樹亦高六拘盧奢乃至五四三二一拘盧奢者如是冣小半拘盧奢亦有種種枝葉花果從其果邊隨心而出種種器形懸著於樹復

有種種衆雜果樹其樹亦高六拘盧
奢乃至五四三二一拘盧奢如是最
小半拘盧奢皆有種種枝葉華果從
其樹枝隨心而出種種衆果在於樹
上又有樂樹其樹亦高六拘盧奢乃
至五四三二一拘盧奢者如是最小
半拘盧奢亦有種種枝葉花果從其
果邊隨心而出種種樂器懸在樹間
其地又有自然粇米不藉耕種鮮潔
白淨无有皮檜欲熟食時別有諸果
名曰敦持用作鐺釜燒以火珠不假
薪炭自然出焰隨意所欲熟諸飲食
食既熟已珠焰乃息
諸比丘欝單越洲周帀四面有四池
水其池皆名阿耨達多並各縱廣五
十由旬其水涼冷柔軟甘鞋香絜不
濁七重塼壘七重板砌七重欄楯周
帀圍繞七重鈴網周帀懸垂復有七
重多羅行樹四面周圍雜色可愛金
銀琉璃頗梨赤珠車渠馬瑙等七寶
所成於池四方各有階道一一階道
亦七寶成雜色綺錯復有諸華優
鉢羅花鉢頭摩華拘牟陁花奔茶

利迦花等青黃赤白及縹碧色一一
花量大如車輪香氣氛氳微妙最勝
復有諸藕大如車軸破之汁出其色
如乳食之甘美其味如蜜
諸比丘阿耨達多池之四面有四大
河闊一由旬雜華弥覆其水平順直
流无曲不急不緩無有波浪奔逸衝
擊其岸不高平淺易入諸河兩岸有
種種林交柯映覆出衆妙香有種種
草生於其側色青柔軟宛轉右旋鵝
說乃至高齊四指下足隨下舉足還
復亦有諸鳥出種種聲於河兩岸又
有諸船雜色可樂乃至車渠馬瑙等
七寶之所合成觸之柔軟如迦旃鄰
提迦衣
諸比丘欝單越洲恒於半夜從阿耨
達多四池之中起大密雲周帀遍布
欝單越洲及諸山海悉弥覆已然後
乃雨八功德水如搆牛乳頃雨深四
指當下之處即沒地中更不傍流還
於半夜雨止雲除虛空清淨從海起
風吹此甘澤清涼柔軟觸之安樂潤
彼欝單越洲普令調適肥膩滋濃如

巧鬘師及鬘師弟子作鬘既成以水
灑散彼鬘被灑光澤鮮明諸比丘欝
單越洲其地恒潤悅澤光膩亦復如
是常如有人以酥油塗諸比丘欝單
越洲復有一池名曰善現其池縱廣
一百由旬涼冷柔軟清淨无濁七寶
塼砌乃至藕根味甘如蜜諸比丘善
現池東復有一苑亦名善現其苑縱
廣一百由旬七重欄楯七重鈴網多
羅行樹亦有七重周帀圍繞雜色可
樂乃至悉是車渠馬瑙七寶所成一
一方面各有諸門於一一門悉有却
敵雜色可樂亦是金銀琉璃珊瑚赤
珠車渠馬瑙等七寶所成諸比丘彼
善現苑平正端嚴无諸荆棘丘陵坑
坎礓石瓦礫及屏廁等諸雜穢物唯
多金銀種種異寶節氣調和不寒不
熱常有泉流四面弥滿樹葉敷榮華
果成就有種種香隨風芬馥復有種
種異類衆鳥常出妙聲和雅清暢有
草青色右旋宛轉柔軟細滑如孔雀
毛香氣皆似婆利師華觸之如觸迦
旃鄰提迦衣以足蹈之隨足上下復

有諸樹各有種種根莖華葉果實威
出衆香普熏彼地諸比丘善現苑中
亦有樹林名為安住樹並舉高六拘
盧奢葉密重布雨滴不下更相鱗次
如草覆舍諸人於下居住止宿復有
香樹劫波娑樹瓔珞鬘樹器樹果樹
又有自然秔米飯清淨美妙諸比丘
彼善現苑无我无主亦無守護欝單
越人欲入此苑自在遊戲受諸樂時
於其四門隨意所趣入彼苑已遊戲
澡浴恣情受樂欲去即去欲留即留
隨心自在諸比丘為欝單越人故於
善現池南復有一苑名曰普賢其苑
縱廣一百由旬七重欄楯周帀圍繞
乃至熟飯清淨美妙諸比丘此普賢
苑亦无守護欝單越人若欲須入普
賢苑中澡浴遊戲受快樂時從其四
門隨意而入入已澡浴遊戲受樂既
受樂已欲去即去欲留即留諸比丘
為欝單越人故善現池西復有一苑
名曰善華其苑縱廣一百由旬七重
欄楯周帀圍繞略說乃至如善現苑
等无有異亦復无有守護之者欝單

越人若欲須入善華苑中澡浴遊戲
受快樂時從其四門隨意而入入已
澡浴遊戲受樂既受樂已欲去即去
欲留即留
諸比丘為欝單越人故於善現池北
復有一苑名曰喜樂縱廣正等一百
由旬乃至无有守護之者欝單越人
若欲須入喜樂苑中澡浴遊戲受快
樂時從其四門隨意而入入已澡浴
遊戲受樂既受樂已欲去即去欲留
即留略說如前善現苑等
諸比丘為欝單越人故於善現池東
接善現苑其間有河名易入道漸次
下流无有波浪不緩不急雜華遍覆
闊二由旬半諸比丘易入道河於兩
岸上有種種樹枝葉映覆出種種香
普熏其處生種種草略說乃至編之
柔軟如迦旃隣提迦衣高齊四指以
足蹈之隨足上下或舉或伏又有種
種雜色果樹枝葉華果悉皆具足亦
有種種香氣普熏種種異鳥各各和
鳴其河兩岸有諸妙船雜色可樂七
寶所成金銀琉璃頗梨赤珠車渠瑪瑙

等莊嚴挍飾
諸比丘為欝單越人故於善現池南
有一大河名曰善體漸次下流略說
皆如易入道河此處所有種種樹林
與彼无異乃至諸船雜色所成柔軟
猶若迦旃隣提迦衣諸比丘於善現
池西為欝單越人故有一大河名曰
等車乃至略說漸次而下諸比丘於
善現池北為欝單越人故有一大河
名曰威主漸次而下略說乃至兩岸
有船七寶莊飾柔軟猶若迦旃隣提
迦衣此中有欝陁那偈
善現普賢等　善華及喜樂　易入并善體
等車威主河
諸比丘欝單越人若欲入彼易入道
河善體等車威主等河澡浴遊戲受
諸樂時即皆至彼河之兩岸脫其衣
裳置於岸側各坐諸船乘至水中澡
浴身體遊戲受樂既澡浴已隨有何
人在前出者即取上衣著已而去亦
不求覓所服本衣何以故欝單越人
无我我所無守護故是諸人等又復
往詣衆香樹下到樹下已其樹自然

低枝垂屈為彼諸人出衆妙香令其自手攀挐得及彼人於樹取種種香用塗身已復各往詣劫波娑樹到已其樹亦復如前低枝垂下出種種衣令彼諸人手所挐及彼人於樹復取種種上妙衣服著已而去轉更往詣瓔珞樹下既到彼已瓔珞樹枝亦皆垂屈為彼諸人流出種種上妙瓔珞手所挐及彼人於樹牽取種種瓔珞之具繫著身已更轉往詣諸鬘樹下既到樹已鬘樹自然為彼諸人垂枝下曲種種上妙寶鬘令彼人等手所挐及便於樹枝取諸妙鬘繫頭上已轉更往詣諸器物樹既到樹已器樹自然枝亦垂下令其手及隨意所欲取彼器已持詣果樹時彼果樹亦為諸人枝垂下曲出生種種勝妙甘果令手挐及彼人於樹隨心所欲取其熟果適意食之於中或有搦取其汁器盛而飲食飲食既訖乃復往詣音樂樹林到彼林已為諸人故音樂樹枝亦皆垂下為出種種音樂之器手所挐及彼人於樹各隨所須取衆樂器

其形殊妙其音和雅取已抱持東西遊戲欲彈則彈欲舞則舞欲歌則歌隨情所樂受種種樂其事訖已各隨所好或去或留

起世因本經卷第一

起世因本經卷第一

校勘記

一　底本，金藏廣勝寺本。

一　七一五頁中一行及卷末經名，[麗]作「起世經」。下同至卷第十。

一　七一五頁中一行經名下夾註「題含云本起」，諸本（不含[石]，下同）無。

一　七一五頁中二行譯者，[資]、[磧]、[普]作「隋三藏法師達摩笈多譯」；[南]、[徑]、[清]作「隨三藏法師達摩笈多等譯」；[麗]作「隋天竺三藏闍那崛多等譯」。下同至卷第十。

一　七一六頁上一行「四千小洲」，諸本作「四千小洲四千大洲」。

一　七一六頁中一五行「端直」，[徑]、[清]作「端正」。

一　七一六頁中二〇行「止住」，[資]、[磧]、[普]、[南]、[徑]、[清]作「住止」。

一　七一六頁下九行首字「園」，[資]、[磧]、[普]、[南]、[徑]、[清]作「圍」。

一　七一六頁下一三行「第二」，資、磧、普、南、徑、清作「第一」。
一　七一七頁中一三行第二字「車」，磧作「上」。
一　七一七頁下四行夾註「隋言牛施」，徑、清作「此言牛貨」。
一　七一八頁上一七行第二字「山」，諸本作「有山」。
一　七一八頁中一七行夾註「隋言輪圓」，資、磧、普、南、徑、清作「此言輪圍」。
一　七一八頁下六行末字「那」，諸本作「删」。
一　七一八頁下一二行「婆那娑」，麗作「婆那婆」。
一　七一九頁上一七行第六字「闍」，資、磧作「闇」。
一　七一九頁中八行及次頁中三行「纖利」，普、南、徑、清作「銛利」。
一　七一九頁下九行第四字「河」，資、磧作「阿」。
一　七二〇頁上九行末字「有」，資、磧、普、南、徑、清作「復有」。
一　七二〇頁上一九行第七字「受」，諸本作「具受」。
一　七二〇頁下三行第一〇字「澆」，麗作「洗」。
一　七二〇頁下四行第四字「磨」，資、磧、普、南、徑、清作「摩」。
一　七二〇頁下八行第四字「浴」，徑作「洗」。
一　七二〇頁下一九行「莊嚴」，資、磧、南、徑、清作「莊飾」。
一　七二一頁上末行「起世因本經」，資、磧、麗作「起世經」；徑、清無。同行「之一」，資、磧、南無。
一　七二一頁中二〇行末字「壃」，資、磧、南、徑、清、麗作「礓」。
一　七二二頁中一九行「搆牛」，資、磧、南、徑、清作「犛牛」。
一　七二二頁下八行第七字及第一三字「菀」，磧、南、徑、清、麗作「苑」，下同。
一　七二三頁上一行「各有」，諸本作「其樹各有」。
一　七二三頁上六行「瓔珞」，資、磧、徑、清、麗作「瓔樹」；南作「瓔」。
一　七二三頁上七行第七字「飯」，諸本作「熟飯」。
一　七二四頁上一二行「種種」，諸本作「流出種種」。
一　七二四頁上二〇行第六字「食」，諸本無。
一　七二四頁中卷末經名後，麗有如下附文：「此經宋藏題爲起世因本經闍那崛多譯却之爲後經編入取函丹藏題爲起世經進之爲前經今撿開元録丹藏爲正故今題中除因本二字進之爲澄函焉」。

起世因本經卷第二　取

隋三藏闍那崛多等譯

欝單越洲品第二之餘

諸比丘欝單越人髮紺青色長齊八指人皆一類一形一色無別形色可知其異諸比丘欝單越人悉有衣服无有裸形及半露者親踈平等无所適莫齒皆齊密不缺不踈美妙淨潔色白如珂鮮明可愛諸比丘欝單越人若有飢渴須飲食時便自取取不耕不種自然粳米清淨鮮白無有糠糩取已盛置敦持果中復取火珠置敦持下衆生福力火珠應時忽然出焰飲食熟已焰還自滅彼人得飲欲食之時施設器物就座而坐尒時若有四方人来欲共同食即為諸人具設飯食飯終不盡乃至食人坐食未竟所設之飯器常盈滿彼人食此无有糠糩自然粳米成熟飯時清淨香美衆味備具不須羹臛其飯形色猶若諸天蘇陁之味又如華叢潔白鮮明彼人食已身分充盈无減無缺湛然不攺無老无變是食乃至資益彼人色力安辯無不具足諸比丘欝單越人若於女人生染著時隨心所愛迴目觀視彼女知情即来隨逐其人將行至於樹下所將之女若是此人母姨姉妹親戚類者樹枝如奉不為下垂其葉應時萎黃枯落不相覆苦不出華果亦不為出牀敷臥具若非母姨姉妹等者樹即低枝垂條覆蔭柯葉欝茂華果鮮榮亦為彼人出百千種牀敷臥具便共相將入於樹下隨意所為歡娛受樂

諸比丘欝單越人住於母胎唯經七日至第八日即便産生其母産訖隨所生子若男若女皆將置於四衢道中捨之而去於彼道上東西南北行人往来見此男女心生憐念為養育故各以手指內其口中於彼指端自然流出上妙甘乳飲彼男女令得全活如是飲乳經於七日彼諸男女還自成就一色類身與彼舊人形量无異男還逐男女還逐女各依伴侶相隨而去

起世因本經卷二　取

諸比丘欝單越人壽命一定无有中夭命若終時皆得上生何因緣故欝單越人得此定壽命終已後皆復上生諸比丘世或有人專事殺生偷盜邪婬妄言兩舌惡口綺語貪瞋邪見以是因緣身壞命終墜墮惡道生地獄中或復有人不曾殺生不盜他物不行邪婬不妄言不兩舌不惡口不綺語不貪不瞋亦不邪見以是因緣身壞命終趣向善道生人天中何因緣故向下生者以其殺生邪見等因緣故向上生者以不殺生正見等故或復有人作如是念我於今者應行十善以是因緣我身壞時當得往生欝單越中彼處生已住壽千年不增不減彼人既作如是願已行十善業身壞得生欝單越中既於彼處復得定壽滿足千年不增不減諸比丘以此因緣欝單越人得定壽命

諸比丘何因緣故皆得上生諸比丘閻浮洲人以於他邊受十善業是故命終即得往生欝單越界欝單越人以其舊有具十善業欝單越中如法行故身壞命終皆當上生諸天善處諸比丘以此因緣欝單越人上生勝處諸比丘欝單越人命行終盡捨壽之時无有一人憂戀悲哭唯共轝置四衢道中捨之而去

諸比丘欝單越人中有如是法若有衆生壽命盡時即有十鳥名憂承伽摩（隋言高逝）從大山中疾飛而至銜死人鬘將其尸骸擲置餘方洲渚之上何以故欝單越人業行清淨樂淨潔故樂意喜故不令風吹臭穢之氣來至其所諸比丘欝單越人大小便利將下之時為彼人故地即開裂便利畢已地合如故何以故欝單越人樂淨潔故樂意喜故

復次彼處有何因緣而得說名欝單越洲諸比丘彼欝單越洲於四天下中比餘三洲最上最妙最高最勝故說彼洲為欝單越也（欝單越正音欝怛羅究溜隋言高上作謂高上於餘方也）

起世因本經轉輪聖王品第三

諸比丘閻浮洲內轉輪聖王出現世時此閻浮洲自然具有七種瑞寶轉輪王身復有四種神通德力何者七寶一金輪寶二白象寶三紺馬寶四神珠寶五玉女寶六主藏寶七兵將寶是為七寶諸比丘云何名為轉輪聖王輪寶具足諸比丘轉輪聖王出閻浮洲以水灌頂作剎利主於十五日月盛圓滿受齋之晨洗沐清淨不擣白氎以為衣服解髮垂下飾以摩尼及諸瓔珞在樓閣下親屬羣臣前後圍遶是時王前有金輪寶忽然来應輪徑七肘千輻轂輞衆相滿足自然成就非工匠造尒時灌頂剎利轉輪聖王即作是念我昔曾聞有如是說若灌頂剎利王於十五日月盛圓滿受齋之晨洗沐清淨身著不擣白氎之衣服諸瓔珞在樓閣上親屬羣臣前後圍遶是時王前忽然而有天金輪寶千輻轂輞衆相滿足自然来應非工匠成輪徑七肘內外金色得是瑞時彼則成就轉輪王德我今得此亦應定是轉輪聖王

尒時灌頂剎利轉輪聖王意欲試彼天輪寶故勑令嚴備四種力兵所謂

象兵馬兵車兵步兵四種力兵既嚴
備已王即往詣天金輪所偏露右髆
在金輪前右膝著地申其右手捫摸
輪寶作如是言汝天輪寶我身寔是
轉輪王者未降伏處為我降伏彼天
輪寶應聲即轉為欲降伏未伏者故
諸比丘是時灌頂剎利王既見輪寶
如是轉已即命嚴駕行向東方於是
輪寶及四種兵一時皆從諸比丘於
輪寶前復有四大天身引導而行彼
天輪寶所到諸方住止之處轉輪聖
王及四種兵悉於彼處停住止宿
尒時東方一切國土所有諸王各取
金器盛滿銀粟又取銀器盛滿金粟
既辦具已皆共持詣轉輪王前啓言
天王善来善来今此奉獻是天王物
東方人民豐樂安隱无所怖畏民戶
殷多甚可愛樂惟願大天垂哀納受
憐愍臣等細小諸王臣等今日承奉
天王一心無二尒時輪王告諸王曰
汝等誠心能如是者汝當各各於自
境界如法治化攝養羣生莫令國內
有不如法所以者何汝等若有令我
國內非法惡事顯現流行我當治汝
罪无所捨今教汝等自斷殺生教人
不殺不與勿取邪婬妄語乃至邪見
皆不應為汝等若能斷於殺生教人
不殺不與勿取不行邪婬實語正見
者我即信知汝等諸王合國降伏
尒時東方諸國王等聞轉輪王如是
誡勅一時皆受十善業行受已遵承
各於國土如法治化轉輪聖王自在
力故所向之處輪寶隨行如是聖王
天金輪寶降伏東方一切國已盡東
海岸周遍遊行然後迴旋次第巡歷
南方西方乃至北方依於古昔轉輪
聖王所行之道引導而去轉輪聖王
及四種兵次第行時其前復有四大
天身先輪寶行若此輪寶所住之處
隨其方面轉輪聖王及四種兵即皆
停宿
尒時北方一切國土所有諸王亦各
賷持天真金器盛滿銀粟天真銀器
盛滿金粟俱共来詣轉輪王所到已
長跪作如是言善哉天来善哉天来
我等北方蒙天王力人民熾盛豐樂
安隱无諸怖畏甚可愛樂願天留此
施行治化臣等隨順无敢二心時轉
輪王勅諸王言若能尒者汝等各於
自境治化一依教命莫令國界有不
如法所以者何若令我境有非法人
及諸惡行我當治汝又復汝等莫自
殺生教人莫殺不與勿取邪婬妄語
乃至邪見汝等皆斷若離殺生乃至
自他修行正見能如是者我當信知
汝等國土已善降伏尒時諸王同聲
共啓轉輪王言如天誡勅臣等奉行
尒時北方諸國王等聞轉輪王如是
誡勅各各遵受十善業行受已奉持
皆令如法各於國土依律治化轉輪
聖王自在力故所行之處輪寶隨逐
此金輪寶如是次第降伏北方盡北
方海際所有諸國既周遍已還来本
處尒時輪寶乃於閻浮提中選擇寬
上威德形勝極妙之地當於其上東
西經度闊七由旬南北規畫十二由
旬如是規度為界分已尒時諸天即
於其夜從空来下為轉輪王造立宮
殿應時成就既成就已妙色端嚴四

寶莊挍所謂天金天銀頗梨琉璃此金輪寶為聖王故當宮內門於上空中嶷然停住如輪在軸不搖不動轉輪聖王當於是時生大歡喜踊躍无量作如是念我今已得金輪寶耶諸比丘轉輪聖王有如是等天金輪寶自然具足

諸比丘轉輪聖王復有何等白色象寶應當具足諸比丘是轉輪王於日初分坐正殿時即當王前出生象寶名烏逋沙他（隋言槃齋）形體勝妙其色純白如拘物頭華七枝拄地有大神力騰空而行頭色紅赤如因陁羅瞿波迦虫具有六牙並皆纖利一一牙上具足莊嚴雜色廁鈿猶如金栗轉輪聖王見象寶已作如是念白象雖現未知調時堪受諸事成賢乘不尒時象寶一日之間即善調伏一切事中悉堪駕馭猶如餘象无量千歲極調伏已端嚴賢善適意隨順如是如是此白象寶於一日中暫受調伏堪任衆事亦復如是時轉輪王為試象故於其晨朝日初出時乘此象寶周迴巡歷遍諸海岸盡大地際既周遍已是轉輪王還至本宮乃進小食以是因緣彼王尒時內心自慶歡喜踊躍為我故生如此象寶諸比丘轉輪聖王有如是等白色象寶自然具足

諸比丘何等名為轉輪聖王馬寶具足諸比丘是轉輪王日初分時坐正殿上即於王前出紺馬寶名婆羅訶（隋言長毛）色青體潤毛尾悅澤頭黑鬉披有神通力騰空而行時轉輪王見馬寶已作如是念此馬雖現未知調時堪受諸事可得為我作善乘不是時馬寶一日之中即善調伏堪受諸事猶如餘馬无量千歲極調熟已賢善閑習如是如是調此馬時一日之內堪任受行一切諸事亦復如是時轉輪王欲試馬故於其晨朝日初出時乘此馬寶周歷大地還至本宮轉輪聖王乃始進食以是因緣生大歡喜踊躍无量我今已得紺馬之寶諸比丘轉輪聖王有如是等馬寶具足

諸比丘何等名為轉輪聖王珠寶具足諸比丘轉輪聖王有摩尼寶毗琉璃色具足八楞非工匠造端嚴特妙自然流出清淨光明時轉輪王見珠寶已作如是念此摩尼寶衆相滿足我今應當懸置宮內令現光明時轉輪王為欲試此摩尼寶故嚴備四兵所謂象兵馬兵車兵步兵具四兵已即於夜半天降微雨重雲黑暗電光出時轉輪聖王取此珠寶懸置幢上出遊苑中何以故意欲遊觀驗珠德故諸比丘此摩尼寶在高幢上普照四方及四種兵悉皆明了光明周遍如日照世尒時彼地所有一切婆羅門居士等皆謂天明日光已出並即驚起作諸事業以是因緣轉輪聖王受大歡喜踊躍无量念言此寶為我出生諸比丘轉輪聖王有如是等珠寶具足

諸比丘何等名為轉輪聖王女寶具足諸比丘轉輪王世出生女寶不麁不細不長不短不白不黑㝡勝㝡妙進止姝妍色貌具足令人見之樂觀无猒又此女寶熱時身涼寒時身煖於其體上出妙香氣猶若栴檀口中

恒出優鉢羅香為輪王故晚卧早起勤謹恭敬凡有所作无失王心此女意中尚无惡念況其身口而有過失以是因緣轉輪聖王受大歡喜踊躍无量心自念言此已為我生女寶耶諸比丘轉輪聖王有如是等女寶具足

諸比丘何等名為轉輪聖王主藏臣寶威力具足諸比丘轉輪王出世生主藏臣寶大富饒財多有功德報得天眼洞見地中有主无主一切伏藏皆為其眼之所鑒識若水若陸若遠若近於中所有珍奇寶物此主藏臣皆為作護如法守視不令毀失无主之物應時収取擬為輪王資須受用尒時藏臣即自往詣轉輪王所到已啓言大聖天王若天所須資財寶物惟願勿憂臣力能辦天所用者皆令具足時轉輪王為欲驗試主藏臣實乘舩入水中流而住勑藏臣曰汝藏臣來我須財寶宜速備具宜速備具藏臣啓言惟願大天假臣須臾待舩至岸當於水側収取財寶以供天用王告藏臣我今不須岸上財物但當於此為我辦之藏臣啓言謹奉天勑不敢有違尒時藏臣受王勑已偏袒右臂右膝著舩手抵大水指如蟹螯撮聚金銀滿諸器内即於舩上持用奉獻啓言大王此諸金銀皆是天寶天以此物供給於王以為財用時轉輪王告藏臣言我不須財但試汝耳時主藏臣聞王語已還収金銀置於水内以是因緣轉輪聖王受大歡喜踊躍无量心自念言我今已得藏臣寶耶諸比丘轉輪聖王有如是等藏臣具足

諸比丘何等名為轉輪聖王主兵臣寶威力具足諸比丘由轉輪王福德力故自然出生兵將之寶巧智多能善諸謀策洞識軍機神慧成就轉輪聖王所須兵力悉能備具欲走即走欲行即行欲散即散欲集即集尒時兵將便自往詣轉輪王所到已啓言王若須兵教習駈役惟願勿慮臣當為王教習兵馬皆令心如調柔隨順時轉輪王為欲試此主兵寶故便勑所司嚴備四兵所謂象兵馬兵車兵步兵王知四兵悉嚴備已告將寶言汝兵將來當善為我惣領四兵教令隨順善走善行善集善散如法勿違時兵將寶聞轉輪王如是勑已啓言大王謹奉天勑臣不敢違便惣四兵莊嚴器仗教走教行教集教散如王所勑欲走即走欲行即行欲集即集欲散即散隨意自在以是因緣轉輪聖王生大歡喜踊躍无量心自念言我今已得主兵將寶諸比丘轉輪聖王有如是等主兵將寶威力具足諸比丘若有如是七寶現者然後得名轉輪聖王

諸比丘何等名為轉輪聖王四種自在神通具足諸比丘轉輪聖王壽命長遠久住在世於一切時一切世間无有人類能得如是安隱久住與轉輪王壽命等者是則名為轉輪聖王第一壽命神通具足

復次諸比丘轉輪聖王所受身體少病少惱衆相具足其腹平滿不小不大寒熱冷暖隨時調適進止輕便食飲消化安隱快樂於一切時一切世

聞无有餘人世間受生少病少惱能如是者是則名為轉輪聖王第二身力神通具足

復次諸比丘轉輪聖王報生形貌端正殊特常為世間樂觀无猒色身清淨具足莊嚴冣勝冣妙无有倫疋於一切時一切世間人中受生無有如是端正殊特為諸世間樂觀无猒如轉輪王形相脩者是則名為轉輪聖王第三色貌神通具足

復次諸比丘轉輪聖王業力因緣有大福報世間種種資產豐饒珎奇衆寶无不具足於一切時一切世間人中受生无有如是富樂自在資財服玩衆妙寶物充溢府庫比輪王者是則名為轉輪聖王第四果報神通具足諸比丘若具如是四種神通无缺減者然後得名轉輪聖王

諸比丘又此福德轉輪聖王為諸人民之所愛敬心常喜樂如子愛父又諸人民亦得輪王之所憐念意恒慈育如父愛子

諸比丘轉輪聖王或於一時乘大寶車出宮遊觀歷諸勝地爰及林花當於是時一切人民悉得面見轉輪聖王皆大歡喜咸共同聲告馭者曰汝善馭者惟願持轡從容徐行勿令速疾所以者何汝若持車徐徐緩進則令我等多時得見轉輪聖王尒時輪王聞此語已亦復如是勑馭者言汝善馭者徐徐緩步慎勿速疾所以者何汝若持車安詳漸進則亦令我多時遊歷周遍觀視一切人民諸比丘時諸民衆見輪王已各各自持所有寶物車前胡跪奉獻輪王啓言大王民等今者以此奉天此物屬天願天受取隨意所用何以故如此寶物唯應天用故

諸比丘轉輪聖王出現世時此閻浮洲清淨平正无有荊棘及諸稠林丘墟坑坎廁溷雜穢臭處不淨礓石瓦礫沙鹵等物悉皆无有金銀七寶自然具足不寒不熱節候均調諸比丘又轉輪王出現世時此閻浮洲自然安置八万城邑皆悉快樂无諸怖畏人民熾盛穀食豐饒聚落旣多甚可愛樂諸比丘又轉輪王出現世時此閻浮洲王所治處聚落城邑比屋連村鷄飛相到人民安樂不可思議諸比丘又轉輪王出現世時此閻浮洲常於夜半從阿耨婆達多池中興大雲氣遍閻浮洲及諸山海應時雨注亦遍閻浮如搆牛乳間雨深四指其水甘美具八功德下處即沒更不傍流浸潤地中水潦不現至夜後分雲霧消除有清涼風從大海出吹其潤澤流散閻浮人民觸之皆受安樂又彼甘澤潤漬此洲普使肥良鮮明光膩辟如世間善作鬘師鬘師弟子造鬘既成以水灑散令其悅澤花色光鮮此亦如是又轉輪王出現世時此閻浮洲一切土地自然沃壤欝茂滋液譬如有人以酥油塗物其地肥美膏腴津潤亦復如是諸比丘轉輪聖王既出現已住世久遠經无量年於此時間亦復雜受人中苦觸辟如細軟丈夫其體柔弱食美食已運動施為受少疲觸乃得消化如是如是彼轉輪王處世久遠於生死中受少苦觸

亦復如是諸比丘轉輪聖王壽命終時捨此身已必生天上與三十三天同處共生諸比丘轉輪聖王當命終時為供養輪王故於虛空中自然普雨優鉢羅華鉢頭摩華拘物頭華分陁利華等種種香華亦雨天沉水末多伽羅末栴檀香末及天曼陁羅等種種諸華復有天樂其音微妙不鼓自鳴亦有諸天歌讚之聲在虛空中為供養此轉輪王身作福利故

諸比丘尒時女寶主藏臣寶主兵將寶等則以種種淨妙香湯洗輪王身香汁洗已先用劫波娑氎儭身裹之然後乃以不擣氎衣於上重裹次復更以殊妙細氎足五百段就二氎上次第纏之裹纏畢已又取金棺滿盛酥油持轉輪王身置之棺內又以銀棺盛此金棺內銀槨已從上下釘令其牢固又復集聚一切香木積成大積然後闍毗轉輪王身既闍毗已収其灰骨於四衢道中為轉輪王作蘇偷婆(隋言大聚舊云塔者訛略也)高一由旬闊半由旬雜色莊挍四寶所成所謂金銀流璃頗梨其蘇偷婆四院周圍五十由旬七重垣牆七重欄楯略說如上乃至衆鳥各各自鳴時彼女寶及主藏主兵寶等為轉輪王作蘇偷婆既成就已然後施設上妙供具諸來求者種種供給所謂須食與食須飲與飲須乘與乘須衣與衣須財與財須寶與寶盡給施之悉令滿足

諸比丘轉輪聖王命終已後始經七日輪寶象寶馬寶珠寶皆即自然隱沒不現女寶主藏主兵將等悉亦命終四種寶城稍稍改變還為塼土所有人民亦皆隨時漸次減少諸比丘一切諸行有為无常如是遷改无有常住破壞離散不得自在是磨滅法暫須臾間非久停住諸比丘應當捨於有為諸行應當遠離應當猒惡應當速求解脫之道

起世因本經地獄品第四之一

諸比丘於四大洲八万小洲諸餘大山及須弥山王之外別有一山名斫迦羅(前代舊譯云鐵圍山)高六百八十万由旬縱廣亦六百八十万由旬弥密牢固金剛所成難可破壞諸比丘此鐵圍外復有一重大鐵圍山高廣正等如前由旬兩山之間極大黒暗无有光明日月有如是大威神大力大德不能照彼令見光明諸比丘於兩山間有八大地獄何等為八所謂活大地獄黒大地獄合大地獄叫喚大地獄大叫喚大地獄熱惱大地獄大熱惱大地獄阿毗至大地獄

諸比丘此八大地獄各各復有十六小地獄周帀圍繞而為眷屬是十六獄悉皆縱廣五百由旬何等十六所謂黒雲沙地獄糞屎泥地獄五叉地獄飢餓地獄燋渴地獄膿血地獄一銅釜地獄多銅釜地獄鐵磑地獄函量地獄雞地獄灰河地獄斫截地獄劍葉地獄狐狼地獄寒氷地獄

諸比丘何因緣故名活大地獄諸比丘此活大地獄所有衆生生者有者出者住者手指自然皆有鐵爪長而纖利悉若鋒芒彼諸衆生既相見已心意濁乱心濁乱故各以鐵爪自劚其身令皆破裂或自擘身擘已復擘

乃至大擘裂已復裂乃至大裂剖已復剖乃至大剖諸比丘彼諸衆生自剖裂已作如是知我今已傷我今已死以業報故即於是時復有冷風來吹其身須臾復生肌體皮肉筋骨血髓生已還活既得活已業力因緣復起東西更相謂言汝諸衆生願欲得活已勝我耶諸比丘當知此中少分說故名為活耳然於其中更有別業受極重苦痛惱逼迫楚毒難堪乃至先世或於人身或非人身所起所造惡不善業未盡未滅未除未轉未少分現未全分現於其中間命報未盡求死不得

復次諸比丘活大地獄所有衆生生者有者乃至住者手指復生純鐵刀子半鐵刀子極長纖利各各相看心意濁乱既濁乱已乃至各各斵裂擘剖破截而死冷風來吹須臾還活諸比丘如是如是少分說故名為活耳諸比丘復有別業而於其中極受苦惱苦未畢故求死不得乃至往昔或於人身或非人身所作所造惡不善業未盡未滅未除未離如是一切次第具受

復次諸比丘活大地獄所有衆生於无量時苦報未盡已從此獄出東西馳走更求餘處屋舍室宅求救護處求歸依處如是求時以罪業故即自往入黑雲沙小地獄中其獄縱廣五百由旬既入獄已上虛空中起大黑雲雨諸飛沙其焰熾燃極大猛熱墮於地獄衆生身上至皮燒皮至肉燒肉至筋燒筋至骨燒骨至髓燒髓出大烟焰洞徹熾燃受極苦惱以其苦報未畢盡故求死不得乃至往昔人非人身所作所造惡不善業不滅不除不轉不變不離不失次第而受經无量時

諸比丘彼諸衆生如是受苦經无量時已從黑雲沙地獄出更復馳走求屋求宅求救求覆求歸依處如是求時又復自入熱糞屎泥小地獄中其獄亦廣五百由旬罪人入已自咽已下在糞泥中其糞熱沸烟焰俱出燒彼罪人手足耳鼻頭目身體一時燋燃乃至往昔若人非人所起所造惡不善業未盡未滅未除未轉不離不失次第而受

復次諸比丘於糞屎小地獄中有諸鐵虫名為針口在糞泥中鑽諸衆生一切身分悉令穿破先鑽其皮既破皮已次鑽其肉既破肉已次鑽其筋既破筋已次鑽其骨既破骨已住於髓中食諸衆生一切精髓令其遍身受嚴劇苦然彼壽命亦未終畢乃至是人惡不善業未滅未盡如是次第具足受之

諸比丘彼地獄中諸衆生等於无量時受苦痛已從糞屎泥小地獄出又復奔走求室求宅求護求洲求歸依處尒時即入五叉小地獄中其獄亦廣五百由旬彼諸罪人入此獄已時守獄卒執取罪人高舉擲之置於熾燃熱鐵地上烟焰洞起罪人在中悶絶仰卧獄卒乃以兩熱鐵釘釘其二脚熱焰熾燃又以二釘釘其兩手焰亦熾燃於臍輪中下一鐵釘焰轉猛熾獄卒於是復以五叉磔其五體極

受苦毒乃至彼處壽命未終惡業未盡往昔所造人非人身一切惡業於此獄中次第而受

諸比丘彼諸衆生受此苦痛經无量時從於五叉小地獄出還復馳走求救求室求洲求依求覆求護即更來詣飢餓地獄其獄亦廣五百由旬罪人入已時守獄卒遥見彼人從外而來即前問言汝等今者來至此中有何所欲彼諸衆生皆共荅言仁者我等飢餓時守獄卒即執罪人撲置熾燃熱鐵地上介時罪人悶絶仰卧便以鐵鉗折開其口取熱鐵丸擲置口中彼人脣口應時燒燃既燒脣已即燒其舌既燒舌已即燒其腭既燒腭已即燒其咽既燒咽已即燒其心既燒心已即燒其胷既燒胷已即燒其腸既燒腸已即燒其胃既燒胃已經過小腸從下部出其九猛熱尚赤如初彼諸衆生當於是時極受苦毒命亦未終略說乃至若人非人先世所作如是次第此地獄中種種具受

諸比丘彼諸衆生於无量時受是苦已從此飢餓小地獄出復更馳走略說如前求守護處然後來詣燋渴地獄其獄亦廣五百由旬入此獄已時守獄卒遥見彼人從外而來即前問言汝等今者何所求須罪人荅言仁者我今甚渴時守獄卒即捉罪人撲置熾燃熱鐵地上在猛焰中仰卧悶絶便取鐵鉗磔開其口融赤銅汁灌其口中彼諸衆生脣口應時悉皆燋爛脣口爛已次燒其舌如是燒腭燒喉燒心燒胷燒腸燒胃直過小腸從下部出彼諸衆生各於是時受極重苦受極重痛其苦特異難可思議然彼壽命未終未盡略說如前乃至若人非人所造惡業未滅未離如是次第具足受之

起世因本經卷第二

起世因本經卷第二

校勘記

一　底本，金藏廣勝寺本。

一　七二六頁中三行「第二之餘」，資、磧、南作「下之餘」；徑、清作「第二之二」。

一　七二六頁中一四行末字「飲」，諸本(不含石，下同)作「飯」。

一　七二七頁上一一行「等因」，諸本作「等故何因」。

一　七二七頁上一七行「既於」，資、磧、普、徑、清作「即於」。

一　七二七頁中四行第一三字「輿」，資、磧、普、南、徑、清作「舁」。

一　七二七頁中六行第七字「人」，資、磧、普、南、徑、清無。

一　七二七頁中七行「十鳥」，諸本作「一鳥」。

一　七二七頁中二一行「起世因本經」，資、磧、普、南、麗作「起世經」；徑、清無(下同)。同行「轉輪聖王品第三」，資、普、南、徑、清作「轉輪王品第三」；磧作「轉輪王品第二」。

一七二七頁下三行「藏寶」，資、磧、普、南、徑、清作「藏臣寶」。

一七二七頁下九行第九字「下」，諸本作「上」。

一七二八頁上一六行「天王」，資、磧、普、南、徑、清作「大王」。

一七二九頁上一四行「纖利」，磧、普、南、徑、清作「銛利」，下同。

一七二九頁上一五行「廁鈿」，資、磧、普、南、徑、清作「廁填」。

一七二九頁中九行「鬘拔」，徑作「騣拔」。

一七二九頁下一九行「世出」，徑作「出世」。

一七三〇頁中三行第八字「抂」，資、磧、普、南、徑、清作「撓」。同行末字「鼇」，資、磧、普、南、徑、清作「鼇」。

一七三〇頁中二〇行「臣當」，磧、南作「自當」。

一七三〇頁中二一行「心如」，諸本作「如心」。

一七三一頁中一行「林花」，諸本作「林苑」。

一七三一頁中四行第七字「巒」，諸本作「彎」。

一七三一頁下七行「搆牛」，資、磧、南、徑、清作「犂牛」。

一七三一頁下八行「傍流」，麗作「滂流」。

一七三一頁下一二行「普使」，資作「著使」。

一七三一頁下一二行第九字、及一七行第一二字「肥」，磧、徑作「肥」。

一七三二頁上三行「共生」，磧、普、南、徑、清作「共住」。

一七三二頁上一七行「轉輪王」，資、磧、南、徑、清作「輪王」。

一七三二頁上一八行首字「　」，諸本作「榔」。

一七三二頁下二〇行「鐵瓜」，資、磧、徑作「鐵爪」。

一七三三頁上五行「肥體」，諸本作「肌體」。

一七三三頁上六行首字「髓」，資、磧、普、南、徑、清作「體」。

一七三三頁上八行「巳勝我耶」，資、磧、普、南、徑、清作「活己勝耶」。

一七三三頁中四行第六字「未」，資、磧、普、南、徑、清無。

一七三四頁上一三行第四字「圻」，資、磧、普、南、徑、清作「礫」。

一七三四頁中三行「此獄」，徑、清作「地獄」。

一七三四頁中八行第一〇字「融」，資、磧、普、南、徑作「鎔」。

一七三四頁中一四行首字「彼」，資、磧、普、南、徑、清作「後」。

起世因本經卷第三　取

隋三藏闍那崛多等譯

地獄品第四之二

復次諸比丘彼地獄中諸衆生等經无量時受極苦已然後從此五百由旬熱渴獄出奔走如前略說乃至求救護處即復往詣膿血地獄其地獄亦廣五百由旬膿血遍滿深至咽喉悉皆熱沸地獄衆生入其中已東西南北交横馳走彼諸衆生如是走時燒手燒足燒耳燒鼻手足耳鼻既被燒已一切支節皆亦燒燃其身支節被燒燃時諸罪人等受大苦惱嚴酷重切不可思議乃至人非人身所造所作惡不善業未畢已來命亦不盡

復次諸比丘膿血地獄復有諸虫名家猛勝此諸虫等為彼地獄受罪衆生大作惱害從身外入先破其皮既破皮已次破其肉既破肉已次破其筋既破筋已次破其骨既破骨已拔出其髓隨而食之彼諸衆生當於是時受極重苦乃至若人非人所造所作惡不善業未盡未滅壽命不盡皆悉具受

復次諸比丘膿血地獄所有衆生飢渴逼急或時以手掬取如是熱沸膿血置於口中置口中已彼入脣已應時燒燃燒脣口時即燒其腭既燒腭已即燒其喉如是燒胷燒心燒腸燒胃既燒胃已直過小腸從下分出彼諸衆生於此地獄受如是等嚴切重苦命報未終乃至未盡人非人身曾所造作惡不善業如是次第具足受之

復次諸比丘彼地獄中諸衆生等經无量時受極苦已然後從此五百由旬膿血獄出如前馳走乃至追求救護之處即復來入一銅釜獄其獄亦廣五百由旬罪人入已獄卒見之即前捉取擲置釜內頭皆向下脚皆在上是諸衆生在湯中時地獄猛火極相煎迫逐沸上時亦煎亦煮逐沸下時亦煎亦煮在中鬧時亦煎亦煮交横往來隨轉動時亦煎亦煮湯沫覆時亦煎亦煮若見不見一切時煮譬如世間或煮小豆大豆豌豆置之釜

内著水令滿下燃大火於是涌沸湯豆和合浮向上時亦煎亦煑沉向下時亦煎亦煑住於中時亦煎亦煑交横動時亦煎亦煑為沫覆時亦煎亦煑若見不見一切時煑諸比丘如是如是一銅釜獄其中守卒取彼罪人以頭向下以脚向上擲置銅釜在釜中時地獄猛火之所煎逼熱沸既盛罪人逐沸或上或下隨煑隨煎略說乃至若見不見一切時煑亦復如是彼諸衆生於此獄中受嚴劇苦乃至往昔人非人身所作惡業如是次第於此地獄具足而受

諸比丘彼地獄中諸衆生等經无量時受此苦已從一銅釜五百由旬小地獄出奔走如前乃至欲求救護之處尒時即入衆多銅釜小地獄中其獄亦廣五百由旬罪人入已時守獄者即来執之捉取罪人以脚向上以頭向下擲銅釜中地獄猛火熾燃煎逼湯沸上時亦煎亦煑湯沸下時亦煎亦煑在中間時亦煎亦煑縱横捲覆若見不見一切煎煑辟如煑豆以

火煎逼涌沸上時亦煎亦煑略說乃至若見不見一切煎煑諸比丘如是如是此多銅釜五百由旬小地獄中諸衆生等為守獄卒捉其兩脚倒竪其身以頭向下擲銅釜内彼人于時被地獄火之所煎逼或上或下縱横轉動略說乃至若見不見一切煎煑亦復如是

諸比丘此多銅釜五百由旬小地獄中諸衆生等又為獄卒以其鐵爪漉取罪人從釜至釜次第煑之從此釜出詣餘釜時膿血皮肉縱横流散於是皆盡唯餘骸骨罪人尒時受極重苦仍未命終乃至若人非人一切身中所作惡業不盡不滅於此獄中一切悉受

諸比丘彼地獄中諸衆生等經无量時受此苦已從多銅釜五百由旬小地獄出馳走如前乃至欲求救護之處尒時即入鐵磑地獄其獄亦廣五百由旬既入中已時守獄卒即前捉取受罪衆生仰撲置於鐵砧之上熾燃猛焰一時洞燃於是罪人悶絶仰

卧時守獄卒更取大石從上壓之壓已復壓因更研之研已復研遂成碎末成碎末已又更重末末已復末轉成細末取其細末又更研之研已復研於是乃成末中之末最微細末當於尒時罪人身體膏血腦髓一邊攢流微細骨末猶尚存在而於其間命報未終一切時中受極重苦乃至人非人身所作惡業未失未滅如是次第具足受之

諸比丘彼地獄中諸衆生等經无量時受此苦已乃從鐵磑五百由旬小地獄出馳走如前欲求室宅欲求歸依覆護之處尒時即入函量地獄其獄亦廣五百由旬既入中已時守獄卒執取罪人付以鐵函令其量火其函猛熱光焰熾燃地獄罪人量彼火時燒手燒脚燒耳燒鼻燒諸支節乃至遍燒一切身分於被燒時此諸罪人受極重苦受重痛苦然其壽命未得終盡乃至往昔若人非人一切身中有所造作惡不善業不滅不沒不離不失如是次第具足受之

諸比丘彼地獄中所有衆生經无量時受此苦已得從函量五百由旬小地獄出馳走如前求室求覆求救求洲求歸依處尒時即入雞小地獄其獄亦廣五百由旬彼地獄中純生諸雞遍滿彼獄其雞身分乃至膝脛一切猛熱光焰熾燃是諸衆生處在其中東西馳走足蹈熱焰四向顧望無處可依大火熾燃燒手燒脚燒耳燒鼻如是次第燒諸支節大小身分一時洞燃罪人尒時受極重苦痛切荼毒然於其處命報未終乃至人非人身所造惡業未滅未盡如是次第一切具受

諸比丘彼地獄中諸衆生等經无量時受此苦已得從如是雞地獄出馳走如前乃至欲求救護之處尒時即入灰河地獄其獄亦廣五百由旬諸比丘時彼灰河流注漂疾波浪騰沸其聲吼震灰水沸溢弥盈兩岸罪人入已隨流出没灰河之底悉是鐵刺其鋒纖利皆若新磨於河兩岸復有刀林森竦稠密極可怖畏刀林之中

復有諸狗其形黮黑皮毛垢汙又甚可畏岸上復有衆多獄卒守彼地獄又其兩岸別生无量奢摩羅樹其樹多刺並皆纖長其鋒若磨尒時地獄諸衆生等既入河中欲趣彼岸當於是時便為大波之所淪没遂至河底即為河中所有鐵刺仰刺其身舉體周遍不得移動罪人在中受大重苦受嚴毒苦受之既久方得浮出從沸灰河渡至彼岸既上岸已復入刀林其林甚闊枝茎稠密經歷林間冐突利刀處處經過去去不已割手割脚割耳割鼻割支割節遍割身體无處不破尒時彼人受荼毒苦受極重苦乃至未盡人非人身往昔所作一切惡業命亦未終於此林中皆悉受之

復次諸比丘灰河兩岸諸守獄者見彼罪人即前問言汝等今者欲得何物時彼罪人同聲荅言我等甚飢我等甚飢時守獄者即捉罪人撲置地上其地猛熱光焰熾燃罪人在中閟絕仰卧又以鐵鉗開張其口持熱鐵丸置其口内應時燒烙彼諸衆生脣

口燋破略說乃至從咽喉下逕至小腸直過无㝵彼人尒時受嚴切苦受極重苦命亦未終乃至未盡往昔所作人非人身惡不善業即於此中具足皆受

復次諸比丘又此灰河兩岸之上所有諸狗其身煙黑垢汙可畏啀喍嘷吠出大惡聲噉彼地獄衆生身分舉體支節所有肌肉段段齧食不令遺餘彼人在中受嚴切苦乃至受於㝡極重苦未得命終乃至未盡惡不善業往昔人身及非人身有所作者一切具受

諸比丘彼地獄中諸衆生等既為如是熱沸灰河之所逼切又復困於纖利鐵刺刀刃稠林諸守獄者煙黑垢汙惡狗之類種種厄急无處隱藏乃復走上奢摩羅樹彼樹枝茎純是鐵刺其鋒纖利皆若新磨頭悉向下剗刺其身欲下樹時是諸鐵刺頭則向上彼諸衆生在奢摩羅樹上時復有諸烏名為鐵觜飛來樹上啄彼罪人先啄其頭破陷頂骨㗇食其腦彼人

尒時受極重苦受痛切苦不堪忍故即還落沸灰河中彼人於是還為波浪之所漂沒直至河底至河底已復為鐵刾之所劖刾既被刾已鐵刾遍身不能復去還於其中受極重苦大猛酷苦不能堪忍困苦多時力極得起從灰河渡走趣此岸到此岸已得入刀林入刀林時復為刀刃割其身體割手割脚乃至遍割一切支節復於其中具足受苦命亦未終略說乃至從於往昔人非人身所作惡業未滅未盡次第悉受

復次諸比丘灰河此岸諸守獄者既見地獄受罪衆生從彼岸來即前問言汝等今者何為遠來欲得何物彼諸衆生各各答言我等渴乏時守獄者即復捉取彼諸衆生撲置熾燃熱鐵地上推令仰卧於仰卧時彼人身上火焰洞起便以鐵鉗開張其口融赤銅汁灌其口中時彼地獄諸衆生等既飲銅汁即燒脣口乃至小腸直過无㝵從下部出彼人尒時受極重苦乃至壽命未盡未滅彼於過去人

非人身所作惡業未滅盡者悉皆受之

復次諸比丘彼地獄中諸衆生等受此罪報經无量時苦惱長遠乃有風來名為和合吹彼地獄諸衆生等至於岸邊如是次第乃得從彼灰河獄出出已馳走乃至求於救護之處尒時即入斫截地獄其獄亦廣五百由旬罪人入已其守獄者即取罪人撲置熾燃熱鐵地上乃至推令仰卧於地執大鐵鈇熾燃猛熱炎赫可畏斫彼地獄受罪衆生斫手斫脚并斫手脚斫耳斫鼻并斫耳鼻斫支斫節并斫支節如是次第舉身皆斫彼諸衆生當於尒時受極重苦命亦未終乃至未盡惡不善業人非人身所造作者如是次第一切具受

復次諸比丘彼地獄中諸衆生等經无量時受此苦已得從斫截小地獄出出已馳走求歸依處乃至求室求宅求覆求洲求救護處尒時即入劒葉地獄其獄亦廣五百由旬入其中已惡業果故忽有風來吹諸鐵葉猶如利劒從空而墮割截罪人一切身

分所謂截手截脚并截手脚截耳截鼻并截耳鼻截支截節并截支節尒時罪人受極重苦受嚴切苦命亦未終略說如上乃至人非人身所作惡業未滅未盡於此地獄一切具受

復次諸比丘又彼劒葉小地獄中諸衆生等惡業果故有鐵嘴烏忽然飛來在彼衆生兩膊之上足蹈其膊翅覆其頭便以鐵嘴啄彼罪人兩眼之睛口銜而去尒時罪人受極重苦痛惱嚴切不可思議然其壽命亦未終盡略說如上乃至人非人身所作惡業如是次第一切悉受

復次諸比丘彼地獄中諸衆生等經無量時受此苦已乃從劒葉小地獄出出已馳走欲求室宅求覆求洲求歸依處求救護處尒時復入狐狼地獄亦廣五百由旬是諸衆生入此獄已惡業果故於地獄中出生狐狼嚴熾猛惡睚𥈱嘷吼所出音聲甚可怖畏齩齧地獄諸衆生身所有肌肉及諸筋脉脚蹈口掣齧而食之尒時罪人受極重苦痛惱酸切命亦未終略

說如前人非人身所作惡業如是次
第皆於其中一切具受
復次諸比丘彼地獄中諸衆生等經
无量時受此苦已得從狐狼小地獄
出出已馳走乃至求室求宅求覆求
洲求救護處求歸依處尒時復入寒
氷地獄其獄亦廣五百由旬是諸罪
人入彼獄已惡業果故忽有冷風從
四面來吹大寒氣麁澁嚴毒觸彼地
獄衆生身分隨觸著處皮即破裂皮
破裂已次破其肉破裂肉已次破其
筋破裂筋已次破其骨破裂骨已次
破其髓破裂髓時彼諸衆生受極重
苦冣嚴切苦乃至大苦不可堪耐便
於彼中壽命終盡是為第一活大地
獄及餘十六諸小地獄
復次諸比丘第二黑繩大地獄者亦
有十六五百由旬諸小地獄而相圍
繞從黑雲沙乃至冣後第十六者名
寒氷獄為一眷屬諸比丘如是地獄
有何因緣名為黑繩大地獄也
諸比丘於彼黑繩大地獄中所有衆
生生者有者出者住者以其往昔不

起世因本經第三卷 第十二張 取字号

善之業得果報故於虛空中忽然出
生麁大黑繩熾燃猛熱譬如黑雲從
空中出黵䵘充塞下接於地如是如
是於彼黑繩大地獄中所有衆生以
其宿世不善之業得果報故從虛空
中出大黑繩熾燃猛熱亦復如是此
諸黑繩墮在地獄衆生身上墮身上
時即燒罪人一切身分先燒其皮既
燒皮已次燒其肉既燒肉已次燒其
筋既燒筋已次燒其骨於燒骨時徹
至其髓髓即流出為火所燃骨髓燃
時出大猛焰尒時罪人受嚴切苦受
極重苦以罪業故命亦未終乃至往
昔人非人身所有造作惡不善業未
滅未變未除未畢於此獄中一切悉受
復次諸比丘又彼黑繩大地獄中所
有衆生生者有者住者化者以其宿
世不善果故諸守獄者執取罪人撲
置熾燃熱鐵地上光焰猛盛舉身燋
熱推令仰卧以熱鐵繩處處拼度拼
度訖已以熱鐵鈇熾燃赫弈交横而
斫彼地獄中衆生身分或作二分或
作三分四分五分乃至十分或二十

起世因本經第三卷 第十三張 取字号

分或五十分或復百分譬如世間善
巧木匠若木匠弟子取諸材木安置
平地便用墨繩縱横拼度拼度既訖
即以利鈇隨而斫之或作二分或作
三分四分五分乃至十分或二十分
或復百分如是如是諸比丘於彼黑
繩大地獄中所有衆生亦復如是諸
守獄者執取罪人撲置熾燃熱鐵地
上推令仰卧以黑鐵繩拼度開解即
以鐵鈇斫破其身作諸分段亦復如
是尒時罪人乃至痛惱酸切受極重
苦命亦未終若未盡彼人非人身往
昔所造不善諸業於此獄中一切具受
復次諸比丘又彼黑繩大地獄中所
有衆生有者化者乃至住者諸守獄
卒執取彼人撲置熾燃熱鐵地上乃
至推令仰卧於地以黑鐵繩拼度其
身既拼度已又以鐵鋸熾燃猛熱依
所拼處鋸解其身鋸已復鋸乃至大
鋸次更破已復破乃至大破或割或
截既割截已復更割截極細割截譬
如世間善巧鋸師若鋸師弟子取諸
材木安置平地即以墨繩縱横拼度

起世因本經第三卷 第十四張 取字号

訖已便以利鋸隨而鋸之鋸已復鋸
乃至大鋸次復細破破已復破乃至
大破又更割截既割截已復重割
截極細割截如是如是諸比丘於彼
黑繩大地獄中所有衆生生者有者
乃至住者諸守獄卒執取彼人撲置
熾燃熱鐵地上乃至推令仰卧於地
以黑鐵繩拼度開解即以鐵鋸熾燃
猛焰鋸解其身鋸已復鋸乃至大鋸
破已復破乃至大破割已復割乃至
大割截已復截乃至大截彼人尒時
乃至具受極嚴重苦命亦未終略說
如上乃至人非人身所作悪業於中
備受

復次諸比丘又彼黑繩大地獄中所
有衆生生者有者乃至住者諸守獄
卒以大鐵椎熾燃猛熱光焰暉赫付
諸罪人令其各各自相椎打於相打
時燒手燒脚遍燒手脚燒耳燒鼻遍
燒耳鼻燒支燒節遍燒支節彼人尒
時乃至受於極嚴重苦命亦未終略
說如上乃至往昔人非人身所作之
業一切具受

復次諸比丘又彼黑繩大地獄中所
有衆生生者有者乃至住者悪業果
故於虛空中有大黑繩從空而出烟
焰熾燃極大猛熱乃至墮在地獄衆
生身分之上黑繩著時隨即絞縛罪
人身體絞已復絞乃至大絞縛已復
縛乃至大縛既絞縛已復有風來吹
令開解繩開解時彼諸衆生身皮皆
剥皮既剥已肉亦隨剥肉既剥已次
抽其筋乃至破骨筋骨破已吹其精
髓隨風而去罪人尒時乃至受於極
嚴重苦命亦未終略說如上乃至未
盡悪不善業如是次第一切具受

復次諸比丘彼地獄中所有衆生經
无量時受長遠苦乃從黑繩大地獄
出出已馳走乃至求室求宅求覆求
洲求歸依處求救護處尒時復入黑
雲沙獄其獄縱廣五百由旬罪人入
已略說如上乃至次第入第十六寒氷
地獄入諸獄已乃至命終受種種苦

復次諸比丘合大地獄亦有十六諸
小地獄並皆縱廣五百由旬自相圍
遶從黑雲沙略說乃至最後名為寒

氷地獄諸比丘有何因緣彼大地獄
說名為合諸比丘彼地獄中所有衆
生生者有者出者化者乃至住者由
彼衆生悪業果故有兩大山名白羊
口熾燃猛熱光焰炎赫尒時獄卒駈
逼罪人入此山内入山間已兩山遂
合更互相突更互相打更互相磨時
彼二山如是共合相突相打相揩磨
已還住本處譬如眦佉甕輿羅眦佉
甕（此是門牽之名）相合相突相打相磨彼既
相合相突相打磨已各還本處如是
如是諸比丘彼之二山相合相突相
打相磨極揩磨已各還本處亦復如
是彼地獄中所有衆生被山合突打
磨之時身體一切膿血流迸碓碎骨
在彼人尒時乃至受於極嚴重苦命
亦未終略說如上次第皆受當如是知

復次諸比丘又彼衆合大地獄中所
有衆生生者住者其守獄卒取彼地
獄諸衆生等撲置熾燃大熱鐵上其
焰猛盛暉赫可畏推令仰卧更取大
鐵亦甚猛熾以覆其上猶如世間碓
磨之法如是磨之磨已復磨又更大

磨末已復末又更大末研已復研又
更細研遂成塵末既作塵已又復細
塵如是展轉成極微塵作塵末時一
切身分皆為膿血流迸出盡唯有骨
塵猶在彼處尒時彼人乃至受於極
嚴重苦命亦未終略說如上次第
應知
復次諸比丘又彼衆合大地獄中所
有衆生生者有者乃至住者其守獄
卒取彼衆生撲置猛熱大鐵槽中其
槽熾燃一向炎赫置槽中已猶如世
間壓諸甘蔗及胡麻法如是壓時壓
已復壓遂至大壓既被壓已唯見膿
血流在一邊所有骸骨皆為末滓罪
人尒時乃至受於極嚴重苦略說如
上命亦未終隨其所作一切具受
復次諸比丘又彼衆合大地獄中所
有衆生生者有者乃至住者其守獄
卒取彼衆生擲鐵臼中其臼熾燃猛
焰赫弈又熱鐵杵亦甚猛熾擣彼罪
人擣已復擣乃至大擣研已復研乃
至大研既擣研已遂成研末如是等
末末已復末更為微末於研末時唯

見膿血一畔滂流一邊猶有碎骨末
在尒時罪人乃至極受嚴切重苦略
說如上乃至尒時命亦未終具受衆苦
復次諸比丘又彼衆合大地獄中所
有衆生生者有者乃至住者尒時於
上虛空之中有大鐵象自然出生熾
燃猛壯乃至光焰一向赫弈以其兩
脚蹋彼地獄諸衆生身從頭至足次
第蹋之先蹋髑髏後蹋餘處蹋已復
蹋乃至大蹋於象蹋時披地獄中衆
生身分膿血迸流散在諸處唯有碎
骨獨在一邊尒時罪人受大重苦略
說如上命亦未終如是次第於中具受
復次諸比丘又彼衆合大地獄中諸
衆生等經无量時受長遠苦此苦畢
已乃從衆合大地獄出出已一向馳
奔而走乃至求於救護之處尒時復
入彼黑雲沙五百由旬小地獄中入
已復入諸餘小獄如是乃至寒氷地
獄具足受苦
復次諸比丘又更入於叫喚地獄此
地獄中亦有十六五百由旬諸小地
獄以為眷屬從黑雲沙乃至㝡後寒

氷地獄諸比丘如是地獄有何因緣
名為叫喚諸比丘如是叫喚大地獄
中所有衆生生者有者乃至住者其
守獄卒一時驅逼是諸衆生令入鐵
城其城熾燃熱鐵猛焰光甚炎赫尒
時罪人在鐵城中乃至受於極嚴重
苦衆苦逼切不堪忍故恒常叫喚是
故名為叫喚地獄又彼獄中以鐵為
屋房室葦韋亦皆是鐵樓觀園池一
切皆是猛熱炭火熾燃光曜上下洞
徹獄卒驅逐受罪衆生令入其中諸
苦逼切不可忍耐即便叫喚是故名
為叫喚地獄罪人在中受大重苦略
說如上命亦未終若未盡彼惡不善
業如是次第具足而受諸比丘彼地
獄中諸衆生等受苦長遠經无量時
乃得從此叫喚獄出出已馳走略說
如前乃至求於救護之處即復往詣
黑雲沙等五百由旬諸小地獄入已
如前具受諸罪略說乃至㝡後方入
寒氷地獄具受衆苦乃得命終
復次諸比丘彼大叫喚大地獄中亦
有十六諸小地獄以為眷屬皆悉繞

廣五百由旬從黑雲沙乃至寂後寒氷地獄諸比丘如是地獄有何因緣而得名為大叫喚也諸比丘彼大叫喚大地獄中所有衆生生者有者乃至住者諸守獄卒取彼衆生亦皆擲置鐵城之中熾燃大熱乃至上下光焰猛徹罪人在中受極重苦衆惱逼切不堪忍故遂大叫喚以是因緣名彼地獄為大叫喚彼地獄中亦以熱鐵為屋宇房舍華閣樓觀悉皆是鐵炭火熾燃充滿炎赫罪人在中受極重苦略說如前命亦未盡如是次第具足受之諸比丘又彼地獄諸衆生等受長遠苦經无量時乃得從此大叫喚大地獄出出已馳走乃至略說求救護處於是復詣黑雲沙等小地獄中入已受苦乃至寂後寒氷地獄具受衆苦乃得命終

復次諸比丘於彼熱惱大地獄中亦有十六諸小地獄以為眷屬其獄各各如前縱廣五百由旬從黑雲沙乃至寂後寒氷地獄諸比丘如是地獄有何因緣名為熱惱大地獄也

諸比丘於此熱惱大地獄中所有衆生生者有者乃至住者諸守獄卒取彼衆生擲置熾燃熱鐵鑊中頭皆向下脚皆向上騰波沸湧一向猛熱罪人於中被煎被煑極受熱惱是故名為熱惱地獄又彼獄中多諸鐵釜鐵甕鐵盆鐵瓨鐵鑊鐵鼎及諸鐵鏊並皆熾燃一向猛熱罪人在中被燒被煑是故名為熱惱地獄於此獄中乃至受於極嚴重苦命亦未終未盡彼人惡不善業如是次第一切悉受

諸比丘彼地獄中諸衆生等經无量時受長遠苦乃至從熱惱大地獄出出已乃至馳奔而走欲求救護歸依之處尒時復入黑雲沙等小地獄中略說乃至寒氷地獄具受衆苦乃得命終

復次諸比丘彼大熱惱大地獄中亦有十六諸小地獄各各縱廣五百由旬從黑雲沙小地獄為始乃至寂後寒氷地獄諸比丘如是地獄有何因緣名大熱惱大地獄也諸比丘彼大熱惱大地獄中諸衆生等生者有者

乃至住者諸守獄卒取彼衆生以頭向下以脚向上倒擲釜中其釜猛熱湯火俱熾衝擊罪人隨沸上下當於是時受極熱惱極大熱惱大大熱惱是故名為大熱惱獄又彼獄中所有鐵甕鐵盆鐵鑊鐵鼎鐵鏊亦皆熾燃極大猛熱又以罪人擲置其中罪人尒時為地獄火或煑或煎受諸苦惱惱已復惱極大逼惱是故名為寂熾猛熱極惱地獄罪人於中受極重苦略說如前乃至命終如是次第具受衆苦諸比丘彼地獄中諸衆生等經無量時長遠道中受諸苦已乃從如是熾燃猛威極大熱惱大地獄出出已馳走乃至略說欲求救護歸依之處於是復詣黑雲沙等小地獄中乃至寂後寒氷地獄命若未盡受諸苦惱次第如前

起世因本經卷第三

起世因本經卷第三

校勘記

一　底本，金藏廣勝寺本。

一　七三六頁中七行第一三字「地」，資、磧、普、南、徑、清無。

一　七三六頁中一二行「支節」，磧、普、徑、清作「肢節」。

一　七三六頁下五行「彼入脣己」，諸本（不含石，下同）作「彼人脣口」。

一　七三七頁中四行「到竪」，磧、普、南、徑作「倒竪」。

一　七三八頁上二二行「鐵利」，資、磧、普、南、徑、清作「銛利」，下同。

一　七三八頁中一行「黫黑」，資、磧、普、南、徑、清作「煙黑」；麗作「烟黑」。

一　七三八頁中一一行末二字至一二行首二字「冒突利刀」，資、磧、普、南、徑、清作「冒突利刃」；麗作「覓突利刀」。

一　七三八頁中末行首字「九」，諸本作「丸」。同行「燒烙」，資、麗作「燒爍」。

一　七三八頁下七行及一六行「黫黑」，資、磧、南、徑、清作「煙黑」；麗作「烟黑」。

一　七三八頁下七行「啀喍」，麗作「睚眦」，下同。

一　七三八頁下一七行「厄急」，資、磧、普、南、徑、清作「危急」。

一　七三九頁上二行第三字「落」，諸本作「墮落」。

一　七三九頁上七行末字「得」，資、磧、普、南、徑、清作「復」。

一　七三九頁上一九行末字「融」，資、磧、普、南、徑、清作「鎔」。

一　七三九頁下八行第八字及末字「膊」，資、磧、南、徑、清作「髆」。

一　七三九頁下一六行「欲求」，磧、普、南、徑、清作「次求」。

一　七三九頁下二〇行「睚眦」，資、磧、普、南、徑、清作「啀喍」。

一　七三九頁下二二行「齎而」，資、磧、普、南、徑、清作「齎齎」。

一　七四〇頁下三行及末行「墨繩」，資、磧、普、南、徑、清作「黑繩」。

一　七四〇頁下四行第七字「斫」，資、磧、普、南、徑、清作「破」。

一　七四〇頁下九行及一七行「椎令」，諸本作「推令」。

一　七四〇頁下二〇行第三字「更」，資、磧、普、南、徑、清作「更破之」。

一　七四一頁上一行「訖已」，資、磧、普、南、徑、清作「拼度訖已」。

一　七四一頁下一〇行夾註「此是閃電之名」，資、磧、普、南、徑、清作「此二是閃電名」；麗作「此二是閃電之名」。

一　七四二頁上二〇行第五字「熱」，資、磧、普、南、徑、清作「執」。

一　七四二頁上二二行「研末」，資、磧、普、南、徑、清作「碎末」。

一　七四二頁中二行「極受」，徑作「受極」。

一　七四二頁中九行「髑髏」，資、磧、

普作「躅髏」。

一　七四二頁下一一行第四字「駈」，資、磧、南、徑、清作「馳」。

一　七四三頁中七行及下六行「鐵盆」，磧、普作「鐵瓫」。

一　七四三頁中九行「獄中」，資、磧、普、南、徑、清作「地獄中」。

一　七四三頁中一三行第七字「至」，諸本無。

一　七四三頁下二行第七字「到」，資、磧、普、南、徑、清作「倒」。

一　七四三頁下一二行「衆苦」，徑作「重苦」。

起世因本經卷第四　取

隋三藏闍那崛多等譯

地獄品第四之三

復次諸比丘彼阿毗至大地獄中亦有十六諸小地獄而為眷屬以自圍繞其獄各廣五百由旬初黒雲沙乃至寒後寒氷地獄諸比丘如是地獄有何因緣名阿毗至也諸比丘此阿毗至大地獄中所有衆生生者有者出者住者是諸衆生悪業果故自然出生諸守獄卒各以兩手執彼地獄諸衆生身撲置熾燃熱鐵地上火焰直上一向猛盛覆面於地便持利刀從脚踝上破出其筋手捉挽之乃至項筋皆相連引貫徹心髓痛苦難論如是挽已令駕鐵車馳奔而走其車甚熱光焰熾燃一向猛盛將其經歴无量由旬所行之處純是洞然熱鐵險道去已復去隨獄卒意无暫停時欲向何方稱意即去隨所去處隨所到處獄卒挽之未曾捨離如是去時隨所經歴銷鑠罪人身諸肉血无復

遺餘以是因縁受嚴切苦極重劇苦意不憙苦命亦未終乃至未盡悪不善業未滅未散未變未移若於往昔人非人身所作来者一切悉受

復次諸比丘此阿毗至大地獄中所有衆生生者有者化者住者以其不善業果報故從於東方有大火聚忽尒出生熾燃赤色極大猛焰一向炎赫如是次第南西北方四維上下各各皆有極大火聚熾燃出生光焰炎赫罪人尒時以此四方諸大火聚之所圍繞漸漸逼近觸其身故受諸痛苦乃至受於大嚴切苦命亦未終略說如上於彼獄中一切具受

復次諸比丘此阿毗至大地獄中諸衆生等生者有者乃至住者悪業果故從於東壁出大光焰直射西壁到已而住從於西壁出大光焰直射東壁到已而住從於南壁出大光焰直射北壁從於北壁出大光焰直射南壁從下射上自上射下從横相接上下交射熱光赫弈騰焰相衝尒時獄卒以諸罪人擲置六種大火聚内是

起世因本經第四卷　第三張　取字号

諸罪人乃至受於極嚴切苦命亦未
終略說乃至彼不善業未畢未盡於
其中間具足而受
復次諸比丘此阿毗至大地獄中諸
衆生等生者有者乃至住者惡業果
故經无量時受長遠苦尒時即見地
獄東門忽然自開是諸衆生既聞開
聲復見門開便走趣之走已復走大
速疾走各言我等至彼處已決應得
脫我等今者若到彼處應大吉祥彼
諸衆生如是走時走復走時速疾走
時其身轉更熾燃光焰辟如世間有
力壯夫將大火炬逆風而走而彼火
炬更復轉燃焰熾猛盛如是如是彼
諸衆生如是走時速疾走時身諸支
節轉復熾燃舉足之時肉血離散下
足之時肉血還生又彼衆生如是奔
走欲近門時罪業力故門還自閉罪
人尒時於彼獄中熾燃光焰熱鐵地
上悶絶倒卧覆面而踣既覆倒已即
燒其皮既燒皮已次燒其肉既燒肉
已次燒其筋既燒筋已次燒其骨既
燒骨已徹至其髓徹至髓時唯見烟

起世因本經第四卷　第四張　取字号

出出已復出烟燧火出罪人於中乃
至次第受極嚴苦命亦未終略說如
前未盡彼人惡不善業乃至往昔人
非人身所作來者於中具受
復次諸比丘此阿毗至大地獄中諸
衆生等生者有者乃至住者以諸不
善業果報故經无量時長遠道中受
諸苦已地獄四門還復更開於門開
時彼地獄中諸衆生等聞聲見開向
門而走走已復走乃至大走作如是
念我等今者當於此處必應得脫我
等於今定當訖了彼人如是大馳走
時其身轉復熾燃猛烈辟如壯夫執
乾草炬逆風而走彼炬既燃轉復熾
盛如是如是彼諸衆生走已復走乃
至大走如是走時彼人身分轉更熾
燃欲舉足時肉血俱散欲下足時肉
血還生及到獄門其門還閉彼諸衆
生於此熾燃熱鐵地上一向馳走既
不得出其心悶乱覆面倒地既倒地
已遍燒身皮既燒皮已次燒其肉既
燒肉已復燒其骨乃至徹髓烟焰洞
燃其烟蓬勃其焰炎赫烟焰相雜熱

起世因本經第四卷　第五張　取字号

惱復倍彼人於中受極嚴苦略說如
前乃至壽命未得終盡惡不善業未
滅未離未變未散乃至往昔人非人
身所造作者一切悉受
復次諸比丘此阿毗至大地獄中所
有衆生乃至住者以不善業果報力
故為地獄火熾燃燒之尒時眼所見
色皆是意所不憙有意憙者皆不現
前非意所好不可愛色不善之色而
恒逼惱耳所聞聲鼻所聞香舌所知
味身所覺觸意所念法皆是心意所
不喜者非意所喜非可愛法恒來現
前凡有境界皆是不善彼人於中以
是因緣恒受極重麁澁苦惱其色惡
故其觸亦然乃至壽命未得終盡惡
不善業未沒未滅若於往昔人非人
身有所造作一切惡業悉皆具受
復次諸比丘有何因緣阿毗至獄名
阿毗至也諸比丘此阿毗至大地獄
中於一切時无有須臾暫受安樂乃
至得如一彈指頃是故名此大地獄者
為阿毗至如是次第具足受苦諸比
丘此大地獄諸衆生等經无量時受

長遠苦乃至得從此阿毗至大地獄
出出已馳走走已復走乃至大走欲
求屋宅求覆求洲求歸依處求救護
處尒時復入黑雲沙等五百由旬諸
小地獄入已乃至略說㝡後到第十
六寒氷地獄具受衆苦然後乃於彼
處命終此中世尊說如是偈

若人身口意造業　作已入於惡道中
如是當生活地獄　㝡為可畏毛竪處
經歷无數千億歲　死已須臾還復活
怨雠各各相報對　由此衆生更相殺
若於父母起惡心　或佛菩薩聲聞衆
此等皆墮黑繩獄　其處受苦極嚴熾
教他正行令邪曲　見人友善必破壞
此等亦墮黑繩獄　兩舌惡口多妄語
樂作三種惡重業　不修三種善根芽
此等癡人必當入　合大地獄久受苦
或殺羊馬及諸牛　種種雜獸雞豬等
并殺諸餘虫蟻類　彼人當墮合地獄
世間怖畏相多種　以此逼迫惱衆生
當墮磑山地獄中　受於堆壓舂擣苦
貪欲恚癡結使故　廻轉正理令別異
判是作非乖法律　彼為刀劒輪所傷

倚恃強勢劫奪他　有力無力皆悉取
若作如是諸逼惱　當為鐵象所蹴蹋
若樂殺害諸衆生　身手血塗心嚴惡
常行如是不淨業　彼等當生叫喚處
種種觸惱衆生故　於叫喚獄被燒煑
其中復有大叫喚　此由諂曲奸猾心
諸見稠林所覆蔽　愛網弥窬所沉淪
常行如是㝡下業　彼則墮於大叫喚
若至如是大叫喚　熾燃鐵城毛竪處
其中鐵堂及鐵屋　諸來入者悉燒燃
若作世間諸事業　恒當惱乱諸衆生
彼等當生熱惱獄　於无量時受熱惱
世間沙門婆羅門　父母尊長諸耆舊
若恒觸惱令不喜　彼等皆墮熱惱獄
生天淨業不樂修　所愛至親常遠離
意作如是諸事者　彼人當入熱惱獄
惡向沙門婆羅門　并諸善人父母等
或復害於餘尊者　彼墮熱惱常熾燃
恒多造作諸惡業　不曾發起一善心
是人直趣阿毗獄　當受无量衆苦惱
若說正法為非法　說諸非法為正法
既无增益於善事　彼人當入阿毗獄
活及黑繩此兩獄　合會叫喚等為五

熱惱大熱共成七　阿毗至獄為第八
此八名為大地獄　嚴熾苦切難忍受
惡業之人所作故　其中小獄有十六

尒時世尊說此偈已告諸比丘作如
是言汝諸比丘應當知彼世界中間
別更復有十地獄處何等為十所謂
頞浮陁地獄泥羅浮陁地獄阿呼地
獄呼呼婆地獄阿吒吒地獄搔揵提
迦地獄優鉢羅地獄波頭摩地獄奔
荼梨地獄拘牟陁地獄諸比丘於彼
中間有如是等十種地獄諸比丘何
因何緣頞浮陁地獄名頞浮陁也諸
比丘頞浮陁獄諸衆生等所有身形
猶如泡沫是故名為頞浮陁也
復次於中有何因緣泥羅浮陁地獄
名泥羅浮陁也諸比丘彼泥羅浮陁
地獄中諸衆生等所有身形譬如肉
段是故名為泥羅浮陁復次於中何
因何緣阿呼地獄名為阿呼諸比丘
阿呼地獄諸衆生等受嚴切苦逼迫
之時叫喚而言阿呼阿呼其大苦也
是故名為阿呼地獄
復次於中何因何緣呼呼婆獄名呼

呼婆也諸比丘彼呼呼婆地獄中諸
衆生等爲彼地獄極苦逼時叫喚而
言呼呼婆呼呼婆是故名爲呼呼婆
也復次於中何因何緣阿吒吒獄名
阿吒吒也諸比丘彼阿吒吒地獄中
諸衆生等以極苦惱逼切其身但得
唱言阿吒吒阿吒吒然其舌聲不能
出口是故名爲阿吒吒也復次於中
何因何緣搔揵提迦名搔揵提迦也
諸比丘搔揵提迦地獄之中猛火焰
色如搔揵提迦花是故名爲搔揵提
迦復次於中何因何緣優鉢羅獄名
優鉢羅也諸比丘彼優鉢羅地獄之
中猛火焰色如優鉢羅華是故名爲
優鉢羅也復次於中何因何緣拘牟
陁獄名拘牟陁也諸比丘彼拘牟陁
地獄之中猛火焰色如拘牟陁花是
故名爲拘牟陁也復次於中何因何
緣奔荼棃迦獄名奔荼棃迦也諸比
丘奔荼棃迦地獄之中猛火焰色如
奔荼棃迦花是故名爲奔荼棃迦復
次於中何因何緣波頭摩獄名波頭
摩也諸比丘彼波頭摩地獄之中猛

火焰色如波頭摩花是故名爲波頭
摩也諸比丘如憍薩羅國斛量如是
胡麻二十斛高盛不槩而於其間有
一丈夫滿百年已取一胡麻如是次
第滿百年已復取一粒擲置餘處諸
比丘如是擲彼憍薩羅國滿二十斛
胡麻盡已尒所時節頞浮陁獄我說
其壽猶未畢盡且以此數略而計之
如是二十頞浮陁壽爲一泥羅浮陁
壽二十泹羅浮陁壽爲一阿呼壽二
十阿呼壽爲一呼呼婆壽二十呼呼
婆壽爲一阿吒吒壽二十阿吒吒壽
爲一搔揵提迦壽二十搔揵提迦壽
爲一優鉢羅壽二十優鉢羅壽爲一
拘牟陁壽二十拘牟陁壽爲一奔荼
棃迦壽二十奔荼棃迦壽爲一波頭
摩壽二十波頭摩壽爲一中劫
諸比丘波頭摩地獄所住之處若諸
衆生離其處所一百由旬便爲彼獄
火焰所及若離五十由旬所住衆生
爲彼火燻皆盲无眼若離二十五由
旬所住衆生身之肉血燋燃破散諸
比丘瞿迦棃比丘爲於舍利弗目揵

連所起誹謗心濁心惡心故死後即
生波頭摩獄生彼處已從其口中出
大熱焰長餘十肘於其舌上自然而
有五百鐵犂恒常耕之諸比丘我於
餘處未曾見有如是色類自損害也
所謂於梵行人邊生垢濁心故損惱
心故毒惡心故不利益心故無慈心
故无淨心故諸比丘是故汝等應於
一切梵行人所起慈身口意業如我
所見晝夜起慈身口意者常受安樂
是故汝等一切比丘皆當如我所見
所說應於晝夜常起慈心汝等常當
如是習學尒時世尊說此伽他曰

世間諸人在世時　舌上自然生斤鈇
所謂口說諸毒惡　還自裹損害其身
應讚歎者不稱譽　不應讚者反談美
如是名爲口中諍　以此諍故无樂受
若人慱戲得資財　是爲世間微諍事
於淨行人起濁心　是名口中大鬭諍
如是三十六百千　泥羅浮陁地獄數
五頞浮陁諸地獄　及墮波頭摩獄中
以毀聖人致如是　由口意業作惡故

諸比丘世界中間復有諸風名曰熱

起世因本經第四卷　第十三張　取字号

惱諸比丘彼等諸風若来至此四洲界者此四洲界所有衆生生者住者一切身分悉皆散壞消滅无餘辟如葦荻若被刈已不得水灌皆當乾壞無有遺餘如是如是諸比丘世界中閒所有諸風名熱惱者若来至此四洲界時此四洲界所有衆生一時皆悉乾壞无餘亦復如是但以內鐵圍山大鐵圍山二山所障是故彼風不来到此

諸比丘彼鐵圍山大鐵圍山能作如是最大利益為此四洲四世界中諸衆生等作依止業

復次諸比丘世界中閒所有諸風吹彼地獄燒煑衆生身肉脂髓種種不淨臭穢之氣甚可畏惡諸比丘其風若来至此四洲世界中者四洲世界所有衆生乃至住者一切盲冥無復眼目以其臭氣極猛盛故然由鐵圍及大鐵圍二山為障遮㝵彼故不来至此

諸比丘彼內鐵圍及大鐵圍二種大山乃能為此四洲世界諸衆生等作

起世因本經第四卷　第十三張　取字号

如是比丘最大利益成諸衆生依止業故

復次諸比丘世界中閒更有大風名僧伽多諸比丘彼風若来至此世界則此世界四種大洲及八万四千諸餘小洲并餘大山須弥山王悉能吹舉去地或高一俱盧奢舉已能令分散破壞乃至二三四五六七俱盧奢既擎舉已悉能令其星散破壞乃至擎舉高一由旬星散破壞亦如前說如是二三四五六七由旬擎舉破壞悉令分散乃至一百由旬既擎舉已分散破壞二三四五六七百由旬既擎舉已分散破壞亦復如前乃至一千由旬二三四五六七千由旬擎舉之已分散破壞諸比丘辟如壯夫手把麦麮把已高舉末令粉碎於虛空中分散棄擲令无遺餘如是如是諸比丘彼世界中閒最大猛風名僧伽多其風若来至此四洲尒時此界四種大洲及八万四千諸餘小洲一切諸山并須弥山王悉能高舉至一俱盧奢分散破壞略說如前乃至舉高七千由旬分散破壞亦復如是諸比

起世因本經第四卷　第十四張　取字号

丘但內鐵圍山大鐵圍山二山障故不来至此諸比丘彼內鐵圍山大鐵圍山二山威德有大利益乃能如是為此四洲四世界中諸衆生等作依止業

復次諸比丘當閻浮洲南二鐵圍山外有閻魔王宮殿住處縱廣正等六千由旬七重牆壁七重欄楯七重鈴網其外七重多羅行樹周帀圍遶雜色可觀七寶所成所謂金銀琉璃頗梨赤珠車渠瑪瑙等之所成就於其四方各有諸門一一諸門皆有却敵樓櫓臺殿園苑花池是諸花池及園苑內有種種樹其樹各有種種衆菓種種妙花種種美果弥滿遍布種種諸香隨風遠熏種種衆鳥各各和鳴

復次諸比丘彼閻魔王以其惡業不善果故於夜三時及晝三時自然而有赤融銅汁在前出生當於是時其王宮殿即變為鐵於先所有五欲功德在目前者皆沒不現若在宮內即於宮內如是出生時閻魔王見此事已怖畏不安諸毛皆竪即便出外若在宮外即復於外如是出生時閻魔

王心生怖畏顫動不安身有諸毛一時皆竪即走入內時守獄者取閻摩王高舉撲之置熱鐵地上其地熾燃極大猛盛光焰炎赫撲令卧已即以鐵鉗開張其口以融銅汁寫置口中時閻摩王被燒脣口燒脣口已次燒其舌既燒舌已復燒咽喉燒咽喉已復燒大腸及小腸等次第燋燃從下而出當於尒時彼閻摩王作如是念一切衆生以於往昔身作惡行口作惡行意作惡行是故彼等皆受如是種種異色无量苦惱心不憙事如地獄中諸衆生等今我此身并餘衆生與閻摩王同作業者亦復如是嗚呼願我從今捨此身已更得身時得於人間相逢受生令我尒時於如來法中當得信解得信解已我於彼處復當更得信解具足剃除鬚髮著袈裟衣得正信解從家出家我於尒時既出家已和合不久　若　善男子為何事故得正信解從家出家无上梵行所盡之處現見法中自得通證具足證已願我當言我今生死已盡梵行

已立所應作者皆已作訖更不復於後世受生

諸比丘彼閻摩王復於是時發如是等熏習善念即於尒時彼閻摩王所住宮殿還成七寶種種出生猶如諸天五欲功德現前具足尒時閻摩王復作是念一切衆生以身善行口意善行便得快樂唯願彼等各各皆受如是安樂譬如空居諸夜叉輩所謂我身及餘閻摩王諸有衆生同集業者

諸比丘有三天使在於世間何等為三所謂老病死也諸比丘有一種人以自放逸身行惡行口行惡行意行惡行如是等人身口及意皆行於惡以此因緣身壞命終趣於惡道生地獄中諸守獄者應時即來駈彼衆生至閻摩王前白言天王此等衆生昔在人間縱逸自在不善和合恣身口意行於惡行以其身口及意行惡行故今來生此唯願天王善教示之善呵責之

時閻摩王問罪人言汝善丈夫昔在

人間第一天使善教示汝善呵責汝豈得不見彼初天使出現生耶荅言大天我實不見時閻摩王重復告言丈夫汝豈不見昔在世間為人身時或作婦女或作丈夫衰老相現摩訶羅時齒落鬚白皮膚緩皺黑䵟遍體狀若胡麻髆傴背曲行步跛蹇足不依身左右傾側頸細皮寬兩邊垂緩猶若牛胡脣口乾枯喉舌燥澁身體屈弱氣力綿微喘息出聲猶如挽鋸向前欲倒恃杖而行盛年衰損血肉消竭羸瘦尫弱趣來世路舉動沉滯无復壯形乃至身心恒常顫掉一切支節疲懈難攝汝見之不彼人荅言大天我實見之時閻摩王復告之言汝愚癡人无有智慧昔日既見如是相貌云何不作如是思惟我今此身亦有是法亦有是事我亦未離如是等法我今具有如是老法未得遠離我當於身口意亦可造作微妙善業使我當有長夜利益安樂之報

尒時彼人復荅言大天我實不作如是思惟何以故以心縱蕩放逸故時

閻摩王又更告言汝愚癡人若如是
者汝自懈怠行放逸故不修身口及
意善業以是因緣汝當長夜得大苦
惱无有安樂是故汝當具足受此放
逸之罪得如是等惡業果報亦如諸
餘放逸衆生受此罪報又汝諸人此
之苦報惡業果者非汝母作非汝父
作非汝兄弟作非姊妹作非國王作
非諸天作亦非往昔先人所作是汝
自身作此惡業今還聚集受此報也
尒時閻摩王具以如是第一天使善
加教示呵責彼已復以第二天使善
教示之善呵責之告言諸人汝豈不
見第二天使世間出也荅言大天我
實不見王復告言汝豈不見昔在世
間作人身時若婦女身若丈夫身四
大和合忽尒乖違病苦所侵纏綿困
篤或卧小牀或卧大牀以自糞屎汙
穢於身宛轉其中不得自在眠卧起
坐仰人扶侍洗拭抱持與飲與食一
切須人汝見之不
彼人荅言大天我實見之王復告言
癡人汝見如是若巧智者云何不作

如是思惟我今亦有如是之法我今
亦有如是之事我亦未離如是之患
法我亦自有如是患事既未免脫應
自覺知我今亦可作諸善業若身若
口若意善業令我當来長夜得於大
利益事太安樂事彼人荅言不也大
天我實不作如是思惟以懈怠心行
放逸故
王復告言癡人汝今既是行放逸者
懶墮懈怠不作善業若身若口若意
善業汝何能得長夜利益及安樂報
是故汝當修行善事若行放逸隨放
逸故汝此惡業非父母作非兄弟作
非姊妹作非王非天亦非往昔先人
所作非諸沙門及婆羅門等之所造
作此之惡業汝既自作汝還自受此
果報也
時閻摩王次以如是第二天使善加
教示呵責彼已更以第三天使善教
示之善呵責之語言汝愚癡人汝昔
人間作人身時豈可不見第三天使
世間出耶荅言大天我實不見時閻
摩王復告之言汝愚癡人在世間時

豈不見若婦女身若丈夫身隨時命
終置於牀上以雜色衣而蒙覆之將
出聚落又作種種斗帳軒蓋周帀莊
嚴眷屬圍遶絶棄瓔珞舉手散鬘
灰土坌頭極大悲惱號咷哭泣或言
嗚呼或言多多或言養育舉聲大叫
搥胷哀慟種種語言酸哽楚切汝悉
見不荅言大天我實見之時閻摩王
復告之言癡人汝昔既見如此等事
何不自作如是思惟我今亦有如是
之法我身亦有如是之事我既未脫
如是事者我亦有死亦有死法未得
免離我今宜可作諸善業若身若口
若意善業為我長夜得大利益得安
樂故尒時彼人荅言大天我實不作
如是思惟何以故以放逸故
時閻摩王復告之言癡人汝今既是
放逸行者以放逸故不作善業亦不
為汝長夜利益長夜安樂故聚集其
餘身口意善是故汝今有如是事謂
放逸行以放逸故汝自造此惡不善
業汝此惡業非父母作非兄弟作非
姊妹作非王非天亦非往昔先人所

起世因本經第四卷　第二十一張　取字号

作又非沙門婆羅門作汝此惡業是汝自作自聚集故得此果報汝還自受時閻摩王具足以此第三天使教示呵責彼諸罪人呵責訖已勑令將去時守獄者即執罪人兩足兩髀以頭向下以足向上遥擲置於諸地獄中尒時世尊說此偈言

眾生造作惡業已　死後墮於惡趣中
時閻摩王見彼來　以悲愍心而呵責
汝昔在於人間時　可不見於老病死
此是天使來告示　云何放逸不覺知
縱身口意染諸塵　不行施戒自調伏
如此云何名有識　而不造作利益因
尒時如法閻摩王　作是呵責罪人已
彼人喘息心驚怖　舉身頭掉白王言
我昔由隨惡朋友　聞諸善法心不喜
貪欲瞋恚所纏覆　不作自利故損身
王言汝不修善因　唯造種種諸惡業
癡人今日當得果　受彼業故來地獄
如此一切諸惡業　非父非母之所作
亦非沙門婆羅門　又非國王諸天造
此但是汝自所作　諸惡業種不淨故
自既作此諸惡業　今當分受此惡果

起世因本經第四卷　第二十二張　取字号

彼王以是三天使　次第教示呵責已
於是獄主閻摩王　棄捨罪人令將去
閻摩世中居住者　即前執取諸罪人
牽將趣於地獄所　極大可畏毛竪處
四邊相向有四門　四方四維皆齊整
周迴院牆悉是鐵　四面復以鐵為欄
熾燃熱鐵以為地　光焰猛盛烟火合
遥見可畏心破裂　嚴熾炎赫不可向
猶如一百由旬內　大火熾燃悉弥滿
其中所熾眾生類　皆由往昔作惡因
被三天使之所訶　而心放逸无覺察
彼等於今長夜悔　皆由往昔下劣心
諸有智慧眾生等　若見天使來開導
應當精勤莫放逸　此聖法王善巧說
既見聞已當驚恐　諸有生死窮盡處
一切无過於涅槃　種種患盡无有餘
至彼安隱則快樂　如是見法得寂滅
所謂已度諸恐怖　自然清淨得涅槃

起世因本經卷第四

起世因本經卷第四

校勘記

一　底本，金藏廣勝寺本。

一　七四六頁中三行「第四之三」，資、磧、普作「第四之餘」。

一　七四六頁中一九行「停時」，資、磧、普、南、徑、清作「時停」。

一　七四七頁上二行首字「終」，磧作「歿」。同行第一二字「未」，磧作「味」。

一　七四七頁中末行「蓬勃」，資、磧、普、南、徑、清作「逢焞」；麗作「蓬焞」。

一　七四八頁上一四行「友善」，磧、普、南、徑、清作「爲善」。

一　七四八頁上一六行「惡重」，資、磧、普、南、徑、清作「重惡」。

一　七四八頁上一八行第一三字「賭」，資、磧、普作「猪」。

一　七四八頁上二一行第一〇字「搥」，資、徑作「搥」。同行第一二字「舂」，磧、徑作「春」。

一 七四八頁中三行「殺害」，磧作「墮害」。

一 七四八頁中一一行第九字「當」，資、磧、普、南、徑、清作「多」。

一 七四八頁下一九行「阿呼呼」，諸本(不含石，下同)作「阿呼」。

一 七四八頁下二一行「其大」，諸本作「甚大」。

一 七四九頁中三行「二十」，諸本作「滿二十」。

一 七四九頁下一行第八字「心」，資、磧、普、南、徑、清無。

一 七四九頁下一三行末字「曰」，資、磧、普、南、徑、清無。

一 七五〇頁上末行末字「作」，資、磧、普、南、徑、清作「造作」。

一 七五〇頁中一行第三字「比」，資、磧、普、南、徑、清無。

一 七五〇頁下一行第二字「但」，諸本作「但由」。

一 七五〇頁下一八行「融銅」，資、磧、南、徑作「鎔銅」，下同。

一 七五一頁上一三行第七字「令」，磧、普、南、徑、清作「今」。

一 七五一頁上二〇行第八字「若」，諸本作「便於」。同行末字「何」，磧、普、南、徑、清作「可」。

一 七五一頁下末行「放逸」，諸本作「行放逸」。

一 七五二頁上六行「受此」，資、磧、普、南、徑、清作「此受」。

一 七五二頁上八行第三字「汝」，資、磧、普、南、徑、清無。

一 七五二頁上一八行第一三字「屎」，資、磧、普、南、徑、清作「尿」。

一 七五二頁中二行第一三字「之」，資、磧、普、南、徑、清無。

一 七五二頁下一行首字「豈」，諸本作「豈復」。

一 七五三頁上一五行「頭掉」，諸本本作「顫掉」。

一 七五三頁中五行「齊⿱勑止」，資、磧、普、徑、清作「齊整」；麗作「齊⿱勑止」。

一 七五三頁中一〇行第四字「熾」，諸本作「燒」。

一 七五三頁中一四行「精勤」，清作「積勤」。

起世因本經卷第五　取

隋三藏闍那崛多等譯

諸龍金翅鳥品第五

復次諸比丘一切龍類有四種生何等為四一者卵生二者胎生三者濕生四者化生此等名為四生龍也諸比丘金翅鳥類亦四種生所謂卵生胎生濕生化生此名四生諸比丘大海水下有娑伽羅龍王宮殿縱廣正等八万由旬七重垣牆七重欄楯周帀嚴飾七重珠網寶鈴間錯復有七重多羅行樹扶踈蔭映周迴圍繞妙色樓觀衆寶莊挍所謂金銀琉璃頗梨赤珠硨磲瑪瑙等七寶所成於其四方各有諸門一一諸門並有重閣樓觀却敵復有園苑及諸泉池園池之内各各皆有衆雜花草行伍相當復有諸樹種種枝葉種種花果種種妙香隨風遠熏種種諸鳥和鳴清亮諸比丘須弥山王佉低羅山二山中間復有難陁優波難陁二大龍王宮殿住處其處縱廣六千由旬七重垣牆七重欄楯略說如上乃至衆鳥各各和鳴

諸比丘大海之北為諸龍王及一切金翅鳥王故生一大樹名曰居吒奢摩離（隋言鹿聚）其樹根本周七由旬下入地中二十由旬其身出高一百由旬枝葉遍覆五十由旬樹外園院縱廣正等五百由旬七重牆壍乃至衆鳥各各和鳴略說如上

諸比丘居吒奢摩離大樹東面有卵生龍及卵生金翅鳥等宮殿住處其宮縱廣各六百由旬七重垣牆乃至衆鳥各各和鳴略說如上居吒奢摩離大樹南有胎生龍及胎生金翅鳥等宮殿住處亦各縱廣六百由旬七重垣牆乃至衆鳥各各和鳴略說如上居吒奢摩離大樹西面有濕生龍及濕生金翅鳥等宮殿住處亦各縱廣六百由旬七重垣牆乃至衆鳥各各和鳴略說如上居吒奢摩離大樹北面有化生龍及化生金翅鳥等宮殿住處亦各縱廣六百由旬七重垣牆乃至衆鳥各各和鳴略說如上

諸比丘彼卵生金翅鳥王若欲搏取卵生龍時便即飛往居吒奢摩離大樹東枝之上觀大海已乃更飛下以其兩翅扇大海水令水自開二百由旬即於其中銜卵生龍將出海外隨意而食諸比丘卵生金翅鳥王唯能取得卵生龍等隨意食之則不能取胎生濕生化生龍等

諸比丘胎生金翅鳥王若欲搏取卵生龍者即便飛往居吒奢摩離大樹東枝之上下觀大海亦以兩翅扇大海水令水自開二百由旬因而銜取卵生諸龍將出海外隨意而食又胎生金翅鳥王若欲搏取胎生龍者即便飛往居吒奢摩離大樹南枝之上下觀大海以其兩翅扇大海水水為之開四百由旬遂於其中銜胎生龍將出海道隨意而食諸比丘此胎生金翅鳥王唯能取得卵生諸龍及胎生龍隨其所用則不能取濕生化生二種龍也

諸比丘濕生金翅鳥王若欲搏取卵生龍時即便飛往居吒奢摩離大樹

東枝之上以其兩翅扇大海水水為之開二百由旬開已銜取卵生諸龍隨意而食又濕生金翅鳥王若欲搏取胎生龍時即便飛往居吒奢摩離大樹南枝之上以其兩翅扇大海水水為之開四百由旬開已銜取胎生諸龍隨意所用又濕生金翅鳥王若欲搏取濕生龍者即便飛往居吒奢摩離大樹西枝之上以其兩翅扇大海水水為之開八百由旬即便銜取濕生諸龍隨意而食諸比丘諸濕生金翅鳥王唯能取得卵生胎生濕生龍等恣其所用隨意而食則不能取化生諸龍

諸比丘其化生金翅鳥王若欲搏取卵生龍者即時飛往居吒奢摩離大樹東枝之上以其兩翅扇大海水水為之開二百由旬即便銜取卵生諸龍隨意而食又此化生金翅鳥王若欲搏取胎生龍者即時飛往居吒奢摩離大樹南枝之上以翅扇海水為之開四百由旬海既開已化生鳥王即便銜取胎生諸龍隨意而食又此

化生金翅鳥王若欲搏取濕生龍者即便飛往居吒奢摩離大樹西枝之上以翅扇海水為之開八百由旬即時銜取濕生諸龍隨意而食又此化生金翅鳥王若欲搏取化生龍者即復飛往居吒奢摩離大樹北枝之上下觀大海便以兩翅飛扇大海水為之開一千六百由旬即便銜取化生諸龍隨意而食諸比丘彼諸龍等悉皆為此金翅鳥王之所食噉諸比丘別有諸龍金翅鳥王所不能取謂娑伽羅龍王未曾為彼金翅鳥王之所驚動復有難陁龍王優波難陁龍王此二龍王亦不為彼金翅鳥王之所能取復有提頭賴吒龍王阿那婆達多龍王金翅鳥王亦不能取諸比丘其餘龍王亦有不為金翅鳥王搏取食者謂摩多車迦龍王德叉迦龍王羯勒拏憍多摩伽龍王熾婆陁弗知槃迦龍王商居波陁迦龍王甘婆羅龍王阿濕婆多羅龍王等諸比丘更有餘龍於其住處境界之中亦復不為諸金翅鳥之所食噉

諸比丘此等衆生有何因緣在如是趣生於龍中諸比丘有諸衆生熏修龍因受持龍戒發起龍心分別龍意作是業已為彼因緣所成熟故生在龍中復有衆生熏修金翅鳥因受持金翅鳥戒發起金翅鳥心分別金翅鳥意以是因緣身壞命盡生在如是金翅鳥中復有衆生熏修野獸因受持野獸戒發起野獸心習行野獸業分別野獸意以如是等種種熏修諸獸戒因發起行業成就心意衆因緣故身壞命盡即生如是諸雜獸中復有衆生熏修牛因牛戒牛業牛心牛意略說如前乃至分別以是緣故生於牛中復有衆生熏修雞因雞業雞心雞意略說如前乃至分別以是因緣生於雞中復有衆生修鵄鵂因受鵄鵂戒發鵄鵂心行鵄鵂業分別鵄鵂意以是熏修鵄鵂之業受鵄鵂戒起鵄鵂心分別鵄鵂意故捨此身已生鵄鵂中

諸比丘復有衆生熏修月戒或修日戒星宿戒大人戒或有熏修黙然戒

或有熏修大力天戒或有熏修大丈夫戒或有熏修入水戒或有熏修供養日戒或有熏修事行火戒或修告行諸穢濁處既熏修已作如是念願我所修此等諸戒謂月戒日戒星辰戒黙然戒大力天戒大丈夫戒水戒火戒告行穢濁如是等戒令我因此當得作天或得天報發如是等邪思惟願諸比丘此諸丈夫福伽羅等起邪願者我今當說彼所趣向必生二處若生地獄若生畜生

諸比丘或有一種沙門婆羅門等作如是見作如是言我及世間常此事實餘虛妄復有一種沙門婆羅門等作如是見作如是言我及世間無常此事實餘虛妄復有一種沙門婆羅門作如是見作如是言我及世間亦常无常此事實餘虛妄復有一種沙門婆羅門作如是見作如是言我及世間非常非无常此事實餘虛妄

諸比丘或有一種沙門婆羅門等作如是見作如是言我及世間有邊此事實餘虛妄復有一種沙門婆羅門

等作如是見作如是言我及世間无邊此事實餘虛妄復有一種沙門婆羅門等作如是見作如是言我及世間亦有邊亦无邊此事實餘虛妄復有一種沙門婆羅門等作如是見作如是言我及世間非有邊非无邊此事實餘虛妄

諸比丘或有一種沙門婆羅門等作如是見作如是言命即是身此事實餘虛妄復有一種沙門婆羅門等作如是見作如是言命異身異此事實餘虛妄復有一種沙門婆羅門等作如是見作如是言有命有身此事實餘虛妄復有一種沙門婆羅門等作如是見作如是言无命無身此事實餘虛妄復有一種沙門婆羅門等作如是見作如是言如來死後有有此事實餘虛妄復有一種沙門婆羅門等作如是見作如是言如來死後无有此事實餘虛妄復有一種沙門婆羅門等作如是見作如是言如來死後亦有有亦无有此事實餘虛妄復有一種沙門婆羅門等作如是見

起世因本經第五卷 第九張 取字号

作如是言如来死後非有有非無有此事實餘虛妄

諸比丘是中所有沙門婆羅門等作如是見如是說言我及世間常此事實餘虛妄者彼諸沙門婆羅門等於諸行中當有我見當有世見離諸行中當有我見當有世見以是義故彼等作如是見作如是說我及世間常此事實餘虛妄

諸比丘是中所有沙門婆羅門等作如是見如是說言我及世間无常此事實餘虛妄者彼諸沙門婆羅門等於諸行中當有无我見無世間見離諸行中當有無我見無世間見以是義故彼等如是說我及世間無常此事實餘虛妄

諸比丘是中所有沙門婆羅門等作如是見作如是說言我及世間亦常亦无常此是實餘虛妄者彼諸沙門婆羅門等於諸行中當有我見及世間見離諸行中當有我見及世間見以是義故彼等作如是說我及世間亦常无常此事實餘虛妄

起世因本經第五卷 第十張 取字号

諸比丘是中所有沙門婆羅門等作如是見如是說言我及世間非常非非常此事實餘虛妄者彼諸沙門婆羅門等於諸行中當有我見及世間見離諸行中當有我見及世間見是故彼等作是說言我及世間非常非非常此事實餘虛妄

諸比丘是中所有沙門婆羅門等作如是見如是說言我及世間有邊此事實餘虛妄者彼諸沙門婆羅門等作如是說命有邊人有邊從初託胎在母腹中名命死後殯埋名人上人從初出生受身四種七返墮落七度流轉七走七行成就命及入命聚是故彼等作如是說我及世間无邊此事實餘虛妄諸比丘是中所有沙門婆羅門等作如是見作如是說言我、及世間亦有邊亦无邊此事實餘虛妄者彼諸沙門婆羅門等作如是說命亦有邊亦无邊是人從初託胎在母腹中死後殯埋上人從初受身四種七返墮落七度流轉七走七行成就命及入命聚是故彼等作如是說

起世因本經第五卷 第十一張 取字号

我及世間亦有邊亦无邊此事實餘虛妄

諸比丘是中所有沙門婆羅門等作如是見作如是說言我及世間非有邊非无邊此事實餘虛妄者彼諸沙門婆羅門等作如是說世間非有邊非无邊從初受身四種七返墮落七度流轉七走七行已成就命及入命聚是故彼等作如是言我及世間非有邊非无邊此事實餘虛妄

諸比丘是中所有少門婆羅門等作如是見作如見說言命即是身此事實餘虛妄者彼諸沙門婆羅門等於身中見有我及見有命於餘身中亦見有我及見有命是故彼等作如是言即命是身此事實餘虛妄

諸比丘是中所有沙門婆羅門等作如是見作如是說言命異身異此事實餘虛妄者彼諸沙門婆羅門等於身中見有我及見有命於餘身中亦見有我及見有命是故彼等作如是言命異身異此事實餘虛妄諸比丘是中所有沙門婆羅門等作如是見

作如是說言有命有身此事實餘虛
妄者彼諸沙門婆羅門等於身中見
有我及有命於餘身中亦見有我及
見有命是故彼等作如是言有命有
身此事實餘虛妄
諸比丘是中所有沙門婆羅門等作
如是見作如是說言非命非身此事
實餘虛妄者彼諸沙門婆羅門等
於身中不見有我不見有命於餘身
中亦不見有我不見有命是故彼等
作如是言非命非身此事實餘虛妄
諸比丘是中所有沙門婆羅門等作
如是見作如是說言如來死後有有
此事實餘虛妄者彼諸沙門婆羅門
等於世作如是見從壽命當至壽命
亦當趣向流轉是故彼等作如是言
如來死後有有此事實餘虛妄
諸比丘是中所有沙門婆羅門等作
如是見如是說言如來死後无有此
事實餘虛妄者彼諸沙門婆羅門等
於世作如是見此有壽命至彼後有
壽命即斷是故彼等作如是言如來
死後无有此事實餘虛妄

諸比丘是中所有沙門婆羅門等作
如是見如是說言如來死後亦有有
亦无有此事實餘虛妄者彼諸沙門
婆羅門等於世作如是見此處命斷
往至彼處趣向流轉是故彼等作如
是言如來死後亦有有亦无有此事
實餘虛妄
諸比丘是中所有沙門婆羅門等作
如是見如是說言如來死後非有有
非无有此事實餘虛妄者彼諸沙門
婆羅門等於世作如是見人於此處
命斷壞已移至彼處命亦斷壞是故
彼等作如是言如來死後非有有非
无有此事實餘虛妄
尒時佛告諸比丘言諸比丘我念往
昔有一國王名曰鏡面彼鏡面王曾
於一時意欲觀諸生盲以為戲樂即
便宣勅普告國內生盲丈夫皆令集
會既集會已語彼羣盲作如是言汝
等生盲頗亦能知象之形相其狀云
何彼諸生盲同聲荅言天王我等生
盲實不能知象之形相王復告言汝
等先來既未識象今者欲知象形相

不時彼羣盲復同荅言天王我實未識
若蒙王恩我等或當知象形相時鏡
面王即時降勅喚一象師而告之言
卿可速往我象廐內取一象來置於
我前示諸盲人時調象師受王勅已
即將象來置王殿前語衆盲言此即
是象時諸盲人各各以手摩觸其象
尒時象師復語衆盲汝觸象已以實
報王時衆盲人有觸鼻者有觸牙者
有觸耳者有觸頭項背脇尾脚諸身
分者時王問言諸生盲輩汝等已知
象形相耶諸生盲人同荅王言天王
我等已知象之形相尒時彼王即復
問言汝等諸盲若知象者象為何相
時羣盲中有觸鼻者即白王言天王
象形如繩觸其牙者荅言天王象形
如橛觸其耳者荅言天王象形如箕
觸其頭者荅言天王象形如甕觸其
項者荅言天王象如屋栿觸其背者
荅言天王象如屋脊觸其脇者荅言
天王象形如篅觸其髀者荅言天王
象形如樹觸其脚者荅言天王象形
如臼觸其尾者荅言天王象如掃帚

時衆盲人各各荅言天王象形如是
天王象形如是作如是白已時王即
告衆盲人言汝亦不知是象非象况
能得知象之形相時彼衆盲各各自
執共相諍鬪各各以手自遮其面手
相諠覺手相呰毀各言已是時鏡面
王見彼衆盲如是諍競大笑歡樂王
於彼時即說偈言
是等羣盲生无目　横於此事手相諍
曾无有人教語之　云何能知象身分
諸比丘如是如是世間所有諸沙門
婆羅門等亦復如是既不能知如實
苦聖諦苦集聖諦苦滅聖諦苦滅道
聖諦既不實知當知彼等方應長夜
共生諍鬪流轉生死手相呰毀手相
罵辱既生諍鬪執競不休各各以手
自遮其面如彼羣盲共相惱乱於中
有偈
若不能知苦聖諦　亦復不知苦集因
所有世間諸苦法　此苦滅盡无餘處
於中是道尚不知　况知滅苦所行行
如是其心未解脫　未得智慧解脫處
彼既不能諦了觀　但知趣向生老死

未得免離諸魔縛　豈能到於无有處
諸比丘若有沙門婆羅門等能知如
實苦聖諦苦集苦滅苦滅道聖諦如
實知者應當如是隨順修學彼等長
夜和合共行各各歡喜无有諍競同
趣一學猶如水乳共相和合一處同
住亦現教師所說聖法安樂處住此
中說偈
若能知是諸有苦　及有所生諸苦因
既知一切悉皆苦　應令盡滅无有餘
若知此滅由於道　便到苦滅所得處
即能具足心解脫　及得智慧解脫處
則能到於諸有邊　如是不至生老死
長得免脫於魔縛　永離世間諸有處

起世經阿修羅品第六之一

尒時佛告諸比丘言比丘須弥山王
東面去山過千由旬大海之下有鞞
摩質多羅阿修羅王國土住處其處
縱廣八万由旬七重城壁周帀圍繞
七重欄楯普遍莊嚴乃至七重金銀
鈴網周圍挍飾外有七重多羅行樹
雜色可觀皆是七寶所共合成謂金
銀瑠璃頗梨赤珠硨磲瑪瑙一一城

壁高百由旬厚五十由旬城壁四面
各各相去五百由旬則置一門其門
並高三十由旬闊十二由旬於一一
門悉有種種却敵樓櫓園苑陂池諸
園苑中各各皆有種種果樹其樹各
有種種葉種種花種種果其果各有
種種異香其氣遠熏復有種種雜類
衆鳥各各和鳴出種種聲其音哀雅
諸比丘彼阿修羅大城之中為鞞摩
質多羅阿修羅王別立宮殿其宮名
曰設摩婆帝宮城縱廣一万由旬七
重城壁並是七寶之所合成高百由
旬厚五十由旬於城四面各各相去
五百由旬便置一門諸門並高三十
由旬闊十二由旬其一一門亦有樓
櫓却敵臺閣園苑陂池諸花沼等復
有種種衆雜果樹其樹各有種種葉
種種花種種果種種香其香普熏有
種種鳥各各和鳴出種種聲其音
哀雅
諸比丘設摩婆帝城內正處中央為
鞞摩質多羅阿修羅王置集會處名
曰七頭其處縱廣五百由旬七重欄

楯周圍校飾亦有七重金銀鈴網其外七重多羅行樹四方圍繞雜色莊嚴甚可愛樂悉是金銀頗梨珊瑚赤珠硨磲瑪瑙七寶所成其處四面各有諸門一一諸門樓櫓却敵亦是七寶之所合成雜色間錯令人樂觀其地皆是紺青琉璃柔軟細滑觸之猶如迦旃隣提迦衣

諸比丘彼阿修羅七頭會處當中自然有一寶柱高二十由旬於寶柱下為鞞摩質多羅阿修羅王安立寶座高一由旬方半由旬硨磲瑪瑙七寶所成雜色間錯甚可愛樂柔軟細滑觸之猶如迦旃隣提迦衣其座兩邊各有十六小阿修羅所坐之處亦以七寶之所成就所謂金銀乃至瑪瑙雜色可觀柔軟細滑觸之猶如迦旃隣提迦衣

諸比丘彼阿修羅七頭會處東面有鞞摩質多羅阿修羅王宫其處縱廣一千由旬七重垣牆七重欄楯七重鈴網外有七重多羅行樹四面周帀莊嚴圍繞雜色間錯甚可愛樂亦是

七寶之所成就所謂金銀琉璃頗梨赤珠硨磲瑪瑙於四方面各有諸門一一諸門皆有樓櫓却敵臺閣園苑陂池諸花沼等復有諸樹其樹各有種種葉種種花種種果種種香其香普熏有種種鳥各各和鳴出種種聲其音哀雅

諸比丘彼阿修羅七頭會處南西北方各有宫殿皆是諸小阿修羅王所住之處其處縱廣或九百由旬或八百七百六百五百四百三百二百由旬其最小者猶尚縱廣一百由旬七重垣牆略說乃至種種衆鳥各各和鳴

復次諸比丘彼阿修羅七頭會處四面復有一切最小阿修羅等所住宫殿其處縱廣或九十由旬或八十七十六十五十四十三十二十由旬最極小者猶尚縱廣十二由旬七重垣牆略說乃至有種種鳥各各和鳴

諸比丘彼阿修羅七頭會處東面有鞞摩質多羅阿修羅王苑名娑羅林其林縱廣一千由旬七重垣牆七重欄楯七重鈴網皆瑪瑙等七寶所成

於四方面各有諸門一一諸門樓櫓却敵雜色可觀亦是七寶之所成就所謂金銀乃至瑪瑙

諸比丘彼阿修羅七頭會處南面復有鞞摩質多羅阿修羅王苑名奢摩梨林其林縱廣亦千由旬七重垣牆七重欄楯七重鈴網並瑪瑙等七寶所成於四方面各有諸門一一諸門皆有樓櫓雜色可觀亦為七寶之所成就所謂金銀乃至瑪瑙

諸比丘彼阿修羅七頭會處北面亦有鞞摩質多羅阿修羅王苑名難陁那林其林縱廣亦千由旬七重垣牆七重欄楯七重鈴網皆瑪瑙等七寶所成於四方面各有諸門一一諸門並皆具有樓櫓却敵雜色可觀乃至悉是硨磲瑪瑙諸珎寶物之所成就然此諸門唯无臺閣自餘莊嚴與前同等諸比丘其娑羅林奢摩梨林二林之間鞞摩質多羅阿修羅王有一大池名曰難陁其池縱廣五百由旬水甚涼冷澄潔輕美常不渾濁七種寶塼廁填間錯七重板砌七重欄

掎七重鈴網周帀懸垂其外七重多羅行樹四面圍繞雜色可觀皆瑪瑙等七寶所成於四方面各有階道雜色間錯令人樂觀亦為七寶之所成就復有諸花遍生池中所謂優鉢羅花鉢頭摩花究牟陁花奔荼利花形如火者火色火光形如金者金色金光其形青者青色青光其形赤者赤色赤光其形白者白色白光其形綠者綠色綠光團如車輪其花光明照一由旬香氣所熏亦一由旬池中又出无量藕根大如車軸割之汁出色白如乳其味甘美猶如上蜜

諸比丘其俱毗陁羅及難陁那二林中間鞞摩質多羅阿修羅王有一大樹名蘇質怛邏波吒羅其本周圍滿七由旬根下入地二十一由旬其身上出高百由旬枝葉蔭覆五十由旬其院周迴五百由旬其外亦有七重垣牆略說乃至周帀圍繞雜色可觀及車𤦲瑪瑙等七寶所成於四方面亦有諸門並皆七寶之所成就一一諸門亦有樓櫓却敵略說乃至種種衆

鳥各各和鳴

起世經卷第五

甲辰歲高麗國大藏都監奉勅雕造

起世因本經卷第五

校勘記

一　底本，金藏廣勝寺本。七五九頁中至七六二頁中共十版，原版殘缺，以麗藏本換。

一　七五五頁中一一行「嚴飾」，資、磧、普、南、徑、清作「莊嚴」。

一　七五五頁中一三行「樓觀」，資、磧、普、南、徑、清作「可觀」。

一　七五五頁中一八行「花果」，磧作「華草」。

一　七五五頁下七行「園院」，資、磧、普、南、徑、清作「園苑」。

一　七五五頁下一四行第四字「南」，資、磧、普、南、徑、清作「南面」。

一　七五五頁下一五行末字「七」，磧作「十」。

一　七五六頁上二行「飛往」，徑作「飛住」。

一　七五六頁上三行「乃更」，資、磧、普、南、徑、清作「乃便」。

一　七五六頁上一七行「遂於」，磧、作「即於」。

一　七五六頁上一八行「海道」，諸本（不含石，下同）作「海外」。

一　七五六頁中三行末字「搏」，資作「塼」。

一　七五七頁上一五行「難因」，諸本作「難因難戒」。

一　七五七頁中一〇行「我今」，磧、普作「我令」。

一　七五八頁上一五行「如是」，諸本作「作如是」。

一　七五八頁上一九行首字「亦」，資、磧、普、南、徑、清無。

一　七五八頁中一五行「无邊」，諸本作「有邊」。

一　七五八頁中一六行「實餘虛妄」下，諸本有如下經文：「諸比丘是中所有沙門婆羅門等作如是見如是説言我及世間無邊此事實餘虛妄者彼諸沙門婆羅門等作如是説命無有邊人無有邊從初託胎在母腹中名命死後殯埋名人上人從初出生受身四種七返墮落七度流轉七走七行成就命及入命聚是故彼等作如是説我及世間无邊此事實餘虛妄」（共一百一十九字）。

一　七五八頁下一二行「如見」，諸本作「如」。

一　七五九頁上三行「有命」，麗作「見有命」。

一　七五九頁上一七行「如来」，徑作「如是」。

一　七五九頁下二一行第六字「篅」，諸本作「箄」。

一　七六〇頁上二行第八字「如」，諸本無。

一　七六〇頁上五行「各各」，普、徑作「各答」。

一　七六〇頁中一〇行「應令」，磧、普、南作「應今」；徑、清作「應合」。

一　七六〇頁中一四行「魔縛」，諸本作「魔網」。

一　七六〇頁中一五行「起世經」，資、磧、普、南作「起世因本經」；徑、清無。

一　七六二頁上一〇行「圍如車輪」，諸本作「圓如車輪」。

起世因本經卷第六　取

隋三藏闍那崛多等譯

阿修羅品第六之餘

諸比丘彼阿修羅七頭會處有二歧道為通彼王往来遊戲故鞞摩質多羅阿修羅王宮殿之處有二岐道亦復如是諸小阿修羅王宮殿之處亦二歧道諸小阿修羅住止之處亦二歧道婆羅園林亦二歧道奢摩黎園林亦二歧道俱毗陁羅園林亦二歧道難陁郍園林亦二歧道難陁池側亦二歧道蘇質怛邏波吒羅大樹之下亦二岐道悉皆如前與七頭會處相通来往

諸比丘若鞞摩質多羅阿修羅王意欲向彼婆羅園林奢摩黎俱毗陁羅難陁郍等園林澡浴嬉戲遊行受樂者

尒時彼王即便心念諸小阿修羅王及念諸小阿修羅衆是時諸小阿修羅王并及諸小阿修羅等亦生是念鞞摩質多羅阿修羅王心念我等如

起世因本經第六卷　第二張　取字号

是知已即以種種衆寶瓔珞莊嚴其身各嚴飾已乘種種乘俱共来詣鞞摩質多羅阿修羅王宮門之外到已下乘至鞞摩質多羅阿修羅王殿前而住

尒時鞞摩質多羅阿修羅王見此諸小阿修羅王及諸小阿修羅衆来在殿前亦即自以種種瓔珞莊嚴其身既莊嚴已便起就乘是時諸小阿修羅王及諸小阿修羅衆等左右侍衛周帀圍繞前後導從相將往詣婆羅園林及奢摩黎園林俱毗陁羅園林難陁郍園林到其處已先在難陁園林前駐駕而息諸比丘難陁園內有三風輪自然吹動莊嚴彼園何名為三謂開淨吹何者名開有風輪来開彼諸門名之為開何者為淨有風輪来掃彼園林令地清淨名之為淨何者為吹有風輪来吹動彼園林樹衆花飄零四散名之為吹諸比丘難陁園中風散種種上妙衆花積至于膝有種種香其香氛馥遍滿園林當於是時鞞摩質多羅阿修羅王即與諸

小阿修羅王及小阿修羅衆圍繞共入難陁園林隨意洗浴觀看遊戲諸阿修羅等於此園林或經一月或二三月澡浴嬉戲各隨所欲住止遊行恣情受樂

諸比丘有五阿修羅恒常住在鞞摩質多羅阿修羅王側為欲防遏諸惡事故何者為五一名隨喜二名常有三名常醉四名牟真隣陁五名鞞呵多羅諸比丘鞞摩質多羅阿修羅王有如是等五阿修羅恒常在側守衛防護諸比丘彼鞞摩質多羅阿修羅王宮殿之上有大海水深万由旬住在其上然彼水聚有四種風輪自然持之何等為四一名為住二名安住三名不墮四名牢固由此風持常住不動

諸比丘須弥山王南面過千由旬大海之下有踴躍阿修羅王宮殿住處其處縱廣八万由旬七重城壁略說猶如鞞摩質多羅阿修羅王住處一切所有此中一一亦如彼說汝應當知乃至此王宮殿之上所有大水聚亦為四風輪之所住持所謂住及安住不墮牢固等諸比丘須弥山王西面亦千由旬大海水下有奢婆羅阿修羅王宮殿住處其處縱廣八万由旬七重城壁略說亦如鞞摩質多羅阿修羅王住處一切所有此中一一亦如彼說汝應當知乃至此王宮殿之上所有水聚亦為四種風輪之所住持住及安住不墮牢固等

諸比丘須弥山王北面亦千由旬大海水下有羅睺羅阿修羅王宮殿住處其處縱廣八万由旬七重城壁諸門臺閣樓櫓却敵園苑花池乃至種種樹種種葉種種花種種果種種香熏有種種鳥各各和鳴皆如上說

諸比丘於彼城内有羅睺羅阿修羅王所住之城其城名曰摩婆帝縱廣莊嚴亦如前說七重城壁七重欄楯外有七重多羅行樹七重鈴網周帀圍繞雜色可觀皆是硨磲瑪瑙等七寶所成此之城壁高下縱廣亦如前說城壁四面亦有諸門一一諸門高下縱廣並亦如前彼一一門皆有樓櫓却敵臺閣園苑諸池及花沼等亦有諸樹其樹各有種種葉種種花種種果種種香熏亦有種種諸雜類鳥各各和鳴

諸比丘摩婆帝城王所住處有羅睺羅阿修羅王聚會之所亦各七頭其處縱廣如上所說欄楯七重及諸鈴網多羅行樹周帀圍繞雜色可觀乃至亦是硨磲瑪瑙等七寶之所莊嚴於四方面各有諸門彼一一門亦有樓櫓雜色可觀乃至硨磲瑪瑙等七寶所成以天硨磲遍布其地柔軟細滑觸之猶如迦旃隣提衣當處中央有一寶柱高下縱廣如上所說於其柱下為羅睺羅阿修羅王置一高座其座高下縱廣莊挍一一如前雜色可觀七寶所成所謂硨磲瑪瑙等柔軟細滑觸之猶如迦旃隣提衣其座左邊為十六小阿修羅王亦各別置諸妙高座七寶所成雜色可觀右邊亦為十六小阿修羅王置諸高座如上所說柔軟細滑觸之如迦旃隣提衣

諸比丘彼阿修羅王七頭會處東面

為羅睺羅阿修羅王別置宮殿其處

縱廣一一如前七重垣牆七重欄楯
七重鈴網乃至七重多羅行樹周帀
圍繞雜色可觀乃至硨磲瑪瑙等七
寶所成於四方面各有諸門彼一一
門悉有樓櫓臺觀却敵重閣園苑諸
池衆花泉沼有種種樹其樹各有種
種葉種種花種種果種種香熏復有
種種異類衆鳥各各和鳴其音哀雅
甚可愛樂
諸比丘彼阿修羅王七頭會處西南北
面有諸小阿修羅王宮殿住處其諸
宮殿或有縱廣九百由旬或有八百
或有七百乃至六百五百四百三百
二百由旬其㝡小者尚百由旬各各
皆有七重垣牆七重欄楯略說乃至
種種衆鳥各各和鳴
諸比丘彼阿修羅王七頭會處四面
復有小阿修羅衆宮殿住處其處縱
廣或九十由旬或八十七十六十五
十四十三十二十由旬極㝡小者猶
尚縱廣十二由旬七重垣牆略說乃
至種種衆鳥各各和鳴

諸比丘彼阿修羅王七頭會處東面

復有羅睺羅阿修羅王園苑名娑
羅林其林縱廣一一如前七重垣牆
七重欄楯乃至馬瑙等七寶所成於
四方面各有諸門彼一一門皆有樓
櫓雜色可觀乃至亦為硨磲瑪瑙等
七寶所成甚可愛樂
諸比丘彼阿修羅王七頭會處南面
亦有羅睺羅阿修羅王園苑名奢摩
棃林縱廣莊嚴皆如上說七重垣牆
乃至七重多羅行樹雜色可觀亦為
七寶之所成就所謂硨磲瑪瑙等於
四方面各有諸門彼一一門皆有樓
櫓亦瑪瑙等七寶所成
諸比丘彼阿修羅王七頭會處西面
亦有羅睺羅阿修羅王園苑名俱毗
陁羅林縱廣一一皆如上說七重垣
牆乃至瑪瑙等七寶所成於四方面
各有諸門彼一一門皆有樓櫓雜色
可觀乃至亦是硨磲瑪瑙等寶之所
成就甚可愛樂
諸比丘彼阿修羅王七頭會處北面
有羅睺羅阿修羅王園苑名難陁那

林其林縱廣如上所說七重垣牆乃

至瑪瑙等七寶所成於四方面各有
諸門彼一一門亦有樓櫓種種挍飾
雜色可觀乃至硨磲瑪瑙等寶之所
莊嚴甚可愛樂
諸比丘奢摩棃及娑羅林二苑之間
為羅睺羅阿修羅王出一池水名曰
難陁其池縱廣如上所說其水涼冷
柔軟輕甘清淨不濁以七寶塼七重
砌壘七重寶板間錯莊嚴七重欄楯
七重鈴網亦有七重多羅行樹周帀
圍繞雜色可觀乃至瑪瑙等七寶所
成於池四方各有階道甚可愛樂亦
為七寶之所莊嚴池生諸花所謂優
鉢羅花鉢頭摩花拘牟頭花奔荼利
花其花火形火色火光略說如上乃
至水形水色水光明照四方香氣氛
氳普熏一切又有藕根汁白味甘食
之香美猶如上蜜諸比丘俱毗陁羅及
難陁那二苑之間為羅睺羅阿修羅
王出一大樹其樹亦名蘇質怛羅波
吒羅樹形縱廣種種莊嚴皆如上說
乃至七重牆院七重欄楯皆是硨磲

瑪瑙等七寶所成甚可愛樂略說乃至種種衆鳥各各和鳴其音哀雅聽者歡喜

諸比丘彼阿修羅王七頭會處一切莊嚴如上所說亦有歧道去來往路為通羅睺羅阿修羅王遊宮殿故又為諸小阿修羅王及諸小阿修羅衆亦有歧道通其往来向奢摩黎及俱毗陁羅亦有歧道向難陁那及難陁池蘇質怛邏波吒羅樹等皆有歧道通其往来遊戲受樂

諸比丘羅睺羅阿修羅王若欲往詣婆羅林苑及難陁那林等澡浴遊戲遍觀看時尒時即念鞞摩質多羅阿修羅王時鞞摩質多羅阿修羅王便作是念羅睺羅阿修羅王心念於我欲俱遊戲尒時鞞摩質多羅阿修羅王作是念已復自念其諸小阿修羅王及其諸小阿修羅衆時彼諸小阿修羅王并其諸小阿修羅衆咸生是心鞞摩質多羅阿修羅王垂念我等我等當往便以種種衆寶瓔珞莊嚴其身既莊嚴已各乘騎乘共詣鞞摩質多羅阿修羅王所到已在宮門外齊行而立尒時鞞摩質多羅阿修羅王既見諸小阿修羅王及小阿修羅衆皆已集會即自嚴身服諸瓔珞御種種乘與諸小王及阿修羅衆左右侍衛前後圍繞往詣羅睺羅阿修羅王所到已止住尒時羅睺羅阿修羅王復更起心念踊躍奢婆羅二阿修羅王時踊躍奢婆羅二阿修羅王亦作是念羅睺羅阿修羅王今念我等如是知已即各念其諸小阿修羅王并其諸小阿修羅衆如是念時彼等各知咸亦嚴飾衆集来詣踊躍奢婆羅二大王所到已亦復嚴身瓔珞乘騎將從前後圍繞来向羅睺羅阿修羅王住處各隨所安住在一面尒時羅睺羅阿修羅王見鞞摩質多羅阿修羅王等並已雲集即自念其諸小阿修羅王及其諸小阿修羅衆其衆知已亦各嚴飾服乘而来至羅睺羅阿修羅王前儼然住立時羅睺羅阿修羅王見衆集已便著種種妙寶瓔珞莊嚴其身駕種種乘前後圍繞與鞞摩質多羅阿修羅王踊躍阿修羅王奢婆羅阿修羅王并諸小王及阿修羅衆一切雲集前後導從往詣婆羅林奢摩黎林俱毗陁羅林難陁那林等到已少時遊巡而住諸比丘難陁苑中自然而有三種風輪何者為三謂開淨吹是中開者有風輪来開苑諸門名之為開淨者有風輪来掃除其地令皆清淨名之為淨吹者有風輪来吹諸花樹令花布散名之為吹諸比丘難陁苑中上妙好花遍散地上積至于膝其花香氣普熏園林莊嚴具足種種可樂

尒時羅睺羅阿修羅王及鞞摩質多羅阿修羅王踊躍阿修羅王奢婆羅阿修羅王等并諸小王羣衆眷屬小修羅等圍繞共入難陁那園入已澡浴遊戲受樂種種觀看或行或住或卧或坐隨所欲樂恣意遊行諸比丘羅睺羅阿修羅王亦有五阿修羅常隨侍衛護諸惡事名字如前宮上海水縱廣厚薄四種風持令不墮墜並如上說

起世因本經四天王品第七

諸比丘須弥山王東面半腹有山名日由乾陁山頂去地四万二千由旬其山頂上有提頭頼吒天王城郭住處城名賢上縱廣正等六百由旬七重垣墻七重欄楯七重鈴網復有七重多羅行樹周帀圍遶雜色可觀悉以七寶而為莊飾所謂金銀瑠璃頗梨赤珠硨磲碼瑙等之所成就於四方面各有諸門一一諸門皆有樓櫓却敵臺觀園苑諸池有諸花林種種異樹其樹各有種種葉種種花種種果種種香其香普熏有種種鳥各各和鳴其音哀雅甚可愛樂

諸比丘須弥山王南面半腹下去地際四万二千由旬於由乾陁山頂之上有毗樓勒迦天王城郭住處城名善現縱廣莊嚴皆如提頭頼吒天王住處所說乃至種種諸鳥各各和鳴其音哀雅甚可愛樂

諸比丘須弥山王西面半腹下去地際四万二千由旬由乾陁山頂有毗婁愽叉天王城郭住處城名善觀縱廣莊嚴一一皆如提頭頼吒天王住處所說乃至種種諸鳥各各和鳴其音哀雅甚可愛樂

諸比丘須弥山王北面半腹下去地際亦四万二千由旬由乾陁山頂有毗沙門天王住止之處三大城郭其三者何一名毗舍羅婆二名伽婆鉢帝三名阿荼槃多咸各縱廣六百由旬七重垣牆七重欄楯略說乃至種種衆鳥各各和鳴

諸比丘唯除月天子宮殿日天子七大宮殿已自餘宮屬及四天王天中諸天子宮其間或有縱廣正等四十由旬或有三十或有二十乃至十二由旬其㝡小者猶尚縱廣六由旬所居亦各七重垣牆七重欄楯略說如前乃至衆鳥各各和鳴

諸比丘毗舍羅婆伽婆鉢帝二宮之間為毗沙門天王出生一池名那稚尼縱廣正等四十由旬其水調和清涼輕軟其味甘美香潔不濁其池四邊七重塼砌七重寶板間錯分明七重欄楯七重鈴網亦有七重多羅行樹周帀圍遶雜色可觀乃至硨磲碼瑙等七寶所成於四方面各有階道亦以七寶之所莊飾池中多有優鉢羅花鉢頭摩花拘牟陁花奔荼利花等自然出生其花火形火色火光乃至水形水色水光花量大小皆如車輪光明所照至半由旬香氣所熏滿一由旬有諸藕根大如車軸割之汁出色白如乳食之甘美味如上蜜

諸比丘伽婆鉢帝阿荼槃多二宮之間為毗沙門天王立一園苑其園名曰迦毗延多縱廣正等四十由旬七重垣牆七重欄楯乃至七重多羅行樹周帀圍遶雜色可觀略說如前乃至七寶之所成就

諸比丘提頭頼吒天王賢上住處城郭往来有二歧道毗樓勒迦天王善現住處城郭往来亦二歧道毗樓愽叉天王善觀住處城郭住處亦二歧道毗舍羅婆及伽婆鉢帝城郭住處亦二歧道四天王天所有眷屬諸小天衆宮殿住處亦各往来有二岐道那稚尼池及迦毗延多苑等亦各往

起世因本經第六卷　第十五張　取字号

來有二歧道諸比丘毗沙門天王若欲往至迦毗延多苑中遊戲澡浴者尒時即念提頭賴吒天王時提頭賴吒天王心亦生念毗沙門天王意念於我如是知已即復自念其界所屬諸小天王及小天衆是時東面眷屬諸王及其天衆咸作是念提頭賴吒天王心念我等如是知已各各嚴身著諸瓔珞乘諸騎乘詣提頭賴吒大天王所到已在前一面而住尒時提頭賴吒天王亦自莊飾服諸瓔珞嚴駕騎乘與諸小王天衆眷屬前後圍遶相與俱詣毗沙門大天王所到已在前一面而住

尒時毗沙門天王心復更念毗樓勒迦毗樓博叉二大天王時彼二王亦作是念毗沙門王意念我等如是知已即各自念已所統領諸小天王并諸天衆時彼小王及諸天衆亦皆作念我大天王心念我等宜時速往如是知已各以瓔珞嚴飾其身俱共往詣毗樓勒迦毗樓博叉二大王所時二大王知諸小王及餘天衆皆集會已

起世因本經第六卷　第十六張　取字号

亦自嚴身服衆瓔珞前就騎乘與衆圍遶咸共往詣毗沙門大天王所到已在前隨便停住

尒時毗沙門大天王見二天王及其天衆皆已集會亦自念其所領小王及諸天衆尒時北方諸小天王及其天衆即作是念毗沙門大天王今念我等如是知已各著種種衆寶瓔珞莊嚴其身俱共往詣毗沙門大天王前默然而住

尒時毗沙門大天王即亦自著衆寶瓔珞莊嚴其身駕種種乘與提頭賴吒毗樓勒迦毗樓博叉等四大天王各將所屬諸天王衆前後圍遶皆共往詣迦毗延多園苑到已在苑門前輙時停住諸比丘其迦毗延多苑中自然而有三種風輪謂開淨吹開者開彼園門淨者淨其園地吹者吹其園樹令花飄颺諸比丘迦毗延多苑中所散衆花積至半膝種種香氣周遍普熏

尒時毗沙門大天王提頭賴吒天王毗樓勒迦天王毗樓博叉天王等與

起世因本經第六卷　第十七張　取字号

諸小王及衆眷屬圍遶共入迦毗延多苑中澡浴遊戲種種受樂在彼園中澡浴訖已或復一月二月三月遊戲受樂隨心所欲恣意遊行諸比丘毗沙門王有五夜叉恒常隨逐侍衛左右為防護故何者為五一名五丈二名曠野三名金山四名長身五名針毛諸比丘毗沙門天王遊戲去來常為此等五夜叉神之所守護

起世因本經三十三天品第八之一

諸比丘須彌山王頂上有三十三天宮殿住處其處縱廣八万由旬七重城壁七重欄楯七重鈴網外有七重多羅行樹周帀圍遶雜色可觀七寶所成所謂金銀琉璃頗梨赤珠硨磲瑪瑙等其城舉高四百由旬厚五十由旬城壁四面相去各各五百由旬於其中間乃開一門一一城門悉皆舉高三十由旬闊十由旬其門兩邊並有樓櫓却敵臺閣軒檻輦轝又有諸池花林果樹其樹各各有種種葉種種花種種果種種香其香普熏有種種鳥各各和鳴其音調雅甚可

愛樂叉彼諸門一一門處各有五百夜叉為三十三天晝夜守護諸比丘於彼城內為三十三天王更立一城名曰善見其城縱廣六万由旬七重城壁七重欄楯七重鈴網外有七重多羅行樹周帀圍繞雜色可觀亦以七寶之所成就所謂金銀乃至馬瑙其城亦高四百由旬厚五十由旬城之四面亦各相去五百由旬於其中間便開一門諸門亦高三十由旬闊十由旬一一諸門亦有樓櫓却敵臺閣水池花林種種奇樹其樹各有種種葉種種花種種果種種香其香普熏種種眾鳥各各和鳴如是諸門門門皆有五百夜叉為三十三天晝夜守護

諸比丘三十三天善見城側為伊羅鉢那大龍象王立一宮殿其宮縱廣六百由旬七重牆壁七重欄楯略說乃至種種眾鳥各各和鳴

諸比丘善見城內有三十三天聚會之處名善法堂其處縱廣五百由旬七重欄楯七重鈴網外有七重多羅

行樹周帀圍遶雜色可觀乃至馬瑙等七寶所成於四方面各有諸門一一諸門皆有樓櫓却敵臺觀種種雜色七寶所成其地純是青琉璃寶柔軟細滑觸之猶若迦旃隣提衣當其中央有一寶柱高二十由旬於寶柱下為天帝釋別置一座高一由旬方半由旬雜色可觀乃至硨磲等七寶成就柔軟細滑觸之如前其座兩邊各有十六小天王座夾侍左右七寶所成雜色可觀柔軟細滑觸之如前

諸比丘此善法堂諸天集處有帝釋宮其宮縱廣一千由旬七重垣牆乃至眾鳥各各和鳴諸比丘此善法堂諸天集處東西南北四面皆有諸小天王宮殿住處其宮或廣九百由旬或復縱廣八百由旬或復七百六百五百四百三百二百由旬其㝡小者猶尚縱廣一百由旬七重垣牆乃至眾鳥各各和鳴又善法堂諸天會處東西南北各有三十三天諸小天眾宮殿住處其宮或廣九十由旬或復縱廣八十由旬或復七十六十五十

四十三十二十由旬其㝡小者猶尚縱廣十二由旬七重垣牆乃至眾鳥各各和鳴

諸比丘此善法堂諸天會處東面有三十三天王苑名波婁沙縱廣正等一千由旬略說乃至七重垣牆皆馬瑙等七寶所成於四方面各有諸門一一諸門各有樓櫓雜色可觀乃至馬瑙七寶所成諸比丘波婁沙苑中有二大石一名賢二名善賢皆天馬瑙之所成就並各縱廣五十由旬柔軟細滑觸之猶如迦旃隣提衣

諸比丘此善法堂諸天集處南面亦有三十三天王苑名雜色車其苑縱廣亦千由旬七重垣牆乃至馬瑙之所成就於四方面各有諸門一一諸門皆有樓櫓雜色可觀乃至馬瑙等七寶所成於彼苑中亦有二石一名雜色二名善雜色天青琉璃之所成就並各縱廣五十由旬柔軟細滑觸之猶如迦旃隣提衣諸比丘此善法堂諸天集處西面復有三十三天王苑名曰雜乱其苑縱廣亦千由旬七

重垣牆乃至七寶之所成就四方諸
門皆有樓櫓却敵臺閣並七寶成此
雜乱苑中亦有二石一名善現二名
小善現皆天頗梨之所成就亦各縱
廣五十由旬柔軟細滑觸之猶如迦旃
隣提衣
諸比丘此善法堂諸天集處北面復
有三十三天王苑名曰歡喜其苑縱
廣亦千由旬七重垣牆乃至瑪瑙等
七寶所成四方諸門各有樓櫓却敵
臺閣亦為七寶之所莊嚴
諸比丘歡喜園中亦有二石一名歡
喜二名善歡喜天銀所成亦各縱廣
五十由旬柔軟潤澤觸之如觸迦旃
隣提衣
諸比丘於波婁沙及雜色車二園之
間為三十三天王故有一大池名曰
歡喜縱廣正等五百由旬其水凉冷
輕軟甘美清潔不濁以七寶塼四面
砌累七重寶板莊嚴間錯七重欄楯
乃至七重多羅行樹周帀圍遶雜色
可觀於池四方各有階道並是七寶
之所莊挍中有諸花所謂優鉢羅花

鉢頭摩花拘牟陀花奔荼利花其花
火形火色火光乃至水形水色水光
縱廣大小皆如車輪光明所照至一
由旬風吹香氣薰一由旬有諸藕根
大如車軸割之汁流色白如乳其味
甘美如㝡上蜜諸比丘雜乱歡喜二
園之間為三十三天王故有一大樹
名波利夜怛邏俱毗陁羅其樹本下
周七由旬略說乃至枝葉遍覆牆院
縱廣五百由旬七重垣牆乃至衆鳥
各各和鳴
諸比丘此波利夜怛邏俱毗陁羅樹
下有一石名般荼甘婆羅天金所成
其石縱廣五十由旬柔軟潤澤觸之
如觸迦旃隣提衣
諸比丘以何因緣此善法堂諸天會
處名為善法諸比丘其善法堂諸天
會處三十三天王集會坐時於中唯
論微妙細密善語深義審諦思惟稱
量觀察皆是世間諸勝要法真實正
理是以諸天稱此會處為善法堂又
何因緣名波婁沙迦苑（波婁沙迦隋言麁澁）諸比
丘麁澁園中三十三天王入已坐於

賢及善賢二石之上唯論世間麁澁
不善戲謔之語是故稱為波婁沙迦
又何因緣名雜色車苑諸比丘雜色
車園三十三天王入已坐於雜色善
雜色二石之上唯論世間種種雜類
色相語言是故稱為雜色車苑又何
因緣名雜乱苑諸比丘此雜乱園三
十三天王常以月八日十四日十五
日於其宮內一切綵女入此園中令
與三十三天衆合雜嬉戲不生障隔
恣其歡娛受天五欲具足功德遊行
受樂是故諸天共稱此園為雜乱苑

起世因本經卷第六

起世因本經卷第六

校勘記

一 底本，金藏廣勝寺本。

一 七六四頁中三行「第六之餘」，徑、清作「第六之二」。

一 七六四頁下八行第五字「自」，徑作「日」。

一 七六四頁下一七行末字「輪」，資、磧、普作「轉」。

一 七六五頁上末行第一〇字「所」，資、磧、普、南、徑、清無。

一 七六五頁中一行第二字「爲」，資、磧、普、南、徑、清無。

一 七六五頁中一〇行第一〇字「亦」，資、磧、普、南、徑、清作「過」。

一 七六五頁下六行「亦各」，資、磧、普、南、清作「亦名」；徑作「一名」。

一 七六六頁上一一行第四字「彼」，資、磧、普、南、徑、清無。

一 七六六頁中一九行「皆有」，磧、普作「行有」。

一 七六六頁下二行「七寶」，磧、普作「七重」。

一 七六六頁下一三行「甚可」，麗作「其可」。

一 七六八頁上一行「起世因本經」，徑、清無，下同。

一 七六八頁上一六行「二千」，磧作「三千」。

一 七六八頁下一九行第六、七字「住處」下，諸本（不含石）有「城郭往来亦二歧道毗沙門天王阿荼槃多」（共十七字）。

一 七六九頁上一五行「天王」，資、磧、普作「大王」。

一 七六九頁上二行及末行「大王」，南作「天王」；麗末行同。

一 七六九頁中二〇行第八字「半」，麗作「干」。

一 七六九頁下六行「五丈」，資作「五大」。

一 七六九頁下一一行「三十三」，磧作「三十二」。

一 七七〇頁上一〇行第二字「便」，磧、普、南、徑、清作「更」。

一 七七〇頁上二一行「城内」，徑作「城向」。

一 七七〇頁下一〇行「二名」，麗作「一名」。

一 七七一頁中一〇行「五百」，資、磧、普、南、徑、清作「五十」。

一 七七一頁中一三行末字「成」，磧、普作「戒」。

一 七七一頁中二二行夾註「波婁沙迦隋言麁澁」，徑、清無。

一 七七一頁下一行末字「澁」，資、磧、普、南、徑、清作「惡」。

一 七七一頁下九行第二字「於」，資、磧、普、南、徑、清作「放」。同行「綵女」，資、磧、徑作「婇女」。同行「入此」，資、磧、普、南、徑、清作「於此」。

起世經卷第七

隋天竺三藏闍那崛多等譯　澄

三十三天品第八之二

諸比丘又何因緣彼天有園名為歡喜諸比丘彼歡喜園三十三天王入其中已坐於歡喜善歡喜二石之上心受歡喜意念歡喜念已復念受諸欲樂受悅樂已復受極樂是故諸天共稱彼園以為歡樂諸比丘又彼天樹有何因緣名波利夜怛邏拘毗陀羅諸比丘彼波利夜怛邏拘毗陀羅樹下有天子住名曰末多日夜常以彼天種種五欲功德具足和合遊戲受樂是故諸天遂稱彼樹以為波利夜怛邏拘毗陀羅復次諸比丘三十三天縱有急疾未曾肯捨般荼甘婆石必設供養尊重恭敬然後乃復隨意而去所以者何此石乃是如來昔日所住之處是故諸天以為支提一切世間天人魔梵沙門婆羅門等應供養故諸比丘有三十三天唯得眼見波婁沙迦園身不能入身不入故不得彼處五欲功德受具足樂何以故彼業勝故以其前世善根微劣不能得入有三十三天得見波婁沙迦園身亦能入既得入已具得彼處種種五欲和合功德而受快樂何以故以其善根增上勝故諸比丘有三十三天眼不得見雜色車園身亦不入亦不得以彼園五欲和合功德而受快樂何以故以其善根有別異故有三十三天眼雖得見雜色車園身不得入亦不得以彼園五欲和合功德而受快樂何以故以其善根有優劣故有三十三天眼既得見雜色車園身亦得入既得入已具足得彼種種五欲同體和合而受快樂何以故以其善根增上勝故諸比丘凡是一切三十三天无不悉見雜乱之園亦皆得入既得入已悉亦同得彼園死中種種五欲和合功德具足同體而受快樂何以故修業等故彼中无有別異善根故

諸比丘有三十三天身不得見歡喜之園亦不得入不得入故不得彼中

種種五欲和合功德同體具足而受快樂何以故彼處果勝前世造業有別異故有三十三天見歡喜園而不得入亦不能得歡喜園中種種五欲和合功德同體具足而受快樂何以故以彼諸天業別異故有三十三天見歡喜園身亦得入既得入已具足得彼種種五欲和合功德同體快樂並皆受之何以故彼天往昔所修善業无別異故

諸比丘其善法堂三十三天聚會之處有二歧道帝釋天王宮殿住處亦二歧道諸小天王并餘官屬三十二天宮殿之處亦二歧道伊羅婆那大龍象王宮殿處所亦二歧道波婁沙迦園亦二歧道雜色車園雜乱園歡喜園歡喜池等一一處所各有二道波利夜怛邏拘毗陀羅樹下亦二歧道諸比丘帝釋天王若欲往詣波婁沙迦園雜色車園歡喜園等澡浴遊戲受歡樂時尒時即念伊羅婆那大龍象王時伊羅婆那大龍象王亦生是念帝釋天王心念於我如是知已從

其宮出即自化作三十三頭其一一頭具有六牙一一牙上化作七池一一池中各有七花一一花上各七玉女一一玉女各復自有七女為侍

尒時伊羅婆那大龍象王作如是等諸神變已即時往詣帝釋王所到已在前儼然而住

尒時帝釋天王復更心念三十二天諸小王等并三十二諸小天衆時彼小王及諸天衆亦生是心帝釋天王今念我等如是知已各以種種衆妙瓔珞莊嚴其身各乘車乘俱共往詣天帝釋所到已各各在前而住時天帝釋見諸天已亦自種種莊嚴其身服衆瓔珞諸天大衆前後左右周帀圍遶與諸小王共昇伊羅婆那龍象王上帝釋天王正當中央坐其頭上左右兩邊各有十六諸小天王坐彼伊羅婆那龍象王化頭之上各各坐已時天帝釋將諸天衆向波婁沙迦及雜色車雜亂歡喜等園到已停住其歡喜等四園之中各各皆有三種風輪謂開淨吹略說如前開淨地

及吹花等諸比丘彼諸園中吹花分散遍布地上深至于膝其花香氣處處普熏時天帝釋與諸小天王及三十二天衆前後圍繞入雜色車歡喜等園嬉戲受樂隨意遊行或坐或臥時釋天王欲得瓔珞即念毗守羯磨天子時彼天子即便化作衆寶瓔珞奉上天王若三十三天諸眷屬等須瓔珞者毗守羯磨亦皆化出而供給之欲聞音聲及伎樂者則有諸鳥出種種聲其聲和雅令天樂聞諸天尒時如是受樂一日乃至七日一月乃至三月種種歡娛澡浴嬉戲行住坐卧隨意東西諸比丘帝釋天王有十天子常為守護何等為十一名因陁羅迦二名瞿波迦三名頻頭迦四名頻頭婆迦五名阿俱吒迦六名吒都多迦七名時婆迦八名胡盧祇那九名難茶迦十名胡盧婆迦諸比丘帝釋天王有如是等十天子衆恒隨左右不曾捨離為守衛故

諸比丘閻浮提地為一切人故有水生諸花最上精勝極可樂者所謂優鉢

羅花鉢頭摩花拘牟陁花奔茶利迦花此諸花等芬芳軟美有陸生花最極好者所謂阿提目多迦花瞻波迦花波吒羅花蘇摩那花婆利師迦花摩利迦花摩頭揵地迦花搔揵地迦花遊提迦花殊伍沙迦利迦花陁奴沙迦膩迦花等諸比丘瞿陁尼人有水生花最極好者所謂優鉢羅花鉢頭摩花拘牟陁花奔茶利迦花香氣芬馥處處普熏有陸生花最極好者所謂阿提目多迦花瞻波迦花波吒羅花蘇摩那花婆利師迦花摩利迦花摩頭揵地迦花搔揵地迦花遊提迦花殊伍沙迦利迦花陁奴沙迦膩迦花等

諸比丘弗婆提人有水生花最極好者所謂優鉢羅花鉢頭摩花拘牟陁花奔茶利迦花色甚光鮮香氣芬馥有陸生花最極好者所謂阿提目多迦花瞻波迦花波吒羅花蘇摩那花婆利師迦花摩利迦花摩頭揵地迦花搔揵地迦花遊提迦花殊伍沙迦利迦花陁奴沙迦膩迦花等

諸比丘欝單越人有水生花㝡極好
者所謂優鉢羅花鉢頭摩花拘牟陁
花奔荼利迦花香氣柔軟處處普熏
有陸生花㝡極好者所謂阿提目多
迦花瞻波迦花波吒羅花蘇摩那花
婆利師迦花摩利迦花摩頭揵地迦
花撜揵地迦花遊提迦花殊伍沙迦
利迦花陁奴沙迦膩迦花等
諸比丘一切諸龍及金翅鳥住處各
有水生衆花㝡極好者所謂優鉢羅
花鉢頭摩花拘牟陁花奔荼利迦花
香氣氛氲柔軟美妙有陸生花㝡極
好者所謂阿提目多迦花瞻波迦花
波吒羅花蘇摩那花婆利師迦花摩
利迦花摩頭揵地迦花撜揵地迦花遊
提迦花殊伍沙迦利迦花鶏迦羅利
迦花摩訶鶏迦羅利迦花等
諸比丘阿修羅等亦各具有水生諸
花㝡極好者所謂優鉢羅花鉢頭摩
花拘牟陁花奔荼利迦花香氣普熏
甚可愛樂有陸生花㝡極好者所謂
阿提目多迦花瞻波迦花波吒羅花
蘇摩那花婆利師迦花摩利迦花摩

頭揵地迦花撜揵地迦花遊提迦花
殊伍沙迦利迦花陁奴師迦花鶏迦
羅利迦花摩訶鶏迦羅利迦花頻隣
曇花摩訶頻隣曇花曼陁羅梵花
摩訶曼陁羅梵花等
諸比丘四天王天所有諸天有水生
花極妙端正可愛樂者所謂優鉢羅
花鉢頭摩花拘牟陁花奔荼利迦花
其氣甚香質極柔軟有陸生花㝡勝好
者所謂阿提目多迦花瞻波迦花波
吒羅花蘇摩那花婆利師迦花摩利
迦花摩頭揵地迦花撜揵地迦花遊
提迦花殊伍沙迦利迦花陁奴沙迦
花鶏迦羅利迦花摩訶鶏迦羅利迦
花頻隣曇花摩訶頻隣曇花等
諸比丘三十三天有水生花極妙端
正可愛樂者所謂優鉢羅花鉢頭摩
花拘牟陁花奔荼利迦花等其氣極
香形甚柔軟有陸生花㝡勝好者所
謂阿提目多迦花瞻波迦花波吒羅
花蘇摩那花婆利師迦花摩利迦花
摩頭揵地迦花撜揵地迦花遊提迦
花殊伍沙迦利迦花陁奴沙迦膩迦

花鶏迦羅利迦花摩訶鶏迦羅利迦
花頻隣曇花摩訶頻隣曇花曼陁羅
梵花摩訶曼陁羅梵花等如三十三
天所有諸花夜摩天兜率陁天化自
樂天他化自在天魔身天等如是次
第一一具有更无別異
諸比丘人間衆花有七種色何等為
七所謂火色火光金色金光青色青
光赤色赤光白色白光黄色黄光黒
色黒光譬如魔梵常所現色諸比丘
人間有此七種色花諸阿修羅亦復
如是有此七色一切天衆亦復有此
七種光色譬如魔梵常所現色
諸比丘一切諸天有十種別法何等
為十諸比丘一諸天行時來去无邊
二諸天行時來去无导三諸天行時
無有遲疾四諸天行時足无蹤跡五
諸天身力無患疲勞六諸天之身有
形无影七一切諸天無大小便八一切
諸天无有涕唾九諸天之身清淨微
妙无皮肉筋脉脂血髓骨十諸天之
身欲現長短青黄赤白大小麁細隨
意悉能並皆美妙端嚴殊絶令人愛

樂一切天身有此十種不可思議諸比丘又諸天身充實洪滿齒白方密髮青齊整柔軟潤澤身有光明及有神力騰虛飛逝眼視無瞬瓔珞自然衣无垢膩

諸比丘閻浮提人壽命百年中有夭逝瞿陁尼人壽命二百亦有中夭弗婆提人壽命三百亦有中夭欝單越人定壽千年无有夭殤閻魔羅世諸衆生等壽七萬二千歲亦有中夭諸龍及金翅鳥等壽命一劫亦有中夭諸阿修羅壽命千歲同三十三天然亦中夭四天王天壽五百歲亦有中夭三十三天壽一千歲夜摩諸天壽二千歲兜率陁天壽四千歲化樂諸天壽八千歲他化自在天壽万六千歲魔身天壽三万二千歲梵身天壽命一劫光億念天壽命二劫遍淨諸天壽命四劫廣果諸天壽命八劫無想諸天壽十六劫不麁諸天壽命千劫无惱諸天壽二千劫善見諸天壽三千劫善現諸天壽四千劫色究竟天壽五千劫虛空處天壽十千

劫識處天壽二万一千劫无所有處天壽四万二千劫非想非非想處天壽八万四千劫此等諸天皆有中夭

諸比丘閻浮提人身長三肘半衣長七肘闊三肘半瞿陁尼人弗婆提人身量及衣與閻浮等欝單越人身長七肘衣長十四肘上下七肘阿修羅身長一由旬衣長二由旬闊一由旬重半迦利沙（隋言半兩也）四天王天身長半由旬衣長一由旬闊半由旬重一迦利沙三十三天身長一由旬衣長二由旬闊一由旬重半迦利沙夜摩天身長二由旬衣長四由旬闊二由旬重一迦利沙四分之一兜率陁天身長四由旬衣長八由旬闊四由旬重一迦利沙八分之一化樂天身長八由旬衣長十六由旬闊八由旬重一迦利沙十六分之一他化自在天身長十六由旬衣長三十二由旬闊十六由旬重一迦利沙三十二分之一魔身諸天身長三十二由旬衣長六十四由旬闊三十二由旬重一迦利沙六十四分之一自此已上諸天

身量長短與衣正等无差

諸比丘閻浮提人所有市易或以錢寶或以穀帛或以衆生瞿陁尼人所有市易或以牛羊或摩尼寶弗婆提人所作市易或以財帛或以五穀或摩尼寶欝單越人无復市易所欲自然故

諸比丘閻浮提人瞿陁尼人弗婆提人悉有男女嫁娶之法欝單越人无我我所樹枝若垂男女便合無復嫁娶諸比丘諸龍金翅鳥阿修羅等皆有嫁娶男女法式略如人間四天王天三十三天夜摩天兜率陁天化樂天他化自在天魔身天等皆有嫁娶略說如前從此已上所有諸天不復嫁娶以无男女異故諸比丘閻浮提人若行欲時二根相到流出不淨瞿陁尼人弗婆提人欝單越人並亦如是一切諸龍金翅鳥等若行欲時亦二根相到但出風氣即得暢適无有不淨諸阿修羅四天王天三十三天行欲之時根到暢適亦出風氣猶如諸龍及金翅鳥無有差異夜摩諸

天執手成欲兜率陁天憶念成欲化樂諸天熟視成欲他化自在天共語成欲魔身諸天相看成欲並得暢適成其欲事

諸比丘人間所有螢火之明則復不如燈焰光明燈焰光明又復不如炬火之明炬火之明不如火聚火聚之明不如諸天星宿光明星宿之明不如月宮殿明月宮殿明又復不如日宮殿明日宮殿明光焰照曜猶尚不如四天王天牆壁宮殿身瓔珞明四天王天所有光明則又不如三十三天所有光明三十三天所有光明則又不如夜摩諸天牆壁宮殿瓔珞光明夜摩天中所有諸光則又不如兜率陁天所有光明兜率陁天所有諸光則又不如化樂天光明化樂天中所有光明則又不如他化自在諸天光明他化自在所有光明則又不如魔身天光明魔身諸天牆壁宮殿瓔珞光明比於下天最勝最妙殊特无過諸比丘雖然此魔身天光比梵身天光轉更不及彼梵身天比光憶念

天則又不及光憶念天比遍淨天則又不及遍淨諸天比廣果天則又不及如是略說無惱熱天善見天善現天阿迦膩吒天等唯除瓔珞餘如上說應如是知諸比丘若天世界若魔若梵沙門婆羅門人等世間所有光明欲比如來阿羅呵三藐三佛陁光明百千万億恒河沙數不可為比此以何諸比丘如來之身戒行无量故三摩提般若解脫解脫知見神通及神通行教化及教化輪說處及說處輪等皆无量故諸比丘如來如是无量功德一切諸法皆悉具足以是義故如來光明最勝无上當如是持

諸比丘一切衆生有四種食以資諸大得自住持得成諸有得相攝受何等為四一者麁段及微細食二者觸食三意思食四者識食何等衆生應食麁段及微細食諸比丘閻浮提人飯食麨豆及魚肉等此等名為麁段之食覆蓋按摩澡浴揩拭脂膏塗摩此等名為微細之食瞿陁尼人弗婆

提人麁段微細與閻浮提略皆齊等欝單越人身不耕種自然而有成熟粳米為麁段食覆蓋澡浴及按摩等為微細食諸比丘一切諸龍金翅鳥等以諸魚鼈黿鼉蝦蟇虯螭鮑獺金毗羅等為麁段食覆蓋澡浴等為微細食諸阿修羅以天須陁妙好之味以為麁段諸覆蓋等以為微細四天王天并諸天衆皆用彼天須陁之味以為麁段諸覆蓋等以為微細三十三天還以彼天須陁之味以為麁段諸覆蓋等以為微細如三十三天乃至夜摩天兜率陁天化樂天他化自在天等並用彼天須陁之味以為麁段諸覆蓋等以為微細自此以上所有諸天並以禪悅法喜為食三摩提為食三摩跋提為食无復麁段及微細食諸比丘何等衆生以觸為食諸比丘一切衆生受卵生者所謂鵝鴈鴻鶴鷄鴨孔雀鸚鵡鸜鵒鴿鳩鷄雀雉鵲烏等及餘種種雜類衆生從卵生者以彼從卵而得身故一切皆以觸為其食何等衆生以思為食若有衆生

以意思惟資潤諸根增長身命所謂魚鼈黿鼉虵蝦蟇伽羅瞿陁等及餘衆生以意思惟潤益諸根增長壽命者此等皆用思爲其食何等衆生以識爲食所謂地獄衆生及无邊識處天等此諸衆生皆用識持以爲其食諸比丘此四種食爲諸衆生住持諸大禰受生分此中有優陁那偈

花色與諸法　壽命衣第五市易及嫁娶

根光食爲十

諸比丘世間衆生皆悉共有三種惡行何等爲三所謂身惡行口惡行意惡行比丘有諸衆生作身惡行作口惡行作意惡行以是因緣身壞命終隨於惡趣生地獄中彼於此處冣後識滅地獄之識初相續生彼識共生即有名色緣名色故即有六入

諸比丘復有衆生作身惡行作口惡行作意惡行以是因緣身壞命終墮於惡趣生畜生中彼於此處冣後識滅畜生之識初相續生當於彼識共生之時即有名色緣名色故即有六入

諸比丘復有衆生作身惡行作口惡

行作意惡行以是因緣身壞命終墮於惡趣生閻摩世彼於此處冣後識滅閻摩世識初相續生當於彼識初生之時即共名色一時俱生緣名色故即有六入諸比丘此等名爲三種惡行應當遠離

諸比丘世間復有三種善行何等爲三所謂身善行口善行意善行諸比丘或有衆生身作善行口作善行意作善行以是因緣身壞命終生於人道彼於此處冣後識滅人道之識初相續生彼識生時即共名色一時同生緣名色故即有六入

諸比丘復有衆生身作善行口作善行意作善行以是因緣身壞命終生於天上此處識滅彼天上識初相續生彼識生時即共名色一時俱生有名色故即生六入諸比丘彼於天中或在天子或在天女或於坐處或兩膝內或兩股間忽然而生初出生時即如人間十二歲兒若是天男即在天子坐處膝邊隨一處生若是天女即在天女兩股內生既出生已彼天

即稱是我兒女如是應知諸比丘修善生天有如是法所謂天子天女等初生之時以自業因所熏習故得三種念一者自知從某處死二者自知今此處生三知彼生是此業果是此福報又作是念以我彼處身命壞已來生此間緣我有是三種業果三業果熟得來生此何者爲三所謂身善行口善行意善行此等三業果報熟故身壞命終來生此處復作是念願我若於此處死已當生人間我於人間既受生已還修身口意等善行以身口意修善行故身壞已後還來此生作是念已次便思食念欲食時即於其前有衆寶器自然盛滿天須陁味種種異色諸天子中有勝業者其須陁味色冣白淨若彼天子果報中者其須陁味色則稍赤若彼天子福德下者其須陁味色則稍黑時彼天子以手把取天須陁味內其口中此須陁味既入口已即自漸漸消融變化譬如酥及生酥擲置火中即自消融无復形影如是如是天須陁味胃

於口中自然消化亦復如是食此味
已若有渴時即於其前有天寶器盛
滿天酒福上中下白赤黑色略說如
前入其口中消融亦尒時彼天子食
飲既訖身遂長大麁細高下與彼舊
生天子天女等無有異
諸比丘此諸天子天女等身既充足
各隨其意有所趣向或詣池水入彼
池中澡浴清淨歡喜受樂既出池已
復詣香樹彼香樹枝自然低屈從枝
中出種種妙香流入其手諸天子等
取以塗身塗身訖已復詣衣樹尒時
衣樹亦為低枝於其枝間又出種種
微妙好衣垂至其手取而著之著衣
既訖詣纓珞樹低垂入手亦復如前
上下縈繫莊嚴身已復詣鬘樹其樹
低垂流出種種上妙花鬘其天取之
嚴飾頭已復詣器樹樹出種種衆實
雜器隨意入手將詣果林盛種種果
或便噉食或取汁飲如是復詣諸音
樂樹樹亦低垂自然化出種種樂器
隨意取之或彈或擊或歌或舞音
聲微妙令人樂聞於是復詣諸林苑

中既入苑已即見無量百數无量千
數无量無邊百千億數諸天玉女此
諸天等未見女時所有知見前世業
報謂我從某處来生此間我身今受
如是報果以業熟故當於是時了了
分明憶宿世事如視掌中由見天女
迷諸色故正念覺智此心即滅既失
如是前生念已者現在欲口唯唱言
此等皆是天玉女耶天玉女。耶此則
名為欲愛所縛諸比丘此等名為三
種善行應當修習諸比丘一一月中有
六烏晡沙他（隋言增長謂受持齋法增長善故）白月
半分有十五日黑月半分亦十五日
白黑二月各有三齋何者白月半分
三受齋日所謂月八日十四日十五
日黑月亦有三受齋日如白月數何
故白黑二月各於三日受持齋戒諸
比丘白黑二月各有八日當於是日
四天大王集其眷屬普告之言汝等
各往遍觀四方於世間中頗亦有人
修行孝順供養父母恭敬沙門婆羅
門不於諸尊長崇重以不修行布施
受禁戒不守攝八關持六齋不時四

天王如是勑已彼諸使者奉天王命
即下遍觀一切人世誰修孝行供養
父母何族姓子恭敬沙門及婆羅門
復有誰家男子女人敬事尊長敦
崇禮讓誰行布施誰受六齋誰持八
禁誰守戒行尒時使者次第遍歷觀
察世間若見人中少能孝順供養父
母少能承事尊重沙門少能極敬耆
舊有德諸婆羅門於諸長老少能崇
敬布施微薄受齋稀踈護戒不全禁
守多缺是時天使具足見已即日還
詣四天王所啓言大王當知世間一切
人衆无多孝養奉事父母亦復無多
恭敬沙門及婆羅門无多敬重耆舊
有德師傅尊長亦无多人修行布施
受持六齋亦无多人奉行禁戒守護
八關尒時四大天王聞諸天使如是
語已心意愁然甚不歡悅報使者言
世間諸人若實尒者甚為不善所以
者何人間壽命極成短促少時在世
宜修諸善轉至後世便得安樂云何
今者彼諸人等无有多行孝養父母
乃至不能修持六齋受行八禁守攝

身口此大損減我諸天衆轉更增加
阿修羅種諸比丘若世間人多行孝
順供養父母尊重沙門及婆羅門敬
事耆舊敦修禮讓好行布施樂受六
齋勤崇福業恒守八禁如是修行相
續不絶
尒時天使巡察見已白四王言大王
當知世間衆人多有孝順供養父母
多有恭敬沙門婆羅門及諸尊長樂
行布施勤修齋戒尒時四大天王從
諸天使聞此語已心大歡喜踊躍无
量作如是言甚善甚善諸世間人能
如是修極大賢善何以故彼諸人等
壽命短少不久便當移至他世今者
乃能於彼人間孝養父母奉事沙門
及婆羅門尊敬耆舊修行禮讓多樂
布施持戒守齋如是便當增長諸天
無量眷屬損減修羅所有種類
諸比丘何故黒白二月各十四日是
烏晡沙他諸比丘此黒白二月十四
日時四大天王亦各如前召其太子
使下世間觀察善惡善少則愁善多
則喜具足皆如天使所說唯以太子

起世經第七卷　第十二張　潛

自下為異
諸比丘黒白二月各十五日何故復
是烏晡沙他諸比丘今日四大天王
自下世間躬察善惡知多少已即時
自往詣善法堂諸天聚集議論之處
在其堂前而向帝釋具說人間善惡
多少違順之事尒時帝釋若聞人間
修福者少便復慘然悵怏不樂去何
如是天衆減少阿修羅衆轉更增多
若聞人間如法者多心則歡喜踊躍
无量作如是言我諸天衆漸當增長
阿修羅衆漸當損耗諸比丘由此六
日諸天下觀人間善惡應修齋戒故
名此日為烏晡沙他

起世經卷第七

甲辰歲高麗國大藏都監奉
勅雕造

起世經第七卷　第十三張　潛

起世經卷第七
校勘記

一　底本，麗藏本。
一　七七三頁上一行經名，諸本(不含石，下同)作「起世因本經」。
一　七七三頁上八行首字「快」，諸本作「悦」。
一　七七三頁上九行「歡樂」，諸本作「歡喜」。
一　七七三頁下一三行「官屬」，徑作「宮屬」。
一　七七三頁下一三行及次頁上八行、九行、中三行末字至四行首二字「三十二」，諸本作「三十三」。
一　七七三頁下一四行「之處」，徑作「處處」。
一　七七四頁上一七行第一二字「其」，諸本作「真」。
一　七七四頁上末行第一二字「開」，諸本作「開門」。
一　七七六頁上四行「騰虚」，徑作「騰

空」。

一七七六頁中九行小註「隋言半兩也」，徑、清無。

一七七六頁下一四行「婚娶」，資、磧、普、徑作「嫁娶」。

一七七七頁上五行「螢火」，徑作「營火」。

一七七七頁上一七行第一〇字及二〇行第五字「明」，諸本無。

一七七七頁中一行第六字「光」，諸本作「其光」。

一七七八頁上一三行「比丘」，諸本作「諸比丘」。

一七七九頁上九行「既出池巳」，諸本作「出池水巳」。

一七七九頁中二行「玉女」，磧作「王女」。

一七七九頁中一二行夾註「隋言增長謂受持齋法增長善根」，徑、清無。

一七七九頁下二行「人世」，諸本作「世人」。

一七七九頁下一五行「師傅」，諸本作「師僧」。

一七八〇頁中三行「今日」，諸本作「尒日」。

一七八〇頁中一〇行「心則」，諸本作「則大」。

一七八〇頁中末行經名，資無；磧、普、南、徑、清作「起世因本經」。

起世經卷第八　澄

隋天竺三藏闍那崛多等譯

三十三天品第八之三

諸比丘若復有時諸外道等或波利婆羅闍迦或更餘者來詣汝所問汝等言是諸長老何因何緣有一色人為諸非人之所恐怖有一色人不為非人之所恐怖彼諸外道若作是問汝等應當如是報言諸長老等此有因緣何以故於世間中有一色人習行非法內有邪見及顛倒見彼等專行十不善法說不善法念不善法邪見顛倒以作如是十不善故護生諸神漸漸捨離如是等人若百若千唯留一神惣守護之如牛羣羊羣或百或千其傍唯置一人守視此亦如是以護神少故恒為非人之所恐怖有一色人習行正法不行邪見不顛倒見彼人既行如是十善正見正語修善業故是一一人皆有无量若百若千諸神守視以是因緣此人不被非人恐怖辟如國王若王大臣隨一一人則有百千護生諸神之所守護諸比丘人間若有如是姓字非人之中亦有如是一切姓字諸比丘人間所有山林川澤國邑城隍村塢聚落居住之處於非人中亦有如是山林城邑舍宅之名諸王大臣坐起處所諸比丘一切街衢四交道中屈曲巷陌屠膾之坊及諸巖窟並无空虛皆有衆神及諸非人之所依止又棄死尸林塚間丘壟一切惡獸所行之道悉有非人在中居住一切林樹高至一尋圍滿一尺即有神祇在上依住以為舍宅諸比丘一切世間男子女人從生已後即有諸神常隨逐行不曾捨離唯習行諸惡及命欲終時方乃捨去如前所說諸比丘閻浮提洲有五種事勝瞿陁尼何等為五一者勇健二者正念三者佛出世處四者是修業地五者行梵行處瞿陁尼洲有三種事勝閻浮提何等為三一者饒牛二者饒羊三者饒摩尼寶閻浮提有五種事勝弗婆提略說如前弗婆提洲有三種事勝閻浮提何等為

三一者洲寬大二者普舍諸渚三者洲甚勝妙閻浮提洲有五種事勝欝單越如上所說欝單越洲有三種事勝閻浮提何等為三一者彼人无我我所二者壽命最長三者彼人有勝上行閻浮提洲有五種事勝閻摩世亦如上說閻摩世中有三種事勝閻浮提何等為三一者壽命長二者身形大三者有自然衣食閻浮提人有五種事勝一切龍金翅鳥等如前所說諸龍及金翅鳥有三種事勝閻浮提何等為三一者壽命長二者身形大三者宮殿寬博閻浮提中有五種事勝阿修羅如前所說阿修羅中有三種事勝閻浮提何等為三一者壽命長二者形色勝三者受樂多如是三事最為殊勝

諸比丘四天王天有三事勝一者宮殿高二者宮殿妙三者宮殿有勝光明三十三天有三事勝何等為三一者長壽二者色勝三者多樂如是夜摩天兜率陁天化樂天他化自在天魔身天等應知皆有三種勝事如三

十三天勝閻浮提中所說閻浮提洲有五種事勝諸天龍如上所說汝等應知

諸比丘於三界中有三十八種衆生種類何等名為三十八種諸比丘欲界中有十二種色界中有二十二種無色界中復有四種諸比丘何者欲界十二種類謂地獄畜生餓鬼人阿修羅四天王天三十三天夜摩天兜率陁天化樂天他化自在天魔身天等此名十二何者色界二十二種謂梵身天梵輔天梵衆天大梵天光天少光天无量光天光音天淨天少淨天無量淨天遍淨天廣天少廣天无量廣天廣果天無想天無煩天无惱天善見天善現天阿迦膩吒天等此等名為二十二種无色界中有四種者謂空無邊天識無邊天无所有天非想非非想天此名四種

諸比丘於世間中有四種雲謂白雲黑雲赤雲黃雲諸比丘此四雲中若白色者多有地界若黑色者多有水界若赤色者多有火界若黃色者多

有風界汝等應當如是識知諸比丘世間復有四種大神何等為四所謂地大大神水大大神火大大神風大大神諸比丘曾於一時地大大神發是惡見心自念言於地界中无水火風界諸比丘我於尒時詣彼神所而告之言大神汝心實有如是惡見云地界中无水火風三大界也彼荅我言實尒世尊我復告言大神汝今莫起如是惡見何以故此地界中實皆具有水火風界但於其中地界偏多以是因緣得地大名諸比丘我能知彼地大大神發如是念斷其惡見令生歡喜於諸垢中得法眼淨證果覺道无有結惑度疑彼岸无復煩惱不隨他教隨順法行而白我言大德世尊我今歸依佛歸依法歸依僧大德世尊我從今後常當奉持優婆塞戒乃至命盡更不殺盜及非法等歸佛法僧清淨護持

諸比丘復於一時水大大神生於惡見亦如是念於水界中无有地界火界風界我知其意往詣彼所而問之

言汝實尒不荅言實尒我復告言汝今莫作如是惡見此水界中具有地界及火風界以偏多故得水界名如是乃至火神風神俱有此見佛既知已悉往詣問並荅佛言實尒世尊併開其意皆得悟解歸依三寶悉隨順行略說如前地大大神斷除疑惑来詣我所諸比丘此等名為四大大神

諸比丘世間有雲從地上昇在虛空中或有至一俱盧奢住或二或三俱盧奢住乃至六七俱盧奢住諸比丘或復有雲上虛空中一由旬住或二三四五六七由旬住諸比丘或復有雲上虛空中百由旬住乃至二三四五六七百由旬住或復有雲從地上空千由旬住二三四五六七千由旬住乃至劫盡諸比丘或時外道波利婆羅闍迦来詣汝所作如是問諸長老等何因緣故虛空雲中有是音聲汝諸比丘應如是荅有三因緣更相觸故於雲聚中有音聲出何者為三諸長老等或復一時雲中風界與其地界相觸著故便有聲出所以者何辟

如樹枝相揩相磨即有火出如是如是諸長老等此是第一出聲因緣復次長老或於一時雲中風界與彼水界相觸著故即便出聲亦如上說此是第二出聲因緣復次長老或於一時雲中風界與彼火界相觸著故即便出聲略說乃至譬如兩樹相揩火出此是第三出聲因緣應如是荅諸比丘亦應如是廣分別知

諸比丘或時外道波利婆羅闍迦來詣汝所作如是問諸長老等何因緣故虛空雲中忽生電光諸比丘汝等應當作如是荅諸長老等有二因緣虛空雲中出生電光何等為二一者東方有電名曰无厚南方有電名曰順流西方有電名墮光明北方有電名百生樹諸長老等或有一時東方所出无厚大電與彼西方墮光明電相觸相對相磨相打以如是故從彼虛空雲聚之中出生大明名曰電光此是第一電光因緣復次諸長老等二者或復南方順流大電與彼北方百生大電相觸相對相磨相打以如

是故出生電光譬如兩木風吹相著忽然火出還歸本處此是第二電光因緣從雲聚中有光明出

諸比丘於虛空中有五因緣能障导雨令占候師不測不知增長迷惑記天必雨而更不雨何者為五諸比丘或有一時於虛空中雲興雷動作伽茶伽茶瞿廚瞿廚等聲或出電光或復有風吹冷氣至如是種種皆是雨相諸占察人及天文師等悉剋此時必當降雨尒時羅睺羅阿脩羅王從其宮出便以兩手撮彼雨雲擲置海中諸比丘此是第一雨障因緣而天文師及占候者不見不知心生疑惑記天必雨而竟不雨

諸比丘或復有時虛空起雲雲中亦作伽茶伽茶等聲亦出電光亦復有風吹冷氣來時天文師及占候者見是相已剋天此時必當降雨尒時火界增上力生即於其時雲自燒滅此名第二雨障因緣彼天文師及占候者不見不知心生迷惑記天必雨而遂不雨

諸比丘或復有時虛空起雲雲中亦作伽茶伽茶等聲亦出電光亦復有風吹冷氣來時天文人及占候者見是相已記天此時必當作雨時以風界增上力生則能吹雲擲置於彼伽陵伽磧中或復擲置壇茶迦磧中或復擲置摩登伽磧中或復擲置諸曠野中或復擲置摩遮鄰磧地此名第三雨障因緣彼天文人及占候者不見不知心生迷惑記天必雨而遂不雨

諸比丘或復有時虛空起雲於彼雲中亦作伽茶伽茶等聲亦出電光及有風起吹冷氣來諸占候者記天必雨然行雨諸神有時放逸以放逸故彼雲不得依時降雨既不時雨雲自消散此是第四雨障因緣以是義故諸天文人心生迷惑記天必雨而遂不雨

諸比丘或復有時空中起雲雲中亦作伽茶伽茶等聲出大電光吹冷氣来諸天文人記必當雨然此閻浮一切人民其中多有不如法行耽樂諸欲慳貪嫉妬邪見所纏彼諸人等以惡

行故習非法故樂著欲故貪嫉覺故天則不雨諸比丘此名第五雨障因緣諸天文人及占候者不見不知心生迷惑記天必雨而遂不雨諸比丘是名五種雨障因緣此中有優陁那偈

花法色壽命　衣服及賣買　嫁娶三摩提
并四種飲食　二行晡沙他　上下名三界
雲色諸天等　俱盧含鳴電

起世經鬬戰品第九

諸比丘我念往昔有時諸天與阿修羅起大鬬戰尒時帝釋告其所領三十三天言諸仁者汝等諸天若與修羅共為戰鬬宜好莊嚴善持器仗若諸天勝修羅不如汝等可共生捉毗摩質多羅阿修羅王以五繫縛之將到善法堂前諸天會處三十三天聞帝釋命依教奉行尒時毗摩質多羅阿修羅王亦復如是告諸修羅言若諸天衆共阿修羅鬬戰之時天若不如即當生捉帝釋天王以五繫縛之將詣諸阿修羅七頭會處立置我前諸修羅衆亦受教行諸比丘當於彼

時帝釋天王戰鬬得勝即便生捉阿修羅王以五繫縛之將詣善法堂前諸天集處向帝釋立尒時毗摩質多羅阿修羅王若作是念願諸修羅各自安善我今不用諸阿修羅我當在此與三十三天一處共居同受娛樂甚適我意其毗摩質多羅阿修羅王興此念時即見自身五縛悉解諸天種種五欲功德皆現其前或復有時作如是念我今不用三十三天願諸天等各自安善我願還歸阿修羅宮起此念時其身五繫即還縛之五欲功德忽即散滅

諸比丘毗摩質多羅阿修羅王有如是等微細結縛諸魔結縛復細於此所以者何諸比丘邪思惟時即被結縛正憶念時即便解脫何以故諸比丘思惟有我是為邪思思惟无我亦是邪思乃至思惟我是有常我是无常有色无色有想无想及非有想非無想等並是邪思諸比丘此邪思惟是癰是瘡猶如毒箭其中若有多聞聖達智慧之人知是邪思如病如瘡

如癰如箭如是念已繫心正憶不隨心行令心不動多所利益諸比丘若念有我則是邪念則是有為則是戲論若念无我亦是戲論乃至有色无色、有想無想非有想非無想悉是戲論諸比丘所有戲論皆悉是病如癰如瘡猶如毒箭其中所有多聞聖達智慧之人知此戲論諸過患已樂無戲論守心寂靜多所修行

諸比丘我念往昔有釋天王與阿修羅欲興戰鬬時天帝釋告其四面三十三天作如是言諸仁者宜善莊嚴身及器仗今諸修羅欲来戰鬬若諸天勝可生捉取毗摩質多羅阿修羅王以五繫縛之將詣諸天善法堂前集會之處令其見我時三十三天受帝釋命依教奉行阿修羅王亦如是教諸比丘當尒戰時諸天得勝即以五繫縛阿修羅王將詣善法堂前尒時毗摩質多羅阿修羅王既被五繫在天衆前見天帝釋入善法堂就座而坐即出惡言種種罵詈毀辱天主時天帝釋有執御者名摩多離見毗

摩質多羅阿修羅王對衆惡言毀罵
天主即便以偈白帝釋言
帝釋天王為著畏　為无勢力故懷忍
聞如是等麁惡罵　舍受耐之都不言
尒時帝釋還以偈荅摩多離言
我非著畏故懷忍　亦非无力於修羅
誰能如我神策謀　豈得同於彼无智
時摩多離復更以偈白天主言
若不嚴加重訶責　愚癡熾盛轉更增
若當折伏无智人　猶如畏杖牛奔走
今若縱之令得樂　至其本處更自高
是故明智當以威　示現勇健制愚騃
尒時帝釋復以偈荅摩多離言
如此等事我久知　為伏衆人愚癡故
彼以瞋嫉而罵詈　我聞堪忍自制心
時摩多離更復以偈白帝釋言
帝釋天王願善思　如是含忍有一患
彼愚癡者作是罵　謂生怯畏不敢酬
尒時帝釋重復偈荅摩多離言
彼愚癡輩隨其意　謂我畏之而默然
若求益身永利安　宜於彼等常懷忍
如我意者見彼罵　不應於瞋復起瞋
若於瞋處報以瞋　如是戰鬪難得勝

若為他人所嬈惱　有志能忍極為難
當知此忍為強力　如是忍者應讚美
若我若他凢起心　皆求遠離大畏處
他人既已瞋罵我　不應於彼復起怨
若於自己若他人　二處皆應作利益
既知已被他瞋罵　當使自瞋轉得消
如是二處利益心　若自若他皆成就
彼人意念是愚癡　此皆因於不知法
若有大力諸丈夫　能為无力故含忍
於无力人忍不瞋　如是忍者他所讚
彼人無有智慧力　唯以愚癡力為力
愚癡心故棄捨法　如是等人无正行
彼以愚癡求我勝　瞋恚罵詈出麁言
能忍彼惡則常勝　是忍增上難具說
勝人出語畏不論　於等恐生怨故忍
聞下人言能忍者　此忍為諸智所讚
諸比丘汝等當知尒時帝釋則我身
是我於彼時身作三十三天王自在
治化受勝福報縱任快樂而常懷忍
亦讚歎忍樂行調柔无復瞋恚亦恒
讚歎无瞋恚者諸比丘汝等自說於
修行中有信解心捨俗出家精勤不
懈汝等若欲於餘衆生身行忍辱讚

歎忍辱調順慈悲常行安樂滅除瞋
恚讚不瞋者汝亦應作如是修學
諸比丘我念往昔諸天衆等與阿修
羅各嚴器仗欲與鬪戰尒時帝釋告
天衆言諸仁者若阿修羅與諸天鬪
天得勝時汝等可以五繫縛之如前
所說諸天奉教阿修羅王亦復如是
勑其軍衆諸比丘尒時鬪戰阿修羅
勝帝釋天王不如退還是時馭者迴
千輻輪賢調御車欲向天宫有一居
吒奢摩梨樹金翅鳥王巢於其上巳
生諸卵帝釋見巳告摩多離執馭
者言
樹上有卵摩多離　為我迴轅遠避護
寧為修羅失身命　勿令毀破此鳥巢
時摩多離善執馭者聞釋天王如是
勑巳即便右迴天千輻輪賢調御車
還復直指阿修羅宫諸比丘尒時諸
阿修羅衆見帝釋車忽然迴還咸謂
帝釋別有奇策更來合戰阿修羅衆
因即大退各趣本宫諸比丘尒時帝
釋以慈因緣諸天還勝修羅不如諸
比丘欲知尒時天帝釋者即我身是

諸比丘我於尒時為大天主王領三十三天自在治化受勝福報猶能憐愍一切衆生為其壽命而作利益起慈悲心汝等比丘以信捨家應當利益一切衆生

諸比丘我憶往昔天阿修羅欲共戰鬪尒時帝釋告毗摩質多羅阿修羅王言仁者我等且攝種種器仗天及修羅其中各有明智慧者彼悉能知我等二家所說法義若善若惡但以善言長者取勝於是天主與阿修羅相推前說尒時毗摩質多羅阿修羅王即便在先向天帝釋而說偈言

愚癡猛盛者　必須重訶責　折伏於无智
猶牛畏鞭走　愚癡无有智　所在難調制
是故用嚴杖　速断其癡惕

尒時毗摩質多羅阿修羅王向天帝釋說此偈已阿修羅衆并諸眷屬皆大歡喜稱歎踊躍帝釋諸天及其眷屬默然而住尒時毗摩質多羅阿修羅王告帝釋言汝大天王便可說偈

尒時天王向阿修羅而說偈言

我明見此事　不欲共癡同　愚者自起瞋

智者誰與諍

尒時帝釋天王說此偈已三十三天并諸眷屬皆亦稱歎踊躍歡喜諸阿修羅及其眷屬默然而住

尒時帝釋告毗摩質多羅阿修羅王言仁者更說善言時阿修羅復向天主說如是偈

寂然忍辱意　帝釋我亦知　愚癡若勝時
言我畏故忍

尒時毗摩質多羅阿修羅王說此偈已諸阿修羅及其眷屬皆悉踊躍稱歎歡喜帝釋諸天并其眷屬默然而住時阿修羅王亦告帝釋言仁者天主可更辯說如法善言尒時天帝釋向阿修羅衆復說偈言

愚者自隨意　謂忍為畏彼　以此求自益
於彼則无利　我謂彼作惡　不應瞋其瞋
於瞋能默然　此鬪則常勝　若為他所惱
有力能忍之　當知此忍者　忍中㝡為上
无問自與他　皆求離畏處　若知他瞋已
於彼不應瞋　二處作利益　所謂若自他
他若瞋罵者　自瞋能消滅　若自若於他
二皆成其利　他意今愚癡　斯由不知法

若有強力人　為彼无力忍　此忍為㝡勝
餘忍畐无過　彼无智慧性　惟有愚癡力
愚癡捨法故　自然失正行　愚癡自矜勝
瞋恚出惡言　若能忍其惱　此則常有勝
勝者畏而忍　等者恐生怨　於下能忍之
斯忍智所讚

尒時帝釋天王說此偈已三十三天及諸眷屬稱歎歡喜踊躍无量阿修羅衆咸各默然時諸天中有智慧者阿修羅中有智慧者各集一處皆共量議此等諸偈詳審思念觀察推尋同稱讚已作如是言諸仁者等今天帝釋善說言義其所治化一切无有刀杖鞭撻亦无諍鬪毀辱怨讎亦无言訟及求報復於生死中有所猒患求離於欲為寂滅故為寂靜故為得神通故為得沙門果故為成就正覺得涅槃故諸仁者毗摩質多羅阿修羅王所說之偈无有如是善妙之語彼等一切唯有刀杖鞭打楚毒毀辱諍鬪言訟怨讎求於報復長養生死无有猒患貪著諸欲不念寂靜寂滅之行不悕神通及沙門果不求正覺

及大涅槃諸仁者帝釋天王所説之偈名為善説毗摩質多羅阿修羅王所説之偈非是善説諸仁者帝釋天王所説之偈善説善説毗摩質多羅阿修羅王所説之偈非是善説非是善説諸比丘汝等應知尒時帝釋即我身是諸比丘我於彼時為忉利天王自在治化受於福樂尚説善言以為戰具由善言故鬪戰常勝汝等比丘既能於我善説教中淨心離俗捨家出家修精進行汝等皆求善説惡説於教法中欲取義者應如是知諸比丘我念往昔諸天王等與阿修羅共相戰鬪時釋天王摧破修羅戰既勝已造立勝殿東西五百由旬南北二百五十由旬諸比丘勝殿之外有一百却敵一一敵間各有七樓皆七寶成一一樓内各置七房一一房中安施七榻一一榻上有七玉女二玉女復各別有七女為侍帝釋天王與諸玉女并侍女等更无所為唯受勝樂所須食飲香花服玩一切樂具皆隨往業受其福報諸比丘三千大千

世界之内所有天宮更无有此帝釋天王勝殿比類

尒時鞞摩質多羅阿修羅王作如是念我有如是威神徳力日月宮殿及三十三天雖在我上運轉周行我力能取以為耳璫處處遊行不為妨导曾於一時羅睺羅阿修羅王内心瞋忿熾盛煩毒意不歡喜便念鞞摩質多羅阿修羅王尒時鞞摩質多羅阿修羅王即作是念羅睺羅阿修羅王今念於我便復自念其所統領小阿修羅王及諸眷屬小阿修羅等時彼小王及諸修羅知鞞摩質多羅阿修羅王念已即各嚴備種種器仗往詣其所到已在前默然而住尒時鞞摩質多羅阿修羅王自服鎧甲持仗嚴駕與其小王并諸軍衆前後圍遶往詣羅睺羅阿修羅王所時羅睺羅阿修羅王復念踊躍幻化二阿修羅王尒時二王知其念已還如鞞摩質多羅阿修羅王所念念其小王并諸所部亦各知已嚴備器仗向其王所到已皆共来詣羅睺羅阿修羅王處尒

時羅睺羅阿修羅王自服種種嚴身器仗與鞞摩質多羅踊躍幻化三阿修羅王并彼三王小王眷屬前後圍遶從阿修羅城導從而出欲共忉利諸天與大戰鬪

尒時難陁優波難陁二大龍王從其宮出各各以身遶須弥山周迴七帀一時動之動已復動大動遍動震已復震大震遍震湧已復湧大湧遍湧以尾打海令一段水上於虚空在須弥頂上諸比丘即於是時天主帝釋告諸天衆作如是言汝等諸仁見此大地如是動不空中靉靆猶如雲雨又似重霧我今定知諸阿修羅欲與天鬪於是海内所住諸龍各從自宮持種種仗嚴備而出當阿修羅前與其戰鬪勝則逐退直至其宮若其不如恐怖背走復共往見地居夜叉到已告言汝等當知諸阿修羅欲與天鬪汝等今可共我詣彼相助打破夜叉聞已復嚴器仗與龍相隨共修羅戰勝則逐之不如便退恐怖而走復共往見鉢手夜叉到已告言鉢手夜

又仁等知不諸阿修羅欲與天鬬汝
等可来共我相助逆往打之鉾手闇
已亦嚴器仗相隨而去乃至退走復
共往告持鬘夜叉具說如前退走往
告常醉夜叉亦復嚴仗共持鬘等併
力合鬬若得勝者逐到其宮若不如
者恐怖退走復共往見四大天王到
已諮白四天王言四王當知諸阿修
羅今者欲来與諸天鬬王等應當與
我相助打令破散時四天王聞常醉
言即各嚴持種種器仗駕馭而往乃
至退走不能降伏是時四王便共上
昇語善法堂諸天集會議論之處啓
白帝釋說如是言天王當知諸阿修
羅今者聚集欲與天鬬宜應往彼與
其合戰時天帝釋從四天王聞是語
已開意許之即召一天摩那婆告言
汝天子来汝今可往須夜摩天珊兜
率陁天化自樂天他化自在天至已
為我白諸天王作如是言仁等諸天
自當知之今阿修羅欲與天鬬仁等
天王宜應相助俱詣其所與其戰鬬
時摩那婆聞釋語已即便往詣須夜

摩天具白是事
尒時須夜摩天王從釋天使摩那婆
所聞是語已即起心念須夜摩中一
切天眾時彼天眾知其天王心所念
已各嚴種種鎧甲器仗乘彼天中種
種騎乘並共来詣彼天王所到已在
前儼然而立時須夜摩天王亦自身
著天中種種寶莊嚴鎧持眾寶仗與
其无量百千万數諸天子俱圍遶来
下至須弥山王頂上在山東面竪純
青色難降伏幢依峯而立尒時天使
摩那婆復更上詣兜率陁天到已還
白兜率天王作如是言天王當知帝
釋天王有如是啓諸阿修羅欲共天
鬬唯願諸天咸来相助併力鬬戰令
其退走兜率陁天聞是語已即自念
其諸天大眾彼天知已悉来集會大
天王所到已即各嚴持器仗乘諸騎
乘相率来下與无量百千万眾一時
雲集須弥山頂在其南面竪純黃色
難降伏幢依峯而立
尒時天使摩那婆復更往詣化樂天
中白彼天言天王當知帝釋使來有

如是語諸阿修羅欲共天鬬具說如
前乃至彼天與其無量百千万數諸
天子眾各嚴器仗乘種種乘咸共来
下至須弥山頂在其西面竪純赤色
難降伏幢依峯而立如是上白他化
自在天王亦如前說時彼天眾嚴持
器仗倍化樂天與其无量百天子无
量千天子无量百千天子圍繞来下
至須弥山在其北面竪純白色難降
伏幢依峯而立
尒時帝釋見上諸天並皆雲集復起
心念虛空夜叉尒時虛空諸夜叉眾
咸作是言帝釋天王意念我等如是
知已即相誡勑著甲持仗莊嚴身具
皆各服之乘種種乘詣帝釋前一面
而立時天帝釋又復念其諸小天王
并三十三天所有眷屬如是念時並
著鎧甲嚴持器仗乘種種乘詣天王
前於是帝釋自著種種鎧甲器仗乘
種種乘與空夜叉及諸小王三十三
天前後圍遶從天宮出欲共修羅興
大戰鬬
諸比丘是諸天眾與阿修羅戰鬬之

時有如是等諸色器仗所謂刀矟穳掊椎拼金剛鈹箭面箭鑿箭鏃箭犢齒箭迦陵伽葉鏃箭微細鏃箭弩箭如是等器雜色可愛皆是金銀琉璃頗黎赤珠硨磲瑪瑙等七寶所成以此刀仗遥擲阿修羅身莫不洞徹而不為害於其身上亦復不見瘡痕之迹唯以觸因緣故受於苦痛諸比丘諸阿修羅所有器仗與天鬪時色類相似亦是七寶之所成就穿諸天身亦皆徹過而無瘢痕唯以觸因緣故受於痛苦諸比丘欲界諸天與阿修羅戰鬪之時尚有如是種種器仗況復世間諸人器仗

起世經卷第八

甲辰歲高麗國大藏都監奉

勅雕造

起世經第八卷　第二十五張　漨

起世經卷第八

校勘記

一　底本，麗藏本。

一　七八二頁上一行經名，諸本（不含石，下同）同上卷。

一　七八二頁上三行「第八之三」，資、磧、普、南作「第八之餘」。

一　七八二頁中一〇行第四字「閗」，磧、普、南、徑、清無。

一　七八三頁下三行第五字「界」，磧作「累」。

一　七八四頁上一五行及一八行「亢厚」，諸本作「無厚」。

一　七八四頁中二〇行「雲自」，諸本作「雨雲」。

一　七八四頁下三行「天文人」，磧、普、南、徑、清作「天文師」。

一　七八五頁上七行「嫁聚」，諸本作「嫁娶」。

一　七八五頁上九行第八字「舍」，徑、清作「奢」。

一　七八五頁上一〇行「起世經」，資、磧、普、南作「起世因本經」；徑、清無。

一　七八五頁中一六行「即被」，徑作「即便」。

一　七八六頁上九行「嚴加」，磧作「嚴知」。

一　七八六頁中一九行「縱任」，磧、南作「縱住」。

一　七八六頁中一九行「而常」，資、磧、普、南作「而當」。

一　七八六頁下一行「調順」，磧作「調須」。

一　七八六頁下四行「欲與」，諸本作「欲興」。

一　七八六頁下一六行及次頁上二二行「天王」，諸本作「天主」。

一　七八六頁下一八行「直指」，徑、清作「直詣」。

一　七八七頁上一九行「稱歎」，徑作「稱難」。

一　七八七頁中六行末字至七行首字

「天主」，諸本作「天王」。

一　七八七頁下三行第八字「失」，資、磧、普、南作「天」。

一　七八七頁下二〇行「刀杖」，諸本作「刀斧」。

一　七八八頁中一行第一二字「此」，普作「比」。

一　七八九頁下一八行「著鎧甲」，諸本作「各著鎧」。

一　七九〇頁上三行「努箭」，資、磧、徑、清作「弩箭」。

一　七九〇頁上一一行「瘢痕」，資作「⿸疒盤痕」。

一　七九〇頁上末行經名，資、磧、普、南、徑、清作「起世因本經」。

起世因本經卷第九

隋三藏闍那崛多等譯

劫住品第十

諸比丘世間別有三種中劫何等為三一者刀兵二者飢饉三者疾疫云何名為刀兵中劫諸比丘刀兵劫者尒時衆人无有正行不如法說邪見顛倒具足同行十不善業是時衆生惟壽十歲諸比丘其人如是壽十歲時女生五月即便行嫁猶如今日年十五六嫁向夫家今時地力所生酥油生酥石蜜沙糖粳米至於彼時一切滅沒不復出現又彼人民壽十歲時純以羖羊毛褐為衣猶如今日迦尸迦嬌奢耶衣芻摩繒衣度究邏衣句路摩婆衣劫貝衣甘婆羅寶衣家為勝妙彼毛褐衣亦復如是當於尒時惟食稗子猶如今人食粳米等以為美食又為父母之所憐愛顧其十時以為上壽亦如今人願壽百歲諸比丘彼十歲時所有衆生不孝父母不敬沙門及婆羅門不敬耆舊然亦

得他供養承事讚歎尊重猶如今時行法教人名譽无異何以故其業尒故又諸比丘十歲時人无有善名亦不修行十善業道一切多行不善之業衆生相見各生毒害殺戮之心無慈愍意如今獵師在空山澤見諸禽獸惟起毒害屠殺之心又諸比丘當於彼時一切人民嚴身之具皆是刀杖亦如今人花鬘耳璫頸瓔臂釧指環釵鑷以莊嚴身彼用刀杖亦復如是又諸比丘當於彼時中劫將末七日之內一切人民手所當觸若草若木土塊凡石悉成刀仗其鋒甚利勝人所造各各競捉共相屠害七日之間相殺略盡因此命終並墮惡趣受地獄苦何以故以其相向各生殺心濁心惡心无利益心无慈悲心无淨心故諸比丘此等名為刀仗中劫

諸比丘云何名為飢饉中劫諸比丘飢饉劫時一切人民無有法行邪見顛倒具足皆行十不善業以是因緣天不降雨以无雨故世使飢饉无復種子白骨為業諸皮活命云何名為

白骨為業諸比丘飢饉之時彼諸人民若於四衢若於街巷城郭汙路處處悉往収拾白骨水煎取汁飲以活命是故名為白骨為業云何名為諸皮活命諸比丘飢饉劫時彼諸人民以飢急故取諸樹皮煑飲其汁以自活命是故名為諸皮活命諸比丘彼時衆生飢餓死巳皆當下生惡趣之中所謂墮在閻摩羅世受餓鬼身以彼衆生慳貪嫉妬畏食物盡爭取藏故諸比丘此等名為飢饉中劫

諸比丘云何名為疾疫中劫諸比丘彼時人民欲行正法欲說如法亦欲行於无顛倒見亦欲具行十善業道但於是時諸如法人以其過去无十善業勝果報故遂令非人放其災氣流行癘疫致使多人得病命終諸比丘又於如是疾疫劫時更有他方世界无量非人来為此間一切人民作諸疫病何以故以其放逸行非法故彼諸非人奪其精䰟與其惡觸令心悶乱其中多有薄福之人因病命終辟如國王若王大臣守護民故於其

界首安置戍邏有時他方盜賊忽来由彼戍邏不謹慎故有放逸故被諸羣賊一時誅戮或滅其家或破村落或屠聚邑或毀國城如是如是以放逸故他方非人来行疾疫命終皆盡亦復如是或復彼時他方非人来行疾病時諸衆生无放逸行但彼鬼大力強相逼惱奪其精䰟與其惡觸令心悶乱於中多有遇病命終辟如國王或王大臣為諸聚落作守護故安置鎮防或於後時他方劫賊来相侵擾而是鎮防无有放逸勤謹遮護但彼賊大力強相逼惱亦能一時誅戮諸人或滅其家村舍聚落略說如上如是如是諸比丘於疾疫劫衆人遇病逼切命終亦復如是其身死巳皆得上昇生諸天中所以者何為彼衆人无相害心無惱乱心有利益心慈心淨心故當命終時又各相問汝病可忍得少損不頗有脫者頗有起者頗有疾病全差者不諸比丘以是因緣得生天上此等名為疾疫中劫諸比丘是名世間三種中劫

起世因本經世住品第十一

諸比丘於世界中有四无量不可量不可稱不可思議若天若人世中筭數欲取其量經若干年若干百年若干千年若干百千年若干俱致年若干百俱致年若干千俱致年若干百千俱致年終不能得何等為四諸比丘若世界住此不可得筭計而知若干年若干百年若干千年若干百千年若干俱致年若干百俱致年若干千俱致年若干百千俱致年諸比丘若世界住巳壞亦不可得筭計而知若干年若干百年若干千年若干百千年若干俱致年若干百俱致年若干千俱致年若干百千俱致年諸比丘若世界壞巳復起此亦不可筭計而知若干年若干百年若干千年若干百千年若干俱致年若干百俱致年若干千俱致年若干百千俱致年諸比丘若世界成巳住此亦不可筭計而知若干年若干百年若干千年若干百千年若干俱致年若干百俱致年若干千俱致年若干百千俱致

起世因本經第九卷　第六張　耶字号

年諸比丘此等名為四種无量不可
量不可稱不可思議若天若人無有
筭計而能數知若干百千万年若干
百千万俱致年者諸比丘於此東方
所有世界轉壞无有間時或有轉成
或有轉壞諸比丘南西北方所有世
界轉成轉住轉壞亦復如是諸比丘
如五段輪除其軸已旋轉不住无暫
開時略說世界亦復如是又如夏雨
其滴麁大相續下注亦无休間如是
東方南西北方成住壞轉無停住時
亦復如是
諸比丘於其中間復有三災何等為
三一者火災二者水災三者風災於
火災時光音諸天首免其災水災之
時遍淨諸天首免其災風災之時廣
果諸天首免其災云何火災諸比丘
火災起時諸衆生等皆有善行所謂
如法正見成就无有顛倒具足修行
十善業道无覺觀禪不用功修自然
而得時彼衆生以神通力住於虛空
住諸仙道住諸天道住梵行道如是
住已更第二禪无覺觀樂如是證知

起世因本經第九卷　第七張　耶字

成就具足身壞即生光音天中地獄
衆生畜生衆生閻摩羅世阿修羅世
四天王世三十三天須夜摩天兜率
陁天化自樂天他化自在天及魔身
天乃至梵世一切衆生於人間生悉
皆成就无覺無觀快樂證知身壞即
生光音天處一切六道皆悉斷絕此
則名為世間轉盡
諸比丘云何世間住已轉壞諸比丘
當於彼時无量時長遠時天下亢旱
无復雨澤所有草木一切乾枯无復
遺餘辟如筭荻秉青刈之不得雨水
乾枯朽壞无復遺餘如是如是諸比
丘天久不雨一切草木悉皆乾枯亦
復如是諸比丘諸行亦尒一切無常
不久住不堅牢不自在破壞之法應
當猒離速求解脫
復次諸比丘尒時有迦黎迦大風吹
八万四千由旬大海之水皆令四散
於下即有日大宮殿便吹一日出在
海上置於須弥山王半腹之間去地
四万二千由旬日行道中諸比丘此
名世間第二日出世間諸小陂池瀟

起世因本經第九卷　第八張　耶字号

河一切乾竭无復遺餘諸比丘一切
諸行悉皆无常略說如上當求免脫
復次諸比丘略說如前迦黎迦風吹
大海水復出日宮殿置日道中是名
世間第三日出世間所有大陂大池
大瀟大河及恒河等一切諸河悉皆
乾竭无復遺餘諸行亦尒一切无常
如是次第世間復有第四日出尒時
一切大水大池所謂善現大池阿那
婆達多大池曼陁祇尼大池虵滿大
池等悉皆乾竭无復遺餘諸行亦尒
一時无常如是次第世間復有第五
日出當於是時此大海水漸漸乾竭
初少減損如齊脚踝乃至轉減如至
脚膝乃至半身乃至一身二三四五
六七人身齊此乾竭諸比丘五日出
時大海之水漸更損減半多羅樹乃
至一多羅樹或二三四五六七多羅
樹漸復乃至半俱盧奢一二三四五
六七俱盧奢減損乾竭乃至半由旬
一由旬二三四五六七由旬以漸而
減乃至一百由旬二百由旬三四五
六七百由旬以漸而減諸比丘五日

出時大海之水漸復損減一千由旬二千由旬乃至三四五六七千由旬諸比丘當於世間五日出時彼大海水所餘殘者略說乃至七千由旬或至六千五四三二一千由旬如是乃至七百由旬六百由旬五四三二一百由旬餘水殘在如是乃至或七由旬或六由旬五四三二一由旬在或復減至七俱盧奢六拘盧奢五四三二一俱盧奢餘水殘在諸比丘於世間中五日出時彼大海水餘殘在者深七多羅樹或六多羅樹五四三二一多羅樹或復餘水深如七人或如六人五四三二一或復一人乃至半人或膝已下或至於踝水殘齊此又五日出時於大海中或時少分有餘殘水如秋雨時牛跡之中少分有水如是如是五日出時大海之中少水亦尒又諸比丘五日出時彼大海中於一切處乃至乾竭无復餘水如塗脂者諸比丘一切諸行亦復如是无常不久須臾暫時略說乃至可猒可離應求免脫

復次諸比丘略說如前乃至六日出現世時彼四大洲及八万四千小洲一切大小乃至須弥山王並皆烟起起已復起猶如凡師燒器物時器上火焰一時俱起起已復起其火遂盛充塞遍滿如是如是彼四大洲及諸大山烟起猛壯亦復如是略說乃至諸行无常應求免脫

復次諸比丘略說如前七日出時彼四大洲及八万四千小洲一切大山乃至須弥山王普皆洞然地下水際亦悉乾竭水聚既盡風聚亦消如是火焰熾盛之時須弥山王頂際上分七百由旬一時崩落其火轉熾風吹上燒梵天宮殿惟不能至光音天中尒時彼天所有後生光音天子未知世間劫有轉壞轉壞已成及轉住故皆生恐怖驚愕顫慄咸相謂言將无火焰延來燒此光音宮殿是時彼中舊住光音諸天子輩善知世間劫壞成住慰喻後生諸天子言汝諸仁等莫驚莫畏汝諸仁等莫驚莫畏所以者何諸仁當知昔有光焰亦至於此時

諸天衆聞此語已即便憶念往昔火光憶念彼光不離於心故得此名所謂光天彼火如是極大熾燃猛焰洪赫焚其灰燼无復遺餘而可記識諸比丘諸行如是略說乃至可求免脫

諸比丘云何世間壞已復成諸比丘尒時復經无量久遠不可計數日月時節起大重雲乃至遍覆梵天世界既遍覆已注大洪雨其滴甚麁或如車軸或復如杵經歷多年百千万年彼雨水聚漸漸增長乃至梵天所住世界其水遍滿然彼水聚有四風輪之所住持何等為四一名為住二名安住三名不墮四名曰牢固時彼水聚雨斷已後還自退下无量百千万億由旬當於尒時四方一時有大風起其風名為阿那毗羅吹彼水聚波濤沸湧混亂不停水中自然生大沫聚時阿那毗羅大風吹彼沫聚擲置空中從上造作諸梵宮殿微妙可愛七寶間成所謂金銀琉璃頗梨赤珠車𤦲瑪瑙諸比丘以此因緣有斯上妙宫殿牆壁梵身諸天世間出生

諸比丘如是作已彼大水聚復更退
下无量百千万億由旬略說如前四
方風起名阿那毗羅由此大風吹擲
水沫復成宮殿名魔身天牆壁住處
如梵身天无有異也唯有寶色麁細
差降少殊異耳如是造作他化自在
諸天宮殿化樂諸天宮殿次後造作
删兜率陁諸天宮殿次造夜摩諸天
宮殿如是次第具足出生皆如梵身
諸天宮殿但其寶色漸少麁異諸比
丘時彼水聚轉復減少乃至退下无
量百千万億由旬湛然停住於水聚
中周帀四方自然起沫浮在水上厚
六十八億由旬周闊无量譬如泉池
及陂泊中普遍四方皆有浮沫弥覆
水上凝然而住如是如是諸比丘彼
水聚中普四方面浮沫在上厚六十
八億由旬周闊无量亦復如是
諸比丘時阿那毗羅大風吹彼水沫
即復造作須弥山王次作城郭雜色
可愛四寶所成謂金銀琉璃頗梨等
寶諸比丘以此因緣世間便有須弥
山王出生顯現諸比丘又於是時毗

羅大風吹彼水沫於須弥山王上分
四方造作山峯其峯各高七百由旬
雜色殊妙七寶合成所謂金銀乃至
硨磲瑪瑙以是因緣世間出生四大
山峯彼風如是次第又吹水上浮沫
為三十三天造作宮殿次復更於須
弥山王東西南北半腹之間四万二
千由旬處所為四大天王造作宮殿
城壁垣牆皆是七寶端嚴殊妙雜色
可觀如是訖已尒時彼風又吹水沫
於須弥山王半腹之間四万二千由
旬為月天子造作宮殿高大城壁七
寶成就雜色莊嚴如是作已復吹水
沫為日天子具足造作七大宮殿城
郭樓櫓皆七寶成種種莊嚴雜色可
觀以是因緣世間便有七日宮殿安
住現在又諸比丘其風吹彼水聚沫
於須弥山上更復造作三處城郭七
寶莊嚴雜色殊妙所謂金銀乃至硨
磲瑪瑙等寶以此因緣如是城郭世
間出生復次諸比丘時阿那毗羅大
風又吹此沫於海水上高万由旬為
空居夜叉造頗梨宮殿城郭樓櫓皆

亦頗梨諸比丘以此因緣世間便有
空居夜叉宮城壁具足出生
復次諸比丘時阿那毗羅大風又吹
水沫於須弥山王東西南北各各去
山一千由旬大海之下造作四面阿
修羅城七寶莊嚴微妙可愛乃至世
間有此四面阿修羅城如是出生
復次阿那毗羅大風吹彼水沫擲置
須弥山王之外即於彼處復造大山
名曰佉提羅迦其山高廣各四万二
千由旬皆是七寶莊嚴成就殊妙可
觀諸比丘以此因緣世間復有佉提
羅迦山如是出生
復次阿那毗羅大風吹彼水沫又擲
置於佉提羅迦山外更於彼處造作
一山名曰伊沙陁羅其山高廣各二
万一千由旬雜色可愛七寶所成乃
至硨磲瑪瑙等寶諸比丘以此因緣
世間便有伊沙陁羅山如是出生復
次阿那毗羅大風吹彼水沫又更擲
置伊沙陁羅山外亦於彼處造作一
山名曰由乾陁羅其山高廣一万二
千由旬雜色可愛乃至硨磲瑪瑙七

實所成諸比丘以此因緣世間便有由乾陁羅山王顯現出生如是次第作善現山高廣正等六千由旬次復造作馬片頭山（舊本半頭）高廣正等三千由旬次復造作尼民陁羅山高廣正等一千二百由旬次復造作毗那耶迦山高廣正等六百由旬次復造作斫迦羅山高廣正等三百由旬雜色可愛皆是金銀琉璃頗梨赤珠硨磲瑪瑙等七種妙寶之所成就具說如上造佉提羅迦山无有異也諸比丘以此因緣世間便有斫迦羅山等如是出生

復次阿那毗羅大風吹彼水沫又散擲置斫迦羅山外於四方面作四大洲及八万小洲并餘大山如是展轉造作成就諸比丘以此因緣世間便有四大洲八万小洲諸大山等次第出現復次阿那毗羅大風吹彼水沫過四大洲八万小洲須弥山王并餘一切大山之外周帀安置名曰大輪圍山高廣正等六百八十万億由旬牢固真實金剛所成難可破壞諸比丘以是因緣大輪圍山世間出現

復次阿那毗羅大風吹掘大地漸漸深入乃於其中置大水聚湛然停積諸比丘以此因緣於世間中復有大海如是出生復何因緣此大海水如是鹹苦不堪飲食諸比丘當知此事有三因緣何等為三一者從火災後經无量時長遠時起大重雲弥覆凝住乃至梵天然後降雨其滴甚大廣說如前彼大雨汁洗梵身天一切宮殿次復遍洗魔天宮殿他化自在天宮殿化樂天宮殿兜率陁天宮殿夜摩天宮殿洗已復洗如是大洗洗彼宮時所有鹹辛苦味悉皆流下次復遍洗須弥山王及四大洲八万小洲諸餘大山輪圍山等如是洗時浸漬流蕩其中所有鹹辛苦味一時併下入大海中諸比丘此第一因緣令大海水鹹不堪食復次此大海水為諸大神大身衆生之所居住何者大身所謂魚鼈虬獺黿鼉蝦蟇宮毗羅低摩耶低寐弥羅低寐兜羅兜羅祁羅等其中或有百由旬身二百由旬三四五六七百由旬有如是等大身衆生在其中住彼之所有屎尿流出皆在海中以是因緣其水鹹苦不堪飲食諸比丘此為第二鹹苦因緣復次此大海水古昔諸仙曾所祝故諸仙祝言願汝成鹽味不堪飲願汝成鹽味不堪飲諸比丘此是第三鹹苦因緣令大海水鹹不堪飲復次有何因緣大熱沃燋世間出也諸比丘當此世界劫初轉時始成就時阿那毗羅大風吹彼日天六大宮殿悉皆置於大海水下所安置處其地分中彼大水聚並即消盡不得流泛諸比丘以此因緣世間有是大熱沃燋示現出生是名世間轉壞已住

復次何名世間轉壞成住諸比丘猶如今者世間成已如是住立而有火災云何復有水災出也諸比丘水災劫時一切人民有如法行說如法語正見成就无有顛倒持十善行彼諸人等當得无喜第三禪處不勞功力無有疲倦自然得之時彼衆生得住虛空諸仙諸天梵行道中得住中已

離喜快樂即自稱言諸仁者快樂快樂此第三禪如是快樂尒時彼處一切衆生皆共問此得禪衆生彼便荅言善哉仁者此是无喜第三禪道應如是知彼諸衆生旣得知已便復成就如是无喜第三禪道成就已證證已思惟思惟已住身壞命終生遍淨天如是下從地獄閻摩羅世阿修羅世四天王天乃至梵世光音諸天自此已下一切衆生一切處一切有皆悉斷盡諸比丘是名世轉

復次云何世間轉已而壞諸比丘經无量久遠三摩耶時大雲遍覆乃至充滿光音諸天自是已下雨沸灰水無量多年略說乃至百千億年諸比丘彼沸灰水雨下之時消光音天所有宮殿悉皆滅盡无有形相微塵影像可得識知譬如以酥擲置火中消然都盡无有形相可得驗知如是如是彼沸灰水雨下之時消光音天諸宮殿等亦復如是無相可知諸比丘諸行无常破壞離散流轉磨滅須臾不停亦復如是可猒可患應求免脫

諸比丘如是梵身諸天魔身化樂他化自在兜率夜摩諸宮殿等為沸灰雨澆洗消滅略說同前如蘇投火融消散失无有形相亦復如是乃至一切諸行无常應求免離諸比丘彼沸灰水雨下之時雨四大洲八万小洲并餘大小須弥山王消磨滅盡无有形相可得記識廣說如前應可患猒如是變化惟除見者乃能信之此名世間轉已而壞復次云何轉壞已成諸比丘尒時起雲注大水雨經歷多年起風吹沫上作天宮廣說乃至如火災事是為水災復次云何有於風災諸比丘欲風災時一切衆生如法修行成就正念生第四禪中廣果天處地獄衆生捨地獄身来生人間修清淨行成就四禪亦復如是諸畜生道閻摩羅世阿修羅世四天王天三十三天夜摩天兜率陁天化樂天他化自在天魔身天梵世光音遍淨諸天等皆修行成就四禪廣說如上諸比丘是名世轉云何轉壞諸比丘經於无量久遠三摩耶時有大風起其風

名曰僧伽多諸比丘彼風先吹遍淨諸天一切宮殿令相揩磨遂至壞滅无有餘殘而可記識譬如壯士取二銅器兩手執之相揩不已破壞消滅无有形相餘殘可識彼和合風吹遍淨天宮殿磨滅亦復如是諸比丘諸行无常破壞離散須臾不久乃至可猒應求免脫如是次第吹光音天所有宮殿梵身諸天所有宮殿魔身天他化自在天化樂天夜摩天一切宮殿相振相觸相揩相磨一一皆令无形無相无影无塵而可記識諸比丘一切諸行亦復如是敗壞不牢无有真實應當猒離早求免脫諸比丘彼風又吹四大洲八万小洲并餘大山須弥山王或令舉高一拘盧奢分散破壞或二或三四五六七拘盧奢已分散破壞或吹令高一由旬二三四五六七由旬或吹令高百由旬二三四五六七百由旬分散破壞或吹令高千由旬二三四五六七千由旬或吹令高百千由旬分散破壞彼風如是吹破散壞一切皆令无形無相

无有微塵餘殘可見辟如壯健丈夫手把麦麫末令粉碎向空擲之分散飄風蕩颺无形无影如是如是如是彼風吹破諸洲諸山亦復如是惟除見者乃能信之此名世間轉住巳壞

復次世間云何壞巳轉成諸比丘如是復經无量年歲極大長遠三摩耶時起大黑雲普覆世界乃至遍淨天宮既遍覆巳便降大雨其滴麁大或如車軸或復如杵相續注下經歷多年百千万年水聚深積至遍淨天悉皆盈滿四種風輪之所住持如前所說乃至吹沫造遍淨宮七寶雜色顯現出生一一皆如火災水災次第而說諸比丘是名世間壞巳轉成云何世間轉成巳住諸比丘猶如今者天人世間轉成巳住諸比丘如是次第皆以風吹此等名為世間三災

起世因本經㝡勝品第十二之一

復次諸比丘世間轉巳如是成時諸衆生等多得生於光音天上是諸衆生生彼天時身心歡豫喜悅為食自然光明又有神通乘空而行得㝡勝

色年壽長遠安樂而住諸比丘尒時世間轉壞巳成空无有物諸梵宮中未有衆生光音天上福業盡者乃復下生梵宮殿中不從胎生忽然化出此初梵天名娑訶波帝（娑訶者世界名波帝者主也）為如是故有此名生諸比丘尒時復有諸餘衆生福壽盡者從光音天捨身命巳亦於此生身形端正喜悅住持以為飲食自然光明有神通力騰空而行身色㝡勝即於其間長時久住彼諸衆生於是住時无有男女无有良賤惟有此名名曰衆生衆生也

復次諸比丘當於如是三摩耶時此大地上出生地肥周遍凝住辟如有人熟煎乳汁其上便有薄膜停住亦如水膜停住水上如是如是諸比丘復於後時此大地上所生地肥凝然停住漸如鑽酪成就生酥有如是等形色相貌其味甘美猶如上蜜尒時衆生其中忽有性貪嗜者作如是念我今亦可以指取此試復嘗之令我得知此是何物時彼衆生作是念巳即以其指深齊一節沾取地味吮而

嘗之嘗巳意喜如是一沾一吮乃至再三即生貪著次以手抄漸漸手掬後遂多掬恣意食之時彼衆生如是抄掬恣意食時復有无量其餘諸人見彼衆生如是食噉亦即相學競取而食諸比丘彼諸衆生取此地味食之不巳其身自然漸漸澁惡皮膚麁厚顏色濁暗形貌改異无復光明亦更不能飛騰虛空以地肥故神通滅沒諸比丘如前所說後亦如是尒時世間便成黑暗諸比丘為如是故世間始有大暗出生復次云何於如是時世間忽然出生日月及諸星宿便有晝夜一月半月年歲時節等名字生也諸比丘尒時日天勝大宮殿從東方出繞須弥山半腹而行於西方沒西方沒巳還從東方出尒時衆生復見日天勝大宮殿從東方出各相告言諸仁者還是日天光明宮殿再從東出右繞須弥當於西沒第三見巳亦相謂言諸仁者此是彼天光明流行此是彼天光明流行也是故稱日為修梨耶修梨耶（修黎耶者言此是彼也）故有

如是名字出生

起世因本經第九卷　第二十四張　取字号

起世因本經卷第九

起世因本經卷第九
校勘記

一　底本，金藏廣勝寺本。

一　七九二頁中二〇行首字「時」，諸本(不含石，下同)作「歲」。

一　七九二頁下一二行「當觸」，資作「揬觸」；磧、普、南、徑、清作「振觸」。

一　七九三頁上二行「汙路」，諸本作「行路」。

一　七九三頁中一八行首字「人」，資、磧、普、南、徑、清作「生」。

一　七九三頁下一行「起世因本經」，徑、清無；麗作「起世經」，下同。

一　七九四頁上五行「世界」，諸本作「世界轉住」。

一　七九四頁上一〇行「亦无」，資、磧、南、徑、清作「無有」。

一　七九四頁中一〇行「彼時」，資、磧、南、徑、清作「彼三摩耶時」。

一　七九四頁中二〇行「大宮」，徑、清作「天宮」。

一　七九四頁下四行第六字「日」，資、磧、普、南、徑、清無。

一　七九四頁下一二行「一時」，資、磧、南、徑、清作「一切」。

一　七九五頁上一四行第七字「一」，資、磧、普、南、徑、清無。

一　七九五頁中三行「大小」，諸本作「大山」。

一　七九五頁中一一行第六字「普」，資、磧、普、南、徑、清作「並」。

一　七九五頁中二〇行首字「住」，資、磧、普、南、徑、清作「生」。

一　七九五頁下一四行「四名曰牢固」，諸本作「四名牢主」。

一　七九六頁上五行「麁細」，資、磧、普、南、徑、清作「精麁」。

一　七九六頁上一一行「乃至」，資、磧、普、南、徑、清作「乃更」。

一　七九六頁上二一行第七字「謂」，資、磧、普、南、徑、清作「所謂」。

一　七九六頁中一七行「其風吹」，資、

磧、普、南、徑、清作「其風次吹」。

一　七九六頁下二行「夜叉宮」，諸本作「夜叉宮殿」。

一　七九六頁下一二行及次頁中四行「復有」，資、磧、普、南、徑、清作「便有」。

一　七九七頁上一八行首字「有」，資、磧、南、徑、清作「有此」。

一　七九七頁中一九行第六字「食」，資、磧、普、南、徑、清作「飲」。

一　七九八頁上一一行「離喜」，資、磧、普、南、徑、清作「歡喜」。

一　七九八頁中七行「大小」，資、磧、普、南、徑、清作「大山」。

一　七九八頁下一行「僧伽多」下，資、磧、普、南、清有夾註「隨言和合」；徑有夾註「此言和合」。

一　七九八頁下一一行「相棖」，資、麗作「相檏」；磧、普、南、徑、清作「相振」。

一　七九九頁上三行「飄風蕩颺」，資、磧、普、南、徑、清作「飄颺」。同行末二字「如是」，諸本無。

一　七九九頁上一九行「之一」，資、磧、普、南無。

一　七九九頁中四行末字「出」，資、磧、普、南、徑、清作「生」。

一　七九九頁中一一行「於是」，資、磧、普、南、徑、清作「如是」。

一　七九九頁中二一行第二字「今」，南作「令」。

一　七九九頁下一七行「東方」，資、磧、普、南、徑、清作「東」。

一　七九九頁下末行夾註右行「者言」，資、磧、普、南、麗作「者隨言」；徑、清作「此言」。

起世經卷第十　澄

隋天竺三藏闍那崛多等譯

最勝品第十二之餘

復次諸比丘，汝等應知日天宮殿縱廣正等五十一由旬，上下亦介。七重牆壁，七重欄楯，多羅行樹亦有七重，周帀圍繞，雜色間錯，以為莊嚴。彼諸垣牆皆為金銀琉璃頗梨赤珠硨磲瑪瑙等之所成就。於四方面並有諸門，一一諸門皆有樓櫓却敵臺觀及諸樹林池沼園苑，其中皆生種種雜樹，其樹皆有種種菓種種花種種菓種種香，隨風遍熏，復有種種諸鳥和鳴。諸比丘，然彼日天以二種物成其宮殿，正方如宅，遥看似圓。諸比丘，何等為二？所謂金及頗梨。此日宮殿，眾多天金及天頗梨合而成就，一面兩分皆是天金，清淨无垢，離諸穢濁，皎潔光明；一面一分天頗梨成，淨潔光明，善磨善瑩，无垢无穢。諸比丘，又彼日天勝大宮殿有五種風吹轉而行。何等為五？一名為持，二名為住，三名隨順轉，四名波羅呵迦，五名將行。

復次諸比丘，於彼日天宮殿之前，别有无量諸天先行，无量百天、無量千天、無量百千天於前而行，行時各各常受安樂，皆名牢行。牢行諸天從此得名。

又諸比丘，日宮殿中閻浮檀金以為妙輦，輦高十六由旬，方八由旬，莊嚴殊勝。日天子身及內眷屬在彼輦中，以天五欲功德和合具足，受樂歡喜。諸比丘，日天子身壽五百歲，子孫相承，皆於彼治宮殿住持，滿足一劫。

復次諸比丘，日天子身支節分中光明出照閻浮檀輦，閻浮檀輦光明復出照彼宮殿，從彼日天大宮殿中光明相接，出已照曜遍四大洲及諸世界。諸比丘，日天子身並及宮殿具足皆有一千光明，五百光明傍行而照，五百光明向下而照。復次以何因緣日天子所居勝大宮殿照四大洲及諸世界？諸比丘，有一種人能行布施，彼布施時施於沙門婆羅門及貧窮孤獨遠來求者，所謂飲食、騎乘、衣裳、花鬘、瓔珞、塗香、牀敷、房舍、燈油，凡是資須養

起世經第十卷　第二張　澄

身命者於布施時遠疾而施不諂曲施或復供養諸持戒仙功德具足行善法者種種承事以是因故受无量種身心安樂辟如大澤空閑山林曠遠磧地忽有池水其水涼冷清淨輕甘有諸壯夫遠行疲頓熱惱渴乏不得飲食已經多時至彼池所飲已澡浴除斷一切渴乏熱惱出於池外身意怡悅受无量樂多生歡喜如是如是彼布施時心清淨故身壞命終於日宫殿中生為天子生其中已報得如是遠疾稱心飛行宫殿以此因緣日天宫殿照四大洲及餘世界

諸比丘復一種人不殺生不偷盜不邪婬不妄語不飲酒不放逸供養持戒功德具足諸仙諸賢親近純直善法行人廣說如前身壞命終隨願往生日天宫殿於彼即受速疾果報是故名為諸善業道以是因緣此日宫殿照四大洲并餘世界復一種人脩不殺生乃至正見亦曾供養諸仙持戒功德具者亦曾親近純直善行以值遇彼清淨因緣便得報生日天宫

殿受速疾果以是因緣日天宫殿照四大洲及餘世界廣說如上諸比丘六十剎那名一羅婆三十羅婆名牟休多諸比丘若干剎那若干羅婆若千牟休多日天宫殿常行不息六月北行於一日中漸移北向六俱盧奢未曾暫時離於日道六月南行亦一日中漸移南向六俱盧奢不差日道諸比丘日天宫殿六月行時月天宫殿十五日中亦行介許復次有何因緣常於夏時生諸熱惱諸比丘日天宫殿六月之閒向北行時一日常行六俱盧奢未曾捨離日所行道但於其中有十因緣故生熱惱何等為十諸比丘須弥山外次復有山名佉提羅迦高廣正等四万二千由旬雜色可觀七寶成就於其時閒日天宫殿所有光明照觸彼山令其生熱故於彼時有是熱惱此為第一熱惱生緣復次諸比丘佉提羅迦山外次復有山名伊沙陁羅高廣正等二万一千由旬於其時閒日天宫殿所有光明照觸彼山令生熱觸此為第二熱惱生緣

次有由乾陁山高廣正等一万二千由旬是第三緣次有善現山高廣正等六千由旬是第四緣次有馬片頭山高廣正等三千由旬是第五緣次有尼民陁羅山高廣正等一千二百由旬是第六緣次有毗那耶迦山高廣正等六百由旬是第七緣次有輪圍山高廣正等三百由旬是第八緣次有從此大地已上高万由旬彼虛空中有諸夜叉宫殿住處頗梨所成是第九緣次有四種大洲八万小洲彼等洲中諸餘大山須弥山王等是第十緣具足應如佉提羅迦中說是為十種日天宫殿六月之中向北道行熱惱因緣

復次於中何因緣故有諸寒冷諸比丘日天宫殿六月已後漸向南行介時復有十二因緣能生寒冷何者十二諸比丘於須弥山佉提羅迦山二山之閒有須弥留海闊八万四千由旬周迴无量其中多有優鉢羅花鉢頭摩花拘牟陁花奔荼梨迦花等悉皆遍滿香氣英盛日天宫殿所有光明

經於其間照觸彼海此是第一寒冷因緣如是次第伊沙陁羅山是第二緣由乾陁山是第三緣善現山是第四緣馬片頭山是第五緣尼民陁羅山是第六緣毗那耶迦山是第七緣輪圍大山是第八緣彼諸海中所有諸花具足次第應如佉提羅迦山中廣說

復次閻浮洲中所有諸河流行之處日天宮殿光明照觸故有寒冷略說乃至此是第九寒冷因緣復次如閻浮洲諸河流行瞿陁尼洲諸河流行倍多於此日天宮殿光明照觸寒冷更多此是第十寒冷因緣復次如瞿陁尼洲諸河流行弗婆提洲諸河流行倍多於此是第十一寒冷因緣復次如弗婆提洲諸河流行欝單越洲諸河流行又倍於此日天宮殿光明照觸而生寒冷是第十二寒冷因緣諸比丘日天宮殿六月之間向南行時每於一日行六俱盧奢不違其道有如是等十二因緣所以寒冷

復次諸比丘有何因緣於冬分時夜

長晝短諸比丘日天宮殿過六月已漸向南行每於一日移六俱盧奢无有差失當於是時日天宮殿在閻浮洲最極南陲地形狹小日過速疾諸比丘以此因緣於冬分時晝短夜長

復次比丘有何因緣於春夏時晝長夜短諸比丘日天宮殿過六月已漸向北行每一日中移六俱盧奢无有差失異於常道當於是時在閻浮洲處中而行地寬行久所以晝長諸比丘以此因緣春夏晝長夜分短促

復次諸比丘若閻浮洲日正中時弗婆提洲日則始沒瞿陁尼洲日則初出欝單越洲正當半夜若瞿陁尼洲日正中時此閻浮洲日則始沒欝單越洲日則初出弗婆提洲正當半夜若欝單越洲日正中時瞿陁尼洲日則始沒弗婆提洲日則初出閻浮洲中正當半夜若弗婆提洲日正中時欝單越洲日則始沒閻浮洲中日則初出瞿陁尼洲正當半夜諸比丘若閻浮洲人所謂西方瞿陁尼人以為東方瞿陁尼人所謂西方欝單越人

以為東方欝單越人所謂西方弗婆提人以為東方弗婆提人所謂西方閻浮洲人以為東方南北二方亦復如是世尊於此說優陁那曰

轉住及轉壞　天出及薄霧　十二重風吹
於前諸天行　樓櫓及風吹　身體光明照
布施持戒業　剎那羅婆過　熱則有十緣
寒有十二種　晝夜及日中　東西說四方

諸比丘月天子宮縱廣正等四十九由旬四面周圍七重垣牆七重欄楯七重鈴網復有七重多羅行樹周帀圍繞雜色可觀彼諸牆壁皆以金銀乃至瑪瑙七寶所成四面諸門各有樓櫓種種莊挍乃至衆鳥各各和鳴廣說如前日天宮殿諸比丘月天宮殿純以天銀天青琉璃而相間錯二分天銀清淨无垢无諸滓穢其體皎潔光甚明曜餘之一分天青琉璃亦甚清淨表裏映徹光明遠照

諸比丘彼月天子最勝宮殿為五種風攝持而行何等為五一持二住三順四攝五行以此五風所攝持故月天宮殿依空而行諸比丘月宮殿前

亦有无量諸天宮殿引前而行无量
百千万數諸天子等亦在前行於前
行時恒受无量種種快樂彼諸天子
皆有名字諸比丘於此月天大宮殿
中有一大輦青琉璃成其輦舉高
十六由旬廣八由旬月天子身與諸
天女在此輦中以天種種五欲功德
和合受樂歡娛悅豫隨意而行諸比
丘彼月天子如天年月壽五百歲子
孫相承皆於彼治然其宮殿住於一
劫諸比丘月天子身支節分中光明
出巳周遍照彼青琉璃輦其輦光明
照月宮殿月宮殿光照四大洲諸比
丘彼月天子有五百光向下而照有
五百光傍行而照是故月天名千光
明亦復名為涼冷光明
諸比丘何因緣故月天宮殿照四大
洲以於過去布施沙門及婆羅門貧
窮孤獨遠來乞者所謂飲食騎乘衣
服花鬘諸香牀鋪房舍諸資生等於
布施時應時療與无諂曲心或復供
養諸仙持戒具功德者正直純善以
此因緣受无量種身心快樂辟如空

起世經第十卷　第九張　丞

閑山澤曠野磧中有一池水涼冷輕
美无諸濁穢是時有人遠行疲乏飢
渴熱逼入此池中澡浴飲水除一切
普受无量樂如是如是以上因緣生
在月天宮殿之中受樂果報亦復如
是諸比丘或復有人斷於殺生乃至
斷酒及放逸行供養承事諸仙有德
則得生月宮殿中照四洲界或復有
人斷於殺生乃至正見故得速疾空
行宮殿此等名為諸善業道又何因
緣月天宮殿漸漸現也諸比丘此有
三因緣何等為三一者背相轉出二
者青身諸天形服瓔珞一切悉青常
半月中隱覆其宮以隱覆故彼時月
形漸漸而現三者從日天宮殿有六
十光明一時流出障彼月輪以是因
緣漸漸而現復次以何因緣是月宮
殿圓淨滿足如是顯現諸比丘亦三
因緣故令如是一者尒時月天宮殿
面相轉出以是義故圓滿而現復次
青色諸天衣服瓔珞一切皆青常
半月中隱月宮殿然此月宮於逋
沙他十五日時形最圓滿光明熾
盛辟如於多油中然大燋炬諸小

起世經第十卷　第十張　丞

燈明悉皆隱翳如是如是月天宮殿
十五日時能覆諸光亦復如是復次
日天宮殿六十光明一時流出障月
輪者此月宮殿於逋沙他十五日時
圓滿具足於一切處皆離翳障是時
日光不能隱覆復次有何因緣月天宮
殿於黑月分第十五日一切不現諸
比丘此月宮殿於黑月分第十五日
最近日宮由彼日光所覆翳故一切
不現復次有何因緣月天宮殿名為
月也諸比丘此月宮殿於黑月分一
日巳去乃至月盡光明威德漸漸減
少以此因緣名之為月復次以何因
緣月宮殿中有諸影現諸比丘此大
洲中有閻浮樹因此樹故名閻浮洲
其樹高大影現月輪以此因緣有諸
影現復次以何因緣有諸河水流於
世間諸比丘以有日故有熱有熱故
有炙有炙故有蒸有蒸故有汗濕以
汗濕故一切山中汁流為水以成諸
河諸比丘此因緣故河流世間復次
有何因緣五種種子世間出現諸比
丘若於東方有諸世界或成巳壞或

起世經第十卷　第十一張　丞

壞已成或成已住南西北方成壞及
住亦復如是尒時阿耨毗羅大風別
於他方成住世界吹五種子散此界
中散已復散乃至大散所謂根子莖
子節子接子子子此為五子諸比丘
閻浮樹果大如摩伽陀國一斛之瓮
摘其果時汁隨流出色白如乳味甘
如蜜諸比丘閻浮樹果隨所出生有
五分利益謂東南西方上下二方東
分生者諸乾闥婆皆共食之南分生
者為七大聚落人民所食何者為七
一名不正叫二名叫喚三不正體四
賢五善六牢七勝於此七種大聚落
中有七黑山一名偏兩二名一搏三
小棗四何駿五百偏頭六能勝七家
勝彼七山中有七梵仙所居之室一
善眼二善賢三小四百偏頭五爛物
池六黑入七增長時西分生者金翅
鳥等所共食之上分生者虛空夜叉
皆共食之下分生者海中諸虫皆采
取食於中有憂陁鄔偈

初說雨多少　宮殿中示現　二事多有風
於前諸天行　韓拏及壽命　身體光明照

布施持戒業　偏及滿足輪　月蝕及不見
有影何因緣　諸河諸種子　閻浮樹最後

諸比丘劫初眾生食地味時多所資
益久住於世而彼諸人若多食者顏
色即劣若少食者光相便勝當於是
時形色現故眾各相欺共諍勝劣勝
者生慢以我慢故地味便沒續生地
皮色味具足辟如成就羯尼迦羅花
有如是色又如淳蜜煎除滓鑛有如
是味彼諸眾生皆共聚集憂愁苦惱
推曾叫喚迷悶困乏作是唱言嗚呼
我地味嗚呼我地味辟如今者有諸
勝味既嘗知已唱言嗚呼此是我味
執著舊名不知真義彼諸眾生亦復
如是時彼眾生食於地皮亦久住世
多食色麁少食形勝以勝劣故我慢
相鼓地皮復沒便生林蔓形色成就
香味具足辟如成就迦藍婆迦花有
如是色割之汁流猶如淳蜜乃至如前
聚共愁惱如是次第林蔓沒已有粳
米出不耕不種自然而生无芒无糩
米粒清淨香味具足彼時眾生食是米
已身分即有脂髓皮肉筋骨膿血泉

脉流布及男女根相貌彰顯根相既
生染心即起以有染故數相視瞻既
數相看遂生愛欲以欲愛故便於屏
處行非梵行不淨欲法是時復有諸
餘眾生未行此者見已告言咄汝眾
生所作甚惡去何如此時彼眾生即
生慚愧墮在不善諸惡法中便得如
是波帝名字（波帝隋言墮即是夫主）時彼眾生以
墮如是諸惡法故同行欲者將飯食
来共餉遺之語彼女言汝有墮也汝
有墮也因此立名為婆黎耶（隋言飯食即是婦也）
諸比丘以此因緣先舊下生諸勝人
等見於世間夫妻事出心生惡賤左
手捉取右手推之令離其處時彼夫
妻或復二月或復三月去已還来即
以杖木土由瓦石而打擲之作如是
言汝善隱藏汝善隱藏是故今者諸
女嫁時或擲諸花或擲金銀衣服羅
閻（羅閻隋語即是悲泣歡為花者）作如是呪願之言願汝
新婦安隱快樂諸比丘如是次第往
昔眾人用之為惡今時諸人亦如是
作用之為好以是因緣諸眾生等於
世法中行於惡行如是次第乃至起

作種種舍宅爲彼惡業作覆藏故
偈言
初作占婆城　後作波羅奈　過刧殘末際
規度王舍城
諸比丘以此因緣先舊勝人造作村
城聚落國邑王都宮室諸餘住處莊
嚴世間次第出生諸比丘如是衆生
更漸增長非法行時有餘衆生福命
業盡從光音天捨身來下於母腹中
受胎生身以此因緣世人漸多非法
漸增諸比丘諸舊勝人先生世間彼
諸衆生餘福力故不須耕種而有粳
米自然出生若有須者日初分取於
日後分尋復還生日後分取日初還
生成熟无異若未取者依舊常在後
時衆生福漸薄故嬾墮懈怠貪恡心
生作如是念令此粳米非耕種得何
用辛苦日初日後時別往取徒自困
乏我今寧可一時頓取遂即併取二
時粳米有餘衆生喚彼人言食時方
至可共相隨收粳米也彼人報言我
已頓取日初後分一時將來汝欲去
者可自知時彼人作是念此人善作

起世經第十卷　第十五張　澄

快自安樂日初後分一時頓取我今
亦可一時併取兩三日食即須取之
尒時更有諸餘衆生喚彼人言我等
可共收取粳米彼即報言我前已取
三日食分汝自知時彼人聞已復作
是念此人甚善我今亦宜一時併取
四五日分以爲貯積以此因緣尒時
粳米漸生皮㯓糠裹其米又被刈者
即更不生未刈之處依舊猶在於是
稻穀便有分段藂聚而生是時衆生
方共聚集愁憂悲哭自相謂言我憶
往昔所生之身以喜爲食自然光明
騰空自在神色寂勝壽命遐長而爲
我等忽生地味色香味具食亦久壽
若多食者色形則麤能少食者顔色
猶勝爭勝劣故起憍慢心則成老
由於此故地味滅沒次生地皮次生
林藤次生粳米乃至皮㯓刈者不生
不刈如舊以如是故成此段別藂聚
而生我等今者宜應分境結爲壃畔
彼是汝分此是我分弁立要契侵者
罰之諸比丘以此因緣世間便有界
畔謫罰名字出生

起世經第十卷　第十六張　澄

尒時中有一衆生自惜已稻盜取他
稻餘人見已即告之言咄汝衆生所
作甚惡所作甚惡云何自有更盜他
物呵已放去而語之言莫復如此然
是衆生更復重作亦且呵放如是再
三猶不改悔麤言呵罵手打其頭牽
將詣衆人之中告衆人言此人偷
盜而此盜者對於衆前拒諱諍鬭語
衆人言今此衆生以麤惡言見相罵
辱手打我頭時彼衆人便共聚集憂
愁悲哭自相謂言我等今日相與至
此困惡處也我等已生惡不善法起
諸煩惱增長未來生老苦果當向惡
趣而今現見以手相擊牽排駈遣呵
責罵辱我等今應推求正人共立爲
主〻爲守護應呵責者正作呵責應
謫罰者正作謫罰應駈遣者正作駈
遣我等田分所有稻穀各自收取若
守護主有所須者我等衆人共斂供
給大衆如是善平量已於是即共推
求正人爲守護主尒時於彼大衆之
中獨有一人身最長大圓滿端嚴容
儀特勝殊妙可觀形色威光無不具

起世因本經第十卷　第十七張　取字号

是於是大衆至彼人所作如是言善哉仁者汝為我等作正守護我等諸人各有田畔汝當經理勿令相侵應呵正呵應責正責應謫罰者正作謫罰應駈遣者正作駈遣我等諸人所収稻穀當分與汝不令乏少彼人聞已即相許可為作守護呵責謫罰駈遣平正无有侵欺衆斂稻穀而供給之不令短闕如是依法為作正主以從衆人稻田之中取地分故因即名為刹帝利（隋言田主）時諸衆生歡喜依教奉行彼刹帝利於衆事中智慧善巧褭於衆中光相㝡勝是故復名為曷羅闍（隋言王也）大衆立為太平等王是故復名摩訶三摩多（隋言太平等也）諸比丘彼摩訶三摩多作王之時一切諸人始復立名為薩多婆（隋言衆言）諸比丘摩訶三摩多王有息名乎盧遮（隋言意憙）諸比丘彼乎盧遮作王之時諸人共稱為訶夷摩迦（隋言舍者）諸比丘乎盧遮王有息名迦黎耶那（隋言正真）諸比丘彼迦黎耶那作王之時諸人共稱為帝羅闍（隋言納麻生也）諸比丘迦黎耶那王有息名婆羅迦

黎耶那（隋言衆正真者）諸比丘彼婆羅迦黎耶那作王之時諸人共稱為阿跋羅騫陁（隋言雲片）諸比丘彼雲片王有息名烏逋沙他（隋言齋戒）諸比丘其齋戒王在位之時諸人共稱為多羅承伽（隋言木脛）諸比丘彼齋戒王頂上自然出一肉皰其皰開張生一童子端正殊特具三十二大人之相生已唱言摩陁多（隋言持我）其頂生王具足神通有大威力統四大洲自在治化諸比丘此等六王壽命无量諸比丘其頂生王右髀出皰生一童子端正殊特身亦具足三十二相名右髀生有大威力統四大洲其右髀王左髀出皰生一童子身亦具足三十二相名左髀生有威德力王三大洲其左髀王右膝内皰生一童子威相如前王二大洲其右膝王左髀肉皰生一童子威相如前領一大洲

諸比丘從是已來有轉輪王皆領一洲汝等當知諸比丘如是次第㝡初衆立太平等王次意憙王次正真王次㝡正真王次受齋戒王次頂生王

次右髀王次左髀王次右膝王次左膝王次巳脫王次巳巳脫王次體者王次體味王次果報車王次海王次大海王次奢俱黎王次大奢俱黎王次茅草王次別茅草王次善賢王次大善賢王次相愛王次大相愛王次叫王次大叫王次㞐黎迦王次那瞿沙王次狼王次海分王次金剛臂王次牀王次師子月王次那耶坻王次別者王次善福水王次熾熱王次作光王次曠野王次小山王次山者王次焰者王次熾焰王諸比丘其熾焰王子孫相承有一百一並在逋多羅城治化天下其㝡後王名為降慾以能降伏諸慾敵故名曰降慾

諸比丘其降慾王子孫相承在阿踰闍城治化有五万四千王其㝡後王名曰難勝諸比丘彼難勝王子孫相承在波羅奈城治化有六万三千王其㝡後王名難可意諸比丘彼難可意王子孫相承在迦毗羅城治化有八万四千王其㝡後王名曰梵德諸比丘彼梵德王手孫相承在白象城

治化有三万二千王其寂後王名曰象德諸比丘彼象德王子孫相承在拘尸那城治化有三万二千王其寂後王名曰藿香諸比丘彼藿香王子孫相承在優羅奢城治化有三万二千王其寂後王名那伽那嗜諸比丘彼那伽那嗜王子孫相承在難降伏城治化有三万二千王其寂後王名曰降他諸比丘彼降他王子孫相承在葛那鳩遮城治化有一万二千王其寂後王名曰勝軍諸比丘彼勝軍王子孫相承在彼波城治化有一万八千王其寂後王名曰天龍諸比丘彼天龍王子孫相承在多摩黎奢城治化有二万五千王其寂後王名曰海天諸比丘彼海天王子孫相承還在多摩黎奢城治化有一万王其寂後王亦名海天諸比丘彼海天王子孫相承在檀多富羅城治化有一万八千王其寂後王名為善意子孫相承在王舍大城治化有二万五千王其寂後王名善治諸比丘善治化王子孫相承還在波羅柰城治化

有一千一百王其寂後王名大帝君諸比丘大帝君王子孫相承在茅主大城治化有八万四千王其寂後王復名海天諸比丘彼海天王子孫相承還在逋多羅城治化一千五百王其寂後王名曰呰行諸比丘彼呰行王子孫相承還在茅主大城治化有八万四千王其寂後王名曰地面諸比丘彼地面王子孫相承還在阿踰闍城治化有一千王其寂後王名曰持地諸比丘彼持地王子孫相承還在波羅柰大城治化有八万王其寂後王名曰地主諸比丘彼地主王子孫相承在寐鬚羅城治化有八万四千王其寂後王名曰大天諸比丘彼大天王子孫相承在寐鬚羅大城治化有八万四千王此八万四千王皆在寐鬚羅大城菴婆羅林中修行梵行其寂後者名尼寐王次没王次堅磨王次訶奴王次優波王次奴摩王次善見王次月見王次聞軍王次法軍王次降伏王次大降伏王次更降王次无憂王次除无憂王次肩節王次

節王次摩羅王次婁那王次方主王次塵者王次迦羅王次難隨王次鏡面王次生者王次斛領王次食飲王次饒食王次難降王次難勝王次安住王次善住王次大力王次力德王次堅行王諸比丘彼堅行王子孫相承在迦攝波城治化有七万五千王其寂後王名菴婆黎沙諸比丘彼菴婆黎沙王有子名曰善立諸比丘其善立王子孫相承在波羅大城治化有一千一百王其寂後王名雞黎祁諸比丘介時有迦葉如来阿羅呵三藐三佛陁出現世間菩薩於彼修行梵行生兜率天雞黎祁王有子名曰善生子孫相承還在逋多羅城治化有一百一王其寂後王名曰耳者彼耳者王有二子大名瞿曇次名婆羅墮闍彼瞿曇王有一子名甘蔗種諸比丘甘蔗種王子孫相承還在逋多羅城治化有一百一甘蔗種王其寂後王名不善長諸比丘不善長王復生四子一名優牟佉二名金色三名似白象四名足瞿彼足瞿王有子名

曰天城天城有子名曰牛城彼牛城王子孫相承在迦毗羅婆城治化有七万七千王其最後者名廣車王次別車王次堅車王次住車王次十車王次百車王次九十車王次雜色車王次智車王次廣弓王次多弓王次兼弓王次住弓王次十弓王次百弓王次九十弓王次雜色弓王次智弓王諸比丘彼智弓王復生二子一名師子頰二名師子足師子頰王紹繼王位復生四子一名淨飯二名白飯三名斛飯四甘露飯又生一女名為甘露諸比丘淨飯王生二子一名悉達多二名難陁白飯二子一名帝沙二難提迦斛飯二子一阿泥婁䭾二跋提黎迦甘露飯二子一阿難陁二提婆達多其甘露女惟有一子名世婆羅諸比丘菩薩一子名羅睺羅諸比丘如是次第從大平等王已来子孫相承最勝種族至羅睺羅童子身上成阿羅漢斷諸煩惱盡生死際更无後有諸比丘以此因緣於往昔時有刹利世間出生依於如法非不

如法諸比丘有是法故世間刹利為最勝生尒時更有餘諸衆生作如是念世間有為是病是癰是大毒箭熟思惟已棄捨有為於山澤中造立草菴静坐修禪若有所須或日前分或日後分暫出草菴入村乞食衆人見已隨須與之并為造作乃共稱言此等衆生最修善業棄捨世間有流不善諸惡之法是婆羅門以此因緣婆羅門種世間出生其中或有禪定不成倚著村落多教呪術因此復名為教化者又以其人入村舍故名向聚落者復為成就諸欲法故名成就欲者以此因緣於往昔時勝婆羅門髙行種姓世間出生依於如法非不如法復有其餘一類衆生造作種種求利伎能工巧藝術諸生業事以此因緣名為毗舍是故往昔毗舍種姓現於世間彼亦如法非不如法諸比丘此三種姓世間生已於後復有第四種姓世間出生諸比丘有一種人各自毀呰其家本法剃除鬚髮著袈裟衣棄捨世間出家修道口自唱言我

作沙門作是稱已即成正願婆羅門種毗舍亦尒有一種人如前毀呰亦捨出家口自稱言我作沙門即成正願為彼故有正願種類諸比丘有諸刹利身口意業行於惡行以惡行故身壞命終一向受苦婆羅門毗舍亦復如是復有刹利身口意業行於善行以善行故身壞命終一向受樂婆羅門毗舍亦復如是諸比丘復有刹利身口意業行二種行以二行故身壞命終當受苦樂婆羅門毗舍亦復如是諸比丘復有刹利正信出家修習三十七助道之法能盡諸漏心得解脫智得解脫現見證法得諸神通既作證已口自唱言我生已盡梵行已立所作已辦不受後有婆羅門毗舍亦復如是諸比丘此三種姓於後生中能成就明行足得阿羅漢名為最勝

諸比丘梵王娑呵婆底昔於我前說如是偈

刹利勝生者　若出諸種姓　明行足成就
彼勝諸天人

諸比丘梵王娑呵波底彼偈善頌非爲不善我已即可諸比丘我多陁阿伽度阿羅呵三藐三佛陁亦說此義諸比丘如是次第我所具說世間轉成世間轉壞世間轉住諸比丘其有教師爲諸聲聞所應作處哀愍利益而行慈悲我已作訖汝等當依諸比丘若曠野空處山林樹下閑房靜室窟穴崖龕塚間露地離諸村落以草木等結爲菴舍汝等比丘應作是處修習禪定勿墮放逸致令後悔是我教示汝諸比丘佛說經已諸比丘等歡喜奉行

起世因本經卷第十

起世因本經卷第十

校勘記

一　底本，金藏廣勝寺本。八〇二頁中至八〇七頁中共十六版，原版殘缺，以麗藏本換。

一　八〇二頁中一行經名，諸本（不含石，下同）作「起世因本經」。

一　八〇二頁中三行「第十二之餘」，徑、清作「第十二之二」。

一　八〇二頁下三行「百天」，磧、南作「日天」。

一　八〇二頁下七行第三字「擧」，諸本作「舉」。

一　八〇二頁下一五行「世界」，諸本作「世間」。

一　八〇四頁下一一行「多羅行樹」，諸本作「多羅樹行」。

一　八〇五頁中八行第三字「生」，諸本作「生於」。

一　八〇五頁中一八行「如是」，資作「以是」。

一　八〇五頁下一行「悉皆」，諸本作「皆悉」。

一　八〇六頁上一三行「五善」，諸本作「五善賢」。

一　八〇六頁上一四行「偏厢」，磧、普、南、徑、清作「偏相」。

一　八〇六頁中一一行「推胃」，諸本作「搥胸」。

一　八〇六頁中一七行「相欬」，資、磧、南、徑、清作「相凌」。

一　八〇六頁中末行末字「泉」，諸本作「衆」。

一　八〇六頁下三行「欲愛」，徑、清作「愛欲」。

一　八〇六頁下五行第一二字「咄」，磧作「出」。

一　八〇六頁下一〇行首字「来」，諸本作「米」。

一　八〇七頁上末行第七字「人」，資、磧、南、徑、清無。

一　八〇七頁中八行「又被」，磧作「以被」。

一八〇七頁中二〇行「結爲」，徑、清作「緣爲」。

一八〇七頁中二一行末字「者」，磧作「界」。

一八〇七頁下一行第三字「中」，諸本作「衆中」。

一八〇八頁上八行「侵𢿘」，資、磧、南、徑、清作「侵淩」。

一八〇八頁上一一行「歡喜」，資、磧、普、南、徑、清作「悉生歡喜」。

一八〇八頁上一七行夾註左「衆言」，諸本作「衆生」。

一八〇八頁上二〇行夾註「舍者」，磧、普、南、徑、清作「金者」。

一八〇八頁中一行夾註「衆」，諸本作「最」。

一八〇八頁中九行夾註「持我」，資、磧、南、徑、清作「持戒」。

一八〇八頁中一八行第四字「髀」，資、磧、普、南、徑、清作「膝」。

一八〇九頁上一二行「彼波城」，資、磧、普、南、徑、清作「波波城」。

一八〇九頁上一八行「彼海」，資、磧、普、南、徑作「後海」。

一八〇九頁中五行「一千五百」，諸本作「有一千五百」。

一八〇九頁中七行「茅主」，磧、普、南作「茅王」。

一八〇九頁中一九行第一三字及下六行首字、第八字「竪」，資、磧、普、南、徑、清作「竪」。

一八〇九頁中末行第七字「无」，資、磧、南、徑、麗無。

一八一〇頁上一四行第三字、一五行首字、一五行末字、一六行末字「二」，資、磧、普、南、徑、清作「一」。

一八一〇頁上末行「剎利」，諸本作「勝剎利」。

一八一一頁上二行「即可」，諸本作「印可」。

一八一一頁上一一行首字「作」，麗作「於」。

一八一一頁上末行經名，麗作「起世經卷第十」。

大樓炭經卷第一　睒

西晉沙門法立共法炬　譯

閻浮利品第一

聞如是一時佛遊於舍衛祇樹給孤獨園與大比丘衆千二百五十人俱尒時衆比丘飯已後會於講堂上坐共議言可怪未曾有是天地云何破壞云何成就佛徹聽遥聞諸比丘飯已後於講堂共坐議此事佛即起到講堂坐問諸比丘向者會議此何等諸比丘白佛言飯已後於講堂上共議可怪未曾有是天地云何破壞云何成就但共議是事耳佛告諸比丘欲從如來聞知是天地成敗時不諸比丘白佛言唯天中天今正是時應為諸比丘說知天地成敗時比丘從佛聞即當持之佛告諸比丘諦聽善思念之今為汝說諸比丘言唯然世尊願欲聞知佛言諸比丘如一日月旋照四天下時尒所四千天下世界有千日月有千須弥山王有四千天下四千大海水四千大龍宮四千大金翅鳥四千惡道四千大惡道七千種種大樹八千種種大山万種種大泥犁是名為一小千世界如一千小世界尒所小千千世界是名為中千世界如一中千世界尒所中千千世界是名為三千世界悉燒成敗是為一佛刹佛言比丘是地深六百八十万由旬其邊無限其地立水上其水深四百六十万由旬其邊際無有限礙大風持水其風深二百三十万由旬其邊際無限比丘其大海深八百四十万由旬其邊際無崖底比丘須弥山王入大海水深八万四千由旬高亦八万四千由旬下狹上稍稍廣上正平種種合四類在上止悉滿無空缺處諸大尊神亦在上止諸尊復尊大神悉在上居止忉利天宮在須弥山上過忉利天上有焰天過焰天有兜率天上過兜率天有尼摩羅天過尼摩羅天上有波羅尼蜜和耶越致天過是上有梵迦夷天過是天上有魔天其宮廣長二十四万里宮壁七重欄楯七重刀分七重行樹七重周

帀皆以七寶畫妙好金銀水精琉璃馬瑙赤真珠車渠金壁銀門銀壁金門琉璃壁水精門水精壁琉璃門赤真珠壁馬瑙門馬瑙壁赤真珠門車渠壁一切衆寶門釆畫妙好皆以七寶作之金欄楯金柱桄銀桄銀欄楯銀柱桄金桄琉璃欄楯琉璃柱桄水精欄楯水精柱桄琉璃桄赤真珠欄楯赤真珠柱桄馬瑙桄馬瑙欄楯馬瑙柱桄赤真珠桄車渠欄楯車渠柱桄一切妙寶作之金刀分者銀垂銀刀分者金垂琉璃刀分者水精垂水精刀分者琉璃垂赤真珠刀分者馬瑙垂馬瑙刀分者赤真珠垂車渠刀分者一切寶垂金樹金根金莖銀枝葉花實銀樹銀根銀莖金枝葉華實琉璃樹琉璃根莖水精枝葉華實水精樹水精根莖琉璃枝葉華實赤真珠樹赤真珠根馬瑙莖枝葉華實馬瑙樹馬瑙根莖赤真珠枝葉華實車渠樹車渠根莖一切寶枝葉華實彩畫姝好皆以七寶金銀琉璃水精赤真珠車渠馬瑙其門上有曲箱蓋欄楯

上有交露樓觀下有園觀舍宅浴池生華種種樹種種菓種種華種種實出種種香種種飛鳥各各悲鳴過魔天上有梵迦夷天過梵迦夷天上有阿衛貨天過是上有首皮亣天過是有比呼破天過是已有無人想天過是已有阿和天過是已有沓和天過是已有名須達稱天過是已有須陁尸天過是已有阿迦尼吒天過是已有天名阿鳩襌天過是已有天名識知過是已有天名阿因過是已有天名無有思想亦不無想乃至其上有人生老病死往還不復過其上數佛言比丘須弥山王以四寶作城琉璃水精金銀須弥山王北有天下名欝單曰廣長各四十万里正方須弥山王東有天下名弗于逮廣長各三十六万里周帀正圓須弥山王西有天下名俱耶尼廣長各三十二万里如半月形須弥山王南有天下名閻浮利廣長各二十八万里北廣南狹須弥山王北脅天金照北方天下須弥山王東脅天銀照東方天下須弥山王西脅天水精照西方天下

須弥山王南脅天琉璃照南方天下北方天下有樹名銀莖圍二百八十里高四千里枝葉分布二千里東方天下有大樹名條莖圍二百八十里高四千里枝葉分布二千里俱耶尼天下有樹名斤莖圍二百八十里高四千里枝葉分布二千里其樹上有石牛高四十里閻浮利天下有大樹名閻高四千里莖圍二百八十里枝葉分布二千里金翅鳥王及龍有樹名駒利睒高四千里莖圍二百八十里枝葉分布二千里阿須倫有大樹名善晝過度高四千里莖圍二百八十里枝葉分布二千里忉利天有樹名度晝高四千里莖圍二百八十里枝葉分布二千里大海北有大樹名閻高四千里莖圍二百八十里枝葉分布二千里北方地空中有藥樹名菴廣長各二千里復有藥樹名閻破廣長各二千里復有藥樹名多廣長各二千里復有藥樹名郁多廣長各二千里復有藥樹名男廣長各二千里復有藥樹名女廣長各二千里復有

藥樹名小兒廣長各二千里復有藥樹名柏廣長各二千里復有藥樹名栴檀廣長各二千里復有藥樹名佉鉡廣長各二千里復有藥樹名般奈廣長各二千里復有藥樹名比羅廣長各二千里復有藥樹名大利廣長各二千里復有藥樹名榛廣長各二千里復有藥樹名安石榴廣長各二千里復有藥樹名抄羅廣長各二千里復有藥樹名陂廣長各二千里復有藥樹名陂隆廣長各二千里復有藥樹名阿摩勒廣長各二千里復有藥樹名呵梨勒廣長各二千里復有藥樹名比醯勒廣長各二千里復有藥樹名葉廣長各二千里復有藥樹名竹廣長各二千里復有藥樹名拖羅廣長各二千里復有藥樹名合羅廣長各二千里復有藥樹名瓜廣長各二千里復有藥樹名大瓜廣長各二千里復有藥樹名脫華廣長各二千里復有藥樹名浴陂廣長各二千里復有藥樹名須女華廣長各二千里復有藥樹名皮羅廣長各二

千里復有藂樹名和師廣長各二千
里復有藂樹名茄夷廣長各二千里
復有藂樹名投鮮廣長各二千里復
有藂樹名蒲萄廣長各二千里過是
空地其空地中復有優鉢華池二千
里紅蓮華池二千里白蓮華池二千
里黃蓮華池二千里毒虵池二千里
過是已地空其空中有海欝禪從東
西流入大海其欝禪海中見轉輪王
亦知天下有轉輪王見遊行時跡欝
禪北有山名欝單茄佛語比丘其山
甚樂姝好樹木生菓華實甚香畜獸
鳥無所不有無與等者也佛言比丘
其欝單茄山甚樂姝好巍巍欝單茄
山有山名須桓鄁其山有八万窟中
有八万烏皆在中止其烏七日一食
有六牙上廣下狹牙齒間悉金填過須
鄁鉢山次有山名冬王甚高過億山
上高四千里上有水名阿耨達廣長
二千里其底沙皆金其水涼冷軟美
且清以七寶金銀琉璃水精赤真珠
車渠馬瑙作塹壘其四面起墻亦布
底有七重欄楯七重行樹周帀圍繞

七寶交露彩畫姝好阿耨達龍王水
水四面有陛金陛銀桄銀陛金桄琉
璃陛水精桄水精陛琉璃桄赤真珠
陛馬瑙桄馬瑙陛赤真珠桄車渠陛
七寶桄陛上有曲箱蓋皆有欄楯有
交露樓觀其水中有青蓮華紅蓮華
白蓮華黃蓮華華亦有火色者金色者
青色者紅色者赤色者白色者周帀
大如車輪其莖大如車轂若刺其汁
出如乳色其味如蜜阿耨達龍王宮
在其水中宮名般闍兜阿耨達龍王
在中止其龍有何等寶何謂為阿耨
達龍過阿耨達龍天下餘諸龍王以
三熱見燒阿耨達龍王不以三熱見
燒復次天下諸餘龍王過阿耨達龍
王餘龍王熱沙雨身上燒炙燋革燋
革已燒膚燒膚已燒筋燒筋已燒骨
燒骨已燒髓燒炙甚毒痛過阿耨達
龍王餘龍王皆見熱阿耨達龍王獨
不熱是故名為阿耨達是為第一事
復次天下過阿耨達龍王餘龍王起
婬欲事相向時熱風來吹其身燋龍
身即失無顏色得虵身便恐不喜天

下諸所龍王過阿耨達諸龍王得。熱
阿耨達龍王獨無熱是故名為阿耨
達是為二事復次天下諸龍王過阿
耨達龍王餘龍王諸金翅鳥王悉入
其宮悉恐怖取食之若金翅鳥自念
言欲入阿耨達龍王宮適念是便自
無央數灾變及其身過阿耨達龍王
天下餘龍王皆見是毒熱阿耨達龍
王獨不見熱是故名阿耨達是為三
事以三事故名為阿耨達龍王東有
大流江下行一江有五百部河繞阿
耨達龍王東流入大海阿耨達龍王
南有大江名和义有五百部河繞阿
耨達龍王流入大南海阿耨達龍王
西有大江名信陁有五百部河流繞
阿耨達龍王入大西海阿耨達龍王
北有大江名斯頭有五百部河流繞
阿耨達龍王入北海冬王山南有國
名維耶離維耶離北有七黑山黑山
北有七仙人婆羅門在中止一者名
機機揄二者名施淈梨三者名欝單
四者名禪五者名迦虵六者名優多
羅七者名波被頭有山名和曇摩過

七仙人婆羅門北有山名軋陁摩訶
術中有兩窟一者名晝二者名善晝
以七寶作之金銀琉璃水精赤真珠
車𤦲馬瑙細軟如綿衣晝善晝窟北
有樹王名善住有八千樹王圍繞之
善住王樹下有鳥王名善住在下止
有八千鳥周帀圍繞之善住王樹北
有浴池名摩那摩以七寶金銀水精
琉璃赤真珠車𤦲馬瑙作塹壘之邊
有八千浴池周帀圍遶其水皆涼冷
美軟且清其底沙皆金以七寶金銀
水精琉璃赤真珠車𤦲馬瑙作七重
欄楯七重交露七重行樹周帀圍遶
其池甚妙好金欄楯者金柱栿銀桄
銀欄楯者銀柱栿金桄琉璃欄楯者
琉璃柱栿水精桄水精欄楯者水精
柱栿琉璃桄赤真珠欄楯者赤真珠
柱栿馬瑙桄馬瑙欄楯者馬瑙柱栿赤
真珠桄車𤦲欄楯者車𤦲柱栿一切
寶桄金交露者銀垂珞銀交露者金
垂珞琉璃交露者水精垂珞水精交
露者琉璃垂珞赤真珠交露者馬瑙
垂珞馬瑙交露者赤真珠垂珞車𤦲

交露者一切寶垂珞皆以七寶作甚
姝好金樹者金枝根銀莖葉華實銀
樹者銀枝根金莖葉華實琉璃樹者
琉璃根枝水精莖葉華實水精樹者
水精根枝琉璃莖葉華實赤真珠樹
者赤真珠根枝馬瑙莖葉華實馬瑙
樹者馬瑙根枝赤真珠莖葉華實車
𤦲樹者車𤦲根枝一切寶莖葉華實
以七寶作皆姝好摩那摩池周帀四面
以七寶金銀水精琉璃赤真珠車𤦲馬
瑙作金陛銀桄銀陛金桄水精陛琉璃
桄琉璃陛水精桄赤真珠陛馬瑙桄馬
瑙陛赤真珠桄車𤦲陛一切寶桄以七
寶作甚姝好陛上有曲箱蓋欄楯上有
交露樓觀下有園觀舍宅有浴池樹
生種種華種種實出種種香中有種
種飛鳥相和悲鳴摩那摩池中有青
蓮華黃蓮華白蓮華赤蓮華中有紅
色者金色者青色者黃色者赤色者
白色者種種雜色者其華大周帀如
車輪其莖周帀如車轂其華斷者出
其汁如乳其味如蜜善住鳥王念欲
入池中洗浴相娛樂時即念八千鳥
王尒時八千鳥王言善住鳥王已念

我等即共往至善住鳥王所在前住
時善住鳥王與八千鳥王俱往至摩
那摩池諸鳥中有為王持蓋者中有
扇者周帀圍繞時中有舍血名機那
在前歌儛作伎樂時善住鳥王至摩
那摩池中洗浴作伎樂相娛樂中有
鳥為王洗鼻口者中有洗牙齒者中
有洗頭者中有洗背者中有洗腹者
中有洗脇者中有洗膝者中有洗足
者中有洗尾者中有拔華根洗之以
與王食者中有以青蓮華黃蓮華赤
蓮華白蓮華以鼻歷持散鳥王頭上
者尒時善住鳥王洗浴相娛樂飲食
已便還至善住樹下其八千鳥王各
各入其池洗浴作伎樂相娛樂飲食
已便還至善住鳥王所尒時善住鳥
王與八千鳥王俱前後圍繞還至善
住樹下中有為鳥王持蓋者中有扇
者在前作妓樂歌儛至善住樹間鳥
王從意臥起行步其餘八千鳥各各
亦隨意在樹間臥起行步從意所欲
諸八千鳥樹中有園四丈九尺中有
樹園五丈六尺中有樹園六丈三尺

中有樹圍七丈七尺中有樹圍八丈
四尺中有樹圍九丈一尺中有樹圍
九丈五尺中有樹圍十丈五尺中有
樹圍十一丈二尺善住為王樹莖圍
十丈九尺是八千樹枝葉墮落時風
便吹著外其八千為王大小便時諸
鬼神皆除著外佛言比丘善住為王
威神尊巍巍乃如是畜生含血之類
乃有此

大樓炭經欝單曰品第二

佛語比丘欝單曰天下周帀廣長各
四十万里北方天下有種種山無央數
其河兩邊有種種樹河水徐行有種
種華水中蘂流河兩邊有船彩畫姝
好以四寶金銀琉璃水精作之北方
天下中央有浴池名欝難陁廣長四千
里其水涼軟且清有七重壁水底沙皆
金難陁浴池周帀四面有陛以四寶
金銀琉璃水精作之金陛銀桄銀陛
金桄琉璃陛水精桄水精陛琉璃桄
難陁池中有青蓮華黃蓮華白蓮華
赤蓮華中有紅色者金色者青色者
黃色者赤色者白色者周帀根莖若

断者出其汁如乳其味如蜜光照四
十里其香亦聞四十里難陁浴池東
有河名已味難陁浴池南有河名脩
竭難陁浴池西有河名大土難陁浴
池北有流河名善種是諸河水皆
徐行中有蘂流行華河兩邊有種種
樹以金銀琉璃水精作河兩邊際難
陁浴池東有園名賢上有七重欄楯
七重交露七重行樹周帀圍遶以四
寶作之姝好金銀水精琉璃賢上園
中有香樹生華實劈者出種種香有
擣香樹生華實劈者出種種香有衣
被樹有瓔珞樹有不息樹有生花實
若劈者出種種衣被瓔珞出種種不
息有菓樹器樹音樂樹生花實實劈
者出種種器種種果種種音樂樹
高七里有高六里五里四里三里二
里㝡卑者高一里難陁浴池南有園
觀名與賢有七重欄楯七重交露七
重行樹周帀圍繞以四寶作之中有
香樹擣香樹衣被樹瓔珞樹不息
樹器樹菓樹皆有華實實劈者各各
出種種香擣香衣被瓔珞不息器果

種種音樂樹㝡小者高十里二十里
四十里上至七十里難陁浴池西有
園觀名羅越以四寶作七重欄楯七
重交露七重行樹周帀圍遶諸所出
生高卑亦如東方園觀難陁浴池北有
園觀名常有華亦以四寶金銀水精
琉璃作七重欄楯七重交露七重行
樹周帀圍遶諸樹所出生高卑亦如
東面園北方天下有樹曲合如交露
北方天下人在下卧起男女各異處有
淨潔粳米不耕種自然生出一切味
欲食者取淨潔粳米炊之有珠名焰
味著釜下光出熟飯四方人来悉共
食之食未竟亦不盡無盜賊惡人無言
我妻子無田作者飯已面色潤澤有
威神男子女人若婬欲意起相視無
所語男子便在前女人隨後行至園
觀入中共相娛樂二日三日若至七日
各自隨意罷去不相屬也女人懷姙七
日八日便生若男若女便持著四徼道
中若有人從東西南北来者與指嗽
之出乳飲之七日已後自以福德即
長大辟如閻浮利人年二十若二十

五時北方天下周帀四方有水名阿
耨達後夜起雲天雨八味水如人飯
食頃洗浴北方天下淹塵塵不復起
辟如蘋麻油塗地塵不起北方天下
亦如是地塵不起辟如不息工師若
不息工弟子以種種華結作不息左
手持之右手以水洗不息無塵北方
天下如是地不起塵常有流水生草
樹常有菓華實中有草青辟如孔雀
翅色其香如香香足蹈上即陷四寸舉
足還復如故北方天下人欲至賢上
園觀中遊戲相娛樂即時去乘船至
岸邊脫衣沐浴相娛樂已便棄船度
河徃至香樹間取香塗身至衣被樹
間取衣著至不息樹間瓔珞樹間器
樹間果樹間音樂樹間取瓔珞不息
著之取器音樂便徃至賢上園觀熱
時乱風吹掃賢上園觀地伊蘭風至
吹落華墮地至人膝時北方天下
悉入賢上園觀中遊戲相娛樂二日
三日至七日已後各自罷去隨意無
所繫屬亦復至與賢上園觀羅越常
有華園觀亦如是北方天下人欲食

時取淨粳米炊之以焰味珠光炊其
下熟飯東方西方南方北方若有人
来至其所者皆飯食之其食亦不盡
至人食已北方天下人有樹名烏兜
交曲上合如交露人民在上止宿男
女各異處北方天下人通齒髮紺青
色長八尺人民面色同等長短亦等
女人亦如是人民行十善事不復相
教作行也皆壽千歲無數減者死後
有生忉利天上者有生焰天上者有生
兜率天上者有生尼摩羅天上者有生
波羅尼蜜天上者天上壽盡下生閻浮
利天下人間即生大豪貴家若婆羅
門大長者家北方天下人大小便時
辟沒地中其地清潔無有聚糞臭處
北方天下人男子女人死時好為衣
被之莊嚴不啼哭取著四徼道中有
鳥名欝遮舉取死人著北方天下外
何以故名欝單曰欝單曰天下勝是
三天下復最上是故名欝單曰
天下人民食清淨粳米無有盜賊無
有惡者無言我婦無言我子顏色甚
好有威神無短命者死已後生善處
是故名欝單曰

大樓炭經轉輪王品第三之一

佛語比丘世間有轉輪王時自然生
七寶有四德何等為七一者金輪寶
二者白象寶三者紺色馬寶四者明
月珠寶五者玉女寶六者藏聖臣寶
七者導道聖臣寶轉輪王其金輪何
類王以十五日月滿時沐浴便上高
觀上與婇女共坐見東方有自然天
金輪来有千輻皆完具悉以天金所
成高一丈四尺王見已自念言我從
先聖聞若王十五日月滿沐浴上高
觀與婇女俱坐見東方自然金輪者
即得作轉輪王王自念欲試天金輪
尒時轉輪王便試天金輪即便會四
部兵徃至天金輪所整衣服長跪叉
手持右手指金輪使東飛金輪即東
飛轉輪王即與四部兵及家室親屬
悉隨之飛四天王天上諸天皆亦在
金輪前飛行金輪所至止處轉輪王
便與四部兵家室親屬皆止宿其中
尒時東方弟于逮諸王以金鉢盛滿
銀粟銀鉢盛滿金粟其徃至轉輪王
所白言天王来大善東方諸城國界

富樂熾盛安隱五穀豊熟人民衆多珎寶衆多工巧者饒明月珠玉琉璃白象馬牛羊奴婢米穀豊饒倉庫儲滿願大王止此我等承受其教轉輪王便告諸王言諸賢等各自治國以正法莫行非法諸賢等但莫殺生莫盜竊莫犯人婦女莫妄語罵詈惡口兩舌莫念惡當慈心為政具奉行如是者則為受我教尒時諸小王持國界奉上轉輪王轉輪王即住案行東方諸國於其中止頻無央數歲相娛樂快樂飯食得東海内悉屬已便還南方閻浮利天下王降伏亦如是復行復至西方俱耶尼亦如是復至北方欝單曰天下亦如是四天王上諸天皆在金輪前飛金輪所至到處轉輪王與家室親屬四部兵止頻其中尒時北方諸小王以金鉢盛滿銀粟以銀鉢盛滿金粟共往至轉輪王所白言天王来大善北方諸城國界富樂熾盛安隱五穀豊熟人民珎寶衆多工巧者饒明月珠玉琉璃象馬牛

大樓炭經第一卷　第十九張　朕

羊奴婢米穀豊饒倉庫儲滿願大王止此我等承受其教轉輪王便告諸小王言賢等各自治國以正法莫行非法賢等莫殺生莫盜竊莫犯人婦女莫妄語罵詈惡口兩舌莫念人惡當念慈心為正見奉行如是者即為受我教尒時諸小王持國界奉上轉輪王案行北方諸國於其中止頻無央數歲相娛樂快樂飲食得北海内悉屬已便與家室親屬及四部兵還閻浮利天下閻浮利天下威神更巍巍其金輪亦尒時便量度東西長四百八十里南北廣二百八十里諸天為轉輪王造起城壁七重七重欄楯七重交露七重行樹周帀圍遶彩畫姝好皆以七寶金銀水精琉璃赤真珠車渠馬瑙金壁銀門銀壁金門琉璃壁者水精門水精壁者琉璃門赤真珠壁者馬瑙門馬瑙壁者赤真珠門車渠壁者一切寶門城周帀四方有門金欄楯者金柱栿銀桄銀欄楯者銀柱栿金桄琉璃欄楯者琉璃柱栿水精桄水精欄楯者水精柱

大樓炭經第一卷　第二十張　朕

栿琉璃桄赤真珠欄楯者赤真珠柱栿馬瑙桄馬瑙欄楯者馬瑙柱栿赤真珠桄車渠欄楯者車渠柱栿一切寶桄金交露者銀垂珞銀交露者金垂珞琉璃交露者水精垂珞水精交露者琉璃垂珞赤真珠交露者馬瑙垂珞馬瑙交露者赤真珠垂珞車渠交露者一切寶垂珞復以七寶作樹甚姝好金樹者金根枝銀莖葉花實銀樹者銀根枝金莖葉花實琉璃樹者琉璃根枝水精莖葉花實水精樹者水精根枝琉璃莖葉花實赤真珠樹者赤真珠根枝馬瑙莖葉花實馬瑙樹者馬瑙根枝赤真珠莖葉花實車渠樹者車渠根枝一切寶莖葉花實門上有曲箱蓋交露有樓觀邊有園觀舍宅浴池中有種種樹種種葉種種華種種實出種種香種種飛鳥相和而鳴作城已威神巍巍金輪便止城中度量東西八十里南北四十里尒時諸天為轉輪王以七寶作宮殿壁七重欄楯七重七寶交露七重七寶行樹七重周帀圍遶七重門上有

大樓炭經第一卷　第二十一張　朕

曲箱蓋交露有樓觀下有園觀浴池
種種樹種種菓種種華實種種飛鳥
相和悲鳴造起轉輪王宮殿已金輪便
立宮門前虛空中尒時轉輪王甚歡喜
踊躍言已為我自然金輪寶今我以為
作轉輪王佛言轉輪王有自然金輪寶
如是轉輪王有白象寶何類轉輪王明
旦與諸臣共會㕘議時即自然有白象
在前現皆白身體皃具能飛行端正
頭赤有六牙上齒下細牙如畫間金
色轉輪王見已念言此象若可調者
便當為賢善則與調象師使調適一
反調便調善寂如調善畜尒時轉輪
王欲試白象寶便使會四部兵被白
象在嚴已騎白象日出便出宮門飛
行繞四海内即時還宮坐相娛樂尒
時轉輪王甚大歡喜踊躍言已為我
自然白象寶今我已作轉輪王轉輪
王白象寶如是轉輪王有紺色馬寶何
等類轉輪王明旦與左右共㕘議時
見有自然紺色馬在前其馬身青毛
衣滑澤頭黑轉輪王自念言若調此
馬者便當即好與調馬師使調即時

調好寂如賢善馬尒時轉輪王欲試
紺色馬寶即使會四部兵被已騎馬
未出宮門即與四部兵飛行繞四海
内即日還宮坐相娛樂甚大歡喜踊躍
言已為我自然紺色馬寶今我已為
作轉輪王有紺色馬寶如是轉輪王
有明月珠寶者何等類轉輪王明旦
與諸臣共坐㕘議時見有自然明月
珠寶在前其珠青琉璃色八方滑澤
好清潔有光明照燿轉輪王見已自
念言如此珠照我後宮中者為姝好
尒時轉輪王欲試明月珠寶便使會
四部兵持珠著幢頭夜從宮門出與
四部兵尒時明月珠寶光照諸長者婆
羅門家趆作使奴婢販賣市井謂為
日出其珠照四部兵明出宮四十里
飛行繞四海内即夜還宮坐甚大歡喜
踊躍言已為我自然明月珠寶今已
作轉輪王轉輪王有明月珠寶如是

大樓炭經卷第一

甲辰歲高麗國大藏都監奉
勅雕造

大樓炭經卷第一

校勘記

一　底本，麗藏本。

一　此經與宋資福藏本、磧砂藏本，元普寧藏本，明永樂南藏本、徑山藏本及清藏本大異，難以對校，故卷第二至卷第六只校以麗藏。另卷第一因金藏廣勝寺本原版殘缺，以麗藏本換。今以清藏本六卷作爲別本收録於後，並校以資、磧、普、南、徑。

大樓炭經卷第二

西晉沙門釋法立共法炬譯

轉輪王品第三之二

轉輪王有玉女寶者何等類轉輪王明旦與諸大臣共坐衆議時有自然玉女寶在前現端正姝好面色無比亦不長不短不肥不瘦不白不黑冬時身則溫夏時身則涼身體諸毛孔皆栴檀香香出蓮華香轉輪王甚愛重意不起婬欲向他人何況當復身行尒時轉輪王甚歡喜踊躍言已為我自然玉女寶今已作轉輪王轉輪王有玉女寶如是轉輪王有主藏聖臣寶何等類轉輪王有明旦坐衆議時見主藏聖臣寶在前解慧曉事至誠往至轉輪王所白言轉輪王所欲求索者我為天王辦之王但安隱坐轉輪王欲試主藏聖臣寶使會四部兵乘船入水告主藏聖臣我欲得金銀珎寶當與我主藏聖臣白轉輪王言度水已隨王欲當與之王言今當於此用之疾與我金銀珎寶渡水已我不用主藏聖臣聞受其教整衣服船上長跪右手把水以器鈔金銀珎寶譬如垂著樹諸金銀珎寶器著手如是尒時主藏聖臣持衆珎寶著船上白轉輪王言欲得幾許金銀珎寶令當與王轉輪王告主藏聖臣言我所有金銀珎寶甚衆多但欲試卿耳主藏聖臣聞已便還持金銀珎寶著水中尒時轉輪王甚歡喜踊躍言已為我自然主藏聖臣寶我已為轉輪王轉輪王有主藏聖臣寶如是轉輪王有兵臣寶何等類轉輪王明旦坐衆議時見有兵臣在前解慧勇猛曉事往至轉輪王所白轉輪王言所欲為作我為辦王但自安坐莫憂尒時轉輪王欲試兵臣使會四部兵告兵臣實言不曉兵法者教令曉之已曉教令重知不曉住者教令知住不曉騎乘弓馬者教令知兵臣寶即受教皆教諸兵轉輪王甚歡喜踊躍言已為我自然兵臣寶我今已為轉輪王轉輪王有兵臣寶如是佛言轉輪王有七寶如是佛言轉輪王有四德云

何為四德一者大富珎寶田宅奴婢珠玉象馬工巧者衆多天下人富無有如轉輪王者是為轉輪王第一德二者轉輪王㝡端正姝好顏色無比天下人端正姝好無有如轉輪王者是為轉輪王第二德三者轉輪王常安隱無疾病身常等等亦不寒熱寒熱適其意諸所飲食食皆安隱天下人無有如轉輪王無疾病者是為轉輪王第三德四者轉輪王常安隱長壽天下人無有常安隱長壽如轉輪王者是為轉輪王四德轉輪王有七寶及四德如是轉輪王以正法行為政現不轉善現行十善事教諸小国王傍臣左右人民奉行十善事轉輪王哀念諸臣國人民如父哀子諸郡國人民愛敬轉輪王如子愛父轉輪王治天下閻浮利地平正無有高下無有棘刺無有毒狩虫蟻無有山陵嵠峪無有礫石地但有棄捐金銀明月珠玉琉璃虎魄水精車璖馬瑙珊瑚轉輪王在天下治國時富樂安隱熾盛五穀豊熟人民衆多佛語諸比丘轉

輪王治國時天下有八万郡國聚落居鷄鳴展轉相聞轉輪王治國時天下常適有水草木當樹青木常有華葉其地草葉周帀分布色如孔雀毛其香如華香足蹈上四寸入地舉足還復如故地草又無四寸空缺處有香樹常生華實破其實出種種香有衣被樹出華實及種種衣被有珠寶瓔珞樹出華實破中有無鞅數種種珠寶瓔珞有不息華樹出華實破中有種種不息有果樹常生華實破中有種種果有器樹生華實破中有種種器有妓樂樹生華實破中有種種音樂轉輪王治國是時天下閻浮利不耕種米穀稻粮皆自然生清潔無穢出其有種種甘轉輪王臨壽終時身不甚痛辟如習樂人大食腹不甚痛轉輪王臨壽終時身體痛如是轉輪王命過已後金輪白象寶便滅去紺色馬明月珠寶亦沒去玉女寶主藏聖臣寶導道聖臣寶便沐浴轉輪王身以綿纏身復以五百張疊纏身著鐵棺中以酥灌其上滿已蓋覆之

以釘釘之出轉輪王棺衆人共作妓樂歌儛出著城外一切香薪持轉輪王棺著上便放火燒燒已玉女寶主藏聖臣寶導道聖臣寶并収骨以置於四徼道中起塔高四十里廣長四十里周帀起墻廣長二百里以七寶金銀水精琉璃赤真珠車璖馬瑙七重欄楯七重交路七重行樹周帀圍遶甚姝好其從四方来礼轉輪王法起塔皆得無數福尒時玉女寶主藏聖臣寶導道聖臣寶為轉輪王起塔已便布施飢者與飯渴者與漿欲得衣者與衣欲得香薰華者與香薰華欲得財物牛羊者與之其後玉女寶主藏聖臣寶導道聖臣寶乃命過

泥犁品第四

佛告比丘有大鐵圍山更復有第二大鐵圍山中間窈窈冥冥其日月大尊神光明不能及照其中有八大泥犁一泥犁者有十六部第一大泥犁名想第二大泥犁名黑耳第三大泥犁名僧乹第四大泥犁名嘑獦第五大泥犁名嗷喚第六大泥犁名燒炙

第七大泥犁名釜煮第八大泥犁名阿鼻摩訶佛言何以名為想其大想泥犁若有人墮中其八指生爪如利刀以相把刺其肉應手墮去想念欲相殺以是麁事名為想泥犁更復有餘種種因緣復次其大想泥犁若有人墮中者手中自然刀劒以相斫刺想欲殺他人以是麁想事故名為想復有餘因緣其有人墮中者手自然小刀以刺剝他人想念欲殺之以是麁想事故名為想復有餘因緣其有人墮大想泥犁中者以手擡從足剝餘者至項想念欲殺他人涼風起吹之身磨平復展轉相語當復長生中復有相語言我曹今適生以是故名為想泥犁復有餘因緣用是故泥犁人壽長久乃從想泥犁中出便走求解脫復有泥犁名為黑界縱廣二万里恚入中裏火從身出繞身三帀還入身毒痛不可忍過惡未解故不死復次黑界泥犁東壁火繞三帀燒人炎至西壁西壁火焰至東壁南壁火焰至北壁北壁火焰至南壁上焰火

下至地下焰至上人在中燒炙毒痛不可忍過惡未解故不死在其中甚久久乃從黑界泥犁出便走求解脫有泥犁名沸屎縱廣二万里恚入沸屎中自然至頸熱沸踊躍人以把蹴欲出不能得身體手足耳鼻皆爛熟毒痛不可忍過惡未盡故不死有蟲名鐵口啄人髑髏啄人肉穿之破骨噉人腦泥犁中人手捲扶食之脣舌皆燋咽喉腹中腸胃皆爛便下過去毒痛不可忍過惡未盡故不外在其中甚久以後乃從沸屎泥犁中出便走欲求解脫有泥犁名五百釘縱廣二万里恚入中泥犁旁各取人手足卧撲著釘地以燒鐵釘釘其右掌以鐵釘釘左掌以鐵釘釘其右足復以鐵釘釘其左足復以鐵釘釘其心復以鐵釘遍釘其身下徹地恚以五百釘釘其身續動欲起毒痛不可忍泥犁旁問言欲求何等報言我但苦飢渴泥犁旁取鉗拁開口燒熱鐵著其咽中脣舌咽皆燋腹中腸胃皆燋爛與腸胃下過去毒痛不可忍過惡未盡故不死用是故

人在泥犁中甚長久以後乃從五百釘泥犁得出便走求欲解脫有泥犁名車帖縱廣二万里恚入其中泥犁旁便問言欲求何等報言但苦飢渴泥犁旁便各各取其身撲著地取鉗拁開其口取消銅灌入口脣舌皆燋腹中五藏腹胃皆燋爛燒炙毒痛不可忍過惡未盡故不死在泥犁中甚長久以後乃得出便走求解脫有泥犁名為飲恚入中泥犁旁便問言欲求何等報言我但苦飢渴泥犁旁即各各取其人身撲著燒熱地以鉗拁開其口以燒鐵丸著人口中脣舌咽皆燋五臟腹腸盡燋便下過去毒痛不可忍過惡未解故不死在其中甚長久乃從飲泥犁中出便走求解脫有泥犁名一銅釜縱廣二万里盡入中泥犁旁便共舉人身體手足著釜中煮在底亦熟在上亦熟湯沸踊躍起伏有在上露手足者覆亦熟辟如煑豆在底亦熟在上亦熟覆亦熟露亦熟泥犁中人亦如是在二万里銅釜泥犁中上下皆熟頭面耳鼻手足

皆見泥犁旁以矛刺内其中毒痛不
可忍過惡未解故不死用是故在其
中甚久長已後乃從一銅釜泥犁中
出便走欲求解脱有泥犁名多銅釜
縱廣二万里悉入中泥犁旁便各各
舉其身手足著釜中湯沸踊躍展轉
在底在上頭面手足皆見熟爛泥犁
旁便以矛擣罪人持著餘釜中見煑
亦如是毒痛不可忍過惡未解故不
死在其中甚長久已後乃從多銅釜
泥犁中出便走欲求解脱有泥犁名
磨縱廣二万里悉入其中泥犁旁便
各各取人著鐵磨上卧以盖覆便揬
磨使碎血肉流下骨留在磨中火出
燒炙毒痛不可忍過惡未解故不死
用是故在其中甚長久已後乃從鐵
磨泥犁中出便走欲求解脱有泥犁
名膿血縱廣二万里人悉入其中即自
然有膿血火焰出人以手足把歷欲
出頭面耳鼻身體手足皆燋便自以
手取膿血食之脣舌咽皆燋腹中腹
腸五臟皆燋便下過去毒痛不可忍
過惡未解故不死在其中甚長久已

後乃從膿血泥犁中出便走欲求解
脱有泥犁名高峻縱廣二万里人悉
入其中泥犁火焰出泥犁旁即走人
上下出頭面耳鼻身體手足皆燋爛
毒痛不可忍過惡未解故不死在其
中甚長久已後乃從高峻泥犁中出
便走欲求解脱有泥犁名斫板縱廣
二万里人悉入中泥犁旁使各各取
人撲燒鐵地以纙量度其身以兩手
持斧斫削身及頭面手足鼻耳毒痛
不可忍過惡未解故不死在其中甚
長久已後乃從斫板泥犁中出便走
欲求解脱有泥犁名斛縱廣二万里
人悉入其中泥犁旁即取炭火中人
使著斛中量以手摩上頭面身體手
足鼻耳皆燋爛泥犁旁走人火上往
還燒炙毒痛不可忍過惡未解故不
死在其中甚長久已後乃從斛泥犁
中出便走欲求解脱有泥犁名劒樹
葉縱廣二万里人悉入其中風生吹
鐵劒樹葉墮落截人手足頭面耳鼻
身體毒痛不可忍過惡未解故不死
在其中甚長久已後乃從鐵劒樹泥

犁中出便走欲求解脱有泥犁名托
撈河縱廣二万里河兩邊生剃頭刀
草人悉入其中刀逆刺人斷人手足
頭面鼻耳身體毒痛不可忍
尒時人皆墮托撈河湯涌躍下底有
八寸蒺藜刺刺人身血流灑但有其
骨便沸涌躍轉上人毒痛不可忍風
吹至岸邊草刀逆向内截人頭面耳
鼻身體手足毒痛不可忍過惡未解
故不死泥犁旁即問人言欲求何等
報言我但苦飢渴泥犁旁便各各取
人撲著燒熱地以消銅灌人口中脣
舌咽喉皆燋身體五臟腸胃皆燋便
下過去毒痛不可忍過惡未解故不
死河兩邊有鐵樹泥犁旁便取人舉
著鐵樹下墮刺刺下垂刺人身體血
出肉流墮餘但有骨風起吹人身體
平服如故有鳥名鐵烏啄啄其頭噉
其腦在頭上住啄取人瞳子人欲下
鐵刺向仰刺人欲上向下刺人尒時
人走行欲求解脱還墮托撈河中湯
沸涌躍墮底為蒺藜所刺如故上岸
浮風吹岸邊刀逆截傷人頭面耳鼻

身體手足毒痛不可忍過惡未解故不死樹泥犁旁問言欲求何等言我但苦飢渴便持消銅灌口中脣舌咽喉腸胃皆燋爛但下過去上岸邊泥犁旁復者垪邊樹上欲下上刀逆刺人有鳥名鄉足啄啄人頭瞰其腦在人頭上啄人瞳子欲上下刺逆向刺人毒痛不可忍過惡未盡故不死復還墮拕撈河在中毒痛如故風復吹至垪邊草刀逆刺剥人如故泥犁旁復問人言欲求何等報言但苦飢渴以其消銅灌其口中如故燒炙毒痛不可忍在其中甚長久已後乃從拕撈河得出便走欲求解脫有泥犁名狼野干廣縱二万里人悉入其中狼野干自然在前住身中出火焰所螫人身肉應其口而食之毒痛不可忍飛鳥共来啄瞰人肉脫人眼者毒痛不可忍過惡未盡故不死在其中甚長久已後乃從狼野干泥犁得出便走欲求解脫有泥犁名寒氷廣縱二万里人悉入其中風周帀四面起寒冷吹人身肌膚皮肉筋骨入髓中用

是故便於中死佛言何以故名為黑耳泥犁若有人墮黑耳泥犁中者黑風熱沙雨其身上即隨墮地焦皮肌膚骨肉皮髓毒痛不可忍過惡未盡故不死用是故名為黑耳復有餘因緣復次黑耳大泥犁其有人墮中者以燒鐵黑索縛其身風便螫結之斷其身皮肌膚破骨出髓毒痛不可忍過惡未盡故不死用是故名黑耳復次有因緣墮其黑耳大泥犁中者泥犁旁以黑鐵燒熱纆纏裹人身焦皮肉肌膚骨髓毒痛不可忍過惡未盡故不死用是故名為黑耳復次其有人入大黑耳泥犁旁以鐵繩左右絞其人身以鋸截之以斧斷之毒痛不可忍過惡未盡故不死用是故名為黑耳復次又在其中甚長久燒炙毒痛乃從黑耳泥犁中出便走欲求解脫有泥犁名黑廣縱二万里人悉入中黑火從當身出繞身三帀還入身毒痛不可忍過惡未盡故不死在泥犁中甚長久乃從黑泥犁中出隨次入如前十六泥犁至寒氷泥犁乃命

過佛言何以故名為僧乹泥犁其有人墮僧乹大泥犁中者自然兩鐵山出火火山合拍泥犁中人碎破其身毒痛不可忍過惡未盡故不死是故名為僧乹復有餘因緣復次若有人墮僧乹大泥犁中者人悉入其中有兩山相拍罪人身皆破碎解墮毒痛不可忍過惡未盡故不死是故名為僧乹復有餘因緣人在其中甚長久行從大僧乹泥犁出便走欲求解脫復次入十六泥犁如前復至寒氷泥犁乃命過佛言何以故名樓獦泥犁其有人墮樓獦中者泥犁旁各各取人著鐵銚中人大嘷呼大毒大痛是故名為樓獦復次有罪人墮樓獦泥犁中者泥犁旁取人著鐵鼎中大毒大痛嗷嘷是故名為樓獦復次其有罪人墮樓獦泥犁中者泥犁旁各各取之著鐵釜中大毒大痛嗷嘷是故名為樓獦復有餘因緣罪人在其中甚長久乃從樓獦泥犁中出便走欲求解脫復隨次入十六泥犁如前至寒氷泥犁乃命過

佛言何以故名為大敫嗅其有人堕大嗷嗅泥犁中者泥犁旁各各取其人身著大鈚中極毒痛大嗷嗅是故名為大嗷嗅復有餘因緣其有罪人堕大嗷嗅泥犁中者泥犁旁各各取其人身著大釜中甚毒痛大嗷嗅復有餘因緣其人堕大嗷嗅泥犁中者泥犁旁各各取人著鼎鑊中煮甚毒痛大嗷嗅是故在其中甚長久乃從大嗷嗅泥犁中出便走欲求解脱隨次入十六泥犁如前至寒氷乃死佛言何以故名為燒炙其有罪人堕大燒炙泥犁中者泥犁旁各各取人著鐵舍中自然出火燒炙毒痛是故名為燒炙復次其有罪人堕大泥犁燒炙中者泥犁旁牽人入鐵交路中自然有火燒炙毒痛是故名為燒炙過惡未盡故不死復次其有罪人堕大燒炙泥犁中者泥犁旁牽人入鐵堂上自然有火燒炙毒痛是故名為燒炙罪人在其中甚長久乃從燒炙泥犁中出便走欲求解脱隨次入十六泥犁如前至寒氷泥犁命過死

佛言何以故名為阿鼻摩訶其有罪人堕阿鼻摩訶泥犁中者眼但見惡色不見善色耳但聞惡聲不聞善聲口所食但得惡味不得甘美鼻所聞臭不聞好香身所更但得惡意所念法但有惡無善是故名為阿鼻摩訶復有餘因緣有罪人堕阿鼻摩訶泥犁中者東壁火焰至西壁西壁火焰至東壁南壁火焰至北壁北壁火焰至南壁上焰下至地地火焰上至上六面火来燒炙人毒痛是故名為阿鼻摩訶復次其罪人堕阿鼻摩訶泥犁中者擗指頃無有樂是故名為阿鼻摩訶罪人在其中甚長久乃從阿鼻摩訶泥犁中出便走欲求解脱隨次入十六泥犁如前至寒氷泥犁乃死佛言大鐵圍山外閻浮利天下南有閻羅王城廣縱二十四万里以七寶作七重壁七重欄楯七重刀分七重行樹園觀浴池周帀圍繞金壁銀門銀壁金門琉璃壁水精門水精壁琉璃門赤真珠壁馬瑙門馬瑙壁赤真珠門車璖壁一切寶門上有曲箱蓋

交路有園觀浴池有種種樹菓花實出種種香種種飛鳥相和而鳴佛言人身行惡口言惡心念惡死後堕此閻羅王泥犁中者泥犁旁便反縛罪人以見閻羅王白王言此諸人悉不孝於父母不承事沙門道人不畏後世禁忌願王隨所知而罰之王即呼人前安諦審實問其人汝昔在世間時不見人年老百二十頭白齒落面皺皮緩氣力羸微持杖而行身體戰慄其人言已見何以不自念我亦當如是老極無有能脱不老者何不自改身口意為善人對言我實婬乱今我當便問汝婬乱之意王言是過非父母過亦非兄弟過亦非天帝王過亦非親屬知識過亦非先祖去人過亦非沙門婆羅門過汝作惡身自當受第一閻羅王問王第二安諦審善問汝昔在世間時為不見人男女病困劣著床惡露自出身卧其上不能坐起居人坐起飲食之其人對言已見王言汝何以不念我亦當如是病瘦自改身口意為善我實婬乱王言

今我當便問汝婬乱之意是過亦非
父母過亦非兄弟過亦非天帝王過
亦非親屬知識過亦非先祖去人之
過亦非沙門非婆羅門過汝自作惡
身自當受第二閻羅王問王第三問
汝昔在世間時為不見男女死時身
體壞敗破碎如林木棄捐為烏鳥虫
蟻狐狼所食
若有燒者喪埋者其人對言巳見汝
何以不自念我亦當如是死當自攺
身口意為善我實婬乱王言我當問
汝婬乱之意是非父母過亦非兄弟
過亦非天帝王過亦非先祖去人過
亦非親屬知識過亦非沙門婆羅門
過汝自作惡身自當受第三閻羅王
問閻羅王第四問汝昔在世間為不
見小兒無所知屎溺自身其人言我
以見何以不自念我本亦如是當自
攺身口意為善我實婬乱王言今我
當問汝婬乱之意是過非父母過亦
非兄弟過亦非天帝王過亦非先祖
去人過亦非親屬知識過亦非沙門
婆羅門過汝自作惡身自當受第四

閻羅王問閻羅王第五妄諦審實問
汝昔在世間時為不見郡國縣邑得
盜賊犯事敎人者以見白王王勅使
四支梟磔之若著釜中煑若生燒之
若閉著牢獄掠笞毒痛若斷手足鼻
耳若生貫之若斷頭種種酷毒之其
人對言巳見汝何以不自念我若有
過亦當取我如是當攺身口意為善
我實婬乱當問汝婬乱之意是過非父
母過亦非兄弟過亦非天帝王過亦
非先祖去人過亦非親屬知識過亦
非沙門婆羅門過汝自作惡身自當
受第五閻羅王問便持付泥犁旁即
各各取人倒著泥犁城廣長各四万里
窈窈寘寘佛尒時說偈言

四方有四門　諸角治甚堅　垣壁以鐵作
上亦用鐵覆　其地悉布鐵　火悉自然出

其界有十大泥犁第一名阿浮第二
名屵羅浮第三名阿呵不第四名阿
波浮第五名阿羅留第六名優鉢第
七名修揵第八名蓮花第九名拘文
第十名分陁利佛言何故名為阿浮
阿浮泥犁中罪人自然生身辟如雲

氣是故名為阿浮何以故名為屵羅
浮屵羅浮泥犁中罪人身辟如廉獨
肉是故名為屵羅浮何以故名為阿
呵不阿呵不泥犁中罪人甚大苦甚
大痛嘍呼是故名為阿呵不何以故
名為阿波浮阿波浮泥犁中罪人甚
酷甚痛大呼啼嘍是故名為阿波浮
何以故名為阿羅留阿羅留泥犁中
罪人甚苦甚痛欲嘍呼不能但動舌
是故名為阿羅留何以故名為修揵
修揵泥犁中罪人辟黃火是故名為修揵何以
故名為優鉢優鉢泥犁中罪人身青辟如優鉢
是故名為優鉢何以故名為拘文拘文泥犁中
罪人色黃白辟如拘文是故名為拘文何以故
名為分陁利分陁利泥犁中罪人身色赤如分陁
利是故名為分陁利何以故名為蓮
華蓮華泥犁中罪人身紅色是故名
為蓮華佛言辟如有百二十斛四卄
廩滿中芥子百歲者人取一芥子去
比丘是百二十斛四卄芥子悉盡人
在阿浮泥犁中常未竟若人在屵羅
浮泥犁中者百歲取一芥子盡二千
四百八十斛芥子乃得出身在阿呵
不泥犁中百歲取一芥子盡四万八

千一百六十斛乃得出在阿波涅梨中百歲取一芥子盡九十六万三千三百斛乃得出在阿羅羅涅梨中百歲取一芥子盡千九百二十六万四千斛乃得出在脩揵涅梨中百歲取一芥子盡三億八千万五百二十八斛乃得出在青蓮華涅梨中百歲取一芥子盡八十六億五百六十斛乃得出在黃白蓮華涅梨中百歲取一芥子盡千七百二億万一千二百斛乃得出在拘文蓮華涅梨中百歲取一芥子盡三万四千四百億二十二万四千斛乃得出在紅蓮華涅梨中百歲一芥子盡六十万八千八百億四百四十八万斛乃得出二十小劫為半劫有人名句波利墮紅蓮涅梨中坐誹謗舍利弗摩訶目揵連佛於是偈言

若有人發起者　從口語出刀刀
坐語說惡之事　便還而自截傷
若有誹及歎譽　可歎者及誹謗
口說惡猶重過　口過重不安隱
辟人如愽揜者　是諸過惡薄耳

有惡意向賢者　是過為寂重大
涅梨浮有百千　阿浮有三十五

閻羅王晝夜各三過燒熱銅自然火在前宮中王即恐畏衣毛起竪即出宮舍外外亦自然王大怖懅還入宮涅梨旁便各各取閻羅王擲燒鐵地持鐵鈎其口皆開以消銅灌王口中燋喉咽以皆燋腹中腹腸五藏銅便下過去燒炙毒痛不可忍過惡未盡故不死世間其有身行惡口言惡心念惡死後墮惡道燒炙毒痛如涅梨中罪人世間人其有身行善口言善心念善死後皆生天上佛於是說偈言

王使神呼問之　人民所作惡過
其人常而憂毒　人用是身勤苦
知當聞不作過　即奉行賢善法
善有恐見因緣　生但有病及死
無因緣便解脫　生病死便滅盡
得安隱其快樂　即見在得滅度
一切恐怖畏懅　度無為獨有常

阿須倫品第五

佛言須弥山下深四万里中有阿須倫名抄多尸梨其城郭廣長各三百

三十六万里以七寶作之甚姝好金銀水精琉璃赤真珠車璖馬瑙周帀圍繞有七重壁欄楯七重刀分七重行樹高八万里長六万里皆以七寶作也四方有四門門高百万里廣六千里一一門邊各各有十阿須倫居止以七寶作殿舍七重壁七重欄楯七重刀分七重行樹周帀圍遶樹有青色者紅色者黃色者白色者有葉樹華樹實樹樹上有飛鳥止名為鸖孔雀鴝鵒白鵠恚在樹上甚好相和而鳴抄多尸利阿須倫東出四万里中有阿須倫城郭廣長各三十六万里以七寶彩畫姝好金銀琉璃水精赤真珠車璖馬瑙作七重壁七重欄楯七重刀分七重行樹周帀圍繞四方有門門高十万里廣六万里各各有三百阿須倫止周帀圍遶有七重流水甚深滿中有青蓮華黃蓮華紅蓮華白蓮華其底沙皆金邊有樹青色者紅色者黃色者白色者有葉樹華實樹樹上有種種飛鳥止甚姝好相和而鳴抄多尸利阿須倫南出四万

里中有須倫名波陁呵阿須輪城郭廣長各四十六万里以七寶彩畫姝好七重壁七重欄楯七重刀分七重行樹四方有門門高十万里廣六万里一一門各有三百阿須倫止周帀有七重流水甚深滿其水底沙皆金中有青紅黃白蓮華有七重壁七重欄楯刀分行樹周帀圍遶有青紅黃白樹生菓華實樹樹各有種種飛鳥甚好相和而鳴抄多尸利阿須倫西出四万里有阿須倫名波利其城郭廣長各三十六万里皆以七寶彩畫姝好作七重壁欄楯刀分樹木垣墻高十万里廣六万里四方有四門門高十万里廣六万里皆以七寶作門一邊各有三百阿須倫止其宮殿亦以七寶作七重壁欄楯刀分樹木七重流水甚深滿其水底沙皆金亦以有青紅黃白蓮華亦有青紅黃白樹生菓華實上有種種飛鳥甚好相和而鳴抄多尸利阿須倫宮北出四万里中有羅呼阿須倫其城郭廣長各三十六万里亦以七寶彩畫姝好作七寶

壁欄楯刀分樹木周帀圍遶垣墻高十万里廣六万里四方有四門門高十万里廣六万里一一門邊各有三百阿須倫止其宮殿亦以七寶作七重壁七重欄楯刀分樹木周帀七重流水深滿中有青紅黃白蓮華其底沙皆金復次七重欄楯刀分樹木周帀圍遶有青紅黃白樹生華果實上有種種飛鳥甚好相和而鳴抄多尸利阿須倫城中有大樹名為晝過度高十二万里周帀亦十二万里根深二万里莖圍四万里常有花實抄多尸利阿須倫身高二万八千里四千里者有高二万里有高万六千里者有高二千里有高八千里有七聲者長六聲者五聲者四聲者三聲者二聲者寂小者長半聲抄多尸利阿須倫宮有四品常待風持之何等為四一者不可壞風二者堅住風三者味持風四者上風是為四品風主持水在上如浮雲矣

大樓炭經卷第二

大樓炭經卷第二

校勘記

一　底本，金藏廣勝寺本。

一　八二一頁中二行譯者，麗作「西晉沙門法立共法炬譯」。

一　八二一頁中九行「香出口蓮華香」，麗作「口出蓮華香」。

一　八二一頁中一二行「今已作」，麗作「今我已作」。

一　八二一頁中一四行第八字「有」，麗無。

一　八二一頁下二行「把水」，麗作「撓水」。

一　八二一頁下一七行「已曉」，麗作「已曉者」。

一　八二二頁上一六行「諸臣國」，麗作「諸郡國」。

一　八二二頁中三行「當樹青木」，麗作「常青木」。

一　八二二頁中三行末字至四行首字「華葉」，麗作「葉華」。

一 八二二頁中一八行「身體痛」，麗作「身體不痛」。

一 八二二頁下二行「一切香薪」，麗作「積一切香薪」。

一 八二二頁下九行末字「法」，麗作「行法」。

一 八二二頁下一六行「泥犁品第四」，麗作「大樓炭經泥犁品第四之一」。

一 八二三頁上二一行「火繞」，麗作「八繞」。

一 八二三頁上二二行首字「炎」，麗作「火焰」。

一 八二三頁中一行「焰至上人」，麗作「焰上至上人」。

一 八二三頁中六行「耳鼻」，麗作「耳鼻面目」。

一 八二三頁中九行「啾人腦……食之」，麗作「啾人髓泥犁中人手捲屎食之」。

一 八二三頁中一一行「不外」，麗作「不死」。

一 八二三頁下七行第五字、一四行第五字及次頁上二一行末字「腹」，麗作「腸」。

一 八二三頁下一〇行「入中」，麗作「入其中」。

一 八二四頁上一行「皆見」，麗作「皆見熱爛」。

一 八二四頁中四行「出頭」，麗作「山頭」。

一 八二四頁中八行第一一字「使」，麗作「便」。

一 八二四頁中九行「以繩」，麗作「以鐵繩」。

一 八二四頁下一行末字至二行二字「抂撈河」，麗作「撓撈河」，下同。

一 八二四頁下五行「湯涌躍下」，麗作「湯沸涌躍下」。

一 八二四頁下一七行首字「出」，麗無。

一 八二四頁下一八行「平服」，麗作「平復」。

一 八二五頁上四行「但下」，麗作「便下」。

一 八二五頁上一六行末字「整」，麗作「齧」。

一 八二五頁上一八行「人肉」，麗作「人者」。

一 八二五頁中四行「皮髓」，麗作「脂髓」。

一 八二五頁中七行「整結」，麗作「勒結」。

一 八二五頁中一七行「又在」，麗作「人在」。

一 八二五頁中一九行第六字及二二行第八字「黑」，麗作「黑火」。

一 八二五頁下九行末字「行」，麗作「乃」。

一 八二五頁下一〇行「泥犁出」，麗作「泥犁中出」。

一 八二六頁上三行「鈍中」，麗作「鈍中麦」。

一 八二六頁中一〇行「上焰下至地」，麗作「上火焰下至地」。

一 八二六頁下一行「有園觀」，麗作「下有園觀」。

一八二六頁下一三行末字至一四行第一一字「今……王言」，麗作「王言今我當便問汝婬乱之意」。

一八二六頁下一八行「安諦審善」，麗作「安諦審實」。

一八二七頁上九行「喪埋」，麗作「葬埋」。

一八二七頁中一行「閻羅王……實問」，麗無。

一八二七頁中四行第四字「磔」，麗作「捽」。

一八二七頁中一四行「泥犁」，麗作「泥犁泥犁」。

一八二七頁中一五行「窈窈寘寘」，麗作「窈窈寘寘」。

一八二七頁下一一行及一四行「罪人」，麗作「罪人身」。

一八二七頁下一九行首字「㦆」，麗作「篤」。

一八二七頁下二三行「出身」，麗作「出耳」。

一八二八頁上一行「阿波泥犁」，麗作「阿波浮泥犁」。

一八二八頁上三行「阿羅羅泥犁」，麗作「阿羅留泥犁」。

一八二八頁上一四行「一芥子」，麗作「取一芥子」。

一八二八頁上一六行「紅蓮」，麗作「紅蓮華」。

一八二八頁上一八行「是偈言」，麗作「是説偈言」。

一八二八頁上一九行「刀刀」，麗作「刀刃」。

一八二八頁上二一行第四字及第一〇字「及」，麗作「反」。

一八二八頁上末行「譬人如」，麗作「譬如人」。同行「過惡」，麗作「惡過」。

一八二八頁中五行「自然王」，麗作「自然有大王」。

一八二八頁中七行「持鐵鈎其口」，麗作「持鐵鈎鈎其口」。

一八二八頁中八行第九字「腹」，麗作「膓」。

一八二八頁中一六行「作過」，麗作「作惡」。

一八二八頁中一七行「善有」，麗作「若有」。

一八二八頁中一九行第四字「其」，麗作「甚」。

一八二八頁中二一行「阿須倫品」，麗作「大樓炭經阿須倫品」。

一八二八頁中二二行「四万里」，麗作「四十万里」。

一八二八頁下二一行末字「華」，麗作「華樹」。

一八二九頁上一行「須倫」，麗作「阿須倫」。

一八二九頁上一五行末字至一六行首字「一邊」，麗作「一一門邊」。

一八二九頁上一八行「亦以有」，麗作「亦有」。

一八二九頁中七行「復次」，麗作「復以」。

一八二九頁中八行「華果」，麗作「華葉」。

一　八二九頁中一三行「四千」，麗作「有高二万四千」。

一　八二九頁中一五行「二千里」，麗作「万二千里」。

一　八二九頁中一九行末字「味」，麗無。

大樓炭經卷第三　睽

西晉沙門釋法立共法炬　譯

龍鳥品第六

佛告比丘言有四種龍何等為四一者卵生種龍二者水生種龍三者胎生種龍四者化生種龍是為四種龍佛語比丘金翅鳥有四種一者卵生種鳥二者水生種鳥三者胎生種鳥四者化生種鳥是為四種鳥大海底須弥山北有娑竭龍王宮廣長八万由旬以七寶金銀水精琉璃赤真珠車𤦲馬瑙七重壁七重欄楯七重刀分七重樹周帀姝好金壁銀門銀壁金門琉璃壁水精門水精壁琉璃門赤真珠壁馬瑙門馬瑙壁赤真珠門車𤦲壁一切寶門彩畫姝好其壁二万里有一門門高二千四百里廣千二百里其門傍有五百鬼神守門門壁上有欄楯交路曲蓋門邊園觀浴池有種種樹出種種香有種種華種種葉種種飛鳥相和而鳴大海北邊邊難頭和難龍王宮廣長各二万八千里以七寶作七重壁欄楯七重刀分樹木周帀圍遶宮門千四十里廣四百八十里壁上有欄楯交路曲箱蓋周帀有園觀浴池樹木飛鳥相和而鳴如娑竭龍王園觀難頭和難龍王北有大樹名為句梨睒𡍮圍繞二百八十里高四千里枝葉分布二千里句梨睒樹東有卵種金翅鳥宮廣長二十四万里有七寶七重壁欄楯刀分樹木園觀浴池飛鳥相和而鳴句梨睒樹南有水生種金翅鳥宮廣長二十四万里同有七重壁欄楯刀分樹木園觀浴池華香飛鳥相和而鳴句梨睒大樹西有胎生種金翅鳥宮廣長二十四万里同有七寶七重壁欄楯刀分樹木園觀浴池華香飛鳥相和而鳴句梨睒大樹北有化生種金翅鳥宮廣長二十四万里同有七寶七重壁欄楯刀分樹木園觀浴池花香飛鳥相和而鳴卵種金翅鳥欲来取卵種龍時從句梨睒樹東枝下入大海以翅摶海水波八千里取卵種龍食之不能得食胎種水種化種

龍水種金翅鳥欲求取卵種龍時便從句梨睒大樹下至大海以金翅搏海水波八千里取卵種龍食之水種金翅鳥欲取水種龍時便從句梨睒大樹南枝下入海以翅搏海水波万六千里取水種龍食之不能得食胎種化種龍胎種金翅鳥欲取卵種龍食時便從句梨睒大樹東枝下入大海以翅搏海水波八千里取卵種龍食之胎種金翅鳥欲取水種龍時便從句梨睒大樹南枝下至大海以翅搏海水波万六千里取水種龍食之胎種金翅鳥欲取胎種龍時便從句梨睒大樹西枝下入海以翅搏海水波三万二千里取胎種龍食之不能取化種龍食之化種金翅鳥欲取卵種龍時便從句梨睒大樹東枝下至大海以翅搏海水波八千里取卵種龍食之化種金翅鳥欲取水種龍時便從句梨睒大樹南枝下入大海以翅搏海水波万六千里取水種龍食之化種金翅鳥欲取胎種龍時便從句梨睒大樹西枝下入大海以翅搏

海水波三万二千里取胎種龍食之化種金翅鳥欲取化種龍時便從句梨睒大樹北枝下入大海以翅搏海水波六万四千里取化種龍食之有餘龍王金翅鳥不能食者何等龍王金翅鳥不能得食者一者娑竭龍王二者阿耨達龍王三者難頭和難龍王四者善見龍王五者提頭賴龍王六者伊羅募龍王七者善住龍王八者迦句龍王九者阿于樓龍王十者欝[illegible]鉢龍王十一者揵呵具曇龍王十二者監波龍王金翅鳥皆不能得取是諸龍王食之此諸龍王皆在山中居止若有婆羅門道人行求龍戒行具足即生龍中若有婆羅門道人行求金翅鳥意奉金翅鳥行求金翅鳥死已即生金翅鳥中若有婆羅門道人行求優留鳥意奉戒行具足從死後生優留鳥中若有婆羅門道人行求牛奉牛意戒具足死後便生牛中若有婆羅門行求猗道奉猗意戒具足死後生猗中若有婆羅門道人行求鹿道奉鹿意戒具足死後生鹿

中若有婆羅門道人行求難道者死後生鷄中若有婆羅門道人行求摩尼越天求女人者求大神者求日月者有日三過浴水中求生天上者有事天者事日月者求天者

佛言是癡見者墮兩道一者泥犁二者畜生若有婆羅門道人說見如是我與世有常言我至誠其餘者為癡有言我與世非常我至誠其餘者為癡有言我與世有常無常我至誠其餘者為癡有言我與世亦不常亦不無常我至誠其餘者為癡有言我與世有限我至誠其餘者為癡有言我與世無限我至誠其餘者為癡有言我與世有限無限我至誠其餘者為癡有言我與世亦不有限亦不無限我至誠其餘者為癡有言我有是身命我至誠其餘者為癡有言我身死異我至誠其餘者為癡有言無有身命我至誠其餘者為癡有言亦不有身命亦不無身命我至誠其餘者為癡有言人生時所從来死後亦趣彼我至誠其餘者為癡有言無所從来

生死彼亦趣彼我至誠其餘者為癡
有言有所從来生無所從来生死後
亦趣彼我至誠其餘者為癡有言亦
不有所從生亦不無所從生我至誠
其餘者為癡

佛言其有婆羅門道人言我於世有
常我至誠其餘者為癡其人所行見
有我有命有身見世間是故言我與
世有常有言我與世無常有言我與
世有常有言我與世亦不有常亦不
無常各言我至誠其餘者為癡其人
所見有我有命有身見世間是故言
我與世有常其有婆羅門道人言我
與世有限我至誠其餘者為癡其人
所見有我有命是故言命有限人有
限在腹中時死後塚閒葬埋同等人
初從生受身四分七反生死以後得
道是故言我與世有限有言我與世
無限我至誠其餘者為癡其人所見
有我有命有身見世間言有命有人
無限在人腹中時死後塚閒葬埋同
等從初生受身四分七反生死即得
道若婆羅門道人說見言我與世有

限無限其人所見有我有命有身見
世間言命無限人有限在人腹中時
死後葬埋同等從初生受身四分七
反生死後得道人所見亦不有限亦
不無限我及世者其人言命有限人
在腹中時死後葬埋同等從初生受
身四分七反生死後得道是故言亦
不有限　亦不無限若有婆羅
門道人所言見有是命有是身其人
言今世命常在後世命常在是故言
我至誠其餘者為癡有道人所見命
異人異其人言今有壽後世無有壽
是故言我至誠其餘者為癡若婆羅
門道人言今見命盡死後世轉行生
故言我至誠其餘者為癡有婆羅門
道人言亦不有身今世命盡滅後世
亦盡滅若有婆羅門道人所見言生
所從来死亦趣彼者我至誠其餘者為
癡其人見今世有身命見後世有身
命故言我至誠其餘者為癡若有婆
羅門道人所見言無所從来生死亦
至彼亦不見今世有命亦不見後世
無命若有婆羅門道人所見言有從

無所從来生死亦趣彼我至誠其餘
者為癡
亦不見今世有身命亦不見後世有
命若有婆羅門道人所見言亦不有
亦不无所從来生我至誠其餘者為癡
其人亦非不見今世有身命亦非不
見後世有身命佛告比丘乃往去世
時有王名不現面尒時多聚會盲子
便問盲子汝曹寧知為所類不盲子
白言不知天王王言汝欲知為所類
不白言欲知尒時勑使將為来令衆
盲子捫之中有盲子捫為得鼻口有
盲子捫為得牙中有盲子捫為得耳
中有盲子捫為得頭中有盲子捫為
得背中有盲子捫為得腹中有盲子
捫為得後脚中有盲子捫為得膝中
有盲子捫為得前脚中有盲子捫為
得尾時王不現面問衆盲子言為何
等類得為鼻者言為如曲車轅得為
牙者言為如椽　得為耳者言為如
箕得為頭者言為如鼎得為背者言
為如積得為腹者言為如壁得為後
脚者言為如樹得為膝者言為如柱

得爲前脚者言爲如曰得爲尾者言
爲如虵各各共爭不相信自呼爲是
言爲如是一人言不如是王歡喜英
佛言如是其有異道人不知苦諦所
從起亦不知苦習諦苦盡諦苦滅
道　諦各各諦不相信罵詈自呼爲
是若有沙門道人知苦習盡滅道諦
所從起便共和合同辟如乳一合無
乳但說佛教行安隱佛言比丘當諦
行是苦諦習盡道諦

高善士品第七

佛言凡夫有三事覺知高事知其所
念何等為三事一者人心念善口言
善至誠身行善假令惡人心不念善
所以言高者何人心念善口言善至
口言不善身行不善高人知為不善也
誠身行善高人於世間有三事得其
福何為三事一者與耆老會坐若於
堂上里巷閒行閒道中行及耆老共
坐稱譽高士行善高士念言令衆人
共稱譽人善哉即有是高人心即安
隱又聞此語心亦歡喜身亦安隱高
人有時見處盜賊為縣官所捕取酷

毒治之反縛鐵鑽斬其手足解解斷
之截耳截鼻竹篦鞭之復寸寸斬之
持餧虎狼中有令爲蹈殺者中有持
橐裹燒之者中有蒸殺之者中有生
耗者有出城外刑高者士見之念言我
不為惡也王但取惡人我當何等憂
乎我至老不憂縣官是高士用是故
心歡喜高人心念善口言善身行道若
有病瘦著床困劣時強健時所作善
悉在目前自見之人不殺生不取他
人財物不犯人婦女不欺人不兩舌
不惡口不妄言不嫉妬不貪餘信作
善得善作惡得惡即自見第二忉利
天上人往来見佛見阿羅漢諸強健
時所作善皆在前見其人病者自念
豈我強健時所作善故至使衆善来
見我道就使我死自當上天在善人
之中因是三事高士其心歡喜身安
佛言假令高善士自知作善當得善
不得復畏死生也略無所在高善士
常自念故逐去惡軀軀中有骨血不淨
潔臭處意欲早死更就善軀所以者
何以能念所樂可愛處歡喜獨上天

為樂可愛也寂可喜諸沙門問佛願
為我說天上樂意去何佛言聽我說
之諸沙門言受教
佛言辟如遮迦越羅王有七寶持有
四事餘人所無有又有五種所思所
欲得皆在前王有七寶何等為七寶
一者自然生一金輪二者白象三者
紺紺色馬四者摩尼珠五者聖玉女
六者聖輔臣七者聖主兵臣佛言汝
欲知一金輪所主不王以月十五日
晦日沐浴沐浴已於正殿與諸婦女
共坐遥見金輪飛来輪有千輻輻轂
皆正好無比常去地三四丈王見金
輪便生意言諸高士去為遮迦越羅
王事有金輪飛来来者常從東方来
有千輻轂正好有是金輪寶者當
為遮迦越羅王今將我得無當為遮
迦越羅王乎王自思念欲試此金輪
王起坐正衣服長跪向金輪言如令
為我来者當案行諸國故事法王言
適竟金輪便東飛王旁諸大臣及官
屬皆隨之飛金輪所止處王諸官屬
亦隨其止金輪到國郡國諸王皆来

長跪叩頭言此國界皆大王所有又
持銀鉢盛滿金粟復以金鉢盛銀粟
以上獻郡國諸王皆言此國中豊熟
穀米平賤風雨時節人民熾樂大王
可受國留於是王因報諸王言
汝曹便自治國但以正法勿失故事
慎無殺生無妄取他人財物無妄犯
人婦女無得欺人無得兩舌無得悪
口無得妄言無得嫉妬無得貪餘無
得瞋恚悪心也皆奉行此十事其有
犯十事中一事者勿令在國中也大
王隨金輪至東方教誡諸郡國諸王
訖竟復隨金輪飛到南方金輪所止
處大王與千乘万騎共屯止南方郡
國諸王皆復来叩頭長跪言願上郡
國界及金銀鉢盛滿金銀粟上獻物
如東方諸國王之礼金輪復飛至西
方旁臣及官屬悉復隨金輪所止西
方郡國諸王皆来叩頭長跪言願上
國界及金銀鉢盛滿金銀粟上獻物
復如南方諸王之礼金輪復飛到北
方金輪所止大王及諸官屬亦隨金
輪所止諸郡國諸王皆来叩頭長跪

言願止國界人民熾樂米穀平賤風
雨時節大王宜可安治於此又復以
金銀鉢盛滿金銀粟上大王大王不
受因報諸王曰汝曹皆以自正心治
國勿失故事無得殺生無得取他財
物無得犯人婦女無得欺人無得兩
舌無得悪口無得妄言無得嫉妬無
得貪餘無得瞋恚無得悪心皆奉行
此十事其有犯十事中一事者勿令
在國中也大王重令四海四方訖竟
因隨金輪還故國上殿金輪常在王
前見其王有是金輪寶如是王復有
爲寶爲寶者何等類其爲正白無比
軀畏以牙齒蹄足皆具臑好皆以金
爲鞍勒當胷鏤腋皆以黃金當臚陌
額身皆以白珠行即飛行自在欲所
到王旁臣白王言賀大王國中白爲
寶其白絶攦無比軀畏牙齒蹄足皆
白臑好皆以黃金爲鞍勒當胷鏤腋
皆以黃金當臚陌額皆以白珠行即
飛行自在所至到王見爲大歎言爲
有相姝好當教習令行步進止王因
付左右曉事者令教之數日之間皆

習知行步王意欲騎乘試爲日出一
竿王騎試之爲因周旋四方四海亟
還故宮飲食遮迦越羅王有馬寶馬
寶者何等類馬即紺色皮髦澤好持
頭如爲金具馬鞍勒鏤腋帶皆黃金
當臚陌額皆以白珠行即飛行自在
所欲至到旁臣白王賀王國中有是
馬寶即紺色皮髦澤好持頭如爲鞍
勒鏤腋及帶皆黃金當臚陌額皆以
白珠王見大歡喜即復令左右教習
之數日間馬復習知行步王意欲試
馬日出一竿王騎馬馬即飛行周帀
四方四海旋還故宮飯食遮迦越羅
王馬寶如是王有明月珠寶明月珠
寶者何等類珠色極青町釘八觚在
宮中皆明火焰所照周帀四十里如
日之明王意欲試珠明人定已後陰
冥如漆以珠繫著金竿頭夜出城將
妻子千乘万騎詣離宮諸署別觀珠
明如日出令車騎明復遠千万騎周
帀四十里
城旁居民見珠明皆相謂起起日出
乃高如是各各自當趣市賣買何反

欲臥遮迦越羅王有摩尼珠寶如是王有聖玉女者何等類耶不長不短不大不小不肥不瘦不白不黑適得其中絕端正無比口氣出如香薰舉身小毛孔皆香如欝金香事王晚臥早起承事不失王意冬時身則溫夏則身涼事王常令不瞋恚何況其身遮迦越羅王有玉女寶如是王有聖輔臣大高遠見人便知情性以眼視天下豫知天下有珍寶藏物知有主名無有主名有主名者以給官用聖輔臣前白王快自娛樂不須憂錢財寶物我自給王王意疑聖輔臣所言所求者可得不王便與聖輔臣共載一船到海中央王便語聖輔臣言我欲得寶物今於此間與我聖輔臣言須我出在陸地可得王曰我在陸地不用也欲於此得之耳聖輔臣便以手抄水中得金寶大如車輪以著船上不可勝數王言止止船滿且重遮迦羅王聖輔臣如是王有持兵導道聖臣者

何等類高才勇健無所不知當欲起

兵無央數不欲兵則止持兵導道臣白王言令王快自娛樂勿憂國事王當用兵者我自戰鬪王意欲試導道聖臣便取國中人馬皆被鎧乃得自副步兵被鎧刀兵自副王心自念言令是兵出行快耶王心甫念兵便前行王念言欲令兵止兵即復止王意念言使兵罷去兵即罷去遮迦越羅王導道主兵臣如是遮迦越羅王有七寶如是王有四事與凡人有異何等為四一者年壽無鞅數人中無有壽如遮迦越羅王者二者常安隱求常有時飲食皆消身體寒溫時適人中安隱無過遮迦越羅王者三者端正無比過於世間人但不如天人四者万姓皆愛王視皆如父母王愛万姓如父母愛其子偶出到諸署別觀万姓謂王御者言令車徐行我欲視王無猒極也祝願王令壽無極王復語御車者徐行我欲見我國人民使子壽無極遮迦越羅王有是四事凡人所無王有五願願所思常在前心所喜舌所喜目所喜所好所愛皆在前

耳所聞聲歌樂善聲鼻所聞香臆中所喜鼻聞芬芳皆在前口所嗜鹹酢甘恬諸善物皆在前名清淨細靡所喜皆在前是遮迦越羅王五所思也王曰未曾見惡耳未曾聞惡鼻未曾聞臭處口未曾食不甘之物身未曾衣麁惡之衣佛告諸沙門如是遮迦越羅王有七寶琦物有四特異之相有五種之思汝以王為心喜樂之不諸沙門對曰王但有一寶心喜樂之何況有七寶乎佛持一小石著手中問諸沙門我手中石為大聖山為大乎諸沙門言佛手中石小小奈何比山乎百倍千倍万倍億倍尚不如山大也佛言如我手中小石大不如山大也百倍千倍万倍億倍千万倍億万倍尚不如太山大也遮迦越羅王雖有七寶四異相有五種所思不如天上樂百倍千倍万倍億倍千万億倍辟如佛手中小石與太山佛言高善士於世間心念善口言善至誠身行善於世間壽命盡死後皆上第二忉利天上生作天人於世間百歲為忉

利天上一日一夜世間三千歲為忉利天上一月世間三万六千歲為忉利天上一歲如天上計第二忉利天上人壽千歲忉利天外門廣七百里外城壁七重有七重渠水水中皆各有四色蓮華水底皆有金沙城上各有攔楯皆金銀琉璃水精城門皆有金銀水精為攔也七重地各有七重樹金樹銀樹琉璃樹水精樹珊瑚樹虎魄樹車渠樹金樹金根金莖銀葉銀華銀實銀樹者銀根銀莖金葉金華金實琉璃樹者琉璃根琉璃莖水精葉水精華水精實水精樹者水精根水精莖琉璃葉琉璃華琉璃實珊瑚樹者珊瑚根珊瑚莖虎魄葉虎魄華虎魄實虎魄樹者虎魄根虎魄莖車渠葉車渠華車渠實車渠樹者車渠根車渠莖馬瑙葉馬瑙華馬瑙實城門深二百八十里高六百四十里門楣額皆銀也金作門兩扇開皆金也有五百鬼守門外宮中門天所止處縱廣二千里有壁皆七寶色金銀水精琉璃珊瑚虎魄車渠七重水繞壁

七重寶樹如外門高六百四十里深二百八十里以銀為楣額金兩扇金門闔五百鬼共守門天所止處縱廣二千里有七種寶壁七重七重渠水諸攔楯寶樹如外門高廣深如外門等守門鬼數如外門忉利天東出有遊戲處名曰難檀桓周帀七億里七重壁金銀壁珊瑚壁琉璃壁虎魄壁車渠壁水精壁有七渠水底沙皆金也有四蓮華城上有七寶攔楯七重壁各各有七寶樹金樹者金根金莖銀葉銀華銀實銀樹者銀根銀莖金葉金花金實水精樹者水精根水精莖琉璃葉琉璃華琉璃實琉璃樹者琉璃根琉璃莖水精葉水精華水精實廬大道廣六百四十里道兩邊七重壁皆金銀水精琉璃虎魄珊瑚車渠一壁間皆有渠水水中有四色蓮華其水底皆有金沙壁上有攔楯皆七寶如中面有七寶樹金樹銀樹水精樹琉璃樹虎魄樹珊瑚樹車渠樹其廬中有兩石一石名難遠縱廣各四千里其石軟且結細如綩綖廬中有

兩浴池一浴池名難陁二名難陁池足縱廣各四千里池中生四色蓮華其一者青色二者紅色三者紫色四者白色其水底沙皆金也忉利天欲遊戲時便相將詣東廬相娛樂極意是故字為難檀桓廬也出忉利南城門名為質羅瀨周帀七億里其廬壁水精壁銀壁琉璃壁虎魄壁珊瑚壁車渠壁一壁間者各有一渠水水中四色蓮華其水底沙皆金也有七寶樹銀樹琉璃樹水精樹虎魄樹珊瑚樹車渠樹其上壁皆金銀琉璃水精珊瑚虎魄車渠攔楯虎魄車渠攔楯質羅瀨廬道廣六百四十里皆七重壁金銀水精琉璃珊瑚虎魄車渠壁一壁間者有一渠水水中有四色蓮華其水底沙皆金也有七寶樹金樹銀樹琉璃樹水精樹虎魄樹珊瑚樹車渠樹其壁上皆金銀琉璃水精珊瑚虎魄車渠攔楯質羅瀨廬道廣六百四十里皆七重壁金銀水精琉璃珊瑚虎魄車渠壁一壁間者有一渠水水中有四色蓮華青紅紫白其水

底皆金沙有七寶欄金欄銀欄水精欄琉璃欄珊瑚欄虎魄欄車渠欄有七寶樹金樹銀樹水精樹琉璃樹珊瑚樹虎魄樹車渠樹其廬中有兩石縱廣各四千里細且軟如綩綖一名質羅二者名質多諍羅其廬中兩浴池一池名質多二者名質西池中有四色蓮華青紅紫白其水底皆金沙其廬中有四種寶樹金銀樹水精琉璃樹忉利天出到質羅瀨廬上戲自相娛樂娛樂無極諸四寶照諸天人令正斑璘色是故名為質羅瀨質羅瀨者斑璘廬也忉利天北出減門有廬石頗為類縱廣七億里七重寶壁七重水水底皆金沙欄楯如南方其廬道廣六百四十里廬中有兩石縱廣各四千里一者名迦羅二者名迦羅尸羅細軟如綩綖有兩浴池縱廣四千里一池名乾陁起有四色蓮華青紅紫白忉利天欲戲頗廬時形體便僵如人沐浴已後身體皆滑忉利天人北入廬身體皆滑是故名為頗類廬也忉利天西出廬名為弥尸耶

遠縱廣七億里有七重壁七渠水七寶樹七寶欄楯四色蓮華水底皆金沙如北方其道廣六百四十里七重寶壁七渠水七寶樹七寶欄楯四色蓮華水底皆金沙如北方廬中有兩好石各縱廣四千里細軟如綩綖一者名北羅二者名北羅越有兩浴池縱廣各四千里其池中有四色蓮華青紅紫白水底皆金沙一池名波尸二名蔦雲忉利天欲行到弥尸耶遠廬戲時忉利天上無有尊卑貧富豪弱皆得入弥尸耶遠廬是故名為弥尸耶遠廬忉利天上宮中中遊殿前有百種色寶物在王前自布地宮中有七百樓陛金陛銀陛琉璃陛水精陛一陛下者各有十六琉璃柱煕之宮中有四坐牀水精牀琉璃牀以天坐其上念万姓善亦念諸天善天王所止處殿名為提延其殿上有百巷巷有百室室有七玉女玉女各有七御者其殿紺琉璃色及諸天皆繞殿南方有樹名為波質拘耆羅樹根入地二百里上枝四出樹高四千里東

西二千里南北二千里樹當華時風從上吹華香下行四千里逆風行二千里樹當華時諸天共坐樹下自相娛樂百二十日天上百二十日為世間万二千歲諸天欲以白寶烏戲烏名曰烏羅遠烏自化作三十二頭頭有七牙牙化作七浴池浴池中各作七蓮華蓮華枝有千葉一葉上者有一玉女儛王所思皆在前極意人於世間雖作善不能多者心念作善少口言善少身行善少雖生忉利天上不能得入東難檀桓廬也不能得入質羅廬也不能得入北頗類廬也不能得入杳花婆質拘耆羅樹下但得遥觀不得前入譬若遮迦越羅王所飯食諸外宮不得妄入天上諸天不得觀者如是人於世間作善心念善口言善至誠身行善壽終已後便當得上忉利天高善士上切利天極壽死後復下生在世間便為王侯家作太子富貴多寶物為人端正辟若喜掩人初得大金錢金銀珠寶奴婢車馬妻子田宅廬舍舉有名字其人自

思惟言我不賈作販賣亦不耕田自致有財我但戲耳至使得金銀珎寶舍宅田地至使有名字為冨貴也佛言如戲兒得利如此為少薄耳不如此為少薄耳不如心念善口言善身行善得利勝於掩者也取以恕者行是三事死後上忉利天是高士也佛語諸沙門今我為汝曹說二道愚癡之道高善士之道今汝曹自在從何道今我作佛為汝曹說難易佛言汝曹當於山中若於樹下空室中若於塚間水所唐突處自念五内早索泥洹之道佛言是我教也諸沙門皆义手受教言語各前為佛作礼

四天王品第八

佛語比丘須弥山王東去須弥山四万里有提頭賴天王城郭名賢上王處廣長二十四万里以七寶作七重壁七重欄楯七重交路七重行樹殊好周帀圍繞金壁銀門銀壁金門琉璃壁水精門水精壁琉璃門赤真珠壁馬瑙門馬瑙壁赤真珠門車璖壁一切寶門金欄楯者金柱栿銀桄銀

欄楯者銀柱栿金桄琉璃欄楯者琉璃柱栿水精桄水精欄楯者水精柱栿琉璃桄赤真珠欄楯者赤真珠柱栿馬瑙桄馬瑙欄楯者馬瑙柱栿赤真珠桄車璖欄楯者車璖柱栿一切寶桄金交路銀垂珞銀交路金垂珞琉璃交路水精垂珞水精交路琉璃垂珞赤真珠交路馬瑙垂珞馬瑙交路赤真珠垂珞車璖交路一切寶垂珞金樹者金莖根銀枝葉華實銀樹者銀莖根金枝葉花實琉璃樹者琉璃莖根水精枝葉花實水精樹者水精莖根琉璃枝葉華實赤真珠樹者赤真珠莖根馬瑙枝葉華實馬瑙樹者馬瑙莖根赤真珠枝葉花實車璖樹者車璖莖根一切寶枝葉華實門上有曲箱盖交路下有園觀浴池有種種樹種種葉種種花種種實種種香出種種飛鳥相和而鳴須弥山王南去四万里有毗樓勒天王城郭名善見廣長二十四万里王處亦有七寶七重壁七重欄楯七重交路七重行樹周匝圍遶姝好門上有曲箱盖

交路下有園觀浴池樹木飛鳥相和而鳴須弥山王西去四万里有天名毗留羅有城郭廣長二十四万里王處亦有七寶七重壁七重欄楯七重交路七重樹木周匝圍繞姝好門上有曲箱盖交路下有園觀浴池樹木飛鳥相和而鳴須弥山王北去四万里有天王名毗沙門有三城郭廣長各二十四万里王處一者名沙摩二者名波迦羅曰三者名阿丘腓亦有七寶作七重壁七重欄楯七重交路七重行樹周匝圍繞姝好門上有曲箱盖交路下有園觀浴池樹木飛鳥相和而鳴阿丘腓王處東毗沙門天王有山名迦比延高廣長四千里以四寶金銀水精琉璃作之山周匝有垣墻廣長二万里以七寶作七重壁七重欄楯七重交路七重樹木周匝圍繞姝好四面有門以四寶作上曲箱盖交路下有園觀浴池樹木飛鳥相和而鳴迦比延山阿丘腸王處有大毗沙門天王浴池名鄉利廣長二千里周匝有垣墻水底皆金沙水涼且

清浴池周匝以四寶作重壁欄楯交路樹木姝好中生青蓮華黃蓮華白蓮花赤蓮華光照二十四里香亦聞二十四里浴池周匝有階毗沙門天王欲至迦比延山遊戲相娛樂即時念提頭賴天王提頭賴天王即言毗沙門天王以念我即時莊嚴衣被冠幘嚴駕輿無鞅數揵沓和百千周匝圍繞從賢上城出往至毗沙門天王所在前住尒時毗沙門天王念毗樓勒天王毗樓勒天王即時念言毗沙門天王已念我便著衣冠幘嚴駕輿無鞅數百千兵九鬼神從須彌城出往至毗沙門天王所在前住尒時毗沙門天王念毗樓勒叉天王毗樓勒叉天王即自念毗沙門天王已念我便著衣被冠幘嚴駕輿無鞅數百千龍從俱來末利梅城出周匝圍遶往至毗沙門天王所在前住尒時毗沙門天王著衣被冠幘嚴駕輿諸天王無鞅數百千諸鬼神俱往至迦比延山時風吹掃迦比延山地風吹山中樹華散地四天王便共入迦比延山相娛樂快共飯食一日二日至七日以後各自罷去

大樓炭經卷第三

大樓炭經卷第三

校勘記

一　底本，金藏廣勝寺本。

一　八三三頁中二行譯者，麗作「西晉沙門法立共法炬譯」。

一　八三三頁中一八行「其門傍有」，麗作「其門常有」。

一　八三三頁中末行首字「邊」，麗作「有」。

一　八三三頁下二行「宮門」，麗作「宮門高」。

一　八三三頁下一二行「同有」，麗作「同有七寶」。

一　八三三頁下二一行首字「来」，麗作「求」。

一　八三四頁上二行第一二字「金」，麗無。

一　八三四頁上八行首字「食」，麗無。

一　八三四頁上一四行「入海」，麗作「至大海」。

一　八三四頁中一四行「行求龍」，麗

作「行求龍意奉龍」。

一　八三四頁中二一行「波羅門」，麗作「波羅門道人」。同行末字「戒」，麗作「戒行」。

一　八三四頁下六行「兩道」，麗作「兩惡道」。

一　八三五頁上一〇行第二、三字「有常」，麗作「有常無常」。

一　八三五頁上一二行「所見」，麗作「所行見」。

一　八三五頁上一七行「初從生」，麗作「從初生」。

一　八三五頁中一六行「亦不有身」，麗作「亦不有命亦不有身」。

一　八三五頁下四行首字「命」，麗作「身命」。

一　八三五頁下一二行「鼻口」，麗作「鼻中」。

一　八三五頁下二〇行「如椽」，麗作「如杵」。

一　八三六頁上九行首字「乳」，麗作「乱」。

一　八三六頁上一一行「高善士品第七」，麗作「大樓炭經高善士品第七之一」。

一　八三六頁上一二行第一三字「其」，麗作「共行」。

一　八三六頁上一四行「心不念善」，麗作「心念不善」。

一　八三六頁上二〇行第二字「稱」，麗作「共稱」。

一　八三六頁中五行「刑高者士」，麗作「刑者高士」。

一　八三六頁中八行「行道」，麗作「行善」。

一　八三六頁中一八行「因是」，麗作「用是」。

一　八三六頁中二〇行第二字「得」，麗無。

一　八三六頁中二一行第四字「故」，麗作「欲」。

一　八三六頁下八行首字「絶」，麗無。

一　八三六頁下一七行「今將我得」，麗作「今我將得」。

一　八三七頁上二行「盛銀粟」，麗作「盛以銀粟」。

一　八三七頁中一行第三字「止」，麗作「上」。

一　八三七頁中二行「安治」，麗作「案治」。

一　八三七頁中四行「以自」，麗作「自以」。

一　八三七頁中一五行、二〇行、下六行、九行「當臚陌」，麗作「當臚怕」。

一　八三七頁下三行「飲食」，麗作「飯食」。

一　八三七頁下四行、八行「皮騃」，麗作「被髮」。

一　八三七頁下一五行「町釘」，麗作「玎針」。

一　八三七頁下二〇行「千万騎」，麗作「千乘万騎」。

一　八三八頁上一一行「有主名者」，下，麗有「爲其主護示之無主名者」（十字）。

一　八三八頁中四行第八字「馬」，麗

作「馬象」。

一　八三八頁中一二行末字至一三行第三字「求常有時」，麗作「未嘗有病」。

一　八三八頁中一三行「人中」，麗作「八中」。

一　八三八頁中一七行「偶出」，麗作「正偶出」。

一　八三八頁下三行「甘恬諸善物」，麗作「甘甜諸美物」。

一　八三八頁下八行「琦物」，麗作「奇物」。

一　八三八頁下一二行「大聖」，麗作「大耶」。

一　八三九頁上五行「渠水」，麗作「渠水」。下同至次頁中四行。

一　八三九頁上八行第五字，次頁上一行第八字「欄」，麗作「欄楯」。

一　八三九頁上二〇行「雨扇開」，麗作「雨扉閑」。

一　八三九頁中七行第五字「離」，麗作「難」。

一　八三九頁中一〇行「四蓮華」，麗作「四色蓮華」。

一　八三九頁中二三行「一石名難遠」，麗作「一石名難一石名難遠」。

一　八三九頁下一行末字「池」，麗無。

一　八三九頁下八行「水精壁銀壁」，麗作「七重金壁銀壁水精壁」。

一　八三九頁下一一行「銀樹」，麗作「金樹銀樹」。

一　八三九頁下一二行「其上壁」，麗作「其壁上」。

一　八三九頁下一七行第二字至末行第八字「其水底：…：四色蓮華」，（九十一字），麗無。

一　八四〇頁上一二行及一三行「斑璘」，麗作「斑斕」。

一　八四〇頁上一四行「石頗爲類」，麗作「名爲頗類」。

一　八四〇頁上二〇行「頗盧時」，麗作「頗類盧時」。

一　八四〇頁中一五行第五字「陛」，麗無。

一　八四〇頁中一七行「四坐牀」下，麗有「金牀銀牀」四字。

一　八四〇頁下六行第三字「象」，麗作「俔」。

一　八四〇頁下一九行及次頁上七行「切利天」，麗作「忉利天」。

一　八四〇頁下二一行「多寶物」，麗作「多饒寶物」。

一　八四一頁上四行「不如此」，麗作「如此」。

一　八四一頁上六行「取以恕者」，麗作「所以然者」。

一　八四一頁上一五行「四天王品第八」，麗作「大樓炭經四天品第八」。

一　八四一頁上一九行末字「殊」，麗作「姝」。

一　八四二頁上一五行第九字「人」，麗作「乂」。

一　八四二頁上一八行「龍從倶來」，麗作「龍倶從」。

大樓炭經卷第四　陟

西晉沙門釋法立共法炬譯

忉利天品第九

佛語比丘須弥山王頂上有忉利天廣長各三百二十万里上有釋提桓因城郭須名陁延廣長各二百四十万里七重壁七重欄楯七重交路七重行樹周帀圍遶姝好皆以七寶作之金銀琉璃水精赤真珠車渠馬瑙金壁者琉璃門赤真珠壁者馬瑙門馬瑙壁者赤真珠門車渠壁者一切寶門金欄楯者金柱栿銀桄銀欄楯者銀柱栿金桄琉璃欄楯者琉璃柱栿水精桄水精欄楯者水精柱栿琉璃桄赤真珠欄楯者赤真珠柱栿馬瑙桄馬瑙欄楯者馬瑙柱栿赤真珠桄車渠欄楯者車渠柱栿一切寶桄金交路者銀垂珞銀交路者金垂珞琉璃交路者水精垂珞水精交路者琉璃垂珞赤真珠交路者馬瑙垂珞馬瑙交路者赤真珠垂珞車渠交路者一切寶垂珞金樹者金根莖銀枝葉華實銀樹者銀根莖金枝葉華實琉璃樹者琉璃根莖水精枝葉華實水精樹者水精根莖琉璃枝葉華實赤真珠樹者赤真珠根莖馬瑙枝葉華實馬瑙樹者馬瑙根莖赤真珠枝葉華實車渠樹者車渠根莖一切寶枝葉華實其壁高二千四百里廣千二百里其門高二千四百里廣千二百里壁相去二万里有一門各各門常有五百鬼神守忉利天門門上有曲箱蓋樓觀交路下有園觀浴池有種種樹樹有種種葉華實出種種香種種飛鳥相和而鳴須陁延城中有伊羅蒲龍王宮廣長各二十四万里皆以七寶金銀水精琉璃赤真珠車渠馬瑙作七寶欄楯七重交路七重行樹須陁延城中有忉利天帝叅議殿舍廣長各二萬里高四千里以七寶作七重欄楯七重行樹周帀圍繞二万里殿舍上有曲箱蓋交路樓觀以水精琉璃為蓋黃金為地殿舍中柱周四百八十里門高四千里以七寶作之中有天帝釋坐廣長各四十里

皆以七寶作坐其柔軟兩邊各十六
坐殿舍北有天帝釋後宮廣長四万
里皆以七寶作七重壁七重欄楯七
重交路七重樹木周帀圍繞甚姝妙
殿舍東有釋園觀名麁堅廣大各四
万里亦以七寶作七重壁欄楯交路
樹木周帀圍繞甚姝好門高千二百
里廣長八百里門上有曲箱蓋交路
樓觀下有園觀浴池中有種種樹木
菓華實種種飛鳥相和而鳴麁堅園
觀中有香樹高七十里皆生華實壁
者出種種香有樹高二十里三十里
至六十里者㝡卑者高十三里百二
十步承有瓔珞樹高七十里者有高
二十三十至六十里㝡卑者高十三
里百二十步皆生華實壁之出種種
瓔珞次有衣被樹次有不息樹器樹
音樂樹高七十里有高二十三十至
六十里㝡卑者高十三里百二十步
皆生華實壁者出種種衣被瓔珞不
息器音樂樹麁園觀中有兩石一者
名賢二者名賢善以天金作石甚姝
好殿舍南有天帝釋園觀名樂畫廣
長各四万里皆以七寶作七重壁欄
楯交路樹木有門高千二百里門上
有曲箱蓋交路樓觀下有園觀浴池
有種種樹菓華實浴池中有飛鳥相
和而鳴樂畫園觀中有兩石一者名
畫二者名善畫廣長各二千里石甚
柔軟樂畫園觀中有香樹次有瓔珞
樹不息樹　音樂樹樹高七十里者
有高二十四十至六十里㝡卑者高
十三里百二十步皆生華實壁出種
種香衣被瓔珞不息器音樂悏利殿
東有天帝釋園觀名憒乱廣長各四
万里皆以七寶作七重壁欄楯交路
樹木周帀圍繞門高千二百里廣八
百里上有曲箱蓋交路樓觀下有園
觀浴池有種種樹菓華實出種種香
種種飛鳥相和而鳴諸樹所出生亦
如南方憒乱園中有方石悏利天殿
舍西有園觀名歌儛廣長各四万里
亦以七寶作七重壁欄楯交路樹木
周匝圍遶門高千二百里廣八百里
上有曲箱蓋交路樓觀下有園觀浴
池有種種樹木菓華實種種飛鳥相
和而鳴歌儛園中有兩石一者名難陁
二者名和難廣長各二千里皆以天
琉璃作之甚柔軟憒乱樂畫園觀中
有浴池名難陁廣長各二万里周匝
圍遶七重垣其池水軟美且清有種
種樹周匝圍遶水底沙皆金以七寶
作七重欄楯交路樹木周匝圍遶上
有曲箱蓋交路樓觀下有園觀浴池
中有種種樹菓華實出種種香種種
飛鳥相和而鳴難陁浴池中有青蓮
華紅蓮華白蓮華黄蓮華大如車輪
其莖如車轂刺出其汁如乳其光照
三十里香亦聞四十里歌儛憒乱園
觀中有大樹名晝過度莖圍二百八
十里高四千里枝葉引布二千万里
悏利諸天有宮廣長四十万里皆以
七寶作七重欄楯交路樹木周匝圍
遶園觀浴池種種飛鳥相和而鳴種
種樹菓華實出種種香悏利天宮有
廣長各三万六千里者有天宮廣長
三万二千里者有天宮廣長二万八
千里者有天宮廣長三万四千里者
有天宮廣長二万四千里者有天宮

廣長二万里者有天宮廣長万六千
里有天宮廣長万二千里者有天宮
廣長八千里者㝡小者廣長四千里
中復有天宮廣長三千六百里者三
千二百里者下至四百八十里皆以
七寶金銀水精琉璃赤真珠車𤦲馬
瑙作七重欄楯交路樹木園觀浴池
種種飛鳥相和而鳴忉利天殿舍前
有兩道至天帝釋後宮復有兩道至
麁堅園觀復有兩道至樂畫園觀復
有兩道至憒乱園觀復有兩道至歌
儛園觀復有兩道至難陁浴池復有
兩道至畫過度大樹復有兩道至諸
天宮復有兩道至伊羅滿龍王宮天
帝釋欲至麁堅園觀遊戲相娛樂時
念諸天王尒時諸天王言天帝釋已
念我等便整衣服著冠幘莊嚴乘騎
即共往至天帝釋所在前住尒時天
帝釋復念忉利天忉利天人言天帝
釋已念我等便著衣服莊嚴種種乘
騎往至天帝釋所復念伊羅摩龍王
尒時伊羅摩龍王言天帝釋已念我
等便化作三十六頭爲一一頭化作

六牙一一牙上化作七浴池一一浴
池中化作七蓮華一一蓮華上化作
七玉女作妓樂伊羅摩龍王以是種
種作神化往至天帝釋所在前住尒
時天帝釋整衣服著冠幘蹈龍王肩
上坐其頂上兩邊各有十六小王侍
坐天帝釋便往至麁堅園觀中尒時
開門風開麁堅園觀門掃除風便起
吹園觀地伊羅風主吹園觀中樹華
墮地至于人膝時天帝釋與諸天俱
入園觀中便坐賢善石上若賢善石
上兩邊各有十六小天王坐
尒時天帝釋欲得瓔珞便告遺念鉢
天子時天子言天帝釋已念我便化
作瓔珞持往奉上天帝釋忉利天人
欲得瓔珞時遺念鉢天子即化作瓔
珞持上忉利諸天有天人不得見麁
堅園觀亦不得入中亦不得以天樂
相娛樂所以者何前世所作功德少
有忉利天人但得遥見麁堅園觀亦
不得入亦不得以天樂相娛樂所以
者何前世所作功德復少中復有得
入以天樂相娛樂所以者何前世作

功德具足故
尒時天帝釋與忉利天人在麁堅園
觀中相娛樂飲食一日二日至七日
便出去樂畫園觀中相娛樂亦如是
復至憒乱歌儛園觀中飲食相娛樂
亦如是何以故言善等天人入忉利
天宮時念善義安樂是故言善等何
以故言麁堅忉利天人入麁堅園觀
中時身便麁堅是故言麁堅何以故
言樂畫忉利天人入樂畫園觀中時
身便自然種種畫色是故言樂畫何
以故言憒乱忉利諸天人入憒乱園
觀中時天帝釋月八日十四日十五
日便自捨婇女獨將阿須夫人遊行
尒時諸天子與婇女相雜錯憒乱行
是故言憒乱何以故言歌儛忉利諸
天人入歌儛園觀中時便歌儛相娛
樂是故言歌儛何以故言畫過度大
樹有天名文陁在上居止以天五樂
甚相娛樂以是故言畫過度復次畫過
度大樹常有花實辟如加尼樹是故
言畫過度天帝釋邊常有十天子擁
護之一者名根二者名具戒三者名比

流四者名比流藏五者名阿流六者名波流七者名利恒八者名樓漢九者名拘和難十者名難是十天子常擁護天帝釋天下人水中生好青蓮華紅蓮華黃蓮華白蓮華甚香好陸地蓮華亦甚軟好名阿蹄物名陁波羅須交和師陁奴未俱耶尼天下人鬱單曰東方弗于逮天下人地亦如是龍及金翅鳥水中生青蓮華紅蓮華黃蓮華白蓮花甚柔軟香好及陸地有諸蓮花阿須倫水中亦有青紅黃白蓮華柔軟甚香好陸地亦有好蓮華名摸大摸加加溤陁大溤陁四天王上中生蓮華青紅黃白蓮華甚柔軟香好陸地生花亦好忉利焰天兜率天無貢高天他化自轉天水中亦有青紅黃白蓮花甚柔軟香好陸地花亦好此閒人有白色者有黑色者是為七種色人阿須倫亦如是有七色諸天亦尒皆有七色諸天有十事將何等為十一者飛行無極二者坐遂無極三者諸天无盜賊四者不自說身善亦不說他人惡五者無有相侵

六者諸天齒等而通七者髮紺青色滑澤長八尺八者天人青色髮者身亦青色九者欲得白者身即白色十者欲得黑者身即黑色是為諸天十法事此人間熒火之明不如燈火之明燈火之明不如炬火之明炬火之明不如大火之明大火之明不如星之明星之明不如月之明月之明不如日之明日之明不如四天王宮之明四天王宮之明不如忉利天宮之明忉利天宮之明不如天帝釋宮之明如是展轉不相如至阿迦尼吒天宮之明阿迦尼吒天宮之明不如摩伊破天子之明摩伊破天子之明不如苦諦習盡道諦之明苦諦習盡道諦之明不如佛之明閻浮利天下人身長七尺或至八尺者衣廣一丈長六尺俱耶尼天下人弗于逮天下人身長七尺或至八尺者衣廣一丈長六尺鬱單曰天下人身長一丈四尺衣廣二丈八尺長一丈四尺衣重二兩半龍及金翅鳥身高四十里衣廣八十里長四十里衣重二兩半諸阿須倫本身高四

十里衣廣八十里長四十里衣重二兩半四天王天上天人本身長二十里衣廣四十里長二十里衣重二兩半忉利天人本身長四十里衣廣八十里長四十里衣重七銖半焰天人本身長八十里衣廣百六十里長八十里衣重半兩兜率天人本身長百六十里衣廣三百二十里長百六十里衣重兩銖樂無貢高天人本身長三百二十里衣廣六百四十里長三百二十里衣重一銖他化自轉天人本身長六百四十里衣廣千六百八十里長六百四十里衣重半銖過其上諸天人所著衣應其身閻浮利天下人壽百歲或長或短俱耶尼天下人壽二百歲或長或短弗于逮天下人壽三百歲或長或短鬱單曰天下人皆壽千歲無中死者龍及金翅鳥壽一劫亦有中死者阿須倫天下人壽千歲亦有中死者四王天上諸天人壽天上五百歲亦有中死者忉利天人壽天上千歲亦復有中夭者焰天上諸天人壽天上二千歲亦有中

夭者兜率天上諸天人壽天上四千歲亦有中夭者樂無貢高諸天壽天上八千歲亦有中夭者他化自轉天上諸天人壽天上万六千歲亦有中夭者梵迦夷天上諸天人壽一劫亦有中夭阿波波天上諸天人壽二劫亦有中夭者道陁行天上諸天人壽四劫亦有中夭者貴呼鉢天上諸天人壽天上八劫亦有中夭者無想天人及餓鬼壽天上七万劫亦有中夭者阿毗波天上諸天人壽十劫亦有中夭者阿呇和天上諸天人壽二十劫亦有中夭者脩陁旃天上諸天人壽四十劫亦有中夭者須陁旃尼天上諸天人壽八十劫亦有中夭者阿迦尼吒天上諸天人壽百劫亦有中夭者虛空知天上諸天人壽万劫亦有中夭者識知天上諸天人壽二万劫亦有中夭者阿竭若然天上諸天人壽四万劫亦有中夭者無思想亦有思想天上諸天人壽八万劫无有中夭者

佛言為人民四種食以堅立身何等為四一者見取食二者温食三者意食四者識食是為四種食何等為所取食閻浮利天下人食米飯麨麩肉魚衣被澡浴以是安隱食西方耶尼東方弗于逮天下人亦如是欝單曰天下人食淨潔自然粳米是為見取食及澡浴龍及金翅鳥食魚鱉及食提米提歷大魚是為取食及沐浴阿須倫食自然食及衣澡浴四天王諸天食自然食衣被及澡浴忉利諸天亦食自然食衣被及澡浴焰天兜率天無貢高天他化自轉天人皆食自然之食及衣被沐浴從他化自轉天以上用禪好喜作食以定意作食何等人食温食卵種之類食温食是為温食也何等為意念作食者其有意念肉食相是為以意念作食何等為識食者泥犁中人及無想天人以識作食是為識食是為四種食為人民故生以堅立身命閻浮利天下人以金銀珎寶米穀錢財生口市買價販俱耶尼天下人以牛馬米穀珠玉作市販賣弗于逮天下人以金銀珎寶米穀錢財生口市買價販欝單曰天下人無市買價販諸天亦尒閻浮利天下有男女婚姻之事俱耶尼弗于逮天下人亦有男女婚姻之事欝單曰天下人無婚姻之事若男子起婬泆意向女人時相視便度道去男子在前女人在後有樹曲合如交路北方天下人在其中止男女各異處便共往至其樹下若樹但蔭覆其人上便共交通樹不覆人上者不行交通之事各自別去龍及金翅鳥有男子女人婚姻之事阿須倫亦有男女婚姻之事從是以上無有婚姻之事閻浮利天下人男女共居止交通俱耶尼弗于逮欝單曰天下人男女行陰陽之事龍及金翅鳥男女亦有陰陽之事諸阿須倫男女亦行陰陽之事四天王天上人男女亦行陰陽之事忉利天上人男女以風為陰陽之事焰天人男女以相近成陰陽之事兜率天人男女相牽手便成陰陽無貢高天人男女相視便成陰陽他化自轉天人念婬欲便成陰陽從是以上

離於欲其有人身行惡口言惡心念惡從是以閒命盡墮泥犁中受命及得名色得六入有人行身行惡口言惡心念惡從是人閒命盡墮畜生受命乃得名色從名色得六入其有人身行惡口言惡心念惡從是人閒命終墮餓鬼中受命得名色得六入其有人身行善口言善心念善命盡便生為人受命得名色從名色得六入其有人身行善口言善心念善從是人閒命盡便生四王天上受命得名色從名色得六入辟如閻浮利天下人小兒年一歲若一歲半人始生天上作天子如是諸天憶如是我男女適生天上便自知宿命我用何等因緣得來生此即自說我用三事實得生此何等為三一者布施二者持戒三者棄惡是為三我天上壽盡當復還生世閒在人閒亦復身行善口言善心念善終亡已後當復還天上生天子說是已便念欲得食即自然滿寶器食在前福德少者自然青飯食在前福德中者自然赤飯食在前福德

上者自然白飯食在前天人便取食之時於口中自消盡辟酥若麻油著火上即消滅天人食時如是於口中便自消滅渴時即自然滿寶器甘露漿在前福德少者自然青色漿在前福德中者自然赤色漿在前福德上者自然白色漿在前便取飲之於口中自消滅辟如酥麻油著火上即消滅如是天人飲漿時便於其口中自消滅飲食竟已即長大如四天王天上餘天人便往至浴池中浴自娛樂從浴池出往至香樹下取種種香塗身往至瓔珞樹下樹自低便取瓔珞瓔珞著之復至衣服不息樹下樹自低便取衣服不息著之復至器果音樂樹下樹自低便取器取果食之清其汁飲之復取音樂鼓之自隨其歌儛往入園觀舍宅見無鞅數百千玉女作音樂歌儛相娛樂觀東面玉女便忘西面玉女觀西面玉女便忘東面玉女天子便自念言我前世用何等因緣故得來生此閒今時皆忘前世事坐見玉女故婬乱失意玉女名

不念所以名不念者用男子見失意故其有人身行善口言善心念善於是人閒命盡生忉利天上時辟如閻浮利天下人二歲若三歲身長大如是諸天憶知是我男是我女天子便自念宿命何以故得生此用布施持戒棄惡故欲得飲食時便自然滿金器在前隨福德上中下生白赤青在前便取飲食之於口中自消盡辟如持酥麻油著火上即自消滅天人飲食時如是食已身即長大辟如忉利天人便往至浴池中洗浴自娛樂出往至香樹瓔珞衣被不息器果音樂樹下樹枝自低即取香塗身取瓔珞不息衣被著之取器食果取音樂鼓之歌儛入園觀舍宅見無鞅數百千玉女便忘前世因緣不能復念其有人身行善口言善心念善從是人閒命盡便上生焰天上受命適生時其身如閻浮利天下人三歲四歲天子身自然長大如是亦復自念前世布施持戒棄惡故得生天上欲得飲食時亦自然寶鉢滿在前便飲食即口

中消盡辟如持酥麻油著火上即消滅食已入浴池洗浴出至諸樹間樹枝自伍取其所有飲食作音樂歌儛入園觀舍宅見無鞅數百千玉女其意擾乱不復念宿命之事其有人身行善口言善心念善從是人間命盡便上生兜率天上適生身體長大如閻浮利天下人四歲五歲亦自知前世所作布施持戒棄悪亦食自然之飲食身即長大如餘天人往至浴池洗浴出到諸樹下各取所有作妓樂歌儛入園觀舍宅見無鞅數百千玉女煩乱其意不能復念宿命其有人身行善口言善心念善命盡生無貢高天上適生身長大如閻浮利天下人五六歲若生他化自轉天上適言生身如閻浮利天下人六七歲身即長大自知宿命布施持戒棄悪亦食自然飲食入浴池洗浴出至諸樹間樹枝自伍各取所有衣被瓔珞不息著之取器食果作音樂歌儛入園觀舍宅見無鞅數百千玉女煩乱其意不能復念宿命

佛言十五日有三齋何等為三齋月八日十四日十五日是為三云何為月八日齋月八日齋時四王告使者言往案行四天下覲視万民知世間有孝順父母者不有承事沙門婆羅門道人者不有敬長老者不有齋戒守道者不有布施者不有信今世後世者不使者受教四布案行天下還具白言多有不孝父母不敬事沙門婆羅門道人長老不齋戒布施四天王聞之即不歡喜說言令我聞悪語是為減損諸天增益阿須倫種若多有孝順父母沙門婆羅門道人長老者多有齋戒布施信今世後世者具白之四天王聞之即大歡喜說言我令聞善言用人多有作善若增益諸天減損阿須倫種是為月八日齋十四日齋云何十四日齋時四天王自告太子四布案行天下觀視万民還具白意言多有作悪者四天王聞則不歡喜說言人多有悪者減損諸天增益阿須倫種得善多者四天王則喜言增益諸天減損阿須倫種是為

十四日齋法云何為十五日齋十五日齋時四天王躬身自下四布案行天下觀視百姓寧有孝順父母沙門道人敬長老齋戒布施信今世後世者不多有不能者即時四天王入善等正天中白天帝釋言世間多有不孝父母沙門道人多不敬長老齋戒布施不信今世後世者天帝釋聞巳言我為聞悪坐其不作善故減損諸天增益阿須倫種作善多者四天王入為善等正具白天帝釋及令忉利天人忉利天帝釋則大歡喜言我令以聞善語用世間人作善多故增益諸天減損阿須倫是為月十五日齋時是為十五日三齋

佛告比丘言若有異道人問言一切男子女人初生時有隨後護之不若異道人問是者汝曹當報言街巷市里一切屠殺處冢間皆有非人無空缺處其人非人名隨報郡國縣邑坵聚名如鐵圍山川所有名非人亦作是名如人所作名護非人亦作是名其有樹高七尺圍一尺者上悉有神

其有人於是人間身行惡口言惡心念惡作十惡者千人百人一神護之辟如百群牛羊若千牛羊群一人牧護之佛言如是其有人身口言惡心意念惡者百人千人有一神護耳其有人於此人間身行善口言善心念奉十善事者是法人正見不轉人等一人常有百若千非人護之辟如王君大臣一人常有百若千在傍護之佛言如是其有人身口意行善奉十善事者是尊是法正見之人等一人常有百若千非人在後護之是謂為男子女人常有非人護之有三事閻浮利天下人勝俱耶尼天下人何等為三一者意勇猛在因緣地二者此間人意勇猛脩梵行三者此間人意勇猛趣佛是為三有三事俱耶尼天下人勝閻浮利天下人何等為三牛羊珠玉多是為三勝閻浮利天下人閻浮利天下人有三事勝弗于逮天下人何等為三一者此間人意勇猛在因緣地二者此間人勇猛意脩梵行三者此間人有勇猛意趣佛是為

三弗于逮天下有三事勝閻浮利天下何等為三一者其地極廣二者其地極大三者其處極富是為三勝閻浮利天下人閻浮利天下人有三事勝欝單曰天下人何等為三一者意勇猛在住二者意勇猛脩梵行三者有勇猛意趣佛是為三欝單曰天下人有三事勝閻浮利天下人何等為三一者無所繫屬二者不畜奴婢婦子三者壽千歲無所缺減是為三閻浮利天下人有三事勝阿須倫何等為三一者意勇猛在住二者意精進脩梵行三者有勇猛意趣佛是為三諸阿須倫有三事勝閻浮利人何等為三一者壽命長二者得久在三者多安隱是為三閻浮利人有三事勝四天王天上人何等為三一者意勇猛在住二者意勇猛脩梵行三者有勇猛意趣佛是為三四天王天上人有三事勝閻浮利天下人何等為三一者長壽二者得久在三者多安隱是為三閻浮利人有三事勝忉利天人焰天兜率天無貢高天他化自轉

天人何等為三一者意勇猛在住二者意勇猛脩梵行三者有勇猛意趣佛是為三忉利天焰天兜率天尼摩羅天婆羅尼蜜利耶起致天有三事勝閻浮利人何等為三一者壽命長二者得久在三者多安隱是為三欲界人有十二種何等為十二一者泥犂二者禽狩三者薜荔四者世間人五者阿須倫六者四天王七者忉利天八者焰天九者兜率天十者無貢高天十一者他化自轉天十二者魔天是為十二種人為欲界色行天有十八何等為十八一者梵加夷天梵不數樓天梵波利沙天大梵天阿維比天波利荅天阿波羅郁天波利多首天阿波羅天摩首天阿披波羅天維阿天波利多維天阿波摩維呵天維呵天維阿鉢天阿荅和天善見天色天阿迦尼吒天是為十八色行天無色行天有四何等為四一者虛空智天二者識智天三者阿竭然天四者無思想亦有思想天是為四無色天佛告諸比丘言昔者持地大天神

發起是惡見言但有地無有水亦無
有火無有風
佛言我尒時往至持地大神所告持
地天神言汝為實發起是惡見言地
無有水火風不天言唯然世尊佛言
天莫說地無水火風所以者何地有
水火風地里數寂深佛言我能知持
地大神發起惡見我便以法勸助令
意開解歡喜即立遠塵離垢諸法法
眼生辟如白繒淨好持著染中則受
染色好佛言如是持地大神立遠塵
離垢諸法法眼生尒時持地大神見
在得法行斷狐疑白佛言我從今已
往盡形壽歸命佛歸命法歸命比丘
僧受持優婆夷戒常有慈心於人及
蜎蜚蠕動之類也佛告比丘昔者持
水大神發是惡見言但有水無有地
亦無火風我尒時往至持水大神所
問持水大神言汝實為發起惡見言
但有水無有地火風耶神言唯然世
尊佛言大神莫得說是語所以者何
有水亦有火地風但水里數大深水
神即棄捐惡見我但以法勸助令意

開解歡喜即立遠塵離垢諸法法眼
生辟如白繒淨好持著染中便受好
色持水大神亦如是現在得法行無
有狐疑即白佛言我從今已往盡形
壽歸命佛歸命法歸命比丘僧受戒
常慈心於人及蜎蜚蠕動之類
佛告比丘昔者持火大神發是惡見
言從火無有地水風我尒時往至持
火大神所問言汝實為發是惡見言
從火無地水風不火神言唯然世尊
佛言天神莫得說是語所以者何有
火亦有地水風尒時持火大神即棄
捐惡見我便以法勸助令意開解歡
喜即立遠塵離垢諸法法眼生辟如
白繒淨好持著染中即受好色持火
大神亦如是現在得法行無有狐疑
白佛言我從今以後盡形壽歸命佛
歸命法歸命比丘僧受持戒作優婆
塞常有慈心於人及蜎蜚蠕動之類
佛告比丘昔者持風大神發是惡見
言從風無地水火我尒時往至持風
大神所問之言汝實發是惡見言從
風無地水火耶風神言世尊唯然佛

言莫得說是語所以者何有風亦有
地水火者風里數大深尒時持風大
神便棄捐惡見佛言我以法勸助令
意開解歡喜即立遠塵離垢諸佛法
眼生辟如白繒淨好著染中即受好
色持風大神亦如是現在得法行無
狐疑便白佛言我從今已往盡形壽
歸命佛歸命法歸命比丘僧受戒作
優婆塞常有慈心於人及蜎蜚蠕動
之類佛告比丘言云何有四色何等
為四一者有青色二者有赤色三者
有黃白色四者有黑色其有青色雲
者中有水界大多其有赤色雲者中
有火界大多其黃白色雲者中有地
界大多其有黑色雲者有風界大多
雷電有四品何等為四一者東方電
名百主二者南方電名身味三者西
方電名阿竭羅四者北方電名阿祝
藍何以故於虛空有電出聲有時身
味電與阿祝藍合諍鬭用是故虛空
中出聲或身味電與百主電共鬭諍
是故雲中出聲有時阿祝藍電與身
味電共諍鬭時是故虛空中出聲何

以故虛空雲中出聲有時地種與水種共諍鬪地種與火種共諍鬪地種與風種共諍鬪辟如出山相搏却住佛言如是地種與水火風種共諍鬪是故虛空中出聲此事却雨復有五事失雨何等為五一者於是天雲起雷出電現應人謂當天雨有時風種大起吹至遠山間壑澤處雨是為一事失雨復次天雷起雲出電現應人謂天雨當有時火種起燋燒雨水是為二事失雨復次天雲起雷出電現應人謂天當雨有時阿須倫王便兩手取雨水著大海中是為三事失雨復次天雲起雷出電現應人謂當雨時雨師及婬乱是故天雨不數時節是為四事失雨復次國君行非法奉癡法多瞋恚惡天雨不不時節是為五事

大樓炭經第四卷　第二十七張

大樓炭經卷第四

大樓炭經卷第四
校勘記

一　底本，金藏廣勝寺本。

一　八四五頁中二行譯者，麗作「西晉沙門法立共法炬譯」。

一　八四五頁中六行「須名陁延」，麗作「名須陁延」。

一　八四五頁中一〇行「壁者」下，麗有「銀門銀壁者金門琉璃壁水精門水精壁者」（十七字）。

一　八四五頁下一九行「欄楯」，麗作「欄楯七重交露」。

一　八四五頁下二二行首字「周」，麗作「圍」。

一　八四六頁上一四行第三字「承」，麗作「次」。

一　八四六頁上二一行「鹿園」，麗作「鹿堅園」。

一　八四六頁中九行「四十」，麗作「三十」。

一　八四六頁下四行「二万里」，麗作「二千里」。

一　八四七頁上二行首字「里」，麗作「里者」。

一　八四七頁上一三行第四字「畫」，麗作「晝」。

一　八四七頁中九行第八字「主」，麗作「生」。

一　八四七頁中一三行及一六行「遺念鉢」，麗作「遺舍鉢」。

一　八四七頁下四行第三字「去」，麗作「去至」。

一　八四八頁上六行第二字及一一行第三字、一二行末字「蓮」，麗無。

一　八四八頁上七行第七字「未」，麗作「末」。

一　八四八頁上一八行「此間人」下，麗有「有七種色有赤色者有金色者有青色者有黄色者有紫色者」（二十四字）。

一　八四九頁上二行「諸天」，麗作「諸天人」。

一　八四九頁上七行「道陁行」，麗作

— 「首陁行」。
— 八四九頁上八行「貴呼鉢」，麗作「遺呼鉢」。
— 八四九頁上二〇行「七万劫」，麗作「七劫」。
— 八四九頁上二一行末字「中」，麗無。
— 八四九頁中四行「耶尼」，麗作「俱耶尼」。
— 八四九頁下二行第七字「販」，麗作「財」。
— 八五〇頁上三行第九字「行」，麗無。
— 八五〇頁上五行「乃得」，麗作「及得」。
— 八五〇頁中一三行「冢幘」，麗作「樹幘」。
— 八五一頁下一一行第五字「正」，麗作「正天」。同行第一二字「令」，麗無。
— 八五一頁下二〇行「其人」，麗作「其」。
— 八五一頁下二一行「聚名如鐵圍」，麗作「墟名如江河」。
— 八五二頁上三行「若干」，麗作「若千」。
— 八五二頁上六行末字「念」，麗作「念善」。
— 八五二頁上九行「若干」，麗作「若千人」。
— 八五二頁上一一行「是尊是法」，麗作「是尊法」。
— 八五二頁中一行「天下」，麗作「天下人」。
— 八五三頁中一七行「以後」，麗作「已往」。
— 八五三頁中一九行首字「塞」，麗作「夷」。
— 八五三頁下二行第四字「者」，麗作「但」。
— 八五三頁下四行「諸佛法」，麗作「諸法法」。
— 八五三頁下五行第九字「著」，麗作「持着」。
— 八五三頁下一〇行「云何」，麗作「雲」。
— 八五三頁下一四行第六字「其」，麗作「其有」。
— 八五四頁上九行「天雷起雲」，麗作「天雲起雷」。
— 八五四頁上一〇行「天雨當」，麗作「天當雨」。
— 八五四頁上一五行第三字「及」，麗作「反」。
— 八五四頁上一七行「不不時節是爲五事」，麗作「便不時節是爲五事失雨」。

大樓炭經卷第五　眏

西晉沙門釋法立共法炬譯

戰鬭品第十

佛告比丘昔者諸天欲與阿須倫共戲戰鬭諸天便在一面住合營時天帝釋告忉利諸天言若使我諸天得勝阿須倫壞者當以五繫縛維摩質阿須倫天帝釋勑諸樂天等忉利天即受天帝教介時維摩質阿須倫亦復告諸阿須倫言若使諸阿須倫得勝諸天壞者便當取天帝釋以五繫縛之諸阿須倫受教介時天與阿須倫共戰鬭諸天便得勝忉利天便取維摩質阿須倫以五繫縛將至善等以見天帝釋若維摩質阿須倫念言我樂在天上者便自見繫縛已解自然天五樂在前若維摩質阿須倫自念欲還便自還五繫縛失天五樂佛告諸比丘阿須倫所被繫縛如是魔所繫縛復劇是念若為魔所縛不念為魔所僻有我念有五有我為著無有我是亦為著有色是亦為著無有

大樓炭經第五卷　第一張　漢字号

色是亦為著亦不無色是亦有著有想者是亦為著無想者是亦為著亦不有想亦不無想是亦為著疫病是為著瘡是為著痛賢者弟子聞是著病著瘡著痛樂無所著行是我者是為著是為不專一為亂是為展轉有我是為著無有我是亦為著有色是為著無色是為著亦不有色亦不無色是亦為著有想是為著無想是為著亦不有想亦不無想是亦為著著病瘡痛賢者弟子聞是著病瘡痛便樂無所著行佛告比丘昔者阿須倫與天戰鬭釋提桓因告忉利諸天若諸天得勝便當五繫縛維摩質阿須倫諸天即受教介時維摩質便復告諸阿須倫若我曹得勝者便當共取天帝釋五繫縛之便共戰鬭諸天便得勝則取維摩質阿須倫五繫縛之將至善等天等以見天帝釋維摩質阿須倫行来善等天等所見者便罵詈惡口介時侍者於天帝釋前便說偈言

天帝釋為恐耶　無有力而寂寞

目前開維摩質　口所出麁惡語
尒時天帝釋報侍者說偈言
我不用恐故寂　力不少於維摩
云何人智慧者　寧當與愚癡諍
尒時侍者於天帝釋前說偈言
若愚癡来鬪時　不當應忍此事
於彼當以撾杖　便撾擊是愚癡
尒時天帝釋報侍者說偈言
我已為了知是　不當與愚癡語
若愚者有瞋恚　智慧者不欲諍
尒時侍者於天帝釋前說偈言
當知是如是寂　天帝釋當見因
用愚癡謂智為　以恐畏故寂寞
其愚癡自謂為　用恐畏故默聲
用是故復来鬪　王恐捨如牛走
尒時釋提桓因報侍者說偈言
念来燒輕易我　謂為恐故默然
身之利第一義　無有與忍辱等
其是者獘惡人　身有起瞋恚意
二當發瞋恚向　瞋恚者便共諍
尒時釋提桓因重復報侍者說偈言
所作有二因緣　為身故及他人
若有起諍鬪者　智慧者不與鬪

若有作是二事　為已身及他人
人謂是為愚癡　不用解於法故
無力者謂有力　其有力癡強者
行法者其筋力　無有能降伏者
其有是筋力者　於劣人其寂寞
我知忍為㝡上　淨忍辱於劣人
佛告比丘欲知尒時天帝釋是我身
我忍辱如是我今亦復忍辱佛語比
丘昔者阿須倫與天共鬪得勝諸天
即壞天帝釋便坐千馬車走還見睒
披大樹上有鳥語巢中有二卵便自說
偈言
語御者鳥睒披　迴馬車當避去
寧阿須破壞我　莫令壞是兩卵
御者即受天帝釋教迴千疋馬車避
去諸阿須倫見天帝釋千疋馬車迴
還便言欲来與我戰鬪以阿須倫即
恐怖㤿走諸天即得勝佛告比丘欲
知尒時天帝釋不則我身是我尒時
以慈心念一切人民及蜎蜚蠕動之
類亦如是
佛告比丘昔者諸天與阿須倫共戰
鬪諸天得勝阿須倫尒時天帝釋甚

歡喜還告起大講堂名為勝何以故
名為勝勝諸阿須倫故作百重欄楯
一一欄楯間　各作七百交路一一
交路中有七百玉女一一玉女有七
百侍者尒時天帝釋不復憂諸玉女
衣被飲食各如前世所行自然為生
起講堂千世界中講堂無與天帝釋
講堂等者阿須倫王念言我威神乃
尊如是諸日月及忉利天於我上虛
空中住還我欲取日月之光明者耳
中行至十方念是已便瞋恚無所復
隨避尒時阿須倫王念維摩質阿須
倫維摩質阿須倫既知之便者種種
具莊取種種兵杖騎乘無鞅數阿須
倫百千俱往至阿須倫王所在前住
尒時阿須倫王復念舍摩利阿須倫
舍摩利阿須倫即復知之便者種種
具莊取兵杖騎乘與無鞅數百千阿
須倫往至阿須倫王所在前住尒時阿
須倫王復念滿由阿須倫袛羅阿須
倫即知之便者種種具莊取兵杖與
無鞅數百千阿須倫俱往至阿須倫
王所在前住尒時阿須倫王自者種

種具莊取兵杖騎乘與無鞅數百千阿須倫王圍遶從城出往欲與忉利天共戰鬪尒時難頭和難龍王以身繞須弥山七匝而震動須弥山以尾博扇大海其水跳上至須弥山邊三百三十六万里忉利天即知阿須倫欲来與天戰鬪尒時海中諸龍者種種具莊取兵杖騎乘皆往逆諸阿須倫共鬪若鬪得勝者逐諸阿須倫入其城郭若諸龍壞不能勝者便往至拘蹄鬼神所語諸拘蹄鬼神言諸阿須倫欲與諸天戰鬪共去逆鬪来拘蹄諸鬼神聞諸龍語便著種種衣被具莊取兵杖騎乘共往逆阿須倫便戰鬪若能勝能逐阿須倫至其城郭不能勝者即往至持華鬼神所語諸持華鬼神言阿須倫欲與天共戰鬪當俱往逆逐之持華鬼神從龍及拘蹄鬼神聞是語便著種種具莊取兵杖騎乘共往逆與阿須倫共戰鬪若得勝者便逐入其城郭若不能勝者便往至蔡陁末鬼神所語蔡陁末鬼神言諸阿須倫欲與諸天共鬪當共

往逆逐之蔡陁末鬼神聞之便著種種具莊取兵杖騎乘共往逆阿須倫共戰鬪得勝者即逐阿須倫至其城郭不能勝者便往至四天王上語四天王言諸阿須倫欲與戰鬪當共往逆鬪逐之諸天聞之尒時毗沙門大天王念提頭賴天王提頭天王即知之便著種種具莊取兵杖騎乘與無鞅數提陁羅百千俱前後圍繞往至毗沙門大天王所在前住尒時毗沙門天王復念畢樓勒天王畢樓勒天王即知之便著種種具莊取兵杖騎乘畢樓勒天王與無鞅數諸天又與無鞅數百千俱畢樓天王又與無鞅數諸龍百千俱前後圍繞往至毗沙門大天王所在前住尒時毗沙門天王著種種具莊取兵杖騎乘與無鞅數百千諸鬼神俱圍遶及諸天王往與諸阿須倫共戰鬪各各能得勝者便逐諸阿須倫至其城郭不得勝者即往至善等天等白天帝釋及語忉利諸天言諸阿須倫欲與天戰鬪當共往逆鬪逐之尒時天帝釋告諸天

言往至須焰天子所蔡兜率天子所㞐摩羅天子所波羅㞐蜜天子所言阿須倫欲與諸天共戰鬪當共往鬪逐之波羅摩天子所言阿須倫欲與諸天共戰當共往鬪即受天帝釋教往語上四天如是便各各著種種具莊取兵杖騎乘来下天與無鞅數天人焰天往須弥山東脅護忉利天兜率天人往與無鞅數天人在須弥山南脅住㞐摩羅天子與無鞅數諸天住須弥山西脅護忉利天故波羅㞐天子與無鞅數諸天往住須弥山北脅護忉利天故

尒時天帝釋念維縵諸鬼神維縵諸鬼神即知之便著種種具莊取兵仗騎乘往至天帝釋所在前住尒時天帝釋念善住為王善住為王即知之便著種種具莊取兵杖騎乘往至天帝釋所在前住尒時天帝釋復念諸天王諸天王即知之便著種種具莊取兵杖騎乘往至天帝釋所在前住尒時天帝釋復念忉利諸天忉利諸天即知之便著種種具莊取兵杖騎

乘往至天帝釋所在前住尒時天帝釋自著種種具莊取兵杖騎乘坐善住鳥王脅上與無數百千諸天俱前後圍繞出天宮往至諸阿須倫所戰鬪刀刃矛箭弓弩以刺傷諸阿須倫身所毒痛不可言以因緣故亦不死諸阿須倫亦如是用七寶刀刃矛箭弓弩以刺傷諸天身毒痛不可言以因緣故亦不死欲行天亦如是與諸阿須倫戰鬪用欲藏故因緣故如是

三小劫品第十一

佛告比丘有三小劫何等為三一者刀劒劫二者穀貴劫三者疫病劫是為三小劫刀劒劫者云何刀劒劫時人多非法愚癡邪見行十惡事用人行是惡事故諸所有美味酥麻油蜜石蜜諸所有皆滅諸有好衣錦白氎皆滅盡是天下地山林嵠谷崖岸自然生諸珠琉璃水精諸寶皆没地中但有棘岸刀劒劫時人民不孝順父母不承事沙門道人不敬尊長其惡名遍流行佛言辟如今世人孝順父母敬順事沙門道人承用長老令其

善名聞流布如是刀劒劫時人民不孝順父母不承事道人沙門不敬長老惡名聞流布刀劒劫時都無有善何況有行善者耶刀劒劫時是天下人無有貰貸者諸大樹木皆隨地但有溝坑高埤不平有水蕩波處崩岸河水深在底人民少但懷恐怖衣毛為竪刀劒劫時人民相見但欲相賊害辟如野澤之中獵者見麋鹿欲殺害之如是刀劒劫時人民相見但欲相賊害手捉取草木凡石皆化為刀劒展轉相殺尒時人壽十歲耳中有黠者智慧走入山林嵠谷深河岸中藏匿言無有能殺我者我亦不殺人便在彼食果蓏樹根刀劒劫者相殺七日乃休尒時人民死者皆墮泥犁中所以者何彼刀劒劫時人各各懷毒意相惡無善意而死刀劒劫時如是也

佛語比丘穀貴劫時云何穀貴劫中時人民多非法愚癡邪見嫉妬慳貪守財不肯布施用是故天雨不為時節用天雨不時節故人民所耕種枯死不生但有枯莖用是故穀貴人収

掃畦中落穀纔自活命穀貴劫時如是也復次穀貴劫時人行掃街市里均穀以自給活復次穀貴劫時樹葉落入地人鑿地聚樹葉煑食之穀貴劫時人民困厄如是也穀貴劫時飢餓死者多歲死體骨解散在地人皆飢餓収取市里街道骸骨煑用食之人民飢餓乃如是也穀貴劫時人死者墮餓鬼中所以者何穀貴劫時人民相嫉妬慳貪是為穀貴劫也

佛語比丘疾病劫時云何疾病劫時人民奉行經戒正見離邪見行十善事用是故尒時他方世界諸鬼神来嬈是諸人撾捶諸人秏乱其意此間鬼神婬乱是故他方鬼神得来嬈諸人撾捶秏乱其意辟如王者若大臣勑兵使守護城門此諸婬乱若他國有強賊来鈔掠此郡國縣邑如是疾病劫時人民奉行經戒正見離邪見奉十善事他方鬼神来觸嬈人撾捶秏乱其意疾病劫時人死者皆生天上所以者何疾病劫時人展轉相勞問言云何為安隱不為老耒是為疾

病劫時是為三小劫也

災變品第十二

佛語比丘天地有三災變何等為三一者火災變二者水災變三者風災變是為三災變災變時人會三處何等為三遭火災變時人悉上第十五阿衛貨羅天上聚會衆多遭水災變時人悉上第十九首皮亣天上聚會衆多遭風災變時人悉上第二十三維呵鈇天上聚會衆多遭火災變時天下人皆行非法邪見不見正犯十惡事用人民皆行非法奉邪見不見三行行十惡事故天雨不時節天不雨已後是天下所有樹木草藥万物皆枯死不復生佛告比丘言是為非常無堅固不得久是為老極故當劇猒至令一切度自求解脫矣久久不可計大乱風起入大海三百三十六万里取日大城郭上須弥山邊百六十八万里著本日道中用是故世間有兩日出之日出之後諸渠小河水皆枯竭無有水佛言是為非常無堅固不得久是為老極故當劇猒至得解

脫自然之道後時久久不可復計大乱風起吹彼大海水三百三十六万里入取日大城郭上須弥山王邊百六十八万里著日城郭道中用是故也世間有三日出諸有大河江流邪遠阿夷起摩醯和又信他流江皆枯盡無有餘也佛語比丘非常無堅固乃如是是為老極故當劇猒遠之至得解脫自然之道矣後復久久不可計有大乱風起吹海水波三百三十六万里入取日大城郭出上須弥山王邊百六十八万里著日道中用是故世間有四日出諸流泉大泉及阿耨達池紅蓮華池青蓮華池白蓮華池黃蓮華池摩鄰街大池鄰刹大池皆枯盡無餘也佛語比丘非常無堅固乃如是不可得久是為老極故當劇猒遠至得解脫自然之道矣後復久久不可計大乱風起吹大海水波三百三十六万里入取日大城郭上須弥山王邊百六十八万里著日道中用是故世間有五日出大海水稍減四千里八千里万二千里至減二

万八千里佛語比丘非常無堅固乃如是不可得久是為老極故當劇猒遠至得解脫自然之道矣五日出時燋大海水至餘有二万八千里万八千里万四千里八千里四千里有時海水稍減餘有七樹六樹五樹四樹三樹二樹一樹後消減餘有七人六人五人四人三人二人一人海水餘有從没人後稍減至人腰稍至人膝後餘有少許水辟如天雨牛蹄中水後消減久久大海水皆盡不能濕人指辟如脂膏之汁著大火中既無烟矣佛語比丘非常無堅固乃至如是故當劇猒遠至得解脫自然之道矣後復甚久久不可計大乱風吹大海水波三百三十六万里入取日大城郭上須弥山王邊百六十八万里著日道中用是故世間有六日出四大天下及八万城大山及須弥山王皆燒炙出烟辟如大陶家初然火出烟狀佛語比丘如是世間有六日出時燒炙四大天下及八万城諸大山須弥山王皆烟出辟如脂膏濕者大火中

即無烟矣故當創猒求索解脫得自然之道矣後復甚久久有大乱風起吹大海水波三百三十六万里入取日大城郭出上須弥山王邊著日道中用是故世間有七日出四大天下及八万城諸大山須弥山王嶔峩動摇辟如大鼎鑊熾其火鑊沸踊躍七日出時如是也四天下忉利天焰摩天兜率天尼摩羅天波羅尼蜜天梵迦夷天宮皆㟼峩動摇也風高諸天宮上著阿衛貨羅天彼諸初生天子見火皆恐怖先生諸天語初生天子汝莫怖恐我昔更見燒時火齊此不過尒時四大天下及八万城諸大山及須弥山皆嶔峩動摇須弥山王四千里一崩墮八千里万二千里万六千里二万四千里三万八千里而崩墮辟如脂膏濕著大火中即無烟亦無餘矣佛語比丘所有非常無堅固乃如是是為老極故當創猒遠至得解脫自然之道誰當信世間有七日出時獨有見者信之耳誰當信四大天下及八万城諸大山及須弥山王燒

出烟獨有見者信之耳誰當信四大天下及八万城諸大山及須弥山王㟼峩動摇及四天王忉利天焰天兜率天無貢高天他化自轉天梵迦夷天皆㟼峩動摇風舉諸天宮上十五阿衛貨羅天上者獨有見者信之耳誰當信須弥山王盡破壞無得燋山土處諸泥犁一切皆破滅盡已後畜生禽狩皆復滅盡已然後餓鬼皆復滅盡已後阿須倫皆復滅盡已後無貢高天他化自轉天梵迦夷天人皆滅盡是謂天地燒人皆會一處然後甚大久久有大雲起放大雨其渧大如車輪滿諸江海稍稍聚水上至梵迦夷天復至第十五光明聲天上其水四面有風形持之第一風名住風二者助風三者不動風四者堅風是為四後久久大復久數千万歲来稍稍耗減無鞅數百千由旬有風名僧竭周匝四面起吹水稍稍減其上波起生厚沫化作七寶交路如是轉上至第七天上造作宮殿後久久數千万歲水稍稍耗減數百千由旬數百

千由旬乱風從四面起吹撓水上厚沫化為七寶金銀琉璃水精車渠馬瑙赤真珠成為交路金風持造第六波羅尼和耶越天人所居處後久久甚遠數千万歲水稍稍減乱風名蔡竭從四面来吹水上波起生厚沫化為七寶金銀琉璃水精赤真珠車渠馬瑙成為交路舍乱風持上第五天上造作天人宮殿竟後久久數千万歲水下遂耗減乱風從四面来吹水上波起生厚沫化為七寶持上造作第四兜率天上第三焰天作宮殿後復久久數万歲水下稍稍耗減數千万由旬乱風從四面来吹水上波起生厚沫化為四寶一者黄金二者白銀三者琉璃四者水精乱風持以於世間天中央造作須弥山王高三百三十六万里廣縱亦三百三十六万里其東脅天白銀南脅天青琉璃西脅天水精北脅天黄金復久久數千万歲水下遂稍稍減數千万由旬乱風從四面来吹撓其水上生厚沫化為七寶金銀琉璃水精赤真珠車渠

馬瑙成交路乱風持上須弥山王上造作第二忉利天宮殿竟後復久久數千万歲水下稍稍秏减數千万由旬乱風從四面来吹撓其水上波起生厚沫化為七寶成交路乱風持上須弥山王百六十八万里中半造作第一天上人宮殿竟後復久久數千万歲水下稍稍秏減乱風從四面来吹撓其水上波起生厚沫化為金剛乱風於四大天下及八万城外造作山高六百八十万由旬凡合而四币名大鐵圍山後復久久數千万歲水下稍稍秏减乱風從四面来吹撓其水上波生厚沫化為金剛乱風復取於四大天下及八万城外凡币四合復造作第二大山其山高六百八十万由旬其後水下稍稍秏减數千万歲乱風從四面来吹撓其水上波起生厚沫化為七寶金銀琉璃水精赤真珠車𤦲馬瑙圍繞造作八重山高百六十八万里名阿多利甚姝好其水下遂稍稍减數千万里乱風從四面来吹撓其水上波起生厚沫化為

七寶持著阿多利山周币造作第二山名伊沙多高百四十四万里甚姝好第三山名踰漢多高四十八万里廣亦四十八万里第四山名善見高二十四万里廣亦二十四万里第五寶山名阿波庢高十二万里廣亦十二万里第六寶山名庢弥多羅高四万四千里廣亦四万四千里第七寶山名維鄯兜高二万二千里廣亦二万二千里第八寶山名遮迦和高万二千里廣亦万二千里後水稍稍減乱風四面来吹其水上生厚沫化為厚土因城地深六百八十万踰旬其邊不可限乱風大起吹掘損其地大深三百三十六万里長亦三百三十六万里天下諸水皆流帰之正滿因成大海海水何故醎醎一味有三事一者海中有大魚身長四千里者八千里者万二千里者万六千里者二万里者二万四千里者二万八千里者三万二千里者皆清淨瀏海中故海水醎二者雲起覆諸海放大雨其雲上至阿迦庢吒天放雨大如車軸

洗蕩須弥池旃諸天宮阿荅和天阿比波天首陂斤天惟呵鍮天阿陂陂天梵迦夷天下至四王天其醎水悉流入大海故海水醎一味復次昔者得仙道人能呪呪使海水醎一味故海水醎一味是為三事

佛言天地共遭水灾變時天下人施行皆為衆善好喜為道德死後精神䰟魄皆上第十六天上為天人泥犁中人諸有含血喘息蠕動之類死皆帰人形復為衆善之行好喜為道德死皆上第十六天上為天人阿須倫天人及第一天上人以上至第十五天上人皆終巳其精神䰟魄来下帰人形施行積為衆善好喜為道德死皆復上第十六天上為天人然後天下人乃盡久久大雲復起上行至故第十五天上其雲下大沸灰雨其渧大如車軸天雨沸灰如是久久數百千万歲諸四天下八万城諸大山及須弥山從第十五天上以下至四天下皆糜爛消滅盡無餘辟如以脂膏之汁置大火中即無烟焰矣誰當信此言

者獨有得自然之道者乃信之耳此謂天地遭水灾變時破壞終亡之要也天地終亡破壞巳後得更始生之法如遭火灾變時更生同法始第十五天上起成下至第一天上及阿須倫天及造作四大天下及八万城諸大山及須弥山日月星宿乃見下及天下諸所有万物至造竟鐵圍大山此所謂天地遭水灾變時破壞終亡後更始根本要也佛言天地共遭大風灾變時天下人施行有仕平善慈仁常孝順皆好喜為道死精神皆上第十七天上為天人泥犁中人及諸有含血喘息蠕動之類死皆歸人形皆復為衆善之行皆喜好為道德死精神䰟魄皆上第十七天上為天人阿須倫天及第一天上以上至第十六天上人皆終亡精神䰟魄来下歸人形施行積為善喜好為道德死皆復上第十七天上為天人然後天下人乃盡索久久大風起名曰来柯沙上行至故第十六天上閅壞敗破散消滅上悉盡之無餘聲無響久久如是

大樓炭經第五卷　第二十一張　映字号

大風吹盡第十六天上人本所居處了盡下至阿須倫天無餘辟如大風吹微善隨澌消散微盡誰當信此言者獨有得自然之道者乃信之耳大風復吹破壞消滅悉盡天下日月所照中万物四大天下及八万城諸大山及須弥山盡竟鐵泰山皆麋消滅亡悉盡索無餘復辟如大風吹微麩隨澌消散微盡無餘矣天地共遭大風灾變時竟一刧後復更始生之法復如遭火灾變後復更始生一刧成竟此所謂天地共遭大風破壞終亡以三品復更始生亦以三品誰當信此言者獨有巳得自然之道者信之耳天地共更始生如始遭火灾變時後復更始生乱風復起造作之悉意後第十五天上人其薄禄者来下悉填滿十一重天人所居上下悉充滿及阿須倫天在須弥山四面本故所居處悉皆充滿

大樓炭經第五卷　第二十二張　映字号

大樓炭經卷第五

大樓炭經卷第五

校勘記

一　底本，金藏廣勝寺本。

一　八五六頁中二行譯者，麗作「西晉沙門法立共法炬譯」。

一　八五六頁中五行「合營」，麗作「含營」。

一　八五六頁中一四行末字「等」，麗作「等天」。

一　八五六頁中二〇行「是念若爲」，麗作「若是念爲」。

一　八五六頁中二一行「五有」，麗作「吾有」。

一　八五六頁下一行「亦不無色」，麗作「亦不有色亦不無色」。

一　八五七頁上一七行第三字「燒」，麗作「娆」。

一　八五七頁上二〇行首字「二」，麗作「不」。

一　八五七頁中末行「阿須倫」，麗作「阿須倫壞」。

一　八五七頁下一行「告起」，麗作「造起」。

一　八五八頁上五行首字「博」，麗作「摶」。

一　八五八頁上一五行「若能勝能」，麗作「若能勝者」。

一　八五八頁中五行「欲與」，麗作「欲與天」。

一　八五八頁中六行第二字「鬪」，麗作「戰鬪」。

一　八五八頁下四行至五行「所言……往鬪」(十五字)，麗無。

一　八五九頁上四行末字「所」，麗作「所共」。

一　八五九頁上七行「刀刀」，麗作「刀刃」。

一　八五九頁上一〇行「用欲……如是」，麗作「因欲藏故欲因緣故乃如是」。

一　八五九頁上一一行「三小劫品第十一」，麗作「大樓炭經三小劫品第十一」。

一　八五九頁中一五行「果苽」，麗作「果蓏」。

一　八五九頁中一八行第三字「惡」，麗作「念惡」。

一　八五九頁下六行「死體」，麗作「死骸」。

一　八五九頁下一六行及二一行「耗乱」，麗作「撓乱」。

一　八五九頁下二二行「人展」，麗作「人民」。

一　八六〇頁上二行「灾變品第十二」，麗作「大樓炭經灾變品第十二」。

一　八六〇頁上一〇行「維呵鉢」，麗作「維呵」。

一　八六〇頁上二一行第四字「之」，麗無。

一　八六〇頁中五行首字「也」，麗無。

一　八六〇頁中六行第四字「起」，麗作「趣」。同行第八字「又」，麗作「义」。

一　八六〇頁下九行第二字「從」，麗無。

一　八六〇頁下一二行「既無」，麗作「即無」。

一　八六〇頁下一三行「乃至」，麗作「乃」。

一　八六一頁上一行「無烟矣」下，麗有「佛語比丘非常無堅固」(九字)。

一　八六一頁上八行「焰摩天」，麗作「焰天」。

一　八六一頁上一〇行及中三行、五行「峪峩」，麗作「嶔峩」。

一　八六一頁中七行「無得」，麗作「無復有」。

一　八六一頁中九行「獝狩」，麗作「禽獸」。

一　八六一頁中一〇行第一二、一三字「已後」下，麗有「人皆死盡及四王天忉利天焰天兜率天」(十六字)。

一　八六一頁下一行「水上」，麗作「水上生」。

一　八六一頁下四行第六字「越」，麗作「趣」。

一　八六二頁上一四行第三字「波」，麗作「波起」。

一　八六二頁中二行「四十四」，麗作「三十四」。

一　八六二頁中一三行「城地」，麗作「成地」。同行「喻句」，麗作「由句」。

一　八六二頁下一行「須弥池旃」，麗作「須弥陁稱」。

一　八六三頁上四行第一二字「始」，麗作「始從」。

大樓炭經卷第六

西晉沙門釋法立共法炬譯

天地品第十三

佛語比丘天地破壞更始成之後人皆在第五阿衛貨羅天上其天上人以好喜作食各自有光明神足其壽甚久長佛告比丘時其水滿天下地尒時無有日月亦無星宿無有晝夜亦無一月半月亦無年歲窈窈冥冥無所見天地成之後彼天人福德薄祿命欲盡者從阿衛貨羅天上來下遊此閒地亦以好喜為食各自有光明神足飛行在其人閒壽甚久長時天下人甚端正姝好不別男女亦不可別君長庶民人但供衆俱往還佛語比丘時地上自然生地味辟如白酥上肥其地味色如是也其味辟如蜜時有一異嗜味人心念言我欲試以指取地味嘗之知何等類其人便以指取地味嘗之餘人見以便効以手撮取地味而食之人食是地味之後身即麁堅面色變悪亡失光明神足不能復飛行上天下復如故天下窈窈冥冥天下窈窈冥冥之後法當有大黑風起吹入大海水深三百三十六万里取日月大城郭上須弥山邊百六十八万里著日月城郭道中用是因緣天下有日月也尒時日大城郭從須弥山東出繞須弥山王西入圍繞復從山東出繞須弥山西入時人有言是昨日日也或有人言非是昨日日者日城郭復從須弥山東出如是三反繞須弥山西入尒時人言是非日日也或有言非是昨日日城郭復從須弥山東出如是三反繞須弥山西入尒時人言是昨日出者也是故謂言日也有三事一者出照現城郭二者没不現其宮殿正四方其光明照周帀是故圓以天金水精淨潔作城郭彼二分一分者清淨金無瑕穢無垢濁光明照耀一分者水精潔淨無瑕穢無垢濁放光明日大城郭廣長各二千三十里高下亦等城中有金樓觀宮殿名閻浮清淨高六百四十里廣亦六百四十里閻浮

樓觀宮殿中有日天子坐廣長各二十里以天七寶金銀琉璃水精赤真珠車𤦲馬瑙作之日天子一身皆出光明照閻浮宮殿閻浮宮殿之光明照大城郭大城郭之光明下照四方日天子不念言我為行不行也常以五樂自娛樂快樂天子有無鞅數天在前導快樂無極前後導從御行是故謂為御日天子其城郭以七寶作七重壁七重欄楯七重交路樹木園觀浴池有青黃赤白蓮華中有種種飛鳥相和而鳴日天子受天王五百歲子孫子孫相襲代極竟畢一劫日天子城郭下出五百光明周帀復有五百光明是為千光明善因緣所致何從得千光明善因緣以何致之用照天下令人民見其光明以能成為諸事何以故人民見其光明以能成其諸事耶若有布施與沙門道人及貧窮乞匃者衣被飲食車馬六畜香熏花牀卧房室舍宅燈火所求索即疾與不逆人意常不斷截無厭極施一心施後不悔也令道人清淨奉真法

歡喜用是使安隱意定得無鞅數善行辟如轉輪王初立為尊其意歡喜無央數佛言如是也若有人布施沙門道人及貧窮乞匃者衣被飲食車馬六畜香熏華牀卧房室舍宅燈火所索不逆人意不斷一心施後不悔令清淨道人奉尊法用是歡喜使安隱意得無央數善行其人命盡死往至安隱家即生日天子所便疾得持日城郭其光明照下四方矣是謂為千光明以善因緣所致復何從得千光明善有十因緣一者不煞生二者不盜三者不犯他人婦女四者不妄言五者不飲酒六者不惡口罵詈七者不兩舌綺語八者不嫉妬九者意不瞋恚十者正見以無央數心念善慈仁身死即生日天子所自然得持日城郭是為千光明善因緣所致復何從得千光明善因緣一者不煞生二者不盜三者不犯他人婦女四者不妄言五者不飲酒意行無央數善慈仁辟如好地四徼道中有浴池清凉水潔且美周而種種種種樹若有人

從暑熱中来飢渴極人入浴池中洗浴中飲其水彼人意念無央數歡喜佛言如是也其有不煞盜婬妄言飲酒意念無央數善身死得生日天子所則疾得持日城郭是謂以善因緣所致千光明之燿也何以故日大城郭令天下為秋冬寒用十二因緣故何等為十二一者須弥山中間長三百三十六万里生青蓮華紅蓮華黃蓮華白蓮華甚衆多大香好日大城郭光明照中為奪其光用是因緣故令日大城郭寒為秋冬是為一事二者阿羅陁山中間長百六十八万里其中生青紅黃白蓮華甚衆多大香好搯日大城郭之光明用是故令日城郭寒是為二事復次飲安正中間長八十四万里其中生青紅黃白蓮華甚衆多大香好復搯日大城郭之光明是故天下寒是為三事復次善見山中間長四十八万里中生青紅黃白蓮華甚衆多大香好搯日之光明是故令天下寒是為四事善見山外次有阿抄波山中間長二十四万

里五阿抄波山後有𡶡弥阿山中間
長十二万里六𡶡弥陁後次有比郁
山中間長四万八千里七比郁山後
次有鐵圍山長二万四千里揄其日
大城郭之光明用是故令天下寒為
秋冬是為八事復次天下流河揄其
日大城郭之光明是故日大城郭寒
為秋冬是為九事復次其河水東流
向閻浮利者少流行向倶耶𡶡天下
者多便揄日大城郭之光明用是故
天下日寒是為十事
復次河流向倶耶𡶡者少流向弗于
逮復多復揄日大城郭之光明故天
下寒是為十一事
復次河流向弗于逮者少流向欝单
日者復多彼復揄日大城郭之光明
大海水揄日大城郭之光明是故天
下日寒有秋冬是為十二事何因緣
日大城郭熱為春夏有十事何等為
十一者須弥山王其邊有山名阿多
高百六十八万廣亦百六十八万里
其邊無限甚姝好七寶金銀琉璃水
精赤真珠車璖馬瑙作之彼揄其日

大城郭之光明用是故天下熱是為
一事復次阿多山外有山名伊沙多
高八十四万里廣亦八十四万里其
邊無限甚姝好皆以七寶作之揄其
日大城郭之光明用故天下熱是為
二事復次伊沙多山外有山名揄安
陁高四十八万里其邊無限甚姝好
皆七寶作之彼復揄日大城郭之光
明天下熱是為三事復次揄安陁山
外有山名善見高二十四万里廣亦
二十四万里其邊無限四事復次有
山名阿抄𡶡高十二万里廣亦十二
万里其邊無限五事復次有山名泥
弥陁高四万八千里廣亦四万八千
里其邊無限六事𡶡弥陁山後次有
山名比郁頭高二万四千里廣亦二
万四千里其邊無限七事次外復有
大山鐵圍高二万二千里廣亦二万
二千里其邊無限皆以七寶作之日
大城郭之光明皆照其上也用是故
天下熱有春夏是為八事復次從此
高四十万里有天神舍以氷精作之
住虛空中大風制持行之譬如浮雲

矣天下人皆共名之為星宿其大者
圍七百二十里中者圍四百八十里
小者圍二十里日大城郭之光明皆
少彼用是因緣故天下熱熱為九事
為春夏是為十事日大城郭有常持
風雨五品一者持風二者作風三者
助風四者轉風五者行風是為五共
轉行日大城郭未曾休息時也佛言
介時月大城郭出繞須弥山東行西
入光明威神稍減是故名為月月有
二事光明周帀照四方其大城郭四
方二圓光明周帀真圓月城郭以天
銀天琉璃造作之也月大城郭廣長
各千九百六十里高下亦等城中有
月天子天琉璃宮殿高六百里廣亦
六百里中有天子坐廣長各二十里
以七寶金銀琉璃水精赤真珠車璖
馬瑙作之月天子身一切皆出光明
照宮殿光明出照大城郭城郭之光
明下遍照四方月天子不自念言我
行不行常以天五樂娛樂快樂月天
子前後導從諸天無央數百御行常
快樂歡喜故名為御也月天子受以

天上五百歲子孫子孫相襲代其城郭壁以七寶作七重欄楯七重交路七重行樹樹木周帀圍繞皆以七寶造之有園觀浴池中生青黃白紅蓮花種種飛鳥相和而鳴月天子下有五百光明周帀復有五百光明月為千光明善因緣所致千光明善因緣何從得若有布施沙門道人及貧窮乞匄者衣被飲食車馬六畜香熏華房室舍宅燈火所索不逆人意一心布施後不悔令清淨道人奉真法使安隱得無央數善行辟如轉輪王初立為王時意歡喜無央數佛言如是若有布施沙門道人及貧窮乞匄者衣被飲食及衆用者令德無央數安隱歡喜其人命盡死即生月天子所則疾得持月大城郭是故謂其千光明以善因緣所致復何得從千光明善因緣若有於是不煞盜婬不妄言綺語惡口罵詈兩舌不嫉妬意不瞋恚愚癡行十善事意常歡喜無央數辟如好地四徼道中有浴池水清淨濡且美周帀有樹若有人飢渴從

暑熱中來入中洗浴飲食之意歡喜無央數佛言如是若有行十善事者身死即生月天子所則疾得持月大城郭也是謂為其光明以善因緣所致矣復何從得千光明善因緣若有不煞生不盜竊不犯他人婦女不妄言不飲酒其人歡喜身死便生月天子所則疾得持月城郭是謂以善因緣所致千光明六十彈指頃為切十尺纖切二十一尺為一時百彈指為切十尺曰大城郭曰大城郭曰稍稍南著行六十里盡百八十日乃復北還竟百八十日也日行八十日著月行十五日即復到矣閻浮利日中時東方弗于逮便冥西方俱耶尼則初出北方鬱單曰則夜半也俱耶尼曰中時閻浮利即冥鬱單曰日初出弗于逮夜半也鬱單曰日中時俱耶尼則冥弗于逮曰初出閻浮利即夜半也弗于逮曰中時鬱單曰則冥閻浮利曰初出俱耶尼則夜半也如是閻浮利人曰中東方弗于逮天下人冥西方俱耶尼天下人曰出鬱單曰矢

下人夜半俱耶尼人日中便閻浮利人冥鬱單曰天日出弗于逮天下人則夜半也佛言月何因緣稍稍現缺減有三事故缺何等為三一者角行故稍稍現缺減是為一事二者月大城郭邊有天其色青衣被瓔珞亦青所可逮面止頊其面則現缺減是為二事三者日大城郭以六十光明照月大城郭之明所照面其面則現缺減是為三事日奪月光明故月何因復現滿具足有三事何等為三一者月稍行三方用是故月稍現滿是為一事二者月十五日則諸青色青衣天人入月城中共相娛樂彼時月皆以光明照諸天人辟如衆燈中央然大火其火皆曜衆燈佛言如是月大城郭邊諸天其色青及衣青者月十五日時入與月天子俱相娛樂其光明照諸天人用是故十五日月現滿是為二事三者月十五日時日以六十光明照月大城郭月不受用是故月現滿是為三事月大城郭有常持風五品何等為五一者持風二者住

大樓炭經第六卷　第十二張　牒字号

風三者助風四者轉風五者行風是
為五風常共行月城郭未曾有休息
也月中何因復現乳色也有樹名閻
浮利是故名此天下為閻浮利其樹
下有山皆以七寶作之高八百里周
帀亦八百里其樹高四千里周帀二
千里圍五百六十里根深八百四十
里其影照現月中故使月大城郭現
乳色不明佛告比丘言族姓子作行
當如月照天下棄捐貢高之心遠離
種　性常懷慙愧之意閻浮利大樹
上其實辟如大瓶其味甜如蜜其色
白如蘓肥閻浮利大樹北有七重山
七重樹有七婆羅門仙人精舍
佛言尒時諸人民食其地上味以自
生活如是食是地味甚久長壽命無
極其有食地味多者面色變惡食少
者面色善好其好顏色者便自貢高
形笑惡色者以色自貢高相形笑故
其地味便滅不復生更自然生薄餅
其味甚香美不如前地味人共會議
愁憂自愽呼嗟啼哭思念前地味甚
美而亡失之佛言辟如此間人有甘

大樓炭經第六卷　第十三張　牒字号

美味與人嘗之便言其味何一美耶
念其味無巳尒時人如是共會議愁
憂自搏呼嗟啼哭思念前地味時人
則復取薄餅食之以自生活如是甚
久長其有食地薄餅復多有顏色遂
變惡其食少者顏色善好其好顏色
者形笑惡色以色自大貢高相形故
其地薄餅則復沒不復生更生波羅
其味亦香美不如前薄餅味辟如枯
加藍華其味如蜜尒時人共會議愁
憂自搏呼嗟啼哭念前地薄餅味人
便取波羅味食之以自生活其壽命
甚久長其食波羅味多者顏色遂變
惡食之少者顏色善好其好色者以
色自貢高相形笑所致地波羅便沒
不生更自然生粳米其味亦香美姝
好無種種清淨出一切味不如波羅
味人共會議憂愁呼嗟啼哭念前波
羅味自搏辟如此閒人更毒痛以法呼嗟
啼哭彼時人如是也尒時人取食自
然粳米食自然粳米之後天下變為
男子女人各各相觀便起婬欲之意
行屛處共作不淨行為穢濁之法矣

大樓炭經第六卷　第十四張　牒字号

餘者見之便言汝何作非法事乎人
人寧當相向作是事耶遠其人去不
與談語至三二月然乃呼来相見言
昔者人無所著今者人稍有所著後
便持童女嫁與夫歌儛戲笑稱願夫
婦常使安隱也尒時人非法著婬欲
行非法婬欲之後便造舍宅用是非
法故初起舍宅佛於是說偈言

初時造瞻波國　次起波羅奈城
用是日出光明　然後乃作羅閱

尒時人民遂非法著婬欲彼從第十
五阿衛貨羅天上人其福德薄祿命
盡身死来下人間入母腹中成胞胎
用是故女人始懷妊生男女時人民
共食是清淨粳米以餔時往取粳米
更生至明旦續如故明旦往取之至暮
其粳米生亦如故佛言如是人朝暮
獲取粳米隨生隨如故不覺所獲取
處尒時有一人心念言我朝暮往取
清淨粳米疲勞不如頓取二日粳米
便往取之餘者見之呼共往取粳米
報言我巳持二日粳米来御自隨取
之尒時其人便善之言彼人甚快乃

往取二日粳米我當復往取二三日粳米也餘人復見言共去取清淨粳米其人報言我已取二三日粳米卿自隨意彼人聞之則善之自念當往取四五日粳米卿往取四五日清淨粳米來用人相効往取清淨粳米多故然往更生莖穢粳米所取即有處不復生尒時人民皆聚會共議愁憂不樂自椎搏啼哭吁嗟言我昔者以好喜為食身有光明飛行神足立安隱時地自然生地味甚香美其色辟如白酥肥其味如蜜其愚者取而食之即相効取地味食之皆亡失光明神足其食多者顏色變惡其食少者顏色善好顏色好者便自貢高形笑惡色者以相形笑故地味即沒不復生更生薄餅薄餅沒後復生波羅波羅盡沒更生粳米以貢高相形笑故至使令清淨粳米所取即有處不生當共分地作畔界用是故天下人便行未曾有法便共分地作畔界各各耕種分時愚人自有粳米便行盜他家粳米其主見之便言卿所為非所為

非法自有粳米不取反行盜他人粳米乎卿後莫復作是事也其人如是三反自置粳米盜他家粳米其主復見之即復言卿所取大非自置粳米反盜他家如是至再三便以手推擊牽將去至聚落坐衆人平議言此人自置粳米反行盜他人其盜者對衆人言此人以手推擊我衆人便共會議愁憂不樂自椎搏啼吁嗟言今世間遂生惡不善之法怨結日成惡苦一人燒已燒已命以有老病死惡道之事人便現受取之事遂相撾捶見已即自訟事衆人便共議當於何所得賢者共立為君長典主所為我等所作從其取決若有作非法者當誅罰之我等所種粳米各各當共輸衣食尒時彼衆會中有人寂大尊端政姝好威神巍巍衆人便白其人當為我等典主作君長所為其從受言教若為非法者即當誅罰之也我曹種所収粳米各各供給君衣食是人即言諾便共立為君長典主一切所為從其受教若為非者即誅罰之人所

種粳米各各共輸入典主一切教令人民号曰大玉以法取租故名為剎利用是故天下始起剎利種天下所有國皆屬大王時是閻浮利地地平正無山陵嵠谷無有荆棘亦無蚊虻蚤蝨亦無礫石地棄捐明月珠玉琉璃金銀大王治閻浮利天下時天下富樂熾盛安隱五穀豐熟人民衆多地佳好水亦饒多辟如酥麻油塗地不起揚塵生青草衆多周帀正圜其色辟如孔雀尾其香如香香也柔濡如綩綖足跡上陷入地四寸舉足即還復如故地無四寸空缺處有香樹瓔珞樹衣被樹下息樹寶樹器樹音樂樹樹生華實劈之各各出種種所有中有高七聲下至六五四三二一會者寂埤者高半聲大王治天下時閻浮利有八万郡國人民聚落居雖鳴者展轉相聞天下無病亦不大熱亦不大寒復無飢渴人大王以法治行奉十善事遍教天下人民使行如父愛子天下人民敬王如子敬父大王有子名曰真真王有子名曰齊齊

王有子名曰頂生頂生有王子名曰遮
留遮留王有子名和行和行王有子
名留至留至王有子名日日王有子
名波鞞波鞞王有子名大波鞞大波
鞞王有子名沙竭沙竭王有子名大
善見大善見王有子名提炎提炎王
有子名滦滦王有子名迷留迷留王
有子名摩留摩留王有子名精進力
精進力王有子名堅賤堅賤王有子
名十車十車王有子名舍羅舍羅王
有子名十大十大王有子名百大百
大王有子名鞞和檀鞞和檀王有子
名真闍真闍王有子名波延後諸王
甚衆多諸轉輪王有十種姓一者姓
迦奴車二者姓名盧提三者阿波四
者揵陁利五者迦陵六者遮波七者
拘獵八者般闍九者弥尸利十者一
摩弥是為十種姓迦奴車有五多留
亦有五阿波有七迦陵有九遮波有
十四拘膢有三十一般闍有三十二
弥尸利有八万四千一摩弥有百一
然後有王名大善生人呼為伊摩伊
摩王有子字尸不尸不王有子名師

子師子王有子名悅頭檀悅頭檀王
有子名悉達菩薩悉達菩薩有子名
羅云佛言以是因緣從昔至今起刹
利尒時人民念言我為者疾病者腫
者瘡我欲棄一切著往入空閑處室
中坐即棄楢者疾病腫瘡往入空閑
處坐思念道令日早起明旦日早起
行入丘聚分衛人民見之皆歡與之
人民便言善哉乃棄捨疾病腫瘡楢
一切著往入空閑處坐思念道
佛言此輩但行惡不善之法是故謂
言婆羅門也尒時彼人不能坐禪念
道亦不能得禪用不能坐禪得禪故
從坐起入聚落中分衛呪願說言不
能坐禪亦不能得禪共邪行入丘聚
分衛故名為聚也行邪法故名為和
沙羅是故世間初造起婆羅門種也
時人民各各奉行種種法用是故世
間有工師種彼時人各各犯煞生用
是故謂言煞生種也是以因緣世間
初造有煞生也用世王世間已造起
是四種故然後世間乃起第五沙門
種也若刹利種身行惡口言惡心念

惡行是惡已身後死墮勤苦中婆羅
門種工師種煞生種亦如是若身行
惡口言惡心念惡身死墮苦中刹利
種若身行善口言善心念善身死復
墮樂處婆羅門種工師種煞生種其
有身行善口言善心念善身死復墮
樂處刹利種婆羅門種工師種煞生
種若身行二事口意行二事身死墮
苦樂中刹利種若有除鬚髮被袈裟
信道棄家行作沙門奉行三十七品
經行是已善男子善女人用信道故
棄家行作沙門行無上清淨事現在
不久自以功德作證念道行盡生死
具足梵行所作已辦不復更餘事婆
羅門種工師種煞生種若有除鬚髮
被袈裟行作沙門奉行三十七品經
用善男子信故捨家作沙門脩無上
清淨事現在不久自以功德作證念
道行盡生死具足梵行所作以辦不
復更餘事也是四種人有起成惠之
行者得尊無所著阿羅漢也梵三鉢
天尒時偈說言
刹利種為人尊　諸人民行種姓

從起信成惠行　彼天上人中尊
彼梵三鉢天受是偈不受惡說善事
不說惡言勸助是佛言我如來無所
著等正覺亦說是義偈
諸人民行種姓　剎利種為人尊
從起得成惠行　彼天上人中尊
佛說是經時八万四千天人遠塵離
垢諸法眼生無央數比丘起無餘不
受生死意得解脫佛說如是比丘歡
喜前為佛作礼而去地深二十億万
里從是以下復有地味二十億万里
下復有粟金二十億万里下復有剛
鐵二十億万里下復有水八十億万
里下復有風五百二十億万里乃復
有下方與天地從是人間上至梵天
亦五百二十億万里
問曰何以正名為劫劫報曰劫名為
災壞時有四時因緣一者久在地盡
便火起二者久火盡便水起三者久
水盡便風起稍生後天地成從成復
敗如壞無端緒故名為劫久極天地
運盡時一切人罪盡者皆上生梵天
上其天近是時有罪者未竟者復生

他方佛國天下惡道中劫所以有起
盡者現非常敗故其事亦自應尒
若死是起盡不知苦已不知苦亦不
知求道何以故盡火起故何以故盡
水起故何以故盡風起故何以故盡
地起故

大樓炭經卷第六

大樓炭經卷第六

校勘記

一　底本，金藏廣勝寺本。

一　八六六頁中三行品名，麗作「天地成品第十三」。

一　八六六頁中五行「第五」，麗作「第十五」。

一　八六六頁中二〇行「味嘗之」下，麗有「甚喜嗜之如是嘗至三反遂喜即後撮滿手食之」（十九字）。

一　八六六頁下一行「上天下」，麗作「上天天下」。

一　八六六頁下一二行末三字「昨日日」，麗作「昨日日也日」。

一　八六七頁上一二行「受天王」，麗作「壽天上」。

一　八六七頁中末行「周而種」，麗作「周帀」。

一　八六七頁下二行第二字「中」，麗無。

一　八六七頁下一六行「飲安正」，麗

作「俞安山」。

一　八六八頁上一一行第一一字「阿」，麗作「陁」。

一　八六八頁上一三行首字「逮」，麗作「逮者」。

一　八六八頁上二一行第六字「万」，麗作「万里」。

一　八六八頁中五行第九字「故」，麗作「是故」。

一　八六八頁中七行「万里」下，麗有「廣亦四十八万里」。

一　八六八頁中一一行「四事」，麗作「是爲四事」。

一　八六八頁中一八行「大山」，麗作「山名」。

一　八六八頁下三行「二十里」，麗作「二百四十里」。

一　八六八頁下四行「熱熱」，麗作「熱是」。同行「九事」下，麗有「復次天下地物日大城郭之光明用是故天下熱」（十九字）。

一　八六八頁下六行第二字「雨」，麗無。同行「作風」，麗作「住風」。

一　八六八頁下一二行第二字「二」，麗作「正」。同行第八字「真」，麗作「正」。

一　八六八頁下末行第一三字「受」，麗作「壽」。

一　八六九頁上一八行「得從」，麗作「從得」。

一　八六九頁中四行「光明」，麗作「千光明」。

一　八六九頁中九行末字「十」，麗作「七」。

一　八六九頁中一一行第八至一一字「日大城郭」，麗無。

一　八六九頁下二行第六字「天」，麗作「天下」。

一　八六九頁下七行第三字「逮」，麗作「侍」。

一　八七〇頁上一三行第三字「蘇」，麗作「酥」。

一　八七〇頁上二二行第四字「愽」，麗作「搏」。

一　八七〇頁中二行首字「念」，麗作「貪」。

一　八七〇頁中七行「惡色」，麗作「惡色者」。同行「形故」，麗作「形笑故」。

一　八七〇頁中一七行第二字「無」，麗無。

一　八七〇頁中一九行第一三字「以」，麗無。

一　八七〇頁下三行「三二月然乃」，麗作「二三月然後方」。

一　八七〇頁下一六行第二字「生」，麗無。

一　八七一頁上四行「隨意」，麗作「隨意取」。

一　八七一頁上五行第七字「卿」，麗作「卿即」。

一　八七一頁上七行第二字「往」，麗作「後」。

一　八七一頁上九行第七字「吁」，麗作「呼」。

一　八七一頁上一八行「盡沒」，麗作

「沒盡」。

一八七一頁上二〇行「便行」，麗作「更行」。

一八七一頁上二二行「分時」，麗作「尒時」。

一八七一頁中六行「平議」，麗作「評議」。

一八七一頁中九行「啼吁嗟」，麗作「啼哭呼嗟」。

一八七一頁下九行第一〇字「酥」，麗作「蘇」。

一八七一頁下一〇行「正圜」，麗作「正圓」。

一八七一頁下一二行「足跡」，麗作「足蹈」。

一八七一頁下一七行「會者」，麗作「聲者」。

一八七二頁上一行「有王子」，麗作「王有子」。

一八七二頁上一一行「十大十大」，麗作「十丈十丈」。

一八七二頁上一一行末三字至次行首字「百大百大」，麗作「百丈百丈」。

一八七二頁上一五行「姓名」，麗作「姓多」。

一八七二頁上一九行「有七」下，麗有「揵陁利亦有七」（六字）。

一八七二頁上二一行第九字「一」，麗無。

一八七二頁上末行「尸不尸不」，麗作「烏獵烏獵王有子字不尼不尼」。

一八七二頁中四行首字「利」，麗作「利種」。

一八七二頁中八行第一二字「歡」，麗作「歡喜」。

一八七二頁中二一行「王世」，麗無。

一八七二頁下一行「身後」，麗作「後身」。

一八七三頁上八行「法眼」，麗作「法法眼」。

一八七三頁上二一行第三字「壞」，麗作「環」。

佛說樓炭經卷第一　福一

西晉三藏法師法立共法炬譯

閻浮利品第一

聞如是一時佛遊於舍衛祇樹給孤獨園與大比丘衆千二百五十人俱爾時衆比丘飯已後會於講堂共說天地之事佛遥聞之出就堂坐問諸比丘屬何所議諸比丘言心有所疑今此天地云何而成至其然後云何破壞唯議此事願佛解說佛告諸比丘汝欲聞者諦聽受之諸比丘言唯然受教佛言如一日月旋照四天下時爾所四千天下世界有千日月千須彌山王有四千天下四千大海水四千大龍宮四千大金翅鳥四千惡道四千大惡道七千種種大樹八千種種大山萬種種大泥犁是名爲一小千世界如一小千世界爾所小千千世界是名爲中千世界爾所中千千世界是名爲三千大千世界悉燒成敗是爲一佛刹佛告比丘是地深六百八十萬俞旬其邊無限其地立水上其水深四百六十萬俞旬其邊際無有限其風持水其風深二百三十萬俞旬其邊際無限其海深八百四十萬俞旬其邊際無崖底須彌山王入大海水八萬四千俞旬高亦八萬四千俞旬下狹上稍稍廣上正平種種含生類在上止悉滿無空缺處諸神亦在上止諸尊復尊天神悉在上居止忉利天宮在須彌山上過忉利天上有餤摩天過餤摩天有兜術天過兜術天上有尼摩天過尼摩天上有波羅尼蜜和耶越致天過是上天有梵迦夷天過是天上有魔天其宮廣長二十四萬里宮壁七重七重欄楯七重交露七重行樹七重周帀皆以七寶綵畫妙好金銀水精瑠璃瑪瑙赤眞珠硨磲金壁銀門銀壁金門瑠璃壁水精門水精壁瑠璃門赤眞珠壁瑪瑙門瑪瑙壁赤眞珠門硨磲壁一切衆寶門綵畫妙好皆以七寶作之金欄楯金柱栿銀桄銀欄楯銀柱栿金桄瑠璃欄楯瑠璃柱栿水精桄水精欄楯水精柱栿瑠璃桄赤眞珠欄楯赤眞珠柱栿瑪瑙桄瑪瑙欄楯瑪瑙柱栿赤眞珠桄硨磲欄楯硨磲柱栿一切妙寶桄金交露者

銀垂銀交露者金垂瑠璃交露者水精垂水精交露者瑠璃垂赤眞珠交露者瑪瑙垂瑪瑙交露者赤眞珠垂硨磲交露者一切寶垂金樹金根金莖銀枝葉華實銀樹銀根銀莖金枝葉華實瑠璃樹瑠璃根瑠璃莖水精枝葉華實水精樹水精根水精莖瑠璃枝葉華實赤眞珠樹赤眞珠根莖瑪瑙枝葉華實瑪瑙樹者瑪瑙根莖赤眞珠枝葉華實硨磲樹者硨磲根莖一切寶枝葉華實綵畫姝好皆以七寶金銀瑠璃水精赤眞珠硨磲瑪瑙其門上有曲廂蓋欄楯上有交露樓觀下有園廬舍宅浴池生種種華樹種種葉種種華種種實出種種香種種飛鳥各各悲鳴過魔天上有梵迦夷天過梵迦夷天上有阿衛貨羅天過是上有首皮斤天過是上有比呼破天過是上有無人想天過是上有阿畢和天過是上有阿答和天過是上有須嗟旃天過是上有須陀尸天過是上有阿迦尼吒天過是上有天名阿竭禪天過是上有天名識知過是上有天名阿因過是上有天名無有思想亦不無想乃至其上有人生老病死往還不復過其上數佛言比丘須彌山王以四寶瑠璃水精金銀作成之須彌山北有天下名鬱單越廣長各四十萬里正四方須彌山王東有天下名弗于逮廣長各三十六萬里周帀正圓須彌山王西有天下名俱耶尼廣長各三十二萬里如半月形須彌山王南有天下名閻浮利廣長各二十八萬里南廣北狹須彌山王北脅天金照北方天下須彌山王東脅天銀照東方天下須彌山王西脅天水精照西方天下須彌山王南脅天瑠璃照南方天下北方天下有樹名銀莖圍二百八十里高四千里枝葉分布二千里東方天下有大樹名條莖圍二百八十里高四千里枝葉分布二千里俱耶尼天下有樹名斤莖圍二百八十里高四千里枝葉分布二千里其樹上有石牛高四十里閻浮利天下有大樹名閻浮高四千里莖圍二百八十里枝葉分布二千里金翅鳥王及龍有樹名駒利睒高四千里莖圍二百八十里枝葉分布二千里阿須倫有大樹名善晝過度高四千里莖圍二百八十里枝葉分布二千里忉利天有樹名晝度高四千里莖圍二百八十里枝葉分布二千里大海北有大樹名閻高四十里莖圍二百八十里枝葉分布二千里北方地空中有叢樹名菴廣長各二千里復有叢樹名閻破又有叢樹名多又有叢樹名那多又有叢樹名男又有叢樹名女又有叢樹名小兒又有叢樹名栢又有叢樹名旃檀又有叢樹名佉鉢又有叢樹名般柰又有叢樹名比羅又有叢樹名穴利又有叢樹名柰又有叢樹名安石榴又有叢樹名抄羅又有叢樹名陂陂又有叢樹名陂隆又有叢樹名阿摩勒又有叢樹名呵梨勒又有叢樹名毗醯勒又有叢樹名箄又有叢樹名竹又有叢樹名施羅又有叢樹名舍羅閻又有叢樹名瓜又有叢樹名大瓜又有叢樹名脫華又有叢樹名比羅又有叢樹名須女華又有叢樹名皮羅又有叢樹名和師又有叢樹名茄夷又有叢樹名捘鮮又有叢樹名蒲萄凡此諸樹廣長各二千

里過是空地其空地中亦有優鉢華池二千里紅蓮華池二千里白蓮華池二千里黃蓮華池二千里青蓮華池二千里過是以地空其空地有海名鬱禪從東西流入大海其鬱禪海中見轉輪王跡知天下有轉輪王現遊行時跡鬱禪北有山名鬱禪茄佛語諸比丘其山甚樂姝好巍巍樹木生葉華實甚香畜獸飛鳥無所不有無與等者也佛言比丘其鬱禪茄山甚樂姝好巍巍過鬱禪茄山有山名須桓那鉢其山有八萬窟中有八萬象皆在中止其象七日一食有六牙上廣下狹牙齒間悉金填過須桓那鉢山次有山名冬王甚高過億山上高四千里上有水名阿耨達廣長二千里其底沙皆金其水涼冷輭美且清以七寶金銀瑠璃水精赤眞珠硨磲瑪瑙作墼壘其四面起牆亦布底有七重欄楯七重行樹周帀圍遶七寶交露綵畫姝好阿耨達龍王水池四面有陛金陛銀桄銀陛金桄瑠璃陛水精桄水精陛瑠璃桄赤眞珠陛瑪瑙桄瑪瑙陛赤眞珠桄硨磲陛七寶桄陛上

有曲廂蓋皆有欄楯有交露樓觀其水中有青蓮華紅蓮華白蓮華黃蓮華華亦有火色者金色者青色者紅色者赤色者白色者周帀大如車輪其莖大如車轂若刺其汁出如乳色其味如蜜阿耨達龍王宮在其水中宮名般闍兜阿耨達龍王在中止其龍有何等寶何謂爲阿耨達龍過阿耨達龍天下餘諸龍王以三熱見燒阿耨達龍王不以三熱見燒復次天下諸餘龍王過阿耨達龍王餘龍王熱沙雨身上燒炙燋皮燋皮已燒膚燒膚已燒筋燒筋已燒骨燒骨已燒髓燒炙甚毒痛過阿耨達龍王餘龍王皆見熱阿耨達龍王獨不熱是故名爲阿耨達是爲第一事復次天下過阿耨達龍王餘龍王起婬欲事相向時熱風來吹其身燋龍身即失天顏色得虵身便恐不喜天下諸所龍王過阿耨達龍王諸龍王得熱阿耨達龍王獨無熱是故名爲阿耨達是爲二事復次天下諸龍王過阿耨達龍王餘龍王諸金翅鳥王悉入其宮悉恐怖取食之若金翅鳥自念欲入阿耨達龍

王宮適念是便自得無央數災變及其身過阿耨達龍王天下餘龍王皆見是毒熱阿耨達龍王獨不見熱是故名阿耨達是爲三事以三事故名爲阿耨達阿耨達龍王東有大流江下行一江有五百部河繞阿耨達龍王東流入大海阿耨達龍王南有大江名和叉有五百部河遶阿耨達龍王流入南大海阿耨達龍王西有大江名信陀有五百部河流遶阿耨達龍王流入西大海阿耨達龍王北有大江名斯頭有五百部河流遶阿耨達龍王入北海冬王山南有國名維虵離維虵離北有七黑山七黑山北有七仙人婆羅門在中止一者名機機揄二者名施泥梨三者名鬱單四者名禪五者名加虵六者名優多羅七者名波被頭有山名和曇摩過七仙人婆羅門北有山名乾陀摩訶衍中有兩窟一者名畫二者名善畫以七寶作之金銀瑠璃水精赤眞珠硨磲瑪瑙細輭如綿衣畫善畫窟北有樹王名善住有八千樹王圍遶之善住王樹下有象王名善住在下止有八千象周

帀圍遶之善住王樹北有浴池名摩那摩以七寶金銀水精瑠璃赤眞珠硨磲瑪瑙作壍壘之邊有八千浴池周帀圍遶其水皆凉美輭且清其水底沙皆金以七寶金銀水精瑠璃赤眞珠硨磲瑪瑙作七重欄楯七重交露七重行樹周帀圍遶其池甚妙好金欄楯者金柱柎銀桄銀欄楯者銀柱柎金桄瑠璃欄楯者瑠璃柱柎水精桄水精欄楯者水精柱柎瑠璃桄赤眞珠欄楯者赤眞珠柱柎瑪瑙桄瑪瑙欄楯者瑪瑙柱柎赤眞珠桄硨磲欄楯者硨磲柱柎一切寶桄金交露者銀垂絡銀交露者金垂絡瑠璃交露者水精垂絡水精交露者瑠璃垂絡赤眞珠交露者瑪瑙垂絡瑪瑙交露者赤眞珠垂絡硨磲交露者一切寶垂絡皆七寶作甚姝好金樹者金根莖銀枝葉華實銀樹者銀根莖金枝葉華實瑠璃樹者瑠璃根莖水精枝葉華實水精樹者水精根莖瑠璃枝葉華實赤眞珠樹者赤眞珠根莖瑪瑙枝葉華實瑪瑙樹者瑪瑙根莖赤眞珠枝葉華實硨磲樹者硨磲根莖一切寶枝葉華實以七寶作皆姝好摩那摩池周帀四面以七寶金銀水精瑠璃赤眞珠硨磲瑪瑙雜作陛金桄銀陛銀桄金陛水精陛瑠璃桄瑠璃陛水精桄赤眞珠陛瑪瑙桄瑪瑙陛赤眞珠桄硨磲陛一切寶桄以七寶作甚姝好陛上有曲廂蓋欄楯上有交露樓觀下有園觀舍宅有浴池樹生種種華種種實出種種香中有種種飛鳥相和悲鳴摩那摩池中有青蓮華黃蓮華白蓮華赤蓮華中有紅色者金色者青色者黃色者赤色者白色者種種雜色者其華大周帀如車輪其莖周帀如車轂其華斷者出其汁如乳其味如蜜善住象王念欲入池中洗浴相娛樂時即念八千象王爾時八千象王言善住象王以念我等即共往至善住象王所在前住時善住象王與八千象王俱往至摩那摩池諸象中有爲王持蓋者中有扇者周帀圍遶中有含血名機那在前歌舞作妓樂時善住象王至摩那摩池中洗浴作妓樂相娛樂中有象爲王洗鼻口者中有洗牙齒者中有洗頭者中有洗背者中有洗腹者中有洗髀者中有洗膝者中有洗足者中有洗尾者中有拔華根洗之以與王食者中有以青蓮華黃蓮華赤蓮華白蓮華以鼻歷持散象王頭上者爾時善住象王洗浴相娛樂飲食已便還至善住樹下其八千象王各入其池洗浴作妓樂相娛樂飲食已便還至善住象王所爾時善住象王與八千象王俱前後圍遶還至善住樹下中有爲象王持蓋者中有扇者在前作妓樂歌舞至善住樹間象王從意卧起行步其餘八千象各各亦隨意在樹間卧起行步從意所欲諸八千象樹中有圍四丈九尺中有樹圍五丈六尺中有樹圍六丈三尺中有樹圍七丈七尺中有樹圍八丈四尺中有樹圍九丈一尺中有樹圍九丈八尺中有樹圍十丈五尺中有樹圍十一丈二尺善住象王樹莖圍十丈九尺是八千樹枝葉墮落時風便吹著外其八千象王大小便時諸鬼神便除著外佛言比丘善住象王威神尊巍巍乃如是畜生含血之類迺有此也

鬱單越品第二

佛語比丘鬱單越天下周帀廣長各四十萬里北方天下有種種山無央數其河兩邊有種種樹河水徐行有種種華水中聚流河兩邊有船綵畫姝好以四寶金銀瑠璃水精作之北方天下中央有浴池名鬱難陀廣長四千里其水涼輭且清有七重壁水底沙皆金難陀浴池周帀四面有陛以四寶金銀瑠璃水精作之金陛銀桄銀陛金桄瑠璃陛水精桄水精陛瑠璃桄難陀池中有青蓮華黃蓮華白蓮華赤蓮華中有紅色者金色者青色者黃色者赤色者白色者周帀叅行其華若斷者出其汁如乳其味如蜜光照四十里其香亦聞四十里難陀浴池東有河名巳味難陀浴池南有河名修竭難陀浴池西有流河名大士難陀浴池北有流河名善種是諸河水皆徐行中有聚流行華河兩邊有種種樹以金銀瑠璃水精作河兩邊際難陀浴池東有園名賢上有七重欄楯七重交露七重行樹周帀圍遶以四寶作之姝好金銀水精瑠璃賢上園中有香樹生香華實實擘裂者出種種香有擣香樹生華實實擘者出種種香有衣被樹有瓔珞樹有不息樹有生華實若擘者出種種衣被種種瓔珞出種種不息有果樹器樹音樂樹生華實實擘者出種種器種種果種種音樂樹高七里有高六里五里者四里三里二里最卑者高一里難陀浴池南有園觀名與賢有七重欄楯七重交露七重行樹周帀圍遶以四寶作之中有香樹擣香樹衣被樹瓔珞樹不息樹器樹樹皆有華實實擘者各各出種種香擣香衣被瓔珞不息器果種種音樂樹最小者高十里二十里四十里上至七十里難陀浴池西有園觀名羅越以四寶作七重欄楯七重交露七重行樹周帀圍遶諸樹所出生高卑亦如東方園難陀浴池北有園觀名常有華亦以四寶金銀水精瑠璃作七重欄楯七重交露七重行樹周帀圍遶諸樹所出生高卑亦如東面園北方天下有樹曲合如交露北方天下人在下卧起男女各異處有淨潔粳米不耕種自然生出一切味欲飯者取淨粳米炊之有珠名餤味著釜下光出熟飯四方人來悉共食之食竟亦不盡無盜賊惡人無言我妻子不田作者飯巳面色潤澤有威神男子女人若欲婬泆意起相視無所語男子便在前行女人隨後行至園觀入中共相娛樂二三日若至七日各自隨意罷去不相屬也女人懷妊七日八日便生若男若女便持著四徼道中若有人從東西南北來者與指吮出乳飲是七日巳自以福德即長大譬如閻浮利人年二十若二十五時北方天下周帀四方有水名阿耨達後夜起雲天雨八味水如人飲食頃洗浴北方天下淹塵塵不復起譬如酥油塗地塵不起北方天下亦如是地塵不起譬如不息工師若不息工師弟子以種種華結作不息左手持之右手以水洗不息無塵北方天下如是地不起塵常有流水生草樹常有葉華實中有草青譬如孔雀翅色其香如栴檀香足蹈上即陷四寸舉足還復如故北方天下人欲至賢上園觀中遊戲相娛樂即去

乘船至岸邊脫衣沐浴相娛樂已便棄船度河往至香樹間取香塗身至衣被樹間取衣著至不息樹間瓔珞樹間器樹果樹間音樂樹間取瓔珞不息著之取器音樂便往至賢上園觀熱時亂風吹掃賢上園觀地伊蘭風至吹落華墮地至人膝時北方天下人悉入賢上園觀中遊戲相娛樂二三日至七日以後各自罷去隨意無所繫屬亦復至與賢上園觀羅越常有華園觀亦如是北方天下人欲飯時取淨潔粳米炊之以炎味珠光炊其下熟飯東方西方南方北方若有人來至其所者皆飯食之其飯亦不盡至人食之已北方天下人有樹名象兜交曲上合如交露人民在上止宿男女各異處北方天下人通齒髮紺青色長八丈人民面色同等長短亦等女人亦如是人民悉行十善事不復相教作惡行也皆壽千歲無缺減者死後有生忉利天上者有生燄摩天上者有生兜術天上者有生尼摩羅天上者有生波羅尼蜜天上者天上壽盡下生閻浮利天下人間即生大豪貴家若婆羅門大長者家北方天下人大小便時劈没地中其地清潔無有聚糞臭處北方天下人男子女人死時好爲衣被莊嚴不啼哭取著四徼道中有鳥名鬱遮舉取死人著北方天下外何以故名爲鬱單越鬱單越天下勝是三天下復最上是故名爲鬱單越復次鬱單越天下人食淨潔粳米無有盜賊無有惡者無言我妻子無言我子顏色甚好有威神無短命者死以後生善處是故名鬱單越也

轉輪王品第三

佛語諸比丘世間有轉輪王時自然生七寶有四德何等爲七一者金輪寶二者白象寶三者紺色馬寶四者明月珠寶五者玉女寶六者主藏聖臣寶七者導道聖臣寶轉輪王其金輪何等類王以十五日月滿時沐浴於高觀上與婇女共坐見東方有自然天金輪來有千輻皆完具悉以天金所成高一丈四尺王見以自念言我從先聖聞若王十五日月滿沐浴上高觀與婇女俱坐見東方有自然金輪者即得作轉輪王王自念欲試天金輪爾時轉輪王便試天金輪即便會四部兵往至天金輪所整衣服長跪叉手持右手指金輪使東飛金輪即東飛轉輪王即與四部兵及家室親屬悉隨之飛四天王天上諸天皆亦在金輪前飛行金輪所至止處轉輪王便與四部兵家室親屬皆止宿其中爾時東方弗于逮諸王以金鉢盛滿銀粟銀鉢盛滿金粟共往至轉輪王所白言大王來大善東方諸城國界富樂熾盛安隱五穀豐熟人民衆多珍寶衆多工巧者饒明月珠玉瑠璃白象馬牛羊奴婢米穀豐饒倉庫儲滿願大王止此我等承受其敎令轉輪王便告諸王言諸賢等各自治國以正法莫行非法諸賢等但莫敎殺生莫盜竊莫犯人婦女莫妄語罵詈惡口兩舌莫念惡當念慈心爲正見奉行如是如是者則爲受我敎爾時諸小王持國界奉上轉輪王轉輪王即往案行東方諸國於其中止頓無央數歲相娛樂快樂飲食得東海內悉屬已便還南方閻浮利天下王降

服亦如是復與家室親屬及四部兵金輪在
前飛行復至西方俱耶尼亦如是復至北方
鬱單越天下亦如是四天王上諸天皆在金
輪前飛金輪所至到止處轉輪王便與家室
親屬四部兵止頓其中爾時北方諸小王以
金鉢盛滿銀粟以銀鉢盛滿金粟共往至轉
輪王所白言大王來大善北方諸城國界富
樂熾盛安隱五穀豐熟人民珍寶衆多工巧
者饒明月珠玉瑠璃象馬牛羊奴婢米穀豐
饒倉庫儲滿願大王止此我等承受其敎轉
輪王便告諸小王言賢等各自治國以正法
莫行非法賢等莫殺生莫盜竊莫犯人婦女
莫妄語罵詈惡口兩舌莫念人惡當念慈心
爲正見奉行如是者則爲受我敎爾時諸小
王持國界奉上轉輪王轉輪王案行北方諸
福一　十五
國於其中止頓無央數歲相娛樂快樂飲食
得北海內悉屬已便與家室親屬及四部兵
還閻浮利天下威神更巍巍其金輪王爾時
便量度東西長四百八十里南北廣二百八
十里諸天爲轉輪王造起城壁七重七重欄
楯七重交露七重行樹周帀圍遶綵畫姝好
皆以七寶金銀水精瑠璃赤眞珠硨磲瑪瑙
更互相成金壁者銀門銀壁者金門瑠璃壁
者水精門水精壁者瑠璃門赤眞珠壁者瑪
瑙門瑪瑙壁者赤眞珠門硨磲壁者一切寶
門城周帀四方有門、金欄楯者金柱栿銀桄
銀欄楯者銀柱栿金桄瑠璃欄楯者瑠璃柱
栿水精桄水精欄楯者水精柱栿瑠璃桄赤
眞珠欄楯者赤眞珠柱栿瑪瑙桄瑪瑙欄楯
者瑪瑙柱栿赤眞珠桄硨磲欄楯者硨磲柱
栿一切寶桄金交露者銀垂絡銀交露者金
垂絡瑠璃交露者水精垂絡水精交露者瑠
璃垂絡赤眞珠交露者瑪瑙垂絡瑪瑙交露
者赤眞珠垂絡硨磲交露者一切寶垂絡復
以七寶作樹甚姝好金樹者金根金莖銀枝
葉華實銀樹者銀根莖金枝葉華實瑠璃樹
者瑠璃根莖水精枝葉華實水精樹者水精
根莖瑠璃枝葉華實赤眞珠樹者赤眞珠根
莖瑪瑙枝葉華實瑪瑙樹者瑪瑙根莖赤眞
珠枝葉華實硨磲樹者硨磲根莖一切寶枝
葉華實門上有曲廂蓋交露有樓觀邊有園
觀舍宅浴池中有種種樹種種葉種種華種
種實出種種香種種飛鳥相和而鳴其城姝
好威神巍巍金輪便止城中度量東西八十
里南北四十里爾時諸天爲轉輪王以七寶
福一　十六
作宮殿壁七重七寶欄楯七重七寶交露七
重七寶行樹七重周帀圍遶七重門上有曲
廂蓋交露有樓觀下有園觀浴池種種樹種
種葉種種華實種種飛鳥相和而鳴造起轉
輪王宮殿已金輪便立宮門前虛空中爾時
轉輪王甚歡喜踊躍言以爲我自然金輪寶
今我以爲作轉輪王乎佛言轉輪王有自然
金輪寶如是轉輪王有白象寶何類轉輪王
明旦與諸臣共會叅議時即自然有白象在
前現皆白身體完具能飛行端正頭赤有六
牙、上𪋮下細牙如畫間金色轉輪王見已念
言此象若可調者便當爲賢善則與調象師
使調適一反調便調善最如調善畜爾時轉
輪王欲試白象寶便使會四部兵被白象莊
嚴已騎白象日出便出宮門飛行遶四海內

即時還宮坐相娛樂爾時轉輪王甚大歡喜
踊躍言以為我自然白象寶今我以作轉輪
王轉輪王自然有白象寶如是轉輪王有紺
色馬寶何等類轉輪王明旦與左右共參議
時見自然紺色馬在前其馬身青毛衣滑澤
頭黑轉輪王自念言若調此馬者便當妙好
則與馬師使調即時調好最如賢善馬爾時
轉輪王欲自試紺色馬寶即使會四部兵被
已騎日未出便出宮門則與四部兵飛行遶
四海內即日還宮坐相娛樂甚歡喜踊躍言
以為我自然紺色馬寶今我以為作轉輪王
轉輪王有紺色馬寶如是轉輪王有明月珠
寶者何等類轉輪王明旦與諸臣共坐參議
時見有自然明月珠寶在前其珠青瑠璃色
八方滑澤好清潔有光明照曜轉輪王見已
自念言如此珠照我後宮中懸者為姝好爾
時轉輪王欲自試明月珠寶便使會四部兵
持珠著幢頭夜從宮門出與四部兵爾時明
月珠寶光照諸長者婆羅門家令起作使奴
婢販賣市井謂為日出其珠照四部兵明出

宮四十里飛行遶四海內即夜還宮坐甚歡
喜踊躍言以為我自然明月珠寶今我以作
轉輪王轉輪王有明月珠寶如是轉輪王有
玉女寶者何等類轉輪王明旦與諸大臣參
議時有自然玉女寶在前見端正姝好面色
無比亦不長不短不肥不瘦不白不黑冬時
身則溫夏時身則涼身體諸毛孔皆栴檀香
口出蓮華香轉輪王甚愛重之意不起婬欲
向他人何況當復身行爾時轉輪王甚歡喜
踊躍言以為我自然玉女寶今以作轉輪王
轉輪王有玉女寶如是轉輪王有主藏聖臣
寶何等類轉輪王明旦坐參議時見主藏聖
臣寶在前解慧曉事至誠往至轉輪王所白
言轉輪王所欲求索者我當為王辦之王但
自安隱坐轉輪王欲試主藏聖臣寶便會四
部兵乘船入水告主藏聖臣我欲得金銀珍
寶汝當與我主藏聖臣白轉輪王言度水已
隨王所欲即當得之王言今當於此用之疾
與我金銀珍寶度水已我不用主藏聖臣聞
受其教正衣服船上長跪右手撓水以器抄

金銀珍寶譬如蟲著樹諸金銀珍寶器著手
如是爾時主藏聖臣持衆珍寶著船上白轉
輪王言欲得幾許金銀珍寶今當與王轉輪
王告主藏聖臣言我所有金銀珍寶甚衆多
但欲試卿耳主藏聖臣聞已便還持金銀珍
寶著水中爾時轉輪王甚歡喜踊躍言以為
我自然主藏聖臣寶今我以作轉輪王轉輪
王有主藏聖臣寶如是轉輪王有兵臣寶何
等類轉輪王明旦坐參議時見有兵臣在前
解慧勇猛曉事往至轉輪王所白轉輪王言
王所欲為作我當為辦王但安坐莫憂爾時
轉輪王欲試兵臣便會四部兵告兵臣寶言
不曉兵法者教令曉之已曉者教令重知不
曉住者教令知住不曉騎乘弓馬者教令知
兵臣寶即受教皆教諸兵轉輪王甚歡喜踊
躍言以為我自然兵臣寶我今以為轉輪王
轉輪王有兵臣寶如是佛言轉輪王有七寶
如是佛言轉輪王有四德云何為四德一者
大富珍寶田宅奴婢珠玉象馬工巧者衆多
天下人富無有如轉輪王者是轉輪王第一

德二者轉輪王最端正姝好顏色無比天下人端正姝好無有如轉輪王者是轉輪王第二德三者轉輪王常安隱無疾病身常等亦不寒亦不熱適其意諸所飲食皆安隱天下人無有如轉輪王無疾病者是爲轉輪王第三德四者轉輪王常安隱長壽天下人無有常安隱長壽如轉輪王者是爲轉輪王第四德轉輪王有七寶及四德如是轉輪王以正法行爲正見不轉善見行十善事教諸小國王傍臣左右人民奉行十善事轉輪王愛念諸郡國人民如父愛子諸郡國人民愛敬轉輪王如子愛父轉輪王治天下閻浮利地平正無有高下無有棘刺無有毒獸蟲蟻無有山陵谿谷無有礫石地但有黃捐金銀明月珠玉瑠璃琥珀水精硨磲瑪瑙珊瑚轉輪王天下治國時富樂安隱熾盛五穀豐熟人民衆多佛語比丘轉輪王治國時天下有八萬郡國聚落居鷄鳴展轉相聞轉輪王治國時天下常遍有水草木常有樹木常有華實其地草葉周帀分布色如孔雀毛其香如華香足蹈上減四寸入地舉足還復如故地草又無四寸空缺處有香樹常生華實破其實出種種香有衣被樹出華實及種種衣被有珠寶瓔珞樹出華實破中有無央數種種珠寶瓔珞有不息華樹出華實破中有種種不息有果樹常生華實破中有種種果有器樹生華實破中有種種器妓樂樹生華實破中有種種音樂轉輪王治國時是天下閻浮利不耕種米穀稻粮皆自然生淨潔無穢出其味有種種甘轉輪王臨壽終時身不甚痛譬如習樂人大食腹不甚痛轉輪王臨壽終時身體痛如是轉輪王命過以後金輪白象寶便滅去紺色馬明月珠寶亦没去玉女寶主藏聖臣寶導道聖臣寶便沐浴轉輪王身以綿纏身復以五百張白氎纏身著鐵棺中以酥灌其上滿以蓋覆之以釘釘之出轉輪王棺衆人共作妓樂歌舞出著城外積一切香薪持轉輪王棺著上便放火耶維燒已玉女寶主藏聖臣導道聖臣寶共收骨以七寶於四徼道中起塔高四十里廣長四十里周帀起牆廣長二百里以七寶金銀水精瑠璃赤真珠硨磲瑪瑙作七重欄楯七重交露七重行樹周帀圍遶甚姝好其從四方來禮轉輪王行法起塔皆得無數福爾時玉女寶主藏聖臣寶導道聖臣寶爲轉輪王起塔已便布施餞者與食渴者與漿欲得衣者與衣欲得香熏華者與香熏華欲得財物牛羊者與之其後玉女寶主藏聖臣寶導道聖臣寶皆命過

佛說樓炭經卷第一

音釋

栿 房六切 桄 古黃切 嚏 都計切 脅 虛業切 睒 失冉切 挼 蘇禾切 輭 而兖切柔也 墼 古歷切未燒塼也 壘 力軌切[illegible][illegible]也 陛 部禮切 筋 舉欣切 繻 汝朱切繒也 轂 古祿切輻所輳也 髀 部禮切股也 擣 都皓切舂也 擘 博陌切剖分也 徼 古弔切境也 吮 徂兖切嗽也 劈 普擊切裂也 輻 方六切輪輮也 儲 直魚切畜積也 竊 千結切私也 罵 莫駕切 詈 力置切 穬 古猛切穀芒也

佛說樓炭經卷第一

校勘記

一 底本，清藏本。

一 八七六頁中一行及卷末經名，資、磧、普、南作「樓炭經卷第一」。下同至卷第六。

一 八七六頁中二行譯者，磧、普、南作「西晉釋法炬共法立譯」。

一 八七六頁下六行「天神」，資作「大神」。

一 八七六頁下七行「燄摩天」，資、磧、普、南作「燄天」，下同。

一 八七七頁上一四行末字「羅」，資、磧、普、南無。

一 八七七頁中一〇行及一一行「須彌山王」，資作「須彌山山」。

一 八七七頁中一二行「北方」，普、南作「比方」。

一 八七七頁下八行「又有叢樹名小兒」，資無。

一 八七七頁下一三行「陂隆」，磧、南作「陂隆」。

一 八七七頁下一六行「舍羅間」，資作「合羅間」。

一 八七七頁下一八行「皮羅」，磧作「皮維」。

一 八七七頁下一九行末字「拔」，資作「投」。

一 八七八頁上三行「青蓮華池」，資、磧、普、南作「毒虵池」。

一 八七八頁上九行第一三字「禪」，資作「單」。

一 八七八頁上一一行首字「在」，資作「有」。

一 八七八頁中一三行「第一」，南作「第二」。

一 八七八頁下七行第五字「河」，磧作「阿」。

一 八七八頁下一五行第三字「名」，資、磧、普作「多」。

一 八七八頁下末行「象王」，磧作「衆王」。

一 八七九頁上一一行末字「絡」，資、磧作「珞」，下同。

一 八七九頁中一〇行第五字「者」，磧作「有」。

一 八七九頁中一九行「娛樂」，磧作「妓樂」。

一 八七九頁下九行「有扇者」，磧作「有肩者」。

一 八七九頁下一二行「四丈九尺」，資作「四丈九赤」。

一 八七九頁下一三行「三尺」，磧作「五尺」。

一 八七九頁下一五行「八尺」，資、磧、普、南作「五尺」。

一 八八〇頁上八行「瑠璢」，資、磧、南作「瑠璃」。

一 八八〇頁上一六行「大士」，資作「大土」。

一 八八〇頁中一行「擘裂者」，磧作「摩裂者」。

一 八八〇頁中三行「瓔珞樹」，磧作「瓔珞掎」。

一 八八〇頁中七行「最卑者」，資作

「最早者」。

一 八八〇頁中一二行「二十里」，磧作「三十里」。

一 八八〇頁下五行「婬泆」，資作「婬妷」。

一 八八〇頁下九行「出乳飲是」，資作「出乳飯是」。

一 八八一頁中一七行「婇女」，普作「綵女」。

一 八八一頁下三行「整衣服」，磧作「正衣服」。

一 八八一頁下九行及次頁上七行「大王」，資、磧、普作「天王」。次頁上七行南同。

一 八八二頁上一五行末字至一六行首字「諸國」，資作「小國」。

一 八八二頁中一六行第一三至一四字，八八四頁中四行「華實」，磧作「華寶」。

一 八八二頁下一〇行「金輪」，磧作「金論」。

一 八八二頁下一六行「已念」，磧作「完念」。

一 八八三頁中一行首字「宮」，資、磧、普、南作「營」。

一 八八三頁中二行「今我」，資、磧、普作「我今」。

一 八八三頁下七行「今我以作」，資、磧、普作「我以爲作」。

一 八八三頁下一九行及次頁上一五行「珠玉」，磧作「珠王」。

一 八八四頁上四行「亦不熱」，資、磧、普、南作「亦不寒熱」。

一 八八四頁中末行首字「於」，徑作「亟」。

一 八八四頁下四行末二字「寶主」，磧作「寶王」。

佛說樓炭經卷第二　福二

西晉三藏法師法立共法炬譯

泥犂品第四

佛告比丘有大鐵圍山更復有第二大鐵圍山中間窈窈窴窴其日月大尊神光明不能及照其中有八大泥犂一泥犂者有十六部第一大泥犂名想第二大泥犂名黑耳第三大泥犂名僧乾第四大泥犂名樓獵第五大泥犂名噭嚾第六大泥犂名燒炙第七大泥犂名釜煑第八大泥犂名阿鼻摩呵佛言何以名爲想其大想泥犂若有人隨中者其八指生爪如利刀以相把刺其肉應手墮去想念欲相殺以是麤想事故名爲想泥犂更復有餘種種因緣復次其大想泥犂若有人墮中者手中自然刀劒以相斫刺想欲殺他人以是麤想事故名爲想復次更復有餘因緣其有人墮中者手中自然小刀以刺剥他人想念欲殺之以是麤想事故名爲想復有餘因緣其有人墮大想泥犂中者以手搔從足剥餘者至頂想念欲殺他人涼風起吹之身瘡平復展轉相語當復長生中復有相語言我曹今適生以是故名爲想泥犂復有餘因緣用是故泥犂中人壽長久乃從想泥犂中出便走求解脫復有泥犂名爲黑界縱廣二萬里悉入中裹火從身出遶身三匝還入身毒痛不可忍過惡未解故不死復次黑界泥犂東壁火遶三匝燒人餤至西壁西壁火餤至東壁南壁火餤至北壁北壁火餤至南壁上火餤下至地地下火餤上至上人在中燒炙毒痛不可忍過惡未解故不死在其中甚久久乃從黑界泥犂出便走求解脫有泥犂名沸屎縱廣二萬里悉入沸屎中自然至頸熱沸踊躍人以手把蹶欲出不能得身體手足耳鼻面目皆爛熟毒痛不可忍過惡未盡故不死有蟲名鍼口啄人髑髏啄人肉穿之破骨嗽人髓泥犂中人手拳扶食之脣舌皆焦咽喉腹中腸胃皆爛便下過去毒痛不可忍過惡未盡故不死在其中甚久以後乃從沸屎泥犂中出便走欲求解脫有泥犂名五百釘縱廣二萬里悉入中泥犂旁各取人手

足卧撲著釘地以燒鐵釘釘其右掌以鐵釘
釘左掌以鐵釘釘其右足復以鐵釘釘其左
足復以鐵釘釘其心復以鐵釘遍釘其身下
徹地悉以五百釘釘其身續動欲起毒痛不
可忍泥犂旁問言欲求何等報言我但苦饑
渴泥犂旁取鉗拗開口燒熱鐵注其咽中脣
舌咽皆焦腹中腸胃皆焦爛與腸胃下過去
毒痛不可忍過惡未盡故不死用是故人在
泥犂中甚長久以後乃從五百釘泥犂得出
便走欲求解脱有泥犂名車怙縱廣二萬里

悉入其中泥犂旁便問言欲求何等報言但
苦饑渴泥犂旁便各各取其身撲著地取鉗
拗開其口取消銅灌人口中脣舌皆焦腹中
五臟腸胃皆焦爛燒炙毒痛不可忍過惡未
盡故不死在泥犂中甚長久以後乃得出便
福二　三
走欲求解脱有泥犂名爲飲悉入中泥犂旁
便問言欲求何等報言我但苦饑渴泥犂旁
即各各取其人身撲著燒熱地以鉗拗開其
口以燒鐵丸著人口中脣舌咽皆焦五臟腸
胃盡焦便下過去毒痛不可忍過惡未盡故

不死在其中甚長久乃從飲悉泥犂中出便
走求解脱有泥犂名一銅釜縱廣二萬里盡
入中泥犂旁便共舉人身體手足著釜中煮
在底亦熟在上亦熟湯沸踊躍起沫有在上
露手足者覆亦熟譬如煑豆在底亦熟在上
亦熟覆亦熟露亦熟泥犂中人亦如是在二
萬里銅釜泥犂中上下皆熟頭面耳鼻手足
皆見泥犂旁以矛刺内其中毒痛不可忍過
惡未盡故不死用是故在其中甚久長已後
乃從一銅釜泥犂中出便走欲求解脱有泥
犂名多銅釜縱廣二萬里悉入中泥犂旁便
各各舉其身手足著釜中湯沸踊躍展轉在
底在上頭面手足皆見熟爛泥犂旁便以蹂
擣罪人持著餘釜中見煑亦如是毒痛不可
忍過惡未盡故不死在其中甚長久已後乃
從多銅釜泥犂中出便走欲求解脱有泥犂
名鐵磨縱廣二萬里悉入其中泥犂旁便各
各取人著鐵磨上卧以蓋覆上便旋磨使碎
血肉流下骨留在磨中火出燒炙毒痛不可
忍過惡未盡故不死用是故在其中甚長久

已後乃從鐵磨泥犂中出便走欲求解脱有
泥犂名膿血縱廣二萬里人悉入其中即自
然有膿血火燄出人以手足把磨欲出頭面
耳鼻身體手足皆焦便自以手取膿血食之
脣舌咽皆焦腹中腸胃五臟皆焦便下過去
毒痛不可忍過惡未盡故不死在其中甚長
福二　四
久已後乃從膿血泥犂中出便走欲求解脱
有泥犂名高峻縱廣二萬里人悉入其中泥
犂火燄出泥犂旁即趣人上下出頭面耳鼻
身體手足皆焦爛毒痛不可忍過惡未盡故
不死在其中甚長久已後乃從高峻泥犂中
出便走欲求解脱有泥犂名斫板縱廣二萬
里人悉入其中泥犂旁便各各取人撲著熾
鐵地以鐵繩量度身以兩手持斧斫削人身
及頭面手足鼻耳毒痛不可忍過惡未解故
不死在其中甚長久已後乃從斫板泥犂中
出便走欲求解脱有泥犂名斛量縱廣二萬
里人悉入其中泥犂旁即取炭火中人使著
斛中量以手摩上頭面身體手足鼻耳皆焦
爛泥犂旁走人火上往還燒炙毒痛不可忍

過惡未解故不死在其中甚長久已後乃從斛泥犂中出便走欲求解脫有泥犂名劒樹葉縱廣二萬里人悉入其中風至吹鐵劒樹葉墮落截人手足頭面耳鼻身體毒痛不可忍過惡未盡故不死在其中甚長久已後乃從鐵劒樹泥犂中出便走欲求解脫有泥犂名撓撈河縱廣二萬里河兩邊生剃頭刀草人悉入其中刀刃逆刺人斷人手足頭面鼻耳身體毒痛不可忍爾時人皆墮撓撈河湯沸踊躍下底有八寸蒺䔧刺刺人身血流灑但有其骨便沸踊躍轉上下毒痛不可忍風吹至岸邊草刀逆向內截人頭面耳鼻身體手足毒痛不可忍過惡未解故不死泥犂旁即問人言欲求何等報言我但苦饑渴泥犂旁便各各取人撲著燒熱地以消銅灌人口中脣舌咽喉皆焦身體五臟腸胃皆焦便下過去毒痛不可忍過惡未解故不死河兩邊有鐵樹泥犂旁便取人舉著鐵樹上樹生刺刺下垂刺人身體血肉出流墮餘但有骨風起吹人身體平復如故有鳥名鐵烏觜啄其頭敢其腦在頭上住啄取人瞳子人欲下鐵刺仰向刺人欲上復下向刺人爾時人走行欲求解脫還墮撓撈河中湯沸踊躍墮底爲蒺䔧所刺如故上浮風吹至岸邊草刀逆截傷人頭面耳鼻身體手足毒痛不可忍過惡未解故不死泥犂旁問言欲求何等報言我但苦饑渴便持消銅灌口中脣舌咽喉腸胃皆焦爛便下過去上岸邊泥犂旁復著岸邊樹上欲下上刀逆刺人有鳥名邪尼觜啄人頭敢其腦在人頭上啄人瞳子欲上下刺逆向刺人毒痛不可忍過惡未盡故不死復還墮撓撈河在中毒痛如故風復吹至岸邊草刀逆刺人如故泥犂旁復問人言欲求何等報言但苦饑渴以其消銅灌其口中如故燒炙毒痛不可忍在其中甚長久已後乃從撓撈河得出便走欲求解脫有泥犂名狼野干縱廣二萬里人悉入其中狼野干自然在前住身中出火燄所齧人身肉應其口而食之毒痛不可忍飛鳥共來啄啖人肉脫人眼者毒痛不可忍過惡未盡故不死在其中甚長久已後乃從狼野干泥犂得出便走欲求解脫有泥犂名寒氷縱廣二萬里人悉入其中風周帀四面起寒氷風吹人身肌膚皮肉筋骨入髓中用是故便於中死佛言何以故名爲黑耳泥犂若有人墮黑耳泥犂中者黑風熱沙雨其身上即墮地焦皮肌膚骨肉及髓毒痛不可忍過惡未盡故不死用是故名爲黑耳復有餘因緣復次黑耳大泥犂其有人墮中者以燒黑鐵索縛其身風便勒結之斷其身皮肌膚破骨出髓毒痛不可忍過惡未盡故不死用是故名黑耳復次有因緣墮其黑耳大泥犂中者泥犂旁以黑鐵燒熱繩纏裹人身焦皮肉肌膚骨髓毒痛不可忍過惡未盡故不死用是故名爲黑耳復次其有人入大黑耳泥犂旁以鐵繩左右絞其人身以鋸截之以斧斷之毒痛不可忍過惡未盡故不死用是故名爲黑耳復次人在其中甚長久燒炙毒痛乃從黑耳泥犂中出便走欲求解脫有泥犂名黑火縱廣二萬里人悉入中黑火從身出遶身三帀還入身毒痛不可

忍過惡未盡故不死在泥犁中甚長久乃從
黑火泥犁中出隨次入如前十六泥犁至寒
冰泥犁乃命過佛言何以故名爲僧乾泥犁
其有人墮僧乾大泥犁中者自然兩鐵山出
火火山合拍泥犁中人破碎其身毒痛不可
忍過惡未盡故不死是故名爲僧乾復有餘
因緣復次若有人墮僧乾大泥犁中者人悉
入其中有兩山相拍罪人身皆破碎解墮毒
痛不可忍過惡未盡故不死是故名爲僧乾
復有因緣人在其中甚長久乃從大僧乾泥
犁中出便走欲求解脱復次入十六泥犁如
前復至寒冰泥犁乃命過佛言何以故名樓
獵泥犁其有人墮樓獵中者泥犁旁各各取
人著鐵銚中人大嚾呼大毒大痛是故名爲
樓獵復次有罪人墮樓獵泥犁中者泥犁旁
取人著鐵鼎中大毒大痛嗷嚾是故名爲樓
獵復次其有罪人墮樓獵泥犁中者泥犁旁
各各取人著鐵釜中大毒大痛嗷嚾是故名
爲樓獵復有餘因緣罪人在其中甚長久乃
從樓獵泥犁中出便走欲求解脱復隨次入

十六泥犁如前至寒冰泥犁乃命過佛言何
以故名爲嗷嚾其有人墮大嗷嚾泥犁中者
泥犁旁各各取其人身著大銚中煑極毒痛
大嗷嚾是故名爲大嗷嚾復有餘因緣其有
罪人墮大嗷嚾泥犁中者泥犁旁各各取其
人身著大釜中甚毒痛大嗷嚾復有餘因緣
楅二 八
其罪人墮大嗷嚾泥犁中者泥犁旁各各取
人著鼎鑊中煑甚毒痛大嗷嚾是故在其中
甚長久乃從大嗷嚾泥犁中出便走欲求解
脱隨次入十六泥犁如前至寒冰乃死佛言
何以故名爲燒炙其有罪人墮大燒炙泥犁
中者泥犁旁各各取人著鐵舍中自然出火
燒炙毒痛是故名爲燒炙復次其有罪人墮
大泥犁燒炙中者泥犁旁牽人入鐵交露中
自然有火燒炙毒痛是故名爲燒炙過惡未
盡故不死復次其有罪人墮大燒炙泥犁中
者泥犁旁牽人入鐵堂上自然有火燒炙毒
痛是故名爲燒炙罪人在其中甚長久乃從
燒炙泥犁中出便走欲求解脱隨次入十六
泥犁如前至寒冰泥犁乃命過佛言何以故

釜煑泥犁缺文佛言何以故名爲阿鼻摩呵其
有罪人墮阿鼻摩呵泥犁中者眼但見惡色
不見善色耳但聞惡聲不聞善聲口所食但
得惡味不得甘美鼻所聞臭不聞香身所更
但得惡意所念法但有惡無善是故名爲阿
鼻摩呵復有餘因緣有罪人墮阿鼻摩呵泥
楅二 九
犁中者東壁火燄至西壁西壁火燄至東壁
南壁火燄至北壁北壁火燄至南壁上火燄
下至地地火燄上至上六面火來燒炙人毒
痛是故名爲阿鼻摩呵復次其罪人墮阿鼻
摩呵泥犁中者彈指頃無有樂是故名爲阿
鼻摩呵罪人在其中甚長久乃從阿鼻摩呵
泥犁中出便走欲求解脱隨次入十六泥犁
如前至寒冰泥犁乃死佛言大鐵圍山外閻
浮利天下南有閻羅王城縱廣二十四萬里
以七寶作七重壁七重欄楯七重交露七重
行樹園觀浴池周帀圍遶金壁銀門銀壁金
門瑠璃壁水精門水精壁瑠璃門赤眞珠壁
瑪瑙門瑪瑙壁赤眞珠門硨磲壁一切寶門
上有曲廂蓋交露下有園觀浴池有種種樹

葉華實出種種香種種飛鳥相和而鳴佛言人身行惡口言惡心念惡死後墮此閻羅王泥犂中者泥犂旁便反縛罪人以見閻羅王白王言此諸人悉不孝父母不承事沙門道人不畏後世禁忌願王隨所知而罰之王即呼人前安諦審實問其人汝昔在世間時不見人年老百二十頭白齒落面皺皮緩氣力衰微持杖而行身體顫慄其人言已見何以不自念我亦當如是老極無有能脫不老者何不自改身口意爲善其人對言我實婬亂王言今我當便問汝婬亂之意是過非父母過亦非兄弟過亦非天帝王過亦非親屬知識過亦非先祖去人過亦非沙門婆羅門過汝作惡身自當受第一閻羅王問閻羅王第二安諦審實問汝昔在世間時爲不見人男女病困劣著牀惡露自出身卧其上不能坐起居人坐起飯食之其人對言已見王言汝何以不念我亦當如是病瘦自改身口意爲善我實婬亂王言今我當便問汝婬亂之意是過亦非父母過亦非兄弟過亦非天帝王過亦非親屬知識過亦非先祖去人之過亦非沙門非婆羅門過汝自作惡身自當受第二閻羅王問閻羅王第三問汝昔在世間時爲不見男女死時身體壞敗破碎如朽木棄捐爲烏鳥蟲蟻狐狼所食若有燒者葬埋者其人對言已見汝何以不自念我亦當如是死當自改身口意爲善我實婬亂王言我當問汝婬亂之意是過非父母過亦非兄弟過亦非天帝王過亦非先祖去人過亦非親屬知識過亦非沙門婆羅門過汝自作惡身自當受第三閻羅王問閻羅王第四問汝昔在世間時爲不見小兒無所知屎尿自惡其人言我已見何以不自念我本亦如是當自改身口意爲善我實婬亂王言今我當問汝婬亂之意是過非父母過亦非兄弟過亦非天帝王過亦非先祖去人過亦非親屬知識過亦非沙門婆羅門過汝自作惡身自當受第四閻羅王問閻羅王第五安諦審實問汝昔在世間時爲不見郡國縣邑中得盜賊犯事殺人者以見白王王勑使四支梟挓之若著釜中煑若生燒之若閉著牢獄掠笞毒痛若斷手足鼻耳若生貫之若斷頭種種酷毒之其人對言已見汝何以不自念我若有過亦當取我如是當改身口意爲善我實婬亂當問汝婬亂之意是過非父母過亦非兄弟過亦非天帝王過亦非先祖去人過亦非親屬知識過亦非沙門婆羅門過汝自作惡身自當受第五閻羅王問便持付泥犂旁即各各取人倒著泥犂中泥犂城廣長各四萬里窈寘寘佛爾時說偈言

四方有四門　諸角治甚堅　垣壁以鐵作
上亦有鐵覆　其地悉布鐵　火悉自然出

其界有十大泥犂第一名阿浮第二名尼羅浮第三名阿呵不第四名阿波浮第五名阿羅留第六名優鉢第七名修揵第八名蓮華第九名拘文第十名分陀利佛言何故名爲阿浮阿浮泥犂中罪人自然生身譬如雲氣是故名爲阿浮何以故名爲尼羅浮尼羅浮泥犂中罪人身譬如碌礴肉是故名爲尼羅浮何以故名爲阿呵不阿呵不泥犂中罪人

甚大苦甚大痛嚾呼是故名爲阿呵不何以故名爲阿波浮阿波浮泥犂中罪人甚酷甚痛大呼嗁嚾是故名爲阿波浮何以故名爲阿羅留阿羅留泥犂中罪人甚苦甚痛欲嚾呼不能但動舌是故名爲阿羅留何以故名爲優鉢優鉢泥犂中罪人身青譬如優鉢是故名爲優鉢何以故名爲修揵修揵泥犂中罪人身黃譬如修揵是故名爲修揵何以故名爲拘文拘文泥犂中罪人身色黃白譬如拘文是故名爲拘文何以故名爲分陀利分陀利泥犂中罪人身色赤如分陀利是故名爲分陀利何以故名爲蓮華蓮華泥犂中罪人身紅色是故名爲蓮華佛言譬如有百二十斛四斗篅滿中芥子百歲者人取一芥子去比丘是百二十斛四斗芥子悉盡人在阿浮泥犂中尚未竟若人在尼羅浮泥犂中者百歲取一芥子盡二千四百八十斛芥子乃得出耳在阿呵不泥犂中百歲取一芥子盡四萬八千一百六十斛乃得出在阿波浮泥犂中百歲取一芥子盡九十六萬三千三百斛乃得出在阿羅留泥犂中百歲取一芥子盡千九百二十六萬四千斛乃得出在修揵泥犂中百歲取一芥子盡三億八千萬五百二十八斛乃得出在青蓮華泥犂中百歲取一芥子盡八十六億五百六十萬斛乃得出在黃白蓮華泥犂中百歲取一芥子盡千七百二十億萬一千二百斛乃得出在拘文蓮華泥犂中百歲取一芥子盡三萬四千四百億二十二萬四千斛乃得出在紅蓮華泥犂中百歲取一芥子盡六十萬八千八百億四百四十八萬斛乃得出二十小劫爲半大劫有人名拘波利墮紅蓮華泥犂中坐誹謗舍利弗摩訶目犍連佛於是說偈言

若有人發起者　從口語出刀刃
坐語說惡之事　便還而自截傷
若可誹反歎譽　可歎者反誹謗
口說惡猶重過　口過重不安隱
譬如人摶掩者　是諸過薄少耳
有惡意向賢者　是過爲最大重
泥犂浮有百千　阿浮有三十五

閻羅王晝夜各三過燒熱銅自然火在前宮中王即恐畏衣毛起竪即出宮舍外外亦自然有火王大怖懅還入宮泥犂旁便各各取閻羅王撲燒鐵地持鐵鉤鉤其口開以消銅灌王口中焦喉咽已皆焦腹中腸胃五臟銅便下過去燒炙毒痛不可忍過惡未盡故不死世間其有身行惡口言惡心念惡死後墮惡道燒炙毒痛如泥犂中罪人世間人其有身行善口言善心念善死後皆生天上佛於是說偈言

王使神呼問之　人民所作過惡
其人常而憂毒　人用是身勤苦
知當問不作惡　即奉行賢善法
若有恐見因緣　生但有病及死
無因緣便解脫　生病死便滅盡
得安隱甚快樂　即見在得滅度
一切恐怖畏懅　度無爲獨有常

阿須倫品第五

佛言須彌山下深四十萬里中有阿須倫名抄多尸利其城郭廣長各三百三十六萬里

以七寶作之甚姝好金銀水精瑠璃赤眞珠硨磲瑪瑙周帀圍遶有七重壁欄楯七重交露七重行樹高八萬里長六萬里皆以七寶作也四方有四門門高百里廣六十里一一門邊各有十阿須倫居止以七寶作殿舍七重壁七重欄楯七重交露七重行樹周帀圍遶樹有青色者紅色者黃色者白色者有葉樹華樹實樹樹上有飛鳥止名爲鶴孔雀鸚鵡白鵠悉在樹上甚好相和而鳴抄多尸利阿須倫東出四萬里中有阿須倫城郭廣長各三十六萬里以七寶彩畫姝好金銀瑠璃水精赤眞珠硨磲瑪瑙作七重壁七重欄楯七重交露七重行樹周帀圍遶四方有門門高十萬里廣六萬里各各有三百阿須倫止周帀圍遶有七重流水甚深滿中有青蓮華黃蓮華紅蓮華白蓮華其底沙皆金邊有樹青色者紅色者黃色者白色者有果樹華樹實樹樹上有種種飛鳥止甚姝好相和而鳴抄多尸利阿須倫南出四萬里中有阿須倫名波陀呵阿須倫城郭廣長各三十六萬里以七寶彩畫姝好七重壁七重欄楯七重交露七重行樹四方有門門高十萬里廣六萬里一一門各有三百阿須倫止周帀有七重流水甚深滿其水底沙皆金中有青紅黃白蓮華有七重壁七重欄楯交露樹木周帀圍遶有青紅黃白樹生葉華實樹樹各有種種飛鳥甚好相和而鳴抄多尸利阿須倫西出四萬里有阿須倫名波利其城廣長各三十六萬里皆以七寶彩畫姝好作七重壁欄楯交露樹木垣牆高十萬里廣六萬里四方有四門門高十萬里廣六萬里皆以七寶作門一一門邊各有三百阿須倫止其宮殿亦以七寶作七重壁欄楯交露樹木七重流水甚深滿其水底沙皆金亦有青紅黃白蓮華亦有青紅黃白樹生葉華實上有種種飛鳥甚好相和而鳴抄多尸利阿須倫宮北出四萬里中有羅呼阿須倫其城郭廣長各三十六萬里亦有七寶彩畫姝好作七寶壁欄楯交露樹木周帀圍遶垣牆高十萬里廣六萬里四方有四門門高十萬里廣六萬里一一門邊各有三百阿須倫止其宮殿亦以七寶作七重壁七重欄楯交露樹木周帀七重流水深滿中有青紅黃白蓮華其水底沙皆金復以七重欄楯交露樹木周帀圍遶有青紅黃白樹生葉華實上有種種飛鳥甚好相和而鳴抄多尸利阿須倫城中有大樹名爲晝過度高十二萬里周帀亦有十二萬里根深二萬里莖圍四萬里常有華實抄多尸利阿須倫身高二萬八千里有高二萬四千里者有高二萬里者有高萬六千里者有高萬二千里者有高八千里者有高七聲者長六聲者五聲者四聲者三聲者二聲者最小者長一聲抄多尸利阿須倫宮有四品常持風持之何等爲四一者不可壞風二者堅住風三者持風四者上風是爲四品風主持水在上如浮雲矣

龍鳥品第六

佛告比丘言有四種龍何等爲四一者卵生種龍二者水生種龍三者胎生種龍四者化生種龍是爲四種龍佛語比丘金翅鳥有四

種一者卵生種鳥二者水生種鳥三者胎生種鳥四者化生種鳥是爲四種鳥大海底須彌山北有娑竭龍王宮廣長八萬俞旬以七寶金銀水精瑠璃赤真珠硨磲瑪瑙作七重壁七重欄楯七重交露七重樹周帀姝好金壁銀門銀壁金門瑠璃壁水精門水精壁瑠璃門赤真珠壁瑪瑙門瑪瑙壁赤真珠門硨磲壁一切寶門彩畫姝好其壁二萬里有一門門高二千四百里廣千二百里其門常有五百鬼神守門門壁上有欄楯交露曲廂蓋門邊有園觀浴池有種種樹出種種香有種種華種種菓種種飛鳥相和而鳴大海北邊有難頭和難龍王宮廣長各二萬八千里以七寶作七重壁欄楯七重交露樹木周帀圍遶門高千四十里廣四百八十里壁上有欄楯交露曲廂蓋周有園觀浴池樹木飛鳥相和而鳴如娑竭龍王園觀難頭和難龍王北有大樹名爲拘梨睒蓝圍遶二百八十里高四千里枝葉分布二千里拘梨睒樹東有卵種金翅鳥宮廣長二十四萬里周有七寶七

重壁欄楯交露樹木園觀浴池華香飛鳥相和而鳴拘梨睒樹南有水種金翅鳥宮廣長二十四萬里周有七寶七重壁欄楯交露樹木園觀浴池華香飛鳥相和而鳴拘梨睒大樹西有胎生種金翅鳥宮廣長二十四萬里周有七寶七重壁欄楯交露樹木園觀浴池華香飛鳥相和而鳴拘梨睒大樹北有化生種金翅鳥宮廣長二十四萬里周有七寶七重壁欄楯交露樹木園觀浴池華香飛鳥相和而鳴卵生種金翅鳥欲求取卵種龍時從拘梨睒樹東枝下入大海以翅搏海水波八千里取卵種龍食之不能得食胎種水種化種龍水種金翅鳥欲求取卵種龍時便從拘梨睒大樹東枝下至大海以翅搏海水波八千里取卵種龍食之水種金翅鳥欲取水種龍時便從拘梨睒大樹南枝下入海以翅搏海水波萬六千里取水種龍食之不能得食胎種化種龍胎種金翅鳥欲取卵種龍時便從拘梨睒大樹東枝下入海以翅搏海水波八千里取卵種龍食之胎種金翅鳥欲取水

種龍時便從拘梨睒大樹南枝下至大海以翅搏海水波萬六千里取水種龍食之胎種金翅鳥欲取胎種龍時便從拘梨睒大樹西枝下入海以翅搏海水波三萬二千里取胎種龍食之不能取化種龍食之化種金翅鳥欲取卵種龍時便從拘梨睒大樹東枝下至大海以翅搏海水波八千里取卵種龍食之化種金翅鳥欲取水種龍時便從拘梨睒大樹南枝下入大海以翅搏海水波萬六千里取水種龍食之化種金翅鳥欲取胎種龍時便從拘梨睒大樹西枝下入大海以翅搏海水波三萬二千里取胎種龍食之化種金翅鳥欲取化種龍時便從拘梨睒大樹北枝下入大海以翅搏海水波六萬四千里取化種龍食之有餘龍王金翅鳥不能得食者何等龍王金翅鳥不能得食者一者娑竭龍王二者阿耨達龍王三者難頭和難龍王四者善見龍王五者提頭賴龍王六者伊羅慕龍王七者善住龍王八者迦拘龍王九者阿于樓龍王十者鬱旃鉢龍王十一者捷阿具曇龍

王十二者監波龍王金翅鳥皆不能得取是諸龍王食之此諸龍王皆在山中居止若有婆羅門道人行求龍意奉龍戒行具足即生龍中若有婆羅門道人行求金翅鳥意奉金翅鳥戒行求金翅鳥死已即生金翅鳥中若有婆羅門道人行求憂留鳥意奉戒行具足從死後生憂留鳥中若有婆羅門道人行求牛意奉牛戒具足死後便生牛中若有婆羅門道人行求狗道奉狗意戒行具足死後生狗中若有婆羅門道人行求鹿道奉鹿意戒具足死後生鹿中若有婆羅門道人行求雞道奉雞意戒具足死後生雞中若有婆羅門道人行求摩尼越天求女人者求大神者求日月者有日三過浴水中求生天上者有事天者事日月者求生天者佛言是癡見者墮兩惡道一者泥犁二者畜生若有婆羅門道人說見如是我與世有常言我至誠其餘者爲癡有言我與世非常我至誠其餘者爲癡有言我與世有常無常我至誠其餘者爲癡有言我與世亦不有常亦不無常我至誠其餘者爲癡有言我與世有限我至誠其餘者爲癡有言我與世無限我至誠其餘者爲癡有言我與世有限無限我至誠其餘者爲癡有言我與世亦不有限亦不無限我至誠其餘者爲癡有言我有是身命我至誠其餘者爲癡有言我有身死異我至誠其餘者爲癡有言無有身命我至誠其餘者爲癡有言亦不有身命亦不無身命我至誠其餘者爲癡有言人生時所從來死後亦趣彼我至誠其餘者爲癡有言無所從來生死後亦趣彼我至誠其餘者爲癡有言有所從來生無所從來生死後亦趣彼我至誠其餘者爲癡有言亦不有所從生亦不無所從生我至誠其餘者爲癡佛言其有婆羅門道人言我於世有常我至誠其餘者爲癡其人所行見有我有命有身見世間是故言我與世有常有言我與世無常有言我與世有常無常有言我與世亦不有常亦不無常各言我至誠其餘者爲癡其人所見有我有命有身見世間是故言我與世有常其有婆羅門道人言我與世有限我至誠其餘者爲癡其人所見有我有命是故言命有限人有限在腹中時死後冢間葬埋同等人從初生受身四分七反生死以後得道是故言我與世有限有言我與世無限我至誠其餘者爲癡其人所見有我有命有身見世間言有命有人無限在人腹中時死後冢間葬埋同等從初生受身四分七反生死即得道若有婆羅門道人說見言我與世有限無限其人所見有我有命有身見世間言命無限人有限在人腹中時死後葬埋同等從初生受身四分七反生死後得道人所見亦不有限亦不無限我及世者其人言命有限人在腹中時死後葬埋同等從初生受身四分七反生死後得道是故言亦不有限亦不無限若有婆羅門道人所言見有是命有是身其人言今世命常在後世命常在是故言我至誠其餘者爲癡有道人所見命異人異其人言今有壽後世無有壽是故言我至誠其餘者爲癡若婆羅門道人言今見命盡死後世轉行生故言我至誠其餘者

爲癡有婆羅門道人言亦不有命亦不有身今世命盡滅後世亦盡滅若有婆羅門道人所見言生所從來死亦趣彼者我至誠其餘者爲癡其人見今世有身命見後世有身命故言我至誠其餘者爲癡若有婆羅門道人所見言無所從來生死亦至彼亦不見今世有命亦不見後世無命若有婆羅門道人所見言有從無所從來生死亦趣彼我至誠其餘者爲癡亦不見今世有身命亦不見後世有身命若有婆羅門道人所見言亦不有亦不無所從來生我至誠其餘者爲癡其人亦非不見今世有身命亦非不見後世有身命

佛告比丘乃往去世時有王名不現面爾時多聚會盲子便問盲子汝曹寧知象所類不盲子白言不知天王王言汝欲知象所類不

福二　二十二

白言欲知爾時勑使將象來令衆盲子捫之中有盲子捫象得鼻中有盲子捫象得牙中有盲子捫象得耳中有盲子捫象得頭中有盲子捫象得背中有盲子捫象得腹中有盲子捫象得後脚中有盲子捫象得膝中有盲子捫象得前脚中有盲子捫象得尾時王不現面問衆盲子言象何等類得象鼻者言象如曲車轅得象牙者言象如杵得象耳者言象如箕得象頭者言如鼎得象背者言象如積得象腹者言象如壁得象後脚者言象如樹得象膝者言象如柱得象前脚者言象如臼得象尾者言象如蛇各各共爭象而不相信自呼爲是言象如是一人言不如是王歡喜笑佛言如是其有異道人不知苦諦所從起亦不知苦集諦苦盡諦苦滅道諦各各諍不相信駡詈自呼爲是若有沙門道人知苦集盡滅道諦所從起便共和合同譬如乳一合無諍但說佛教行安隱佛言比丘當諦行是苦諦集盡道諦

佛說樓炭經卷第二　福二　二十三

音釋

窈（於皎切深遠也）噭（音叫）嚾（音喚）剝（北角切裂也）搔（蘇遭切爬也）蹶（居月切跳也）鉗（巨塩切鐵夾也）拗（於絞切手拉也）蹂（如又切踐也）撓撈（撓女巧切撈路高切）觜（即委切）齧（五結切噬也）銚（徒弔切燒器也）皺（側救切皮細起也）顫慓（顫之膳切四支寒掉也慓良質切竦縮也）

佛說樓炭經卷第二

校勘記

一　底本，清藏本。

一　八八七頁中一一行「隨中者」，資、磧、普、南、徑作「墮中者」。

一　八八七頁中一二行「生爪」，資作「生抓」。

一　八八七頁中一八行「麤想」，資作「麤粗」。

一　八八七頁下一三行「把蹶」，資作「把橛」。

一　八八七頁下一五行「鍼口」，資作「鐵口」。

一　八八八頁上末行「過惡未盡」，資作「過惡未解」。下同至次頁上五行。

一　八八八頁中一三行末字「蹂」，資作「揉」。

一　八八八頁下一六行「已後」，資作「已已」。

一　八八九頁上五行「在其中」，資作

「狂其中」。

一　八八九頁上八行「刀刃」，資作「刀忽」。

一　八八九頁上一〇行及中一三行「剃人」，資作「剥人」。

一　八八九頁上一二行「向内」，資作「向肉」。

一　八八九頁下六行末字「及」，資作「皮」。

一　八八九頁下九行「其身」，資作「身其」。

一　八八九頁下一〇行第九字「出」，南無。

一　八九〇頁上四行「雨鐵山」，資作「滿鐵山」。

一　八九〇頁中一六行「大燒」，資作「火燒」。

一　八九〇頁下一行正文首字至第九字「釜……故」，資無。

一　八九〇頁下一行夾註「文缺」，磧、普、南無。

一　八九〇頁下一九行第七字「赤」，資、磧、普、南無。

一　八九一頁上八行「顫慓」，磧、普、徑作「顫慄」。

一　八九一頁中四行「朽木」，資、磧、普、南作「材木」。

一　八九一頁中五行「烏烏蟲蟻」，資作「烏烏蟲蛾」；徑作「鳥鳥蟲蟻」。

一　八九一頁下一行「掠笞」，磧作「掠答」。

一　八九一頁下九行末字至一〇行首字「窈窈」，資作「窈窈」。

一　八九二頁上一四行「四斗篅」，資作「四升廩」。

一　八九二頁上一五行「四斗」，資、磧、普、南作「四升」。

一　八九二頁中九行「四千」，資作「四切」。

一　八九二頁中一六行「歎譽」，資作「歎舉」。

一　八九二頁下三行「火王」，磧作「火三」。

一　八九二頁下九行末字「於」，南無。

一　八九三頁上九行「鸜鴿」，徑作「鸔鴿」。

一　八九三頁上末行「三十六萬」，磧、普、南作「四十六萬」。

一　八九三頁下二行「交露」，磧、普、南作「刀分」。

一　八九四頁下一九行「阿于樓」，磧、普、南作「阿千樓」。

一　八九五頁上一二行「戒具足」，磧、普、南作「戒具戒」。

一　八九五頁中一六行「我與」，徑作「我於」。

佛說樓炭經卷第三　福三

西晉三藏法師法立共法炬譯

高善士品第七

佛言凡夫有三事覺知高士知其所念何等爲三事一者人心念善口言善至誠身行善假令惡人心不念善口不言善身行不善高人知爲不善也所以言高士者何人心念善口言善至誠身行善高人於世間有三事得其福何等爲三事一者與耆老會坐若於堂上里巷閒行開道中行及耆老共坐共稱譽高士行善高士念言今衆人共稱譽人善哉即有是高人心即安隱又聞此語心亦歡喜身亦安隱高人有時見處盜賊爲縣官所捕取酷毒法治之反縛鐵鎖斬其手足解解斷之截耳截鼻竹箄鞭之復寸寸斬之持餧虎狼中有令象蹈殺者中有持囊裹燒之者中有蒸殺之者中有生挓者有出城外殺者高士見之念言我不爲惡也王但取惡人耳我當何等憂乎我至老不憂縣官是高士用是故心歡喜高人心念善口言善身行善若有病瘦著牀困劣時强健時所作善悉在目前自見之人不殺生不取他人財物不犯人婦女不欺人不兩舌不惡口不妄言不嫉妬不貪餘信作善得善作惡得惡即自見第二忉利天上人往來見佛見阿羅漢諸强健時所作善皆在前見其人病者自念豈不我强健時所作善故至使衆善來見我前就使我死自當上天在善人之中用是三事高士其心歡喜身安佛言假令高善士自知作善當得善不得復畏死生也略無所在高善士常自欲遠去惡軀軀中有骨血不淨潔臭處意欲早死更就善軀所以者何以能念所樂可愛處歡喜獨上天爲樂可愛也最可喜諸沙門問佛願爲我說天上樂意云何佛言聽我說之諸沙門言受教佛言譬如遮迦越羅王有七寶持有四事餘人所無有又有五種所思所欲得皆在前王有七寶何等爲七寶一者自然生一金輪二者白象三者紺色馬四者摩尼珠五者聖王女六者聖輔臣七者聖主兵臣佛言汝欲知一金輪所主不王以月

十五日晦日沐浴沐浴已於正殿與諸婦女共坐遙見金輪飛來輪有千輻輻轂皆正好無比常去地三四丈王見金輪便生意言諸高士云爲遮迦越羅王事有金輪飛來來者常從東方來有千輻輻轂正好有是金輪寶者當爲遮迦越羅王今我將得無當爲遮迦越羅王乎王自思念欲試此金輪王起坐整衣服長跪向金輪言如今爲我來者當案行諸國故事法王言適竟金輪便東飛王傍諸大臣及官屬皆隨之飛金輪所止處王諸官屬亦隨其止金輪到國郡國諸王皆來長跪叩頭言此國界皆大王所有又持銀鉢盛滿金粟復以金鉢盛滿銀粟以上獻郡國諸王皆言此國中豐熟穀米平賤風雨時節人民熾樂大王可受國留於是王因報諸王言汝曹便自治國但以正法勿失政事慎無殺生無妄取他人財物無妄犯人婦女無得欺人無得兩舌無得惡口無得妄言無得嫉妬無得貪餘無得瞋恚惡心也皆奉行此十事其有犯十事中一事者勿令在國中也大王隨

金輪至東方教誡諸郡國諸王訖竟復隨金輪飛到南方金輪所止處大王與千乘萬騎共屯止南方郡國諸王皆復來叩頭長跪言願上郡國界及金銀鉢盛滿金銀粟所上獻物如東方諸國王之禮金輪復飛至西方傍臣及官屬悉復隨金輪所止西方郡國諸王皆來叩頭長跪言願上國界及金銀鉢盛滿金銀粟獻物復如南方諸王之禮金輪復飛到北方金輪所止大王及諸官屬亦隨金輪所止諸郡國諸王皆來叩頭長跪亦願上國界人民熾樂米穀平賤風雨時節大王宜可案治於此又復以金銀鉢盛滿金銀粟上大王大王不受因報諸王曰汝曹皆自以正心治國勿失政事無得殺生無得取他財物無得犯人婦女無得欺人無得兩舌無得惡口無得妄言無得嫉妬無得貪餘無得瞋恚無得惡心皆奉行此十事其有犯十事中一事者勿令在國中也大王重令四海四方訖竟因隨金輪還故國上殿金輪常在王前見其王有是金輪寶如是王復有象寶象寶者何

等類其象正白無比軀長以牙齒蹄足皆白牖好皆以金爲鞍勒當胷褸腰皆以黃金當髗帞額皆以白珠行即飛行自在欲所到王傍臣白王言賀大王國中白象寶其白絕麗無比軀長牙齒蹄足皆白牖好皆以黃金爲鞍勒當胷褸腰皆以黃金當髗帞額皆以白珠行即飛行自在所至到王見象大歡喜言象有相殊好當教習令行步進止王因付左右曉事者令教之數日之間皆習知行步王意欲騎乘試象日出一竿王騎試之象因周旋四方四海旋還故宮飲食遮迦越羅王有馬寶馬寶者何等類馬即紺色被鬘澤好持頭如象金具馬鞍勒褸腰帶皆黃金當髗帞額皆以白珠行即飛行自在所欲至到傍臣白王賀王國中有是馬寶即紺色被鬘澤好持頭如象鞍勒褸腰及帶皆黃金當髗帞額皆以白珠王見大歡喜即復令左右教習之數日間馬復習知行步王意欲試馬日出一竿王騎馬馬即飛行周帀四方四海旋還故宮飯食遮迦越羅王馬寶如是王有明月珠

寶明月珠寶者何等類珠色極青町釘八觚在宮中宮中皆明火燄所照周帀四十里如日之明王意欲試珠明人定已後陰冥如漆以珠繫著金竿頭夜出城將妻子千乘萬騎離宮詣諸署別觀珠明如日出令車騎殺明明復遠千乘萬騎周帀四十里城傍居民見珠明皆相謂起起日出乃高如是各各自當趣市賣買何反欲卧遮迦越羅王有摩尼珠寶如是王有聖玉女玉女者何等類耶不長不短不大不小不肥不瘦不白不黑適得其中絶端正無比口氣出如香熏舉身小毛孔皆香如鬱金香事王晚卧早起承事不失王意冬時身則温夏則身涼事王常令王不瞋恚何況其身遮迦越羅王有玉女寶如是王有聖輔臣大高遠見人便知情性以眼視天下豫知天下有珍寶藏物知有主名無有主名有主名者爲其主護視之無主名者以給官用聖輔臣前白王快自娯樂不須憂錢財寶物我自給王王意疑聖輔臣所言所求者可得不王便與聖輔臣共載一船到海中央

王便語聖輔臣言我欲得寶物今於此間與我聖輔臣言須我出在陸地可得王曰我在陸地不用也欲於此得之耳聖輔臣便以手抄水中得金寶大如車輪以著船上不可勝數王言止止船滿且重遮迦越羅王聖輔臣如是王有持兵導道聖臣持兵導道聖臣者何等類高才勇健無所不知當欲起兵無央數不欲起兵則止持兵導道臣白王言今王快自娯樂勿憂國事王當用兵者我自戰鬬王意欲試導道聖臣便取國中人馬象皆被鎧乃得自副步兵被鎧刀兵自副王心自念言令是兵出行快耶王心甫念兵便前行王念言欲令兵止兵即復止王意念言使兵罷去兵即罷去遮迦越羅王導道主兵臣如是遮迦越羅王有七寶如是王有四事與凡人有異何等爲四一者年壽無央數人中無有壽如遮迦越羅王者二者常安隱未嘗有病時飲食皆消身體寒温適時人中安隱無過遮迦越羅王者三者端正無比過於世間人但不如天人四者萬姓皆愛王視王皆如父

母王愛萬姓如父母愛其子偶出到諸署別觀萬姓謂王御者言令車徐行我欲視王無猒極也呪願王令壽無極王復語御車者徐行我欲見我國人民使子壽無極遮迦越羅王有是四事凡人所無王有五願願所思常在前心所喜舌所喜目所喜所好所愛皆在前耳所聞聲歌樂善聲鼻所聞香腹中所喜鼻聞芬芳皆在前口所嗜醎醋甘甜諸美物皆在前名清淨細靡所喜皆在前是遮迦越羅王五所思也王目未曾見惡色耳未曾聞惡音鼻未曾聞臭處口未曾食不甘之物身未曾衣麤惡之衣佛告諸沙門如是遮迦越羅王有七寶琦物有四特異之相有五種之思汝以王爲心喜樂之不諸沙門對曰王但有一寶心喜樂之何況有七寶乎佛持一小石著手中問諸沙門我手中石爲大山爲大乎諸沙門言佛手中石小小奈何比山乎百倍千倍萬倍億倍尚不如山大也佛言如我手中小石大不如山也百倍千倍萬倍億倍千萬倍億萬倍尚不如山大也遮迦越羅王

有七寶四異相有五種所思不如天上樂百倍千倍萬倍億倍億千萬倍譬如佛手中小石與大山佛言高善士於世間心念善口言善至誠身行善於世間壽命盡死後皆上第二忉利天上生作天人於世間百歲爲忉利天上一日一夜世間二千歲爲忉利天上一月世間三萬六千歲爲忉利天上一歲如天上計第二忉利天上人壽千歲忉利天外門廣七百里外城壁七重有七重渠水水中皆各有四色蓮華水底皆有金沙城上各有欄楯皆金銀瑠璃水精城門皆有金銀水精爲欄也七重地各有七寶樹金樹銀樹瑠璃樹水精樹珊瑚樹琥珀樹硨磲樹金樹者金根金莖銀葉銀華銀實銀樹者銀根銀莖金葉金華金實瑠璃樹者瑠璃根瑠璃莖水精葉水精華水精實水精樹者水精根水精莖瑠璃葉瑠璃華瑠璃實珊瑚樹者珊瑚根珊瑚莖琥珀葉琥珀華琥珀實琥珀樹者琥珀根琥珀莖硨磲葉硨磲華硨磲實硨磲樹者硨磲根硨磲莖瑪瑙葉瑪瑙華瑪瑙實城門深

二百八十里高六百四十里門楣額皆銀也金作門兩扇闔皆金也有五百鬼守外門宮中間天所止處縱廣二千里有壁皆七寶也金銀水精瑠璃珊瑚琥珀硨磲七重水遶壁七重寶樹如外門高六百四十里深二百八十里以銀爲楣額金門扇金門闔五百鬼共守門天所止處縱廣二千里有七種寶壁七重七重渠水諸欄楯寶樹如外門高廣深如外門守門鬼數如外門忉利天東出有遊戲處名曰離檀桓盧周帀七億里七重壁金壁銀壁珊瑚壁瑠璃壁琥珀壁硨磲壁水精壁有七渠水底沙皆金也有四蓮華城上有七寶欄楯七重壁各各有七寶樹金樹者金根金莖銀葉銀華銀實銀樹者銀根銀莖金葉金華金實水精樹者水精根水精莖瑠璃葉瑠璃華瑠璃實瑠璃樹者瑠璃根瑠璃莖水精葉水精華水精實盧大道廣六百四十里道兩邊七重壁皆金銀水精瑠璃琥珀珊瑚硨磲一壁間皆有渠水水中有四色蓮華其水底皆有金沙壁上有欄楯皆七寶如中面

有七寶樹金樹銀樹水精樹瑠璃樹琥珀樹珊瑚樹硨磲樹其盧中有兩石一石名難一石名難遠縱廣各四千里其石軟且細如綩綖盧中有兩浴池一浴池名難陀一名難陀尼縱廣各四千里池中生四色蓮華其一者青色二者紅色三者紫色四者白色其水底沙皆金也忉利天欲遊戲時便相將詣東盧相娛樂極意是故字爲離檀桓盧也出忉利南城門名爲質羅瀨周帀七億里其盧壁水精壁金壁銀壁瑠璃壁琥珀壁珊瑚壁硨磲壁一壁間者各有一渠水水中四色蓮華其水底沙皆金也有七寶樹金樹銀樹瑠璃樹水精樹琥珀樹珊瑚樹硨磲樹其壁上皆金銀瑠璃水精珊瑚琥珀硨磲欄楯質羅瀨盧道廣六百四十里皆七重壁金銀水精瑠璃珊瑚琥珀硨磲壁一壁間者有一渠水水中有四色蓮華青紅紫白其水底沙皆金也有七寶欄金欄銀欄水精欄瑠璃欄珊瑚欄琥珀欄硨磲欄有七寶樹金樹銀樹水精樹瑠璃樹珊瑚樹琥珀樹硨磲樹其盧中有兩石

縱廣各四千里細且輭如綩綖一名質羅二者名質多謣羅其廬中兩浴池一名質多二者名質兩池中有四色蓮華青紅紫白其水底皆金沙其廬中有四種寶樹金銀樹水精瑠璃樹忉利天出到質羅瀨廬上戲自相娛樂娛樂無極諸四寶照諸天人令正徧瀾色是故名爲質羅瀨（質羅瀨者徧瀾廬也）忉利天北出城門有廬名爲頗類縱廣七億里七重寶壁七重水水底皆金沙欄楯如南方其廬道廣六百四十里廬中有兩石縱廣各四千里一者名迦羅二者名迦羅尸羅細輭如綩綖有兩浴池縱廣四千里一池名乾陀二名乾陀起有四色蓮華青紅紫白忉利天欲戲頗類廬時形體便僵如人沐浴已後身體皆滑忉利天人北入廬身體皆滑是故名爲頗類廬也忉利天西出廬名爲彌尸耶遠縱廣七億里有七重壁七渠水七寶樹七寶欄楯四色蓮華水底皆金沙如北方其道廣六百四十里七重寶壁七渠水七寶樹七寶欄楯四色蓮華水底皆金沙如北方廬中有兩好石各縱廣四千里細輭如綩綖一者名北羅二者名北羅越有兩浴池縱廣各四千里其池中有四色蓮華青紅紫白水底皆金沙一池名波尸二名爲雲忉利天欲行到彌尸耶遠廬戲時忉利天上無有尊卑貧富豪弱皆得入彌尸耶遠廬是故名爲彌尸耶遠廬忉利天上宮中中庭殿前有百種色寶物在王前自布地宮中有七百樓陛金陛銀陛瑠璃陛水精陛一陛下者各有十六瑠璃柱照之宮中有四坐牀金牀銀牀水精牀瑠璃牀以天坐其上念萬姓善亦念諸天善天王所止處殿名爲提延其殿上有百巷巷有百室室有七玉女玉女各有七御者其殿紺瑠璃色及諸天皆遶殿南方有樹名爲波質拘耆羅樹根入地二百里上枝四出樹高四千里東西二千里南北二千里樹當華時風從上吹華香下行四千里逆風行二千里樹當華時諸天共坐樹下自相娛樂百二十日天上百二十日爲世間萬二千歲諸天欲以白寶象戲象名曰倪羅遠象自化作三十二頭頭有六牙牙化作七浴池浴池中各作七蓮華蓮華枝有千葉一華上者有一玉女舞五所思皆在前極意人於世間雖作善不能多者心念作善少口言善少身行善少雖生忉利天上不能得入東離檀桓廬也不能得入南質羅瀨廬也不能得入北頗類廬也不能得入西彌尸耶遠廬也不能得入香華波質拘耆羅樹下但得遙觀不得前入譬若遮迦越羅王所止飯食諸外宮不得妄入天上諸天不得覲者如是人於世間作善心念善口言善至誠身行善壽終已後便當得上忉利天高善士上忉利天極壽死後復下生在世間便爲王侯家作太子富貴多寶物爲人端正譬若喜掩人初得大金錢金銀珠寶奴婢車馬妻子田宅廬舍舉有名字其人自思惟言我不賈作販賣亦不耕田自致有財我但戲耳至使得金銀珍寶舍宅田地至使有名字爲富貴也佛言如戲兒得利如此爲少薄耳不如此爲少薄耳不如心念善口言善身行善得利勝於掩者也所以者何行是三事死後上忉利

天是高士也佛語諸沙門今我爲汝曹說二道愚癡之道高善士之道今汝曹自在從何道今我作佛爲汝曹說難易佛言汝曹當於山中若於樹下空室中若於冢間水所搪揬處自念五内早索泥洹之道佛言是我教也諸沙門皆叉手受教言諾各前爲佛作禮

四天王品第八

佛語比丘須彌山王東去須彌山四萬里有提頭賴吒天王城郭名賢上王處廣長二十四萬里以七寶作七重壁七重欄楯七重交露七重行樹姝好周帀圍遶金壁銀門銀壁金門瑠璃壁水精門水精壁瑠璃門赤真珠壁瑪瑙門瑪瑙壁赤真珠門硨磲壁一切寶門金欄楯者金柱栿銀桄銀欄楯者銀柱栿金桄瑠璃欄楯者瑠璃柱栿水精桄水精欄楯者水精柱栿瑠璃桄赤真珠欄楯者赤真珠柱栿瑪瑙桄瑪瑙欄楯者瑪瑙柱栿赤真珠桄硨磲欄楯者硨磲柱栿一切寶桄金交露銀垂絡銀交露金垂絡瑠璃交露水精垂絡水精交露瑠璃垂絡赤真珠交露瑪瑙垂絡瑪瑙交露赤真珠垂絡硨磲交露一切寶垂絡金樹者金莖根銀枝葉華實銀樹者銀莖根金枝葉華實瑠璃樹者瑠璃莖根水精枝葉華實水精樹者水精莖根瑠璃枝葉華實赤真珠樹者赤真珠莖根瑪瑙枝葉華實瑪瑙樹者瑪瑙莖根赤真珠枝葉華實硨磲樹者硨磲莖根一切寶枝葉華實門上有曲廂蓋交露下有園觀浴池有種種樹種種葉種種華種種實種種香出種種飛鳥相和而鳴須彌山王南去四萬里有毗留勒叉天王城郭名善見廣長二十四萬里王處亦有七寶七重壁七重欄楯七重交露七重行樹周帀圍遶姝好門上有曲廂蓋交露下有園觀浴池樹木飛鳥相和而鳴須彌山王西去四萬里有天名毗留慱叉有城郭廣長二十四萬里王處亦有七寶七重壁七重欄楯七重交露七重樹木周帀圍遶姝好門上有曲廂蓋交露下有園觀浴池樹木飛鳥相和而鳴須彌山王北去四萬里有天王名毗沙門有三城郭廣長各二十四萬里王處一者名沙摩二者名披迦羅曰三者名阿尼槃亦有七寶作七重壁七重欄楯七重交露七重行樹周帀圍遶姝好門上有曲廂蓋交露下有園觀浴池樹木飛鳥相和而鳴阿尼槃王處東毗沙門天王有山名迦比延高廣長四千里以四寶金銀水精瑠璃作之山周帀有垣牆廣長二萬里以七寶作七重壁七重欄楯七重交露七重行樹周帀圍遶姝好四面有門以四寶作上有曲廂蓋交露下有園觀浴池樹木飛鳥相和而鳴迦比延山阿尼槃王處北有毗沙門天王浴池名那利廣長二千里周帀有垣牆水底皆金沙水涼且清浴池周帀以四寶作四重壁欄楯交露樹木姝好中生青蓮華黃蓮華白蓮華赤蓮華光照二十四里香亦聞二十四里浴池周帀有階毗沙門天王欲至迦比延山遊戲相娛樂即時念提頭賴吒天王提頭賴吒天王即言毗沙門天王已念我故即時莊嚴衣被冠幘嚴駕與無央數揵沓和百千周帀圍遶從賢上城出往至毗沙門天王所在前住爾時毗沙門天

王念毗留勒叉天王毗留勒叉天王即時念言毗沙門天王已念我便著衣冠幘嚴駕與無央數百千鬼神從須畀旃城出往至毗沙門天王所在前住爾時毗沙門天王念毗留慱叉天王毗留慱叉天王即自念毗沙門天王已念我便著衣被冠幘嚴駕與無央數百千龍俱從末利旃城出周帀圍遶往至毗沙門天王所在前住爾時毗沙門天王著衣被冠幘嚴駕與諸天王無央數百千諸鬼神俱往至迦比延山時風吹掃迦比延山地風吹山中樹華散地四天王便共入迦比延山相娛樂快共飯食一日二日至七日以後各自罷去

佛說樓炭經卷第三　福三　十五

音釋

鑕之日切椹也　箄邊迷切竹器也　餧於僞切餇也　䐹廿恭切直也　褸落侯切衣衽也　髗落胡切首骨也　帞莫格切頭巾也　鬉子公切馬鬣也　町他頂切也　觚古胡切稜也　署常恕切部署也　明殺所介切衰少　嗜常利切好也　謣羽俱切

佛說樓炭經卷第三

校勘記

一　底本，清藏本。

一　八九八頁中二行「法炬」，資作「法烔」；南作「法炳」。

一　八九八頁中一三行「縣官」，資作「懸官」。

一　八九八頁下一九行「聖玉女」，磧作「聖王女」。

一　八九九頁上六行第二字及下二行第九字「當」，資作「常」。

一　八九九頁上末行「勿令」，資作「所令」。

一　八九九頁中九行末字「輪」，資作「輸」。

一　八九九頁下二行、六行、一三行、一六行「褸腋」，資作「樓腋」。

一　八九九頁下二行末字至三行首三字「當髗帞額」，資作「當臚帕額」，下同。

一　八九九頁下一三行第三字、一六行第四字「象」，資作「烏」。

一　八九九頁下一五行第四字「王」，磧作「土」。

一　九〇〇頁上一二行「不失」，徑作「不先」。

一　九〇〇頁上一七行首字「名」，徑作「石」。

一　九〇〇頁上一九行「所求者」，資作「所来者」。

一　九〇〇頁下一〇行「惡色」，資、磧、普、南作「惡」。

一　九〇一頁上六行「二千歲」，資、磧作「三千歲」。

一　九〇一頁中三行末字「也」，資、磧、普、南作「色」。

一　九〇一頁中六行「金門扇」，資、磧、普、南作「金兩扇」。

一　九〇一頁中一〇行第七字「盧」，資、磧、普、南無。

一　九〇一頁中一七行「水精華」，資、磧、普、南作「瑠璃華」。

一　九〇一頁下六行首字「青」，磧作

「有」。

一 九〇一頁下一〇行「金壁」，資、磧、普、南無。

一 九〇一頁下一二行「金樹」，資、磧、普、南無。

一 九〇一頁下一七行「皆金也」下，資、磧、普、南有「有寶樹金樹銀樹瑠璃樹水精樹琥珀樹珊瑚樹硨磲樹其壁上皆金銀瑠璃水精珊瑚琥珀硨磲欄楯質羅瀨盧道廣六百四十里皆七重壁金銀水精瑠璃珊瑚琥珀硨磲壁一壁間者有一渠水水中有四色蓮華青紅紫白其水底皆金沙」（九十三字）。

一 九〇二頁上七行夾註，磧爲正文。普作「北字小書着在邊質羅瀨者褊爛盧也」；徑作「質羅者褊瀨盧爛也」。

一 九〇二頁上一四行第五字「僵」，資作「殭」。

一 九〇二頁中末行「六牙」，資、磧、普、南作「七牙」。

一 九〇二頁下五行「南質羅瀨盧」，資、磧、普、南作「質羅盧」。

一 九〇二頁下六至七行「不能得入西彌尸耶遠盧也」（十一字），資、磧、普、南無。

一 九〇三頁上七行「四天王品第八」，資、磧、普作「大樓炭經四天王品第八」。

一 九〇三頁上九行及下一七行「提頭賴吒」，資、磧、普、南作「提頭賴」。

一 九〇三頁上一四行第一一字「銀」，磧、普、南無。

一 九〇三頁中一〇行及次頁上一行「毗留勒叉」，資、磧、普、南作「毗樓勒」。

一 九〇三頁中一五行「毗留博叉」，資、磧、普、南作「比留羅」。

一 九〇三頁下八行「行樹」，資、磧、普、南作「樹木」。

一 九〇三頁下一八行「冠幘」，磧作「冠憤」。

一 九〇四頁上三行「百千鬼神」，資作「百千兵九鬼神」。

一 九〇四頁上四行至五行「毗留博叉」，資、磧、普、南作「毗樓勒叉」。

佛説樓炭經卷第四　福四

西晉三藏法師法立共法炬譯

忉利天品第九

佛語比丘須彌山頂上有忉利天廣長各三百二十萬里上有釋提桓因城郭名須陀延廣長各二百四十萬里七重壁七重欄楯七重交露七重行樹周帀圍遶姝好皆以七寶作之金銀瑠璃水精赤眞珠硨磲瑪瑙金壁者銀門銀壁者金門瑠璃壁者水精門水精壁者瑠璃門赤眞珠壁者瑪瑙門瑪瑙壁者赤眞珠門硨磲壁者一切寶門金欄楯者金柱栿銀桄銀欄楯者銀柱栿金桄瑠璃欄楯者瑠璃柱栿水精桄水精欄楯者水精柱栿瑠璃桄赤眞珠欄楯者赤眞珠柱栿瑪瑙桄瑪瑙欄楯者瑪瑙柱栿赤眞珠桄硨磲欄楯者硨磲柱栿一切寶桄金交露者銀垂絡銀交露者金垂絡瑠璃交露水精垂絡水精交露瑠璃垂絡赤眞珠交露瑪瑙垂絡瑪瑙交露赤眞珠垂絡硨磲交露一切寶垂絡金樹者金根莖銀枝葉華實銀樹者銀根莖金枝葉華實瑠璃樹者瑠璃根莖水精枝葉華實水精樹者水精根莖瑠璃枝葉華實赤眞珠樹者赤眞珠根莖瑪瑙枝葉華實瑪瑙樹者瑪瑙根莖赤眞珠枝葉華實硨磲樹者硨磲根莖一切寶枝葉華實其壁高二千四百里廣千二百里其門高二千四百里廣千二百里壁相去二萬里有一門門各各常有五百鬼神守忉利天門門上有曲扇蓋樓觀交露下有園觀浴池有種種樹樹有種種葉華實出種種香種種飛鳥相和而鳴須陀延城中有伊羅滿龍王宮廣長各二十四萬里皆以七寶金銀水精瑠璃赤眞珠硨磲瑪瑙作七重欄楯七重交露七重行樹須陀延城中有忉利天帝叅議殿舍廣長各二萬里高四千里以七寶作七重欄楯七重交露七重行樹周帀圍遶二萬里殿舍上有曲扇蓋交露樓觀以水精瑠璃爲蓋黄金爲地殿舍中柱周四百八十里門高四千里以七寶作之中有天帝釋座廣長各四十里皆以七寶作座甚柔軟兩邊各十六座殿舍北有天帝釋後宮

廣長四萬里皆以七寶作七重壁七重欄楯
七重交露七重行樹周帀圍遶甚姝好殿舍
東有帝釋園觀名麤堅廣長各四萬里亦以
七寶作七重壁欄楯交露樹木周帀圍遶甚
姝好門高千二百里廣長八百里門上有曲
廂蓋交露樓觀下有園觀浴池中有種種樹
木葉華實種種飛鳥相和而鳴麤堅園觀中
有香樹高七十里皆生華實擘者出種種香
有樹高二十里三十里至六十里者最卑者
高十三里百二十步次有瓔珞樹高七十里
者有高二十里三十里至六十里最卑者高
十三里百二十步皆生華實擘之出種種瓔
珞次有衣被樹次有不息樹器樹音樂樹高
七十里者有高二十里三十里至六十里最
卑者高十三里百二十步皆生華實擘者出
種種衣被瓔珞不息器音樂樹麤堅園觀中
有兩石一者名賢二者名賢善以天金作石
甚姝好殿舍南有天帝釋園觀名樂畫廣長
各四萬里皆以七寶作七重壁欄楯交露樹
木有門高千二百里門上有曲廂蓋交露樓
觀下有園觀浴池有種種樹葉華實浴池中
有飛鳥相和而鳴樂畫園觀中有兩石一者
名畫二者名善畫廣長各二千里石甚柔軟
樂畫園觀中有香樹次有瓔珞樹不息樹音
樂樹樹高七十里者有高二十里三十里至
六十里最卑者高十三里百二十步皆生華
實擘出種種香衣被瓔珞不息器音樂忉利
殿東有天帝釋園觀名憒亂廣長各四萬里
皆以七寶作七重壁欄楯交露樹木周帀圍
遶門高千二百里廣八百里上有曲廂蓋交
露樓觀下有園觀浴池有種種樹葉華實出
種種香種種飛鳥相和而鳴諸樹所出生亦
如南方樂畫園中有兩石忉利天殿舍西有
園觀名歌舞廣長各四萬里亦以七寶作七
重壁欄楯交露樹木周帀圍遶門高千二百
里廣八百里上有曲廂蓋交露樓觀下有園
觀浴池有種種樹木葉華實種種飛鳥相和
而鳴歌舞園中有兩石一者名難陀二者名
和難廣長各二千里皆以天瑠璃作之甚柔
軟憒亂樂畫園觀中有浴池名難陀廣長各
二萬里周帀圍遶七重垣其池中水軟美且
清有種種樹周帀圍遶水底沙皆金以七寶
作七重欄楯交露樹木周帀圍遶有曲廂蓋
交露樓觀下有園觀浴池中有種種樹葉華
實出種種香種種飛鳥相和而鳴難陀浴池
中有青蓮華紅蓮華黃蓮華白蓮華大如車
輪其莖如車轂刺出其汁如乳其光照四十
里香亦聞四十里歌舞憒亂園觀中有大樹
名晝過度莖圍二百八十里高四千里枝葉
分布二十里忉利諸天有宮廣長四十萬里
皆以七寶作七重欄楯交露樹木周帀圍遶
園觀浴池種種飛鳥相和而鳴種種樹葉華
實出種種香忉利天宮有廣長各三萬六千
里者有天宮廣長三萬二千里者有天宮廣
長二萬八千里者有天宮廣長二萬四千里
者有天宮廣長二萬里者有天宮廣長萬六
千里者有天宮廣長萬二千里者有天宮廣
長八千里者最小者廣長四十里中復有天
宮廣長三千六百里者三千二百里者下至
四百八十里皆以七寶金銀水精瑠璃赤真

珠硨磲瑪瑙作七重欄楯交露樹木園觀浴池種種飛鳥相和而鳴忉利天殿舍前有兩道至天帝釋後宮復有兩道至麤堅園觀復有兩道至樂畫園觀復有兩道至憒亂園觀復有兩道至歌舞園觀復有兩道至難陀浴池復有兩道至畫過度大樹復有兩道至諸天宮復有兩道至伊羅滿龍王宮天帝釋欲至麤堅園觀遊戲相娛樂時念諸天王爾時諸天王言天帝釋以念我等便整衣服著冠幘莊嚴乘騎即共往至天帝釋所在前住爾時天帝釋復念忉利天爾時忉利天人言天帝釋以念我等便著衣服莊嚴種種乘騎往至天帝釋所在前住爾時天帝釋復念伊羅滿龍王時伊羅滿龍王言天帝釋以念我等便化作三十二頭象一一頭化作六牙一一牙上化作七浴池一一浴池中化作七蓮華一一蓮華上化作七玉女作妓樂伊羅滿龍王以是種種作神化往至天帝釋所在前住爾時天帝釋整衣服著冠幘蹈龍王肩上坐其頂上兩邊各有十六小王侍坐天帝釋便

往至麤堅園觀中爾時開門風開麤堅園觀門掃除風便起吹園觀地伊羅風生吹園觀中樹華散地至于人膝時天帝釋與諸天俱入園觀中便坐賢善石上賢善石上兩邊各有十六小王坐爾時天帝釋欲得瓔珞便告遺舍鉢天子時天子言天帝釋以念我便化作瓔珞持往奉上天帝釋忉利天人欲得瓔珞時遺舍鉢天子化作瓔珞持上忉利諸天有天人不得見麤堅園觀亦不得入中亦不得以天樂相娛樂所以者何前世所作功德少有忉利天人但得遙見麤堅園觀亦不得入亦不得以天樂相娛樂所以者何前世所作功德復少中有得入以天樂相娛樂所以者何前世所作功德具足故爾時天帝釋與忉利天人在麤堅園觀中相娛樂飲食一日二日至七日便出去至樂畫園觀中相娛樂亦如是復至憒亂歌舞園觀中飲食相娛樂亦如是何以故言善等天人入忉利天宮時念善哉安樂是故言善等何以故言麤堅忉利天人入麤堅園觀中時身便麤堅是故言

麤堅何以故言樂畫忉利天人入樂畫園觀中時身便自然種種畫色故言樂畫何以故言憒亂忉利諸天人入憒亂園觀中時天帝釋月八日十四日十五日便捨婇女獨將阿須夫人遊行爾時諸天子與婇女相雜錯憒亂行是故言憒亂何以故言歌舞忉利諸天人入歌舞園觀中時便歌舞相娛樂是故言歌舞何以故言畫過度大樹有天名聞陀在上居止畫大五樂甚相娛樂以是故言畫過度復次畫過度大樹常有華實譬如加尼樹是故言畫過度天帝釋邊常有十天子擁護之一者名根二者名具戒三者名比流四者名比流藏五者名阿流六者名波流七者名利桓八者名樓漢九者名拘和羅十者名難是十天子常擁護天帝釋天下人水中生好青蓮華紅蓮華黃蓮華白蓮華甚香好陸地華亦甚軟好名阿蹄勿占陀波羅須和師陀奴末俱耶尼天下人鬱單越東方弗于逮天下人地亦如是龍及金翅鳥水中生青蓮華紅蓮華黃蓮華白蓮華甚柔軟香好及陸地

有諸蓮華阿須倫水中亦有青紅黄白蓮華柔軟甚香好陸地亦有好華名摸大摸加加大加加漫陀大漫陀四王天上天水中生蓮華青紅黄白蓮華甚柔軟香好陸地生華亦好忉利天𦦨摩天兜率天無貢高天他化自轉天水中亦有青紅黄白蓮華甚柔軟香好陸地華亦好此間人有七種色有赤色者有金色者有青色者有黄色者有白色者有黒色者有紫色者是爲七種色人阿須倫亦如是有七色諸天亦爾皆有七色諸天有十事將何等爲十一者飛行無極二者往還無極三者諸天無盜賊四者不自説身善亦不説他人惡五者無有相侵六者諸天齒等而通七者髮紺青色滑澤長八尺八者天人青色髮者身亦青色九者欲得白者身即白色十者欲得黒色者身即黒色是爲諸天十法事此人間螢火之明不如燈火之明燈火之明不如炬火之明炬火之明不如大火之明大火之明不如星之明星之明不如月之明月之明不如日之明日之明不如四天王宫之

明四天王宫之明不如忉利天宫之明忉利天宫之明不如天帝釋宫之明如是展轉不相如上至阿迦尼吒天宫之明阿迦尼吒天宫之明不如摩伊破天子之明摩伊破天子之明不如苦諦集盡道諦之明苦諦集盡道諦之明不如佛之明閻浮利天下人身長七尺或有至八尺者衣廣一丈長六尺俱耶尼天下人弗于逮天下人身長七尺或至八尺者衣廣一丈長六尺鬱單越天下人身長一丈四尺衣廣二丈八尺長一丈四尺衣重二兩半龍及金翅鳥身高四十里衣廣八十里長四十里衣重二兩半諸阿須倫本身高四十里衣廣八十里長四十里衣重二兩半四天王天上天人本身長二十里衣廣四十里長二十里衣重二兩半忉利天人本身長四十里衣廣八十里長四十里衣重七銖半𦦨摩天上人本身長八十里衣廣百六十里長八十里衣重半兩兜術天人本身長百六十里衣廣三百二十里長百六十里衣重兩銖樂無貢高天人本身長三百二十里衣廣六

百四十里長三百二十里衣重一銖他化自轉天人本身長六百四十里衣廣千二百八十里長六百四十里衣重半銖過其上諸天人所著衣應其身閻浮利天下人壽百歲或長或短俱耶尼天下人壽二百歲或長或短弗于逮天下人壽三百歲或長或短鬱單越天下人皆壽千歲無有中死者龍及金翅鳥壽一劫亦有中死者阿須倫天下人壽千歲亦有中死者四王天上諸天人壽天上五百歲亦有中死者忉利諸天人壽天上千歲亦復有中夭者𦦨摩天上諸天人壽天上二千歲亦有中夭者兜率天上諸天人壽天上四千歲亦有中夭者樂無貢高諸天人壽天上八千歲亦有中夭者他化自轉天上諸天人壽天上萬六千歲亦有中夭者梵迦夷天上諸天人壽一劫亦有中夭者阿陂波天上諸天人壽二劫亦有中夭者首陀行天上諸天人壽四劫亦有中夭者惟呼鉢天上諸天人壽天上八劫亦有中夭者無想天人及餓鬼壽天上七萬劫亦有中夭者阿比陂天上諸

天人壽十劫亦有中夭者阿荅和天上諸天人壽二十劫亦有中夭者修陀㫋天上人壽四十劫亦有中夭者須陀㫋尼天上諸天人壽八十劫亦有中夭者阿迦尼吒天上諸天人壽百六十劫亦有中夭者虛空知天上諸天人壽萬劫亦有中夭者識知天上諸天人壽二萬劫亦有中夭者阿竭若然天上諸天人壽四萬劫亦有中夭者無思想亦有思想天上諸天人壽八萬劫無有中夭者佛言爲人民四種食生以竪立身何等爲四一者見取食二者温食三者意食四者識食是爲四種食何等爲見取食閻浮利天下人食米飯麨麩肉魚衣被澡浴以是安隱食西方耶尼東方弗于逮天下人亦如是欝單越天下人食淨潔自然粳米是爲見取食及澡浴龍及金翅鳥食魚鼈及食提米提歷大魚是爲取食及澡浴阿須倫食自然食及衣被澡浴四天王諸天食自然食衣被及澡浴忉利諸天亦食自然食衣被及澡浴餤摩天兜率天無貢高天他化自轉天人皆食自然之食及衣

被沐浴從他化自轉天以上用禪好喜作食以定意作食何等人食温食卵種之類食温食是爲温食也何等爲意念作食者其有意念肉食想是爲以意念作食何等爲識食者泥犂中人及無想天人以識作食是爲識食是爲四種食爲人民故生以竪立身命閻浮利天下人以金銀珍寶米穀錢財生口市買賈販俱耶尼天下人以牛馬米穀珠玉作市販賣弗于逮天下人以金銀珍寶米穀錢財生口市買賈販欝單越天下人無市買賈販諸天亦爾閻浮利天下有男女婚姻之事俱耶尼弗于逮天下人亦有男女婚姻之事欝單越天下人無婚姻之事若男子起婬泆意向女人時相視便度道去男子在前女人在後有樹曲合如交露北方天下人在其中止男女各異處便共往至其樹下若樹低蔭覆其人上便共交通樹不覆人上者不行交通之事各自別去龍及金翅鳥有男子女人婚姻之事阿須倫亦有男女婚姻之事從是以上無有婚姻之事閻浮利天下人男女共居

止交通俱耶尼弗于逮欝單越天下人男女行陰陽之事龍及金翅鳥男女亦有陰陽之事諸阿須倫男女亦行陰陽之事四天王天上人男女亦行陰陽之事忉利天上人男女以風爲陰陽之事餤摩天人男女以相近成陰陽之事兜率天人男女相牽手便成陰陽無貢高天人男女相視便成陰陽他化自轉天人念婬欲便成陰陽從是以上離於欲其有人身行惡口言惡心念惡從是人間命盡墮泥犂中受命及得名色從名色得六入有人身行惡口言惡心念惡從是人間命盡墮畜生受命及得名色從名色得六入其有人身行惡口言惡心念惡從是人間命終墮餓鬼中受命得名色從名色得六入其有人身行善口言善心念善命盡便生爲人受命得名色從名色得六入其有人身行善口言善心念善從是人間命盡從生四王天上受命得名色從名色得六入譬如閻浮利天下人小兒年一歲若一歲半人如生天上作天子如是諸天憶如是我男女適生天上便自知

宿命我用何等因緣得來生此即自說我用
三事實得生此何等爲三一者布施二者持
戒三者棄惡是爲三我天上壽盡當復還生
世間在人間亦復身行善口言善心念善終
亡已後當復還天上生天子說是已便念欲
福四　十二
得食即自然滿寶器食在前福德少者自然
青飯食在前福德中者自然赤飯食在前福
德上者自然白飯食在前天人便取食之時
於口中自消盡譬酥若麻油著火上即消滅
天人食時如是於口中便自消滅渴時即自
然滿寶器甘露漿在前福德少者自然青色
漿在前福德中者自然赤色漿在前福德上
者自然白色漿在前便取飲之於口中自消
滅譬如酥麻油著火上即消滅如是天人飲
漿時便於其口中自消滅飲食竟已即長大
如四天王天上餘天人便往至浴池中浴自
娛樂從浴池出往至香樹下取種種香塗身
往至瓔珞樹下樹自低便取冠幘瓔珞著之
復至衣服不息樹下樹自低便取衣服不息
著之復至器果音樂樹下樹自低便取器取

果食之清其汁飲之復取音樂鼓之自隨其
歌舞往入園觀舍宅見無央數百千玉女作
音樂歌舞相娛樂觀東面玉女便忘西面玉
女觀西面玉女便忘東面玉女天子便自念
言我前世用何等因緣故得來生此間今時
福四　十三
皆忘前世事坐見玉女故婬亂失意玉女名
不念所以名不念者用男子見失意故其有
人身行善口言善心念善於是人間命盡生
忉利天上時譬如閻浮利天下人二歲若三
歲身長大如是諸天憶知是我男是我女天
子便自念宿命何以故得生此用布施持戒
棄惡故欲得飲食時便自然滿金器在前隨
福德上中下生白赤青在前便取飲食之於
口中自消盡譬如持酥麻油著火上即自消
滅天人飲食時如是食已身即長大譬如忉
利天人便往至浴池中洗浴自娛樂出往至
香樹瓔珞衣被不息器果音樂樹下樹枝自
低即取香塗身取瓔珞不息衣被著之取器
食果取音樂鼓之歌舞入園觀舍宅見無央
數百千玉女便忘前世因緣不能復念其有

人身行善口言善心念善從是人間命盡便
上生燄摩天上受命適生時其身如閻浮利
天下人三歲四歲天子身自然長大如是亦
復自念前世布施持戒棄惡故得生天上欲
得飲食時亦自然寶鉢滿在前便飲食即口
中消盡譬如持酥麻油著火上即消滅食已
入浴池洗浴出至諸樹樹枝自低取其所有
飲食作音樂歌舞入園觀舍宅見無央數百
千玉女其意擾亂不復念宿命之事其有人
身行善口言善心念善從是人間命盡便上
生兜率天上適生身體長大如閻浮利天下
人四歲五歲亦自知前世所作布施持戒棄
惡亦食自然之飲食身即長大如餘天人往
至浴池洗浴出到諸樹下各取所有作妓樂
歌舞入園觀舍宅見無央數百千玉女煩亂
福四　十四
其意不能復念宿命其有人身行善口言善
心念善命盡生無貢高天上適生身長大如
閻浮利天下人五六歲若生他化自轉天上
適言生身如閻浮利天下人六七歲身即長
大自知宿命布施持戒棄惡亦食自然飲食

入浴池洗浴出至諸樹間樹枝自低各取所
有衣被瓔珞不息著之取器食果作音樂歌
舞入園觀舍宅見無央數百千玉女煩亂其
意不能復念宿命佛言十五日有三齋何等
爲三齋月八日十四日十五日是爲三云何
爲月八日齋月八日齋時四王告使者言往
案行四天下觀視萬民知世間有孝順父母
者不有承事沙門婆羅門道人者不有敬長
老者不有齋戒守道者不有布施者不有信
今世後世者不使者受教四布案行天下還
具白言多有不孝父母不敬事沙門婆羅門
道人長老不齋戒布施四天王聞之即不歡
喜說言今我聞惡語是爲減損諸天增益阿
須倫種若多有孝順父母沙門婆羅門道人
長老者多有齋戒布施信今世後世者具白
福四 十五
之四天王聞之即大歡喜說言我今聞善言
用人多有作善者增益諸天減損阿須倫種
是爲月八日齋十四日齋云何十四日齋時
四天王自告太子四布案行天下觀視萬民
還具白意言多有作惡者四天王聞則不歡

喜說言人多有惡者減損諸天增益阿須倫
種得善多者四天王則喜言增益諸天減損
阿須倫種是爲十四日齋法云何爲十五日
齋十五日齋時四天王躬身自下四布案行
天下觀視百姓寧有孝順父母沙門道人敬
長老齋戒布施信今世後世者不多有不能
者即時四天王入善等正天中白天帝釋言
世間多有不孝父母沙門道人多不敬長老
齋戒布施不信今世後世者天帝釋聞已言
我爲聞惡坐其不作善故減損諸天增益阿
須倫種作善多者四天王入善等正天中具
白天帝釋及諸忉利天人忉利天帝釋則大
歡喜言我今以聞善語用世間人作善多故
增益諸天減損阿須倫是爲月十五日齋時
是爲十五日三齋佛告比丘言若有異道人
問言一切男子女人初生時有隨後護之不
若異道人問是者汝曹當報言街巷市里一
切屠殺處冢間皆有非人無空缺處其人非
人名隨報郡國縣邑丘聚名如江河山川所
有名非人亦作是名如人所作名護非人亦

作是名其有樹高七尺圍一尺者上悉有神
其有人於是人間身行惡口言惡心念惡作
十惡者十人百人一神護之譬如百群牛羊
若千牛羊群一人牧護之佛言如是其有人
身行惡口言惡心意念惡者百人千人有一
神護耳其有人於此人間身行善口言善心
福四 十六
念善奉十善事者是法人正見不轉人等一
人常有百若千非人護之譬如王若大臣一
人常有百若千在傍護之佛言如是其有人
身口意行善奉十善事者是尊是法正見之
人等一人常有百若千非人在後護之是謂
爲男子女人常有非人護之有三事閻浮利
天下人勝俱耶尼天下人何等爲三一者意
勇猛在因緣地二者此間人意勇猛修梵行
三者此間人意勇猛趣佛是爲三有三事俱
耶尼天下人勝閻浮利天下人何等爲三牛
羊珠玉多是爲三勝閻浮利天下人閻浮利
天下人有三事勝弗于逮天下人何等爲三
一者此間人意勇猛在因緣地二者此間人
勇猛意修梵行三者此間人有勇猛意趣佛

是爲三弗于逮天下有三事勝閻浮利天下何等爲三一者其地極廣二者其地極大三者其處極富是爲三勝閻浮利天下人閻浮利天下人有三事勝欝單越天下人何等爲三一者意勇猛在住二者意勇猛修梵行三者有勇猛意趣佛是爲三欝單越天下人有三事勝閻浮利天下人何等爲三一者無所繫屬二者不畜奴婢婦子三者壽千歲無所缺減是爲三閻浮利天下人有三事勝阿須倫何等爲三一者意勇猛在住二者意精進修梵行三者有勇猛意趣佛是爲三諸阿須倫有三事勝閻浮利人何等爲三一者壽命長二者得久在三者多安隱是爲三閻浮利人有三事勝四天王天上人何等爲三一者意勇猛在住二者意勇猛修梵行三者有勇猛意趣佛是爲三四天王天上人有三事勝閻浮利天下人何等爲三一者長壽二者得久在三者多安隱是爲三閻浮利人有三事勝忉利天人㦸摩天兜率天無貢高天他化自轉天何等爲三一者意勇猛在住二者意勇猛修梵行三者有勇猛意趣佛是爲三忉利天㦸摩天兜率天尼摩羅天波羅尼蜜和耶起致天有三事勝閻浮利人何等爲三一者壽命長二者得久在三者多安隱是爲三欲界人有十二種何等爲十二一者泥犁二者禽獸三者薜荔四者世間人五者阿須倫六者四天王天七者忉利天八者㦸摩天九者兜率天十者無貢高天十一者他化自轉天十二者魔天是爲十二種人爲欲界色行天有十八何等爲十八一者梵迦夷天梵不數樓天梵波利沙天大梵天阿維比天波利答天阿波羅那天波利多首天阿波羅天摩首天阿披波羅天維阿天波利多維天阿波摩維阿天維呵天維阿鉢天阿答和天善見天善見尼天阿迦尼吒天是爲十八色行天無色行天有四何等爲四一者虛空智天二者識智天三者阿竭然天四者無思想亦有思想天是爲四無色天佛告諸比丘言昔者持地大天神發起是惡見言但有地無有水亦無有火無有風佛言我爾時往至持地大神所告持地大神言汝爲實發起是惡見言地無有水火風不神言唯然世尊佛言大神莫說地無水火風所以者何地有水火風地里數最深佛言我能知持地大神發起惡見我便以法勸助令意開解歡喜即立遠塵離垢諸法眼生譬如白繒淨好持著染中則受染色好佛言如是持地大神立遠塵離垢諸法法眼生爾時持地大神現在得法行斷狐疑白佛言我從今已往盡形壽歸命佛歸命法歸命比丘僧受持優婆夷戒常有慈心於人及蜎蜚蠕動之類也佛告比丘昔者持水大神發是惡見言但有水無有地亦無火風我爾時往至持水大神所問持水大神言汝實爲發起惡見言但有水無有地火風耶神言唯然世尊佛言大神莫得說是語所以者何有水亦有火地風但水里數大深水神即棄捐惡見我但以法勸助令意開解歡喜即立遠塵離垢諸法法眼生譬如白繒淨好持著染中便受好色持水大神亦如是現在得法行無有狐疑即白佛言我從今已往盡形

壽歸命佛歸命法歸命比丘僧受戒常慈心
於人及蛸蜚蠕動之類佛告比丘昔者持火
大神發是惡見言從火無有地水風我爾時
往至持火大神所問言汝實爲發是惡見言
從火無地水風不火神言唯然世尊佛言火
神莫得說是語所以者何有火亦有地水風
爾時持火大神即棄捐惡見我便以法勸助
令意開解歡喜即立遠塵離垢諸法法眼生
譬如白繒淨好持著滦中即受好色持火大
神亦如是現在得法行無有狐疑白佛言我
從今以後盡形壽歸命佛歸命法歸命比丘
僧受持戒作優婆夷常有慈心於人及蛸蜚
蠕動之類佛告比丘昔者持風大神發是惡
見言從風無地水火我爾時往至持風大神
所問之言汝實發是惡見言從風無地水火
耶風神言世尊唯然佛言莫得說是語所以
者何有風亦有地水火者風里數大深爾時
持風大神便棄捐惡見佛言我以法勸助令
意開解歡喜即立遠塵離垢諸法法眼生譬
如白繒淨好著滦中即受好色持風大神亦

如是現在得法行無狐疑便白佛言我從今
已往盡形壽歸命佛歸命法歸命比丘僧受
戒作優婆塞常有慈心於人及蛸蜚蠕動之
類佛告比丘言云何有四色何等爲四一者
有青色二者有赤色三者有黃白色四者有
福四 二十
黑色其有青色雲者中有水界大多其有赤
色雲者中有火界大多其有黃白色雲者中
有地界大多其有黑色雲者中有風界大多
雷電有四品何等爲四一者東方電名百主
二者南方電名身味三者西方電名阿竭羅
四者北方電名阿祝藍何以故於虛空有電
出聲有時身味電與阿祝藍合諍鬭用是故
虛空中出聲或身味電與百主電共鬭諍是
故雲中出聲有時祝藍電與身味電共諍鬭
時是故虛空中出聲何以故虛空雲中出聲
有時地種與水種共諍鬭地種與火種共諍
鬭地種與風種共諍鬭譬如山山相摶却住
佛言如是地種與水火風種共諍鬭是故虛
空中出聲此事却雨復有五事天雨何等爲
五一者於是天雲起雷出電現應人謂當天

雨有時風種大起吹至遠山間墾澤處雨是
爲一事失雨復次天雲起雷出電現應人謂
當天雨有時火種起焦燒雨水是爲二事失
雨復次天雲起雷出電現應人謂當雨有時
阿須倫王便兩手取雨水著大海中是爲三
福四 二十一
事失雨復次天雲起雷出電現應人謂當雨
時雨師及婬亂是故天雨不數時節是爲四
事失雨復次國君行非法奉癡法多瞋恚惡
天雨不時節是爲五事失雨

佛說樓炭經卷四

音釋

憒 古對切心亂也
幘 側華切覆髮巾也
銖 慵朱切重十黍曰銖
麨麩 麨尺少切乾粮也 麩去呂切麥粥也
滦 子皓切
泆 夷質切
薜荔 薜蒲計切 荔郎計切
蠕 而兗切蟲動也
墾 康很切闢也

佛說樓炭經卷第四

校勘記

一 底本，清藏本。
一 九〇六頁中九行至次行「瑠璃壁……瑠璃門」（十四字），資、磧、普、南無。
一 九〇六頁中一六行「垂絡」，資、磧作「垂珞」，下同。
一 九〇六頁中二〇行「金根莖」，資作「金銀莖」。
一 九〇七頁上二行「行樹」，資、磧、普、南作「樹木」。
一 九〇七頁上一八行「殿舍」，資、磧、普、南作「殿東」。同行第一五字「晝」，磧、普作「畫」。
一 九〇七頁中一行「浴池」，資無。
一 九〇七頁中三行第二字、第七字「畫」，資、磧、普、南作「晝」。
一 九〇七頁中一三行「樂晝」，資、磧、南作「憒亂」。
一 九〇七頁下一〇行「二十里」，資、磧、普、南作「二千里」。
一 九〇七頁下一八行「四十里」，資作「四千里」。
一 九〇八頁上一五行「三十二」，資、磧、普、南作「三十六」。
一 九〇八頁下一一行「是故」，磧作「是大」。
一 九〇八頁下一四行「拘和羅」，資作「拘和難」。
一 九〇八頁下一七行第一一字「陀」，資作「披」。
一 九〇八頁下一八行「鬱單越」，資、磧作「鬱單曰」。
一 九〇九頁上五行「燄摩天」，資、磧、普、南作「燄天」，下同。
一 九〇九頁中一三行第一二字「衣」，資作「長」。
一 九一〇頁上一〇行第六字「生」，資無。
一 九一〇頁上一二行第六字「見」，資、磧、普、南作「所」。
一 九一〇頁下一〇行、一四行「從名色」，資無。
一 九一〇頁下一九行「如生」，資作「始生」。
一 九一一頁上一八行「冠幘」，資作「樹幘」。
一 九一二頁上一三行「增益」，資作「增答」。
一 九一二頁下五行「行惡」，資無。
一 九一二頁下八行「王若」，資作「王君」。
一 九一二頁下一六行首字「耶」，資、南作「那」。
一 九一二頁下末行「三者」，資作「三老」。
一 九一三頁中六行「禽獸」，資、磧、普作「獫獸」。
一 九一三頁中一四行第三字「阿」，資作「呵」。
一 九一三頁中一五行「吾見尼天」，資作「色天」。
一 九一三頁下一行、八行「大神」，資、磧、南作「天神」。

一九一三頁下二行「神言」，資、磧、普、南作「天言」。同行「大神」，磧、普作「天」。

一九一三頁下八行「大神」，普作「天神」。

一九一三頁下一七行「棄捐」，資作「棄損」。

一九一四頁中七行第一一字「有」，資、磧、普、南無。

一九一四頁中八行第一二字「中」，資、磧、普、南無。

一九一四頁中一四行第二字「雲」，資作「虛空」。

一九一四頁中一九行「天雨」，資作「失雨」。

一九一四頁下二行「天雲起雷」，資、磧、普、南作「天雷起雲」。

一九一四頁下三行「當天雨」，資、磧、普、南作「天雨當」。

一九一四頁下四行「出電」，資、磧、普、南作「出雲」。

一九一四頁下末行卷末經名，資、磧、普作「大樓炭經卷第四」；南作「樓炭經卷第四」；徑作「佛說樓炭經卷第四」。

佛説樓炭經卷第五　福五

西晉三藏法師法立共法炬譯

戰鬬品第十

佛告比丘昔者諸天欲與阿須倫共戰鬬諸天便在一面住舍當時天帝釋告忉利諸天言若使我諸天得勝阿須倫壞者當以五繫縛維摩質阿須倫天帝釋敕諸樂天等忉利天人即受天帝釋教爾時維摩質阿須倫亦復告諸阿須倫言若使諸阿須倫得勝諸天壞者便當取帝釋以五繫縛之諸阿須倫受教爾時諸天與阿須倫共戰鬬諸天便得勝忉利諸天便取維摩質阿須倫以五繫縛將至善等天等以現天帝釋若維摩質阿須倫念言我樂在此天上者便自見五繫縛已解自然天五樂在前若維摩質阿須倫自念欲還便自還五繫縛失天五樂佛語比丘阿須倫所被繫縛如是魔所繫縛復劇是若念爲魔所縛不念爲魔所解有我念有吾有我爲著無有我是亦爲著有色是亦爲著無有色是亦爲著亦不有色亦不無色是亦爲著有想者是亦爲著無想是亦爲著亦不有想亦不無想是亦爲著是爲著疾病是爲著瘡是爲著痛賢者弟子聞是著病著瘡著痛樂無所著行是我者是爲著是爲不尊壹爲亂是爲展轉有我是爲著無有我是亦爲著有色是爲著無色是爲著亦不有色亦不無色是亦爲著有想是爲著無想是亦爲著亦不有想亦不無想是亦爲著著病瘡痛賢者弟子聞是著病瘡痛便樂無所著行佛告比丘昔者阿須倫與天戰鬬釋提桓因告忉利諸天若諸天得勝便當五繫縛維摩質阿須倫諸天即受教爾時維摩質便復告諸阿須倫若我曹得勝者便當共取天帝釋五繫縛之便共戰鬬諸天便得勝則取維摩質阿須倫五繫縛之將至善等天等以現天帝釋維摩質阿須倫行來善等天等所見者便罵詈惡口

爾時侍者於天帝釋前便説偈言

天帝釋爲恐耶　無有力而寂寞
目前聞維摩質　口所出麤惡語

爾時天帝釋報侍者説偈言

我不用恐故寂　力不少於維摩
云何人智慧者　寧當與愚癡諍
爾時侍者於天帝釋前說偈言
若愚癡來鬪時　不當復忍此事
於彼當以撾杖　便捶繫是愚癡
爾時天帝釋報侍者說偈言
我已爲了知是　不當與愚癡語
若愚者有瞋恚　智慧者不欲諍
爾時侍者於天帝釋前說偈言
當知是如是寂　天帝釋當見因
用愚癡謂智爲　以恐畏故寂寞
其愚癡自謂爲　用恐畏故默聲
用是故復來鬪　王恐捨如牛走
爾時釋提桓因報侍者說偈言
念來嬈輕易我　謂爲恐故默然
身之利第一義　無有與忍辱等
其是者弊惡人　若有起瞋恚意
不當發瞋恚向　瞋恚者便共諍
爾時釋提桓因復報侍者說偈言
所作有二因緣　爲身故及他人
若有起諍鬪者　智慧者不與鬪
若有作是二事　爲已身及他人
人謂是爲愚癡　用不解於法故
無力者謂有力　其有力癡强者
行法者其筋力　無有能降伏者
其有是筋力者　於劣人其寂寞
我知忍爲最上　滿忍辱於劣人

佛告比丘欲知爾時天帝釋是我身我忍辱如是我今亦復忍辱佛語比丘昔者阿須倫與諸天共鬪得勝諸天即壞天帝釋便坐千疋馬車恐走還見睒陂大樹上有鳥語巢中有二卵便自說偈言

語御者鳥睒陂　迴車馬當避去
寧阿須破壞我　莫令壞是兩卵

御者即受天帝釋教迴千疋馬車避去諸阿須倫見天帝釋千疋馬車迴還便言欲來與我戰鬪以阿須倫即恐怖忙走天即得勝佛告比丘欲知爾時天帝釋不則我身是我爾時以慈念一切人民及蜎飛蠕動之類亦如是佛告比丘昔者諸天與阿須倫共戰鬪諸天得勝阿須倫壞爾時天帝釋甚歡喜還造起大講堂名爲勝何以故名爲勝勝諸阿須倫故作百重欄楯一一欄楯間各作七百交露一一交露中有七百玉女一一玉女有七百侍者爾時天帝釋不復憂諸玉女衣被飲食各如前世所行自然爲生起講堂千世界中講堂無有與天帝釋講堂等者時阿須倫王念言我威神力尊乃如是諸日月及忉利天於我上虛空中往還我欲取日月之光明著耳中行至十方念是已便瞋恚無所復避爾時阿須倫王念維摩質阿須倫維摩質阿須倫即知之便著種種具莊嚴種種兵仗騎乘無央數阿須倫百千俱往至阿須倫王所在前住爾時阿須倫王復念舍摩利阿須倫舍摩利阿須倫即復知之便著種種具莊取兵仗騎乘與無央數百千阿須倫往至阿須倫王所在前住爾時阿須倫王復念滿由阿須倫祇羅阿須倫即知之便著種種具莊取兵仗與無央數百千阿須倫俱往至阿須倫王所在前住爾時阿須倫王自著種種具莊

取兵仗騎乘與無央數百千阿須倫俱圍遶從城出往欲與忉利天共戰鬬爾時難頭和難龍王以身遶須彌山七帀而震動須彌山以尾摶扇大海其水跳上至須彌山邊三百三十六萬里忉利天即知阿須倫欲來與天共戰鬬爾時海中諸龍著種種具莊取兵仗騎乘皆往逆諸阿須倫共鬬若鬬得勝者逐諸阿須倫入其城郭若諸龍壞不能勝者便往至拘蹄鬼神所語諸拘蹄鬼神言諸阿須倫欲與諸天共戰鬬共去逆鬬來拘蹄諸鬼神聞諸龍語便著種種衣被具莊取兵仗騎乘共往逆阿須倫便戰鬬若能勝者逐阿須倫入其城郭不能勝者即往至持華鬼神所語諸持華鬼神言阿須倫欲與天共戰鬬當俱往逆逐之持華鬼神從龍及拘蹄鬼神聞是語便著種種具莊取兵仗騎乘共往逆與阿須倫共戰若得勝者便逐入其城郭若不能勝者便往至蔡陀末鬼神所語蔡陀末鬼神言諸阿須倫欲與諸天共戰鬬當共往逆逐之蔡陀末鬼神聞之便著具莊取兵仗騎

乘共往逆阿須倫共戰鬬若得勝者即逐阿須倫至其城郭不能勝者便往至四天王天上語四天王言諸阿須倫欲與天戰鬬當共往逆戰鬬逐之諸天聞之爾時毗沙門大天王念提頭賴吒天王提頭賴吒天王即知之便著種種具莊取兵仗騎乘與無央數提陀羅百千俱前後圍遶往至毗沙門大天王所在前住爾時毗沙門天王復念毗留勒叉毗留勒叉天王即知之便著種種具莊取兵仗騎乘毗留勒叉天王與無央數諸天人與無央數百千兵俱毗留博叉天王與無央數諸龍百千俱前後圍遶往至毗沙門大天王所在前住爾時毗沙門天王著種種具莊取兵仗騎乘與無央數百千諸鬼神俱圍遶及諸天王往與諸阿須倫共戰鬬若能得勝者便逐諸阿須倫至其城郭不得勝者即往至善等天等天白天帝釋及諸忉利諸天言諸阿須倫欲與諸天戰鬬當共往逆鬬逐之爾時天帝釋告諸天言往至須燄摩天子所兜術天子所尼摩羅天子所波羅尼蜜天子所言阿

須倫欲與諸天共戰當共逆鬬逐之波羅摩天子所言諸阿須倫欲與諸天共戰當共往鬬即受天帝釋教往語上四天如是便各各著種種具莊取兵仗騎乘來下天與無央數天人燄摩天往住須彌山東脅護忉利天故兜術天人往與無央數天人在須彌山南脅住護忉利天故尼摩羅天子與無央數諸天住須彌山西脅護忉利天故波羅尼蜜天子與無央數諸天王住須彌山北脅護忉利天故爾時天帝釋念惟縵諸鬼神鬼神即知之便著種種具莊取兵仗騎乘往至天帝釋所在前住爾時天帝釋念善住象王善住象王即知之便著種種具莊取兵仗騎乘往至天帝釋所在前住爾時天帝釋復念諸天王諸天王即知之便著種種具莊取兵仗騎乘往至帝釋所在前住爾時天帝釋復念忉利諸天忉利諸天即時知之便著種種具莊取兵仗騎乘往至天帝釋所在前住爾時天帝釋自著種種具莊取兵仗騎乘坐善住象王頂上與無央數百千諸天前後圍遶出天宮往

至諸阿須倫所共戰鬬刀刃矛箭弓弩以刺
傷諸阿須倫身毒痛不可言以因緣故亦不
死諸阿須倫亦如是用七寶刀刃矛箭弓弩
以刺傷諸天身毒痛不可言以因緣故亦不
死欲行天亦如是與諸阿須倫戰鬬用欲故
欲藏故欲因緣故乃如是

三小劫品第十一

佛告比丘有三小劫何等爲三一者刀劍劫
二者穀貴劫三者病疫劫是爲三小劫刀劍
劫者云何刀劍劫時人多非法愚癡邪見行
十惡事用人行是惡事故諸所有美味酥麻
油蜜石蜜諸所有皆滅諸有好衣錦氎皆滅
盡是天下地山林谿谷崖岸自然生諸珠瑠
璃水精諸寶皆沒地中但有棘崖刀劍劫時
人民而不孝順父母不承事沙門道人不敬
尊長其惡名遍流行佛言譬如今世人孝順
父母敬事沙門道人承用長老言其善名聞
流布如是刀劍劫時人民不孝順父母不承
事道人沙門不敬長老惡名聞流布刀劍劫
時都無有善何況有行善者耶刀劍劫時是
天下人無有相貫貸者諸大樹木皆墮地但
有溝坑高卑不平有水蕩波處崩岸河水深
在底人民少但懷恐怖衣毛爲豎刀劍劫時
人民相見但欲相賊害譬如野澤之中獵者
見麋鹿欲害殺之如是刀劍劫時人民相見
但欲相賊害手磧五所捉取草木瓦石皆化爲刀
劍展轉相殺爾時人壽十歲時中八有黠者智
慧走入山林谿谷深河岸中藏匿言無有能
殺我者我亦不殺人便在彼食果蓏樹根刀
劍劫時相殺七日乃休爾時人民死者墮泥
犁中所以者何彼刀劍劫時人各各懷毒意
相念惡無善意而死刀劍劫時人如是也佛
語比丘穀貴劫時云何穀貴劫中時人民多
非法愚癡邪見姤嫉慳貪守財不肯布施用
是故天雨不爲時節用天雨不時節故人民
所耕種枯死不生但有枯莖用是故穀貴人
收掃畦中落穀栽自活命穀貴劫時如是也
復次穀貴劫時人行掃街市里均穀以自給
活復次穀貴劫時樹葉落入地人已鑿地取
樹葉煑食之穀貴劫時人民困厄如是也穀
貴劫時饑餓死者多歲骸骨解散在地人皆
饑餓收取市里街道骸骨煑用食之人民饑
餓乃如是也穀貴劫時人死者墮餓鬼中所
以者何穀貴劫時人民相嫉妬慳貪是爲穀
貴劫也佛語比丘疾病劫時云何疾病劫時
人民奉行經戒磧五正見離邪見行十善事用是
故爾時他方世界諸鬼神來嬈是九諸人撾捶
諸人撓亂其意此間鬼神婬亂是故他方鬼
神得便來嬈諸人撾捶撓亂其意譬如王者
若大臣勑兵使守護城門此諸兵婬亂若他
國有强賊來抄掠此郡國縣邑如是疾病劫
時人民奉行經戒正見離邪見奉十善事他
方鬼神來觸嬈人撾捶撓亂其意疾病劫時
人死者皆生天上所以者何疾病劫時人辰
轉相勞問言云何爲安隱不爲差未是爲疾
病劫時是爲三小劫也

災變品第十二

佛語比丘天地有三災變何等爲三一者火
災變二者水災變三者風災變是爲三災變
災變時人會三處何等爲三遭火災變時人

悉上第十五阿衛貨羅天上聚會衆多遭水災變時人悉上第十九首皮斤天上聚會衆多遭風災變時人悉上第二十三維呵鉢天上聚會衆多遭火災變時天下人皆行非法邪見不正見犯十惡事用人民皆行非法奉邪見不見正行行十惡故天雨不時節天不雨以後是天下所有樹木草藥萬物皆枯死不復生佛告比丘言是爲非常無堅固不得久是爲老極故當剏猒至令一切廢自求解脱矣後久久不可計大亂風起入大海三百三十六萬里取日大城郭上須彌山邊百六十八萬里著本日道中用是故世間有兩日出兩日出之後諸渠小河水皆枯竭無有水佛言是爲非常無堅固不得久是爲老極故當剏猒至得解脱自然之道後時久久不可復計大亂風起吹彼大海水波三百三十六萬里入取日大城郭上須彌山王邊百六十八萬里著日城郭道中用是故世間有三日出諸有大河江流邪遠阿夷越摩醢和又信他流江水皆枯盡無有餘也佛語比丘非常無堅固乃如是是爲老極故當剏猒遠之至得解脱自然之道矣後復久久不可計有大亂風起吹海水波三百三十六萬里入取日大城郭出上須彌山王邊百六十八萬里著日道中用是故世間有四日出諸流衆大泉及阿耨達池紅蓮華池青蓮華池白蓮華池黄蓮華池摩那衍大池那利大池皆枯盡無餘也佛語比丘非常無堅固乃如是不可得久是爲老極故當剏猒遠之至得解脱自然之道矣後復久久不可計大亂風起吹大海水波三百三十六萬里入取日大城郭上須彌山王邊百六十八萬里著日道中用是故世間有五日出大海水稍減四千里八千里萬二千里至減二萬八千里佛語比丘非常無堅固乃如是不可得久是爲老極故當剏猒遠之至得解脱自然之道矣五日出時焦大海水至餘有二萬八千里萬八千里萬四千里八千里四千里有時海水稍減餘有七樹六樹五樹四樹三樹二樹一樹後稍減餘有七人六人五人四人三人二人至一人海水餘有没一人後稍減至人腰稍至人膝後餘有少許水譬如天雨牛蹄中水後稍久久大海水皆枯盡不能濕人指譬如脂膏之汁著大火中即無烟矣佛語比丘非常無堅固乃如是故當剏猒遠之至得解脱自然之道矣後復甚久久不可計大亂風吹大海水波三百三十六萬里入取日大城郭上須彌山王邊百六十八萬里著日道中用是故世間有六日出四大天下及八萬城大山及須彌山王皆燒炙出烟譬如大陶家初然火出烟狀佛語比丘如是世間有六日出時燒炙四大天下及八萬城諸大山須彌山王皆烟出譬如脂膏濕著大火中即焦無烟矣佛語比丘非常無堅固故當剏猒求索解脱得自然之道矣後復甚久久有大亂風起吹大海水波三百三十六萬里入取日大城郭出上須彌山王邊著日道中用是故世間有七日出四天下及八萬城諸大山須彌山王皆皷裁動搖譬如大鼎鑊熾其火鑊沸涌躍七日出時如是也四天王忉利天猒摩天兜術天尼

摩羅天波羅尼蜜天梵迦夷天宮皆籔羲動搖也風高諸天宮上著阿衛貨羅天彼諸初生天子見火皆恐怖先生諸天子語初生天子汝莫怖恐我昔更見燒時火齊此不過爾時四大天下及八萬城諸大山及須彌山皆籔羲動搖須彌山王四千里一崩墮八千里萬二千里萬六千里二萬里二萬四千里二萬八千里而崩墮譬如脂膏濕著大火中即無烟亦無餘矣佛語比丘所有非常無堅固乃如是是爲老極故當創猒遠之至得解脫自然之道誰當信世間有七日出時獨有見者信之耳誰當信四大天下及八萬城諸大山及須彌山王燒出烟獨有見者信之耳誰當信四大天下及八萬城諸大山及須彌山王籔羲動搖及四天王忉利天焰摩天兜術天無貢高天他化自轉天梵迦夷天皆籔羲動搖風舉諸天宮上十五阿衛貨羅天上者獨有見者信之耳誰當信須彌山王盡破壞無復有焦山土處諸泥犂一切皆破壞滅盡已後畜生禽獸皆復滅盡已然後餓鬼皆復

滅盡已後阿須倫皆復滅盡已後人皆死盡及四天王忉利天焰摩天兜術天無貢高天他化自轉天梵迦夷天人皆滅盡是謂天地燒之人皆會一處然後甚大久久有大雲起放大雨其滴大如車軸滿諸江海稍稍積聚水上至梵迦夷天復至第廿五光明聲天上其水四面有風制持之第一風名住風二者助風三者不轉風四者堅風是爲四後久久大復久數千萬歲水稍稍耗減無央數百千逾旬有風名僧竭周而四面起吹水稍稍減其上波起生厚沫化作七寶交露如是持上至第七天上造作宮殿後久久數千萬歲水稍稍耗減數百逾旬數百千逾旬亂風從四面起吹撓水上生厚沫化爲七寶金銀瑠璃水精硨磲瑪瑙赤眞珠成爲交露金風持造作第六波羅尼和耶越天人所居處後久久甚遠數千萬歲水稍稍耗減亂風名蔡竭從四面來吹水上波起生厚沫化爲七寶金銀瑠璃水精赤眞珠硨磲瑪瑙成爲交露念亂風持上第五天上造作天人宮殿竟後久久

數千萬歲水下遂耗減亂風從四面來吹水上波起生厚沫化爲七寶持上造作第四兜術天上第三焰摩天作宮殿後復久久數千萬歲水下稍稍耗減數千萬逾旬亂風從四面來吹水上波起生厚沫化爲四寶一者黃金二者白銀三者瑠璃四者水精亂風持以於世間天中央造作須彌山王高三百三十六萬里縱廣三百三十六萬里其東脅天白銀南脅天青瑠璃西脅天水精北脅天黃金後復久久數千萬歲水下遂稍稍耗減數千萬逾旬亂風從四面來吹撓其水上生厚沫化爲七寶金銀瑠璃水精赤眞珠硨磲瑪瑙成交露亂風持上須彌山王上造作第二忉利天宮殿竟後復久久數千萬歲水下稍稍耗減數千萬逾旬亂風從四面來吹撓其水上波起生厚沫化爲七寶成交露亂風持上須彌山王百六十八萬里中半造作第一天上人宮殿竟後復久久數千萬歲水下稍稍耗減亂風從四面來吹撓其水上波起生厚沫化爲金剛亂風於四大天下及八萬城外

造作山高六百八十萬踰旬凡合外四帀名大鐵圍山復後久久數千萬歲水下稍稍耗減亂風從四面來吹撓其水上波起生厚沫化爲金剛亂風復取於四大天下及八萬城外周帀四合復造作第二大山其山高六百八十萬踰旬其後水下稍稍耗減數千萬里亂風從四面來吹撓其水上波起生厚沫化爲七寶金銀瑠璃水精赤真珠硨磲瑪瑙圍遶造作八重山高百六十八萬里名阿多利甚姝好其水下遂稍稍減數千萬里亂風從四面來吹撓其水上波起生厚沫化爲七寶持著阿多利山周帀造作第二山名伊沙多高百三十四萬里甚姝好第三山名踰安多高四十八萬里廣亦四十八萬里第四山名善見高二十四萬里廣亦二十四萬里第五寶山名阿波尼高十二萬里廣亦十二萬里第六寶山名尼彌多羅高四萬四千里廣亦四萬四千里第七寶山名維那兜高二萬二千里廣亦二萬二千里第八寶山名遮加和高萬二千里廣亦萬二千里後水稍稍減亂風四面來吹其水上生厚沫化爲厚土因成地深六百八十萬踰旬其邊不可限亂風大起吹掘損其地大深三百三十六萬里長亦三百三十六萬里天下諸水皆流歸之正滿因成大海海水何故醎醎一味有三事一者海中有大魚身長四千里者八千里者萬二千里者萬六千里者一萬里者二萬四千里者二萬八千里者三萬二千里者皆漬溺海中故海水醎二者雲起覆諸海放大雨其雲上至阿迦尼吒天放雨大如車軸洗盪須彌陀旃諸天宮阿答和天阿比波天首皮斤天惟呵鉢天阿陂波天梵迦夷天下至四天王其醎水悉流入大海故海水醎一味復次昔者得仙道人能呪呪使海水醎一味故海水醎一味是爲三事佛言天地共遭水災變時天下人施行皆爲衆善好喜爲道德死後精神魂魄皆上第十六天爲天人泥犂中人諸有含血喘息蠕動之類皆死歸人形復爲衆善之行喜爲道德死皆上第十六天上爲天人阿須倫天人及第一天上人以上至第十五天上人皆終亡其精神魂魄來下歸人形施行積爲衆善好喜爲道德死皆復上第十六天上爲天人然後天下人乃盡久久大雲復起上行至故第十五天上其雲下大沸灰雨其滴大如車軸天雨沸灰如是久久數百千萬歲諸四天下八萬城諸大山及須彌山從第十五天上以下至四天下皆靡爛消滅盡無餘譬如脂膏之汁置大火中即無烟炎矣誰當信此言者獨有得自然之道者乃信之耳此所謂天地遭水災變時破壞終亡之要天地終亡破壞後得更始生之法如遭水災變時更生同法始從第十五天上起成下至第一天上及阿須倫天及造作四大天下及八萬城諸大山及須彌山日月星宿乃見下及天下諸有萬物至造竟鐵圍大山此所謂天地遭水災變時破壞終亡後更始根本要也佛言天地共遭大風災變時天下人施行又住平善慈仁常孝順皆喜好爲道德死精神皆上第十七天上爲天人泥犂中人及諸有含血喘息蠕動之類皆死歸人形皆復

為衆善之行皆喜好為道德死精神魂魄皆上第十七天上為天人阿須倫天人及第一天上以上至第十六天上人皆終亡精神魂魄來下歸人形施行積為善喜好為道德皆復上第十七天上為天人然後天下人乃盡索後久久大風起(幅五)名曰來柯沙上行至(十七)故第十六天上悉壞敗破散消滅上悉盡之無餘聲無響久久如是大風吹盡第十六天上人本所居處了盡下至阿須倫天無餘譬如大風吹微麵隨漂消散微盡誰當信此言者獨有得自然之道信者乃知耳大風復吹破壞消滅悉盡天下日月所照中萬物四天下及八萬城諸大山及須彌山盡竟鐵圍大山皆靡消滅亡悉盡索無復餘譬如大風吹微麵隨漂消散微盡無餘矣天地共遭大風災變時竟一劫後復更始生之法復如遭火災變後復更始生一劫乃成竟此所謂天地共遭大風破壞終亡以三品後更始生亦以三品誰當信此言者獨有以得自然之道者信之耳天地共更始生如始遭火災變時後復更始生亂風復起造作之悉竟後第十五天上人其薄祿者來下悉填滿十一重天人所居上下悉充滿及阿須倫天在須彌山四面本故所居處悉皆充滿

佛說樓炭經卷第五

音釋

撾 陟瓜切 捶擊也　嬈 而沼切 亂也　縵 母官切　黠 胡八切 聰慧也　匿 女力切 隱也　蓏 郎果切 生曰蓏　鑿 昨各切　簸我 簸補過 簸我傾側貌　喘 昌兗切 疾息也

佛說樓炭經卷第五

校勘記

一　底本，清藏本。

一　九一七頁中四行第一四字「共」，磧、普、南作「共戲」。

一　九一七頁中一九行首字「著」，磧作「者」。

一　九一八頁中一〇行「便坐」，磧、普、南作「便生」。

一　九一九頁中五行「提頭賴吒」，磧、普、南作「提頭賴」。

一　九一九頁中八至一〇行「毗留勒叉」，磧、普、南作「卑樓勒」。

一　九一九頁中一一行「毗留博叉」，磧、普、南作「卑樓叉」。

一　九一九頁中一八行「往逆」，磧作「往道」。

一　九一九頁中一九行及下五行「燄摩天」，磧、普、南作「燄天」。同行「兜術天」，磧、普、南作「蔡兜術天」。

一　九一九頁下五行末字「故」，磧、

普、南無。

一　九一九頁下七行「護忉利天故」，磧、普、南無。

一　九二一頁上一九行「阿夷越」，磧作「阿夷趣」。同行第一六字「又」，磧作「又」。

一　九二一頁中五行「流衆」，磧、南、徑作「流泉」。

一　九二一頁中七行第二字「蓮」，磧、南無。

一　九二一頁下八行第六字「八」，磧作「六」。

一　九二一頁下一六行第九字「八」，磧、南、徑作「入」。

一　九二二頁中一〇行「周而」，磧、普作「周帀」。

一　九二二頁下一〇行「久久」，磧作「人久」。

一　九二三頁上一三行「逾安多」，磧、普、南作「逾漢多」。

一　九二四頁上一一行「乃知」，磧、普作「乃之」。

佛說樓炭經卷第六　福六

西晉三藏法師法立共法炬譯

天地成壞品第十三

佛告比丘天地破壞更始成之後人皆在第十五阿衛貨羅天上其天上人以好喜作食各自有光明神足其壽甚久長佛告比丘時其水滿天下地爾時無有日月亦無星宿無有晝夜亦無一月半月亦無年歲窈窈冥冥無所見天地成之後彼天人福德薄祿命欲盡者從阿衛貨羅天上來下遊此間地亦以好喜爲食各自有光明神足飛行在其人間壽甚久長時天下人甚端正姝好不別男女亦不可別君長庶人民但共衆俱往還佛告比丘時地上自然生地味譬如白酥上肥其地味色如是也其味譬如蜜時有一異嗜味人心念言我欲試以指取地味甞之知何等類其人便以指取地味甞之甚喜嗜之如是甞至三返遂喜即復撮滿手食之餘人見已便効以手撮取地味而食之人食是地味之後身即麤堅面色變惡亡失光明神足不能復飛行上天天下復如故天下窈窈冥冥天下窈窈冥冥之後法當有大黑風起吹入大海水波三百三十六萬里取日月大城郭上須彌山邊百六十八萬里著日月城郭道中用是因緣天下有日月也爾時日大城郭從須彌山東出遶須彌山王西入圍遶復從山東出遶須彌山西入時人有言是昨日日也或有人言非是昨日日者日城郭復從須彌山東出如是三返遶須彌山西入爾時人言是昨日日也或有言非是昨日日也日城郭復從須彌山東出如是三返遶須彌山西入爾時人言是昨日出者也是故謂言日也日有二事一者出照現城郭二者沒不現其宮殿正四方圓其光明照周帀是故圓以天金水精淨潔作城郭彼二分一分者清淨金光無瑕穢無垢濁光明照曜一分者水精潔淨無瑕穢無垢濁放光明日大城郭廣長各二千四十里高下亦等城中有金樓觀宮殿名閻浮清淨高六百四十里廣亦六百四十里閻浮樓觀宮殿中有日天子座廣長各二十

福六　一

福六　二

里以天七寶金銀瑠璃水精赤眞珠硨磲瑪瑙作之日天子一身皆出光明照閻浮宮殿閻浮宮殿之光明照大城郭大城郭之光明下照四方日天子不念言我爲行不行也常以五樂自娛樂快樂日天子有無央數天在前導快樂無極前後導從御行是故謂爲御日天子其城郭以七寶作七重壁七重欄楯七重交露樹木園觀浴池有青黃赤白蓮華中有種種飛鳥相和而鳴日天子壽天上五百歲子子孫孫相襲代極竟畢一劫日天子城郭下出五百光明周帀復有五百光明是爲千光明善因緣所致復何從得千光明善因緣以何致之用照天下令人民見其光明已能成爲諸事何以故人民見其光明已能成其諸事耶若有布施與沙門道人及貧窮乞匃者衣被飲食車馬六畜香熏華鬘牀卧房室舍宅燈火所求索即疾與不逆人意常不斷截無猒極施一心施後不悔也令道人清淨奉眞法歡喜用是使安隱意定得無央數善行譬如轉輪王初立爲尊其意歡喜無

央數佛言如是也若有人布施沙門道人及貧窮乞匃者衣被飲食車馬六畜香熏華鬘牀卧房室舍宅燈火所索不逆人意不斷一心施後不悔令清淨道人奉尊法用是歡喜使安隱意得無央數善行其人命盡死往至安隱處即生日天子所使疾得持日城郭其光明照下四方矣是謂爲千光明以善因緣所致復何從得千光明善有十因緣一者不殺生二者不盜三者不犯他人婦女四者不妄言五者不飲酒六者不惡口罵詈七者不兩舌綺語八者不嫉妬九者意不瞋恚十者正見以無央數心念善慈仁身死即生日天子所自然得持日城郭是爲千光明善因緣所致復何從得千光明善因緣一者不殺生二者不盜三者不犯他人婦女四者不妄言五者不飲酒意行無央數善慈仁譬如好地四徼道中有浴池清涼水軟且美周帀種種樹若有人從暑熱中來饑渴極入浴池中洗浴飲其水彼人意念無央數歡喜佛言如是也其有不殺盜婬妄言飲酒意念無央數善

身死得生日天子所則疾得持日城郭是謂以善因緣所致千光明之曜也何以故日大城郭令天下爲秋冬寒用十三因緣故何等爲十三一者須彌山中間長三百三十六萬里生青蓮華紅蓮華黃蓮華白蓮華甚衆多大香好日大城郭光明照中爲奪其光用是因緣故令日大城郭寒爲秋冬是爲一事二者阿羅陀山中間長百六十八萬里其中生青紅黃白蓮華甚衆多大香好掬日大城郭之光明用是故令日城郭寒是爲二事復次俞安山中間長八十四萬里其中生青紅黃白蓮華甚衆多大香好復掬日大城郭之光明是故天下寒是爲三事復次善見山中間長四十八萬里中生青紅黃白蓮華甚衆多大香好掬日之光明是故令天下寒是爲四事善見山外次有阿抄波山中間長二十四萬里五阿抄波山後有尼彌陀山中間長十二萬里六尼彌陀後次有比那頭山中間長四萬八千里七比那山後次有鐵圍山長二萬四千里掬其日大城郭之光明用是故令

天下寒爲秋冬是爲八事復次天下流河擲其日大城郭之光明是故日大城郭寒爲秋冬是爲九事復次其河水東流向閻浮利者少流行向俱耶尼天下者多便擲日大城郭之光明用是故天下日寒是爲十事復次河流向俱耶尼者少流向弗于逮者復多彼復擲日大城郭之光明故天下寒是爲十一事復次河流向弗于逮者少流向鬱單越者復多彼復擲日大城郭之光明用是故大海水寒是爲十二事復次擲日大城郭之光明是故天下日寒有秋冬是爲十三事何因緣日大城郭熱爲春夏有十事何等爲十一者須彌山王其邊有山名阿多高百六十八萬里廣亦百六十八萬里其邊無限甚姝好七寶金銀瑠璃水精赤眞珠硨磲瑪瑙作之彼擲其日大城郭之光明用是故天下熱是爲一事復次阿多山外有山名伊沙多高八十四萬里廣亦八十四萬里其邊無限甚姝好皆以七寶金銀瑠璃水精赤眞珠硨磲瑪瑙作之擲其日大城郭之光明用是故天下熱是爲二事復次伊沙多山外有山名俞安陀高四十八萬里廣亦四十八萬里其邊無限甚姝好皆七寶作之彼復擲日大城郭之光明故天下熱是爲三事復次俞安陀山外有山名善見高二十四萬里廣亦二十四萬里其邊無限是爲四事復次有山名阿抄尼高十二萬里廣亦十二萬里其邊無限是爲五事復次有山名尼彌陀高四萬八千里廣亦四萬八千里其邊無限是爲六事尼彌陀山後次有山名比那頭高二萬四千里廣亦二萬四千里其邊無限是爲七事次外復有大山名鐵圍高二萬二千里廣亦二萬二千里其邊無限皆以七寶作之日大城郭之光明皆照其上也用是故天下熱有春夏是爲八事復次從此高四十萬里有天神舍以水精作之在虛空中大風制持行之譬如浮雲矣天下人皆共名之爲星宿其大者圍七百二十里中者圍四百八十里小者圍二百四十里日大城郭之光明多彼用是因緣故天下熱是爲九事復次天下地擲日大城郭之光明用是故天下熱爲春夏是爲十事日大城郭有常持風五品一者持風二者住風三者助風四者轉風五者行風是爲五共轉行日大城郭未曾休息時也佛言爾時月大城郭出遠須彌山東行西入光明威神稍滅是故名爲月月有三事光明周帀照四方其大城郭四方正圓光明周帀正圓月城郭以天銀天瑠璃造作之也月大城郭廣長各千九百六十里高下亦等城中有月天子瑠璃宮殿高六百里廣亦六百里中有月天子座廣長各二十里以七寶金銀瑠璃水精赤眞珠硨磲瑪瑙作之月天子身一切皆出光明照宮殿宮殿光明出照大城郭城郭之光明下徧照四方月天子不自念言我行不行常以天五樂娛樂快樂月天子前後導從諸天無央數御行常快樂歡喜故名爲御也月天子壽以天上五百歲子子孫孫相襲代其城郭壁以七寶作七重欄楯七重交露七重行樹樹木周帀圍遶皆以七寶造之有園觀浴池中生青黃紅白蓮華種種飛鳥相和而鳴月天子

下有五百光明周帀復有五百光明用爲千光明善因緣所致千光明善因緣何從得若有布施沙門道人及貧窮乞匃者衣被飲食車馬六畜香熏華鬘牀卧房室舍宅燈火所索不逆人意一心布施施後不悔令清淨道人奉真法使安隱得無央數善行譬如轉輪王初立爲王時意歡喜無央數佛言如是若有布施沙門道人及貧窮乞匃者衣被飲食及衆用者令得無央數安隱歡喜其人命盡死即生月天子所則疾得持月大城郭是故謂其千光明以善因緣所致復何從得千光明善因緣若有於是不殺盜婬不妄言綺語惡口罵詈兩舌不嫉妬意不瞋恚愚癡行十善事意常歡喜無央數譬如好地四徼道中有浴池水清淨輭且美周帀有樹若有人饑渴從暑熱中來入中洗浴飲其水意歡喜無央數佛言如是若有行十善事者身死即生月天子所則疾得持月大城郭也是謂爲其千光明以善因緣所致矣復何從得千光明善因緣若有不殺生不盜竊不犯他人婦女不妄言不飲酒其人歡喜身死便生月天子所則疾得持月城郭是謂以善因緣所致千光明六十彈指頃爲切七尺縷切二十一尺爲一時百彈指爲切十尺日大城郭日稍稍南著行六十里盡百八十日乃復北還竟百八十日也日行百八十日者月行十五日即復到矣閻浮利日中時東方弗于逮便冥西方俱耶尼則初出北方鬱單越則夜半也俱耶尼日中時閻浮利即冥鬱單越日初出弗于逮夜半也鬱單越日中時俱耶尼則冥弗于逮日初出閻浮利即夜半也弗于逮日中時鬱單越則冥閻浮利日初出俱耶尼則夜半也佛言月何因緣稍稍現缺減有三事故缺何等爲三一者角行故稍稍現缺減是爲一事二者月大城郭邊有天人其色青衣被瓔珞亦青所可侍面止頓其面則現缺減是爲二事三者日大城郭以六十光明照月大城郭之明所照面其面則現缺減是爲三事日奪月光明故月何因復現滿具足有三事何等爲三一者月稍行三方用是故月稍現滿是爲一事二者月十五日則諸青色青衣天人入月城中共相娛樂彼時月皆以光明照諸天人譬如衆燈中央然大火其火皆曜衆燈佛言如是月大城郭邊諸天其色青及衣青者月十五日時入與月天子俱相娛樂其光明照諸天人用是故十五日月現滿是爲二事三者月十五日持日以六十光明照月大城郭月不受用是故月現滿是爲三事月大城郭有常持風五品何等爲五一者持風二者住風三者助風四者轉風五者行風是爲五風常共行月城郭未曾有休息也月中何因復現乳色有樹名閻浮利是故名此天下爲閻浮利其樹下有山皆以七寶作之高八百里周帀亦八百里其樹高四千里周帀二千里圍五百六十里根深八百四十里其影照現月中故使月大城郭現乳色不明佛告比丘言族姓子作行當如月照天下棄捐貢高之心遠離種姓常懷慚愧之意閻浮利大樹上其實譬如大瓶其味甜如蜜其色白如酥肥閻浮利大樹北有七重山七重樹

有七婆羅門仙人精舍佛言爾時諸人民食
其地上味以自生活如是食是地味甚久長
壽命無極其有食地味多者面色變惡食少
者面色善好其好顏色者便自貢高形笑惡
色者以色自貢高相形笑故其地味便滅不
復生更自然生薄餅其味甚香美不如前地
味人共會議愁憂自搏呼嗟啼哭思念前地
味甚美而忘失之佛言譬如此間人有甘美
味與人嘗之便言其味一何美耶念其味無
已爾時人如是失會議愁憂自搏呼嗟啼哭
思念前地味時人則復取薄餅食之以自生
活如是甚久長其有食地薄餅復多者顏色
遂變惡色其食少者顏色善好其好顏色者
形笑惡色以色自大貢高相形笑故其地薄
餅則復没不復生更生波羅其味亦香美不
如前薄餅味福六譬如枯加藍華十其味如蜜爾時
人共會議愁憂自搏呼嗟啼哭念前地薄餅
味人便取波羅味食之以自生活其壽命甚
久長其食波羅味多者顏色遂變惡食之少
者顏色善好其好色者以色自大貢高相形

笑所致地波羅味便没不生更自然生粳米
其味亦香美姝好無穢種種清淨出一切味
不如波羅味人共會議憂愁呼嗟啼哭念前
波羅味自搏譬如此間人更毒痛法呼嗟啼
哭彼時人如是也爾時人取食自然粳米食
自然粳米之後天下變爲男子女人各各相
觀便起婬欲之意行屏處共作不淨行爲穢
濁之法矣餘者見之便言汝何作非法事乎
人人寧當相向作是事耶遠其人去不與談
語至三二月然後乃呼來相見言昔者人無
所著今者人稍有所著後便持童女嫁與夫
歌舞戲笑稱願夫婦當使安隱也爾時人非
法著婬欲行非法婬欲之後便造舍宅用是
非法故初起舍宅佛於是說偈言

初時造瞻波國　次起波羅柰城十一
用是日出光明福六　然後乃作羅閱

爾時人民遂非法著婬欲彼從第十五阿衞
貨羅天上人其福德薄祿命盡身死來下人
間入母腹中成胞胎用是故女人始懷妊生
男女時人民共食是清淨秔米以晡時往取

秔米更生至明旦續生如故明旦往取之至
暮其秔米生亦如故佛言如是人朝暮穫取
秔米隨生隨如故不覺不穫取處爾時有一
人心念言我朝暮往取清淨秔米疲勞不如
頓取二日粮便往取之餘者見之呼共往取
秔米報言我已持二日秔米來卿自隨取之
爾時其人便善之言彼人甚快乃往取二日
秔米我當復往取二三日秔米也餘人復見
言共去取清淨秔米其人報言我已取二三
日秔米卿自隨意取彼人聞之則善之自念
當往取四五日秔米即往取四五日清淨秔
米來用人相效往取清淨秔米多故然後更
生莖穢秔米所取即有處不復生爾時人民
皆聚會共議愁憂不樂自推搏啼哭呼嗟言
我昔者以好喜爲食身有光明飛行神足立
安隱時地自然生地味甚香美其色譬如白
酥肥其味如蜜其愚者取而食之即相效取
地味食之皆亡失光明神足其食多者顏色
變惡其食少者顏色善好顏色好者便自貢
高形笑惡色者以相形笑故地味即没不復

生更生薄餅薄餅没後復生波羅波羅没盡更生秔米以貢高相形笑故至使令清淨秔米所取即有處不生當共分地作畔界用是故天下人便行未曾有法便共分地作畔界各各耕種爾時愚人自有秔米便行盜他家秔米其主見之便言卿所爲非法自有秔米不取反行盜他人秔米乎卿後莫復作是事也其人如是三返自置秔米盜他家秔米其主復見之即復言卿所取大非自置秔米反盜他家如是至再三便以手椎擊牽將去至聚落坐衆人平議言此人自置秔米反行盜他人其盜者對衆人言此人以手椎擊我衆人便共會議愁憂不樂自椎搏啼哭呼嗟言今世間遂生惡不善之法怨結日成惡苦一人燒已燒已命以有老病死惡道之事人便現受取之事遂相擿捶見已即自訟事衆人便共議當於何所得賢者共立爲君長典主所爲我等所作從其取決若有作非法者當誅罰之我等所種秔米各各當共輸衣食爾時彼衆會中有一人最大尊端正姝好威神

巍巍衆人便白其人當爲我等典主作君長所爲從其受言教若爲非法者即當誅罰之也我曹種所收秔米各各供給君衣食是人即言諾便共立爲君長典主一切所爲從其受教若爲非者即誅罰之人所種秔米各各共輸入典主一切教令人民號曰大王以法取租故名爲剎利用是故天下始起剎利種天下所有國皆屬大王時是閻浮利地平正無山陵谿谷無有荊棘亦無蚊虻蚤虱亦無礫石地棄捐明月珠玉瑠璃金銀大王治閻浮利天下時天下富樂熾盛安隱五穀豐熟人民衆多地佳好水亦饒多譬如酥麻油塗地不起揚塵生青草衆多周帀正圓其色譬如孔雀尾其香如華香也柔軟如綩綖足跡上蹈入地四寸舉足即還復如故地無四寸空缺處有香樹瓔珞樹衣被樹不息樹寶樹器樹音樂樹樹生華實擘之各各出種種所有中有高七聲下至六五四三二一聲者最埤者高半聲大王治天下時閻浮利有八萬郡國人民聚落居鷄鳴者展轉相聞天下無

病亦不大熱亦不大寒復無饑渴人大王以法治行奉十善事徧教天下人民使行十善事大王哀念天下人民如父愛子天下人民敬王如子敬父大王有子名眞眞王有子名曰穧穧王有子名頂生頂生王有子名曰庶留庶留王有子名和行和行王有子名留至留至王有子名日日王有子名波那波那王有子名大波那大波那王有子名沙竭沙竭王有子名大善見大善見王有子名提睒提睒王有子名滐滐王有子名迷留迷留王有子名摩留摩留王有子名精進力精進力王有子名堅弓堅弓王有子名十車十車王有子名舍羅舍羅王有子名十丈十丈王有子名百丈百丈王有子名那和檀那和檀王有子名眞闍眞闍王有子名波延後諸王甚衆多諸轉輪王有十種姓一者姓迦奴車二者姓多盧提三者阿波四者揵陀利五者迦陵六者遮波七者拘獵八者般闍九者彌尸利十者一摩彌是爲十種姓迦奴車有五多盧提亦有五阿波有七揵陀利亦有七迦陵有

九遮波有十四拘獵有三十一般闍有三十二彌尸利有八萬四千一摩彌有百一然後有王名大善王人呼爲伊摩伊摩王有子字烏獵烏獵王有子字不尼不尼王有子名師子師子王有子名悅頭檀悅頭檀王有子名悉達菩薩悉達菩薩有子名羅云佛言以是因緣從昔至今起刹利種爾時人民念言我爲著疾病著腫著瘡我欲棄一切著往入空閑處廬中坐即棄捨著疾病腫瘡往入空閑處坐思念道今日早起明旦日早起行入丘聚落分衛人民見之皆歡喜與之人民便言善哉乃棄捨疾病腫瘡捨一切著往入空閑處坐思念道佛言此輩但行惡不善之法是故謂言婆羅門也爾時彼人不能坐禪念道亦不能得禪用不能坐禪得禪故從座起入聚落中分衛呪願說言不能坐禪亦不能得禪共邪行入丘聚分衛故名爲聚落也行邪法故名爲和沙羅是故世間初造起婆羅門種也時人民各各奉行種種法用是故世間有工師種彼時人各各犯殺生用是故謂言

福六　十五

殺生種也以是因緣世間初造有殺生也用世間已造起是四種故然後世間乃起第五沙門種也若刹利種身行惡口言惡心念惡行是惡已後身死墮勤苦中婆羅門種工師種殺生種亦如是若身行惡口言惡心念惡身死墮勤苦中刹利種若身行善口言善心念善身死復墮樂處婆羅門種工師種殺生種其有身行善口言善心念善身死復墮善處刹利種婆羅門種工師種殺生種若身行二事口意行二事身死墮苦樂中刹利種若有除鬚髮被袈裟信道棄家行作沙門奉行三十七品經行是已善男子善女人用信道故棄家行作沙門行無上清淨事其現在不久自以功德作證念道行盡生死具足梵行所作已辦不復更餘事婆羅門種工師種殺生種若有除鬚髮被袈裟行作沙門奉行三十七品經用善男子信故捨家作沙門修無上清淨事現在不久自以功德作證念道行盡生死具足梵行所作已辦不復更餘事也是四種人有起成慧之行者得尊無所著阿

羅漢也梵摩三鉢天爾時說偈言

刹利種爲人尊　諸人民行種姓
從起信成慧行　彼天上人中尊

彼梵摩三鉢天受是偈不受惡說善事不說惡言勸助是佛言我如來無所著等正覺亦說是義偈

刹利種爲人尊　諸人民行種姓
從起信成慧行　彼天上人中尊

福六　十六

佛說是經時八萬四千天人遠塵離垢法諸法眼生無央數比丘起無餘不受生死苦意得解脫佛說如是比丘歡喜前爲佛作禮而去

佛說樓炭經卷第六

音釋

撮七活切手取也　襲席入切嗣也　穫胡郭切刈穫也　蚤虱蚤十皓切　虱所櫛切　穧子計切　揵渠言切

佛説樓炭經卷第六

校勘記

一　底本，清藏本。

一　九二六頁下二行「吹入」，南作「吹人」。

一　九二七頁上一五行「沙門」，磧作「沙問」。

一　九二七頁上一九行「安隱」，磧作「安應」。

一　九二七頁下一三行「天下」，南作「入下」。

一　九二七頁下一八行第一三字「頭」，磧、普、南無。

一　九二九頁中一一行第一四字「于」，南作「干」。

一　九二九頁中一三行「半也」下，磧、普、南有「如是閻浮利人日中東方弗子逮天下人冥西方俱那尼天下人日出鬱單曰天下人夜半俱耶尼人日中便閻浮利人冥鬱單曰天日出弗子逮天下人則半夜也」（六十三字）。

一　九二九頁下一五行「二千」，磧作「二十」。

一　九三〇頁中一二行「當使」，磧、普作「常使」。

一　九三一頁上八行「其人」，磧作「其又」。

一　九三一頁下一九行末二字至二〇行首字「多盧提」，磧、普、南作「多留」。

一　九三二頁下七行「刹利種爲人尊」，「諸人民行種姓」，磧、普、南兩句互置。

中本起經卷上

次名四部僧 出長阿含 勝

後漢建安年康孟詳共竺大力譯

轉法輪品第一

阿難曰吾昔從佛聞如是一時佛在摩竭提界善勝道場元吉樹下德力降魔覺惠神靜三達無礙度二賈客提謂波利授三自歸然許五戒為清信士已惟昔先佛名曰定光拜吾為佛汝於來世九十一劫當得作佛字釋迦文号如来至真等正覺明行成為善逝世間解無上士道法御天人師衆祐度人如我今也吾從是来脩治本心六度無極積功累行四等不勌高行殊異忍苦無量功報無遺大願果成

世尊念曰吾本發心誓為群生梵釋精法甘露當開誰應先聞昔吾出家路由梵志阿蘭迦蘭待吾有礼二人應先念已欲行天承聖旨空中白言彼二人者亡来七日佛言苦哉阿蘭迦蘭甘露當開汝何不聞佛復惟曰甘露當開誰應次聞欝頭藍弗次應得聞方起欲行天復白言此人者昨暮命終佛言彼人長衰甘露當開不得受聞生死往来何縁得息五道輪轉痛矣柰何佛復惟曰甘露法鼓聞于三千大千世界誰應得聞父王昔遣五人一名拘憐二名頞陛三名拔提四名十力迦葉五名摩南拘利供給麻米執侍勞苦功報應叙時五人者皆在波羅柰國於時如来始起樹下相好嚴儀明曜於世威神震動見者喜悅侄詣波羅柰國未至中間道逢梵志名曰優吁瞻覩尊妙驚喜交集下在道側舉聲歎曰威靈感人儀雅挺特本事何師乃得斯容佛為優吁而作頌曰

八正覺自得　無離無所染　愛盡破欲網
自然無師受　我行無師保　志獨無伴侶
積一行作佛　從是通聖道

優吁問佛瞿曇如行佛告梵志吾欲詣波羅柰國擊甘露法鼓轉無上輪三界衆聖未曾有轉法輪遷人入泥洹如我今也優吁大喜曰善哉善哉如瞿曇言者願開甘露如應說法於時如来便詣波羅柰國古仙人處鹿園

中本起經上卷　第二張　勝字號

樹下趣彼五人五人遥見佛来便共
議曰我等勤苦室家離別登山越嶺
困極零丁正坐此人供給麻米謂其叵堪困魔
来戲是以委藏今故復来一麻一米
我等不堪今起求食奈何能辨但為
施坐各莫跪起言語問訊也得此不
樂必自去矣
是時世尊為其五人現道神足五人
身踊不覺作礼執侍如前佛告五人
共議勿起今作礼何謂五人逝對曰吾
坐悉達更歷勤苦悅頭檀王暴逆違
道皆由於卿佛告五人汝莫輕無上
如来平等覺也無上正覺不可以生
死意待也何得對吾面說父字又告
五人汝觀吾身何如樹下五人荅佛
尒時憔悴今更光澤尒時處樹閑目
端坐日食麻米猶謂非道况入人閒
身口自恣何謂為道佛告五人世有
二事以自侵欺何謂為二欲生婬泆
恃豪貪欲極身營苦內無道迹無是
二事是真道人不於九十六術亦不
捨遠是為取中無有兩際何謂取中
得覺意行遠於衆智六通悉覺具八

正行是名取中止宿涅洹
佛說是法五人未解三人分衛二人
供養為說色苦一切衆禍皆由色欲
衆好無常人亦無住辟如幻師出意
為幻愚者愛戀貪而無猒幻主觀幻
無涤無著所以者何偽而非真佛為
二人而作頌曰
志蕩在婬行　嗜欲憎根栽　貪色怨禍長
離欲則無患
三人供養二人分衛為說貪苦好利
求榮迷愚所專害行毀德壹由於貪
喜怒得失欲者無猒斯利危脆若雲
過逝老病死来靡不分散辟如夂夢
寤則無見黠能捨貪乃得大安佛為
三人而作頌曰
貪欲意為田　無猒心為種　斷貪捨利求
無憂無喜想
於是世尊因廣說法不斷分部五人
便解願為弟子佛言善来比丘皆成
沙門佛告比丘行有二事為墮邊際
一者念在色欲無清淨志二者猗愛
著貪不能清志行是二事還墮邊行
生不值佛違遠真道若能斷貪精進

修明可得涅洹何謂涅洹先知四諦
何謂為四一曰為苦二曰為習三曰
為盡四曰入道如是比丘次持覺意
一心思禪受道報應法眼以朗解彼
四諦稍入道迹何謂為苦生苦老苦
病苦死苦憂悲惱苦恩愛別苦怨憎
會苦所求失苦要因五陰受盛為苦
何謂為習所愛著習不愛亦習何謂
為盡其所有愛覺知有滅不愛不念
而覺皆盡何謂入道八正為道一曰
正見二曰正利三曰正言四曰正行
五曰正命六曰正治七曰正志八曰
正定是為苦習以盡入道真諦是為
無生無生者無老無老者無病無病
者無死無死者無痛無痛者無上吉
祥向於涅洹於時如来而作頌曰
至道無往反　玄微清妙真　不没不復生
是處為涅洹　此要寂無上　畢故不造新
雖天有善處　皆莫如涅洹
說是法已拘憐等五人逮得法眼佛
告拘憐解未拘憐退席對曰未寤世
尊又告拘憐過去久遠時有國王名
曰惡生將諸妓女入山遊戲王令官

爲住頞山下唯從伎女步涉山頂王疲極卧諸伎女輩捨王取華見一道人端坐樹下諸女心悦皆前作礼道人呪願諸妹郁來命令就坐為說經法王覺求諸伎女而見坐彼道人之前王性妬害惡心內發便問道人何故誘他伎女者此坐為卿是何人道人豫知王意必興暴害荅曰是忍辱人王拔珮劍削其兩臂而問何人荅曰實忍辱人又截其耳鼻心堅不動猶言忍辱王見道人顏色不移便前悔過道人告王汝今以女色刀截我形吾忍如地必得平等正覺當以一切大智斷汝生死王惟罪深必獲重殃叩頭于地願見矜恕道人告王吾真忍辱血當為乳所截平復尋如所言乳出形復王見忍證冀必全濟重宣情言若真道成願先度我道人荅可王解迷止辭退還宮

佛告拘憐尒時忍辱道人者我身是也惡生王者拘憐是也解未拘憐拘憐退席白佛甚解世尊說是法時拘憐等五人漏盡意解皆得羅漢及上

諸天八万逮得法眼三千世界為大震動是為如來始於波羅柰國以無上法輪轉未轉者大度一切莫不樂受

善來品第二

於時波羅柰城中有長者名阿具利有子字曰鉳鉳晉言寶稱時年二十四稱生奇妙有琉璃屐著足而生父母貴異字曰寶稱別作屋宇寒暑易處妓女娛樂不去右左寶稱中夜欻覺見諸妓女皆如死狀膿血流溢支節斷壞屋室眾具皆似冢墓驚走趣户户輙自開天地大冥唯覩小光趣東城門門復自開明照廣園尋光詣佛瞻覩相好巍巍煌煌怖止迷解舉聲歎曰久在恩愛獄縛著名色於今馳趣神尊寧得解脫不佛言童子善來覺矣斯處無憂眾行畢竟前礼佛足却住一面佛為說法逮無垢法眼退席白佛願為弟子佛言善來比丘便成沙門明旦衆女不見丈夫周慞遍求歔欷並泣大家驚怪問其狀變荅言不知寶稱今為所在長者怖悸即遣馬騎四出推索父乘子車逮出

而求道遇一水水名波羅柰度水見子寶屐脫置岸邊即尋足迹徑趣廣園佛以方便令其父子兩不相見長者見佛尊儀相好喜懼交至亡失脩敬而問佛言我子寶稱足迹赴此瞿曇寧見佛告長者若子在斯何憂不見佛為說生死由癡恩愛有離破二十億惡入須陁洹寶稱心解便得羅漢父子相見恩愛微薄長者歡喜退坐白佛今日心悦情有二喜一者遇佛解喜二者離愛快喜於時寶稱親友四人一名冨褥二名惟摩羅三名憍焚鉢四名須陁闍寶稱已作沙門驚喜毛竪曰其人德高明遠震國吾等咸歸今為沙門其道必真乃使斯人忽棄榮利共出詣佛并省寶稱即便俱行見佛景則乘本願行心喜即解頭面作礼前白世尊飢渴道化靈心日久不以鄙陋願為弟子佛言善來比丘皆成沙門為說本心旨解清淨聞義心了便得羅漢

是時波羅柰傍縣名曰拳有五十人因事詣國聞寶稱冨褥等皆作沙門

又各生念諸長者子輩隲樂自恣才藝高世皆感道化瞿曇必神乃令貴族不復顧榮各各發念欲往詣佛即便俱出往詣廣園本願應度見佛便解願為弟子佛言善来比丘悉成沙門因順本盲速成法要垢除縛解皆得羅漢

於時廣園中間有大衆會飲食歌儛時有一女端政非凡於會中儛衆咸喜悅意甚無量女儛未竟忽然不見衆失所歡惆悵怔營乃復於彼百步現形大衆馳趣女引詣佛奄然隱焉衆人問佛向者一女普儛至此瞿曇豈見之耶佛告衆人且自觀身觀他何為色欲無常合會有離如泡如沫愚者戀著殃禍由生身為苦器衆生皆然大衆心解願為沙門佛皆受成道現正諦皆得應真佛勅諸比丘汝曹各行廣度衆生隨所見法示導橋梁普施法眼宣暢三尊拔愛除有遷入涅洹吾今獨行詣憂為羅縣諸比丘受教頭面礼足繞佛三帀於是别去

化迦葉品第三

於是如来還詣摩竭提界至優為羅縣暮止梵志斯奈園明旦持鉢詣斯奈門佛現金光照其堂上梵志二女長名難陁次名難陁波羅見光歡喜尋詣佛所礼拜請佛如来昇堂教授二女歸命三尊授五戒已世尊告曰身非已有万物歸空二人心解首戴奉行世尊惟曰吾本起學欲度衆生欲界魔王歸伏通化迩涅蘭禪河邊有梵志姓迦葉氏字鬱俾羅年百二十名聲高遠世人奉仰脩治火祠晝夜不解好學弟子有五百人迦葉二弟宗師其兄謂為得道各有弟子皆居下流迦葉自念吾名曰高國內注仰迷淺易窮窮則名頹當作良策全國大望便行求龍以術致之為作靖室而鞠龍曰若有輕窔入靖室者吐火出毒以滅来者龍至節會無不放火遠近僉言大師道神迦葉由此功名曰隆世尊念曰吾昔出家道逢薩沙共揩道成要先見度同一切故即便可然今察民心普注迦葉卒未可迴辟如果美而樹高無因得食唯有

伐樹根辟枝從食果必矣一切所忌咸在於龍吾先降之迦葉来從尒乃大道所化無崖如来言曰日照天下其德有三一曰光耀除冥無不分明二曰五色雜類宣叙其形三曰開發萠牙萬物精榮如来出世亦有三焉一曰一切大智照除愚冥二曰分部五道言行所由三曰攉慧拯濟利而安之衆祐念已便行起於斯奈國投暮往造迦葉未至所止便現金光樹木土石其色若金迦葉弟子持瓶取水覩變心動怪而顧望遥見世尊明耀天下不識何妙馳走白師師徒皆出世尊威神明儀煌煌迦葉情悸蒙蒙不寤即自惟曰若見日耶吾目得遠謂是天人其目便眴後思乃解得無是白淨王子悉達者乎吾歷數曰白淨王子福應聖王不樂榮位當得作佛昔聞出家其道成乎如来忽到迦葉大喜善来瞿曇起居常安佛為迦葉而作頌曰

持戒終老安　信正所止善　智慧寂安身
衆惡不犯安

迦葉白佛唯願屈德臨眄踧食佛荅迦葉古佛道法過中不飯具明至心欲託一事庶不有恡迦葉荅曰恨無偹豫敬德虛心佛告迦葉欲寄一宿寧見容不迦葉白佛我梵志法寢不同室幸恕不受巨命如何佛指靖室此復何室迦葉荅曰中有神龍性急姤惡有入室者每便吐火燒害於人佛告迦葉以此借我迦葉荅曰實不有愛恐龍為害耳五百弟子屏營悚息恐師許佛重借滿三迦葉垂疑意甚無違懼必禍耳佛告迦葉三界欲火吾已滅之龍不害我也迦葉荅曰瞿曇德尊能居隨意即撿威神便入其室五百弟子信龍為害莫不涕淚可惜尊人為龍所害佛坐須臾龍從竇出吐毒繞佛如來化毒皆使為華龍見其毒作華繞佛怒盛吐火謂能為害熱氣歸龍鬱悶欲死舉頭視佛見相知尊涼風趣龍尋涼詣佛火滅毒除歸命入鉢於是如來便現火光洞然緊天迦葉弟子直起瞻俟見佛光明謂是龍火舉聲悲呼可惜真人

竟被龍殃迦葉師徒驚共奔出五百弟子同聲責師天地開闢未見人類妙如瞿曇可尊可貴恨不諦覩何緣復見垂淚拭眼而作頌曰

容顏紫金耀　面滿鬚紺青　大人百福德
神妙應相經　方身立丈六　姿好八十章
頸光燭幽昧　何駛忽無常

後來弟子謂火害佛悲嘆氣慟世尊無常我生何為踊身赴火清涼和調還顧白師瞿曇無患本謂龍火定是佛光師徒驚擾側息達明清旦如來持鉢出室迦葉大喜曰道人猶在耶器中何等佛告迦葉所謂毒龍已降受法五百弟子僉言佛神迦葉內伏恡惜名稱聊復貢高大道人實神雖尒未如我已得阿羅漢也

迦葉白佛願大道人留止欲相供養明旦作飯自行請佛佛言便去今隨後到迦葉適還佛如人屈伸臂項東適弗于逮數千億里取樹果名閻逼藩鉢還迦葉未到已坐其牀迦葉問佛大道人從何徑來佛言卿去後吾東到弗于逮取此果名閻逼香美可食

佛飯去已迦葉念曰大道人雖神故不如我道真明日食時復行請佛佛言可去今隨後到迦葉旋還南行極閻浮提界取果呵梨勒盛滿鉢還迦葉未至已坐其牀迦葉問佛何緣先到佛言南行取此美果可用愈病佛飯去後迦葉而念此大沙門實神妙明日迦葉復行請佛佛言今隨後到佛西適拘耶匿取阿摩勒果滿鉢還迦葉未至已坐其牀迦葉問佛復從何面來荅曰西詣拘耶匿取阿摩勒果汝可食之佛飯已去迦葉復念是大沙門所作實神明日迦葉復行請佛佛言今隨後到迦葉反顧忽不見佛佛已到北方鬱單曰取自然粳米迦葉未至已坐其牀迦葉問佛復從何來佛荅曰北適鬱單曰取此粳米卿可食之佛飯去後迦葉獨念此大道人神足乃尒明日食時佛持鉢自到其家取飯而還食已欲澡漱口無水天帝釋即下以手指地自然成池迦葉晡時彷徉見池怪而問佛何緣有此佛告迦葉朝得汝食欲漱無水天帝指地

成池給用當名此池為指地池迦葉
念曰大道人神妙功德無量後日世
尊移近迦葉坐一樹下夜第一四天
王俱下聽佛說經四天光影明如威
火迦葉夜起見佛前有四火清旦問佛
大道人亦事火乎佛言不也昨夜四
天王来聽說經是其光耳迦葉復念
是大沙門極神乃致此天雖介故不如我道真
明日第二天帝釋夜来聽法帝釋光明倍於四
天迦葉夜起見佛前光意而獨念佛故事
火也平旦問佛得無事火明倍昨夜
也佛言昨暮帝釋来下聽受經法是其光耳迦葉
復念大沙門雖神未若我道真後夜第七梵天来下
聽法梵魔光影倍於帝釋迦葉見光疑佛事火晨
朝問佛大道人必事火也佛告迦葉
第七梵天昨夜聽法是其光耳迦葉
自念是大沙門威神感動天梵下降
迦葉五百弟子人事三火凡千五百
火明旦燃之火了不燃恠而白師師
曰是佛所為耳馳往白佛我五百弟
子令朝燃火了不肯燃是佛所為乎
佛告迦葉欲使燃不問之至三對曰
欲使燃佛言可去火當燃應聲皆燃

迦葉復念是大道人至神乃介
迦葉自事三火明日然已又不可滅
五百弟子及諸事者助而滅之了不
可滅疑佛所作便行白佛我自事三
火不可得滅佛言欲使滅乎曰實欲
使滅佛言火可當滅應聲即滅迦葉
念曰大道人極神至妙所作皆諧後
日迦葉五百弟子適俱破薪各各舉
斧皆不得下懐行白師師曰是大沙
門所為即行白佛我諸弟子向共破
薪斧舉不可得下佛言去斧當下即
下得用迦葉念曰是大沙門神足神
矣後日佛還樹下見棄弊衣念欲浣
之天帝釋承佛聖旨到頞鄰山上取
四方石一抆六方石一枚給用浣曬
迦葉遊觀見池邊兩石恠而問佛令
此池邊兩石妙好此從何出佛告迦
葉吾欲浣濯及當曬衣天帝送石以
給吾用迦葉復念瞿曇神德莫不感動佛後入拍
地池渠浴畢當出無所攀持池上有樹名曰迦和絕大
脩好其樹曲下就佛佛乘出池迦葉
見樹曲下恠而又問佛佛告迦葉吾
朝入池將欲出水樹神垂曲耳迦葉

復念是大道人至德多感大樹垂下
佛欲令迦葉必伏便入泥蘭禪河其
水深駛佛以神力断水令住高出人
頭使底揚塵佛行其中迦葉見佛入
水恐其没溺即將弟子乘舩救佛見
水隔起其下塵出見佛大喜大道人
尚活耶又問欲上舩不佛言當上佛
念當貫舩底入令無漏迹迦葉復念是
大沙門妙化難名時摩竭提國王吏
民以歲會礼往詣迦葉相樂七日迦
葉心念佛德聖明衆人見者必阻棄
我令其七日不現快乎佛知其意即
隱七日至八日旦迦葉又念今有餘祚
供佛快耶應念忽至迦葉大喜適念
欲相供養来何快耶聞者鄰行令從
何来佛告迦葉汝心念言佛德聖明
衆人見之必阻棄我令其七日不現
快乎是故隱耳汝今念我是故復来
迦葉心念佛真至神誠知人念佛知
迦葉心已降伏便告迦葉汝非羅漢
不知真道何為虛妄自稱貴乎於是
迦葉心驚毛竪自知無道即稽首言
大道人實神聖乃知人念寧可得從

大道人神化稟受經戒作沙門耶佛言大善報汝弟子卿是國師令入法服豈可獨知乎迦葉受教顧謂弟子汝聞與我共覩神化吾始信解當作沙門汝等何趣五百弟子同聲對曰我等所知皆大師恩也師所尊信願皆隨從即時師徒俱共詣佛稽首白言我等皆有信意願為弟子佛言善来比丘皆成沙門迦葉裘褐水瓶杖屐諸事火具悉棄水中是時迦葉二弟次曰那提迦葉幼曰迦耶迦葉各自二百五十弟子廬舍止處別居水邊見諸梵志衣被什物及事火具隨流漂下二弟驚愕恐兄及諸弟子為人所害即從門徒順河而上見兄師徒皆作沙門恠而問曰大兄年高智慧明遠國王臣民所共宗事我意謂兄為得羅漢反捨梵志道學沙門法此非小事佛道豈尊德獨高乎迦葉荅曰佛道寂勝其法無量雖我世學未曾有得道神智如佛者也二弟聞此各謂弟子吾欲從兄汝等何趣五百弟子俱發聲言願如大師皆即稽

首求作沙門佛言善来比丘皆成沙門

於時如来與千比丘僧詣迦耶山大藂樹下坐而入三昧忽然不現從東方来沒於樹下四方亦尒踊住虛空而不墮墜身出水火升降自由諸比丘仰頭喜悅不覺如来還處本坐無有覺者比丘歡喜前礼佛足退席白佛此示現者名曰何等佛告比丘是者名曰神足示現又有教授示現比丘諦聽心意識行因緣染者決正分部名曰教授示現又有說法示現比丘諦思自愛色心為裏六情所愛為裏裏不止便苦生何謂苦生婬怒癡火起便有痛痒老病死畏是為說法示現佛說法三轉時千比丘漏盡埊斷皆得阿羅漢佛為比丘而作頌曰

今者千比丘　長老有尊德　敀邪修正見
無想入禪慧

說是法時天龍鬼神莫不樂聞

度瓶沙王品第四

於時世尊欲詣羅閱祇度於一切即曰使者羅閱祇王遣奉命詣佛脩敬盡恭礼畢具陳王命言國王瓶沙稽首如来近承釋尊道

成号佛天人雜類慶賴遇時伏惟世尊興利康寧願垂覆育照臨鄙國飢渴聖道虛心踊逸哀矜群庶令得解脫佛勑比丘汝等速嚴當就王請比丘受教嚴畢翼從使者馳白世尊將千比丘僧令願須波羅致樹下去城四十里王案先王遺令若佛入國當自出迎迎之者得福無量即便勑嚴車千乘馬万疋從人七千嚴畢外車出宮趣城城門自閉車馬俱躓王甚驚怖懼有大灾吾罪重矣而有斯禍空中聲曰王本願人令繫在獄搒要相連是使門閉即便大赦解放囙人門霍自開得詣佛所王遥見如来相好光光即便下車却從解劒佛知瓶沙性素憍豪對強貢高欲令速解化王從者儀式若王瓶沙顧視從者似巳無異懼佛不識頭面礼足右繞三帀礼畢自陳我是摩竭提王瓶沙身也如是至三佛告王曰吾照汝心何但於形瓶沙大喜即退就坐群臣庶民各盡其敬中有作礼者自名字者宜揖拜者礼畢却往佛命令坐受

教就席佛告瓶沙宿福為王今復增益使王國界人民忠孝富樂無憂福護有德吉無不利衆會有疑爵俾迦葉名聲先達今與佛俱誰應作師佛察衆念便告迦葉其有敎生祠祀欲望其福寧能得不人於山中求道無師能得道不迦葉白佛敎生祠祀不得其福天神不食敎者得罪學道無師道終不成迦葉白佛我前事火晝夜不懈勤苦積年好術弟子凡有五百人精銳燃火不避寒暑年耆根熟永無髣髴先人傳或以授後生自稱是道唐苦無報今得佛教濺浣心垢巳得羅漢佛告迦葉現汝羅漢神足迦葉受勅即入靜定身升虛空去地數丈從腰以上火腰以下水更從腰以上水腰以下火以水雨火衣燥不軟住空現變出沒七反從身出光五色赫弈飛從東來沒佛坐前四方上下化現亦尒變畢叉手長跪白佛弟子迦葉蒙佛慈恩解脫罪縛如來特尊三界頂受佛為迦葉而作頌曰

若人壽百歲　奉火修異術　不如尊正諦

其明照一切　若人壽百歲　學邪志不善
不如生一日　精進受正法

王及群臣乃知迦葉是佛弟子佛告瓶沙天下人眼不但視色苦樂無常身不得久天下人意多惡少善思想万端趣欲快意能棄此志亦可得道功齊迦葉無以豪貴自恣其情無以自在貪婬無猒無以豪強侵陵弱者無以瞋怒橫枉無過莫聽佞言猥興暴虐佛為瓶沙而作頌曰

夫為世間將　順正不阿枉　矜導示礼義
如是為法王　多愍善恕正　仁愛利養人
既利以平均　如是衆附親

佛告瓶沙莫隨婬心莫隨貪心莫隨怒心息惡全善信守真言當念死劇老病苦劇思惟所行亦復可得迦葉神足若眼見色心當抑御好醜不動耳聽衆聲心當制持無所憙怒鼻嗅香臭心當制伏情無所著口食衆味心當秉持想無所起身更於著心當制止識無綺可五陰外來制者由心六情無生陰衰無名迦葉功德修之便得人生受形多憂苦惱飢渴寒熱

愚計為樂智士見苦妻子榮利世人迷惑凡此衆事無不分散千歲萬年皆歸磨滅王聞是法歡喜無量佛告瓶沙王作宮舍從來幾歲王顧問傍臣傍臣對曰造起宮舍七八百年佛問諸臣凡更幾王臣對曰已更二十餘王佛問瓶沙皆識諸王不瓶沙荅曰唯識我父不識先人佛告瓶沙但地有常人無常也人自愛身者不當敎害於命不當誹謗有道衆生生死皆由恩愛父母自言是我所生是我之子子非父母所致皆是前世持戒皃具乃得作人為。惡行者死墮在地獄畜生餓鬼中自從行致不由他生罪福明正王甚思之佛告王曰兒在胎中若有盲聾母豫知不耶王荅佛言實不豫知佛言此兒宿命罪行使然非父母過兒在胎中若其聖明母不豫知皆由履行清純非父母力此理明驗王善惟之世人得罪其行有三口言傷人身行暴害心專妬嫉能撿此三雖不便得泥洹天上人中豪貴自由原於人本從癡有形從形生情從情生識從識生欲從欲有父子從父子生恩愛從恩愛憂苦生畏轉五道無有休止人亦不知生所從来死所趣向不識其根各相字名言是父是子唯得道者乃知其原生死因緣本從癡起一切無常大王受持

佛告瓶沙若國善人謹順忠孝廉貞敬讓才博智遠不犯王法本非貴族王何異待王荅佛言姓名顯達擇能授職佛告大王道法無親唯善是輔成持五戒名清信士精進直入見諦不迴便得須陁洹斯陁含阿那含阿羅漢各因本心道位次叙佛說是時王及國人一萬二千諸天八萬皆見道跡佛告瓶沙王来以久宮遠早還牛馬人從停住勞疲比於後日吾當詣城王起礼佛受誡而退群臣從官喜前受誡當王群臣受五誡時內外人馬寂然無聲諸婆羅門感化心伏皆前受誡歡喜而退王升車以群臣蹝賀大王功德值佛出世并令臣等沐浴清化瓶沙歸宮教勅宮內奉齋持戒國內一切信解歡喜忉利天帝

華散佛上於時坐中有豪長者名迦蘭陁心中念言可惜我園施與尼揵佛當先至奉佛及僧悔恨前施求為棄捐長者至心卧不安席先福追還福徳應令大鬼將軍名曰半師承佛神旨知其心念即台閲义推逐尼揵裸形無耻不應止此鬼師奉勅撾打尼揵拖拽器物尼揵驚怖馳走而言此何恶人暴害乃尒鬼師荅曰長者迦蘭陁當持竹園作佛精舍大鬼將軍半師見勅逐汝明曰尼揵共詣長者深責所以何故改施令吾等類被乎委頓不謂長者見困如此迦蘭陁心喜吾願遂矣佛聖廣覆照我至心即荅尼揵曰此諸鬼神強暴含瞋懼必作害不如委去更求其安尼揵懟恨即曰恚去長者歡喜脩立精舍僧房坐具衆嚴都畢行詣樹王祠處請佛及僧衆祐受施止頓一時大化普濟靡不欣樂

舍利弗大目揵連来學品第五

佛在羅閲祇竹園精舍與大比丘僧千人倶皆得應真辯俾羅等彼有一

鄉名曰那羅陁故有梵志字曰沙然精脩仙行延納来學好仙弟子凡有二百五十人門徒之中有二人高足難齊一名優波替次曰拘律陁才明深達研精通微沙然得病自知將終告於二賢此諸新學志在道行累鄉二人必令全濟二人敬諾受教奉行是時世尊勅比丘頞陛汝行宣化往必有度所可見者其智明達自捨如来無能與論若與相見正說法本勿與酬酢以致其生頞陛受勅整服持鉢礼佛而行時優波替從諸弟子相隨遊觀遥見頞陛威儀庠雅未曾聞覩何所法像被服改俗須至當問二人倶前相逆中路便問頞陛章服反常何所從出豈有師宗可得聞乎於時頞陛以頌荅曰

我年既幼稚　學日又初淺　豈能宣至真
如来廣大義　一切諸法本　因緣空無主
息心達本源　故号為沙門

優波替方聞法義尋思至理而自惟曰吾小好學八歲從師至年十六古仙道術靡書不采十六大國謂吾廣

慱未曽聞斯真要之義今佛出遊遇此寶藏此言之妙美於甘露心寤意解便逮法眼旋還精舍欣悅無量拘律陁見彼容悅疑得甘露即問優波替得甘露耶勿違本要惠及少少優波替具向拘律陁說所聞偈一聞不解再說乃了尋思反覆亦得法眼二人議曰本願甘露今得服嘗寧可共行詣大沙門所就彼海渊沐浴清華議合心同嚴辦當發拘律陁念曰吾師臨終屬授弟子令吾成濟今更委棄義所不安便告弟子彼大沙門有甘露仙華壞裂俗冈息心寂行吾欲啓請窮微反真汝將何趣門徒對曰令得視聽是二師恩大人宗仰承命踊逸貪羡甘露願從下風師徒志合即出所止往詣竹園於時世尊告諸比丘今有二賢從諸弟子乘本願行欲作沙門勸成其功者頻陛力也比丘承教延望來衆憂波替拘律陁等遥見如来相好暉光神動情振自惟歎曰幸哉余生得奉清誨其榮難云延趣坐前頭面礼佛礼畢嘉歡重喜

無量斯須乃進具陳情言替等罪弊隨流入渊始於今日反俗極源願蒙接納得充僧次即便許可頭鬚自落皆成沙門佛告諸比丘此二人者願於古佛侍吾道成侍衛左右佛謂憂波替高世之号花而不實復汝本字為舍利弗拘律陁還字大目揵連因本說法逮得羅漢法聲普訓莫不歡喜

還至父國品第六

於是如来將歸舍夷與大比丘僧皆得應真神靜通微明曉三世衆生行源賢者舍利弗大目揵連欝俾迦葉那提迦葉伽耶迦葉等一千二百五十人是時迦維羅越王閱頭檀遣梵志憂陁耶来詣竹園請佛還國尒時憂陁耶見佛相好明暉天地五情實喜頭腦礼足却住一面心意齊整長跪白佛父王遠謝悉達闊汝道成復度一切我獨不蒙本要當還今故遣使佛問憂陁父王起居安不憂陁白佛大王無恙唯思世尊佛告憂陁樂此道不憂陁對曰甚樂世尊佛受憂

陁使作沙門授其法戒憂陁自念今為弟子無緣復還王須消息因誰報命佛知憂陁心念欲還國行矣憂陁莫親世業戀著故家憂陁白佛佛當還至舍夷國不佛言當還憂陁受勑退跪白佛不審何日當至佛告憂陁却後七日必至舍夷憂陁歡喜礼佛而去於是憂陁耶還至舍夷詣宮求通門監白曰憂陁使還在門求見王教推問吾望憂陁如渴欲飲何故稽停方白求通推應坐者反覆至三然後乃前王見憂陁已受法服而問憂陁卿作沙門耶憂陁荅曰以服佛法王問憂陁悉達在宮與卿獨親入出周旋無所閡白令使来還何得自外詣門求前耶憂陁荅王佛教比丘莫親白衣戀於家居所以者何道俗異故王問憂陁吾子在宮衣服極好今者為道所著何衣憂陁指衣所服如此王即墮淚曰悉達在家吾為作宮七寶刻鏤極世珎妙於今屋室何如我許憂陁荅王常處樹下諸佛世尊道法皆尒王問憂陁吾子在宮茵蓐綩綖錦繡細

軟令所坐具皆有何等憂陁荅王所坐用草清素除貪王問憂陁志達在家吾為作厨甘脆衆美今所飲食復有何物憂陁荅曰至時持鉢往福衆生食無麁細呪願施家王聞是語即復流淚王問憂陁志達眠時吾欲令覺彈琴弦歌然後乃覺今在深山何用覺乎憂陁荅王如来三昧無有晝夜王問憂陁吾子在宮若其澡浴八種香汁若今澡浴皆有何物憂陁荅王八解正水以洗心垢王問憂陁志達在國栴檀蘓合以塗子身今者為道為有何物憂陁荅王戒定慧品香薫八難王問憂陁志達在家吾為作牀精寶四種於今所坐何物用作憂陁荅曰四禪為牀息心無欲王問憂陁吾子在宮士衆衛侍今者侍從皆有何人憂陁荅王學道弟子名比丘僧翼從世尊凡有一千二百五十人俱王問憂陁志達在家若其出遊車有四品牛羊爲馬以充騎乘於今出家何所駕乘憂陁荅王四諦神足条駕飛行王問憂陁吾子行觀幢麾羽

翣以為光飾今者摽幟復有何物憂陁荅曰四恩悲慈廣飾群生王問憂陁志達每出椎鍾鳴鼓觀者填路今者遊止有何音響憂陁荅王佛始得道往詣波羅奈國擊甘露法鼓抅憐五人逮得羅漢八万諸天皆入道迹九十六種靡不欣伏無上法音聞于三千大千世界王問憂陁志達今者欲領何國憂陁荅王世尊所領不可稱道教授衆生無不蒙度等心普濟無所適處王問憂陁吾子在國思陳正治勖吾安民動順礼節莫不承風今者獨處思憶何等憂陁荅王世尊惟空苦樂非真有者歸盡神靜無為王聞是言灾矣志達一切皆有没何言無反矣志達與人為雠憂陁白王正使智人滿於天下人有百頭頭有百舌舌解百義合此人數稱讃如来弥盡竟劫不宣其德況我所說億不及一唯佛與佛其德乃彰王言善哉佛當来不何日能至憂陁白言七日當至王大歡喜即勑群臣吾當迎佛導從鹵簿壹准聖王出入法則平治

道路香汁灑地城中街巷盡竪幢幡其所脩治光飾盡宜車馬人從限四十里其日世尊起於竹園與比丘僧千二百五十人俱威神感動諸天侍從始入舍夷路由一水名阿樓那度水上岸神通照察深知調達惡心內興必難開化當現神足令其信伏即升虛空去地七丈足若蹈地其實在空佛告比丘見彼車馬五色嚴麗正似天帝出遊觀時衆人見佛及僧足步其地仰觀足跡處在空中於上稍下正至迎次與人頭齊對強靡伏歸命和南唯有調達獨興惡念子行學道但作幻術惑人如是吾亦當復作術廣化衆人於是父王遥見佛来愛敬交至一者敬道二者愛子即下爲車觧劒却蓋涕淚趣佛頭首礼足而作頌曰

生時揖福德　瑞應三十二　樹傾敬稽首
道成今三礼

於是父王以偈問佛

子本在吾家　駕爲名寶車　今者足蹈地
是苦安可堪

介時世尊以偈荅曰

車馬生死乘　危嶮安可久　叅駕五通馳　所至無限㝵　本著七寶衣　亦妙甚雅好　剃頭被納服　如何不羞恥　慚愧為衣服　世衣增塵垢　法衣真人服　息心名如来　本用金銀器　衆味甚香美　今者行乞食　麁悪安可咽　法味為道食　飢渴今已除　衆世故行乞　持鉢福衆生　本處别宮中　衆宮妓侍衛　獨在山樹間　如何不恐懼　生死恐畏除　今已入本無　無憂無喜想　所止名道場　本在我家時　澡浴名香汁　處於山樹間　何物洗身垢　道藏為浴池　正水滿其淛　浴已三毒盡　三達快無雙

於是父王請佛及僧令詣王園水為精舍佛受王意便入精舍坐㞐拘類樹下廣說教法七日不懈聽者歡喜中有發大乘者有樂辟支佛行者有發羅漢意者有作沙門者各隨發心如行所得城内毋人各生善念悲泣自責世尊還國男子福德獨得見佛我等罪蔽不服法味何苦如是佛知毋人一切心念讚言善哉乃生好心願樂聞法真得度苦佛便語王法興難值道教難得可勑國内諸毋人輩樂聞法者使出聽受王即宣令欲見佛者聽城内毋人咸喜俱出詣佛礼拜訖而却住於是世尊如應說法各各解了逮得法眼王及臣民歡喜而退是時諸比丘白佛言舍夷國内男女長㓜聞佛說法如心所念各得其决父王俱聽不記所得佛告比丘父王恩愛未息父子相待敬心未全是故不得明旦如来唯將目連往詣王宮上殿而坐佛勑目連現汝道力目連受教飛升虛空出没七反身出水火從上来下前礼佛足却侍於左父王見變心意解悦恩愛斷滅敬心内發起前礼佛甚善世尊弟子功德猶上乃介如来威德難可度量便發無上正真道意是時父王每詣佛所見迦葉千人形體至陋每心不平此等比丘雖復心精無表容貌當勸宗室樂無為者令作沙門擇取端政即令宗族明日會殿受令即到王告宗室曰阿夷相言佛不出家當作聖王居四天下左右侍從率當端政今諸弟子類無姿觀今欲礼㛮有道儀容足者充備僧數光暉世尊咸言大善聽令歡喜乞退嚴辦七日乃行調逵便告行者吾等王者子弟今棄世榮出家居道整頓服飾極世之妙象馬車乘價直万金其日嚴出觀者填路調達冠幘自然墮地儩和離所乘象馬四脚布地而作鳥鳴相乎占曰餘皆得道二人不吉俱詣佛所恚作沙門剛強降伏莫不樂受

中本起經卷上

中本起經卷上

校勘記

一　底本，金藏廣勝寺本。

一　此經上、下兩卷與宋資福藏本，磧砂藏本，元普寧藏本，明永樂南藏本，徑山藏本，清藏本尤異，難以對校。今以清藏本作爲別本收録於後，並校以資、磧、普、南、徑。

一　九三四頁中二行譯者，麗作「後漢西域沙門曇果共康孟詳譯」。卷下同。

一　九三四頁中八行「爲佛」，麗作「佛名」。

一　九三四頁中一七行「精法」，麗作「請法」。

一　九三四頁下九行「明暉」，麗作「明耀」。

一　九三五頁上三行「困極零丁」，麗作「困苦疲極」。同行「困魔」，麗作「因魔」。

一　九三五頁上五行「能辨」，麗作「能辦」。

一　九三五頁上一二行「汝莫輕無上」，麗作「汝莫卿無上正真」。

一　九三五頁上二〇行「營苦」，麗作「勞苦」。

一　九三五頁中五行「爲幻」，麗作「爲化」。同行「觀幻」，麗作「觀化」。

一　九三五頁中六行「僞而非真」，麗作「僞非真故」。

一　九三五頁中八行「婬行」，麗作「欲行」。

一　九三五頁中一七行「無憂無喜想」，麗作「無復往來憂」。

一　九三五頁下一〇行「爲道」，麗作「爲真」。

一　九三六頁上一一行「忍辱」，麗作「忍辱人」。

一　九三六頁上一二行「女色」，麗作「女色故」。

一　九三六頁上一六行「忍辱」，麗作「忍辱者」。

一　九三六頁中四行「善来」，麗作「現變」，且下有夾註「一作善来」。

一　九三六頁中六行「晉言寶稱」，麗作夾註。

一　九三六頁中九行「不去右左」，麗作「不捨晝夜」。

一　九三六頁中一五行第一三字「於」，麗作「械」。

一　九三六頁中一六行「神尊」，麗作「天尊」。

一　九三六頁中二〇行「丈夫」，麗作「虵虵」。

一　九三六頁下一行「道遇」，麗作「道過」。

一　九三六頁下五行「赴此」，麗作「趣此」。

一　九三六頁下二〇行「本心」，麗作「心本」。

一　九三六頁下二二行「名曰苓」，麗作「名曰荼」。

一　九三七頁上一一行「怔營」，麗作「屏營」。

一　九三七頁上一三行「普倂」，麗作

「並偁」。

一　九三七頁上一七行「受成」，麗作「受戒」。

一　九三七頁中四行「歡喜」，麗作「喜悅」。

一　九三七頁中九行「通化」，麗作「道化」。

一　九三七頁中一二行「不解」，麗作「不懈」。

一　九三七頁中一五行「述淺」，麗作「術淺」。

一　九三七頁中二一行「共誓」，麗作「誓要」。同行「要先見度同」，麗作「先度脱我吾用」。

一　九三七頁中二二行「可然」，麗作「然可」。

一　九三七頁中末行第六字「而」，麗無。

一　九三七頁下一行「辟枝」，麗作「僻枝」。

一　九三七頁下一六行「便眴」，麗作「復眴」。同行「乃解」，麗作「乃解曰」。

一　九三七頁下一七行「數日」，麗作「數云」。

一　九三八頁上一行「踈食」，麗作「蔬食」。

一　九三八頁上二行「具明」，麗作「且明」。

一　九三八頁上六行「不受」，麗作「不愛」。

一　九三八頁上一一行「垂疑」，麗作「惟疑」。

一　九三八頁上二二行「泂然」，麗作「炯然」。

一　九三八頁中三行「諦觀」，麗作「熟觀」。

一　九三八頁中八行至次行「世尊無常」，麗作「瞿曇被害」。

一　九三八頁中一〇行「無患」，麗作「無恙」。

一　九三八頁中一二行「道人猶在」，麗作「大道人猶存」。

一　九三八頁中二一行第二字，下九行末字「還」，麗作「而還」。

一　九三八頁下三行「南行」，麗作「佛南行」。

一　九三八頁下七行末字「妙」，麗作「實妙」。

一　九三八頁下一八行「神足」，麗作「神妙」。

一　九三九頁上四行及七行「說經」，麗作「說法」。

一　九三九頁上一一行「平旦」，麗作「平且」。

一　九三九頁上一二行「昨暮」，麗無。同行末二字至次行「迦葉復念大沙門雖神未若我道真」，麗無。

一　九三九頁上二〇行「是佛」，麗作「必是佛」。

一　九三九頁中二行「明日然已」，麗作「明旦然之」。

一　九三九頁中八行「適俱」，麗作「適共」。

一　九三九頁中一一行第一〇字「去」，麗作「可去」。

一九三九頁中一二行第一三字「足」，麗作「則」。
一九三九頁中一四行「頞那山」，麗作「頡那山」。
一九三九頁中二一行「佛乘」，麗作「佛牽」。
一九三九頁中末行「垂曲耳」，麗作「垂枝令吾牽出」。
一九三九頁下六行「塵出」，麗作「揚塵」。
一九三九頁下八行「復念」，麗作「大驚」。
一九三九頁下一五行第九字及次頁上四行第二字「聞」，麗作「閗」。
一九四〇頁上一〇行首字「屐」，麗作「屣」。
一九四〇頁上一二行首字「自」，麗作「有」。
一九四〇頁中一二行第六字「心」，麗無。
一九四〇頁中二一行至次行「一切即曰使者羅閱祇王遣」，麗作「君民即日羅閱祇王遣使者」。
一九四〇頁中末行「具陳王命」，麗作「陳」。同行「如來」，麗作「坐前」。
一九四〇頁下三行「聖道」，麗作「聖化」。
一九四〇頁下五行「世尊」，麗作「世尊以願」。
一九四〇頁下六行「今願」，麗作「今頡」。
一九四〇頁下七行「王案」，麗作「王即案」。
一九四〇頁下一二行「本願」，麗作「宿願」。
一九四〇頁下二〇行「汝心」，麗作「卿心」。
一九四〇頁下二一行「於形」，麗作「卿形」。
一九四〇頁下末行第二字「宜」，麗作「直」。
一九四一頁上六行「人於」，麗作「入於」。
一九四一頁上一二行第七字「或」，麗作「惑」。
一九四一頁上一二行「濺涗」，麗作「洗涗」。
一九四一頁中九行「橫枉」，麗作「枉煞」。
一九四一頁中九行「莫聽」至一四行「瓶沙」共六十字，麗無。
一九四一頁中一五行「全善」，麗作「令善」。
一九四一頁中一六行首字「老」，麗作「者」。
一九四一頁中一七行「若眼見色心當抑御」，麗作「若眼視色心當抑却」。
一九四一頁中二〇行「於著」，麗作「所著」。
一九四一頁中二二行「無生」，麗作「無主」。
一九四一頁中末行「便得」，麗作「便是」。
一九四一頁下三行「王聞是法歡喜無量」，麗作「佛爲瓶沙而作頌曰

夫爲世闇將　順正不阿枉　矜導示礼儀　如是爲法王　多愍善恕正　仁愛好利人　既利以平均　如是衆附親」。

一　九四一頁下六行「臣對曰巳更」，麗作「臣即對曰」。

一　九四一頁下一三行第一一字「在」，麗無。

一　九四一頁下一四行第三字「中」，麗無。

一　九四二頁上二行「憂苦生」，麗作「生憂悲」。

一　九四二頁上一七行第八字「誡」，麗作「戒」，下至二〇行同。

一　九四二頁中四行「追還」，麗作「追逮」。

一　九四二頁中五行「應令」，麗作「應全」。

一　九四二頁中一一行「逐汝」，麗作「逐汝革耳」。

一　九四二頁中一五行「鬼神」，麗作「鬼師」。

一　九四二頁下五行第二字及九行第一一字「達」，麗作「遠」。

一　九四二頁下五行第七字「沙」，麗作「妙」。

一　九四二頁下六行「志在」，麗作「志存」。

一　九四二頁下七行「全济」，麗作「全志」。

一　九四二頁下末行「不采」，麗作「不綵」。

一　九四三頁上九行首字「行」，麗無。

一　九四三頁上一一行「屬授」，麗作「囑授」。

一　九四三頁上一三行「仙華」，麗作「仙化」。同行「俗冈」，麗作「俗綱」。

一　九四三頁上一五行「二師」，麗作「大師」。

一　九四三頁上二〇行「来衆」，麗作「其衆」。

一　九四三頁上二一行「情振」，麗作「情震」。

一　九四三頁中八至九行「法聲普訓莫不歡喜」，麗作「佛勑侍者古千比丘暮當結戒不得他行即夜行籌數得千二百五十人佛結戒竟比丘歡喜莫不肅然礼佛而退」。

一　九四三頁下三行第一〇字「國」，麗無。

一　九四三頁下一六行「求前」，麗作「求通」。

一　九四三頁下一七行「所以者何」，麗無。

一　九四四頁上三行「飲食」，麗作「飯食」。

一　九四四頁上一七行末字「皆」，麗作「復」。

一　九四四頁上二二行首字「家」，麗作「處」。

一　九四四頁中一行「摽幟」，麗作「慓幟」。

一　九四四頁下八行「七刃」，麗作「七仞」。

一　九四四頁下一八行「作頌」，麗作

「頌讚」。

一 九四四頁下一九行「揖福德」，麗作「緣福德」。

一 九四五頁中五行「歡喜」，麗作「歡喜礼佛」。

一 九四五頁中一六行首字「上」，麗作「尚」。

一 九四五頁中一八行「迦葉」，麗作「迦葉等」。

一 九四五頁中二二行末字「居」，麗作「君」。

一 九四五頁下七行「衢和離」，麗作「衢和離身」。

中本起經卷下

後漢建安年康孟詳共竺大力譯　㓒

須達品第七

佛從本國與比丘僧千二百五十人俱遊於王舍國竹園中長者伯勤承佛降尊馳詣竹園五心礼足遶匝恭住叉心白佛唯願世尊顧下薄食佛法默然已為許可長者欣悅接足而退還家具膳莊嚴幢幡親自執事極世之味舍衛長者名曰須達晉言善温與主人伯勤雖未相見每信相聞行同德齊遥挹為友須達因事來行推親往造時伯勤親供膳不容得出須達踟躕殊久臨顧傾企之情有兼來趣明請大賓執事自逼是使乃心滯而不叙善温問曰何謂大賓為是婚姻國節會耶答曰同志卿不聞乎白淨太子入山六年道成号佛威相明遠神明屬幽方身丈六華色紫金明耀於世吐法陳戒精義入神所從弟子名比丘僧居靜正身修德履道忽榮棄利義自真人凡有一千二百五十善温聞稱佛聲舉身毛竪心喜交會逸豫待明五情內駭轉側不寐至誠感通中夜霍明即便嚴出方向城門顧見城左有神祠舍名曰漯披過往跪拜礼畢旋顧奄便更冥善温惶恐不知所趣雖有此變心猶存佛承其至心恐畏消除斯須空中聲曰善哉須達心至乃介即問空聲為是何神便答之曰吾是子親摩因提也問曰卿生何許奚為此間即而答曰吾昔從佛神足弟子大目揵連聞說經法因此福報得生第一天上功德甚少別使典此見卿至心來相佐助佛者至尊舉足中間福祐難量恨吾生存不獲覩佛如今所見明驗真諦天放大光照於竹園善温尋光遥見如來踰於所聞前拜却住微心視佛而問於佛神尊寧安耶佛為須達而作頌曰

無憂無喜相　心虛清淨安　已能無所生
見諦入泥洹　覺正念清明　已度五道㓒

中本起經下卷

恩愛網斷壞 永寂恍彼安
長者須達聞說是時因本功德便發
淨意逮得法眼歸命三尊次受五戒
為清信士前白佛言唯願如來臨朐
舍衛教授一時濟度君民世尊又曰
卿姓字何乎長者跪對曰鄙字須達侍養
孤老供給衣食國人稱我給孤獨氏
佛而告曰彼有精舍容吾衆不對曰
未有長者須達承佛聖旨進前長跪
而白佛尊余能堪任興立精舍唯須
比丘監臨處當願勑舍利弗竝行營
佐即受教命作禮而退還彼舍衛周
行求地唯祇園好衆果流泉奇鳥翔
集地夷木茂去城又近因往守請祇
了先賣意求之不止恚而言曰若能以
金錢集布滿園尒乃出耳重問審實
尒不祇謂價高子必不及戲言決矣
復何疑哉須達辭還載輦送錢園監
不聽走白大家須達送錢不審內不
報勑園監吾自戲言遣錢勿受二人
共爭舉國耆老馳往諫止耆老斷當
地價已決不應得悔國政清平祇不
違法即聽布錢門裏不周祇意喜曰

吾得園矣遣人攉驀運致填路須達
自往共詣園觀所思未周意憒不樂
祇曰國賢若悔便止答言不悔思得
伏藏畢地直耳祇心惟佛必是至尊
能使斯人竭財不恨可戴可仰神妙
如茲便請須達勿復足錢餘地貧樹
共立精舍須達即言善哉許諾便興
功夫僧房坐具牀榻茵褥極世之妙
加施幢幡香汁灑地脩辦供具焦餚
重饌燒衆名香遥跪請佛唯願如來
枉屈尊神
於是衆祐與大比丘僧千二百五十
人俱遊於舍衛國應須達請威神震
動國內咸喜男女大小填路而出給
孤獨氏及王弟祇隨前礼佛足共上
精舍佛受呪願故曰祇樹給孤獨園
王國有事急召須達起行應會事訖
馳還奉齋盡恭却從步涉中路有人
奉酪一瓶顧無所使自提而行前逢
梵志請令持之共詣精舍手自斟酌
顧命梵志汝便酌酪飯訖行澡儼然
聽法一切歡喜稱善無量
梵志暮還奉齋不飡婦恠而問不審

何恨答曰不恚吾齋故耳婦重質曰
何從齋来答曰給孤獨氏於園飯佛
請吾往齋齋名八關其婦流淚忿然
言曰君毀遺則禍此興矣瞿曇乱法
奚足採納迫蹴不已便共俱飯梵志
壽竿終於夜半生於鬱多羅衛國作
大澤樹神時有婆羅門等五百人欲
詣恒水三祠神池沐浴垢穢希望神
仙中道之粮遥望彼樹想有流泉馳
趣樹下了無所見窮困斯澤飢渴委
厄樹神人現問梵志曰道士郷来今
若行耶同聲答曰欲詣神池澡浴望
仙今曰飢渴幸哀矜濟樹神即舉手
衆味流溢衆飯飽足詣神請曰何等
功德致此巍巍神答梵志吾因舍衛
給孤獨氏持八關齋為婦所敗不卒
其業来生斯澤作此樹神若終齋法
福應生天尒時樹神而作頌曰
祠祀種禍根 日夜長枝條 唐苦敗身本
法齋度世仙
梵志聞偈迷解信受旋還舍衛路由
一國名拘鹽邑國有長者字瞿師羅
晉言美音人民敬愛言輒順承梵志

過宿美音問曰道士何来今欲所之具陳彼澤樹神功德欲詣舍衛造孤獨氏攬採法齋典遂本志美音喜躍宿行所退亘解欲行宣令宗室及所親愛誰能共行受齋法戒合五百人僉然應命本願相引感義嚴出行詣舍衛未至祇洹道逢須達過而不識顧問從者此何大夫對曰給孤獨氏也梵志衆等喜而退曰吾願成矣求人得人馳趣相見同聲歎曰久承令懿注仰虚心聞有道訓八關齋法故遠投託幸蒙宗道須達止車荅曰吾有大師号曰如来衆祐度人近在祇洹可共俱進造覲世尊聞命敬諾恭肅盡虔遥瞻如来情喜内發五體投地退坐一面縁察本心自説法要五百梵志得阿那舍便作沙門美音宗等逮得法眼

諸比丘白佛五百梵志及諸長者得道何速世尊告曰過去不遠時世有佛号名迦葉為衆講法説吾當来今諸梵志於彼佛前願樂欲見當来釋迦文佛是時長者亦同斯願從是因縁見吾便解比丘歡喜盡受奉行美音心唯欲請世尊佛知其念而告之曰彼無精舍汝願不遂美音悅解喜前白佛我有別宅願為精舍唯哀垂救濟度群生乞退還國修備所供頭面接足礼畢而去

本記詃容品第八

尒時如来與比丘僧千二百五十人俱從舍衛祇洹遊於拘塩弥國美音精廬足蹈門閫天地震動珠瓔樂器不鼓自鳴蛊毒隱伏吉瑞和清當尒日也境界人民靡不敬肅渴仰世尊是時國王名曰優填强暴侵尅閑納佞言躭著女樂疑網自況又置大夫人二人左右畨上二后妾容一國少雙左夫人字照堂為人憍慠唯惡是從讒疾賢良譖入無餍右夫人字詃容執行仁愛虔敬肅恭清素約已文不加身王珎其操每事私焉照堂懐嫉譖之至深察言觀行不納其言詃容有長老青衣名曰度勝恒行市香因歸問訊路由精舍每過修敬減省香直合集寄聚便行飯佛及比丘僧

佛為説法盡心不忘施訖還宮過肆取香因此功福本行所退香氣薰聞斤兩倍常詰問理窮任實首責每減香錢飯佛及僧法深義妙非世所聞詃容聞説佛聲悚然心歡喜自念曰吾心喜踊何因得聞無量法乎即報度勝試為我説度勝白曰身賤口穢不敢便宣如来尊言乞行詣佛受勑而還便遣出宮重告之曰具受儀式度勝来還夫人侍女側息中庭佛告度勝汝還説法多有度者説法之儀先施高座度勝受勑具宣聖旨詃容欣悅聞法夫人詃容及諸侍女疑解破悪得道潚港度勝應時逮得揔持照堂悩恨妬憤内發數譖非一王反辱曰汝輩嫉妬言及不遜彼人操行執節可貴照堂心忌猶欲害之密白王曰恒遣青衣往来佛所情蕩外交志溢邪趣妾實脩良中直見忽數譖不已王頗惑之照堂心謀伺子齋日中之必矣伺其齋日因歡白王今日之樂宜請右夫人王便普召彼令皆會詃容

持齋獨不應命反覆三召執節不移王怒隆盛遣人捜出縛置殿前將欲射煞談容不怖一心歸佛王自射之箭還向已後射輒還王時大懅惶怖解焉而問之曰汝有何術乃致是耶夫人對曰唯事如来歸命三尊朝奉佛齋過中不食加行八事飾不近身必是世尊哀顧若茲王曰善哉豈可言不當詣精舍覲見表度會有敵國興兵入界彼衆強盛王自出征顧命梵志名曰吉星權領國政照堂喜曰吾父領政煞子必矣王去之後女與父謀燒煞談容及其侍女詐言失火謂可奄塞事會發露王大恚之斥徙吉星擯弃於外以其道士故全其命照堂等輩幽之地窻推逐邪道廣闡佛法

諸比丘退席白佛言王后談容及其侍女精進乃尒見諦得道不審何罪遇此火害唯願世尊彰告未聞佛告比丘過去有城名波羅奈有婬女五百人延致輕薄以自供濟世有辟支佛名曰迦羅教化人民令持五戒擧

國士女歸心師焉諸女恚曰此人惑来斷吾賔客咸共興恚謀畫毀害後曰迦羅復入其聚諸女同忿皆以火爐打撲迦羅擧身燋爛無所悔恨便現神足飛升虛空衆女驚怖泣淚悔過長跪擧頭而陳情曰女子惷憨不識至真群愚荒愁毀辱神靈自惟過疊罪惡若山願降神德以消重殃尋聲即下而般泥洹諸女起塔供養舍利世尊又曰于彼婬女談容等是也罪福追人久無不彰說是法時國內大小信伏歡喜咸歸三尊受戒而退佛與比丘還到舍衛止頓祇洹

度波斯匿王品第九

是時如来還舍衛國在祇樹給孤獨園與比丘僧千二百五十人俱王波斯匿心自念言佛是釋種出家處山以成無上正真等覺威景神妙天龍鬼神無不宗仰為人說法上中下言悉善其聞所說莫不歡喜開福塞禍言入泥洹即便嚴出導從如常至門下車群臣俱前直捐却坐而白佛言傾承釋子端坐六年道成号佛為實

尒不是世所美乎佛語王曰吾真是佛世不虛傳王復言曰瞿曇自稱為佛故非佛也佛復荅王過去久遠時世有佛名曰定光授拜吾决汝於来世九十一劫當得作佛字釋迦文有三十二相八十種好十八特妙之法十種神力四無所畏一事不足不名為佛吾今具有故為如来無所著正真覺也王迷情疑重質言曰瞿曇年少學日甚淺所以者何世有婆羅門脩治水火精勤苦體不去晝夜九十六術靡不經涉年高德遠不蘭迦葉等六子輩名稱蓋世猶未得佛佛者實尊以是推之惟疑不信佛告王曰吾今為王說法真諦善聽勿疑王曰善哉佛荅王曰小有四事皆不可輕何謂為四一者太子雖小當為政君此不可輕二者小火燒草草盡乃止此不可輕三者龍子雖小能為風雨雷電霹靂此不可輕四者道士雖小以入道要深妙之慧飛行教化度脫人民此不可輕於是世尊為王作頌曰

太子福成　當為正君　愚人輕慢

中本起經下卷　第十二張　暎字号

禍疊是生　正由心出　能重能輕
宿行所得　福自隨形　能觀本德
然後觀人　道要以備　大王思惟
小火得草　所燒無限　須弥寶山
亦從小起　智者觀物　無小無大
遇龍不避　小毒害人　比丘破惡
精進入禪　道成神通　變現度人
見諦淨無垢　巳度五道淵　佛出照世間
為衆除憂患
王聞正言垢重情蔽惟疑未悟前礼
佛足辭退還宮
是時國內有婆羅門居富多寶老無
兒子禱祠盡力末後生男其年七歲
得病便亡其父憂毒卧不安席不復
飲食聞佛能除憂患即詣祇洹佛問
梵志有何愁憒顏色顦悴婆羅門言
我年老耄正有一子捨我終亡悲憐
痛毒佛告梵志人有恩愛便得憂悲
梵志情迷便白佛言恩愛之樂有何
憂悲佛言不然如是至三婆羅門不
解走出祇洹見二人樗蒲心自念言
此必智者能解我疑便問二人恩愛
為樂為憂悲乎即荅梵志天下之樂

中本起經下卷　第十三張　暎字号

無過恩愛梵志復言吾見瞿曇向我
說此二人荅曰沙門瞿曇反世惑人
慎無信焉國內愚者共蚩佛語乃上
聞於王令王惑意便謂夫人夫人字
末利便告之曰瞿曇可笑反論失理
何有恩愛而生憂悲耶夫人對曰佛
不虛言其實如此也王復謂言汝尊
瞿曇加是宗親其信而巳夫人白王
何不自往若遣智者請啓所聞驗世
枉惑王聞其言即召智臣鄉利繩汝
持吾聲問訊瞿曇世人愚惑妄傳
尊旨撗言恩愛而生憂悲悖其理乘
是故遣信下承風化若佛有教汝諦
受之臣受王命即詣祇洹礼佛却住
斯須進前長跪白言國主波私匿稽
首座前問所不解願見示尊散告真言
於是如來命臣就坐而告之曰恩愛
之本深流難盡憂悲之惱一由恩愛
又告大臣吾今問卿意解便對辭如
有人父母終亡妻子死盡財沒縣官
此人憂惱可堪勝不大臣對曰審如
尊教又言大臣古昔有人居貧窮困
而其娶婦得富家女嬾惰無計日更

中本起經下卷　第十四張　暎字号

貧乏家困餉饋欲奪更嫁妻聞家議
便以語夫我家勢強必當奪卿當作
何計夫聞婦言將共入房今欲與汝
共死一處即便刺婦還復自刺佛告
鄉利繩恩愛相殺何但憂悲臣受佛
教礼退還宮具宣尊旨王意不悟猶
蚩此言復謂末利瞿曇何故正作此
語夫人白王欲啓一事願見采省王
曰便說夫人問曰彼方二郡一名迦
夷二名拘達盧若有白王去彼二國
他王劫取王當去何王謂夫人吾之
豐樂因此二國若有此閙情用憂憒
夫人復言太子琉璃皇女金剛若疾
若亡王當去何王荅夫人此情難堪
夫人問王此恩愛生憂惱夫人復言賎妾醜陋得
侍幃幄一旦病巳王當云何王荅末利吾情迷
荒命將不全夫人復言此為恩愛生憂悲不不
王意乃解即便下牀遥礼祇洹歸命三尊𢦏悔
謝過盡形竟命首戴尊教佛在舍衛國祇樹給孤
獨園衆僧具足而為說法國王波斯匿以日送時
道遇佛所下車却蓋拱袖直前稽首
于地却就王位佛問王言從何所来
衣弊形瘦乎王即離席揮淚對曰國
大夫人背棄天下侍送靈柩安厝始

還近承世尊顧臨鄗國雖以象悴貪
得表見性頑嬰疊情惑邪聲令始乃
解明教至真憂悲苦惱皆由恩愛每
惟道訓世所希聞於時世尊而告王
日復坐善聽王言唯諾佛言衆生受
形無老無壯無豪無賤命盡之日無
不分散辟若春華色無久鮮結實華
落果熟離本須弥寶山刼盡壞爛大
海深廣猶有枯竭人命危脆智者不
怙惟有修德精進履道佛時頌曰
命如果待熟　常恐會零落　以生皆有苦　誰能制不死
如何駛流疾　往而没大海　人命亦如是　逝者不復還
佛告遮迦越羅典領四域飛行案行七寶導從雖壽
千年亦死過去諸天食福積善自然至其祿盡亦復
摩滅比丘破惡一心思禪榮利不移志重若山神通
真人猶復滅度如來出世權慧現身金剛德體明
暉大千迴而三界濟度群生十方世雄由現壇垣人生世
間命不久停忽若電流如風過逝尊
榮寶位其若夢矣推古驗今無始不
終轉輪五道見諦友真佛為國王而
作頌曰
如河駛流　往而不反　人命如是
逝者不還　雖壽千年　亦死過去

合會有離　無親可恃　世皆有死
三界無安　諸天雖樂　福盡亦喪
志堅若地　德重若山　真人無垢
寂然歸滅　快哉福報　所願皆成
上寂大人　自見泥洹
於是波斯匿復白佛言何謂自愛何
謂自護佛言善哉問也大王諦受人
生於世四大合成性愚習癡殺盜婬
欺不信道行世不自愛也習善行仁
覺世非常信死更生情存三尊奉戒
攝心信以篤道守礼以讓孝順至誠
此人處世自愛者也積善履德身無
枉横志行脩明上天衛護無男無女
衆行歸身兵刃不傷虎兕無害自護
之方唯持戒行佛為波斯匿而作頌曰
凡人為惡　不能自覺　愚癡快意
後受熱毒　生無善行　死墮惡道
往疾無間　到無資用　生受身者
慎護所守　調心正體　福應上天
士有信行　為聖所譽　自愛如是
快解無憂　惡行危身　愚謂為易
善寂安身　愚人謂難　信法奉戒
惠意能行　上天衛之　智者樂茲

行受不邪　安止無憂　能降恚怒
從是脫㓺
王聞法言愚解空斷前受五戒群臣
從官皆發道心天龍鬼神歡喜樂聞
大愛道瞿曇弥比丘尼品第十上
佛遊於迦維羅衛釋氏精廬與諸比
丘俱是時大愛道瞿曇弥行到佛所
稽首作礼還住一面叉手白佛言我
聞母人精進可得沙門四道願得受
佛法律我以居家有信欲出家為道
佛言且止瞿曇弥無樂以母人入我
法律服法衣者當盡受清淨究暢梵
行大愛道則復求哀如是至三佛不
肯聽便前作礼遶佛而去其後不久
佛與諸大比丘俱從釋氏精廬入迦
維羅衛大愛道聞佛從諸弟子來入
國中心大歡喜即行到佛所稽首佛
足下復白佛言我聞母人精進可得
沙門四道願得受佛法律我以居家
有信欲出家為道佛言止止瞿曇弥
無樂以母人入我法律服法衣者當
盡受清淨究暢梵行大愛道則復求
哀如是至三佛不肯聽便前作礼遶
佛而去時佛與比丘留止是國避雨

三月補成衣已著衣持鉢出國而去
大愛道即與諸老母等俱行追佛佛
行轉到那私縣頓止河上大愛道便
前稽首作礼遷住白佛言我聞母人
精進可得沙門四道願受法律我以
居家有信欲出家為道佛言止上瞿
曇弥無樂以母人入我法律服法衣
者盡受清淨究暢梵行大愛道則復
求哀如是至三佛不肯聽便前作礼
遶佛退住於門外被弊敗之衣徒跣
而立顔面垢穢衣服汙塵身體疲勞
嘘唏悲啼賢者阿難見伯母大愛道
如是即問言瞿曇弥何因弊衣徒跣
面垢衣塵疲勞悲啼大愛道荅賢者
阿難今我用母人故不得受佛法律
是以自悲傷耳阿難止止瞿曇弥且
自寬意待我今入向佛說是事賢者
阿難言即入稽首佛足長跪白佛言
今我從佛聞母人精進可得沙門四
道今大愛道以至心欲受法律其人
居家有信欲出家為道願佛許之佛
言止止阿難無樂使母人入我法律
為沙門也所以者何譬如阿難族姓
之家生子多女少男當知是家以為

衰弱不得大盛也今使母人入我法
律者必令佛清淨梵行不得久住辟
如稻田禾稼具熟而有惡露災氣則
令善穀傷敗今使母人入我法律者
必令佛清淨大道不得久興盛阿難
復言今大愛道多有善意佛初生時
力自育養至於長大佛言有事阿難
大愛道信多善意於我有恩我生七
日而母亡大愛道育養我至於長大
今我於天下為佛亦多有恩德於大
愛道大愛道但由我故得来自歸佛
自歸法自歸衆又信佛信法信比丘
僧不復疑苦不復疑習不復疑盡不
復疑道乃成其信成其禁戒成其多
聞成其布施成其智慧亦能自禁制
不煞生不竊盜不婬泆不妄語不飲
酒如是阿難正使人終身相給施衣
被飲食牀卧病具縁欲不及我此恩
德佛告阿難假使母人欲作沙門者
有八敬之法不得踰越當以盡壽學
而行之譬如防水善治堤塘勿漏其
以乃如是者可以入我法律戒何謂
八敬一者比丘持大戒母比丘尼當
受正法二者比丘持大戒半月以上

比尼當礼事之三者比丘尼不得相
與聚居同止四者三月止一處自相
檢押所聞所見當自省察五者比丘
尼不得訟問比丘以所見聞若比丘
有所聞見訟問比丘尼比丘尼即自
當省察六者比丘尼有庶幾於道法
得問比經律之事七者比丘尼自未
得道若犯禁戒當半月中首過自悔
憍慢之態八者比丘尼雖百歳持大
戒當處新受大戒幼少比丘下坐以
謙敬為之作礼是為八敬之法我教
母人不得踰越當以盡壽學而行之
假令大愛道審能持此八敬之法者
聽為沙門賢者阿難受佛語已熟諦
便作礼而去報大愛道瞿曇弥可勿
復愁憂已得捨家之信去家就藏佛
說母人作沙門者有八敬之法不得
踰越但當終身勤意學行之耳持心
當如防水善作堤塘勿漏而已阿難
便一一為母人說佛所教勅八敬之
事能如是者可入佛法律大愛道即
歡喜如言唯諾阿難聽我一言譬如
四姓家女澡浴塗香衣莊嚴事而人
復欲利益之安隱不怖以好華香珠

寶結為琺瑤持與其女豈不愛樂頭首受耶
大愛道便受大戒為比丘尼奉持律戒逮得
應真道然後異時大愛道比丘尼與諸長老
比丘尼俱行詣賢者阿難而問言阿難是諸
長老比丘尼皆久修梵行且已見諦云何當
使為新受大戒幼少比丘作礼阿難言平旦
待我今入問之阿難即入稽首佛足下白佛
言大愛道比丘尼言是長老比丘尼皆久修
梵行且以見諦云何當使為新受大戒幼少
比丘作礼佛言止止阿難當慎此言勿得說
也汝所知不如我知若使母人不於我道作
沙門者外諸梵志及諸居士皆當以衣被布
施求哀於諸沙門言賢者有淨戒高行願行
此依上令我長得其福若使母人不於我道
作沙門者天下人民皆當解髮布地求哀於
諸沙門言賢者有我聞慧行願行此髮上令
我長得其福若使母人不於我道作沙門者
天下人民皆當預具衣被飯食牀臥病因緣
藥願諸沙門當自來取之若使母人不於我
道作沙門者天下人民奉事沙門當如事日
月如事天神過踰諸外道異學者上若使母
人不於我道作沙門者佛之正法當千歲興
盛以為母人作沙門故五百歲而衰微所以
者何阿難母人有五處不能得作何等為五

母人不得作如來至真等正覺母人不得作轉輪聖
人母人不得作第二天帝釋母人不得作第六魔天
王母人不得作第七天王梵天此五處者皆丈夫得
為之丈夫得於天下作佛得作轉輪聖王得作天帝
釋得作魔王得作大王梵天佛說事已皆歡喜受

迦葉來學品第十

尒時世尊在舍衛國祇樹給孤獨園
為衆說法天龍鬼神四輩弟子嚴整
具足於是摩訶迦葉垂鬚髮衣始來
詣佛世尊遥見歎言善來迦葉務分
半牀命令就坐迦葉進前頭面作礼
退跪自陳曰余是如來末行弟子顧
命分坐不敢承旨大衆僉念此老道
士有何異德乃令世尊分坐命之此
人雋乂唯佛明焉於是如來察衆所
念欲決所疑廣論迦葉大行齊聖世
尊又曰吾以四禪禪定息心從始至
終無有損耗迦葉比丘亦有四禪因
得定意吾以大慈仁愛一切迦葉體
性亦慈如此吾以大悲濟度衆生迦
葉比丘大悲如此吾以四三昧而自
娛樂無有晝夜何等為四一者無形
三昧二者無量意三昧三者清淨積
三昧四者不退轉三昧迦葉比丘亦

有是三昧吾本樂六通今已得六通
迦葉比丘亦得六通何等為六一者
四神足念二者悉知一切人意三者
耳徹聽四者見衆生本五者知衆生
而所趣行六者諸漏皆盡今已無畏
三界獨尊吾以四定表彰法御何等
為四一者解定二者智定三者慧定
四者戒定名色皆滅梵迹獨存無憂
憙相生死根斷迦葉比丘亦復如是
世尊又曰過去久遠時有聖王名文
陁偈高行暉世功勳感動忉利天帝
欽其異德即遣車馬詣闕迎王時乘
天車忽然升虚天帝出迎與王共坐
娛樂盡歡送王還宮佛告比丘尒時
天帝者大迦葉是也文陁偈王者則
是吾身往昔天帝以生死畏坐令吾
並坐吾今以無上正真法御之坐報
昔功德佛說本昔加以聖德顯比丘
迦葉一切解脫皆發無上正真道意
法教名遠莫不樂受

度㮈女品第十一

佛從迦維羅衛國與千二百五十比
丘俱過拔耆國界度人民去至維耶

離詣捺氏樹園城中有女人名阿凡和利聞佛来化歡喜無量即便嚴出與五百女人俱佛勑比丘端意伍頭勿妄顧視色欲乱人唯道能制抑情撿心智者必能令有女人名阿凡和利與五百女人俱欲聽説法汝曹各護清行持之勿放諸比丘唯諾受教阿凡和利詣門下車叉手當心伍頭直前頭面礼佛却就女位世尊告曰形不久住色不久鮮命如風過少壯必衰勿恃容姿自處汙行世間迷惑禍起色欲三塗勤苦智者能閇女聞佛言心解欲止便發道意自歸三尊於是阿凡和利退坐白佛不以女賤得服法言願樂如来明日枉尊及比丘僧顧下薄食佛法黙然已為許可起以頭面作礼歡喜而去是時城中有長者子五百同輩聞佛垂訓止住柰園即皆俱行詣佛聽法車馬服飾五色煇煌出城詣園人從車馬寂然如法詣門下車叉手直進礼拜陳情却坐男位佛告族姓子榮位尊豪快樂如意皆是前世福德所致今復見

佛功德增益諸長者子歡喜退坐長跪請佛明日屈尊衆臨蔬食佛便告曰已先受請佛不二語諸長者子復白佛言不審請主姓字是誰佛言向受阿凡和利請明日當往長者子白佛此是國民豈得在先佛告族姓子如来慈普不問尊卑諸長者子前礼佛足辭退還家過告阿凡和利語曰佛者至尊用一切故来化吾國飯佛及僧吾等應先男尊女卑卿當在後慎勿供辯故来相語女白長者子無以豪強威力加弱也今乞四事若見惠者不敢在先何謂四事一者乞令我心保善莫移二者乞令我命保在莫亡三者乞令財物保在無減四者乞令世尊常住教化莫詣餘國即謂女曰善心叵保命亦如是非吾能辦便相謂言此女福人先得飯佛乃覺非常甚可喜樂中有年少耻甚出後當共固之便勑市監罷不作市阿凡和利遣婢市買了無所得還視庫藏衆膳備具唯乏薪炭行求不得出庫氎布香油灌之以供飯具明日至時

遣使白佛城門復閉使還白言城門不開知是諸長者子所作女自念言法應遣使奏白供辦云何得通便告鸚鵡汝行白佛鸚鵡受勑飛出其家諸長者子輩舉弓射之奉使請佛威神所接箭化作華便詣佛所飛住虛空白佛言衆嚴畢辦唯願枉尊於時衆祐法導威儀足蹈門閫天地震動龍雨香塵天樂下從諸音樂器自然而鳴佛坐飯竟行澡漱畢為説經法五百長者子阿凡和利及五百女人逮得法眼皆受五戒已佛與比丘僧還詣捺氏樹一切歡喜無不樂聞

尼揵問疑品第十二

佛從維耶離與千二百五十比丘僧及千優婆塞俱詣鄰難陁國波和離園是時國内奉事六師迷於邪行城中有豪長者字阿夷扠提弗奉事尼揵精勤第一聞佛来願往詣尼揵所礼拜如常尼揵問曰卿聞瞿曇来至此不對曰已聞尼揵語曰汝往難沙門瞿曇一事當令如噎扠提弗言何謂一事乃令不對乎曰汝難瞿曇吾

聞沙門呪願一切普得飽滿猥將大衆来適飢國費損人民此大無益拔提弗受命而退即詣佛所瞻覲神德威相赫然弟子法儀恂恂佯佯敬心踊躍拱袖進前直揖却坐而白佛言欲請一事願蒙授解佛言恣所欲問拔提弗言伏聞瞿曇饒益一切令得安隱而將大衆顧臨飢國減損民食費而無益佛告阿夷拔提弗言吾從九十一劫以来不聞勸人為福損而無益也吾聞尊貴富樂本起布施未有唐損費而不報也人行仁義現世稱傳後得生天勸善代喜福祐隨身又告長者財有八危損而無益何謂為八一者為官所没二者盜賊劫奪三者火起不覺四者水所浸溺五者怨家債主攢見奪取六者田農不脩七者賈作不知便利八者惡子博掩用度無道如是八事至危難保八禍當至非力所制是故如来以此因緣勸人布施安置福田深堅難動水火盜賊不復得害壽終生天衣食自然佛告長者真言至要化世愚惑若不

信者自毀人本墜墮三塗若能覺識改聞易行遷神無為所向分明阿夷拔提弗聞佛說法情喜內定退坐自陳愚癡積惑未識真言所質非法實非鄙意尼揵所遣奉使不遜願佛垂恩原恕罪咎佛言汝能自覺此福無量長者歡喜復白佛言情闇難寤欲問所疑佛言隨意所問今當為汝事事分别長者問曰伏聞如来慈等普救不審法教偏駁不等有得道者有不得者抱疑曰久願尊開矇佛言善哉問也諦聽諦受辟如農夫宿有二業一田業高燥肥沃二田業下濕瘠薄於春和時等力興功下種應節秋除草穢至秋獲實斗斛玄殊佛告長者人功不偏所収不等者地厚薄故也人聞吾法信受奉行如意所得喻如沃田所収無數今比丘比丘尼優婆塞優婆夷者是也隨意入深神通無量人聞道言背而不信喻如下田浸溺不生今六師尼揵等是也世尊又曰辟如有人持器取水一器完牢二者穿壞若用受水完者恒滿穿者

漏盡人聞道教精進脩勤奉戒不違嚴勑身口喻如完器所受無限人聞道法不受不信加行謗毀忘失人本還入惡道喻如穿器無所成貯佛告長者宿命善行乃得見佛雖復尊豪然不信道者辟如狂華落不成實拔提弗心喜稱善真言感神所說至誠便發無上正真道意受戒而退國內一切皆發道意六師邪術一切皆毀廢天人龍鬼宣明法聲

佛食麦品第十三

於時佛從波和離國與千二百五十比丘俱還祇樹給孤獨園是時舍衛國界有郡名隨蘭然有婆羅門名阿祇達多智明惠居富無比往詣阿難扮摳家論議事訖問須達曰今此都下有神人可師宗者不荅曰子不聞乎釋家王子出家為道道成号佛身色相好非世所見法戒邪正照除心垢神通明遠知衆生原諸天龍神莫不奉受每說法言精義入神非吾輩燭所能宣陳阿耆達聞佛聖德五情內悚即問曰佛今所在可得見不荅

日近在祇洹開廣真言明曰阿祇達
往詣祇洹入門見佛威神光明豁心
內存前礼佛足却坐一面佛為說法
歡喜踊躍即便退席請佛及比丘僧
垂化照臨一時三月佛已神旨知往
古因緣默然受請阿耆達得佛許可
辭退還國於是阿耆達還家嚴供極
世珍美是日世尊與五百比丘僧往
詣隨蘭然時阿耆達天魔迷惑躭荒
五欲一者寶飾二者女樂三者衣食四
者榮利五者色欲退入後堂告勑門
士不得通容一時三月不問尊卑湏
吾有教如来到門門閉而不通便止舍
邊大藂樹下佛告比丘僧此郡既飢
人不好道各且自便隨利分衛舍利
弗受勑獨升忉利天上日食自然衆
僧分衛三日空還時有馬師減麦飯
佛及比丘僧阿難已得其麦以鉢受
之心用悲疾諸天名味國王供膳每
謂其味不可尊口今得此麦甚為感
惡何忍持此供養佛乎持所得麦造
一老母佛者至尊法御上聖今欲飯
佛請母熟之功德無量母荅阿難吾

今忩務不能得為比居一母聞歎佛
尊馳出求索阿難授之即時令熟佛
食呪願阿難心結佛欲解之餘飯施
與百味香美非世所有阿難意解曰
如来妙德不可思議
是時世尊欲詣拔耆國先使阿難往
告阿耆達阿難受教即便往造阿耆
達見阿難意猶未悟即問阿難如来
今為所在阿難報曰世尊在此尒来
三月前受卿請尊無二言一時已竟
告別當去阿耆達聞佛垂化乃無供
養悲怖交至即馳詣佛頭面作礼而
自陳言愚癡罪覆違失言信願佛慈
悲恕原其重佛告梵志明汝至心阿
耆達歡喜前白佛言願留七日得叙
供養佛以歲至即便可之時日舍利
弗從天来下歲節已過當詣拔耆國
阿耆達取供養餘具遍散道中欲令
佛蹈上而過佛告梵志飯具米粮是
應食噉不宜足蹈佛受其施便為呪
願而作頌曰
外道所修事　精懃火為冣　學問曰光明
衆義通為冣　人中所歸仰　遮迦越為冣

江河泉原流　大海深為冣　衆星列空中
日月明為冣　佛出於世間　受施為上冣
阿耆達心悅結解逮得法眼淨國人
大小皆發道心前礼佛足歡喜而退
於時阿難承佛威神知諸比丘心中
大疑因冝白佛如来神妙三達廣照
知衆生念因緣所趣不審何故飢困
一時願佛開化散解衆疑佛告諸比
丘過去久遠時有大國名曰頻頭越
時王字曰頻頭王有太子名曰維衛
出家學道道成為佛猶名維衛相好
威德諸佛法一所從比丘六万二千
人俱時父王飯佛及比丘僧嚴飾幢
幡極世之珍城內莚埴煒煒煌煌時
有梵志清潔德高因事入城顧問衆
人有何異節光飾乃尒行人荅曰頻
頭王子得道号佛王今供養道士荅
言世人甚迷捐棄甘饌食此人為如
卿所說人者應食馬麦五百弟子同
聲讚善中有一人而諫師曰若如彼
言此人德尊應食天廚
佛告諸比丘尒時高行梵志則吾身
是也五百弟子今若曹是也時諫師

者舍利弗是也吾種此栽於今未畢告諸比丘各護心口愼無放恣善懸隨人久而不捨宜脩明行可從得道吾所償對於此了矣諸比丘聞經歡喜受戴奉行

中本起經卷下

中本起經卷下

校勘記

一　底本，金藏廣勝寺本。

一　九五一頁中一〇行至次行「晉言善溫」，麗作夾註。

一　九五一頁中一二行「遙挹」，麗作「遙揖」。

一　九五一頁中一三行第三字「時」，麗無。同行第八字「膳」，麗無。

一　九五一頁中一六行「迦蘭陁」，麗作「迦蘭迦」。

一　九五一頁中二〇行「白淨」，麗作「白淨王」。

一　九五一頁中二一行「屬幽」，麗作「燭幽」。

一　九五一頁下二行末字「白」，麗作「曰」。

一　九五一頁下三行「五十」，麗作「五十人俱」。

一　九五一頁下九行「斯頃」，麗無。

一　九五一頁下一九行「視佛」，麗作「視相」。

一　九五二頁上三行「次受」，麗作「諮受」。

一　九五二頁上一〇行「佛尊」，麗作「世尊」。

一　九五二頁上一七行末字「矣」，麗作「耳」。

一　九五二頁上二一行「共爭」，麗作「共諍」。

一　九五二頁中一行「摧萬運致塡路」，麗作「催督」。

一　九五二頁中六行「便請」，麗作「便謂」。

一　九五二頁中一七行「起行」，麗作「赴行」。

一　九五二頁中二一行「酌酪」，麗作「斟酌」。

一　九五二頁下一行「質日」，麗作「質之」。

一　九五二頁下二行「答曰」，麗作「梵志答曰」。

一　九五二頁下四行「言曰」，麗作「悉

曰」。
一　九五二頁下二二行，九五三頁中九行「拘監尼」，麗作「拘藍尼」。
一　九五二頁下末行「晉言美音」，麗作央註。
一　九五三頁上一行「過宿」，麗作「衆等住造求宿」。
一　九五三頁上三行「攬採」，麗作「攢採」。
一　九五三頁上四行「宣令」，麗作「明旦宣令」。
一　九五三頁上五行「法戒」，麗作「揩式」。
一　九五三頁上七行「須達」，麗作「須達住造佛所」。
一　九五三頁上一二行「示道」，麗作「示導」。
一　九五三頁上末行「是時」，麗作「是諸」。
一　九五三頁中二行第三字「唯」，麗作「念」。
一　九五三頁中一四行「躭著」，麗作「躭荒」。
一　九五三頁中一七行至次行「詃容」，麗作「該容」，下同。
一　九五三頁中二〇行「察言觀行」，麗作「王察其行」。
一　九五三頁中末行「香直」，麗作「香錢」。
一　九五三頁下一行「盡心」，麗作「書心」。
一　九五三頁下三行第一二字「責」，麗作「情」。
一　九五三頁下六行「即報」，麗作「即告」。
一　九五三頁下一七行「言及不遜」，麗作「言不及義」。
一　九五三頁下二〇行第六字「中」，麗作「忠」。
一　九五三頁下二一行「心謀」，麗作「心謀念曰」。同行「中之」，麗作「之中」。
一　九五三頁下二二行「因歡」，麗作「因勸」。
一　九五三頁下末行「彼令」，麗作「被命」。
一　九五四頁上一四行「奄塞」，麗作「掩塞」。
一　九五四頁中一四行至九五六頁下四行「度波斯匿王品」與九五六頁下五行至九五八頁中五行「大愛道瞿曇弥比丘尼品」，麗前後對置。
一　九五四頁中一四行「第九」，麗作「第十」。
一　九五四頁下一七行「政君」，麗作「正君」。
一　九五四頁下二二行「作頌」，麗作「而作頌」。
一　九五五頁上二行「本德」，麗作「德本」。
一　九五五頁上一〇行「王聞」，麗作「正聞」。同行「惟疑」，麗作「遺疑」。
一　九五五頁上二一行「擣蒲」，麗作「樗蒲」。
一　九五五頁中九行「智者」，麗作「智

臣」。同行「所聞」，麗作「所問」。

一　九五五頁中一六行第一一字「尊」，麗作「導」。

一　九五五頁中一八行「深流」，麗作「淵流」。

一　九五五頁下一五行第五字「此」，麗作「此爲」。同行「生憂惱夫人復言」，麗作「生憂悲不」。

一　九五五頁下一六行「病已」，麗作「病亡」。

一　九五五頁下一七行末字「不」，麗無。

一　九五五頁下一九行第一〇字「教」後，麗有「自愛品第十一」一行。

一　九五五頁下二〇行「日迭」，麗作「日昳」。

一　九五五頁下二一行「道遇」，麗作「道過」。

一　九五五頁下末行「安厝」，麗作「安措」。

一　九五六頁上二行「表見性頑嬰豐」，麗作「表災性頑愚闇」。

一　九五六頁上一〇行第一二字「頌」，麗作「作頌」。

一　九五六頁上一一行「能制」，麗作「能致」。

一　九五六頁上一二行「如何駛流」，麗作「如河流駛」。

一　九五六頁上一三行「佛告」，麗作「佛告王曰」。

一　九五六頁上一四行「積善」，麗作「脊膳」。

一　九五六頁上一五行「摩滅」，麗作「磨滅」。

一　九五六頁上一七行「十方」，麗作「十力」。

一　九五六頁上二〇行「轉輪」，麗作「輪轉」。

一　九五六頁中九行第六字「世」，麗作「此」。

一　九五六頁中一八行「生受」，麗作「自愛」。

一　九五六頁下一行「行受」，麗作「仁愛」。同行「能降」，麗作「能除」。

一　九五六頁下三行第七字「空」，麗作「望」。

一　九五六頁下五行品名，麗作「瞿曇弥来作比丘尼品第九」。

一　九五六頁下六行首字「佛」，麗作「尒時佛」。

一　九五六頁下六行及一六行「羅衛」，麗作「羅衛國」。

一　九五六頁下六行及一五行「精盧」，麗作「精舍」。

一　九五六頁下六行至次行「與諸比丘俱」，麗作「與大比丘僧千二百五十人俱」。

一　九五六頁下八行「還住」，麗作「却住」。

一　九五六頁下九行「母人」，麗作「女人」，下同。

一　九五六頁下一二行及二二行「盡受」，麗作「盡壽」。

一　九五六頁下一三行「大愛道」，麗作「瞿曇弥」。

一　九五六頁下一五行首字「佛」，麗

作「佛時」。

一　九五六頁下一八行「復白佛言」，麗作「大愛道復白佛言」。

一　九五六頁下末行「時佛與」，麗作「佛時與諸」。

一　九五七頁上四行「還住」，麗作「却住」。

一　九五七頁上五行「願受」，麗作「願得受佛」。

一　九五七頁上八行「盡受」，麗作「當盡壽」。

一　九五七頁上一〇行第三字「退」，麗作「而退」。

一　九五七頁上一四行第一二字「答」，麗作「答言」。

一　九五七頁上一六行「阿難」，麗作「阿難言」。

一　九五七頁上一八行第三字「言」，麗無。同行「佛足」，麗作「佛足下」。

一　九五七頁上一九行首字「今」，麗無。

一　九五七頁上二〇行「其人」，麗作「其已」。

一　九五七頁上二三行「譬如阿難」，麗作「阿難譬如」。

一　九五七頁中一行第六字「盛」，麗作「强盛」。

一　九五七頁中七行「有事」，麗作「有是」。

一　九五七頁中九行第四字「亡」，麗作「殁亡」。同行「育養」，麗作「自育養」。

一　九五七頁中一二行第六字「衆」，麗作「比丘僧」。

一　九五七頁中一四行「乃成」，麗作「方成」。

一　九五七頁中一八行「牀卧病具緣欲」，麗作「卧具病困醫藥」。

一　九五七頁中一九行首字「德」，麗作「德也」。

一　九五七頁中二一行至次行「其以乃」，麗作「而已其能」。

一　九五七頁中二二行第七字「以」，麗無。同行第一〇字「法」，麗無。

一　九五七頁中二三行「八敬」，麗作「八敬之法」。同行第一〇字「母」，麗作「女人」。

一　九五七頁中末行首字「受」，麗作「從受」。同行「比丘」，麗作「比丘僧」。

一　九五七頁下一行「比尼」，麗作「比丘尼」。同行「比丘尼」，麗作「比丘僧比丘尼」。

一　九五七頁下二行「聚居」，麗作「並居」。

一　九五七頁下四行第六至七字「比丘」，麗作「比丘僧事」。同行「見聞」，麗作「聞見」。

一　九五七頁下四行末二字，一〇行及次頁上六行，一〇行「比丘」，麗作「比丘僧」。

一　九五七頁下五行至次行「自當」，麗作「當自」。

一　九五七頁下七行第三字「比」，麗作「比丘僧」。

一　九五七頁下八行「禁戒」，麗作「戒

律」。同行第一〇字「中」，麗作「詣衆中」。

一九五七頁下九行「憍慢」，麗作「以棄憍慢」。同行第一〇字「雖」，麗作「雖有」。

一九五七頁下一〇行「幼少」，麗作「幼稚」。

一九五七頁下一三行第一二字「之」，麗無。

一九五七頁下一五行「而去報大愛道」，麗作「而出報大愛道言」。

一九五七頁下一六行第三字「憂」，麗無。

一九五七頁下一九行「善作」，麗作「善治」。

一九五七頁下二〇行「毋人」，麗作「伯母」。

一九五七頁下二一行第二字「能」，麗作「言能」。

一九五七頁下二二行「如言」，麗作「而言」。

一九五七頁下二三行「澡浴」，麗作「沐浴」。

一九五七頁下末行末字「珠」，麗作「珎」。

一九五八頁上一行末字「耶」下，麗有「今佛所教勑八敬法者我亦歡心願以首頂受之介時」二十一字。

一九五八頁上二行「奉持律戒」，麗作「奉行法律」。

一九五八頁上三行第三字「道」，麗無。

一九五八頁上五行第一一字及九行第三字「旦」，麗作「且」。

一九五八頁上六行「平旦」，麗作「小且」。

一九五八頁上八行第九字「是」，麗作「是諸」。

一九五八頁上一一行第二字「汝」，麗作「但汝」。

一九五八頁上一二行「梵志」，麗作「異學梵志」。

一九五八頁上一三行首字「施」，麗作「地」。

一九五八頁上一四行第二字「依」，麗作「衣」。同行第九字「福」下，麗有「佛言阿難」四字。

一九五八頁上一六行第八字「我」，麗作「戒」。

一九五八頁上一七行「若便」，麗作「若使」。

一九五八頁上一八行第七字「預」，麗作「豫」。同行「牀卧病困綫」，麗作「卧床病瘦羸」。

一九五八頁上二一行第八字「諸」，麗作「於諸」。

一九五八頁上二三行「以爲」，麗作「佛復語阿難以」。同行「五百歲」，麗作「使我法五百歲」。

一九五八頁中二行首字「人」，麗作「王」。同行第九字「天」，麗作「切利天」。

一九五八頁中三行「天王梵天」，麗作「天梵天王夫」。

一九五八頁中四行第二字「之」，麗作「之耳」。

一　九五八頁中五行「魔王得作天王梵天」，麗作「魔天王得作梵天王」。同行「事已皆歡喜受」，麗作「是已皆歡喜受行」。

一　九五八頁中六行品名，麗作「大迦葉始來品第十二」。

一　九五八頁中一八行末字「因」，麗作「因禪」。

一　九五八頁中二一行第一〇字「四」，麗作「四禪」。

一　九五八頁下五行首字「而」，麗無。

一　九五八頁下九行第二字「相」，麗作「想」。

一　九五八頁下一二行第一三字「時」，麗作「王」。

一　九五八頁下二一行「十一」，麗作「十三」。

一　九五九頁上七行「清行」，麗作「淨行」。

一　九五九頁上一八行第九字「佛」，麗作「佛來」。

一　九五九頁中二行「疏食」，麗作「蔬食」。

一　九五九頁中三行「二語」，麗作「二諾」。

一　九五九頁中一一行「供辯」，麗作「供辦」。

一　九五九頁中一六行「教化」，麗作「教授」。

一　九五九頁下九行「奄塵」，麗作「淹塵」。

一　九五九頁下一〇行「澡溢」，麗作「澡水」。

一　九五九頁下一三行第五字「樹」，麗作「園」。

一　九五九頁下一四行「十二」，麗作「十四」。

一　九六〇頁上二行「人民」，麗作「人食」。

一　九六〇頁上四行「恙恙」，麗作「洋洋」。

一　九六〇頁上一〇行，下一七行「不聞」，麗作「未聞」。

一　九六〇頁上一〇行第一三字「捐」，麗作「損」。

一　九六〇頁上一二行「唐捐」，麗作「唐損」。

一　九六〇頁中四行「真言」，麗作「正真」。

一　九六〇頁中一一行「開曚」，麗作「開蒙」。

一　九六〇頁中一五行「玄殊」，麗作「懸殊」。

一　九六〇頁中一七行，下一行「人間」，麗作「人閒」。

一　九六〇頁下九行第一二字「切」，麗無。

一　九六〇頁下一一行第三字「参」，麗作「馬参」。

一　九六〇頁下一四行「國界」，麗作「國界中間」。

一　九六〇頁下一六行「扮拞」，麗作「祁祁」。

一　九六〇頁下一七行第二字「有」，麗作「頗有」。同行「答曰」，麗作「須達答曰」。

一九六〇頁下一八行「釋家」，麗作「釋種」。

一九六〇頁下一九行「邪正」，麗作「雅正」。

一九六〇頁下二一行「奉受」，麗作「奉承」。

一九六一頁上三行「内存」，麗作「内發」。

一九六一頁上一二行「通容」，麗作「通客」。

一九六一頁上一五行「各且」，麗作「各各」。

一九六一頁上一九行「悲疾」，麗作「悲疾曰」。

一九六一頁中七行「往造」，麗作「往告」。

一九六一頁中八行「見阿難」，麗作「見阿難来」。

一九六一頁中二二行第一四字「光」，麗作「益」。

一九六一頁下七行「飢困」，麗作「食參」。

一九六一頁下一〇行第二字「王」，麗作「世有王」。

一九六一頁下一五行第七字「高」下，麗有「從諸弟子」四字。

一九六一頁下一七行「王今供養」，麗作「今日當来王及臣民供養故耳」。

一九六一頁下二〇行第一一字「曰」下，麗有「師言非也」四字。

一九六二頁上一行「未畢」，麗作「始畢」。

中本起經卷上 次名四部僧始起出長阿含　緣一

後漢三藏法師西域曇果共康孟詳譯

轉法輪品第一

阿難曰吾昔從佛聞如是一時佛在摩竭提界善勝道場元吉樹下德力降魔覺慧神靜三達無礙度二賈客提謂波利授三自歸然許五戒爲清信士已惟昔先佛名曰定光拜吾佛名汝於來世九十一劫當得作佛字釋迦文號如來至眞等正覺明行成爲善逝世間解無上士道法御天人師衆祐度人如我今也吾從是來修治本心六度無極積功累行四等不倦高行殊異忍苦無量功報無遺大願果成世尊念曰吾本發心誓爲羣生梵釋請法甘露當開誰應先聞吾昔出家路由梵志阿蘭迦蘭待吾有禮二人應先念以欲行天承聖旨空中白言彼二人者亡來七日佛言苦哉阿蘭迦蘭甘露當開汝何不聞佛復惟曰甘露當開誰次應聞鬱頭藍弗次應得聞方起欲行天復白言此人者昨暮命終佛言彼人長衰甘露當開不得受聞生死往來何緣得息五道輪轉痛矣柰何佛復惟曰甘露法鼓聞于三千大千世界誰應得聞父王昔遣五人一名拘隣二名頞俾三名拔提四名十力迦葉五名摩南拘利供給麻米執侍勞苦功報應敘時五人者皆在波羅柰國於時如來始起樹下相好嚴儀明暉於世威神振動見者喜悅徑詣波羅柰國未至中間道逢梵志名曰優呼瞻覩尊妙驚喜交集下在道側舉聲嘆曰威靈感人儀雅挺特本事何師乃得斯容佛爲優呼而作頌曰

八正覺自得　無離無所染　愛盡破欲網
自然無師受　我行無師保　志獨無等侶
積一得作佛　從是通聖道

優呼問佛瞿曇如行佛告梵志吾欲詣波羅柰擊甘露法鼓轉無上輪三界衆聖未曾有轉法輪遷人入泥洹如我今也優呼大喜善哉善哉如瞿曇言者願開甘露如應說法於時如來便詣波羅柰國古仙人處鹿園樹下趣彼五人五人遥見佛來便共議曰我等勤苦家室別離登山越嶺困極伶仃正坐此人

供給麻米謂其叵堪因魔來戰是以委藏今故復來一麻一米我等不堪今起求食奈何能辦但爲施座各共莫起言語問訊得此不樂必自去矣是時世尊爲其五人現道神化五人身踊不覺作禮執侍如來佛告五人共要勿起今作禮何五人恚曰吾坐悉達更歷勤苦閱頭檀王暴逆違道皆由於卿佛告五人汝莫輕無上正真如來平等覺也無上正覺不可以生死意待何得對吾面稱父字又告五人汝觀我身何如樹下五人答佛爾時憔悴今更光澤爾時處樹閉目端坐日食麻米猶謂非道況入人間身口自恣何謂爲道佛告五人世有二事以自侵欺何謂爲二殺生婬泆恃豪貪欲極身勞苦內無道迹無是二事是真道人不於九十六術亦不捨遠是爲趣中無有兩際何謂趣中得覺慧行達於衆智六通悉覺具八正行是名趣中止宿泥洹佛說是法五人未解三人分衞二人供養爲說色苦一切衆禍皆由色欲衆好無常人亦無住譬如幻師出意爲化愚人愛戀貪而無猒幻主觀化無染無著所以者何僞而非真佛爲二人而作頌曰

志蕩在婬行　嗜欲增根栽　貪欲慾禍長
離愛則無患

三人供養二人分衞爲說貪苦好利求榮迷愚所專害行毀德一由於貪喜怒得失欲者無猒斯利危脆若雲過庭老病死來靡不分散譬如人夢寤則無見黠能捨貪乃得大安佛爲三人而作頌曰

貪慾意爲田　無猒心爲種　斷貪捨利求
無復往來憂

於是世尊因廣說法不斷分部五人便解願爲弟子佛言善來比丘皆成沙門佛告比丘行有二事爲墮邊際一者念在色欲無能淨志二者猗愛著貪不能淨志行是二事還墮邊行生不值佛違遠真道若能斷貪精進修明可得泥洹何謂泥洹先知四諦何謂爲四一曰爲苦二曰爲集三曰爲盡四曰入道如是比丘次持覺慧一心思禪受道報應法眼已朗解彼四諦稍入道迹何謂爲苦生苦老苦病苦死苦憂悲惱苦恩愛別苦怨憎會苦所求失苦要因五陰受盛爲苦何謂爲集所愛著集不愛亦集何謂爲盡盡其所有愛覺知有滅不受不染而覺皆盡何謂入道八正爲道一曰正見二曰正利三曰正言四曰正行五曰正命六曰正治七曰正志八曰正定是爲苦集以盡入道真諦是爲無生無生者無老無老者無病無病者無死無死者無痛無痛者無上吉祥向於泥洹於時如來而作頌曰

至道無往返　玄微清妙真　不沒不復生
是處爲泥洹　此要寂無上　畢竟不受新
雖天有善處　皆莫如泥洹

說是法已拘隣等五人遠得法眼佛告拘隣解未拘隣退座對曰未寤世尊又告拘隣過去久遠時有國王名曰惡生將諸妓女入山遊戲王令官屬住頓山下唯從妓女步陟山頂王疲極卧諸妓女輩捨王取華見一道人端坐樹下諸女心悅皆前作禮道人呪願諸妹那來命令就坐爲說經法王覺求諸妓女

而見坐彼道人之前王素妬害惡心内發便問道人何故誘他人婦女在此坐爲卿是何人道人豫知王意必興暴害答曰是忍辱人王拔佩劒割其兩臂而問何人答曰實忍辱人又截其耳鼻心堅不動猶言忍辱王見道人顏色不移便蔛悔過道人告王汝今以女色故刀截我形吾忍如地必得平等正覺當以一切智斷汝生死王唯罪深必獲重殃叩頭于地願見矜恕道人告王吾眞忍辱者血當爲乳所截平復尋如所言乳出形復王見忍證冀必全濟重宣情言若眞道成願先度我道人答曰可王解迷止辭退還宮佛告拘隣爾時忍辱道人者我身是也惡生王者拘隣是也解未拘隣拘隣退席白佛甚解世尊説是法時拘隣等五人漏盡意解皆得羅漢及上諸天八萬逮得法眼三千世界爲大震動是爲如來始於波羅柰以無上法輪轉未轉者大度一切莫不樂受

現變品第二

於是波羅柰城中有長者名阿具利有一子曰虵（虵此言寶稱）時年二十四稱生奇妙有瑠璃屐著足而生父母貴異字曰寶稱別作屋宅寒暑易處妓女娛樂不去左右寶稱中夜欻覺見諸妓女皆如死狀膿血流溢肢節斷壞屋宅衆具皆似塚墓驚走趣戶戶輒自開天地大冥唯覩小光趣東城門門復自開明照鹿園尋光詣佛瞻覩相好巍巍煌煌怖止迷解舉聲歎曰久在恩愛獄縛著名色械今馳趣神尊寧得解脱不佛言童子善來覺矣斯處無憂衆行畢竟前禮佛足却住一面佛爲説法逮無垢法眼退席白佛願爲弟子佛言善來比丘便成沙門明旦衆女不見丈夫周慞徧求歔欷並泣大家驚怖即問狀變答言不知寶稱今爲所在長者怖悸即遣馬騎四出推索父乘子車東出而求道過一水水名波羅柰度水見子寶屐脱置岸邊即尋足跡徑趣鹿園佛以方便令其父子兩不相見長者見佛尊儀相好喜懼交至忘失修敬而問佛言我子寶稱足跡趣此瞿曇寧見佛言長者若子在斯何憂不見佛爲説生死由癡恩愛有離破二十億惡入須陀洹寶稱心解便得羅漢父子相見恩愛微薄長者歡喜退坐白佛今日心悅情有二喜一者遇佛解喜二者離愛快喜於時寶稱親友四人一名富耨二名維摩羅三名橋炎鉢四名須陀闍寶稱巳作沙門驚喜毛竪曰其人德高明遠振國吾等咸歸今爲沙門其道必眞乃使斯人忽棄榮利共出詣佛并省寶稱即便俱行見佛景則乘本願行心喜即解頭面作禮前白佛言饑渴道化虛心日久不以鄙陋願爲弟子佛言善來比丘皆成沙門爲説本心意解清淨聞義心了便得羅漢是時波羅柰傍縣名曰夲有五十人因事詣國聞寶稱富耨等皆作沙門又各生念諸長者子輩憍樂自恣才藝高世皆感道化瞿曇必神乃令貴族不復顧榮各各發念欲往詣佛即便俱出徑詣鹿園本願應度見佛便解願爲弟子佛言善來比丘悉成沙門因順本旨速成法要垢除縛解皆得羅漢於時鹿園中間有大衆會飲食歌儛時有一女端正非凡於會中儛衆咸喜

悅意甚無量女儛未竟忽然不現衆失所歡惆悵怔營乃復於彼百步現形大衆馳趣女引詣佛奄然隱焉衆人問佛向者一女並儛至此瞿曇豈見之耶佛告衆人且自觀身觀他何爲色欲無常合會有離如泡如沫愚者戀著殃禍由生身爲苦器衆生皆然大衆心解願爲沙門佛皆授戒導見正諦皆得應眞佛勅諸比丘汝曹各行廣度衆生隨所現法示導橋梁普施法眼宣暢三尊拔愛除有還入泥洹吾今獨行詣優爲羅縣諸比丘受教頭面禮足遶佛三帀於是別去

化迦葉品第三

於時如來還詣摩竭提界至優爲羅縣暮止梵志斯柰園明旦持鉢詣斯柰門佛現金光照其堂上梵志二女長名難陀次名難陀波羅見光歡喜尋詣佛所禮拜請佛如來昇堂教授二女二女心解歸命三尊受五戒已爲清信女世尊告曰身非已有萬物皆空二女心解首戴奉行世尊唯曰吾本初學欲度衆生欲界魔王歸伏道化近尼連禪河邊有梵志姓迦葉氏字鬱卑羅年百二十聲聞高遠世人奉仰修治火祠晝夜不懈好學弟子有五百人迦葉二弟宗師其兄謂爲得道各有弟子皆居下流迦葉自念吾名日高國內注仰術淺易窮窮則名頹當作良策全國大望便行求龍以術致之爲作靖室而鞠龍曰若有輕突入靖室者吐火出毒以滅來者龍至節會無不放火遠近僉言大師道神迦葉由此功名日隆世尊念曰吾昔出家道逢萍沙共誓道成要先度我用一切故即便然可今察民心普注迦葉卒未可迴譬如果美而樹高無因得食唯有伐樹根蹸枝從食果必矣一切所忌咸在於龍吾先降之迦葉來從爾乃大道廣化無涯如來言曰日照天下其德有三一曰光曜除冥無不分明二曰五色雜類宣叙其形三曰開發萌芽萬物精榮如來出世亦有三焉一曰一切大智照除愚冥二曰分布五道言行所由三曰權慧拯濟利而安之衆祐念已便行起於斯柰園投暮往造迦葉未至所止便現金光樹木土石其色若金迦葉弟子持瓶取水覩變心動怪而顧望遙見世尊明曜天下不識何妙馳走白師師徒皆出世尊威神明儀煌煌迦葉情悸懞懞不寤即自惟曰若是日耶吾目得逮謂是天人其眼復眴後思乃解曰得無是白淨王子悉達者乎吾曆數曰白淨王子福應聖王不樂榮位當得作佛昔聞出家其道成乎如來忽到迦葉大喜善來瞿曇起居常安佛爲迦葉而作頌曰

持戒終老安　信正所止善　智慧最安身
衆惡不犯安

迦葉白佛唯願屈德臨盻蔬食佛答迦葉古佛道法過中不飯其明至心欲託一事卿不有恪迦葉答曰恨無預備敬德虛心佛告迦葉欲寄一宿寧見容不迦葉白佛我梵志法寢不同室幸恕不受拒命如何佛指靖室此復何屋迦葉答曰中有神龍性急姤惡有入室者每便吐火燒害於人佛告迦葉以此借我迦葉答曰實不有愛恐龍爲害耳五百弟子怔營悚息恐師許佛重借滿三迦葉唯疑

意甚無違懼必禍矣佛告迦葉三界欲火吾已滅之龍不害我幸卒往意迦葉答曰瞿曇德尊能居隨意即驗威神便入其室五百弟子信龍爲害莫不涕淚可惜尊人爲龍所害佛坐斯須龍從窟出吐毒遶佛如來化毒皆使爲華龍見其毒作華遶佛怒盛吐火謂能爲害熱氣歸龍鬱悶欲死舉頭視佛見相知尊涼風趣龍毒涼詣佛火滅毒除歸命入鉢於是如來便現火光炯然照天迦葉弟子直起瞻候見佛光明謂是龍火舉聲悲呼可惜眞人竟被龍殃迦葉師徒驚共奔出五百弟子同聲責師天地開闢未見人類妙如瞿曇可尊可貴恨不諦觀何緣復見垂淚拭眼而作頌曰

容顏紫金曜　面滿髮紺青　大人百福德
神妙應相經　方身立丈六　姿好八十章
項光照幽冥　何便忽無常

後來弟子謂火害佛悲喚哀慟世尊無常我生何爲踊身赴火清涼和調還顧白師瞿曇無恙本爲龍火定是佛光師徒騷繞側息達明清旦如來持鉢出室迦葉大喜曰大道人猶存耶器中何等佛告迦葉所謂毒龍已降受法五百弟子僉言佛神迦葉内伏恪惜名稱聊復貢高大道人實神雖爾不如我已得羅漢也迦葉白佛願大道人留止欲相供養明日作飯自行請佛佛言便去今隨後到迦葉適還佛如人屈伸臂頃東適弗于逮數千億里取樹果名閻逼滿鉢而還迦葉未到佛已坐其牀迦葉問佛大道人從何徑來佛言卿去後吾東到弗于逮取此果名閻逼香美可食佛飯去已迦葉念曰大道人雖神故不如我道眞明日食時復行請佛佛言可去今隨後到迦葉旋還佛南行極閻浮提界取果呵螺勒滿鉢而還迦葉未至已坐其牀迦葉問佛何緣先到佛言南行取此美果可用命病佛飯去後迦葉而念此大沙門實神實妙明旦迦葉復行請佛佛言今隨後到佛西適瞿耶尼取阿摩勒果滿鉢而還迦葉未至已坐其牀迦葉問佛復從何而來答曰西詣瞿耶尼取阿摩勒果汝可食之佛飯去已迦葉復念是大沙門所作實神明旦迦葉復行請佛佛言今隨後至迦葉反顧忽然不見佛佛已到北方鬱單越取自然粳米迦葉未至已坐其牀迦葉問佛復從何來佛答曰至北方鬱單越取此粳米卿可食之佛飯去後迦葉念此大道人神妙乃爾明旦食時佛持鉢自到其家取飯而還食已欲澡漱無水天帝釋即下以手指地自然成池迦葉晡時彷徉見池怪而問佛何緣有此佛告迦葉朝得汝飯欲澡漱無水天帝指地作池給吾用之當名此池爲指地池迦葉念曰大道人神妙功德無量後日世尊移近迦葉坐一樹下夜第一四天王俱下聽佛說法四天光影明如盛火迦葉夜起見佛前有四火清旦問佛大道人亦事火乎佛言不事也昨夜四天王來聽說法是其光耳迦葉復念是大沙門極神乃致此天明日第二天帝釋夜來聽法帝釋光明倍於四天迦葉夜起見佛前光意而獨念佛故事火也平旦問佛得無事火明倍於昨夜佛言昨暮帝釋來下聽法是其光耳迦葉復

念大沙門雖神未若我道眞後夜第七梵天又下聽法梵摩光影倍於帝釋迦葉見光疑佛事火晨朝問佛大道人必事火也佛告迦葉第七梵天昨夜聽法是其光耳迦葉自念是大沙門威神感動梵天下降迦葉五百弟子人事三火凡千五百火明旦然之火了不然怪而白師師曰是必佛所爲耳馳詣白佛我五百弟子今朝然火了不肯然是佛所爲乎佛告迦葉欲使然不問之至三對曰欲使然佛言可去火當然應聲皆然迦葉復念是大道人至神乃爾迦葉自事三火明日然已又不可滅五百弟子及諸事者助而滅之了不可滅疑佛所作便行白佛自事三火不可得滅佛言欲使滅乎曰實欲使滅佛言可去火當滅應聲即滅迦葉念曰大道人極神至妙所作皆諧後日迦葉五百弟子適俱破薪各各舉斧皆不得下悵行白師師曰是大沙門所爲即行白佛我諸弟子向共破薪斧舉不可得下佛言去斧當下即下得用迦葉念曰是大沙門所爲神矣後日佛還樹下見棄

弊帛念欲浣之天帝釋承佛聖旨到頞般那山上取四方石一枚六方石一枚給用浣曬迦葉遊觀見池邊兩石怪而問佛今此池邊兩石妙好此從何來佛告迦葉吾欲浣濯及當曬衣天帝送石以給吾用迦葉復念瞿曇神德莫不感動佛後入指地池澡浴畢當出無所攀持池上有樹名曰迦和絕大脩好其樹曲下就佛佛牽出池迦葉見樹曲下怪而又問佛佛告迦葉吾朝入池將欲出水樹神垂曲令吾牽出迦葉復念是大道人至德多感大樹垂枝佛欲令迦葉必伏便入尼連禪河其水深駛佛以神力斷水令住高出人頭使底揚塵佛行其中迦葉見佛入水恐其沒溺即將弟子乘船救佛見水裹起其下塵出見佛大喜大道人尚活耶又問欲上船不佛言當上佛念當貫船入令無漏迹迦葉復念是大沙門妙化難名時摩竭提國王使民以歲會禮往詣迦葉相樂七日迦葉心念佛德聖明衆人見者必俱棄我令其七日不現快乎佛知其意即隱七日至八日旦迦葉又念

今有餘祚供佛快耶應念忽至迦葉大喜適念欲相供養來何快也間者那行今所從來佛告迦葉汝心念言佛德聖明衆人見之必俱棄我令其七日不現快耶是故隱耳汝今念我是故復來迦葉心念佛眞至神誠知人念佛知迦葉内心已伏便告迦葉汝非羅漢不知眞道何爲虛妄自稱貴乎於是迦葉心驚毛竪自知無道即稽首言大道人實神聖乃知人念寧可得從大道人稟受經戒作沙門耶佛言大善報汝弟子卿是國師今入法服豈可獨知乎迦葉受教顧謂弟子汝聞與我共覩神化吾始信解當作沙門汝等何趣五百弟子同聲對曰我等所知皆大師恩師所尊信願皆隨從即時師徒俱共詣佛稽首白言我等皆有信意願爲弟子佛言善來比丘皆成沙門迦葉裘褐水瓶杖屣諸事火具悉棄水中是時迦葉二弟次曰那提迦葉幼曰伽耶迦葉各有二百五十弟子廬舍止處行居水邊見諸梵志衣被什物及事火具隨流漂下二弟驚愕恐兄及諸弟子爲人所

害即從門徒順河而上見兄師徒皆作沙門怪而問曰大兄年高智慧明達國王臣民所共宗事我意謂兄爲得羅漢反捨梵志道學沙門法此非小事佛道豈尊德獨高乎迦葉答曰佛道最勝其法無量雖我世學未曾有得道神智如佛者也二弟聞此各謂弟子吾欲從兄汝等何趣五百弟子俱發聲言願如大師皆即稽首求作沙門佛言善來比丘皆成沙門於時如來與千比丘僧詣迦耶悉大叢樹下坐而入三昧忽然不現從東方來沒於樹下四方亦爾踊住虛空而不墮墜身出水火昇降自由諸比丘仰頭喜悅不覺如來還處本座無有覺者比丘歡喜前禮佛足退席白佛此示現者名曰何等佛告比丘是者名曰神足示現又有教授示現比丘諦聽心意識行因緣染著決正分部名曰教授示現又有說法示現比丘諦思目受色爲衰六情所受爲衰衰不止便苦生何謂苦生婬怒癡火起便有痛癢老病死畏是爲說法示現佛說法三轉時千比丘漏盡望斷皆得羅漢佛爲比丘而作頌曰

今者千比丘　長老有尊德　改邪修正見
無想入禪慧

說是法時天龍鬼神莫不樂聞

度蓱沙王品第四

於時世尊欲詣羅閱祇度於君民即日羅閱祇王蓱沙遣使者奉命詣佛修敬盡恭禮畢陳言國主蓱沙稽首座前近承釋尊道成號佛天人雜類慶賴遇時伏惟世尊興利康寧願垂覆育照臨鄙國饑渴聖道虛心踊逸哀矜羣庶令得解脫佛勑比丘汝等速嚴當就王請比丘受教嚴畢翼從使者馳白世尊將千比丘僧令頓須波羅致樹下去城四十里王案先王遺令若佛入國當自出迎迎之者得福無量即便勑嚴車千乘馬萬匹從人七千嚴畢昇車出宮趣城門門輒自閉車馬俱躓王甚驚怖懼有大災吾罪重也而有斯禍空中聲曰王本願人令繫在獄誓要相連是使門閉即便大赦囚人解出門霍自開得往詣佛所遙見如來梵好光光即便下車卻從解劍佛知蓱沙王性素憍豪剛強貢高欲令速解化王從者儀飾若王蓱沙顧視從官似已無異懼佛不識頭面禮足右遶三帀禮畢自陳我是摩竭提王蓱沙身也如是至三佛告王曰吾照汝心何但於形蓱沙大喜即退就座羣臣庶民各盡其敬中有作禮者自名字者直揖拜者禮畢卻住佛命令坐受教就席佛告蓱沙宿福爲王今復增益使王國界人民忠孝富樂無憂福護有德吉無不利衆會有疑鬱卑迦葉名聲先達今與佛俱誰應作師佛察衆念便告迦葉其有殺生祠祀欲望其福寧得不入於山中求道無師能得道不迦葉白佛殺生祠祀不得其福天神不食殺者得罪學道無師道終不成迦葉白佛我前事火晝夜不懈勤苦積年好術弟子凡有五百人精銳然火不避寒暑年耆根熟永無髣髴先人傳感以授後生自稱是道唐苦無報今得佛教洗浣心垢已得羅漢佛告迦葉現汝羅漢神足迦葉受勑即入請定身昇虛空去地數丈從腰已上火腰已下水更從腰

已下火從腰已上水以水雨火衣燥不濕住
空現變出没七反從身放光五色赫弈飛從
東來没佛坐前四方上下化現亦爾變畢叉
手長跪白佛弟子迦葉蒙佛慈恩解脫罪縛
如來特尊三界頂受佛爲迦葉而作頌曰
若人壽百歲　奉火修異術　不如遵正諦
其明照一切　若人壽百歲　學邪志不善
不如生一日　精進受正法
王及羣臣乃知迦葉是佛弟子佛告萍沙天
下人眼不但視色若樂無常身不得久天下
人意多惡少善思想萬端趣欲快意能棄此
志亦可得道功齊迦葉無以豪貴自恣其情
無以自在貪婬無猒無以國强侵凌弱者無
以瞋怒横枉無過莫聽佞言佷與暴虐佛爲
萍沙而作頌曰
夫爲世間將　順正不阿枉　矜導示禮儀
如是爲法王　多愍善恕已　仁愛利養人
既利以平均　如是衆附親
佛告萍沙王莫隨婬心莫隨貪心莫隨怒心
息惡全善信守眞言當念死劇老病苦劇思

惟所行亦復可得迦葉神足若眼見色心當
抑御好醜不動耳聽衆聲心當制持無所喜
怒鼻齅香臭心當制伏情無所著口食衆味
心當秉持想無所起身更所著心當制止識
無可倚五陰外來制者由心六情無主陰衰
無名迦葉功德修之便得人生受形多憂苦
惱饑渴寒暑愚計爲樂智士見苦妻子榮利
世人迷惑凡此衆事無不分散千歲萬年皆
歸磨滅王聞是法歡喜無量佛告萍沙王作
宫舍從來幾歲王顧問傍臣諸臣對曰造起
宫室七八百年佛問諸臣凡更幾王臣即對
曰更二十餘王佛問萍沙皆識諸王不萍沙
答曰惟識我父不識先人佛告萍沙但地有
常人無常也自愛身者不當殺害於命不當
誹謗有道生死往來皆由恩愛父母自言是
我所生是我之子子非父母所致皆是前世
持戒完具乃得作人爲惡行者死墮地獄畜
生餓鬼中自從行致不由他生罪福明正王
甚思之佛告王曰兒在胎中若其盲聾毋豫
知不耶王答佛言實不豫知佛言此兒宿命

罪行使然非父母過兒在胎中若其明聖毋
不豫知皆由前行清純非父母力此理明驗
王善惟之世人得罪其行有三口言傷人身
行暴害心專嫉妬能捨此三雖未便得泥洹
天上人中豪貴自然原於人本從癡有形從
形生情從情生識從識生欲從欲生有從有
生父子從父子生恩愛從恩愛生憂苦展轉
五道無有休止人亦不知生所從來死所趣
向不識其根各相字名言是父是子唯得道
者乃知其源生死因緣本從癡起一切無常
大王受持佛告萍沙若國善人謹慎忠孝廉
貞敬讓才博智遠不犯王法本非貴族王何
異待王答佛言聘招顯達擇能授職佛告大
王道法無親唯善是輔成持五戒名清信士
精進修眞見諦不迴便得須陀洹斯陀含阿
那含阿羅漢各因本心道位次叙佛說是時
王及國人萬二千諸天八萬皆見道迹佛謂
萍沙王來已久宫遠早還牛馬人從停住勞
疲比於後日吾當詣城王起禮佛受戒而退
羣臣從官喜前受戒當王羣臣受五戒時内

外人馬寂然無聲諸婆羅門感化心伏皆前受戒歡喜而退王昇車已羣臣跪賀大王功德値佛出世并令臣等沐浴清化蓱沙歸宮勑教宮中奉齋持戒國內一切信解歡喜忉利天帝華散佛上於時座中有豪長者名迦蘭陀心中念言可惜我園施與尼揵佛當先至奉佛及僧悔恨前施永爲棄捐長者至心卧不安席先福追逮福德應全大鬼將軍名曰半師承佛神旨知其心念即召閱叉推逐尼揵裸形無耻不應止此鬼帥奉勑撾打尼揵拖拽器物尼揵驚怖馳走而言此何惡人暴害乃爾鬼帥答曰長者迦蘭陀當持竹園作佛精舍大鬼將軍半師見勑逐汝輩耳明日尼揵共詣長者深責所以何故改施令吾等類被手委頓不謂長者見困如此迦蘭陀心中喜悅吾願遂矣佛聖廣覆照我至心即答尼揵曰此諸鬼帥强暴含瞋懼必作害不如委去更求其安尼揵懟恨即日悉去長者歡喜修立精舍僧房坐具衆嚴都畢行詣樹王樹下請佛及僧衆祐受施止頓一時大化普濟靡不忻樂

舍利弗大目連來學品第五

佛在羅閱祇竹園精舍與大比丘僧千人俱皆得應眞鬱卑羅等彼有一鄉名曰那羅陀故有梵志字曰沙然精修仙行延納來學好仙弟子凡有二[緣一]百五十人門徒之[二十]中有二人高足難齊一名優波替次名拘律陀才明深達研精通微沙然得病自知將終告於二賢此諸新學志存道行累鄉二人必令全志二人敬諾奉教受行是時世尊勑比丘頞俾汝行宣化徃必有度所可見者其智明達自捨如來無能與論若與相見直說法本勿與酬酢以致其嗤頞俾受勑整服持鉢禮佛而行時優波替從諸弟子相隨遊觀遥見頞俾威儀庠雅未曾聞覩何所法像被服改俗須至當問二人俱前相逢中路便問頞俾章服反常何所從出豈有師宗可得聞乎於時頞俾以頌答曰

我年既幼稚　學曰又初淺　豈能宣至眞

如來廣大義　一切諸法本　因緣空無主

息心達本源　故號爲沙門

優波替方聞法義尋思至理而自惟曰吾小好學八歲從師至年十六古仙道術靡書不綜十六大國謂吾廣博未曾聞斯眞要之義今偶出遊遇此寶藏此言之妙美於甘露心悟意解[緣一]便逮法眼旋還精舍[二十一]忻悅無量拘律陀見彼容悅疑得甘露即問優波替得甘露耶勿違本要惠及少少優波替具向拘律陀說所聞偈一聞不解再說乃了尋思反覆亦得法眼二人議曰本願甘露今得服嘗寧可共行詣大沙門所就彼淵海沐浴清化議合心同嚴辦當發拘律陀念曰吾師臨終囑授弟子令吾成濟今便委棄義所不安便告弟子彼大沙門有甘露仙化壞裂俗網息心寂行吾欲啓請窮微反眞汝將何趣門徒對曰今得視聽是二師恩大人宗仰承命踊逸貪羡甘露願從下風師徒志合即出所止徃詣竹園於時世尊告諸比丘今者二賢從諸弟子乘本願行欲作沙門勸成其功者頞俾力也比丘承教延望來衆優波替拘律陀等遥

見如來相好暉光神動情振自惟歎曰幸哉余生得奉清誨其榮難云延趣坐前頭面禮佛禮畢加歡重喜心悅無量斯須乃進具陳情言替等罪弊隨流入淵始於今日反流極源願蒙接納得充僧次即便許可頭髮自落皆成沙門佛告諸比丘此二人者願於古佛待吾道成侍衛左右佛謂優波替高世之號華而不實復汝本字爲舍利弗拘律陀還字大目揵連因本說法逮得羅漢佛勑侍者告諸比丘暮當結戒不得他行即夜行籌數得一千二百五十人佛結戒竟比丘歡喜莫不肅然禮佛而退

還本國品第六

於是如來將歸舍夷與大比丘僧皆得應眞神靜通微明統三世衆生行原賢者舍利弗大目揵連鬱俾迦葉那提迦葉伽耶迦葉等一千二百五十上人是時迦維羅衛王閱頭檀遣梵志優陀耶來詣竹園請佛還國爾時優陀耶見佛相好明曜天地五情實喜頭腦禮足却住一面心意齊整長跪白佛父王遠謝悉達聞汝道成復度一切我獨不蒙本要當還今故遣使佛問優陀父王起居安不優陀白佛大王無恙唯思世尊佛告優陀樂此道不優陀對曰甚樂世尊佛受優陀使作沙門授其法戒優陀自念今爲弟子無緣復還王須消息因誰報命佛知優陀心念欲還行矣優陀莫親世業戀著故家優陀白佛佛當還舍夷國不佛言當還優陀受勑退跪白佛不審何日當至佛告優陀却後七日必至舍夷優陀歡喜禮佛而去於是優陀耶還至舍夷詣宮求通門監即白優陀使還在門外求見王命推問吾望優陀如渴欲飲何故稽停方白求通者坐徃返推應至三然後乃前王見優陀以受法服而問優陀卿作沙門耶優陀答曰已服佛法王問優陀悉達在宮與外獨親入出周旋無所關白今使來還何故自外詣門求通耶優陀答王佛教比丘莫親白衣戀於家居所以者何道俗異故王問優陀吾子在宮衣服極好今者爲道所著何衣優陀指衣所服如此王即墮淚曰悉達在家吾爲作宮七寶刻鏤極世珍妙於今屋室何如我許優陀答王常處樹下諸佛世尊道法皆爾王問優陀吾子在宮茵褥綩綖錦繡細軟今所坐具皆有何等優陀答王所坐用草清素除貪王問優陀悉達在家吾爲作廚甘肥衆美今所飲食有何等具優陀答王至時持鉢徃福衆生食無麤細呪願施家王聞是語即復流淚王問優陀悉達眠時吾欲覺之彈琴絃歌然後乃覺今在深山何用覺乎優陀答王如來三昧無有晝夜王問優陀吾子在宮若其澡浴八種香汁於今澡浴皆有何物優陀答王八解正水以洗心垢王問優陀悉達在國栴檀蘇合以塗子身今者爲道爲有何物優陀答王戒定慧品香熏八種王問優陀悉達在家吾爲作牀精寶四種於今坐牀何物用作優陀答王四禪爲牀息心無欲王問優陀吾子在宮士衆衛侍今者侍從皆有何人優陀答王學道弟子名比丘僧翼從世尊凡有一千二百五十人俱王問優陀悉達在家若其出遊車有四品牛羊象馬以充騎

乘於今出處何所駕乘優陀答王四諦神足忝駕飛行王問優陀吾子行觀幢麾羽葆以爲光飾今者幖幟復有何物優陀答王四恩慈悲廣飾衆生王問優陀悉達每出椎鐘鳴鼓觀者填路今若遊止有何音響優陀答王佛始得道往詣波羅奈國擊甘露法鼓拘隣等五人逮得羅漢八萬諸天皆入道迹九十六種靡不欣伏無量法音聞于三千大千世界王問優陀悉達今者欲領何國優陀答王世尊所領不可勝道教授衆生無不蒙度等心普濟無所適處王問優陀吾子在國思陳正治助吾安民動順禮節莫不承風今者獨處思憶何等優陀答王世尊唯空苦樂非眞有者歸盡神靜無爲王聞是言災矣悉達一切皆有如何言無反矣悉達與人爲讎優陀曰王正使智人滿於天下人有百頭頭有百舌舌解百義合此人數盡劫稱讚如來不宣其德況我所說億不及一唯佛譽佛其德乃彰王言善哉善哉佛當來不何日能至優陀白王七日當至王大歡喜即勑羣臣吾當迎佛導從鹵簿一准聖王出入法則平治道路香汁灑地城中街巷盡竪幢播其所修治光飾盡宜車馬人從限四十里其日世尊起於竹園與大比丘僧千二百五十人俱威神感動諸天下從始入舍夷路由一水水名阿樓那度水上岸神通照察採知調達惡心內與必難開化當現神足令其信伏即昇虛空去地七仞足若蹈地其實在虛佛告比丘見彼車馬五色嚴麗正似天帝出遊觀時爾時衆人見佛及僧足步其地仰觀足跡處在空中於上稍下正至迎次與人頭齊剛强靡伏歸命和南唯有調達獨與惡念子行學道但作幻術惑人如是吾亦當復作術廣化衆人於是父王遙見佛來愛敬交至一者敬道二者愛子即下象車解劍却蓋涕零趣佛頭面禮足而頌讚曰

生時緣福德　瑞應三十二　樹傾敬稽首
道成今三禮

於是父王以偈問佛

子本在吾家　駕象名寶車　今者足蹈地
是苦安可堪

爾時世尊以頌答曰

車馬生死乘　危險安可久　忝駕五通馳
所至無限礙

於是父王以偈問佛

本著七寶衣　珍妙甚雅好　剃頭被衲服
如何不羞耻

爾時世尊以頌答曰

慚愧爲衣服　世衣增塵垢　法衣眞人服
息心名如來

於是父王以偈問曰

本用金銀器　衆味甚香美　今者行乞食
麤惡安可咽

爾時世尊以頌答曰

法味爲道食　饑渴今已除　哀世故行乞
持鉢福衆生

於是父王以偈問曰

本處別宮中　衆宮妓侍御　獨在山樹間
如何不恐懼

爾時世尊以頌答曰

生死恐畏除　今已入本無　無憂無喜想
所止名道場
於是父王以偈問曰
本在我家時　澡浴名香汁　處於山樹間
何物洗身垢
爾時世尊以頌答曰
道藏爲浴池　定水滿其淵　浴以三毒盡
三達快無雙
於是父王請佛及僧令詣王園永爲精舍佛受王意便入精舍坐尼拘類樹下廣説法教七日不懈聽者歡喜中有發大乘者有樂辟支佛行者有發羅漢意者有作沙門者各隨發心如行所得城中毋人各生善念悲泣自責世尊還國男子福德獨得見佛我等罪弊不服法味何咎如是佛知毋人一切心念讚言善哉乃生好心願樂聞法眞得度苦佛便語王法興難值道教難得可勅國内諸毋人類樂聞法者使出聽受王即宣令欲見佛者聽城中毋人咸喜俱出詣佛禮拜訖而却住於是世尊如應説法莫不解了逮得法眼王及臣民歡喜禮佛而還是時諸比丘白佛言舍夷國内男女長幼聞佛説法如心所念各得其決父王俱聽不記所得佛告比丘父王恩愛未息父子相加敬心未全是故不得明旦如來唯將目連往詣王宮上殿而坐佛勅目連現汝道力目連受教飛昇虚空出沒七返身出水火從上來下前禮佛足却侍於左父王見變心意解悦恩愛斷滅敬心内發起前禮佛甚善世尊弟子功德猶尚乃爾如來威德難可度量便發無上正眞道意是時父王每詣佛所見迦葉千人形體至陋每心不平此等比丘雖復心精無表容貌當勸宗室樂無爲者令作沙門擇取端正即令宗族明日會殿受命即到王告宗室曰阿夷相言佛不出家當作聖君王四天下左右侍從率當端正今諸弟子類無姿觀今欲禮聘有道儀容足者充備僧數光暉世尊咸言大善聽令歡喜乞退嚴辦七日乃行調達便告行者吾等王者子弟今棄世榮出家居道整頓服飾極世之妙象馬車乘價直萬金其日嚴出觀者填路調達冠幘自然墮地衞和離所可乘象四脚布地而作鳥鳴相工瞻曰餘皆得道二人不吉俱詣佛所悉作沙門剛強降伏莫不樂受

中本起經卷上　

音釋

頞阿葛切　伶仃伶盧經切仃當經切伶仃獨行也　叵普火切不可也　閱欲雪切　憔悴憔慈消切悴秦醉切憔悴憂瘁也　婬泆婬夷鍼切泆弋質切　泥洹梵語也此云滅度泥洹胡官切　脆此芮切物易斷也　寤五故切覺也　黠胡八切慧也　猗隱綺切與倚同依也　陟竹力切升也　矜居陵切憫也　屐竭戟切屩也　欻覺欻許勿切忽也覺居效切寤也　械下戒切桎梏也　歔欷歔休居切欷香衣切歔欷泣咽而抽息也　悸其季切心動也　芩渠金切　惆悵惆敕周切悵丑亮切惆悵悲愁也　怔音征怔營惶恐不安貌　聞文運切聲聞高遠謂名聲遠達也　僉千廉切皆也　蹕必益切　拯之肯切救也　懞懞正作懵莫紅切懵懵無知貌　眴音舜目動也　盻匹莧切顧也　寢七稔切臥也　拒臼許切違也　悚息悚荀勇切懼也息息即切喘息也　鬱悶鬱紆勿切抑也悶莫困切煩悶也　烱古迴切明也　槩居代切憂摩也　闢毗亦切啓也　抆武粉切拭也　紺古暗切深青赤色也　恙餘亮切病也　騷蘇曹切擾也　嗬螺勒梵語也此云天王持來嗬音呵螺落戈切勒歷德切　粳居行切稻之不黏也

中本起經卷上

校勘記

— 底本，清藏本。
— 九六九頁中八行首字「吾」，資作「菩」。
— 九六九頁下末行「伶仃」，資作「零丁」。
— 九七〇頁上六行「悉曰」，資作「悉曰」。
— 九七〇頁上九行「面稱」，資作「面說」。
— 九七〇頁上一六行「趣中」，資、磧作「取中」。一七行資同。
— 九七〇頁中三行「增根栽」，資、磧、普、南作「增根哉」。
— 九七〇頁下一四行「逮得」，資作「還得」。
— 九七〇頁下一七行「步陟」，資作「步涉」。
— 九七一頁上一一行「冀必」，資作「冀畢」。
— 九七一頁上一四行「白佛」，資作「曰佛」。
— 九七一頁中一二行末字「周」，資作「惆」。
— 九七一頁中一三行「歔欷」，資作「噓吒」。
— 九七一頁下四行「富稱」，資作「富稱」。
— 九七二頁上二行，下末行「怔營」，資作「征營」。
— 九七二頁上七行第一一字「見」，資作「現」。
— 九七二頁上一九行「初學」，資作「起學」。
— 九七二頁中六行「而鞠龍曰」，資作「而鞠龍曰」。
— 九七二頁中一二行「躃枝」，資作「僻枝」。
— 九七二頁中一八行「分布」，資作「分部」。
— 九七二頁下一三行「其明」，資、磧、普作「具明」。同行第一六字「卿」，資作「庶」。
— 九七二頁下一四行「預備」，資作「備豫」。
— 九七三頁上二行「幸卒往意」，資作「幸平往意」。
— 九七三頁上九行「炯然」，資作「烟然」。
— 九七三頁上一七行「項光」，磧作「頂光」。
— 九七三頁上末行「本爲」，資、磧、普作「本謂」。
— 九七四頁中一行「頞般那」，資作「頞那」。
— 九七四頁中一二行「深駛」，資、磧、普作「深駃」。
— 九七四頁中一四行「褢起」，資作「高起」。
— 九七四頁下一行「大喜」，資作「大善」。
— 九七五頁上二行「明達」，資作「明逵」。
— 九七五頁上六行末字「吾」，資作

「告」。

一　九七五頁下一七行「傅惑」，徑作「慱惑」。同行「唐苦」，徑作「唐若」。

一　九七六頁上一七行「恕己」，資作「恕正」。

一　九七六頁中五行「可倚」，資作「可綺」。

一　九七六頁下四行「能捨」，資作「能撿」。

一　九七六頁下六至七行「從欲生有從有生父子」，資作「從欲有父子」。

一　九七七頁上四行末字「怮」，徑作「怙」。

一　九七七頁上末行「王樹」，資無。

一　九七七頁下一一行「淵海」，資作「海淵」。同行「清化」，資作「清妙」。

一　九七八頁中一二行首字「見」，資、磧、普、南作「現」。同行「推問」，資、磧、普、南作「推門」。

一　九七八頁下一行「刻鏤」，磧作「剋鏤」。

一　九七八頁下六行「今所」，南作「令所」。

一　九七八頁下一四行「香熏」，磧作「香勳」。

一　九七九頁中六行「探知」，資作「深知」。

一　九七九頁中一五行「涕零」，資作「涕冷」。

一　九八〇頁中一六行「禮聘」，資作「禮娉」。

中本起經卷下　緑二

後漢三藏法師西域曇果共康孟詳譯

須達品第七

佛從本國與大比丘僧千二百五十人俱遊於王舍國竹園中長者迦蘭陁承佛降尊馳詣竹園五心禮足逡巡恭住整心白佛唯願世尊顧下薄食佛法默然已爲許可長者欣悦接足而退還家具膳莊嚴幢幡親自執事極世之味舍衛長者名曰須達（此言善温）與主人迦蘭陁雖未相見每信相聞行同德齊遥揖爲友須達因事來至此國推親往造時迦蘭陁親自供膳不容得出踟躕殊久呼使而曰吾故遠至以展不面虛心在昔遲散所懷不謂今日見薄不偶事訖乃出相揖而坐不面在昔屈辱臨顧傾企之情有兼來趣明請大賓執事自逼不暇得出是使乃心滯而不叙善温問曰何謂大賓爲是婚姻國節會耶答曰同志卿不聞乎白淨王子入山六年道成號佛威相明遠神通曠幽方身丈六華色紫金明曜於世吐法陳戒精義入神所從弟子名比丘僧居靜身正修德履道忽榮棄利義曰真人凡有一千二百五十人俱善温聞稱佛聲舉身毛竪心喜交會逸豫待明五情内騷轉側不寐至誠感通中夜霍明即便嚴出方向城門顧見城左有神祠舍名曰濕波過往跪拜禮畢旋顧奄便更冥善温惶怖不知所趣雖有此變心猶存佛恐畏消除空中聲曰善哉須達心至乃爾即問空聲爲是何神便告之曰吾是子親摩因提也問曰卿生何許奚爲此間即而答曰吾昔從佛神足弟子大目揵連聞説經法因此福報得生天上功德薄少别使典此見卿至心來相佐助佛者至尊舉足中間福祐難量恨吾生存不獲覩佛如今所見明驗真諦天放身光照於竹園善温尋光遥見如來踰於所聞前拜却住儆心視相而問於佛神尊寧安佛爲須達而作頌曰

無憂無喜相　心虛清淨安　已昇無所生

見諦入泥洹　覺正念清明　已度五道淵

恩愛網斷壞　永寂悦彼安

長者須達聞說是時因本功德便發淨意遠得法眼歸命三尊次受五戒爲清信士前白佛言唯願如來臨盻舍衛教授一時濟度羣民世尊又曰卿姓字何長跪對曰鄙字須達侍養孤老供給衣食國人稱我給孤獨氏佛告之曰彼有精舍容吾衆不對曰未有長者須達承佛聖旨進前長跪而白世尊余能堪任興立精舍唯須比丘監臨處當顧勑舍利弗汝行營佐即受教命作禮而退還彼舍衛周行求地唯祇園好衆果流泉奇鳥翔集地夷木茂去城又近因往守請祇了無賣意求之不止恚而言曰若能以金錢集布滿園爾乃出耳重問審實爾不祇謂價高子必不及戲言決矣復何疑哉須達辭還載輦送錢園監不聽走白大夫須達送錢不審內不報勑園監吾自戲言遣錢勿受二人共諍舉國耆老馳往諫止耆老斷當地價已決不應得悔國正清平祇不違法即聽布錢門裏不周祇意喜曰吾得園矣遣人催篤運致塡路須達自往共詣園觀所思未周意憒不樂祇曰國賢若悔便止答曰不悔思得伏藏畢地直耳祇心唯佛必是至尊能使斯人竭財不恨可戴可仰神妙如玆便謂須達勿復足錢餘地貿樹共作精舍須達即言善哉許諾便興功夫僧房坐具床榻茵蓐極世之妙迦施幢旛香汁灑地備辦供具兼餚重饌燒衆名香遥跪請佛唯願如來枉屈尊神於是衆祐與大比丘僧千二百五十人俱遊於舍衛國應須達請威神震動國內咸喜男女大小塡路而出給孤獨氏及王弟祇陀前禮佛足共上精舍佛受呪願故曰祇樹給孤獨園王國有事急召須達赴行應會事訖馳還奉齋盡恭却從步涉中路有人奉酪一瓶顧無所使自提而行前逢梵志請令提之共詣精舍手自斟酌顧命梵志汝便斟酌飯訖行澡儼然聽法一切歡喜稱善無量梵志暮還奉齋不飡婦怪而問不審何恨答曰不恚吾齋故耳婦重質之何從齋來梵志答曰給孤獨氏於園飯佛請吾往齋齋名八關其婦流淚忿然言曰君毀遺則禍此與矣瞿曇亂法奚足採納迫蹴不已便共俱飯梵志壽算終於夜半生於鬱多羅衛國作大澤樹神時有婆羅門等五百人欲詣恒水上祠神池沐浴垢穢希望神仙中道乏粮遥望彼樹想有流泉馳趣樹下了無所見窮困斯澤饑渴委厄樹神人現問梵志曰道士那來今若欲行同聲答曰欲詣神池澡浴望仙今日饑渴幸哀矜濟樹神即舉手衆味流溢衆飯飽足詣神請曰何等功德致此巍巍神答梵志吾因舍衛給孤獨氏持八關齋爲婦所敗不卒其業來生斯澤作此樹神若法齋法福應生天爾時樹神而作頌曰

祠祀種禍根　日夜長枝條　唐苦敗身本
法齋度世仙

梵志聞偈迷解信受旋還舍衛路由一國名拘藍尼國有長者字瞿師羅（此言美音）人民敬愛言輒順承梵志過宿美音問曰道士何來今欲所之具陳彼澤樹神功德欲詣舍衛造給孤氏飡採法齋奠遂本志美音喜踊宿行所追亘解欲行宣令宗室及所親愛誰能共行

受齋揩式合五百人僉然應命本願相引咸義嚴出行詣舍衛未至祇洹道逢須達遇而不識顧問從者此何大夫對曰給孤獨氏也梵志衆等喜而追曰吾願成矣求人得人馳趣相見同聲歎曰久承令德注仰虛心聞有道訓八關齋法故遠投託幸蒙示導止車答曰吾有大師號曰如來衆祐度人近在祇洹可共俱進造覲世尊聞命敬諾恭肅盡虔遥瞻如來情喜內發五體投地退坐一面緣察本心旨說法要五百梵志得阿那含便作沙門美音宗等逮得法眼諸比丘白佛五百梵志及諸長者得道何速世尊告曰過去久遠時世有佛號名迦葉爲衆講法說吾當來令諸梵志於彼佛前願樂欲見當來釋迦文佛是諸長者亦同斯願從是因緣見吾便解比丘歡喜盡受奉行美音心惟欲請世尊佛知其意而告之曰彼無精舍汝願不遂美音悅解喜前白佛我有別宅願爲精舍惟哀垂救濟度羣生乞退還國修備所供頭面接足禮畢乃去

本起該容齋品第八

爾時如來與大比丘僧千二百五十人俱從舍衛祇洹遊於拘藍尼國美音精舍足蹈門閫天地震動珠璣樂器不鼓自鳴蠱毒隱伏吉瑞和清當爾日也境界人民靡不驚肅渴仰世尊是時國王名曰優塡强虓侵尅開納佞言躭荒女樂疑網自沉又置大夫人二人左右畨上二后容姿一國少雙左夫人少字照堂爲人憍慠唯惡是從讒嫉賢良譖人無猒右夫人字該容執行仁愛虔敬肅恭清素約已文不加身王珍其操每事私焉照堂懷嫉譖之至深察言觀行不納其言該容有長老青衣名曰度勝恒行市香因歸問訊路由精舍每過修敬減省香直合集寄聚便行飯佛及比丘僧佛爲說法盡心不忘施訖還宮過肆取香因此功德本行所追香氣熏聞斤兩倍常詰問理窮任實首情每減香錢飯佛及僧法深義妙非世所聞該容聞說佛聲悚然心歡即自念曰吾心喜踊何因得聞無量法乎即報度勝爲我說之度勝白曰身賤口穢不敢便宣如來尊言乞行詣佛受勑而還便遣出宮重告之曰具受儀式度勝未還夫人侍女側息中庭佛告度勝汝還說法多有度者說法之儀先施高座度勝受勑具宣聖旨該容欣悅開笥出衣積爲高座承佛威神如應說法夫人該容及諸侍女疑解破惡得道溝港度勝應時逮得總持照堂恊恨妬憤內發數譖非一王反辱曰汝輩嫉蠱言及不遜彼人操行執節可貴照堂心忌猶欲害之密白王曰恒遣青衣往來佛所情蕩外交志溢邪趣妾實循良中直見忽數譖不已王頗惑之照堂心諆伺于齋日中之必矣伺其齋時因歡白王今日之樂宜請右夫人王便普召被命皆會該容持齋獨不應命返覆三召執節不移王怒隆盛遣人捉出縛置殿前將欲射殺該容不怖一心歸佛王自射之箭還向已後箭輒還王時大懅惶怖解焉而問之曰汝有何術乃致是耶夫人對曰唯事如來歸命三尊朝奉佛齋過中不飡加行八事飾不近身必是世尊哀愍若茲王曰善哉豈可

言也當詣精舍覲現表變會有敵國興兵入界彼衆强盛王自出征頒命梵志名曰吉星權領國政照堂喜曰吾父領政教子必矣王去之後女與父謀燒殺詃容及諸侍女詐言失火謂可掩塞事會發露王大恚之斥徙吉星擯於界外以其道士故全其命照堂等輩幽之地窟推逐邪道廣闡佛法諸比丘退席白佛言王后詃容及其侍女精進乃爾見諦得道不審何罪遇此火害唯願世尊彰告未聞佛告比丘過去有城名波羅柰有婬女五百人延致輕薄以自供濟世有辟支佛名曰迦羅教化人民令持五戒舉國士女歸心師焉諸女恚曰此人奚來斷吾賓客咸共與恚謀圖毀害後日迦羅入城分衛至巷乞食次到女家衆女羣出火燒迦羅於是迦羅舉身燋爛心無所恨便現神足飛昇虛空衆女驚怖泣淚悔過長跪舉頭自陳情曰女子愚戇不識至真羣愚荒惑毀辱神靈自惟過釁其罪若山願降神德以消重殃尋聲即下而般泥洹諸女起塔供養舍利世尊又曰時彼婬女詃容等是也罪福追人久無不彰說是法時國內大小信伏歡喜咸歸三尊受戒而退佛與比丘還到舍衛止頓祇洹

瞿曇彌來作比丘尼品第九

爾時佛遊於迦維羅衛國釋氏精舍與大比丘僧千二百五十人俱是時大愛道瞿曇彌行到佛所稽首作禮却住一面叉手白佛言我聞女人精進可得沙門四道願得受佛法律我以居家有信欲出家爲道佛言且止瞿曇彌無樂以女人入我法律服法衣者當盡壽清淨究暢梵行瞿曇彌則復求哀如是至三佛不肯聽便前作禮遶佛而去其後不久佛時與諸大比丘俱從釋氏精舍入迦維羅衛國大愛道聞佛從諸弟子來入國中心大歡喜即行到佛所稽首佛足下大愛道復白佛言我聞女人精進可得沙門四道願得受佛法律我已居家有信欲出家爲道佛言且止瞿曇彌無樂以女人入我法律服法衣者當盡壽清淨究暢梵行大愛道則復求哀如是至三佛不肯聽便前作禮遶佛而去佛時與諸比丘留止是國避雨三月補成衣已著衣持鉢出國而去大愛道即與諸老母等俱行追佛佛行轉到那私縣頓止河上大愛道便前稽首作禮却住白佛言我聞女人精進可得沙門四道願得受佛法律我以居家有信欲出家爲道佛言止止瞿曇彌無樂以女人入我法律服法衣者當盡壽清淨究暢梵行大愛道則復求哀如是至三佛不肯聽便前作禮遶佛而退住於門外被弊敗之衣徒跣而立顏面垢穢衣服汙塵身體疲勞歔欷悲啼賢者阿難見伯母大愛道如是即問言瞿曇彌何因弊衣徒跣面垢衣塵疲勞悲啼大愛道答言賢者阿難今我用女人故不得受佛法律是以自悲傷耳阿難言止止瞿曇彌且自寬意待我今入向佛說是事賢者阿難即入稽首佛足下長跪白佛言我從佛聞女人精進可得沙門四道今大愛道以至心欲受法律其以居家有信欲出家爲道願佛許之佛言止止阿難無樂使女人入我法律爲沙門也所以者何阿難譬如族姓之家生

子多女少男當知是家以爲衰弱不得大强盛也令使女人入我法律者必令佛清淨梵行不得久住譬如稻田禾稼粗熟而有惡露災氣則令善穀傷敗今使女人入我法律者必令佛清淨大道不得久興盛阿難復言今大愛道多有善意佛初生時乃自育養至于長大佛言有是阿難大愛道信多善意於我有恩我生七日而母終亡大愛道自育養我至于長大今我於天下爲佛亦多有恩德於大愛道大愛道但由我故得來自歸佛自歸法自歸比丘僧又信佛信法信比丘僧不復疑苦不復疑集不復疑盡不復疑道乃成其信成其禁戒成其多聞成其布施成其智慧亦能自禁制不殺生不盜竊不婬泆不妄語不飲酒如是阿難正使人終身相給施衣被飲食臥具病困醫藥不及我此恩德也佛告阿難假使女人欲作沙門者有八敬之法不得踰越當以盡壽學而行之譬如防水善治堤塘勿漏而已其能如是可入我律戒何謂八敬之法一者比丘持大戒女人比丘尼當從受正法二者比丘僧持大戒半月已上比丘尼當禮事之三者比丘僧比丘尼不得相與並居同止四者三月止一處自相檢押所聞所見當自省察之五者比丘尼不得訟問比丘僧事以所聞見若比丘僧有所聞見訟問比丘尼比丘尼即當自省察六者比丘尼有庶幾於道法得問比丘僧經律之事七者比丘尼自未得道若犯戒律當半月詣衆中首過自悔以棄憍慢之態八者比丘尼雖百歲持大戒當處新受大戒幼小比丘僧下坐以謙敬爲作禮是爲八敬之法我教女人不得踰越當以盡壽學而行之假令大愛道審能持此八敬法者聽爲沙門賢者阿難受佛語已熟諦便作禮而出報大愛道言瞿曇彌可勿復愁以得捨家之信去家就戒佛說女人作沙門者有八敬之法不得踰越但當終身勤意學行之耳持心當如防水善治堤塘勿漏而已阿難便一一爲伯母說佛所教勑八敬之事言能如是者可入佛法律大愛道即歡喜而言唯諾阿難聽我一言譬如四姓家女沐浴塗香衣莊嚴事而人復欲利益之安隱不怖以好華香珍寶結爲步搖持與其女豈不愛樂頭首受耶今佛所教勑八敬法者我亦歡心願以首頂受之爾時大愛道便受大戒爲比丘尼奉行法律遂得應眞然後異時大愛道比丘尼與諸長老比丘尼俱行詣賢者阿難而問言阿難是諸長老比丘尼皆久修梵行且已見諦云何當使爲新受大戒幼小比丘僧作禮阿難言小且待我今入問之阿難即入稽首佛足下白佛言大愛道比丘尼言是諸長老比丘尼皆久修梵行且已見諦云何當使爲新受大戒幼小比丘僧作禮佛言止止阿難當愼此言勿得說也但汝所知不如我知若使女人不於我道作沙門者外道諸異學梵志及諸居士皆當以衣被布地求哀於諸沙門言賢者有淨戒高行願行此衣上令我長得其福佛言阿難若使女人不於我道作沙門者天下人民皆當解髮布地求哀於諸沙門言賢者有戒聞慧行願行此髮上令我長得其福若使女人不於

我道作沙門者天下人民皆當豫具衣被飯食卧牀病瘦醫藥顧諸沙門當自來取之若使女人不於我道作沙門者天下人民奉事沙門當如事日月如事天神過踰於諸外道異學者上若使女人不於我道作沙門者佛之正法當千歲興盛佛復語阿難以女人作沙門故使我法五百歲衰微所以者何阿難女人有五處不能得作何謂爲五女人不得作如來至眞等正覺女人不得作轉輪聖王女人不得作第二忉利天帝釋女人不得作第六魔天王女人不得作第七梵天王夫此五處者皆丈夫得爲之丈夫得於天下作佛得作轉輪聖王得作天帝釋得作魔天王得作梵天王佛說是已皆歡喜奉行

無常品第十

是時如來還舍衛國在祇樹給孤獨園與大比丘僧千二百五十人俱王波斯匿心自念言佛是釋種出家處山以成無上正眞等正覺威影神妙天龍鬼神無不宗仰爲人說法上中下言悉善其聞所說莫不歡喜開福塞禍言入泥洹即便嚴出導從如常至門下車羣臣俱前直揖却坐而白佛言頃承釋子端坐六年道成號佛爲實爾不是世所美乎佛語王曰吾眞是佛世不虛傳王復言曰瞿曇自稱爲佛故非佛也佛復答王過去久遠時世有佛名曰定光授拜吾決汝於來世九十一劫當得作佛字釋迦文有三十二相八十種好十八特妙之法十種神力四無所畏一事不足不名爲佛吾今具有是故爲如來無所著正眞覺也王迷情疑重質言曰瞿曇年少學日甚淺所以者何世有婆羅門修治水火精勤苦體不去晝夜九十六術靡不經涉年高德遠不蘭迦葉六人子等名稱蓋世猶未得佛佛者實尊以是推之遲疑不信佛告王曰吾今爲王說法眞諦善聽勿疑王曰善哉佛答王曰小有四事皆不可輕何謂爲四一者太子雖小當爲正君此不可輕二者小火燒草草盡乃止此不可輕三者龍子雖小能爲風雨雷電霹靂此不可輕四者年少比丘已入道要深妙之慧能飛行教化度脫人民此不可輕於是世尊爲王而作頌曰

太子福成　當爲正君　愚人輕慢　禍豐是生
正由心出　能重能輕　宿行所得　福自隨形
能觀本德　然後觀人　道要已備　大王思惟
小火得草　所燒無限　須彌寶山　亦從小起
智者觀物　無小無大　遇龍不避　小毒害人
比丘破惡　精進入禪　道成神通　變化度人
見諦淨無垢　已度五道淵　佛出照世間
爲衆除憂患

王聞正言垢重情弊惟疑未悟前禮佛足辭退還宮是時國內有婆羅門居富多寶老無兒子禱祠盡力末後生男其年七歲得病便亡其父憂毒卧不安席不復飲食聞佛能除憂患即詣祇洹佛問梵志有何愁憒顏色憔悴婆羅門言我年老耄止有一子捨我終亡悲憐痛毒佛告梵志人有恩愛便生憂悲梵志情迷便白佛言恩愛之樂有何憂悲佛言不然如是至三婆羅門不解走出祇洹見二人樗蒲心自念言此必智者能解我疑便問二人恩愛爲樂爲憂悲乎即答梵志天下之

樂無過恩愛梵志復言吾見瞿曇向我說此
二人答曰沙門瞿曇反世惑人愼無信焉國
内愚者共嗤佛語乃上聞於王令王意惑便
謂夫人夫人字末利便告之曰瞿曇可笑反
論失理何有恩愛而生憂悲夫人對曰佛不
虛言其實如此王復謂言汝尊瞿曇加是宗
親其信而已夫人白王何不自往若遣智者
請啓所聞驗世狂惑王聞其言即召智臣那
利繩汝持吾聲問訊瞿曇世人愚惑妄傳尊
旨横言恩愛而生憂悲怪其理乖是故遣信
下承風化若佛有教汝諦受之臣受王命即
詣祇洹禮佛却住斯須進前長跪白佛言國
王波斯匿稽首座前問所不解願佛示導敢
告眞言於時如來命臣就座而告之曰恩愛
之本深流難盡憂悲之惱一由恩愛又告大
緑二　十五
臣吾今問卿意解便對譬如有人父母終亡
妻子死盡財沒縣官此人憂惱可堪勝不大
臣對曰審如尊教又告大臣古昔有人居貧
窮困而其娶婦得富家女嬾墮無計日更貧
乏家困餉饋欲奪更嫁妻聞家議便以語夫

我家勢强必當奪卿當作何計夫聞婦言將
共入房今欲與汝共死一處即便刺婦還復
自刺佛告那利繩恩愛相殺何但憂悲臣受
佛教禮退還宮具宣尊旨王意不悟猶嗤此
言復謂末利瞿曇何故正作此語夫人白王
欲啓一事願見採省王曰便說夫人問曰彼
方二郡一名迦夷二名拘達盧若有白王云
彼二國他王劫取王當云何王謂夫人吾之
豐樂因此二國若有此問情用憂憒夫人復
言太子瑠璃皇女金剛若疾若亡王當云何
王答夫人此情難堪夫人問王此爲恩愛生
憂悲不夫人白王賤妾鄙陋得侍幃幄一旦
病亡王當云何王答末利吾情迷荒命將不
全夫人復言此爲恩愛生憂苦不王意乃解
即便下床遥禮祇洹歸命三尊懺悔謝過盡
形竟壽首戴尊教

自愛品第十一

佛在舍衛國祇樹給孤獨園衆僧具足而爲
說法國王波斯匿以日昳時道過佛所下車
却蓋拱袖直前稽首于地却就王位佛問王

言從何所來衣弊形瘦乎王即離席流淚對
曰國太夫人背棄天下侍送靈柩安厝始還
近承世尊顧臨鄙國雖以哀悴貪得表見性
頑嬰疊情惑邪聲今始乃解明教至眞憂悲
苦惱皆由恩愛每惟道訓世所希聞於時世
緑二　十六
尊而告王曰復坐善聽王言唯諾佛言衆生
受形無老無壯無豪無賤命終之日無不分
散譬如春華色無久鮮結實華落果熟離本
須彌寶山劫盡爛壞大海深廣猶有枯竭人
命危脆智者不怙唯有修德精進履道佛作
頌曰

命如果待熟　常恐命零落　以生皆有苦
誰能致不死　如河駃流疾　往而投大海
人命亦如是　逝者不復還

世尊又告遮迦越羅典領四域飛行案行七
寶導從雖壽千年亦死過去諸天食福餚饍
自然至其禄盡亦復磨滅比丘破惡一心思
禪榮利不移志重若山神通眞人猶復滅度
如來出世權慧現身金剛德體明暉大千周
帀三界濟度羣生十力世雄猶現泥洹人生

世間命不久停忽若電流如風過庭尊榮寶位其若夢矣推古驗今無始不終轉輪五道見諦反眞佛爲國王而作頌曰

如河駃流 往而不反 人命如是 逝者不還
雖壽千年 亦死過去 合會有離 無親可恃
世皆有死 三界無安 諸天雖樂 福盡亦喪
志堅若地 德重若山 眞人無垢 寂然歸滅
快哉福報 所願皆成 上寂大人 自現泥洹

於是波斯匿復白佛言何謂自愛何謂自護佛言善哉問也大王諦受人生於世四大合成性愚習癡殺盜婬欺不信道行此不自愛習善行仁覺世非常信死更生情存三尊奉戒攝心信以篤道守禮以謙孝順以誠此人處世自愛者也積善履德身無枉橫志行修明上天衛護無男無女衆行歸身若入軍旅兵刃不傷虎兕無害自護之方唯持戒行佛爲波斯匿而作頌曰

凡人爲惡 不能自覺 愚癡快意 後受熱毒
生無善行 死墮惡道 往疾無間 到無資用
自愛身者 愼護所守 調心正體 福應上天
士有信行 爲聖所譽 自愛如是 快解無憂
惡行危身 愚謂爲易 善最安身 愚人謂難
信法奉戒 慧意能行 上天衛之 智者樂慈
仁愛不邪 安止無憂 能除恚怒 從是脫淵

王聞法言 愚解妄斷 前受五戒 羣臣從宮 皆發道心 天龍鬼神 歡喜樂聞

大迦葉始來學品第十二

爾時世尊在舍衛國祇樹給孤獨園爲衆說法天龍鬼神四輩弟子嚴整具足於時摩訶迦葉垂髮弊衣而來詣佛世尊遥見歎言善來迦葉豫分半牀命令就坐迦葉進前頭面作禮退跪自陳曰余是如來末行弟子顧命分座不敢承旨大衆僉念此老道士有何異德乃令世尊分座命之此人俊乂唯佛明焉於是如來察衆所念欲決所疑廣論迦葉大行齊聖世尊又曰吾以四禪禪定息心從始至終無有損耗迦葉比丘亦有四禪因得定意吾以大慈仁愛一切迦葉體性亦慈如此吾以大悲濟度衆生迦葉比丘大悲如此吾以四神三昧而自娛樂無有晝夜何等爲四一者無形三昧二者無量意三昧三者清淨積三昧四者不退轉三昧迦葉比丘亦有是三昧吾本樂六通今已得六通迦葉比丘亦得六通何等爲六一者四神足念二者悉知一切人意三者耳徹聽四者見衆生本五者知衆生所趣行六者諸漏皆盡今已無畏三界獨尊吾以四定表彰法御何等爲四一者解定二者智定三者慧定四者戒定名色皆滅梵迹獨存無憂喜想生死根斷迦葉比丘亦復如是世尊又曰過去久遠時有聖王名文陀竭高行暉世功勳感動忉利天帝欽其異德即遣車馬詣闕迎王時乘天車忽然昇虛天帝出迎與王共坐娛樂盡歡送王還宮佛告比丘爾時天帝者大迦葉是文陀竭王則是吾身往昔天帝以生死畏座今吾並坐吾今以無上正眞法御之座報昔功德佛說本昔加以聖德顯比丘迦葉一切解脫皆發無上正眞道意法教名遠莫不樂受

度柰女品第十三

佛從迦維羅衛國與千二百五十比丘俱過

跋耆國界度人民去至維耶離詣柰氏樹園城中有女名阿凡和利聞佛來化歡喜無量即便嚴出與五百女人俱佛勑諸比丘端意低目勿妄顧視色欲亂人唯道能制御情檢心智者必能令有女人名阿凡和利與五百女人俱欲聽說經法汝曹各護淨行持之勿放諸比丘唯諾受教阿凡和利詣門下車叉手當心低頭直前頭面禮佛却就女位世尊告曰形不久住色不久鮮命如風過少壯必衰勿恃容姿自處汙行世間迷惑禍起色欲三塗勤苦智者能閑女聞佛言心解欲止便發道意自歸三尊於時阿凡和利退坐白佛不以女賤得服法言願樂如來明日枉尊及比丘僧顧下薄食佛時默然以爲許可起以頭面作禮歡喜而去是時城中有長者子五百同輩聞佛垂訓止住柰園即皆俱行詣佛聽法車馬服飾五色煇煌出城詣園人從車馬寂然如法詣門下車叉手直進禮拜陳情却坐男位佛告族姓子榮位尊豪快樂如意皆是前世福德所致今復見佛功德增益諸長者子歡喜退坐長跪請佛明日屈尊哀臨蔬食佛便告曰已先受請佛不二諾諸長者子復白佛言不審請主姓字是誰佛言向受阿凡和利請明日當往長者子白佛此是國民豈得在先佛告族姓子如來慈普不問尊卑諸長者子前禮佛足辭退還家過與阿凡和利語曰佛者至尊用一切故來化吾國飯佛及僧吾等應先男尊女卑卿當在後慎勿供辦故來相語女曰長者子無以豪強威力加弱令乞四事若見惠者不敢在先何謂爲四事一者乞令我心保善莫移二者乞令我命保在莫亡三者乞令財物保在無滅四者乞令世尊常住教授莫詣餘國即謂女曰善心叵保命亦如是非吾能辦便相謂言此女福人先得飯佛乃覺非常甚可喜樂中有年少恥其出後當共固之便勑市監罷不作市阿凡和利遣婢市買了無所得還視庫藏衆膳備有唯乏薪炭行求不得出庫氎布香油灌之以供飯具明日至時遣使白佛城門復閉使還白言城門不開知是諸長者子所作女自念言法應遣使表白供辦云何得通便告鸚鵡汝行白佛鸚鵡受勑飛出其家諸長者子舉弓射之奉使請佛威神所接箭化作華便詣佛所飛鳴白言衆嚴畢辦唯願枉尊於時衆祐法導威儀足蹈門閫天地震動龍雨淹塵天樂下從諸音樂器自然而鳴佛坐飯竟行澡盥畢爲說經法五百長者子阿凡和利及五百女人逮得法眼皆受五戒已佛與比丘僧還詣柰氏樹園一切歡喜無不樂聞

尼揵問疑品第十四

佛從維耶離與千二百五十比丘僧及千優婆塞俱詣那難陀國波和離園是時國內奉事六師迷於邪行城中有豪長者字阿夷跋提弗奉事尼揵精勤第一聞佛來顧往尼揵所禮拜如常尼揵問曰卿聞瞿曇來至此不對曰已聞尼揵語曰汝往難沙門瞿曇一事當令如噎跋提弗言何謂一事乃令不對乎答曰汝難瞿曇吾聞沙門呪願一切普得飽滿猥將羣衆來適饑國費損人食此大無益

跋提弗受命而退即詣佛所瞻覩神德威相赫然弟子法儀恂恂庠庠敬心踊躍拱袖進前直揖却坐而白佛言欲請一事願蒙授解佛言恣所欲問跋提弗言伏聞瞿曇饒益一切令得安隱而將大衆顧臨饑國減損民食費而無益佛告阿夷跋提弗言吾從九十一劫已來不聞勸人爲福損而無益也吾聞尊貴富樂本起布施未有唐捐費而不報者也人行仁義現世稱傳後得生天勸善代喜福祐隨身又告長者財有八危損而無益何謂爲八一者爲官所没二者盜賊劫奪三者火起不覺四者水所没溺五者怨家債主橫見奪取六者田農不修七者賈作不知便利八者惡子博掩用度無道如是八事至危難保八禍當至非力能制是故如來以此因緣勸人布施安置福田深堅難動水火盜賊不復得害壽終生天衣食自然佛告長者眞言至要化世愚惑若不信者自毀人本墜墮三塗若能覺識改聞易行還神無爲所向分明阿夷跋提弗聞佛說法情喜內定退坐自陳愚癡積惑未識眞言所質非法實非鄙意尼揵所遣奉使不遜願佛垂恩原恕罪咎佛言汝能自覺此福無量長者歡喜復白佛言情闇難悟欲問所疑佛言隨意所問今當爲汝事事分別長者問曰伏聞如來慈等普救不審法教偏駁不等有得道者不得道者抱疑日久願尊開朦佛言善哉問也諦聽諦受譬如農夫宿有二業一田業高燥肥沃二田業下濕墝薄於春和時等力興功下種應時耘除草穢至秋獲實升斛懸殊佛告長者人功不偏所收不等者地厚薄故也人聞吾法信受奉行如意所得喻於沃田所收無數今比丘比丘尼優婆塞優婆夷者是也隨意深淺神通無礙人聞道言背而不信喻如下田没溺不生今六師尼揵等是也世尊又曰譬如有人持器取水一器完堅二者穿壞若用受水完者恒滿穿者漏盡人聞道教精進修勤奉戒不違嚴勑身口喻如完器所受無限人聞道法不受不信加行謗毀忘失人本還入惡道喻於穿器無所盛受佛言長者宿命善行乃得見佛雖復尊豪然不信道者譬如狂華落不成實跋提弗心喜稱善眞言感神所化至誠便發無上正眞道意受戒而退國內一切皆發道心六師邪術一切皆毀廢天人龍鬼宣明法聲

佛食馬麥品第十五

於時佛從波和離園與千二百五十比丘俱還祇樹給孤獨園是日舍衛國界有郡名隨蘭然有婆羅門名阿耆達多智明慧居富無比往詣阿難邠坻家論議事訖問須達曰今此都下頗有神人可師宗者不須達答曰子不聞乎釋迦王子出家爲道道成號佛身色相好非世所見法式雅正照除心垢神通明達知衆生原諸天龍神莫不奉受每說法言精義入神非吾螢燭所能宣陳時阿耆達聞佛聖德五情內慄即便問曰今爲所在可得見不答曰近在祇樹廣開眞言明日阿耆達往詣祇洹入門見佛威神光明敬心內存前禮佛足却坐一面佛爲說法歡喜踊躍即便退席請佛及僧垂化照臨一時三月佛以神

旨知往古因緣默然受請阿耆達得佛許可辭退還國於是阿耆達還家嚴供極世珍美是日世尊與五百比丘僧往詣隨蘭然時阿耆達天魔迷惑躭荒五欲一者寶飾二者女樂三者衣食四者榮利五者色欲退入後堂告勑門士不得通客一時三月不問尊卑須吾有教如來到門閉而不通便止舍邊大叢樹下佛告比丘僧此郡既饑人不好道各且自便隨利分衛舍利弗受勑上昇忉利天日食自然衆僧分衛三日空還時有馬師問於阿難朝行分衛何以空還阿難答曰此國饑荒又不信福馬師而曰今有馬麥願用施佛及衆弟子減麥飯佛及比丘僧阿難得其麥分以鉢受之心用悲痛諸天名味國王供饍每謂其味不可尊口今得此麥甚爲麤惡何忍持此供養佛乎持所得麥告一老母佛者至尊法御上聖今欲飯佛倩母熟之功德無量母答阿難吾今忽務不能得爲比居一母聞歎佛尊馳出求索阿難授之即時令熟佛食呪願阿難心結佛欲解阿難意餘飯施與阿難百味香美非世所有阿難意解曰如來妙德不可思議是時世尊欲詣䟦耆國先使阿難往告阿耆達阿難受勑即便往告阿耆達見阿難意猶未悟即問阿難如來今爲所在阿難報曰世尊在此爾來三月前受卿請尊無二言一時已竟告別當去阿耆達聞佛垂化不及供養悲怖交至即馳詣佛頭面作禮而自陳言愚癡罪覆違失言信願佛慈恕原其重殃佛告梵志明汝至心阿耆達歡喜前白佛言願留七日得叙供養佛以歲至即便可之時日舍利弗從天來下歲節已過當詣䟦耆國阿耆達取供養餘具遍散道中欲令佛蹈上而過佛告梵志飯具米粮是應食噉不宜足蹈佛受其施便爲呪願而作頌曰

外道所修事　精勤火爲最　學問日見明
衆義通爲最　人中所歸仰　遮迦越爲最
江河泉源流　大海深爲最　衆星列空中
日月明爲最　佛出於世間　受施爲上最

阿耆達心悅結解遠得法眼國人大小皆發道心前禮佛足歡喜而去於時阿難承佛威神知諸比丘心中大疑因宜白佛如來神妙三達廣照知衆生念因緣所起不審何故食麥一時願佛開化散解衆疑佛告諸比丘過去久遠時有大國名曰槃頭越時王字曰頻頭王有太子名曰維衛出家學道道成爲佛猶名維衛相好威德諸佛法一所從比丘六萬二千人俱時父王飯佛及比丘僧嚴飾幢旛極世之珍城内整頓煒煒煌煌時有梵志清潔德高從諸弟子因事入城顧問衆人有何異節光飾乃爾行人答曰頻頭王子得道號佛王今供養道士答曰世人甚迷捐棄甘饍食此人爲如卿所説人者應食馬麥五百弟子同聲讚善中有一人而諫師曰若如彼言此人德尊應食天廚佛告諸比丘爾時高行梵志則吾身是五百弟子今汝曹是時諫師者舍利弗是吾種此栽於今始畢告諸比丘各護心口慎無放逸善惡隨人久而不捨宜修明行可從得道吾所償對於此了矣諸比丘聞經歡喜受戴奉行

中本起經卷下

中本起經卷下

校勘記

一　底本，清藏本。

一　九八三頁中一六行末字「叙」，磧作「殺」。

一　九八四頁上三行「臨盻」，磧、南作「臨盼」。

一　九八四頁上五行首字「侍」，南作「徒」。

一　九八四頁下一九行第七字「冀」，磧作「異」。

一　九八五頁上一三行第二字「世」，南作「出」。

一　九八五頁中一七行第八字「任」，南作「住」。

一　九八七頁上九行第二字「于」，磧作「子」。

一　九八八頁下一五行第一〇字「止」，磧、普、南作「正」。

一　九八八頁下二〇行「憂悲」，磧作「愛悲」。

一　九八九頁上一三行首字「王」，磧、普作「主」。

一　九九〇頁上四行第三字「駃」，磧作「駛」。

一　九九〇頁中五行末字「宮」，磧、普作「官」。

一　九九一頁上七行末字「又」，磧、普、南、徑作「叉」。

一　九九一頁上一一行第八字「閉」，南作「閑」。

一　九九一頁上一六行首字「百」，磧作「五」。

一　九九一頁下四行第一六字「枉」，磧、普作「拄」。

一　九九二頁上一五行「力能」，磧、普、南作「所用」。

一　九九三頁上七行第一三字「止」，徑作「至」。

一　九九三頁下七行第一四字「僧」，磧作「增」。

一　九九三頁下一六行第一〇字「栽」，磧、南作「哉」。

長阿含十報法經卷上　　睽

後漢安息國三藏安世高　譯

聞如是佛在舍衛國祇樹給孤獨園
是時賢者舍利曰請諸比丘聽說法
上亦好中亦好竟亦好有慧有巧
寂具淨除至竟說行聽從一增至十
法聽向意著意聽說如言諸比丘從
賢者舍利曰請願欲聞舍利曰便說
從一增起至十法皆聚成無為從苦
得要出一切惱滅
第一一法行者竟無為但守行
第二一法可思惟意不離身
第三一法可識世間麤細
第四一法可棄憍慢
第五一法可著意本觀
第六一法多作本觀
第七一法難受不中止定
第八一法可成令意止
第九一法當知一切人在食
第十一法當證令意莫疑是行者十
法是不非是不異有諦如有不惑不
倒是如有持慧意觀

第一兩法行者竟無為當有意亦當念
第二兩法可增行止亦觀
第三兩法當知名字
第四兩法可捨癡亦世間愛
第五兩法當除不愧不慙
第六兩法難定兩法不當尒尒
第七兩法當知當不尒尒
第八兩法可求盡黠不復生黠
第九兩法可識人本何因緣在世間
得苦亦當知何因緣得度世
第十兩法當自證慧亦解脫是為行
者二十法是不非是不異有諦如有
不惑不倒是知有持慧意觀
第一三法行者竟無為事慧者亦聞
法經亦當觀本
第二三法當思惟欲念定不欲但念
亦不欲亦不念
第三三法可識欲有色有不色有
第四三法可捨欲愛色愛不色愛
第五三法可捨本 三惡貪欲惡瞋恚
惡愚癡惡
第六三法可增無有貪欲本無有瞋
恚本無有愚癡本

第七三法難受相定止相定起相
第八三法可作三活向空不願不想
第九三法可識三痛樂痛亦不樂亦
不苦痛
第十三法自證慧不復學從本来亦
往生尒無所應除是為行者三十法
是不非是不異有諦如有不惑不倒
是如是有持慧意觀
第一四法行者竟無為天人輪好郡
居依慧人自直願宿命有本
第二四法增行四意止自觀身觀內
外身觀莫離意知著意離世間癡惱
痛痒意法亦如觀身法
第三四法可識四飯摶飯樂飯念飯
識飯
第四四法可捨四鐖欲鐖意生是鐖
戒願鐖受身鐖
第五四法可減四失戒失意是失行
失業失
第六四法可增四成戒成意是成行
成業成
第七四法難知四諦苦諦習諦盡諦
受滅苦諦

第八四法令有四黠若黠習黠盡黠
道黠
第九四法可識四相識少識多識無
有量無所有不用識知多知無有量
知無所有不用智知
第十四法自證一法身當知二法意
當知三法眼當知四法慧當知是為
行者四十法是不非是不異有諦如
有不惑不倒是如是有持慧意觀
第一五法行者竟無為五種斷意何
等五道弟子有道信有根着本無有
能壞者忍辱亦仙人若天若魔若梵
亦餘世間耶亦無有匿無有態真直
如有身行意著道慧同行身亦少病
安善如應持腹行身不大寒不大熱
無有恚時和令消飲食啜令身安調
發精進行有瞻精進方便堅得好法
意不捨方便寧肌筋骨血幹盡精進
不得中止要當得所行行慧從起滅
慧得道者要不猒行直滅苦是五種
斷意
第二五法可增行德者五種定行道
弟子是身自守得喜樂澆漬身行可

身一切無有一處不到喜樂從自守
樂辟慧浴者亦慧浴弟子弟子持器
若杅若釜澡豆水漬已漬和使澡豆
著膩內外著膩不復散從漬膩故道
行者亦如是是身自守受生樂漬和
相近相著身一切無有不著從自守
喜樂道弟子是五種定是上頭行
亦有道弟子是身已定喜樂澆漬身
行可身一處無有不到從定喜樂辟
阪頭泉水池亦不從上来亦不從東
亦不從南亦不從西亦不從北但從
泉多水潤生遍泉水為泉澆漬無有
一處不到水冷水道弟子行如是是
身定喜樂澆漬身行可遍身一切無
有不到從定喜樂道弟子是五種定
是為第二行
亦有道弟子是身不著愛著樂相連
至到相促相可遍一切身到不喜樂
辟如蓮華水中生水中長至根至莖
至葉一切從冷水遍澆漬遍行道弟
子身亦如是從無有愛樂澆漬可一
切身遍從無有愛樂道弟子是五種
定是為第三行

亦有道弟子是身淨意已除受行成
行身中無有一處不到從淨意除意
辟如四姓亦四姓子白氎若八文九
文人頭足遍裹身遍無有不到從白
氎淨氎如是道弟子是身淨意除意
已有行一切身無有不到已覆淨意
除意道弟子是五種定是為第四行
亦有道弟子受身觀諦已熟念熟居
熟受辟如住人觀坐人坐人觀卧人
道弟子行如是受行相思惟熟受以
熟受熟念熟事熟受道弟子是五
種定是為第五行
第三五法當知五種一為色受種二
為痛受種三為想受種四為行受種
五為識受種
第四五法當捨五蓋一為愛欲蓋二
為瞋恚蓋三為睡眠蓋四為戲樂蓋
五為悔疑蓋
第五五法可當咸五心意釘若學者
不信道疑不下不可不受如是心意
一釘為未捨不受道法教誡故亦如
有學者在道散名聞慧者同學者
持惡口向咏勤意離娩侵若有道名

聞者慧者同學者持惡口向啄勤意
離嬈侵如是是為五心意釘未捨
第六五法當增道五根一為信根二
為精進根三為意根四為定根五為
慧根
第七五法難受五行得要出若道弟
子熟受道不念愛欲意不著欲意不
可欲意不止欲意不度欲意縮意惡
意不起意不用意却意織不用惡辟
如雞毛亦筋入火便縮皺不得申如
是見道弟子行堅意不念愛欲便不
用愛欲便不可愛欲意不墮愛欲意
便縮意便縮意不起便出念道欲行
已出意生意堅意不意出意解意不
縮意不惡意起意無所礙無所用意
安隱為意行故熟行故
若復生從愛欲因緣結惱憂念為已
從是解止不著得離不復從是因緣
痛痒行如是行者從欲得度瞋恚不
瞋恚侵不侵色不色若道弟子堅意
不復念身已堅意不念身便不欲身
不可身不住身意不墮愛欲便惡
意起

辟道弟子如雞毛筋入火便縮便皺
不得申道弟子亦如是已見堅不復
念身意不可身意不著身意不度意
縮意惡意不起自守生止惡可惡念
無為欲度身念度身為無為意勸意
可意止意度意不縮意不惡意便申
念無所礙無所用意隱止從行熟行
故若從身因緣生罪惱憂緣生罪惱
憂已從是解止不著度不復從是因
緣更痛道弟子如是從身得要出
第八五法令生起道五慧定道德者
無所著無所供從是一慧內自生
是定恒人不能致慧者可如是二慧
內起生是定從一向致得猗得道行
如是三慧內起生
是定見致樂行受亦好如是四慧內
起生是定從是定自在坐自在起如
是五慧內起生
第九五法當知五解脫若學者道說
經從道聞亦慧人說從慧人聞亦同
學者聞已如說聞知法義行已解法
便解義已解義便受已受便喜已喜
身樂已樂便意定定意如有知如有

見已如知見便却不用已不用便不著
已不著如便得解脫是行者一解脫
已行者得住未正意得正意未定意
得定意未解結得解結未得無為便
致無為或時佛亦不說經慧者同學
者亦不說經但如聞如受竟便自諷
讀是行者二解脫
或時佛亦不說經慧者同學者亦不
說經但如聞法如受法具說學者是
行者三解脫或時佛不說經學者但
如聞如受法獨一處計念若如聞如
受法具諷讀便如應解如法解是行
者四解脫
或時不如聞不如受亦不計念但從
行取一定相熟受熟念熟行已受定
相熟受熟念熟行熟隨便如法便如
應解便如法解已如應解已如法解
便可生已可生便哀生已哀生便身
樂便身知樂已樂意便止便如有知
有見便悔已悔便不欲已不欲便得
解脫行者五解脫若道行者得是止
得是行意未得止便止意未定便定
結未盡便盡未得度世無為便得度

世無為
第十五法自證知一不學陰二不學戒三不學定四不學慧五不學度世解脫是學者五十法是不非是不異有諦如有不惑不倒是如有持慧意觀

第一六法者竟無為不共取重等身行上在佛慧同學者是法不共取重從是得愛從是得敬可意已得愛已得敬行聚合不諍訟一向行定致忍等口言等心行所有戒行不犯不穿不緩不藏不失為有道者可具足行如是輩行戒者我亦戒者當應比共慧者同學者所求道要猒者但行直滅苦如是輩我亦如是輩應比共慧者同學者是法不共取重亦着所有利法致從法得一切所得在隨器中如是利當為同學共無有獨匿是法不共取重為從是愛得敬得可意已得愛已得敬已得可意已得行得合得聚不諍不訟一心行定從是致忍

第二六法護行六共居眼見色亦不喜亦不惡但觀行意正知耳鼻口身意法觀亦不喜亦不瞋但觀止意不忘

第三六法可識六內入眼內入耳鼻口身意內入

第四六法可捨六愛眼更愛耳鼻口身意更愛

第五六法可減六不恭敬一為不恭敬佛二為不恭敬法三為不恭敬同學者四為不恭敬戒五為惡口六為惡知識

第六六法可增六恭敬一為恭敬佛二為恭敬法三為恭敬同學者四為恭敬戒五為好口六為善知識

第七六法難受六行度世若有言我有等意定心已行已有復言我意中瞋恚未解便可報言莫說是何以故無有是已等心定意已行已作已有寧當有瞋恚耶無有是何以故有等心定意為除瞋恚故

二為若行者言我有慈意定心已作已行已有但有敖意不除可報不如言何以故已慈心定意已行已作已有寧當有敖意耶無有是何以故已有慈意定心為無有敖意

三為若學者我有喜心等定意已行

已作已有但意不止不可報言莫說是何以故無有是已有等意定心已行已增已有寧不定不可耶無有是何以故等意定心為除不可不定故

四為若學者言我有觀定意已行已作已有但愛欲瞋恚未除可報言莫說是何以故已有觀定意便無有愛欲瞋恚

五為若行者言我無有疑但意不能可報言莫說是何以故解要無有疑故

六為若行者言已得定意已足但意往念識可報不如言無有是亦不應是念得定意無所念已足復意行念識無有是何以故意已得度者不應復念

第八六法當令有六念一為念佛二為念法三為念同學者四為念戒五為念與六為念天

第九六法當知六無有量一為見無有量二為聞無有量三為利無有量四為戒無有量五為事無有量六為念無有量

第十六法證自知六知一神足二徹

聽三知人意四知本從來五知往生何所六知結盡是行者六十法是不非是不異有諦如有不惑不倒是如有持慧意觀

第一七法行者竟無為七寶一為信寶二為戒寶三為愧寶四為慙寶五為聞寶六為施寶七為慧寶

第二七法可行七覺意一為意覺意二為分別法覺意三為精進覺意四為可覺意五為猗覺意六為定覺意七為護覺意第三七法當知七有一為不可有二為畜生有三為餓鬼有四為人有五為天有六為行有七為中有

第四七法可捨七結一為愛欲結二為不可結三為樂有結四為自憍慢結五為邪結六為癡結七為疑結

第五七法可減惡人七法一為不信二為無有愧三為無有慙四為無有精進五為忘意六為不定意七為無有慧

第六七法增慧七慧者法一為信二為愧三為慙四為發精進五為守意

六為定七為慧

第七七法難受知七識止處有色身異身異相辟如或人中或天上是為一識止處

有色若干身一想辟如天上天名為梵上頭有是為二識止處

有在色處一身一想辟如天名為自明是為三識止處

有無有色處行者一切從色度滅恚念無有量行止辟如天名為空是為四識止處

有無有色處行者一切從空得度行識無有量止辟如天名為識是為五識止處有不在色行者無有想亦不離想辟如天名為無有想是為七識止處

第八七法行令有定意一為直見二為直念三為直語四為直法五為直業六為直方便七為直意

第九七法當知七現恩一為若道行者意在佛信入道根生住無有能壞若沙門若婆羅門若天若魔若梵亦餘世間行者二為持戒守律攝戒出

入成畏死罪持戒學戒三為有好知識有好同居有好自歸四為獨居不二共牽行牽身牽意五為持精進行堅精進行不捨道法方便六為意計寧身肌筋骨血幹壞但當所應行者發精進七為有瞻者堅行者不捨方便者道法行應得已未得精進不得中止守意行衆意持行自久行久説意不忘七為念慧行知生滅得慧意是為七現恩第十七法當令有證一有法二有解三知時四知足五知身六知衆七知人前後是行者七十法是不非是不異有諦如有不惑不倒是知有持慧意觀

長阿含十報法經卷上

癸卯歲高麗國大藏都監奉
勅雕造

長阿含十報法經卷上

校勘記

一 底本，麗藏本。

一 九九五頁上一行經名下，清有夾註「上下同卷」。

一 九九五頁上二行譯者，磧、普、南、徑、清作「後漢三藏法師安世高譯」。下卷同。

一 九九五頁上五行第七字「竟」，磧、普、南、徑、清作「如竟」。

一 九九五頁中一行第七字，九九九頁上五行第七字「竟」，磧作「意」。

一 九九五頁中一三行第六字「知」，磧、普、南、徑、清作「如」。

一 九九五頁下三行末字「亦」，磧、普、南、徑、清作「痛」。

一 九九五頁下一六行第八字「蛘」，磧、普、南、徑、清作「癢」，下同。

一 九九五頁下一八行第六字「減」，磧、普、南、徑、清作「滅」。

一 九九五頁下二二行末字「諦」，磧、南、徑、清無。

一 九九六頁上一行第八字「黠」，磧、普、南、徑、清作「點」，下同。

一 九九六頁上九行第八字「是」，磧、普、南、徑、清無。

一 九九六頁上一七行「有瞻」，磧、普、南、徑、清作「有膽」。

一 九九六頁下末行及次頁上一行「向啄」，磧、普、南、徑、清作「向喙」。

一 九九七頁上五行「慧根」，磧作「慧根慧根」。

一 九九七頁上一〇行第四字「亦」，磧、普、南、徑、清作「并」。

一 九九七頁上一四行「意出」，磧、普、南、徑、清作「意止」。

一 九九七頁中一一行「令生」，磧、普、南、徑、清作「今生」。

一 九九七頁下三行第一〇字「正」，南作「止」。

一 九九七頁下二一行第三字「行」，磧、普、南、徑、清作「是行」。

一 九九八頁上二〇行「行定」，磧、普、南、徑、清作「得定」。

一 九九九頁上一〇行「六爲」，磧作「爲爲」。

一 九九九頁中九行末字「悉」，徑、清作「念」。

一 九九九頁中一九行第六字「便」，磧、普、南、徑、清無。

一 九九九頁下六行「有瞻」，磧、普、南、徑、清作「有膽」。

長阿含十報法經卷下　映
後漢安息國三藏安世高　譯
第一八法行者為增本行未得慧法
八因緣何等八一為若行者依受教
誡行亦依慧者同學者是本行未得
慧便得慧是為一法因緣
已依佛亦餘慧者同學者得時時聞
微法經是增本行不得本慧便得本
慧是為二法因緣
已聞法却身却意從是本行因緣不
得慧便得慧是為三法因緣
已聞法精進行從是增本行不得慧
便得慧是為四法因緣
守意行盡力自久作久說欲念得念
是增行不得慧便得慧是為五法因
緣受語亦如受法行是增行不得慧
便得慧是為六法因緣樂法樂行數
說經是增行不得慧便得慧是為七
法因緣
知五陰增減見行若是色若是色習
若從是色得滅是痛痒思想生死識
是識是從是識得度是增本行未得
慧便得慧是為八法因緣
第二八法可行得道者八種道一為
直見二為直念三為直語四為直法
五為直業六為直方便七為直意八
為直定
第三八法當知八世間法一為利二
為不利三為名聞四為不名聞五為
論議六為稱譽七為樂八為不樂
第四八法可捨一為不直見二為不
直念三為不直語四為不直法五為
不直業六為不直方便七為不直意
八為不直定
第五八法可減八蕾蕾不精進道行
者若在郡在縣在聚亦餘處依行清
朝起著衣持應器入郡縣求食意計
當得多可意嗽食已行不得多可嗽
食便念今日自不得多可意嗽食身
羸不能坐當傾卧便傾卧不復求度
世方便未得當得未解當解當自知
不自知是為一蕾蕾種
不精進道行者若在郡在縣在聚亦
餘處依行清朝起著衣持應器入郡
縣求食意計當多可意嗽食自得多

可嗽食自意念我為朝得多可嗽食
便自念朝得多可嗽食為我身重不
能行不能坐令我傾卧便卧無有度
世方便所應得不得所應解無解所
應自知不自知是為二蕾蕾種
或有時行者或時應出行道便意生
我為應出行道我不能出行道不能
受教誡行令我傾卧不復求度世方
便當得未得當解未解當自知未自
知是為三蕾蕾種
或時行者晝日行道意計朝行道來
念身羸不能坐行令我傾卧便傾卧
無有度世方便當得不得當解不解
當自知證不自知證是為四蕾蕾種
或時行者應好行便計我應好行我
不能行不能奉受教誡令我須臾間
傾卧便傾卧不求度世方便應及者
不及應解者不解應自知證不自知
證是為五蕾蕾種
或時行者計我朝以行道已身羸不
能坐令我傾卧已傾卧不求度世方
便應得不得應解不解應自知證不
自知證是為六蕾蕾種

或時行者巳得病苦便念我巳苦得病身羸不能行不能坐令我傾卧便傾卧無有度世方便當得不得當解不解當自知證不自知證是為七菁菁種

或時行者適從病起不久便念我為適從病起身羸不能行坐令我傾卧便傾卧不求度世方便當得不得當解不解當自知證不自知證是為八菁菁種

第六八法行增道八精進方便道行者若在郡在縣在聚亦餘處依行清朝起著衣持應器入郡縣求食意計當得多可啖食不得多可啖食自意計我朝不得多可啖食身輕能行坐令我作方便未得令得未解令解未自知令自知是為一精進方便

或時行者若在郡在縣在聚亦餘處依行清朝起著衣持應器入郡縣求食意計當得多可啖食便得多可啖食便念巳朝得多可啖食身有力能前坐行令我求方便未得當得未解當解未自知當自知是為二精進方便

或時行者當出行意生我為應出身不能行亦不能受教誡行令我教勑求方便為自作道方便未得者致得未解者致解未自知致自知是為三精進方便

或時行者巳行道生我巳行道來不能自行道不能奉事教誡令我開所犯令有方便未得當得未解當解未自知當自知是為四精進方便

或時行者應行便念我不能作行成教或令我居前求方便便前行方便未得當得未解當解未自知當自知是為五精進方便

或時行者盡行便念我巳盡行不能復行成教誡令我能得開所犯便求方便所犯開未得當得未解當解未自知當自知是為六精進方便

或時行者身有病苦極便念我有病苦極有時從是病死念我須臾間求方便行未得當得未解當解未自知當自知是為七精進方便

或時行者適從病起不久便念身適從病起畏恐病復來令我居前求方

便行便居前求方便行未得得未解解未自知自知是為八精進方便

第七八法難受八解脫或時行者內想色外觀色若少好醜所色自在知自在見意想亦如有是為一解脫

或時行道者內思色外見色是為二解脫或時行者淨解脫身知受行是為三解脫

一切度色滅恚若干念不念無有要空受空行是為四解脫

一切度空無有要識受行一切度識無所識有不用受行是為五解脫

一切度無所有不用無有想亦非無有想受行是為六解脫

一切度無有想亦不無有想行是為七解脫滅想思身知受行是為八解脫

第八八法合有八大人念何等為八

一為念道法少欲者非多欲者

二為道法足者不足者無有道法

三為道法受行者不受行者無有道法

四為道法精進者不精進者無有道法

五為道法守意者不守意者無有道法

六為道法定意者不定意者無有道法
七為道法智慧者不智慧者無有
道法
八為道法無有家樂無有家不樂共
居有家樂共居無有道法是為八大
人念
第九八法當知八法知為何等內想
色外見色少端正不端正得攝色知
自在亦自在見意念計是為一自在
內念色外見色見色不啻在所行自
在知自在見如是想是為二自在
內無有色想外見色少端正不端正
所色在所行自在知自在見如是想
是為三自在
內不念色外見色不啻端正不端正
所色在所行自在知自在見如是想
是為四自在
內念色想外見色青青色青明青見
譬如華名為郁者青青色青明青見
如是內色想外見色青青色青明青
見如是想是為五自在
內知色想外見色黃黃色黃明黃見辟
如加尼華寂明色衣黃黃色黃明黃

見如是內色想外見色黃黃色黃明
黃見如是想是為六自在
內色想外見色赤赤色赤明赤見辟
如絳色華亦寂色絳衣赤赤色赤明
赤見如是行者內色想外見色赤赤
色赤明赤見如是色在所行自在知
自在見如是想是為七自在內色想
外見色白白色白明白見辟如明星
亦寂成白衣白白色白明白見如是
行者內色想外見色白白色白明白
見如是色在所行自在知自在見有
如是想是為八自在第十八法時知
當自知八無有者行者力無所著行
者愛欲見辟如大如是見知如是見
見令愛欲念愛性使慧意不復著不
著者是為一力
四意止行已足無所著者是為二力
四意斷行已足是為三力
四禪足行已具足是為四力
五根行已足是為五力
五力行已足是為六力
七覺意行已足是為七力
八行行已足是為八力是為行者八

十法是不非是不異有諦如有不惑
不倒是如有持慧意觀
第一九法行者多行九意喜何等為
九一為聞法喜二為念喜三為喜喜
四為樂喜五為受猗喜六為安喜七
為定喜八為止喜九為離喜
第二九法精進致淨何等為九一為
精進度致淨二為意度致淨三為見
度致淨四為疑度致淨五為道道致
淨六為慧見如淨七為見慧愛斷度
致淨八為斷種九為度世第三九法
當知九神止處何等為九有色象神
止處若干身若干想非一辟名為人
亦一輩天是為一神止處
有色神止處若干身非一一想辟天
名為梵意命上頭致是為二神止處
有色神止處一身若干想辟天名為
樂明是為三神止處
有色神止處一身一想辟天名為遍
淨是為四神止處
有色神止處不受想不更想辟天名
為無有想是為五神明止處
有無有色神止處一切度色滅恚不

可不念若干身無有量空受行辟天名為空慧是為六神明止處

有不色神止處一切竟度空無有量識慧行意止辟天名為識慧行是為七神明止處有不在色神止處一切從識慧竟度無所有慧受行度辟天名為無所念慧是為八神明止處

有無有色神止處一切從無所欲慧竟度無有思想亦不得離思想受竟止辟天名為無有思想亦不離思想是為九神明止處

第四九法當拔九結何等為九愛欲為一結瞋恚為二結憍慢為三結癡為四結邪見為五結疑為六結貪為七結嫉為八結慳為九結

第五九法當滅九惱本何等為九若行者有欲施惡施令不安施令侵亦念餘惡若行者向念是從是生惱是為一惱

若行者已有作惡已施惡已不安已侵亦餘惡已施若行者向念是從是生惱是為二惱若行者後復欲施惡欲施令不安欲施侵欲施餘惡若行

者向念是從是生惱是為三惱

若行者有親厚有欲施行者親厚惡欲施惡欲施不安欲施侵欲餘惡若行者向念是從是復生惱是為四惱

若行者有親厚有者已施惡已施不安已施侵已施餘惡若行者向念是從是生惱是為五惱

若行者有親厚後復欲施行者親厚惡欲施不安欲施侵欲施餘惡若行者向念是從是生惱是為六惱

若行者有恐不相便有者助行者恐不相便欲施安欲解侵不欲令有餘惡若行者向念不可是從是生惱是為七惱

若行者有恐不相便有者欲助行者不相便已施安已解侵不欲令有餘惡若行者向念不可是生從是生惱是為八惱

若行者有恐不相便有者為行者恐不相便已助已安已解侵亦餘惡若行者向念不可是令不相便者令安從是生惱是為九惱

第六九法當思惟除九意惱何等九

或時行者是為我令亡令我他有令我無有樂令我不安隱已施我惡持是惡惱意向若行者向念是是為一

或時行者是為我令我亡令我有他令我無有樂令我不安隱見作我惡持是惡惱意向若行者向念是是為二

或時行者是為我令亡令我有他令我無有樂令我不安隱會作我惡持是惡惱意向若行者向念是是為三

或時行者有時是意生所我有親厚令亡令有他令無有樂令不安隱已施惡持是惡惱意向若行者向念是是為四

或時行者有時是意生所我有親厚令亡令有他令無有樂令不安隱為見作惡持是惡惱意向若行者向念是是為五

或時行者有時是意生所我有親厚令亡令有他令無有樂令不安隱為會作惡持是惡惱意向若行者向念是是為六

或有時行者有是意生所我不相便所我念惡念令不安隱念令不吉為

令我然有利令安令樂令安隱已作
持是惱意向若行者向念是是為七
或有時行者有是意生所我不相便
所我念惡念令不安隱念令不吉
為令我然有利令安令樂令安隱
見作持見惱意向若行者向念是
是為八
或有時行者有是意生所我不相便
所我念惡念令不安隱念令不吉為
令我然有利令安令樂令安隱欲作
持是惱意向若行者向念是是為九
第七九法難受九依住何等九若行
者得信依住能捨惡受好是為一依
住若行者意著行捨不欲行是為二
依住若行者起精進捨不起精進是
為三依住若行者閑處自守捨不守
是為四依住若行者能堪依住如是
依得住已得正挍計是為五依住若
行者捨一法是為六依住已捨一法
便曉一法是為七依住已曉一法便
受一法是為八依住已受一法便行
一法是為九依住
第八九法起包九次定何等九意止

初禪為一定從一次二禪竟為二定
從二次三禪竟為三定從三次四禪
竟為四定從四次禪竟空定為五定
從空次竟度識為六定從識次竟度
無有欲為七定從無有欲次竟度無
有思想為八定從無有思想次竟度
滅為九定第九九法當知九不應時
人不得行第九行不滿何等為九一
或時人在地獄罪未竟不令應得道
二或時在畜生罪未竟不令應得道
三或時在餓鬼罪未竟不令應得道
四或時在長壽天福未竟不令應得道
五或時在不知法義處無有說者不
能得受不令應得道
六或時在聾不能聞不能受不令應
得道
七或時在瘖不能受不能諷說不令
應得道
八或時在聞不能受不令應得道
九或時未得明者無有開意說經不
令應得道
第十九法自證知無減何等為九
滅名字苦二滅六入三更受滅四痛

滅五愛滅六受滅七有求滅八生滅
九老死滅是為行者九十法是不非
是不異有諦如有不惑不倒是如有
持慧意觀
第一十法多增道能守法者有救法
者何等為十一者若有道弟子從如
來受隨信本生立無有能壞者若沙
門若婆羅門若天若魔若梵亦餘
世間
二為淨戒行攝守律能曉行處隨畏
見罪見如教誡學
三為有慧知識有慧相隨有慧相致
四為獨坐思惟行舂兩制制身制意
五為受精進行有瞻有力盡行不捨
方便淨法
六為意守居寂意微妙隨為遠一所作
所說能念能得意
七為慧行從生滅慧隨得道者要却
無有疑但作令壞苦滅
八為受好語如好法言隨行
九為喜聞法喜聞法行但樂數說法
十為所有同學者共事能作精進身
助是為十救法

從後縛束信戒慧獨坐思惟行者精
進意慧受好言欲説經身事如等不
止是名為殺
第二十法可作十種直何等為直一
為直見行者便邪見行得消亦從邪
見因緣非一若干弊惡行生能得消
亦從直見因緣非一若干好法致從
行具行
二為直思惟計消邪計亦從邪計因
緣非一若干弊惡行生能得消亦從
直思惟計因緣非一若干好法致從
行具行
三為直言消邪言亦從邪言因緣非
一若干弊惡行生能得消亦從直言
因緣非一若干好法致從行具行
四為直行消邪行亦從邪行因緣非
一若干弊惡行生能得消亦從直行
因緣非一若干好法致從行具行
五為直業消邪業亦從邪業因緣非
一若干弊惡行生能得消亦從直業
因緣非一若干好法致從行具行
六為直方便消邪方便亦從邪方便
因緣非一若干弊惡行生能得消亦

從直方便因緣非一若干好法致從
行具行
七為直念消邪念亦從邪念因緣非
一若干弊惡行生能得消亦從直念
因緣非一若干好法致從行具行
八為直定消邪定亦從邪定因緣非
一若干弊惡行生能得消亦從直定
因緣非一若干好法致從行具行
九為直度消邪度亦從邪度因緣非
一若干弊惡行生能得消亦從直度
因緣非一若干好法致從行具行
十為直慧消邪慧亦從邪慧因緣非
一若干弊惡行生能得消亦從直慧
因緣非一若干好法得足具行
第三十法當了知十內外色入何等
為十一為眼入二為色入三為耳入
四為聲入五為鼻入六為香入七為
舌入八為味入九為身入十為麁細入
第四十法可捨十內外蓋何等為十
一為內欲蓋二為外欲蓋具足從是
無有慧亦無有解亦不致無為度世
三為恚四為恚相設恚是亦蓋設恚
相是亦蓋具足從是不致慧亦不致

解亦不致無為度世
五為睡六為瞋設睡是亦蓋設瞋是
亦蓋具足從是不致慧亦不致解亦
不致無為度世七為惱八為疑設惱
是亦蓋設疑是亦蓋具足從是不致
慧亦不致解亦不致無為度世九為
或淨法中疑十為或惡法中疑設淨
法中疑是亦蓋設惡法中疑是亦蓋
具足從是不致慧亦不致解亦不致
無為度世
第五十法可令滅十事惡行何等為
十一為殺二為盜三為犯色四為兩
舌五為妄語六為麁語七為綺語八
為癡九為瞋十為邪意
第六十法行令多十淨行何等為十
一為離殺從殺止二為離盜從盜止
三為離色從色止四為離兩舌從兩
舌止五為離妄語從妄語止六為離
麁語從麁語止七為離綺語從綺語
止八為離癡從癡止九為離瞋從瞋
止十為離邪意從邪意止
第七十法難受了十德道居何等為
十一為已捨五種二為六正道德三

為守一四為依四五為自解不復待
解六為已捨求七為所求已清淨八
為身行已止九為口語已行止十為
意行已止意寂度慧寂度行具足名
為寂人
第八十法令竟十普定何等為十一
為在比丘為地普上下遍不二無有量
二為在行者比丘為水普上下遍不
二無有量三為在行者比丘為火普
上下遍不二無有量
四為在行者比丘為風普上下遍不
二無有量
五為在行者比丘為青普上下遍不
二無有量
六為在行者比丘為黃普上下遍不
二無有量
七為在行者比丘為赤普上下遍不
二無有量
八為在行者比丘為白普上下遍不
二無有量
九為在行者比丘為空普上下遍不
二無有量
十為在行者比丘為識普上下遍不

二無有量
佛十力何謂為十力一者佛為處處
如有知當尒不尒處不處如有知從
慧行得自知是為一力
二者佛為過去未來現在行罪處本
種殃如有知是為二力
三者佛為一切在處受行如有知自
更慧行得知是是為三力
四者佛為棄解定行亦定知從是縛
亦知從是解亦知從是起如有有知
是為四力
五者佛為如心願他家他人如有知
是為五力
六者佛為雜種無有量種天下行如
是有知是為六力
七者佛為他家他根具不具如有知
是為七力
八者佛為無有量分別本上頭至更
自念如有知是為八力
九者佛為天眼已淨過度人間見人
往來死生如有知是為九力
十者佛為已縛結盡無有使縛結意
已解脫從慧為行脫見法自慧證更

知受止盡生竟行所行已足不復往
來世間已度世如有知是為十力
第九十法自證知十足學不復學何
等為十一為直見已足不復學直見
二者直思惟計已足不復學直思惟
計三者直言已足不復學直言
四者直行已足不復學直行
五者直業已足不復學直業
六者直方便已足不復學直方便
七者直念已足不復學直念
八者直定已足不復學直定
九者直得度世已足不復學直得度世
十者直慧已足不復學直慧是為學
行者百法法百說是不非是不異有
諍如有不惑不倒是如有持慧意觀
所上說學者聽說法上說亦淨中說
亦淨已竟要說亦淨有利有好足具
淨竟行已見是名為十報法如應是
上說為是故說舍利曰已說竟諸坐
著心蒙恩

長阿含十報法經卷下

癸卯歲高麗國大藏都監奉
勅雕造

長阿含十報法經卷下

校勘記

一　底本，麗藏本。

一　一〇〇一頁上一二行「不得」，磧、普、南、徑、清作「但得」。

一　一〇〇二頁上一三行第八字「入」，磧作「八」。

一　一〇〇二頁上二一行第九字「噉」，麗作「教」。

一　一〇〇二頁中七行「我開」，磧、普、南、徑、清作「我閉」。

一　一〇〇二頁中末行「畏恐」，磧、普、南、徑、清作「恐畏」。

一　一〇〇二頁下二行第五、六字「自知」，徑、清作「當自知」。

一　一〇〇二頁下三行末字「內」，磧、普、南、徑、清作「中」。

一　一〇〇二頁下四行第三字「外」，磧作「亦」。

一　一〇〇二頁下九行第八字「干」，清作「千」。

一　一〇〇二頁下一七行第五字「合」，磧、普、南、徑、清作「令」。

一　一〇〇三頁上一二行首字「內」，南作「由」。

一　一〇〇三頁上一三行末字「想」，磧、普、南、徑、清作「想有」。

一　一〇〇三頁上二二行「黃黃色」，磧、普、南、徑、清作「色黃」。

一　一〇〇三頁中二二行第五字「已」，磧、普、南、徑、清無。

一　一〇〇四頁上一二行「何等爲九」，磧、普、南、徑、清作「何等九一」。

一　一〇〇四頁下一〇行第九字「生」，磧作「王」。

一　一〇〇五頁上六行第四字「見」，磧、普、南、徑、清作「是」。

一　一〇〇五頁上一〇行第六字「令」，磧作「念」。

一　一〇〇五頁上二二行第四字「爲」，磧、南、徑、清無。

一　一〇〇五頁中末行首字「滅」，磧、南、徑、清作「一滅」。

一　一〇〇五頁下一四行第八字「瞻」，普、南、徑、清作「膽」。

一　一〇〇六頁中七行第一三字「直」，南作「真」。

一　一〇〇六頁下一一行「惡行」，磧、普作「忩行」。

一　一〇〇七頁中一行「有量」下，南、徑、清有「第九十法」四字。

一　一〇〇七頁中二行第八字「力」，磧、普、南、徑、清無。

一　一〇〇七頁中七行第一三字「知」，磧、普、南、徑、清無。

一　一〇〇七頁中八行「是是」，磧、普、南、徑、清作「是見」。

一　一〇〇七頁中一〇行至次行「有知是爲」，磧、普、南、徑、清作「知爲是」。

一　一〇〇七頁下三行第二字「九」，徑、清作「十」。

一　一〇〇七頁下一五行首字「詳」，磧、普、南、徑、清作「諦」。

中華大藏經(漢文部分)

校勘凡例

一　《中華大藏經(漢文部分)》的底本以《趙城金藏》爲主；《趙城金藏》缺佚，則以《高麗藏》等作底本。各卷所用底本的名稱及涉及底本的其他問題，均在校勘記的第一條中説明。

一　《中華大藏經(漢文部分)》選用的參校本共八種，即《房山雲居寺石經》(石)、宋《資福藏》(資)、《影印宋磧砂藏》(磧)、元《普寧藏》(普)、明《永樂南藏》(南)、明《徑山藏》(徑)、《清藏》(清)、《高麗藏》(麗)。

一　校勘記中的「諸本」，若底本爲金藏，即包括石、資、磧、普、南、徑、清、麗全部八種校本；若底本爲麗藏，則包括石、資、磧、普、南、徑、清全部七種校本。其他情况若用「諸本」，校勘記中則另加説明。

一　校勘採用底本與校本逐字對校的办法，只勘出經文中的異同及字句錯落，一般不加評注。參校本若有缺卷，或有殘缺、漫漶等字迹無可辨認者，則略去不校，校勘記亦不作記録。

一　一經多卷，經名、譯者、品名出現同樣性質的問題，一般只在第一卷出校，並注明以下各卷同；分卷不同時，以底本爲主出校。

一　古今字、異體字、正俗字、通假字及同義字，一般不出校。如：

古今字：宍(肉)；猗(倚)；距(跛)；鉾(矛)；誼(義)等。

異體字：脎(槃)；刹(剎)；皃(貌)；悩(惱)；㝵(碍、礙、閡)等。

正俗字：怪(恠)；滴(渧)；體(躰)；刺(刾)；閉(閇)等。

通假字：惟(唯)；嫉(疾)；頻(嚬、顰)；揣(摶)；尠(鮮)等。

同義字：言(曰)；如(若)；弗(不)等。